KB245280

니체(1844~1900)

니체의 아버지 카를 루트비히 니체(왼쪽)와 어머니 프란치스카 욀러 니체 니체는 어린 나이에 아버지를 잃고 그를 평생 흠모하며 그리워했다.

라이프치히 대학의 철학 클럽 뒷줄 왼쪽에서 세 번째가 니체다.

▲바그너(1813~1883) 니체는 자신의 사상이 바그너로부터 기인한다는 사실을 《음악정신으로부터 비극의 탄생》(1872) 서문에 밝혔다.

▲▲프리드리히 빌헬름 4세 (1795~1861, 재위 1840~1861) 니체의 생일이 그 무렵 프로이센의 국왕 빌헬름 4세와 똑같다는 사실을 그의 아버지는 무척 의미 있게 생각하고 아들에게 국왕과 같은 이름을 지어주었다.

▶루 살로메, 파울 레와 니체 (1882) 1873년 니체는 철학자 파울 레(Paul Rée)를 만나 곧 친구가 되었다. 레가 니체를 루 살로메(Lou Salomé, 1861~1937)에게 소개함에 따라 이들은 복잡한 삼각관계로 발전했다. 살로메에 대한 레의 감정은 니체와의 우정에 손상을 주었다. 더구나 니체의 여동생은 살로메를 지나치게 질투해서 상황을 더욱 악화시켰다.

니체 문서 보관소

▲니체와 그의 어머니 프란치스카 동상

◀니체의 가족 묘

니체는 라이프치히 근교에 있는 작은 마을 뢰켄(Röcken)에서 태어나 그곳에 묻혔다. 오늘날 그의 생가는 니체 기념관이 되었다.

Friedrich Wilhelm Nietzsche

MENSCHLICHES, ALLZUMENSCHLICHES
JENSEITS VON GUT UND BÖSE
GÖTZEN-DÄMMERUNG

인간적인 너무나 인간적인
선악을 넘어서/우상의 황혼

프리드리히 니체/강두식 옮김

동서문화사

인간적인 너무나 인간적인/선악을 넘어서/우상의 황혼
차례

우상의 황혼

니체의 생애와 사상

Menschliches, Allzumenschliches

인간적인 너무나 인간적인 I

일러두기

1. 이 번역의 원본은 크뢰너 단독본(Kröners Taschenausgabe Band 72)이다.

2. 슐레히타판(Friedrich Nietzsche, Werke in drei Bänden 1954~56)을 원본과 대조하면서, 특히 번역에 뚜렷한 차이가 생기는 주요한 것은 역주에 지적해 두었다.

3. 원문의 강조 부분은 강조 표시(‘ ’)를 해 두었다. 또한 크뢰너판에서는 보통 글자체로 되어 있지만 슐레히타판에서 이탤릭체로 되어 있는 부분도 강조 표시를 해 두었다.

4. 원문과 번역문의 구두점 및 대시(Gedankenstrich)는 일치하지 않는 것이 많다. 특히 원문의 콜론 및 세미콜론을 대시로 바꿔 놓은 곳이 많다.

머리말

1

《비극의 탄생》부터 최근 출간된 《미래 철학의 서곡》[1]에 이르기까지 내가 쓴 모든 책에는 공통된, 사람들의 눈길을 끄는 무언가가 있다고 의아해하면서 말하는 것을 나는 벌써 여러 번 들었다. 사람들은 그 책들이 모두 조심성 없는 새를 잡기 위해 덫이나 그물을 치듯이 세상의 가치 평가나 존중받고 있는 습관들을 뒤집고자 지속적이고 은밀한 도발을 포함하고 있다고 말한다. '뭐라고? 모든 것이 그저 한결같이 인간적인, 너무나 인간적인 것뿐이란 말인가?' 이런 탄식과 함께 끝내 내 책에서 손을 뗀다는 것이다. 도덕에 대한 혐오감이나 불신감 품고서, 최악은 아마도 가장 심하게 중상당한 것에 지나지 않는 게 아닌가 묻기라도 하듯이, 언젠가 최악의 것의 변호자가 되도록 자신을 적잖이 부추기고 고무하면서 말이다. 내 책은 의혹의 학교, 나아가서는 경멸의 학교, 다행히도 또 용기의 학교뿐만 아니라 대담함의 학교라고 불리어 왔다. 일찍이 누군가가 이만큼 깊은 의혹을 가지고 세상을 바라본 일이 있었다고는 사실 나 자신도 믿지 않는다. 악마를 변호하는 자로서뿐만 아니라, 그에 못지 않게, 신학적으로 표현하면 신의 적이자 소환자로서 말이다.

그리고 모든 깊은 의혹에 담긴 결말을 조금이라도 이해하는 자, 어떤 절대적인 '통찰의 차이'를 형벌로 선고하는 고독의 냉혹함이나 불안을 조금이나마 이해하는 자는, 내가 나 자신으로부터 휴식하기 위해, 말하자면 잠시 자기를 잊기 위해 어딘가에, 숭배나 적의 혹은 학문성이나 경솔함이나 우매함 같은 데에 숨어들려고 얼마나 노력해왔는가를 알리라. 또 나에게 '필요한' 것을 찾지 못했을 때, 왜 내가 그것을 인위적으로 빼앗고 적당히 위조하고 지어내야 했는가를 알

---

1) 《선악의 저편》(1866년)의 부제.

리라. (그런데 시인이 전에 그 밖의 다른 어떤 일을 한 적이 있는가? 그리고 세상의 모든 예술은 무엇 때문에 존재하는 것일까?) 하지만 내가 나 자신의 치료나 자기 회복을 위해 늘 되풀이해 가장 필요로 한 것은, 그토록 고립되어 있거나 외톨이 같은 '견해'를 갖지 '않기' 위한 신념이었다. 즉 눈이나 욕망에는 친근성이나 유사성이 있을 것이라는 매혹적인 추측, 우정의 신뢰에 깃든 편안함, 의혹이나 의문 없는 두 사람 사이의 맹목성, 전경·외관·친근함·가장 친근한 것의 향락, 색깔이나 살 갖이나 표면적인 모든 것의 향락이었다. 아마 사람들은 이 점에서 더 정교한 위 조화폐를 만들어내는 이런 여러 '재주'를 비난할 수 있으리라. 이를테면 내가 도 덕에 대해 이미 충분히 알아차리고 있었던 무렵에도 나는 의식적·의도적으로 쇼펜하우어의 맹목적 도덕 의지 앞에서 눈을 감았던 것 같다. 마찬가지로 리하 르트 바그너의 구제 불능의 낭만주의에 대해서도 마치 그것이 시작이며 끝이 아닌 것처럼 나 자신을 속여 왔다. 그리스인에 대해서도 그랬고, 독일인과 그들 의 미래에 대해서도 그랬다. 아마도 이런 것들로 긴 목록을 만들 수 있지 않을 까? 그러나 이 모든 것이 사실이며, 충분한 근거를 가지고 나를 비난한 것이라 고 전제하더라도, 얼마나 많은 자기 보존의 술수와, 얼마나 많은 이성이나 고차 원적인 비호가 그와 같은 자기 기만 속에 담겨 있는가? 또한 '나의' 성실이라는 사치를 계속 나에게 허용하게 하려면 얼마나 많은 허위가 더 '필요한가'? 이 모 든 것에 대해서 '너희들이' 무엇을 알고 있으며, 무엇을 알 수 있겠는가? ……아 무튼 나는 여전히 살아 있다. 게다가 삶은 결코 도덕에 의해 고안된 것이 아니 다. 삶은 기만을 '바라고', 기만으로써 '유지된다'. ……그렇지 않은가? 보라. 늘 해 오던 것을 나는 이미 또다시 시작하고 있지 않은가? 늙은 비도덕자이며 새 잡이꾼이기도 한 나는, '선악을 넘어서' 비도덕적이고 탈도덕적으로 말하고 있 지 않은가?

2

그래서 나는 일찍이 필요에 의해 '자유정신'을 생각해 냈다. '인간적인 너무나 인간적인'이라는 제목을 가진 이 우울하고도 용감한 책을 그 자유정신에 바친 다. 그런데 이러한 '자유정신'은 존재하지 않으며 존재하지도 않았다. 그러나 이 미 말한 것처럼, 나는 곤란한 지경에 처했을 때, 즉 질병·고독·향수·'무관심'·무위 등에 시달릴 때, 좋은 기분을 유지하기 위해 함께 떠들고 웃다가 지루해지면 악마에게 주어 버릴 수 있는 믿음직한 동료와 환영(幻影)으로서, 친구 대신 자유정신을 동반자로서 필요로 했다. 이러한 자유정신이 언젠가는 존재할 수 있고, 우리 유럽에 내일이나 모레의 아들 중에서 이처럼 쾌활하고 대담무쌍한 친구가, 나의 경우처럼 허깨비나 환영 같은 것으로서가 아니라, 육체를 지니고 손으로 만질 수 있는 뚜렷한 모습으로 나타나리라는 사실을 나만은 의심하고 싶지 않다. 벌써 나는 그들이 '오는' 모습이 보인다. 서서히, 서서히, 그리고 만약 내가 그들이 어떤 운명 아래서 태어나고 어떤 길로 오는지 '보고' 그것을 미리 묘사한다면, 아마도 그들이 오는 때를 앞당기는 데 조금이나마 기여할 수 있지 않을까?

3

'자유정신'이라는 원형을 품고서, 그것이 언젠가 완전하게 성숙하고 감미로운 것이 되게 할 어떤 정신이 스스로의 결정적 사건으로서 '엄청난 해방'을 경험한다는 것. 이전에는 그것이 그만큼 속박된 정신이었고, 자신을 귀퉁이와 기둥에 영원히 묶인 것처럼 보였다고 추측해도 무방하리라. 무엇이 가장 단단히 묶을 수 있을까? 어떠한 밧줄이라야 끊을 수 없을까? 고상하고 선별된 부류의 인간에게 그것은 여러 의무일 것이다. 젊은 사람들이 타고난 외경심, 오래전부터 숭배하고 가치있게 여긴 모든 것에 대한 두려움과 나약함; 자기들이 성장해 온 고장, 자신들을 이끌어 주었던 손길, 숭배를 배웠던 성전 등에 대한 감사, 바로 그들의 최고의 순간이야말로 그들을 가장 단단히 묶고, 가장 지속적으로 의무를 느끼게 만든다. 엄청난 해방은 이처럼 속박된 것에 갑자기, 지진처럼 엄습한다. 젊은 영혼은 단번에 흔들리고 갈기갈기 찢겨서 떨어져 나간다. 그들 자신도 무슨 일이 일어났는지 모른다. 충동과 혼란이 덮쳐와서 명령하듯 그의 위에 군림한다. 어딘가로 어떻게 해서든지 나아가고 싶다는 의지나 소망이 눈을 뜬다. 미지의 세계를 향한 격렬하고 모험적인 호기심이 그의 모든 감각 속에서 불타오른다. '**여기서** 사느니 차라리 죽고 싶다.' 이렇게 단호한 소리와 유혹이 울려퍼진다. 더구나 '여기서', '집에서'라는 이 말은 그가 이제까지 사랑해 온 모든 것을 뜻한다! 자기가 사랑해왔던 것에 대한 갑작스러운 공포와 의심, '의무'로 불렸던 것에 대한 번갯불같은 멸시, 방랑·타향·소외·냉각·환멸·냉담에 대한 선동적이고 의식적이며 화산처럼 솟구치는 욕망, 사랑을 향한 증오, 아마도 자기가 지금까지 숭배했고 사랑했던 곳까지 '거슬러올라가는' 신전 모독자 같은 손짓과 눈초리, 아마 자기가 금방 한 일에 대한 불타오르는 수치심과 동시에 그것을 해냈다는 기쁨, 승리를 알리는, 승리에 취해 기뻐 날뛰는 내면의 전율이다. 승리라고? 무엇에 대해서? 누구에게 대해서? 수수께끼 같고 의문점이 많은 불확실한 승리이기는 하지만 아무튼 '최초의' 승리다. 이러한 아픔과 고통이 그 엄청난 해방의 역사 속에 있다. 해방이란 동시에 인간을 파괴할 수도 있는 하나의 병이다. 스스로 결정하고 스스로 가치를 바로 세우려는 힘과 의지가 만드는 이 최초의 폭발, '자유로운' 의지를 향한 이 의지. 그리고 풀려난 자, 해방된 자가 이제부터 자신이 사물을 지배한다는 것을 증명하고자 할 때 그의 거친 시도나 기행(奇行)에는 얼마나 많은 병이 나타날까! 만족할 줄 모르는 욕망을 안고 그는 처참하게 떠돌아다닌다. 그의 긍지의 위태로운 긴장 상태는 그가 약탈하는 것으로 보상되어야 한다. 그는 자신을 자극하는 것을 파괴해버린다. 그는 자신이 감추고 있는 것, 부끄러움 때문에 간직하고 있다고 여기는 것을 악의에 찬 미소로 쓰러뜨린다. 그는 이러한 것들을 뒤엎었을 '경우에는' 그것들이 어떻게 보일 것인지 시험하는 것이다. 만약 그가 여태까지 악평을 받고 있었던 것에 대해 자신의 명예를 되찾으려고 할 때, 그리고 호기심이 생겨서 유혹하려는 듯이 가장 엄격히 금지된 것의 주위를 살금살금 걸을 때, 거기에는 자의와 자의에서 비롯된 기쁨이 있다. 그의 행동과 방황의 배후에는(왜냐하면 그는 마치 사막에 있는 것처럼 불안정하고 목표도 없는 행로의 중간에 있으므로) 더욱더 위험한 호기심의 의문부호가 찍힌다. "모든" 가치를 뒤바꿀 수는 없을까? 아마도 선은 악이 아닐까! 그리고 신은 악마의 발명품이거나 악마를 더욱 정교하게 만들어놓은 것이 아닐까? 모든 것은 궁극적으로 허위가 아닐까? 그리고 우리가 기만당한 자라면 바로 그런 이유에서 우리는 기만자이기도 한 것이 아닐까? 우리는 또한 기만자가 '되어야' 하지 않을까?' 이런 생각이 그를 이끌기도 하고 현혹하기도 한다, 더욱 멀리, 더욱 빗나가게. 무서운 여신이며 '모든 정념의 잔혹한 어머니'[2]인

---

2) '여러 정념의 잔혹한 어머니(mater saeva cupidinum)'는 호라티우스의 《카르미나》 제1권에서 인용한 것. 거기에서는 베누스(Venus, 사랑과 미의 여신)를 의미하고 있었다.

고독이 그를 둘러싸고 달라붙는다. 더욱 위협하고, 목을 조르고, 심장을 짓누른다. 그러나 '고독'이 무엇인지 오늘날 누가 알겠는가?……

4

이 병적인 고립에서, 그와 같은 시험기(試驗期)의 사막에서, 저 무섭고도 넘쳐 흐를 듯한 안정성과 건강성에 이르는 길은 아직 멀다. 병은 인식의 수단이며 인식을 낚는 낚싯바늘로서 없어서는 안 되는 것이다. 정신의 그 '원숙한' 자유, 바로 자기 통제와 마음의 수양이기도 하며, 많은 대립된 사고 방식에 통하는 길을 허용하는 이 자유에까지 이르는 길은 멀다. 또 정신이 자신의 길에서조차 자기를 잃고 미혹되며, 어느 한구석에서 취한 채 주저앉아 버릴 위험을 내쫓는 넘치는 풍요의 내면적인 광대함과 사치에 이르기까지의 길은 멀다. 그야말로 '엄청난' 건강의 표지인 조형적·치유적·복제적·재건적인 모든 힘이 넘쳐 흐르기까지의 길도 아직 멀다. 그렇게 넘쳐흐르는 힘은 자유정신으로 하여금 '시험삼아' 목숨을 걸고 모험에 몸을 내맡겨도 좋다는 위험스런 특권을 부여한다. 그것은 자유정신의 거장다운 특권이다. 그 사이에는 긴 회복기가 가로놓여 있다. 그동안은 고통스럽고도 매혹적이며 다채로운 변화에 벌써부터 건강을 가장하기조차 서슴지 않기 일쑤인 강인한 '건강에의 의지'에 지배되고, 고삐 잡힌 변화에 차 있다. 거기에는 나중에 이와 같은 운명을 가진 한 인간을 감동 없이는 회상하지 못할 어떤 중간 상태가 있다. 창백하고 섬세한 빛과 양지의 행복이 거기에 속해 있다. 즉 새의 자유, 새의 조망, 새의 오만이라고도 할 감정이, 호기심과 섬세한 멸시의 감정과 서로 얽혀 있는 어떤 제3의 감정이 그것이다. '자유정신'이란 이 싸늘한 말은 그 상태에서는 그럴듯하며 따뜻하게 해 준다고 할 수 있을 정도다. 사람은 이제 사랑과 증오의 속박 속에서 사는 것이 아니라, 긍정도 부정도 없이 마음대로 접근하고, 멀어지며, 기꺼이 도망치든가, 몸을 돌려 피하든가, 훨훨 날아다니든가, 보이지 않게 되든가, 다시 높이 뛰어오르든가 하며 사는 것이다. 언젠가 자기 '발 밑에' 놀랄 만큼 다양한 것을 본 일이 있는 사람들처럼 사치에 탐닉하게 된다. 그리고 자기와 아무 관계 없는 사물에 속을 태우는 사람들과는 정반대의 사람이 되는 것이다. 실제로 이제 자유정신과 관계가 있는 것은 더는 그의 마음을 괴롭히지 않는 그러한 사물뿐이다……. 그러한 사물은 또한 얼마나 많은가!

5

　한 걸음 더 회복하면 자유정신은 천천히, 거의 반항적으로, 거의 의심하듯이 다시 삶에 다가간다. 그의 주변은 다시 따뜻해지고 또한 노란 빛을 띠게 된다. 감정이나 공감은 깊이를 더해가고 이슬 섞인 온갖 종류의 바람이 그 위로 지나간다. 그는 마치 이제야 비로소 '주변'을 볼 수 있는 눈을 뜬 것 같다. 그는 경이에 차서 조용히 앉아 있다. 그는 도대체 어디에 있었는가? 이렇듯 친근하고 가장 가까운 것들, 그것들이 그에게 얼마나 달라 보이는가! 그것들은 얼마나 부드러운 털이나 매력을 그 사이에 얻었는가! 그는 감사하며 뒤돌아본다……. 자기의 방랑, 고집스러움, 자기 소외, 자신이 차가운 고공에서 새처럼 날며 먼 곳을 보았던 것에 감사하며, 그가 연약하고 곰팡내 나는 게으름뱅이처럼 늘 '집에', 늘 '제정신으로' 있지 않았던 것은 얼마나 잘한 일이었던가! 그는 자신의 '외부에' 있었다. 그것은 의심할 여지가 없다. 이제 비로소 그는 자기 자신을 바라본다. 그때 그는 거기서 얼마나 의외의 것을 발견하는가! 처음 겪는 엄청난 전율! 회복자의 피로, 오랜 병석, 그리고 병이 재발한 상황에 있으면서도 이 무슨 행복이란 말인가! 고통스러워하면서 조용히 앉아 있는 일이, 인내심을 기르고, 양지 쪽에 누워 있는 일이 그에겐 얼마나 즐거운 일인가! 누가 겨울의 행복, 벽에 비치는 얼룩진 햇빛을 그만큼 잘 알 수 있을까! 삶을 향하여 다시 반쯤 몸을 돌린 이 회복기에 있는 자, 즉 도마뱀이야말로 세상에서 가장 감사하는 마음을 가진 그 무엇보다 겸손한 생물이다. 그들 가운데에는 척 늘어뜨린 옷자락에다 하잘것없는 찬미가를 달고 다니지 않고는 하루도 못 배기는 자도 있다. 그리고 진지하게 말해서 이 자유정신의 방식으로 병에 걸려 오랫동안 앓고 나서, 그 뒤에 더 오랫동안 건강하게, '더욱 건강하게' 되는 것이 모든 염세주의(다들 알다시피 낡은 이상주의자나 거짓말쟁이의 암)에 대한 근본적인 '치료'다. 오랫동안 조금의 약만으로도 건강 자체를 처방한다는 사실 속에 지혜가, 삶의 지혜가 있는 것이다.

그 시기에 이르러 드디어, 아직도 악화될 것 같은 변하기 쉬운 건강의 갑작스런 빛 속에서, 그때까지 애매하고 의심스럽고 거의 손댈 수조차 없을 정도로 그의 기억 속에서 기다려 온 자유정신에 대한 수수께끼가, 그 커다란 해방의 수수께끼가 베일을 벗기 시작하리라. 그는 오랫동안 '왜 그토록 멀리 떨어져 있는가? 그토록 혼자 있는가? 내가 숭배하던 모든 것을 포기하고? 숭배 자체마저 체념하고? 자기 미덕에 대한 이 냉혹, 이 악의, 이 증오는 무엇 때문인가?' 하고 스스로 물어본 적이 없었다. 하지만 이제 감히 그것을 소리 높여 묻는다. 또 이미 그에 대한 대답도 듣고 있다.

'그대는 그대의 주인이며 또 그대 자신의 미덕의 주인도 되어야 했다. 이전에는 '미덕이' 그대의 주인이었다. 그러나 그 미덕은 다른 모든 도구들과 마찬가지로 그대의 도구이기만 하면 된다. 그대는 그대의 찬반을 지배하는 힘을 얻고, 그대의 더 높은 목적에 필요할 때마다 그러한 미덕을 떼어내든가 다시 붙이든가 하는 것을 배워야 했다. 그대는 모든 가치 평가에서 원근법을 터득해야 했다. 지평선의 이동과 왜곡, 표면상의 목적론과 원근법에 속한 모든 일을, 대립된 여러 가치에 대한 얼마간의 둔감성, 찬성에도 반대에도 으레 붙어 다니는 전반적인 지적 희생도 모든 찬반에 담긴 '필연적인' 불공정성을, 그 불공정도 삶에서 분리할 수 없는 것으로서, 그 삶 자체도 원근법이나 그것의 불공정성에 의해 '제약되고 있는' 것으로서 터득해야 했던 것이다. 특히 그대는 불공정함이 가장 심한 곳, 즉 가장 보잘것없이, 가장 소심하게, 가장 궁색하게, 가장 원시적으로 삶이 펼쳐지는데도 불구하고, '자기 자신'을 모든 사물의 목적과 기준으로 받아들이거나, 자기를 지탱하게 하기 위해서 더 높고, 더 위대한 것, 더 풍부한 것을 남몰래 조금씩 끊임없이 부수며 의심하지 않을 수 없는 그런 곳을 눈으로 보아야 했다. 그대는 '위계'의 문제를, 그리고 어떻게 권력과 권리와 원근법의 넓이가 서로 높아져가는가를 보아야 했다. 그대는 그렇게 해야만 했다.'

……이젠 그만하자, 자유정신은 어떠한 '그대는 해야만 한다'에 자신이 복종

해 왔는지, 그리고 지금은 무엇이 '가능한지', 비로소 무엇을 '해도 좋은지'를 이
제는 '알고 있다'…….

7

이와 같이 자유정신은 해방의 수수께끼에 대해서 스스로에게 해답을 주고
자기 경우를 일반화화면서 그 체험을 이렇게 결론 내린다. "나에게 일어난 것과
같은 일은, 인격화하여 '세상에 나타나고자' 하는 사명을 지닌 사람에게는 반
드시 일어나는 일이다"라고 그는 자신에게 말한다. 이러한 사명의 은밀한 힘과
필연성은 모르는 사이에 이루어진 임신처럼 개인의 운명 사이 또는 그 가운데
서 지배하고 있다. 그가 이 사명을 스스로 눈여겨보고 그 명칭을 알기 훨씬 전
부터 말이다. 우리의 사명은 우리가 아직 그것을 눈치채지 못할 때에도 우리를
좌우하고 있다. 우리의 오늘을 규제하는 것은 미래다. 자유정신인 우리가, '우리
의' 문제라고 말할 수 있는 것을 '위계의 문제'라고 가정한다면, 이제 우리 삶의
정오에서 우리는 그 문제가 우리 앞에 생기는 일이 '허용되기' 전에 어떠한 준
비·우회로·시련·유혹·변장을 필요로 했던가를 비로소 이해한다. 그리고 '인간'
이라 불리는 저 내면 세계의 모험가며 세계 항해자로서, 이와 똑같이 '인간'이라
불리는 모든 '더 고양되려는 자'나, '이미 겹쳐 쌓기를 내포하고 있는 자'의 측량
사로서, 곳곳에 돌진하고, 공포심도 없이 아무것도 조소하지 않고, 아무것도 잃
지 않고, 모든 것을 맛보고, 모든 것을 우연적인 것에서부터 정화하면서, 말하
자면 가려내면서. 그리하여 어떻게 우리가 가장 다양하고 가장 모순된 곤궁과
행복의 여러 상태를 영혼과 육체로 경험해야만 했는가를 비로소 이해한다. 마
침내 우리들 자유정신은 다음과 같이 말할 자격을 얻었다. "여기…… 하나의 '새
로운' 문제가 있다! 여기 하나의 긴 사다리가 있다. 그 계단에 우리 자신이 앉아
있었고 그것을 오르기도 했다. 우리 자신이 언젠가 그 사다리였던 적도 있다!
여기에 더 높은 것, 더 깊은 것, 우리 아래에 있는 것, 하나의 엄청나게 긴 서열
이, 하나의 위계가 있다. 그것을 우리는 보고 있다. 여기에, '우리의' 문제를"

8

이 책이 방금 말한 발전 단계에서 어떤 위치에 속해 있는지(또는 놓여 있는지)

는 어떠한 심리학자나 점쟁이도 알 수 있다. 그러나 오늘날 어디에 심리학자가 있는가? 프랑스에는 확실히 심리학자가 있다. 아마 러시아에도 있을 것이다. 그러나 분명히 독일에는 없다. 무엇 때문인지는 몰라도 오늘날 독일인들은 아직도 이런 일을 명예로운 일이라고까지 생각하는데, 그럴 만한 근거가 전혀 없는 것은 아니다. 이 점에서 비독일적인 또는 그렇게 되어 버린 사람에게는 이 책이 좀 불편할 것이다! 이 '독일' 책은 광범한 여러 국가와 민족 가운데서 독자를 발견할 수 있었으며(약 10년간 나돌고 있다), 외국인의 냉담한 청각까지 매혹하는 어떤 음악이나 피리 부는 기술까지도 터득한 것이 틀림없다. 하지만 이 책은 바로 독일 독자들에게서 가장 냉대를 받았으며, 그들에게 가장 불쾌하게 '들렸던' 것이다. 그것은 무슨 이유에서인가? 나는 이런 말을 들었다. "이 책은 너무나 많은 것을 요구한다. 이 책은 무거운 의무의 압박이 없는 사람들에게 알맞다. 또한 이 책은 섬세하고 세련된 감각을 기대하며 과잉을 바란다. 시간, 하늘이나 마음의 명쾌함, 가장 대담한 의미에서의 '한가함' 등의 과잉을…… 오늘날 우리 독일인이 갖고 있지도 않은, 따라서 줄 수도 없는 좋은 것뿐이다." 이러한 정중한 대답에 나의 철학은 침묵할 뿐 더는 묻지 말라고 나에게 충고한다. 특히 어떤 경우에는 속담이 암시하는 대로, 다만 침묵함으로써만 철학자로서 '존재할 수 있는' 것이므로.[3]

1886년 봄 니스에서

---

3)최후의 로마 철학자이자 최초의 스콜라 철학자로 칭해지는 보에티우스가 했다고 많이 알려진 "오, 그대가 침묵만 했더라면, 철학자로 남을 수 있었을 텐데(O si tacuisses, philosophus mansisses)." 라는 말을 시사하는 것으로 보인다.

<h1 style="text-align:center">제1장
최초와 최후의 사물에 대해</h1>

1

개념과 감각의 화학—철학의 여러 문제들은 오늘날 모든 점에서 또다시 2천 년 전과 같은 질문 형식을 취한다. 즉 한 사물이 어떻게 그것과는 정반대되는 것에서 생길 수 있는가라는 것이다. 예컨대 어떻게 이성적인 것이 이성적이지 않은 것에서, 감각이 있는 것이 죽은 것에서, 논리가 비논리에서, 무관심한 직관이 열망에 찬 의지에서, 다른 사람들을 위한 삶이 이기주의에서, 진리가 온갖 오류에서 생길 수 있을까? 형이상학적 철학은 이제까지 어떤 것이 다른 것에서 생겨남을 부정하고, 한결 높은 가치가 주어지고 있는 사물에 대해서는 '사물 자체'의 핵심이나 본질에서 직접 나온다는 기적 같은 기원을 받아들임으로써 문제점에서 벗어날 수 있었다. 이와 달리 이미 자연 과학과 분리해서는 결코 생각할 수 없는 모든 철학적 방법 중에서 가장 최근에 나타난 역사적 철학은 통속적 또는 형이상학적 견해에 흔히 있는 과장된 대립 말고는 어떤 대립도 없다는 것, 그리고 이성의 오류도 이러한 대립에 말미암는다는 것을 낱낱의 경우들로 밝혀냈다(그리고 아마도 이것은 모든 경우에 이 철학의 결론이 되리라). 역사적 철학의 해석에 따르면, 엄밀히 말해서 이타주의적인 행위도 없고 완전히 무관심한 직관도 없다. 이 두 가지는 모두 근본 요소가 거의 증발해 버린 듯이 보이며, 오직 가장 섬세한 관찰로써만 겨우 그 존재를 스스로 입증하는 승화작용에 지나지 않는다. 우리에게 필요하고 현재 개별 학문의 수준에서 비로소 우리에게 주어질 수 있는 것들은 모두 도덕적·종교적·미학적 표상이나 감각의 '화학'이다. 또한 문화와 사회의 크고 작은 교류 안에서뿐만 아니라 고독 속에서 뼈저리게 체험하는 그 모든 감동의 '화학'이다. 만약 이 화학이라는 영역에서도 가장 훌륭한 색채마저도 품위 없을 뿐 아니라 오히려 멸시되는 재료에서 얻어진 것이라는 결론으로 끝난다면 어떨까? 많은 사람들이 그와 같은 탐구를 수행할 기분이 날까? 인류는 유래나 기원에 대한 질문을 의식에서 몰아내기를 즐긴다. 그 반대의 경향을 자기 속에 느끼려면 우리는 거의 탈인간화되어야 하지 않을까?

2

철학자의 유전적 결함 — 모든 철학자는 현대의 인간에서 출발해 그것을 분석함으로써 목표에 다다르려는 공통된 오류를 지니고 있다. 그들은 뜻밖에도 '인간'을 '영원한 진리'로서, 온갖 소용돌이 속에서도 불변하는 것으로, 사물의 정확한 척도로 본다. 그러나 철학자가 인간에 대해서 말하는 것은 모두가 아주 '한정된' 시기의 인간에 대한 증언에 지나지 않는다. 역사적 감각의 결여는 모든 철학자가 지닌 유전적 결함이다. 특정한 종교나 정치적 사건의 자취에서 생겨난 아주 최근의 인간 형태를 우리가 출발점으로 삼아야 할 확고한 형태라고 생각하는 철학자들도 적지 않다. 그들은 인간이 생성되어왔고, 인식 능력 또한 생성되어왔다는 점을 알려고 하지 않는다. 더구나 그들 가운데 몇몇은 전체 세계까지도 이 인식 능력에서 감히 만들어낸다. 그런데 인간 발달의 '본질적인 것'은 모두 우리가 대강 알고 있는 4천 년의 시간보다 훨씬 전에 나타났다. 이 4천 년 동안 인간은 그리 큰 변화를 일으키지 않았던 것 같다. 그러나 철학자는 거기에서 현대적 인간의 '본능들'을 찾아내어 이것이 인간의 불변의 사실에 속하며, 그러한 의미에서 세계 일반을 이해하기 위한 열쇠가 될 수 있다고 단정한다. 목적론 전체는, 최근 4천 년간의 인간을 세계 만물이 최초부터 자연적인 방향으로 지향해 온 '영원한' 인간이라고 이야기하는 것에 기초해서 성립되었다. 그러나 만물은 생성해 온 것이다. 절대적 진리가 없듯이 '영원한 사실'도 없다. 따라서 앞으로는 '역사적으로 철학하는 태도'가 필요하며, 그와 함께 겸양의 덕도 필요하다.

3

초라한 진리의 존중 — 형이상학적·예술적인 시대와 인간에게서 유래하는 즐겁고 눈부신 오류보다도 엄밀한 방법으로 발견된 작고 눈에 띄지 않는 진리를 높이 평가하는 것은 고급 문화의 특징이다. 먼저 사람들은 진리와 오류 사이에는 동등권 따위가 있을 리 없다는 듯 입술에 조소를 띤다. 그처럼 이 진리는 겸손하고 소박하며, 냉담하고, 그뿐 아니라[1] 외견상 실망하기에 알맞으며, 저 오류는 아름답고 화려하게, 상대를 취하게 할 만큼, 나아가서는 보는 이로 하여금 넋을 잃게 할 만큼 꾸미고 서 있다. 그러나 고생 끝에 얻은 것, 확실한 것, 영속적인 것, 그 때문에 앞으로의 모든 인식을 위해서도 가치 있는 것이 실제로 한결 더 숭고한 것이며, 여기에 편드는 일이야말로 남자다운 일이며, 용기·솔직성·절제심을 드러내는 것이다. 인간이 드디어 확고하고 영속적인 인식을 보다 높게 평가하는 일에 익숙해지고, 진리의 영감이나 기적적 전파에 대한 모든 신앙을 잃어버릴 때, 차츰 개개인뿐만 아니라 온 인류가 이 남자다운 영역에까지 고양될 것이다. 물론 '형식'을 숭배하는 자들은 미와 숭고성에 대한 그들의 표준을 가지고 있어, 눈에 띄지 않는 진리를 존중하고 학문 정신이 지배하기 시작하자마자 우선은 조롱하기에 충분한 근거를 찾게 될 것이다. 그러나 그것은, 그들이 '가장 소박한' 형식의 매력에 눈을 감고 있기 때문이거나, 또는 그 정신이 그런 학문적 정신으로 교육된 사람들의 내면에까지 완전히 파고들지 못해서 그들이 아직도 무턱대고 낡은 형식을 본뜨고 있기 때문이다. (더욱이 그들은 이 일을, 어떤 일에 별 열의를 갖지 않은 사람이 그렇듯이 참으로 형편없이 해나간다). 옛날에는 정신이 엄밀한 사고에 의해 고통을 받지는 않았다. 그 무렵 정신의 중대사는 상징과 형식을 짜 내는 데 있었기 때문이다. 그것은 변화했다. 상징적인 것을 그처럼 진지하게 대하는 것이 하위 문화의 특징이 되어 버렸다. 우리의 예술조차도 차츰 지적으로 흐르게 되고, 우리의 감각은 더욱 정신적으로 되어간다. 예를 들면 감각적으로 기분좋은 것에 대해서 오늘날에는 백 년 전과 전혀 다른 판단을 내리듯이, 우리의 생활 양식도 한결 '정신적'이 되고, 아마도 고대의 눈으로 보면 더욱 '추악'하게 보일 것이다. 그러나 그것은 내면적·정신적인 미의 세계가 어떻게 더욱 깊어지고 확장돼 나가는 것인지, 그리고 오늘날 어느 정도까지 재기에 넘치는 시각이 가장 아름다운 체격이나 가장 숭고한 건축물보다도 중요시되고 있는지, 우리에게 허용된 그 한계를 고대의 시각으로서는 알 수 없

---

1) '그뿐 아니라'는 슐레히타 판에서는 '그토록'으로 되어 있다.

기 때문이다.

4

점성술과 그와 비슷한 것—종교적·도덕적·미학적 감각의 대상들 또한 모두가 단순히 사물의 표면에 지나지 않을지도 모르는데, 인간은 여기서 적어도 자신만은 세계의 중심에 닿아 있다고 믿기 쉽다. 그러한 사실은 인간을 매우 행복하게 하거나 또는 아주 불행하게 하기 때문에 인간은 착각에 빠지며, 그래서 여기에서도 점성술의 경우에서처럼 오만함을 보인다. 왜냐하면 점성술은 별이 총총한 하늘이 인간의 운세를 둘러싸고 도는 것이라고 믿고 있지만 도덕적 인간은 본질적으로 자신의 마음에 관련되는 것이 사물의 본질이자 핵심이어야만 한다고 전제하기 때문이다.

5

꿈의 오해—미개한 원시문화 시대의 인간은 '제2의 현실세계'는 꿈속에서 인식된다고 믿었다. 여기에 모든 형이상학의 기원이 있다. 꿈이 없다면 세계를 분류할 아무런 계기도 없었을 것이다. 영혼과 육체를 분리하는 것 또한 꿈에 대한 가장 오래된 해석과 관계가 있다. 영혼이 일시적인 육체에 깃들어 있다는 가정, 따라서 모든 정령의 신앙이나 다신교 신앙의 유래도 마찬가지다. "죽은 자는 계속 생존한다. '왜냐하면' 그는 꿈을 통해 살아 있는 자에게 나타나기 때문이다." 인간은 이렇게 지난 몇천 년동안 추리해 왔다.

6

전체가 아니라 부분에서 강력한 학문정신—'가장 작게' 분리된 학문의 영역은 순전히 객관적으로만 다루어진다. 이에 반해서 보편적이고 포괄적인 여러 학문은, 전체를 관찰하며, '무엇 때문에?' '어떤 이익 때문에?'라는 비객관적인 질문을 제시한다. 이렇듯 효용성을 고려하기 때문에 학문은 전체적으로 보아 비개성적으로 다루어지기보다는 그 부분들로서 다루어지는 일이 더 많다. 게다가 총제적 학문의 피라미드의 정점인 철학의 경우에는 자기도 모르는 사이에 인식 일반의 효용성에 대한 질문이 자연스럽게 던져지고, 그래서 모든 철학은 무의식적으로 인식에다 '최고의' 효용성을 두려는 의도를 갖는다. 그 때문에 모든 철학에는 그토록 높이 날아오르는 형이상학이 있고, 물리학의 무의미하게 보이는 해답에 대한 혐오가 있다. 왜냐하면 삶에 대한 인식의 의의는 가능한 한 크게 부각되어야 하기 때문이다. 이런 점에서 저마다의 학문들과 철학 사이의 대립 관계가 생겨난다. 철학은 예술이 바라듯이 삶과 행위에 대해서 최대의 깊이와 의미를 부여하려고 한다. 이와 달리 학문은 인식만을 추구할 뿐, 그 이상은 추구하지 않는다. 어떤 결과가 나타나더라도, 철학이 인식에 대한 변호가 되지 않았다고 할 수 있는 철학자는 오늘날까지 아무도 없다. 인식에다 최고의 효용성을 부여해야 한다고 판단한다는 점에서는 모든 철학자가 낙관론자이다. 그들은 모두 논리학의 횡포에 굴복한다. 그리고 논리학은 본질적으로 낙관론이다.

7

학문에서 질서를 어지럽히는 사람―인간이 가장 행복하게 살 수 있는 세계와 삶의 인식은 어떤 것인가? 이런 문제가 대두되었을 때 철학은 학문에서 분리되었다. 그것은 소크라테스 학파에서 일어난 일이다. '행복'의 관점에 따라서 학문 연구의 명맥은 제한을 받았다. 그리하여 오늘날에도 여전히 제한받고 있다.

8

자연이 정령을 지니고 있다는 해석―형이상학은 교회와 신학자들이 한때 성서에 대해서 그랬던 것처럼, 자연이라는 책을 '정령을 지닌'것으로 해석한다. 책이 말하고자 하는 것에 대해 순수하게 이해를 하자. 하지만 '이중'의 의미는 추측하거나, 특히 전제하지 말아야 한다. 오늘날 문헌학자가 모든 책에 대해서 이루어 놓은 것과 같은 엄밀한 해석술을 자연에 적용하려면 매우 깊은 이해력이 필요하다. 그러나 잘못된 해석술은 책에 대해서조차도 결코 완전하게 극복되지 않고, 가장 교양 있는 사회에서도 여전히 계속 우의적·신비적인 그릇된 해석의 잔재가 남아 있는 것처럼, 자연에 대해서도 아직 그러한 상태에 있다. 아니 오히려 훨씬 더 심하다.

9

형이상학적 세계—형이상학적 세계가 '있을지도 모른다'는 것은 사실이다. 그것의 절대적인 가능성에 대해서는 논쟁의 여지가 없다. 우리는 모든 사물을 인간의 두뇌로써 관찰하는 것인 만큼, 이 머리를 잘라 버릴 수는 없다. 그러나 만약 인간의 머리를 베어 버린다면, 그때 세계에 여전히 존재하는 것은 무엇일까 하는 질문이 남게 된다. 이것은 순수한 학문적 문제며, 사람의 마음을 괴롭히는, 그리 적절하지 않은 질문은 아니다. 그러나 이제까지의 모든 형이상학적 가정이 '가치에 충만한, 놀라움에 가득 찬, 환희에 넘친' 것이었고, 이런 가정들을 만들어낸 것은 정열·오류·자기 기만이다. 최선의 인식 방법이 아닌 최악의 인식 방법이 그것들을 믿도록 가르쳐 왔다. 현존하는 모든 종교와 형이상학의 기초이기도 한 이러한 방법을 폭로해 버리면, 그것들을 논박하는 결과가 된다. 그때에 가서도 그 가능성은 여전히 남아 있기는 하나, 그런 가능성으로 인간은 아무것도 시작할 수 없다. 하물며 행복·안녕·생명을 이러한 거미줄처럼 약한 가능성에 걸어 둘 수는 없다. 왜냐하면, 형이상학적 세계에 대해서는 하나의 다른 존재, 즉 우리가 가까이 갈 수도 파악할 수조차 없는 별개의 존재라고밖에 말할 수 없기 때문이다. 그것은 부정적인 어떤 특징을 지닌 사물일지도 모른다. 이 같은 세계의 존재가 잘 증명되었다 해도, 이러한 인식은 모든 인식 중에서도 가장 무의미한 일일지도 모른다. 즉 폭풍의 위험 속에 있는 뱃사람이 물의 화학적 분석을 인식하는 것보다도 훨씬 더 의미 없는 일일지도 모른다.

10

미래의 형이상학의 무해함—종교·예술·도덕의 성립도, 그 과정의 시작과 진행 과정에서 '형이상학적인 것이 관여하기 시작한다'는 가정으로 도피하지 않고, 완전히 설명할 수 있도록 기술되면, '사물 자체'와 '현상'에 대한 순수하고도 이론적인 문제에 대한 관심도 사라진다.

왜냐하면 어쨌든 우리는 종교·예술·도덕을 '세계의 본질 그 자체'와 연관 짓지는 않기 때문이다. 우리는 관념의 영역에 머물러 있으며, 어떠한 '예감'도 우리를 보다 멀리 나아가게 하는 일 따위는 불가능하다. 어떻게 우리의 세계상이 추리된 세계의 본질과 이처럼 심하게 서로 다른가 하는 질문을, 사람들은 그야말로 안이한 생각으로 심리학과, 유기체와 개념의 발달사에 맡겨 버린다.

11

이른바 학문이란 것으로서의 언어—문화의 발달에서 언어의 의의는 인간이 언어에 힘입어 다른 세계와 어깨를 겨룰 수 있는 하나의 자기 세계를 세웠다는 데 있다. 즉 다른 세계를 기초부터 바꾸어 거기에 군림할 수 있을 정도로 견고한 터전을 수립했다는 점에 있다. 인간은 사물의 개념이나 명칭을 '영원한 진리'라고 오랫동안 믿어 왔기 때문에 동물보다 뛰어나다는 자부심에 빠져 있었다. 실제로 인간은 언어로 세계를 인식할 수 있다고 믿었다. 언어의 창조자는 자신이 사물에 오직 기호를 붙여 주고 있는 것뿐이라고 믿을 만큼 겸손하지 못하고 오히려 그들이 사물에 대한 최고의 지식을 언어로 표현한 것이라고 망상했다. 사실 언어는 학문을 위한 노력의 제1단계인 것이다. 여기에서도 가장 강력한 힘의 원천은 '진리를 발견했다는 믿음'이다. 훨씬 뒤인 오늘에 와서야 인간은 비로소 언어에 대한 믿음으로 인해 엄청난 오류가 널리 퍼지고 말았다는 사실을 어렴풋이 알게 되었다. 다행히 그 믿음에서 나오는 이성의 발전을 다시 되돌리기에는 이미 때가 늦었다. '논리학' 또한 현실 세계에는 결코 서로 어울리는 점이 없다는 전제, 예컨대 여러 사물의 동일성이라든가 서로 다른 시점에 있는 같은 사물의 동일성이라는 전제에 근거한다. 그러나 논리학은 현실과는 상반된 믿음(그러한 것이 현실 세계에는 확실히 있다는 것)으로 성립된 것이다. '수학'도 마찬가지다. 만약 사람들이 처음부터 자연에는 결코 정확한 직선이나 참된 원, 절대적인 크기의 척도 따위는 없다는 것을 알았다면, 수학 또한 성립되지 않았을 것이다.

12

꿈과 문화—잠으로 가장 심하게 손상되는 두뇌의 기능은 기억력이다. 기억력이란 완전히 멈추는 것이 아니고, 인류의 원시 시대에 낮에 깨어 있는 동안 누구나 그럴 수 있는 것처럼 불완전한 상태로 후퇴했을 뿐이다. 실제로 이러한 기억력은 임의적이며 혼란을 빚어내고 있어서 아주 어렴풋이 닮았다는 것만으로도 언제나 사물을 혼동한다. 그러나 그 임의성과 혼란으로 여러 민족들은 자신들의 신화를 창조해 냈다. 그리고 지금도 여행자는 미개인이 얼마나 잘 잊어버리는지, 잠깐 기억력이 긴장한 뒤에는 얼마나 그 정신 상태가 비틀거리기 시작하는지, 그리고 단순한 허탈감에서 거짓말이나 헛소리를 하는 것을 흔히 관찰한다. 그러나 우리도 꿈속에서는 이 미개인과 마찬가지며, 엉터리 재인식이나 그릇된 동일시가 꿈속에서 우리가 저지르는 엉터리 추론의 근원이다. 그래서 꿈을 뚜렷하게 눈앞에 떠올릴 때 이렇게 많은 어리석음을 숨기고 있었나 하고 우리는 스스로 놀란다. 꿈의 표상의 실재성을 무조건 믿는다는 것을 전제로 하면, 모든 꿈의 표상은 지나치게 명료하여 과거에 인류가 겪었던 상태, 즉 환상이 매우 자주 나타나 때론 주민 전체, 민족 전체를 동시에 휩쓸었던 상태를 우리에게 다시 떠오르게 한다. 따라서 잠이나 꿈속에서 우리는 옛날 사람들이 겪었던 과업을 또 한번 경험하는 것이다.

13

꿈의 논리—잠을 자는 중에도 우리의 신경 조직은 끊임없이 여러 내적 동기에 자극받고, 거의 모든 기관이 분비하고 활동하고 있다. 혈액은 세차게 순환하고, 잠자는 사람의 자세는 몸의 각 부분을 압박하고, 이불은 감각에 여러 영향을 주며, 위는 소화를 계속하여 그 운동으로 다른 기관을 자극하고, 내장은 헐떡이며, 머리의 위치는 서 있을 때와는 다른 상태를 근육에 일어나게 하고, 지면을 발바닥으로 밟지 않고 있는 맨발은 온몸에 다른 옷을 입었을 때처럼 보통과 다르다는 감정을 불러 일으킨다. 이 모든 것은 날마다 변화의 정도가 다르지만 그 특징에 따라서 두뇌기능에까지 모든 조직을 자극한다. 그러므로 정신 자체에는 기이한 느낌이 들어 이러한 자극의 '근거'를 찾기 위한 수많은 동기가 생겨나게 된다. 그런데 꿈은 자극을 받은 그 감각의 원인, 즉 그럴 것이라 추정되는 '원인을 탐구하고 표상'하는 것이다. 예를 들면 발에 가죽 끈 두 가닥을 감고 있는 사람은 아마도 두 마리의 뱀이 발을 휘감고 있는 꿈을 꾸게 될 것이다. 이것은 처음에는 하나의 가정이지만 나중에는 신념이 되어 조형적 표상과 허구를 수반한다. 이 뱀은 내가 잠자는 동안 느끼는 감각의 '원인'임에 틀림없다고 잠든 사람의 정신은 판단한다. 이렇게 추론되기 직전의 과거는 자극된 상상력으로 그에게는 현실이 된다. 그래서 꿈꾸는 사람이 자신에게 들려 오는 강한 소리, 예컨대 종소리나 대포 소리를 얼마나 빨리 꿈속으로 짜넣는가를, 즉 그는 꿈을 출발점으로 해서 '나중에' 설명을 덧붙이는 것이므로 처음 꿈의 계기가 되는 상태를 체험하고, 이어서 그 소리를 체험한다고 '믿게' 된다는 것을 누구나 경험으로 알고 있다. 그러나 꿈꾸는 사람의 정신이 언제나 잘못된 판단을 내리는 것과 달리 같은 사람의 정신이 깨어 있는 동안에는 아주 냉정하고 조심성이 있으며 가설에 대해 그토록 회의적인 것은 왜일까? 어떤 감정을 설명할 경우 최초의 가설에 만족하고 곧 그 진리를 믿어 버리는 것은 왜일까?(우리가 꿈속에서는 꿈을 마치 현실인 것처럼 믿기 때문이다. 즉 우리의 가설이 완전히 증명된 것으로 여기기 때문이다.) 내 생각에는 사람들이 이제까지도 꿈속에서 추리하는 것처럼 인류는 '깨어 있을 때에도' 몇천 년 동안을 그렇게 추리해 왔다. 무엇인가 설명하기 위해서 정신이 착안한 최초의 '원인'에 만족하고 진리로 여겼던 것이다. (여행자의 이야기로는 미개인들은 오늘날도 그렇게 하고 있다고 한다.) 우리 내부에 있는 아주 오래된 이 인간성의 한 부분이 꿈속에서 훈련을 계속하고 있다. 왜냐하면 그것을 기초로 보다 높은 이성이 발전해 왔고, 나아가 그것은 여러 사람들 사이에서 아직도 발전해 가고 있기 때문이다. 꿈은 우리를 인간 문화 훨씬 이전의 여러 상태로 다시 이끌어 가고, 그 상태를 더 잘 이해하는 수단을 제공해 준다. 현재 몽상이 우리에게 아주 쉬운 것도, 우리가 인류의 헤아릴 수 없이 긴 발전 단계 가운데에서 최초의 제멋대로의 착상에서 나온 공상적이고 안이한 이 설명 형식을 그야말로 잘 훈련받아 왔기 때문이다. 이런 의미에서의 꿈은 낮 동안에는 고급 문화가 제시하는 사고의 엄격함을 충족해야만 하는 두뇌를 위한 하나의 휴식이다.

　이와 비슷한 사상을 바로 꿈의 입구와 현관으로서 깨어 있는 지각 속에서도 찾아낼 수 있다. 우리가 눈을 감으면 두뇌는 여러 광채의 인상이나 색채를 생산한다. 아마도 낮 동안 뇌에 들어와 있는 모든 빛의 작용의 한 가닥 여파나 반향일 것이다. 그런데 지각은 (상상력과 힘을 모아서) 그 자체로는 형체가 없는 이 색채의 장난을 곧바로 일정한 모양·형태·풍경·활기를 띠는 것들로 만들려는 작용을 한다. 이때 근본적인 과정은 결과에서 원인을 이끌어내는 하나의 추리다. 어디에서 이 빛의 인상이나 색채가 오는 것일까라는 질문을 하면서, 정신은 원인으로 그 모양이나 형태를 가정한다. 정신은 이것들을 그 색채와 빛의 유인이라고 여긴다. 왜냐하면 정신은 낮 동안 눈을 뜨고 있을 때 모든 색채와 빛의 인상에 대한 동기가 되는 원인을 발견하는 데 길들어 있기 때문이다. 여기서 상상력은 그것을 만들어 내기 위해서 낮 동안의 시각 인상에 의지하면서 언제나 영상을 정신에 가져다 붙인다. 꿈속의 상상 또한 마찬가지다. 즉 원인으로 결과에서 추리되어 결과를 '뒤쫓아' 표상된다. 이 모든 것이 이상할 만큼 빨리 행해지므로 마술사의 행동을 구경할 때처럼 판단에 혼란이 생기고 앞뒤관계가 동시에 있는 것처럼, 뒤바뀐 것처럼 보이기조차 하는 것이다.

이러한 사실로부터 우리는, 우리의 이성과 지각의 기능이 지금도 여전히 알지 못하는 사이에 저 원시적인 추리 형식을 따르고 있고 우리 삶의 거의 절반을 이 상태로 살아가고 있다면, 보다 예리한 논리적 사고·원인·결과에 대한 해석을 '얼마나 늦게' 발전시켜 왔는가 하는 것을 짐작할 수 있다. 시인이나 예술가도 전혀 사실이 아닌 원인을 자신의 기분이나 상태에다 떠넘기는데 그런 점에서 그는 고대의 인간을 떠올리게 해주며, 우리가 고대의 인간을 이해하는 데 도움을 줄 수 있다.

14

함께 울려퍼짐—거의 '좀더 강한' 기분은 비슷한 감각과 기분이 함께 울려퍼지는 현상을 가져온다. 이른바 그것은 기억을 자극한다. 그러한 기분에 젖어들 때 우리 속에 있는 무언가가 떠올라 그와 유사한 상태나 그것의 유래가 의식된다. 이렇듯 감정과 사상이 습관적으로 재빠르게 결합되어, 마침내 결합이 번개같은 속도로 잇달아 일어나게 되면, 이미 그것은 복합체가 아니라 '단일체'로 느껴진다. 이런 의미에서 사람들은 도덕적 감정과 종교적 감정이 단일체인 것처럼 이야기한다. 사실 이것은 수많은 원천과 지류를 가진 흐름이다. 때때로 그렇듯이 여기에서도 말의 단일성은 사물의 단일성을 전혀 보증하지 못한다.

15

세계에는 내면도 외면도 없다—데모크리토스가 상하 개념을 아무 의미없는 무한의 공간에 옮겨 놓은 것처럼, 철학자들은 일반적으로 '내면·외면'의 개념을 세계의 본질과 현상으로 옮겼다. 사람들이 깊은 감정과 더불어 깊은 내면에, 자연의 중심 가까이에 이르게 된다고 철학자들은 믿는다. 그러나 이와 같이 감정이 깊다는 것은, 우리가 깊다고 말하는 어떤 종류의 복잡한 한 무리의 사상이 이러한 감정과 함께 거의 느낄 수 없을 만큼 규칙적으로 자극을 받고 있는 한에서만이다. 우리가 그에 따른 사상이 깊다고 여길 때, 그 감정은 깊은 것이다. 그럼에도 '깊은' 사상이, 이를테면 모든 형이상학적 사상처럼 진리에서 동떨어져 있는 경우도 있다. 깊은 감정에서 그 속에 섞인 사상적 요소를 빼버리면 '강한' 감정이 남는다. 그리고 이 강한 감정이 그 자체로서 아무런 인식의 보증이 되지 않는 것은 마치 강한 신앙이 그 신앙의 강함을 증명하기는 하지만, 믿게 된 것이 진리라는 것은 증명하지 못하는 것과 마찬가지다.

16

현상과 사물 자체—철학자들은 삶이나 경험 앞에서, 즉 그들이 현상계라 부르는 바로 그것 앞에서, 단 한 번 보여져서 불변의 동일한 사상을 나타내고 있는 한 폭의 그림 앞에 서 있기라도 하듯 자세를 취하곤 한다. 이 사상을 올바르게 해석해야만 한다고 철학자들은 믿는다. 이렇게 해서 그 그림을 낳게 한 본질을, 즉 언제나 현상계의 충족 이유라고 여겨지는 어떤 사물 자체를 추론하기 위해서다. 반면 더 엄격한 논리학자는 형이상학적인 것의 개념을 제약되지 않은 것, 따라서 아직 제약하지도 않는 것이라고 날카롭게 규정한 뒤에, 제약되지 않은 것(형이상학적 세계)과 우리에게 알려진 세계와의 어떠한 관련성도 부정해버렸다. 그래서 사물 자체는 결코 현상에 나타나지 '않으며', 현상에 나타난 사물 자체에 대한 어떠한 추론도 부정되어야 한다는 것이다. 그러나 이 두 가지 모두 다음과 같은 가능성을 간과하고 있다. 지금 우리 인간에게 삶과 경험이라고 일컬어지는 그 그림은 점진적으로 '생성되어 온' 것이고, 그뿐 아니라 아직도 전적으로 '생성' 과정에 있으며, 그 때문에 그로부터 창시자(충족 이유)에 대한 추론을 하거나 그것을 부정해도 될 만한, 확정된 크기로 여겨서는 안 된다는 것이다.

수천 년 전부터 우리는 도덕적·미학적·종교적 요구와 맹목적인 애착·정열, 또는 경외감을 가지고 세상을 바라보아 왔고, 비논리적인 사고의 악습에서 벗어나지 못했기 때문에 이 세계는 점차 이처럼 이상할 만큼 다채롭고, 끔찍하게 의미심장하고 영혼으로 가득 찬 것이 '되었다'. 세계가 색채를 띠게 된 것이다. 그러나 색을 칠한 것은 바로 우리였다. 인간의 지성이 현상을 나타나게 했으며, 자기의 그릇된 근본 해석을 사물에 끌어들였다. 나중에, 훨씬 뒤에, 지성은 제정신으로 돌아온다. 그리고 이제 지성에게는 경험계와 사물 자체가 이상하게도 서로 다르고 분리된 것으로 보이므로, 지성은 전자에서 후자로의 추리를 거부한다. 또는 몸서리칠 만큼 의미심장한 방법으로 우리의 지성과 개인 의지를 '포기'하라고 요구한다. 스스로 '본질적이 됨으로써' 본질적인 것에 이르기 위해서이다.

이와 달리 다른 사람들은 지성의 모든 오류에서 나와 우리에게 전해진 세계 표상인 우리 현상계의 모든 성격적인 특징을 끌어모아, '지성을 유죄라고 비난하는 대신', 사물의 본질이 이러한 실제적이고 매우 기분 나쁜 이 세계 특성의 원인이라고 고발하고 존재로부터의 구원을 설교해 왔다. 이러한 견해들로 인해 '사유 성립사'에서 언젠가는 최고의 승리를 누리게 될 수도 있는 학문의 끊임없는 어려운 과정은 결정적으로 끝나고 말 것이다. 그 결과는 아마도 다음과 같은 명제에 돌아온다고 봐도 좋을 것이다. 현재 우리가 세계라 부르는 것은, 유기체의 발전 전반에 걸쳐 차츰 성립되고 서로 엉겨 붙어 오늘에 와서는 과거 전체의 축적된 보물로서 우리에게 상속되는 한 무리의 오류와 공상의 결과다. 보물이라고 한 까닭은 우리 인간의 '가치'가 거기에 바탕을 두고 있기 때문이다. 엄밀한 의미의 학문도 감각의 오래된 습관의 위력을 결정적으로 끊을 수 없는 한 사실상 이러한 표상계에서 우리를 보잘것없는 만큼 해방할 따름이다.

또 이러한 것들은 조금도 바람직하지 않지만, 학문은 표상으로서의 세계 성립사를 그야말로 한 발 한 발 밝혀 나갈 수는 있다. 그리고 적어도 얼마간은 사상 전체를 뛰어넘어 우리를 높일 수도 있다. 아마도 그때 우리는 사물 자체가 호메로스의 웃음만큼 가치 있다는 것, 그뿐 아니라 만능이라고도 '보였던' 것인데, 사실은 공허한 것, 즉 무의미하다는 것을 깨달을 것이다.

17

형이상학적 설명—젊은 사람들이 모든 형이상학적 설명을 존중하는 것은, 그 설명들이 그들에게는 불쾌한 것, 경멸스럽게 생각했던 사물에 대해 의미 있는 것을 제시해 주기 때문이다. 그리고 그가 자신에게 불만족하고, 참으로 가혹하게 자신을 비난하는 것 속에서 가장 내면적인 세계의 수수께끼 또는 세계의 참사를 재인식한다면 이 감정은 한결 가벼워진다. 자신을 좀 더 무책임하게 느끼는 것과 함께 사물을 더욱 흥미있게 보는 것, 이것이 형이상학의 덕택에 얻을 수 있는 이중의 은혜라고 그는 생각한다.

물론 그는 나중에 가서 형이상학적 설명 방법 전체에 불신의 마음을 품게 된다. 아마 그때 그는, 그 작용이 다른 방법으로도 똑같이 훌륭하고 좀더 학문적으로 이루어질 수 있다는 것을 통찰할 것이다. 즉 물리적·역사적 설명도 최소한 무책임이라는 감정을 불러온다는 것, 그리고 삶과 삶에 따르는 여러 문제에 대한 흥미가 아마도 그때보다 더 크게 불타오르게 된다는 것을 통찰할 것이다.

18

형이상학의 근본 문제 — 언젠가 사유 성립사라는 것이 씌어진다면 어느 뛰어난 논리학자의[2] 다음과 같은 명제도 새롭게 조명될 것이다. "인식 주체의 근원적·보편적 법칙은 모든 대상 자체를 그 고유의 본질 안에서 자기와 동일시하는, 따라서 스스로 실재하고 근본적으로 언제나 동일하고 불변인 대상으로서, 요컨대 실체로서 인식해야 할 내적 필연성 안에서 성립한다." 여기에서 '근원적'이라고 일컬어진 이 법칙 또한 생성된 것이다. 어떻게 서서히 이 경향이 하등 유기체에서 성립했는지, 어떻게 둔한 두더지 눈이 처음에는 언제나 같은 것밖에 보지 못하는지, 그리고 쾌·불쾌의 온갖 자극이 더욱더 인식됨에 따라 어떻게 서서히 여러 실체들은 구별이 되었는지, 그러나 각각 '하나의' 속성, 즉 이 유기체에 단 하나의 관계만을 갖게 되는지의 문제는 언젠가 밝혀질 것이다. 논리적인 것의 제1단계는 판단이다. 가장 뛰어난 논리학자들의 확인에 따르면 판단의 본질은 신앙에 있다. 모든 신앙의 근본에는 느끼는 주체와 관련된 '유쾌함 또는 고통의 감각'이 깔려 있다.

두 종류의 선행된 개개의 감각의 결과인 새로운 제3의 감각이 가장 낮은 차원의 형태에서의 판단이다. 우리 유기적 존재자는 근본적으로 어떤 사물이 유

---

2) 스피르(Afrikan Spir, 1837~1890)를 말한다. 러시아 태생으로 스위스 제네바에 거주한 철학자. 그의 《사고와 현실》(1873년)을 니체는 바젤 대학교 도서관에서 빌려 읽었다.

쾌함 또는 고통으로 '우리'와 관계되지 않는 한 아무런 흥미를 느끼지 못한다. 우리가 이 관계를 의식하고 있는 온갖 순간들과, 감각하고 있는 여러 상태 사이에는 정지·무감각의 상태가 있다.

그때 세계는, 그리고 각 사물은 우리에게는 흥미가 없고, 우리는 사물에서 일어나는 변화를 전혀 눈치채지 못한다(무언가에 열심히 골몰해 있는 사람이 누군가가 옆을 지나가도 눈치 채지 못하는 것과 같다). 식물에게 보통 모든 사물은 정지해 있으며 영원하고, 어떤 사물이든 그 자체로 자기와 같다. 하등 유기체의 시기부터 인간에게는 '동일한 사물'이 존재한다(최고의 학문에서 얻은 경험이 처음으로 이 명제에 반대한다)는 믿음이 유전되어 왔다. 태곳적부터 모든 유기체의 원시 신앙은 아마도 자기 이외의 세계 전체가 하나이며 움직이지 않는다는 것일지도 모른다. 논리의 원시 단계에서 가장 멀리 떨어져 있는 것은 '인과성'에 대한 사상이다. 그뿐 아니라 아직도 우리는 근본적으로 모든 감각과 행위는 자유의지의 작용이라고 믿고 있다. 계속 느끼고 있는 개체가 자기 자신을 관찰할 때, 모든 감각과 변화는 무엇인가 '고립된 것'으로, 즉 무제한적이며 관련 없는 것으로 여겨진다. 그것은 이전의 것 또는 그 이후의 것과 관계 없이 우리에게 떠오른다. 우리는 배고픔을 느끼지만 처음에는 유기체가 유지되는 것을 원해서가 아니라, '이유도 목적도 없이' 그 느낌이 일어나는 것으로 생각한다. 그 느낌은 고립되어 있어 자의적이라고 여겨진다. 따라서 의지의 자유에 대한 믿음은 모든 유기체의 근본적인 오류며, 논리적인 것의 움직임이 그에게 존재하는 것과 같은 정도로 낡은 것이다. 무제약적인 실체나 그와 비슷한 사물에 대한 믿음도 모든 유기체의 근본적 낡은 오류다. 그러나 모든 형이상학이 특히 실체와 의지의 자유에 관계해 온 이상, 형이상학을 인간의 기본적인 오류를 근본적인 진리이기라도 한 것처럼 취급하는 학문이라고 표현해도 좋을 것이다.

19

수(數)—수의 법칙의 발견은 몇 개의 동일한 사물이 있고(그러나 사실 동일한 사물 따위는 없다), 적어도 사물이 존재한다(그러나 사실 '사물' 따위는 없다)고 하는, 이미 세계를 지배하는 근본적 오류의 근거 위에서 성립되었다. 다수성을 인정한다는 것은 자주 나타나는 '무엇'이 있다는 것을 늘 전제로 한다. 그러나 바로 여기에 벌써 오류가 지배한다. 그때 이미 우리는 존재하지도 않는 본질과 단일성을 가정하는 것이다. 공간 및 시간에 대한 우리의 모든 감각은 잘못되어 있다. 그것들을 철저하게 음미하면 논리적인 모순에 이르기 때문이다. 모든 학문적인 확정에서 우리는 피할 수 없이 언제나 어느 정도 오류를 저지른다고 예상하고 있다.

그러나 예컨대 우리의 시간 감각·공간 감각과 같이 이러한 오류 정도는 적어도 '불변적'이기 때문에, 학문의 모든 결론은 서로 그 관계에 속에서 완전한 엄밀성과 확실성을 얻는 것이다. 사람은 그것들을 기초로 해서 쌓아갈 수 있지만 마침내 잘못된 근본 가정과 불변적인 결함이 모순된 결론에 이른다. 예를 들면 원자론의 경우다. 그때도 우리는 여전히 운동하는 '사물'이나 질료적 '토대'를 가정하지 않을 수 없음을 느낀다.

그러나 한편 학문적인 과정 전체는 사물의 성질을 지닌 모든 것(질료적인 것)을 운동으로 해결한다는 과제만을 추구해 왔다. 이런 경우에도 우리가 우리의 감각으로 움직이게 하는 것과 움직여지는 것을 구별하고 그 순환에서 헤어나지 못하는 것은, 사물에 대한 믿음이 옛날부터 우리의 본질과 결부되어 있기 때문이다. 칸트가 "오성은[3] 그 법칙을 자연에서 이해하는 것이 아니라 법칙으로써 자연을 규정한다"고 했을 때, 이것은 '자연의 개념'에 대한 한 완전히 진리다. 우리는 이 개념을 자연과 결합하도록 강요당하고 있다(자연=표상, 즉 오류로서의 세계). 그러나 이 개념은 오성의, 일련의 오류의 축적이다. 우리의 표상이 '아닌' 세계에 대해서는 수의 법칙을 전혀 적용할 수 없다. 그것은 인간 세계에만 통용되는 것이다.

20

몇 단계 뒤로─인간이 미신적 종교적인 개념과 불안에서 벗어나, 예를 들면 사랑스런 작은 천사나 원죄 등을 믿지 않고, 또 영혼의 구원에 대해서 더 이상 말하지 않을 때 그는 틀림없이 매우 높은 단계의 교양에 다다른 것이다. 이러한 해방의 단계에 있다면 그는 더욱 자신의 신중함을 최대한 긴장시켜서 형이상

---

3) 칸트의 《프롤레고메나》 36절에 나오는 유명한 말.

학을 극복해야만 한다. 그러나 '그 다음부터는' '후퇴 운동'이 필요하다. 그는 그와 같은 표상들의 역사적이며 심리학적 권리를 파악해야 하며, 인류를 장려하는 가장 큰 힘이 거기에서 나왔고, 그와 같은 후퇴 운동이 없으면, 이제까지의 인류 최대의 성과를 박탈당하게 되리라는 것을 인식해야만 한다. 철학적 형이상학에 관한 한 이제야 나는 부정적 목표(어떠한 긍정적 형이상학도 오류라는 것)에 도달한 사람은 점차 많아지지만 몇 계단 뒤로 가는 사람은 적다는 사실을 깨달았다. 요컨대 사람들은 사닥다리의 마지막 계단 너머까지 바라보아야 하지만, 그 계단 위에 서려고 해서는 안 된다. 가장 계몽된 자라 할지라도 기껏해야 형이상학에서 자기를 해방하고 우월감을 가지고 그것을 뒤돌아보는 정도에 머무른다. 여기에서도 경마장에서처럼 트랙의 끝으로부터 되돌아와야 하는데 말이다.

21

회의(懷疑)의 판정승─한번쯤은 회의적 출발점을 적용해 보라. 만약 다른 형이상학적 세계가 없고 우리에게 알려진 오로지 하나의 세계에 대한 형이상학에서 나온 설명들이 완전히 우리에게 무익한 것이라면, 그때 우리는 어떠한 눈길로 인간과 사물을 보게 될 것인가? 무엇인가 형이상학적인 것이 칸트와 쇼펜하우어에 의해서 학문적으로 밝혀졌는가 하는 질문이 언젠가 외면당하더라도 이 문제를 깊이 생각하는 일은 이롭다. 왜냐하면 역사적 개연성으로 보아 사람들이 언젠가 이 점에서 모두 '회의적'이 되는 것은 충분히 있을 수 있는 일이기 때문이다. 그때는 그런 의식의 영향 아래 인간 사회는 어떤 상태로 변할 것인가라는 문제가 제기된다. 아마도 형이상학적 세계의 '학문적 증명'은 이미 매우 어려울 것이므로 인류는 이와 같은 증명에 대한 불신에서 더는 벗어나기 힘들 것이다. 그리하여 인간이 형이상학을 불신할 때에는 거의 형이상학이 직접 논박되어 더 이상 그것을 믿을 '필요'가 없는 경우와 같은 결과를 가져온다. 인류의 비형이상학적인 의식에 대한 역사적 문제는 두 경우에 모두 같은 것이다.

'청동보다도 영원한 기념비'[4]에 대한 불신─형이상학적 견해를 가로막는 데서 오는 본질적 손실은, 개인이 지나치게 자신의 짧은 생애를 의식하고, 수 세기를 목표로 하여 설계된 영속적 시설을 건설하려는 더 강한 충동을 느끼지 않는다는 점이다. 개인은 자신이 심은 나무에서 손수 과일을 따려 하기 때문에 100년 동안이나 계속 똑같은 손질이 필요하고, 오랫동안 다음 세대에게 그늘을 제공할 나무들을 더는 심으려고 하지 않는다. 왜냐하면 형이상학적 견해는, 앞으로 인류의 미래가 차근차근 증축해야 할 경우의 최후의 궁극 기초가 그 형이상학적 견해 속에 주어져 있다는 믿음을 주기 때문이다. 예를 들면, 개인은 교회나 사원에 기부할 때 자신의 구원을 바란다. 그는 영혼의 영생으로 자신의 공적에 대한 보답을 받게 될 것이며, 그것이 영혼을 영원히 구원하기 위한 일이라고 믿는다.

학문도 그 성과에 대한 이러한 믿음을 눈뜨게 할 수 있을까? 사실 학문은 가장 성실한 동맹자로서 의혹과 불신을 필요로 한다. 그럼에도 시간이 지나면서 저질러서는 안 될, 즉 모든 회의의 폭풍이나 온갖 분해 작용을 뛰어넘어 영속하는 진리의 총합이 매우 커질 가능성이 있으므로(예를 들면 건강 회복을 위한 식이요법의 경우와 같이), 인간은 거기에 기초하여 '영원한' 업적을 쌓아 올릴 결심을 하게 된다. 얼마 동안은 우리의 신경과민한 하루살이적 존재와 형이상학적 시대의 지루한 휴식의 '대조'가 여전히 강하게 작용할 것이다. 그 두 시대가 아직도 지나치게 가까이 있기 때문이다. 현재로서는 개인이 스스로 너무 많은 내면적·외면적 발전을 이루고 있으므로 자기 개인의 삶만을 영속적이고 일회적으로 돌보려는 생각은 감히 하지 않는다. 완전히 현대적인 인간은 예컨대 자신의 집을 지으려 할 때 마치 산 채로 사당 안에 유폐되는 것 같은 느낌을 갖는다.

비교하는 시대─사람들이 인습에 묶여 있지 않을수록 그만큼 동기의 내면

---

4) '청동보다도 영원한 기념비(monumentum aere perennius)'는 호라티우스의 《카르미나》 제3권에서 인용.

적 운동이 커지고, 그에 따라 또 외면적인 불안정, 인간의 뒤얽힌 범람, 지향성의 다성음악도 그만큼 커진다. 자신이 있는 곳에 자기 자신과 자손을 묶어 두는 엄격한 강제성이 이제까지 어느 누구에게 존재하는가? 도대체 누구에게 아직 무엇인가 엄하게 속박하는 것이 존재하는가? 모든 종류의 예술 양식이 나란히 모조되고 있다. 모든 단계나 모든 종류의 도덕·풍습·문화 또한 마찬가지다.

이와 같은 시대는 서로 갖가지 세계관·풍습·문화가 비교되어 더불어 체험될 수 있다는 데에 독자적인 의의가 있다. 이런 사실들은 과거 문화의 세력이 지방에 국한되어 있었을 때는 모든 종류의 예술적 양식이 장소나 시대에 속박받고 있었기 때문에 불가능했다. 이제는 미학적 감정이 크게 늘어나 충분히 비교한 다음 얻어진 여러 형식들 중에서 최종적으로 결정하게 될 것이다. 그 결정은 대부분의 형식을, 즉 미학적 감정에 따라서 배척당하는 모든 형식을 없어지게 할 것이다. 이와 같이 오늘날에는 진보된 윤리의 모든 형식과 습관 사이에서 하나의 선택이 이루어진다. 이 윤리의 목적은 단지 저속한 윤리의 몰락이 될 수 있을 뿐이다. 이것이 비교의 시대다! 이것이 시대의 자랑이다. 그러나 마땅한 일이긴 하지만 시대의 고민이기도 하다. 이 고민을 겁내지 말자! 차라리 시대가 우리에게 부여하는 과제를 가능한 한 크게 생각하자. 이렇게 해야만 후세가 이것으로 인해 우리를 축복해 줄 것이다. 후세는 폐쇄된 독자적 민족 문화뿐만 아니라 비교의 문화도 똑같이 초월해 있겠지만, 존중할 만한 고대 유물로서 두 종류의 문화를 감사의 마음으로 회고할 것이다.

24

진보의 가능성—어느 고대 문화 학자가 진보를 믿고 있는 인간과는 이제 더는 교제하지 않겠다고 맹세한다면 그의 행동은 정당한 것이다. 왜냐하면 고대 문화는 그 위대함과 우수성을 남겨놓았고, 역사적 교양은 고대 문화가 두 번 다시 부활하지 못한다는 것을 인정할 수밖에 없게 했기 때문이다. 이것을 부정하자면 참을 수 없는 둔감함이나, 마찬가지로 견디기 어려운 열광이 필요하다. 그러나 인간은 새로운 문화를 향해서 발전해 가려고 '의식적'으로 결정할 수가 있다. 과거에는 무의식적으로 우연히 발전해 왔지만, 오늘날에는 인간의 탄생과 양육·교육·훈련을 위해서 보다 좋은 조건을 만들어 낼 수 있다. 지구를 전체로서 경제적으로 관리한다든지, 인간의 모든 힘을 서로 균형이 잡히도록 배치할 수도 있다. 이 새로운 의식적 문화는 전체로서 본다면 무의식 속에 동·식물적인 생활을 영위해 온 고대 문화를 멸망시킨다. 그것은 또 진보에 대한 불신조차도 없애 버린다. 진보는 '가능'하다. 진보가 '필연적으로' 이루어진다고 믿는 것은 경솔하고 거의 무의미하긴 하지만, 진보가 가능하다는 것을 어떻게 부정할 수 있을까? 반면 고대 문화의 의미나 방법에서의 진보는 생각조차 할 수 없다. 낭만적인 공상이 목표(예를 들면 폐쇄적이고 독자적인 민족 문화)와 관련해서 '진보'라는 말을 쓴다 하더라도 아무튼 이같은 공상은 '진보'의 모습을 과거에서 빌려 쓴 것이다. 고대 문화의 사고와 표상은 이 영역에서는 아무런 독자성도 가지고 있지 않다.

25

　　개인 도덕과 세계 도덕─인류의 샛길의 외견상 모든 굴곡에도 불구하고 신이 세계의 운명 전반을 관장하고 결국 인류를 훌륭하게 인도해 간다는 믿음이 자취를 감추고 난 뒤에는 인간 스스로 전 지구를 포괄할 보편적 목표를 수립해야 한다. 이전의 도덕, 특히 칸트의 도덕은 모든 인간에게 바라는 행동을 개인에게 요구한다. 그것은 아름답고 소박한 일이긴 했다. 이것은 마치 어떤 행동을 취하면 인류 전체가 행복해질 수 있고, 따라서 어떤 행위가 일반적으로 바람직한가를 누구나 어려움 없이 알고 있는 것처럼 보이게 한다. 그것은 보편적 조화가 태어나면서부터 마련된 법칙에 따라 자연적으로 향상되는 것임이 '틀림없다'고 전제하는 자유 무역론과 같은 이론이다. 앞으로 인류의 모든 욕구를 멀리 바라보게 되면, 모든 사람들이 똑같이 행동한다는 것은 아마 조금도 바람직한 일로 보이지 않을 것이다. 오히려 세계 보편적 목표를 위해서는 전 지역의 인류에 대해서 특수한 사정에 따라서는 나쁜 과제가 될지도 모른다. 아무튼 인류가 이와 같은 의식적인 전체적 통제에 의해서 멸망해서는 안 된다면 이제까지의 정도를 모두 뛰어넘는 '문화의 모든 조건적 지식'은 세계 보편적 목표를 위한 학문적 기준으로서 미리 발견되어야 한다. 이것이 다음 세기의 위대한 정신들이 해결할 거대한 과제이다.

진보로서의 반동—거칠고 강제적인, 쓸어버릴 듯한, 그럼에도 뒤처진 정신들이 간혹 나타난다. 이런 정신은 인류의 지나간 단계를 주문을 외워 다시 불러내려고 한다. 이 정신은 그들이 저지하는 새로운 방향이 아직 충분하게 강력하지 못하고, 이 새로운 방향에는 무엇인가 결여됨을 증명하고 있다. 그렇지 않다면 새로운 방향이 그 주문을 외는 자들에게 더 잘 저항할 것이다. 예를 들어 루터의 종교 개혁은 그 시대에는 정신적 자유의 모든 활동이 여전히 불안하고 허약하며 유치했다는 것을 증명한다. 학문은 아직도 두각을 나타내지 못했다. 그뿐 아니라 르네상스 전체가 눈 때문에 엉망이 된 초봄과 같다. 그러나 우리 세기에도 쇼펜하우어의 형이상학은 아직도 학문적 정신이 충분히 강력하지 못하다는 것을 증명했다. 그러므로 그리스도교의 모든 교의가 부정되었음에도 중세의 그리스도교적 세계관과 인간 감각 전체가 다시 한번 쇼펜하우어의 학설에서 부활을 축하할 수 있었다. 많은 학문들이 그에게 영향을 주기는 했다. 그러나 그의 학설을 지배하는 것은 학문이 아니라 옛날부터 잘 알려진 '형이상학적 욕구'이다. 쇼펜하우어가 우리의 감각을 일시적으로 세계와 인간이 가졌던 이전의 강력한 고찰 양식으로 되돌린다는 것은 확실히 우리가 그에게서 얻은 가장 귀중한 이익의 하나다. 그렇지 않으면 우리를 그런 고찰 양식으로 이끄는 길은 아주 좁은 길조차도 없을 것이다. 역사와 공정성 때문에 얻는 점은 아주 많다. 쇼펜하우어의 도움 없이 그리스도교와 동양의 종교를 공정하게 취급한다는 것은 현재로서 그 누구에게도 그리 쉬운 일이 아니다. 특히 현존하는 그리스도교의 땅에서는 불가능하다. 이 크나큰 '공정성'이라는 성과가 있은 뒤에, 계몽 시대가 불러일으킨 역사적 고찰 방법을 이처럼 본질적인 점에서 정정한 뒤에 비로소, 우리는 계몽의 깃발을, 페트라르카·에라스무스·볼테르 세 사람의 이름이 적힌 깃발을, 다시 들고 보다 멀리 앞으로 나아가도 좋을 것이다. 우리는 반동으로부터 진보를 이룩했다.

종교의 대용품—어떤 철학을 민중을 위한 종교의 대용품으로 내세울 때, 그 말이 그 철학의 장점을 지적한 것으로 여기 사람이 있다. 사실상 정신의 경제학에는 간혹 '과도기적인' 영역이 필요하다. 실제로 종교에서 학문적 고찰로 이행하는 것은 강압적이고 위험한 비약이어서 차라리 하지 않도록 충고해야 할 일이다. 이런 면에서는 그렇게 충고하는 사람이 옳다. 그러나 결국에는 지금까지 종교가 충족해왔고, 이제부터는 철학이 채워야 할 모든 욕구들이 가변적이라는 것도 알아야 한다. 이 욕구들 자체는 '약화되기도 근절되기도' 한다. 예를 들어 그리스도교에서 영혼의 고민, 내면적 타락에 대한 탄식, 구원에 대한 걱정을 생각해 보면 알 수 있다. 그런 것은 모두 이성의 오류에서 생기는 표상들이며, 그런 것은 만족시키는 것이 아니라 없어져야 마땅하다. 철학은 이런 모든 욕구를 '만족시키'느냐, 아니면 그것들을 '제거'하느냐 그중 한 가지에 대해서만 도움이 될 수 있다. 왜냐하면 욕구는 나중에 습득되고, 시대적으로 한정된 것이고, 학문의 전제와는 모순되는 전제에 기초하고 있기 때문이다. 여기에서는 넘어서기 위해, 즉 모든 감각의 울적한 심정을 덜기 위해서 오히려 '예술'이 더 쓸모 있다. 왜냐하면 이성의 오류에서 나온 표상이 형이상학적 철학보다는 예술에 의해서 한결 부담이 줄어들기 때문이다. 그런 다음 우리는 예술에서 정말 해방하는 철학적 학문으로 좀 더 쉽게 이행할 수 있다.

28

평판이 나쁜 말들─낙관론·염세론 등 싫증이 나도록 오래 사용되어 온 말들은 없어져야 한다. 이런 단어들을 써야 하는 이유가 날이 갈수록 줄어들고 있기 때문이다. 아직도 이것들이 절대적으로 필요한 사람은 수다쟁이들뿐이다. 신 스스로가 선량하고 완전하다면, 세상에서 최선의 세상을 창조했음이 '틀림없다'는 식으로 새삼스럽게 신을 변호할 필요가 없는데, 도대체 그 누가 무엇 때문에 낙관주의자가 되려고 하겠는가? 또한 사물을 생각하는 사람이라면 누가 아직도 신이라는 가설을 필요로 하겠는가? 그러나 신의 변호인이나 신학자 혹은 신학을 하는 철학자들에게 화를 내며 강력히 반대 주장을 펼치는 일에 흥미를 갖고 있지 않다면, 염세적 신앙 고백, 즉 악이 지배하고 있고 불쾌함이 유쾌함보다 큰 데다 세계는 졸렬한 작품이며 삶에 대한 악의의 구현이라고까지 말할 아무런 이유가 없는 것이다. 그러나 지금 신학자 자신 말고 그 누가 신학자에게 관심을 기울일까? 모든 신학과 그 투쟁을 제외하면 세계는 선한 것도 악한 것도 아니다. 하물며 최선도 최악도 아니다. 이러한 '선'·'악'의 개념은 인간과 관련지었을 때만 의미가 있다. 그뿐만 아니라 여기에서도 일반적으로 사용되는 양식에서는 정당하지 않다. 어쨌든 우리는 모욕적이거나, 찬미적 세계관에서 탈피해야만 한다.

29

꽃 향기에 취해서—인류라는 배는 짐을 많이 실을수록 물에 더 깊이 잠긴다고 사람들은 생각한다. 인간은 깊이 생각할수록, 섬세하게 느낄수록, 자신을 높이 평가할수록, 다른 동물과의 거리가 멀어질수록, 그리고 동물 중의 영장으로서 더욱 돋보일수록, 그만큼 세계의 참된 본질과 세계의 인식에 더 가까워진다고 믿는다. 인간은 학문을 통해 실제로 그것들에 접근하지만, 그것을 종교나 예술에 의해 더 많이 다가갈 수 있으리라고 생각한다. 종교나 예술은 세계의 꽃이지만, 그것이 결코 줄기보다 '세계의 근본에 더 가까운' 것은 아니다. 대부분의 사람들이 그렇게 믿는다 하더라고 종교와 예술로 사물의 본질을 더욱 잘 이해할 수는 없다. '오류'가 인간을 종교와 예술과 같은 꽃을 피우게 할 만큼 깊고 부드러우며, 상상력이 풍부하게 만들어 놓았던 것이다. 순수한 인식이었다면 그런 일은 못했을 것이다. 세계의 본질을 폭로하는 자는 우리 모두에게 가장 불쾌한 환멸을 주게 될 것이다. 사물 자체로서의 세계가 아니라 표상으로서(오류로서)의 세계야말로 그만큼 의미가 풍부하고 깊이가 있으며, 경이에 차고, 행복과 불행을 잉태하는 것이다. 이 결론은 '논리적 세계 부정'의 철학으로 이끈다. 그런데 이것은 실천적 세계 긍정과, 또 그것의 반대와도 마찬가지로 곧잘 결합될 수 있는 것이다.

30

추리할 때의 악습—사람들이 가장 흔히 저지르는 잘못된 추리는, 어떤 사항이 실재하므로 그것이 정당하다는 것이다. 여기서는 생활 능력에서 합목적성이, 합목적성에서 합법성이 추리된다. 또 어떤 의견이 즐겁게 하면 그것은 참된 의견이며 그 결과도 좋다. 그러므로 그 의견 자체가 선이자 참이라는 오류 추리가 있다. 여기에서는 유용성의 의미에서 즐겁게 한다, 좋다 등의 술어를 결과에 놓고 이번에는 같은 술어를 그 원인에, 단 여기에서는 논리적으로 타당하다는 의미로 부여하고 있다. 이와 같은 모든 명제의 반대는 다음과 같다. 어떤 사항이 수행되고 유지되지 못하면 그것은 부당하다, 어떤 의견이 고민하게 하고 분쟁을 일으키면 그것은 거짓이다라는 명제가 된다.

자유정신은 이와 같은 추리 방법의 과오를 너무나 자주 경험하고 더욱이 그 결과로 인해 괴로워해야 하므로, 때때로 반대 추리를 하려는 유혹에 굴복하지만, 일반적으로 말하면 이 반대 추리도 마찬가지로 오류 추리다. 즉 어떤 사항이 수행되지 못하므로 그것은 좋다든가, 어떤 의견이 괴롭고 불안케 하므로 그것은 참이다라는 식인 것이다.

31

비논리적인 것은 불가피하다 ―비논리적인 것이 인간에게 필요하며 비논리적인 것에서 좋은 것들이 많이 생겨난다는 인식은 사상가를 절망에 빠뜨릴지도 모르는 것 가운데 하나다. 비논리적인 것은 정열·언어·예술·종교 등에, 그리고 일반적으로 삶에 가치를 주는 모든 것에 매우 깊이 파고 들어가 있어서, 이들 아름다운 것들을 치유할 수 없을 만큼 손상을 입히지 않고는 비논리적인 것을 빼낼 수 없다. 인간의 본성이 순수하게 논리적인 본성으로 변할 수 있다고 믿는 사람은 아주 소박한 인간들뿐이다. 그러나 만약 이 목표에 접근하는 단계라는 것이 있다면, 이 과정에서 분명히 모든 것을 잃게 되지 않겠는가? 가장 이성적인 인간조차도 때로는 다시 본성을, 즉 자신의 '만물에 대한 비논리적인 근본 태도'를 필요로 한다.

32

불공정은 불가피하다 ―삶의 가치에 대한 모든 판단은 비논리적으로 발전해 온 것이므로 공정치 못하다. 판단의 불순함은, 첫째 재료가 나타나는 방법에, 즉 아주 불완전한 점에 있으며, 둘째는 재료에서 총계가 구성되는 방법에 있으며, 셋째는 재료의 모든 개별 부분이 불순한 인식의 결과이며, 더욱이 이런 불순한 인식의 결과는 다시 필연적이라는 점에 있다. 예를 들어 어떤 인간에 대한 어떠한 경험도, 그가 우리와 아주 가까운 사이라 할지라도, 그를 전체적으로 평가하기 위한 논리적 정당성을 부여할 만큼 완전할 수는 없다. 모든 평가는 경솔하며 그렇게 되지 않을 수 없다. 결국 우리가 재는 척도, 즉 우리의 본질이라는 것은 결코 불변의 크기를 가진 것이 아니다. 우리는 기분이나 동요에 휩쓸리기도 하고, 더욱이 우리에 대한 어떤 사항의 관계를 공정하게 평가하기 위해서는 우리는 스스로를 확고부동한 척도라고 믿지 않으면 안 된다. 아마도 이러한 모든 면에서 사람은 전혀 판단해서는 안 되는 것이 아닌가 하는 결론이 나올 것이다. 그러나 평가하지 않고, 좋고 싫은 것도 없이 사람이 살 수 있다면 얼마나 좋겠는가! 왜냐하면 싫다는 것은 좋아한다는 것과 마찬가지로 평가와 관련되어 있기 때문이다. 이로운 것을 바라고 나쁜 것을 피하는 감정 없이 어떤 것에 가까워졌다 멀어졌다 하는 충동, 목표의 가치에 대한 하나의 인식적 평가가 없는 충동은 인간에게는 존재하지 않는다. 우리는 처음부터 비논리적인, 따라서 공정치 못한 존재이며, 더구나 이것을 인식할 수 있다. 이것이 현존재의 가장 크고 가장 해결하기 어려운 부조화 가운데 하나이다.

33

삶에 대한 오류는 삶을 위해 불가피하다—삶의 가치와 존엄에 대한 모든 믿음도 불순한 사고에 바탕을 두고 있다. 그것은 인류의 보편적인 삶과 고뇌에 대한 동감이 개인에게는 매우 미약하게 발달되었기 때문에 가능한 일이다. 대체로 자신을 초월해서 생각하는 극소수의 사람들까지도 이 보편적인 삶이 아니라 그 한정된 부분만을 주시한다. 만약 인간이 특히 예외자에게, 이른바 고상한 성품이나 풍요한⁵⁾ 영혼에 주목할 줄 안다면, 만약 그들의 성장을 세계의 발전 전체의 목표라고 생각하여 그들의 활동을 기뻐한다면, 인간은 삶의 가치를 믿을 수도 있을 것이다. 왜냐하면 그런 경우 사람들은 다른 사람들을 '무시하기' 때문이다. 즉, 불순하게 생각하기 때문이다. 또한 마찬가지로 만약 사람들이 틀림없이 모든 사람들을 주시하되, 그들 가운데 '한' 부류의 충동, 덜 이기적인 충동만을 승인하고 다른 충동에 대해서는 그들을 책망하지 않는다면, 그때도 또 사람들은 전체로서의 인류에 무엇인가 희망을 가질 수 있고 그것대로의 삶의

---

5) '풍요한(reichen)'은 슐레히타 판에서는 '순수한(reinen)'으로 되어 있다.

가치를 믿을 수가 있다. 따라서 이 경우 또한 사고의 순수하지 못함에 의한 것이다.

그러나 어느 쪽으로 행동하든지 사람은 이와 같은 태도로 말미암아 사람들 가운데 '예외자'가 된다. 그런데 대부분의 사람들은 이렇다 할 불평도 없이 삶을 견뎌내고, 그렇게 함으로써 현존재의 가치를 '믿고 있다'. 그러나 그 때문에 사람들은 누구나 자신의 일만을 주장하고 그 예외자처럼 자신을 뛰어넘지는 못한다. 개인적인 것 이외의 것들은 모두 그들에게는 전혀 인정을 받지 못하든가, 기껏해야 희미한 그림자로 인정받을 뿐이다. 따라서 보통 사람에게 삶의 가치란 그 자신을 세계보다 중요하게 생각한다는 점에 바탕을 둔다. 그가 앓고 있는 심한 상상력 결핍증 때문에 그는 다른 사람의 처지에서 느낄 수 없으며, 그 때문에 타인의 운명이나 고뇌에는 될 수 있는 대로 조금만 관여하려 한다. 이와 반대로 진정 남에게 관여할 수 있는 '자'는 삶의 가치에 절망할 것이다. 만약 그가 인류의 총제적인 의식을 자기 속에 파악하고 느낄 수 있다면, 그 사람은 현존재를 저주하며 쓰러질 것이다. 왜냐하면 인류에게는 전체적으로 아무런 목표도 '없으며', 따라서 그 전체적인 상황으로 보아 거기서 위로나 의지가 아니라 절망을 발견하는 데 그치고 말 것이기 때문이다. 자신이 행하는 모든 일에 인간의 최종적인 무목표성을 보게 될 때 그의 눈에는 스스로의 활동도 낭비의 성격을 띠게 된다. 그러나 개개의 사물이 자연에 의해서 낭비되는 것을 보듯이 바로 우리가 인류로서(그리고 단순히 개인으로서가 아니라) 자신이 '낭비되고 있는' 것을 느끼는 것은 모든 감정을 초월한 감정이다. 그러나 이것을 느낄 수 있는 자는 누구인가? 결국 시인뿐이다. 그리고 시인은 언제나 자신을 위로하는 방법을 알고 있다.

34

마음을 가라앉히기 위해서—한편 그렇게 되면 우리의 철학은 비극으로 끝나는 것이 아닐까? 진리는 삶을, 보다 좋은 것을 적대시하는 것은 아닐까? 하나의 질문이 우리의 혀끝을 무겁게 하지만, 소리내어 말하려고는 하지 않는 듯하다. 인간은 의식적으로 비진리 속에 머물 수 '있을까?' 그것이 '불가항력'의 일이라면, 죽는 편이 오히려 낫지 않을까? 왜냐하면 당위는 이미 존재하지 않기 때문이다. 도덕을 우리가 당위로 보는 한 도덕은 종교처럼 사라진다. 인식은 동기로서 유쾌함과 불쾌함, 이익과 손해를 존속시킬 뿐이다. 그러나 동기는 어떻게 진리에 대한 감각과 화해하는 것일까? 동기 또한 이 오류와 서로 통하는 점이 있다(앞서 말한 것처럼 좋고 나쁜 것이나 이것에 대한 매우 불공평한 측정이 우리의 유쾌함과 불쾌함을 본질적으로 규정하는 한에서는). 인간적인 삶 전체는 진리가 아닌 것에 깊이 잠겨 있다. 개인이 삶을 이 우물에서 끌어내려고 하면 그때는 반드시 자신의 과거에 근본적으로 혐오를 느끼고, 현재의 자신의 동기가 명예의 동기처럼 무의미한 것으로 보여, 미래나 미래의 행복에, 다가오는 정열에 비웃음이나 모멸을 퍼붓지 않을 수 없게 되는 것이다. 그것이 사실일까? 그렇다면 결국 개인적인 결론으로는 절망만이, 이론적인 결론으로는 파괴의 철학을 뒤따르게 하는 사고방식만이 남게 되지 않을까? 인식의 영향은 사람의 '기질'에 따라 결정된다. 지금 묘사한 것 같은 두세 가지의 성질을 가진 사람에게 있을 수 있는 영향과, 다른 하나의 영향을 생각할 수도 있으리라. 그 영향에 따르면 현재의 삶보다 훨씬 간소한, 정념에서 정화된 삶이 이루어질 것이다. 그리고 그 결과, 처음에는 보다 과격한 욕망이라는 낡은 동기가 오랫동안 이어져 온 습관으로 인해 아직도 영향력을 미치겠지만 정화된 인식의 영향 아래 점차 약해질 것이다. 결국 사람들 사이에서 살았으며 '자연' 속에 있는 것처럼 칭찬도 비난도 흥분도 없이, 이제까지는 공포만 느껴야 했던 많은 것들을 '연극'이라도 보는 듯이 즐기면서 살아가게 될 것이다. 과장을 벗어나게 될 것이며, 인간은 자연이 아니라든가, 자연 이상의 존재라든가 하는 사상으로부터 이제 어떤 자극도 느끼지 않게 될 것이다. 물론 이렇게 되자면 앞서 말한 바와 같이 좋은 기질이 필요하다. 그 기질은 확고부동하고 온화하며 진정 쾌활한 영혼이고, 교활한 함정과 갑작스런 폭발을 걱정할 필요가 없다. 또한 그것을 표현할 때에도 투덜대는 말투와 심술궂음(오랫동안 사슬에 매여 있던 늙어빠진 개와 인간의, 잘 알려진 그 지긋지긋한 특징)을 조금도 나타내지 않는 기분이다. 오히려 보다 잘 인식하기 위해서만 계속 살아갈 정도로 삶의 일상적인 속박에서 벗어난 인간은, 다른 사람에게는 가치 있는 많은 것을, 그뿐 아니라 거의 모든 것을, 질투나 불만 없이 포기할 수 있어야 한다. 그는 좀더 바람직한 상태로서 인간·풍습·법도·사물의 관습적 평가 등을 초월해서, 자유롭게 두려움 없이 떠도는 것에 '만족'해야 한다. 그는 이 경지의 즐거움을 전할 것이며, 아마도 그것 말고는 전해야 할 어떤 것도 '갖지' 않을 것이다. 여기에는 물론 하나의 결여감, 오히려 체념이 있다. 하지만 그럼에도 사람들이 그로부터 보다 많은 것을 바란다면, 그는 호의적으로 고개를 흔들면서 자신의 형제, 즉, 행위의 자유인에 대해 말해줄 것이다. 아마 얼마쯤 비웃음도 띨 것이다. 왜냐하면 그의 '자유'에는 나름대로 특별한 사정이 있으므로.

제2장
도덕적 감각의 역사를 위해서

35

심리학적 고찰의 이득—인간적인, 너무도 인간적인 것에 대한 사색, 또는 학자풍으로 표현하자면 심리학적 고찰은, 삶의 무거운 짐을 덜 수 있는 수단의 하나이다. 즉 이 기술의 훈련이 어려운 상황에서 침착성을 주고 갑갑한 환경 속에서는 위로를 줄 뿐만 아니라, 자신의 삶에서 가장 험난하고 불유쾌한 시절에서 잠언을 찾아내어 그것으로 조금이나마 기분을 좋게 만들어 준다는 것이다. 사람들은 이러한 사실들을 믿었고 알고 있었다. 지난 몇 세기 동안은 말이다. 무엇 때문에 지금의 세기에 와서는 그것이 잊혀졌는가? 오늘날 적어도 독일에서는, 나아가서 유럽에서도 심리학적 고찰이 결핍되었다는 사실이 많은 징후로써 뚜렷해진다. 반드시 장편·단편 소설이나 철학적 고찰에서 그렇다는 것은 아니다. 이것들은 예외적인 사람들의 일이다. 그것은 오히려 세상 일이나 인물의 평론에서 나타난다. 특히 모든 신분의 사교계에는 심리학적으로 분석하고 종합하는 기술이 결여되어 있다. 거기에서는 사람들에 대해서 많은 것들이 논의되지만 '인간 그 자체에 대해서는' 전혀 언급되지 않는다. 대체 왜 사람들은 가장 풍부하고 해가 되지 않는 화제를 멀리하는 것일까? 무엇 때문에 사람들은 한 번도 심리학적 잠언의 거장들의 책을 읽지 않는 것일까? 그 이유는 조금도 과장 없이 말해서 라 로슈푸코나 그와 같은 종류의 정신적, 예술적인 책을 읽은 적 있는 유럽의 교양인은 좀처럼 찾아보기 어렵기 때문이다. 그들을 알고 있으면서 욕을 하지 않는 자는 이보다 훨씬 더 드물다. 그러나 이 보기 드문 독자 또한 그들에게서 아마도 저 예술가들의 형식이 그에게 주게 될 것보다 한결 적은 즐거움밖에 느끼지 못할 것이다. 왜냐하면 가장 예민한 두뇌조차도 잠언을 갈고닦는 기술을 교육받은 적이 없고 거기에서 경쟁하지 않았다면, 그 기술을 제대로 평가할 수 없기 때문이다. 이처럼 실제적인 교육이 없으면 사람들은 창작과 형상화를 실제보다 가볍게 생각해, 그 훌륭한 결과나 풍부한 매력을 날카롭게 느낄 수 없다. 그러므로 현재의 잠언을 읽는 독자는 보잘것없는 만족만 느낄 뿐만 아니라 거의 즐거움을 느끼지 못하므로 그들은 보석 세공일을 구경하는 사람들과 똑같은 상태다. 그들은 좋아할 수 없기 때문에 칭찬만 하고 곧 감탄할 준비가 되어 있지만 도망칠 준비는 더 빨리 되어 있다.

36

반론─그렇지 않으면 심리학적 고찰이 현존재의 자극제·치유제·진정제가 된다는 그 명제에 대해서 하나의 반대 명제라도 있다는 말인가? 이제 와서 교양인의 눈길을 이 기술로부터 고의적으로 돌리게 할 만큼 사람들은 이 기술의 불쾌한 결과를 확인했단 말인가? 사실 인간이 선하다는 어떤 맹목적인 신념, 인간 행위의 분석에 대한 반감, 영혼의 노출에 대한 하나의 수치심 등은 어느 인간의 행복 전체를 위해서는, 개별적인 경우에 유용한 심리학적인 날카로운 특성보다 실제로 더 바람직한 것일지 모른다. 선이라든가 덕 있는 인간과 그 행위, 비개인적인 호의가 세상에 충만해 있다는 믿음은 그것이 인간들에 대해 의심을 적게 품도록 한다는 점에서 인간을 보다 훌륭하게 만들어 온 것이다. 만약 사람들이 플루타르코스의 영웅들을 열광적으로 모방하되 그들의 행위 동기를 의심하면서 탐지하는 데는 혐오를 느낀다면, 확실히 진리를 얻지는 못하겠지만 인간 사회의 복지를 위해서는 결과적으로 좋은 일이다. 일반적으로 심리학적인 오류와 이 분야에 대한 둔감함은 인간성이 향상되도록 돕는다. 그런데 진리의 인식은, 라 로슈푸코의 저서 《도덕적인 격언과 잠언》 초판의 서두에 나온 것과 같은 가설의 고무적인 힘으로써 보다 많은 것을 얻는다. "세상에서 덕이라 불리는 것은 보통 우리의 정념이 만든 것이며, 사람이 바라는 것이 벌을 받지 않고 이루어지도록 덕이라는 적당한 이름을 붙인 환영에 지나지 않는다." 라 로슈푸코와 그 밖의 프랑스 영혼 음미의 거장들(최근에는 《심리학적 제고찰》의 저자[1]인 한 독일인도 그 속에 포함된다)은 과녁의 흑점을, 단 인간성의 흑점을 되

---

1) 파울 레(Paul Rée, 1849~1911)를 말한다. 또 《심리학적 제고찰》은 1875년의 출판.

풀이해서 명중시키는 훌륭한 사격수를 닮았다. 그들의 능숙함은 놀랍다. 그러나 결국에는 학문 정신이 아니라 박애 정신에 의해서 인도되는 구경꾼은 사람들의 마음속에 모멸과 의혹의 감각을 심는 듯이 보이는 하나의 기술을 저주할 것이다.

37

그럼에도—계정과 상쇄 계정이 어떤 관계에 놓여 있건, 일정한 개별 학문의 현재 상태에서는 도덕적인 고찰을 부활시킬 필요성이 떠오르고 있다. 그리고 인류는 심리학이라는 해부대와 메스와 핀셋의 처참한 광경을 피할 수 없다. 왜냐하면 이곳은 이른바 도덕적 감각의 기원과 역사를 찾아나감에 따라 복잡해지는 모든 사회학적 문제를 제기하고 해결해나가는 학문의 영역이기 때문이다. 이전의 철학은 이러한 사회학적 문제 따위는 전혀 알지 못했으며, 도덕적 감각의 기원과 역사에 대한 탐구를 보잘것없는 구실을 앞세워 언제나 피해 왔다. 그것이 어떤 결과를 가져왔는가는 오늘에 와서 아주 명료하게 바라볼 수 있다. 가장 위대한 철학자들의 오류도 보통, 일정한 인간 행위와 감각의 잘못된 설명에서 시작되었다는 것, 잘못된 분석, 이른바 비이기적인 행위를 기초로 해서 잘못된 윤리학이 세워졌고, 나아가서는 그 윤리학의 뜻하는 바대로 다시 종교와 신화적인 비본질이 이용당하고 있다는 것, 그리고 끝으로 이러한 음산한 유령들이 물리학이나 세계관 전체 속에도 그림자를 드리우고 있다는 것 등 많은 예에서 이미 알려졌던 것이다. 그러나 심리학적 고찰의 경솔함이 인간의 판단과 추리에 가장 위험한 함정을 만들어 왔고 잇달아 새로운 함정을 파게 될 것이 확실하다면 지금으로서는 돌 위에 돌을, 자갈 위에 자갈을 쉬지 않고 쌓아올리는 노동의 지구력이 필요하며, 이와 같은 하찮은 노동을 부끄러워하지 않고, 노동을 멸시하는 어떠한 것에도 저항할 만한 절제된 용기가 필요하다. 인간적인 너무나 인간적인 것에 대한 수많은 개개의 관찰은 학문적 인식이 아니었고, 재치 있게 인기를 얻기 위해 온갖 희생을 다하는 데 습관화되어 버린 사교계에서 처음으로 발견되고 발언되었다는 것은 사실이다. 그리고 도덕주의적 냄새를 풍기는 잠언의 오래된 고향의 향기(아주 유혹적인 향기)는 이제 떼어 낼 수 없을 정도로 이와 같은 모든 잠언에 젖어들고 말았다. 이 향기 때문에 학문적인 인간은 이런 부류나 그 진실성에 대해서 얼마간의 불신을 품게 된 것이다. 그러나 모든 결과를 지적하는 것만으로도 충분할 것이다. 왜냐하면 심리학적 고찰의 기반 위에서 성장하는 가장 진지한 종류의 성과가 벌써 나타나기 시작했기 때문이다. 가장 대담하고 가장 냉정한 사상가 중의 한 사람인 《도덕적 감각의 기원에 대해서》라는 책의 저자[2]가, 인간 행위의 그 날카롭고 투철한 분석에 의해 다다르는 주요 명제는 도대체 어떤 것인가? 그는 "도덕적 인간이 자연적 인간보다 지적(형이상학적) 세계에 보다 더 접근해 있는 것은 아니다"라고 말한다. 역사적 인식의 쇠망치에 맞아 단단하고 날카로워진 이 명제는, 아마 뒷날 인간의 '형이상학적 욕구'의 뿌리에 내리치는 도끼로 쓰일 것이다. 그것이 전반적 복지의 저주가 될지 '오히려' 축복이 될지 누가 말할 수 있을까? 그러나 어쨌든 가장 중대한 결과를 지닌 명제로서 그것은 결실이 풍부한 동시에 두려운 것이며, 모든 위대한 인식이 갖는 그 이중의 얼굴로 세계를 눈여겨본다.

38

어느 정도 유용한가 — 따라서 심리학적 고찰이 인간에게 이익을 가져올지, 아니면 해가 될지, 그것은 결정된 것이 아니다. 하지만 학문은 심리학적 고찰이 없어서는 안 되기 때문에 그것이 필요하다. 그러나 학문은 최종 목적에는 아무런 관심이 없다. 마치 자연이 최종 목적을 모르는 것과 같다. 자연이 때로는 의도하지도 않았는데 최고의 합목적성을 가진 사물을 성립하듯, 참된 학문 또한 '개념에서 자연을 모방함으로써' 인간의 이익이나 복지를 발전시키고 때로는 자주 촉진하고 합목적적인 것을 이루기도 한다. 이 또한 마찬가지로 '의도하지 않은' 것이다. 그러나 이와 같은 고찰 방법의 입김을 받아서 마치 겨울철을 맞은 기분이 드는 사람은 아마도 자신 속에 아주 작은 불밖에 갖지 못한 사람일 것이다. 그런 사람은 아무튼 주위를 살펴보는 것이 좋다. 그렇게 하면 얼음 주머니가 필요한 온갖 질병과 어디선가 살을 에는 듯한 찬 바람이 불어와도 자신들에게는 불충분하다고 여길 만큼 타오르는 불과 재기로 '뒤섞인' 사람들을 자연히 보게 될 것이다. 또한 너무나 진지한 태도를 가진 개인과 민족이 경박함을 필요

---

2) 마찬가지로 파울 레를 말한다. 《도덕적 감각의 기원에 대해서》는 1877년의 출판.

로 하듯, 다른 편의 지나치게 동요하기 쉬운 사람이나 자극을 받기 쉬운[3] 사람은 자신들의 건강을 위해서 때론 무겁게 짓누르는 짐을 필요로 한다. 차츰 불길에 휩싸여가는 시대의 '보다 정신적인 인간'인 '우리는' 적어도 오늘처럼 건실하고 악의없이 절도를 지키며 살아갈 수 있도록, 또한 이 시대의 거울이나 자기 반성으로서 이바지할 수 있도록, 불을 끄고 식히는 존재하는 모든 수단을 움켜쥐고 있어야 하는 것이 아닐까?

39

예지적 자유에 대한 우화—우리가 누군가에게 책임을 지우기 위한 감각, 즉 도덕적 감각의 역사는 다음과 같은 주요 단계를 거친다. 첫째, 사람들은 동기에는 전혀 관심도 두지 않고 개별 행위를 오로지 결과의 유익함, 유해함만 가지고 좋다, 나쁘다고 결정한다. 그러나 곧 사람들은 이러한 명칭의 유래를 잊고, 그 결과에 대한 고려도 없이 행위 자체에 '선' 또는 '악'의 특징이 내재한다고 잘못 생각한다. 언어가 돌 자체를 단단하다 하고, 나무 자체를 푸르다고 부르는 경우와 같은 오류로서, 곧 결과를 원인이라고 착각하는 결과다. 그런 다음에 선 또는 악을 동기 속에 집어넣고, 행동 자체는 도덕적으로 애매한 것이라고 생각한다. 더 나아가 좋다, 나쁘다는 술어를 개별 동기가 아닌 인간의 본질 전체에 부여한다. 초목이 흙에서 성장하는 것처럼 인간의 본질에서 동기가 생겨나는 것이다. 따라서 그들은 자기 행위의 결과에 대해서, 다음으로는 행위에 대해서, 그 다음에는 동기에 대해서, 궁극적으로 자신의 본질에 대해서 차례차례 책임을 진다. 끝으로 이 본질 또한 필연적인 결과며, 과거와 현재의 사물의 여러 요소나 영향을 받아 결합되어 있는 이상, 그것에 대해 책임을 질 수 없다는 사실을 발견하다. 곧 자신의 본질, 동기, 행위, 결과 등의 어떠한 것에 대해서도 인간은 책임을 질 이유가 없다는 사실이 발견된다. 이로써 도덕적 감각의 역사가 오류의 역사이자, 책임에 대한 오류의 역사며, 이와 같은 오류는 의지의 자유에 대한 오류를 바탕으로 하고 있다는 인식에 이른다. 이와 반대로 쇼펜하우어는 이렇게 추론했다. 어떤 종류의 행위가 '불만'(죄의식)을 수반하고 있기 때문에 책

---

3) '동요하기 쉬운 것이나 자극받기 쉬운 것(Bewegliche und Erregbare)'은 슐레히타 판에서는 '자극받기 쉬운 것이나 동요하기 쉬운 것(Erregbare und Bewegliche)'과 반대 순서로 되어 있다.

임이 있을지 모른다. 왜냐하면 만약 인간의 모든 행위가 필연적으로 행해질 뿐만 아니라(실제로 그렇고, 이 철학자의 통찰에 의한 바도 그렇다) 인간 자신도 같은 필연성을 가지고 자신의 ‘본질’ 전체에 도달했다면(이를 쇼펜하우어는 부정한다) 이 불만은 ‘아무런 근거도 없는’ 것이 되기 때문이다. 이 불만이라는 사실에서 쇼펜하우어는 인간이 어떤 방법으로든 얻었을 자유를 증명할 수 있다고 믿었다. 물론, 그 자유는 행위에 대한 것이 아니라 본질에 대한 것이다.

즉 이렇게 혹은 저렇게 존재하는 자유지 이렇게 혹은 저렇게 ‘행위하는’ 자유는 아니다. 그의 의견에 따르면, 본질(esse)이라는 자유나 책임의 영역에서 행위(operari)라는 엄격한 인과율·필연성 및 무책임의 영역이 나타난다. 과연 그 불만은 얼핏 무책임의 영역인 행위와 관계있어 보인다(이런 경우 그 불만은 오류다). 그러나 실제적으로는 자유의지의 작용, 개인 실재의 근본 원인이기도 한 본질에 관련이 있다. 인간은 자신이 되고자 ‘바라는’ 것이 되고 그가 원하는 것은 그의 실존에 앞선다. 불만이라는 사실에서 이 불만의 권리와 이론적인 ‘허용성’이 추론된다는 잘못된 추리가 여기에서 행해진다. 그리고 이 잘못된 추리에서 쇼펜하우어는 이른바 예지적 자유라는 그의 공상적인 결론에 이른다. 그러나 행동 뒤에 오는 불만이 이성적일 필요는 전혀 없다. 왜냐하면 그 행동이 반드시 일어날 필요는 ‘없다는’ 잘못된 전제에 말미암기 때문이다. 즉 인간이 후회나 양심의 가책을 느끼는 것은 본인이 자유롭다는 것만이 아니라 스스로 자유롭다고 ‘생각하고’ 있기 때문이다. 게다가 이 불만은 고칠 수 있는 어떤 습관이며, 다른 많은 사람들이 불만을 느낄 만한 행위에 대해서, 전혀 그것을 느끼지 않는 사람들도 많이 있다. 불만은 무척 변화하기 쉬운 사항이며, 풍습이나 문화의 발전과 결부되어 있고, 세계사에서 비교적 짧은 시기에만 있는 것이다. 그러나 어느 누구도 자신의 행동이나 본질에 대해서는 책임이 없다. 이것은 판단한다는 것이 불공평하다는 말과 같다. 이것은 개인이 자기 자신을 판단할 경우에도 해당된다. 이 명제는 햇빛처럼 밝다. 그럼에도 여기에서 모든 사람은 오히려 그림자나 비진리 속으로 후퇴하려 든다. 그 결과가 무섭기 때문이다.

40

초월한 동물—우리 안에 있는 야수는 기만당하기를 바란다. 도덕은 우리가 그 야수에게 잡히지 않으려는 방편적인 거짓말이다. 도덕의 가정 속에 오류가 없었다면 인간은 동물에 머물렀을 것이다. 그러나 인간은 자신을 무엇인가 고상한 것으로 생각하고, 보다 엄중한 규율을 자신에게 부과해 왔다. 그 때문에 인간은 동물성에 가까운 미개한 단계에 증오를 느낀다. 이 점으로 미루어 보아 지난날 노예를 비인간으로 혹은 물건으로 경멸했던 사실을 설명할 수 있다.

41

변함 없는 성격—성격이 변하지 않는다는 것은 엄밀한 의미에서 사실과 다르다. 자주 인용되는 이 명제는 오히려 인간의 짧은 생애 동안에 영향을 끼치는 동기가 몇천 년 동안이나 새겨져 온 문자를 파괴할 만큼 깊게 균열시킬 수 없다는 말에 지나지 않는다. 그러나 만약 8만 살의 인간을 생각해 보면 그에게서는 아주 변하기 쉬운 성격도 찾아볼 수 있을 것이다. 그래서 헤아릴 수 없을 만큼 많은 개인들이 잇달아 그로부터 전개될 것이다. 인간의 수명이 짧다는 사실 때문에 인간의 특질에 대한 많은 잘못된 주장이 생겨났고, 그것이 우리를 잘못 이끌어 길을 잃게 한다.

42

선의 위계와 도덕—저급·고급·최고급의 이기주의자가 이것을 또는 저것을 바람에 따라, 지난날 승인되었던 선의 위계가 오늘에 와서는 도덕적 존재 또는 비도덕적 존재를 결정하고 있다. 저급한 선(예를 들면 관능의 향락)이 고급이라는 평가를 받은 선(예를 들면 건강)보다 소중히 생각되는 것은 비도덕적이라고 여겨지고, 안락한 생활을 자유보다 소중히 생각하는 것도 마찬가지다. 그러나 선의 위계는 결코 시대를 넘어선, 끄떡없는 존재가 아니다. 누군가가 공정함보다 복수를 선택할 경우, 과거 문화의 척도로 본다면 그는 도덕적일 것이고, 현재의 문화 기준에 따르면 비도덕적일 것이다. 따라서 '비도덕적'은 그때그때의 새로운 문화가 가져온 좀더 고차적인, 좀더 세련된, 좀더 정신적인 동기를 아직도 느끼지 못했거나 아니면 강렬하게 느끼지 않았다는 증거다. 그것은 뒤떨어진 인간의 특징이다. 정도의 차이기는 하지만, 선의 위계 자체는 도덕적 관점에 따라 세워졌다 넘어졌다 하는 것은 아니다. 그러나 그때그때의 위계 결정에 따라서 어떤 행위가 도덕적이냐 비도덕적이냐가 결정될 것이다.

43

뒤떨어진 자로서의 잔인한 인간─오늘날 잔인하다고 불리는 사람들은 '과거 문화' 단계에 있는 것으로 여겨져야 한다. 인류의 산맥은 다른 곳에서라면 덮여 있을 깊은 지층을 여기에서만 열어 보여주고 있다. 유전의 과정에서 있을 수 있는 모든 우연으로 뇌가 섬세하고 여러 부분으로 발달하지 못한 뒤떨어진 사람들이 있다. 그들은 우리 모두가 '어떤 존재였던가'를 우리에게 보여주고 놀라게 한다. 그러나 한 조각의 화강암이 화강암인 데에 책임이 없듯이 그들에게는 책임이 없다. 인간의 각 기관 형태에는 물고기 상태일 때의 기억이 있다고 하는데 우리의 뇌에도 그러한 의견에 들어맞는 홈이나 굴곡이 틀림없이 있을 것이다. 그러나 이와 같은 홈이나 굴곡은 더 이상 우리 감각의 흐름이 흘러갈 강바닥은 아니다.

44

감사와 복수─강자가 보다 감사하는 까닭은 다음과 같은 이유에서다. 그의 은인은 은혜를 베푸는 것을 통해 강자의 영역을 모독하고 침범한 것이다. 반면에 그는 보답하기 위해 감사에 넘치는 행위로 은인의 영역을 침범한다. 그것은 복수의 형식 중에서도 온건한 편에 속한다. 감사의 보상을 하지 않았다면 강자는 자신의 무기력함을 드러낸 셈이 되고 앞으로도 그렇게 여겨질 것이다. 그래서 선한 사람의, 즉 본래 강자의 사회 전반은 감사를 첫 번째 의무로 삼는다. 스위프트는, 인간은 복수심을 갖고 있는 만큼 감사하는 마음도 갖고 있다고 설파했다.

45

선악에 대한 이중의 경위─선과 악의 개념은 이중의 경위를 가지고 있다. 그 '하나는' 지배하는 종족과 계급의 영혼에 있어서다. 선에는 선으로, 악에는 악으로 보복할 수 있는 힘을 가지고 있고, 실제로 보복한다. 즉 감사할 줄 알고 복수심이 강한 사람을 선하다고 한다. 무력해서 보복할 수 없는 사람은 악으로

여긴다. 사람들은 선인으로서 '좋은 사람들'이라는 공통된 감정을 가진 하나의
단체에 소속되어 있다. 모든 개인이 보복심으로 서로 얽혀 있기 때문이다.

이와 반대로 악인은 '악인'으로서 악한 사람들, 아무런 공통된 감정을 갖지
않는 굴복된 무력한 사람들의 무리에 속해 있다. 선한 사람들은 하나의 계급이
고, 악한 사람들은 먼지와 같은 대중이다. 선하고 악함은 어느 기간 동안 고귀
함과 비천함, 주인과 노예 같은 처지에 있는 것과 같다. 반면에 사람들은 적을
악하게 보지 않는다. 그것은 그가 보복할 수 있기 때문이다. 트로이 사람과 그
리스 사람이 호메로스에게는 다같이 선인으로 보였다. 우리에게 해를 입히는
자가 아니라 경멸해야 할 자가 악인으로 여겨진다. 선한 사람들이 모인 곳에서
선은 유전된다. 악인들이 아주 좋은 토양에서 성장한다는 것은 불가능하다. 그
런데도 선한 사람들 가운데 한 사람이 선량한 사람답지 않은 행동을 할 때, 사
람들은 여러 핑계를 생각해 낸다. 예를 들면 신이 선한 사람을 현혹시키고 광기
(狂氣)로 몰아넣었다는 말로 죄를 신에게 떠넘기는 것이다.

'다음은' 억압받는 자, 힘없는 자의 영혼의 경우다. 여기에서는 누구나 '타인'
을, 고귀하든 비천하든 간에 적의에 찬 인정사정 없는, 착취하고, 잔혹하며, 교
활한 것으로 생각한다. 그뿐만 아니라 악은 인간의, 더욱이 인간이 가정하는
살아 있는 존재의, 예컨대 신의 성격을 나타내는 말이다. 인간적, 신적이라는 것
도 악마 같은, 악의적이라는 것과 같은 것으로 간주된다. 선량함·자선·동정의
표시는 불안한 듯이, 간계, 무시무시한 결말의 서곡, 마취와 계략으로서, 즉 세
련된 악의이며, 두려운 것으로 받아들여진다. 개별 인간이 이와 같은 의향을 가
진 곳에서는 어떠한 공동체도 성립되지 않는다. 기껏해야 가장 미숙한 형식일
뿐이다.

따라서 선악에 대한 이와 같은 견해가 지배되고 있는 모든 곳에서 개인의,
그 종족이나 인종의 몰락이 가까워지고 있다. 우리의 현대적 윤리는 '지배하는'
종족과 계급을 기반으로 생성되어 온 것이다.

46

동정은 고통보다 괴롭다—동정이 실제 고통보다 더 괴로울 때가 있다. 예를
들어 우리는 친구 가운데 한 사람이 어떤 수치스러운 일을 저지르면 우리 자

신이 직접 그 일을 했을 때보다 한결 고통스럽게 느낀다. 첫째 우리는 그의 순수한 성격을 본인보다 더 믿고 있으며, 다음으로는 어느 정도는 많이 이러한 믿음 때문이겠지만 그에 대한 우리의 애정은 그가 자신에 갖는 애정보다 더욱 강하다. 그가 자기 소행의 나쁜 결과를 더욱더 심하게 겪지 않을 수 없게 된 이상, 그때 그의 이기주의가 우리의 이기주의보다 더 많이 고통당한다 해도, 우리 내부에 있는 비이기주의적인 것(이 말은 결코 엄밀한 것이 아니라 표현의 편의에 불과하다)은 그에게 내재하는 비이기적인 것보다 그의 잘못 때문에 한결 더 심하게 충격을 받는다.

47

우울증─타인에 대한 동감과 배려 때문에 우울증에 걸리는 사람이 있다. 그때 생기는 동정은 병일 뿐이다. 그리스도의 고통과 죽음을 언제나 눈앞에 그리는, 고독하고 종교적으로 감동된 사람들을 엄습하는 그리스도교적 우울증이라는 것도 있다.

48

친절의 경제학─인간 사이의 교제에서 가장 효험 있는 약초이자 힘으로 여겨지는 친절이나 애정은 아주 가치 있는 발견물이다. 그래서 사람들은 아마도 이 향기로운 약을 가능한 한 경제적으로 사용해야겠다고 바라겠지만 이것은 불가능하다. 친절의 경제학이란 가장 터무니없는 몽상가의 꿈이다.

49

호의─크고 드문 것보다 작지만 헤아릴 수 없을 만큼 빈번해서 아주 영향력 있는 것에, 학문은 더 많은 주의를 기울여야 하는데, 이런 것들 가운데는 호의도 포함되어야 한다. 내가 의미하는 바는 교제에 있어 친숙함을 나타내는 여러 표현들, 눈웃음이나 악수 같은 일반적으로 거의 모든 인간 행위를 감싸고 따라다니는 그 유쾌한 심정을 말한다. 어떠한 교사, 어떠한 관리라도 이 양념을 자신의 의무로 덧붙인다. 그것은 인간다움을 잃지 않았다는 확실한 증거이며, 이른바 만물을 둘러싸고 성장시키는 인간다운 빛의 물결이다. 그 가운데에서도 절친한 동료나 가족 속에서의 생활은 오로지 그 호의에 의해서만이 싱싱하게 피어난다. 선량함, 우정, 마음의 고결함은 끊임없이 솟아나는 비이기적인 충동의 드러남이며 동정·자비·헌신이라고 불리는 충동의 잘 알려진 표현보다도 훨씬 강력하게 문화를 건설해 온 것이다. 그렇지만 사람은 보통 그것들을 지나치게 작게 평가한다. 그러나 사실상 거기에 비이기적인 것은 그렇게 많지 않다. 그럼에도 이러한 적은 양을 모두 합한 것은 강력해서, 그 총체적인 힘은 가장 강한 힘의 하나다. 이처럼 사람들은 흐린 눈으로 볼 때보다 훨씬 많은 행복을 세계에서 발견한다. 즉, 사람이 정확히 계산하고 어느 인생에나, 가장 궁핍한 인생 속에도 하루하루가 풍요롭도록 하는 그 기분 좋은 모든 순간을 잊지만 않는다면 말이다.

50

동정을 자아내려 하는 것—라 로슈푸코는 자신의 《자화상》(초판 1658년)의 가장 주목할 만한 대목에서 이성을 가진 모든 사람이라면 동정하지 않도록 경계하고 그런 것들은 서민들에게 맡겨 버리라고 충고하는데, 이는 확실히 정곡을 찌른 말이다. 서민들은 고민하는 자를 돕거나 불행에 처했을 때 깊이 관여하려면 정열을 필요로 한다(그들은 이성에 따른 규제를 받지 않으므로). 그런데 라 로슈푸코의(그리고 플라톤의) 판단에 따르면 동정이란 영혼의 힘을 약화한다. 물론 사람은 동정을 '입증해야' 하지만, 동정을 갖지 않도록 경계해야 한다. 왜냐하면 불행한 사람들은 어쨌든 '우둔해'져서 동정의 증언을 이 세상 최대의 선으로 여기기 때문이다. 불행한 사람의 그러한 욕구를 정녕 어리석음이나 지적 결함으로서, 불행이 불러오는 일종의 정신 장애로 여기지 않고(라 로슈푸코는 아마도 그렇게 해석하고 있는 듯하지만), 무엇인가 전혀 다르며, 예사롭지 않은 중요한 것으로 해석할 때, 사람들은 이러한 동정을 갖지 않도록 보다 강력하게 경계할 수 있을 것이다. 차라리 어린이들을 관찰하는 것이 좋겠다. 그들은 동정을 '바라고' 울부짖으며 자신들의 상태가 눈에 띌 순간을 기다린다. 환자나 우울증에 걸린 사람과 사귀면서 그 능란한 호소, 흐느낌, 불행의 과시가 결국은 사람을 '괴롭힌다'는 목표를 추구하는 것이 아닌가 자문해 보는 것도 좋겠다. 사람들이 그때 표현하는 동정이 약한 자나 고민하는 자에게 하나의 위안이 되는 까닭은, 그들이 모든 면에서 쇠약해져 있음에도 여전히 '힘 있는 자를 괴롭히는 힘'을 가지고 있다고 인식하기 때문이다. 불행한 사람은 동정의 입증이 그에게 깨닫게 하는 우월감으로 어떤 쾌감을 얻는다.

자신은 아직도 세상에 고통을 줄 만큼 중요한 사람이라는 그의 자만심이 커진다. 따라서 동정받고 싶다는 열망은 자기 만족에의, 더욱이 이웃의 희생에 따른 열망이다. 그것은 인간을, 그의 가장 개인적인 가련한 자아가 전혀 구애받지 않은 상태에 놓인 인간을 나타낸다. 그러나 라 로슈푸코가 생각하듯이, '어리석음' 때문은 아니다. 사교적인 대화에서는 모든 질문과 대답의 4분의 3이 상대편을 조금이라도 괴롭히기 위한 것이다. 그런 이유 때문에 많은 사람들은 무척이나 사교를 갈망한다. 사교는 그들에게 자신의 힘을 느끼게 해준다. 악의가 판을 치는 이같이 무수한, 그러나 아주 적은 양의 약으로서 사교는 삶의 강력한 자극제다. 마치 같은 형식으로 인간세계에 퍼져 있는 호의가 언제나 준비되어 있는 치유제 역할을 하는 것과 마찬가지다. 그러나 사람을 괴롭히는 것이 즐거움이라고 털어놓을 만큼 정직한 사람이 있을까? 공상 속에서 타인을 모멸하고, 작은 악의의 탄환을 그들에게 퍼붓는 것으로 항상, 그것도 상당히, 즐기고 있다고 자백하는 정직한 사람이 있을까? 이런 치부에 대해서 무엇인가를 알기에는 대다수 사람들은 너무나도 정직함을 잃었고 몇몇 사람은 지나치게 선량하다. 따라서 후자에 속하는 사람들이 아무리 부정한다고 해도 프로스퍼 메리메가 다음과 같은 말을 한 것은 옳다. "악한 일을 하는 쾌감 때문에 악한 일을 하는 것보다 일반적인 것은 없다. 이 또한 알아둘 필요가 있다."

51

가상이 어떻게 존재가 되는가—배우는 결국 가장 심한 고통 속에서도 자기가 맡은 배역이나 인상, 전체적인 무대 효과 등을 잠시라도 생각하지 않을 수 없다. 예를 들면 자신의 아들을 매장할 때도 그렇다. 그는 자신의 고통이나 그 현상을 보고 자기 자신의 관객이 되어 운다. 언제나 같은 역할을 연기하는 위선자는 마침내 위선자이기를 그만둔다. 예를 들면 목사는, 청년 시절에는 일반적으로 의식적이든 무의식적이든 위선자지만, 결국은 그 사실을 자연스럽게 여기고, 나중에는 자연스럽게 목사가 된다. 아니면 아버지가 거기까지 이르지 못했을 때에는 아버지가 나아간 기회를 이용해서 그 습관을 이어받는 아들이 아마도 거기까지 다다를 것이다. 만약 어떤 사람이 아주 오랫동안 집요하게 무엇인가를 '보여'주려고 한다면, 결국 그에게는 다른 무엇이 '되는' 일은 어려워진다. 대다수 사람의 직업도, 예술가라는 직업조차도 위선으로, 외부의 모방으로, 효과가 뚜렷한 것을 모사하는 것으로 시작된다. 언제나 친절한 표정의 가면을 쓰고 있는 자는 결국에는 친근한 표정을 짓는 데 없어선 안 될 호의적 기분이라는 것을 마음대로 조절할 힘을 틀림없이 가질 것이다. 그리고 결과적으로 이러한 호의적인 기분이 그를 마음대로 다루게 되어, 그는 호의적인 '존재'가 된다.

52

속임수의 정직한 점—온갖 능란한 사기꾼들이 그들의 위력을 조장하는 하나의 과정은 눈여겨볼 만하다. 갖가지 준비를 갖추고 목소리·표정·몸짓에다 상대를 겁먹게 하는 기백으로 효과적인 무대 중앙에서 그럴싸한 사기 행위를 하고 있으면 '자기 자신에 대한 믿음'이 그들을 지배한다. 그런 경우 이 믿음이 기적적이고 압도적으로 주위 사람들에게 말을 거는 것이다. 교조(敎祖)들은 자기 기만의 이러한 상태에서 각성하지 않는다는 점에서 유능한 사기꾼과 구별된다. 아니면 그들은 의혹에 압도되는 그 가장 명석한 순간을, 아주 드물게 갖는 일도 있는데, 그러나 그들은 주로 이 가장 명석한 순간을 사악한 악마 탓으로 돌리고 스스로를 위로한다. 교조와 사기꾼이 크게 '활동'하기 위해서 자기 기만이 필수적이다. 왜냐하면 사람들은 뚜렷하게 강력히 믿고 있는 것의 진리를 확신하기 때문이다.

53

진리의 명목상 여러 단계—흔히 있는 잘못된 추리의 하나는 다음과 같다. 누군가가 우리에 대해서 진실하고 솔직하기 때문에 그가 하는 말은 진리라는 것이다. 그래서 아이는 부모의 판단을 믿고 그리스도교도는 교회 창설자의 주장을 믿는다. 이처럼 사람들은 지난 몇 세기 동안 행복과 생명을 희생하면서까지 옹호해온 것이 모두 오류에 지나지 않았다는 것을 인정하려 들지 않는다. 아마도 사람들은 그것이 진리의 단계였다고 할지 모른다. 그러나 결국 누군가가 정직하게 무엇인가를 믿고 그 신앙을 위해 싸우다 목숨을 잃었을 경우에, 사실은 오류가 그를 고무했다고 한다면, 사람들은 너무나 '부당한' 일이라고 여길 것이다. 이런 일들은 영원한 정의에 모순되는 것처럼 보인다. 그러므로 예민한 사람의 마음은 언제나 두뇌와는 반대로 다음의 명제를 명령한다. 도덕적 행위와 지적 통찰의 사이에는 필연적인 유대가 반드시 있어야 한다는 것인데, 안타깝게도 실제로는 그렇지 못하다. 영원한 정의 따위는 존재하지 않기 때문이다.

54

거짓말—왜 대부분의 사람들은 일상 생활에서는 진실을 말하는 것일까? 신이 거짓말을 금했기 때문은 결코 아니다. 무엇보다도 첫째 그렇게 하는 것이 편하기 때문이다. 왜냐하면 거짓말은 날조, 위장, 기억을 필요로 하기 때문이다. (스위프트는 다음과 같이 말한다. 거짓말을 하는 자는 좀처럼 자신이 져야 할 무거운 짐에 대해서는 알아채지 못한다. 즉 그는 '하나의' 거짓말을 유지하기 위해서 스무 개의 다른 거짓말을 연구해야 한다.) 다음으로 단순한 상황에서는 나는 이것을 바란다, 내가 이것을 했다 등으로 솔직하게 말하는 것이 이로우며, 따라서 강제나 권위를 택하는 편이 교활한 방법보다 확실하기 때문이다. 그러나 한 아이가 복잡한 가정 환경 속에서 자랐다면 이와 같이 자연스럽게 거짓말을 하게 되고 습관처럼 언제나 자기에게 이익이 되게 말한다. 진리에 대한 감각, 거짓말 자체에 대한 반감 등이 그에게는 아예 거리가 멀고 익숙해지기 힘들다. 그래서 그는 참으로 천진난만하게 거짓말을 하는 것이다.

55

신앙 때문에 도덕을 의심하는 것—어떤 권력도 위선자들만이 그것을 대표하고 있을 경우에는 유지되지 않는다. 가톨릭 교회가 그처럼 많은 '세속적' 요소를 가졌다 해도 그 힘은 아직도 수많은 성직자다운 사람들에게서 나오는 것이다. 그들은 자신들의 생활을 가혹하고 의미심장한 것으로 만들어 버린다. 그들의 눈빛과 피로한 육체는 철야, 단식, 불타는 듯한 기도, 아마도 채찍질까지도 말하는 것이리라. 이것이 사람들에게 충격을 주고 그들을 불안하게 한다. 만약 이런 삶이 '필요'하다면 어떻게 될 것인가? 이것이 그들을 바라볼 때 목구멍까지 올라오는 전율할 만한 의문점이다. 그들은 이와 같은 의혹을 퍼뜨리면서 쉴 새 없이 새롭게 되풀이해서 자기들의 권력의 기둥을 쌓아올린다. 자유사상 가들조차 그와 같이 몰아 상태에 있는 자들에게 엄격한 진리애로 감히 저항한 다든지, "그대 기만당한 자들이여, 기만하지 말라!"고 말하지 않는다. 통찰의 차이만이 자유사상가들을 몰아 상태에 있는 자들과 구분하고 있으며, 선과 악의 차이를 구분하는 것은 결코 아니다.

그러나 사람들은 자신이 좋아하지 않는 것을 일상 생활에서 부당하게 취급한다. 그래서 사람들은 모든 예수회 수도사의 교활함이나 사악한 술책에 대해서는 말하지만, 모든 예수회 수도사가 얼마만큼의 자기 극복을 스스로에게 부과하며, 예수회 교서가 설파하는 가벼워진 생활 실천은 결코 자기들을 위한 것이 아니고 세상 사람들에게 도움이 되는 것이라는 점 등을 간과한다. 그뿐 아니라 우리 계몽된 사람들이 이와 똑같은 전략과 조직에서 극기, 불굴, 헌신으로 그들처럼 훌륭한 도구가 될 수 있을 것인가, 또한 찬탄의 대상이 될 수 있을 것인가 물어보는 것도 좋으리라.

56

근본악에 대한 인식의 승리—근본적으로 악하고 타락한 인간에 대한 표상을 과거 어떤 기간 동안 가졌다는 사실은 지혜롭고자 하는 사람들에게 풍요한 수확을 약속하는 것이다. 이와 같은 표상은 그와 반대의 표상처럼 거짓이다. 그러나 그것은 참으로 오랫동안 지배해 온 것이며, 그 뿌리는 우리 속에 그리고 우리의 세계에까지 뻗쳐 있다. 우리를 이해하기 위해서는 '그 표상'을 이해하지 않으면 안 된다. 그러나 그보다 훨씬 더 높이 향상하기 위해서는 그 표상을 넘어서야 한다. 그러면 형이상학적 의미에서 죄 따위는 없다는 사실, 그러나 같은 의미에서 미덕 또한 없다는 사실, 윤리적 표상의 이러한 영역 전체가 계속 흔들리고 있다는 사실, 선과 악, 윤리적인 것과 비윤리적인 것에 대한 좀더 높고 깊은 개념이 있다는 사실 등을 우리는 인식한다.

사물로부터 이 같은 인식 이상의 것을 얻고자 하지 않는 사람은 영혼의 안정에 다다르는 것이 쉽고, 기껏해야 무지 때문에 잘못하는 일은 있어도 욕망 때문에 잘못(세상에서 말하는 범죄)을 저지르기는 어렵다. 그는 욕망을 비방하고 뿌리째 뽑아 버리려고 하지 않는다.

그러나 그를 완전히 지배하는, 언제든지 가능한 한 잘 '인식하려고' 하는 오직 하나의 목표는 그를 냉정하게 하고 그의 성향에 숨어 있는 광란을 진정시켜 줄 것이다. 게다가 그는 마음을 괴롭히는 많은 표상에서 벗어나 있으며, 지옥의 형벌, 죄악, 신에 대한 무능이라는 말에서 더는 아무것도 느끼지 않게 된다. 그는 거기에서 잘못된 세계관, 인생관의 희미해져 가는 그림자를 보게 될 뿐이다.

57

자기분할로서의 인간의 도덕—정말, 자신의 일에 애정을 갖고 있는 작가는 누군가가 찾아와서 그 일을 한결 더 명확하게 말하든가, 거기에 포함된 문제에 남김 없이 대답함으로써 자신을 부정해 주길 바란다. 사랑하고 있는 소녀는 연인의 불성실에서 자신의 사랑이 헌신적이고 충실하다는 것을 입증할 수 있기를 바란다. 군인은 조국을 위해서 전장에서 쓰러질 것을 바란다. 왜냐하면 조국의 승리로써 자신의 최고 염원도 승리하기 때문이다. 어머니는 자식에게 그녀 자신으로부터 빼앗아낸 것, 즉 수면과 가장 좋은 음식을, 사정에 따라서는 자신의 건강이나 재산을 준다. 그러나 이 모든 것들은 비이기적인 상황일까? 쇼펜하우어의 말을 빌리면 이러한 도덕적 행동은 '불가능하면서도 현실적'이기 때문에 '기적'일까? 이들의 경우에는 인간은 '자신 속의 무엇인가'를, 하나의 사상, 하나의 욕망, 하나의 작품 등을 '자신 속의 다른 것'보다 한결 더 사랑한다는 것, 따라서 그는 자신의 존재를 '분할해서' 한쪽을 다른 한쪽의 희생으로 가져간다는 것이 뚜렷하지 않은가? 어느 고집 센 사람이 "이 인간에게 한 걸음이라도 길을 양보하느니 차라리 총에 맞아 쓰러지는 편이 낫다"고 할 때, 그것은 '본질적으로' 다른 것일까?

'어떤 것에 대한 애착'(염원, 충동, 욕망)은 앞서 말한 모든 경우에 존재하고 있다. 애착에 젖어드는 것은 어떤 결과를 가져오든, '비이기적'이지 않다. 도덕에 있어서 인간은 개체 혹은 분할 불가능한 것(individuum)으로서가 아니라 분할 가능한 것(dividuum)으로서 자기를 다룬다.

58

약속할 수 있는 것—행위는 약속할 수 있으나 감각은 약속할 수 없다. 감각은 뜻대로 되는 것이 아니기 때문이다. 어떤 사람에게 그를 언제까지나 사랑하겠다든가, 늘 미워하겠다든가, 언제까지나 충실하겠다든가 하고 약속하는 자는 자신의 힘이 미치지 못하는 것을 약속하는 것일 뿐이다. 그러나 그는 다음과 같은 행위라면 약속할 수 있으리라. 일반적으로 사랑·증오·충실함의 결과지만, 한편 다른 동기에서도 나올 수 있다. 왜냐하면 몇 갈래의 길과 동기가 어떤 행위를 하도록 이끌어 주기 때문이다.

누군가를 언제까지나 사랑하겠다는 약속은 그런 의미에서 다음과 같은 뜻이 된다. 내가 그대를 사랑하는 한 나는 그대에게 사랑의 행위를 입증할 것이다. 내가 그대를 사랑하지 않게 되더라도, 다른 동기에서 오는 것일지라도 같은 행위를 나에게서 계속 받게 될 것이다. 그러므로 사랑은 변하지 않으며 언제까지나 똑같은 것이라고 하는 겉모습은 상대의 머리 속에는 있는 셈이다. 따라서 사람이 자기 기만 없이 누군가에게 영원한 사랑을 맹세할 경우, 그 사랑이란 외관상의 영속을 약속하는 것이다.

59

지성과 도덕—주어진 약속을 지켜 나가자면 좋은 기억력을 지녀야 한다. 동정심을 가지려면 강력한 상상력이 없어서는 안 된다. 그만큼 도덕은 지성의 뛰어남과 매우 가깝게 결합되어 있다.

60

복수하고자 하는 것과 복수하는 것—복수할 생각을 가졌고 더욱이 복수를 실행하는 것은 격렬한 열병의 발작에 걸리는 일이지만, 이 발작은 지나가버린다. 그러나 복수를 실행할 힘과 용기가 없는데도 복수할 생각을 가지고 있다는 것은 하나의 만성병, 육체와 영혼의 중독증을 지니고 다니는 것과 같다. 의도만을 보는 도덕은 두 경우를 같은 것으로 평가하며, 일반적으로 사람들은 첫 번째 경우를 더 나쁜 것이라고 평가한다(아마도 복수 행위에 따르게 될 나쁜 결과 때문에). 두 평가 모두 근시안적이다.

61

기다릴 수 있다는 것─기다림은 매우 어려운 것으로 최고의 시인들도 기다 릴 수 없음을 시를 짓는 동기로 삼을 정도다. 셰익스피어는 〈오셀로〉에서, 소포 클레스는 〈아이아스〉에서 그것을 다룬다. 아이아스는 하루만 더 자신의 감정을 식혀두었다면 신탁이 암시하듯 더는 자살할 필요가 없다고 생각했을지 모른다. 어쩌면 그는 상처입은 허영심의 불길한 속삭임을 비웃으며 자신에게 이렇게 말 했으리라. '나와 같은 경우에 대체 누가 이제까지 양을 영웅이라고 여기지 않았 겠는가? 그것은 도대체 그렇게 엉뚱한 것이었을까? 반대로 그것은 보편적인 일 에 불과한 것이다.' 아이아스는 이런 식으로 스스로를 위로해도 좋았을 것이다. 정열은 기다리려고 하지 않는다.

위대한 사람들의 생애에서 비극적인 것은 주로 시대나 동시대인의 저속함과 의 갈등이 아니라 자신들의 일을 한두 해 미룰 수 없다는 점에 있다. 그들은 기 다릴 수가 없다. 모든 결투에서 충고하는 친구들은 당사자들이 아직도 기다릴 수 있느냐 없느냐 하는 이 한 가지 일을 확인하지 않으면 안 된다. 기다릴 수 없 다면 두 사람의 어느 편도 "내가 살기 위해서라면, 상대가 곧바로 죽지 않으면 안 된다. 아니면 그 반대다" 하고 자답하는 한 결투는 마땅한 일이다. 이런 경우, 기다린다는 것은 훼손된 명예의 그 무서운 고문으로 명예를 더럽힌 자 앞에서 좀더 오래 고통받는 것을 의미한다. 그리고 이것이야말로 생명이 값진 것만큼보 다 더 큰 괴로움일지 모른다.

62

복수의 탐닉─거친 성격을 가진 사람은 모욕을 당하면 모욕의 정도를 가능 한 한 심하게 받아들이고는, 강하고 과장된 말로써 모욕의 원인을 주위 사람들 에게 말한다. 그것은 한번 눈을 뜨게 된 증오감과 복수심에 완전히 탐닉했다가 그것으로부터 벗어나기 위한 것에 지나지 않는다.

63

비방의 가치─적지 않은, 아마도 대부분의 사람은 자존심과 행위에 있어서 하나의 체면을 유지하기 위해 그들이 알고 있는 모든 사람을 업신여기며, 비방하는 일이 절대로 필요하다. 그러나 소심한 성격을 가진 사람도 많으며 그들이 체면을 지키느냐 잃느냐 하는 것은 큰 문제이므로, 그래서…….

64

분개하는 사람—우리에게 분개하는 사람에게는 지난날 우리의 목숨을 노린 적이 있는 사람을 대하듯이 주의를 기울여야 한다. 왜냐하면 우리가 아직 살아 있다는 '사실'은 죽일 힘이 없었다는 것에서 나오기 때문이다. 눈초리만으로 충분했다면 우리는 벌써 끝장을 보았을 것이다. 육체적 광포함을 드러내거나 공포심을 자극해서 누군가를 침묵시키는 것은 미개 문화의 찌꺼기이다. 마찬가지로 귀족이 하인을 대하는 그 차가운 눈초리도 사람과 사람 사이에 있는 계급적 차별의 하나의 잔재이며 미개한 고대의 찌꺼기다. 낡은 것을 보존하는 여자들은 이 '유물'을 한결 더 충실하게 지켜왔다.

65

정직함은 어디로 나아가는가—자기 행위의 동기는 그것이 좋든 나쁘든 모든 사람들의 동기와 같은 것이었는데, 때로는 너무 정직하게 그 동기에 대해 말해 버리는 나쁜 버릇을 가진 자가 있었다. 그는 처음에는 불쾌감을, 다음에는 의혹을 일으켰고 점차 단호히 배척되다가 사회에서 추방당했다. 그리고 마침내 여느 때 같으면 돌보지 않거나 못 본 체할 재판소에서 이처럼 버려진 자를 상기하기에까지 이르렀다. 공공연한 비밀을 지킬 줄 아는 조심성의 결여와 아무도 보려 하지 않는 자기 자신을 보려고 한 용서받을 수 없는 성향이 그를 감옥으로, 너무나도 때 이른 죽음으로 끌고 갔다.

66

벌을 받아야 하는데 결코 벌 받지 않는다—범죄자들에 대한 우리의 범죄는, 우리가 그들을 불량배처럼 다루는 데 있다.

67

미덕의 신성한 단순성[4]—모든 미덕은 온갖 특권을 가지고 있다. 예를 들면 유죄 판결을 받은 자를 화형시키는 장작더미에 덕이라는 조그만 장작 한 묶음을 곁들이는 특권을.

68

도덕성과 결과—행동을 방관하는 자뿐만 아니라 행동하는 자 자신도 그 행동이 도덕적이냐 비도덕적이냐를 때때로 결과에 따라 측정한다. 왜냐하면 동기와 의도는 간단 명료하지 않으며 때로는 기억조차도 행동의 결과로 흐려져서, 자신의 행동에 잘못된 동기를 부여하거나 비본질적인 동기를 본질적인 것으로 취급하기 때문이다. 성공은 흔히 어떤 행동에 선한 양심의 아주 공명한 광채를 띠게 하고, 실패는 가장 존경받을 만한 행위에마저 양심의 가책의 그림자를 드리운다. 그래서 정치가의 잘 알려진 관례가 생긴다. 그는 "나에게는 성공만을 다오. 성공으로써 나는 모든 공명한 영혼도 내 편으로 끌어 왔다. 그리고 나 자신에게도 내가 공명하도록 만들어 왔다"고 생각한다. 이와 비슷한 방법으로, 성공은 보다 나은 이유를 얻게 된다. 오늘도 많은 교양인은 그리스 철학에 대한 그리스도교의 승리는 그리스도교가 더 위대한 진리를 입증한 것이라고 믿고 있다. 이것은 거칠고 품위 없는 것과 강제적인 것이 보다 정신적인 것과 섬세한 것에 대해 승리를 거둔 것에 지나지 않는다. 하지만 보다 위대한 진리에 대해서 사정이 어떻게 변해가고 있는가 하는 것은, 눈을 뜨기 시작한 학문이 에피쿠로스 철학에 결부되고 있는 반면 그리스도교를 서서히 물리쳐 왔다는 데서 미루어 알 수 있는 일이다.

69

사랑과 공정함—무엇 때문에 인간은 공정함을 어기면서까지 사랑을 과대평가하고, 사랑이 공정보다 훨씬 우위에 있는 것처럼 사랑에 대해서 가장 큰 찬사를 아끼지 않는 것일까? 사실상 사랑은 공정함보다도 한결 우매한 것이 아

---

4) '신성한 단순성(sancta simplicitas)'은 후스(Johannes Hus, 1370~1415년, 교회 개혁에 힘쓰고 이단자로 몰려 화형에 처해진 인물)의 말.

닐까? 그렇다. 그러나 바로 그렇기 때문에 그만큼 모든 사람들에게 '호감을 주는' 것이다. 사랑은 어리석은 것이며, 풍부한 풍요의 뿔[5]을 가지고 있다. 이 뿔에서 사랑은 자기의 선물을 누구에게나 나누어 준다. 그가 그 선물을 받을 만한 가치가 없는 사람일 경우는 물론이거니와, 한 번도 그것을 감사하게 생각하지 않는 사람일지라도. 성서나 경험에 비춰볼 때에도 사랑은 불공정한 사람뿐 아니라 사정에 따라서는 공정한 사람조차도 피부 속까지 흠뻑 젖게 하는 비처럼 중립적이다.

70

사형—모든 사형이 살인보다 한결 더 우리의 감정을 상하게 하는 까닭은 무엇 때문일까? 이것은 재판관의 냉혹함, 고통스러운 준비, 한 인간이 다른 사람들을 깨우치기 위한 수단으로 이용된다는 통찰 때문이다. 왜냐하면 어떤 죄가 있다고 해도 그 죄 자체가 처벌되는 것이 아니기 때문이다. 죄는 교육자·부모·환경·우리 자신들에게 있는 것이지 살인자에게는 없기 때문이다. 내가 말하는 것은 살인을 일으킨 상황들이다.

71

희망—판도라는 갖가지 재앙으로 가득 찬 상자를 가져와서 열었다. 이것은 신들이 인간에게 주는 겉보기에 아름답고 매력적인 선물이며 '행복의 상자'라고도 불렸다. 그러자 상자 속에서는 모든 재앙이, 날개가 달린 살아있는 것들이 튀어나왔다. 그때부터 이것들은 줄곧 헤매기 시작했고 낮이나 밤이나 인간에게 해를 끼쳐 왔다. 그러나 상자 속에는 오직 하나의 재앙이 아직도 남아 있었다. 그때 판도라는 제우스의 뜻에 따라 뚜껑을 닫았다. 그래서 그 재앙은 그 속에 남게 되었다.

인간은 영원히 행복의 상자를 집 안에 간직한 채 어떤 보물이 그 속에 들었는지 궁금해 한다. 그것은 인간이 마음대로 볼 수 있는 것이어서 욕심이 날 때면 거기에 손을 뻗쳐 본다. 왜냐하면 인간은 판도라가 가져온 그 상자가 재앙

---

5) '풍요의 뿔(Füllhorn)'은 그리스 신화에서 염소뿔에 꽃이나 과일 등을 담아 풍요의 상징으로 한 것.

의 상자라고는 생각지 못하고, 다만 남아 있는 재앙이 행복의 가장 큰 보물이라고 생각하고 있기 때문이다. 그 보물이란 바로 희망이다. 곧 제우스는 인간이 그 밖의 심한 재난에 괴로움을 받더라도 삶을 포기하지 않고 지속하면서 계속 새로운 괴로움 속에 잠길 것을 바랐기 때문이다. 그래서 그는 인간에게 희망을 준 것이다. 즉 희망은 참으로 재앙 중에서도 최악의 재앙이다. 희망은 인간의 괴로움을 연장하기 때문이다.

72

도덕적 흥분 정도는 미지수다 ─ 예를 들면 부당하게 심판받거나, 학살당하거나 고문받은 아버지, 부정한 아내, 잔인한 적의 습격 등 어떤 충격적인 광경과 인상을 겪은 적이 있느냐 없느냐에 따라 우리의 정열이 불타올라 온 생애를 좌우하느냐 않느냐가 결정된다. 여러 여건·동정·분노 등이 자신을 어디로 몰고 갈지 아는 사람은 없다. 그는 자신의 흥분 정도를 모른다. 가련하고 초라한 상황은 그를 볼품 없게 한다. 저열한 인간과 고결한 인간을 결정하는 것은 보통 체험하는 양이 아니라, 그 질인 까닭이다.

73

본의 아닌 순교자 ─ 어느 당에 언제나 자기 동지들에게 반대할 수 없을 만큼 소심하고 겁많은 자가 있었다. 사람들은 그를 가리지 않고 온갖 일에 이용했고 모든 일을 시켰다. 그는 동지들의 악평을 죽음보다 무서워했다. 그는 가엾은 약자였으니까. 그들은 이 사실을 알고 있으며 앞서 말한대로 그의 성격을 바탕으로 그를 한 사람의 영웅으로, 마침내는 순교자로까지 만들었다. 이 겁 많은 사람은 마음으로는 언제나 부정했음에도 입으로는 언제나 찬성했다. 그는 당의 견해를 위해 죽을 때 단두대 위에서까지 그런 태도였다. 자기 옆에 있는 오랜 동지 하나가 말과 눈초리로 심하게 제압했기 때문에 그는 사실상 가장 의연한 태도로 죽음을 참아 냈다. 그리하여 그는 그 뒤부터 순교자로서, 위대한 인물로서 사람들의 칭송을 받게 되었다.

_74_

일상의 척도─극단적인 행위를 허영으로, 평범한 행위를 습관으로, 그리고 하찮은 행위를 공포 때문이라고 한다면 그것은 거의 틀림 없을 것이다.

_75_

덕에 대한 오해─쾌락과 연관된 악덕을 경험한 사람은, 향락적 청춘기를 보냈던 사람처럼, 덕은 불쾌와 결합되어 있음이 틀림없다고 생각한다. 그러나 이와는 달리 자신의 정열과 악덕 때문에 심한 책망을 받아온 사람은 덕에서 영혼의 안정과 행복을 갈망한다. 따라서 덕이 있는 두 사람이 서로를 전혀 이해하지 못하는 경우도 있을 수 있다.

_76_

금욕자─금욕자는 덕으로 하나의 고난을 만든다.

_77_

인간의 존경심은 사물로 전이된다─일반적으로 인간은 이웃을 위해서 바치는 사랑과 헌신적인 행위를 존중한다. 그렇게 함으로써 사람들은 그런 식으로 사랑도 받고 또는 그것을 위해 몸을 바치는 '모든 사물의 평가'를 늘인다. 이것은 그 자체로는 대단한 가치를 가진 것이 아닌데도 불구하고. 용감한 군대는 무엇을 위해 자신이 투쟁하는가 하는 사실을 확신케 한다.

_78_

명예심은 도덕적 감정의 대용품─도덕적 감정은 어떤 명예심조차 가지지 않은 사람들에게는 꼭 필요하다. 명예심이 강한 사람들은 도덕적 감정이 없어도 거의 같은 성과를 거두어 나간다. 그러므로 조심스럽다. 명예심과는 거리가 먼 가정에서 자란 아들들은 일단 도덕적 감정을 잃게 되면 매우 빠르게 완전히 부랑자가 되는 것이 보통이다.

79

허영심은 풍요롭게 한다—허영심이 없다면 인간의 정신은 얼마나 초라할까! 그러나 다행히도 그것이 있어서 인간의 정신은 물건들이 가득 찬, 또는 그때그 때 채워지는 백화점, 온갖 종류의 고객들을 끌어들이는 백화점과 닮았다. 고객 들은 두루 쓰이는 화폐를 가지고 있는 이상 모든 것을 구경할 수 있고 모든 것 을 손에 넣을 수 있다.

80

노인과 죽음—종교가 정한 갖가지 요구를 제외한다면 인간은 다음과 같은 질문을 해도 좋을 것이다. 자기 힘이 쇠퇴하는 것을 의식하는 노인이 서서히 진 행되는 소진과 해체를 기다리는 편이 완전한 의식으로 그것을 포기하는 것보 다 더 명예로운 일일까? 자살은 이런 경우, 아주 자연스럽고 명백한 행위며, 이 성의 승리로서 마땅히 외경심을 불러일으킬 것이다. 그리스 철학의 지도자들이 나 가장 용감한 로마의 애국자들이 자살에 이르곤 했던 그 시대에는 실제로 외 경심을 불러일으켰다. 그와 반대로 생의 본래 목적에 더 가까이 갈 힘도 없는데 의사의 번거로운 충고와 비할 데 없이 구질구질한 생활 방법으로 하루하루를 연명해 가려는 병적 욕망은 결코 존경받을 수 없다. 종교는 자살의 요구로부터 도망칠 구실을 많이 가지고 있다. 이로써 종교는 삶을 거스른 사람들에게 곧잘 환심을 산다.

81

피해자와 가해자의 착각들—부자가 가난한 자에게서 어떤 소유물을(예를 들면 영주가 평민에게서 연인을) 빼앗을 때 가난한 자는 착각한다. 자신이 가진 얼 마 안 되는 것을 빼앗는 그 사람은 참으로 악한 사람임에 틀림없다고 그는 생 각한다. 그러나 부자는 '각각의' 소유물의 가치를 그리 심각하게 느끼지 않는다. 많은 것을 갖는 일에 익숙해져 있기 때문이다. 그래서 그는 가난한 사람의 심 정을 모르며 가난한 사람들이 생각하는 만큼 그렇게 심한 부정을 저지르는 것 이 아니다. 둘 다 서로 그릇된 관념을 가진 것이다. 역사상 가장 분개할 만한 권 력자의 부정은 흔히 생각되듯 그렇게 엄청난 것이 아니다. 대대로 물려받은 감각은 보다 높은 청구권을 가진 더 높은 존재가 되기 위해서 매우 냉혹하게 되고, 양심을 무디게 한다. 우리와 다른 존재의 차이가 크면 클수록 우리는 모두 부정 따위에는 도무지 무감각해진다. 예를 들어 모기 같은 것을 아무런 양심의 가책 없이 죽이는 것이다. 그래서 크세르크세스(그리스 사람들조차 모두 그를 남달리 고귀한 사람으로 묘사하고 있다)의 경우, 전체 원정군에게 불안하고 불길한 불신감을 조성했다는 이유로 아버지에게서 아들을 빼앗아 그 아들을 갈가리 찢게 한 것은, 결코 그의 사악함의 흔적이 아니다. 이런 경우 한 개인은 불쾌한 곤충처럼 제거된다. 세계의 지배자에게 오랫동안 번민을 느끼도록 하기에는 그는 너무도 가치 없는 존재다. 그뿐 아니라 어떤 잔인한 자도 학대받은 자가 믿는 만큼 잔혹하지 않다. 그것은 고통의 관념이 고통의 실감과 같지 않기 때문이다. 공정하지 못한 재판관과 조금의 불성실로 여론을 현혹하는 저널리스트의 경우도 마찬가지다. 원인과 결과는 이러한 모든 경우에 전혀 다른 감정과 사상의 무리에 둘러싸여 있다. 그런데도 사람은 무의식중에 가해자와 피해자가 똑같이 생각하고 느낀다고 전제하고 이 전제에 따라서 한 사람의 죄를 다른 사람의 고통으로 측정한다.

82

영혼의 피부―뼈·살·내장·혈관은 피부로 둘러싸여 있다. 그것이 인간의 모습을 참고 견딜 만한 것으로 만들듯이 영혼의 활동과 정열은 허영심으로 덮여 있다. 허영심은 영혼의 피부이다.

83

덕의 잠―덕도 잠을 잔 뒤에는 한결 더 생기가 날 것이다.

84

수치심의 빈틈 없음―사람은 부정한 것을 생각하는 것을 부끄러워하지 않으나, 자신이 이러한 생각을 가졌으리라고 남이 짐작하고 있다고 느끼는 경우에는 부끄러워할 것이다.

85

악은 드물다 — 대다수의 사람들은 악하게 되기에는 너무나 자신의 일에만 몰두하고 있다.

86

저울의 지침(指針) — 어느 편이 판단력을 돋보일 기회를 많이 주느냐에 따라 사람들은 칭찬하기도 하고 비난하기도 한다.

87

〈누가 복음〉 18장 14절[6]의 수정 — 자신을 낮추는 자는 높아지기를 바란다.

88

자살의 저지 — 우리는 인간의 삶을 앗아갈 권리는 있지만, 인간의 죽음을 앗아갈 권리는 없다. 이것은 오로지 잔혹함일 뿐이다.

89

허영심 — 우리에게 사람들의 호평이 중요한 까닭은, 먼저 그 호평이 우리에게 이로우며, 다음은 우리가 그들을 즐겁게 하려고 애쓰기 때문이다(자식이 부모를, 학생이 선생을, 호의적인 사람들이 일반적으로 다른 모든 사람들을). 이득이나 즐겁게 하려는 염원을 빼놓고 사람들의 호평이 중요시되는 경우에만 우리는 허영심이라는 말을 쓴다. 이런 경우에는 인간은 자기 자신을 즐겁게 하려고 하지만 그것은 이웃 사람의 희생을 통해서다. 이때 인간은 자신에 대한 잘못된 의견으로 이웃 사람을 현혹케 하든가 다른 모든 사람에게는 고통임에 틀림없을(질투심에 자극됨으로써) 정도의 '호평'을 노린다. 개개인은 일반적으로 타인의 평가로써 자기에 대해 갖고 있는 의견을 확인하고 싶어하고, 자신에게 입증시키기를 바란다. 그러나 권위에 대한 습성(인류의 역사만큼이나 오랜 습성)은 많은 사람들로 하여금, 또한 자기에 대한 그들 자신의 믿음을 권위 위에서 지탱할 수 있

---

6) 〈누가복음〉 제18장 14절에는 "자신을 낮추는 자는 높아지리라"라는 말이 있다.

을 때까지, 즉 타인의 손에서 처음으로 그 믿음을 건네받을 수 있을 때까지 유도한다. 그들은 타인의 판단력을 자신의 판단력보다 믿고 있는 것이다. 자신에 대한 관심, 자신을 만족시키려는 염원은 허영심 강한 사람들에게는, 그 자신의 잘못된, 지나치게 높은 평가를 내리도록 타인을 현혹한다. 그래서 결과적으로는 타인의 권위에 기대게 되고, 오류를 부르게 되고, 더욱이 그것을 믿기까지 한다. 따라서 허영으로 가득 찬 사람은 자기 자신보다 오히려 타인의 마음에 들고자 하며, 이럴 경우 자신의 장점조차도 소홀히 하게 된다는 사실을 우리는 인정할 수 밖에 없다. 왜냐하면 오직 자기 자신에 대한 즐거움과 자기 만족을 얻기 위해서 이웃 사람들이 자기에 대해 호의를 갖지 않고, 적의와 질투심을 품게 만들고, 즉 해를 끼치도록 하는 일을 때때로 중요하게 여기기 때문이다.

90

인간애의 한계—남을 바보다, 나쁜 놈이다라고 언명한 자는 누구나 그 사람이 실제로 그렇지 않다는 점을 보여 주면 화를 낸다.

91

눈물을 자아내는 도덕성—도덕성은 얼마나 많은 만족을 가져다 주는가! 고귀하고 너그러운 행위에 대한 이야기를 읽으면서 얼마나 많은 기쁨의 눈물을 흘렸는지 생각해 보라! 인생의 이런 매력은 책임 따위는 전혀 없다는 믿음이 우세해지면 사라져 버릴 것이다.

92

공정성의 기원—투키디데스가(아테네와 메리아의 사절들의 무서운 대화 속에서) 올바르게 파악한 것처럼, 공정성(정당성)은 거의 '동등한 권력자' 사이에 그 기원을 둔다. 뚜렷이 인식할 만큼 우세한 힘이 존재하지 않고, 투쟁이 어떤 성과도 없이 서로 손해만 입힐 경우에는 절충해서 서로의 요구를 협상하려는 생각이 든다. 공정성의 본래 성격은 '교환'의 성격이다. 어느 편이나 자신이 상대편보다 더 높이 평가하는 것을 손에 넣으면서 상대를 만족시킨다. 상대가 갖고자 하는 것을 상대에게 주고, 그 대신 자신이 원하는 것을 받는다. 따라서 공정성은 거의 대등한 힘의 상태를 전제한 보상과 교환이다. 그러므로 복수도 원래 공정성의 영역에 속한다. 복수란 하나의 거래이다. 감사 또한 그렇다. 공정성은 마땅히 분별력이 뛰어난 자기 보존의 견지에서, 따라서 '무엇 때문에 나는 아무 이익도 없이 손해를 보고 더욱이 나 자신의 목표도 이룰 수 없는 일을 해야 한단 말인가?' 하는 숙고된 이기주의에서 출발한다. 공정성의 '기원'에 대해서는 이 정도로 해두자. 인간이 지적 습성에 따라 공명 정대한 행위와 애초의 목적을 '잊고' 말았기 때문에, 특히 수천 년 이래 아이들은 이와 같은 행위를 찬탄하고 본받도록 교육받았기 때문에, 점차 공정한 행위가 비이기적인 행위인 것 같은 겉모습이 형성된 것이다. 그러나 공정한 행위를 존중하는 것은 이 겉모습 때문이다. 그리고 이 존중은 다른 존중과 같이 계속 커지기만 한다. 왜냐하면 존중받는 것은 헌신적으로 추구되고 모방되어 몇 배로 늘어나 모든 개인의 수고와 노력의 가치가 존중받는 사물의 가치에 다시 한번 덧붙여짐으로써 커져가기 때문이다. 망각이 없다면, 세계는 도덕적으로 얼마나 초라하게 보일까! 시인은 노래할지 모른다. 신은 인간의 존엄이라는 사원 입구에 망각을 문지기로 세워두었다고.

93

약자의 권리에 대해서─누군가가, 예컨대 포위된 도시가 어떤 조건 아래에서 한 권력자에게 굴복할 때, 그 대항 조건은 자신을 파괴시키는 일, 도시를 불사르고 그것으로 권력자에게 큰 손해를 끼칠 수 있다는 것이다. 그것 때문에 여기에서 하나의 '동등한 지위'가 성립되고 그것을 바탕으로 여러 권리가 세워질 수 있다. 적은 보존해 두는 것이 자신에게 이익이라고 보는 것이다. 그런 점에서 노예와 주인 사이에도, 즉 노예를 소유하는 것이 주인에게 이롭고 소중한 일이라고 생각하는 만큼 모든 권리는 존재한다. '권리'란 본래 한쪽이 다른 쪽보다 가치가 있고, 중요하며, 없어서는 안 되며, 극복할 수 없는 것으로 '보이는 만큼만' 통용된다. 이런 관점에서 약자 또한 보잘것없는 권리이긴 하나 권리를 갖고 있다. 그래서 어떤 사람에게도 '확보하고 있는 힘만큼의 권리가 있다'[7](또는

---

7) "어떤 사람에게도 확보하고 있는 힘만큼의 권리가 있다(unusquisque tantum juris habet, quantum potentia valet)."

보다 정확하게 말하자면, 확보하고 있다고 믿는 힘만큼의)는 유명한 말이 생겨난 것이다.

94

이제까지의 도덕성의 세 단계—인간의 행위가 이미 순간적인 안락이 아니라 영속적인 안락과 관련될 때는, 그래서 인간이 '공리적·합목적적'이 된다면, 그것은 동물이 인간이 되었다는 최초의 표시다. 그때 비로소 이성의 자유로운 지배가 껍질을 깨뜨리고 나오게 된다. 인간이 '명예'의 원리에 따라 행동할 때 한결 높은 단계가 이루어진다. 그 원리에 따라 인간은 공통된 감각들에 편입되고 굴복한다. 그리고 그 사실은 개인적인 이익만이 그를 이끌어간 단계 이상으로 그를 높여 준다. 그는 존경하며 존경받기를 바란다. 즉 그는 인간의 이익이라는 것을 자신이 타인에 대해서, 타인이 자신에 대해서 믿고 있는 점에 의존한다고 이해하는 것이다. 마침내 그는 '이제까지의' 도덕성의 최고 단계에서 사물과 인간에 대한 '자신의' 척도에 따라서 행동한다. 그 자신이 자기 및 타인을 위해서 무엇이 명예이며 무엇이 이익인가를 결정한다. 그는 차츰 고도로 발달해 온 이익과 명예의 개념에 따라서 의견의 입법자가 된다. 인식 덕택에 그는 보다 유익한 것, 즉 보편적·영속적 이익을 개인적인 이익보다 중요시하고, 보편적·영속적으로 통용하는 명예로운 칭찬을 순간적인 칭찬보다 소중히 생각할 만큼의 능력을 가진다. 그는 집단적인 개인으로서 생활하고 행동하는 것이다.

95

성숙한 개인의 도덕—지금까지 사람들은 비개인적인 것을 도덕적 행위의 고유한 특징으로 여겨 왔다. 그리고 처음에는 보편적인 이익에 대한 고려야말로 모든 비개인적 행위가 칭찬받고 특별 취급을 받는 이유였다는 점을 지적할 수 있다. 가능한 한 '개인적인' 고려를 통해서만 보편적인 것을 위한 이익 또한 최대가 된다는 것을 의미한다. 따라서 엄밀하게 '개인적인 행위'야말로 여기서 말하는 도덕성의 개념(보편적인 이익으로서의)에 일치한다는 것이 차츰 뚜렷하게 통찰되는 현재로서는, 앞서 말한 견해의 중대한 변혁이 다가온 것이 아닐까? 자신을 하나의 완전한 '개인'으로 만들고, 모든 일에서 '최고의 행복'을 주시하는 것은 타인을 위한 동정적인 감동과 행위보다 그를 훨씬 진보시켜준다. 물론 우리는 여전히 개인적인 것을 너무 얕잡아 보는 병을 앓고 있기는 하다. 그것은 잘못 훈련된 것이다. 우리 스스로 그것을 인정하자. 우리의 감각은 오히려 강압적으로 개인적인 것에서 분리되고, 개인적인 것이란 희생되어야 할 나쁜 것이기라도 한 것처럼 국가·학문·의지할 데 없는 자들에게 희생물로 바쳐졌다. 오늘도 우리는 이웃 사람을 위해서 일하고 싶어한다. 그러나 그것은 우리 자신들의 최고의 이득을 일에서 발견하는 한도 내에서며, 그 이상도 이하도 아니다. 문제는 인간이 무엇을 '자신의 이득'이라고 해석하느냐에 달려 있다. 미숙하고 덜 발달된 보잘것없는 개인은 그 이득도 가장 초라한 것으로 해석할 것이다.

96

윤리와 윤리적인 것 — 도덕적·윤리적·윤리학적이라는 것은 오래전부터 확립된 법도나 인습에 순종하는 것을 의미한다. 괴로움을 참고 복종하느냐, 기꺼이 복종하느냐 하는 것은 문제가 되지 않으며 실행하는 그 자체로 충분하다. 오랫동안 유전되어 온 천성에 따라 윤리적인 일을 쉽게, 즐겨 행하는(예를 들면 복수하는 것이 고대 그리스인의 경우처럼 선한 윤리에 속해 있을 때는 복수한다) 사람은 '선하다'고 불린다. 그는 '무엇인가를 위해서' 선하기 때문에 선하다고 평가된다. 그런데 호의, 동정 따위는 풍습이 변해도 언제나 '무엇인가를 위해서 선한' 것으로 여겨지고, 유익한 것으로 느껴졌기 때문에 요즘도 주로 호의적인 사람, 자비로운 사람이 '선하다'는 말을 듣는다. 악이란 '윤리적이 아닌'(비윤리적인) 것, 윤리에 어긋나는 것, 아무리 이성에 맞는 것이든 어리석은 일이든 간에 아무튼 인습에 거스르는 것을 말한다. 그런데 이웃 사람을 해치는 것은 서로 다른 여러 시대의 모든 윤리 규범에서 주로 유해한 것으로 여겨져 왔기 때문에, 요즘에는 특히 '악하다'는 말로, 이웃을 자유의지로 해치는 일을 떠올리게 된다. 윤리적인 것과 비윤리적인 것, 선과 악, 이런 구별을 짓게 한 근본적 대립은 '이기적인 것'이나 '비이기적인 것'이 아니라 인습이나 규범에 구속되어 있는가 아니면 그것들로부터 해방되어 있는가에 있다. 어떻게 인습이 '성립되어' 왔는가는 중요하지 않다. 어쨌든 인습은 선악이라든가 그 밖의 내재적 정언 명령법(인간에게 무조건 요구되는 도덕법)을 고려하지 않으며, 무엇보다도 한 '공동체'나 한 민족을 유지하는 것이 목적이다. 잘못 해석된 우연을 바탕으로 성립된 모든 미신적 관례는 인습을 강요하고 여기에 따르는 것이 윤리적인 것이다. 즉, 인습에서 벗어나는 것은 위험한 일이며 '공동체'에서는 개인의 경우보다 한결 해롭다. 신은 신을 모독하거나 신의 특권을 훼손하는 모든 공동체에게, 그리고 그렇게 하는 한 개인에게도 처벌을 가하기 때문이다. 그런데 모든 인습도 그 기원이 멀리 떨어져 있을수록, 몹시 잊혀져 있을수록, 쉴 새 없이 보다 존경할 만한 존재로 되어 간다. 거기에 바쳐지는 숭배는 세대가 더할수록 쌓여 마침내 인습은 신성한 것이 되고 외경심을 불러일으킨다. 그러므로 어느 편을 택하든 '외경심의 도덕'은 비이기적인 행위를 요구하는 도덕보다는 훨씬 오래된 도덕이다.

97

윤리 속에 있는 쾌감─쾌감과 도덕성의 원천에 대한 중요한 부분은 습관에서 생겨난다. 인간은 익숙해진 일을 한결 더 쉽게 하고 보다 잘하며 더 즐겨 한다. 인간은 그때 쾌감을 느끼며 습관화된 것은 그 무엇을 보증한다는 것, 따라서 유익하다는 사실을 경험으로써 알고 있다. 삶을 영위하게 해주는 하나의 윤리는 새롭지만 아직도 보증되어 있지 않은 모든 시도와는 반대로 효과적이고 이로운 것으로 증명되었다. 따라서 윤리는 쾌적한 것과 유익한 것의 결합체이며, 더욱이 그것은 사색을 필요로 하지 않는다. 인간은 압력을 행사할 수 있게 되면 곧 자신의 '윤리'를 관철하고 실행하기 위해서 그 압력을 행사한다. 인간에게 윤리란 이미 보증된 삶의 지혜이기 때문이다. 마찬가지로 개인으로 이루어지는 공동체는 모든 개인에게 똑같은 윤리를 강요한다. 여기에 잘못된 추리가 있다. 어떤 윤리에서 쾌감을 느끼거나, 적어도 그것으로써 자신의 존재를 성취하므로 이 윤리가 필요한 것이다. 그것은 사람이 유쾌함을 느낄 수 있는 '오직 하나의' 가능성이기 때문이다. 생활의 쾌감은 윤리에서만 오는 듯하다. 익숙해졌다는 것을 현존재의 한 조건으로 보는 이 견해는 윤리의 가장 사소한 개개의 것에 이르는 것에까지 관철된다. 참된 인과성을 통찰하는 일이 열등한 상태의 민족이나 문화에서는 아주 미흡하기 때문에, 인간은 모든 것이 같은 과정을 거치는 데 미신적 공포를 느낀다. 어렵고 엄격하고, 거추장스러울 때조차도 겉으로 드러나는 최고의 유익성 때문에 윤리는 유지된다. 인간은 그 정도의 안락은 다른 윤리에서도 성립될 수 있으며 더 높은 정도까지 이룰 수 있다는 사실을 알지 못한다. 그러나 아마도 인간은 모든 윤리, 가장 엄격한 윤리조차 시대의 흐름을 따라 차츰 즐겁고 온화해지고, 보다 엄격한 생활 방법도 또한 습관화되어 쾌감이 될 수 있다는 점을 깨닫게 될 것이다.

98

쾌감과 사회적 본능—인간은 자신에게서 얻는 쾌감에다, 타인과의 관계에서 다른 종류의 새로운 '쾌감'을 더함으로써 그는 쾌감 일반의 영역을 뚜렷하게 넓힌다. 아마도 그는 이 쾌감에 속한 여러 가지 것들을 벌써 동물로부터 이어받은 것이리라. 동물은 서로 장난칠 때, 특히 어미가 새끼와 서로 장난칠 때는 분명히 쾌감을 느낀다. 그리고 모든 수컷이 모든 암컷을 쾌감이라는 점에서 흥미를 나타내며, 그 반대 경우도 그러한 성적 관계를 생각해 보라. 인간 관계를 기초로 한 쾌감은 일반적으로 인간을 더욱 즐겁게 한다. 공통의 즐거움, 즉 함께 즐겼던 쾌감은 그 느낌을 한결 더 높여 준다. 쾌감은 개개인에게 안정을 주고 선량하게 만들며, 불신·질투 등을 없애 버린다. 그것은 사람은 스스로 유쾌하게 느끼고 타인도 같은 방법으로 유쾌하게 지내는 것을 보기 때문이다. '쾌감의 동일 종류의 표시'는 감정이란 같은 종류의 것이라고 공감하는 상상력을 눈뜨게 한다. 공통된 고민, 동일한 폭풍, 위험, 적 따위도 같은 작용을 한다. 이때 흔히 그들을 기초로 해서 동맹이 결성된다. 동맹의 의미는 모든 개인의 이익을 위해서 위협적인 불쾌를 공동으로 없애고 방어하는 것이다. 이렇게 사회적 본능은 쾌감에서 성장해 나온다.

99

이른바 악행에서의 결백함—모든 '악행'의 동기는 생존 본능, 또는 더 정확하게 말하면 개인이 쾌감을 지향하고 불쾌를 피한다는 사실에 의해 규정된다. 그러나 이런 형식을 밟아 동기가 되었다면, 그것은 악이 아니다. '고통을 주는 그 자체'는 철학자들의 두뇌 속 이외에는 '존재하지 않는다', '쾌감을 가져다 주는 그 자체'(쇼펜하우어가 주장한 동정심)도 이와 똑같다. 국가 '이전'의 상태에서는 우리가 굶주림을 못 참아 나무로 돌진할 때, 우리보다 먼저 그 나무의 열매를 빼앗으려는 자가 있으면 그것이 원숭이든 인간이든 우리는 그것을 죽였다. 지금도 마찬가지로 우리가 불모의 땅을 떠돈다면 동물에 대해서 그런 태도를 취할 것이다. 오늘 우리를 가장 격앙시키는 악행은 그것을 우리에게 가해 오는 상대가 자유의지를 가지고 있어서, 그의 뜻에 따라서 이 악행을 행하지 않을 수 있다는 오류에서 비롯된 것이다. 이 자유의지에 대한 믿음이 증오, 복수심, 간계 및 상상력의 전반적인 손상을 일으킨다. 그런데 우리가 동물에 대해서는 격노하지 않는 것은 그들에게는 책임이 없는 것으로 보고 있기 때문이다. 생존 본능에서가 아니라 '보복'을 위해서 해를 가하는 것은 잘못된 판단의 결과이며, 따라서 마찬가지로 죄가 없다. 개인은 국가 이전의 상태에서는 '위협'하기 위해 다른 사람을 가혹하고 잔인하게 다룰 수 있었다. 자기 힘의 이러한 위협을 보임으로써 자신의 실재를 안정케 하기 위해서다. 보다 약한 자를 자신에게 굴복시키는 폭력을 행사하는 자, 권력자, 최초의 건국자는 그렇게 행동한다. 오늘날에도 국가가 그 권리를 이어받고 있는 것처럼, 그는 그럴 권리를 가졌다. 아니 오히려 이것을 방해할 수 있는 권리가 존재하지 않는다. 어떤 더 위대한 개인이, 예를 들면 사회·국가라고 하는 집단적 개인 따위가 개개인을 굴복시키고, 따라서 그들의 고립화에서 이끌어내어 하나의 단체에 질서를 불어넣을 때, 그때야 비로소 모든 도덕성을 위한 지반이 정비되는 것이다. 도덕성에는 '강제'가 선행한다. 그뿐 아니라 도덕성 그 자체는 여전히 잠시 동안은, 인간이 불쾌를 피하기 위해서 순응하는 강제로 볼 수 있다. 나중에는 그것이 풍습이 되고 훨씬 뒤에는 자유로운 복종이 되며, 마침내는 거의 본능이 되어 버린다. 그때 그것은 오랫동안 익숙해져서 자연스럽게 되어 버린 모든 것과 마찬가지로 쾌감과 결부된다. 그리고 지금은 '덕'이라고 불린다.

100

수치심─'신비'가 있는 곳에는 어디에나 수치심이 존재한다. 그러나 신비는 종교적 개념이며 고대에서는 인간 문화의 큰 범위를 차지했다. 가는 곳마다 경계를 둘러친 지역이 있고 특정한 조건 아래에서가 아니면 신의 법이 거기에 입장할 것을 허용하지 않았다. 어떤 특정한 장소에는 문외한들이 발을 들여 놓을 수 없었고, 거기에 접근하면 그들은 전율과 불안을 느꼈다. 그런 의미에서 그곳은 처음에는 참으로 공간적인 것이었다. 이 감정이 갖가지 다른 관계로, 예를 들면 성적인 관계로 옮겨 갔는데 이것은 성숙한 연령의 특권과 성소로 취급받고, 젊은이에게는 자신들의 이익을 위해서 멀리 해야 될 것이다. 이 관계를 지키고 신성하게 보존하기 위해서, 많은 신들이 활동하고 부부의 거실 속에 파수꾼으로 세워져 있다고 생각되어 왔다(그 때문에 튀르키예어로 이러한 방을 하렘, '성전'이라고 부르고, 따라서 일반적으로는 회교 사원의 앞 마당을 가리키는 말과 동일하게 불린다). 그래서 왕권도 권력과 영광이 빛나는 중심으로서, 지배당하는 자에게는 비밀과 수치심에 찬 하나의 신비인 것이다. 그 갖가지 여파는 그런 경우가 아니라면 결코 소심한 민족의 부류에 속하지 않는 여러 민족 사이에서도 느낄 수 있다. 마찬가지로 내적 상태의 세계 전체, 이른바 '영혼'도 무한한 시간을 통해 신적 기원 및 신적 교제에 알맞은 것이라고 믿어져 온 뒤부터 철학자가 아닌 모든 사람에는 아직도 하나의 신비로 남아 있다. 따라서 영혼은 하나의 성소이며 수치심를 불러일으킨다.

101

옳고 그름을 따지지 말라 —인간은 과거의 모든 시대를 고찰할 때, 부당한 비방에 빠지지 않도록 경계해야 한다. 노예 제도의 불공정, 모든 인물이나 민족의 정복에 있어서 잔혹함은 우리의 기준으로 측정되어서는 안 된다. 그때는 정의의 본능이 아직 그다지 형성되어 있지 않았기 때문이다. 그 누가 제네바의 시민 칼뱅(Calvin)을, 의사 세르베투스를 화형시켰다고 비난할 자격이 있는가? 그것은 그의 신념에서 출발한 처음부터 끝까지 한결같은 행위였다. 마찬가지로 종교 재판도 훌륭한 권리를 가지고 있었다. 단지 지배적인 견해가 잘못되어 우리에게 가혹하게 보이는 결과를 불러왔을 뿐이다. 이제 그런 견해는 우리와는 동떨어진 것이 되어 버렸다. 더욱이 거의 만인에 대한 영원한 지옥의 벌과 비교한다면 개인의 화형 따위가 어쨌다는 건가? 나아가서 이러한 형벌의 표상은, 그즈음 훨씬 처참하고 가혹하여 신의 표상을 본질적으로 손상하는 일 없이, 온 세계를 지배했다. 우리가 살고 있는 현세에서도 정치적 종파주의자는 가혹하고 잔혹한 취급을 받는다. 그러나 인간은 국가의 필요성을 믿도록 가르침 받아 왔으므로, 우리가 그 견해들을 비난하는 것에 대해 예전만큼 심하게 잔혹함을 느끼지는 않는다. 아이들이나 이탈리아인의 동물에 대한 잔혹성 또한 몰이해에서 나온 것이다. 동물은 특히 교회의 가르침 덕분에 인간과는 너무나 멀리 떨어져 있고 냉대받고 있다. 또한 거의 믿을 수 없을 정도의 역사상 엄청난 비인간적인 것들도 거의 명령자와 실행자가 서로 다른 인물이라는 고찰에 의해서 누그러진다. 전자는 그 광경을 목격하지 않았고 따라서 강렬한 상상적 인상을 받지 않는다. 후자는 상관에게 복종하는 것으로 자신에게는 책임이 없다고 느낀다. 대부분의 영주들과 군대 지휘관은 상상력 부족에서 사실은 그렇지도 않은데 잔혹하고 가혹하게 보이기 쉽다. '이기주의는 악이 아니다', 왜냐하면 '이웃'(이 말은 그리스도교적 기원에 속한 것으로 진리와 일치하지 않는다)에 대한 표상은, 우리에게는 아주 미약하기 때문에 우리는 이웃에 대해서 마치 식물이나 돌을 대하듯 자유롭고 책임이 없다고 느끼기 때문이다. 타인이 괴로워한다는 사실을 '배워야' 한다. 그렇다 해도 우리는 결코 그것을 완전하게는 배울 수 없다.

102

인간은 언제나 선을 행한다─자연이 우리에게 뇌우를 보내 온몸을 젖게 했다고 해서 우리는 자연을 비도덕적이라고 탓하지 않는다. 무엇 때문에 우리는 해를 끼치는 인간을 비도덕적이라고 부르는가? 우리가 후자의 경우에는 뜻대로 지배하고 있는 자유의지를, 전자의 경우에는 필연성을 가정하고 있기 때문이다. 그러나 이 구별은 오류이다. 또한 우리는 의도적으로 해를 끼치는 것조차도 비도덕적이라고 부르지 않는다. 예를 들어, 인간은 모기 소리가 마음에 들지 않는다는 이유만으로 모기를 주저 없이 의도적으로 죽이고, 우리 자신과 사회를 지키기 위해서는 범죄자를 의도적으로 처벌해서 그에게 고통을 준다. 첫 번째 경우에 자기 보존을 위해서, 또는 자신이 불쾌하지 않기 위해서 의도적으로 고통을 주는 것은 개인이며, 두 번째 경우에는 국가다. 모든 도덕은 의도적 가해를 '정당방위'의 경우에는, 즉 '자기 보존'이 문제되어 있는 경우에는 승인한다! 인간이 인간에 대해서 행한 모든 악행을 설명하자면 이 두 가지 관점만으로도 '충분하다'. 인간은 자신을 위해서 쾌감을 바라며 불쾌감을 없애려고 한다. 어떠한 의미에서 이것은 언제나 자기 보존의 문제이다. 소크라테스와 플라톤이 하는 말은 옳다. 인간은 무엇을 하든지 언제나 선을 행한다. 즉 그의 지성의 정도와 분별심의 갖가지 척도에 따라 언제나 자신에게 선(유리함)이라고 여겨지는 일을 한다.

103

악의에서의 무해함 — 악의는 타인의 괴로움 그 자체를 목표로 하는 것이 아니라, 예를 들면 복수심 또는 보다 강렬한 신경 흥분과 같은 우리 자신의 즐거움을 목표로 한다. 모든 희롱은 이미 타인에게 우리의 권력을 휘둘러 즐거운 우월감에 잠기는 것이 얼마나 만족을 느끼게 하는가를 보여 준다. 그런데 '타인의 불쾌감을 바탕으로 한 쾌감'을 느낀다는 것이 '비도덕적인'인가? 쇼펜하우어가 말한 것처럼 남에게 상처를 주는 즐거움이란 악마적인 것일까? 그런데 우리는 자연 속에서는 나뭇가지를 꺾고 돌을 부수고, 때로는 야수와 투쟁하는 데서 쾌감을 얻는다. 그것은 더욱이 그때 우리의 힘을 의식하기 위해서다. 그렇다면 타인이 우리 때문에 괴로워하고 있다는 것을 '안다는 사실'은, 다른 경우라면 책임이 없는 것이라고 느낄 같은 행위를, 이 경우에는 비도덕이라고 생각할 것인가? 그러나 인간이 만약 이것을 모른다면 그때는 자기 자신의 우월에 따른 쾌감도 음미할 수 없으리라. 예를 들면 상대를 놀려 주는 경우와 같이, 우월은 타인의 괴로움 속에서만 '인식될' 수 있다. 모든 쾌감은 그 자체로서는 좋은 것도 나쁜 것도 아니다. 쾌감 자체를 음미하기 위해서 타인의 불쾌감을 자극해서는 안 된다는 규정은 어디에서 오는 것일까? 오로지 이익의 관점에서다. 즉 '결과'에 대한 고려, 피해자 또는 그 대리 역할을 하는 국가가 징벌이나 복수를 예측케 하는 경우에 일어날지도 모르는 불쾌에 대한 고려가 그것이다. 이것만이 원래 그와 같은 행위를 저지하는 이유로 주어진 것이다. 앞서 말한 것처럼 악의가 타인의 고통 그 자체를 목표로 하지 않는 것과 같이, '동정' 또한 타인의 쾌감을 목표로 하지 않는다. 동정은 개인적 쾌감의 적어도 두 가지 ('어쩌면 보다 많은') 요소를 그 속에 간직하며, 다음과 같은 형태로 자기 만족을 하기 때문이다. 하나는 비극에서의 동정과 같은 종류인 감동의 쾌감이며, 다른 하나는 동정이 행위를 충동할 경우에 힘의 행사 속에 있는 만족의 쾌감이다. 거기에다 고통받고 있는 사람이 가까이 있으면 우리는 동정적인 행위를 함으로써 우리 자신의 고민을 줄인다. 몇 사람의 철학자를 제외하면 사람들은 도덕적 감각의 서열에서 동정을 언제나 매우 낮은 곳에 두어 왔는데, 이것은 마땅한 일이다.

104

정당방위—일반적으로 정당 방위가 도덕적 행위라고 간주된다면 이른바 비도덕적인 이기주의의 모든 표명 또한 시인되지 않으면 안 된다. 인간은 자신을 보존하기 위해서, 또한 자신을 지키고 개인적인 재난을 예방하기 위해서 남을 해치고 빼앗고 나아가서는 살인까지 한다. 책략이나 위장이 자기 보존의 적절한 수단이라고 판단했을 때 인간은 거짓말을 한다. '의도적으로 해를 가하는 것'이, 우리의 실존 또는 안전(우리의 안락함을 유지하는 것)이 문제가 될 경우에는 도덕적이란 이유로 허용된다. 국가조차도 형벌을 내린 경우에는 이 관점 아래 해를 가하는 것이다. 의도하지 않고서 해를 가하는 경우에는 물론 비도덕적인 데가 있을 수 없다. 거기에는 우연이 지배한다. 대체 우리의 실재, 우리의 안락을 유지하는 것이 문제되지 '않는' 곳에서 의도적인 가해 따위가 존재할 수 있을까? 예를 들면 잔학 행위가 행해졌을 경우에 순전히 '악의'에서 출발한 가해라는 것이 있을까? 어떤 행위가 얼마만큼의 괴로움을 가져올지 모를 경우, 그것은 악의의 행위가 아니다. 그런 의미에서 아이는 동물에 대해서 악의가 있는 것도 사악한 것도 아니다. 그들은 자신의 장난감을 다루듯이 그 동물을 조사하고 파괴하기도 한다. 그런데 인간은 어떤 행위가 타인에게 얼마만큼 괴로움을 주는지 완전히 '알고 있을까?' 우리의 신경 조직이 미치는 한 우리는 고통을 경계한다. 만약 더 멀리까지 신경 조직이 미친다면, 즉 이웃 사람에게까지 미친다면 우리는 누구에게도 해를 가하지 않을 것이다(우리가 우리 자신에게 해를 가하는 경우, 즉 치료하기 위해서 내 몸을 절단하거나 건강을 위해 스스로를 지치게 하거나 힘을 다하는 경우를 제외하고는). 우리는 유추해서 무언가가 누군가에게 괴로움을 준다고 '추리한다'. 그리고 기억이나 상상력이 강해져 우리 스스로에게도 싫증을 느낄수도 있으리라. 그러나 치통과 치통을 앓는 모습이 불러일으키는 고통(동정)사이에는 언제나 어느 정도의 차이는 있을 것이다. 따라서 악의로 해를 가할 때에 결과로 나타난 고통의 '정도'는 아무튼 우리로서는 모르는 일이다. 그러나 행위의 경우 어떤 '쾌감'이 있는 한(자신의 권력감, 자신의 심한 흥분감), 그 행위는 개인의 안락을 유지하기 위해서 생기는 것이며, 따라서 정당 방위, 궁여지

책으로 뱉어 버린 거짓말과 비슷한 관점에 해당한다. 쾌감이 없는 곳에 삶이 있을 수 없다. 쾌감을 위한 투쟁은 삶을 위한 투쟁이다. 개인이 이 투쟁을 대중이 '선하다'는 방법으로 전개하느냐, '악하다'고 하는 방법으로 전개하느냐는 그가 가진 '지성'의 정도와 성질이 결정한다.

105

보상을 받는 정의—어떤 사람에게나 자신의 것을 갖게 한다는 데에서 정의가 성립되는 이상, 완전한 무책임에 대한 설교를 완벽하게 이해한 사람은 벌을 준다든지 보상을 준다든지 하는 이른바 정의를 이제는 결코 정의의 개념 속에 넣을 수 없을 것이다. 왜냐하면 처벌받는 사람은 처벌 받을 이유가 없기 때문이다. 그는 앞으로 어떤 종류의 행위를 위협해서 그만두게 하기 위한 수단으로 이용되는 데 지나지 않는다. 따라서 보상을 받게 될 사람도 그 보상에 대한 자격을 갖고 있지 않다. 사실상 그는 자신이 행한 것처럼 그렇게밖에 달리 해 볼 도리가 없었다. 따라서 보상은 본인 및 그 밖의 사람들에 대한 격려의 의미밖에는 없으며, 즉 앞으로의 행위에 동기를 주기 위한 것이다. 칭찬은 트랙 위를 달리고 있는 사람들에게 환호를 보내는 것이지 결승점에 와 있는 자에게 보내는 것이 아니다. 벌도 상도 '본인에게 예속된 것'으로 돌려보내지는 것은 아니다. 이것들은 그가 공정하게 요구할 이유가 없는데도 공리의 이유를 붙여 그에게 주어진다. "현자는 악행이 행해졌기 때문에 처벌하는 것이 아니라, 악행이 행해지지 않도록 처벌하는 것이다"라고 전해 왔지만, 그와 마찬가지로 "현자는 선행이 행해졌기 때문에 보상을 받는 것은 아니다"라고 해야 할 것이다. 만약, 벌과 상이 폐지된다면 어떤 종류의 행위를 멀리하고 어떤 종류의 행위를 향해 줄달음치는 가장 강력한 동기 또한 없어질 것이다. 인간의 이익은 이러한 동기의 존속을 필요로 한다. 그리고 벌과 상, 비난과 칭찬이 가장 민감하게 허영심에 작용하는 한, 인간의 이익을 위해서는 허영심의 존속 또한 필요하다.

106

폭포 옆에서—폭포를 바라보노라면 우리는 물줄기의 무수한 기복, 소용돌이, 물보라 속에서 의지의 자유와 성향을 보는 듯한 느낌이 든다. 그러나 모든 것은 필연적이며, 모든 운동은 수학적으로 계산될 수 있다. 인간 행위의 경우도 마찬가지다. 사람도 만약 전지적이었다면 어떠한 개개의 행위도 틀림없이 미리 산출될 것이다. 인식의 모든 진보, 오류, 악의도 이와 같으리라. 행위자 자신도 물론 자의라는 환상에 얽매여 있다. 만약 어떤 순간에 세계의 바퀴가 멈추고, 그 정지를 이용하는 전지적인 계산적 오성이 거기에 있다면, 오성은 훨씬 먼 시대에 이르기까지 어떤 것이든 그 미래조차도 이야기하고 전할 수 있으며, 그 바퀴가 굴러갈 어떤 궤도까지도 그릴 수 있으리라. 행위자의 자신에 대한 착각, 즉 자유의지의 가정도 이 산출되어야 할 매커니즘 속에 포함되어 있는 것이다.

107

책임 없다는 것과 죄가 없다는 것—인식자가 삼켜야만 하는 가장 쓴 한방울의 즙은, 인간이 자신의 행위와 본질에 대해서 전혀 책임이 없다는 것이다. 만약 그 인식자가 책임이나 의무를 자신의 인간성에 대한 작위 수여증으로 여기는 데 익숙해 있었던 경우라면 말이다. 그의 모든 평가·영예·혐오는 그것에 의해서 가치를 빼앗기고 잘못된 것이 되고 만다. 그가 순교자와 영웅에게 바친 가장 깊은 감정도 하나의 오류였다는 결과로 나타난다. 그는 이제 칭찬해도 안 되고, 비난해서도 안 된다. 그것은 자연과 필연성을 칭찬하고 비난하는 것은 무의미하기 때문이다. 뛰어난 예술 작품을 사랑하기는 하지만 그 예술작품이 스스로는 아무것도 할 수 없으니까 칭찬하지 못하는 것처럼, 그는 마치 식물 앞에 서 있는 듯이, 사람들의 행위 앞에, 자신의 행위 앞에 서 있지 않으면 안 된다. 그는 이러한 행위의 힘·아름다움·충실함에 감탄할 수 있지만 거기에서 어떠한 가치도 보아서는 안 된다. 화학적 과정과 원소들의 싸움, 완쾌를 갈망하는 환자의 고뇌와 같이 영혼의 투쟁과 고난의 상태 따위는 아무런 가치가 없다. 그러한 경우 사람들은 먼저 갖가지 동기에 의해서 여기저기 상처를 입고, 끝내 가장 강한 동기로 결정한다고 한다(그러나 사실은 가장 강한 동기가 우리를 결정하는 것이다). 그러나 아무리 고상한 이름이 붙어 있든 간에 이들의 동기는 악한 독이 그 속에 들어 있다고 믿어지는 뿌리에서 자란 것이며, 좋은 행위와 나쁜 행위 사이에는 종류의 차이는 없고, 기껏해야 정도의 차이가 있을 뿐이다. 좋은 행위란 승화된 나쁜 행위며, 나쁜 행위란 다듬어지지 않고 어리석은 좋은 행위다. 인간이 스스로 행할 수 있는 대로, 즉 행해야만 하는 대로 하더라도 어떤 상황에서든 자기 만족을 추구하는 개인의 유일한 욕구(자기 만족을 잃을 거라는 공포에서 비롯된 것)는 만족된다. 그것이 허영·복수·쾌락·이익·악의·교활함에서 나온 행동이든, 헌신·동정·인식에서 나온 행동이든. 어떤 사람이 이런 욕망에 따라서 어디까지 끌려 가는가는 판단 능력의 정도가 결정한다. 모든 사회와 개인에게는 언제나 선의 위계라는 것이 존재하며, 거기에 따라서 자신의 행위를 규제하고 타인의 행위를 판정한다. 그러나 이 기준은 쉴 새 없이 변화한다. 많은 행위가 나쁘다고 말하지만 사실은 그러한 행위를 결정한 지성의 정도가 아주 낮았기 때문에 생겨난 어리석은 행위일 뿐이다. 그뿐 아니라 특정한 의미에서는 아직도 '모든' 행위는 어리석다. 그것은 현재 다다를 수 있는 최고의 인간 지성이 앞으로 반드시 넘어설 것이기 때문이다. 그래서 그때 회고해 보면, 뒤떨어진 모든 야만족의 행위와 판단이 현재 우리에게는 편협하고 경솔하게 생각되는 것처럼, '우리'의 모든 행위와 판단도 아주 편협하고 경솔하게 보일 것이다. 이러한 모든 것을 통찰하면 심한 고통이 생길지도 모른다. 그러나 그 뒤에는 하나의 위안이 있다. 이와 같은 고통은 산고(産苦)이다. 나비는 자신의 껍질을 깨고 나가려고 그것을 잡아당겨 찢어버린다. 그때 미처 알지 못했던 빛과 자유의 왕국이 나비의 눈을 속이고 어지럽힌다. 저 슬퍼하는 '능력을 지닌' 인간(얼마나 적은가!)에게서, 인류가 '도덕적인' 인류에서 '지혜로운' 인류로 스스로 '변혁할' 수 있을 것인지 하는 문제가 최초로 시도된다. 새로운 복음의 태양이 최초의 빛을 개개인의 영혼 속에 있는 맨 꼭대기까지 던진다. 그때 안개는 예전보다 더 짙게 피어오르고 가장 밝은 빛과 가장 어두운 여명이 나란히 자리하게 된다. 모든 것은 필연이다. 이렇게 새로운 인식은 말한다. 그리고 이 인식 자체도 필연인 것이다. 모든 존재는 죄가 없고 인식은 이 죄 없음을 향한 통찰에 이르는 길이다. 쾌감·이기주의·허영심이 도덕적 현상이나 그 최고의 개화를, 진리나 인식의 공정성에 대한 감각을 낳게 하기 위해서 '필요'하고, 오류나 공상의 과오가 이 정도의 자기 조명이나 자기 주제에까지 인류가 점차 고양될 수 있었던 오직 하나의 수단이었다면 그 누가 그러한 수단을 과소평가 할 수 있단 말인가? 그러한 길들이 통하는 목표를 깨닫는다면 그 누가 슬퍼하겠는가? 도덕의 영역에서 모든 것은 생성하는 것이며, 변화할 수도 있고, 동요하고 있다. 만물은 흐름 속에 있다. 그것은 진실이다. 그러나 '만물은 유전한다.' '하나의' 목표를 향해, 예컨대 잘못된 평가·사랑·미움의 유전적 습성이 우리 내면을 지배할지라도, 자라나는 인식의 영향을 받아 그러한 습성은 약화되어 갈 것이다. 이해하고, 사랑하지 않으며, 미워하지 않고, 달관한다는 새로운 습성은 서서히 우리 속에서 같은 땅을 일구고 정착하여, 수천 년 뒤에는 아마도 지혜롭고 죄 없는(무죄를 의식하는) 인간을 규칙적으로 만들어내는 힘을 인류에게 부여할 수 있을 정도로 충분히 강력해질 것이다. 마치 인류가 현재로서는 지혜롭지 못한, 부당한, 죄의식을 가진 인간(전자의 필연적인 전단계이지 대립되는 것이 아닌)을 산출하는 것처럼 말이다.

제3장
종교적 생활

108

재난에 대한 이중의 투쟁—어떤 재난이 덮쳐 오면 인간은 그 원인을 없애든지 아니면 그것이 우리의 감각에 미치는 작용을 바꾸든지 해서, 즉 재난의 이익이 뒷날 비로소 뚜렷해지는 그런 좋은 것으로 재난을 달리 해석함으로써 그것을 극복할 수가 있다. 종교와 예술, 그리고 '형이상학적 철학'은 감각을 변화시키는 작용을 하려고 노력한다. 첫째는 체험에 대한 우리의 판단을 바꿈으로써, 예를 들면 '신은 자기가 사랑하는 자를 응징한다'는 명제를 응용해서, 둘째는 고통과 정서에 하나의 쾌감을 환기시키는 방법을 통해(비극적 예술은 여기에서 출발한다) 감각을 변화시키려고 노력한다. 해석을 새롭게 하거나 좋은 방향으로 풀이하는 쪽으로 기울면 기울수록 그만큼 그는 재난의 원인에 주목하고 제거하는 일이 줄어들 것이다. 치통에 쓰이는 것처럼 일시적인 완화나 마취는, 보다 심각한 고통에도 적당하다. 종교와 모든 마취술의 지배가 줄어듦에 따라 그것만큼 강하게 인간은 재난의 현실적 제거에 착안한다. 이것은 물론 비극 시인에게는 곤란한 일이다. 왜냐하면 냉정하고 극복하기 어려운 운명의 영토가 차츰 좁아지므로 비극의 재료도 점차 없어지기 때문이다. 그러나 성직자에게는 더 곤란한 일이다. 왜냐하면 성직자는 이제까지 인간의 재난을 마취해 주는 일로 살아 왔기 때문이다.

109

인식은 슬픔이다—우리에게 선을 요구하고 어떤 행위, 어떤 순간, 어떤 사상에 대해서도 파수꾼이자 증인이기도 한 신, 우리를 사랑하고 온갖 불행 가운데서도 우리의 최선을 바라는 신이 있다고 주장하는 성직자의 잘못된 주장을 사람들은 얼마나 좋아하는가. 또한 그들은 이러한 주장을, 그 오류와 같은 정도로 상처를 치유하고 마음을 가라앉히고 즐거움을 주는 진리와 교환하기를 얼마나 바라는가! 그럼에도 그런 진리는 존재하지 않는다. 철학은 기껏해야 또다시 형이상학적 가상(결론적으로는 비진리)을 그것들의 주장에 대립시킬 수 있을 뿐이다.

그러나 비극인 것은 인간이 진리의 엄밀한 방법을 머리나 마음에 지니고 있으면 그는 종교나 형이상학의 그 교의를 '믿을' 수 없고, 한편으로는 인류의 발달에 의해 섬세하고 민감해지고 상처받기 쉬워져서 최고급의 치유제, 위안제를 필요로 하게 되었다는 것이다. 따라서 여기서부터 인간이 인식된 진리로 자신의 피를 흘려야 한다는 위험이 생긴다. 이것을 바이런은 불멸의 시구로 표현했다.

인식은 슬픔, 보다 많이 아는 자는
보다 깊이 숙명적 진리를 탓하지 않으면 안 된다.
인식의 나무는 생명의 나무가 아니니.

이와 같은 불안에 대해서는, 적어도 영혼의 최악의 시간과 일식에 호라티우스의 축제적인 경쾌함을 주문으로 불러내어, 자기 자신에게 속삭이는 것보다 더 좋은 방법은 없다.

무엇 때문에 영원한 계획으로
더욱 작은 영혼을 피로하게 하는가?
여기 높은 플라타너스 나무 밑
소나무 아래 누워

그러나 어느 정도의 경쾌함이나 우울증은, 어떤 형태로든 그리스도교에 낭만적으로 복귀하고 도망치며 가까워지는 것보다는 확실히 나을 것이다. 왜냐하면 현재 인식의 상태에서는, 그 '지적 양심'을 다시는 구제할 수 없을 만큼 더럽히거나 자신과 타인 앞에서 포기하는 일 없이는, 그리스도교와 관계를 맺을 수 없기 때문이다. 그 고통은 참으로 견디기 어려울지 모른다. 그러나 사람은 고통 없이는 인류의 지도자와 교육자가 될 수 없다. 그래서 이러한 것을 해보고 싶어 하고, 더구나 그 순수한 양심을 더는 가지고 있지 않은 자에게는 고통이 아닐 수 없다!

110

종교에서의 진리—계몽주의 시대에는 종교의 의의가 공정한 취급을 받지 못했다. 이는 의심할 여지가 없다. 그러나 마찬가지로 그 뒤를 이은 계몽의 반동 속에서도 매우 공정성을 넘어섰던 것도 확실하다. 인간은 종교를 사랑으로, 열애로 취급하고, 종교에 대해서 한결 깊은, 그뿐 아니라 훨씬 깊은 세계 이해를 승인해 주었다. 그런 이해로부터 교의라는 의상을 벗겨 내면 그때, 학문은 비신비적인[1] 형식으로 '진리'를 소유할 수 있다는 결론이 나온다. 따라서 종교는(이 것이 계몽주의의 모든 반대파의 주장이었다) 대중의 이해력을 고려해서 '비유적 의미'로서 저 태고의 지혜를 논해야 한다. 태고의 지혜는 근대의 모든 참된 학문이 언제나 거기에서 이탈하기는커녕 오히려 거기로 향해 갔던 것인 이상, 지혜 그 자체이다. 그러므로 인류 최초의 지식인들과 모든 후세의 지식인들과의 사이에는, 모든 통찰의 조화, 아니 일치가 지배하며, 인식의 진보(인간이 이러한 말을 하고 싶다면)는 본질과는 무관하며, 본질의 전달과 관계가 있다. 종교와 학문에 대한 이러한 견해 전체는 철두철미하게 오류이다. 그리고 만약 쇼펜하우어의 웅변술이 그 견해를 보호하지 않았다면 지금도 그것을 신봉한다고 감히 공언할 수 있는 자는 아무도 없으리라. 소리 높이 울려 퍼진 이것은 한 세대가 지난 다음에야 비로소 청중에게 들리게 될 웅변술이었다. 쇼펜하우어의 종교적·도덕적 인간 해석 및 세계 해석에서는 그리스도교와 다른 종교의 이해를 위해서 얻는 점이 아주 많은 것은 사실이지만, 그가 '인식에 대한 종교의 가치'에 대해서는 과오를 저지른 것 또한 사실이다. 그 자신은, 그 무렵 낭만적 정신에 모든 충성을 맹세하고 계몽 정신을 폐기해 버린 학문적 교사들의 너무나 유순한

---

1) '비신비적(wnmythischer)'은 슐레히터판에서는 '신비적(mythischer)'으로 되어 있다.

제자였을 뿐이다. 만약 우리가 사는 현대에 그가 살았다면, 그는 종교의 '비유적 의미'를 입에 올릴 수는 없었으리라. 오히려 다음과 같은 말로 그가 흔히 말하듯 진리에 경의를 표했을 것이다. "종교라는 것은 간접적으로나 직접적으로나 교의로서나 비유로서나 아직 진리를 지닌 적이 없다." 왜냐하면 모든 종교는 불안과 욕구에서 탄생하여 이성의 미로를 지나 현존 속에 남몰래 존재하게 된 것이기 때문이다. 추측건대 종교는 한때 학문에 의한 위급 상태 속에서 어떤 철학설을 자신의 체계 속에 숨겨 도입함으로써 뒷날 사람들이 옛날 그 철학설(論說)을 발견하도록 했을 것이다. 그러나 이것은 종교가 이미 자기 자신을 의심했던 시대에 나온 신학자들의 잔재주이다. 신학의 이러한 요술은 말할 것도 없이 철학이 스며들고 있는 현학적 시대의 종교로서 그리스도교에서는 아주 일찍부터 이미 행해져 있었으나, '비유적 의미'의 미신으로 유도되었다. 그러나 여기에 박차를 가한 것은 '자신' 속에 발견한 모든 감각을 인간 일반의 근본적인 본질로서 취급하고, 또한 자신의 종교적 감각이 자기 체계의 사상 구축에 중대한 영향을 끼치는 것을 허용하는 철학자들(특히 철저하지 못한 자, 시적인 철학자나 철학하는 예술가들)의 습성이다. 철학자들은 때때로 모든 종교적 습성의 인습 아래에서, 또는 적어도 옛날부터 내려오는 그 '형이상학적 욕구'라는 권력 아래에서 철학을 했기 때문에, 사실상 유대교와 그리스도교, 인도의 종교의 신념과 아주 닮은 데가 있는 교의에 이르렀다(어린애가 어머니를 닮은 것이 예사인 것처럼, 단, 이런 경우 흔히 볼 수 있듯이, 아버지는 모성에 대한 것을 잘 모르기 때문에). 악의 없이 경탄하면서, 모든 종교와 학문과의 가족적 유사점에 대해서 우화를 만들었던 것이다. 사실 종교와 참된 학문 사이에는 친족 관계도, 친구 관계도, 적대 관계조차도 성립되지 않는다. 그것은 다른 별에 살고 있다. 종교적인 혜성의 꼬리를 자신의 최종적 전망을 넘어서 암흑 속에다 빛을 보내 주고 모든 철학은, 학문으로 설명되는 모든 것 그 자체를 의심스런 존재로 만들어 버린다. 생각건대 이러한 것은 아무리 학문의 탈을 쓰고 있어도 종교인 것이다. 더욱이 만약 모든 민족이 어떤 종류의 종교적 문제에 대해서, 예컨대 신의 실재에 대해서 일치되었다고 해도(즉, 이 점에 대해서는 그렇지 않지만) 그것은 그 주장된 문제, 예컨대 신의 실재에 대한 하나의 '반대 논증'에 지나지 않으리라. '모든 민족의 일치'와 일반적인 '인류의 일치'라는 것은 공평하게 말해서 어리석다고 여겨질 수 있을 뿐이다. 이와 반대로 '모든 지식인들의 일치'란 다음의 괴테의 시가 말하고 있는 것을 제외하면 어떤 사항에 대해서도 존재하지 않는다.

모든 시대의 모든 최고의 현자들은
미소짓고 눈짓하며 동의한다.
바보가 나아지기를 기다리는 것은 어리석은 짓!
명석한 아이들이여, 바보들은
역시 바보 그대로 두어라. 그것이 그에게 알맞으니!

어구의 끝맺음이나 리듬을 무시하고서도 우리의 경우에 적용하면, 지식인들의 일치는 여러 민족의 일치가 어리석은 짓으로 여겨지는 점에서 성립한다.

111

종교적 예배의 기원—종교적 생활이 가장 활짝 꽃피었던 시대로 거슬러 올라가 살펴보면 하나의 근본 신념이 발견된다. 우리는 현대에는 이미 그것과 결별했으며, 그러므로 우리에게는 종교적 생활의 문이 영원히 폐쇄되었다는 사실을 알게 된다. 이 근본 신념이란 자연과 자연과의 관계에 대한 것이다. 인간은 그 무렵만 해도 아직 자연 법칙에 대해서는 아무것도 몰랐다. 지상에도 천국에도 필연이라는 것은 존재하지 않는다. 계절·햇빛·비는 올지도 모르고 안 올지도 모른다. 일반적으로 '자연적' 인과성이라는 개념이 결여되어 있다. 배를 저어 갈 때, 배를 움직이는 것은 노 젓는 일이 아니다. 노 젓는 일은 배를 움직이도록 마신(魔神)을 강압하는 마술적인 의식에 지나지 않는다. 모든 질병, 죽음 그 자체조차도 마술적인 작용의 결과다. 질병에 걸리고 죽는 것은 결코 자연적인 결과가 아니다. '자연적 경과'에 대한 표상은 모두 결여되어 있다. 이 표상은 고대 그리스인의 세계에서, 즉 인류의 훨씬 후대인 어느 단계에서, 여러 신들에게 군림하는 '모이라(Moira)'[2]라는 개념 속에서 비로소 동트기 시작한다. 어떤 사람이 활을 쏠 때는 언제나 비합리적인 손과 힘이 작용한다. 갑자기 샘물이 마르면 사

---

2) 그리스 신화에 나오는 운명의 여신.

람은 지하의 마귀들이나 그들의 술책을 생각한다. 눈에 보이지 않는 작용을 받아서 사람이 갑자기 쓰러지는 것은 신이 쏘는 화살 때문임에 틀림없다. 인도에서는(러벅(Lubbock)의 말에 따르면) 목수는 자신의 망치와 도끼 그 밖의 도구에 제물을 바치는 경향이 있다. 브라만교의 승려는 자신이 쓰는 붓을, 병사는 자신이 전장에서 쓰는 무기를, 미장이는 자신의 흙손을, 노동자는 자신의 쟁기를 같은 방법으로 다룬다. 모든 자연은 종교적 인간의 표상 속에서 의식적·의욕적인 행위의 총화며 '자의성'의 거대한 복합체다. 우리 외부에 있는 것에 대해서는 그 무엇이 이러이러'하리라', 이러이러한 결과가 '되게끔 되어 있다' 따위의 추리는 결코 허용되지 않는다. 거의 확실한 것, 계산할 수 있는 것은 '우리들'이다. 인간은 '규칙'이며 자연은 '불규칙'이다. 이 명제는 조잡한, 종교적으로는 생산적인 원시 문화를 지배하는 근본 신념을 담고 있다. 우리들, 오늘날의 인간들은 정반대로 느끼고 있다. 지금은 인간이 자신을 내면적으로 중요하게 느끼면 느낄수록, 그 주관이 다성적이면 다성적일수록 그만큼 강렬하게 자연의 균형이 인간에게 작용한다. 우리는 모두 괴테와 같이 자연을 현대적인 영혼에 대한 위대한 진정제로 여긴다. 우리는 평온함과 휴식과 안정에 동경을 갖고 가장 커다란 시계의 추 운동에 귀를 기울인다. 마치 우리가 이 균형을 스스로 터득하고 비로소 우리 자신을 누릴 수 있게 되기라도 하는 것처럼. 이전에는 그것이 반대였다. 모든 민족의 미개한 옛 상태를 회상하거나 현대의 야만인을 가까이에서 보면, 그들이 아주 엄하게 규율이나 인습에 얽매여 있음을 알 수 있다. 개인은 거의 자동인형처럼 거기에 얽매여 추의 일률성을 본받아 움직이고 있다. 그에게서 자연(이해하기 어려운, 가공할 만한, 비밀에 싸인 자연)은 '자유의 왕국', 자의와 한결 드높은 권력의 왕국으로 나타난다. 그뿐 아니라 이른바 현존재의 초인적인 한 단계로서, 신으로서 나타난다. 한편 그와 같은 시대와 상태의 모든 개인은 자신의 실재, 자신의 행복, 가족과 국가의 행복, 모든 계획의 성공 여부가 얼마만큼 자연의 그 자의성에 기대고 있는가를 느끼고 있다. 몇몇 자연 과정은 알맞은 때에 일어나고, 또한 다른 자연 과정은 적당한 때에 일어나지 않고 그대로의 상태를 유지한다. 어떻게 인간은 이 가공할 만한 미지의 것에 영향을 미치게 될 것인가? 어떻게 그는 자유의 왕국을 속박할 수 있을까? 이렇게 그는 자문하고 그는 불안 속에서 탐구한다. 대체 그 모든 힘을 인습과 법규로, 그대 자신이 규칙적인 것과 마찬가지로, 규칙적으로 만들 수단은 아무것도 없단 말인가? 마술과 기적을 믿고 있는 인간의 사색은 '자연에 규칙을 부여하는' 데까지 밀고 나간다. 그리고 간단하게 말해 종교적 예배는 이 사색의 결론이다. 그 사람들이 스스로 제기하는 문제는 다음 사항과 아주 밀접한 관계가 있다. 어떻게 해서 '약한' 종족이 '강한' 종족에게 법규를 명하고, 그들을 규정하며 그들의 행위(약한 종족에 대한)를 좌우할 수 있을까? 먼저 가장 무해한 종류의 강제, 누군가의 '호의'를 받았을 때 행하는 강제를 들 수 있다. 따라서 간청과 기도에 의해서, 굴종에 의해서, 규칙적인 조공물과 선물을 바치는 의무감에서, 아첨하는 찬사에 의해서 자연의 모든 힘에 강제를 가할 수 있는 것도 가능한 일이다. 사랑은 속박하고, 또한 속박당한다. 그리고 인간은 '계약'을 체결할 수 있다. 서로 일정한 태도를 취할 의무를 가지며 담보를 잡히고 서약을 주고 받는다. 그러나 그것보다 훨씬 중대한 것은 요술과 마술에 의한 보다 강력한 하나의 구속이다. 인간이 마법사의 도움으로 훨씬 강한 적에게도 더욱 해를 입힐 수 있고, 적에게 자신이 무섭다는 인식을 남겨두듯, 사랑의 마력이 멀리까지 작용하듯, 약한 인간도 강한 자연의 정령들을 규정할 수 있다고 믿는다. 모든 마법의 주요한 수단은 누군가의 소유물인 머리털, 손톱, 그 사람의 식탁에 놓인 어떤 음식물, 그뿐 아니라 그의 초상화나 이름까지도 자신의 지배 아래에 넣는다는 것이다. 인간은 그 부속물로 마법을 걸 수 있다. 왜냐하면 근본 전제는 다음과 같기 때문이다. 모든 정신적인 것에는 어떠한 형태든 육체적인 것이 속해 있다. 육체적인 것의 도움을 빌려서 사람은 정신을 속박하고, 망가뜨리고, 파괴할 수도 있다. 육체적인 것은 정신적인 것을 파악할 수 있는 손잡이를 준다. 따라서 인간이 인간을 규정하는 것처럼, 인간은 어떠한 자연의 정령을 또한 규정한다. 왜냐하면 자연의 정령 또한 파악될 수 있는 스스로의 육체적인 것을 가졌기 때문이다. 나무와 비교해서 나무와 그 나무가 생장해 온 본래의 씨, 이 수수께끼 같은 병존은 두 개의 형식 속에 같은 정령이 작게, 혹은 크게, 육체화되어 있는 것을 증명하는 듯이 보인다. 갑자기 굴러가는 돌은 그 속에서 정령이 작용하는 육체다. 쓸쓸한 황야에 바위덩이가 가로놓여 있으면 그것을 거기까지 운반한 인력을 생각한다는 것은 불가능해 보인다. 따라서 바위는 자기 스스로 움직여 거기까지 왔음에 틀림없다. 곧 돌이 정령을 지니고 있음이 틀림없다. 육체를 가진 것은 마법에 걸릴 수 있다. 따라서 자연의 정령도 그런 것이다. 신이 직접 자신의 초상화에 묶일 수 있다면 사람은 직접적인 강압을(음식 제물의 거부, 채찍질, 굴레와 그와 비슷한 것들에 의해서) 신에게 가할 수가 있다. 중국의 빈민들은 그들이 신의 은총을 받지 못하게 되자 무리를 해서라도 은총을 얻기 위해 그들을 죽게 내버려 둔 신의 상에 밧줄을 걸어 넘어뜨리고, 길가의 점토나 거름더미 속을 끌고 다닌다. "이 개 같은 정령 이놈! 우리는 너를 훌륭한 사원에 살게 했고, 깨끗하게 금박도 칠해 주었고, 좋은 음식은 물론 제물 또한 바쳐 왔다. 그런데도 너는 우리를 배신했다" 말한다. 성자상과 성모상에 대해서도, 그들이 이와 간혹 있는 전염병과 가뭄에 책무를 다하려고 하지 않았을 때, 이와 같은 강제 처분이 오늘날 가톨릭 국가에서 일어났다. 자연에 대한 이 모든 마법적 관계들을 통해 무수한 의식이 산출되었다. 그리하여 마침내 의식의 혼란이 너무나 심해지자, 사람들은 이것을 체계화하고 질서를 잡으려 했으며, 그래서 자연의 모든 운행, 특히 규모가 큰 사계의 순조로운 환경의 경과를, 거기에 어울리는 체계의 진행 경과에 의해 보증하려고 생각한다. 종교적 예배의 의미는 자연을 인간의 이익이 되도록 규정하기도 하고, 마법으로 사로잡는 것, 따라서 자연에 대해서, '자연이 처음부터 가지고 있지 않은 법칙성을 새겨넣는 것'이다. 그런데 현대에 와서 인간은 자신을 자연에 적응하게끔, 자연의 법칙성을 '인식'하려고 한다. 요컨대, 종교적 예배는 인간과 인간 사이에 있는 마법의 표상에 기인한다. 그리고 마법사는 성직자보다 오래된 존재다. 그러나 '그와 마찬가지로' 종교적 예배는 그 밖의 더 고상한 표상에 말미암는다. 그것은 인간과 인간의 공감 관계, 호의와 감사, 애원하는 자의 청을 들어주는 것, 적대자 간의 계약, 담보 제공, 소유권 보호 요구 등을 전제로 한다. 인간은 아주 저급한 문화 단계에서도 자연에 무력한 노예로서 맞서지 않는다. 그는 자기 의지가 없는 자연의 하인은 결코 '아니다'. 종교의 '그리스적' 단계에서는, 특히 올림푸스 여러 신들의 태도에는 더 고귀하고 더 권력적인 계급과 덜 고귀한 계급이라는 두 계급의 공동의 생활까지 생각할 수 있다. 그러나 그 유래에 따르면, 양자가 모두 어떠한 방법으로든지 관련성을 갖고 있으며, '한' 종류에 속하기 때문에, 서로 부끄러워할 필요가 없다. 이것이 그리스의 종교성에서 고귀한 점이다.

112

어느 고대의 제기(祭器)를 보고—얼마나 많은 감각을 우리가 상실하고 있는가는 예를 들어 익살스러운 것, 음탕한 것조차 종교적 감정과 일치되어 있다는 것을 보면 알 수 있다. 이러한 혼합의 가능성에 대한 감각은 사라지고, 우리는 데메테르 제사와 디오니소스 제사에, 그리스도교의 부활극과 기적극에 그 감각이 있었다는 사실을 겨우 역사적으로 이해할 수 있을 뿐이다. 그러나 우리는 숭고한 것이 광대놀음이나 그와 비슷한 것과 결부되어 있고, 감동적인 것이 해학적인 것과 하나로 합해 있는 것을 알고 있다. 이것 또한 먼 훗날에는 이해되지 못하리라.

113

고대 유물로서의 그리스도교—일요일 아침, 낡은 종이 울려 퍼지는 소리를 들으면 우리는 자문한다. 대체 이것은 있을 수 있는 일인가 하고. 이런 것이, 자신은 신의 아들이라고 말하며 2천 년 전 십자가에 못박힌 한 사람의 유대인을 향해서 행해지고 있다. 그러한 주장에는 증거가 없다. 확실히 우리 시대의 내부에서는 기독교란 먼 옛날부터 전해진 하나의 유물이며, 그런 주장을 믿는 것은 (그 밖의 경우에 모든 요구를 조사할 때는 매우 엄격하면서) 아마도 이 유산 속에서도 가장 오래된 부분일 것이다. 세상의 여자에게 아이를 낳게 하는 신, 더는 일하는 것을 포기하고, 심판하지 말고, 그러나 다가올 세계 몰락의 징조에는 주의하라고 권고하는 현자, 죄 없는 자를 대리 희생으로 삼는 정의, 제자들에게 자신의 피를 먹으라고 명령하는 어떤 사람, 기적이 일어나길 비는 기도, 어떤 신에 의해서 저질러지고, 어떤 신에 의해서 속죄되는 죄, 죽음이 관문이 되는 피안에 대한 공포, 십자가의 용도와 굴욕을 이미 잊어버린 시대의 상징에 불과한 십자가의 상, 이러한 모든 것이 태고적 과거의 무덤에서 불어오는 바람처럼 얼마나 힘차게 우리에게 몰아치는가! 이런 것들이 아직도 믿어지고 있다는 사실을 믿어야 한단 말인가?

114

그리스도교 속에 있는 비그리스적인 것—유대인과는 달리, 그리스인은 호메로스의 신들을 자신들 위에 있는 주인으로는 보지 않았으며, 자신들을 그들 아래 있는 하인이라고도 보지도 않았다. 그들은 말하자면 자신들의 계급의 가장 훌륭한 본보기의 영상을 볼 뿐이었다. 곧 이상이었지, 자신의 본질과 반대물은 아니었다. 서로 필연 관계가 있다고 느끼고, 상호적인 이익, 하나의 방어 동맹이 존속하고 있다. 인간은 자신에게 그런 여러 신을 부여하는 경우, 자신을 고귀한 것으로 생각하게 되고 하급 귀족이 상급 귀족을 대하는 것 같은 관계에 서게 되는 것이다.

그런데 이탈리아의 모든 민족은 참된 농민 종교를 가지고 있어서, 악질적이고 변덕스런 권력의 소유자와 귀찮은 정령들에 대해 언제나 겁을 먹고 있다. 올림푸스의 신들이 물러나자 그리스의 생활도 또한 더 어둡고 불안한 상태에 빠졌다. 이와 달리 그리스도교는 인간을 완전히 압박하고 굴복시켰으며 말하자면 깊은 진창 속에 밀어 넣었다. 이 완전히 타락했다는 감정 속에 그리스도교는 다음에는 한꺼번에 신의 자비의 빛을 비추었던 것이다. 거기서 불의의 습격을 받은 자, 은총에 마취된 자는 황홀한 나머지 소리를 지르고, 그 순간 천국 전체를 자신 속에 품고 있는 것으로 믿었다. 그리스도교의 모든 심리학적 발명은 감정의 이러한 병적인 탐닉을, 거기에 필요한 두뇌나 마음 속 깊숙이 자리잡은 퇴폐를 지향한다. 그리스도교는 파멸시키고, 파괴하고, 마비시키고, 몹시 취하게 하려고 한다. 그리고 오직 한 가지, 절도만은 가지려 하지 않는다. 그러므로 그리스도교는 가장 깊은 의미에서 말하면 야만적이며, 동양적이고, 고귀하지 않으며 비그리스적이다.

115

이득도 있고 종교적이기도 하다.—종교가 숭고한 인간임을 표시해 주는 장식인 것처럼 꾸미는, 냉정하고 상술에 능한 사람들이 있다. 이러한 사람들이 종교적이라는 것은 아주 그럴듯하게 그들을 미화한다. 어떤 것이든 무기를 다룰 줄 모르는 사람은 모두(입이나 펜도 무기로 간주한다면) 비굴해진다. 그런 사람에게는 그리스도교가 단단히 한 몫을 한다. 왜냐하면 비굴함이 거기에서는 그리스도교적 미덕의 겉모습을 띠고 놀랄 만큼 미화되기 때문이다. 자신의 일상 생활이 너무나 공허하고 단조롭다고 느끼는 사람들도 종교적으로 변하기 쉽다.

이것은 이해할 수 있는 일이며, 용서할 일이다. 다만 그들은 일상 생활이 공허하지도, 단조롭지도 않은 사람들에게까지 종교심을 요구할 권리는 없다.

116

일반 그리스도교도—만약 그리스도교가 복수하는 신, 보편적 죄악, 예정설, 영원한 벌의 위험 따위의 교리에 대해서 올바르다면, 목사나 사도나 은둔자가 되어서 공포나 전율을 가지고 오로지 자기 구제에만 힘쓰지 '않는' 것은 정신박약과 어리석음의 표시일 것이다. 일시적인 편안함 대신 영원한 이익을 그렇게 무시하는 것은 바보 같은 행동이리라. 주로 교리가 '믿어지고' 있다고 전제한다면, 일반 그리스도교도는 가련한 인물, 사실 셋까지도 셀 수 없는 인간이다. 더욱이 그 정신적 무능력 때문에 그는 그리스도교가 그에게 약속한 것처럼 엄하게 처벌할 대상이 못 되는 인간이다.

117

그리스도교의 교활함에 대하여—인간 일반의 완전한 무가치, 많은 죄, 비열함을 지나치게 큰 소리로 가르치므로, 이웃 사람을 경멸할 수 없도록 하는 것이 그리스도교의 술책이다. "그가 얼마만큼 죄를 저지르든, 그는 나와 본질적으로 다를 바 없다. 나는 어디까지나 무가치하고, 비열한 존재다." 이렇게 그리스도교도는 자신에게 말한다. 그러나 이 감정 또한 가장 날카로운 가시를 갖고 있지 않다. 그리스도교도는 자신의 개인으로서의 비열함을 믿고 있는 것이 아니기 때문이다. 그는 인간 일반으로서 나쁜 존재이며, 우리는 모두 같은 부류라는 명제로 얼마간 안심하고 있다.

118

등장인물의 교체—하나의 종교가 '지배권을 잡자'마자, 그 종교는 최초의 사도가 되었을지도 모를 사람들을 모두 적으로 바꿔버린다.

119

그리스도교의 운명—그리스도교는 마음을 가볍게 하기 위해서 생겨났다.

그러나 현재로서는, 뒷날 가볍게 느끼기 위해서 먼저 마음을 무겁게 하지 않으면 안 된다. 따라서 그리스도교는 몰락할 것이다.

120

쾌감의 증명―기분 좋은 의견은 참이라고 여겨진다. 그것은 쾌감의 증명(또는 교회의 말을 빌리면 힘의 증명)이며, 모든 종교는 그것을 사실 부끄러워해야 하는데, 오히려 자랑으로 삼고 있다. 만약 믿음이 축복으로 이끄는 것이 아니라면 그것은 믿어지지도 않으리라. 따라서 믿음이란 얼마나 가치가 없는 존재인가!

121

위험한 놀이―오늘날과 같은 때 종교적 감각을 새삼스럽게 자신에게 받아들이는 자는, 머지않아 다시 그 감각을 키우게 될 것임에 틀림없다. 달리 방법이 없다. 그렇게 되면 차츰 그의 본질은 바뀐다. 그 본질은 종교적 요소에 수반되는 것과 가까운 것을 선호한다. 판단이나 감각의 온 영역은 구름에 싸이고 종교적인 그림자에 살짝 덮이고 만다. 감각은 가만히 있을 수가 없다. 그러므로 사람들은 주의할 필요가 있다.

122

맹목적인 제자들―어떤 사람이 자신의 이론, 기술 양식, 종교 등의 강점과 약점을 아주 잘 알고 있는 한, 그런 것들의 힘이란 아직 보잘것없는 것이다. 스승의 명성과 스승에 대한 자신의 존경심에 눈이 멀어, 그 설교·종교 등의 약점에 대해서 보는 눈을 갖지 못한 제자나 사도는 그것 때문에 보통 스승보다 큰 힘을 갖고 있다. 맹목적인 제자들이 없는 데도 어떤 인물이나 그 일의 영향이 커진 사실은 아직껏 한 번도 없었다. 어떤 인식을 승리로 이끈다는 것은 간혹 인식을 어리석음과 친교를 맺어 어리석음의 무게가 인식의 승리조차도 강요한다는 의미에 지나지 않는다.

123

교회의 해체―종교를 없애는 데만도, 세상에 있는 종교로는 충분하지 않다.

124

인간의 무죄—"어떻게 이 세상에 죄가 생겼는가", 곧 이성의 오류로 인해 인간은 서로, 나아가서는 자기 자신을 실제보다 한결 속이 검고 악질이라고 생각하고 있다는 사실을 알게 되면 감각 전체는 아주 가벼워지고, 인간과 세계는 때로는 악의 없는 영광 속에 나타나게 될 것이다. 그런 경우 인간은 근본부터 기운을 내게 된다. 인간은 자연 속에서는 언제나 어린아이와 같다. 언젠가 이 어린아이는 답답하고 갑갑한 꿈을 꿀 때도 있으리라. 그러나 눈을 뜨면 그때마다 그는 자신이 낙원 속에 있음을 알게 된다.

125

예술가의 비종교성—호메로스는 자신의 신들 곁에서 아주 편히 쉬고, 시인으로서 신들과 함께 무척 즐겼으니, 어쨌든 그는 마음속으로부터 비종교적이었음에 틀림없다. 대중의 믿음이 그에게 가져다 준 것(초라하고 보잘것없고 얼마간은 끔찍한 미신)과 더불어 그는 조각가가 찰흙을 대하듯 자유롭게 신과 사귀었다. 즉 아이스킬로스와 아리스토파네스가 지녔던 것과 같은 솔직함, 그리고 근세에 와서는 르네상스의 위대한 예술가 및 셰익스피어와 괴테가 뛰어난 까닭이 되었던 솔직함을 가지고 교제했던 것이다.

126

잘못된 해석의 기술과 힘—성자의 환상·경악·실신·황홀 등은 잘 알려진 병적 상태며, 그것이 그에게서는 뿌리 깊은 종교적·심리학적 오류에서 말미암아 전혀 다른 방향으로, 즉 병이 아닌 것으로 해석되는 것뿐이다. 그래서 아마도 소크라테스의 '다이모니온(daimonion)'[3] 또한 어떤 귓병일지도 모르며, 그것을 그가 자신을 지배하는 도덕적인 생각에 따라 오늘날 보는 것과는 다르게 '해석한' 데 지나지 않는다.

예언자와 신탁사제의 광기나 헛소리도 사정은 다를 바 없다. 그러한 것들을 이렇게 대단한 것으로 '만들어' 버린 것은 언제나 '해석자들'의 머리와 마음에

---

3) 소크라테스가 마음속으로 자주 들었다고 하는 신령스러운 소리.

있는 지식·공상·지향·도덕성의 정도다. 인류 구원을 위해 자신들을 '오해하도록'
해석자들을 강요하는 것이 천재와 성자라고 일컬어지는 사람들의 가장 위대한
영향력에 속한다.

127

광기의 숭배—어떤 종류의 흥분은, 때때로 두뇌를 한결 더 명석하게 하고
적절한 생각을 떠오르게 하기도 한다는 것을 알게 되었으므로 인간은 최고의
흥분으로 가장 적절한 착상과 영감을 얻을 수 있다고 생각했다. 그래서 광기가
있는 사람은 현자나 신탁을 주는 자로서 숭배되었다. 여기에는 잘못된 추론이
바탕이 되었다.

128

학문의 약속—오늘날 학문의 목표는 가능한 한 적은 고통, 될 수 있는 한 긴
생명이다. 따라서 이것은 하나의 영원한 행복이기는 하지만, 물론 온갖 종교가
약속하는 것과 비교하면 아주 신중한 것이다.

129

금지된 너그러움—세상에는 교만한 자에게 선사할 만큼 애정과 친절이 충
분하지 않다.

130

마음속에 남아 있는 종교적 예배—가톨릭 교회와 그 이전의 고대의 모든
예배는, 인간을 이상한 분위기 속에 두고 이득의 냉정한 계산 또는 순수한 이
성적 사고에서 떼어 버리는 수단의 모든 영역을 지배했었다. 그윽한 음색으로
울리고 있는 예배당은 무심결에 자신들의 긴장을 교인에게 옮기고, 마치 기적
이라도 준비된 것처럼 그들 모두로 하여금 불안에 떨면서 귀를 곤두세우게 한
다. 한 무리 성직자들의 둔하면서도 규칙적이고 억제하는 듯한 호소, 신의 거
처로서 확실치 못한 곳으로 뻗어가는 듯한, 그리고 모든 어두운 공간에서 신이
은신하지 않을까 두려움을 줄 만한 건축물의 분위기, 이 전제들이 이미 믿음

을 잃고 있는데 누가 그런 과정들을 인간들에게 되돌려주고 싶겠는가? 그럼에도 이와 같은 모든 과정의 '결과'는 상실되지 않았다. 숭고하고 감동적이고 예감에 찬, 깊은 죄책감에 빠진 희망에 넘치는 마음의 내면적 세계는 주로 예배로써 인간에게 심어졌다. 그중에서 오늘도 영혼 속에 살아 남은 것은 예배가 싹트고 키운 것이다.

131

종교적인 여독—인간은 제아무리 종교의 습관과 담을 쌓았다고 믿고 있어도, 음악에서처럼 개념적 내용 없이 종교적인 감각이나 분위기와 접하는 것을 즐겨하지 않는 정도는 아니다. 그리고 어떤 철학이 우리에게 형이상학적 희망과 거기에서 얻을 수 있는 영혼의 평화에 대한 정당한 근거를 뚜렷하게 드러내 보이고, 예를 들면 '라파엘로의 마돈나 눈매에 깃든 완전하고, 흔들림 없는 복음'에 대해서 이야기할 때, 우리는 그와 같은 진술이나 설명을 특별히 차분한 마음으로 받아들인다. 철학자는 이러한 곳에서는 한결 더 쉽게 증명할 수 있다. 그것은 자신이 주고 싶어하는 것을, 즐겨 받으려는 마음과 비슷하다. 꽤 사려가 깊지 못한 자유 사상가들이 원칙적으로는 교의에 반발하지만 종교적 감각의 마력에는 익숙한 점이 있다는 사실도 거기서 찾아볼 수 있다. 교의를 위해서 종교적 감각을 포기하는 것은, 그들에게는 괴로운 일이다. 학문적인 철학은, 그 욕구(생성했으니 소멸될 욕구) 때문에 오류를 몰래 끌어들이는 일이 없도록 세심한 주의를 기울여야만 한다. 논리학자마저 도덕과 예술에서의 진리의 '예감'(예를 들면 '사물의 본질은 하나다'라는 예감)을 입에 올린다. 그런 것은 그들에게는 금지되어야만 하는 것이다. 신중하게 해명된 진리와 그와 같은 '예감된' 사물 사이에는, 전자는 지성에 후자는 욕구에 매달려 있다는 균열이 있어서 다리를 놓을 수가 없다. 배고픔은 그것을 충족해 줄 음식물이 있다는 사실을 증명하는 것이 아니라, 오로지 음식물을 간절히 바라고 있음을 증명할 뿐이다. '예감한다'는 것은 어떤 사항의 현존재를 어느 정도 인식하는 것을 뜻하지 않고, 그 사항을 바라거나 무서워하는 한 그 현존재가 있을 수 있다고 여기는 것을 뜻한다. '예감'은 확실성의 나라에 한 걸음도 들어서지 못한다. 사람들은 한 철학의 종교적으로 채색된 장(章)이 그 밖의 다른 장보다 더욱 잘 증명되어 있다고 믿는다. 그러나 그것은 전혀 반대이다. 그렇게 되었으면 '좋겠다', 즉 즐겁게 하는 것이 또한 참이기를 마음속에서 바라고 있을 뿐이다. 이 염원이, 의심스런 이유를 올바른 이유로서 받아들이도록 우리를 유혹하는 것이다.

132

그리스도교도의 구제욕구에 대해서—조심스럽게 헤아려 보면, 사람들이 구제욕구라고 부르는 그리스도교의 영혼 속의 한 사상에서 신화를 떠난 설명, 즉 순수한 심리학적인 설명을 얻어낼 수 있다. 물론 이제까지는 종교적인 상태와 사상의 심리학적 설명은 자칭 자유롭다는 어떤 신학이 이 영역에서 쓸데없는 활동을 했다는 것만으로 얼마간 평판이 좋지 않았다. 왜냐하면 이 신학에서는 그 창시자 슐라이어마허(Schleiermacher)의 정신에서 짐작되듯이, 처음부터 그리스도교의 유지와 그리스도교 신학의 존속이 의도되었기 때문이다. 이와 같은 그리스도교 신학은 종교적 '사실'의 심리학적 분석으로 새로운 닻을 내릴 땅과 더욱이 새로운 일을 얻어야 했기 때문이다. 그와 같은 선행자들에게 현혹당하지 않고, 앞서 말한 현상의 다음과 같은 해석을 감히 시도해 보자 인간은 행위의 관례적 위계에서 비교적 낮은 위치에 있는 어떤 종류의 행위를 의식하고 있다. 또한 그는 자신의 내부에 그와 같은 행위를 지향하는 성향을 발견하고, 그것이 그에게는 거의 그의 본질 전체와 같을 정도로 변경할 수 없는 것으로 보인다. 일반적 평가로 최상, 최고로 인정받는 것 같은 다른 종류의 행위를 그는 얼마나 해보고 싶을까! 그는 사심이 없는 사고방식에 따른다는 선한 의식으로 꽉 차 있음을 얼마나 느끼고 싶을까! 슬프게도 이 바람은 어디까지나 바람으로 남는다. 그것을 채울 수 없다는 불만이 일반적으로 그의 신세나 나쁘다고 하는 행위의 결과가, 그의 마음속에 불러일으킨 모든 다른 종류의 불만에 덧붙여진다. 그래서 심각한 불쾌감이 생기고, 동시에 이와 같은 불쾌감이나 모든 원인을 없앨 수 있는 의사를 찾는다. 만약 인간이 자신을 타인과 솔직하게 비교하게 된다면, 이 상태가 그렇게 괴롭게 느껴지진 않을 것이다. 곧 그 무렵에는 특별히 심하게, 자신에게 불만을 느낄 이유가 없으리라. 그는 인간의 불만과 불완전이라는 보편적인 짐을 지고 있는 데 지나지 않는다. 그러나 그는 비이기적이라고 불리는 그 행위만을 할 수 있을 것 같은, 그리고 사심 없는 사고방식을 언제나 의식하고 살아 가는 것 같은 존재, 곧 신과 자신을 비교한다. 그 밝은 거울을 들여다봄으로써 그에게는 자신의 본질이 참으로 흐리고, 참으로 이상하게 비뚤어져 보인다. 그리고 이것이 벌을 내리는 정의로서 그의 환상에 떠오르는한, 이것을 생각한다는 것은 그를 불안케 한다. 크고 작은 모든 체험 속에 그는신의 노여움, 협박 등을 이해하는 것처럼 생각한다. 그뿐 아니라 이것이 재판관이나 형리의 채찍질임을 이미 느끼는 듯이 여긴다. 예측할 수 없는 형벌의 시간이라는 관점에서 볼 때 처참한 점에서 상상할 수 있는 다른 모든 공포보다 더할 이 위험 속에서 누가 그를 도울 것인가?

133

이 상태를 앞으로 있을 모든 결과 속에 제시하기 전에 우리는, 인간이 자신의 '탓'과 '죄'에 의해서가 아니라 일련의 이성의 오류로써 이 상태에 빠져 버렸다는 사실, 자신의 존재가 그토록 어둡고 혐오스러운 것으로 나타났다면 그것은 거울 탓이라는 사실, 그리고 그 거울이 자신의 작품, 인간의 공상과 판단의아주 불완전한 작품이었다는 것을 인정하게 된다. 첫째, 오로지 순수하게 비이기적인 행위를 할 수 있는 존재는 불사조 이야기보다 더 엉터리다. '비이기적인행위'라는 개념 전체가 엄밀하게 조사해 보면 먼지와 같이 허공에 흩어지고 만다는 사실만으로도 이미 논의할 것 없는 뚜렷한 사실이다. 단순히 타인을 위한 것뿐이며, 어떠한 개인적인 동기도 없이 행해졌다는 어떤 일을, 인간은 결코 행한 적이 없다. 그뿐 아니라 인간은 자신에게 관계가 없는, 따라서 내면적인 필요성(이것은 개인적인 욕구에 근거하지 않으면 안 된다)이 없는 듯한 것을 어떻게 '할' 수가 있겠는가? 에고(ego, 개체적 자아)가 어떻게 에고(ego, 사심) 없이 어떻게 행동할 수 있을까? 그것과는 반대로 이따금 용인되고 있는 것처럼, '완전한'사랑인 듯한 신은 단 한 번도 비이기적 행위를 할 수 없으리라. 이때 인간은 리히텐베르크의 한 사상을 떠올릴지 모른다. 물론 이것은 어느 정도 낮은 영역에서 취해진 것이지만, "흔히들 말하듯이 타인을 위해서 '느낀다'는 것은 우리에게불가능하다. 우리는 자신을 위해서만 느낄 뿐이다. 이 명제는 가혹하게 들리지만 올바르게 이해만 된다면 그렇지도 않다. 인간이 사랑하는 것은 아버지도 어머니도 아내도 자신도 아니며, 그들이 우리에게 가져다 주는 기분 좋은 감각이다." 혹은 라 로슈푸코가 말하듯이 "만약 인간이 자신의 애인을 그녀에 대한 사랑 때문에 사랑하고 있다고 믿는다면 이것은 말도 안 되는 착각이다." 무엇 때문에 사랑의 행위가 다른 행위보다 높이 '평가'되는 것일까? 곧 그것은 본질 때문이 아니라 그 '유익성' 때문이다. 여기에 대해서는 앞에서 언급한 '도덕적 감각의 기원에 대해서'의 연구를 참고해 주기 바란다. 그러나 인간이 신처럼 완전한 사랑이 되어, 모든 것을 타인을 위해서 행하고 바라고 자신을 위해서는 무엇 하나 행하지도 바라지도 않게끔 되기를 원한다 하더라도, 일반적으로 타인을 위해서 무엇인가를 행할 수 있게 되자면, 자신을 위해서 '아주 많은' 것을 행하지 않으면 안 된다는 이유만으로 벌써 후자의 바람은 불가능하다. 다음으로 비이기적인 행위라는 것은 다른 사람이 자신을 위한 그 희생, 그 생명을 언제나 변함 없이 받아들이는 만큼의 이기주의자라는 것을 전제로 하고 있다. 그래서 사랑이나 헌신을 가진 사람들은 사랑도 없고 헌신할 줄도 모르는 인간의 존속에 관심을 갖지 않을 수 없으며, 최고의 도덕성은 그 존속을 위해서 형식적으로라도 비도덕성의 실재를 '강요'하지 않을 수 없으리라(거기에 따라서 최고의 도덕성은 물론 자기 자신을 내던지는 결과가 될 것이다). 나아가서 신의 표상은 그것을 믿는 한 사람을 불안하게 하고 굴욕감을 느끼게 한다. 그러나 어떻게 그 표상이 '발생'했는가에 대해서는, 비교 민족학의 현단계에서는 이제 아무런 의심도 있을 수 없다. 그리고 이 발생에 대한 통찰과 함께 그 믿음은 무너지고 만다. 자신의 본질을 신의 본질과 비교하는 그리스도교도는 영웅들의 기적 같은 행위를 기사의 이야기에서 머릿속에 그리고 있기 때문에, 자신의 용감성을 과소평가하는 돈키호테와 마찬가지다. 두 경우 어느 편이나 측정하는 척도는 우화의 영역에 속한 것이다. 그러나 신의 표상이 사라지면 신의 법도에 대한 위반으로서 신에게 바쳐진 피조물에 있는 오점으로서의 '죄'의 감정 또한 없어진다. 아마 그때에도 이 세상의 정의가 주는 형벌에 대한, 또한 사람들의 모멸에 대한 공포와 완전히 엉겨 붙어 있는, 비슷한 종류의 불만은 여전히 남아 있으리라. 어쩌다가 자신의 행위에 의해서 인간의 인습, 인간의 규약이나 질서를 어겼다고 하더라도, 그래도 아직 '영혼의 영원한 구제'나 신에 대한 영혼의 관계를 위기로 몰아넣는 것은 아니라는 점을 통찰하면, 양심의 가책이 주는 불만, 죄의식 속에 있는 가장 날카로운 가시는 뽑힌 것이다. 또한 결국에는 모든 행위의 절대적 필연성과 그 완전한 무책임에 대한 철학적인 확신을 얻어 피와 살 속으로 끌어들이는 데 인간이 성공을 거둔다면 양심의 가책이라는 그 찌꺼기도 또한 사라지고 말 것이다.

134

앞서 말한 바와 같이 그리스도교도가 두세 가지 오류에 의해서, 즉 자신의 행위와 감각의 잘못된 비학문적인 해석에 의해서, 자기 경멸의 감정에 빠져 있다면 그는 그 경멸, 양심의 가책, 불쾌 일반의 상태가 지속되지 않고, 이들 모두가 영혼에서부터 사라져 자신이 또다시 자유롭고 원기 왕성하다는 것을 느낄 때가 이따금 찾아온다는 것을 알아채고 매우 놀라게 되리라. 실제로 자기 자신에 대한 쾌감, 자신의 힘에 대한 만족이 모든 심한 흥분의 필연적인 쇠약과 결부된 채 승리를 얻은 것이다. 인간은 또다시 자신을 사랑하게 되고 그는 그것을 느낀다. 그러나 그는 바로 이 사랑, 이 새로운 자기 평가가 그에게는 믿을 수 없는 것으로 여겨진다. 그는 그것을 천상에서 은총의 광채가 전혀 자기에게 어울리지 않게 쏟아진다고밖에 볼 수 없다. 이전에는 모든 사건에서 경고·위협·형벌 그리고 신의 노여움의 각종 표시를 볼 수 있다고 믿어 온 것처럼, 지금은 그의 경험 속에 신의 자비를 끌어들여 '해석한다'. 그에게는 이 사건이 애정에 넘치는 것으로 생각되며, 친절한 지시처럼 보인다. 또한 그의 매우 즐거운 기분은 제3의, 즉 신이 자비롭다는 것의 증거로 풀이된다. 이전에 그가 불만 상태에서 특히 자신의 행위를 잘못 해석한 것처럼, 이제는 자신의 체험을 잘못 해석한다. 그는 위로받은 기분을 자신의 외부에서 지배하는 힘의 작용으로 해석하고, 결국 그가 자기 자신을 사랑하고 있는 것이 되는 그런 사랑이 신의 사랑으로 보인다. 그가 은총과 구원의 서곡이라고 부르는 것은, 사실상 자기 은총, 자기 구원인 것이다.

135

따라서 특정한 잘못된 심리학, 동기와 체험의 해석에 있어서 하나의 공상이야말로 인간이 그리스도교도가 되거나 구원의 욕구를 느끼는 데 없어서는 안 될 전제다. 이성과 공상의 이런 과오에 대한 통찰과 더불어 인간은 그리스도교도이기를 그만둔다.

136

그리스도교의 금욕과 신성함에 대하여—몇몇 사상가들은 사람들이 일반적으로 금욕과 신성함이라고 부르는 신기한 도덕 현상에, 이성적인 설명의 빛을 정면으로 비추기만 해도, 이미 거의 불경스러움이나 모독이 된다고 지목되는 듯한 불가사의한 일로 설정하려고 꽤 많은 노력을 해왔다. 다른 면에서는 이 불경스러움에의 유혹도 강하다. '자연'의 힘찬 충동은 모든 시대에, 그 현상 일반에 저항해 왔다. 앞서 말한 바와 같이 학문은 그것이 자연의 모방인 한 그 현상을 설명할 수 없으며 가까이 할 수 없다는 주장에 대해서 이의를 제기한다. 물론 현재까지 학문은 성공하지 못했다. 그 현상은 여전히 설명되지 못하고 있으며, 그래서 이미 언급한 도덕상 불가사의한 것의 숭배자들은 만족감에 젖어 있다. 왜냐하면 일반적으로 설명되지 않은 것은 전혀 설명할 수 없는 것이며, 설명할 수 없는 것은 완전히 부자연스럽고, 초자연적이며 불가사의해야 하기 때문이다. 이것은 그런 모든 종교가와 형이상학자(동시에 사상가이기도 한 경우의 예술가)의 영혼에 깃든 요구를 말한다. 한편 학문적인 인간은 이 요구를 '나쁜 원리'라고 본다. 성스러움이나 금욕을 고찰할 때 먼저 생각나는 일반적인 최초의 확실성이란, 이들의 성질이 '복잡하다'는 사실이다. 왜냐하면 물리적 세계 내에서나 도덕적 세계 안에서, 거의 모든 면에서 인간은 기적적인 것을 복잡한 것, 몇 겹으로 조건이 붙은 것으로 되돌려 놓아왔기 때문이다. 따라서 우리는 과감하게, 먼저 성자나 금욕자의 영혼에 잠겨 있는 개개의 충동을 분리하고, 마지막에 그것을 서로 결합해서 생각해 보자.

137

금욕의 많은 형식은 자기 자신에 대한 반항의 가장 승화된 현상에 속한다. 곧 어떤 종류의 인간은 자신의 힘과 지배욕을 행사하고자 하는 욕구가 강하므로, 다른 대상이 없는 경우라든지, 다른 면에서는 언제나 실패했을 경우 마침내 그들 자신의 본질의 어떤 부분, 그들 자신의 단편 또는 단계를 괴롭히려고 한다. 그래서 자신의 명성을 높이거나 좋게 하는 데 틀림없이 아무런 도움이 되지 않는 견해를 믿고 있다고 증언하는 사상가도 적지 않다. 몇몇 사람들은 침묵을 지키면 쉽게 존경받는 인물로 지낼 수 있는데, 오히려 타인의 모멸을 자신에게 불러들이기도 한다. 한편 과거의 의견을 거두어들이고 그 뒤로는 모순된다는 비난에도 얽매이지 않으며, 오히려 반대로 그와 같이 되도록 노력하며, 말이 날뛰기 시작해서 땀을 흘리며 질주할 때야말로 마음이 흡족한 젊은 기수처럼 행동하는 사람도 있다. 그래서 인간은 자신의 두려움과 덜덜 떨리는 무릎을 극복하기 위해 최고의 산맥으로 위험한 길을 오른다. 그것으로 철학자는 금욕·겸허·신성함 등의 모든 견해를 신봉한다고 공언하지만, 이러한 광채 속에서 자신의 모습은 더없이 추악하게 보인다. 자기 자신의 이러한 훼손, 자기 본성에 대한 이러한 조롱, 모든 종교가 굉장히 많은 것을 얻어들인 것처럼, 이 '자기가 경시되는 것의 경시'[4]는 본래 아주 높은 차원의 허영심이다. 산상수훈의 도덕 전체가 이에 속한다. 인간은 지나친 요구로 자신을 박해하거나 자신의 영혼 속에서 폭군적으로 요구하는 그 어떤 것을 신으로 받드는 데에서 참된 쾌감을 느낀다. 모든 금욕적 도덕에서 인간은 자신의 일부를 신으로서 숭배하고, 그것 때문에 나머지 부분을 악마 취급하는 것이 필요한 것이다.

138

인간은 반드시, 언제나 똑같이 도덕적일 수는 없다. 이것은 두루 알려진 사실이다. 만약 사람들이 위대한 헌신적인 결심과 자기 부정(이것이 지속되고 습관화된 신성함)의 능력에 따라서 어떤 사람의 도덕성을 판정한다면, 그는 '격정'에서 가장 도덕적이다. 극도의 흥분은 그가 여느 때처럼 깨어 있고, 냉정을 지키고 있는 상태에서는 도저히 할 수 있으리라고 예측하지 못했던 전혀 새로운 동기를 가져다 준다. 어째서 이렇게 되는 것인가? 아마도 모든 위대한 존재와 심한 흥분은 매우 가깝다는 데서 오는 것이리라. 인간은 한번 특이한 긴장 상태에 빠지면, 무서운 복수심에 사로잡힐 수도 있고 동시에 자신의 복수욕을 터트릴 결심도 할 수 있다. 그는 뜨거운 감동의 영향 아래서 어쨌든 위대한 것, 강한 것, 당치도 않은 것을 바란다. 그리고 자기 자신의 헌신이 남을 희생하는

---

4) '자기가 경시되는 것의 경시(spernere sesperni)'는 로마의 성직자 네리(Filippo de Neri 1515~1595년)의 말.

것과 같은 정도로, 아니면 그 이상으로 그를 만족시킨다는 점을 이따금 깨닫고 그는 이 희생을 선택한다. 따라서 근본적으로 그에게는 자신의 감정을 드러내는 것만이 소중하다. 그래서 그는 자신의 긴장감을 덜기 위해서 적의 창을 휘어잡고 자신의 가슴을 찌르게 할 수도 있으리라. 그리고 인류는 복수에서만이 아니라 자기 부정에서도 무엇인가 위대한 것이 있다는 사실을 오랫동안의 습관으로 배워 익혔다. 자기 자신을 희생시키는 신이란 존재는 이런 종류의 위대성의 가장 강하고도 효과적인 상징이었다. 가장 극복하기 어려운 적의 극복으로서, 격정의 돌발적인 억제로서, 부정은 이와 같은 것으로서 모습을 나타낸다. 그리고 그것만으로 도덕적인 것의 절정으로 여겨진다. 사실상 이때 문제되는 것은 하나의 표상을 다른 표상과 바꾸는 것이며, 마음이 그와 같은 높이, 같은 수위를 유지해 나가는 일이다. 취기가 가시고 격정에서 풀려 나온 사람들은 이와 같은 순간의 도덕성을 더는 이해하지 못하겠지만, 그것을 같이 체험한 모든 사람들의 찬탄이 그것을 지지한다. 격정과 자신들의 행동을 이해할 수 없게 되었을 때, 자만심은 그들의 위안이 된다. 따라서, 결과적으로 자기 부정의 그와 같은 행위가 엄밀한 의미에서는 남을 위해 행해진 것이 아닌 한 도덕적인 행위가 아니다. 오히려 타인은 그에게 있어 매우 긴장된 감정을 부정함으로써 자신의 짐을 가볍게 하는 하나의 기회를 주는 것에 지나지 않는다.

139

여러 가지 점에서 금욕주의자 또한 자신의 삶을 보다 편안하게 하려고 애쓴다. 일반적으로 알지 못하는 의지 또는 광범위한 법규와 의식에 완전히 복종함으로써 자신의 삶을 보다 편안하게 하려고 노력하는 것이다. 예를 들면 브라만 성직자가 자기 자신의 결정에는 그 무엇도 절대로 맡기지 않고, 때를 가리지 않고 언제나 성스런 규정에 따라서 모든 일을 정하는 것과 같다. 이 복종은 자기를 지배하기 위한 강력한 수단이다. 인간은 열중하면 싫증을 느끼지 않고 고집과 정열의 자극도 받지 않는다. 행동을 마친 뒤에도 책임의 감정이 없고 따라서 후회의 번뇌도 없다. 단 한 번에 완전히 자신의 의지를 포기해버린다면 이것은 자신의 의지를 때에 따라 포기하는 것보다 쉽다. 어떤 욕망을 깨끗이 단념해 버리는 것이 그 욕망의 절도를 지키는 것보다 쉬운 것과 마찬가지다. 국가에 대한 군인의 마음가짐을 떠올리면 여기에서도 무조건 복종이 조건부의 복종보다 마음 편한 사실을 알 수 있다. 따라서 성자는 개성의 완전 포기로써 자신의 삶을 가볍게 한다. 따라서 인간이 그 현상을 도덕성의 최고 경지의 영웅적 행위라고 찬탄할 때는 잘못 생각했다는 결과가 된다. 어느 편이든 자신의 개성을 동요와 애매함도 없이 관철한다는 것은 지금 말한 방법으로 개성을 면하는 것보다 어렵다. 거기다가 그것은 훨씬 많은 정신과 사색이 필요하다.

140

나는 좀처럼 설명하기 어려운 행위 속의 모든 것을 '감동 그 자체'에 대한 쾌감의 출현이라고 보아 왔으므로, 신성함의 상징에 속해 있는 자기 경멸에 관련된 것을, 또한 마찬가지로 자기 학대의 행위(단식과 채찍질, 팔다리의 탈구, 광기의 위장 등에 따른)도 그런 성질의 사람들이 그들의 생활 의지(그들의 신경)의 전반적인 쇠약에 대해서 투쟁하기 위한 수단이라고 인식하려 한다. 크나큰 정신적 태만과 앞서 말한, 알 수 없는 의지에 대한 복종이 참으로 자주 그들을 사로잡는 무기력과 권태에서 잠시 동안이나마 벗어나기 위해서, 보다 고통스러운 자극제와 잔인한 행위를 이용하는 것이다.

141

삶을 그래도 아직은 견딜 만한 것, 재미있는 것으로 만들기 위해서 금욕주의자와 성자가 쓰는 가장 일반적인 수단은 때때로 있는 전쟁과 승패의 반전에 있다. 그러기 위해서 그는 상대를 필요로 하고 이른바 '내부의 적'에서 그 상대를 찾는다. 특히 그는 자신의 생을 끝없이 이어지는 투쟁으로 여기고, 자신을 선악의 정신이 이기고 지며 격투하는 전장으로 간주하기 위해 허영심·명예욕·지배욕으로 향하는 자신의 성벽을 그리고 자신의 육감적 욕망을 모두 이용한다. 널리 알려진 바와 같이 감각적 공상은 규칙적인 성적 교제로써 누그러지고, 거의 억압된다. 반대로 성적 교제의 억제 또는 무질서에 의해서는 고삐가 풀리어 방종하게 된다. 많은 그리스도교 성자들의 공상은 이상할 만큼 더러웠다. 이 욕망은 자신들 속에서 미쳐 날뛰는 실제의 악령일 거라는 이론 덕택에 그들은 이런 경우 자신들에게 그다지 책임을 느끼지 않았다. 우리가 그들의 자기 증언에서 매우 교훈적인 솔직함을 얻을 수 있었던 것은 이러한 감정의 덕분이다. 이투쟁이 어느 정도로 언제까지나 이어진다는 것은 그들에게 중요한 일이었다. 앞서 말한 것처럼 그것에 의해서 그들의 황량한 삶이 즐겁게 유지되었기 때문이다. 그러나 이 투쟁이 성자가 아닌 사람들에게 지속적인 동정과 찬탄을 받기에충분할 만큼 중요시되기 위해서는, 육욕이 점점 이단시되고 낙인찍혀야만 했다. 그뿐 아니라 영원한 형벌의 위험이 이러한 것들과 같이 아주 가깝게 연결되어있으므로, 어느 시대를 떠나서 그리스도교도는, 모르기는 하되 양심의 가책을느끼면서 아이를 낳았을 것이다. 그것 때문에 인류는 틀림없이 큰 손해를 입었다. 그리고 또한 여기에서도 진리가 완전히 거꾸로 서게 되었으며, 이런 것은 진리와는 특히 합당치 않은 것이다. 틀림없이 그리스도교는 모든 인간이 죄 속에서 잉태되고 태어난다고 말해 왔다. 그리고 칼데론(Calderon)의 참을 수 없을 만큼 최상급의 그리스도교[5] 가운데에서 이 사상은 다시 한 번 결합되고 엉켰으며 그는 다음의 유명한 시구에서 세상에서 가장 기괴한 역설을 시도했다.

인간의 가장 큰 죄는
그가 태어났다는 사실이다.

모든 염세주의적 종교에서 생식 행위는 그 자체로서 나쁜 것으로 여겨지고있지만, 이러한 감각은 결코 보편적인 인간의 감각은 아니며, 모든 염세주의자의 판단도 이 점에서는 한 번도 서로 일치하지 않았다. 예를 들면 엠페도클레스는 모든 성적인 사항에서, 어떤 부끄러운 것, 악마적인 것, 죄스러운 것도 인정하지 않는다. 차라리 그는 재난의 대초원에 오직 하나의 행복이나 희망에 찬환영 아프로디테[6]를 본다. 그에게 아프로디테는 투쟁이 영원히 지배하는 것이아니라, 언젠가는 한결 온화한 수호신에게 왕관을 넘길 것이라는 사실의 보증이다. 그리스도교의 실천적 염세주의자들은 앞에서 설명한 바와 같이 별개의의견이 지배하고 있었다는 사실이 중요한 것이었다. 그들은 자기들의 생의 고독

---

5) '최상급의 그리스도교(Superativ Christentum)'는 칼데론의 과장된 종교심을 비꼰 니체가 만들어
   낸 말인 듯.
6) 그리스 신화 속에 나오는 사랑과 미와 풍요의 여신.

과 정신적 황폐 때문에 언제나 기운 넘치는 적이 필요했다. 그리고 투쟁과 정복으로써 자신들을 성자가 아닌 자에게 여전히 새롭고 불가해한 초자연적인 존재로 보이기 위한, 보편적으로 인정된 적이 필요했다. 그들의 생활 양식과 파괴된 건강의 결과로 적이 영원히 도망쳐 버리면 그들은 곧 자신의 내부에 새로운 악령들이 떼를 지어 있다고 '간주하게' 되었다. 거만과 겸손의 저울판이 위아래로 흔들리는 것은 욕망의 변화와 영혼의 안정만큼이나 탐색을 좋아하는 그들의 머리를 즐겁게 한다. 그 무렵의 심리학은 모든 인간적인 것을 의심하는 데뿐만 아니라, 중상하거나, 매질하고 십자가에 못박는 데도 도움을 주었다. 인간은 가능한 한 자신을 저열하고 사악하게 보기를 바랐다. 또한 영혼의 구원을 위한 불안을, 자신의 힘에 대한 절망을 '원했다'. 인간은 저열한 것, 죄 많은 것이라는 표상을 붙어 다니게 하는(예를 들면 아직도 성적인 것에 대해서 통례로 되어 있는 것처럼) 모든 자연적인 것은 공상을 괴롭히거나 어둡게 하며 위축된 시선을 갖게 끔 하고, 인간으로 하여금 자기 자신과 싸우게 하며 불완전하고 신뢰감이 없는 것으로 몰아넣기도 한다. 그의 꿈까지도 고뇌하는 양심의 영향을 받는다. 그러나 자연적인 것에 대한 이 고민은 사물의 현실에서 근거한 것이 아니다. 그것은 사물'에 대한' 의견의 결과에 지나지 않는다. 우리는 인간들이 피할 수 없는 자연적인 것을 저열한 것이라고 하고, 그 뒤에 인간이란 언제나 그와 같은 성질을 가지는 것이라고 느낌으로써, 인간이 얼마나 더 변변치 못하게 되는가는 쉽게 알 수 있다. 인간에게 자연을 의심케 하고 이렇게 그 자신을 저열하게 '하는' 것은, 인간의 본성부터 사악하고 죄 많은 존재임을 바라는 종교와 저 형이상학자의 책략이다. 왜냐하면 인간은 자연의 옷을 벗어 버릴 수가 없으므로, 이렇게 해서 스스로를 저열하다고 느끼는 것을 배우기 때문이다. 자연적인 것 속에서 오래 살고 있으면, 그는 차츰 죄의식이라는 무거운 짐에 압박당하는 것을 느끼게 되므로, 이 짐을 벗어 버리기 위해서는 초자연적인 힘이 필요하다. 그와 함께 이미 하나의 구제 욕구가 무대에 나타난 것이지만, 이 욕구는 결코 현실의 죄책감에서가 아니라 상상된 죄책감과 비슷한 것에 불과하다. 그리스도교 원전의 도덕적 주장을 하나하나 점검해 보라. 곳곳에서 인간이 채울 수 없는 갖가지 요구가 과장되어 있는 것을 발견할 수 있을 것이다. 목표는 인간이 보다 도덕적으로 '되는' 것이 아니라 그 자신을 '가능한 한 죄 많은' 것으로 생각하는 데 있다. 만일 인간에게 이 감정이 유쾌하지 않았다면 무엇 때문에 그들은 이와 같은 표상을 만들어 내서 이처럼 오랫동안 그것에 집착해 왔을까? 고대 세계에서 삶의 즐거움을 제례로써 늘릴 목적으로 정신이나 발명의 재능의 헤아릴 수 없는 힘이 소모되어 온 것처럼, 그리스도교 시대에도 마찬가지로 측정할 수 없을 만큼 많은 정신이 또 다른 노력에 바쳐져 왔다. 인간은 모든 방법으로 자신을 죄 많은 것으로 느끼기도 하고, 그것에 의해서 자극받고 기운을 얻고, 때로는 고무되기도 했다. 결과야 어떻게 되었든 자극받고, 활기를 얻고, 고무된다는 일, 이것은 이완된, 지나치게 성숙된, 지나치게 문명화된 시대의 암호가 아닌가? 모든 자연적인 감각의 영역은 수백 번 지나갔고, 영혼은 그러한 감각에 진저리를 내고 있었다. 그때 성자나 금욕자는 새로운 종류의 삶의 자극을 발명했다. 그들은 원래 많은 사람들에게 본받게 하기 위해서가 아니라 전율적이고 황홀한 연극으로 사람들 앞에 모습을 드러냈다. 이 연극은 그즈음 누구나 어떤 때는 천국의 불빛을 어떤 때는 땅 속에서 타오르는 기분 나쁜 화염의 혀를 보는 것이라고 믿은 것처럼, 현세와 초현세 사이에 있는 경계에서 행해졌다. 짧은 이 땅에서의 삶이 지닌 무서운 의미와 끝없이 새로운 생애에 대한 최후의 심판이 임박한 곳을 향해 있는 성자의 눈, 반쯤 파괴된 육체에서 검게 타들어가는 이 눈은 고대 세계의 사람들을 철저하게 전율시킨다. 결국에는 바라보는 것, 움찔해서 시선을 돌리는 것, 연극의 매력을 새롭게 느끼고 거기에 굴복하는 것 또는 영혼이 불덩어리와 오한 속에서 떨게 될 때까지 그것으로 만족하는 것. 이것은 짐승과 인간의 격투를 목격하는 데 무감각해진 뒤에 '고대가 발명한' 최후의 '쾌감'이었다.

142

이제까지 말한 것을 종합하면 이렇다. 성자나 성자가 되어 가는 자가 즐기고 있는 그 영혼의 상태는, 우리 모두가 매우 잘 알고 있는 요소로 이루어졌지만, 단지 이 요소는 종교적 표상과는 다른 표상의 영향을 받아 다른 색채를 띠고 나타난다. 종교와 현존재의 궁극적 의의로서 그와 같이 장식되어 있을 때엔 찬탄할 뿐 아니라 숭배를 기대해도 좋았겠지만, 적어도 옛날에는 기대해도 좋았지만, 이제는 그 정도로 심한 힐책을 사람들로부터 받곤 한다. 어떤 경우, 성자는 자기 자신에 대한 그 반항을 감행한다. 그러한 반항은 지배욕과 비슷하며, 또한 고독한 자에게도 힘의 감정을 가져다 준다. 자랑스런 영혼의 강렬한 압력 아래서 자신의 정열을 돌진해 가고 싶다는 요구에서, 한때는 그의 부풀었던 감각이 그 정열을 달리는 말처럼 쓰러뜨렸으면 하는 요구로 급변한다. 어떤 때에 그는 어지럽히기도 하고 괴롭히기도 하며 자극하기도 하는 모든 감각의 완전한 멈춤을, 갓 눈뜬 선잠을, 둔감한 동·식물의 게으름에 안겨 오랫동안 휴식하기를 바란다. 어떤 경우에는 투쟁을 원하고 자신 속에 투쟁의 불을 붙인다. 왜냐하면 권태가 하품하는 얼굴을 그에게 내밀기 때문이다. 그는 스스로의 자기 우상화를 자기 경멸이나 잔혹성으로 매질한다. 자신의 욕망의 거친 격동을, 죄의 거센 통증을, 심지어는 파멸의 표상을 즐긴다. 그는 자신의 격정에, 예컨대 극단적인 지배욕의 격정에, 올가미를 씌울 줄 안다. 그 결과 자신은 극단적인 굴욕의 격정으로 옮겨가고 그의 속박된 영혼은 그 대조에 의해서 완전히 파멸해 버린다. 그 결과 모든 환영에, 죽은 자 또는 신과 같은 것과의 대화에 굶주리게 되면, 그가 갈망하는 것은 마침내 이상한 종류의 쾌감이다. 그러나 아마도 그 쾌감은 모든 다른 쾌감이 하나의 매듭과 서로 엉켜 있는 그 쾌감을 말하리라. 경험과 본능에 따라서 신성함의 문제에 대한 권위자 가운데 한 사람인 노발리스는 지난날 그 모든 비밀을 소박한 즐거움으로 이야기하고 있다. "쾌락·종교·잔혹함의 연합이 그들의 밀접한 유사성과 공통적인 경향에 대해 훨씬 이전부터 사람들의 주의를 끌지 못했다는 것은 참으로 놀라운 일이다."

143

성자에게 세계사적 가치를 주는 것은, '무엇인가'가 아니라, 성자 아닌 자의 눈에 그가 무엇을 '의미하는가' 하는 것이다. 사람들이 그에 대해서 잘못 생각하고 있었다는 것, 그의 영혼의 상태를 잘못 해석하고 무엇인가 전혀 비교도 할 수 없는 자나 이질적이며 초인적인 사람으로서 가능한 한 뚜렷하게 그를 자신들로부터 구별했다는 사실, 이것으로 해서 그는 이상한 힘을 얻고, 그것으로 온 민족·온 시대의 공상을 지배할 수 있었다. 그자도 자신의 정체를 몰랐다. 그 자신이 성서에 나오는 정령의 해석과 마찬가지로 과장된 부자연한 해석술에 따라서, 자신의 기분·기호·행위 등의 문자를 풀이했다. 정신적 빈곤, 낮은 지식, 망친 건강, 과도한 자극을 받은 신경 등이 뒤엉킨 듯한 그의 성격의 괴팍함과 병적인 면은 그를 보는 자의 눈과 마찬가지로 그의 눈에도 숨어 있었다. 그는 결코 특별히 선량한 인간이 아니었으며 특별히 지혜로운 인간은 더욱 아니었다. 그러나 그는 선량함이나 지혜로운 면에서 인간적 기준을 넘어선 무엇인가를 '의미하고 있었다'. 그에 대한 믿음은 신적인 것과 불가사의한 것에 대한, 모든 현존재의 종교적 의미에 대한, 차츰 다가오는 최후의 심판일에 대한 믿음을 지탱해 주었다. 그리스도교 백성 위에 빛을 던져 준 세계 몰락의 저녁놀 속에서 성자의 영상이 당치도 않게 뻗쳤다. 사실 더는 신을 믿지 않는 우리시대에조차 여전히 성자를 믿는 사상가가 존재할 정도로 뻗어 난 것이다.

144

그 유형 전체의 평균에 따라 묘사될 것이지만 보다 기분 좋은 느낌을 가져다 줄 몇 가지 묘사를 대비할 수 있다는 것은 뻔한 사실이다. 위대한 온유함과 인류애에 따른 것이건, 비상한 행동력의 매력에 의해서건 그 유형 가운데 몇 사람의 예외자가 두각을 나타내고 있다. 다른 예외자들은 일정한 광적 표상이 그들의 본질 전체 위에 빛을 쏟아 놓아 아주 매력적이다. 예를 들면 태어나면서부터 자신을 신의 아들이라고 생각하고, 그것으로 해서 자신을 죄 없는 것으로 느끼고 있었던 저 유명한 그리스도교 창시자의 경우가 그렇다. 즉 그는 상상으로써(고대 전체가 신의 아들들로 득실거리고 있었으므로 그 상상을 너무 엄격하게 평가하지 않는 것이 좋다) 현재라면 학문에 의해서 누구나 얻을 수 있는 같은 목표, 완전한 무죄함, 완전히 책임질 일이 없다는 감정에 다다른 것이다. 마찬가지로 나는 인도의 성자조차도 간과했다. 그들은 그리스도교의 성자와 그리스의 철학자와의 중간 단계에 서 있는 한 순수한 유형을 제시하지 못하기 때문이다. 인식, 학문(그와 같은 것이 있었다는 가정 아래에서), 사고의 논리적인 훈련과 교육에 의해서 다른 사람들보다 뛰어나게 되는 것이 불교도에게는 성자다움의 징표로서 요구되었다. 바로 이와 같은 특징이 그리스도교 세계에서는 성자답지 않다는 이유로 배척되고, 이단시되었다.

제4장
예술가와 저술가의 영혼에서

145

완전한 것은 생성된 것이어서는 안 된다―우리는 모두 완전한 것에는 생성에 대한 질문을 그만둔 채 마치 마법 지팡이를 한번 휘두름으로써 지하에서 솟아난 것처럼, 현존하는 것을 즐기는 습관이 있다. 아마도 우리는 이 점에서는 아직도 태고의 신화적 감각의 영향 아래 있는 것이리라.

우리의 대부분은 아직도(예를 들면 페스툼[1] 신전과 같은 그리스 신전 속에 있으면) 마치 어느 날 아침 신이 장난으로 거대한 암석으로 자신의 집을 지어놓았을 것 같은 기분이 든다. 그렇지 않을 경우에는 하나의 영혼이 마법으로 갑자기 돌 속에 갇혀 버려 그 돌에다 이야기를 하려는 기분이 들기도 할 것이다. 예술가는 그의 작품이 즉흥적이며 기적처럼 갑자기 생긴 것으로 믿게 할 때에만 완전한 효과를 나타낸다는 것을 알고 있다. 그러므로 그는 즐겨 이 착각에 기름을 치고, 보는 이나 듣는 이의 영혼이 완전한 것의 갑작스런 출현을 믿는 듯한 기분에 젖어들게 하려고 한다. 그러기 위해 창작할 때의 영감적 불안, 눈 감고 길 더듬는 식의 무질서, 귀를 곤두세운 몽상 등의 온갖 요소를 예술 속에 집어넣는 기만 수단을 쓴다. 뻔한 사실이지만, 예술의 학문은 이러한 착각을 단호히 반대하고, 예술가의 그물에 걸리는 이상, 지성의 오류 추리와 악습을 들춰내지 않으면 안 된다.

146

예술가의 진리감각―예술가는 진리의 인식에 대해서 사상가보다 도덕성이

---

1) 페스툼(Pästum)은 라카니아(Lucania, 이탈리아 남부 탈란트만 서북부의 고대 지명)의 도시.

약하다. 그들은 삶의 빛나는 뜻깊은 해석을 결코 포기하려고 하지 않으며, 냉정하고 간결한 방법이나 결론에 저항한다. 겉으로 보기에 그는 인간의 더욱 높은 존엄성이나 의의를 위해서 투쟁하고 있다.

사실 그는 자신의 예술을 위해서는 '가장 효과적인' 전제들을, 즉 공상적인 것, 신화적인 것, 불확실한 것, 극단적인 것, 상징적인 것에 대한 감각을, 개인의 과대평가를, 천재에게 있는 무엇인가 기적에 가까운 것에 대한 믿음 등을 단념하고 싶지 않은 것이다. 즉 그는 어떠한 형태에서도, 이 형태가 얼마만큼 간결하게 보이더라도, 참된 것에 대한 학문적 헌신보다는 자기 식의 창작이 존속되는 것이 소중하다고 생각한다.

147

죽은 자를 불러내는 주술사로서의 예술—예술은 오래된 것을 보존한다는 과제, 또는 매우 빛이 바래진 표상을 조금은 예전대로 다시 채색한다는 과제를 아울러 수행한다. 예술은 이 과제를 수행하는 경우, 다양한 시대들을 이어 붙이고 그 시대의 정령들을 되살린다. 이렇게 하여 생겨나는 것은 무덤 위에 있는 듯한, 또는 꿈속에서 사랑하는 죽은 자가 재생하는 듯한 가상의 삶에 지나지 않는다. 그러나 적어도 잠시 동안은 옛날의 감각이 다시 한번 싱싱하게 살아나며, 심장이 여느 때 잊고 있었던 듯한 박자로 고동친다. 그래서 우리는 예술가 자신을 계몽과 발전해 가는 인류의 '남성화'의 최전선에는 서지 않는다 하더라도, 예술의 이러한 일반적인 효용 때문에 그를 너그럽게 보아야 한다. 그는 일생 동안 어린애나 젊은이 그대로이며 자신에게 예술 충동이 엄습했던 지점에 억류되어 있는 것이다.

그러나 최초의 인생 계단의 감각은 세상에서 인정받는 것처럼 현재의 감각보다 그 이전의 감각에 가깝다. 뜻밖에도 인류를 아이답게 만드는 것이 예술가의 과제가 된다. 이것이 예술가의 명예이며 나아가서는 한계이기도 하다.

148

삶을 편하게 하는 존재로서의 시인—시인들은 인간의 삶의 짐을 덜어주려고 애쓰는 한, 비참한 현재로부터 시선을 돌리게 하거나, 그들이 과거 쪽에서 보내 오는 빛에 의해 현재가 새로운 색채를 띠도록 돕는다. 이것을 수행하기 위해서는 그들 자신이 여러 면에서 역행하는 처지여야 한다. 따라서 인간은 그들을 먼 시대와 표상으로 나아가는, 빈사 또는 사멸한 상태의 종교와 문화의 가교로서 이용할 수 있다. 그들은 애초에 언제나 필연적으로 '아류'이다. 물론 삶의 짐을 덜어주려는 그들의 수단에 대해서는, 얼마쯤 부적절한 점을 말하지 않으면 안 된다. 그들은 먼저, 잠시 동안만 완화하고 치유할 뿐이다. 그들은 행동을 꾀하려는 불만을 가진 자들의 정열을 차갑게 만들기도 하고 일시적 방편으로 드러내든지 하여, 사람들로 하여금 자기 상태의 현실적 개선을 위해 애쓰는 것을 저지하기조차 한다.

149

미의 느린 화살—가장 고귀한 종류의 아름다움은, 갑자기 매혹시키는 그런 미나, 태풍처럼 취하도록 덮쳐 오는 미가 아니라(그런 것은 구토증을 일으키기 쉽다), 인간이 거의 그런 줄도 모르고 계속 지니고 있는 듯한, 또한 꿈속에서 우연히 만나는 일도 있지만 겸손하게 우리 마음에 걸려 있다가 드디어 우리를 완전히 사로잡고, 우리의 눈을 눈물로, 우리의 마음을 동경으로 채우듯, 천천히 스며드는 듯한 미다. 우리는 미를 보고 무엇을 동경하게 되는가? 아름다움에는 틀림없이 많은 행복이 결부되어 있으리라고 우리는 공상한다. 그러나 그것은 하나의 오류다.

150

예술에 영혼을 불어넣는 일—예술은 종교가 몰락한 곳에서 머리를 쳐든다. 그것은 종교에 의해서 빚어진 많은 감정이나 기분을 이어받고, 또 그것들에 유의해서 자신이 보다 더 심오하게, 한결 더 영혼이 깃든 것이 되어, 이전에는 할 수 없었던 감동과 영감을 지금은 전할 수 있게 된다. 커다란 강으로 변한 풍요한 종교 감정은 범람을 되풀이해서 새로운 영토를 정복하려고 한다.

그러나 성장해 온 계몽 사상이 종교의 교의를 흔들어 놓고 근본적 불신의 상념을 불어넣고 있다. 그러므로 계몽 사상에 의해서 종교의 영역으로부터 쫓겨난 감정은 예술 분야로 밀려든다. 몇몇 경우에는 정치 생활로 향하고, 그뿐 아니라 직접 학문에까지도 돌진한다. 인간이 지향하는 바에 지나칠 정도의 어두운 색채가 엿보일 때에는, 정령의 음산함, 향(香), 교회의 그림자가 거기에 달라붙어 있다고 짐작해도 좋다.

151

무엇으로 운율은 아름답게 장식되는가―운율은 현실 위에 베일을 덮는다. 그것은 얼마쯤의 변론술과 사고의 불순함을 부른다. 운율은 사상 위에 던져지는 그림자에 의해서 은폐되기도 하고 돋보이기도 한다. 아름답게 꾸미기 위해서 그림자가 필요하듯이, 명료하게 하자면 '모호함'이 필요하다. 예술은 불순한 사고의 베일을 삶 위에 씌움으로써 삶의 광경을 바라볼 만한 것으로 만든다.

152

추한 영혼의 예술―예술 속에서 질서 있는, 논리적 균형을 유지하면서 떠돌아다니는 영혼만을 말하도록 요구한다면, 인간은 예술에 너무나도 좁은 한계를 긋고 있는 것이다. 조형 미술에서와 마찬가지로 음악과 시에서도 아름다운 영혼의 예술과 추한 영혼의 예술이 나란히 있다. 그리고 예술의 가장 강렬한 작용, 즉 영혼을 변화시키고 돌을 움직이고 동물까지도 인간으로 만드는 것은 아마도 추한 예술의 분야에서 가장 성공을 거두어 왔으리라.

153

예술은 사상가의 마음을 무겁게 한다―형이상학적 욕구가 얼마나 강한 것인가, 그리고 결국 본성이 아직도 형이상학적 욕구에서 벗어나기를 얼마만큼 꺼리는가 하는 점은, 자유정신이 모든 형이상학적인 것을 없애 버렸을 때 예술의 최고 작용이 오랫동안 잠잠해져 있는, 또 갈기갈기 찢어 버린 듯한 형이상학적 현의 공명을 쉽게 불러일으키는 데에서 짐작할 수 있다.

예를 들면 베토벤의 〈교향곡 제9번〉의 어느 부분에서 자유정신은 '불사'의 꿈을 마음속에 품으면서 지상을 넘어서서 별들의 둥근 천장 속을 돌아다니고 있는 듯한 느낌을 준다. 모든 별들이 그의 주위에서 반짝이고, 대지는 차츰 더 깊이 가라앉는 것 같다.

이러한 상태를 의식하면 자유정신은 다분히 깊이 찔린 듯한 아픔을 가슴에 느끼고, 종교라 불리든, 형이상학적으로 불리든, 잃어버린 연인을 다시 데려다 줄 사람을 기대하며 그리워할 것이다. 이런 순간에 그의 지적 성격이 시련에 부딪치게 되는 것이다.

154

삶과 함께 유희하다─그리스인의 지나칠 만큼 정열적인 감정과 너무나 예리한 오성을 진정시키고 잠시 방관하기 위해서는 호메로스의 공상의 경쾌함이나 경박성이 필요했다. 그리스인들에게 오성이 화제에 오를 때, 삶은 얼마나 쓰고 비참하게 보일까! 그들은 자신을 속이지는 않지만 고의적으로 삶을 거짓으로 감싸고 유희한다. 시모니데스(Simonides)는 자기 동포들에게 삶을 유희로 여기라고 권했다. 진실함이 그들에게 고통이라는 것을 그들은 너무나 잘 알았다(인간의 비참함은 사실상, 여러 신들이 매우 즐겨 듣는 노래의 주제다).

그리고 그들은 오로지 예술에 의해서만 비참조차도 즐거움이 될 수 있다는 사실을 알고 있었다. 그러나 그들은 이 통찰의 벌로, 날조된 이야기를 하는 쾌감에 심한 괴로움을 겪게 되었고, 일상 생활에서도 거짓이나 기만을 벗어나기 어렵게 되었다. 모든 시적인 민족이 거짓말에 대한 이와 같은 쾌감과 함께 천진성을 가지고 있듯이. 이웃 민족들은 그것을 보고 때로는 절망하는 것이라고 생각했으리라.

155

영감에 대한 믿음─예술가들은 사람들이 갑작스런 착상, 이른바 영감을 믿는다는 것을, 예술 작품, 시의 이념, 철학의 근본 사상이 은총의 빛처럼 하늘에서 비추는 것이라고 믿기를 좋아한다. 사실은 뛰어난 예술가, 또는 사상가의 상상력은 언제나 좋은 것과 일반적인 것, 또 나쁜 것을 생산한다. 그러나 더없이 세련된 그들의 판단력이 그것들을 취사선택하며 결합하는 것이다. 오늘날 베토벤의 노트에서 그가 가장 훌륭한 멜로디를 점차적으로 간추려서, 많은 그 발상들 가운데에서 가려 뽑아낸 것이라는 점을 알게 된 것처럼 말이다. 비교적 엄격하게 구분하지 않고, 모방적인 기억에 기꺼이 자신을 맡기는 자는 경우에 따라 즉흥의 대가가 될 수 있을 것이다.

그러나 예술적 즉흥은, 진지한 태도로 애쓴 끝에 정선된 예술 사상과 비교한다면 낮은 곳에 자리잡았다. 모든 위대한 사람은 고안해내는 일뿐 아니라, 버리고, 고치고, 정리하는 점에서도 권태를 모르는 훌륭한 노동자다.

156

다시 한번 영감에 대해—생산력이 잠시 저지당하고, 어떤 장애에 의해서 유출이 방해되면, 참으로 갑작스런 범람이 일어난다. 앞서야 할 내면의 노고 없이 직접적인 영감이, 즉 하나의 기적이 이루어지기나 하는 것처럼 보인다. 이것이 우리가 이미 잘 알고 있는 착각을 만들어 내며 이와 같은 착각의 존속에, 앞에서 말한 것처럼 모든 예술가의 이해가 조금 지나칠 정도로 걸려 있는 것이다. 자본은 다만 '축적'을 끝냈을 뿐이며 갑자기 하늘에서 떨어진 것은 아니다. 거기에다가 또한 다른 분야, 예를 들면 선량·미덕·악덕 등의 영역에서도 그와 같은 표면상의 영감이 존재한다.

157

천재의 고뇌와 그것의 가치—예술의 천재는 즐거움을 만들어 주려고 하지만 그가 아주 높은 단계에 있으면 감상해 줄 사람이 없어지게 된다. 그는 성찬을 차려 놓지만 사람들은 그것을 바라지 않는 것이다. 이러한 사실들이 그에게, 사정에 따라서는 웃음이나 감동적인 비장감을 가져온다. 왜냐하면 결국 그에게는 사람들을 만족시킬 만한 강한 힘이 없기 때문이다. 그의 피리는 울리는데 아무도 춤추려 하지 않는다. 이것이 비극적일 수 있을까? 아마도 그러하리라. 마침내 이러한 결핍의 대가로 그는, 그 밖의 사람들이 갖가지 활동에서 얻을 수 있는 것보다도 더 많은 만족을, 창작하면서 음미하게 될 것이다. 인간은 자신의 고뇌를 지나치게 크게 느낀다. 자신의 한탄 소리가 한결 더 높고, 입은 더욱 더 웅변을 토하기 때문이다. 그리고 '때에 따라서' 그의 고뇌는 사실상 크다. 그러나 그것도 그의 공명심·질투심이 매우 크기 때문임에 지나지 않는다. 케플러나 스피노자와 같은 지적 천재는 일반적으로 그처럼 탐욕스럽지 않고, 실제로는 한결 더 큰 자신의 고민이나 결핍에 대해서 그다지 허풍을 떨지 않는다. 지적 천재는 보다 큰 확신을 갖고 후세를 기대하고 현재의 고뇌에서 벗어난다.

이와 달리 탐욕스러운 예술가는 언제나 절망적인 도박을 하는 것이며, 그때 그의 마음은 슬픔에 젖지 않을 수 없다. 아주 드문 경우, 즉 같은 개인 속에 기능과 인식의 천재와 도덕적 천재가 융합해 있을 경우에는 앞서 언급한 고통에 대해서 더욱이 세상에서도 진기한 예외로 여겨지는 고통이 덧붙여진다. 그것은 개인을 떠나 개인을 넘어서는 그러한 한 민족·전 인류·온 문화, 모든 고뇌에 차 있으며 현존재로 향해 있는 감각들이며, 이 감각들은 특히 어렵고 아득한 인식과 결부됨으로써 그 가치를 얻게 된다(동정 그 자체는 거의 가치가 없다). 그러나 이러한 감각의 순도를 측량하는 데 어떠한 척도가, 어떠한 황금의 저울이 있단 말인가? 이런 감각을 제정신으로 '말하는' 사람은 모두 신용하지 말라고 하는 것이 엄격히 금지되지 않는단 말인가?

158

위대함의 숙명—어떤 위대한 현상 뒤에도 변종이 뒤따른다. 특히 예술의 영역에 있어서는 그렇다. 위대함의 전형이 꽤 허영심 강한 본성을 자극해서 외면적으로 본뜬다든가, 능가하고 싶게끔 만든다. 게다가 훌륭한 재능은 많은 약한 힘이나 싹을 짓누르고 자기 주위에서 이른바 자연을 황폐케 하는 숙명적인 성질을 가졌다. 예술의 발전에서 가장 행복한 경우란, 여러 명의 천재가 서로 견제하는 경우다. 이런 투쟁의 경우에는 일반적으로 약하고 섬세한 본성에도 공기와 빛의 혜택이 주어진다.

159

예술은 예술가에게는 위험하다—예술이 어느 한 사람을 강렬히 사로잡으면, 그것은 그를 그 예술이 가장 힘차게 꽃피고 있었던 시대의 견해로 다시 끌어당기고, 예술은 그때 퇴화한다. 예술가는 더욱더 돌발적인 흥분을 존중하게 되고, 여러 신들이나 악마를 믿고, 자연에 영혼을 스며들게 하고, 학문을 미워하며, 고대인처럼 기분에 따라 변하기 쉽다. 그리고 그는 예술에 알맞지 않은 모든 상태가 뒤집히기를 간절히 바라고, 더욱이 이런 것을 어린애 같은 외고집과 부당성으로 해내는 것이다. 그런데 예술가는 그 자신이 이미 뒤떨어진 존재다. 왜냐하면 그들은 유소년기에 따르게 마련인 유희에 만족하고 있기 때문이다. 더욱이 그들은 점차 다른 시대를 향해 반대 방향으로 퇴화한다. 그러므로 나중에는 그들과, 그 동시대의 같은 또래 사람들 간에는 치열한 적대 관계가, 또한 슬픈 결과가 생긴다. 옛 사람의 말에 따르면 호메로스나 아이스킬로스가 늘그막에는 우울한 세월을 보내다가 죽었다고 하는 것처럼.

160

창작된 사람들—만일 극작가(그리고 일반적으로 예술가)가 온갖 성격을 실제로 '창작한다'고 하면 이것은 엄청난 착각이며 과장이다. 예술은 그러한 것이 실제로 존재하고 보급되면서 뜻하지 않는 이른바 여분의 승리를 거두는 것이다. 사실 인간에게 이러저러한 성격이 있다고 하는 것은 현실의 살아 있는 인간을 잘 이해하지 못하고 아주 피상적으로 일반화하는 것이다. 그런데 시인도 우리의 인간 인식이 피상적인 것과 같은 정도로 인간을 '피상적으로' 묘사함(이 의미로서 '창작한다')으로써 인간을 대하는 우리의 이러한 '아주 불완전한' 태도와 일치한다. 예술가에 의해서 창작된 이러한 성격에는 다분히 속임수가 있다. 그것들은 결코 살아 있는 자연적 산물이 아니며, 그림으로 그려진 인간을 닮아서 너무나 희미하다. 그것들은 가까이에서도 볼 수 없을 정도다. 더구나 '보통 살아 있는 인간의 성격은 때때로 모순되어 있으며 극작가에 의해서 창작된 인간이 자연 속에 감돌고 있던 원형이다'라고 단정하기에 이르렀다는 것이야말로 당치도 않은 일이다. 현실의 인간은 완전히 어떤 '필연적인' 것이다(그 모든 모순에서조차). 그러나 우리가 이 필연성을 언제나 인식한다고는 말할 수 없다. 꾸며진 인간, 환영은, 무엇인가 필연적인 것을 의미하려고는 하지만 이것도 다만 현실의 인간까지도 볼품없고, 부자연스럽게 단순화해서만 이해할 수 있는 사람들을 앞에 놓고서의 일이다. 그래서 얼마쯤의 강한, 때때로 되풀이된 특징이 그 위에 아주 많은 빛을 받고, 주위에 아주 많은 그림자나 땅거미를 이루며 그러한 사람들의 요구를 완전히 채워 주는 결과가 된다. 따라서 그들은 분별도 없이 환영을 현실의 필연적인 인간으로 다루려는 생각을 하게 된다. 왜냐하면 그들은 현실의 인간에 대해 환영, 그림자, 임의대로 그린 그림을 전체로 여기는 데 익숙해져 있기 때문이다.

더구나 화가와 조각가가 인간의 이념을 표현한다는 따위는 헛된 망상이며 착각이다. 이런 말을 한다면 그것은 눈의 횡포에 굴복한 결과가 된다. 눈은 인체 자체에서 단순히 표면, 피부만을 보고 있지만 내부의 육체 또한 이념에 속한다. 조형 미술은 성격들을 피부 위에 보이도록 하려고 하며, 말하는 예술은 언어를 그런 목적으로 이용한다. 즉 성격을 소리로 나타낸다. 예술은 인간의 내부(육체나 성격에 있어서의)에 대한 인간의 본성적인 '무지'에서 출발한다. 예술은 자연과학자와 철학자를 위해서 존재하는 것은 아니다.

161

예술가와 철학자를 믿는 것에서 생기는 자만심—우리를 감동시키고 동요시키면, 그 우수성이 증명된 것이라고 우리는 모두 생각한다. 그러나 그런 경우 먼저 판단이나 감각에서 '우리 자신의 우수성'이 증명되어야 할 텐데 사실은 그렇지 못하다. 그 누가 조형 미술의 영역에서 베르니니(Bernini)보다 더 감동시키고, 황홀케 만들었던가? 그 누가 데모스테네스(Demosthenes) 이후 아시아의 문체를 들여와서, 그 지배력이 2세기 동안이나 미쳤던 그 수사학자[2]보다 더 강렬하게 작용을 미쳤던가? 몇 세기에 걸친 이 지배는 한 문체의 뛰어남이나 영속적 타당성을 증명하는 것은 아니다.

그러므로 사람은 어떤 예술가에 대한 자신의 호의적인 믿음을 확신해서는 안 된다. 이러한 믿음은 우리 감각의 진실성에 대한 믿음일 뿐만 아니라, 우리 판단의 확실성에 대한 믿음에 지나지 않는다. 그런데도 판단이나 감각, 또는 이 두 가지는 모두 너무나도 보잘것없거나 지나치게 섬세하거나 과민하거나 거칠고 막된 상태에 있을지도 모른다. 어떤 철학, 어떤 종교의 축복이나 행복도 그 철학이나 종교가 진리라는 것을 증명하지 못한다. 마치 정신병자가 자신의 고정 관념에서 음미하는 행복으로 이 관념의 합리성에 대해 무언가 증명하려는 것과 마찬가지로, 그것은 어떠한 진리도 증명하지 못한다.

---

2) 데모스테네스 이후의 그 수사학자(jener nachdemosthenische Rhetor)란 키케로를 말한다. 그는 건강을 위해, 아시아파의 변론가와 사귀기 위해 기원전 79~77년의 2년간 아테네와 로도스 섬을 찾았다. 플루타르코스의 《키케로》 4절 참조.

허영심에서 비롯된 천재 숭배—우리는 우리 자신을 뛰어난 존재로 생각하지만 자신이 언젠가 라파엘로 그림을 소묘하거나 셰익스피어 극의 한 장면 같은 것을 만들 수 있다고는 꿈에도 기대하지 않으므로, 우리는 그러한 능력이 그야말로 터무니없이 이상한 것, 아주 드물게 보는 우연으로 믿거나 또한 종교적으로 느끼는 경우에는 하늘의 은총이라고 믿는 것이다. 그리하여 우리의 허영심·자애심이 천재 숭배를 촉진한다. 왜냐하면 천재가 '기적'으로서 우리로부터 아주 격리되어 있다고 생각될 때만이 천재는 우리의 감정을 해치지 않기 때문이다(질투 없는 사람인 괴테조차 셰익스피어를 그의 가장 먼, 가장 높은 별이라고 불렀다. 여기에서 우리는 "별 같은 것을 사람들은 바라지도 않는다"라는 그 시구를 떠올리는 것이 좋겠다).

그러나 우리의 허영심의 그러한 속삭임을 무시하면, 천재의 활동도 결코 기계의 발명가, 천문학자 또는 역사학자, 전술의 대가의 활동과 근본적으로 다르지 않다. 이들의 모든 활동은 자신의 사고를 '하나의' 방향으로 작용하거나 모든 것을 소재로 이용하고, 자기와 타인의 내면 생활을 끊임없이 응시하기도 하며, 곳곳에서 전형·자극을 찾아내어, 그것들을 자기 방법을 짜 맞추는 데 여념이 없는 사람들을 마음속에 그려 보면 이해할 수 있다. 천재도 먼저 주춧돌을 놓고, 그 위에 세우는 일에 익숙해지면 꾸준히 소재를 구하고, 쉴 새 없이 그것을 이리저리 형태로 만들어보는 일 그 밖의 것은 아무 일도 하지 않는다. 인간의 활동은 모두 놀랄 만큼 복잡하여, 천재의 활동만이 그렇다고 할 수 없다. 하지만 그 어느 것도 '기적'은 아니다. 그런데 예술가·연설가·철학자에게만 천재가 있다는 믿음은 어디서 온 것일까? 그들만이 '직관'을 가졌다는 것은? (그래서 그들에게는 직접 '본질'을 꿰뚫어 보기 위한 어떤 마법 안경이 갖춰져 있다고 여겨진다!) 사람들은 지성의 작용이 그들에게는 가장 기분 좋은 것 같은, 따라서 그들 쪽에서도 질투를 느끼지 않을 만한 곳에서만 천재라는 것을 또렷이 입에 올리게 된다. 누군가를 '신과 같다'고 하는 것은 '우리는 그와 경쟁할 필요가 없다'는 것을 말한다.

그래서 만들어진 모든 것, 완전한 것은 경탄의 대상이며 생성 중인 모든 것은 경시된다. 그런데 예술가의 작품인 경우에는 그것이 어떠한 방법으로 '생성되었는가'를 아무도 볼 수가 없다. 이것이 그의 이로운 점이다. 왜냐하면 생성 과정을 볼 수 있는 경우, 언제나 인간은 얼마간 열이 식게 마련이기 때문이다. 완성된 표현 예술은 생성 과정에 대한 사고를 모두 물리친다. 그것은 현존하는 완성자로서 횡포를 부린다. 그러므로 표현 예술가는 주로 천재적이라고 여겨지나 학자는 다르다. 참으로 전자의 존중과 후자의 경시는 이성의 미숙함에 지나지 않는 것이다.

163

손으로 하는 일의 성실성─재능과 타고난 능력에 대해서 말하지 말라! 타고난 재능이 조금밖에 없었던 온갖 위대한 사람들의 이름을 들 수 있다. 그러나 그들은 훌륭한 사람이 되었고 '천재'(사람들이 말하는 대로)가 되었다. 모든 특질에 의해서며, 그러한 특질을 가지고 있는 자라면 아무도 그것이 없다고는 말하려 하지 않을 것이다. 그들은 모두 하나의 커다란 전체를 감히 이루기 전에, 먼저 부분을 완전히 만드는 것을 배우는 숙련된 장인의 성실성을 갖고 있었다.

그들은 자신에게 그것을 위한 시간을 부여했다. 눈부신 전체의 효과보다 작은 부분, 지엽적인 것을 잘하는 일에 더 많은 쾌감을 느꼈기 때문이다. 이를테면 사람은 어떻게 훌륭한 소설가가 될 수 있을까 하는 방법은 쉽게 부여할 수 있으나, '자기에게는 재능이 충분치 않다'라고 말한다면 그것은 자질을 전제하는 말이다. 사람들은 그 자질을 지나치는 것이 예사다. 2페이지 내에서 거기에 들어 있는 모든 낱말이 필연적인 그런 명확성을 지닌 소설의 초고를 백 개쯤 만들어 보라. 일화의 가장 함축적이고 가장 효과적인 형식을 발견할 때까지, 날마다 일화를 새로 쓰도록 하라. 인간의 유형이나 성격을 수집하든가 윤색하든가 하는 데 싫증이 나서는 안 된다. 특히 주위 사람들의 반응에 날카로운 눈과 귀를 기울이면서 될 수 있는 대로 자주 이야기를 들려 주고, 남이 이야기하는 것을 듣도록 하라. 풍경화가나 의상 디자이너처럼 여행하도록 하라. 잘 표현되면 예술적 효과를 줄 만한 모든 것을 낱낱의 학문에서 가려 뽑도록 하라. 마지막으로 인간 행위의 동기에 대해서 잘 생각하고, 이 점에서 가르침을 줄 어떠한 지침도 가벼이 여기지 말고, 밤낮으로 이러한 것들의 수집자가 되어라. 이와 같은 다양한 수업으로 이삼십 년을 보내도록 하라. 그 다음 작업실에서 창작되는 것은 거리의 빛 속에 나가도 좋다.

그런데 거의 모든 인간은 어떻게 하는가? 그들은 부분에서가 아니라 전체에서부터 시작한다. 아마 한 번은 크게 대성공을 거두어 주목을 끌고, 그러고는 차츰 실패하게 된다. 마땅한 이치다. 이따금 이러한 예술상의 생활 설계를 세울 만한 이성이나 성격이 결여되어 있는 경우에는 운명과 필요성이 대역을 맡아 미래의 거장을 이끌고 한 발 한 발 그의 손으로 하는 일의 모든 조건을 통과시키게 한다.

164

천재 숭배의 위험과 이익—위대하고 뛰어나며 결실이 풍요한 정신에 대한 믿음은 반드시는 아니지만 자주, 그 정신이 초인적인 기원의 것이라든가, 어떤 종류의 불가사의한 능력을 갖추고 있어 그 능력에 의해 그들이 그 밖의 사람들과는 전혀 다른 방법으로 인식에 관여할 수 있다고 여기는 미신, 완전히 또는 반쯤 종교적인 미신과 여전히 결부되어 있다. 사람들은 흔히 그들에게는, 말하자면 현상이라는 외투에 있는 구멍으로, 세계의 본질을 직접 내다보는 안목이 있어, 학문의 노고도 엄격성도 없이 이 신비로운 투시력으로 인간과 세계에 대한 궁극적이고 결정적인 것을 전할 수 있다고 믿고 있다. 인식의 영역에서도 기적의 신자들이 있는 한, 사람은 아마 그때 신자들이 훌륭한 정신에 무조건 복종함으로써 그들 자신의 정신에 그 발전 기간 중 최선의 규율이나 훈련을 적용하는 한에는, 신자들 자신에게서 어떤 이익이 생긴다고 인정할 수도 있으리라.

그에 반해서 천재, 천재의 특권, 특수 능력에 대한 미신을 천재 자신이 믿는 경우, 그것이 그 자신에게 있어 이익인지 아닌지는 적어도 의문이다. 그것이 그 유명한 로마 황제의 공포든,[3] 여기서 문제가 되는 천재의 공포든, 어쨌든 자기 자신에 대한 그 공포, 그 공포가 인간을 덮칠 때 신에게만 바쳐지는 희생의 냄새가 천재의 뇌리에 스며들어, 그 때문에 흔들리거나 자기를 뭔가 초인적인 것으로 믿기 시작할 때, 그것은 위험한 징후다. 서서히 나타나는 그 결과는 무책임, 예외적 권리 등의 감정, 자기가 교제해 주는 것만으로도 은혜를 베풀고 있

---

3) 유명한 카이사르가 루비콘 강을 건널 때 현기증을 느꼈다든가, 암살되기 전에도 의념을 품었다고 전해지고 있는데, 그 밖의 황제들에게도 비슷한 일이 있었는지도 모른다.

다는 믿음, 그를 다른 자와 비교하거나 그의 쪽을 낮게 평가하거나, 그의 작품의 실패를 폭로하거나 할 때 광기 같은 분노 등이다. 더는 자기 비판을 하지 않기 때문에, 나중에는 그의 날개에서 하나하나 깃털이 빠져나간다. 그 미신은, 그의 힘의 뿌리를 파헤치고 그의 힘이 사라지면 마침내 아마 그를 위선자로까지 만들 것이다. 따라서 위대한 정신들에게는 아마도 자기들의 힘과 그 유래에 대해서 통찰하고 어떠한 순수한 인간적인 여러 특질이 그 속에서 합류해 있는 것인지, 어떠한 행운이 부가되어 있는지를 이해하는 것이 더 이롭다. 즉 행운이란 지속적 열정, 개개의 목표를 향한 결연한 몰두, 개인적 커다란 용기이며, 또한 최선의 스승·방법·전형 등을 일찍이 제공해 준 교육의 행운이다. 물론 그들의 목적이 될 수 있는 대로 커다란 '효과'를 내는 것일 때, 자기 자신에 대한 망상이나 거의 광기와도 같은 부가적인 성질도 언제나 크게 공헌해 왔다. 왜냐하면 어느 시대에도 사람들의 의지를 상실시키고, 초자연적인 지도자가 그들의 선두에 서서 그들을 이끈다는 따위의 망상으로 미혹하게 하는 그 천재들의 힘을 찬탄하기도 하고 부러워하기도 했기 때문이다.

　사실 누군가가 초자연적인 힘을 소유하고 있다고 믿는 것은 사람들을 고양시킨다. 그러는 한에 있어 플라톤이 말하듯이 광기는 최대의 축복을 사람들에게 가져온 것이다. 몇몇의 드문 경우에는 이러한 한 조각의 광기는 지나친 본성이 확고히 자리잡기 위한 수단이기도 했던 것 같다. 개인의 삶에서도 자주 광기의 표상 그 자체는 독이면서도 약의 가치를 갖고 있다. 그럼에도 결국 자기의 신성을 믿는 어떠한 '천재'라도, 그 '천재'가 늙어감에 따라 독이 늘어난다. 이를 테면 나폴레옹을 떠올려 보라. 그의 본질은 확실히 그야말로 자기에게 대한, 그리고 자기 별에 대한 믿음에 의해, 이 믿음에서 뿜어지는 인간 모욕에 의해 모든 현대인으로부터 그를 돋보이게 하는 강력한 통일성으로 결합하여 성장한 것인데, 그러나 그 결과 이 믿음이 거의 광기를 띤 숙명관으로 이행해서 그에게서 민감하고 날카로운 안목을 빼앗고 그를 몰락시키는 원인이 된 것이다.

165

천재와 졸작—예술가 중에서 '독창적인', 자기 자신의 두뇌를 짜내서 창작하는 예술가가 경우에 따라서는 '완전히 공허하고 피상적인 것'을 만들어 낼 수도 있다. 한편 더욱 종속적인 본성, 이른바 재주꾼들은 온갖 좋은 기억으로 꽉 차 있어서 약해진 상태에도 그럭저럭 견딜 만한 작품을 생산한다. 그러나 독창적인 사람들이 자기 자신을 잃어버리게 될 경우에, 기억은 아무런 도움도 되지 않는다. 그 기억들은 공허해진다.

166

대중─대중은 원래 비극에서 한번 실컷 울 수 있도록 감동되는 일 이상을 바라지 않는다. 그와 반대로 새로운 비극을 보는 예술가는 재치 있는 기술상의 연구와 기교에, 소재의 취급과 배치에, 낡은 주제, 낡은 사상의 새로운 표현에 기쁨을 느낀다.

그의 태도는 예술 작품에 대한 미학적 태도, 창작자의 태도다. 주로 처음에 서술한 태도는 소재를 고려하는 대중의 태도다. 그 중간에 속하는 인간에 대해서는 아무것도 말할 것이 없다. 그는 대중도 예술가도 아니고 자기가 바라는 바가 무엇인지 모른다. 그래서 그의 기쁨도 불명료하고 보잘것없다.

167

대중의 예술교육─똑같은 주제가 여러 거장에 의해서 수많은 방식으로 다루어지지 않는다면 대중은 소재에 흥미를 갖는 것 이상으로 나아가지 않는다. 그러나 여러 작업을 통해 그 주제와 친숙해져서, 처음의 새로움과 긴장에 아무런 매력을 더 이상 느끼지 못하게 되면, 나중에는 대중조차도 이 주제를 다루는 데 어떤 갖가지 뉘앙스와 섬세한 새로운 연구를 이해하고 음미하기에 이를 것이다.

168

예술가와 그의 추종자는 발걸음을 맞춰야 한다─양식이 한 단계에서 또 다른 단계로 진보하는 것은, 예술가뿐만 아니라 청중과 관중도 이 진보에 함께 참여해, 무슨 일이 일어나고 있는가를 정확히 알고 있을 만큼 아주 여유로워야 한다. 그렇지 않으면 멀리 떨어진 높은 곳에서 자기 작품을 만드는 예술가와 더는 그 높은 곳에 올라가지 못해서 마침내 불만을 느끼면서 더 낮게 내려가는 대중

사이에, 곧바로 커다란 균열이 생기게 된다. 왜냐하면 예술가가 대중을 끌어올리지 않으면 대중은 벌써 재빠르게 타락해 가기 때문이다. 더구나 천재가 높이 끌고 올라갈수록 그만큼 더 깊이 위험 속으로 전락한다. 마치 독수리에 의해 구름 속으로 끌어올려진 거북이가 독수리 발톱에서 떨어져 화를 입는 것과 비교할 수 있으리라.

169

희극적인 것의 유래 — 인간은 몇십만 년 동안이나 극도로 공포에 민감한 동물이었다. 그리고 모든 돌발적인 것, 뜻하지 않은 것이 인간에게 싸우는 태세를 갖도록 했으며 죽음을 각오하도록 명령했다. 그뿐만 아니라 그 이후에도 사회적 관계에서 모든 안전함이 의견이나 활동에 내포된 예상 및 인습에 의존해 있었던 때에도 말과 행동 속에 있는 온갖 돌발적인 것, 예기치 않은 것이 아무런 위험과 해악 없이 나타나면 인간은 들떠서 공포의 반대쪽으로 나아가는 것은 의심할 여지가 없다. 불안에 떨며 웅크렸던 것이 튀어올라 팔과 다리를 뻗는다. 인간이 웃는다. 순간적인 불안에서 잠깐 동안의 즐거움으로 옮겨 가는 이 과정을 '희극적인 것'이라 부른다.

반대로 비극적인 것의 현상에서는 인간은 커다란 영속적인 즐거움에서 급격히 커다란 불안으로 재빨리 나아간다. 그러나 죽어야 하는 자에게는 커다란 영속적인 즐거움은 불안의 동기보다도 훨씬 드물기 때문에, 이 세상에서는 비극적인 것보다도 희극적인 것이 훨씬 더 많다. 사람은 감동받기보다는 훨씬 자주 웃는 것이다.

170

예술가의 명예심 — 그리스의 예술가, 이를테면 비극 작가는 승리를 얻기 위해 창작했다. 그들의 예술 전체는 내기 없이는 생각할 수 없다. 헤시오도스가 말하는 좋은 에리스[4]라는 명예심이 그들의 천재성에 날개를 달아 주었다. 그런데 이 명예심은 무엇보다도 그들의 작품이 '그들 자신의 눈'으로 가장 뛰어나게

---

4) 에리스(Eris)는 그리스 신화에서 불화·경쟁의 여신.

보이는 것만을, 즉 지배적인 취향과 예술 작품의 우수성에 대한 일반적인 의견 등을 고려하는 일 없이 '그들이' 우수하다고 해석했던 것만을 얻고자 했다. 그래서 아이스킬로스와 에우리피데스도 그들의 작품을 그들 자신이 설정한 기준으로 평가하는 예술 심판자를 마침내 '키워 낼' 때까지는 오랫동안 성공을 얻지 못했다. 그래서 그들은 그들 자신의 평가에 따라 그들 자신의 심판석 앞에서 경쟁자에 대한 승리를 얻으려고 애썼다. 그들은 실제로 더욱 뛰어나기를 바란다. 그리고 나서 그들은 외부로부터도 이러한 자기 평가에 대한 동의를, 자기들의 판단의 확증을 요구한다. 명예를 얻으려고 노력하는 것은 여기에서는 '자기를 탁월하게 만들고, 세상에도 그렇게 보이기를 바란다'는 것을 뜻한다. 전자가 모자라면서도 후자를 갈망할 경우에는 '허영심'이라 불린다. 후자가 빠졌는데 그것이 없는 것을 한탄하지 않는 경우에는 '자만심'이라 불린다.

171

예술 작품에서 필연적인 것—어떤 예술 작품에서 필연적인 것에 대해서 자꾸만 말하는 사람들은, 만약 그들이 예술가라면 '예술의[5] 보다 큰 영광을 위하여', 또 그들이 비전문가라면 무지하기 때문에 과장하는 것이다. 예술 작품의 여러 형식이란 작품의 사상으로 말하게 하는 것, 즉 작품을 말하는 방식인데, 그것은 온갖 종류의 언어와 마찬가지로 항상 어딘가 단정치 못한 데가 있다.

조각가는 많은 사소한 선을 더하거나 뺄 수 있다. 배우건 연출자건 또 음악에서의 명연주자건 지휘자건 마찬가지다. 이러한 많은 사소한 선과 조탁은, 오늘은 그에게 만족을 주겠지만 내일은 만족을 주지 않는다. 그러한 것은 예술을 위해서보다 오히려 예술가를 위해서 존재한다. 왜냐하면 주요 사상의 표현이 자기에게 요구하는 엄격함이나 자제를 위해 예술가 또한 시무룩해지지 않도록 이따금 사탕 과자나 장난감을 필요로 하기 때문이다.

172

거장을 잊게 하다—어느 거장의 작품을 연주하는 피아니스트는, 그가 거장

---

5) '예술의 보다 큰 영광을 위하여(in majorem artis gloriam)'는 관용구로서는 '신이 더욱 위에 한 영광을 위해서(in majorem Dei gloriam)'라는 것이 있다.

을 잊을 때, 그리고 마치 자기 생활에서 일어난 일을 이야기하고 있거나 지금 당장 무엇인가를 체험하고 있는 듯 보일 때, 가장 연주를 잘한다. 물론 그가 보잘것없는 자일 경우에는, 자기 생활에서 우리에게 이야기하는 그의 수다를 누구라도 지긋지긋하게 생각할 것이다. 따라서 그는 청중의 환상을 자신에게로 끌어당기는 법을 알아 두어야 한다. 거기에서 또 '명인 기질'의 모든 결점과 비상식적인 일에 대한 설명이 가능하다.

173

운명을 수정한다 ─위대한 예술가의 삶에는 우연히 나쁜 일이 일어나곤 한다. 예를 들어 화가가 자신의 가장 중요한 그림을 간단한 착상으로서 보통 스케치로만 남기거나, 또 베토벤이 수많은 위대한 소나타(저 위대한 B장조처럼)들을 교향곡에서 불완전하게 피아노곡을 발췌한 정도로만 남기는 경우가 그러하다. 그러므로 이제 후세의 예술가는 위대한 사람들의 생애를 나중에 수정하려고 애써야 한다. 이를테면 모든 관현악을 효과적으로 표현할 거장으로서 피아노 곡의 가사(假死) 상태에 빠진 교향곡을, 우리에게 생생하게 되살아나게 만드는 일을 하는 것이다.

174

작게 한다 ─소규모로 다루어질 수 없는 사물, 사건 또는 인물이 적지 않다. 라오콘[6] 군상을 작은 장식 인형으로 축소할 수는 없는 일이다. 그것은 크기를 필요로 한다. 그러나 본성이 작은 것을 확대해서 어울리는 일은 훨씬 더 드물다. 따라서 전기 작가는 언제나 작은 인물을 크게 그리기보다는 위대한 인물을 작게 그리는 편이 그나마 낫다.

175

현대 예술의 감각성 ─예술 작품의 감각적 효과를 노려 작업하는 경우, 오늘

---

6) 라오콘(Laokoon)은 트로이 왕자의 한 사람, 트로이 전쟁 때 그리스군의 목마를 성내에 끌어들이는 일에 반대했기 때문에 그리스 편에 있던 포세이돈이 보낸 두 마리의 구렁이가 그와 그의 두 아들을 졸라 죽였다고 전해진다. 그 유명한 군상은 로마의 바티칸 박물관에 있다.

날 예술가들이 곧잘 착각하는 일이 있다. 왜냐하면 그들의 관중 또는 청중은 이미 충분한 감각을 갖고 있지 않으며, 예술가의 의도와는 전혀 반대로, 그 예술 작품에 따른 무료한 기분과 비슷한 감각의 '마비'에 빠지고 말기 때문이다. 그들의 감각성은 아마도, 예술가의 감각성이 끝나는 데서 바로 시작할 것이다. 따라서 그 둘이 서로 만나는 것은 기껏해야 한 점이다.

176

도덕주의자로서의 셰익스피어—셰익스피어는 정열에 대해서 매우 많이 사색했으며, 그의 기질로 보아 아마 많은 정열과 아주 가까운 관계였을 것이다(극작가는 일반적으로 꽤 악인이다). 그러나 그는 몽테뉴처럼 그것에 대해서 이야기하지는 못하고 정념에 대한 여러 고찰을 정념에 사로잡힌 등장인물의 입에 맡겼다. 확실히 이것은 자연에 어긋나지만 그의 희곡을 아주 사상적으로 풍부한 것으로 만들기 때문에, 그의 희곡은 다른 모든 희곡을 공허하게 보이게끔 하고, 그것들에 대한 일반의 혐오를 불러오게 할 정도다. 실러의 경구(거의 늘 잘못된, 또 하찮은 착상에서 나온)는 바로 무대 경구이며, 이러한 것으로서 아주 강하게 작용한다. 그런데 셰익스피어의 경구는 그의 모범인 몽테뉴의 이름을 부끄럽게 하지 않고 참으로 건실한 사상을 세련된 형식 속에 포함한다. 그러나 그 때문에 연극 관객의 눈에는 그 경구들이 너무나 멀고 지나치게 미묘하며 따라서 효과적이지 않다.

177

잘 들리게 한다—사람은 잘 연주하는 일뿐만 아니라 잘 들리게 하는 일도 알아야 한다. 가장 위대한 거장이 들고 있는 바이올린도 장소가 지나치게 넓으면 벌레가 우는 것 같은 소리밖에 내지 않는다. 그러면 사람들은 거장을 다른 무능한 사람과 혼동할 수도 있다.

178

효과적인 것으로서의 불완전—부조(浮彫)된 조각이, 말하자면 벽에서 모습을 드러내는 도중에, 갑자기 무엇인가에 막혀서 멈춤으로써 대단히 강하게 환상에 작용한다. 이처럼 어떤 사상, 어떤 철학 전체를 부조처럼 불완전하게 표현하는 것은 이따금 자세하게 표현하는 것보다도 효과적이다. 그 이상은 보는 사람에게 맡기는 것이다. 보는 사람은 매우 심한 명암 속에서 눈앞에 도드라지는 것을 계속 파며 끝까지 생각하고, 그것들이 완전히 모습을 드러내는 것을 이제까지 방해해 왔던 장애물을 스스로 극복하려고 애를 쓴다.

179

독창적인 사람에 반대하여─예술이 가장 낡은 헝겊에 몸을 감싸고 있을 때, 사람들은 그것이 예술임을 가장 잘 알아차린다.

180

집단정신─좋은 저술가는 자기 정신뿐만 아니라 친구들의 정신까지도 가지고 있다.

181

이중의 오해─날카롭고 명석한 저술가의 불운은, 사람들이 그들을 천박하다고 생각해 그들에게 아무런 노력도 기울이지 않는다는 것이다. 그리고 똑똑하지 못한 저술가의 행운은, 독자가 그들에게 온갖 노력을 기울이고는 자기 열의에 느끼는 기쁨을 그들 덕분이라고 생각한다는 것이다.

182

학문과의 관계─자기 자신이 어떤 학문 속에서 어떤 발견을 했을 때 비로소 그 학문에 열중하게 되는 사람은 모두 그 학문에 진정한 관심을 갖고 있는 것이 아니다.

183

열쇠─뛰어난 사람이 하찮은 인간의 웃음거리와 조롱의 불씨가 되면서도 몹시 존중하는 '한 가지' 사상은, 그에게는 숨겨진 보고를 여는 열쇠지만, 평범한 사람들에게는 한 조각의 고철에 불과하다.

184

번역할 수 없다―어떤 책에서 번역할 수 없는 대목은, 그 책의 가장 좋은 부분도 아니고 가장 나쁜 부분도 아니다.

185

저자의 역설―독자가 불쾌하게 여기는 이른바 작가의 역설이라는 것은, 그 저자의 책 속에 있지 않고 독자의 머릿속에 있다.

186

기지―가장 기지가 넘치는 작가들은 거의 눈치채지 못할 정도의 미소를 자아낸다.

187

반대명제―반대명제는 오류가 진리로 남몰래 다가가기 위해 가장 즐겨 이용하는 좁은 문이다.

188

문학가로서의 사상가―대부분 사상가는 서툰 문장을 쓴다. 자기들의 사상뿐만 아니라 그 사상을 생각하는 것까지 우리에게 전하기 때문이다.

189

시 속의 사상―시인은 자기 사상을 운율의 수레에 태워 장중하게 이끌어 온다. 왜냐하면 이러한 사상은 자기 발로 걸을 수 없기 때문이다.

190

독자의 정신을 거역하는 죄―오로지 독자와 동등하게 되기 위해서 저자가 자기 재능을 부인한다면, 그는 독자가 결코 용서하지 않을 단 하나의 치명적인 죄를 저지르는 것이다. 즉 독자가 그것에 대해 뭔가 눈치채는 것이다. 인간에게 온갖 욕을 다 해도 좋지만 말하는 '법'에서는 인간의 허영심을 되살려 놓는 방법을 알고 있어야 한다.

191

성실성의 한계―가장 성실한 저술가에게서도 그가 하나의 완전문[7]을 완성하려고 하면, 한 단어가 꼭 부족하다.

192

가장 훌륭한 작가―가장 훌륭한 작가는 저술가가 되는 것을 부끄러워하는 사람일 것이다.

193

저술가에 대한 드라콘[8]의 법―저술가는 아주 드문 경우에만 무죄 판결 또는 사면 받을 수 있는 범죄인이라고 여겨져야 할 것이다. 이것이 책이 지나치게 많아지는 것을 막는 한 수단일 것이다.

194

현대 문화의 광대들―중세 궁정의 광대들은 오늘날 '신문 잡문가'들에 해당한다. 그들은 같은 종류의 인간이며, 반쯤 이성적이며 기지도 있고 과장된 말과 행동을 일삼으며 어리석고, 때로는 기분의 열정을 묘안과 수다로 완화하고, 위대한 사건의 너무나도 장중하고 엄숙한 종소리를 고함 소리로 지우기 위해서만 존재한다. 옛날에는 왕후와 귀족을 섬겼고, 오늘날은 당파에 봉사한다(당파심과 당규에, 대중이 왕후를 접견할 때의 낡은 노예근성이 아직도 잔존하듯이). 그러나 현대의 문필가 계층 전체는 신문 잡문가에 아주 가깝다. 그들을 충분한 판단력이 없는 사람들로 여기고 더 너그러운 평가를 내려 보면 '현대 문화의 광대'이다. 저술업을 평생의 직업으로 생각하는 것은, 마땅히 하나의 미친 짓이라 간주

---

7) 완전문(eine Periode)이란, 한 문장의 앞뒤 단락이 각각의 복합문으로 되어 있는 복잡한 복합문을 말한다.

8) 드라콘(Drakon)은 기원전 7세기 끝 무렵의 아테네의 성문법 공포자로, 처벌의 가혹함으로 유명하다.

되어야 할 것이다.

195

그리스인을 따라—수백 년에 걸친 감정의 과장으로 모든 말이 불분명해지고 부풀어오르고 있는데, 이것이 현대에는 대단한 인식의 장애가 되고 있다. 인식의 지배(비록 횡포는 아니더라도) 아래 더 높은 문화 단계는 감정의 엄청난 냉각과 모든 말의 강한 농축을 필요로 하며, 이 점에서는 데모스테네스 시대의 그리스인이 우리를 앞서간다. 과장은 모든 근대적 문장의 특징이다. 그리고 그러한 문장이 단순히 씌어졌을 때조차 그 속의 말은 여전히 너무나도 색다르게 느껴진다. 일부러 한계에까지 다다르는 경우에도 철저하고도 깊은 생각과 간결·단순, 일반적인 감정의 자제와 침묵, 이것만이 효력을 가질 수 있다. 게다가 이러한 냉정한 표현법과 감정의 처리법은 대조적인 것으로서 오늘날에는 아주 자극적이다. 그리고 여기에서도 물론 한 가지 새로운 위험이 있다. 왜냐하면 날카로운 냉정함은 뜨거운 열처럼 하나의 자극제므로.

196

훌륭한 소설가는 서툰 해석자—훌륭한 소설가가 만들어낸 등장 인물의 행위에 나타날 수 있는 놀라운 심리학적인 확실성과 일관성은 그들의 심리학적 사고의 미숙함과 그야말로 우스꽝스러울 만큼 대조를 이룬다. 그래서 그들의 교양은 어느 순간에는 굉장히 높게 보이고 다음 순간에는 불쌍할 만큼 낮게 보이기도 한다. 소설가들이 자신의 주인공과 그 행위를 분명히 '그릇되게' 설명하는 일은 그야말로 자주 일어난다. 거기에는 아무런 의심의 여지가 없다. 이것은 사실이 아닌 것처럼 들리지만, 아마도 최고의 피아니스트도 각 손가락의 기술적 조건과 특수한 장점·단점·효용·훈련 가능성 (손가락의 윤리학)에 대해서는 거의 생각한 일이 없을 것이며, 그런 일에 대해서 말하는 것은 큰 실수를 저지르는 것이다.

197

아는 사람의 작품과 그 독자—우리는 아는 사람(벗과 적)의 작품을 이중으로 읽는다. 그것은 우리의 인식이 옆에서 끊임없이 한쪽의 인식은 "그것은 그의 것이다. 그의 내적 본질, 체험, 재능의 하나의 징표다"라고 속삭이고 있고, 또 다른 종류의 인식은 "작품 자체의 수확은 무엇인가? 그는 별도로 하고 작품은 어떠한 평을 받을 만한가? 이 작품은 지식에 어떠한 이득을 가져다주는가"하는 것을 확정하려고 애쓰기 때문이다. 이러한 두 가지 독서법과 사고 방식이 서로 방해하는 것은 뻔한 일이다. 친구와 대화할 때도 두 사람이 마침내 문제만을 생각하고 친구라는 것을 잊게 될 때 비로소 좋은 인식의 열매를 익게 할 것이다.

198

운율의 희생—훌륭한 작가들은 그 초고에서 완성된 문장의 문맥을 이해하는 능력이 보통 독자에게 있다고 인정할 수 없다는 이유로, 완성되 문장의 운율을 바꾸는 일이 적지 않다. 그들은 더 잘 알려진 운율을 골라 독자를 편하게 하는 것이다. 오늘날 독자가 운율상 무능력하리라는 데 대한 이러한 헤아림은 이미 적지 않은 한숨을 유발해 왔다. 왜냐하면 이미 그들 가운데 많은 자가 그 희생이 되어 왔기 때문이다. 뛰어난 음악가들도 비슷한 사정에 있는 게 아닐까?

199

예술적 자극제로서 불완전—불완전은 때때로 완전함보다도 더 효과적이다. 특히 칭찬에서 그렇다. 칭찬을 하기 위해, 듣는 자의 공상에 바다를 떠올리게 하든가 안개같이 맞은편 해변을, 즉 칭찬받는 대상의 한계를 덮어 주든가 하는 불합리한 요소로서 자극적인 불완전을 필요로 하는 것이다. 어떤 사람의 널리 알려진 공적을 상세하고 길게 이야기하면, 그것은 언제나 그것이 공적의 전부라는 추측을 불러일으킨다. 완전하게 칭찬하는 자는 칭찬받는 자 위에서 상대를 '내려다보고 있는' 것처럼 보인다. 따라서 완전함은 효과를 약화한다.

200

글쓰기와 가르치기에서 주의할 점—겨우 글을 처음 써 보았고 글 쓰는 일에 정열을 느끼고 있는 자는, 자기가 행하고 겪은 모든 일에서 문체상 전달될 수 있는 것만을 그럭저럭 배워 익힌다. 그는 이제 더 자기 자신을 생각지 않고 저술가와 독자만을 생각한다. 통찰을 바라지만 자기에게 도움이 되게 하기 위해서가 아니다. 교사는 주로 뭔가 자기 일조차 자기 자신을 위해 할 수가 없다. 그는 언제나 자기 학생을 위해서 생각하고 모든 인식도 그것을 가르칠 수 있는 한에서만 그를 기쁘게 한다. 그는 나중에는 자기를 지식의 한 통로, 일반적으로는 수단으로 보게 되며, 그것으로 스스로에 대한 진실성을 잃어버리는 것이다.

201

서투른 저술가도 필요하다—서툰 저술가들도 언제나 있어야 한다. 왜냐하면 그들은 발전하지 못하고 성숙하지 못한 연령층의 취향에 맞기 때문이다. 이런 사람들도 성숙자와 마찬가지로 자기들의 욕구를 가지고 있다. 만약 인간의 수명이 더 길다면, 성숙한 사람이 성숙하지 못한 사람보다 더 많아지든가, 아니면 적어도 그만큼은 많아질 것이다. 그러나 실제로는 대다수의 사람들은 지나치게 젊은 나이에 죽는다. 즉 나쁜 취향을 가진 발전하지 못한 지성이 언제나 훨씬 많다. 이러한 사람들은, 더구나 젊은 사람들보다 강렬한 마음으로 자기들의 욕구를 채우기를 갈망한다. 그리고 그들은 서툰 저자들을 '자기들 쪽으로 억지로 끌어들인다'.

202

너무 가까운 것과 너무 먼 것—독자와 작가는 다음과 같은 이유로 때때로 서로 잘 이해하지 못한다. 작가는 자기 주제를 너무나 잘 알고 있어 그것을 거의 갑갑하게 여길 정도이므로 몇백 가지나 알고 있는 실례를 생략한다. 그러나 독자는 그 문제에 어두워서 실례가 주어지지 않으면 근거가 빈약하다고 생각하기 쉽다.

203

소멸된 예술을 위한 준비—김나지움[9]이 행한 모든 것 가운데서 가장 가치

---

[9] 독일 등지의 문과 중학교.

있는 것은 라틴어 문체의 연습이었다. 다른 모든 시간이 지식만을 목적으로 하고 있는 데 반해, 이것은 그야말로 '예술의 연습'이었다. 독일어 작문을 앞세우는 것은 야만적인 행동이다. 왜냐하면 우리는 모범이 될 만한 공적인 웅변으로 고양된 독일어 문체를 가지고 있지 않기 때문이다. 그러나 독일어 작문에서 사고의 연습을 추진하려고 한다면 먼저 문체는 무시하고, 즉 사고의 연습과 표현 연습을 구별하는 편이 확실히 더 낫다. 표현 연습은 일정한 내용의 갖가지 어법과 관련하는 것이지 내용의 독창적 연구에 관계하는 것이 아니다. 일정한 내용의 단순한 표현이 라틴어 문체의 과제였으며, 이 문체에 대해서 옛 교사들은 이미 오래전에 사라진 섬세한 청각을 가지고 있었다. 현대어로 잘 쓰는 것을 배웠던 자는, 그때 이 연습의 혜택을 입는다(이제는 하는 수 없이 꽤 나이 든 프랑스인에게서 배워야 한다). 그러나 그것만이 아니다. 그는 형식이라는 것의 고귀함과 어려움에 대해서 이해했으며, 예술 일반에 대해서 오직 하나의 올바른 방식, 즉 실습을 통해 준비되었던 것이다.

204

어둠과 지나친 밝음이 나란히─전반적으로 자기 사상에 명확성을 주지 않는 작가는 낱낱의 부분에서 가장 강렬하고 과장된 특징을 지우거나 최상급만을 즐겨 선택할 것이다. 그것으로써 복잡한 숲길에 횃불을 비추는 것과 같은 빛의 효과가 생긴다.

205

문인의 화가 기질─그림에 사용하는 색을 화학자처럼 대상 그 자체에서 뽑아내고 예술가처럼 윤곽이 색깔의 경계면 틈에서 생겨나도록 색깔을 쓸 때 의미심장한 대상을 가장 잘 표현할 수 있다. 그러면 그림은 대상 자체를 의미 있게 만드는 매혹적인 자연 요소 가운데 무언가를 거두어들인다.

206

춤을 가르치는 책─불가능을 가능이라 말고, 윤리적인 것이나 천재적인 것에 대해서 마치 모두 하나의 변덕, 하나의 감각에 지나지 않다는 듯 이야기함으로써 내면에서 솟구치는 쾌감 때문에 발끝으로 아무래도 춤추지 않을 수 없을 때처럼 매우 즐거운 자유의 감정을 불러일으키는 작가가 있다.

207

완성되지 않은 사상─장년기뿐만 아니라 청년기나 유년기도 '그 자체의' 가치를 지닌다. 그것들이 결코 통로나 다리로서만 평가되어서는 안 되듯이, 완성되지 않은 사상도 스스로의 가치를 가지고 있다. 따라서 우리는 시인을 아주 빈틈없는 해석으로 괴롭혀서는 안 된다. 수많은 사상에 통하는 길이 아직 열려 있는 것처럼 그의 지평선이 굳게 세워져 있지 않은 것에 만족하지 '않으면 안 된다.' 사람은 문턱에 서 있다. 사람은 보물 발굴 현장에 있는 것처럼 기다리고 있다. 명상 끝에 마침내 행운이 발견되려고 하는 것 같다. 시인은 중요한 사상을 발견할 때 사상가가 느끼는 기쁨의 얼마간을 먼저 가져서, 우리로 하여금 그것에 대한 갈망을 일으키게 하므로, 우리는 이 사상을 쫓아간다. 그러나 그것은 우리의 머리 위를 훨훨 날아가며 가장 아름다운 나비의 날개를 보여줄 뿐이다. 더구나 그것은 끝내 우리에게서 빠져나가서 도망친다.

208

책은 거의 인간이 되었다─어떤 저술가라도 책이 그의 손에서 벗어나자마자 홀로 자신의 삶을 계속해 살아갈 수 있다는 사실에 새삼스레 놀라게 된다. 마치 곤충의 일부분이 잘려 제멋대로의 길을 나아가는 것 같은 느낌과 비슷하다. 아마도 그는 그 책에 대해서 거의 완전히 잊었을 터이고, 그 책에 씌어진 견해를 뛰어넘었을 것이고, 그 책을 더는 이해하지 못할 것이며, 그 책을 생각해낸 무렵 그가 타고 날아간 날개를 잃어버렸을 것이다. 한편 그 책은 자기 독자를 찾고 생명에 불을 붙이고, 기쁘게 하고, 놀라게 하고, 새 작품을 만들어 내고, 목적과 행위를 갖는 영혼이 된다. 요컨대 그것은 정신과 영혼이 갖추어진 존재처럼 살지만, 그럼에도 인간은 그렇지 못하다. 자기 내부에서 생명을 낳든가 힘을 돋우고 고양시키며 계몽시키는 사상과 감정은 모두 자기의 책 속에서 계속 살아가고 있으며, 그리고 자기 자신은 다만 겨우 낡은 재를 뜻하는 데 불과하지만 불이 곳곳에서 되살아나 계속 운반되고 있다고 노년에 말할 수 있는 작가는 가장 행복한 제비를 뽑은 것이다. 그런데 책만이 아니라 인간의 어떠한 행위도 어떤 방법으로든 다른 행위·결심·사상의 원인이 된다는 것, 생겨나는 모든 것은 생길 것이 틀림없는 모든 것과 단단히 서로 매여 있다는 것 등을 잘 생각해 보면, 존재하는 현실적인 '불멸성'을 깨닫는 셈이 된다. 한번 움직이기 시작한 것은 호박(琥珀) 속에 있는 곤충처럼 모든 존재자의 총체적 구조 속에 갇혀 영원화된다.

209

노년의 기쁨—좀더 나은 자신을 작품 속에 감추어 버린 사상가와 예술가는 자기 육체와 정신이 서서히 시간에 의해서 부서지고 망가져 버리는 것을 보면, 거의 악의에 가까운 기쁨을 느낀다. 그의 금고가 텅 비어 있고 모든 보물을 건져 냈다는 사실을 알고 있는데 도둑이 그 금고를 열려고 고생하는 것을 한구석에서 바라보고 있기라도 하듯이.

210

조용한 풍요—태어나면서부터 타고난 귀족들은 지나치게 열중하는 일이 없다. 그들이 창조해낼 수 있는 것은, 어수선하게 갈망되거나 독촉되거나 새롭게 몰아세워지는 일이 없이 나타나서는 어느 조용한 가을 저녁 해 질 무렵에 나무에서 떨어진다. 쉴 새 없는 창작욕은 저속한 것으로, 경쟁심·명예심을 나타낸다. 만일 사람이 무엇을 가진 존재라면 그는 애초에 아무것도 할 필요가 없다. 그럼에도 아주 많은 일을 이뤄낸다. '생산적' 인간 위에는 아직 더 높은 종류의 인간이 있는 것이다.

211

아킬레우스와 호메로스—언제나 아킬레우스와 호메로스의 관계와 같은 것이 있다. 한쪽은 체험·감각을 갖고, 다른 쪽은 그것들을 쓴다. 참된 문필가는 남의 격정과 경험에 다만 말을 줄 뿐이며, 자기가 느낀 작은 부분에서 많은 것을 추측하는 예술가다. 예술가들은 결코 큰 열정을 가진 인간은 아니지만 그들은 흔히 열정을 가진 인간으로(겉으로만 그럴싸하게 보이게 한다), 그들 자신의 삶이 이 영역에서 그들의 경험을 증명할 때, 자기들이 그린 열정이 더욱 믿을 만해진다고 무의식적으로 느끼는 것이다. 실제로 자유로이 행동하고 자제하지 않으며 자기의 노여움과 욕구를 위해 넓은 무대를 자진해서 주기만 하면 된다. 대뜸 세상 사람은 모두, "저 사람은 얼마나 열정적일까!" 외친다. 그러나 깊이 파고들고, 개인을 좀먹으며, 때때로 잠식해 버리는 그러한 열정인 경우에는 매우 큰 문제다. 이러한 열정을 체험하는 자는 확실히 그것을 극이나 음악이나 소설로 그리지는 않는다. 예술가들은 이따금 그야말로 그들이 예술가가 아닌 점에서 '방종한' 개인이다. 그러나 그것은 별개의 문제다.

212

예술의 작용에 대한 낡은 의혹—아리스토텔레스가 주장하듯이 동정과 공포는 정말 비극으로 해소되어 청중은 전보다 냉정하고 편안해져서 집으로 돌아가는 것일까? 괴담은 두려움과 미신을 더 줄어들게 하는 것일까? 몇몇의 생리적 경우, 이를테면 성욕의 향락에서는 욕망의 만족과 함께 충동의 누그러짐이나 일시적 감퇴가 나타나는 것은 사실이다. 그러나 공포와 동정은 이러한 의미에서 완화되는 것을 바라는 특정 기관의 욕망은 아니다. 그리고 길게 보면 모든 충동은 그 주기적 완화에도 상습적 만족에 의해 강화된다. 동정과 공포가 어떤 경우에 비극으로써 완화되고 해소될 수 있을지 모른다.

그럼에도 그것들은 전체적으로는 비극의 영향으로 더 커질 수도 있다. 그리고 플라톤이 "사람은 비극에 의해서 대체로 더욱 소심하고 감상적이 된다"고 한 것은 사실 어디까지나 옳다. 그렇다면 비극 시인 자신도 필연적으로 어둡고 공포에 가득 찬 세계관과 연약하고 신경질적이며 눈물을 잘 흘리는 영혼을 얻을 것이다. 또[10] 비극 시인들과 이처럼 특별히 그들에게 열중하는 도시 공동체 전체도 더욱더 심한 무절제나 방종으로 타락해 간다면 그것은 플라톤의 의견과 일치하는 것이다. 그러나 우리 시대는 일반적으로 예술의 도덕적 영향에 대한 플라톤의 커다란 의문에 해답을 주는 어떠한 권리를 갖고 있는 것일까? 우리 자신이 예술을 가지고 있다면 우리는 어디에 예술의 영향을, 그 어떤 영향을 가

---

10) '또(auch)'가 슐레히타 판에서는 '마찬가지로(desgleichen)'로 되어 있다.

213

무의미한 일의 기쁨—어떻게 사람은 무의미에 기쁨을 느낄 수 있을까? 세상에 대해 사람이 웃음을 터뜨리는 경우가 바로 그런 경우이다. 행복이 있는 곳에는 거의 어디에나 무의미에 대한 기쁨이 있다고 할 수 있다. 경험을 반대의 것으로, 합목적적인 것을 무목적적인 것으로, 필연적인 것을 임의적인 것으로 바꾸는 일, 더구나 이 과정이 아무런 해도 주지 않고 다만 잠깐 즐겁게 나타나는 것은 인간을 기쁘게 한다. 왜냐하면 그것은 우리가 보통 우리의 가차 없는 주인으로 보고 있는 필연적인 것, 합목적적인 것, 경험적인 것의 속박에서 일시적으로 우리를 해방시키기 때문이다. 기대했던(그것은 보통 불안하게 만들고 긴장하게끔 한다) 것이 해를 주지 않고 발산될 때, 우리는 즐거워하며 웃음을 터뜨린다. 그것은 사투르누스[11] 축제에서 노예들이 느끼는 기쁨이다.

214

현실의 세련됨—사람들이 아프로디테적 충동을 하나의 신으로 보고 그 충동이 내부에 작용하는 것을 숭배하는 감사의 마음으로 느낌으로써, 시간이 지나는 동안에 그 감동은 더 고상한 표상계와 한데 얽혀 실제로 아주 세련되어져 왔다. 그래서 몇몇 민족은 이 이상화의 기술에 의해 병에서 커다란 문화 조성력을 이끌어냈다. 이를테면 그리스인은 초기 몇 세기에는 심한 신경성 돌림병(간질이나 무도병 따위)에 시달렸는데, 거기에서 바쿠스의 무녀라는 멋진 유형을 만들어 냈다. 즉 그리스인은 튼튼한 건강을 지닌 사람들이었다. 그들의 비밀은 병도 '힘'만 있다면 신으로서 섬기는 것이었다.

215

음악—음악은 그 자체만으로는 감정의 '직접적' 언어로 여겨도 좋을 만큼 우리 내면에 대해서 의미 깊은 것도, 깊이 감동시키는 것도 아니다. 오히려 음악은

---

11) 사투르누스(Saturnus)는 고대 로마의 농업의 신이며, 그의 치세는 황금시대였다고 전해진다. 그 제사는 한가함·자유·평등의 대중제로서 12월 17일에 행해졌다.

시와 더없이 오랜 결합으로 인해 매우 많은 상징성이 운율적 운동 속에 소리의 강약 속에 깃들어 그 결과 우리는 오늘날 음악이 직접 내면으로 말해오며 내면에서 나온다고 '착각하는' 것이다. 극적 음악은 소리 예술이 노래·오페라, 여러 가지 음악화의 갖가지 시도 등으로 상징적 수단의 거대한 영역을 정복했을 때 비로소 가능하다. '절대 음악'이란 박자나 갖가지 강도를 띤 음향 일반이 기쁨을 주는, 음악의 미개 상태에서의 형식 자체든가, 또는 오랜 발전 가운데 음악과 시라는 두 가지 예술이 결합되어 마침내 음악 형식이 완전히 개념과 감정의 날실과 씨실이 직조된 뒤에, 시가 없어도 이제는 이해력에 호소하는 여러 형식의 상징성이다. 음악의 발달에 뒤처져 있는 사람들은 진보된 사람들이 상징적으로 이해하는 악곡을 그야말로 형식적으로 느끼고 만다. 그 자체로는 어떠한 음악도 깊고 의미가 충실한 것이 아니다. 그것은 '의지'에 대해서나 '사물 자체'에 대해서 말하지는 않는다. 그러한 일은 내면적 삶의 온 영역을 음악적 상징성이 차지해 버린 시대에 비로소 지성이 꿈꿀 수 있었던 일이다. 지성 자체가 이 의미심장함을 처음으로 음향 속에 던져 넣었던 것이다. 마치 건축 양식의 경우에 선과 질량의 여러 관계 속에 의미를 부여한 것과 같다. 그러나 원래 역학 법칙과는 전혀 상관이 없는 의미를 부여해 온 것 또한 지성인이었다.

216

몸짓과 언어—언어보다도 오래된 것은 모방이다. 이것은 자기도 모르게 생기는 것이며, 몸짓에 말을 시키는 것을 전반적으로 억제하거나 근육을 조심스럽게 통제하는 오늘도 매우 위력적인 것이다. 그래서 우리는 감동한 얼굴을 보고 자기 얼굴의 신경 지배를 잃지 않을 수 없다 (우리는 하품이 그것을 바라보는 사람에게 진짜 하품을 불러일으키는 것을 관찰할 수 있다). 모방된 몸짓은 따라한 사람을 모방의 대상이 된 사람의 얼굴이나 몸에 드러나던 감각으로 유도한다. 그래서 사람은 서로 이해하는 법을 배웠다. 그래서 아이는 어머니를 이해하는 것을 배운다.

일반적으로 고통스러운 감각은 아마 또 그 자체가 고통을 부르는 몸짓으로 표현되는 것 같다(예컨대 머리를 쥐어뜯거나 가슴을 두드리거나 얼굴 근육을 억지로 일그러뜨리거나 긴장시킴으로서). 반대로 쾌락의 몸짓은 그 자체가 기분 좋고, 그 때문에 이해의 전달에 알맞다(기분 좋음을 나타내는 간질일 때의 웃음은 또 다른 기분 좋은 감각의 표현에도 도움이 된다). 사람이 몸짓으로 서로 이해하게 되었을 때, 몸짓의 '상징성'도 일어날 수 있었다. 즉 사람은 악센트가 있는 언어를 서로 이해할 수 있었다는 것이다. 더구나 처음에는 악센트와 몸짓(이 몸짓에 악센트가 상징적으로 더해졌다)을, 나중에는 다만 악센트만을 나타내는 식으로 말이다. 음악, 특히 극적 음악의 발전에는 현재 우리의 눈이나 귀에 일어난 것과 같은 것이 옛날에는 때때로 일어났던 것처럼 여겨진다. 처음에 음악은 설명하는 춤과 몸짓, 춤(몸짓 언어)이 없으면 공허한 소음이지만, 음악과 운동과의 그 병행에 오래도록 익숙해짐으로써 귀는 소리의 비유를 그 자리에서 해석하게끔 되어 마침내 눈에 보이는 운동을 전혀 필요로 하지 않게 되고, 그것 없이도 작곡가를 '이해하는' 재빠른 이해의 높은 수준에 다다른다. 그때 절대 음악, 즉 그 이상의 도움이 없어도 모든 것이 곧 상징적으로 이해되는 그러한 음악이라는 것이 논의되는 것이다.

217

고급 예술의 탈감성화─새로운 음악의 기술적 발전으로 지성이 특별히 훈련된 결과, 우리의 귀는 더욱더 지적으로 되었다. 그러므로 오늘 우리는 우리 조상들보다는 한결 커다란 소리의 세기, 훨씬 많은 '소음'을 견딜 수 있다. 우리는 '소음 속에 있는 이성'에 경청하도록 잘 훈련되어 있기 때문이다. 실제로 지금 우리의 모든 감각은 언제나 곧[12] 이성에 따라서, 즉 '그 의미'를 묻고, 더는 '그 사실'을 묻지 않기 때문에 조금은 둔해져 있다. 그러한 둔감함은 예컨대 소리의 평균율의 무조건적 지배에서 엿볼 수 있다. 왜냐하면 요즘도 '올림 다'와 '내림 라' 사이의 더욱 미묘한 차이를 구별할 수 있는 귀는 예외에 속해 있기 때문이다. 이런 점에서 우리의 귀는 거칠어졌다. 그 다음에 감각에는 본래 적대하던, 세계의 추악한 측면이 음악을 위해 정복되었다. 특히 숭고한 것, 무서운 것, 신비적인 것의 표현에 대한 음악의 세력권은 놀랄 만큼 넓어졌다. 이제 우리의 음악은 이전에는 소리를 내지 않았던 사물까지 소리내게 만든다. 비슷한 방식

---

12) '언제나 곧(immer gleich)'은 슐레히타 판에서는 '곧장(sogleich)'으로 되어 있다.

으로 몇몇 화가는 눈을 좀더 지적으로 만들어 이전에 색깔과 형태의 기쁨이라 일컬어졌던 것을 훨씬 뛰어넘게 되었다. 여기에서도 또 세계의 원래 추악하다고 여겨졌던 측면이, 예술적 이성으로 정복되어 온 것이다. 이들 모든 것의 결론은 무엇인가? 눈이나 귀의 사고력이 늘어남에 따라 그것들은 더욱더 비감성적으로 된다. 기쁨이 두뇌 속에 옮겨지고, 감각 기관 자체가 둔해지거나 약해지고, 상징적인 것이 더욱 많이 존재자를 대신한다. 그래서 우리는 이 길에서도 뭔가 다른 길과 같은 정도로 확실하게 야만에 다다르는 것이다. 우선은 다음과 같이 말할 수 있다. 즉 세계는 전보다 추하지만 그것은 이전보다 아름다운 세계를 의미한다고. 그러나 의미의 용연향(龍涎香)이 사라짐에 따라, 그것을 아직 지각하는 사람들도 더욱더 드물어져 간다. 그리고 나머지 인간은 마침내 추한 곳에 머물러 그것을 직접 즐기려고 애쓰지만, 그들은 언제나 실패할 수밖에 없다. 그래서 독일에는 음악의 발전에 이중의 흐름이 있다. 한쪽은 보다 숭고하고 섬세한 요구를 찾아 더욱더 '그 의미'에 귀 기울이는 일반인 무리이고, 다른 쪽은 감성적 추악함의 형식 속에 있는 의미심장함을 이해하는 일이 해마다 불가능해져서 그 때문에 음악에서 그 자체가 추한 것이나 구토를 일으키는 것에, 즉 저열하고 감성적인 것을 더욱 마음 편하게 붙잡아 보려는 엄청난 대다수의 사람들이다.

218

돌은 전보다 더 돌답다―우리는 일반적으로 이제는 건축 양식에 대해서 모른다. 적어도 음악을 아는 식으로는 도무지 알 수 없다. 우리는 수사학의 발음 효과에서 젖을 뗀 것처럼 선과 도형의 상징성을 쓰지 못할 만큼 너무 성장하고 말았다. 그리고 교양의 이런 종류의 모유를 우리 삶의 최초의 순간에서 빨아들이는 일은 이제 없어졌다. 그리스 또는 그리스도교 건물에서는 본래 모든 것이 무엇인가를, 더구나 사물의 더욱 높은 질서에 대한 어떤 것을 의미했다. 헤아릴 수 없이 의미심장한 이러한 기분이, 마법의 베일같이 건물을 싸고 있었다. 아름다움은 부수적으로만 이 조직 내에 들어왔는데, 기분 나쁠 만큼 숭고한 것, 신들의 근접이나 마법으로써 정화된 것이라는 근본 감각을 본질적으로 손상하는 일은 없었다. 아름다움은 기껏해야 '전율'을 누그러뜨렸을 뿐이다. 그러나 이 전율이 곳곳에서 전제가 되었다. 우리에게 건물의 아름다움이란 무엇인가? 어리석은 여자의 아름다운 얼굴 같은 것, 마치 가면과 같은 것이다.

219

근대음악의 종교적 기원—영혼이 깃든 음악은 트리엔트 종교회의 뒤에 재건된 가톨릭교에서 팔레스트리나(Palestrina)에 의해 성립한다. 그는 새로이 눈뜬 경건한 길이 감동받은 정신을 도와 울려 퍼지게 했다. 또 나중에 바흐와 함께 경건파[13]에 의해 심화된 최초의 독단적인 근본 성격에서 벗어나고 있었던 프로테스탄트파에서도 성립한다. 이 두 가지 성립의 전제가 되고 필연적인 전 단계가 되는 것은, 르네상스 및 르네상스 이전 시대에 특유했던 음악 해석이며, 특히 음악에 대한 그 해박한 연구, 화성학이나 코러스 지휘의 기교에 대한 근본적으로 학문적인 기호다. 다른 편에서는 오페라 또한 이미 선행해 있지 않으면 안 되었다. 오페라에서 비전문가들은 너무나 학구적인 냉담한 음악에 대해서 항의를 제기하고, 폴리힘니아[14]에 다시 정신을 집중하려고 했다. 그 깊고 종교적인 분위기의 전환이 없었다면, 내면 깊이 감동받은 마음의 울림이 없었다면, 음악은 학구적인 또는 오페라적인 것으로 머물렀을 것이다. 반(反) 종교개혁의 정신이 근대 음악의 정신이다(왜냐하면 바흐 음악에 있는 그 경건주의도 하나의 반 종교개혁이기 때문이다.). 그토록 깊이 우리는 종교 생활에 힘을 입고 있는 것이다. 음악은 예술의 영역에서 '반(反) 르네상스'였다. 그것에는 무리요[15]의 후기 화법과 바로크 양식이 속해 있다. 아무튼 르네상스 또는 고대의 건축 양식 이상의 것이다. 그리고 지금도 사람은 다음과 같이 물어도 될 것이다. '만약 우리의 근대 음악이 돌을 움직일 수 있는 것이라면, 그 돌로 고대 건축 양식을 구축할까?' 매우 의심스러운 일이다. 왜냐하면 이 음악에서 지배하는 것, 격정, 고양되고 긴장된 기분의 기쁨, 어떠한 희생을 치르더라도 생동하려는 의욕, 감각의

---

13) 경건파(die Pietisten)는 프로테스탄트파의 하나.

14) 폴리힘니아(Polyhymnia)는 그리스 신화 속 아홉 명의 무사(Musa, 뮤즈)들로 찬가·표정극의 여신.

15) 무리요(Murillo, 1617~82년)는 스페인의 화가. 따스한 색채와 부드러운 빛의 대조에 의한 독자적인 화풍으로 많은 정순한 종교화를 그렸다.

급격한 변화, 빛과 그림자의 강렬한 부조(浮彫)적 효과, 황홀함과 소박함의 병행, 그러한 것은 모두 일단 조형 미술에서 지배적이었고 새로운 양식의 법칙을 창조해 낸 것이었다. 그러나 그러한 것은 고대에도 르네상스 시대에도 없었다.

220

예술에서의 저편—모든 시대의 예술가에게는 가장 높이 비상하고 있을 때, 우리가 지금 잘못이라고 인정하는 바로 그 모든 표상을 천상의 빛으로 싸서 날랐다는 것에 동의해야 할 때, 깊은 고통이 없을 수 없다. 그들은 인류의 종교적·철학적 오류의 찬미자이며 이러한 오류가 절대적 진리라는 사실을 믿지 않고서는 그렇게 할 수 없었을 것이다. 실제로 이러한 진리 일반에 대한 믿음이 쇠퇴하고 인간의 인식과 망상의 극단을 감싸는 무지갯빛이 퇴색한다면 신곡, 라파엘로의 그림, 미켈란젤로의 프레스코화, 고딕 사원들 등과 같이 예술적인 대상의 우주적 의미뿐만 아니라 형이상학적 의미도 전제하는 그런 종류의 예술은 이제 두 번 다시 꽃피지 못하리라. 그와 같은 예술, 그와 같은 예술가의 믿음이 있었다는 것은 감동적인 하나의 전설이 될 것이다.

221

문예 혁명—행위·장소·시간의 일치에 대해서, 문체, 시구나 문장 구성, 말이나 사상의 선택에 대해서 프랑스의 극작가들이 자신에게 내린 엄격한 강제력은 근대 음악의 발전에서의 대위법이나 푸가의 훈련, 또는 그리스의 웅변술에 있어 고르기아스(Gorgias)의 비유만큼 중요한 하나의 훈련이었다. 자신을 이렇게 속박하는 것이 부조리로 보일지 모른다. 그럼에도 먼저 자기를 가장 강하게(아마도 가장 자의적으로) 제한하는 것 말고는 야만화에서 벗어날 수단은 없다. 그래서 인간은 눈이 어지러울 정도의 깊은 절벽 위에 걸려 있는 좁은 외나무다리라도 우아하게 건널 수 있게 되고, 더할 나위 없이 유연한 동작을 선물로 갖고 집에 돌아오는 것이다. 음악의 역사가 모든 현대인의 눈앞에서 증명하듯이 여기선 한 발 한 발 속박이 느슨해지고 마침내 완전히 포기한 것처럼 보인다는 것을 알 수 있다. 이 '외견'은 예술에서 필연적 발전의 최고 성과다. 근대의 문예에는 스스로 가한 속박으로부터 이토록 운이 좋은 정신적 탈출은 없었다.

레싱(Lessing)은 프랑스의 형식, 즉 오직 하나의 근대적 예술 형식을 독일에서 웃음거리로 만들고 셰익스피어를 참조하도록 지시했다. 그래서 사람은 그 해방의 연속성을 잃고, 단번에 자연주의로, 즉 예술의 출발점으로 되돌아왔다. 괴테는 계속 새로운 온갖 방식으로 자기를 속박하는 것을 알고 있어 자연주의에서 자신을 구하려고 했다. 그러나 한번 발전의 실이 끊기면 가장 재능 있는 사람이라도 끊임없는 실험을 하는 것이 고작이다. 실러의 형식이 거의 안정되어 있는 까닭은, 그가 부정하기는 했지만 무의식적으로 존경받고 있었던 프랑스 비극의 본보기 덕택이다. 그리고 그는 레싱으로부터 꽤 독립된 태도를 지니고 있었다(잘 알려진 것처럼 레싱의 연극 시론을 실러는 배척했다). 볼테르 이후 프랑스인들에게 비극의 발전을 강제로 그 자유의 외견으로 계속 이끌었던 커다란 재능이 단번에 사라졌다. 그들도 또 그 뒤 독일의 본보기를 본떠 예술의 그 어떤 루소식 자연 상태로 뛰어들어 실험했다. 그러한 전통 단절로써 유럽 문화에서 영원히 잃어버린 것이 무엇인가를 뚜렷이 마음에 그리려면 이따금 볼테르의 《마호멧(Mahomet)》을 읽어보면 된다.

볼테르는 자기의 다양한 최대의 비극적 뇌우에도 견딜 수 있는 영혼을, 그리스적 절도에 의해 억제한 마지막 위대한 극작가였다. 그는 아직 어느 독일인도 하지 못했던 것을 할 수 있었다. 프랑스인의 본성은 독일인의 본성보다도 한결 그리스의 본성에 가깝기 때문이다. 이와 같이 그는 또 무미건조한 이야기의 취급에서 그리스적인 귀, 그리스적인 예술가적 양심의 엄격성, 그리스적인 간결성이나 우아함 등을 지녔던 최후의 대 저술가이기도 했다. 그뿐만 아니라 그는 정신의 최고 자유와 완전히 비혁명적인 성향을, 모순과 두려움에 빠지는 일 없이 내부에서 결합할 수 있는 마지막 한 사람이기도 했다. 그 뒤로 불안정과 절도나 제한에 증오를 가진 근대 정신이 온갖 영역에서 군림하기에 이르렀다. 처음에는 혁명에 대한 정열에 의해 고삐를 놓치고, 자기 자신에 대한 불만과 전율이 덮쳤을 때는 다시 고삐를 당겼다. 그러나 그것은 윤리의 고삐이며 더 이상 예술적 절도의 고삐는 아니었다. 확실히 우리는 그 속박에서 풀려남에 따라 모든 민족의 문학을, 숨은 장소에서 성장한 것, 자연 그대로인 것, 야생의 꽃을 피우는 것, 놀랍고도 아름다운 것, 거대한 불규칙 등 모두를 민요에서 '위대한 야만인' 셰익스피어에 이르기까지 잠시나마 누리고 있다. 우리는 모든 예술적 민족에 이제까지 없었던 지방색과 시대 의상에 대한 기쁨을 맛보고 있다.

괴테가 《파우스트(Faust)》의 무형식성을 가장 이로운 처지에서 보기 위해 반(反)실러의 관점에서 주장한 우리 시대의 '야만의 특권'을 우리는 충분히 이용하고는 있다. 그러나 언제까지 이어질 것인가? 모든 민족의 온갖 양식의 문학이 밀어닥치는 홍수는 여전히 조용히 숨은 성장을 아직 가능하게 했을지 모르는 토지를 반드시 서서히 떠내려 보낼 것이다. 모든 시인은 그들의 힘이 처음부터 매우 크더라도 꼭 실험적인 모방자, 무모한 복제자가 될 것이 틀림없다. 마침내 표현력을 '억제'하고 온갖 예술 수단을 조직적으로 구사하고, 본래의 예술적 행동를 보는 것을 잊어버린 대중은 더욱더 힘을 위한 힘을 존중할 뿐 아니라 색채를 위한 색채를, 사상을 위한 사상을, 영감을 위한 영감을 존중할 것이 틀림없다. 따라서 대중은 예술 작품의 여러 요소와 여러 조건을 고립시키지 않고는 전혀 맛볼 수 없고, 마침내 예술가도 그것들을 대중에게 고립시켜 제공해야만 하는 마땅한 요구를 내기에 이를 것이다.

그렇다. 프랑스─그리스 예술의 불합리한 속박을 버렸지만 자기도 모르는 사이에 온갖 속박, 온갖 제한을 불합리하다고 보는 데 익숙해지고 만 것이다. 그래서 예술은 '해체'를 향해 움직여가며, 그때(물론 아주 교훈적인 일이지만) 예술의 발단, 유년기, 불완전성, 한때의 대담성 그리고 일탈의 모든 단계를 스쳐 지난다. 예술은 멸망해가면서 발생, 생성을 해석하는 것이다. 바이런 경은 언젠가 이렇게 말했다.

"일반적으로 문학에 대한 한, 내가 그것에 대해 생각하면 할수록 우리는 모두 잘못된 길에 있다고 확신하게 된다. 우리는 모두 정신적으로 잘못된 혁명 방식을 좇고 있다. 우리 또는 우리 다음 세대 또한 같은 믿음에 다다를 것이다."

이것은 그가 "나는 셰익스피어를 가장 뛰어난 시인이긴 하지만 가장 좋지 않은 본보기로 본다"고 말한 것과 같다. 그리고 괴테의 생애 후반의 원숙한 예술적 통찰도 결국 순전히 같은 말을 하고 있는 것이 아닌가? 그 통찰로써 그는 몇 세대나 훨씬 앞서 있으므로, 대강 말하면, 괴테는 아직 완전히 영향을 주고 있지 않고, 그의 시대는 겨우 이제부터 오는 것일까? 하고 주장할 수 있을 정도다. 바로 그의 본성이 그를 오랫동안 문예 혁명의 궤도에 머물게 했기 때문에, 그리고 바로 그가 전통의 그러한 단절 때문에 새로운 연구·전망·방법 등에서 간접적으로 발견하고 말하자면 예술의 폐허 아래에서 발굴해 낸 것들을 모두 철저하게 음미했기 때문에, 괴테의 말년의 전향과 회심은 매우 무게가 있는 것이다. 이 전향과 회심은 예술의 전통을 되찾고 싶다는 깊은 욕구를 그가 느꼈음을 의미한다. 또한 파괴하기 위해서 이토록 거대한 폭력이 필요했기 때문에 그것을 건설하기에는 팔힘이 너무도 약하다는 것을 알았을 때, 적어도 눈의 환상으로나마 신전에 남아 있는 폐허와 주랑(柱廊)에 옛날의 완전성이나 완벽성을 그려넣고 싶다는 욕구를 마음속으로부터 그가 느꼈음을 의미한다. 그는 이렇게 참된 예술을 회상하는 것으로서 예술 속에 살았다. 그의 시작(詩作)은, 오래전 자리를 옮긴 낡은 예술 시대를 회상하고 이해하기 위한 보조 수단이 되었다. 그의 욕구는 새로운 시대의 힘을 고려할 때 충족될 수 없는 것이었다. 그러나 그 일에 따르는 고통은 '그 요구가 이미 충족된 적이 있고, 우리 또한 이 충족에 관여할 수 있다'라는 기쁨으로써 충분히 보상되었다. 개체가 아니라 어느 정도는 이상적인 가면, 현실이 아니라 비유적인 일반성, 거의 보이지 않을 만큼 희미하게 만들어지고 신비적으로 보이게 한 시대 성격, 지방색, 가장 단순한 형식으로 압축되거나 사회의 자극적이고 초조하고 병리적인 특질을 빼앗겨서, 예술적 의미 그 밖의 어떠한 의미로서도 작용하지 않게 만들어진 현대의 감성과 현대 사회의 여러 문제, 새로운 재료와 성격이 아니라 오래된, 그리고 끊임없이 영혼이 고취되고 개혁되는 것이 이미 오래전에 익숙해진 재료와 성격, 이러한 것들이야말로 뒷날 괴테가 이해했고, 그리스인이, 또 나아가서 프랑스인이 실행했던 예술이다.

222

예술에서 남는 것 ─ 어떤 종류의 형이상학적 전제에서 예술이 한결 더 큰 가치를 갖게 되는 것은 확실하다. 이를테면 성격은 불변하며 세계의 본질은 모든 성격이나 행위에서 끊임없이 표명된다는 믿음이 통용되는 경우가 그러하다. 그때 예술가의 작품은 '영원히 지속하는 것'의 상(像)이 된다. 그런데 우리의 견해로는, 예술가는 자신의 상에 대해서 언제나 일시적인 타당성밖에 부여할 수 없다. 인간은 전체 안에서 생성하고 변천하며, 낱낱의 인간조차도 결코 고정적인 것, 지속적인 것은 아니기 때문이다. 또 하나의 다른 형이상학적 전제에서도 마찬가지다. 우리에게 보이는 세계가 형이상학자가 인정하듯이 다만 현상에 지나지 않는다면, 예술은 현실 세계에 꽤 접근하게 될 것이다. 왜냐하면 현상계와 예술가의 꿈의 세계 사이에는 그야말로 너무나 많은 유사성이 있을 것이고, 남아 있는 유사성도 예술의 의의를 자연의 의의보다 한 단계 높게 설정할 것이기 때문이다. 그 이유는 예술은 자연 속의 같은 형태의 것, 자연의 유형과 전형을 표현했기 때문이다. 그러나 그러한 전제는 옳지 않다. 이 인식 뒤에는 어떤 입장이 아직도 예술에 남아 있는 것일까? 무엇보다도 예술은 수천 년 동안 관심과 흥미를 가지고 모든 형태의 삶을 바라보고, 마침내 "비록 그것이 어떠한 것이든 삶은 좋은 것이다!"라고 외치기까지 우리의 감각을 이끌어갈 것을 가르쳐왔다. 현존재에 흥미를 갖고 인생을 한 조각의 자연으로서 너무 성급히 공감하지 않고 방법적 발전의 대상으로 보는 예술의 이 교훈은 우리 내부에 성장하고 있어 이제 그야말로 강력한 인식욕으로 다시 드러난다. 사람은 예술을 포기할 수는 있으리라. 그러나 그것과 함께 예술에서 배운 능력까지 잃지는 않으리라. 종교는 포기했으나 종교로써 얻은 마음의 고양을 포기하지 않는 것과 같다. 조형 미술과 음악이 종교에 의해 실제로 습득되고 얻은 감정의 풍요로움을 재는 척도인 것처럼, 예술이 심어준 삶의 기쁨의 강도와 다양성은 예술이 사라진 뒤에도 여전히 채워지기를 요구한다. 학문적 인간은 예술적 인간이 한결 더 발전된 것이다.

223

예술의 저녁놀—사람이 늘그막에 이르면 청춘을 회상하고 추억을 누리듯이, 곧 인류는 청춘의 기쁨에 대한 '감동적인 회상'이라는 관계에서 예술을 접할 것이다. 죽음의 마술이 예술 주위에서 장난하는 듯 보이는 지금만큼 예술이 깊고도 감정이 충만한 것으로 포착된 적은 아마 여태 없었을 것이다. 이탈리아 남쪽 어느 그리스 도시를 생각해 보라. 그 도시는 스스로 가져온 풍습 위에 이국의 야만성이 더욱더 날뛰는 데 대해서 애수와 눈물에 잠기면서도 1년에 하루는 그 그리스식 축제를 한 것이다. 이 멸망해 가는 그리스인에게 있어서만큼 그리스적인 것을 잘 맛본 사람은 아마 없었으리라. 이 황금빛 신의 음료를 그처럼 기쁘게 마신 곳 또한 어디에도 없었으리라. 예술가는 곧 하나의 멋진 유물로 여겨져,

사람들은 과거 여러 시대의 행복을 좌우하는 힘과 미를 갖고 있었던 이상한 이
방인을 대하듯 우리 같은 사람에게는 쉽사리 주지 않는 경의를 표하게 될 것이
다. 우리가 지닌 최고의 것은, 아마 과거 여러 시대의 감각에서 이어져 온 것이
며, 오늘 우리는 직접적인 길로는 그러한 감각에 거의 이를 수 없다. 태양은 이
미 저물어 버렸다. 그러나 이미 태양은 보이지 않는데도 태양으로부터 빛이 뿜
어져 나오고 있고 우리 삶의 하늘은 불타고 있다.

제5장
고급문화와 저급문화의 징후

224

변종에 따른 개량—우리는 관습화되어 논쟁의 여지가 없는 원칙의 동일성, 즉 공통된 신앙의 결과 대다수가 생생한 공통 감각을 갖고 있는 민족의 혈통이 가장 잘 존속한다는 것을 역사에서 배워야 한다. 여기서 훌륭하고 견고한 풍습이 굳어지고 개체의 종속성을 배우며 성격에는 견고성이 이미 생일 선물로 주어지고, 그 뒤에도 배워 익히게 된다. 동질적이며 특징적인 개인을 바탕으로 하는 이 견고한 공동체가 가지는 위험은, 차츰 세습으로 고양되는 우둔화이며, 이것은 뭐니뭐니해도 일단 고정되기만 하면 그림자처럼 뒤따라다닌다. 그와 같은 공동체의 '정신적 진보'를 좌우하는 것은 속박받지 않고 훨씬 불안정한, 도덕적으로 약한 쪽의 개인이다. 새로운 것, 일반적으로 다양한 것을 시도하는 사람들이다. 이런 종류의 무수한 사람들은 그들의 약함 때문에 그다지 뚜렷한 효과도 보이지 않고 멸망해 간다. 그러나 일반적으로, 특히 그들이 후계자를 가지게 되면, 단결이 누그러지고 이따금 공동체의 고정된 요소에 상처를 불러온다. 바로 이 상처 입어 약화된 부분에서부터 모든 조직에 뭔가 새로운 것이 접종되는 것이다. 그러나 그것의 전체적인 힘은 이 새로운 것을 자기 피에 받아들여 동화시키는 데 충분할 만큼 강해야 한다. 변종하는 본성은 진보가 일어나야 하는 모든 경우에 아주 중요하다. 거의 모든 진보에는 어떤 부분적 약화가 선행되어야 한다. 아주 강한 본성은 유형을 확보하고 약한 본성은 그 유형을 계속 이루는 것을 돕는다. 비슷한 일이 개개의 인간에게도 일어난다. 하나의 변종, 불구, 나아가서는 악덕마저. 그리고 일반적으로 육체적 또는 도덕적 결함이 다른 면에서는 이득을 수반하지 않는 일은 드물다. 이를테면 좀 더 병약한 인간은 아마 호전적이고 침착성이 없는 종족 가운데서 고립해 있기 때문에 더욱 침착해지든가 현명해지든가 할 기회가 많을 것이며 외눈인 자는 더욱 강한 한쪽 눈을 가질 것이며, 눈먼 사람은 더 깊이 내부를 보고, 더욱 날카롭게 들을 것이다. 그런 점에서 나는 유명한 생존 경쟁이 어떤 인간, 어떤 종족의 진보 또는 강화를 설명할 수 있는 오로지 하나의 시점이라고 여기지 않는다. 오히려 두 가지 것이 합류되어야 한다. 먼저 하나는 모든 정신을 신앙과 공통 감정에서 결합함으로써 고정된 힘을 늘이는 것이며, 다음은 변종하는 본성과 그 결과 고정된 힘을 부분적으로 약화하고 손상시킴으로써 더욱 높은 목표에 도달할 가능성이다. 더욱 부드럽고 섬세한 약한 본성이야말로 모든 진보를 가능하게 한다. 어딘가에서 찢기어 약화되기는 하지만, 전체로서는 아직 강하고 건강한 민족은 새로운 것의 감염을 받아들여 이롭게 동화할 수 있다. 개개의 인간의 경우, 교육의 과제는 그를 훨씬 견고하고 확실하게 내세워 전체로서의 그가 이제 완전히 자기 궤도에서 벗어나지 않도록 하는 일이라 할 수 있다. 그러나 그러고 나서 교육자는 그에게 상처를 입히거나 운명이 그에게 준 상처를 이용해야 한다. 그래서 고통과 욕구가 생겼을 때, 그 상처 입은 부분에 뭔가 새롭고 고귀한 것을 접종할 수 있는 것이다. 그의 모든 본성이 그것을 자기 내부로 받아들여 나중에 그 열매에서 개량되었다는 것을 느끼게 하는 것이다. 국가에 대해서 마키아벨리는 이렇게 말하고 있다.

“통치 형식은 몹시 사소한 의의밖에 갖고 있지 않다. 어설픈 지식을 갖고 있는 사람들은 다르게 생각하겠지만, 정치의 가장 큰 목표는 ‘영속’이며, 이것은 자유보다도 훨씬 가치가 있어 다른 모든 것을 넘어선다.”

일반적으로 끊임없이 발전되고 개량되는 접종은 확실히 기초가 마련되고 최대의 영속이 보증될 때에만 가능하다. 물론 모든 영속의 위험한 동료인 권위라는 것이 보통 그것을 방해할 것이다.

225

자유정신은 상대적 개념—태생과 환경, 그 신분과 직위, 또는 지배적인 시대의 견해로 보아, 예상되는 것과는 다르게 생각하는 사람을 자유정신이라 부른다. 자유정신은 예외이며, 속박된 정신은 상례이다. 속박된 정신은 자유정신의 자유란 눈에 띄고 싶은 욕구에서 나오거나, 그야말로 자유로운 행위에, 즉 속박된 도덕과 일치하기 힘든 행위에 귀결된다고 비난한다. 때때로 사람들은 이러저러한 자유의 원칙은 두뇌의 괴팍함과 비상식에서 나온다고 말하기도 한다. 그러나 그런 말을 하면서도 자기가 말하는 것을 스스로도 믿고 있지 않으며 그렇게 말하여 단지 상처를 입히려는 악의에 지나지 않는다. 왜냐하면 보통 자유정신의 얼굴에는 그 지성의 비범한 우수성이나 예리함이 증거로서 또렷하게 씌어져 있으므로, 속박된 정신이라도 충분히 잘 이해할 수 있기 때문이다. 그러나 자유정신 활동의 두 가지 다른 기원은 공정하게 평가된 것이다. 사실 많은 자유정신은 여러 방법으로 성립한다. 그러나 오히려 그 때문에 자유정신이 그러한 방법으로 다다른 여러 명제는 속박된 정신의 여러 명제보다도 더욱 진실해 믿을 만한 것이다. 진리를 인식함에 있어서 중요한 것은 그것을 갖는 일이며, 어떠한 충동에서 그것을 탐구했느냐, 어떠한 방법으로 그것을 발견했느냐 하는 것은 중요하지 않다. 자유정신이 올바르다면 속박된 정신은 바르지 않은 것이다. 전자가 부도덕에서 진리에 이르렀는지, 후자가 이제까지 도덕에서 비진리를 고집했는지의 여부는 중요하지 않다. 자유정신의 본질에 속해 있는 것은 그가 더욱 바른 견해를 갖는 것이 아니라 오히려 성공과 실패에 관계없이 인습적인 것에서 자기를 해방했다는 것이다. 그러나 보통 자유정신 또한 진리를, 또는 적어도 진리 탐구의 정신을 자기 편으로 삼을 것이다. 자유정신은 근거를 찾고 다른 사람들은 신앙을 구한다.

226

신앙의 기원—속박된 정신은 자기 처지를 근거에서가 아니라 관습에서 받아들인다. 이를테면 그가 그리스도교도라는 것은 온갖 종교에 대한 통찰을 갖고 있어 선택했기 때문이 아니다. 그가 영국인인 것은 자신이 영국으로 정했기 때문이 아니다. 그에게는 그리스도와 영국 국적이라는 것이 마련되어 있어 그것들을 근거 없이 가지게 된 것이다. 마치 포도주 산지에서 태어난 사람이 포도주를 즐기게 되듯이, 그리스도교와 영국인이 된 뒤에 그는 아마도 또 자기의 관습에서 두서너 가지 근거를 발견했을 것이다. 누군가 이러한 근거를 뒤집어엎어 보라. 그렇다고 해도 그의 처지 전체를 뒤집지는 못할 것이다. 이를테면 속박된 정신으로 하여금 이중 결혼 반대의 근거를 말하도록 해 보라. 그러면 일부일

처제를 찬성하는 그의 신성한 열의가 근거에 따른 것인가, 습관에 말미암은 것인가를 알 수 있을 것이다. 근거도 없는데 정신적 원칙들에 익숙해지는 것을 '신앙'이라 한다.

227

근거와 무근거는 결과에서 거꾸로 추리된다 ─ 모든 국가와 신분·결혼·교육·법률과 같은 사회질서, 이것은 모두 그것들에 대한 속박된 정신의 신앙에서만 힘과 영속성을 갖는다. 즉 근거가 없는 일, 적어도 근거를 묻지 않을 경우에만 힘과 영속성을 갖는다. 속박된 정신은 이러한 일을 인정하고 싶어하지 않는다. 그리고 속박된 정신은 그것이 하나의 '치부'라는 것을 느끼고는 있으리라. 그리스도교는 지적인 착상에 있어 아주 순진했고, 이 '치부'에 대해서 아무 눈치도 채지 못하고 신앙을, 오직 신앙만을 요구하고 근거에 대한 요구를 정열로 물리쳤다. 그리스도교는 신앙의 성과를 지적했다. "너희들은 신앙의 이득을 곧 깨닫게 될 것이며, 신앙에 의해서 행복하게 될 것이다"라고 암시했다. 사실 국가도 그와 똑같이 행동하고 모든 아버지들도 같은 방식으로 자기 아들을 교육한다. "아무튼 이것을 진리라 생각하라. 너는 이것이 얼마나 좋은 일이었는지 알게 될 것이다"라고 아버지는 말한다. 그러나 이러한 말은 어떤 의견이 불러오는 개인적인 '이익'에서 그것이 '진리'임이 증명되어야 한다는 것을 뜻한다. 한 가지 가르침의 유리함이 지적 확실성과 근거가 깊다는 것을 보증해야 한다는 것이다. 이것은 피고가 법정에서 다음처럼 말하는 것과 같다. "나의 변호인은 참된 진리를 진술하고 있다. 왜냐하면 그것은 그의 변론에서 귀결되는 바를 보면 알게 될 것이기 때문이다. 나는 무죄 판결을 받을 것이다." 속박된 정신들은 자신들의 원칙을 이익을 위해 가지므로 그들은 자유정신의 경우에도 그가 그의 의견으로 자기 이익을 추구하고 자기에게 도움이 되는 것만을 진리로 여기는 것으로 추정한다. 그러나 그에게 있어서는 동포와 같은 신분의 사람들에게 이익이 되는 것과는 반대의 것이 이익이 되는 것처럼 보이므로 이러한 사람들은 그의 원칙이 자기들에게는 위험하다고 인정한다. 그들은 이렇게 말하거나 느낀다. "그가 옳을 리 없다. 왜냐하면 그는 우리에게 유해하므로."

강하고 좋은 성격—습관에 의해 본능이 된 견해의 구속성은 강한 성격이라 불리는 것과 통한다. 누군가가 몇몇의, 그러나 언제나 같은 동기에서 행동하면, 그의 행위는 커다란 에너지를 얻는다. 이러한 행위가 속박된 정신의 원칙과 일치해 있으면 그것은 시인되고, 이어 그것을 행하는 사람 속에 선한 양심이라는 감각이 이루어진다. 몇 가지 동기, 정력적인 행위 및 시원스런 양심은 강한 성격을 만들어 냈다. 성격이 강한 사람에게는 행위의 수많은 가능성과 방향의 지식이 결여되어 있다. 그의 지성은 자유롭지 못하고 속박되어 있다. 그의 지성은 그에게 어느 일정한 경우에 거의 두 가지 가능성밖에 나타내지 않기 때문이다. 이들 사이에서 그는 자신의 전체 본성에 따라 필연성을 가지고 선택하지 않으면 안 된다. 그리고 그는 이를 쉽고 빠르게 행한다. 그는 50가지 가능성 사이에서 택할 필요가 없기 때문이다. 교육 환경은 모든 사람에게 언제나 최소한의 가능성을 두어 그를 자유롭지 못하게 하려고 한다. 개인은 자신을 교육하는 교육자에 의해 확실히 뭔가 새로운 것이기는 하지만 하나의 '반복'되어야 하는 존재인 양 다루어진다. 인간이 처음에는 뭔가 미지의 존재, 한번도 존재한 적 없는 존재로 보인다면, 그는 이미 잘 아는 존재, 존재한 적이 있었던 존재가 되어야 한다는 이치인 것이다. 아이에게서 이미 존재한 적이 있는 존재에 의한 제한이 나타날 때 사람들은 그것을 좋은 성격이라 부른다. 아이는 속박된 정신 쪽에 서면서 처음으로 눈뜨게 되는 공통 감각을 알린다. 그 기초 위에서 그는 나중에 자기 국가 또는 신분에 이바지하게 되는 것이다.

속박된 정신에서의 사물의 척도—네 종류의 사물에 대해서 속박된 정신은 그것들이 올바르다고 한다. 첫째로 영속하는 사물은 모두 올바르다. 둘째로 우리에게 짐이 되지 않는 사물은 모두 올바르다. 셋째로 우리에게 이득을 가져오는 사물은 모두 올바르다. 넷째로 우리가 희생을 치른 사물은 모두 올바르다. 이 마지막 것이, 이를테면 왜 국민의 뜻에 반하여 시작된 전쟁도, 먼저 희생이 치러지면 곧바로 열광적으로 계속되는가를 설명한다. 속박된 정신의 법정에 자기 문제를 꺼내는 자유정신은, 언제나 자유정신이 존재해왔다는 것, 즉 자유정신은 영속성을 갖는다는 것, 다음으로는 자유정신은 짐이 되는 것을 바라지 않는다는 것, 끝으로 자유정신은 속박된 정신에 전체로서 이득을 불러올 것이라는 사실을 지적하지 않으면 안 된다. 그러나 자유정신은 이 마지막의 것을 속박된 정신에게 납득시킬 수 없으므로, 첫째와 둘째 사실을 증명해도 자기들에게는 아무런 도움이 되지 않는다.

230

강한 정신─인습을 자기 편에 두고 자기 행위에 어떤 근거도 필요로 하지 않는 자와 비교하면, 자유정신은 늘 약하다. 특히 행위에서 그렇다.

왜냐하면 그는 너무도 많은 동기와 시점을 알고 있어서, 불확실하고 미숙한 손을 갖고 있기 때문이다. 그래도 그를 비교적 강하게 하고 적어도 자기를 관철하거나 효과도 없이 몰락해 가지 않게 하기 위해서는 어떠한 수단이 있을까? 어떻게 강한 정신은 생기는가? 이것은 개개의 경우에는 천재 생산의 문제다. 개개인이 인습에 맞서 '순전히 개성적인 세계 인식'을 얻으려고 애쓸 때의 에너지, 불굴의 힘, 인내력은 어디에서 오는 것일까?

231

천재의 성립─자기를 자유롭게 하는 수단을 찾고 있는 죄수의 기지, 가장 작은 이득도 모조리 가장 냉정하게, 가장 오랫동안 이용하는 것은 자연이 이따금 천재(나는 이 말이 신화적·종교적인 인상을 전혀 주지 않고 해석되길 바란다)를 성립시키기 위해서 어떠한 수단을 쓰는가를 알려줄 수 있다. 자연은 천재를 감옥에 가두고 몸을 자유롭게 하려는 천재의 갈망을 극도로 자극한다. 또는 다른 비유로 말하면, 숲속에서 길을 잃고 말았으나 보기 드문 에너지로 어떤 방향을 향해 넓은 곳으로 나가려 애쓰는 사람이 이따금 아무도 모르는 새로운 것을 발견하기도 하는데, 독창성을 칭송받는 천재들도 이렇게 성립된다. 이미 언급한 것처럼 신체 훼손, 발육 부전, 한 기관의 결함은 때때로 다른 기관이 특별히 잘 발달하게 되는 원인을 제공한다. 자기 자신의 기능과 나아가서 또 하나의 기능을 관장해야 하기 때문이다. 여기서 많은 빛나는 재능의 기원이 추측된다. 천재의 성립에 대한 이 일반적 암시에서 그 특수한 경우, 즉 완전한 자유정신의 형성을 응용할 수 있다.

232

자유정신의 기능의 기원에 대한 추측—적도 지방에서 태양이 전보다 심하게 작열하여 바다에 불타 떨어지면 빙하가 늘어나는 것과 마찬가지로 아주 강렬히 퍼져가는 자유정신의 기능도 아마 어딘가에서 감각의 불덩어리가 특별하게 증대했다는 증거인지도 모른다.

233

역사의 소리—일반적으로 역사는 천재의 산출에 대해서 다음과 같은 교훈을 주는 것처럼 보인다. 사람들을 학대하고 괴롭혀라. 이렇게 역사는 정열·질투·증오·경쟁심에 호소한다. 사람들을 극단으로 몰아세워라. 한 사람이 다른 한 사람에 대해서, 민족이 다른 민족에 대해서, 더구나 몇 세기 동안! 그러면 아마 그 때문에 점화된 가공할 에너지의 불꽃 옆에서 갑자기 천재의 빛이 불타오를 것이다. 말이 기수의 박차에 미쳐 날뛰듯이 그때 의지는 솟아나 다른 영역으로 뛰어 옮겨간다. 천재의 생산에 대해 자각하고 자연이 보통 그 경우에 하는 방법을 실천적으로 수행하려고 하는 사람은, 바로 자연과 마찬가지로 심술궂고 무자비해야 할 것이다. 그러나 우리가 잘못 들었을지도 모른다.

234

중도의 가치—아마도 천재는 인류의 어느 한정된 시기에만 나타나는 것이리라. 왜냐하면 과거의 특정한 여러 조건만이 불러올 수 있었던 모든 것을, 이를테면 종교적 감정의 놀라운 작용을 동시에 인류의 미래에서 기대할 수는 없기 때문이다. 이러한 종교적 감정 자체는 제 시간에 맞추어 아주 좋은 이 감정에서만 세워질 수 있었던 것이므로 이제 두 번 다시 생길 수 없다. 그래서 삶과 문화의 종교적으로 한정된 지평이라는 것은, 두 번 다시 존재하지 않을 것이다. 아마 성자의 유형마저도 이미 미래를 지나가 버린 듯한 어떤 종류의 지성의 편견 아래에만 있을 수 있을 것이다. 그래서 예지의 정점은 아마 인류의 어느 한 시대로 보류된 것이리라. 이러한 정점은 나타났고 드러나고 있다. 왜냐하면 우리도 이 시대에 살고 있으니까. 어떤 특별하게 축적된 의지 에너지가 유전에 의해 예외적으로 '정신적' 목표에 옮겨진 이 시대에, 이 야성과 에너지가 더는 키워지지 않으면 그 정점은 지나가 버릴 것이다. 아마 인류는 그 도중에, 그 생존의 중간에, 생존의 말기보다 더 본래 목표에 가까이 접근하리라. 이를테면 예술의 조건을 이루는 모든 힘은 바로 사멸할지도 모른다. 거짓말, 부정확한 것, 상징적인 것, 도취, 황홀 등에 대한 쾌감은 멸시될지도 모른다. 그뿐만 아니라 오히려 생활이 완전한 국가 안에서 거우 정비되면, 이미 현재에서는 시작(詩作)에 대한 아무런 동기도 끌어낼 수 없고, 시적인 비현실을 요구하는 것은 뒤진 인간이 될 것이다. 이러한 인간은 그때 주로 동경을 갖고 불완전한 국가와 반(半)야만적인 사회의 시대를, 즉 우리의 시대를 회고하리라.

235

천재와 이상국가는 모순된다─사회주의자는 될 수 있는 대로 많은 사람을 위해 안락한 생활을 이룩하려고 열망한다. 이 안락한 생활이 영속하는 고향, 즉 완전한 국가가 실제로 이루어진다면, 위대한 지성과 일반적으로 강력한 개인이 자라던 땅은 이 안락한 생활로 파괴될 것이다. 여기서 지성과 강력한 개인이란 강한 에너지를 말한다. 이러한 국가가 달성되면 인류는 너무나 맥이 빠져 버려 더는 천재를 생각해 볼 수도 없을 것이다. 그러므로 우리는 삶이 그 강제적인 성격을 유지하고 언제나 새로이 되풀이해서 야성의 힘과 에너지를 환기하도록 바라야 하지 않을까? 그런데 따뜻하고 깊은 동정심은 그 강제적이며 야성적인 성격을 없애고자 한다. 그리고 인간이 생각할 수 있는 한 가장 따뜻한 마음은 가장 정열적으로 그렇게 할 것을 바랄 것이다. 그런데 바로 그런 정열이야말로 생활의 그 야성적인 강제의 성격으로부터 불, 열, 게다가 자신의 실재까지도 받아 온 것이다. 따라서 가장 따스한 마음은 자기 기초의 제거를, 자기 자신의 절멸을 바라고 있다. 즉 결국 그것은 뭔가 비논리적인 것을 바라고 있는 것이니 총명하지 못하다. 가장 높은 예지와 가장 따스한 마음까지도 하나의 인격 속에 거동할 수 없다. 그리고 삶에 대해서 판단을 내리는 현자는 온정도 넘어서서, 삶의 총결산에서 함께 평가되어야 하는 것으로만 온정을 볼 뿐이다. 현자는 총명하지 않은 온정의 그 극단적인 소망에 거역하지 않을 수 없다. 그에게는 자기 유형의 존속과 최고 지성의 결정적인 성립이 중요하기 때문이다. 적어도 그는 단지 피로에 지친 개인만이 자리를 차지하는 것으로서의 '완전한 국가'의 건설을 촉진하려고는 하지 않을 것이다. 그와 반대로 우리가 결국 가장 따스한 마음으로 생각하고 싶어하는 그리스도는 인간의 우둔화를 촉진하고 정신적으로 가난한 자를 편들고, 최고 지성의 생산을 저지했다. 그리고 이것은 마땅한 일이었다. 그와 정반대인 완전한 현자는(아마 이렇게 예언해도 좋겠지만) 그와 같은 정도로 필연적으로 그리스도 유(類)의 산출에 방해가 될 것이다. 국가란 개인 서로 간을 보호하려는 현명한 제도다. 그것을 지나치게 개량하면 나중에 개인은 국가에 의해 약화되고 그뿐만 아니라 해체된다. 즉 국가의 본래 목적은 가장 근본적으로 무효화된다.

236

문화 지대─문화의 여러 시대는 갖가지 기후대에 상응한다고 비유적으로 말할 수 있다. 다만 지리상의 지대처럼 좌우로 나란히 있는 것이 아니라 앞뒤로 나란히 놓여있을 뿐이다. 문화의 온대로 옮기는 것이 우리의 과제지만, 이러한 온대와 비교하면 과거의 문화 지대는 개략적으로 말해서 열대 풍토의 인상을 준다. 강렬한 대조, 밤낮의 급격한 변화, 타오름과 색채의 화려함, 모든 뜻하지 않은 것, 신비로운 것, 굉장한 것의 숭배, 돌발적인 폭풍의 속도, 곳곳에 넘쳐나는 자연의 보배들, 그것에 대해서 우리 문화는 밝지만 빛날 정도는 아닌 하늘, 맑고 거의 변함 없는 공기, 날카로움, 게다가 때로는 추위, 이런 식으로 두 지대는 서로 대조를 이룬다. 거기에서 가장 광포한 정열이 형이상학적 표상에 의해 공포의 폭력에 짓눌려 산산조각난 것을 보면, 마치 우리 눈앞에 열대 지방에서 사나운 호랑이가 구렁이에게 감겨 짓눌리는 것 같은 기분이 든다. 우리의 정신적 풍토에는 이러한 사건이 결여되어 있다. 우리의 상상력은 억제되어 있다. 옛날 여러 민족이 깨어 있을 때 본 것이 우리에게는 꿈속에서조차 나타나지 않는다. 그러나 예술가가 열대적 문화의 소멸에 의해 본질적으로 손상되고, 우리 비예술가들이 너무 따분하다고 느끼는 것을 승인하더라도, 우리는 이 변화를 기뻐해도 되지 않을까? 그런 한 확실히 예술가는 '진보'를 부정할 권리를 갖고 있다. 왜냐하면 사실 최근의 3천 년이 예술상으로 진보의 경과를 나타내고 있는

지 어떤지는 적어도 의심되기 때문이며, 마찬가지로 쇼펜하우어와 같은 형이상
학적 철학자에 따르면 형이상학적 철학이나 종교에 대해서 지난 4천 년을 조망
할 때 진보를 인정할 이유가 없기 때문이다. 그러나 우리에게는 온대 문화의 '존
재' 자체가 진보로 여겨지는 것이다.

237

르네상스와 종교개혁─이탈리아의 르네상스는 근대 문화를 우리로 하여금
얻게 하기에 이른 모든 적극적인 위력을 그 속에 숨기고 있었다. 그것은 즉 사상
의 해방, 여러 권위의 모멸, 태생적 자부에 대한 교양의 승리, 학문과 인간의 학
문적 과거에 대한 감격, 개인의 해방, 성실성과 외관이나 단순한 효용에 대한 혐
오와의 작열(이 작열은 자기 작품의 완전함을, 오직 완전함만을 최고의 도덕적 순수성
으로써 자신에게 추구했던 수많은 예술가와 같은 사람들 속에 불타올랐다)이다. 참으
로 르네상스는 이제까지의 근대 문화에 있어서, 두 번 다시 그토록 강렬해진 적
이 없는 적극적인 여러 힘을 갖고 있었다. 그것은 모든 오점과 악덕에도 불구하
고 2천 년의 황금시대였다. 그런데 이에 비해서 독일의 종교 개혁은 뒤떨어진 정
신들의 정력적인 항의라는 점에서 대조적이다. 그들은 중세 세계관에 결코 싫
증을 내지 않았고, 중세 해체의 징후, 종교 생활이 지나치게 천박해지고 피상적
으로 되는 것을 마땅한 일로서 환호하는 게 아니라 깊은 불만을 느꼈을 뿐이었
다. 그들은 북방적인 힘과 고집으로 사람들을 다시 후퇴시켰고, 가톨릭교의 정
당방위, 즉 반종교개혁을 하나의 포위 상태라는 강제 행위로 억지로 환기했다.
그리고 학문의 완전한 각성이나 지배를 몇 세기 늦추었고, 마찬가지로 고대 정
신과 근대 정신과의 완전한 유착을 아마도 영구히 불가능하게 만들었다. 르네
상스의 위대한 과제는 끝까지 이루어질 수 없었다. 그동안에 뒤떨어진 독일적
기질(이것도 중세에는 여러 번이나 되풀이해서 자기를 구제하기 위해 알프스를 넘을 정
도의 이성을 가지고 있었다)의 저항이 이것을 가로막았던 것이다. 그 무렵 루터가
온 힘을 다한 항의가 힘을 얻게 된 것은 특이한 정치 정세의 우열에 따른 것이
었다. 왜냐하면 황제는 교황에 대한 압력의 도구로 루터의 개혁을 사용하기 위
하여 그를 보호했고, 마찬가지로 교황은 프로테스탄트의 제후를 황제에 대한
대항력으로서 이용하기 위해 은밀히 그를 돌봐 주었기 때문이다. 모든 의도의

이러한 진기한 합작극이 없었다면 루터는 후스(Huss)처럼 화형당하고 말았을 것이다. 그리고 계몽의 아침놀은 아마 우리가 지금 예상할 수 있는 것보다 더 빨리 한결 아름다운 광채를 띠고 떠올랐을 것이다.

238

생성하는 신에 반대하는 정당성—문화의 역사 전체가 조악한 표상과 고귀한 표상, 참된 표상과 거짓 표상의 혼란으로 눈앞에 펼쳐지고 이런 파도가 밀려오는 것을 바라보며 거의 뱃멀미하는 기분이 될 때, 사람들은 '생성하는 신'의 표상에 어떠한 위안이 깃들어 있는가를 알 수 있다. 신은 인류의 변신과 운명 속에 점차 모습을 드러낸다. 반드시 모든 일이 맹목적인 역학, 의미도 목적도 없는 모든 힘의 무질서한 유희라고는 할 수 없다. 생성의 신격화란 하나의 형이상학적 전망, 말하자면 역사의 바닷가에 서 있는 등대에서 내려다 보는 것과 같은 일이며, 사물을 역사적으로 보는 학자 세대는 이 전망에서 그들의 위안을 발견했다. 비록 그 표상이 아무리 그릇되더라도 그것에 대해서 나쁘게 생각해서는 안 된다. 쇼펜하우어처럼 발전을 부인하는 사람만이 역사의 파도가 밀려오는 것의 비참함을 조금도 느끼지 못한다. 그리고 생성하는 신과 그것을 인정하려는 욕구에 대해서는 아무것도 모르며, 아무것도 느끼지 못하기 때문에 당연히 비웃어 보일 수 있는 것이다.

239

철 지난 과일—사람들이 인류를 위해 바라는 가장 좋은 미래는 모두 필연적으로 많은 점에서 가장 나쁜 미래기도 하다. 왜냐하면 인류의 좀더 높은 새로운 단계가 이전 단계의 온갖 장점을 스스로의 안에 함께 갖고 있을 것이며, 이를테면 예술의 최고 형태를 산출할 것이 틀림없다고 믿는 것은 몽상이기 때문이다. 오히려 모든 계절은 독자적인 장점과 매력을 갖고 있어 다른 계절과는 배타적이다. 종교에서, 그리고 그 주변에서 자라난 것은 종교가 파괴되고 나면 두 번 다시 자라날 수 없다. 제철이 아닌 때 돋아나는 뒤늦은 어린 가지는 기껏해야 마치 이따금씩 돌출하는 고대 예술의 추억과 마찬가지로 착각으로 이끌 수 있을 따름이다. 상실과 결핍의 감정을 가져오는 하나의 상태이기는 하지만,

새로운 예술을 낳을 수 있을 만한 힘의 증명은 아니다.

240

세계에 대해 차츰 커지는 엄숙함—인간의 문화가 고양되어 갈수록 그만큼 해학·조롱의 영역은 빼앗겨 간다. 볼테르는 결혼과 교회의 발명에 대해서 마음으로부터 하늘에 감사했다. 하늘이 우리의 기분전환을 아주 잘 배려해 주었기 때문이다. 그러나 볼테르와 그의 시대 및 그에 앞선 16세기는 이러한 논제를 철저하게 비웃었다. 오늘날 누군가가 이 영역에서 아직 시시한 익살을 부려도 모두 시대에 뒤진 것이며, 더욱이 너무 평범하므로 보는 사람의 욕구를 만족시키지도 못할 것이다.

오늘날 사람은 원인을 묻는다. 진지한 시대인 것이다. 현실과 까다로운 외관 사이의 차이점, 있는 그대로의 인간과 인간이 겉으로만 그럴싸하게 보이려는 모습 사이의 차이점을 농담 섞인 관점에서 보는 일에 누가 지금도 유의하겠는가. 이러한 대조의 감정은 근거를 요구하자마자 아주 다르게 작용한다. 삶을 철저하게 이해하면 할수록 점점 더 삶을 비웃지 않게 되리라. 다만 마지막에 '자기 이해의 철저성'을 조롱할지는 모르겠지만.

241

문화의 수호신—문화의 수호신을 감히 상상해 본다면, 과연 그는 어떤 성질을 가졌을까? 그는 거짓말, 폭력, 무분별한 이기심을 자신의 도구처럼 확실하게 다룰 수 있으므로, 사악한 악마적인 존재로밖에는 말할 수 없을 것이다. 그러나 여기저기 틈 사이로 빛나는 그의 목표는 위대하고 뛰어난 것이다. 그는 반인반수의 켄타우로스이며 머리에는 천사의 날개까지 달고 있다.

242

기적적 교육—교육에 대한 관심은 한 사람이 신과 신의 배려에 대한 믿음을 포기하는 순간 마침내 크게 강해질 것이다. 마치 기적의 치료에 대한 신앙이 쇠퇴했을 때 비로소 의술이 번영한 것처럼. 그러나 세상 사람들은 모두 기적적 교육을 아직도 믿고 있다. 그들은 최대의 무질서, 목표의 혼란, 상황의 불리한 조건 아래서 가장 상상력이 뛰어난, 가장 강력한 사람들이 자라나는 것을 실제로 본 것이다. 대체 어떻게 이러한 것이 마땅한 이치로서 일어날 수 있는가? 이제 사람들은 앞으로 이러한 경우들을 보다 상세히 관찰하고 세심하게 음미하게 되리라.

그때 기적은 결코 발견되지 않을 것이다. 같은 상황 아래서 많은 사람들이 계속 멸망해 간다. 그 대신 구제된 소수는 한결 더 강력해지고 있다. 타고난 강건한 힘으로 이 역경을 이겨내고 이 힘을 더욱 단련해서 크게 키웠기 때문이다. 그래서 기적의 정체는 분명해진다. 기적을 이미 믿지 않는 교육은 세 가지 점에 유의해야 한다. 첫째, 얼마나 많은 에너지가 유전되는가? 둘째, 무엇으로 보다 새로운 에너지가 점화될 수 있는가? 셋째, 어떻게 하면 불안에 빠진 개인이 고유성을 토막토막 끊지 않고, 문화의 가지각색인 요구에 적응할 수 있는가? 요컨대 어떻게 한 개인이 사적 문화와 공적 문화의 대위법에 편입될 수 있을까? 어떻게 그가 곡조를 지휘하면서 동시에 그것을 연주할 수 있을까?

243

의사의 미래—의사라는 직업만큼 높은 향상이 허용되는 직업은 없다. 종교적 의사, 이른바 영혼의 보호자들이 공적인 지지를 받으며 마술을 더는 부릴 수 없게 되고 교양 있는 자가 그들을 피하게 된 뒤에는 특히 그렇다. 오늘날 의사는 가장 훌륭한 최신의 방법으로 숙련하고, 결과에서 원인을 빠르게 추리하는 방법을 알고 있어 진단가의 명성을 얻고 있는데, 이 경우에도 그가 의사로서 최고의 정신적 완성을 이룬 것은 아니다. 그는 더구나 어느 개인에게든 적응하여 그 사람의 육체에서 마음을 끌어낼 만한 능변, 보기만 해도 무기력(온갖 질병의 해악)을 날려버릴 만한 늠름함, 쾌유를 위해 기쁨을 필요로 하는 자와 건강상의 이유로 기쁨을 만들어 주어야 하는(또 줄 수 있는) 자의 사이를 중개하는 외교관 같은 유연함, 남에게 알리지 않고 어떤 영혼의 비밀을 이해하는 경찰관과 변호사의 섬세함 등을 가져야만 한다. 요컨대 오늘날 좋은 의사는 온갖 다른 직종의 요령과 기술적 특권을 필요로 한다. 이러한 준비가 갖추어져 있어야만 좋은 일, 정신적 기쁨, 생산성을 늘림으로써, 사악한 사상·의도·비행(그것들의 지긋지긋한 원천은 참으로 자주 하복부에 있다)을 방지함으로써, 정신적·육체적 귀족주의를 수립함으로써, (결혼 중매인과 방해자로서) 이른바 모든 영혼의 고민과 양심의 가책을 호의적으로 해결해줌으로써, 그는 사회 전체에 자선을 베푸는 자가 될 수 있다. 이렇게 해서 비로소 그는 의사에서 구세주로 되는데, 어떤 기적을 행할 필요도 없고 또 십자가에 못박힐 필요도 없는 것이다.

244

광기의 이웃에서―모든 감각·지식·경험의 총량, 즉 문화의 짐 전체가 매우 커져서 신경력·사고력의 지나친 자극이 일반적인 위험이 되고 있다. 게다가 유럽 국가들의 교양 계급은 모조리 신경증에 걸려, 그 큰 가족 전체 가운데 거의 모두가 광기에 가까워지고 있다. 이제 사람들은 모든 방법을 동원해 건강하고자 노력한다. 그러나 대체적으로 말하면 감정의 그러한 긴장과 문화의 압박하는 짐을 경감하는 것이 필요하다. 이 일은 그 자체가 중대한 희생을 치르더라도 우리에게 '새로운 르네상스'의 커다란 희망을 품을 여지를 가져다 준다. 사람들은 그리스도교·철학자·시인·음악가 덕분에 깊이 감동된 감각에 가득 차 있다. 이러한 감각이 우리를 압도해 버리지 않도록 우리는 학문정신을 환기해야 한다. 학문정신은 전체로서 조금은 냉정하게 회의적이 되게 하는, 특히 최종적·궁극적인 진리에 대한 신앙의 뜨거운 흐름을 냉각시킨다. 이러한 신앙은 주로 그리스도교에 의해 그토록 맹렬해진 것이다.

245

문화의 종을 주조하는 일―문화는 보다 조잡하고 비속한 물질의 주형(鑄型) 속에서 마치 종과 같이 만들어졌다. 모든 개개의 자아와 모든 개개 민족의 불성실, 횡포, 끝없는 확장이 그 틀이었다. 이제 이러한 틀을 벗겨 버릴 때가 아닐까? 유동적인 것은 굳어져 버렸으며 훌륭하고 이로운 충동, 보다 고귀한 심정의 습관도 매우 확실해지고 보편화되었기 때문에, 더는 형이상학과 종교적 오류에 기댈 필요도 없을 뿐더러 인간과 인간, 민족과 민족 사이에 가로놓인 가장 강력한 결합 수단으로서의 가혹함과 횡포도 필요 없는 것이 아닐까? 이 질문에 대답하기 위해 신의 암시 같은 것은 우리에게 이미 아무런 소용도 없다. 우리 자신의 통찰이 여기에서 결단을 내려야 한다. 인간 스스로 대규모의 지상을 지배하는 일을 맡아야 하고, 그의 '전지함'은 앞으로의 문화의 운명을 예리한 눈으로 지켜보아야 할 것이다.

246

문화의 키클로페스[1]—전에 빙하가 가로놓여 있었던 파헤쳐진 분지를 보는 자는, 같은 장소에 시냇물이 흐르는 목장과 숲의 골짜기가 펼쳐질 때가 오는 일은 거의 없을 거라고 생각할 것이다. 인류 역사에서도 그렇다. 가장 거친 힘들이 먼저 파괴적으로 길을 튼다. 그럼에도 그 뒤 더 온화한 예절이 집을 세우기 위해서는 그와 같은 힘들의 활동이 필요했다. 엄청난 에너지(악이라 불리는 것)는 외눈 거인과 같은 건축가이며 인간성의 길을 만드는 자이다.

247

인류의 순환—어쩌면 인류 전체는 제한된 기간에 존재하는 일정한 종류의 동물이 발전하는 과정에 지나지 않는 것인지 모르겠다. 그래서 인류는 원숭이에서 출발해 다시 원숭이로 돌아가는 것이리라. 이 이상한 희극의 종말에 어떤 흥미를 갖는 사람은 아무도 없지만, 마치 로마 문화의 쇠퇴와 그 가장 중요한 원인인 그리스도교의 보급 등과 함께 로마 제국 내에서 인간의 전반적인 추악함이 널리 퍼진 것처럼, 지상 문화 전반이 앞으로의 쇠퇴에 의해서 훨씬 더 심하게 인간이 추악해지고 마침내는 원숭이 같은 동물처럼 변할지도 모른다. 우리는 이와 같은 전망에 주목할 수 있기 때문에 아마도 미래의 이와 같은 결말을 예방할 수 있으리라.

248

절망적인 진보에 대한 위로의 말—우리의 시대는 하나의 과도기 같은 인상을 준다. 묵은 세계관과 오래된 문화는 여전히 존재하며, 새로운 것은 아직도 확실한 습관이 되지 않았기 때문에 완결성도 일관성도 없다. 마치 모든 것이 혼돈 상태에 빠져 있고, 묵은 것은 몰락했으며, 새로운 것은 아무런 쓸모가 없고

---

1) 키클로페스(단수형 : 키클롭스)는 《오디세이아》 속에 등장하는 외눈 거인들.

차츰 약화되어 가는 것처럼 보인다. 그러나 행진을 익히는 군인들의 경우도 마찬가지로 그런 것이다. 그가 잠시 동안 확실성이 없고 동작이 어색한 것은 근육 운동이 오래된 체계에 따라 움직이다가 금방 새로운 체계에 따라 움직임으로써 아직 어느 편도 결정적인 승리를 확보하지 못했기 때문이다. 우리는 동요하고 있다. 그러나 그것이 이유가 되어 불안해하거나 새로 얻은 것을 포기할 필요는 없다. 더구나 우리는 묵은 것으로 되돌아갈 수도 없다. 우리는 이미 배를 불사르고 말았다. 이제는 용감해지는 수밖에 달리 도리가 없다. 그때 무엇이 일어날지라도, 아무튼 우리는 '걷기로 하자', 아무튼 여기를 벗어나자! 어느 편을 택하든 우리의 행동은 아마도 '전진'처럼 보일 것이다. 그러나 그렇지 못할 경우에 다음과 같은 프리드리히 대왕의 말은 우리를 위로하기 위해서 던져진 것인지 모른다. "아! 친애하는 슐처(Sulzer)여, 그대는 우리가 속해 있는 이 저주받은 종족을 충분히 알지 못하고 있는 것이다."

249

문화의 과거[2]에 대해 고민하다—문화의 문제를 뚜렷이 규정한 사람은, 불법 수단으로 얻은 재산을 상속받은 사람이나 선조의 폭정에 의해서 지배되고 있는 왕후처럼 그들이 느끼는 감정에 대해 고민하게 된다. 그는 슬픔에 잠긴 채 자신의 기원을 생각하고, 때때로 수치심을 금치 못하며 초조함을 느끼기도 한다. 자신의 소유물을 향한 힘, 생활 의지, 즐거움의 총합은 이따금 심한 피로감과 함께 균형을 이룬다. 그는 자신의 기원을 잊을 수가 없다. 그는 자신의 앞날을 비난하며, 자신의 자손들도 과거 때문에 고민하리라는 것을 이미 알고 있다.

250

예의범절—훌륭한 예의범절은 궁정과 폐쇄적인 귀족제의 영향이 약화됨에 따라 사라져간다. 공적인 행동 절차를 살피는 안목을 가지고 있으면, 사람들은 10년마다 이런 감퇴가 일어난다는 것을 명백히 관찰할 수 있다. 이런 공적인 행동 절차는 갈수록 뚜렷이 더 거칠고 나빠지는 것이다. 아무도 더 이상 재치 있

---

2) '문화의 과거(die Vergangenheit der Kultur)'는 슐레히타 판에서는 '과거(die Vergangenheit)'로만 되어 있다.

는 방법으로 경의를 표하거나 아첨하는 방법을 모른다. 그래서 오늘날 경의를 표해야 하는(예컨대 위대한 정치가 또는 '예술가에게') 경우에, 가장 깊은 감정, 성의 있는 건실한 정직성이 깃든 언어를 빌려온다. 재치·우아함의 결핍 때문에 이와 같은 우스꽝스러운 일이 생기는 것이다. 이러한 사람들의 공적이며 의식적인 만남은 한결 서투르게, 사실은 그렇지도 않은데도 더욱더 감정이 깃들어 성실한 것처럼 보이는 것이다. 그러나 예의범절은 언제나 추락하기만 하는 것일까? 나에게는 오히려 예의범절이 깊은 곡선을 그리고 있고 우리는 그 최저점에 다가가고 있는 듯이 보인다. 사회가 그 모든 의도와 원리에 더 자신을 갖게 되고, 이러한 것이 양식으로 작용하게 될 때(그런데 지금은 과거의 형식적 상태에서 습득된 예의범절이 차츰 더 약하게 계승되고 습득되고 있다) 비로소 이 의도 원리가 그러했던 것처럼 필연적으로 단순하고 자연스럽게 보일 것이 틀림없는 교제의 예의범절과 주고받는 몸짓 표현이 이루어질 것이다. 이러한 것은 모두 시간과 일의 더 나은 배분, 모든[3] 좋은 여가 시간의 동반자로 바뀐 체조, 육체에까지 기민성과 유연성을 주는 더 증대되고 엄밀해진 사색 등을 수반한다. 그런데 물론 여기서 얼마쯤 조롱으로 우리 학자들을 언급해도 좋다. 새로운 문화의 선구자임을 자처하는 그들이 정말 더욱 좋은 예의범절을 뚜렷이 갖춘 것일까? 아마 그렇지는 않을 것이다. 비록 그들의 정신은 그렇게 되어 있더라도, 그들의 육체는 약하다. 그들의 몸속에는 과거가 아직 너무나 강하게 남아 있다. 그들은 여전히 부자유스런 상태에 있으며, 절반은 세속적인 성직자, 또 절반은 상류층의 아첨하는 교육자이며, 더구나 학문의 번잡한 일에 얽매임으로써 재치 없는 낡아빠진 방법에 의해 발육은 불완전하고 활발하지 못하게 되고 있다. 따라서 그들은 하여간 그 육체까지는, 또 때때로 그 정신의 4분의 3까지는 여전히 낡고 늙어빠진 문화의 아첨꾼이며, 그 자신도 늙어 버렸다. 이러한 낡은 집안에서 이따금 떠드는 새로운 정신은, 얼마 동안 그들을 더욱 불안정하고 불안하게 만들 뿐이다. 학자들 속에는 과거의 유령과 미래의 유령이 함께 떠돌고 있다. 그들이 가장 고상한 표정을 짓지 않고 가장 바람직한 태도를 취하지 않는다고 해서 이상할 게 무엇이겠는가?

---

3) '모든(jeder)'이라는 것은 슐레히타 판에서는 '그(jener)'로 되어 있다.

학문의 미래—학문은 고생하며 탐구하는 자에게는 많은 만족을 주고, 그 성과를 '배우는' 자에게는 아주 적은 만족밖에 주지 않는다. 그러나 차츰 학문의 모든 중요한 진리는 평범하고 비속해지지 않을 수 없으므로, 조금밖에 없는 만족마저 없어지고 만다. 우리가 그토록 경탄할 만한 구구단을 일단 배우면 더 이상 기뻐하지 않는 것과 마찬가지다. 그런데 학문 자체가 더욱더 조금밖에 기쁨을 주지 않게 되고, 위안이 되는 형이상학·종교·예술에 의혹을 품게 함으로써 한결 많은 기쁨을 빼앗게 될 때, 거의 인간성 전부가 혜택을 입고 있는 쾌감의 최대의 원천이 고갈되어버린다. 그러므로 고급 문화는 인간에게 먼저 학문을 느끼고 다음에 비학문을 느낄 수 있는 이중의 두뇌, 이른바 두 가지 뇌실을 주어야 한다. 그것들은 병행하고, 혼란하는 일이 없고 분리할 수도 있고, 폐쇄할 수 있어야 한다. 이것은 건강상의 요구다. 한쪽 영역에는 동력원이 있고 다른 쪽 영역에는 조절기가 있어서 모든 환상·편협·정열로 가열되어야 하며 인식하는 학문의 도움을 받아 과열된 것의 나쁘고 위험한 결과가 예방되어야 한다. 만약 고급 문화의 이러한 요구가 채워지지 않는다면, 인간 발전의 앞으로의 경과는 거의 확실히 예언될 수 있다. 쾌감을 주는 일이 적어짐에 따라 참된 것에 대한 관심은 사라진다. 환상·오류·공상은 쾌감과 이어져 있으므로 이전에 차지하고 있었던 지반을 단계적으로 쟁취해 간다. 그 다음에 오는 결과는 학문의 쇠퇴·야만으로의 역전이다. 인류는 그 직물을 페넬로페[4]처럼 밤에 풀어 버린 뒤 다시 새로 짜기 시작해야 한다. 그러나 인류가 그런 힘을 언제나 되풀이해서 찾아낼 수 있으리라고 누가 우리에게 보증하겠는가?

인식의 쾌감—무엇 때문에 학자와 철학자의 본령인 인식이 쾌감과 결부되어 있는 것일까? 첫째로, 무엇보다도 그때 사람은 자기 힘을 의식하기 때문이다. 그것은 체조가 구경꾼 없이도 즐거운 것과 같은 근거에서다. 둘째로, 사람들은

---

4) 페넬로페(Penelope)는 오디세우스의 아내. 남편의 20년간에 걸친 부재 중, 구혼자 한 사람을 고르도록 강요받았기 때문에 직물이 완성되는 날에 선택하겠다고 약속하고는, 낮에는 짜고 밤에는 다시 풀고 하는 일을 반복하면서 남편의 귀향을 기다렸다.

인식의 과정에서 과거의 여러 표상과 그 대표자를 뛰어넘어 승리자가 되거나, 적어도 그렇게 되리라고 믿기 때문이다. 셋째로, 우리는 아주 작은 새로운 인식에 의해서도 자기를 '만인'을 초월한 숭고한 자로 느끼고, 이 점에서 올바른 것을 알고 있는 오직 한 사람으로 느끼기 때문이다. 이러한 세 가지 쾌감의 근거가 가장 주된 것이기는 하지만, 그때마다 인식자의 성질에 따라 아직 많은 곁딸린 근거가 있다.

이러한 근거가 시시한 것이 아니라는 사항은, 사람이 찾을 것 같지도 않은 내 책의 한 대목에서, 쇼펜하우어에 대한 나의 경고적인 문장이[5] 보여주고 있다. 어떠한 노련한 인식의 하인도 이 문장이 서술하고 있는 것에는 만족할 수 있을 것이다. 비록 그 여러 페이지에 내포되어 있는 가벼운 풍자가 없었더라면 하고 바라는 일은 있더라도. 왜냐하면 학자가 만들어지려면 '아주 인간적인 많은 충동과 작은 충동이 함께 주조되어야 한다'는 것, 학자는 확실히 아주 귀한 금속이긴 하지만 결코 순수한 금속은 아니며, '갖가지 원인과 자극이 뒤섞인 편물로 되어 있다'는 것이 진실이라면, 결국 이 사실은 똑같이 예술가·철학자·도덕적 천재 및 그 책 속에서 영광이 주어진 위대한 이름이 보여주는 그러한 사람들의 성립이나 본질에도 적용되기 때문이다. '모든' 인간적인 것은 그 '성립의 기원'에 있어 반어적으로 관찰될 만하다. 따라서 이 세상에는 아이러니가 '넘쳐나는' 것이다.

253

확실성의 증명으로서의 성실—어떤 이론의 창시자가 '40년' 동안이나 그것에 대해서 불신감을 품지 않는다면, 이것은 그 이론의 우수함의 완벽한 표시다. 그러나 자기 청년 시대에 생각해 낸 철학을 결국 경멸로써(적어도 의심을 갖고) 얕보지 않았던 철학자는 아직 한 사람도 없었다고 나는 주장하고 싶다. 그러나 아마도 그는 이러한 의견의 변화를 드러내놓고는 입에 올리지 않았을 것이다. 명예심에서 또는(고귀한 본성의 사람에게는 더욱 그러하겠지만) 자신을 신봉하는 자들을 위한 세심한 보호심에서.

---

5) 니체의 《반시대적 고찰》에는 〈교육자로서의 쇼펜하우어〉란 논문이 수록되어 있다.

254

흥미로운 것의 증가─좀더 높은 교양을 쌓아올려감에 따라서 인간에게는 모든 것이 흥미롭게 보인다. 그는 어떤 사항의 교훈적인 면을 재빨리 파악하거나, 자신의 사고의 틈새가 교양으로 채워질 수 있는 점, 또는 어떤 사상이 올 것으로 인해서 뒷받침될 수 있는 점을 열거할 줄 안다. 그런 경우 더욱더 권태는 사라지고, 그와 동시에 지나치게 흥분되는 심정도 없어진다. 마침내 그는 자연과학자가 식물 사이를 지나가는 것처럼 인간 사이를 걸어다니며 자기 자신조차도 자신의 인식 충동을 강하게 자극하는 데 있어 하나의 현상이라고 인정한다.

255

동시적인 것에 있어서의 미신─무엇인가 동시에 일어나는 것은 관련을 가지고 있다고 사람들은 믿는다. 한 친척이 먼 데서 죽게 되면, 같은 때에 우리는 그의 꿈을 꾼다. 따라서 그렇게 믿는다! 그러나 수많은 친척이 죽는데도 우리는 그들의 꿈을 모두 꾸지는 않는다. 그것은 맹세하는 난파자의 경우와 같을 것이다. 물에 빠져 숨진 사람들의 봉헌판을 뒷날 사원에서 볼 수는 없는 것이다. 어떤 인간이 죽고, 어떤 올빼미가 울고, 어떤 시계가 멈췄다. 모든 것이 같은 밤 '같은' 시각에 일어났다면, 거기에는 어떤 관련성이 있어야 하는 게 아닐까? 이 예감이 가정하는 것 같은 자연과의 이러한 친밀함은 인간을 우쭐하게 만든다. 이러한 종류의 미신은 세련된 형식으로 역사가와 문화 묘사가에게서도 나타나는데, 이들은 개인과 여러 민족의 생활에 많이 들어 있는 모든 무의미한 병행에 대해서 하나의 공수병(恐水病)에 걸리곤 한다.

256

학문으로 연마되는 것은 지식이 아니라 능력이다─하나의 엄밀한 학문을 얼마 동안 엄밀히 해왔다는 사실에 있어서의 가치는 각별히 그 성과에 말미암는 것은 아니다. 왜냐하면 그 성과는 알 만한 가치가 있는 것들로 이루어진 바다에 비하면 사라져 버릴 만큼 작은 한 방울에 지나지 않기 때문이다. 그러나 그것은 에너지·추진력·지구력의 강인성을 크게 늘린다. 인간은 어떤 '목적'을 '합목적적'으로 이루는 것을 배워 버린 셈이다. 이 점에서, 한때 학문적인 인

간이었다는 사실은 그 뒤에 행하는 모든 일에서 볼 때 매우 높이 평가 받을 만
하다.

257

학문의 젊은 매력—진리의 연구는 오늘날에도 여전히 매력을 가지고 있다.
그 매력은 진리가 낡고 권태를 느끼게 하는 오류와 모든 점에서 뚜렷한 대조를
이루고 있다는 점이다. 하지만 이 매력은 차츰 사라져 가고 있다. 오늘 우리는
확실히 아직도 학문의 청춘기에 살고 있으며 아름다운 소녀를 좇듯이 진리를
좇고 있다. 그러나 진리가 언젠가 늙고 시들한 눈매를 가진 여인이 되어 버렸다
고 하면 어떨까? 거의 모든 학문에서 그 근본 통찰은 최근에 와서야 겨우 발견
되었거나 아직도 찾고 있는 중이다. 이것은, 모든 중요한 사항이 이미 발견되었
고, 이제 학자에게는 겨우 가을에 떨어진 이삭 정도밖에 남아 있지 않을 경우
(이러한 감각은 몇몇 역사 부문에서 알 수가 있다)와는 얼마나 다른 자극을 주는 것
일까?

258

인류의 상(像)—문화의 수호신은 첼리니(Cellini)가 페르세우스[6] 상을 만들었
을 때와 같은 방법을 취한다. 용해된 양이 부족할 것 같았지만 그것은 '만들어
져야만 했다'. 그래서 첼리니는 그릇과 접시, 그 밖에 손에 닿는 대로 집어넣었
다. 그것과 같이, 문화의 수호신은 오류·악덕·희망·환각, 그 밖에 가장 조악한
금속과 보다 고귀한 금속도 집어넣는다. 왜냐하면 인류의 상이 만들어지고 완
성되어야 하기 때문이다. 여기저기에서 질이 낮은 소재가 사용되었다고 해서 그
것이 어쨌단 말인가?

259

남성 문화—고전 시대의 그리스 문화는 남성 문화다. 여성에 대해서는 페리

---

6) 페르세우스(Perseus)는 제우스와 다나에의 아들. 자기 할아버지를 죽인다는 운명의 별 아래 태
   어났다. 보는 자를 돌로 바꿔 버리는 메두사의 목을 땄다. 첼리니의 걸작 〈페르세우스 상〉은
   1554년 작.

클레스(Perikles)가 그의 애도사 속에서, 여성은 남성 사이에서 될 수 있는 한 입에 오르내리지 않을 때가 가장 좋다는 말로 모든 것을 이야기하고 있다. 소년에 대한 남성들의 애정 관계는 우리의 이해가 미치지 않는 정도로 모든 남성 교육에 필요한 오직 하나의 전제였다(여성의 모든 고등교육이 오랫동안 연애와 결혼에 의해서 처음으로 행해진 것과 거의 같다). 그리스적 본성이 지닌 힘의 이상주의는 모두 그 관계에 몰두했다. 그리고 기원전 6세기와 5세기에 있어서만큼 젊은 사람들이 주의 깊게, 애정이 풍부하게 단지 그들의 그 최상의 것(남성다움, virtus)의 관점에서 다루어진 적은 아마 두 번 다시 없었을 것이다. "왜냐하면 죽음에 임박한 자는 그가 사랑하고 있을 때 최고의 것을 주므로"라는 횔덜린(Hölderlin)의 아름다운 말처럼, 이 관계가 고상하게 해석됨에 따라 그만큼 여성과의 교제는 시시하게 보였다. 아이의 출산과 쾌락의 관점, 그 이상의 것은 전혀 고려되지 않았다. 정신적인 교제는 없었다. 진정한 연애조차 없었다. 나아가서 여성이 각종 경기와 연극에서까지 배제되고 있었던 사실을 고찰하면, 종교적 예배만이 여성들의 유일한 고급 오락으로서 남을 뿐이다. 그런데 비극에서는 엘렉트라[7]나 안티고네[8]를 등장시켰는데, 이것은 실생활에서는 바람직하지 않았으나 예술이었기 때문에 그만큼 '참았던' 것이다. 우리가 이제 모든 비참한 것을 '실생활'에서는 참을 수 없지만 예술에서는 즐겨 보는 것과 같다. 여성들에게는 아버지의 성격이 될 수 있는 한 손상되지 않은 채로 계속 살아 있는 아름답고 강한 육체를 낳고, 매우 고도로 발달한 문화에 의한 신경의 자극이 지나치게 격화되는 것을 막는 일 이상으로는 아무런 과제도 없었다. 이것이 그리스 문화를 비교적 오랫동안 젊게 유지했다. 왜냐하면 그리스 정신은 그리스의 어머니들에게서 언제나 또다시 자연으로 되돌아갔기 때문이다.

---

7) 엘렉트라(Elektra)는 미케네 왕 아가멤논과 왕비 클리타임네스트라의 딸. 아버지가 어머니에게 살해된 뒤, 남동생인 오레스테스를 도와 아버지 원수를 갚게 했다.

8) 안티고네(Antigone)는 오이디푸스와 이오카스테의 딸. 테베의 왕이 된 숙부 크레온(그 아들 하이몬은 그녀의 연인이었다)의 명령을 어기고 매국노로 낙인 찍힌 오빠 폴리네이케스의 시체를 묻어주었기 때문에 산 채로 바위굴에 갇혀 목매 죽었다.

위대함의 향락에서의 편견―사람들은 분명히 모든 거대한 것과 뚜렷한 것을 과대평가한다. 이것은 어떤 사람이 온 힘을 '하나의' 영역에 쏟아붓고 자기를 '하나의' 거대한 기관으로 만들면, 사람들이 그것을 아주 이롭다고 느끼는 의식적인 또는 무의식적인 견해에서 비롯한다. 확실히 본인에게는 자기 힘을 '균형 있게' 훈련하는 것이 더 유익하고 더 많은 행복을 가져다 준다. 왜냐하면 모든 재능은 그 밖의 힘들에서 피와 힘을 모조리 빨아들이는 흡혈귀이며, 지나친 생산은 가장 재능이 있는 사람까지도 거의 미치게 만들지도 모르기 때문이다. 예술의 범위 안에서도 극한적인 성질의 사람들이 지나치게 주의를 끈다. 그러나 그들에게 매혹되려면 훨씬 저급한 교양이 필요하다. 사람들은 습관적으로 권력을 얻으려고 하는 모든 것에 굴복한다.

정신의 폭군들―신화의 빛이 들어오고 있는 데서만 그리스인의 삶은 빛난다. 그 밖의 부분은 어둡다. 그런데 그리스 철학자들은 바로 이 신화를 버리고 말았다. 마치 양지에서 음지로, 암흑으로 몸을 옮기려고 하는 것이 아닌가? 그러나 어떠한 식물도 빛을 피하지는 못한다. 결국 그 철학자들은 '더 밝은' 태양을 찾았던 것뿐이었다. 신화는 그들에게 충분히 밝지도 찬란하지도 않았다. 그들은 이 빛을 그들 모두가 '진리'라 불렀던 것에서, 즉 인식에서 발견했다. 그러나 그때에 인식은 아직 더 커다란 빛을 갖고 있었다. 그것은 아직 젊었고 샛길의 모든 곤란함과 위험에 대해서 미처 조금밖에 알지 못했다. 그때 인식은 단한 번의 도약으로 모든 존재의 중심점에 이르고 거기에서 세계의 수수께끼를 풀 수 있는 것으로 기대할 만했다. 이 철학자들은 자기와 자신들의 '진리'에 대해 강력한 믿음을 가지고 있어, 이 진리로써 그들의 이웃과 선인을 모두 내동댕이쳤다. 그들은 모두 호전적인 무법의 '폭군'이었다. 아마도 진리를 소유하고 있다는 믿음이 주는 행복이 세상에서 이 이상으로 컸던 적은 없었을 것이다. 그러나 이러한 믿음의 가혹함·오만함·포학함·악의도 이 이상으로 컸던 적은 없었을 것이다. 그들은 그리스인이라면 누구나 될 수 있다면 되고 싶어했고, 되기도 했던 폭군이었다. 아마도 솔론(Solon)만은 예외리라. 솔론은 시 속에서 얼마나 자기가 개인의 폭정을 경멸했는가를 말했다. 그러나 그가 그렇게 한 것은 자기 사업, 자기의 입법에 대한 사랑에서였다. 그리고 입법자라는 것은 폭군의 더욱 세련된 형식이다. 파르메니데스도 법칙을 세웠고, 아마 피타고라스와 엠페도클레스도 그렇게 했을 것이다. 아낙시만드로스는 한 도시를 세웠다. 플라톤은 최고의 철학적 입법자와 국가 건설자가 되고 싶다는 욕망의 화신이었다. 그는 자기 본질이 충족되지 않음으로써 굉장히 고통을 겪은 것 같았다. 그리고 그의 영혼은 말년에 가서 가장 음울한 자기 혐오의 쓴 즙으로 채워졌다. 그리스의 철학자들이 위력을 잃어감에 따라, 그들은 더욱더 자기 혐오와 비방에 의해서 내면적으로 변질해 갔다. 갖가지 분파가 거리에서 자기들의 진리를 위해서 싸우게 되자, 모든 진리 애호자의 영혼은 질투와 분노로 엉망진창이 되었다. 폭군적 요소는 독이 되어 그들 몸속에서 미쳐 날뛰었다. 이들 수많은 폭군들은 날고기를 서로 물어뜯고 싶어하는 것 같았다. 그들에게서 사랑의 불꽃은 이제 전혀 번득이지 않았고 그들 자신의 인식에 대한 기쁨은 너무나 적게 남아 있었다. 일반적으로 폭군들은 거의 살해되고 그들의 자손은 대가 끊긴다는 속담은 정신의 폭군들에게도 해당된다. 그들에 대한 이야기는 짧고도 폭력적이며, 그들의 영향력은 갑자기 끊어진다. 우리는 거의 모든 그리스인에 대해 그들이 너무 늦게 왔다고 말할 수 있다. 예를 들어 아이스킬로스, 핀다로스, 데모스테네스, 투키디데스가 그렇다. 그들 한 세대, 그것으로 영영 완전히 끝장인 것이다. 이것이 그리스 역사에서 폭풍과 같은 것, 공포를 자아낸다. 사실 이제는 거북이의 복음이 찬양되고 있다. 역사적으로 생각한다는 것은 오늘날에는 거의, '될 수 있는 대로 긴 시간에, 될 수 있는 대로 적게!'라는 속담에 따라 마치 모든 시대에 걸쳐 역사가 만들어져 왔다는 정도만을 의미한다. 아, 그리스의 역사는 이토록 빨리 지나가버렸다! 이토록 사치스럽고 과격하게 살 수 있었던 때는 두 번 다시 오지 않을 것이다. 나는 그리스인의 역사가 흔히 찬양받고 있듯이 '자연스러운' 경과를 취해 왔다고 믿지 않는다. 그들은 너무나 다양한 재능을 가지고 있었으므로, 거북이가 아킬레우스와 경주하는 경우처럼, 한 걸음씩 나아가는 방법으로 '점진적'일 수는 없었다. 그런데 사람들은 이 점진적인 것을 바로, 참으로 자연적 발전이라 부르는 것이다. 그리스인의 경우 모든 것이 빠르게 전진하지만, 마찬가지로 급속하게 하강한다. 기계 전체의 운동이 매우 고조되어 있어서 그

차바퀴에 던져진 단 하나의 돌이 기계를 튀어나가게 하는 것이다. 그와 같은 하나의 돌이 이를테면 소크라테스였다. 하룻밤 사이에 그때까지 그토록 놀랄 만큼 규칙적인, 그러나 물론 너무나 신속했던 철학적 학문의 발전이 파괴되었다. 플라톤이 소크라테스의 마법에서 자유로웠다면 우리에게 영원히 상실되어 버린 철학적 인간의 더 높은 원형을 발견하지 않았을까 하는 물음은 결코 무의미한 것이 아니다. 플라톤 이전의 시대를 엿보는 것은 이러한 원형을 만드는 조각가의 작업실을 엿보는 것과 같다. 기원전 6세기와 5세기는, 그 자체가 낳은 것보다 더 많은 것과 더 높은 것을 약속하는 것 같다. 그러나 그것은 약속과 모순에 머물고 말았다. 그러나 하나의 원형의 상실, 그때까지 발견되지 않았던 새로운 최고의 '철학적 삶의 가능성'의 상실, 이 이상으로 중대한 상실은 아마 없을 것이다. 더 낡은 원형조차 대부분 왜곡되어 전해진다. 나에게는 탈레스부터 데모크리토스에 이르는 모든 철학자들을 인식하는 것이 이상할 정도로 힘들게 느껴진다. 그러나 이러한 모습을 재생하는 데 성공하는 자는 가장 강력하고 순수한 원형의 형상들 사이를 산보하는 셈이 된다. 이러한 능력은 물론 드물다. 그것은 고대 철학의 지식에 몸담고 있었던 후기 그리스인에게조차 결여되어 있었다. 특히 아리스토텔레스는 앞서 말한 사람들 앞에 설 때는 보는 눈을 전혀 갖고 있지 않은 것처럼 보인다. 그래서 마치 이러한 뛰어난 철학자들이 허망하게 살아온 것처럼, 또는 순전히 그저 소크라테스 학파의 논쟁을 좋아하는 수다스러운 무리를 준비하게 되어 있었던 것처럼 여겨진다.

앞에서 기술한 바와 같이 여기에는 발전 속에 하나의 틈이, 즉 하나의 균열이 있다. 무언가 커다란 불행이 일어났음이 틀림없다. 그 위대한 조각상의 예비 수련의 의미와 목적을 인식시켰을 오직 하나의 조상이 부서졌거나 또는 실패한 것이다. 도대체 무슨 일이 일어났는지는 영원히 작업실의 비밀로 남아 있다. 그리스인한테 일어난 일, 모든 대사상가는 절대적 진리의 소유자라는 믿음 속에서 폭군이 되었고 그래서 그리스인들의 정신사 또한 그들의 정치사가 나타내고 있는 난폭한, 성급한, 위험한 성격을 갖게 되었다. 이런 사건은 그것으로 끝이 나지는 않았다. 많은 같은 일이 최근에 이르기까지 일어났다. 물론 차츰 드물어지고 오늘날에는 거의 모두가 그리스 철학자들의 순수하고 소박한 양심을 가지고 있지 않지만 말이다. 왜냐하면 전체적으로 오늘날에는 반대론과 회의론이 너무나 세고 소리 높이 말하고 있기 때문이다. 정신의 폭군들의 시대는 지나 갔다. 고급 문화의 범위에서는 물론 언제나 하나의 주권이 있어야 할 것이다. 그러나 이 주권은 이제부터 '정신의 과두 정치가'의 손에 장악된다. 그들은 모든 공간적·정치적 분리에도 하나의 공동체를 이루고 있어, 그 구성원들은 여론과 대중 상대의 신문기자의 판단이 어떤 좋고 나쁜 평가를 유포하든, 서로 '인식' 하고 '인정'하고 있다. 과거에는 분리하고 적대했던 정신적 우월이 이제는 '결합 하는' 것을 예사로 한다. 만약 개개의 인간이 반(半) 정신과 반(半) 교양의 우민 정치적 성격에 맞서 투쟁하게 될 경우뿐만 아니라 대중 활동의 도움을 얻어 하 나의 전제 정치를 세우려는 시도에 맞서 투쟁하게 될 경우, 자신과 비슷한 사람 들이 여기저기에서 같은 조건 아래 살고 있는 것을 보고서도 그들의 손을 잡지 않는다면 어떻게 그 개개의 인간들이 자기 자신을 주장하고, 온갖 조류를 거역 하고 자기 길에서 인생을 끝까지 헤엄쳐 나갈 수 있을까? 소수의 정치가들은 서로를 필요로 하며 서로에게서 더할 나위 없는 기쁨을 느낀다. 그들은 자기들 의 표지를 알고 있다. 그러나 그럼에도 그들 각자는 자유로우며 '자신의' 처지에 서 싸우고 승리를 얻는다. 그리고 굴복하기보다는 차라리 몰락하려고 한다.

262

호메로스—그리스인의 교양에서 최대의 사실은 호메로스가 그처럼 빨리 범헬레니즘적으로 되어 버렸다는 것이다. 그리스인이 이룬 모든 정신적·인간적 자유는 이 사실로 거슬러 올라간다. 그러나 동시에 이것은 그리스인의 교양이 지닌 실재적 재난이기도 했다.

왜냐하면 호메로스에게는 집중하는 것으로 천박하게 만들고 보다 진지한 독립 본능을 해치는 사례도 있었기 때문이다. 때때로 헬레니즘적인 것의 가장 깊은 밑바닥에서 호메로스에 대한 항의의 소리가 일어났다. 그러나 그는 언제 나 승리를 거두었다. 모든 위대한 정신적인 힘은 해방 작용과 나란히 억압 작용 도 한다. 그러나 인간을 억제하는 것이 호메로스냐, 성서냐, 학문이냐 하는 것 은 물론 다른 문제다.

263

재능—오늘날처럼 고도로 발달된 인류는, 누구나 태어나면서 많은 재능의 길을 부여 받는다. 누구나 '타고난 재능을 갖고 있다.' 그러나 소수의 사람만이 강인성·지속성·에너지를 타고나며 그것에 길들여질 뿐이다. 그래서 그 소수만이 재능 있는 사람이, 즉 실제로 갖고 있는 만큼의 능력으로 재능 있는 사람이 된다. 다시 말해, 작품과 행위에서 재능을 발휘하게 되는 것이다.

264

재기가 넘치는 자는 과대평가되거나 과소평가된다—학문적이지는 않지만 재능이 있는 사람들은 정당하건 그렇지 않건 재기에 넘치는 모든 예감을 높이 평가한다. 그들은 무엇보다도 먼저 그들이 교제하는 사람이 재기로 그들을 즐겁게 하고 자극하며 불타게 하고, 진지함과 해학으로 이끌어가고, 권태에 대한 가장 효과 있는 부적으로서 지켜주기를 바란다. 학문적인 성격을 가진 사람은 이와는 반대로, 여러 가지를 창안하는 재능이 학문 정신에 의해서 아주 엄격히 제어를 받아야 한다는 것을 알고 있다. 겉으로만 빛나고 그럴싸하게 보이며 흥분을 일으키는 것들이 아니라, 흔히 눈에 띄지 않는 진리야말로 학문 정신이 인식의 나무로부터 흔들어 떨어뜨리려는 과일인 것이다. 그 정신은 아리스토텔레스처럼 '권태로운 자'와 '재치에 넘치는 자'를 구별하지 않아도 된다. 그 정신을 수호하는 영혼은 정신이 곳곳에서 현실적인 것, 견고한 것, 참된 것에 한해서만 이 즐거움을 느끼도록, 열대 식물뿐 아니라 사막조차도 지나가게 한다. 이러한 이유로 보잘것없는 학자의 경우에는 재기 넘치는 일반인의 멸시와 불신을 불러일으키고, 재기 넘치는 사람들은 흔히 학문을 혐오하게 된다. 거의 모든 예술가들처럼.

265

학교에서의 이성—학교는 엄밀한 사고, 신중한 판단, 일관된 추리를 가르치는 것보다 중요한 과제를 갖고 있지 않다. 그러므로 학교는 이 작업에 도움이 되지 않는 모든 것, 이를테면 종교로부터 눈을 돌려야 한다. 물론 학교도 인간의 불투명함·습관·욕망이 너무나도 팽팽한 사고의 활을 뒷날 다시 느슨하게 만들리라는 것을 계산할 수 있다. 그러나 학교는 그 영향이 미치는 한, 인간에게 본질적인 것과 다른 것보다 뛰어난 것을 억지로 강요하게 된다. 적어도 괴테가 판단하듯이 '인간 최상의 힘인 이성과 학문'을 말이다. 위대한 자연 과학자 폰 베어(Von Baer)도 아시아인과 비교해서 유럽인의 뛰어난 점은, 자기가 믿고 있는 일의 근거를 말할 수 있는 훈련된 능력에 있다고 보았다. 그는 아시아인은 그것이 전혀 불가능하다고 여긴다. 유럽은 일관된 비판적인 사고의 학교에 들어왔고, 아시아는 여전히 진리와 허구를 구별할 줄 모르고, 자기 확신이 자신의 관찰과 규칙적인 사고에서 유래하는지 상상에서 비롯하는지를 깨닫지 못하고 있다. 학교에서의 이성은 유럽을 유럽답게 만들었다. 중세에 유럽은 아시아의 일부분과 부속물이 되어 가고 있었다. 즉 그리스인 덕택에 얻은 학문적 감각을 잃어가고 있었다.

266

과소평가된 김나지움 교육의 효과—사람들은 김나지움의 가치를, 실제로 거기에서 배운 것들과 결코 잃어버리는 일 없이 집으로 갖고 온 것들에서가 아니라, 가르치지기는 하지만 학생은 마지못해서 몸에 지닐 뿐, 가능한 한 빨리 몸에서 떨쳐 버리려고 하는 것들에서 찾고 있다. 고전 작가를 읽는 일이 (교양 있는 자는 누구나 인정하는 일이지만) 도처에서 행해지는 형편이라면 그것은 기괴한 일이다. 아무리 보아도 그것을 읽기에는 아직 미숙한 젊은 사람들 앞에서, 한 마디만으로도 때로는 그 모습을 나타내기만 해도 훌륭한 저자에게 흰 곰팡이를 묻히는 교사들에 의해 이루어지고 있다. 그러나 여기에는 보통 간과되는 가치가 있는데, 그것은 이러한 교사가 실제로 답답하고 이해하기 힘들지만 고도의 두뇌 체조가 되는 '고급 문화의 추상적 언어'를 이야기한다는 것, 젊은 사람들이 집안 사람들의 대화와 거리에서는 거의 들을 수 없는 개념·용어·방법·인용이 교사의 언어에 끊임없이 나타난다는 것이다. 학생들이 다만 '듣고' 있기만 하면 알지 못하는 사이에 그들의 지성에 학문적 고찰 방법이 미리 형성되는 것이다. 이런 훈련에서 전혀 추상 작용에 접촉하지 않은 순수한 자연의 아이가 나오는 것은 불가능하다.

많은 언어들을 배우는 것—많은 언어를 배우는 일은 기억을 사실과 사상 대신 말로 가득 차게 한다. 그런데 기억은 누구나 일정 한도의 내용물밖에 넣을 수 없는 그릇이다. 그리고 많은 언어의 습득은, 모든 기능을 갖고 있는 것처럼 믿게 하여 실제로도 교제함에서 하나의 매혹적인 외관을 덧붙여준다는 점에서 해를 끼친다. 또한 철저한 지식을 얻고 건실한 방법으로 사람들의 존경을 얻으려고 하는 의도를 저해함으로써 간접적으로도 해를 끼친다. 마지막으로 그것은 모국어 내에서 더욱 미묘한 어감의 뿌리에 내리치는 도끼다. 그것에 의해 이 어감이라는 것은 치명적으로 손상당하고 파괴당한다. 최대의 문장가를 낳은 두 민족, 그리스인과 프랑스인은 외국어를 배우지 않았다. 그러나 사람들의 교제는 더욱더 세계 시민적이 되지 않을 수 없었다. 예를 들면 런던의 훌륭한 상인은 바야흐로 8개 언어의 문서나 구술로 자기 뜻을 전해야 한다. 많은 언어를 배우는 일은 물론 하나의 필요악이다. 그러나 이 악이 결국 극단적이 되면 인류는 한 가지 치료법을 발견하지 않을 수 없을 것이다. 그리고 먼 미래에 언젠가 하나의 새로운 언어가, 처음에는 상업어로서 그리고 나중에는 정신적 교제의 일반 언어로 모든 사람들을 위해 존재하게 될 것이다. 이것은 언젠가 항공이라는 것이 있게 될 것과 마찬가지로 확실하다. 무엇 때문에 언어학이 1세기 동안이나 언어 법칙을 연구하고, 각 언어의 필요한 요소, 가치가 있는 요소, 장점을 평가해 왔겠는가!

개인의 투쟁사에 대해서—우리는 몇몇 문화를 체험해 가는 개개인의 인생 속에서 두 세대 사이, 즉 아버지와 자식 사이에 벌어지는 투쟁이 집중되어 있음을 볼 수 있다. 혈연의 친근감이 이 투쟁을 날카롭고 격하게 한다. 어느 편이건 자신이 상세히 알고 있는 상대편의 내막을 가차 없이 증거로 삼기 때문이다. 그래서 이 투쟁은 각 개인 속에서도 가장 치열한 것이 될 것이다. 여기에서는 모든 새로운 단계가 잔혹한 부당함으로, 그리고 그 수단과 목적을 오해한 채로 지난날의 단계를 무시해버린다.

269

15분 빨리—우리는 간혹 자신의 시대를 벗어난 견해를 가지고 있기는 하나 단지 앞으로 10년 뒤의 통속적인 견해를 먼저 얻은 데 지나지 않은 사람을 간혹 볼 수 있다. 그는 여론을, 그것이 여론이 되기 전에 가지고 있다. 즉 그는 낡은 견해를 다른 사람들보다 15분 빨리 받아들인 것이다. 그러나 그의 명성은 참으로 위대한 사람들과 뛰어난 사람들의 명성보다 훨씬 높게 마련이다.

270

읽는 기술—강력한 방향은 모두 일방적이다. 그것은 직선의 방향에 가깝고 직선처럼 배타적이다. 즉 그것은 약한 당파와 약한 성질을 가진 사람들이 파도처럼 밀려왔다 되돌아가는 것처럼 다른 많은 방향에 접촉하지 않는다. 따라서 우리는 문헌학자가 일방적이라는 점도 지나치게 나무라지 말아야 한다. 하나의 동업 조합을 이루고 몇백 년이나 계속되어 온 원문의 복구와 순수 보존 및 원문의 해석이 드디어 올바른 방법을 발견하도록 만들었다. 중세 전반은 엄밀한 문헌학적인 해석, 곧 저자가 말하는 바를 단순하게 이해하려는 일을 도무지 할 수가 없었다. 이런 방법을 발견하는 것은 매우 커다란 업적이었다. 이것을 과소평가해서는 안 된다. 올바르게 읽는 기술, 즉 문헌학이 높은 곳에 이르렀을 때 비로소 모든 학문은 지속성과 불변성을 얻게 된 것이다.

271

추론하는 기술—인간이 수행한 최대의 진보는 올바르게 추론하는 것을 배우고 있다는 점이다. 이것은 결코 쇼펜하우어가 "추론은 모든 사람이 할 수 있되 판단은 몇 사람밖에 할 수 없는 것이다"라고 했을 때 가정한 것처럼, 자연적인 그 무엇이 아니며 나중에 습득된 것으로서 아직도 지배적인 것이 되지 못하고 있다. 잘못된 추론이란 고대에는 흔히 있었던 일이다. 모든 민족의 신화, 마술과 미신, 종교적 예배, 율법은 이 명제에 대한 끝없는 증거의 보고다.

272

개인의 문화 연륜—정신적 생산력의 강약은 유전적인 재능보다는 그와 함께 주어진 활력의 정도에 따른 것이다. 30세의 젊은 교양인은 거의 그들 생애의 하지점(夏至點)에서 되돌아서고, 거기서부터는 새로운 정신적 동향을 혐오한다. 그러므로 그때 계속 성장해 가는 문화가 여전히 그대로 있기 위해서는 하나의 새로운 세대가 필요하다. 한편 그것도 멀리까지는 갈 수가 없다. 왜냐하면 아버지의 문화를 되찾기 위해서는, 아버지가 자식을 낳았던 그 시기에 아버지 자신이 지녔던 유전된 활력을 자식은 거의 써 버려야 하기 때문이다. 얼마 남지 않는 것으로 그는 전진한다(왜냐하면 여기에서 길은 두 번째로 지나는 것이 되므로 조금 쉽게, 그리고 빨리 나아갈 수 있기 때문이다. 자식은 아버지가 알고 있던 것과 같은 것을 배우는 데 그만큼 많은 힘을 소모하지 않는다). 예를 들어 괴테처럼 아주 활력을 많이 가진 인물은 잇따라 4대에 걸쳐서도 불가능했을 정도의 많은 것을 지나간다. 이러한 사람들이 너무도 앞서 있으므로 다른 사람들은 다음 세기에 가서야 겨우 그들을 따라잡는다. 그래도 완전히 따라잡진 못한다. 자주 멈춰 문화의 통합, 발전의 일관성이 약해지기 때문이다. 사람들은 역사의 과정에서 얻은 정신 문화의 일반적인 단계들을 점점 더 빨리 되찾게 된다. 그들은 현재 종교적으로 감동받은 어린아이들처럼 문화에 파고들기 시작해, 아마도 열 살쯤 되면 이러한 감각의 최고조 영역에 이르러서 학문에 접근하고, 더 약화된 형식들(범신론)로 옮겨간다. 신과 불사, 그 밖의 것에서 아주 벗어나지만, 하나의 형이상학적 철학의 마법에 걸리게 된다. 이것도 또한 그들에게는 믿을 수 없는 것으로 되어 버린다. 그것과는 반대로 예술은 점점 많은 것을 가져다 주는 듯이 보이며, 그것으로 잠시 동안 형이상학은 또한 예술로 변형해서, 아니면 예술적으로 정화하는 기분으로 남아있다가 계속 살아가게 되는 것이다. 그러나 학문적 감각은 차츰 지배적 경향을 띠고, 사람을 자연 과학과 역사를 향하게 하고, 특히 가장 엄밀한 인식 방법으로 이끌어 가서 예술에는 일방적으로 온화하고 겸허한 의의를 주는 결과를 가져온다. 이것은 모두 한 인간의 초기 30년 안에 일어나는 것이 보통이다. 그것은 아마도 인류가 3만 년 동안이나 뼈와 살을 깎아온 것과 같은 과업의 간결한 되풀이일 것이다.

273

물러선 것이지, 뒤돌아 간 것은 아니다─현재 아직도 종교적 감각에서 자기 발전을 시작하는, 그리고 그 뒤 아마 더 오랫동안 형이상학이나 예술 속에서 계속 살아가는 사람은, 물론 매우 먼 거리를 돌아온 것이며, 다른 현대인과의 경주를 불리한 전제 아래서 시작하는 셈이 된다. 그는 겉으로 보기에 공간과 시간을 허비하는 것 같다. 그러나 열정과 에너지가 속박을 벗어나 끊임없는 힘이 용암의 흐름같이 마르는 일이 없는 샘에서 솟아나는 그런 영역에 머무는 것으로서, 단지 알맞은 시기에 그 영역에서 떨어져 나오기만 하면 그는 더욱 급속히 전진할 것이다. 그의 발은 날개를 달고 있다. 그의 가슴은 더 조용히 숨을 길게, 참을성 있게 호흡하는 것을 배우고 있다. 그는 도약하는 데 충분한 여지를 얻기 위해 뒤로 물러섰을 뿐이다. 그래서 이 후퇴에는 뭔가 무서운 것, 위협적인 것마저 있을 수 있다.

274

예술적 대상으로서의 우리 자신의 한 단면—뒤떨어진 사람들이 거의 생각도 없이 살아가면서 자기들 마음의 칠판에서 지워 버리는 어떤 발전 단계를 의식적으로 단단히 붙잡아 그것에 대한 충실한 그림을 그린다는 것은 뛰어난 문화의 표시다. 왜냐하면 이것은 겨우 몇 사람만이 알고 있는 고급 회화 예술이기 때문이다. 그러기 위해서는 그 여러 단계를 기술적으로 분리하는 것이 필요하다. 역사적 연구는 이런 그림을 그리는 능력을 기른다. 왜냐하면 그것은 역사의 한 부분, 하나의 민족, 또는 하나의 인생을 계기로 아주 일정한 사상권, 감각의 일정한 강도, 어떤 것의 우세, 어떤 것의 후퇴를 표상하도록 끊임없이 우리를 재촉하기 때문이다. 우연히 남아 있는 원기둥과 벽의 유적에서 하나의 신전의 인상을 재건하듯이 주어진 단서에서 그와 같은 사상·감정의 체계를 재빨리 다시 일으켜 세울 수 있다는 점에 역사적 감각이 성립된다. 역사적 감각의 가장 가까운 성과는 우리가 이웃들을 순전히 일정한 체계로서, 갖가지 문화의 대표자로서, 즉 필연적이지만 변하기 쉬운 것으로서 이해하는 일이다. 그리고 또 우리가 우리 자신의 발전 속에서 모든 단편을 떼어내어 그것을 독립된 것으로서 세울 수 있는 일이다.

퀴닉파와 에피쿠로스파 ─ 퀴닉파는 고급 문화인의 고통이 늘어나고 강화되는 것과 욕망이 가득 찬 것의 관계를 인식하고 있다. 즉 그들은 아름다운 것, 알맞은 것, 어울리는 것, 즐거운 것에 향하는 수많은 의도가, 똑같이 풍부한 쾌락의 샘뿐만 아니라 아울러 불쾌의 샘도 솟아나오게 하는 것을 파악하고 있다. 이 통찰에 따라 그는 이러한 의도의 대부분을 포기하고 어떤 문화의 요구에서 멀어짐으로써 자기를 소극적으로 만든다. 그래서 그는 어떤 자유와 강건함에 대한 감각을 얻는다. 그리고 차츰 습관에 의해 그의 생활 방식이 견딜 만한 것이 되면 그는 사실 불쾌를 느끼는 것이 문화인보다 드물어지고 약화되며 동물에 가까워진다. 게다가 그는 모든 일을 대조의 자극을 받아 느끼고, 욕설을 퍼붓는 일도 마음대로 할 수 있다. 그러므로 그것에 의해 다시 동물의 감각세계를 높이 넘어서게 되는 것이다.

에피쿠로스파는 퀴닉파와 같은 관점을 가지고 있다. 이 두 학파 사이에는 일반적인 기질의 차이가 있을 뿐이다. 그 뒤에 에피쿠로스파는 여론에서 벗어나기 위해서 그들의 좀더 높은 문화를 이용한다. 퀴닉파는 부정 속에 머물러 있는 데 지나지 않지만 에피쿠로스파는 여론을 얕본다. 머리 위에서는 바람 속에서 나뭇가지가 술렁거리며 바깥 세계가 얼마나 심하게 동요하고 있는가를 알리고 있는데, 에피쿠로스파는 말하자면 바람 한 점 없이 편안하게 지켜진 어두운 복도를 거닌다. 그와 반대로 퀴닉파는 말하자면 알몸으로 바람 부는 바깥을 걸어다니며 무감각하게 될 때까지 몸을 단련하는 것이다.

문화의 소우주와 대우주 ─ 인간이 자기 자신 속에 두 가지 서로 다른 세력이 존재하는 것을 볼 때, 그는 자기 속에서 문화에 대한 가장 훌륭한 발견을 한 것이다. 학문의 정신에 마음을 빼앗기는 것과 마찬가지로, 조형 미술 또는 음악에 대한 사랑에 살고 있는 어떤 사람이 한쪽 세력을 전멸하고 다른 쪽 세력을 완전히 해방함으로써 이 모순을 지양하는 것은 불가능하다고 생각한다는 가정을 해보자.

그렇다면 그에게는 매우 커다란 문화의 건물을 스스로 쌓아올려, 그 두 세력이 비록 건물의 서로 다른 끝에 있을지라도 그 속에 머물 수 있고, 다른 한편 둘 사이에 유화적인 중간 세력이 있어 필요한 경우에는 돌발하는 싸움을 조정할 수 있는 만큼의 우세한 힘으로써 살게 하는 길밖에 없다. 개인에게 이와 같은 문화의 건물은, 그러나 시대 전체의 문화 구조와 아주 꼭 닮아 이 구조에 대한 더욱 진보된 유추적 교훈을 줄 것이다. 왜냐하면 문화의 대건축이 발달된 모든 곳에서 이러한 건축의 과제는, 서로 대립하는 여러 세력을 억압하거나 속박하지 않고 융화하게 만드는 일이었기 때문이다.

277

행복과 문화 ─ 어렸을 때의 환경을 되새겨 보면 우리는 깊은 감동에 잠기게 된다. 정원이 딸린 집, 묘지가 있는 교회, 연못이나 숲, 이러한 것을 우리는 언제나 고뇌하는 자로서 다시 바라보게 된다. 우리 자신에 대한 동정이 우리를 덮쳐 온다. 그 뒤 우리는 얼마나 많은 고뇌를 겪어 왔는가! 더구나 여기에는 모든 것이 조용하게 영원히 남아 있다. 우리만이 이렇게 변하고 이렇게 흔들리는 것이다. 우리는 떡갈나무에서처럼, 시간의 흔적이 남지 않은 몇 사람의 인간과도 만나게 된다. 농부·어부·나뭇꾼들, 그들은 옛 모습 그대로다. 저열한 문화를 눈앞에 두고 감동하고 자신을 동정하는 일은 더 높은 문화의 표시다. 여기서도 높은 문화에 의해서 행복은 어쨌든 늘어나지 않았던 것만은 뚜렷해진다. 삶에서 행복과 안이함을 거두려는 자는 언제나 높은 문화를 피하는 것이 좋으리라.

278

춤의 비유 ─ 어떤 사람이 인식에 있어서 순수함과 엄밀함을 굳게 지키며, 또한 다른 순간에는 시·종교·형이상학이 백 걸음 정도 앞서 나가게 해 놓고 나중에 그들의 힘과 미를 느낄 수 있을 만큼 힘과 유연성을 가지고 있다면, 그것은 현재로서는 커다란 교양의 결정적인 표시라고 여겨진다.

이처럼 서로 다른 두 가지 요구 사이에서 그런 태도를 취한다는 것은 아주 어려운 일이다. 왜냐하면 학문은 그 방법의 절대적 지배를 강요하고, 이 강요가 관철되지 않으면 온갖 충동 사이에서 분별도 없이 위아래로 흔들리는 또 다른 위험이 생기기 때문이다. 아무튼 이 곤란한 문제의 해답을 적어도 하나의 비유로 보기 위해서는, 춤이라는 것이 갖가지 충동 사이에서 지쳐 여기저기를 비틀거리는 것과 같지 않다는 것을 사람들이 실제로 상기해 보면 된다. 높은 문화는 대담한 춤처럼 보일 것이다. 그러므로 앞서 말한 많은 힘과 유연성이 필요하다.

279

삶을 가볍게 하는 것에 대해서—삶의 짐을 덜어주기 위한 주요 수단은 삶의 모든 사상(事象)의 이상화이다. 그러나 사람들은 이상화란 어떤 것인가를 그림에서 충분히 명료하게 보게 된다. 화가는 보는 사람이 지나치게 면밀하고도 예리하게 보지 않기를 바란다. 일정한 간격을 두고 물러나서 바라보도록 강요한다. 화가는 관람자와 그림 사이에 일정한 거리를 전제할 필요가 있다. 그뿐만 아니라 그는 관람자들의 시선의 예리함까지 마찬가지로 일정한 정도의 것으로 가정해야 한다. 이러한 일에서 그는 절대로 불확실해서는 안 된다. 따라서 자기 삶을 이상화하려는 모든 사람은 삶을 너무 자세하게 보려고 하지 않아야 하고, 언제나 일정한 거리를 두고 자신의 눈을 고정해야 한다. 이러한 요령을 괴테는 깨닫고 있었다.

280

삶의 짐을 덜어주는 것으로서의 장애와 그 반대 경우—인간의 어떤 단계에서는 삶을 힘들게 하는 많은 것이, 좀더 높은 단계에서는 삶의 짐을 덜어주는 데 도움이 된다. 그와 같은 사람들은 삶의 더욱 힘든 것을 몸소 겪어 알고 있었기 때문이다. 마찬가지로 그 반대 경우도 일어난다. 예를 들면 종교는 사람이 자신의 무거운 짐과 곤란함을 없애 달라고 그것을 우러러보는 경우, 또는 너무 높게 공중으로 뜨지 않도록 자신을 얽어 놓은 사슬로서 그것을 내려다보는 경우에 따라 이중의 얼굴을 가지게 된다.

281

고급문화는 반드시 오해받는다—지식욕 말고는 교육받은 종교적 욕구만을 하나 더 가지고 있던 학자들처럼, 자신의 악기에 단 두 줄의 현만을 매어놓고 있는 사람은, 더 많은 현을 켤 수 있는 사람들의 일을 알 수가 없다. 저급문화에 의해서 언제나 잘못 해석되는 것은, 여러 현을 가진 더 높은 문화의 본질에 말미암는다. 예를 들면 예술이 종교적인 것의 가장된 모습으로 여겨질 때, 이러한 것이 일어나고 있는 것이다. 그뿐 아니라 단지 종교적인 것에 그치고 마는 사람들은 학문조차도 종교적 감정을 추구하는 것이라고 해석한다. 마치 농인들이 눈에 보이는 운동이 없다면 음악이 무엇인지를 모르는 것처럼.

282

탄식의 노래―명상적 생활의 후회와 때로는 그러한 생활의 과소평가를 수반한다는 것은 아마 우리 시대의 장점이리라. 그러나 우리 시대에 위대한 도덕주의자가 부족하고, 파스칼·에픽테토스·세네카·플루타르코스가 거의 읽히지 않고, 노동과 근면함(건강이라는 위대한 여신의 시녀였던)이 이따금 질병처럼 미쳐 날뛰듯이 보인다는 것은 솔직히 인정해야 한다. 사색을 위한 시간도 사색할 때의 편안함도 결여되어 있으므로 이제 사람들은 다른 견해를 음미하지 않는다. 그들은 그것을 미워하는 것으로 만족한다. 생활 속도가 매우 빨라졌으므로 정신과 눈도 어중간하게 또는 그릇된 관찰과 판단에 익숙해져, 모든 사람이 철도여행을 통해 고장과 주민을 아는 여행자와 비슷해진다. 독자적이고 신중한 인식 태도는 거의 하나의 광기로서 멸시 받는다. 자유정신은 특히 학자들에 의해서 악평을 받고 있다. 그들은 자유정신의 사물을 관찰하는 방법에 자신들의 심원성과 개미 같은 근면함이 결여되어 있는 것을 불평하여 자유정신을 학문의 한구석에 가두어 두고 싶어한다. 그런데 자유정신은 고립된 처지에서 학자·박식한 자의 전체 소집군을 이끌고 그들에게 문화의 진로나 목표를 보여 준다는, 순전히 다른 더욱 높은 과제를 가지고 있는 것이다.

이제까지 노래 불러진 것과 같은 탄식은 아마 멈춰질 때가 오리라. 그리고 언젠가 명상의 정령이 당당하게 돌아올 때 스스로 침묵을 지킬 것이다.

283

활동적인 사람의 주요 결함―활동적인 사람에게는 보통 고급의 활동이, '개인적인' 활동이 결여되어 있다. 그들은 관리·상인·학자로서, 즉 같은 종류의 존

재로서는 활동적이지만 명확한 개체의, 더구나 둘도 없는 인간으로서는 그렇지
않다. 이런 점에서 보면 그들은 게으르다. 그들의 활동이 거의 언제나 조금이나
마 부조리하다는 것이 활동적인 사람의 불행이다. 이를테면 돈을 모으고 있는
은행가에게 그 끊임없는 활동의 목적이 무엇인지 물어서는 안 된다. 그것은 부
조리한 일이다. 활동적인 사람은 돌이 굴러가듯이 기계적인 무감각성을 좇아
굴러간다.

모든 인간은 모든 시대와 마찬가지로 오늘도 아직까지 노예와 자유인으로 나
누어져 있다. 왜냐하면 자기의 하루의 3분의 2를 자기를 위해 가지고 있지 않는
자는 노예다. 비록 그가 그 밖의 점에서는 정치가·상인·관리·학자 등 어떤 자
건 마찬가지다.

284

한가한 사람을 위해서—명상적 생활의 평가가 저하된 표시로서, 학자들은
지금 하나의 성급한 즐거움을 찾아 활동적인 사람과 경쟁하고 있다. 따라서 이
러한 즐거움을, 본래 그들에게 속해 있는, 그리고 사실 훨씬 많은 즐거움이 되
는 방식보다 높이 평가하는 듯이 보인다.

학자들은 '한가함'을 부끄러워한다. 그러나 한가함과 무위는 고귀한 것이다.
무위가 실제 온갖 악덕의 시초라면, 그것은 적어도 모든 미덕의 가장 가까이에
있는 셈이 된다. 한가한 인간은 언제나 활동적인 사람보다도 그래도 아직 더 나
은 인간이다. 그러나 내가 한가함과 무위라는 말로 여러분을, 게으른 자들을 가
리키고 있다고는 설마 생각하지 않겠지?

285

현대의 불안—현대의 격동이 서쪽을 향해서 점차 커져 가므로, 미국인에
게는 유럽 주민들이 총체적으로 휴양을 즐기는 존재로 보인다. 그러나 실제로
는 이들 자신은 꿀벌과 말벌처럼 한데 뒤엉켜 날고 있는 것이다. 이 격동은 매
우 커져서 고급 문화는 이미 그 과일을 익도록 할 수 없게 되었다. 이것은 마치
사계절이 너무나도 성급하게 겹쳐서 이어지는 것 같다. 침착성을 잃었기 때문에
우리의 문명은 하나의 새로운 야만으로 끝날 것이다.

어떠한 시대에도 활동적인 사람, 즉 침착성이 없는 사람이, 이 이상 소중히 다루어진 적이 없었다. 그러므로 명상적 요소를 강화하는 것은 인류의 성격에 대해서 시도하지 않으면 안 될 필수적인 수정 작업의 하나다.

실제로 마음과 머리가 침착성을 잃지 않고 변함 없는 개개의 사람은 누구나 그것만으로, 자신이 단지 좋은 기질을 가졌을 뿐만 아니라 일반적으로 유익한 미덕조차도 가지고 있으며, 이 미덕의 유지로써 하나의 보다 높은 과제마저도 완수하는 것이라고 믿을 권리가 있다.

286

활동적인 사람은 어느 정도까지 태만한가—무슨 일에서도 그것에 대해서 여러 의견이 있을 수 있을 때에는, 누구나 독자적인 의견을 가져야 한다고 나는 믿는다. 그 개인은 모든 다른 것에 대해서 하나의 새로운, 한 번도 존재한 적 없는 위치를 차지하는 독자적인, 일회적인 존재이기 때문이다.

그러나 활동적인 사람의 마음속에 가로놓인 태만성은, 인간이 그 독자적인 샘에서 물을 긷는 것을 방해한다.

의견의 자유는 건강과 마찬가지다. 둘 다 매우 개성적이어서, 양쪽 모두에게서 인정되는 보편 타당한 개념은 세워질 수가 없다. 한 개인의 건강에 필요한 것이, 다른 개인에게는 이미 병의 원인이다. 그리고 정신의 자유에 이르는 많은 수단과 길이, 더 고도로 발달한 사람에게는 부자유에 이르는 길과 수단으로 여겨질지도 모른다.

287

인생의 평가—애증의 교차는, 오랫동안 인생에 대한 자기 판단에서 자유롭게 되기를 바라는 인간의 내적 상태의 특징이다. 그는 잊지 않고 사물에서 받은 좋은 것, 나쁜 것을 모두 마음속에 담고 있다. 마침내 그의 영혼의 칠판이 경험으로 가득 채워지게 되면 그는 현존재를 멸시하지도 미워하지도 않게 된다. 또한 사랑하지도 않으며 어떤 때는 즐거움의 눈으로, 어떤 때는 슬픔의 눈으로 바라보면서 현존재 위에 누워 자연처럼, 여름 같은 기분, 혹은 가을 같은 기분에 젖어들기도 할 것이다.

288

부산물─진심으로 자유로워지려는 자는 전혀 강제가 없더라도 결점과 악덕의 경향을 함께 잃어버리게 될 것이다. 노여움과 혐오가 그를 덮치는 일도 더욱 드물어질 것이다. 다시 말해 그의 의지는 인식하는 것과 그 수단, 즉 그 안에서 그가 인식하기에 가장 알맞은 지속적 상태 그 밖의 아무것도 열렬히 바라지 않게 되는 것이다.

289

질병의 가치─병으로 누워 있는 사람은 때로는 그가 일상의 자기 직무, 일 또는 사교라는 병에 걸려 있으며, 그런 것들로 인해 자신에 대한 사려를 완전히 잃어버리고 있었다는 것을 알아차린다. 그는 질병이 그에게 강요하는 한가함에서 이러한 지혜를 얻게 되는 것이다.

290

시골에서의 감각─산맥과 숲의 선 같은 확고하고 안정된 선을 삶의 지평에 갖고 있지 않으면, 인간의 가장 내면적인 의지까지도 도시인의 본성처럼 불안정하게, 산만하게, 탐욕스럽게 된다. 그러한 사람은 행복을 갖지 못해 주지도 못한다.

291

자유정신의 조심성─인식만을 위해 살고 있는 자유로운 사람들은, 그들의 외면적 삶의 목표, 사회나 국가에 대한 그들의 최종적 지위에 곧 다다를 것으로 생각하고, 예컨대 보잘것없는 관직 또는 단지 생활에 필요한 만큼의 재산으로 만족하고 싶어할 것이다. 왜냐하면 그들은 외적 재물에 큰 변화가 생기고, 정치적 질서가 뒤집힐 때 자신들의 삶도 함께 내동댕이쳐지지 않도록 준비할 것이기 때문에, 이들 모든 것에는 될 수 있는 대로 조금만 에너지를 쓴다. 축적된 온 힘을 다해, 말하자면 긴 숨으로 인식의 원소에로 침잠하기 위해서이다. 그렇게 해야만 그들은 깊이 잠수해 물 밑바닥까지 보기를 바랄 수 있을 것이다. 이와 같은 정신은 한 가지 사건에 대해서 다만 그 끄트머리만을 잡고 싶어할 것

이다. 그는 사물을 그 주름의 전체 넓이와 물결의 넓이라는 점에서 사랑하는
것은 아니다. 왜냐하면 그 주름 속에 말려드는 것을 바라지 않기 때문이다. 그
도 부자유·종속·복무의 일상을 알고는 있다. 그러나 이따금 그에게는 자유의
일요일이 와야 하며, 그렇지 않으면 그는 삶을 견뎌내지 못할 것이다. 아마 그
의 인간에 대한 사랑까지도 조심스럽고 숨이 짧을 것이다. 왜냐하면 그는 인식
의 목적에 필요한 한에서만 애착과 맹목의 세계에 관계하려 하기 때문이다. 만
약 애정이 결핍되어 있다고 그를 비난하는 소리가 있을 경우에, 그는 공정의 수
호령이 제자이며 피후견인인 자신을 위해 변명해 줄 것이라고 믿지 않을 수 없
다. 그의 생활방식과 사고방식에는, 그의 덜렁대는 형제가 하는 것처럼 숭배하
는 거대한 대중 앞에 몸을 드러내기를 꺼려하며 조용히 세상을 살고 세상에서
나가는 것을 예사로 하는 '세련된 영웅주의'가 있다. 비록 어떠한 미로를 돌아
다니며 겪어왔건, 어떠한 바위 밑을 그의 흐름이 잠시 겨우 지내왔건 간에, 빛
을 쬐게 되면 그는 밝고 가볍게 거의 소리도 내지 않고 자기 길을 나아가며 햇
빛이 그 바닥까지 투과하여 장난하도록 내버려 두는 것이다.

292

앞으로—그럼 확실한 발걸음과 믿음을 가지고, 지혜의 길을 나아가라. 당
신이 어떠한 존재이든 경험의 원천으로서의 당신 자신에게 봉사하라. 당신의
본질에 대한 불만을 던져 버려라. 당신 자신의 자아를 꾸짖지 말아라. 왜냐하
면 어쨌든 당신은 인식으로 올라갈 수 있는 백 개의 계단으로 된 사다리를 갖
고 있기 때문이다. 이런 시대에 투입된 것은 유감이라고 당신이 느끼는 그 시대
가, 이 행복 때문에 당신은 행복하다고 찬양하고 있다. 아마 후세 사람들은 없
이 지내야 할 경험도 오늘 당신에게는 여전히 주어지도록 이 시대는 탄원한다.
여전히 종교적이었다는 것을 경멸하지 말라. 어떻게 당신이 아직도 예술과 순수
하게 접촉하고 있었는지를 완전히 밝히라. 바로 이러한 경험의 도움을 빌려야
만 당신은 과거 인류의 거대한 도정을 더욱 깊이 이해하며 더듬을 수 있지 않
을까? 이따금 몹시 당신 마음에 들지 않는 고장, 불순한 사고의 고장에서야말
로 고대 문화의 가장 멋진 열매들의 대부분이 성장해 온 것이 아닐까? 사람들
은 종교와 예술을 어머니와 유모처럼 사랑해 봤어야만 한다. 그렇지 않으면 지

혜로워질 수 없다. 그러나 그것들을 넘어서 바라보고 그것들로서는 감당할 수 없을 만큼 성장해야 한다. 그러한 마력 속에 머물러 있어서는 그것들을 이해할 수도 없다. 마찬가지로 당신은 역사에, 그리고 '이쪽—저쪽'의 조심스러운 저울접시 놀이에도 정통해야 한다. 과거의 황야를 통해 고뇌에 찬 위대한 걸음을 걸었던 인류의 발자취를 되밟아 거닐어 보라. 그렇게 하면 당신은 모든 인류가 두 번 다시 갈 수 없고 가서는 안 되는 곳을 가장 확실하게 배우게 될 것이다. 그리고 미래의 매듭이 어떻게 다시 맺어지는지를 온 힘을 다해 미리 알려고 애쓰면서, 당신 자신의 삶은 인식의 도구와 수단으로서의 가치를 얻게 된다. 당신이 체험한 모든 것, 모든 시도, 미로, 오류, 착각, 정열, 당신의 사랑과 희망이 당신의 목표에 남김없이 동화되도록 하는 일은 당신 손에 달려 있다. 이 목표란 자신이 문화의 고리에서 생긴 하나의 필연적인 사슬이 되어, 이 필연성에서 일반 문화의 진행에서의 필연성으로 추리해 가는 일이다. 만약 당신의 눈이 당신의 본질과 당신 인식의 어두운 샘의 바닥을 볼 수 있을 만큼 충분히 강해져 있다면, 아마 그 거울 속에서 미래 문화의 먼 별들도 보일 것이다. 이러한 목표를 가진 삶이 너무나 힘들고 모든 즐거움이 결여되어 있다고 생각하는가? 만일 그렇다면 당신은 어떠한 꿀도 인식의 꿀보다 달지 않다는 것, 낮게 깔린 비애의 구름도 당신의 기운을 회복하기 위한 우유를 짜 낼 유방으로써 당신에게 도움을 줄 것이 틀림없다는 것을 아직 배우지 못한 것이다. 노년이 찾아오면 당신은 자연의 소리에, 세계 전체를 즐거움으로 지배하는 자연의 소리에 얼마나 귀를 기울이고 있었는가를 더욱더 깨닫게 된다. 노년에 그 정점을 갖는 이와 같은 인생은 지혜 속에도, 변함없는 정신적 기쁨의 부드러운 햇빛 속에도 정점을 갖고 있다. 이 두 가지, 즉, 노년과 지혜를 당신은 인생의 한 산등성이에서 만난다. 자연이 그렇게 바랐던 것이다. 그 뒤 죽음의 안개가 다가오는 것은 때가 왔다는 것이며, 화를 낼 아무런 까닭도 없다. 빛을 향하여…… 당신의 마지막 움직임, 인식의 어떤 환호성…… 당신의 마지막 목소리.

제6장

교제하는 인간

293

호의적인 위장─사람들과 교제할 때에는, 그들 행위의 동기를 알아차리고 있지 않은 듯 호의적으로 위장하는 것이 필요하다.

294

모사─위대한 사람의 모사를 대하는 것은 드문 일은 아니다. 그리고 회화의 경우처럼 여기서도 대부분의 사람에게는 모사가 본래의 것보다 더 마음에 든다.

295

웅변가─아주 적절하게 이야기하면서도 세상의 모든 사람들이 반대를 외치도록 이야기할 수도 있다. 즉 온 세상을 향해 이야기하지 않을 경우다.

296

친밀성의 부족─친구 사이에 친밀성이 부족하다고 비난해서는 안 된다. 왜냐하면 그것은 치유할 수 없는 결점이기 때문이다.

297

선물하는 요령에 대해서─올바른 방법으로 받지 않았다는 이유로, 선물을 거절해야 한다는 것은 선물한 사람을 분노하게 한다.

298

가장 위험한 당원—어떤 당파에도 당의 원칙을 너무나 믿어 버리고 주장함으로써 다른 사람의 탈당을 자극하는 사람이 있다.

299

환자에게 충고하는 자—환자에게 충고하는 자는, 그것이 용납되건 반발당하건 상대에 대한 어떤 우월감을 느낀다. 그러므로 예민하고 긍지를 가진 환자는 충고자를 자신의 병보다 더 미워한다.

300

두 종류의 평등—평등에 대한 욕구는 다른 사람을 모두 자기 수준까지 끌어내리려고 하든가(트집 잡거나, 묵살하거나, 다리를 걸어서), 아니면 여러 사람과 함께 자신도 끌어올리려는 것으로 (칭찬하거나, 돕거나, 타인의 성공을 기뻐하며) 나타날 수 있다.

301

당황함에 대해서—아주 당황하고 있는 사람들을 돕고 진정시켜 주는 가장 좋은 수단은 그들을 단호히 칭찬하는 일이다.

302

개별적인 덕에 대한 편애—우리의 적에게는 완전히 결여되어 있는 것을 확인하기까지는 우리는 어떤 덕을 갖고 있다는 것에 특별한 가치를 두지 않는다.

303

반대하는 이유—인간은 자주 어떤 의견에 반대한다. 사실은 거기에 서술된 논조만을 동감할 수 없다는 데 지나지 않는 것이지만.

304

믿음과 친밀성—다른 사람과의 친밀성을 일부러 두텁게 하려고 노력하는 자는, 대개 상대의 신뢰를 얻고 있느냐 없느냐에 자신이 없기 때문에 그러는 것이다. 신뢰에 자신이 있는 자는 친밀함에는 그다지 신경쓰지 않는다.

305

우정의 균형—우리와 어떤 다른 사람과의 관계에서는, 자기 편의 저울 접시에 아주 작은 부당함을 얹으면 우정의 올바른 균형이 되돌아온다.

306

가장 위험한 의사—가장 위험한 의사란, 타고난 배우로서, 완전한 현혹술로 타고난 의사를 본뜨는 사람들이다.

307

역설이 알맞은 경우—재치가 넘치는 사람들은 어떤 명제를 설득하기 위해, 때로는 그 명제를 당치도 않은 역설의 형태로 제시하기만 하면 된다.

308

용감한 사람들을 어떻게 설득하는가—용감한 사람들을 설득해 어떤 행위를 시키자면 그 행위를 실제보다도 위험하게 보이도록 과장해야 한다.

309

공손함—우리는 좋아하지 않는 사람들에 대해서는 그들이 보여 주는 공손함을 무례한 행동으로 받아들인다.

310

기다리게 하는 것—사람들을 분개시키고 사악한 생각을 하게 하는 확실한 수단은, 그들을 오랫동안 기다리게 하는 것이다. 이것은 사람을 비도덕적으로 만든다.

311

친밀한 사람들에게 대해서—우리에게 완전한 믿음을 보내는 사람들은, 그럼으로써 우리의 신뢰를 얻을 권리가 있다고 믿고 있다. 이것은 잘못된 추리이다. 선물에 의해서는 아무런 권리도 얻을 수 없다.

312

화해의 수단—우리가 손해를 끼친 상대에게 개인적으로 보상을 하고, 그뿐 아니라 우리에게 호감을 갖도록 하기 위해서는, 가끔 우리에게 한마디 익살을 던질 수 있는 기회를 그에게 주는 것만으로도 충분하다.

313

혀의 허영심—사람이 자신의 좋지 못한 성질과 악덕을 숨기든 숨김없이 고백하든, 결국은 그의 허영심이 덕을 보려고 한다. 누구 앞에서 그런 성질을 숨기고 누구 앞에서는 정직하고 솔직하게 되는가를 얼마나 세심하게 구별하는지 주의해서 볼 뿐이다.

314

조심스러움—누구도 기분 상하게 하지 않고, 누구에게도 폐를 끼치지 않으려고 하는 것은, 정의로운 기질의 표시인 동시에 겁이 많다는 표시일 수도 있다.

315

논쟁에 필요한 것—자신의 사상을 얼음 위에 놓는 것을 터득하지 않은 사람은 논쟁의 열기 속에 뛰어들어서는 안 된다.

교제와 자만—언제나 공로 있는 사람들 사이에 있다는 사실을 자각하면 자만심을 잊게 된다. 혼자 있다는 것은 오만을 심는 결과가 된다. 젊은 사람들은 자만심에 살고 있다. 왜냐하면 모두 대단한 존재도 아닌데 뛰어난 사람으로 보이려고 덤비는, 자기와 같은 자들과 교제하고 있기 때문이다.

317

공격의 동기—사람이 공격을 가하는 것은 누구에게 괴로움을 주고, 그 사람을 해치려는 것일 뿐만 아니라, 아마도 단지 자신의 힘을 의식하기 위한 행동이기도 하다.

318

아첨—사람들이 아첨으로, 그들과 교제하고 있는 우리의 주의력을 마비시키려고 한다면, 그들은 위험한 수단을, 이른바 수면제를 사용하고 있는 셈이다. 이 수면제는 잠재우지 못할 경우에는 오히려 잠을 방해하는 역할을 할 뿐이다.

319

편지를 잘 쓰는 사람—책은 쓰지 않고, 생각은 많고, 불만족스러운 친구들 사이에서 살아가는 사람은 주로 편지를 잘 쓰는 사람이 될 것이다.

320

가장 추하다—많은 여행을 해온 사람이 인간의 얼굴보다도 추한 곳을 세계의 어딘가에서 발견한 적이 있는지 의심스럽다.

321

동정심이 많은 사람—동정심이 많고 불행할 때는 언제든 남을 잘 돕는 성질을 가진 사람들이, 동시에 함께 즐거움을 나눌 수 있는 사람인 경우는 드물다. 그들은 남이 행복할 때면 할 일이 없고, 불필요한 존재가 된다. 자신들이 우월함을 갖고 있다는 것을 느끼지 못하기 때문에 쉽게 불만을 나타낸다.

322

자살자의 가족—자살자의 가족은, 자신들의 평판을 고려해서 그가 살아 주지 않았다는 것을 유감으로 생각한다.

미리 알 수 있는 배은망덕—무엇인가 큰 선물을 하는 사람은 결코 감사의 대상이 못 된다. 받는 사람이 받는 것만으로도 이미 부담스럽게 생각하기 때문이다.

재치 없는 동료들 사이에서—재치 넘치는 사람이, 재치를 보이면 예의에 벗어난 것처럼 생각하는 동료들과 같아진다고 해도, 그러한 예의를 그에게 감사할 사람은 아무도 없다.

목격자의 존재—사람들은, 그렇게 할 용기가 없는 사람들이 함께 있을 경우에는, 한결 더 용감하게 물에 빠진 사람의 뒤를 따라 뛰어든다.

침묵—논쟁에 응할 때 양편 모두에게 가장 불쾌감을 주는 방법은, 화를 내고 침묵을 지키는 일이다. 왜냐하면 공격하는 측에서는 침묵을 보통 모멸의 표시로 풀이하기 때문이다.

친구의 비밀—이야깃거리가 없어졌을 때, 친구의 비밀을 누설하지 않는 사람은 많지 않으리라.

인간미—정신적인 명사(名士)들의 인간미는, 무명 인사들과 교제할 때 정중하게 부당함을 받아들이는 데 있다.

수줍은 사람—사교 자리에서 자신감을 갖지 못하는 사람은, 자기보다 못한 사람들을 찾아내어 이 점을 숨김없이 사람들에게 보여주기 위해 어떠한 기회도 놓치지 않고 이용한다. 예컨대 조롱함으로써.

330

감사─고상한 영혼은 누군가가 자신에게 감사할 의무가 있다는 사실을 알게 되면 우울해진다. 천박한 영혼은 자신이 누구에겐가 감사할 의무가 있음을 알게 되면 우울해진다.

331

소원해짐의 표시─두 사람의 견해가 서먹서먹해졌다는 가장 뚜렷한 표시는, 그들이 서로 몇 마디씩 비꼬아 말하고 있지만, 어느 쪽도 그것을 비꼼으로 느끼지 않는다는 점이다.

332

공로가 있는 자들의 자만심─공로가 있는 자들의 자만심은 공로가 없는 사람의 그것보다 한결 더 기분을 상하게 한다. 공로 그 자체가 이미 기분을 상하게 하기 때문이다.

333

목소리의 위험─대화를 할 경우 때로는 우리 자신의 소리가 이상하게 들려 우리를 당황케 하고, 우리의 의견과는 전혀 들어맞지 않는 주장으로 우리를 이끌어 어리둥절하게 만드는 일이 있다.

334

대화할 때─대화할 때 상대편에 정당성을 부여하느냐 부당함을 부여하느냐 하는 것은, 오로지 습관의 문제다. 이것도 저것도 의미는 있다.

335

이웃에 대한 공포─우리는 이웃 사람의 적의를 무서워한다. 그가 적대적인 기분으로 우리의 비밀을 알아낼까 염려스럽기 때문이다.

336

비난에 의해 돋보이게 한다—아주 저명한 사람들은 그들의 비난조차도 우리를 돋보이게 하려는 것이라고 생각해버린다. 그들이 얼마나 열심히 우리에게 열중하고 있는가를 우리에게 알려 줄 셈인 것이다. 만약 우리들이 그들의 비난을 곧이듣고 거기에 변명을 한다면 그것은 그들을 오해하는 셈이다. 그들의 화를 돋울 것이며 그들과 서먹해지기까지 한다.

337

타인의 호의에 대한 불만—우리는 자신이 미움을 받고, 두려움의 대상이 되어 있다고 믿을 때, 그 정도에 대해서 엉뚱한 착각을 한다. 틀림없이 우리 자신은 어떤 인물·방향·당파와 우리의 거리를 잘 알고 있지만, 상대편은 우리를 아주 겉으로만 알고 있어서, 표면적으로 미워하고 있는 데 지나지 않는다.

우리는 까닭도 모르는 호의를 대할 때가 간혹 있다. 그러나 정체가 드러나면 그것은 우리의 기분을 상하게 한다. 그것은 사람들이 우리 자신의 일을 충분히 진지하게, 신중히 보고 있지 않았다는 것을 나타내기 때문이다.

338

엇갈리는 허영심—똑같이 많은 허영심을 가진 두 사람이 만나면, 그들은 서로에 대해 좋지 못한 인상을 갖게 된다. 그들은 저마다 자신들이 상대편에게 주고 싶었던 인상에만 정신을 쏟고 있었기에, 상대 역시 그들에게 아무런 인상도 주지 못했기 때문이다. 결국 둘 다 자신의 수고가 실패했다는 사실을 알게 되고 상대에게 책임을 떠넘긴다.

339

좋은 징후로서의 무례함—뛰어난 정신은 자기에 대한, 공명심에 불타는 젊은이의 버릇없음, 자만심, 나아가 적의에까지도 만족을 느낀다. 그것은 아직 기수를 태운 일은 없지만, 그러나 곧 기수를 태우는 것을 큰 자랑으로 삼게 될 사나운 말의 무례함인 것이다.

340

부당함을 유지하는 것이 이로운 경우—비난하는 사람에게 항의하거나 반박할 때 그가 그것을 부당하다고 보는 경우에는, 날조된 비난이 부당하더라도 반박하지 말고 받아두는 것이 좋다. 물론 이런 방식으로 어떤 사람은 언제나 부당하면서도 늘 정당성을 유지하게 되며, 마침내는 세상에서 가장 마음 편안한, 가장 참기 어려운 폭군과 성가신 사람이 될 수도 있다. 그리고 개인에 대해서 해당되는 일은, 사회 계급 전체에도 일어날 수가 있다.

341

너무 적게만 존경받으면—예상했던 것보다 조금밖에 경의의 표지를 받지 못한 아주 자만심이 강한 사람들은, 오랫동안 그 일에 대해 자신과 상대의 눈을 속이려고 시도하며, 다른 사람이 자기를 충분하게 존경했다는 것을 이끌어내려고 그럴싸하게 꾸며대는 심리학자가 된다. 그들이 목적을 이루지 못하고 망상의 베일이 찢어지면, 그때는 더욱 심한 불만에 빠진다.

342

말에 여운을 남기고 있는 원시상태—오늘날 남성들이 교제하면서 주장을 늘어놓는 방법에서, 사람들은 그들이 무엇보다 무기에 익숙했던 시대의 여운을 자주 엿볼 수가 있다. 그들은 겨냥한 사수가 소총을 다루듯 자신들의 주장을 다루는 일이 있는가 하면, 또한 사람들이 바람을 일으키며 부닥치는 소리를 듣는 것처럼 여길 때도 있다. 그리고 몇몇 남성들의 경우에는 어떤 주장을 묵직한 통나무처럼 내려치기도 한다. 그와는 반대로 여성들은 몇천 년이나 방직 기계 앞에 앉아 있기도 하고, 바느질도 하면서 아이들과 함께 지냄으로써 아이처럼 말한다.

342

말하는 사람—무엇인가를 말하는 사람이 그 사실이 자신의 관심을 끌기 때문에 말하는 것인지, 아니면 이야기를 통해서 흥미를 일으키고 싶어서 말하는 것인지를 우리는 곧 알아차릴 수 있다. 후자의 경우에 그는 과장을 하며 최상급

도 사용할 것이다. 그럴 때는 일반적으로 서투르게 말하게 된다. 그는 자기자신
에 대해 생각하는 것만큼 사실에 대해서 잘 생각하지 못하기 때문이다.

344

낭독자─극시를 읊는 사람은 자신의 성격에 대해서 여러 가지를 발견한다.
그는 자신의 목소리가 다른 경우에서보다도 어떤 기분과 장면에 한결 더 자연
스럽게 어울리는가를 발견한다. 예를 들면 모든 비장한 것에 대해서 또는 우스
꽝스러운 것에 대해서. 그는 아마도 일상 생활에서는 단지 비장함 또는 해학을
보여줄 기회가 없었을 것이다.

345

실생활 속에서 일어나는 희극의 한 장면─누군가가 사교 모임에서 발표하려
고 어떤 주제에 대한 재치 있는 의견을 생각해 낸다. 그러면 사람들은 마치 희
극을 듣고 보는 것처럼 되어 버린다. 그는 자신의 생각을 말할 수 있는 한 점을
향하여 모든 돛을 올려서 이르려고 하며 동료들도 거기에 태우려고 애쓴다. 또
하나의 목표를 향해 밀고 나가며, 때로는 방향을 잃고, 다시 찾기도 하며, 드디
어 그 순간을 붙잡는다. 그는 거의 숨이 끊어질 듯하다. 그런데 그때 모임의 한
사람이 그의 입에서 나오려는 생각을 빼앗아간다. 그는 어떻게 할 것인가? 자
기 자신의 의견에 반대라도 할 것인가?

346

무의식중에 결례를 하고─어떤 사람이 무의식중에 다른 한 사람에게 예의
에 벗어난 행동을 했다. 예를 들면 그 사람인 줄 모르고 인사하지 않았을 경우,
그는 자신의 처지를 꾸짖을 수 없는데도 이것이 그의 기분을 우울하게 하는 것
이다. 자신이 상대에게 일으킨 악평을 걱정하거나, 기분을 상하게 한 결과를 두
려워하거나, 상대의 감정을 상하게 한 데 대해 고통을 느낀다. 즉 허영심·공포
심 또는 동정심이, 어쩌면 이 모든 것이 한꺼번에 일어날지도 모른다.

347

배신자의 걸작품—자기 자신이 배신하는 바로 그 순간에, 공모자에 대해서 그가 배신하고 있는 게 아닌가 하고 모욕적인 의심을 드러내는 것은 악의의 걸작품이다. 상대편은 자신의 일에 정신이 팔려 잠시 동안은 되도록 의심받지 않게 숨김없이 행동할 수밖에 없게 되는데, 그것으로 진짜 배신자는 자유 행동을 취하게 되기 때문이다.

348

모욕하는 것과 모욕당하는 것—모욕한 뒤에 용서를 비는 편이 모욕당하고 용서하는 편보다 훨씬 기분이 좋다. 전자를 행하는 자는 권력을 표시한 뒤에 성격의 좋은 점까지 보여주게 된다. 반면 후자는 몰인정하다는 인상을 주지 않으려면 이미 용서해 주지 '않을 수 없다'. 이 부득이함 때문에 상대가 머리를 숙이는 것을 보는 즐거움도 줄어든다.

349

논쟁할 때—사람들이 어떤 다른 의견에 반대함과 동시에 자신의 의견을 펼칠 때, 일반적으로 다른 의견에 대한 끊임없는 헤아림이 자신의 의견의 자연적인 태도를 망쳐 놓는다. 그것은 한결 계략적으로 더욱 날카롭게 그리고 아마도 조금은 과장되어 나타난다.

350

요령—무엇인가 어려운 일을 타인에게 시키고자[1] 하는 사람은 대체로 그 사항을 문제로서 논술하는 것이 아니라, 자신의 계획을 오직 하나의 가능성인 것처럼 솔직하게 드러내 놓아야 한다. 만약 상대편의 눈에 이의·반대의 기색이 감돌게 되면 곧 이야기를 멈추고 그에게 시간적 여유를 주지 않도록 주의해야 한다.

---

1) '시키다(erlangen)'는 슐레히타 판에서는 '요구한다(verlangen)'로 되어 있다.

351

사교 모임이 끝난 뒤의 꺼림칙함—왜 우리는 일반적인 사교 모임이 끝난 뒤에 꺼림칙함을 느끼게 되는 것일까? 이것은 중대한 사항을 가볍게 취급했기 때문이고, 사람들을 비평하는 경우 충분한 성의를 갖고 이야기하지 않았기 때문이며, 또는 말해야 했을 때 침묵을 지키고 있었기 때문이며, 알맞은 시기에 일어서서 자리를 뜨지 못했기 때문이다. 쉽게 말해서 우리가 사교 모임에서 우리 자신도 그 일원이기라도 한 것처럼 행동했기 때문이다.

352

인간은 잘못된 평가를 받는다—자신이 어떤 평가를 받고 있는가에 늘 귀를 기울이는 사람은, 언제나 화가 나 있다. 왜냐하면 우리는 우리와 가장 가깝게 지내는(우리를 가장 잘 알고 있는) 사람들에게서도 이미 잘못된 평가를 받고 있기 때문이다.

친한 친구들조차도 자신들의 불쾌감을 때로는 심술궂은 말로 내뱉는다. 그리고 만약 그들이 우리를 잘 알고 있다면 그들이 우리의 친구가 될 수 있을까? 관계 없는 사람의 판단은 매우 솔직하고 사무적으로 들리므로 마음에 심한 상처를 준다. 하물며 누군가 우리의 적과 같은 사람이 우리가 비밀로 하고 있는 점을 우리 자신처럼 그렇게 잘 알고 있다는 것을 알게 되면, 얼마나 끔찍할까!

353

초상화의 횡포—작은 특징으로 재빨리 어떤 인간, 또는 어떤 사건의 전체적인 상을 합성하는 예술가와 정치가는, 그 뒤에도 인간 또는 사건이 실제로 자신이 그린 그대로여야 한다고 요구하는 점에서 부당하다. 그들은 자신들의 표상 속에 살고 있는 것처럼 어떤 사람이 재능이 있고, 빈틈이 없고, 부당한 존재이기를 요구하는 것이다.

354

가장 좋은 친구로서의 가족—친구가 무엇인지 무척 잘 알고 있었던 그리스인들만이 모든 민족 가운데에서도 깊고 다양한 철학적 우정론을 가지고 있다.

따라서 그들에게서 비롯되어, 마침내 현재에 이르기까지, 친구라는 것이 해결할 가치가 있는 하나의 문제로 나타난 것이다. 이러한 그리스인이 '집안 사람들'을 '친구'라는 단어의 최상급 표현으로 부르고 있다.[2] 이것이 나에게는 아무래도 알 수가 없는 일이다.

355

오해된 정직함―대화할 때 자신의 말을 인용하는 것은('나는 그때 이렇게 말했다' '나는 언제나 이렇게 말하고 있다') 자만하는 듯한 인상을 준다. 그런데 사실 그것은 흔히 이와는 정반대의 근원에서 나오는 것이다. 그것은 적어도 그 순간을 과거의 어떤 순간에 일어난 착상들로 장식하고 미화하지 않겠다는 정직성에서 출발한 것이다.

356

기생충―만일 어떤 사람이 단순히 일하지 않아도 된다는 사실만으로, 더욱이 자신이 기대는 사람들에 대해서 남몰래 화를 내면서 타인의 비용으로 살고 싶어한다면, 그것은 고귀한 성향이 완전히 빠져 있다는 표시다. 그러한 성향은 남자보다도 여자들에게 훨씬 많으며, 또한 너그러이 보아줄 수도 있다(모든 역사적 근거에서).

357

화해의 제단에서―사람의 감정을 상하게 하고 서로 적이 되어야만, 그 사람으로부터 어떤 것을 손에 넣는 경우가 있다. 적을 갖고 있다는 이 감정이 심하게 그를 괴롭히므로, 그는 부드러워진 기분의 첫 징후를 곧 화해에 이용해, 과거에는 어떤 일이 있어도 놓지 않으려 했을 만큼 소중했던 그 물건을 이 화해의 제단에서 희생한다.

---

2) 그리스 말로는 처자와 같은 가족을 *ταφιλτατα*라고 하는데 이 말은 친구를 의미할 수 있는 형용사 *φιλοδ*의 상급이 명사화된 것.

358

자만심의 표시로서 동정의 요구—화를 내고 다른 사람의 감정을 해쳐 놓고서 처음에는 자신을 나쁘게 생각하지 말라고, 그 다음에는 이렇게 과격한 발작에 시달렸으므로 자기를 동정해 달라고 요구하는 사람들이 있다. 인간의 자만심이란 그 정도까지 나아가는 것이다.

359

미끼—'사람은 저마다 제값을 갖고 있다'. 이것은 옳은 말이 아니다. 그러나 사람에게는 아마도 스스로 물지 않을 수 없는 하나의 미끼가 있을 것이다. 따라서 어떤 점에 대해서 많은 사람들을 설득하려면 이 점에 박애·고귀·자선·헌신 등의 빛을 덧붙이기만 하면 된다. 어떤 것에 그것을 첨가하지 못하겠는가! 그것은 '그들의' 영혼의 사탕이며 과자이다. 다른 사람들에게는 다른 것이 있다.

360

칭찬받을 때의 태도—재능 있는 사람이 친한 친구한테서 칭찬을 받으면, 그는 예의와 호의에서 기뻐하는 듯한 태도를 보이는 일이 가끔 있을 것이다. 그러나 사실 칭찬은 그에게는 어떻게 되어도 좋은 것이다. 그의 본성은 그러한 것에 아주 둔해서, 그것으로 인해 자신이 누워 있는 양지나 음지에서 한 걸음도 나오지 않는다. 그러나 사람들은 그를 칭찬함으로써 기쁘게 하려고 시도한다. 그리고 그가 칭찬을 기뻐하지 않으면 틀림없이 낙심할 것이다.

361

소크라테스의 경험—인간은 하나의 일에 대가가 되면, 일반적으로 바로 그 때문에 대부분의 다른 일에서는 완전히 무능해진다. 그러나 이미 소크라테스가 경험한 것처럼, 사람들은 정반대로 판단하고 있다. 이것이 대가들과의 교제를 불쾌하게 하는 곤란한 사정인 것이다.

362

방어수단[3]—어리석음과의 투쟁에서는 가장 정당하고 가장 온화한 사람들도 야수적으로 변한다. 그들은 그렇게 함으로써 아마도 올바른 방어수단을 취하는 것이다. 왜냐하면 어리석은 이마에는 주먹이야말로 논거가 되기 때문이다. 그러나 앞서 말한 것처럼, 그들의 성격은 온화하고 정당하기 때문에 정당방위라는 이러한 수단을 통해서 상대에게 고통을 주는 것보다 더 자신이 괴로워한다.

363

호기심—만약 호기심이라는 것이 없다면, 이웃 사람의 행복을 위해서 할 일이 아주 적어질 것이다. 그러나 호기심은 의무 또는 동정이라는 이름 아래 불행한 자와 가난한 사람들의 가정 속으로 몰래 숨어든다. 아마도 크게 명성을 떨치고 있는 모성애라는 것에도 어느 정도의 호기심이 들어있으리라.

364

사교에서의 오산—어떤 사람은 자신의 판단에 따라서, 어떤 사람은 자신의 기호에 따라서, 또 어떤 사람은 자기 지인들에 따라서, 그리고 또 다른 사람은 자신의 고립에 의해서 흥미를 끌려고 한다. 그런데 그들은 모든 것을 오해하는 것이다. 왜냐하면 상연 중인 연극을 보고 있는 사람은 자신이야말로 유일하게 주목받고 있는 연극이라고 믿기 때문이다.

365

결투—모든 체면 문제와 결투에 대해 말하자면, 만일 어떤 사람이 자신에 대해서 이러저러한 것을 말하거나 생각한다면 살고 싶지 않다고 할 정도로 민감한 감정을 가진 사람이 있다면, 그는 어느 편이든 한쪽의 죽음에 이 일을 걸 권리가 있다. 그가 이처럼 민감하다는 것은 전혀 논쟁할 일이 아니다. 이 점에서 우리는 과거의 계승자며, 과거의 위대함 및 위대함에 결코 빠지지 않았던 극

---

3) '방어(Verteidigung)'는 슐레히타 판에서는 '짐승화(Vertierung)'로 되어 있다.

단성의 계승자이다. 그런데 죽음 대신에 피에 동의해서 규칙대로 결투를 하면 마음이 가벼워진다는 명예 규범이 존재한다면, 그것은 매우 고마운 일이다. 그렇지 않으면 많은 인간의 생명이 위험하기 때문이다. 또한 그러한 제도는, 사람들을 자신들의 표현에 주의하도록 교육해서 교제를 가능하게 한다.

366

고귀함과 감사하는 마음—고귀한 영혼은 감사할 의무가 있음을 즐겁게 느끼고, 의무를 가질 기회를 불안하게 생각하고 피하려고 하지는 않을 것이다. 마찬가지로 나중에 감사를 표하는 데에도 침착성을 잃지 않을 것이다. 그런데 천박한 영혼은 의무를 지는 것 모두를 거역하든지, 아니면 뒷날 그들의 감사를 표시할 때 과장된 동작으로 나타내든지, 너무도 급급하고 여유가 없다. 그런데 이러한 것은 낮은 출신이나 억압된 처지에 놓인 사람들에게서도 나타난다. '그들에게' 주어진 은혜가 그들에게는 은총의 기적으로 보이는 것이다.

367

웅변할 시간—어떤 사람은 말을 잘 하기 위해서 누구의 눈으로도 자신보다 뛰어난 사람을 필요로 하고, 또 다른 사람은 자기가 우위에 설 수 있는 사람들 앞에서만 연설의 완전한 자유와 웅변의 훌륭한 표현법을 발견할 수가 있다. 두 경우에서 이유는 같다. 그들은 어느 편이든 '사양하지 않고' 이야기할 때만 말을 잘한다. 한편은 보다 우위에 놓인 자들 앞에서 경쟁의 충동을 느끼지 않기 때문이며, 다른 한편은 훨씬 더 낮은 지위에 있는 사람을 대할 때 그렇게 느끼기 때문이다. 그런데 이런 사람들과 전혀 다른 사람들도 있는데, 그들은 경쟁하면서 이겨야겠다는 의도가 있을 때만 이야기를 잘한다. 명예심이 강한 것은 둘 가운데 어느 쪽일까? 자극된 공명심에서 잘 이야기하게 되는 재능일까, 아니면 이런 동기에서는 서투르게 말하거나 전혀 말하지 않는 재능인가?

368

우정의 재능—우정에 특별한 재능을 가지고 있는 사람 중에는 두 가지 유형이 나타난다. 한쪽의 유형은 줄곧 상승하고 있어서 그 발전의 어떠한 단계에도 잘 어울리는 친구를 발견한다. 이렇게 그가 얻는 친구들이 서로 관련을 갖는 일은 좀처럼 없고, 때로는 불화 상태이며 모순되어 있다. 그의 발전에서 뒷 단계가 앞 단계를 폐기하거나 상처를 입히는 것과 상응한다. 그런 사람들은 농담 삼아 '사다리'라고 불러도 좋을 것이다. 다른 한편의 유형을 대표하는 것은 매우 다양한 성격과 재능을 가진 사람들에게 매력을 드러내 하나의 완전한 동아리를 이룰 정도의 친구들을 얻는 사람이다. 그러나 그로 인하여 친구들은, 여러 다른 점이 있는데도 자기들끼리도 친구 관계를 맺는다. 이런 사람은 '원'이라고 불린다. 왜냐하면 그들에게는 참으로 다양한 소질과 동질성이 미리 형성되어 있음에 틀림없기 때문이다. 그런데 많은 사람들에게는 좋은 친구를 갖는 재능이 좋은 친구가 되는 재능보다 더 가치 있다.

369

대화의 계략―사람들이 누구와 대화한 뒤에 이야기 상대에 대해서 가장 잘 말할 수 있는 것은 자기 재치와 애교를 상대 앞에서 아주 빛나게 나타낼 기회를 가졌을 경우다. 지혜로운 사람들은 이것을 이용해, 대화 때 상대에게 능란한 익살을 던질 더없이 좋은 기회를 제공해 주면서 자기에게 호감을 갖도록 하는 것이다. 아주 지혜로운 두 사람 사이에서는 우스꽝스러운 대화를 생각할 수 있으리라. 그들은 서로 호감을 갖게 하고 싶기 때문에 대화 속에서 '좋은 기회'를 서로 주고받는다. 그런데 양쪽 모두 그것을 받아들이지 않는다. 그래서 대화 전체가 재치도 애교도 없이 지나가 버린다. 왜냐하면 둘 다 상대에게 재치와 애교를 나타낼 기회를 서로 양보하기 때문이다.

370

불만의 해소―어떤 일에 실패한 사람은, 이 실패를 우연으로 돌리기보다도 누군가의 악의로 돌리려고 한다. 그의 초조해진 감각은 그의 실패의 원인을 사물이 아니라 사람 때문이라고 생각함으로써 해소된다. 왜냐하면 사람에게는 복수를 할 수 있지만 우연에 따른 손해는 어쨌든 삼켜 버리지 않을 수 없기 때문이다. 그러므로 왕후의 측근에 있는 사람은 군주가 무엇인가 실패하면, 어떤 한 사람을 지명하고, 모든 신하들을 위해 희생시키곤 한다. 그렇지 못하면 왕후는 물론 운명의 여신 자체에게는 복수를 할 수 없으므로, 그들 모두가 그의 불쾌감으로 들볶이게 되기 때문이다.

371

환경의 색깔을 받아들인다—왜 애착과 증오는 감정이 격한 사람 가까이에서 거의 그릇처럼 그 사람에 대한 찬성과 반대로 가득 찰 수밖에 없을 만큼 전염되기 쉬운 것일까? 첫째로 판단을 아주 삼가는 것은 무척 어려워서 이따금 우리 허영심에는 그야말로 참을 수 없는 노릇이기 때문이다. 판단을 삼가는 일은 거기에서 사상·감정의 빈곤함 또는 두려움·연약함과 같은 색깔을 띠는 것이다. 따라서 우리는 적어도 이 입장이 우리의 자존심을 더욱 만족시킬 때, 아마도 환경의 방향을 거슬러서라도 한 당으로 끌려갈 것이다. 그러나 보통(이것이 두 번째 이유인데) 우리는 무관심에서 애착이나 증오로 옮아가는 것을 전혀 의식하지 못하고, 차츰 자기 환경의 감각 방식에 익숙해진다. 그리고 공감적인 찬성이나 양해는 매우 즐거운 것이므로 우리는 곧 이 환경의 모든 표지와 당파색을 몸에 지니게 된다.

372

아이러니—아이러니는 교사가 제자들과 사귈 때 교사 측에서 교육적 수단으로 쓸 때에만 알맞다. 목적은 자만심을 꺾고 수치심을 느끼게 하는 것이지만, 좋은 의도를 깨닫게 하거나, 의사로서 다른 사람들이 우리에게 대하듯이 그들에게 존경이나 감사를 바치도록 명령하는 치료에 효력이 있는 종류이다. 반어적인 교사는 무지한 척한다. 게다가 아주 솜씨있게 하므로 그와 이야기하는 제자들은 속아서 자기들이 더 잘 알고 있다고 완전히 믿고 뻔뻔스러워져서 모든 종류의 약점을 보인다. 그들은 조심성을 잃고, 있는 그대로의 자기를 드러낸다. 그 결과 순식간에 그들이 스승의 얼굴에 들이댄 등불이 반대로 그들 자신 위에 비쳐 몹시 자만심이 꺾이는 것이다. 이 아이러니는 사제지간과 같은 관계가 이루어지지 않는 곳에서는 하나의 나쁜 버릇이며 비속한 욕구다. 모든 반어적인 작가는 어리석은 사람들을 믿고 있지만, 이 사람들은 그들의 자만심의 대변자로 여기는 그 저자와 어울려 자기들이 다른 모든 사람들보다도 우수하다고 느끼고 싶어하는 것이다. 아이러니의 습관은 독설의 습관과 마찬가지로 자첫 성격을 망친다. 그것은 차츰 심술궂은 우월감이라는 특성을 부여한다. 나중에는 마치 개처럼 무는 버릇과 비웃는 일까지 배운다.

373

자만심—우리의 모든 좋은 수확을 망치는, 자만심이라 불리는 잡초가 무성하게 자라는 일만큼 경계해야 할 것은 없다. 왜냐하면 자만심은 간절함에, 경의의 표명에, 호의적인 친근함에, 연애에, 우정이 깃든 충고에, 잘못의 고백에, 타인에 대한 동정에도 깃들어 있고, 이러한 모든 아름다운 것도 그 잡초가 그 사이에 자라나면 반감을 자아내기 때문이다. 자만하는 자, 즉 있는 그대로보다 '또는 인정되는 것'보다 더 대단한 사람으로 보이고 싶어하는 사람은 언제나 잘못 생각한다. 물론 그는 자기가 자만심을 보이는 사람들이 보통 그에게 공포에서 또는 편리함에서 그가 요구하는 정도의 존경을 기울이는 한, 순간적인 성과를 올리기는 한다.

그러나 그들은 이제까지 그에게 주고 있었던 가치에서 그가 지나치게 요구한 것만큼을 뺌으로써 질이 나쁜 보복을 그것에 하는 셈이다. 자만심을 꺾는 일보다도 더 사람들에게 비싼 대가를 치르게 하는 일은 없다. 자만하는 사람은 자신의 실제 위대한 공적도 남의 눈에는 몹시 의심스럽고 시시하게 보이게 할 수 있으므로, 사람들이 흙 묻은 발로 그것을 짓밟기도 한다. 명예로운 행동조차, 오해받아 자만심으로 보이지 않을 가장 확실한 곳에서만, 이를테면 친구와 아내 앞에서만 보여야 할 것이다. 왜냐하면 사람들과의 사귐에서 자만심이라는 평판을 부르는 것보다 어리석은 일은 없기 때문이다. 그것은 정중히 거짓말하는 것을 배우지 않은 경우보다도 더 나쁘다.

374

두 사람의 대화—두 사람의 대화는 완전한 대화다. 왜냐하면 한쪽이 말하는 모든 것은 '상대를 엄격하게 헤아린' 자기의 일정한 색채·음성, 그것에 따르는 몸짓을 포함하기 때문이다. 이것은 편지를 쓸 때 만들어낸 이 사람 앞으로나 저 사람 앞으로 쓰는 데 따라 그때마다 열 가지 영혼의 표현을 보이는 것과 마찬가지다. 두 사람의 대화에서 사상의 굴절은 하나밖에 없다. 이 굴절은 우리가 우리 사상을 될 수 있는 대로 아름답게 비추길 바라는 거울로서의 말 상대가 만들어 내는 것이다. 그러나 말 상대가 두 사람 혹은 세 사람일 때는, 그리고 그 이상일 때는 어떨까? 거기에서 대화는 필연적으로 개성에 어울리는 섬세함을 잃고, 갖가지 생각이 엇갈려 무너진다. 한 사람에게 즐거움을 주는 좋은 표현이 다른 사람의 성향에는 맞지 않는다. 그러므로 몇몇 사람과 교제할 때는 깊이 생각하며 사실들을 있는 그대로 내세우고, 대화를 세상에서 가장 유쾌한 것으로 만드는 인간미라는 그 일렁거리는 매체를 화제에서 빼놓을 수밖에 없다. 아무튼 남성들만 모여 있는 무리 중에서 그들이 이야기할 때의 어조를 들어 보라. 모든 이야기의 기초 저음은 이렇다. "나는 이렇다. 나는 이러한 사람이다. 당신들이 좋을 대로 그것을 택하도록 하라!" 재치 넘치는 여성들이 사교 모임에서 사귀었던 사람에게 거의 이상하고 참기 어려운 엄청난 인상을 남기는 이유도 이것이다. 그녀들에게서 모든 정신적 매력을 빼고서, 의식적인 고집과 책략과 대중 앞에서 이기고자 하는 의도만을 매우 강력한 빛 속에서 보이는 것은, 많은 사람을 향해서 많은 사람 앞에서 이야기할 때의 일이다. 그런데 이 같은 여성들이 두 사람의 대화에서는 다시 여성으로 돌아가, 그녀들의 정신적 우아함을 되찾는다.

375

죽은 뒤의 명성—먼 미래 사람들이 인정해주기를 바라는 것은, 인류는 본질적으로 불변하며, 모든 위대한 것은 한 시대뿐만 아니라 온 시대에 걸쳐서 위대하다고 느껴질 것이 틀림없다고 가정할 때만 의미가 있다.

그러나 이것은 오류다. 인류는 아름다운 것, 좋은 것에 대한 모든 느낌이나 판단에 있어 아주 심하게 변화한다. 자기는 1마일 앞서 있는 것이고, 온 인류는 '자기의' 길을 더듬는 것이라고 스스로 믿는 것은 망상이다. 또한 진가를 인정받지 못하는 학자는, 자기의 발견이 타인에 의해서도 이루어질 것이고 자기는 기껏 나중에 언젠가 어떤 역사가에 의해, 그도 또 이러저러한 일을 이미 알고는 있었으나 자신의 명제를 믿게 할 수는 없었다고 판정되는 정도라는 것을 이제부터 확실하게 믿어도 좋다. 인정받지 못한다는 것은 후세에 의해서 언제나 힘의 결핍으로 해석된다. 요컨대 오만한 고립이라는 것을 그리 간단히 지지해서는 안 된다. 그럼에도 예외는 있다. 하지만 우리의 위대한 특질에 대한 인정을 방해하고 있는 것은 거의 우리의 결점·약점·어리석음이다.

376

친구에 대해서―당신 자신의 경우에 비추어 잘 생각해 보라. 가장 친한 친구 사이에서도 얼마나 감각이 다르며, 얼마나 의견이 갈라져 있는가를. 같은 의견조차도 당신 친구의 머릿속에서는 당신의 머릿속과는 얼마난 딴판인 관점과 강도를 가지고 있는가를, 오해와 적의로 무너지는 계기가 얼마나 다양하게 나타나는가를. 이 모든 것 뒤에서 당신은 자신에게 말할 것이다. 우리의 모든 동맹과 우정이 바탕을 이루는 지반이 얼마나 불안정한가, 차가운 소나기 또는 고약한 날씨가 얼마나 가까이 다가오고 있는가, 모든 인간은 얼마나 고립되어 있는가! 사람들이 이것을 통찰하면, 더구나 자기 이웃들의 모든 의견과 그것의 성질·감각이 그들의 행위와 마찬가지로 필연적이며 책임이 없다는 것을 통찰하면, 성격·일·재능·환경의 풀 수 없는 얽힘에서 생기는 '의견'의 이 내적 '필연성'을 보는 눈이 생긴다. 그래서 아마 그는 그 현인들이 "벗들이여! 벗이라는 것은 없다!" 하고 외친 감각의 쓴 맛과 매운 맛[4]에서 벗어날 것이다. 오히려 그는 고백할 것이다. 확실히 친구라는 것은 있지만 그러나 너에 대한 오류·착각이 그들을 너에게 데려온 것이다. 그리고 너의 친구로 계속 남아 있기 위해서 그들은 침묵하는 것을 배워 두지 않으면 안 된다. 왜냐하면 거의 언제나 그러한 인간적 관계는 몇 가지 일이 결코 입밖에 내어지지 않으며 결코 그것에 대해 말하지 않는 것에서 나오기 때문이다. 그러나 이 몇몇 작은 돌이 굴러가기 시작하면 우정은 뒤에서 쫓다가 부서지고 만다. 자기의 가장 믿는 친구가 실제로 자기에 대해서 느끼고 있는 것을 알았을 때, 치명적으로 상처를 받지 않는 인간이 있을까? 우리는 자기 자신을 인식하고 우리의 본질 자체를 의견과 기분이 변화하는 장소로 여기며, 그리하여 조금은 가볍게 보는 것을 배움으로써, 다시 다른 사람들과의 균형을 되찾는다. 우리가, 우리의 모든 지인을, 그리고 비록 그가 가

---

4) '쓴 맛과 매운 맛(Bitterkeit und Schärfe)'은 슐레히타 판에서는 '그 날카로움의 쓴 맛(Bitterkeit jener Schärfe)'으로 되어 있다.

장 위대한 사람이더라도 가볍게 볼 충분한 이유를 가지고 있다는 것은 사실이
다. 그러나 마찬가지로 이 감각을 우리 자신에게 돌리는 데도 충분한 이유가 있
다. 그래서 우리는 스스로에 대해 참고 견디기 때문에, 서로 참고 견디려고 한
다. 그러면 아마 누구에게나 언젠가 더 즐거운 때가 올 것이고, 그때 그는 말할
것이다.

"벗들이여, 벗이라는 것은 없다!"
죽어 가는 현자는 이렇게 외쳤다.
"벗들이여, 적이라는 것은 없다!"
살아 있는 어리석은 자, 나는 외친다.

제7장

여성과 아이

377

완전한 여성—완전한 여성은 완전한 남성보다도 더 고귀한 인간 유형이다. 또한 아주 드문 존재다. 동물의 자연 과학은 이 명제를 사실로 여기게 하는 하나의 자료를 제공한다.

378

우정과 결혼—가장 좋은 친구는 아마도 가장 좋은 아내를 얻게 될 것이다. 좋은 결혼은 우정의 재능에서 나오기 때문이다.

379

부모의 존속—부모의 성격과 성향 사이에 가로놓여 있던 해결되지 못한 불협화음은, 아이의 본질 속에서 계속 울리게 마련이며, 그의 내면적인 고뇌의 역사를 이룬다.

380

어머니로부터—누구나 어머니로부터 얻은 하나의 여성상을 마음속에 지니고 있다. 그가 여성 일반을 존경하느냐, 경멸하느냐, 주로 무관심하느냐는 이것에 따라서 결정된다.

381

자연을 수정한다—좋은 아버지가 없다면, 그것을 자기 속에 만들어야 한다.

382

아버지와 아들—아버지는 자신이 아들을 가졌다는 사실을 보상하기에 바쁘다.

383

귀부인의 오류—귀부인들은 어떤 것을 사교 모임에서 이야기할 수 없다면, 그런 것은 전혀 존재하지 않는 것으로 생각한다.

384

남성의 병—자기 경멸이라는 남성의 병에는, 지혜로운 여성에게 사랑받는 것이 가장 확실한 효험이 있다.

385

하나의 질투—어머니들은 아들의 친구들이 뛰어난 성공을 하면 곧 그들을 질투한다. 왜냐하면 어머니는 언제나 아들 그 자체보다도 아들 속에 있는 '자신'을 더욱더 사랑하기 때문이다.

386

이성적인 비이성—삶과 오성이 성숙해 가면, 인간에게는 아버지가 자신을 낳은 것이 부당했다는 감정이 덮쳐온다.

387

어머니의 자애—많은 어머니는 행복하고 존경받는 자식을 필요로, 또 많은 어머니는 불행한 자식을 필요로 한다. 그것이 없다면 어머니로서의 자애가 나타날 수 없기 때문이다.

388

온갖 탄식—몇몇 남성들은 자신들의 아내가 연인과 눈이 맞아 달아난 것을 한탄했다. 그리고 대부분의 남성들은 아무도 그들에게서 아내를 빼앗아가지 않는다고 한탄했다.

389

연애결혼—연애로 맺어지는 결혼(이른바 연애결혼)은 오류를 아버지로 하고, 필요(욕망)를 어머니로 한다.

390

여성의 우정—여성들은 남성들과 아주 훌륭한 우정을 맺을 수 있다. 그러나 그것을 유지하기 위해서는, 아마도 얼마간의 생리적 반감이 곁들지 않으면 안 될 것이다.

391

무료함—많은 사람들, 특히 여성들이 무료함을 느끼지 않는 것은, 아직 일다운 일을 배운 적이 없기 때문이다.

392

애정의 한 요소—모든 종류의 여성의 애정에는 모성애가 얼마간 나타난다.

393

장소의 일치와 극(劇)—만약 부부가 함께 지내지 않는다면 좋은 결혼이 훨씬 많을 것이다.

394

결혼의 일반적인 결과—주로 고양되지 않는 교제는 모두 저하되게 마련이다. 그 반대도 마찬가지다. 그러므로 일반적으로 남성들은 아내를 얻으면 얼마간 저하되는 반면 여성들은 조금은 고양된다. 너무 정신적인 남성들은 마치 자신들이 싫어하는 약처럼 결혼을 반대하지만 꼭 그만큼 결혼을 필요로 한다.

395

명령하는 것을 가르친다─얌전한 가정의 아이들에게는, 다른 아이들에게 복종하는 것을 가르치는 것과 마찬가지로, 교육을 통해 명령하는 것을 가르쳐야 한다.

396

반하려고 한다─관습에 따라 결합된 약혼자들은 자기들이 냉철하고 타산적인 이해에 몰두해 있는 인간이라는 비난을 벗어나기 위해 서로 반하려고 애쓴다.

마찬가지로 자신의 이익을 위해서 그리스도교로 전향하는 사람들은 실제로 신앙심이 두터워지려고 애쓴다. 왜냐하면 그렇게 하면 종교적 무언극이 그들에게 한결 쉬워지기 때문이다.

397

사랑에는 멈춤이 없다─느린 템포를 '사랑하는' 음악가는 같은 곡을 차츰 더 느리게 연주하게 될 것이다. 이와 같이 어떤 사랑에도 멈춤은 없다.

398

정숙함─여성들의 아름다움과 함께 일반적으로 그녀들의 정숙함도 더해 간다.

399

오래 지속되는 결혼─어느 편이든 상대를 통해 어떤 개인적인 목표를 이루려고 하는 결혼은 잘 지속 되어간다. 예를 들면 아내가 남편에 의해서 유명해지려고 하고 남편이 아내에 의해서 인기를 얻으려고 하는 경우가 그렇다.

400

프로테우스[1]적 본성―여성들은 사랑으로 인해, 그녀들을 사랑하는 남자들의 표상 속에 살고 있는 것과 똑같은 존재가 되어간다.

401

사랑하는 것과 소유하는 것―여성들은 거의 어떤 뛰어난 남성을 자기 혼자만 갖고 싶어하는 그런 방법으로 사랑한다. 만약 그녀들의 허영심이 저지되지 않았다면 그를 자물쇠로 채워 가두고 싶을 정도리라. 허영심은 그가 다른 사람들 앞에서도 뛰어나 보이기를 바라는 것이다.

402

좋은 결혼의 시련―결혼의 좋은 점은 한번쯤 '예외'를 견뎌내는 것으로 확증된다.

403

모두에게 모든 것을 하게 하는 방법―사람들은 모든 사람으로 하여금 동요·불안·일과 상념의 지나친 부담으로 지치고 약하게 만듦으로써, 복잡해 보이는 일에는 더 이상 저항하지 않고 양보하도록 만들 수가 있다. 이러한 사실을 외교관과 여성들은 알고 있다.

404

성실과 정직―자신의 젊은 매력만으로 일생의 생계수단을 얻고자 하고, 그 교활함에 약아빠진 어머니들이 몰래 대사를 읽어주기까지 하는 저 소녀들은, 그리스의 창녀와 똑같은 것을 바라고 있으며 오직 그들보다 한결 더 영리하고 정직하지 못할 따름이다.

---

1) 프로테우스(Proteus)는 그리스 신화 속 바다의 신으로서 예언과 변신술에 능하다.

가면―아무리 찾아보아도 알맹이가 없고 순전히 가면에 지나지 않는 여성들이 있다. 거의 유령 같은, 마땅히 만족을 주지도 못할 이러한 여성과 관계하는 남성은 가련한 존재다. 그러나 그녀들이야말로 남성의 욕망을 보다 강하게 자극할 수 있다. 남성들은 그녀들의 영혼을 찾는다. 그리고 언제까지나 찾는다.

긴 대화로서의 결혼―결혼을 하기 전에 인간은 스스로 이런 질문을 던져보아야 한다. 그대는 이 사람과 늙을 때까지 유쾌하게 이야기를 나눌 수 있다고 믿는가? 결혼에서의 다른 모든 것은 일시적이다. 그러나 관계의 거의 모든 시간은 대화에 속한다.

소녀의 꿈―경험이 없는 소녀들은 한 남성을 행복하게 하는 것이 자신들의 힘에 달려 있다고 마음속에서 그려보며 우쭐해한다. 그러나 시간이 지난 뒤에 그녀들은 남성을 행복하게 하는 데 한 명의 소녀만으로 충분하다는 생각은 남성을 경멸하는 것과 같다는 사실을 알게 된다. 여성들의 허영심은 남성이 행복한 남편 이상의 존재이기를 바란다.

파우스트와 그레첸의 사멸―어느 학자의 매우 통찰력 있는 소견에 따르면, 현대 독일의 교양 있는 남성들은 메피스토펠레스와 바그너를 합쳐놓은 것과 닮았지만 파우스트는 전혀 닮지 않았다. 할아버지들은(적어도 그들의 젊은 시절에는) 파우스트가 자기 안에서 소란을 피운다고 느꼈다. 따라서 그들에게는(그 명제를 계속하면) 두 가지 이유에서 '그레첸'이 맞지 않는다. 그리고 더는 요구되지 않으므로 그들 또한 사멸한 것 같다고.

김나지움의 학생으로서의 소녀들―무슨 일이 있더라도 소녀들에게 우리의 김나지움 교육까지 시키는 것은 그만두라! 재치에 넘치고 지식욕이 왕성한 불 같은 젊은이들을, 흔히 그 교사들의 복제품으로 만들어 버리는 그 교육을.

410

경쟁자 없이—여성들은 남성의 영혼이 이미 자기에게 사로잡혔는가 어떤가를 남성으로부터 쉽게 알아낸다. 그녀들은 경쟁 상대 없이 사랑받기를 바라고, 남성이 그러한 일에 정열을 쏟을 경우에는 그의 야심의 목표, 정치적 과제, 학문과 예술을 나쁘게 여긴다. 남성이 그것들로 인해 빛을 낸다면 이야기는 달라지지만 말이다. 그때 그녀들이 그 남성과 연애 관계에 있을 경우, 동시에 '자기들의' 광채 또한 커지기를 기대한다. 그렇게 되면 그녀들은 연인을 소중히 한다.

411

여성적인 지성—여성들의 지성은 정신의 완전한 제어, 침착, 그리고 모든 장점의 이용으로 나타난다. 그녀들은 그러한 지성을 자신들의 근본 특징으로서 아이들에게도 전한다. 그리고 아버지는 의지라는 더욱 어두운 배경을 거기에 추가한다. 아버지의 영향은 새로운 생명을 연주해야 할 운율과 조화를 결정한다. 그러나 그 생명의 가락은 여성에게서 나온다. 뭔가를 정립할 줄 아는 사람을 위해서 말하자면, 여성들은 오성을 가지고 있고 남성들은 감정과 정열을 가지고 있다. 이것은 남성들이 사실상 자신들의 오성을 훨씬 앞세워서 밀고 간다는 것과 모순되지 않는다. 남성들이 더 깊고 격렬한 충동을 가졌으며 이 충동이 그 자체로서는 뭔가 수동적이기도 한 오성을 그렇게 멀리 옮겨가는 것이다. 여성들은 곧잘 남몰래 남성들이 자신들의 심정에 표시하는 크나큰 존경에 놀란다. 배우자 선택에서도 남성들은 무엇보다 먼저 깊이 있고 감정이 풍부한 자를 구하는 반면 여성들은 영리하고도 침착하며 훌륭한 자를 구하는 것에서 결국, 남성은 이상화된 남성을, 여자는 이상화된 여성을, 즉 자신의 특징의 보충이 아니라 완성을 바란다는 것이 뚜렷하게 드러난다.

412

헤시오도스의 판단이 확인되다—여성들의 지혜로움의 표시 가운데 하나는 그들이 벌집의 수펄같이 자신을 부양하는 것을 거의 모든 경우에 알고 있다는 것이다. 그러나 이것은 원래 무엇을 의미하는가를, 왜 남성들은 여성들에게 부양받지 않는가를 잘 생각해 보도록 하라. 그것은 확실히 남성적인 허영심과 명예심이 여성적인 영리함보다 큰 탓이다. 왜냐하면 여성들은 종속됨으로써 압도적인 이익뿐만 아니라 지배권까지도 확보하게 될 것을 알기 때문이다. 자식을 돌보는 일도 애초에 될 수 있는 대로 일에서 벗어나기 위한 구실로 여성의 영리함에 따라서 이용되고 있는지도 모른다. 또 지금도 그녀들은 예컨대 한 가정의 주부로서 실제로 일할 때, 정신이 혼란스러울 만큼 법석을 떠는 법을 알고 있다. 그래서 그녀들의 가치는 남성들에 의해 열 배나 과대평가되는 경향이 있다.

413

근시안의 사람은 반하기 쉽다—무언가에 반한 사람을 치료하려면 때로는 도수가 높은 안경만으로 족하다. 그리고 어떤 얼굴, 어떤 모습의 20년 뒤를 상상해낼 만한 상상력을 지닌 사람이면, 아마도 아주 편안하게 생애를 마칠 수 있을 것이다.

414

증오하는 여성—증오 상태에서는 여성들이 남성들보다 위험하다. 무엇보다 먼저 그녀들은 먼저 적의가 도발되면 정당성의 고려에 따라서 억제되는 일이 결코 없으며, 그 증오는 방해받지 않고 마지막 결판까지 계속 커지기 때문이다. 다음으로 급소(모든 사람과 모든 당파가 가지고 있는)를 발견해서 찔러버리는 기술을 가지고 있기 때문이다. 여기에는 그녀들의 비수와 같은 날카로운 오성이 훌륭하게 작용한다. 이와 달리 남성들은 상처를 보면 주춤해서 때때로 너그럽고 화해적인 기분이 되어 버린다.

415

사랑—여성들이 사랑을 우상적으로 숭배하는 것은, 그녀들이 연애의 모든 이상화에 따라서 자신들의 힘을 높이기도 하고 자신들을 남성들의 눈에 점점 더 갈망의 대상이 되도록 보이게끔 하는 한, 결국 기원적 관점에서는 영리함의 발명품이다. 그러나 연애의 이러한 과장된 평가에 몇 세기 동안이나 익숙해져서, 그녀들은 자기 자신의 그물에 걸려 그 기원을 잊어버리는 일이 생겨났다. 현재로서는 그녀들 자신이 남성들보다 더 심하게 속은 자들이며 그 때문에 한결 더 환멸에 괴로워하고 있다. 이 환멸은 모든 여성의 생애에 거의 필연적으로 찾아올 것이다. 다만 그녀들이 기만당하거나 환멸을 느낄 수 있을 만큼의 환상과 오성을 갖고 있는 한에서.

416

여성의 해방을 위해서—일반적으로 여성들이 사랑하고 금세 좋고 싫음을 느끼는 일에 익숙한 이상, 과연 공정할 수 있을까? 따라서 그녀들은 사물에 호감을 갖는 일이 드물고 오히려 인간에게 더 많은 호감을 가진다. 한편 사물에 호감을 갖게 되면 그녀들은 곧 그것의 지지자가 되어, 그 사물의 순수한 작용을 엉망으로 만들어 버린다. 그리하여 그녀들에게 정치와 학문의 개별 부문(예컨대 역사)이 맡겨지면 적지 않은 위험이 생긴다. 도대체 학문이란 무엇인가 하는 것을 참으로 알고 있는 여성보다 더 희귀한 존재가 있을까? 가장 뛰어난 여성들조차도 마치 자신들이 어떠한 장점으로 말미암아 학문보다 더 뛰어난 것처럼, 가슴속에는 학문에 대해서 어떤 비밀스런 경멸감을 가지고 있다. 아마도 이러한 모든 상황은 변할 수 있겠지만 현재는 이러한 상태다.

417

여성의 판단 안에 있는 영감—여성들이 예사로 하는, 찬성과 반대에 대한 순간적인 그 결정, 돌발적인 애착과 혐오감을 통한 인간 관계의 번개 같은 해명, 요컨대 여성적인 불공정의 증거들이, 그녀들을 사랑하는 남성들에 의해서 마치 모든 여성이 델포이의 솥과 월계관 없이도 지혜의 영감을 지닌 것처럼 어떤 후광에 감싸인다. 그리고 그 뒤에도 그녀들의 판단은 오랫동안 예언적 신탁처럼 번역되고 해석된다. 그러나 어떠한 사람을 위해서든, 어떤 사항을 위해서든 얼마쯤 변명되는 것과 마찬가지로 얼마쯤 비난되기도 하는 것이며, 모든 것은 양면뿐만 아니라 삼면이나 사면도 된다는 사실을 잘 생각해 보면, 그러한 순간적인 판단이 전혀 표적을 빗나가는 것은 어려울 정도다. 그뿐만 아니라 사물의 본성은 여성들의 주장이 언제나 옳게끔 마련되어 있다고 이야기할 수 있을지도 모른다.

418

자신을 사랑하게 한다—보통 사랑하는 둘 중에서 한 사람은 사랑하는 쪽이며 다른 한 사람은 사랑받는 쪽이므로, 모든 연애 관계에는 변하지 않는 애정의 양이라는 것이 있어서 한 사람이 거기에서 많은 것을 독점하면 할수록, 그만큼 상대에게는 남는 것이 적어진다는 신념이 생겨난다. 예외로서 두 사람 모두 사랑받아야 하는 것은 '자기여야 한다'는 허영심에 설득당해 두 사람이 모두 자신을 사랑하게 만들려고 하는 사태가 일어난다. 여기에서, 특히 결혼에서 반은 우스꽝스럽고 반은 황당무계한 장면이 생긴다.

419

여성적인 두뇌의 모순—여성들은 객관적이기보다 훨씬 더 개인적이기 때문에, 그녀들의 사상의 영역 안에서는 논리적으로 서로 모순된 방향이 사이좋게 지내고 있다. 그녀들은 이들 방향의 대표자들에게 차례로 열중하고 그들의 체계를 한데 묶어 받아들인다. 그러나 어떤 새로운 인물이 나중에 우세하게 되면 언제라도 거기에 하나의 빈자리가 생기는 그런 정도로 말이다. 아마 한 노부인의 머리에 있는 모든 철학이 완전히 그런 빈자리로 성립되어 있는 경우도 있을 수 있으리라.

420

누가 더 많이 괴로워하는가—여성과 남성 사이에서 개인적인 불화와 말다툼이 있고 난 뒤에는 무엇보다도 한쪽이 상대에게 괴로움을 주었다는 생각으로 고민한다. 그런데 여성은 상대에게 충분히 괴로움을 주지 못했다는 생각에 괴로워하며 그 때문에 눈물·흐느낌·제정신이 아닌 얼굴로 그 뒤로도 계속 상대의 마음을 무겁게 하려고 애쓴다.

421

여성적인 너그러움의 기회—풍습의 요구를 한번 머릿속에서 무시해 보면, 자연과 이성은 남성이 잇따라 여러 번 결혼할 것을 지시하는 게 아닌가 하고 생각할 수 있을 것이다.

예컨대 다음과 같은 식으로 말이다. 먼저 남성이 스물두 살 때에는, 정신적으로나 윤리적으로나 그보다 뛰어나며, 20대의 모든 위험(모든 종류의 야심·증오·자기 경멸·정열)을 극복하고 그를 이끌어줄 수 있는 연상의 여성과 결혼한다. 이 여성의 사랑은 나중에 순전히 모성적인 것으로 접어들지 모른다. 그리고 그녀는 30대가 된 남자가 매우 젊은 여성과 관계를 맺고, 그 여성의 교육을 그가 직접 맡게 되면, 그것을 참을 뿐만 아니라 가장 효과적인 방법으로 그것을 촉구할지도 모른다. 결혼은 20대에는 필수적인 것이며, 30대에는 필수적이진 않지만 도움은 되는 제도다. 훗날 생애에서 결혼은 흔히 유해하며 남성의 정신적 퇴화를 촉진한다.

422

어린 시절의 비극—고귀하고 높은 것을 추구하는 사람들이 유년 시절에 가장 극심한 투쟁을 이겨내야 했다는 것은 드문 일이 아닐 것이다. 이를테면 그들은 생각이 비천하고 겉치레와 허위에 빠져 있는 아버지를 거역하고 자기 의지를 관철해야 한다. 또는 바이런 경처럼, 어린아이같이 곧잘 화를 내는 어머니와 끊임없이 싸우며 살아가야 한다. 그러한 체험을 하고 나면, 그에게 있어 가장 크고, 가장 위험한 적이 누구였는가를 깨닫게 된 일을 그는 평생 잊을 수 없을 것이다.

423

어리석은 부모—어떤 사람을 평가할 때 가장 큰 잘못을 저지르는 것은 그 부모다. 이것은 틀림없는 사실이다. 그러나 이것을 어떻게 설명해야 할 것인가? 부모는 자식에 대해서 너무나 많은 경험을 갖고 있어서 더는 그것을 통일할 수 없는 것일까? 낯선 민족들 사이를 여행하는 사람들은 그 체류의 초기에만 한 민족의 보편적이고 특징적인 경향을 올바르게 파악한다고 전해진다. 그 민족을 많이 알면 알수록 그 민족의 유형적인 부분과 특징적인 면을 못 보게 된다. 근시적이 되자마자 그들의 눈은 멀리 보기를 멈춘다. 따라서 부모가 자식을 그릇되게 판단하는 것도 충분히 떨어져 있었던 적이 없기 때문이지 않을까? 완전히 달리 해석하면 다음과 같다. 사람들은 자기를 둘러싼 가장 가까운 것에 대해서는 더 이상 깊이 생각하지 않고 단지 받아들이기만 하는 경향이 있다. 아마 부모의 습관화된 무심함이, 일단 자기 자식들에 대한 판단을 내려야 할 경우 그렇게 그릇된 판단을 내리게 되는 원인이리라.

424

결혼의 미래에서—여성의 교육과 향상을 자기 과제로 삼은 고귀한 자유 사상을 가진 여성들은 '하나의' 관점을 그냥 지나쳐서는 안 된다. 그녀들의 고차원적인 견해에서 생각한 결혼, 성(性)이 다른 두 인간의 영혼의 우정으로서, 따라서 미래에 기대되는 것처럼 새로운 세대의 생산과 교육이라는 목적을 위해 맺어진 결혼, 더 커다란 목적을 위한 이따금 드물게 사용되는 수단으로서만 감성적인 것을 쓰는 그와 같은 결혼은, 사람들이 우려해야 하듯이 아마도 하나의 자연적인 보조 수단, 즉 '첩이라는 것'을 필요로 할 것이다. 왜냐하면 만일 남성의 건강상의 여러 이유에서 아내가 오로지 성욕을 만족시키기 위해 봉사해야 한다면, 아내를 고를 때 이미 잘못된, 앞에서 언급된 목표에 대립하는 그러한 관점이 표준이 될 것이기 때문이다. 자손을 얻는 일은 우연적인 것이 되며, 적절한 교육 따위는 있을 수도 없다. 친구이며 조수이고 아이 낳는 여자이자 어머니며 주부이고 가정부여야 할 뿐 아니라 아마도 남편과는 별개로 자기 자신의 일과 직무를 맡아야 할 좋은 아내는, 동시에 첩이 될 수는 없다. 그것은 일반적으로 너무나 많은 것을 그녀에게 요구하는 것이리라. 그래서 미래에는 페리클레스의 시대에 아테네에서 일어났던 것과 정반대의 일이 생길지도 모른다. 그 무렵 아내가 첩보다 그다지 나은 점이 없었던 남성들은 여성들의 우아함과 정신적 유연성만이 줄 수 있는, 머리와 마음을 해방하는 교제의 자극을 바랐기 때문에 따로 아스파시아[2]와 같은 여자들에게로 향했다. 결혼 같은 모든 인간적인

---

2) 아스파시아(Aspasia)는 재색 겸비로 소문난 유곽의 여성. 페리클레스의 애인이며 소크라테스 등의 명사들과도 교제했다.

제도는 실천적인 이상화를 적당히 인정할 뿐이다. 그렇지 않으면 곧 과감한 개혁이 필요하게 된다.

425

여성의 질풍노도기—유럽의 몇몇 문명국에서는 몇백 년 동안 교육으로, 여성들에게서 바라는 모든 것을, 심지어 남성까지도 만들어 낼 수가 있다. 물론 성적인 의미에서가 아니라 다른 모든 의미에 있어서 그러하다. 그녀들은 그러한 영향 아래 언젠가는 남성의 온갖 미덕과 장점을 몸에 지니게 될 것이다. 물론 남성들의 약점과 악덕도 동시에 덤으로 가지게 될 것이다. 거기까지는 앞에서 이야기한 바와 같이 강요할 수 있다. 그러나 그것으로써 불러온 중간 상태는 아마 그 자체가 몇백 년 동안 계속될지 모른다. 그동안에 태곳적부터 그녀들에게 주어진 생일 선물인 여성 특유의 어리석음과 부정함이 모든 임시적이고도 배워 익힌 것 위에서 여전히 우세를 자랑할 그런 중간 상태를 우리는 어떻게 견딜 것인가? 노여움이 참으로 남성다운 격정이 되는 것은 바로 이때일 것이다. 그 노여움은 모든 예술과 학문이 아직까지 들어보지도 못한 딜레탕티슴으로 범람되어 침수되고, 철학도 마음을 홀리는 수다로써 죽고, 정치도 평소보다 변덕스럽고 당파적이 되며, 낡은 풍습을 지키는 여성들은 스스로에게도 우스꽝스럽게 보여서 모든 점에서 풍습에 얽매이지 않으려고 애쓰므로, 사회도 완전히 해체되고 있다는 일에 대한 노여움이다. 즉 여성들이 자기들의 가장 큰 힘을 풍습 '속에' 갖고 있었다면 풍습을 없애 버린 뒤에 그와 비슷한 힘의 충만함을 되찾기 위해서 그녀들은 어디로 손을 뻗쳐야 하는 것일까?

426

자유정신과 결혼—자유정신의 소유자가 과연 여자와 함께 살아가려 할까? 일반적으로 그들은 고대의 예언하는 새처럼, 현재의 진정으로 생각하는 자, 진리를 말하는 자로서 '혼자 날 것'을 선택함이 틀림없으리라고 믿는다.

427

결혼의 행복—습관화된 모든 것은, 더욱더 촘촘해진 거미줄의 그물을 우리

주위로 끌어당긴다. 그리고 곧 우리는 그 줄이 덫이 되었고, 우리 자신이 여기에 잡혀 자기 피를 빨고 살아가야 하는 거미로서 그 한가운데에 앉아 있는 것을 깨닫는다. 그 때문에 자유정신은 모든 습관과 규칙, 모든 영속하는 것과 결정적인 것을 증오한다. 그러므로 그는 고통을 견디고 신변의 거미줄을 계속 찢는다. 그 결과 그가 크고 작은 무수한 상처에 괴로워하게 된다고 하더라도. 왜냐하면 그 줄을 그는 '스스로', 자기 육체에서, 자기 영혼에서 벗어 던져야 하기 때문이다. 그는 이제까지 미워하고 있었던 곳에서 사랑하는 것을 배워야 한다. 그리고 그 반대도 배워야 한다. 그뿐만 아니라 과거에 호의와 풍요로움의 뿔로 풍요롭게 한 그 같은 들판에 용의 이빨(Drachenzähne)[3]을 뿌리는 것도 할 수 있어야 한다. 여기에서 그가 결혼의 행복에 알맞은지 그렇지 않은지가 추정된다.

428

너무 가깝게—너무 가깝게 사람들과 함께 살면 훌륭한 동판화를 되풀이해서 맨손가락으로 만지는 일처럼 된다. 언젠가 우리 손에 쥐고 있는 것은 거칠고 더럽혀진 종이로, 이제 그 이상의 아무것도 아니다. 인간의 영혼도 끊임없이 접촉되면 마침내 닳아버리고 만다. 결국 적어도 우리에게는 그렇게 '보인다'. 본래의 윤곽과 아름다움은 두 번 다시 볼 수 없다. 여성들이나 친구들과 너무 허물없이 교제하면 언제나 손해를 본다. 그리고 때로는 자기 삶의 진주를 잃어버리기도 한다.

429

황금의 요람—자유정신의 소유자는 주위의 여성들이 보여주는 그 어머니 같은 배려와 감시를 없앨 결심을 마침내 하고 말았을 때 언제나 안도의 숨을 내쉴 것이다. 황금의 요람과 공작새 꼬리의 부채, 또 게다가 자기가 젖먹이처럼 돌보아지고 응석받이로 키워진 데 대해 감사해야 한다는 갑갑한 감각 따위의 부자유함에 비하면, 사람들이 그렇게 걱정스럽게 막아주었던 거친 바람이 도대체 무슨 해를 그에게 끼친다는 말인가? 그의 삶 속에 실제적인 불리함·손실·

---

3) 그리스 신화에 따르면 테베의 창설자 카드모스(Kadmos)가 동굴의 바위 틈에서 흐르는 맑은 물을 얻기 위해 용을 죽이고 그 이빨을 땅에 뿌린 데에서 분화 투쟁이 싹텄다.

재난·질병·실수·현혹이 많든 적든 무슨 의미를 지닌다는 말인가? 따라서 그에게는 그를 둘러싼 여성들의 모성이 내미는 젖이 아주 쉽게 쓰디쓴 즙으로 변할 수 있는 것이다.

430

자발적 희생물—자기 남편이 유명하고 위대한 사람인 경우 훌륭한 아내로서 남편의 생활을 편하게 해주려면, 자기가 다른 사람들의 일반적 악평과 일시적인 불쾌감을 담는 그릇이 되는 것보다 더 좋은 일은 없다. 동시대 사람들은 자기들의 기분 전환을 위해서 참된 희생물로서 학대하고 칼로 대들어도 좋을 만한 사람을 찾기만 하면, 동시대의 위대한 사람들에게는 많은 실책과 어리석음, 심한 불공정 행위조차 너그러이 봐주는 경향이 있다.

아내가 스스로를 이러한 희생물로 바치려는 야심을 마음속에서 느끼는 일은 드물지 않다. 그러면 물론 남편은 매우 만족할 수도 있다. 즉 그도 그러한 자발적인 피뢰침과 빗물의 홈통이 자기 가까이에 있는 것을 감수할 수 있을 만큼 이기주의자인 경우라면.

431

기분 좋은 적—편안하고 균형 잡혀 있으며, 조화로운 현존재와 교제를 즐기는 여성들의 자연적인 경향, 삶의 바다 위에 떠 있는 기름 같은 그리고 평온하게 만들어주는 그녀들의 작용은, 무의식중에 자유정신의 가장 영웅적인 내적 충동에 역행한다. 그런 줄도 모르고 여성들은 돌아다니는 광물학자의 발이 부딪히지 않도록 길의 돌을 없애는 행동을 한다. 그런데 그는 바로 그 돌에 부딪히기 위해서 떠나왔던 것이다.

432

두 화음의 부조화—여성들은 봉사하고 싶어 하고 거기에서 행복을 느낀다. 그리고 자유정신은 봉사 받고 싶어 하지 않으며 거기에서 행복을 느낀다.

크산티페[4]—소크라테스는 자기가 필요로 했던 아내를 발견했다. 그러나 그도 그녀를 충분히 잘 알았다면 그녀를 구하지는 않았을 것이다. 이 자유로운 영혼의 영웅주의도 거기까지는 도달하지 않았을 것이다. 사실 크산티페는 집과 가정을 살기 힘들고 나쁘게 만듦으로써, 소크라테스를 그의 독자적인 일 속으로 더욱 깊이 몰아넣었다. 크산티페는 그에게 길거리나 사람이 지껄이고 빈둥거리며 다닐 수 있는 모든 곳에서 지내는 것을 가르치고, 그래서 그를 아테네 최고의 길거리 궤변가로 만들었다. 이 궤변가는 나중에 스스로 안주하지 않도록 하기 위해, 신이 아테네라는 아름다운 말 목덜미에 앉힌 한 마리의 끈질긴 등에로 자신을 비유해야 했다.

먼 곳이 안 보인다—마치 어머니들이 자식들의 뚜렷하고 명백한 고통에만 감각과 눈을 갖고 있듯이, 높이 오르려고 애쓰는 남성들의 아내는, 남편이 괴로워하고 궁핍하고 경멸당하는 것을 가만히 보고 있을 수가 없다. 그런데 이러한 일은 모두 남편의 삶이 올바른 선택을 했다는 증거일 뿐만 아니라 그들의 위대한 목표가 언젠가는 이루어질 것이 '틀림없음'을 이미 보증하는 것이다. 여성들은 남편의 고상한 영혼에 대해서 언제나 남몰래 음모를 꾸미고 있다. 그녀들은 고통 없는 기분 좋은 현재를 위해, 이 영혼에서 그 미래를 기만하려고 한다.

힘과 자유—여성들은 남편을 몹시 존중해도, 사회에서 인정받는 힘과 표상을 더 많이 존중한다. 그녀들은 수천 년 전부터 모든 지배자 앞에서 허리를 굽히고 두 손을 가슴에 대고 걸어다니는 데 익숙해져서 공공의 권리에 대한 반항은 모두 부당하다고 본다. 그 때문에 그녀들은 별로 그럴 의사조차 없이 오히려 본능에서 비롯된 것처럼, 자유정신의 소유자가 행하는 자주적인 노력의 차바퀴에 제동장치처럼 찰싹 달라붙어서, 사정에 따라서는 남편을 몹시 초조하게

---

4) 크산티페(Xanthippe)는 소크라테스의 만년의 아내, 악처의 전형으로 인정되고 있으나, 그것은 후세의 과장이라고도 전해진다.

만든다. 특히 남편이 그럴 때 여성들이 근본적으로 몰아세우는 것은 사랑이라면서 자기에게 그럴듯하게 타이르기조차 하는 경우는 더욱 그렇다.

여성들의 수단을 부당하다고 하면서 그 수단의 동기는 너그럽게 존중하는 것, 이것이 남성의 방식이며 참으로 흔히 있는 남자의 자포자기인 것이다.

436

아무튼 나는 생각한다[5]—재산이 없는 사람들로 이루어진 한 사회가 상속권의 폐지를 명하는 것은 뜻하지 않은 웃음거리다. 그리고 자식이 없는 자들이 한 나라의 실천상의 입법에 몸담는 것은 그보다 더 큰 웃음거리다. 참으로 그들은 미래의 큰 바다로 안전하게 나아갈 수 있을 만한 무게를 자기들의 배에 갖고 있지 않은 것이다. 그러나 현존재의 가장 보편적인 인식과 평가를 자기 과제로 택한 사람이 가족에 대해 그리고 아내와 자식의 부양, 보호, 안전과 같은 사적인 고려를 짊어지고, 또한 먼 별나라의 몇 줄기 광선조차도 뚫고 나가지 못할 그 짙은 베일을 자기의 망원경 앞에 펼치고 있다면 그것 또한 불합리하게 여겨진다. 그래서 나는 가장 높은 철학의 문제에서는 기혼자는 모두 의심스럽다는 명제에 다다른다.

437

끝으로—여러 종류의 독미나리가 있다. 운명은 자유정신의 입술에 독이 든 잔을 갖다 댈 기회를 찾는 법이다. 그를 '벌하기' 위해서라고 세상 사람은 모두 말하지만, 그 주위의 여성들은 어떻게 하느냐? 그녀들은 울부짖고 비탄에 잠겨서 아마 사상가의 일몰의 고요를 흩트릴 것이다. 그녀들이 아테네의 감옥에서 한 것처럼. "오, 크리톤, 제발 누구에게 이 여자들을 저쪽으로 데려가 달라고 해!" 마침내 소크라테스는 이렇게 말했다.

---

5) "아무튼 나는 생각한다"(Ceterum censeo). 로마의 늙은 카토는 "아무튼 나는, 카르타고는 파괴되어야 하는 것이라고 생각한다"(Ceterum censeo Carthaginem esse delendam)고 원로원의 토론을 결론지었다. 거기에서 Ceterum censeo는 '지론'의 뜻으로 쓰인다.

제8장
국가에 대한 성찰

438

발언권을 청한다—선동적 성격과 대중에게 작용을 미치려는 의도는 오늘날 모든 정치적 정당의 공통점이다. 모든 정당은 이 의도를 위해서 그 강령을 너무나 과장된 벽화로 변형해 벽에 그려야 했다. 이것은 이제 어떻게도 바꿀 수가 없다. 그뿐만 아니라 이에 반대해 손가락 하나 드는 일조차 불필요하다. 왜냐하면 이 영역에서는 볼테르의 말이 합당하기 때문이다. "대중이 논의에 참견할 때는 모든 일이 끝이다." 이러한 일이 일어나고 만 이상, 지진이 지형의 본래 경계와 윤곽을 뒤틀리게 하고 소유의 가치를 바꿔 버렸을 때에도 그렇게 하듯이 인간은 새로운 조건에 따라야 한다. 게다가 될 수 있는 대로 많은 사람들로 하여금 삶을 견딜 수 있게 하는 것이 모든 정치의 목표인 이상, 아무튼 될 수 있는 한 많은 사람들이 참을 만한 삶을 어떤 것으로 해석하고 있는가를 결정짓도록 하는 것이 좋다. 이 목표에 이르는 올바른 수단을 발견하는 지성이 자신들에게 있다고 믿는다면 그것을 의심하는 일이 무슨 소용이 있겠는가? 무엇보다도 그들은 자기의 행복·불행을 자기 손으로 만드는 대장장이가 되기를 '바라는' 것이다. 그리고 자기 결정의 감정, 그들의 머리가 간직해 두고 꺼내 보이는 대여섯 개의 개념에 대한 긍지가 자기들의 편협성이 불러온 숙명적 결과를 기꺼이 참을 만큼 그들의 생활을 매우 기분 좋게 한다면, 이의를 내세울 것도 없다. 그러나 그 편협성이 '모든 것'이 의미에서 정치화되어야 하며, '누구나' 이런 기준으로 생활하고 활동해야 한다고 요구할 만큼까지는 이르지 않는다는 것을 전제로 한다.

즉 첫째로, 몇 사람에게는 어느 때보다 많이 정치를 멀리하고 조금 옆으로 비키는 것이 허용되어야 한다. 그들을 그렇게 만드는 것도 자기 결정의 욕구다.

그리고 너무나 많은 사람 또는 일반적으로 많은 사람만이 이야기할 때는 침묵을 지킨다는 작은 긍지도 그 욕구와 결부되어 있을지 모른다. 다음으로 먼저 몇 사람들이 많은 사람(이것을 민족 혹은 국민 계층으로 해석해도 좋다)의 행복을 그다지 중요하게 여기지 않고, 여기저기에서 빈정대는 태도를 보이더라도, 그들을 너그러이 봐주어야 한다. 그들의 중대사는 어딘가 다른 데 있고, 그들의 행복은 다른 개념이며, 그들의 목표는 그야말로 다섯 손가락밖에 없는 어설픈 손으로는 잡을 수 없기 때문이다. 마침내(이것은 확실히 그들에 대해서 승인되기는 가장 어려운 것이지만 승인되어야 하는 일이다) 가끔씩 그들이 고독에서 벗어나서, 자기들 폐(肺)의 힘을 또 다시 시험하는 순간이 찾아온다. 즉 그때 그들은 숲에서 길을 잃은 사람들처럼 서로 자기들을 알리고 격려하기 위해 서로 부르는 것이다. 그럴 때에는 물론 그것을 듣도록 정해져 있지 않은 귀에는 불쾌하게 들릴 여러 소리로 소란스러워진다. 그런데 그 뒤 곧 숲속은 다시 조용해진다. 너무도 조용하여 숲속 위아래에 사는 많은 곤충들이 윙윙대고, 붕붕거리며 날갯짓하는 소리가 똑똑히 들릴 정도다.

439

문화와 계급—고급 문화는 사회의 서로 다른 두 가지 계급, 노동자 계급과 유한계급 즉, 참된 여가를 활용할 수 있는 자의 계급, 혹은 보다 강하게 표현 하면 강제 노동의 계급과 자유 노동의 계급이 있는 곳에서만 생길 수 있다. 고급 문화의 생산이 문제가 될 경우에 행복의 분배에 대한 관점은 중요하지 않다. 그러나 어쨌든 유한계급이 보다 괴로움을 잘 견디어 낼 능력을 가진 계급이며 괴로워하는 계급이고 현존재에 대한 그들의 즐거움은 보다 적은 것으로, 그들의 과제는 더욱 크다. 게다가 만약 두 계급이 교체되어, 둔하고 비정신적인 편의 가족과 개인이 상층 계급에서 하층 계급으로 밀려가고, 반대로 보다 자유로운 인간이 하층 계급에서 상층 계급으로 들어가는 것이 허용되면, 한없는 소망으로 이뤄진 넓은 바다만 눈앞에 보이는 하나의 상태가 이루어지는 셈이다. 낡은 시대의 사라져 가는 목소리가 우리에게 그렇게 말한다. 그러나 어딘가에 그것을 들을 귀가 아직 있을 것인가?

440

명문 출신—명문 출신의 남녀가 남보다 뛰어나게 갖추고 있으며 더 높은 평가를 받기에 의심의 여지가 없는 자격을 그들에게 주는 것은 유전에 따라서 차츰 높아진 두 가지 기술, 즉 명령할 수 있는 기술과 자랑스러운 복종의 기술이다. 그런데 명령이 일상의 부분이 되어 있는 모든 곳에서(큰 상업계와 산업계에서처럼), '명문 출신'의 종족과 비슷한 것도 나오지만, 그들에게는 복종할 때의 고귀한 태도가 없다. 이 태도는 그들에게 봉건적 상태의 한 유산이며, 우리의 문화 풍토에서는 더 이상 자라나지 않을 것 같다.

441

복종—군사국가와 관료국가에서 매우 높이 평가되는 복종이라는 것은 마치 예수회 교도의 폐쇄적인 전술이 이미 그렇게 되었듯이, 곧 우리에게 믿기 어려운 것이 될 것이다. 그리고 이 복종이 더는 가능하지 않을 때, 매우 놀라운 수많은 효과도 더 이상 올릴 수 없게 되어 세계는 더 빈약해질 것이다. 복종은 사라질 것이 틀림없다. 왜냐하면 그 기초, 즉 무조건적인 권위와 궁극적인 진리인 것에 대한 신앙이 사라지기 때문이다. 군사국가에서조차도 육체적 강제로는 복종을 불러일으키기에 충분치 않고, 뭔가 초인간적인 것으로서의 군주와 같은 사람에 대한 세습된 숭배심이 꼭 필요하다. '더 자유로운' 관계에서 사람들은 오직 조건부로써, 상호계약의 결과로써, 즉 자기 이익을 모두 보류해 두고 종속하는 것이다.

442

국민군대—오늘 대단히 찬양받고 있는 국민군대의 가장 큰 단점은, 가장 높은 문명의 사람들을 낭비하는 데 있다. 일반적으로 그러한 사람들은 모든 사정의 이로운 형편으로만 존재하는 것이다. 이토록 섬세하게 조직된 두뇌를 생산하는 우연적인 여러 조건을 만들어 내려면 많은 시간이 필요하므로, 그들을 얼마나 아끼고 세심히 다뤄야 하는 것인가! 그러나 그리스인이 그리스인의 핏속에서 미쳐 날뛰었듯이 유럽인은 유럽인의 핏속에서 미쳐 날뛰고 있다. 더구나 상대적으로 가장 많이 희생이 되는 것은, 언제나 최고의 교양인, 풍부하고 뛰어난 자손을 보증하는 사람들이다. 즉 이러한 사람들은 싸움에서는 명령하는 자로서 선두에 선다. 게다가 더 높은 명예심을 위해서 위험에 가장 많이 노출된다. 세련되지 못한 로마식 애국심은, '조국'과 '명예'와는 전혀 다른 더 높은 과제가 주어지는 오늘날에는 뭔가 부정직한 것이 아니면 시대에 뒤떨어진 징조이다.

443

자만심으로서의 희망[1] ─새로운 의견의 태양이 새로운 열기로 사람들 머리 위를 비추자마자, 모든 과거의 질서가 그러했듯이 우리의 사회질서도 서서히 녹아 없어질 것이다. 이러한 용해를 '바랄' 수 있는 것은 인간이 희망하고 있을 때 뿐이다. 그리고 이성적으로 희망할 자격이 있는 것은, 자기의 그리고 자기와 같은 사람들의 머리와 가슴의 힘에 대해서, 현존하는 것들의 대표자들에 대해서보다도 더 큰 믿음을 두고 있을 때뿐인 것이다. 따라서 통상적으로 이 희망은 하나의 '자만심'이며 '과대평가'일 것이다.

444

전쟁─전쟁을 비난하여 말하면, 그것은 승자를 어리석게 하고 패자를 사악하게 만든다. 전쟁을 변명하면, 전쟁은 이제 말한 두 가지 작용으로 야만적이 되고, 한결 더 자연적이 된다. 전쟁은 문화에서는 수면 또는 겨울철의 적이 된다. 인간은 선과 악에 더욱 힘을 더해서 전쟁으로부터 출발한다.

445

군주를 위해서─정치가가 전혀 얽매임 없이 행동할 수 있기 위해서는, 자신을 위해서가 아니라 군주를 위해서 사업을 완성해나가는 것이 가장 좋다. 이 일반적인 무욕의 빛에 의해 보는 사람의 눈은 어두워져 정치가의 사업이 수반하고 있는 그 간계와 냉혹성을 보지 못한다.

---

1) '자만심으로서의 희망(Hoffnung als Anmaßung)'이 슐레히타 판에서는 '희망과 자만심(Hoffnung und Anmaßung)'으로 되어 있다.

446

권리가 아니라 권력의 문제─만약 사회주의가 '실제로' 수천 년 동안 압박받아 온 자, 밑에 깔린 자의 압박자에 대한 반항이라면, 모든 일에 보다 많은 이익을 주목하는 사람에게는, '권리'의 문제(그것은 '어느 정도 사람은 사회주의의 요구에 양보할 것인가?' 하는 가소롭고 연약한 질문을 수반한다)가 아니라 '권력'의 문제 ('어느 정도 인간은 사회주의의 요구를 이용할 수 있을까?')만이 있을 뿐이다. 즉 자연력, 예를 들면 증기의 경우와 마찬가지다. 증기는 인간에 의해서 기계의 신으로서 가동되거나, 아니면 기계에 결함이 있을 경우, 즉 기계의 구조에서 인간의 계산에 결함이 있을 경우에는, 기계와 인간을 다 같이 분쇄해버린다.

이 권력의 문제를 해결하자면, 사회주의가 얼마만큼 강한가, 사회주의에 어떠한 수정을 가하면 현재의 모든 정치적 세력의 동향의 내부에서 강력한 지레로서 아직 이용할 수 있는가를 알아야 한다. 경우에 따라서 사람들은 사회주의를 강화하기 위해서 스스로 온 힘을 다해야 하리라. 인류는 어떠한 큰 힘에 맞닥뜨리더라도, 그리고 비록 그것이 가장 위험한 힘일지라도 그것을 자신의 의도를 이루기 위한 도구로 삼을 것을 생각하지 않으면 안 된다. 두 가지 권력, 낡은 것과 새로운 것을 대표하는 자 사이에서 전쟁이 난 것처럼 보일 때, 그러나 그때 가능한 한 유지하고 이로움을 꾀하려는 영리한 타산이 양자 측에 어떤 계약에의 요구를 일으킬 때, 사회주의는 처음으로 권리라는 것을 얻는다. 계약 없이는 권리도 존재하지 않는다. 그러나 이제까지 말한 영역에는 전쟁도 없을 뿐더러, 계약도 없다. 따라서 어떤 권리도 '당위'도 없다.

447

아주 사소한 부정직을 이용하는 것─신문의 힘은 거기서 일하는 개인 모두가 전혀 의무와 구속을 느끼지 않는 데에서 성립된다. 그는 보통 '자기의' 의견을 말한다. 그러나 때로는 자기 당과 자기 나라의 정치 또는 결국은 자기 자신의 이익을 위해서 그것을 말하지 않는 일도 있다. 그러한 부정직 또는 부정직한 침묵만으로 저질러지는 작은 위반은 아마도 혼자의 일이라면 그렇게 참기 어려운 일도 아니겠지만, 다수에 의해 동시에 이루어지므로 그 결과는 특별한 것이 된다. 이런 사람들은 저마다 자신에게 이렇게 말한다.

"이런 작은 봉사로 나는 더 나은 삶을 살고 생계를 꾸려 나갈 수 있다. 이런 사소한 고려라도 하지 않고서는 나는 자신을 망치고 만다."

한 줄 더, 아마 서명도 없이 쓰든 말든, 도덕적으로는 거의 아무래도 좋은 일처럼 보이므로, 돈과 세력이 있는 사람은 어떤 의견이라도 여론으로 만들 수 있다. 대부분의 사람이 사소한 일에는 약하다는 것을 알면서 이 보잘것없는 일을 통해 자기 자신의 목적을 이루려고 하는 사람은 언제나 위험한 사람이다.

448

불평할 때 너무 날카롭게 울리는 말투―어떤 난처한 상태(예컨대 행정의 결함, 정치 단체 또는 학자 단체의 매수와 정실(情實) 등)가 심하게 과장되어 전해지면, 그 서술은 확실히 통찰력 있는 사람들에게는 그 효과를 잃지만 통찰력 없는 사람들에게는 그만큼 강하게 작용한다(이러한 사람들은 신중하고 절도 있는 서술에는 무관심했을 것이다). 그러나 이러한 사람들은 훨씬 다수를 차지하고, 더 강한 의지력, 더 강렬한 행동력을 지녔으므로, 그러한 과장은 조사·처벌·약속·개조의 계기가 된다. 그런 한에서 난처한 상태를 과장해서 이야기하는 것은 이롭다.

449

정치의 날씨를 만드는 것처럼 보이는 사람들―날씨에 정통해 그것을 하루 앞서서 예보하는 사람을 보면, 대중은 은근히 그가 날씨를 만든다고 여기듯이, 교양과 학식을 갖춘 사람들조차 미신적 신앙심을 이용해, 대정치가들의 치세 중에 생긴 모든 중요한 변동과 정세를 그 정치가들의 가장 독자적인 사업으로서 인정한다. 그들이 그것에 대해 다른 사람들보다 먼저 알고 있어, 그것에 따라 계산한 것이 분명하다면 말이다. 따라서 대정치가들도 날씨를 만드는 사람으로 여겨진다. 그리고 이런 신앙이 그들의 권력의 가장 하찮은 도구라고는 볼 수 없다.

450

정부에 대한 새로운 개념과 낡은 개념―마치 여기에서는 둘로 분리된 세력

가운데에서 강하고 높은 쪽이 약하고 낮은 쪽과 교섭하고 협정하는 것처럼 구별하는 것은, '거의 모든' 나라에서의 역사적으로 확립된 세력 관계에 오늘도 꼭 들어맞는 계승된 정치 감각의 한 단편이다. 이를테면 비스마르크가 입헌 정치체제를 정부와 국민 사이의 타협으로 규정할 때, 그는 역사 속에 이성을 갖는(바로 그 때문에 물론 또 부조리를 곁들이고 있고, 그것 없이는 인간적인 것은 무엇 하나 존재할 수 없다) 하나의 원리를 따라 그렇게 말하는 것이다.

이와 달리 순전히 '머릿속'에서 나왔으며, 비로소 역사를 '만들어'가야 할 그러한 하나의 원리에 따라서, 정부란 국민의 한 기관(器官)에 지나지 않을 뿐이고 겸손에 익숙해진 '아래'에 비해 용의주도하고 존경할 만한 '위'가 아니라는 것을 배워야 한다. 사람들은 더 논리적이기는 해도 이제까지는 비역사적이며 자의적이기도 한 이러한 주장을 용인하기 전에, 실제로 그 결과를 잘 생각해보아야 한다. 왜냐하면 국민과 정부의 관계는 가장 강력한 전형적 관계이며 이를 모범으로 하여 무의식중에 교사와 학생, 주인과 하인, 아버지와 가족, 장군과 사병, 장인과 견습생의 사이의 관계가 만들어지기 때문이다. 이러한 모든 관계는 모두 이제 지배적인 입헌 정치체제의 영향 아래 조금 변하고 있다. 이 관계들이 타협되는 것이다. 그러나 만약 그 가장 새로운 개념이 여기저기에서 사람들의 머리를 차지해 버린다면, 그 여러 관계는 얼마나 역전되고 뒤틀리며 명칭과 본질이 바뀌어야 할 것일까? 그러자면 아마 1세기는 걸릴 것이지만. 여기에서는 조심스럽고 완만한 발전보다 더 바람직한 것은 없다.

451

당파를 유혹하는 소리로서의 정의―지배 계급의 고결한(비록 그다지 통찰력 있지는 않더라도) 대표자라면, 다음처럼 맹세할 수 있으리라. 우리는 사람들을 평등하게 대하고 그들에게 같은 권리를 인정하려 한다고. 그러는 한에서는 '정의'에 바탕을 둔 사회주의적인 사고방식이 가능하다. 그러나 앞에서 말한 바와 같이 그것은 희생과 거절로써 정의를 '실행하는' 지배 계급 안에서의 일이다. 이에 반해서 피지배 계급의 사회주의자가 하고 있듯이 권리의 평등을 '요구하는' 것은 더는 결코 공정의 발로가 아니며 욕망의 드러냄이다. 야수에게 피투성이 고깃덩어리를 가까이에서 보여주고는 다시 숨겨 마침내 그 야수가 울부짖을 때,

여러분은 이 울부짖는 소리가 정의를 뜻하는 것이라고 생각하는가?

452

소유와 정의—사회주의자들이 현재의 인류에서의 소유물의 분배는 너무 많은 불공정함과 폭력의 결과임을 지적하고, 이와 같이 부당한 기초 위에 세워진 것에 대한 의무를 '전체적으로' 거부할 때, 그들은 무엇인가 개개의 것만을 보고 있는 데 지나지 않는다. 낡은 문화의 과거 전체는 폭력·노예제·기만·오류 위에 세워져 있다. 그러나 우리는 이 모든 상태의 계승자, 게다가 그러한 모든 과거의 유착물인 우리 자신을, 명령으로 철거할 수 없으며, 개개의 한 부분을 빼내어 버리려고 할 필요도 없다. 불공정한 생각은 가진 것이 없는 사람들의 영혼에도 잠재한다. 그들은 재산이 많은 사람들보다 더 선량한 것도 아니고 어떤 도덕적 우선권을 가지고 있는 것도 아니다. 왜냐하면 과거 언젠가 그들의 조상들도 유산자들이었기 때문이다. 강제적인 새로운 분배가 아니라 점진적인 의식의 개조가 필요하다. 정의는 모든 사람들 속에서 한결 커지고 폭력적인 본능이 훨씬 약해져야 한다.

453

정열의 항해사—정치가는 공공의 정열을 북돋워 그것으로써 눈뜨게 된 반대의 정열에서 이익을 얻으려고 한다. 한 가지 예를 들어 보자. 독일의 어느 정치가는 가톨릭 교회는 결코 러시아와 같은 방침을 취하지 않을 것이며, 러시아와 결합하느니 오히려 터키와 기꺼이 결합할 것이라는 것을 잘 알고 있다. 마찬가지로 그는 프랑스가 러시아와의 동맹에서 일으킬 모든 위험이 독일을 위협할 것임을 알고 있다. 그런데 프랑스가 가톨릭 교회의 중심과 성곽이 되도록 일을 이끌어 갈 수 있다면 그는 이 위험을 오랜 시간에 걸쳐 제거하는 셈이 된다. 따라서 그는 가톨릭 교도에게 증오를 나타내는 일에, 그리고 모든 종류의 적대 행위에 의해 교황의 권위의 신봉자들을 독일의 정책에 적대하게 하여 자연적으로 독일의 적 프랑스와 융합하지 않을 수 없는 정열적인 정치 세력으로 바꾸는 일에 관심을 갖게 된다. 그의 목표는, 미라보(Mirabeau)가 비가톨릭화를 조국 구제의 길로 본 것처럼 필연적으로 프랑스를 가톨릭화하는 것이다. 즉 한쪽 나라가 다른 쪽 나라의 백만의 두뇌를 어리석게 만들고, 이 우둔화에서 자기 이익을 끌어내려고 하는 것이다. 이것이야말로 이웃 나라의 공화 정치체제, 즉 메리메(Mérimée)가 말하는 '조직적 무질서'를 단지 그 정치체제가 국민을 더욱 약화하고 흩어지게 하며, 전쟁을 할 수 없게 만든다고 생각하기 때문에 지지하는 것과 같은 생각이다.

454

혁명정신 중에 위험한 사람들—사회 전복을 꿈꾸는 사람들을, 자기 자신을 위해서 무엇인가를 이루려는 사람들과 자기의 자식과 자손을 위해서 무엇인가를 달성하려는 사람들로 나누어 보자. 후자가 훨씬 위험한 인물인데 왜냐하면 그들은 사욕이 없다는 믿음과 편안한 양심을 가졌기 때문이다. 전자 같으면 적당히 물리칠 수 있다. 지배 사회는 아직도 그 정도의 부와 영리함은 충분히 가지고 있다. 위험은 목표가 비개인적일 때 곧바로 시작된다. 비개인적인 관심으로부터 출발한 혁명가들은 현행의 것을 지키려는 자들을 모두 개인적 이해에 얽매인 것으로 여겨, 자신들은 이 사람들보다 우월하다고 느낄 만하다고 본다.

455

부성(父性)의 정치적 가치—자식을 가지지 못한 인간은, 개개의 국가 제도의 필요 사항에 대해서 참견할 충분한 권리를 갖지 못한다. 인간은 자신도 다른 사람들과 마찬가지로 자신이 가장 사랑하는 것을 국가 제도에 걸어야만 한다. 그럼으로써 비로소 국가에 굳건히 연결되는 것이다. 모든 제도와 그 변경에 정당하고 자연스럽게 관여하자면, 자기 자손의 행복에 주목해야 하며 따라서 무엇보다도 먼저 자손을 가져야 한다. 고급 도덕의 발전은 사람들이 자식을 가지고 있다는 데 달려 있다. 이것은 그를 비이기적인 기분에 휩싸이게 한다. 더 정확하게 말하면 자신의 이기주의를 지속적으로 넓혀 그가 자신의 개인적인 생애를 넘어서서 존재하는 목표를 진지하게 좇도록 하는 것이다.

456

조상에 대한 긍지—아버지 대까지 끊임없이 이어진 '좋은' 조상의 계열은 물론 자랑해도 좋다. 그러나 계열 자체는 자랑일 수 없다. 누구나 갖고 있기 때문이다. 좋은 조상으로부터 유래되었다는 것이 참된 세습 귀족의 태생적 고귀함을 만든다. 그 사슬에서 오직 하나의 멈춤, 즉 한 사람의 나쁜 선조가 있음으로써 세습 귀족은 폐기된다. 자신이 귀족임을 입에 올리는 누구에게나 이렇게 물어보아야 한다. 그대의 선조 가운데 난폭하고 탐욕스럽고 방자하며 사악하고 잔혹한 사람은 단 한 명도 없었는가? 만약 그가 여기에 충분한 지식과 깨끗한 양심으로 없다고 답할 수 있다면, 그의 우정을 얻도록 노력하는 것이 좋다.

457

노예와 노동자—우리가 다른 모든 안락(안정, 취직자리, 온갖 쾌락)보다도 허영심의 만족에 더 큰 가치를 두는 까닭은, 누구든지(정치적 이유는 별도로 하고) 노예 제도의 폐지를 원하고 인간을 이런 상태로 만드는 것을 극도로 미워한다는 것에 우스울 정도로 잘 나타난다. 그런데 노예들이 모든 점에서 근대의 노동자보다도 안정되고 행복하게 살았다는 것, 노예 노동이 '노동자'의 노동에 비하면 훨씬 가벼운 노동이었음은 누구나 인정해야 한다. 인간은 '인간의 존엄성'이란 이름 아래 항의한다. 그러나 그것은 보다 솔직하게 말해서 평등하게 되지 못하는 것, 공공연하게 열등하게 되는 것을 가장 쓰라린 운명이라고 느끼는 사랑스런 허영심이다(여기에 대해서 퀴닉파는, 명예라는 것을 경멸했으므로 다른 사고방식을 택한다). 그래서 디오게네스는 잠시 동안 노예이며 가정 교사였다.

458

지도적 정신들과 그들의 도구—우리는 위대한 정치가들과 일반적으로 자신의 계획을 수행하기 위해서 많은 사람들을 이용해야 하는 사람들이 모두 이러저러한 방법을 택하는 것을 볼 수 있다. 한편으로 그들은 자신의 계획에 알맞은 사람들을 아주 정밀하고 신중하게 선출한 뒤에 이 사람들에게 비교적 많은 자유를 허용해 둔다. 이 선택된 사람들의 본성이 그 당사자들을 자신들이 바라는 방향으로 몰아넣고 있다는 것을 그들은 알고 있기 때문이다. 그렇지 않으면, 그들의 선택법은 간단하다. 그들은 닥치는 대로 채용하지만 그 진흙덩어리에서도 그들의 목적에 꼭 들어맞는 무언가를 빚어낸다. 이 후자에 속하는 종류들이 더욱 강제성을 띤 것이며 보다 유순한 도구를 원한다. 앞서 말한 정신들의 경우와 비교해서 그들의 인간에 대한 지식은 일반적으로 훨씬 낮으며, 그들의 인간 모멸은 한결 더 높다. 그러나 그들이 조립하는 기계는 대체로 전자의 공장에서 제조되는 기계보다 일을 더 잘한다.

459

전제적인 법은 필요하다—법학자들은 한 민족에 있어서 승리를 거두어야 할 것이 가장 완전하게 숙고된 법인가 아니면 가장 알기 쉬운 법인가를 두고 논쟁하고 있다. 전자의 가장 좋은 본보기는 로마법으로 일반인에게는 이해하기 어려운 것으로 보이기 때문에 일반인의 법적 표현으로는 볼 수 없다. 예를 들면 게르만 법 같은 민족법은 거칠고 미신적이며 비논리적이고 부분적으로는 불합리해 보이지만, 그것은 일정하게 세습된 익숙한 풍습과 감각에 들어맞았다. 그러나 법이 우리의 경우처럼 이미 인습의 영역을 벗어난 곳에서는, 단순히 '명령된' 것, 강제성을 띤 것에 지나지 않는다. 우리는 모두 이미 인습적인 법 감정을 갖지 않는다. 그러므로 우리는 법이 '존재해야 한다'는 필연성의 표현인 '전제법'에 만족할 수밖에 없다. 그때 가장 논리적인 것은, 가장 '받아들일 수 없는 것'이므로 아무튼 가장 이상적이다. 어떠한 경우에도 위반과 처벌의 관계에 놓인 가장 작은 단위는 전제적으로 결정되어 있다는 것을 인정하더라도 그런 것이다.

460

대중의 위대한 사람—대중이 위대한 사람이라고 칭해 주는 존재가 되기 위한 방법은 아주 쉽다. 모든 경우에 대중에게 무엇인가 아주 쾌적한 것을 제공해 주면 된다. 또는 이러저러한 것이 아주 쾌적하리라는 생각을 먼저 그들의 머릿속에 심은 뒤에 그런 것을 제공하면 된다. 그러나 결코 곧바로 제공해서는 안 되며, 최대한 애써서 그것을 쟁취하거나 쟁취하는 것처럼 보이게 하는 것이다. 대중은 어떤 강력한, 더욱이 정복하기 어려운 의지력이 거기에 있다는 인상을 받을 것이다. 적어도 그것이 거기에 있는 것처럼 보일 것이다. 강한 의지에는 누구나 경탄한다. 아무도 그것을 갖고 있지 않고, 만약 자기가 그것을 갖고 있다면 누구나 자기와 자기의 이기주의에 어떤 한계도 없을 거라고 마음속으로 중얼거리고 있기 때문이다. 그런데 그러한 강한 의지가 자기 욕망의 부탁에 귀를 기울이지 않고 대중에게 무엇인가 아주 쾌적한 것을 해준다는 것이 뚜렷해지면, 우리는 다시 한번 경탄하여 자기 자신의 행복을 추구한다. 그 밖에도 그는 대중의 모든 특성을 갖추고 있게 마련이다. 그만큼 대중은 그의 앞에서 부끄러워하지 않고, 그만큼 그는 인기를 얻는다. 따라서 그는 난폭하고 질투심이 강하고, 탐욕스럽고 음모를 좋아하며, 아첨꾼이며 비굴하고 오만하고 더욱이 사정에 따라서는 안 되는 것이 없을 것이다.

461

군주와 신—사람들은 흔히 그들의 신과 교감하는 것과 같은 방법으로 그들의 군주를 대한다. 군주는 신의 대리인이거나 아니면 그 제사장인 경우도 빈번했지만, 숭배와 불안, 수치심의 거의 무서움을 자아내는 기분은 많이 약화되었고, 요즘도 그렇게 되고 있다. 그러나 때로는 그것이 타올라서 일반적으로 강력한 인물들에게 몰려든다. 천재 숭배는 이러한 군신(君神) 숭배의 여운이다. 개별적인 인간을 초인간적인 존재로까지 끌어올리려고 하는 곳에서는 어디서나 국민의 모든 계층 전체를 실제보다도 한결 더 거칠고 저급하게 나타내는 경향도 생겨난다.

462

나의 유토피아—보다 나은 사회 질서에 있어서 인생의 고된 노동은, 그것으로 말미암아 아주 사소한 괴로움만을 겪는 자, 곧 가장 둔감한 자에게 할당돼야 한다. 그래서 한 걸음 한 걸음 위를 향해서, 마침내는 가장 고귀하고, 가장 세련된 종류의 괴로움에 대해서 가장 민감한 자, 따라서 가장 가벼워진 삶에서도 여전히 고통받는 자에게까지 이를 것이다.

463

전복에 대한 이론의 망상—모든 질서의 전복을 열렬한 웅변으로 부추기는 정치적·사회적 공상가들이 있다. 그때에는 곧 아름다운 인간성의 가장 자랑스러운 신전이 스스로 치솟을 것이라고 그들은 믿고 있다. 이러한 위험한 몽상에는 기적적이며 근원적이지만 '파묻혀 버린' 인간성의 좋은 점을 믿고, 사회·국가·교육에서 문화의 여러 제도에 그 매몰의 모든 죄를 돌리는 루소의 미신이 아직 여운을 남기고 있다. 유감스러운 일이지만, 사람들은 그러한 혁명이 모두 가장 먼 옛날에 파묻혀버린 처참하고 무절제한 가장 거친 에너지를 새로 부활한다는 것을 역사적 체험으로 알고 있다. 즉 전복은 지쳐버린 인류에게는 아마 어떤 힘의 원천일 수는 있겠지만, 결코 인간성을 정리하는 자·건축가·예술가·완성자일 수는 없다는 사실을 알고 있는 것이다.

볼테르의 정돈·순화·개조로 기울어진 절도 있는 천성이 아니라, 루소의 정열적인 어리석음과 반쯤 거짓된 것이 혁명의 낙천적 정신을 불러일으켰다. 그 정신에 대해, 나는 "그 파렴치한 자를 짓이겨 버려라!"라고 외친다. 그 정신 때문에 '계몽 정신과 진보적 발전 정신'은 오랫동안 추방되어 왔다. 이것을 다시 불러오게 하는 것이 가능한지 아닌지를 저마다 자기 자신에게서 주시하자!

464

절도—사고와 연구의 완전한 단호함, 즉 성격의 특징이 된 자유정신의 활동은 행위에 절도를 갖게 한다. 왜냐하면 그것은 욕망을 약하게 만들고 정신적 목적의 촉진을 위해서 현존하는 에너지를 독점하며 모든 갑작스러운 변화들이 조금 유익하거나 무익한 것이며 위험한 것임을 나타내기도 하기 때문이다.

465

정신의 부활—한 민족은 보통 정치적 병상 위에서 젊음을 되찾고, 권력의 추구와 주장 속에서 차츰 잃어 갔던 스스로의 정신을 회복한다. 문화는 정치적으로 쇠약한 시대에 최고의 것을 얻는다.

466

낡은 집에 사는 새로운 의견—의견의 혁명 뒤에 제도의 혁명이 반드시 곧 뒤따르는 것은 아니다. 오히려 새로운 의견은 그 전임자들의 황폐하고, 공포 분위기를 자아내게 된 집에 오랫동안 살며, 주택난으로부터 스스로를 보전한다.

467

학교제도—큰 국가에서의 학교제도는 언제나 기껏해야 평범할 것이다. 큰 부엌에서는 기껏해야 평범한 요리밖에 만들 수 없는 것과 같은 이유에서다.

468

악의 없는 부패—공적인 비판이라는 날카로운 바람이 불어 들어오지 않는 모든 시설에는, 예를 들면 학자 단체와 원로원에는 버섯처럼 악의 없는 부패가 성장한다.

469

정치가로서의 학자—정치가가 되는 학자들에게는 일반적으로 정책의 선한 양심이어야 한다는 희극적인 역할이 주어진다.

470

양의 뒤에 숨은 늑대—거의 모든 정치가는 어떤 상황 아래서 언젠가 정직한 한 사람이 매우 필요하게 된다. 그래서 그는 굶주린 늑대처럼 양의 집을 침범하는데, 그것은 물어온 숫양을 먹기 위해서가 아니라 양의 등 뒤에 숨기 위해서다.

471

행복한 시대—행복한 시대가 있을 수 없는 까닭은 사람들이 그것을 단순히 바랄 뿐 가지려고는 하지 않고, 모든 개인은 평화로운 날이 찾아오면 어김없이 불안과 비참함을 기원하게 되기 때문이다. 사람들의 운명은 '행복한 순간'에 대해서는 준비가 되어 있다. 모든 삶에는 그러한 순간이 있다. 그러나 행복한 시대에 대해서는 준비되어 있지 않다. 그런데도 이러한 시대는 '산너머 저편'으로서 인간의 공상 속에 옛날의 유산으로 영원히 존속할 것이다. 왜냐하면 행복한 시대라는 개념은 아마도 아주 오랜 옛날부터 인간이 사냥과 전쟁으로 심하게 긴장한 뒤에 휴식에 잠기며 손발을 뻗고 잠의 날개가 주위에서 출렁이는 것을 듣는 그런 상태에서 얻은 것이기 때문이다. 인간이 그 오랜 습관을 좇아서 고통과 수고의 '모든 시간이 지난 뒤'에도 실제 거기에 '상응하는 상승과 지속' 속에서 행복 상태에 놓이게 될 것이라고 상상한다면 그것은 잘못된 추리다.

472

종교와 정부—국가 또는 더 뚜렷이 말해서 정부가 미성숙한 대중을 위해 후견인으로서 위임되었다는 것을 스스로 깨닫고, 그들을 위해서 종교를 유지할 것인가 제거할 것인가 하는 문제를 고려해보는 한, 정부는 반드시 언제나 종교 유지 쪽으로 결정할 것이다. 왜냐하면 종교는 상실·결핍 공포·불신의 시대에 있으며, 즉 정부가 개별적인 마음의 고뇌를 누그러뜨리기 위해 직접 무엇인가를 할 수가 없다고 느끼고 있을 때 개개의 심정을 만족시키며, 게다가 보편적이고 피할 수 없으며 얼마간 다른 데로 빗나갈 것 같지 않은 재앙(기근·금융위기·전쟁)에 있어서조차 종교는 하나의 침착하고 희망적이며 믿음 깊은 태도를 대중에게 주기 때문이다. 국가 행정의 필연적 또는 우연적 결함이나 왕조의 관심사들이 낳은 위험한 결과는 통찰력 있는 자의 주목을 끌어 그를 반항적인 기분으로 만드는 모든 경우에도, 통찰력 없는 사람들은 신의 손가락을 보게 될 것으로 믿고 인내하며 '위'(이 개념에는 신의 통치 양식과 인간의 통치 양식이 보통 융합되어 있다)의 지시에 복종할 것이다. 그래서 내적인 시민 평화와 발전의 연속성이 지켜진다. 민족 감각의 일치와 모든 사람들에 공통한 의견·목표 속에 들어 있는 힘은 종교로써 방어되고 확실히 약속되는데, 성직자 계급이 비용에 대해서 국가 권력과 동의하지 못하고 싸우게 되는 드문 경우는 제외된다. 많은 경우 국가는 성직자들을 설득하는 법을 알고 있을 것이다. 왜냐하면 국가는 성직자들의 아주 사적이고 은밀한 영혼의 교육을 필요로 하고, 겉으로 보기에 외면적으로는 전혀 다른 이해관계를 대표하는 하인을 존중하는 법을 알고 있기 때문이다. 성직자들의 도움이 없으면 지금도 어떠한 권력도 '합법적'이 될 수 없다. 나폴레옹이 이해했던 것처럼. 그래서 절대적 후견인인 정부와 종교의 면밀한 유지는 필연적으로 서로 협력한다. 그때 통치하는 인물과 계급은 자기들에게 종교가 주는 이익에 대해서 계몽되고 있으며, 따라서 종교를 수단으로 쓸 정도로 자기들이 종교보다 우위에 있다고 느끼고 있음이 전제되어야 한다. 따라서 자유정신 활동의 기원이 여기에 있는 것이다.

그러나 여러 '민주적' 국가에서 가르치는 전혀 다른 정부에 대한 개념의 견해가 스며들기 시작한다면 어떻게 될까? 사람들이 정부를 국민의 의지의 도구에 지나지 않은 것으로, 즉 아래에 대비되는 위로 보는 것이 아니라 오로지 하나의 주권자인 국민의 한 기능으로 본다면? 여기서는 국민이 종교에 대해서 취하는 것과 같은 입장만을 정부에 대해서도 취할 수 있을 뿐이다. 계몽의 전파는 모조리 정부의 대표자들에게까지 울려퍼져야 한다. 종교적인 추진력과 위로를 국가 목적을 위해 이용하고 착취하는 것은 그리 쉽게 할 수 있는 일이 아닐 것이다(그것은 당의 지도자들이 이따금 계몽적 전제주의의 영향과 비슷하게 보이는 영향을 미치는 경우이기도 하다). 그러나 국가가 종교에서 더 이상 아무런 이익도 스스로 끌어낼 수 없을 경우나, 국민이 종교적 사실에 대해서 너무 다양하게 생각하고 있어 정부가 종교적 방법을 강구함에 있어서 같은 종류의 통일적인 취급을 허용하지 않을지 모르는 경우에는, 필연적으로 종교를 사적인 문제로서 다루고 각 개인의 양심과 습관에 맡긴다는 해결 방법이 나타날 것이다. 그 결과는 무엇보다도 먼저 국가가 무의식적으로 또는 고의로 생명의 숨결을 불어넣지 않은 종교 감각의 은밀하고 억압된 움직임이 이제 불쑥 튀어나와서 극단적으로까지 탈선한다는 범위 내에서 종교 감각이 강화되어 나타난다는 것이다. 나중에 종교가 종파의 범위가 커짐에 따라서 압박되고, 종교가 사적인 문제로 되어버린 그 순간에 많은 용의 이빨이 뿌려졌다는 것이 알려진다. 싸움의 목격과 종교적 신조의 모든 약점에 대한 적개심에 찬 폭로는 마침내 모든 더 뛰어난 자와 더 큰 재능 있는 자로 하여금 무종교를 자기의 사적인 문제로 삼게 하는 해결법만을 허용한다. 그런데 이러한 생각은 통치자들의 정신에서도 우세를 차지하고, 거의 그들의 본의와는 반대로 그들의 방책에 반종교적 성격을 주는 결과가 된다. 이렇게 되면 곧 과거에는 국가를 반쯤 또는 순전히 신성한 것으로 우러러보던 아직 종교적으로 감동한 사람들의 기분이 결정적으로 '반국가적'인 기분으로 바뀐다. 그들은 정부의 방법을 살펴보며 될 수 있는 대로 방해하고 저지하며 어지럽히려 애쓰고, 그럼으로써 그들의 항의열에 의해 반대당인 무종교파를 국가에 대한 거의 광적인 감격으로 몰아넣는다.

그때 이 파에서는 그 심정이 종교와의 분리 이래 공허감을 느끼고, 당장은 국가에 대한 헌신으로 자기를 위한 어떤 대용품, 하나의 충전물을 만들어 내려 한다는 것도 은밀히 함께 작용하고 있다. 아마도 오래 지속될 이 과도기의 투쟁 뒤에, 종교적 당파가 과거 상태를 회복하고 바퀴를 되돌릴 만한 힘을 아직 갖고 있는지(이 경우에는 불가피하게 계몽적 전제주의, 즉 아마도 이전보다 덜 계몽되어 있고 더욱 소심한 전제주의가 국가를 장악하는데) 또는 무종교적 당파가 자기를 관철하고 몇 세대에 걸쳐 적의 번식의 뿌리를 훈련과 교육으로써 파묻고, 결국에는 자라지 못하게 할지 여부가 마침내 결정된다. 그러나 후자의 경우에는 그들에게도 국가에 대한 감격이 줄어든다. 국가를 하나의 신비물, 하나의 초현세적 제도로 보는 종교적 숭배심과 함께 국가에 대한 경외와 경건에 찬 관계도 흔들리는 것이 더욱 명료하게 나타나는 것이다. 그 다음부터 개개의 사람들은 언제나 국가가 그들에게 이롭거나 해가 될 수 있는 측면만을 보고 무슨 수를 써서라도 국가에 대한 영향력을 얻으려고 밀려온다. 그러나 이 경쟁은 곧 매우 커지고, 인간과 당파가 지나치게 재빨리 교체되어 겨우 정상에 이르자마자 그들은 너무 난폭하게 서로를 산에서 또 다시 밀어뜨리게 된다.

정부가 수행하는 모든 방법에는 영속성의 보증이 결여되어 있다. 사람은 과일을 열매 맺게 하기 위해 몇십 년, 몇백 년이나 조용히 성장해 가야 하는 시도에서 뒷걸음질친다. 하나의 법규를 가져온 권력에 일시적으로 굴복하는 것 말고는 아무도 더 이상 법규에 대한 의무를 그리 느끼지 않는다. 그러나 곧 사람들은 그 법규를 새로운 권력, 새로 형성되는 다수에 의해 무너뜨리려고 하는 것이다. 나중에는(확실히 말할 수 있는 일이지만) 모든 통치자에 대한 불신, 이 숨이 짧은 투쟁의 무익함과 소모성에 대한 통찰은 사람들을 그야말로 새로운 결의, 즉 국가 개념의 폐지, '공적인 것과 사적인 것'이 대립하는 것을 지양하도록 몰아갈 것이다. 사적 단체가 한 발 한 발 국가 업무를 자기 속에 끌어들인다. 낡은 통치 아래 남아 있는 가장 끈질긴 흔적(이를테면 사적인 사람에 대해 사적인 사람을 지켜준다는 활동)마저 마침내 언젠가는 사적 기업가에 의해서 이루어질 것이다. 국가의 경시·몰락과 '국가의 죽음', 사적인 사람의(나는 개인이라고 말하는 것을 경계한다) 해방이 민주 국가 개념의 귀결이다. 여기에 그 개념의 사명이 있다. 민주 국가가 자신의 과제(모든 인간적인 것과 마찬가지로 많은 조리와 부조리를 잉태하고 있는)를 이루고, 낡은 병의 온갖 재발이 극복되면, 인류의 우화집의 새로운 한 페이지가 펼쳐져 사람들은 거기서 온갖 기묘한 역사와 아마도 몇몇 좋은 것을 읽게 될 것이다.

이제까지 말한 것을 다시 한번 요약하면, 후견인적 정부의 이해관계와 종교의 이해관계는 서로 손을 맞잡고 있으므로 종교가 사멸하기 시작하면 국가의 기초도 흔들리게 된다. 정치적 사항의 신적 질서와 국가 존재의 신비에 대한 신앙은 종교적 기원을 갖고 있다. 종교가 소멸하면 국가도 피할 수 없이 자신의 낡은 이시스[2]의 베일을 잃어버리게 되고 더는 경외심을 일으키지 않게 될 것이다. 상세히 보면 국민의 주권이라는 것은 이러한 감각의 영역에 있는 최후의 마력과 미신을 내쫓는 데에도 이바지한다. 근대 민주주의는 '국가 몰락'의 역사적 형식이다. 그러나 이러한 확실한 몰락으로 생기는 전망은 모든 점에서 불행한 것은 아니다. 인간의 영리함과 이기심은 인간의 온갖 특성 중에서도 가장 잘 만들어져 있다. 이러한 힘들의 요구에 국가가 더는 부응하지 않는 경우에도 결코 혼돈은 생기지 않는다. 오히려 국가가 과거에 그랬던 것보다 더 합목적적인 발명품이 국가를 이길 것이다. 인류는 이미 얼마나 많은 조직력이 사멸하는 것을 보아 왔던가. 씨족 제도의 힘이 그 하나의 예다. 이것은 수천 년 동안 가족의 위력보다 훨씬 강력했으며 오히려 가족이 성립하기 훨씬 이전에 이미 조직되어 인간 사회를 다스려왔던 것이다. 전에 로마의 제도가 미치는 만큼 널리 지배했던 가족의 권리·권력이라는 중요한 사상이 차츰 더 퇴색하여 무력해지는 것을 우리는 이 눈으로 보고 있다. 그와 같이 나중의 한 세대는 국가도 또한 세계의 각 지역에서 무의미하게 되는 것을 볼 것이다. 그것은 많은 현대인이 불안과 혐오를 느끼지 않고는 생각할 수 없는 하나의 표상이다. 이 표상의 전파와 실현에 '종사한다'는 것은 물론 별개의 일이다. 이미 지금부터 쟁기를 쥔다고 하면 그 사람은 자기 이성을 몹시 자부하고 있어 역사를 절반도 이해하지 못하는 것이다. 갈아엎은 땅에 나중에 뿌려질 씨를 벌써 보여줄 수 있는 이는 없으므로. 따라서 우리는 '지금은 아직' 국가가 꽤 오랜 기간 존속하고 성급한 사람들의 파괴적인 시도가 물리쳐지도록 '인간의 영리함이나 이기심'을 믿도록 하자.

473

수단에서 본 사회주의—사회주의는 거의 노쇠해 버린 전제주의의 공상적인

---

2) 이시스(Isis)는 이집트의 여신으로, 생명력의 구현자, 정절한 아내, 강한 모성 등의 상징.

아우로서 그 뒤를 이으려 하고 있다. 따라서 사회주의가 시도하는 것은 가장 깊은 의미로서의 반동이다. 왜냐하면 사회주의는 지난날 전제주의가 가졌던 것과 같은 충실한 국가 권력을 갈망할 뿐만 아니라 개인의 합법적 파멸을 노리는 점에서 모든 과거의 것을 넘어서기 때문이다. 사회주의에서는 개인이라는 것이 자연의 부당한 사치처럼 보이며 사회주의에 의해 합목적적인 '공동체의 한 기관'으로 개량되어야 하는 것이다. 그 유사성 때문에 사회주의는 고대의 전형적인 사회주의자 플라톤이 시칠리아의 전제 군주의 궁정에 나타났던 것처럼 언제나 모든 과도기적인 권력 발전 가까이에서 나타난다. 그것은 이 세기의 로마 황제적 권력 국가를 바라고 있다(그리고 경우에 따라서는 촉진한다). 앞서 말한 바와 같이 사회주의는 전제주의 국가의 후계자가 되고 싶어하기 때문이다. 그러나 그 유산조차도 그 목적에서는 충분치 못하리라. 사회주의는 여태껏 유래가 없을 정도의 절대 국가에 대한 온 시민의 공손한 복종을 필요로 한다. 더욱이 그것은 결코 국가에 대한 낡은 종교적 경건함을 믿는 것조차 허용하지 않으며, 오히려 그러한 경건함의 제거에 본의가 아니더라도 계속 노력하지 않을 수 없다. 즉 사회주의는 모든 현존하는 국가의 제거에 힘을 기울이고 있기 때문에, 사회주의는 아주 짧은 기간 동안 극단적인 공포 정치를 통해 여기저기에 한 번 존재하기를 바랄 수밖에 없다. 그러므로 사회주의는 몰래 공포정치를 준비하고, 제대로 교육받지 못한 대중의 머리에 '정의'라는 말을 못처럼 박아 넣어서 그들의 오성을 완전히 빼앗고(이 오성이 이미 완전치 못한 교양 때문에 전혀 못 쓰게 된 뒤에), 그들이 강요하려는 나쁜 장난에 대해서 양심의 가책을 받지 않으려고 한다. 사회주의는 국가 권력의 모든 축적의 위험을 참으로 야수적으로 사납게 가르치고 그 범위 안에서 국가 그 자체에 대한 불신을 불어넣는 데 한몫을 할 수 있다. 사회주의의 거친 목소리가 '가능한 한 최대한의 국가를'이라는 함성과 함께 울려퍼지면, 그 함성은 오늘보다 한결 더 시끄러워질 것이다. 그러나 잠시 뒤면 그 반대의 고함 소리가 더욱더 큰 힘이 되어 터져 나온다. '가능한 한 최소한의 국가를'이라는 소리로.

474

국가가 두려워 했던 정신의 발전—그리스의 도시국가는 모든 조직적 정치

권력과 마찬가지로, 교양의 성장에 대해서 배타적이며 불신감을 가지고 있었다. 도시국가의 강렬한 근본 운동은 교양을 거의 위축시키고 저지하는 작용으로만 나타났다. 그것은 교양에 있어서 어떠한 역사도 발달도 승인하려 하지 않았다. 국법으로 확립된 교육은 모든 세대에게 의무로 부과되어 그들을 '하나의' 발전 단계에 고정해 두어야 하는 것이었다. 뒤에 플라톤마저도 그의 이상 국가에 대해서 이것과 다른 것을 바라지는 않았다. 따라서 도시국가를 '거역하면서' 교양은 발전했던 것이다. 물론 간접적으로, 그리고 본의와는 달리 도시국가도 한몫했다. 도시국가에서는 개인의 명예심이 매우 자극되었으므로 일단 정신적 교양의 길에 발을 디디면 개인은 그 길의 끝까지 나아갔기 때문이다. 이것의 반증으로서 페리클레스의 찬미 연설을 예로 들어서는 안 된다. 왜냐하면 그것은 도시국가와 아테네 문화의 필연적 연관에 대한 커다란 낙천적 환영에 불과하기 때문이다. 투키디데스는 아테네 문화를, 아테네에 밤(흑사병과 전통의 단절)이 오기 직전에, 지난 재앙의 하루를 잊게 할 아름다운 저녁놀처럼 다시 한번 찬란히 빛나게 했던 것이다.

475

유럽인과 여러 국민의 폐지—상업과 공업, 책과 편지의 교류, 모든 고급 문화의 공통성, 마을과 지방의 빠른 변화, 토지를 소유하지 않은 사람들의 현대적 유목 생활, 이러한 상태는 필연적으로 여러 국민, 적어도 유럽 사람들의 약화와 마침내는 파멸을 부른다. 그래서 그 모든 것에서 끊임없는 엇갈림의 결과로 하나의 잡종이, 유럽인이라는 혼합 종족이 생길 것이다. 이제는 이 목표를 의식적으로 또는 무의식적으로 '국민적' 적의를 키움으로써 여러 국민 차단의 움직임이 막고는 있지만, 그래도 그 혼합의 움직임은 한때의 역류에 맞서고 서서히 앞으로 나아간다. 게다가 이 인위적 국민주의는 인위적 가톨릭교가 그랬던 것과 마찬가지로 위험하다. 왜냐하면 국민주의는 본질에서 소수에 의해 다수에게 내려진 압제적인 긴급 계엄상태이며, 자기 위신을 유지하기 위해서는 책략·거짓말·폭력이 필요하기 때문이다. 흔히 말하듯, 많은 사람들(여러 민족)의 이해가 아니라 무엇보다도 먼저 일정한 왕조의 이해가, 다음에 상업과 사회의 일정한 계급의 이해가 이 민족주의를 추구한다. 이러한 것을 한번 인식하게 되면 사람들은 거리낌 없이 자기가 '좋은 유럽인'이라는 것을 말하고, 행동으로 여러 국민의 융합을 위해 노력해야 한다. 그때 독일인은 '여러 국민의 통역이며 중개자'라는 오래전부터 정평이 나 있는 특징을 통해 도움을 줄 수 있다.

덧붙여 말하면 유대인의 문제 전체는 국민 국가의 내부에만 존재한다. 여기에서는 모든 곳에서 그들의 행동력의 늠름함과 더 높은 지성, 오랜 고난의 훈련 속에서 대대로 쌓아 올려진 정신과 의지의 자본이 시기와 미움을 불러일으킬 정도까지 우세해질 것이 틀림없다. 그 결과 유대인을, 모든 가능한 공적이고 내면적인 불합리의 속죄양으로서 도살대로 끌고 간다는 문학적 악습이 오늘날 거의 모든 민족들에게(더구나 이들이 국민적인 몸부림을 하면 할수록) 퍼져 있기 때문이다. 더 이상 여러 국민의 보존이 아닌 가능한 한 강력한 유럽의 잡종 생산이 문제가 되자마자, 유대인은 성분으로서 다른 국민적 잔존물과 마찬가지로 유용하고 바람직한 것이 된다. 모든 국민, 모든 민족은 불쾌한, 더욱이 위험한 특성을 갖고 있다. 유대인이 예외가 되어야 한다고 요구하는 것은 가혹하다. 그와 같은 특질은 특히 유대인에게는 이상할 만큼 위험하고 지독한 것인지 모른다. 그리고 아마도 젊은 유대인 증권업자는 인류의 가장 꺼림칙한 발명품일 것이다. 그럼에도 전체적인 결말을 지을 때 우리 모두에게 책임이 없다고는 할 수 없지만, 모든 민족 중에서 가장 고뇌에 찬 역사를 더듬어 온 민족, 세계에서 가장 고귀한 인간(그리스도), 가장 순수한 현자(스피노자), 가장 위력 있는 책, 가장 영향력 있는 도덕률을 가져다 준 민족을 우리가 얼마나 너그럽게 대해야 하는가를 나는 알고 싶다. 그리고 또 동양의 구름층이 유럽 위에 무겁게 깔려 있었던 중세의 가장 어두운 시대에, 계몽과 정신적 독립의 깃발을 가장 가혹한 일신상의 압박 아래서도 지켜나가고, 동양에 맞서 유럽을 방어한 것은 유대의 자유 사상가·학자·의사였다. 더 자연적이고 더 합리적이며 적어도 비신화적인 세계 해석이 마침내 승리를 얻을 수 있었던 것은 그리고 지금 우리를 고대 그리스와 로마의 계몽에 결부하는 문화의 고리가 단절되지 않고 남아 있을 수 있었던 것은 그들의 노력에 신세진 것이 적지 않다. 그리스도교가 서양을 동양화하는 데 온 힘을 다했다고 한다면, 그때 유대인 기질은 주로 서양을 다시 서양화하는 데 도움을 주었다. 서양화란 일정한 의미에서 유럽의 과제와 역사를 '그리스의 과제와 역사로 계승'하는 것을 뜻한다.

겉으로 보이는 중세의 우월성─중세는 교회라는 것을 아주 보편적이고 온 인류를 포괄하는 듯한 목표, 게다가 이른바 인류 최초의 이해에 간주된 그러한 목표를 가진 한 시설로서 보여준다. 그에 비하면 근세사가 보여주는 여러 국가와 국민의 목표는 답답한 인상을 준다. 그것들은 보잘것없고 비속하고 물질적이며 공간적으로도 제한되어 있는 것처럼 보인다. 그러나 물론 공상에 대한 이 서로 다른 인상이 우리의 판단을 결정해서는 안 된다. 왜냐하면 그 보편적 시설은 작위적인 허구에 바탕을 둔 욕구에 알맞은 것이었는데, 그 욕구는 아직 존재하지 않았기에 욕구(구제의 욕구)를 처음으로 만들어 내야 했기 때문이다. 새로운 여러 시설은 현실의 긴급 상태를 구하는 것이다. 그리고 모든 사람들의 공통적인 참된 욕구에 이바지하고 공상의 원형인 가톨릭 교회를 그림자와 망각 속에 둘 시설이 생길 때가 찾아온다.

전쟁이 없어서는 안 된다─인류가 전쟁을 잊어버렸을 때도 여전히 인류에게 많은 것을(혹은 그때서야 매우 많은 것을) 기대하는 것은 허무한 몽상이며 아름다운 영혼에 흔히 있는 일이다. 쇠약해가는 모든 민족에게 야영의 그 거친 에너지, 뼛속에 맺힌 비개인적인 증오, 편안한 양심에서 행해지는 살인의 냉혈함, 적을 모조리 없애버릴 때의 공통된 조직적 격정, 크나큰 상실에 대한, 그리고 자신의 현존재와 친한 자의 현존재에 대한 그 자랑스런 무관심, 육중한 지진과 같은 영혼의 감동은 모든 커다란 전쟁에서 겪는 것이지만 그것처럼 강하고, 확실하게 이러한 일들을 가져다 줄 수 있는 다른 수단을 나는 알지 못한다. 여기에서 솟아나는 냇물과 강의 흐름은 물론 모든 종류의 돌과 먼지를 한꺼번에 밀어내 섬세한 문화의 목초지를 파괴하지만, 그 뒤 적절한 상황 아래서는 정신의 작업장의 톱니바퀴 장치를 새로운 힘으로 회전시킨다. 문화는 정열·악덕·악의라는 것이 없으면 어쨌든 결말이 나지 않는다. 제국이 된 로마 사람들이 전쟁에 조금 싫증이 났을 무렵, 그들은 사냥, 검투사의 싸움, 그리스도교의 박해로 새로운 힘을 얻으려고 시도했다. 전체적으로 마찬가지로 전쟁을 포기한 것처럼 보이는 현대 영국인은 사라져 가는 힘을 새로 만들어내기 위해서 다른 수단을 취한다. 학문상의 목적이라고 호칭되어 있기는 하지만 사실은 모든 종류의 모험과 위험에서 남은 힘을 고국으로 가져가기 위해서 시도된 위험한 발굴 여행·횡단 항해·등반이 바로 그러한 것이다. 그러한 전쟁의 대용품은 아직도 여러 가지로 발견될 것이다. 그러나 아마도 그러한 대용품을 통해 현대 유럽인처럼 문화 정도가 높고 따라서 필연적으로 쇠약한 인류는 문화의 수단을 위해서, 자신의 문화와 현존 그 자체를 잃지 않기 위해서, 단순한 전쟁뿐만 아니라 보다 크고 무시무시한 전쟁(즉 야만 상태로의 일시적 후퇴)을 필요로 한다는 것을 점점 더 많이 통찰하게 될 것이다.

478

남쪽과 북쪽의 근면─근면은 완전히 다른 두 가지 방법으로 성립한다. 남쪽의 수공업자들이 근면해지는 것은, 영리를 얻고자 하는 충동에서가 아니라 타인이 끊임없이 주문하기 때문이다. 말에 편자를 박고 수레를 고쳐주길 바라는 사람이 늘 찾아오므로 대장장이는 부지런한 것이다. 만약 아무도 오지 않았다면 그는 시장에서 빈둥거리고 있을 것이다. 먹고 살아가는 것은 풍요한 고장에서는 거의 어려움이 없다. 아주 적은 일만 해도 된다. 아무튼 부지런함을 필요로 하지는 않는다. 나중에 그는 구걸하면서 만족할지도 모른다. 그와 반대로 영국 노동자의 근면은 영리를 위해서라는 것을 감추고 있다. 그는 자기 자신과 자기 목표를 의식하고 있어 소유로써 권력을 얻고 권력으로써 될 수 있는 대로 커다란 자유와 개인적인 높은 신분을 얻기를 바라고 있다.

479

명문의 근원으로서의 부(富)─부는 필연적으로 종족의 귀족주의를 낳는다. 왜냐하면 부는 가장 아름다운 여성들을 고르고 가장 뛰어난 교사들을 고용하는 것을 허용하고, 인간에게 청결성, 체력 단련을 위한 시간, 특히 머리를 둔하게 하는 육체 노동의 회피를 기꺼이 허용하기 때문이다. 그런 점에서 부는 몇 세대 동안 인간에게 품위 있고 아름다운 몸단장을 할 뿐만 아니라 그러한 행위를 하기 위한 모든 조건을 준다. 마음의 더 큰 자유, 측은하고 하찮은 존재가 되지 않도록 하는 일, 빵을 주는 사람 앞에서 비굴하지 않아도 되는 일과 잔돈을 아끼지 않아도 되는 일과 같은 소극적 특성이야말로 젊은 사람에게는 행운이 보내 주는 가장 호사한 생일선물이다. 몹시 가난한 자는 거의 고귀한 성향 때문에 파멸한다. 그러한 사람은 앞으로 나아가지 못하고 아무것도 벌지 못한다. 그의 종족은 생활 능력이 없는 것이다. 그러나 이때 고려되어야 할 것은, 해마다 3백 탈러를 쓸 수 있든 3만 탈러를 쓸 수 있든 부는 거의 같은 작용을 한다는 것이다. 그 뒤엔 본질적으로 더는 이로운 상황들로 발전하지 않는다. 그러나 보다 적게 갖는 일, 소년의 몸으로 구걸하며 품위를 망치는 일은 끔찍한 일이다. 자기 행복을 궁정의 화려함에서, 권력자나 세력가 아래 종속하여 추구하거나 교회 지도자가 되고 싶어하는 사람들에게는 알맞은 출발점일지 모르지만. (그것은 은총이 지나가는 구멍에 몸을 굽히고 기어들어가는 것을 가르친다.)

480

서로 방향이 다른 질투와 게으름─적대적인 두 당파, 사회당과 국민당(유럽의 여러 나라들에서 어떤 이름으로 불리고 있든지)은 서로 어울리는 상대다. 질투와 게으름이 그들의 원동력인 것이다. 전자의 진영에서는 될 수 있는 대로 조금만 손을 움직이려 하고, 후자의 진영에서는 될 수 있는 대로 조금만 머리를 쓰려고 한다. 후자에서는 대중 운동을 목적으로 하는 일에 자발적으로 참가하지 않는 뛰어나고 스스로 성장해가는 개인이 미움받고 시기당한다. 전자에서는 최고의 문화재를 생산한다는 본래의 과제가 내면적으로 인생을 그만큼 힘들고 고통이 많은 것으로 만들고, 외면적으로는 풍족하고 뛰어난 사회 계급이 미움받고 시기당한다. 물론 대중 운동의 정신을 사회의 상층 계급의 정신으로 만드는 데 성공한다면, 사회주의자들이 외면적으로 자기와 상층 계급 사이를 평준화하려고 하는 것은 그야말로 정당한 일이다. 실제로 그 둘은 내면적으로는 머리와 마음에서는 이미 서로 평준화되어 있기 때문이다. 더 높은 인간으로서 살라. 그리고 끊임없이 더 높은 문화 사업을 실행하라. 그렇게 하면 살아 있는 모든 것은 다 그대들의 권리를 인정할 것이다. 그리고 그대들이 꼭대기에 서 있는 그 사회의 질서는 어떠한 심술궂은 눈매와 손짓에도 불사신이다!

위대한 정책과 그 손실—한 민족이 전쟁과 전쟁 준비에서 가장 큰 손실을 입는 것은 전쟁의 낭비와 상업·교역의 정체로써도, 상비군의 유지로써도 아니다. 유럽의 8개국이 해마다 2, 30억의 거액을 거기에 소비하고 있는 현재 이러한 손실이 참으로 막대한 것이긴 하지만 그보다는 오히려 매년 막대한 수의 가장 유능한, 가장 건강한, 가장 근면한 남성들이 군인이 되기 위해 그들 본래의 업무와 천직에서 떨어져 있게 된다는 것이다. 그와 마찬가지로 위대한 정책을 수행하고 가장 강한 국가들 사이에서 결정적인 발언권을 확보하기 시작하는 한 민족이 가장 큰 손실을 입는 것은, 보통 사람의 눈에 띄는 데에서가 아니다. 이 시기로부터 가장 뛰어난 수많은 재능이 '조국의 제단', 또는 국민적 명예심에 끊임없이 희생되는 것은 사실이다. 오늘날에는 정책에 삼켜버린 이러한 재능에 대해서 과거에는 다른 활동 영역이 열려 있었다는 것도 사실이다.

그러나 이 공공연한 수소 백 마리의 희생의 한편에서는 이것보다 훨씬 처참하게 끊임없이 10만 막으로 동시에 상연되는 어떤 극이 일어난다. 정치적 영광의 월계관을 간절히 바라는 한 민족의 유능하고 근면하고 재치 있으며 노력하는 그 어떤 인간일지라도 이 갈망에 지배되어 그 자신의 문제에는 더 이상 과거처럼 완전히 마음을 쏟을 수 없게 된다. 공공복지의 새로운 문제와 배려가 시민의 머리와 마음의 자본을 날마다 방출하는 것을 삼켜 버린다. 개인적인 에너지와 노력의 이러한 모든 희생과 손실의 총액은 참으로 막대한 것이므로, 한 민족의 정치적 번영은 정신적 빈곤화와 쇠약화, 커다란 집중과 배타성이 필요하게 되는 일에 대한 능력의 감퇴를 거의 필연적으로 수반한다. 결국 우리는 다음과 같이 물어도 좋다. 국민이 비단벌레의 날개빛처럼 빛에 따라 녹색이나 자줏빛으로 변하는 꽃을 위해, 이제까지 그 땅에 이토록 풍요하게 나 있던 더욱 고귀하고 섬세하며 정신적인 사물과 작물을 희생해야 한다면, 전체의 번영과 화려함은(이것은 참으로 새로운 거인에 대한 다른 제국의 공포로서[3] 그리고 국민의 상업과 교역의 번영을 위해서 외국에서 억지로 빼앗은 특혜로서 나타나는 것에 지나지 않지만) 도대체 '가치가 있는' 것일까?

---

3) '공포로서(als Furcht)'는 슐레히타 판에서는 '공포에서(aus Furcht)'로 되어 있다.

482

그리고 다시 한번 말하건대—여론이란 사적인 태만함.

제9장
혼자 있는 사람

483

진리의 적—모든 신념은 거짓말보다 더 위험한 진리의 적이다.

484

뒤바뀐 세상—어떤 사상가가 우리에게 유쾌하지 못한 명제를 수립하면, 그는 한결 더 심하게 비판 받는다. 그러나 그의 명제가 우리에게 유쾌할 때 그를 비판하는 편이 더욱 합리적일 텐데.

485

성격이 강하다—어떤 사람의 성격이 강해 보이는 것은, 그가 언제나 자신의 원리를 좇고 있기 때문이라기보다 언제나 자신의 기질을 좇고 있기 때문인 편이 훨씬 많다.

486

필요한 한 가지 일—인간이 가져야 할 것이 하나 있다. 태어나면서부터의 가벼운 마음이나 예술과 지식으로써 '가벼워진 마음', 이 두 가지 가운데 하나다.

487

일에 대한 정열—학문, 국가의 복지, 문화 문제, 예술과 같은 일에 정열을 쏟는 사람은, 인간에 대한 자신의 정열로부터 많은 불[火]을 빼앗는다(정치가·철학자·예술가들이 그들의 모든 창조의 대표자인 것과 마찬가지로 인간이 그런 일들의 대표자일 경우에도).

488

행동의 침착함─폭포수가 떨어질 때 한결 더 천천히 맴돌게 되는 것과 같이, 위대한 행동가는 행동하기 전에 그의 뜨거운 갈망이 예기시켰던 것보다 더욱 더 침착하게 행동한다.

489

너무 깊이 들어가지 말라─어떤 일을 너무 깊게 포착하는 사람들은 언제까지나 그 일에 충실한 일이 드물다. 그들은 그야말로 깊이를 빛에 드러낸 것이다. 거기에는 언제나 불쾌한 것이 많이 눈에 띄게 마련이다.

490

이상주의자의 망상─이상주의자는 자신이 몸 바치고 있는 일은 이 세상의 다른 어떤 일보다도 본질적으로 더 좋은 것이라고 믿는다. 그리고 그들의 일이 일반적으로 성공하려면 모든 다른 인간적인 일이 필요로 하는 것과 마찬가지로 악취를 풍기는 거름이 필요하다는 사실을 믿으려고 하지 않는다.

491

자기관찰─인간은 스스로에 대해서 또는 자기 자신에 따른 탐색과 포위 공격에 대해서, 매우 잘 방어한다. 일반적으로 그는 자신에 대해서 자신의 바깥 보루 이상의 내부를 알 수가 없다. 진짜 요새(要塞)는 친구와 적이 배신자 역할을 하고 그 자신을 비밀의 길로 끌고 가지 않는 한 그에게는 가까이하기도 어렵고 보이지도 않는다.

492

적절한 직업─남성들이 결국 다른 모든 직업보다 중요하다고 믿지 않거나 또는 그렇게 믿도록 스스로를 설득하지 못한 직업을 지속하는 일은 드물다. 여성들은 자기 연인들을 이와 같이 대한다.

493

고상한 마음씨—고상한 마음씨란 거의 선량한 성품과 의심 없는 마음으로 이루어진다. 따라서 그것은 탐욕스럽고 크게 성공한 사람들이 우월감과 조소로 이러쿵저러쿵 말하는 것을 포함한다.

494

목표와 길—일단 선택한 길을 끝끝내 버티어 나가는 사람은 많지만 목표에 대해서 그렇게 하는 사람은 거의 없다.

495

개인적 생활양식의 불쾌한 점—아주 개인적인 생활 방식은 사람들로 하여금 그 방식을 취하는 자에 대해서 분개하도록 한다. 그러한 사람이 스스로를 대하는 특별 대우로 인해 사람들은 자신이 평범한 존재로 전락하여 모욕당했다고 느끼는 것이다.

496

위대한 사람의 특권—사소한 선물로 많은 즐거움을 주는 것은 위대한 사람의 특권이다.

497

알지 못하는 사이에 고상하게—인간은 사람들에게 아무것도 바라는 바 없이 언제나 그들에게 무엇인가를 주는 습관에 젖어들면, 알지 못하는 사이에 고상한 행동을 하게 된다.

498

영웅의 조건—누군가가 영웅이 되고자 바란다면, 먼저 뱀이 용으로 변해 있어야 한다. 그렇지 않은 경우 그에게는 적당한 적수가 없는 셈이다.

499

친구—같이 괴로워하는 일이 아니라 같이 기뻐하는 일이 친구를 만든다.

500

밀물과 썰물을 이용할 것—인식을 위해서는 우리를 어떤 사건으로 이끌고 가고, 잠시 뒤에는 그 사건으로부터 다시 끌고 나가는 내면의 흐름을 이용할 줄 알아야만 한다.

501

자신에 대한 즐거움—사람들은 '일의 기쁨'이라고 말한다. 그러나 사실은 어떤 일을 매개로 한 자기에 대한 기쁨이다.

502

소극적인 사람—인간에게 소극적인 사람은 도시·국가·사회·시대·인류에 대해서는 그만큼 더 심하게 자만을 보인다. 이것이 그의 복수이다.

503

질투와 시기—질투와 시기는 인간 영혼의 치부다. 이 비교는 아마도 앞으로 계속될 것이다.

504

가장 고상한 위선자—자신에 대해 이야기하지 않는 것은 아주 고상한 위선이다.

505

불만—불만은 그 원인이 뒤에 제거되는 것만으로 벌써 다 나았다고 할 수 없는 하나의 육체적 질환이다.

506

진리의 옹호자—진리가 옹호자를 가장 드물게 발견하는 때는 진리를 말하는 것이 위험한 때가 아니라 그것이 지루한 때다.

507

적보다 훨씬 더 귀찮은—우리는 어떤 사정이 있어도 상대의 동감적 태도를 믿을 수는 없으나, 한편 우리 편에서는 무조건 동감하고 있다는 겉모습을 유지하는 것이 어떠한 이유(예컨대 감사)에서 의무화된 사람들은 우리의 상상력을 적보다 훨씬 더 괴롭힌다.

508

넓은 자연—우리가 넓은 자연 속에 그토록 파묻히고 싶어 하는 까닭은, 자연이 우리에 대해서 어떤 의견도 갖고 있지 않기 때문이다.

509

누구나 한 가지 일[1]에서는 뛰어나다—문명화된 상태에서는 누구나 자신이 적어도 '한 가지' 일에서만은 다른 어떤 사람보다 뛰어나다고 느낀다. 여기서 보편적인 호의가 나온다. 그 이유는 누구나 사정에 따라서 다른 사람을 도울 수도 있고, 그러므로 부끄러워하지 않고 도움을 받아도 좋기 때문이다.

510

위로의 이유—누군가가 죽었을 경우, 사람들은 주로 슬픔을 덜기 위해서보다는, 오히려 자신이 그렇게 쉽사리 위로를 받았음을 느끼고 있다는 것을 변명하기 위해서 위로의 이유를 필요로 한다.

511

신념에 충실한 사람들—할 일이 많은 사람은 자신의 전반적인 견해와 관점

---

1) '자신의 일(seine Sache)'은 슐레히타 판에서는 '한 가지 일(eine Sache)'로 되어 있다.

을 거의 변경 없이 지속시킨다. 하나의 이념에 몸을 바치고 있는 사람도 모두 마찬가지다. 그는 이념 그 자체는 더는 음미하지 않으리라. 그럴 시간이 이제 그에게는 없는 것이다. 게다가 이념을 아직도 논쟁의 여지가 있는 것으로 여기는 것은 그의 이익에 어긋난다.

512

도덕성과 양—어떤 사람의 도덕성이 다른 사람의 도덕성보다 더 높은 것은, 흔히 목표가 양적으로 더 큰 경우에만 성립한다. 사소한 것에 좁은 범위로 몰두하면 그도 끌려내려 올 것이다.

513

삶의 성과로서의 삶—인간은 자신의 인식으로 아무리 발돋움을 하고, 자기 자신에게는 제아무리 객관적이라고 생각되더라도 거기에서 결국 생겨나는 것은 스스로의 전기(傳記)일 뿐이다.

514

철과 같은 필연성—철과 같은 필연성이란, 인간이 역사적 과정에서 철과 같은 것도 아니며 필연적인 것도 아니라고 통찰하는 어떤 것이다.

515

경험으로로부터—어떤 일이 불합리하다는 것이 그 일의 현존을 지워 버리는 이유일 수는 없다. 오히려 현존의 한 조건이다.

진리—오늘날에는 누구도 극단적인 진리로 인해 죽지 않는다. 너무도 많은 해독제가 있다.

517

근본통찰—진리의 요구와 인류의 복지 사이에는 미리 예정된 아무런 조화도 없다.

518

인간의 운명—더욱 깊이 생각하는 사람은, 자신이 바라는 대로 행동하고 판단하더라도 언제나 잘못되었다는 것을 알고 있다.

519

키르케[2]로서의 진리—오류가 동물로부터 인간을 만들었다. 진리는 인간을 다시 동물로 바꾸어 놓을 수 있을까?

520

우리 문화의 위험—문화가 문화의 수단으로 말미암아 파멸할 위험에 놓인 시대에 우리는 살고 있다.

521

위대함이란 방향을 제시하는 것이다—어떠한 강도 자기 스스로 크고 풍부하게 되지는 않는다. 그런 것이 아니라 헤아릴 수 없는 수많은 지류를 받아들여 앞으로 이끄는 것이 강을 그렇게 만든다. 정신의 위대함 또한 마찬가지다. 문제는 누군가가 앞으로 그 많은 지류가 따라야 할 방향을 제시하는 일뿐이며, 그가 처음부터 재능이 많은지 적은지는 문제가 아니다.

522

약한 양심—인류에 대한 자신의 의의를 입에 올리는 사람들은, 평범한 시민의 정직성에 대해서 계약과 약속을 지키는 일에는 약한 양심을 가지고 있다.

523

사랑받고 싶어 한다—사랑받고 싶어 하는 요구는 자만 중에서도 가장 큰 자만이다.

---

2) 키르케(Circe)는 그리스 신화에서 마법을 써서 인간을 동물로 변하게 한 마녀.

524

인간 멸시—모든 사람을 '자신의' 목적을 위한 수단으로만 인정하거나, 또는 전혀 인정치 않는 것은 인간 멸시의 가장 뚜렷한 표시다.

525

적대관계에서 생긴 자기 편—사람들을 자신 때문에 격분케 한 사람에게는 언제나 자기 편도 또한 생긴다.

체험을 잊어버리는 것—많이 생각하는 사람, 더욱이 즉흥적으로 생각하는 사람은 곧 자신의 체험을 잊는다. 그러나 그 체험으로 말미암아 떠오른 사상은 쉽사리 잊혀지지 않는다.

527

의견을 고집하다—어떤 사람은 그가 스스로 어떤 의견을 착안했다는 데 대해 얼마쯤 자부심을 느끼기 때문에 그 의견을 고집하며, 또 다른 어떤 사람은 고생해서 그것을 익혔고 이해했다는 데 대해 긍지를 느끼기 때문에 그렇게 한다. 따라서 둘 모두 허영심에서 비롯된 것이다.

528

빛을 피한다—선행 또한 악행과 마찬가지로 겁을 먹고 빛을 피하려 한다. 악행은 알려짐으로써 고통(벌로서)이 닥쳐오는 것을 두려워하고, 선행은 알려짐으로써 쾌감(허영심이 만족되면 순식간에 멎어 버리는 스스로에 대한 순수한 쾌감)이 사라지는 것을 두려워한다.

529

하루의 길이—사람들이 집어넣을 것을 많이 갖고 있으면 하루는 백 개의 주머니를 갖고 있다.

530

폭군적 천재─폭군처럼 자기 자신을 관철하려는 억제하기 힘든 의욕이 영혼 속에서 움직이고, 그 불이 계속 꺼지지 않고 있으면 빈약한 재능을 지닌 사람조차도 (정치가와 예술가의 경우) 점차 거의 통제할 수 없는 자연의 힘으로 변해간다.

531

적의 목숨─적과 싸우는 것으로 살아가는 사람은, 적의 목숨이 붙어 있는지에 대해 관심을 가진다.

532

한결 더 중요하게─인간은 설명이 된 명확한 사항보다도, 설명할 수 없는 불투명한 사항을 더 중요하게 받아들인다.

533

표시된 봉사의 평가─누군가가 우리를 성심껏 돌보아 주는 은혜를, 우리는 그 사람이 거기에 두는 가치에 따라 평가하고 그것이 우리에 대해서 갖는 가치에 따라 평가하지는 않는다.

534

불행─불행에 내포되어 있는 명예(자신을 행복하다고 느끼는 것이 마치 천박함·무용·평범함의 표시라도 되는 것처럼)는 매우 크다. 따라서 누군가가 그 사람에게 "그러나 당신은 얼마나 행복한가!" 하면 곧잘 항의할 정도다.

535

불안에 대한 상상─불안에 대한 상상은, 인간이 가장 무거운 것을 짊어졌을 때도 인간의 등에 뛰어오르는 그 심술궂은 원숭이 같은 요괴 코볼트(Kobold)[3]다.

---

3) 옛 독일어에서 유래하며, 집의 정령, 독일의 광산에 산다고 알려진 난쟁이. 나중에 차라투스트라의 어깨에 앉는 '무게의 영혼'《차라투스트라》〈환영과 수수께끼에 대해서〉 참조)으로 발전된다.

536

시시한 적의 가치—사람들이 어떤 일에 때때로 충실한 것은 이따금 그 적이 계속 시시하게 굴기 때문이다.

537

직업의 가치—직업은 생각을 하지 못하게 한다. 거기에 직업이 주는 가장 큰 혜택이 있다. 왜냐하면 그것은 일반적인 성질의 회의와 우려가 덮쳐올 때, 마음대로 뒤에 숨을 수 있는 울타리이기 때문이다.

538

재능—언제나 지나치게 무겁게 과제가 덧붙여져 왔기 때문에, 재능이 실제보다 더 빈약하게 보이는 사람이 적지 않다.

539

청춘—청춘은 불쾌한 것이다. 왜냐하면 그 시기는 어떤 의미에서든 생산적이지도 합리적이지도 못하기 때문이다.

540

너무 큰 목표—거리낌 없이 큰 목표를 세우고서 내심 자신은 거기에 너무나 무력하다고 인정하는 자는, 일반적으로 그 목표를 떳떳하게 뒤집을 만한 힘도 없고 그리하여 피할 길 없이 위선자가 되어 버린다.

541

격류 속에서—세차게 흐르는 물은 많은 암석과 관목을 휩쓸어 가고, 강한 정신은 많은 어리석음과 혼란한 머리를 휩쓸어 간다.

542

정신적 해방의 위험—어떤 인간이 진지하게 마음먹은 정신적 해방에 있어서는, 그의 정열과 욕망 또한 저마다의 이득을 노리고 남몰래 기대하고 있다.

543

정신의 육체화—어떤 사람이 많이 그리고 지혜롭게 사고하면 얼굴뿐만 아니라 육체도 지혜로운 겉모습을 얻게 된다.

544

눈이 나쁜 것과 귀가 나쁜 것—눈이 나쁜 사람은 갈수록 조금만 보게 되고, 귀가 나쁜 사람은 언제나 조금 더 많이 듣게 된다.

545

허영심의 자기향락—허영이 많은 사람은 실제로 뛰어나기보다도 오히려 자신이 뛰어나다고 느끼기를 바란다. 그러므로 그는 자기 기만과 자기 모략의 수단을 물리치지 않는다. 타인의 의견이 아니라 타인의 의견에 대한 자신의 의견이 마음에 걸리는 것이다.

546

예외적인 허영심—보통은 스스로 만족해하는 자가 육체적으로 병이 나면, 예외적으로 허영심에 차게 되며 명성과 칭찬에 민감해진다. 자신을 잃어 가는 정도에 따라서 그만큼 그는 타인의 의견에 힘입어, 즉 외부로부터 다시 자신을 되찾으려고 노력해야 한다.

547

'재치 넘치는 사람들'—재치를 구하는 자는 재치가 없다.

548

당의 지도자를 위한 암시—사람들에게 공공연히 어떤 일에 찬성을 표명하도록 할 수 있으면 거의 마음속으로도 그것에 대한 찬성을 드러내도록 한 셈이 된다. 그들은 그 뒤로도 일관성이 있다는 인정을 받고 싶어 한다.

549

모멸—타인에 의한 모멸은 자기 자신에 의한 모멸보다 견디기 어렵다.

550

감사의 끈—베풀어진 은혜에 대한 감사가 지나쳐 감사의 끈으로 자기 목을 매어 버리는 노예 근성을 가진 영혼이 있다.

551

예언자의 요령—평범한 사람의 행동방식을 미리 알려면, 그들이 불쾌한 상태에서 빠져 나오기 위해서 언제나 가장 적은 정신밖에는 쓰지 않는다는 것을 가정해 두어야 한다.

552

오직 하나 인간의 권리—인습적인 것으로부터 벗어나는 사람은 비범한 것에 바쳐진 희생이다. 인습적인 것 속에 머무는 사람은 인습적인 것의 노예다. 어느 경우나 파멸은 면할 수 없다.

553

동물보다 못하다—인간이 웃음을 참지 못하고 뒹굴며 소리칠 때 그 비천함은 어떤 동물도 당할 수 없다.

554

얼치기 지식—외국어를 조금밖에 모르는 사람은 외국어를 유창하게 구사하는 사람들보다 더 큰 즐거움을 느낀다. 만족이란 얼치기 지식을 가진 사람이 느끼는 법이다.

555

위험한 자선—순전히 나중에 인생을 편안하게 만들어줄 처방, 예를 들면 기독교를 제공해 주기 위한 목적으로 사람들의 삶을 괴롭히는 사람들이 있다.

556

부지런함과 양심적인 것—부지런함과 양심적인 것이 흔히 적대 관계에 빠지는 것은, 부지런함은 열매를 미숙하고 시큼할 때 나무에서 따려고 하지만, 반대로 양심적인 것은 너무도 오래 익혀 두고서 끝내는 과일이 떨어져 깨져 버리는 결과를 불러오는 데 있다.

557

수상하게 여긴다—사람들은 더 참을 수 없는 인간을 수상한 놈이라고 생각하려 한다.

558

여건이 결여되어 있다—대부분의 사람들은 '독자적인' 방식에 따라 훌륭해질 기회를 평생 동안 기다린다.

559

친구가 없다는 것—친구가 없다는 것은 질투와 자만심 탓이라고 짐작된다. 많은 사람들은 단지 그가 질투할 어떤 원인도 갖고 있지 않다는 다행스러운 상황 덕에 친구를 가지고 있다.

560

다수의 위험—사람들은 흔히 재능이 하나 더 많으면 하나가 적을 때보다 더 불안정하다. 책상이 네 다리로보다 세 다리로 더 잘 서 있듯이.

561

타인을 위한 모범—좋은 본보기를 제시하려는 자는, 자신의 덕에 아주 적은 양의 어리석음을 덧붙여야 한다. 그러면 사람들은 그것을 본받는 동시에 그 모범을 눈 아래로 내려다보게 된다. 이것이 사람들이 좋아하는 점이다.

562

표적이 되는 것—흔히 우리에 대한 타인의 악평은 사실은 우리를 두고 하는 것이 아니라, 전혀 다른 이유에서 비롯된 노여움과 불쾌감의 표출이다.

563

체념하기 쉽다—과거를 추악하게 그리는 상상력을 훈련해 두면, 이루어지지 않은 소원에 괴로워하는 일이 적어진다.

564

위험할 때—막 차를 피했을 때 차에 치일 위험이 가장 크다.

565

목소리에 따른 역할—여느 때보다 큰 소리로 이야기해야 하는 사람은(예를 들면 귀가 잘 들리지 않는 사람, 또는 많은 청중 앞에서) 주로 자신이 전해야 할 것을 과장한다. 자신의 목소리가 속삭임에 가장 알맞다는 이유만으로 모반자나 심술궂은 불평꾼, 음모가가 되어 버리는 사람이 적지 않다.

566

사랑과 미움—사랑과 미움은 맹목은 아니지만, 그 자체가 지닌 불길에 눈이 어두워진 것이다.

567

적대시함으로써 덕을 본다—자신의 공적을 세상에 충분히 분명하게 알리지 못하는 사람들은 스스로 강한 적의를 일으키려고 애쓴다. 그렇게 하면 이 적의가 그들의 공적과 그것을 인정하는 일 사이를 차단하고 있는 것이며, 더욱이 많은 다른 사람들도 그렇게 추측한다(이것은 그들의 명망에서 아주 이로운 것이지만)고 생각하면서 위안을 받는다.

568

참회─인간은 타인에게 자신의 죄를 참회해 버리면 그 죄를 잊어버린다. 그러나 일반적으로 상대는 그것을 잊지 않는다.

569

자기만족─자기만족이라는 금으로 된 양가죽[4]은 매질이라면 막을 수 있지만, 바늘로 찔리는 것은 막지 못한다.

570

불꽃 속 그림자─불꽃이란 그 자체에게는, 그것이 비추어 주는 다른 것들만큼 그리 밝지 못하다. 현자 또한 마찬가지다.

571

자신의 의견─어떤 사항에 대해서 갑자기 질문을 받았을 때 떠오르는 가장 첫 의견은, 일반적으로 자신의 의견이 아니라 우리의 계급·지위·혈통에 속하는 흔한 의견에 지나지 않는다. 자신의 의견은 좀처럼 표면에 떠오르지 않는다.

572

용기의 본질─평범한 사람은 위험이 보이지 않고 위험을 보는 눈이 없을 때, 영웅처럼 대담한 불사신이 된다. 반대로 영웅은 단 하나의 급소를 등에, 즉 눈이 없는 곳에 가지고 있다.

573

의사의 위험─인간은 자신이 진찰받는 의사에 알맞게 태어나야 한다. 그렇지 못하면 그 의사 때문에 목숨을 잃는다.

---

4) '금으로 된 양가죽(das goldene Vlies)'은 그리스 신화에서 영웅 이아손이 온갖 어려움 끝에 손에 넣은 보물.

574

기괴한 허영심—자신만만하게 세 번이나 날씨를 예언하는 데 성공한 자는, 자기 영혼 속에 어느 정도 예언의 재능이 있다고 믿는다. 우리는 우리의 자존심에 아부하는 것이라면 기묘하고 불합리한 것조차도 인정한다.

575

직업—직업은 삶의 척추다.

576

개인적 영향의 위험—다른 사람에게 크나큰 내면적인 영향을 미치고 있다고 느끼는 사람은, 상대에 대해서 고삐를 완전히 늦추어 줄 뿐만 아니라 때때로 있는 저항조차도 기분 좋게 바라보고 때로는 그것을 자아내기조차 해야 한다. 그렇지 못하면 그는 어쩔 수 없이 자신의 적을 만들게 될 것이다.

577

후계자를 승인한다—사심 없이 무언가 위대한 것의 기초를 쌓아올린 사람은, 자신의 후계자를 양성하려고 계획한다. 자기 일의 모든 잠재적 후계자를 적으로 여기고 그들에 대한 긴급 방어상태로 살아가는 것은 폭군적이고 비천한 성격의 표시다.

578

불완전한 지식—불완전한 지식은 완전한 지식보다 압도적 승리를 얻게 된다. 그것은 사물을 실제보다 단순하게 이해하고, 그 때문에 자신의 의견을 훨씬 알기 쉽고 설득력이 있는 것으로 만든다.

579

당원으로는 알맞지 않다—많이 생각하는 자는 당원으로서 알맞지 않다. 왜냐하면 그는 너무나 빨리 당파를 뛰어넘어서 생각하기 때문이다.

580

좋지 못한 기억력—좋지 못한 기억력의 이로운 점은, 똑같은 좋은 사물을 여러 번 '처음으로' 즐긴다는 데 있다.

581

스스로를 괴롭힌다—인정사정없는 생각은 흔히 무감각을 간절히 바라는 온건하지 못한 심정의 표시다.

582

순교자—순교자의 제자는 순교자보다 더 고통받는다.

583

남아 있는 허영심—허세를 부릴 필요가 없는 많은 사람들의 허영심은, 그들이 아직 자기를 믿을 권리를 갖고 있지 않았고 이 자신감을 타인들로부터 겨우 잔돈으로 구걸했던 시대부터 남아 있다가 커진 습성이다.

584

정열의 끓는점[5]—바야흐로 분노 또는 심한 사랑의 격정에 빠지려는 사람은 영혼이 그릇처럼 가득 차는 한 점에 이른다. 그러나 아직 한 방울의 물방울이, 즉 정열에의 좋은 의지(흔히 나쁜 의지로 불린다)가 더해져야만 한다. 이 한 방울이 있기만 하면 그릇은 넘쳐 흐르기 시작한다.

585

불만의 상념—인간은 숲속에 있는 숯가마와 같다. 젊은 사람들은 재처럼 완전히 타버려 숯이 되어 버린 뒤에야 비로소 '쓸모' 있어진다. 그들은 김을 내거나 연기를 뿜고 있을 동안엔 아마도 한결 더 재미있겠지만, 유용성은 없고 귀찮은 존재일 경우가 참으로 많다. 인류는 가차 없이 모든 개인을 자신의 커다란

---

5) 비등점(punctum saliens)은 가자(Theodoro Gaza, 1398~1475년, 르네상스 초기 이탈리아에 망명해온 그리스인 학자)가 썼던 말로, 뚜렷한 점을 의미한다.

기계의 연료로서 사용한다.

그러나 만약 모든 개인이 기계를 유지하기 위해서만 쓸모있는 것이라면 기계는 무엇 때문에 있는 것일까? 자기 자신이 목적인 기계, 이것이 '인간 희극'[6]이라는 것일까?

586

삶의 시계바늘에 대해서—인생은 최고의 의의를 갖는 드문 개개의 순간과, 기껏해야 그러한 순간의 그림자가 우리의 주위에 맴돌고 있는 데 지나지 않는 무수한 틈바구니로 형성되어 있다.

사랑, 봄, 아름다운 선율, 산맥, 달, 바다, 모든 것은 단 한번 남김없이 마음에 이야기를 해 줄 뿐이다. 그것이 언제든 남김없이 이야기할 기회를 얻게 된다면 말이다. 왜냐하면 많은 사람들은 그러한 순간을 전혀 가지지 못하고, 자신이 실제의 삶이라는 교향곡에서 간주곡이며 휴지부가 되기 때문이다.

587

공격할 것인가, 관여할 것인가—우리는 흔히 어떤 경향, 당파, 또는 시대를 과격하게 적대하는 잘못을 저지르곤 한다. 그것은 우리가 우연히 그것의 표면적인 측면, 완전히 드러나지 못한 면 또는 거기에 필연적으로 따르는 '덕의 결함'만을 보기 때문이며, 아마도 우리 자신이 그러한 곳에 주로 관여해왔기 때문일 것이다.

그때 우리는 거기에 등을 돌리고 반대 방향을 추구하게 된다. 그러나 장점이 될 좋은 면을 찾아내거나, 스스로 완성하는 편이 더 나을지 모른다. 물론 생성 중인 것과 불완전한 것을 촉진하는 것은, 그 불완전성을 꿰뚫어보고 부정하는 것보다는 한결 강력한 시선과 좋은 의지를 필요로 한다.

---

6) '인간 희극(umana commedia)'이라는 이탈리아어 표현은 프랑스 작가 발자크의 소설 《인간 희극(Comédie Humaine)》을 단테의 《신곡(Divina Comedia)》을 따라, 니체가 이탈리아어로 바꾼 것으로 생각된다.

588

겸손—참된 겸손(즉 우리는 우리 자신이 만든 것이 아니라는 인식)이 있는데, 그것은 위대한 정신에 걸맞다. 완전한 무책임(그가 만들어 내는 좋은 것에 대해서도 마찬가지로)의 사상을 이해할 수 있기 때문이다. 위대한 자의 불손함이 미움받는 것은, 그가 자기 힘을 느끼고 있기 때문이 아니라 다른 사람들을 다치게 하고, 거만하게 대하며, 그들이 어디까지 그것을 견디는가를 시험함으로써 비로소 자기 힘을 확인하려고 하기 때문이다. 보통 이것은 힘에 대한 자신감의 결여조차 나타내며 사람들로 하여금 그의 위대함을 의심케 한다. 그러한 불손함은 지혜로움의 시점에서 볼 때 매우 경계해야 할 일이다.

589

하루의 맨 처음 생각—하루하루를 잘 시작하는 가장 좋은 수단은, 눈을 뜨면 그날 적어도 '한 사람'에게 한 가지 즐거움을 줄 수 있는가 없는가 하고 생각하는 일이다. 만약 이것이 종교적 기도의 습관에 대한 대체물이라고 여겨진다면 그의 이웃들은 이 변화로 이득을 보게 될 것이다.

590

마지막 위로 수단으로서의 자만심—하나의 재난, 자신의 지적 결함, 질환을 해석하여 거기서 자신의 예비된 운명, 시련 또는 과거의 과오에 대한 숨은 처벌을 보게 되면, 그것으로써 자신의 본질을 흥미롭게 만들고 공상 속에서 자기 이웃을 얕보게 된다. 자랑스런 죄인이란 모든 교회 종파에서 익숙한 인물이다.

591

행복의 식물적 성장—세상의 한탄 바로 옆에, 그리고 자신의 화산지대 위에 흔히 인간은 자신의 낙원을 세워 왔다. 인생을 현존에서 인식만을 바라는 자의 눈으로 보든, 굴복하고 체념한 자의 눈으로 보든, 극복된 곤란을 즐기는 자의 눈으로 보든, 그는 곳곳에서 행복이 재난 옆에서 싹트고 있음을 발견하게 되리라. 더욱이 그 땅이 화산지대였을수록 더 많은 행복이 있다. 단지 이 행복으로 고뇌 자체가 정당화된다는 것은 우스운 일이리라.

조상의 길─자신의 아버지 또는 할아버지가 심혈을 기울여 온 '재능'을 스스로 더욱 단련하며, 무언가 전혀 새로운 것으로 바꾸어 버리지 않는 것은 분별 있는 일이다. 그렇지 못하면 하나의 분야에서 완전함에 다다를 가능성을 자신으로부터 앗아가는 결과가 된다. 그러므로 속담은 말한다. "그대는 어느 길로 가야 하나? 그대 조상의 길이다."

교육자로서의 허영심과 명예욕─어떤 사람이 아직도 보편적 인간의 이익을 위한 도구가 되어 있지 않는 한, 명예욕이 그를 괴롭힐지도 모른다. 그러나 그 목표가 이루어져 그가 기계처럼 필연적으로 모든 사람을 위해서 일하게 되면 이번에는 허영심이 찾아올 것이다. 명예욕이 조야한 작업(그를 쓸모있게 한다는)을 완료하고 나면 허영심이 섬세한 점에서 그를 인간답게 만들고 더욱 사교적으로, 한결 기분 좋게, 더 너그럽게 만들 것이다.

철학의 풋내기─사람이 어떤 철학자의 예지를 막 받아들인 그때에는, 마치 다시 태어나서 위대한 인물이 된 것 같은 감정으로 거리를 힘차게 걷는다. 왜냐하면 이 지혜를 모르는 사람밖에 눈에 띄지 않으며, 따라서 무슨 일에 대해서도 새롭고 아무도 모르는 결정을 말해야 하기 때문이다. 한 권의 법전을 인정하게 되었기 때문에 이제는 재판관처럼 행동해야 한다고 믿는 것이다.

불쾌하게 함으로써 호감을 사다─오히려 눈길을 끌고 그것으로 남을 불쾌하게 하는 사람들은, 눈길을 끌지 않고 호감을 사려고 하는 사람들과 같은 것을 바란다. 다만 훨씬 강하게 그리고 간접적으로, 자신의 목표에서 멀어지듯 보이는 한 단계를 통하고 있을 뿐이다. 그들은 영향력과 권력을 바란다. 그 때문에 자기가 불쾌하게 느껴질 정도까지 자기 우월성을 일부러 드러내 보인다. 왜냐하면 마침내 권력에 다다른 자는 거의 모든 것을 말하고 행해도 호감을 사며, 자신이 불쾌하게 할 때조차 호감을 사는 것처럼 보인다는 것을 그들도 알고 있기 때문이다. 자유정신의 소유자도, 신앙을 가진 사람도 권력을 바란다. 그것으로 언젠가는 호감을 사기 위해서다. 그들이 자신의 이론 때문에 불운·박해·감옥·처형의 위협을 받는다면, 그들은 자신의 이론이 이런 방식으로 인류에게 새겨지고 강한 인상을 준다는 생각으로 기뻐한다. 그들은 그것을 고통스럽지만 강력한, 효력은 늦더라도 마찬가지로 권력에 이르기 위한 수단으로써 견디어 낸다.

596

전쟁의 이유와 그와 유사한 것—이웃 나라와 전쟁을 하려고 굳게 결심해서 개전 이유를 찾는 군주는, 자기 자식의 어머니를 몰래 바꿔치기하고 나서 그것을 어머니로 여기게 하려는 아버지와 같다. 또한 우리 행위가운데 공공연히 밝혀진 동기는 거의 모두 이처럼 몰래 뒤바뀐 어머니 때문이 아닐까?

597

정열과 권리—마음속에서 자신의 권리를 의심하는 사람만큼, 정열적으로 자신의 권리를 입에 올리는 자는 없다. 그는 정열을 자신의 편으로 끌어들여 오성과 오성의 의혹을 흐리게 하려고 한다. 그래서 그는 양심의 편안함을 얻게 되고 동시에 이웃 사람들에게서도 성공을 거둘 수가 있다.

598

단념하는 사람의 요령—가톨릭 성직자의 방식에 따라 결혼하기를 거부하는 자는, 결혼을 자신의 가장 저급하고 비천한 견해로 해석하려 들 것이다. 마찬가지로 동시대인 사이에서 명예를 물리치는 사람은, 명예의 개념을 낮게 취급할 것이다. 그래서 그는 명예 없이 사는 일과 명예에 대한 투쟁을 쉽게 하는 것이다. 아무튼, 전체적으로 많은 것을 단념하는 사람은, 사소한 일에는 쉽게 너그러워질 것이다. 동시대인의 칭찬에 초연하게 있을 수 있는 자가, 그럼에도 보잘것없는 허영심의 만족을 단념하려 들지 않는다[7]는 일도 있을 수 있으리라.

---

7) '하려 들지 않는다(nicht……will)'는 슐레히타 판에는 '할 수 없다(nicht……ann)'로 되어 있다.

599

자만심의 나이─재능이 있는 사람들에게는 26세와 30세 사이에 진정한 자만심의 시기가 있다. 그것은 신맛이 강하게 남아 있는 최초의 성숙기이다. 그들은 자기 속에 느끼는 것을 근거로, 그것을 전혀 또는 조금밖에 보지 않는 사람들에게 존경과 겸손을 요구한다. 그리고 이러한 것이 당장은 주어지지 않기 때문에 자만심의 그 눈매와 몸짓에 의해, 또한 섬세한 귀와 눈이라면 시·철학·그림·음악 등 그 나이의 모든 작품을 재인식하게 될 그런 음성의 어조로 화풀이를 한다. 더 연배가 높은 경험 있는 사람들은 그에 대해서 미소를 짓는다. 그리고 이렇게 대단한 것이면서, 이렇게 하찮은 것으로 '보이는' 운명에 화를 내는 이 아름다운 나이를 감동적으로 바라본다. 나중에 그는 사실 '더 나은' 것으로 '보인다'. 그러나 아마[8] 대단한 '존재'라는 확고한 믿음을 잃어버렸을 것이다. 왜냐하면 그는 평생 나아질 수 없는 허영의 바보로 남을 것이기 때문에.

600

믿을 수는 없어도 의지는 된다─심연의 곁을 지나가거나 깊은 냇물을 나무다리로 건너려면 난간이 필요하지만, 그것은 난간을 붙잡기 위해서가 아니라 (왜냐하면 난간은 사람과 함께 무너져 버릴지 모르기 때문에) 시각에 안전성의 표상을 불러일으키기 위해서다. 그와 마찬가지로 젊을 때는 그 난간의 역할을 무의식중에 해 줄 수 있는 사람들이 필요하다. 우리가 실제로 큰 위험에 처해 그들에게 기대려고 할 때, 그들이 도움이 되지 않으리라는 것은 사실이다. 그러나 그들은 지켜줄 손이 가까이에 있다는 안정감을 준다(예를 들면 아버지·교사·친구, 이 세 사람이 거의 그러하다).

601

사랑하는 것을 배운다─인간은 사랑하는 것과 친절을 베푸는 것을 배워야 한다. 그것도 젊을 때부터 배워야 한다. 교육과 우연이 우리에게 이러한 감각을 훈련할 기회를 주지 않을 때 우리 영혼은 메말라 가고 애정 깊은 사람들의 섬

---

8) '아마(vielleicht)'는 슐레히타 판에는 빠져 있다.

세한 감각을 이해하는 데에도 적당치 못하게 된다. 마찬가지로 격심한 증오자가 되려고 한다면 증오를 배우고 키워야만 한다. 그렇지 못하면 그 싹도 차츰 말라 죽어갈 것이다.

602

장식으로서의 폐허—많은 정신적 변화를 경험하는 사람들은, 과거 상태의 몇 가지 견해와 습관을 포기하지 않는다. 그때 이것은 하나의 수수께끼 같은 고대 유물조각이나 잿빛 벽처럼 그들의 새로운 사상과 행동 속에서 두드러지게 된다. 그것은 흔히 그 지방 전체의 자랑이 된다.

603

사랑과 존경—사랑은 갈망하고, 두려움은 회피한다. 같은 사람으로부터 적어도 사랑과 존경을 동시에 받을 수 없는 것은 그 때문이다. 왜냐하면 존경하는 자는 권력을 인정하기 때문이다. 즉, 권력을 두려워하기 때문이다. 그의 상태는 외경심이다. 그러나 사랑은 어떤 권력도 인정하지 않는다. 갈라 놓고 뛰어나게 하고 위아래의 구별을 내세우는 따위를 인정하지 않는다. 사랑은 존경하지 않으므로 명예욕 강한 사람들은 사랑받는 것에 남몰래 또는 보란 듯이 반항적이다.

604

차가운 인간에 대한 편견—불이 잘 붙는 사람은 식기도 잘한다. 따라서 그런 사람은 일반적으로 믿을 수가 없다. 그러므로 언제나 차가운 또는 차가운 척하는 사람들에 대해서는 특별히 신용할 만하고 믿을 수 있는 인간인 것처럼 생각하는 호의적인 편견이 있다. 천천히 불붙어 오랫동안 식지 않는 사람들과 그들을 분간하지 못하고 있는 것이다.

605

자유로운 의견에서 위험한 것—자유로운 의견에 살짝 닿으면 일종의 가려움과 같은 자극을 받는다. 그 자극에 좀더 응하면 여기저기를 긁게 되고 끝내는 몹시 고통스러운 상처가 생긴다. 즉 자유로운 의견이 우리의 생활상의 지위와 인간 관계를 방해하고 괴롭히기 시작하는 것이다.

606

심한 고통에 대한 갈망—정열은 지나간 뒤에도 자기 자신에 대한 희미한 동경을 남기고, 사라져 가면서도 유혹에 찬 눈길을 던진다. 정열의 채찍으로 얻어맞은 것이 하나의 쾌감을 주었음에 틀림없다. 온건한 감각은 그에 비해서 낡은 것으로 생각된다. 사람은 김빠진 쾌감보다는 오히려 과격한 불쾌를 바라는 듯하다.

607

타인과 세상에 대한 불만—곧잘 있는 일이지만, 사실은 자신에게 불만을 느끼고 있으면서 타인에게 자기의 불만을 터뜨릴 때, 우리는 결국 자신의 판단을 흐리게 만들고 기만하려고 애쓰는 것이다. 우리는 이 불만을 타인의 실수와 결점에 의해서 '사후에' 동기를 찾으려고 하고, 그래서 자기 자신을 잊으려고 한다. 자기 자신에게 가차 없는 재판관과 같은 종교적으로 엄격한 사람들은 동시에 인류 일반에 대해서도 가장 악랄한 욕을 해 왔다. 자신에게는 죄를, 타인에게는 덕을 마련해 두는 성자는 이제까지 한번도 없었다. 부처의 법도에 따라서 자신의 선을 사람들 앞에서 숨기고, 자신의 악만을 그들에게 보이는 사람 또한 존재하지 않았다.

608

원인과 결과를 혼동한다—우리는 무의식중에 우리 자신의 기질에 맞는 원칙과 이론을 좇고 있으므로, 마침내 마치 그 원칙과 이론이 우리의 성격을 만들어 내고 거기에 흔들리지 않는 안정성[9]을 준 것처럼 생각하게 된다. 그런데 그것은 정반대로 이루어진 것이다. 나중에 우리의 사고와 판단이 우리의 본질을 형성해 온 원인인 것처럼 보이지만, 사실은 '우리의' 본질이야말로 우리가 이러이러하게 생각하고 판단하는 원인이다.

그런데 무엇이 거의 무의식적인 이러한 희극을 우리에게 명령하는 것일까? 태만과 안이함, 그리고 본질과 사고에서 철저히 일관성 있는 것으로서 허영심의 염원도 결코 사소한 것이라고 할 수 없다. 왜냐하면 이것은 존경을 얻고 신뢰와 권력을 가져다 주기 때문이다.

609

나이와 진리—젊은 사람들은 참과 거짓에 상관없이, 재미있는 것과 변화 있는 것을 사랑한다. 보다 성숙한 정신은 진리의 재미있고, 색다른 면을 사랑하게 된다. 원숙한 두뇌는 진리를, 그것이 간소하고 단순하게 보여서 보통 사람들로 하여금 권태를 느끼게 하는 그러한 진리도 사랑한다. 진리는 그것이 가지는 정신의 가장 높은 상태를 단순한 몸짓으로 이야기한다는 것을 그들은 눈치챘기 때문이다.

610

무능한 시인으로서의 인간—무능한 시인이 두 번째 시구에서는 각운에 맞추어서 시상을 찾듯이, 인간들은 삶의 후반에서는 한결 더 겁쟁이가 되어 삶의 전반의 행위·태도·환경에 맞아 떨어지고, 그것으로 외면적으로 전체가 훌륭하게 화음을 이루는 행위·태도·환경을 찾는 것이 보통이다. 그러나 그들의 삶은 더는 어떤 강한 사상의 지배를 받고 몇 번이나 새로 규정되는 일 따위는 없게 되며, 그러한 사상 대신 각운을 발견하려는 의도가 나타날 뿐이다.

611

권태와 유희—욕망은 우리에게 노동을 강요한다. 노동의 성과로 욕망은 가라앉게 되지만 잇따라 새로운 것을 향하여 눈을 뜨게 되므로 우리를 노동에 익숙게 만든다. 그러나 욕망이 가라앉고 잠들어 있는 휴식 시간에는 권태가 우리를 감싸고 만다. 권태란 무엇인가? 그것은 노동 일반에 익숙해지는 것이며 새

---

9) '흔들리지 않는 안전성(haltvolle Sicherheit)'은 슐레히타 판에서는 '확고함과 안정성(Halt und Sicherheit)'으로 되어 있다.

롭게 추가되는 욕망으로 이제야 머리를 든 것이다. 어떤 사람이 노동에 익숙한 정도가 강하면 강할수록, 더 나아가서는 욕망에 괴로움을 느끼는 일이 강하면 강할수록 그만큼 권태는 강해질 것이다. 권태를 벗어나기 위해서 인간은 이전 욕망의 정도를 넘어서서 일하거나, 아니면 유희 즉 노동 전반에 대한 욕망 말고는 아무런 욕망도 가라앉힐 수 없을 노동을 생각해내야 한다. 유희에도 싫증이 나고, 새로운 욕망에 따른 노동의 이유를 갖지 못한 자는 때때로 제3의 상태에 대한 요구가 엄습한다. 이것은 떠다니는 것이 춤에 대하듯, 춤이 걷는 것에 대하듯 같은 관계를 유희에 대해서 갖고 있다. 즉 행복하고 편안한 감동에 대한 요구가 바로 그것이다. 그것은 행복에 대한 예술가와 철학자의 환상이다.

612

사진에서 얻는 교훈—가장 먼 유년기부터 장년기까지의 자기 사진들을 관찰하면, 장년기의 모습이 청년 시절보다 어릴 때의 모습을 훨씬 더 닮았음을 발견하고는 유쾌한 놀라움을 느끼게 된다. 즉, 이 과정에서 유추하면, 그 사이 근본 성격의 일시적 소외가 일어났지만, 그것을 장년기의 결집되고 응집된 힘이 또 다시 극복한 것이라는 결과가 된다. 이러한 인식에 어울리는 또 하나의 인식이 있다. 청년기에 우리를 끌고 다니는 모든 정열·교사·정치적 사건의 강한 영향이 나중에는 다시금 확고한 절도로 되돌아온 것처럼 보인다는 사실에 대한 인식이 그것이다. 그러한 영향은 우리 자신 속에서 연명해 가고 끊임없이 작용한다. 그러나 근본 감각과 근본 의견이 우세하며 그 영향을 또한 힘의 원천으로서 이용하지만 더는 20대에 흔히 있는 일처럼 조절기로서는 이용하지 않는다. 그래서 장년층의 사고와 감각은 다시 자신의 유년기의 그것과 일치된 형태를 취하고, 이 내면적 사실이 앞서 말한 외면적 사실로 서술되는 것이다.

613

나이에 따른 목소리의 색깔—젊은 사람들이 이야기하고, 칭찬하고 헐뜯고, 시를 지을 때의 어조는 더 나이를 먹은 사람들을 불쾌하게 한다. 그 어조가 너무 떠들썩하고, 동시에 텅 비어 있어 반향력이 큰 둥근 천장의 건물 속의 소리처럼 둔하고 뚜렷하지 못하기 때문이다. 그도 그럴 것이, 젊은 사람이 생각하는 일은 거의 그들 자신의 본성의 충실함에서 나오는 것이 아니라, 그들 주변에서 생각되고 말해지고 칭찬되고 헐뜯어진 것의 유사음이고 여운이기 때문이다. 그러나 애착과 혐오의 감정은 그 감정의 근거보다도 훨씬 강하게 그들 속에 여운을 남기므로, 그들이 자기 감각을 다시 일반화할 때는, 근거 없음 또는 결핍의 표시가 되는 그 둔한 반향음이 나오는 것이다. 더 성숙한 나이의 어조는 엄격하고 짧게 끊어져 알맞은 소리이기는 하지만, 모두 분명히 발음되어 아주 멀리까지 울린다. 마지막으로 노년은 흔히 하나의 부드러움과 너그러움을 소리에 담는데 이것은 말하자면 거기에 설탕을 치는 것이다. 물론 많은 경우에 이 부드러움과 너그러움이 소리를 시큼하게 하기도 한다.

614

뒤떨어진 인간, 앞서 가는 인간—언제나 불신감에 사로잡혀 있으며, 경쟁 상대와 이웃의 운좋은 성공에 모두 질투를 느끼고, 자신과는 다른 의견에 대해서는 난폭하고 화내기가 일쑤인 이와 같은 불쾌한 성격은, 그가 과거의 문화 계층에 속하며 따라서 하나의 찌꺼기임을 나타낸다. 왜냐하면 그가 사람들과 교제하는 방법은 강자가 권리를 갖던 시대 상황에나 알맞은 것이기 때문이다. 즉 그는 뒤떨어진 인간이다.

함께 기뻐하기를 즐기고 가는 곳마다 친구를 얻으며 성장하고 생성하는 모든 것에 깊은 애정을 느끼고, 타인의 모든 명예와 성공을 내 것으로 느끼며 참된 것을 혼자서 인식하기 위한 특권을 요구하는 법 없이, 겸손한 불신의 상념에 사로잡혀 있는 또 하나의 성격이 있는데, 이런 사람이 바로 인간의 고급 문화를 향해 노력하는 앞선 인간이다. 그 불쾌한 성격은 인간적인 교제의 거친 밑바탕이 처음으로 세워져야 했던 시대에서 비롯한 것이며, 다른 하나의 성격은 문화 토대의 아래 지하실에 갇혀서 미쳐 날뛰며 울부짖는 야수로부터 가능한 한 멀리 떨어진, 가장 높은 층에서 살고 있는 것이다.

615

우울증 환자를 위한 위로—위대한 사상가가 때때로 우울증적인 자학의 상념에 압도당할 때, 그는 위로하기 위해 스스로에게 이렇게 이야기할지 모른다.

"이 기생충이 영양을 섭취해서 성장하는 것은 그대 자신의 큰 힘 때문이다. 힘이 좀더 부족했다면 그대는 이렇게 고통받지 않았을 텐데."

정치가도, 경쟁심과 복수심, 일반적으로 '만인에 대한 만인의 투쟁'[10]이라는 기분(그는 국민의 대표자로서 필연적으로 이러한 기분에 대해 강한 재능을 가졌음에 틀림없다)이 이따금 그의 개인적인 모든 관계에도 파고 들어 삶을 답답하고 괴롭게 할 때에는 그렇게 말할 수도 있다.

616

현재에서 떨어져서─자기 시대에서 한번 꽤 떨어져 보는 것, 말하자면 자기 시대의 바닷가에서 과거의 세계관의 대양으로 돌아가 보는 것은 매우 이롭다. 거기에서 해안 쪽을 바라보면 아마 비로소 그 전체의 모습을 내다볼 수 있을 것이며, 다시 해안에 다가가면 해안을 떠난 적 없는 사람들보다도 전체로서 그것을 잘 파악할 수 있다는 이득이 있다.

617

자신의 결함에 씨를 뿌려 수확한다─루소와 같은 사람들은 자신의 약점·결함·악덕을 자기 재능의 비료로서 이용하는 법을 이미 알고 있다. 루소가 사회의 부패와 타락을 문화의 보기 흉한 결과로서 한탄할 때 자신의 경험이 그 뿌리에 있었다. 경험의 쓴맛이 그에게 전반적인 단죄의 날카로움을 가져다 주고 그가 쏘는 화살에 독을 칠했다. 그는 먼저 개인으로서의 책임을 면하게 되고, 직접적으로는 사회에, 그러나 간접적으로는 사회를 매개로 해서 자신에게도 효력을 나타내는 약을 찾으려고 생각했다.

618

철학적 지향─일반적으로 인간은 모든 인생의 상태와 사건에 대해서 '하나의' 마음가짐, '한' 종류의 견해를 손에 넣으려고 애쓴다. 이것을 사람들은 주로 철학적 지향이라고 부른다. 그러나 인식을 풍부하게 하려면 이러한 방식으로

---

10) '만인에 대한 만인의 투쟁(bellum omnium contra ommes)'은 홉스(Thomas Hobbes, 1588~1679)의 《시민론(De Cive)》에 나왔던 말.

자신을 획일화하지 않고, 갖가지 인생 상태의 희미한 목소리에 귀를 기울이는 편이 더 큰 가치를 가지고 있을지도 모른다. 이와 같은 상태는 그 독자적인 견해를 수반해 오는 것이다. 그래서 인간은 자기 자신을 고정된 불변의 '한' 개인으로서 취급하지 않음으로써 많은 것들의 삶과 본질에 대해 인식하며 관심을 가지게 되는 것이다.

619

멸시의 불길 속에서—마음에 품고 있다는 것만으로도 치욕으로 여겨지는 그런 견해를 겨우 결심한 끝에 말하게 될 때, 그것은 독립을 향한 새로운 한 걸음이다. 그때는 친구와 지인들도 무서움을 느낄 것이다. 타고난 재능을 지닌 자는 이러한 불길 속에서도 빠져나가야 한다. 그는 그 뒤에 훨씬 더 많이 자기 자신에 속하게 된다.

620

희생—선택을 한다면 사람들은 작은 희생보다 큰 희생을 택한다. 왜냐하면 큰 희생에 대해서는 자기 찬미로써 보상받지만, 작은 희생에 대해서는 그것이 불가능하기 때문이다.

621

기교로서의 사랑—무엇인가 새로운 것을 정말로 '알고자' 하는 자는(그것이 인간이든, 사건이든, 책이든) 이 새로운 것을 모든 형태의 사랑으로 받아들이고, 그것이 적대적이고 마음에 들지 않으며 잘못된 것으로 보이는 곳에서는 서둘러 시선을 돌리고, 나아가 그것을 잊어버리는 것이 좋다. 따라서 예를 들면 어떤 책의 저자에게 최대의 점수를 주고 경주할 때처럼 그야말로 가슴을 두근거리며 그가 목표에 다다르기를 열망하는 것이다. 즉 이러한 방법으로 사람들은 새로운 사항의 중심부에, 그 원동력이 되는 지점에 다가선다. 그리고 이것이야말로 바로 그 사항을 알게 된다는 것이다. 거기까지 가면 오성이 뒤에서 제한을 가해 온다. 그 과대평가, 비판의 추를 한동안 떼어 놓는 것이야말로 어떤 일에 대한 마음을 바깥으로 유도하려는 기교에 지나지 않았던 것이다.

622

세상을 지나치게 좋게 생각하는 것과 너무 나쁘게 생각하는 것—모든 사물을 지나치게 좋게 생각하든 너무 나쁘게 생각하든, 거기에는 언제나 더 커다란 쾌감을 거두어들인다는 이득이 있다. 왜냐하면 지나치게 좋은 선입견을 가질 경우에는, 거의 사물(또는 체험) 속에 실제로 들어 있는 것보다 더 많은 당분을 넣게 되기 때문이며, 너무 나쁜 선입관은 유쾌한 실망감을 가져온다. 원래 사물 속에 있었던 유쾌함이 뜻하지 않은 때의 유쾌함으로써 늘어나는 것이다. 그런데 음울한 기질의 사람은 양쪽 경우에서 반대의 경험을 할 것이다.

623

깊이 있는 사람들—인상을 깊이 파내려가는 장점을 가진 사람(일반적으로 깊이 있는 사람들이라고 불린다)은 어떠한 불의의 습격이 있어도 꽤 침착하고 단호하다. 왜냐하면 최초의 순간에는 인상이 아직도 얕으며 그 뒤에야 비로소 깊어지기 때문이다. 그러나 오랫동안 예상되고 기대된 사물 또는 인물은, 이러한 성질을 가진 사람들을 가장 크게 흥분시키며 드디어 그것이 도착했을 때 정신의 침착함을 거의 유지할 수 없게 만든다.

624

보다 높은 자아와의 사귐—누구에게나 자신의 더 높은 자아를 발견하는 좋은 날이 있다. 그리고 참된 박애는 부자유하고 예속된 날의 상태로 평가하지 않고 이 상태로써만 사람을 평가하도록 요구한다. 이를테면 화가는 그가 보고 그릴 수 있었던 최고의 환상에 따라서 평가하고 존경해야 한다. 그러나 사람들 자신은 이 높은 자아와 아주 갖가지 교류를 하려고 한다. 그리고 순간, 자기의 모습을 반복적으로 본뜬다는 점에서 그들은 흔히 그들 자신의 배우다. 자기 이상에 대한 두려움과 순종 속에서 살면서 이상을 부정하고 싶어 하는 사람들도 적지 않다.

그들은 자신들의 높은 자아를 두려워한다. 이러한 자아가 말을 하게 되면 무언가를 요구하는 것처럼 이야기하기 때문이다. 게다가 그것은 마음 내키는 대로 오기도 하고 오지 않기도 하는 유령과 같은 자유를 지닌다. 그 때문에 그것은 흔히 신들의 선물이라 불린다. 그런데 사실은 다른 모든 것이야말로 신들의 (우연의) 선물이고, 도리어 그것은 인간 자신일 뿐이다.

625

고독한 사람들─자신과 더불어 홀로 있는 것에 익숙해져서 스스로를 타인과 전혀 비교하는 일 없이 편안하고 즐거운 기분으로 자기와 다정한 대화를 나눌 뿐만 아니라, 미소를 띠며 독자적인 삶을 엮어 나가는 사람도 적지 않다. 그러나 이러한 사람들이 자기를 타인과 비교하게 되면 꼴사납게 자신을 과소평가하기 쉽다. 그래서 자기에 대한 정당한 의견을 남에게서 비로소 다시 배우도록 강요당할 수밖에 없게 된다. 그러나 이렇게 배워 익힌 의견에서도 그들은 되풀이해서 어느 정도 빼거나 값을 깎으려고 할 것이다.

따라서 인간은, 어떤 사람에게 혼자 있게끔 기분 좋게 허락하고 곧잘 일어나는 일이지만 그것 때문에 그를 가엾고 불쌍하게 생각하는 따위의 어리석은 짓은 하지 않아야 한다.

626

선율 없이─계속 자기 자신을 고집하고 자신의 모든 능력을 조화 있게 정돈하는 특징을 갖고 있어서 목표를 세우는 활동은 모두 마음에 들지 않는다고 하는 사람들이 있다. 그들은 마치 길게 늘인 조화로운 화음만으로 성립된, 언제까지나 조직된 동적인 선율의 씨앗조차도 나타내지 않을 것 같은 음악을 닮았다. 바깥에서 오는 모든 운동도 조화로운 화음의 호수 위에 떠 있는 조각배에 곧 새로운 평형(平衡)을 주는 데 이바지할 뿐이다. 이러한 천성을 가진 사람들을 만나게 되면 현대인은 대개 매우 불안해진다. 그들에게서는 아무것도 나오지 않으나, 그들이 아무것도 아니라고 무시해 버릴 수는 없기 때문이다. 그러나 개개인의 기분에서 그들의 모습은 이런 이상한 질문을 던지게 한다. 도대체 무엇 때문에 선율이 필요한가? 삶이 깊은 호수에 고요히 비치고 있는데 왜 우리는 만족하지 못하는가? 중세에는 우리 시대보다도 그런 천성을 가진 사람이 많았다. 괴테처럼 자신에게 다음과 같이 말하면서 군중 속에서도 자신과 더불어 참으로 평화롭고 즐겁게 살아갈 수 있는 사람을 지금도 만나게 된다는 것은 얼마나 드문 일일 것인가.

"가장 뛰어난 것은 깊은 고요이다. 그 속에서 나는 세상에 역행하며 살아가고 성장하며 세상이 불과 칼을 가지고 덤벼도 앗아갈 수 없는 것을 얻게 된다."

627

삶과 체험—자신의 체험(보잘것없는 평범한 체험)이 해마다 세 번씩이나 열매를 맺는 경작지가 되도록 다룰 줄 아는 능력이 있는 몇몇 사람들이 있다. 이와 달리 가장 심하게 뒤흔드는 운명, 가장 다양한 시대·민족의 조류 등이 밀려드는 큰 파도에 줄곧 떠내려가면서도 코르크처럼 언제나 가볍게 표면에 떠 있는 다른 사람들(그것도 참으로 많은 사람들이!)도 있다. 그러한 상태를 잘 관찰하고 있으면 사람들은 마침내 인류를, 쓸모없는 것을 중요한 것으로 바꿀 수 있는 소수(극소수)와, 중요한 것을 쓸모없는 것으로 만들 수 있는 다수로 나누어 보고 싶은 충동을 느낀다. 그뿐 아니라 인간은 무에서 세계를 창조해 내는 대신 세계로부터 무를 창조하는 거꾸로 된 마법사들도 만나게 된다.

628

유희 속의 진지함—제노바에서 황혼 무렵, 나는 어느 탑에서 하나의 긴 종소리가 울려 오는 것을 들었다. 그 종소리는 좀처럼 그치려 하지 않았다. 자신에게 싫증을 낼 줄 모르듯이 거리의 소음을 넘어서 참으로 굉장하게, 동시에 어린애처럼 그리고 애수에 젖어서 저녁 하늘과 바다의 대기 속으로 울려 퍼졌다. 그때 나는 플라톤의 말을 떠올리고는 그것이 갑자기 마음에 스며드는 것을 느꼈다. "인간적인 것은 모두가 그다지 진지하게 가질 만한 것이 못 된다. 그럼에도……."

629

신념과 정의에 대해서—인간이 정열에 쫓겨서 말하고 약속하고 결정한 것을 뒤에 냉정을 되찾게 되었을 때도 지킨다는 것, 이 요구는 인류를 압박하는 가장 무거운 부담의 하나다. 노여움, 불타오르는 복수심, 감격적인 헌신의 모든 결과를 미래에도 시인해야 한다는 것, 그러한 것은 곳곳에서, 특히 예술가에 의해서 우상 숭배가 심하게 행해지면 행해질수록 그만큼 심하게 이들의 모든 감각에 대한 격분을 자극한다. 예술가들은 '정열의 존중'을 크게 키우고 있으며 늘 그렇게 해 왔다. 물론 그들은 인간이 자기 자신에게서 받게 될 정열의 무서운 보복·죽음·불구·자발적 추방을 수반하는 그 복수심의 폭발, 상심의 체념 또한 찬미한다. 아무튼, 그들은 정열에 대한 호기심을 깨워 준다. 마치 "그대들은 정열 없이는 무엇 하나 체험하지 못했느니라"라고 말하기라도 하는 것처럼. 아마도 신처럼 완전히 허구인 존재에게 충성을 맹세했다고 해서, 군주·당파·여성·수도회·예술가·사상가에게 우리를 황홀케 한 현혹적인 망상의 상태로 마음을 바쳤다고 해서, 그리고 그런 존재들을 모든 숭배와 희생을 바칠 가치가 있는 것으로 보이게 했다고 해서, 이제 인간은 벗어날 수 없을 만큼 단단히 속박된 것일까? 사실 우리는 그때 자신을 기만한 것이 아니었던가? 그것은 우리가 몸을 바친 그 존재야말로 실제로 우리의 표상에 나타난 그대로라고 하는, 물론 입 밖에 낼 수도 없었던 전제 아래서의 가정적 약속이 아니었던가? 우리는 이 충성에 따라서 우리의 보다 높은 자아에게 해를 가져오는 것을 통찰하고도 계속 자신의 오류에 충실할 의무가 있을까? 아니다. 그런 종류의 법규와 의무는 존재하지 않는다. 우리는 배신자가 되어 불성실을 저지르고 우리의 이상을 되풀이해서 포기 '해야 하는' 것이다. 배신자라는 이 고통을 자극하여 그것으로 다시 괴로워하는 과정 없이는, 우리는 인생의 한 시기에서 다른 시기로 옮겨갈 수 없다. 이 고통에서 벗어나려고 끓어오르는 우리 감각을 경계해야 할 필요가 있을까? 그때 세계는 우리에게 너무나도 황량하고 너무나도 유령 같은 것이 되지는 않을까? 신념이 바뀔 경우의 이 고통은 '필연적'인 것인지, 아니면 '잘못된' 의견과 평가에 따른 것이 아닌지를 오히려 자문해 보자. 무엇 때문에 인간은 자신의 신념에 충실한 자는 경탄하고, 신념을 바꾸는 자는 경멸하는 것일까? 나는 보다 비속한 이득, 또는 개인적인 불안이라는 동기만이 그러한 신념의 변화를 불러오는 것이라고 누구나 전제하고 있기 때문이라는 말이 그 대답일까 봐 두렵다. 즉 자기 의견이 자기에게 이롭거나 또는 적어도 아무런 해도 끼치지 않는 한, 누구도 자기 의견을 바꾸지 않을 거라고 결국 사람들은 믿고 있는 것이다. 그러나 만약 그렇다면 거기에는 모든 신념의 '지적' 의의에 대해서 곤란한 처지에 놓이게 될 증언이 포함되어 있다. 신념이 어떻게 성립하는가를 한번 음미해 보자. 그것이 지나치게 과대평가되어 있지 않는가 어떤가 잘 살펴보자. 그때 신념의 '변화'도 사정은 어떻든 잘못된 기준으로 측정되었다는 것, 그리고 우리는 이제까지 이 변화로 말미암아 지나치게 고민하는 것이 예사였다는 것이 뚜렷하게 드러날 것이다.

630

신념이란 인식의 어느 한 점에서 절대적 진리를 소유하고 있다는 믿음이다. 따라서 이 믿음은 절대적 진리가 있다는 것, 마찬가지로 그것에 이르기 위한 완전한 방법이 발견되어 있다는 것, 끝으로 신념을 지닌 사람은 누구나 이 완전한 방법을 사용하고 있다는 것을 전제한다. 이 세 가지 설정은 모두 단적으로 말해서 신념을 가진 사람은 학문적 사고의 인간이 아니라는 것을 증명하고 있다. 그는 이론적으로 천진난만한 나이로 우리 앞에 서 있고 그 밖의 점에서는 얼마쯤 성숙해 있든, 한낱 어린애에 지나지 않는다. 그러나 수천 년 전체가 그 어린애 같은 전제 속에서 살아 왔으며, 그러한 전제에서 인류의 가장 강대한 힘의 원천이 흘러나왔다. 자기 신념을 위해 희생한 그 수많은 사람들은, 절대적 진리를 위해 그렇게 하고 있다고 믿었다. 그 점에서 그들은 모두 옳지 않았다. 아마도 아직 어느 한 사람도 진리를 위해 자기를 희생하지는 않았을 것이다. 적어도 자신의 믿음에 대한 독단적 표현은 비학문적 또는 반(半)학문적인 것이었으리라. 그러나 애초에 사람이 자기 주장을 관철하려고 한 것은 자신이 정당'해야 한다'고 믿고 있었기 때문이다. 자기 신앙을 빼앗기는 것은 아마 그의 영원한 행복을 의심스럽게 만드는 것을 뜻했을 것이다. 이러한 아주 중요한 문제에서 '의지'는 너무나 뚜렷하게 알아들을 수 있는 지성의 대사를 읽어주는 자였다. 어느 방면의 어떤 믿음을 가진 사람의 전제도 반박'될 수' 없다는 것이었다. 반대 이유가 아주 가능성 많은 것으로 밝혀진다 해도 여전히 그에게는 이성 일반을 비방하고 아마도 '불합리하기 때문에 나는 믿노라'[11]는 말을 극단적인 광신의 깃발로 세울 수단이 남아 있었다. 역사를 그토록 폭력적인 것으로 만들어 온 것은 의견들의 투쟁이 아니라 의견에 대한 신앙, 즉 신념의 투쟁이다. 그러나

---

11) '불합리하기 때문에 나는 믿노라(credo quia absurdum)'라는 말은, 호교가(護敎家) 테르툴리아누스(Tertullianus, BC 160~BC 222년)의 말이라 전해진다.

만일 자기 신념을 그토록 위대하게 생각하고 모든 종류의 희생을 그것에 바치며 그것을 위해 명예·육체·생명을 아끼지 않았던 모든 사람들이, 자신이 어떤 정당성을 가지고 이러저러한 신념에 매달려 있으며 어떤 길로 거기에 이르렀는가 하는 문제에 대한 연구에 그들 힘의 절반만이라도 바쳤더라면 인류의 역사는 얼마나 평화롭게 보이겠는가! 인식된 것이 얼마나 더 많았을 것인가! 온갖 이단자를 박해할 때의 잔혹한 광경은 모두 두 가지 이유에서 우리에게 불필요한 일이었으리라. 첫째, 심판관들이 무엇보다 자기 자신의 내부를 심문했더라면 절대적 진리를 옹호한다는 자만심에서 벗어났을 것이라는 점이며, 둘째, 이단자 자신이 모든 종파의 신자와 '정통교도'의 교의와 마찬가지로 잘못 규정된 교의에 대해 조사하고 난 뒤라면, 더는 그것에 관심을 기울이지 않았을 것이라는 점이다.

631

그 어떤 인식의 문제에 대한 모든 회의적·상대적 태도에의 깊은 '불만'은, 사람들이 절대적 진리를 소유하고 있다고 믿는 일에 익숙해져 있었던 시대에서 비롯한다. 사람들은 거의 권위 있는 사람들(아버지·벗·선생·군주)의 신념에 무조건 항복하는 것을 선택하고, 그렇게 하지 않는 경우에는 어떤 양심의 가책을 느낀다. 이 경향은 완전히 이해할 수 있다. 그리고 그 결과도 인간 이성의 발전에 대해서 심하게 비난할 권리를 주는 것이 아니다. 그러나 인간의 학문적 정신은 차츰 그 '신중한 억제'의 덕을, 이론적 삶의 영역에서보다 실천적 삶의 영역에서 더 잘 알려져 있는 그 지혜로운 절도를 성숙시킬 것이 틀림없다. 그리고 이 절도를, 예컨대 괴테는 모든 타소(Tasso)에서, 즉 비학문적인 동시에 행동도 결여한 본성을 가진 사람들에 대한 분노의 대상으로서 안토니오를 그렸다. 신념을 가진 사람은 그 신중하게 사고하는 사람인 이론적인 안토니오를 이해하지 않아도 될 권리를 자신 속에 갖고 있다. 그에 반해 학문적 인간은 그 때문에 상대를 비난할 권리를 갖고 있지는 않다. 그는 상대를 너그러이 봐준다. 게다가 어떤 경우에는 그 사람이 타소가 나중에는 안토니오에게 그렇게 하듯이, 자기에게 매달릴 것을 알고 있다.

632

온갖 신념을 극복한 것이 아니라 처음에 걸린 신앙의 그물에 언제까지나 매달려 있는 자는, 사정이 어떻든 간에 바로 이 불변성 때문에 '뒤떨어진' 여러 문화의 대표자다. 교양(이것은 언제나 유연성을 전제하고 있다)의 이러한 결여에 의해 그는 완고하고 무분별하며 구제할 길이 없고, 온화함이 없고 영원한 불신자며, 다른 의견이 있다는 것을 전혀 이해하지 못하므로 자기 의견을 관철하기 위해 모든 수단에 손길을 뻗는 무모한 자다. 그러한 점에서 아마도 그는 어떤 힘의 원천이 되거나, 너무나 자유로워 느슨해져버린 문화 속에서는 약이 될 수도 있다. 그러나 그것도 그에게 대항하도록 그가 강하게 자극하기 때문이다. 왜냐하면 그때 그와 싸우도록 강요된 새로운 문화의 더 나약한 구조가 스스로 강해지기 때문이다.

633

우리는 본질적으로는 아직 종교개혁 시대의 사람들과 똑같은 인간이다. 어떻게 다를 수가 있을까? 그러나 우리는 우리 의견이 승리를 얻게 하기 위한 몇 가지 수단을 더는 스스로에게 허용하지 않는다는 것, 이것이 우리로 하여금 그 시대를 뛰어넘게 하며 우리가 높은 문화에 속해 있다는 것을 증명해준다. 요즘도 종교개혁 시대의 방식으로 혐오와 분노의 폭발로 모든 의견을 공격하고 진압하는 사람은, 만약 다른 시대에 살고 있었다면 자기 적을 화형에 처했을 것이며, 만약 종교개혁의 적으로서 살고 있었다면 이단 심문의 모든 수단에 호소했으리라는 것을 명확히 나타내고 있다. 이단 심문은 그때로서는 합리적이었다. 왜냐하면 그것은 교회의 온 영역에 선포되어야 했던 일반적 계엄령일 뿐이며, 모든 계엄령과 마찬가지로 극단적인 수단을 정당화하는 것이었기 때문이다. 즉 사람은 교회에서 진리를 '갖고', 어떤 값을 치르고 어떤 희생을 하더라도 인류 구제를 위해 '지켜야 한다'는 전제(우리가 지금은 더 이상 그 무렵의 사람들과 공유하고 있지 않은 전제지만) 아래에서 말이다. 그러나 오늘날 우리는 이제 누구에게도 자기가 진리를 가지고 있다는 것을 그리 쉽게 인정하지 않는다. 엄밀한 연구 방법이 불신과 신중성을 충분하게 보급시키고 있으므로, 말과 행위로써 폭력적으로 의견을 주장하는 자는 모두 현대 문화의 적으로, 적어도 뒤떨어진 자로 느껴진다. 사실 진리를 '갖고 있다'는 열정은, 다시 배우고 음미하는 데 싫증 내지 않는, 물론 더 온화하고 더 내밀한 진리 탐구의 열정에 비하면 오늘날에는 아주 조금만 인정받을 뿐이다.

634

그렇지만 방법적 진리 탐구 자체는 모든 신념이 서로 시기하고 미워하던 시대의 결과이다. 개인에게 '자기의 진리', 즉 자기 주장을 관철하는 것이 중요하지 않다면, 일반적으로 연구 방법같은 것은 존재하지 않을 것이다. 그러나 여러 개인이 절대적 진리의 요구에 끝없이 투쟁할 때, 그 모든 요구의 타당성을 음미하거나 논쟁을 조정할 수 있는 이론의 여지도 없는 원리를 찾아내려고 사람은 한 걸음씩 앞으로 나아갔다. 처음에는 모든 권위에 따라 판정했으며 나중에는 이른바 진리가 발견되어 온 길과 수단을 서로 비판했다. 그동안에 적의 명제의 여러 결론을 끌어내어, 아마도 그것들이 유해하고 불행하게 만드는 것임을 확인했을 한 시기가 있었다. 그러한 확인으로부터 어떤 사람의 판단으로도 적의 신념이 오류를 품었다는 사실이 명백해졌을 것이다. '사상가들의 개인적 투쟁'이 마침내 방법을 몹시 엄격하게 만들어 실제로 진리가 발견될 수 있었고 과거의 방법의 미로가 모든 사람의 눈에 폭로되었던 것이다.

635

전체적으로 학문적 방법이라는 것은 적어도 그 밖의 성과와 같은 정도로 중요한 연구의 결과이다. 왜냐하면 학문적 정신은 방법에 대한 통찰에 따랐으며, 그 방법이 상실된 경우에는 학문의 모든 성과도 미신과 무의미가 다시금 유행하는 것을 막을 수는 없을 것이기 때문이다. 재능 있는 사람들이 학문의 성과에 대해서 바라는 대로 많은 것을 '배운다' 하더라도, 그들의 대화와 특히 회화 속의 가설에서 학문적 정신이 부족한 것이 드러난다. 그들은 모든 학문적인 인간의 영혼에 오랜 수련의 결과 뿌리를 박아온, 사고가 바른 길에서 벗어나는 데 대한 본능적 불신이라는 것을 갖고 있지 않다. 그들은 어떤 사항에 대해서 어떤 가설을 찾아낸 것으로 충분하다. 그때 그들은 이 가설을 위해서 불과 불꽃이 되었으므로, 일은 끝났다고 믿는다. 어떤 의견을 갖는다는 것은 그들에게는 이미 그 의견에 광신적이 되어, 그것을 신념으로서 이제부터 집착한다는 것을 뜻한다. 그들은 아직 밝혀지지 않은 문제에 대해서는 그것의 해명과 닮아 보이는, 머리에 맨 처음 떠오른 착상에 열중한다. 그래서 특히 정치의 영역에서는 끊임없이 최악의 결과가 생겨난다. 그 때문에 이제는 누구나 적어도 '하나의' 학문을 근본적으로 알고 있어야 할 것이다. 그러면 방법이란 무엇을 뜻하는지, 더없는 사려가 얼마나 필요한가를 알 수 있을 것이다. 이 충고는 특히 여성들에게 해주어야 한다. 여성들은 오늘날 구제할 길이 없을 만큼 모든 가설의 희생물이 되었고, 이 가설이 재치에 넘친 것, 마음을 빼앗는 것, 활기를 돋우는 것, 기운을 북돋는 것이라는 인상을 주는 경우에는 특히 그러하다. 뿐만 아니라 더 자세히 관찰해 보면, 교양인의 대부분이 지금도 어떤 사상가에게서 신념을, 더구나 오직 신념만을 구하고 있으며, 단지 소수의 사람들만이 '확실성'을 바라고 있는 데 불과하다는 것을 알게 된다. 전자는 스스로 힘을 키우기 위해서 강하게 감동받기를 바란다. 후자의 소수는 개인적인 이득과 방금 말한 힘의 증대라는 이득까지도 무시하는 그[12] 객관적인 관심만을 갖고 있다. 사상가가 '천재'로서 행동하고 스스로 천재라고 부르는 곳에서는, 즉 권위를 갖는 것이 마땅한, 고매한 존재다운 눈매로 보고 있는 곳에서는, 언제나 전자의 부류가 훨씬 우세를 차지할 것으로 기대된다. 그런 종류의 천재가 신념의 정열을 유지하고, 신중하고 겸허한 학문적 정신에 대한 불신을 각성시키는 한, 비록 그가 아무리 자기를 진리의 구혼자로 믿고 있더라도 그는 진리의 적이다.

636

물론 전혀 다른 종류의 천재, 정의의 천재도 있다. 그리고 나는 그를 뭔가 철학적·정치적 또는 예술적 천재보다도 낮게 평가할 마음은 도저히 생기지 않는다. 그의 방식은 사물에 대한 판단을 현혹하고 어지럽히는 것을 모두 혐오하고 피하는 것이다. 따라서 정의의 천재는 '신념의 적'이다. 왜냐하면 그는 살아 있는 것이든 죽은 것이든, 현실의 것이든 생각해 낸 것이든 간에 모든 것에 저마다 고유의 것을 부여하려고 하기 때문이다. 그리고 그 때문에 정의의 천재는 그

---

12) '그(jenes)'는, 슐레히타 판에서는 '이(dieses)'로 되어 있다.

고유의 것을 순수하게 인식하지 않으면 안 된다. 그러므로 그는 어떤 사물이라도 가장 좋은 빛 속에 두고, 주의 깊은 눈으로 그 주위를 걷는다. 나중에는 자기의 적인 맹목적이거나 근시안적인 '신념'(남성들은 그렇게 부른다. 여성들에게는 '신앙'이라 불린다)에조차도 신념에 속하는 것을 부여할 것이다. 진리를 위해서.

637

'정열'에서 의견이 생긴다. '정신의 나태'는 이것을 '신념'으로 굳게 한다. 그러나 '자유로운', 끊임없이 생생한 정신을 스스로 느끼는 자는, 끊임없는 변화를 통해 의견이 굳어지는 것을 막을 수가 있다. 게다가 주로 그가 사고하는 눈덩이라면, 그는 일반적으로 의견이 아니라 다만 확실성과 정밀하게 측정된 개연성만을 머리에 간직할 것이다. 그러나 혼합물이며 불에 의해 불타고 정신에 의해 완전히 식는 우리는, 우리 위에 있는 존재로 승인하는 오직 하나의 여신으로서, 정의 앞에 무릎을 꿇자. 우리 속에 있는 '불'은 흔히 우리를 불공정하게 만들고, 그 여신의 의미로 볼 때 우리를 불결하게 만든다. 우리가 이 상태에서 그녀의 손을 잡는 것은 결코 허용되지 않으며, 그때 그녀의 호의가 깃든 진지한 미소가 우리 위에 머무는 일도 결코 없다. 우리는 우리의 삶의 은폐된 이시스 여신으로서 그녀를 숭배한다. 불이 우리를 태워서 삼켜 버리려고 할 때, 부끄러워하며 우리는 그녀에게 우리의 고통을 속죄와 제물로서 바친다. 우리가 완전히 타버려 재가 되지 않도록 우리를 구제하는 것은 '정신'이다. 정신은 이따금 정의의 제물을 바치는 제단에서 우리를 구해내거나, 또는 우리를 석면으로 된 천으로 감싸준다. 불에서 구제된 뒤 우리는 정신에 몰려서 이 의견에서 저 의견으로 당파를 바꾸어 가며 걷는다. 배신할 수 있는 모든 사물의 고귀한 '배신자'로서, 그럼에도 불구하고 죄책감도 없이.

638

방랑자—아주 조금이나마 이성의 자유에 이른 자는, 지상에서는 스스로를 방랑자로밖에 느낄 수가 없다. 비록 하나의 최종 목표를 '향해 가는' 여행자로서는 아니더라도. 왜냐하면 이와 같은 목표는 존재하지 않기 때문이다. 그러나 아마 그는 도대체 어떤 일이 이 세상에서 일어나는 것인가 하는 것을 잘 살피고 눈을 크게 뜨고 보려고 할 것이다. 그 때문에 모든 낱낱의 것에 너무 집착하는 것은 허용되지 않는다. 그 자신 속에 변화와 무상함을 기뻐하는, 뭔가 방랑하고 있는 것이 있으리라. 물론 그런 인간에게는, 피로할 때 휴식을 가져다 줄 도시의 문이 닫혀져 있는 것을 보게 될 심술궂은 밤들이 찾아올 것이다. 아마 거기에는 동방에서처럼 사막이 문까지 이어지고, 맹수가 어떤 때는 멀리, 어떤 때는 가까이서 울부짖고, 강풍이 휘몰아치고, 강도가 그의 수레를 끄는 짐승을 훔쳐 갈지도 모른다. 그때 그에게는 아마 사막 위에 있는 또 다른 사막과 같은 처참한 밤이 덮쳐와 그의 마음은 방랑에 지쳐버린다. 그리고 아침 해가 분노의 신처럼 불타며 떠오르고, 거리가 모습을 드러내면 그는 여기에 살고 있는 자의 얼굴에서 아마도 문 밖에서보다 더 많은 사막·더러움·기만·불안정을 본다. 그리고 낮은 밤보다 더 심할 것이다. 이런 일이 언젠가 방랑자의 신변에 일어날지도 모른다. 그러나 그 보상으로 다른 지방과 다른 날들의 환희에 찬 아침이 찾아온다. 그때 그는 희미한 빛 속에서 이미 뮤즈의 무리가 자기 곁에서 춤추며 산의 안개 속을 지나가는 것을 본다. 그 뒤 그가 오전의 영혼의 균형을 유지하면서 조용히 나무 아래를 거닐 때 그 가지와 무성한 잎들 사이로 좋고 밝은 것이 그에게 던져진다. 그것은 산과 숲 그리고 고독 속에 살고 있고 그와 마찬가지로 또는 쾌활한 또는 수심에 찬 표정을 지닌 방랑자와 철학자인 그 모든 자유 정신의 선물이다. 새벽녘의 비밀에서 태어나 그들은 왜 열 번째와 열두 번째를 치는 종소리 사이의 낮이 이토록 순수하고 환하며 거룩하고도 시원스러운 얼굴을 가질 수 있는 것일까 생각에 잠긴다. 그들은 '오전의 철학'을 찾고 있다.

친구들 사이에서

1

다 함께 침묵을 지키는 것은 아름답다,
더불어 웃는 것은 더욱 아름답다,
비단결 같은 하늘 아래에서
이끼와 너도밤나무에 기대어
유쾌하게 친구들과 웃음을 나누고
하얀 이를 서로 드러내는 것은.

내가 잘하면 우리는 침묵하자.
내가 못하면 우리는 웃어버리자.
그리고 더욱 서투르게 하자.
더 서투르고 더 심하게 웃자.
마침내 무덤에 들어갈 때까지.

친구들이여, 자! 그러면 되겠는가?
아멘! 그리고 안녕!

2

변명은 필요 없다! 용서도 필요 없다!
허락해 다오, 그대들 쾌활하고, 마음이 자유로운 사람들이여!
이 어리석은 책에
귀와 마음과 피난처를!

믿어 다오, 친구들이여! 내게 저주가 되진 않을 것임을
내 어리석음이!

'내'가 발견하는 것, '내'가 찾는 것,
그것이 책 속에 있었던 적이 있는가?
내 속의 어리석은 자의 무리를 칭찬하라!
이 어리석은 자의 책에서 배우라,
어떻게 이성이 오며, '이성으로' 돌아가는가를!

그럼 친구들이여! 그러면 되겠는가?
아멘! 그리고 안녕!

Menschliches, Allzumenschliches

인간적인 너무나 인간적인 II

머리말

1

침묵이 허용되지 않을 때에만 말해야 한다. 더구나 자신이 '극복'한 것에 대해서만 말해야 한다. 그 밖의 모든 것은 쓸데없는 말이고 '문학'[1]이며, 갈고 닦이지 않은 덜된 것이다. 내가 쓰는 이 책은 '오직' 내가 극복한 것만을 말한다. 거기에는 다른 모든 것과 더불어 한때 나의 적이었던 '나', '가장 나 자신인 나'(ego ipsissimus), 아니 그뿐만 아니라 더 오만한 표현이 허용된다면, '가장 독자적인 나'[2](ego ipsissimum)가 존재한다. 사람들이 추측한 것처럼 나는 이미 많은 것을 '발 아래' 두고 있다. 그러나 이미 체험한 것과 그것을 이겨내 살아남은 것, 또는 나 자신의 사실이나 운명에서 껍질을 벗기고 캐내고 폭로하고 '묘사한'(사람들이 부르는 그대로) 욕망이 나에게 일어나기까지는 언제나 먼저 시간, 회복, 거리, 간격이 필요했다. 그런 의미에서 나의 모든 책들은, 물론 단 하나의 결정적인 저서[3]를 예외로 한다면, '시간을 훨씬 더 이전으로 거슬러 올라가서' 생각해야 한다(내 저서는 언제나 '나의 배후'에 대해서 말하고 있다). 이를테면 《반시대적 고찰》의 처음 3편과 같은 몇몇 저서들은, 그것에 앞서 출판된 책들의 성립기와 체험기보다도 더 거슬러 올라가기까지 한다(앞서 출판된 책이란 《비극의 탄생》을 말한다. 이 사실은 좀더 꼼꼼히 관찰하고 비교하는 자의 눈에는 숨길 수 없는 성

---

1) '문학'으로 번역한 단어의 원어인 'Literatur'는 본래 '글자를 사용해서 쓴 것'(따라서 '문헌')을 의미한다. 니체가 여기서 '문학'이라고 부르는 것은, 침묵과 성찰을 거치지 않은 단순한 글자의 나열로서, 그런 의미에서 '도치'(또는 수련 Zucht)의 결여였을 것이다.

2) 'ego ipsissimus'는 'ego ipse'(나 자신)의 최상급 남성형으로서 '가장 개성적인 나'를 의미하는 것이리라. 이것의 중성형이 'ego ipsissimum'으로, 이는 개인성을 벗어난 '가장 독자적인 존재로서의 '나'를 뜻할 것이다. 모두 니체가 만들어낸 말이다.

3) 예외로서의 오직 하나의 '결정적인 저서'라는 것은, 물론 《차라투스트라》일 것이다. 그것은 니체를 번갯불처럼 '습격한' 차라투스트라의 사상을, 바로 그 체험의 시점에서 쓴 글이기 때문이다. (《이 사람을 보라》 〈나는 왜 이런 좋은 책을 쓰는가〉의 차라투스트라 항 참조.)

질의 것이다). 《반시대적 고찰》 제1편에 나오는 독일 숭배주의, 안이함, 또 늙은 다비트 슈트라우스의 언어의 타락[4]에 분노를 폭발시킨 것은 내가 이미 훨씬 이전에, 독일적 교양과 교양의 속물 근성에 둘러 싸여 있었던 학생 시절에 품었던 감정이었다(나는 오늘날 많이 사용되고 또 함부로 쓰이고 있는 '교양의 속물 근성'[5]이라는 말의 창조자임을 주장한다). 그리고 내가 '역사병'[6]을 반박한 것은 이미 그 병에서 천천히 애써 회복하는 것을 배운 자로서, 그리고 과거에 이 병으로 고생하기는 했지만, '역사학'을 단념하려고는 꿈에도 생각지 않는 자로서 반박한 것이다.

그 뒤 내가 세 번째 《반시대적 고찰》에서 나의 최초이자 오직 하나의 교육자인 '위대한' 아르투어 쇼펜하우어에 대해 나의 외경심을 드러냈을 때(오늘이라면 나는 그것을 한결 더 강하게, 또 더 개인적인 느낌을 다하여 밝혔을 것이다) 나 자신은 이미 그때 도덕주의적인 회의와 해체의 한가운데에 있었다. '즉 이제까지의 모든 염세주의에 대한 비판과 그 심화의 한복판에' 있었다. 사람들이 말하듯이 나는 이미 '이제 아무것도,'[7] 쇼펜하우어마저도 믿지 않았다. 그리고 바로 이 시기에 비밀에 부쳐졌던 한 편의 논문 〈도덕 외적 의미에서의 진리와 허

---

4) 슈트라우스(독일 종교 철학자, 헤겔 좌파)의 손에 의한 '언어의 남루화(襤褸化)'(Sprach-Verlumpung)에 대해서는 《반시대적 고찰》〈다비트 슈트라우스〉 제12절 참조. 니체는 거기서 '당대의 룸펜 은어(Lumpen-Jargon)의 새 증거'로서 슈트라우스의 수많은 글의 예를 들고 있다.

5) '교양의 속물근성'(Bildungsphilister)에 대해서는 《반시대적 고찰》 참조. '속물'의 말뜻에 대해서는 쇼펜하우어 《부록과 보충(Parerga and Paralipomena)》 제1권 364쪽 이하(블록하우스 전집판)도 참조. 또 니체는 여기서 "교양의 속물근성"이란 말의 아버지라고 주장하나 프리드리히 클루게(Friedrich Kluge)의 《어원사전》에 따르면, 이 말이 사용되기 시작한 것은 1860년 무렵부터로, 문헌상 가장 이른 예는 1866년의 요하네스 셰르(Johannes Scherr)의 글이다.

6) '역사병(historische krankheit)'에 대해서는 《반시대적 고찰》의 〈삶에 대한 역사의 이해에 대하여〉 서문 및 제10절을 참조. 역사병이란 '삶의 조형력을 장식'하는 '역사의 과잉'으로, 근대인들은 이 병 때문에 "벌써 과거를, 활력을 주는 양식처럼 쓸 줄을 모른다"고 하고 있다. 한편 《인간적인 너무나 인간적인》 시기의 유고에, "'교양의 속물근성'과 '역사병'이 나를 날아다니게 만들기 시작했다"는 짧은 글이 있다(크뢰너 전집판 제11권 120쪽).

7) "사람들이 말하듯이 '이제 아무것도' 믿지 않는다"는, 쇼펜하우어의 "'사랑도 하지 않지만 미워도 하지 않는다(Weder lieben, noch hassen)'가 모든 처세술의 반을 차지하고, '아무것도 말하지 않고 아무것도 믿지 않는다(Nichts sagen und nichts glauben)'가 다른 반을 차지한다."(《부록과 보충》 제1권 497쪽)라는 서술에 관련되어 있을 것이다.

위〉[8]가 완성된다. 1876년의 바이로이트 축제에 즈음하여(바이로이트는 한 예술가가 거둔 최대의 승리를 뜻한다) 내가 리하르트 바그너에게 경의를 표한 승리의 축사, 즉 겉으로 보기에 가장 강렬한 '현실감'을 지닌 이 작품[9]마저도 배후에는 나의 항해에서 가장 아름답고 가장 위험하고 잔잔한 바다에 있던 과거의 한 때에 대한 경의와 감사이며……실제로는 하나의 이탈, 하나의 결별이었다.

리하르트 바그너는 혹시 그 점을 스스로 착각했던 것일까? 나는 그렇게 생각하지 않는다. 대상을 사랑하고 있는 사람은 그런 초상화를 그리지 않는 법이다. 아직 '관찰'을 하지 않기 때문이다. 관찰하는 사람은 거리를 두고 멀리서 바라보지 않는다. 앞서 언급한 책의 46쪽에는 "관찰한다는 것에는 이미 어떤 숨겨진 '적대 관계',[10] 대항하듯 마주보는 '적대 관계'가 내포된다"라는 말이 있다. 배신적이고 우울한 어조를 띠는 이 말을 듣고 이해한 자는, 아마도 아주 적을 것이다. 가장 내면적인 고독과 궁핍 속에 계속된 오랜 과도기에 대해서 말'할 수' 있을 만큼의 침착성은 오늘 여기에 추천글과 머리글[11]을 바치는 《인간적인

---

8) 〈도덕 외적 의미에서의 진리와 허위〉(Über Wahrheit und Lüge im außermoralischen Sinne)는 1873년의 집필. 큰 8절판 노트에 거의 모두가 카를 폰 게르스도르프(Karl von Gersdorf)의 손으로 씌어졌고, 얼마 안 되는 부분에 니체가 정한 유고다. 1903년, 大옥타프版 니체 전집의 제10권에 수록되었다.

9) 1876년 8월(13~17일)에 바이로이트 축제 극장에서 극장 창립을 기념하여 바그너의 《니벨룽의 반지》가 공연되었다. 니체는 이 직전(1876년 7월 초)에 《반시대적 고찰》의 제4편 〈바이로이트에서의 리하르트 바그너〉를 출판했다.

10) 《반시대적 고찰》 〈바이로이트에서의 리하르트 바그너〉 제7절 첫 부분.

11) '이 제2의 변명과 머리글(dies zweite Fürund Vorwort)'이란 것은, 《인간적인 너무나 인간적인 I》에 이미 붙여진 서문(1886년 봄, 니스에서)에 계속된다는 뜻이다. 니체는 《인간적인 I》의 초판(1878년), 또 〈여러 의견과 잠언〉(1879년) 및 〈방랑자〉(1880년)의 각 초판의 어느 것에도, 그 자신의 '서문'이라고 이름 붙일 만한 것을 싣지 않았다. 나중에 니체는 《인간적인》의 재판을 위해서 쓴(아마 1886년 봄의 것) 많은 서문의 유고 가운데 있는 한 단편으로, 이렇게 말하고 있다. "이 책(여기에 공공연하게 제시되었다. 그러나 그것을 풀 수 있는 열쇠를 요구하고 있는 이 책)에 하나의 실마리, 하나의 서문을 주는 것이 필요한 오늘, 먼저 어째서 나는 그때 서문을 붙이는 것을 두려워했던가를 말해야 했을 것이다"(크뢰너 전집판 제14권 397쪽).
단 《인간적인 I》 초판의 표지 안에는 볼테르를 기념한 다음과 같은 간단한 표제어가 붙어 있다. "한 겨울(1876년에서 1877년에 걸쳐서)을 소렌트에서 보낼 때 생겨난 이 독백의 글은, 만일 1878년 5월 30일이란 날(볼테르 사망 100주년 기념일)의 접근이, 정신적인 가장 위대한 해방자의 한 사람에게 개인적인 경의를 표하고 싶다는 염원을 아주 강하게 불러일으키지 않았다면, 지금 이렇게 세상에 나오지는 못했을 것이다." 또 그 뒤에 다시 '서문에 대신하여'라고 제목을

너무나 인간적인》과 함께 시작되었다. '자유정신을 위한' 이 책에는 심리학자의 명랑하고 호기심에 가득 찬 얼마쯤의 냉담함이 들어 있다. 심리학자는 '발 아래에' 그리고 '배후에' 있는 수많은 고통스러운 것들을 나중에 스스로 확인하고 더구나 바늘 끝으로 '단단히 찔러 두는' 것이다. 이처럼 날카롭고 아슬아슬한 작업을 할 때 이따금 어느 정도의 피가 흘러나오고 그 심리학자의 손가락 끝에, 그리고 언제나 손가락 끝에만 묻히는 것은 아니지만, 피가 묻는다고 해서 무슨 놀랄 일이 있겠는가?

2

〈여러 의견과 잠언〉은 〈방랑자와 그 그림자〉와 마찬가지로, 처음에는 앞에서 말한 《인간적인 너무나 인간적인》 '자유정신을 위한 책'의 속편 및 부록으로, 저마다 '따로' 간행되었다. 그리고 동시에 그것들은 하나의 정신 치료, 즉 낭만주의의 가장 위험한 형식으로 말미암은 일시적인 병에 저항하는 나의 건강한 본능이 스스로 연구하고 처방한 '반(反)낭만주의적인' 자기 치료의 연장이며 강화였다. 그러나 6년의 회복기를 거쳐 이제야 이러한 저작을 여기서 《인간적인 너무나 인간적인》 제II권으로 '합치게' 된 것을 양해해 주기 바란다. 그것들은 아마도 나란히 고찰할 때 더 강력하고도 뚜렷한 가르침을 줄 것이다. (떠오르

붙이고, 데카르트의 《성찰》(Meditationes de prima philosophia)에서 다음과 같은 꽤 긴, 그리고 니체의 각오를 잘 전해 주는 한 구절이 인용되어 있다. "잠시 동안 나는, 사람들이 이 세상 생활에서 몸을 내맡기고 있는 온갖 일에 대해 익히 살피며, 그중에서 가장 좋은 것을 고르려고 시도했다. 그러나 그때 내가 어떤 생각에 이르렀던가를 여기서 말할 수는 없다. 다만 이것만을 말하면 충분할 것이다. 나로서는 내 계획을 엄격하게 계속 지켜나갈 것, 즉 내 이성을 갈고닦고, 내가 스스로 각오한 대로의 방법으로 진리의 뒤를 따라가는 일에 생애의 모든 기간을 마치는 것 이상으로 더 좋은 것은 없다고 생각된다고. 왜냐하면 내가 이 길에서 이미 맛본 과일은, 내 자신의 판단으로는, 이 인생에 이보다 바람직하고 이보다 때묻지 않은 것은 아마 찾아내지 못할 것 같은 종류의 것이었기 때문이다. 그 뒤에 나는 또 그런 종류의 고찰을 방편으로 한 뒤로 날마다 언제나 무엇인가의 무게를 지닌, 그리고 일한 사람들에게는 알려져 있지 않은 것 같은 뭔가 새로운 것을 발견할 수가 있었다. 거기서 마침내 내 마음은 다시는 다른 어떤 사물에 의해서도 침범당할 수 없을 정도로, 기쁨에 찬 것이 되었다." 〈카르테시우스의 라틴 글에서〉(크뢰너 전집판 제2권 433쪽 및 슐레히타 판 제3권 1385쪽 이하). 한편 《인간적인》의 초판을 위해 쓰기는 했지만 결국 버리고만 《서문 유고》 및 제2판을 위해서 쓴 많은 《서문 유고》 가운데 중요한 것은 문서 451쪽 아래에 번역되어 있다.

는 새로운 세대의 한결 더 정신적인 본성을 가진 사람들에게 '의지의 단련'을 위해 추천하고 싶은 '건강의 가르침'이다. 거기에서는 여태 벌써 여러 번 껍질을 벗어 던진, 그러나 언제나 또다시 껍질 속에[12] 파고든 염세주의자, 즉 염세주의에 호의를 가진 염세주의자가 말하고 있다.) 아무튼 거기서 말하고 있는 것은 더 이상 낭만주의는 아니다. 어떻게 할까? 껍질을 벗는 이러한 뱀의 지혜[13]에 뛰어난 정신이 아직 낭만주의의 위험 속에 있는 오늘날 대부분의 염세주의자들에게 교훈을 줘도 되지 않을까? 적어도 그것을 어떻게 '하느냐'는 것을 그들에게 보여 줘도 되지 않을까?……

3

확실히 그 무렵이 '결별'하기에는 가장 좋은 때였다. 그리고 그것은 이미 밝혀졌다. 겉으로 보기에 가장 빛나는 승리자로 보였던 리하르트 바그너도 사실은 부패한 절망적인 낭만주의자로서, 갑자기 의지할 데 없이 풀이 꺾여 그리스도교의 십자가 앞에 무릎을 꿇었던 것이다…….

도대체 그 무렵 이 무서운 광경을 볼 수 있을 만한 눈을 머리에, 또 동정심을 양심 속에 가졌던 독일인은 한 사람도 없었단 말인가? 그 광경에 고통받았던 사람은 나뿐이었나? 좋다. 나 자신조차 예기치 못한 이 사건은 번갯불처럼 내가 이미 떠나온 지점을 밝게 비추었다. 그리고 또 그런 줄도 모르고 터무니없는 위험 속을 달리고 지나온 자라면 누구나 그렇듯, 나중에서야 전율을 느끼게 했

---

12) '껍질을 벗어 던지다(aus der Haut fahren)'는 몸이 터지는가 싶을 정도로 '격분하는(wütend werden)' 것을 뜻하는 표현으로, 따라서 '또 껍질 속으로 파고든다(wieder in sie hineinfahren)'는 '다시 기분이 가라앉는다(wieder ruhig werden)'는 것을 뜻하는 표현이 된다. (여기서는 뒤에 나오는 '허물을 벗는 뱀의 지혜'에 관계되는 어법 때문에 글자 뜻대로 번역해 두었다). 한편 '격분하는' 것은 일반적으로 뭔가 특정의, 즉 추상적인 관점에 얽매이는 것이고, '다시 기분이 가라앉는' 것은 그 추상적인 관점을 극복하여 보다 구체적이고 현실적인 관점에 돌아가게 되는 것이다. 그러므로 니체가 '따라서 염세주의에 호감을 가진 한 사람이 '염세주의'를 말할 때의 '염세주의'는 이러한 자기 극복의 최종 목적에 가 닿는 철저한 또는 근본적인 리얼리즘이라는 뜻에서의 염세주의이며, 또 그 의미에서만 '낭만주의의 위험 속에 있는' 염세주의와 구별될 수 있는 것이다. '뱀의 지혜'에서 '뱀'은 허물벗기를 되풀이함으로써 '뱀' 자신에게도, 그리고 땅을 기어다니는 것, 따라서 가장 철저한 현실에 바탕한 것으로 성장해 간다.

13) 이 대목 첫머리에서 여기까지의 부분은, 뒤에 다시 다듬어져서 《니체 대 바그너》(1889년)에 "어떻게 나는 바그너에서 이탈했는가" 에 재수록되어 있다.

다. 그 뒤 고독의 길을 계속 걸었을 때 나는 온몸을 떨었다. 머지않아 나는 병들었는데 그것은 병 이상의 것이었다. 즉 지친 것이었다. 우리 근대 사람들에게 열광적으로 남아 있는 모든 것과 여기저기에서 낭비되는 힘, 노동·희망·젊음·사랑에 대한 끊임없는 환멸에 지친 것이었다. 이 낭만주의 속의 여성적인 것, 광신적이며 방탕한 것에 대한 혐오에, 여기서 다시 한번 가장 용감한 자 가운데 한 사람을 쳐부수고 승리를 빼앗은 이상주의적 허위와 알맹이 빠진 양심에 대한 혐오에 지쳐 버렸다. 끝으로 나는 이러한 실망 이후 이것도 앞서의 것에 뒤지지 않는 피로였지만, 전에 없이 깊이 의심하고 깊이 경멸하고, 깊이 고독 속에 살도록 운명 지어진 것이 아닌가 하는 엄격한 의심으로 말미암은 번민에 지쳐 버렸다. 나의 '사명', 그것은 어디로 가 버린 것일까? 어떻게 된 것일까? 바야흐로 나의 사명이 내게서 떨어져 나가고, 한동안 나는 그것에 대해서 아무런 권리도 갖지 않은 것처럼 보이는 것이 아닐까? 이 최대의 궁핍에 견디려면 무엇을 해야만 하는가?

내가 시작한 일은 모든 낭만주의적인 음악을 철저하게 근본적으로 '금지하는' 것이었다. 즉 정신의 엄격함과 즐거움을 빼앗고, 모든 종류의 불명료한 동경과 들뜬 욕망을 널리 퍼뜨리는 이 애매하고도 허망하고 음울한 예술을 '금한' 것이었다. '음악을 조심하는 것'은 오늘날에도 마찬가지로 정신의 면에서 순수함을 지켜 나갈 만한 남자다운 모든 사람들에게 보내는 나의 충고이다.

이러한 음악은 우리의 신경을 연약하게 하고 여성적으로 만든다. 그 '영원한 여성'이 '우리를' 끌어당기는 것이다……. [14] 그 무렵 나의 최초의 의심과 나의 가장 친근한 경계심은 낭만주의적 음악에 '대해서' 돌려졌다. 그리고 내가 아직도 음악에 그 어떤 희망을 가진다면, 그것은 그런 음악에 불멸의 방법으로 '복수하기'에 충분히 대담하고 섬세하며 심술궂고 남성적이며, 넘칠 만큼 건강한 한 음악가가 나타나 주기를 바라는 기대다.

---

14) 괴테의 《파우스트》 제2부 끝에 있는 '신비한 합창'(Chorus mysticus)의 최후의 두 줄 글귀 'Das Ewig Weiblicht／ziehe uns hinan.'(영원한 여성이 우리를 높은 곳으로 끌어당기다)를 비꼬아서 말한 것.

4

억울한 마음이 없지는 않지만, 나는 이제 고독에 그리고 심술궂게도 자신에게 불신의 눈을 돌리면서[15] 이렇게 나 자신의 '적'이 되었고, 바로 '나를' 몰아세우고 혹독하게 대했던 모든 것의 '편'을 들게 되었다. 이렇게 함으로써 나는 모든 낭만주의적 허위의 반대인 그 과감한 염세주의로 가는 길을 다시 찾았던 것이다. 그리고 또 지금의 나에게 그렇게 여겨지는 것처럼 '나' 자신에게로, '나의' 사명으로 갈 길을 발견한 것이다. '그러나' 마침내 그것이 우리의 '사명'으로 밝혀지기까지는 오랫동안 이름 붙일 길이 없었던, 은밀하게 횡포를 부리는 어떤 것, 즉 우리 속에 살고 있는 이 폭군은 그를 피하거나 도망치려는 우리의 모든 시도에 끔찍하게 보복한다. 또한 모든 때에 앞선 결정에 대해서, 우리가 속하지 않는 사람들과 우리 자신을 동일시하는 모든 행위에, 아무리 존경할 만한 일이라도 우리의 중요한 문제에서 벗어나는 경우의 모든 그러한 일에 대해서, 그뿐만 아니라 특유의 책임감에서 오는 가혹함에서 우리를 지키려고 하는 모든 미덕에 대해서조차도 끔찍하게 보복한다. 병이란 우리가 '우리 자신의' 사명에 대한 권리를 의심하려고 할 때, 즉 우리가 어떤 점에서 안락을 꾀하기 시작할 때에 늘 주어지는 대답이다. 이것이야말로 기이하고 동시에 놀랄 만한 일이다! 사실 이런 '안락함'이 우리가 가장 괴로운 보상을 해야 하는 것이건만! 그리고 늦게나마 건강을 되찾기를 바란다면 우리에게 선택의 여지는 없다. 우리는 전에 짊어진 어떠한 짐보다도 '더 무거운 짐'을 져야만 하는 것이다…….

5

그즈음 나는 처음으로 가장 과묵한 자, 가장 깊이 고뇌하는 자만이 통달하는 은둔자 같은 말투를 배웠다. 나는 '증인도' 없이, 오히려 증인 따위에는 무관심하게 말했다. 그것도 침묵에 고통받지 않기 위해서였다. 나는 나와는 아무 관계도 없는 사항에 대해서만, 그러나 마치 그것이 나와 무슨 관련이라도 있는 것처럼 말했다. 그때 나는 쾌활하고 객관적이고 호기심 많으며, 특히 건강하고 심술궂게 '표현하는' 기술을 배웠다. 그리고 이것은 아무래도 나에게는 그렇게 여

---

15) 이 대목 거의 그대로 《니체 대 바그너》 〈어떻게 나는 바그너에서 이탈했는가〉로 재수록.

겨지는데, 병든 자에게 '좋은 취미'일까? 그러나 세밀한 안목과 동정심을 가진 사람이라면 아마 이 책의 매력이 무엇인지를, 즉 여기서 고뇌하고 궁핍에 시달리는 한 사나이가, 마치 고뇌와 궁핍에 시달리지 '않는' 듯이 말하고 있음을 놓치지는 않을 것이다.

여기에는 삶에 대한 평형, 침착, 게다가 감사의 마음까지도 잘 유지되어 '있을 것이다'. 여기에는 고통에 '맞서' 삶을 수호하고 고통·환멸·혐오·고독의 늪지대에서 언제나 독버섯처럼 번식하는 모든 결말을 말살하는 사명을 자신에게 부과한, 준엄하고 자랑스러우며 언제나 눈을 뜨고 있는 민감한 의지가 지배하고 있다. 이것이 바로 우리 염세주의자들에게 자기 검토를 지시하는 것이 아닐까? 왜냐하면 내가, "고뇌하는 자는 '아직' 염세주의에 대한 '권리가 없다'는 명제를 터득한 것이 바로 그때였기 때문이다. 그 무렵 나는 모든 낭만주의적인 염세주의의 비과학적인 근본 경향, 즉 사적 경험을 일반적 판단에뿐만 아니라 세계에 대한 판결로 확대해 해석하려는 근본 경향에 맞서 길고 끈기 있는 싸움을 하고 있었다. 요컨대 그즈음 나는 안목을 되돌려놓았다. 그대들은 언젠가 다시 염세주의자가 될 수 있기 위한 낙관주의라는 것을 이해할 수 있을까? 의사는 환자에게서 '이제까지' 모든 것, 즉 근심·친구·소식·의무, 그리고 어리석은 일과 추억의 고통을 없애 주기 위해, 또는 새로운 양식, 새로운 태양, 새로운 미래를 향해 손과 감각을 뻗는 것을 배우게 하기 위해 환자를 전혀 새로운 환경에 처하게 한다.

이와 마찬가지로, 의사와 환자를 '한 몸에 겸비한' 나는 여태껏 시도된 일이 없는 정반대의 '영혼의 풍토'로, 즉 낯선 고장과 낯선 '것' 속으로 나아가는 방랑과 모든 종류의 낯선 것에 대한 호기심을 나에게 강요했다. 이것에서 오랜 방황과 탐구와 변화가 생겨났고 모든 고정적인 것과 모든 애매한 긍정과 부정에 대한 적의도 생겨났다. 동시에 또 멀리 달리고 높이 날아오르는 일, 특히 반복해서 계속 비상하는 일을 정신이 될 수 있는 한 쉽게 할 수 있도록 하는 식이요법과 훈련도 생겨났다. 사실 최소한의 생명,[16] 모든 조야한 욕망의 사슬로부터

---

16) 니체는 《이 사람을 보라》 〈나는 왜 이렇게 총명한가〉 제1절에서 〈방랑자와 그 그림자〉가 씌어 있는 대목을 회고해 이렇게 말하고 있다. "나는 36살(이것은 니체의 아버지가 죽은 때와 같은 나이다)로서 내 생명력의 가장 낮은 지점에 이르렀다. 나는 아직 살아 있기는 했다. 그러나 세 걸음 앞을 볼 수마저 없었다. 당시(그것은 1879년이었다) 나는 바렐의 교수직을 그만두고,

의 해방, 자기를 둘러싼 모든 종류의 외적인 불리함에 대한 독립, 이 불리함 속에서도 살 수 '있다'[17]는 긍지, 나아가서 아마도 얼마쯤의 냉소적인 것과 조금의 '술', 그러나 확실히 그만큼 많은 변덕스러운 행복, 변덕스러운 명랑함, 많은 정적, 빛, 섬세한 우매함, 숨겨진 열광, 이러한 모든 것은 결국 커다란 정신적 강화를, 차츰 커가는 건강의 기쁨과 충만을 낳는 것이었다. 삶에 대한 우리의 강인한 의지에 대해서, 그 무렵 내가 삶의 권태로 인한 염세주의에 항거하여 행한긴 싸움에 대해서, 삶의 가장 작고 희미하고 덧없는 선물도 놓치지 않는 우리의감사함이 던지는 세심한 눈빛 하나하나에 대해서조차도 삶은 스스로 우리에게'보답해준'다. 그리고 마침내 우리는 그 보상으로 '굉장한', 아마 삶이 줄 수 있는가장 큰 선물을 받는다. 우리는 '우리의 사명을' 되찾게 되는 것이다.

6

나의 체험(하나의 병과 회복의 역사, 왜냐하면 그것은 결국 회복되었기 때문이다)은 오직 나의 개인적인 체험에 불과한 것일까? 그리고 그야말로 '나의' '인간적인, 너무나 인간적인 것'에 지나지 않은 것일까? 지금 나는 그 정반대라고 믿고 싶다. 왜냐하면 나의 이러한 방랑의 책은 이따금 그렇게 보였듯이, 단지 나자신을 위해서만 쓴 것이 아니었다는 확신이 되풀이해서 더욱 뚜렷이 들기 때문이다.

이제 이 커져가는 확신 속에서 6년이란 세월을 보낸 지금, 새삼스레 이 책을시험삼아 여행길에 오르게 해도 될까? 특히 그 어떤 '과거'에 사로잡혀 있고 더

여름 동안을 그림자처럼 장크트모리츠에서 보내고, 또 다음 겨울, 내 생애에서 가장 태양이모자랐던 그 겨울을, 그림자가 되어 나움부르크에서 지냈다. 이것은 나의 최소한이었다. 〈방랑자와 그 그림자〉는 이 사이에 성립했다. 의심할 여지없이 나는 그 무렵 그림자에 정통해 있었다…….

17) '견유주의'는 소크라테스 문하의 안티스테네스를 시조로 하는 퀴닉학파의 금욕주의 교리를말하는 것인데, 그 무리들이 반문맹, 반사회의 극단으로 달렸기 때문에, 방자한 편식주의와방만주의, 그리고 또 모든 기성의 습관과 전통을 업신여기는 생활 태도를 의미하게끔 되었다. 퀴닉(Cynicus)의 어원인 kuón이 그리스어로 개, 즉 견(犬)을 뜻하기 때문에 일반적으로 견유주의(犬儒主義)라고 번역한다. 안티스테네스의 높은 제자인 시노페 태생의 디오게네스는언제나 맨발로 걸어다니며 독특한 외투로 몸을 감싸고 사원 대문 밑에서 잠을 자고, 또 '통'을오막집 삼아 살았다고 한다.

구나 아직도 고뇌할 만한 정신을 가지고 있는 사람들의 마음과 귀에 과거의 '정
신'을 권해도 되지 않을까? 그러나 무엇보다도 더할 나위 없는 고난의 길을 가
는 '그대들'에게, 귀한 사람들이자 가장 절박한 위험에 맞닥뜨린 사람들이며 가
장 정신적이고 가장 용감한 사람들인 그대들에게, 근대 영혼의 '양심'이어야 하
며 그러한 영혼으로서 '지식'을 가져야 할 그대들에게, 그리고 오늘날 온갖 질병
과 독과 위험의 집합인 그대들에게 이 책을 권장해도 되지 않을까? 그대들의
운명은 그대들이 다른 누구보다도 더 심하게 아프기를 바라고 있다. 그대들은
'한 개인에 불과한' 것이 아니기 때문이다. 그리고 그대들의 위안은 하나의 '새로
운' 건강으로 가는 길을 여는 일이다. 아! 그리고 내일과 모레의 건강으로 가는
길을 나아가는 일이다. 그대들 운명이 예정된 자, 승리자, 시대의 극복자, 가장
건강한 자, 가장 강고한 자, '훌륭한 유럽인'[18]이여!

7

끝으로 '낭만주의적 염세주의', 즉 궁핍에 시달리는 자, 실패한 자, 극복당한
자들의 염세주의에 대한 나의 반(反)명제를 또 하나의 정식으로 나타내고자
한다. 비극적인 것과 또 염세주의에의 의지, 즉 지성(취미·감정·양심)의 강고함
이며 엄격함의 징후이기도 한 의지가 존재한다는 정식이다. 이 의지를 가진 자
는 모든 생존에 고유하게 존재하는 공포스러운 것, 의심스러운 것을 두려워하
지 않는다. 오히려 그것을 좇는다. 이러한 의지의 배후에는 용기와, 긍지, '거대
한' 적을 바라는 욕구가 숨어 있다. 처음부터 나의 염세주의적 원근법은 이것이
었다. 그것은 내가 생각하듯이 하나의 새로운 원근법이었을까? 오늘날에도 새
롭고 낯선 원근법일까? 그러나 지금의 이 순간에 이르기까지 나는 이것을 굳게
지켜오고 있다. 사람들이 나를 '긍정'하면서, 때로는 적어도 나를 '부정'하면서
나를……. 그대들은 먼저 이것을 증명해 보라는 말인가? 그러나 이 긴 서문 속
에서 도대체 그 밖의 무엇이 증명되어 있단 말인가?

1886년 9월,
오버엔가딘의 질스마리아에서

---

18) '훌륭한 유럽인'은, 니체에 있어서는 국민으로 국한되지 않는, 넓은 시야에 서 있는 사람을 뜻
한다. 《이 사람을 보라》〈나는 왜 이렇게 총명한가〉 제3절 참조.

제1장
여러 의견과 잠언

1

철학에 환멸을 느낀 사람들에게—지금까지 생에 있어서 최고의 가치를 믿어 온 그대들이 이제는 환멸을 느낀 자기 자신을 발견한다면, 그것을 가장 싼값으로 팔아 버려야만 한단 말인가?

2

사치스럽게 된다는 것—사람은 개념의 명료성에서도 사치스런 취미를 가지기 쉽다.[1] 반투명하고 불분명한 사람들이나 노력하며 예감으로 사는 사람들과의 교제는 얼마나 혐오스러울까! 한없이 날개만을 파닥거리며 허둥대면서도 단숨에 날아갈 수도 잡을 수도 없는 그들이 얼마나 우스꽝스럽고 불쾌하게 느껴질까!

3

현실의 구애자들—자기 자신이 얼마나 심하게, 그리고 얼마나 오랫동안 우롱당해 왔는가를 마침내 깨달은 사람은, 이에 대한 반발심에서 가장 추악한 현실까지 껴안는다. 세상일이 되어가는 모양을 전체적으로 바라보면, 어느 시대에나 가장 선량한 구애자들이 그 속에 빠져들고 말았다. 왜냐하면 가장 선량한 자들은 언제나 가장 쉽게 가장 오랫동안 기만당해왔던 자들이기 때문이다.

---

1) 입의 까다로움을 말하며, 따라서 불쾌한 것을 보면 구토증을 느끼는 성향이나 체질.

4

자유사상[2]의 진보─과거의 자유사상과 오늘날의 자유사상의 차이점을 명확하게 하려면, 다음의 명제를 떠올리는 것이 가장 좋다. 그것을 승인하고 공언하기 위해서 이전 세기에는 대담무쌍함이 필요했지만, 오늘날의 견해에서 보면 이것은 이미 대수롭지 않은 소박한 말로 전락하고 만다. 내가 말하는 명제는 볼테르의 다음과 같은 말이다. "친구여, 믿어다오, 오류에도 그 나름대로의 장점이 있다는 것을."

5

철학자들의 원죄─어느 시대에나 철학자들은 사람을 탐구하는 자(도덕주의자)들의 여러 명제를 긁어모아, 그것을 절대시함으로써 그 명제들을 부패하게 만들었다. 또한 그들은 도덕주의자들이 아주 대략적인 암시 정도로밖에, 아니면 한 고장이나 한 도시에 10년쯤만 적용될 수 있는 특수한 진리로밖에 생각하지 않은 것을 필연적 진리로 증명하려고 함으로써 오히려 그것을 아무 쓸모없는 것으로 만들어 버리고 말았다. 그들은 바로 그렇게 함으로써 도덕주의자들을 넘어설 수 있으리라고 믿었다. 예를 들면 지성에 대한 의지의 우위[3]와 성격의 불변성과 쾌락의 부정성에 대한 쇼펜하우어의 유명한 이론들(물론 이것들은 쇼펜하우어가 이해한 것처럼 모두 오류다)도 실은 도덕주의자들이 제기한 대중적인 지혜를 바탕으로 하고 있음을 발견할 수 있다. 쇼펜하우어는 '의지'라는 말을 다양한 인간 상태에 대한 공통적인 명칭으로 바꿔서 언어의 빈자리에 집어넣으려고 했는데, 이것은 그가 도덕주의자였기 때문에 그 자신에게 매우 이로운 방법이었다(그렇게 함으로써 그는 파스칼이 말한 것처럼 '의지'[4]에 대하여 자유롭게 이야기할 수 있었기 때문이다). 그러나 쇼펜하우어의 이 '의지'라는 말은 벌써 무엇이든 일반화하는 철학자적 열광으로써 그 창조자의 손 아래에서 학문에

---

2) 적극적으로는 니체적인 뜻의 '자유정신'을 포함함과 동시에 소극적으로는 종교적인 관용을 특징으로 하는 자유사상을 포함하는 개념.

3) '지성에 대한 의지의 우위'는 쇼펜하우어의 《의지와 표상으로서의 세계》 제2권에 수록되어 있다.

4) '의지'는 파스칼에게는 '사랑'의 원리로서 중요한 의미를 지니고 있다.

화를 가져오는 결과가 되고 말았다. 왜냐하면 '자연계의 모든 사물은 의지를 갖고 있다'고 주장할 때, 이 의지라는 말은 하나의 시적인 은유가 되어버리기 때문이다. 마침내 의지는 모든 종류의 신비스러운 엉터리 것들에 이용될 목적으로 잘못 구체화되어 함부로 쓰이기에 이르렀다. 그리고 모든 유행 철학자들은 이것을 받아 옮겨, "만물은 '하나'의 의지를 지닐 뿐만 아니라 '하나'의 의지인 것이다"라는 것을 완전하게 알고 있는 듯한 얼굴을 하고 있다[5](모든 것은 하나의 의지라는 이론은 그 사람들이 묘사하는 것에 따르면 마치 '바보 같은 악마'를 신으로 받들어 모시는 정도의 의미밖에는 갖고 있지 않다).

6

몽상가들에 반대해서—몽상가는 자신 앞에서 진리를 부인하지만, 거짓말쟁이는 단지 다른 사람 앞에서만 진리를 부인한다.

7

빛에 대한 적의—엄밀하게 말한다면, 사람은 결코 진리가 아니라 다만 언제나 개연성과 개연성의 정도에 대해서만 언급할 수 있다는 것을 누군가에게 설명해 보도록 하자. 그러면 일반적으로 그러한 가르침을 받은 사람들이 나타내는 노골적인 기쁨에서, 오히려 얼마나 그들이 정신적 지평의 불확실함을 즐기고 있고, 그 확실함 때문에 마음속 깊이 얼마나 '진리를 미워하고' 있는가를 알 수 있을 것이다. 그것은 그들 모두가 언젠가는 진리의 너무나도 밝은 빛이 그들에게 비추지 않을까 남몰래 두려워하고 있기 때문일까? 그들은 뭔가에 의미를 두고 싶어 하므로, 그들의 '정체'가 명확하게 알려져서는 안 되기 때문일까? 아니면 그들이 빛을 보았을 때 대뜸 눈이 부시고 빛에 익숙하지 않아 그것을 증오할 수밖에 없는 박쥐 같은 영혼의 소유자이기 때문에 너무나도 밝은 빛에 대해 느끼는 공포심에 지나지 않은 것인가?

---

5) 《즐거운 지식》 아포리즘 99 〈쇼펜하우어의 제자들〉 참조.

8

그리스도교도의 회의 ─ "진리란 무엇인가!"라는 말을 한 빌라도[6]는 오늘날에는 즐겨 그리스도의 변호인으로 소개되고 있지만, 이것은 '그리스도교도들이' 인식한 것과 인식할 가능성이 있는 모든 것에 대해 가상이라 의심하고 모든 알 수 없는 것의 전율할 만한 배경 앞에 십자가를 세우기 위한 것이었다.

9

'자연법칙'이라는 미신적인 말 ─ 그대들이 크게 감격해서 자연계의 합법칙성을 이야기할 때, 그대들은 자연의 모든 사물은 스스로 자기 자신을 복종시키는 자유로운 순종성을 가지고 자기를 다스리는 법칙에 따르고 있다고 생각함에 틀림없다. 이 경우 그대들은 자연계의 도덕성을 찬미하거나, 아니면 생명체들로 장식된 아주 정밀한 시계를 만들어낸 기계 발명가에 대한 표상이 그대들을 감격시키는 것이다. 자연계의 필연성은 이 '합법칙성'이라는 표현으로 한결 인간적인 것이 되고, 신화적인 몽상의 최후의 은신처가 된다.

10

역사의 손에 떨어지는 일 ─ 베일을 쓴 철학자들과 세계를 모호하게 만드는 무리들, 즉 결이 고운 것부터 거친 것에 이르는 모든 형이상학자들은 '모든 철학은 이제 역사의 손에 떨어지도다'라는 명제가 옳지 않을까 하고 의심하기 시작할 때 눈·귀·치아에 통증을 느끼게 된다. 그들은 이 명제를 말한 사람에게 돌과 오물을 던져도, 그들이 받는 이 '고통' 때문에 용서받는다. 그러나 이 때문에 학설 자체가 잠시 더럽혀지고 보잘것없게 되고 효력을 잃게 될 수도 있다.

11

지성을 지닌 염세주의자 ─ 정신이 참으로 자유로운 사람은, 정신 그 자체에 대해서도 자유롭게 생각할 것이고, 정신의 원칙과 방향에 대해 어느 정도 가공할 법한 것을 은폐하려고도 하지 않을 것이다. 그렇기 때문에 다른 사람들은

---

6) 〈요한복음〉 제18장 33절부터 제19장 16절까지.

아마도 그를 자유사상[7]의 가장 악질적인 적으로 여기고, 경멸과 공포의 감정으로 '지성을 지닌 염세주의자'라고 부를 것이다. 그들은 사람을 그 뛰어난 힘과 덕에 따라서 부르지 않고, 자신들에게 가장 낯선 그의 어떤 점을 지적해 부르는 일에 익숙하다.

12

형이상학자들의 배낭—형이상학의 학문성을 아주 거만하게 확신하며 말하는 사람들에 대해서는 오히려 논박 따위는 할 것이 못 된다. 그것보다도 그들이 얼마쯤 수줍은 듯이 등에 감추고 있는 짐보따리를 풀어보기만 하면 충분하다. 그 내용을 들여다보는 일에 성공한다면 그들의 학문성은 마지막 정체가 밝혀져 그들은 얼굴을 붉힐 것이다. 즉 보잘것없는 신과 귀여운 '불멸성'과 아마도 조금의 심령술과 그리고 가련한 죄인의 비참함과 바리새인과 같은 '위선자'의 교만함이 아주 복잡하게 뒤섞인 것이 한꺼번에 폭로될 것이다.

13

경우에 따른 인식의 유해성—진실에 대한 무조건적 탐구가 가져오는 효용성은 끊임없이 여러 가지로 새롭게 증명되고 있다. 그러나 좀더 미세하고 드문 유해성이 개개의 탐구자에게 반드시 고통을 주게 마련이다. 화학자가 실험할 때 가끔 중독되거나 화상을 입는 일은 흔하다. 화학자들에게 해당되는 것은 우리의 문화 전체에 대해서도 똑같이 해당된다. 덧붙여 말하자면, 이러한 근거에서 문화는 화상을 당했을 때를 대비해 연고와 소독약을 언제나 마련해 두고 있어야 한다는 결론이 나온다.

14

속물들의 필수품—속물은 형이상학이라는 너절한 추기경 외투 같은 자줏빛[8] 누더기나 터번을 걸치는 것이 긴요하다고 여겨, 절대 벗으러 들지 않는다. 이런 멋만 부리지 않는다면 그가 그토록 우스꽝스럽게 보이진 않을 것이다.

---

7) 주 2 참조.
8) '자줏빛' 옷은 옛날부터 왕후와 귀족이 착용한 제복으로서 왕위나 존귀, 권세의 상징.

15

광신자—광신자들이 그들의 복음과 스승을 옹호하여 말할 때 아무리 '피고가 아니라' 재판관처럼 행동한다 해도 실은 그들 자신을 변호하는 것이다. 왜냐하면 그들은 무의식적으로 거의 매순간 자기들이 '재판에 대해' 예외자라는 것과, 그것을 증명해야 한다는 것을 떠올리기 때문이다.

16

좋은 것은 삶을 유혹한다—모든 좋은 것은 삶에 대한 강력한 자극제이다. 삶을 반박하는 것으로 씌어진 좋은 책이라 할지라도 모두 그렇다.

17

역사가의 행복—"약아빠진 형이상학자와 저편 세상을 믿는 자[9]들이 말하는 것을 들을 때, 확실히 우리와 같은 사람은 자신이 '마음이 가난한 자'라는 것을 느낀다. 그러나 또한 봄과 가을, 겨울과 여름의 변화가 있는 천국은 우리 것이고, 차갑고 끝없는 잿빛 안개와 그림자가 있는 곳이 그들의 것이라는 것도 느낄 수 있다."

아침 햇빛 속을 거닐면서 한 남자가 자신에게 이렇게 말했다. 그는 역사를 공부하고 있으면 자기의 정신뿐만 아니라 마음까지 늘 새롭게 변화해 가는 것을 느끼고, 또한 형이상학자들과는 반대로 '오직 하나의 불멸하는 영혼'이 아니라 '죽어야 할 많은 영혼'이 자신 속에 깃드는 것에 행복해하는 사람이었다.

18

세 종류의 사상가들—광천(鑛泉)에는 세차게 끓어오르는 것, 계속 흘러나오는 것, 뚝뚝 떨어지는 것이 있다. 사상가도 이에 어울리는 세 종류가 있다. 보통 사람은 그것을 물의 양에 따라 평가하고 전문가는 물 속의 함유물로, 즉 그 속에 있는 물이 아닌 다른 것으로 평가한다.

---

9) 형이상학적 논의에만 빠지는 사람을 가리킴.

19

삶에 대한 그림—삶 '그 자체'에 대한 그림을 그리는 것은, 시인과 철학자들이 가끔 제기하긴 했지만 무의미하다. 아무리 위대한 화가적인 사상가들(Maler-Denker)의 손에 의한 것이라도 완성된 그림과 스케치는 언제나 '하나의' 삶을, 즉 그들 자신의 삶을 소재로 한 것일 따름이다. 그리고 그 이상의 것은 대부분 가능하지도 않다. 생성의 세계에서는 생성하고 있는 어떤 것이 고정되고 영속적인 것으로서, 즉 하나의 '그것'으로서 비칠 수도 없다.

20

진리는 어떤 신도 자기와 어깨를 나란히 하기를 바라지 않는다—진리에 대한 믿음은 이제까지 믿어왔던 모든 여러 진리에 대한 회의에서 비롯된다.

21

무엇에 대해서 침묵이 필요한가—아주 위험한 빙하와 빙해를 건너는 여행에 대해서 말하는 것처럼 자유사상[10]을 이야기하자면, 그 길을 갈 의욕이 없는 사람들은 마치 사람들이 자신들의 소심함과 약한 무릎을 탓하기라도 한 것처럼 모욕을 느낀다. 우리가 감당할 수 없다고 느끼는 곤란한 일들을 우리들 앞에서 화제로 삼아서는 안 될 것이다.

22

축약된 역사(historia in nuce)—내가 들었던 가장 진지한 패러디는 다음과 같은 것이다. "태초에 무의미가 있었노라. 이 무의미가 신과 함께 있었으니 이 무의미는 곧 신[11](신적인 것)이었노라."

23

구제할 수 없는 것—이상주의자라는 녀석은 구제 불능이다. 천국에서 추방

---

10) 주 2 참조.

11) 〈요한복음〉 제1장 1절의 "태초에 말씀이 계시니라 이 말씀이 하나님과 함께 계셨으니 이 말씀은 곧 하나님이시니라"를 흉내낸 것.

당해도, 지옥에서 이상을 만들어 내는 족속이기 때문이다. 그에게 환멸을 주어 보라. 그러면 그는 방금까지 희망을 안고 있었던 것과 같은 열렬함으로 환멸을 품에 안을 것이다! 그의 성향이 인간 본성의 여러 고칠 수 없는 커다란 성향에 속한 것인 한, 그는 비극적인 운명을 스스로 부르고, 나중에 비극의 대상이 되기도 한다. 참으로 사람의 운명과 성격 가운데 구제할 수 없는 것, 불가피한 것 그리고 빠져나올 수 없는 것을 다루는 일 자체가 비극이기 때문이다.

24

박수도 연극의 연장선이다—빛나는 눈초리와 호의적인 미소는 훌륭한 세상의 희극과 삶의 희극에 주어지는 박수 갈채다. 그러나 동시에, 다른 관객을 "박수 갈채를 보내주시오, 여러분"이라고 유혹하는 희극 중의 희극이기도[12] 하다.

25

따분함에 대한 용기—자기와 자기 작품을 따분하다고 느낄 수 있는 용기를 지니지 않은 자는, 그가 예술가건 학자건 최고의 정신을 지닌 자가 아니다. 예외적으로 사상가이면서 풍자가이기도 한 사람이 있다고 한다면, 그는 세계와 역사를 한번 훑어보고, 이런 말을 덧붙일지도 모른다. "신은 이러한 용기를 가지고 있지 않다. 신은 삼라만상을 너무도 재미있게 만들려고 했고, 실제로 그렇게 했다."

26

사상가의 가장 내적인 경험에서—사물을 비인격적으로 파악하는 것보다 더 사람에게 어려운 것은 없다. 사물 속에서 바로 사물만을 볼 뿐 결코 '인격'을 보지는 않는다는 것이 어렵다는 말이다. 실제로 인격을 형성하고 인격을 창조하는 충동의 시계 장치를 한순간이라도 풀어놓는 일이 도대체 사람에게 가능한가 의문을 제기할 수 있을 정도다. 사람은 '사상'을 가까이할 때조차도(그것이 아무리 추상적인 사상이라 할지라도), 마치 그것이 개인이기나 한 것처럼, 즉 그것

---

12) 《즐거운 지식》 368항에 니체는 "극장에서는 사람들은 모두 민중이며, 청중이며, 무리, ······. (그곳에서는) '이웃'이 지배한다. 우리는 단순한 이웃이 된다"라고 기술하고 있다.

과 싸우고 편들고 지키고 돌봐주며 길러 주어야 하는 상대이기라도 한 것처럼 행동한다. 새로운 명제를 듣거나 보게 되는 그때, 우리 자신을 엿보고, 우리 자신에게 귀 기울여 보라. '먼저' 그 명제는 매우 의기양양하고 거만한 태도로 나타나기 때문에, 우리 마음에는 들지 않을 것이다. 이럴 때 우리는 무의식중에 다음과 같이 스스로 묻게 된다. 어떤 반대 명제를 그 명제에 대한 적수로 내세울 수는 없을까, 또는 '아마', '때로는'이라는 말을 그 명제에 덧붙일 수는 없을까 하고 말이다. 그리고 '사실', '다분히'[13]라는 간단한 말을 하는 것만으로도 우리에게는 위안이 된다. 왜냐하면 그것은 전제적이고 절대적인 것이 가진 부담스러운 폭력을 깨버리기 때문이다. '다음으로' 이것과는 반대로, 그 새로운 명제가 온화한 모습으로 나타나 섬세한 관용과 겸손함을 갖추고, 반박하는 자의 품속에 몸을 맡기는 경우가 있을 것이다. 이럴 때 우리는 우리의 독재적인 마음을 다른 방법으로 모색한다.

우리가 이 가냘픈 존재에 어떻게 도움이 될 수는 없을까? 그것을 애무하고 기르고 그것에 힘과 충실을, 게다가 진리와 절대자로서의 권위까지 부여할 수는 없을까? 그것에 대해 마치 부모처럼 또는 기사처럼 또는 깊은 동정심을 갖고 행동할 수 있을까? 그러면 우리는 서로를 바라보는 일도 함께 거니는 일도 없이, 서로 떨어져 있는 판단을 이쪽에 하나, 저쪽에 하나 보게 된다. 이때 우리에게는 이 두 가지 판단을 결혼시킬 수는 없을까, 이 '결합'에서 '결말'을 끌어낼 수는 없을까 하는 생각이 꿈틀거리게 된다. 이 결말로부터 훌륭한 결과가 생긴다면, 결합된 두 가지 판단뿐만이 아니라 중매인까지도 영예를 받을 것이리라고 예감한다. 그러나 우리가 새로운 사상에 반항과 악의를 품고 그것에 도전한다 해도, 또는 호의적으로 그것을 지원한다 해도 아무것도 할 수 없을 경우는(즉 그 사상이 '참'이라고 여겨질 때는) 굴복하고 그것을 지도자와 왕후처럼 떠받들며 공손히 따르고 영광의 자리에 앉힌다. 또한 그에 대해서 이야기할 때에는 과시하지 않고 자만스럽지 않게 말할 것이다. 왜냐하면 그 영광의 빛 속에서 자기 자신도 함께 빛날 수 있고 이 찬란한 빛을 어둡게 하는 것은 화를 가져오기 때문이다. 그 사상 자체가 언젠가 우리에게 위험한 것이 된다고 하더라도.

---

13) '다분히'(wahrscheinlich)는 그 앞 문장에서 언급된 '아마'(vielleicht)보다 좀더 높은 개연성을 지닌 표현이다.

그러면 정신의 역사 속에서 지칠 줄 모르고 '국왕을 만드는 자(king-makers)'인 우리는 그를 왕좌로부터 끌어내리고, 곧장 그의 적수를 세운다. 이 점을 잘 생각해서 좀더 깊이 고찰해 보자. 그러면 반드시 '인식 본능 그 자체'에 대해 말하는 자는 없어질 것이다! 그런데 사상적 인격(Gedanken-Personen)과의 '은밀한' 싸움에서 그리고 대부분 감춰져 있는 사상을 중매하고 사상의 나라를 세우며 사상을 양육하고 구제하며 간호하면서, 왜 사람은 진실되지 않은 것보다도 진실을 택하는 것일까? 그것은 사람이 현실의 여러 인격과 교제할 때 정의를 행하는 것과 같은 이유에서다. 즉 '지금으로서는' 습관·유전·교육으로 말미암은 것이고, '근원적으로는' 참된 것이 (공정한 것과 정당한 것처럼) 참되지 않은 것보다 '더 쓸모' 있고 '더 명예로운 것'이기 때문이다. 왜냐하면 사유의 세계에서는 오류나 허위 위에 세워진 '권력'과 '명성'은 오래 가지 않기 때문이다. 즉 그러한 건축은 언젠가는 무너지고 말 것이라는 예감이 건축가의 자존심을 '상하게' 하는 것이다. 그는 부서지기 쉬운 재료를 쓰는 일을 부끄럽게 여긴다. 자기 자신을 세계의 다른 어느 것보다도 '더 중요'한 것으로 생각하기 때문에, 그는 세계의 다른 무엇보다도 '더 영속적'이지 않은 것은 처음부터 만들려고 하지 않는다. 진리를 열망할 때 그는 인격적인 불멸성에 대한 신앙을 품고 있다. 즉 존재하는 모든 사상 가운데서도 가장 교만하고 반항적인 사상을, "나 자신이 도움되는 한, 세계는 멸망해도 좋다!"(pereat mundus, dum ego salvus sim !)라는 속뜻과 통하는 사상을 품은 것이다. 그의 일은 바로 그의 자아(ego)가 된다. 그는 자기 자신을 불변의 것, 모든 것에 대한 반항자로 변신시킨다. 그의 끝없는 긍지는 가장 견고하고 가장 훌륭한 돌만을, 즉 진리나 자신이 진리로 여기는 것만을 작품에 쓰려고 하는 것이다.

어느 시대나 '지식인의 악덕'으로 '교만'이 언급되어 온 것은 마땅한 일이다. 그러나 만일 이 악덕의 원동력이 없었다면 진리와 그 지상에서의 효력은 보잘 것없었을 것이다. 우리는 우리 자신의 사상과 개념과 말을 '두려워하고', 그것에 대해서 우리 자신을 '존경'하기도 한다. 또한 우리는 어느 틈엔가 그것들이 우리에게 보답해 주고 우리를 경멸하며 칭찬하고 비난하거나 하는 힘을 지니고 있다고 생각하게 되고, 따라서 우리는 같은 부류의 사람끼리 만날 때같이 마치 자유로운 정신적 인격체와 독립적인 권력자와 교유하는 것처럼 행동한다. (여기에 내가 '지적 양심'[14]이라고 부르는 그 특이한 현상의 뿌리가 있다.) 따라서 여기서도 최고 부류의 도덕적인 어떤 것이 검은 뿌리로부터 자라난다.

27

반계몽주의자들—반계몽주의라는 마법의 본질은 사람의 두뇌를 어리석게 만드는 데 있는 게 아니라, 세계의 상(像)을 검게 칠하고, '삶에 대한 우리의 표상을 어둡게' 하려는 데 있다. 그것을 위해 반계몽주의는 이따금 정신 계몽을 방해하는 수단을 쓰긴 하지만, 또한 때로는 그것과 정반대의 수단을 쓰기도 한다. 즉 지성을 매우 섬세하게 만듦으로써 오히려 지성의 여러 성과에 대한 '지긋지긋한 감정'을 일으키려고 한다. 회의를 조장하고 엄청난 예민성을 드러내서 오히려 사람을 예민함에 대한 불신으로 이끄는 궤변가인 형이상학자들은, 더욱 정교한 반계몽주의의 적절한 도구이다(칸트까지도 이 목적을 위해 이용될 수 있지 않은가? 아니 오히려 이렇게 말하자, "지식에 한계를 정할 '신앙'으로의 길을 연다"[15]라는 칸트 자신의 악명 높은 말을 봐도 칸트가 적어도 한때는 그러한 것을 '의도했을' 수도 있지 않은가?). 물론 이것은 칸트의 뜻대로 되지는 않았다. 그리고 이 더없이 섬세하고 위험한, 아니 가장 위험한 반계몽주의의 복잡한 발자국을 따라간 칸트의 후계자들에게도 잘 되지 않았다. 왜냐하면 여기에는 반계몽주의라는 마법이 빛을 내면서 나타나기 때문이다.

28

어떤 종류의 철학이 예술을 부패하게 만드는가.—형이상학적·신비주의적 철학의 안개가 모든 미적 현상을 '불투명하게' 만드는 일에 성공하면, 그것들은 서로 '평가하기 어려운 것'이 된다. 왜냐하면 개개의 미적 현상이 모두 수수께

---

14) 이 책 1권의 아포리즘 109 〈인식은 슬픔이다〉에 언급되어 있는 지적 양심은 현실의 어떠한 괴로움이나 비통한 진리의 인식조차도 피하지 않는 순수한 양심으로서, 그리스도교에 낭만적으로 복귀(Rückkehr : 진리에 등을 돌려 돌아가는 일)하거나 도망(Fahnenflucht : 괴로운 병영 훈련에 견디지 못하는 사병의 탈영)치거나 가까워지는 것과 대비되고 있다. 이러한 철저한 인식에 대한 의지로서의 지적 양심, 즉 '왜?'를 묻지 않는 양심은 이 지적 양심의 반대물이 된다.
15) 칸트의 《순수이성비판》 제2판 서문에 "그러므로 나는 '신앙'이 허용되는 장소를 얻기 위하여 '지식'을 제거하지 않을 수 없었다"라고 씌어 있다.

끼 같은 것이 되어 버리기 때문이다. 그러나 그것들을 평가하기 위해 서로 비교하는 것이 전혀 허용되지 않는다면, 마침내는 완전한 '무비판', 즉 맹목적인 허용만이 나타나게 된다. 더욱이 이것은 다시 예술에서의 '향유'가 계속 줄어드는 결과를 낳는다(매우 민감한 미각과 차별화를 통해 예술에서의 향유는 저속한 욕망의 충족과 구별된다). 그러나 향유가 줄어들면 들수록 예술에 대한 욕구는 저속한 배고픔으로 변하고 퇴화하며, 또한 예술가는 차츰 더 볼품없는 요리로 허기를 채우려고 노력하게 된다.

29

겟세마네 동산에서─사상가가 예술가들에게 이야기할 수 있는 가장 고통스러운 말은 다음과 같다. "너희가 나와 함께 잠시 동안만이라도 이렇게 깨어 있을 수 없더냐?"[16]

30

베를 짜다─사물의 매듭을 풀고 얽힌 것을 푸는 일에 기쁨을 느끼는 몇몇 사람들과는 반대로 많은 사람들(예를 들면 모든 예술가들과 여성들)은 끊임없이 새로운 매듭을 만들고 얽히게 한다. 그렇게 함으로써 이해한 것도 이해하지 않은 것처럼, 어쩌면 도저히 이해할 수 없는 것으로 만들어 버리려고 애쓴다. 그래서 이 밖에 어떤 다른 결과가 나온다 하더라도, 그 짜여지고 매듭지어진 것은 언제나 조금은 불결한 느낌이 들 것이다. 왜냐하면 너무나도 많은 손이 그것을 만지고 잡아당겼기 때문이다.

31

학문의 사막에서─때때로 순전한 사막의 여행이 되지 않을 수 없는 겸허하고 고생스러운 여행을 이어가는 학문적인 사람의 눈앞에, '철학적 체계'라 불리는 찬란한 신기루가 나타난다. 그것은 착각이라는 마력으로 모든 수수께끼의 해답을 보여주고 더불어 아주 맑은 생명의 물이 가까이 있음을 보여 준다. 그

---

16) 〈마태복음〉 제26장 40절.

지쳐 있는 사랑은 기쁨으로 가슴을 두근거리며, 이제까지의 인내와 고생스러
웠던 학문적 탐구의 목표에 거의 입술을 축일 수 있으리라는 생각으로, 자기도
모르는 사이에 발걸음을 재촉한다. 물론 한편으로는 마치 그 아름다운 착각에
마비된 것처럼 넋을 잃고 우뚝 서 버리는 사람도 있을 것이다. 그런 사람들은
그대로 사막 속에 삼켜져 버리고 학문 세계에 대해서는 이미 죽은 사람이 되어
버리고 만다. 그러한 주관적인 위안을 이미 몇 번 경험해본 또 다른 본성을 가
진 사람들은 아마도 몹시 불쾌해하며, 그 착각이 입 속에 남기고 간 미칠 듯한
갈증을 불러일으키는 짠맛을 저주할 것이다. 그렇다고 해서 어떤 샘에 한 발짝
이라도 가까이 간 것도 아니다.

32

　　이른바 '참다운 현실'—시인은 여러 직업, 예를 들면 장군이나 견직공 또는
뱃사람을 묘사할 때, 마치 이러한 직업의 깊은 곳까지 꿰뚫어 보고 있는 '전문
가' 같은 태도를 취한다. 그뿐만 아니라 사람의 온갖 행위나 운명을 설명할 때
도, 마치 세계라는 그물 전체를 짜는 일에 참여했던 사람처럼 행동한다. 그런
뜻에서 그는 기만자다. 더욱이 그는 순전히 '문외한들'만을 상대로 해서 속임수
를 쓰기 때문에 성공한다. 문외한들은 시인을 참되고 깊은 지식을 지닌 사람이
라고 칭찬한다. 그리고 마침내 시인으로 하여금 '자기는 어떠한 전문가나 제작
자, 나아가서는 세계를 짜는 위대한 거미에도 뒤지지 않게 모든 사물에 통달하
고 있다'는 망상에 빠지게 한다. 그리하여 끝내 이 기만자는 고지식해지고 자신
의 진실성을 믿게 된다. 게다가 감각적인 사람들은 그 시인 앞에서 '더 높은' 진
리와 진실성을 가진 사람이라고 그를 치켜세우기까지 한다. 즉 그러한 사람들
은 현실에 잠시 피로를 느껴 시인의 꿈이 피로한 두뇌와 마음을 위한 자비로운
휴식이며 밤이라고 생각하는 것이다. 이 시인의 꿈이 그들에게 보여 주는 것은,
방금 이야기한 것처럼 그들에게 한결 자비롭게 느껴져, 더욱 가치 있는 것으로
여겨진다. 사람들은 가치 있게 보이는 것일수록 더욱 참되고, 더욱 현실적인 것
으로 여겨 왔던 것이다. 이러한 위력을 '의식'하는 시인들은 일반적으로 현실이
라고 불리는 것들을 비방하고, 그것을 불순하고 불확실하며 죄와 괴로움과 기
만에 차 있는 것으로 바꾸려고 한다. 즉 그들은 인식의 한계에 대한 모든 의혹

과, 회의적인 모든 행위를 이용해서, 사물 위에 불확실의 주름진 베일을 덮어버린다. 그리고 이와 같이 그것을 애매하게 해 놓은 다음, 사람들로 하여금 망설임 없이 그들의 마술과 심령술이 '참다운 진실', '참다운 현실'을 향한 길임을 믿게 하는 것이 시인들의 목적이다.

33

공정하려고 하는 것과 심판자가 되고자 하는 것—쇼펜하우어, 인간적인 너무나 인간적인 것에 정통한 그의 위대한 식견과 그의 본능적인 사실감각(Tatsachen-Sinn)은 그의 형이상학의 다채로운 표범 가죽 때문에 적잖게 손상되고 있다.(그 아래 숨겨진 참다운 도덕주의자적 천성을 발견하기 위해서 우리는 먼저 그에게서 이 껍질을 벗겨내야 한다) 그러나 이 쇼펜하우어는 적절한 구별을 해냈는데, 그는 이 점에 있어서 본래 그 자신에게 주어질 수 있었던 것보다 훨씬 많은 정당성을 얻는다. 그는 이렇게 말한다. "사람의 여러 행동의 엄격한 필연성에 대한 통찰은, '철학적' 두뇌를 '다른' 두뇌로부터 구분짓는 경계선이다."[17] 그러나 쇼펜하우어는 그가 가끔 그것에 대해서 눈뜬 일이 있는 이 강력한 통찰을, 자신이 도덕적인 사람들과(도덕주의자와는 다르다) 아직 공유하던 그 편견에 따라서 스스로 반박하고 말았다. 그는 이 편견을 아주 순진하고 경건하게 다음과 같이 표현했다. "사물 전체의 내적 본질에 대한 궁극적이고 참다운 해명은, 필연적으로 사람 행동의 윤리적인 의미에 대한 해명과 밀접하게 연관되어야 한다."[18] 하지만 이것은 완전히 '필연적'일 수는 없고, 오히려 사람의 여러 행동의 엄밀한 필연성에 대한, 이를테면 의지의 절대적인 부자유와 무책임성에 대한 명제로써 남김없이 거부된다. 따라서 철학적 두뇌는 도덕의 형이상학적 의미에 대한 불신으로 다른 두뇌들과 구별된다. 그리고 이 점이야말로 오늘날 존재하는 '교양'과 '무교양' 사이의 균열로는 도저히 추측할 수 없을 만큼 깊고 조정하기 어려운 균열을 남기고 있다. 물론 쇼펜하우어 자신이 그렇게 한 것처럼, '철학적 여러 두뇌'가 자기를 위해 남겨 둔 많은 뒷문들은 쓸데없는 것일뿐임이 인식되어야 한다. '어떤' 뒷문도 널따란 야외로, 자유의지의 대기 속으로 통해 있

---

17) 쇼펜하우어의 《윤리학의 두 가지 근본 문제》 참조.
18) 같은 책 참조.

지 않다. 사람들이 이제까지 빠져 나왔던 뒷문들도 그 배후에 다시 청동빛으로 반짝이는 운명의 벽을 보여주었을 뿐이다. 우리는 감옥 속에서 살고 있다. 우리는 우리 자신의 자유를 '꿈꿀' 수 있을 뿐이지 자유로운 몸이 될 수는 없다. 이러한 인식에 도저히 더는 저항할 수 없다는 것은 이 인식에 이르러 그것과 격투를 계속하고 있는 사람들의 절망적이고 터무니없는 듯한 태도와 찡그린 얼굴을 보아도 알 수 있다. 따라서 그들은 이제 다음과 같이 생각하게 될 것이다. "그렇다면 아무도 책임이 없단 말인가? 그런데도 모든 것은 죄책과 죄책감에 차 있는 것인가? 하지만 누군가는 죄인임에 틀림없다. 그리고 개개인, 생성의 필연적인 파도의 유희 속에 있는 이 가련한 파도인 개개인을 고발하고 재판하는 일이 불가능하고 허용되지 않는 것이라면, 이제 파도의 유희 그 자체, 생성이야말로 바로 죄인이다. 여기에는 자유의지가 있으며 고발하고 단죄하고, 참회하며 속죄하는 일이 허용된다. 따라서 '신이야말로 죄인이며, 인간은 신의 구제자'가 된다. 그리고 세계사는 죄이며, 자기 단죄이며, 자살이어야만 할 것이다. 또한 범죄자는 자기 자신의 심판자가 되고 심판자가 자기 자신의 사형 집행인이 되어야만 한다." 이 같은 '전도된 그리스도교'(도대체 그 이외에 무엇이란 말인가?)는 절대적인 도덕성의 가르침이 절대적인 비자유의 가르침과 싸울 때 행해지는 최후의 칼질인 것이다. 만약 그것이 '논리적인 찡그린 얼굴 이상'의 것이라면 그리고 패배한 사상의 추악한 몸짓 이상의 것이라면, 전율할 만큼 끔찍한 것이다. 절망하여 구제받기를 초조하게 기다리던 자가 임종을 맞이할 때 마음의 경련과 같은 것이다. 망상은 그 사람의 귀에다 대고 이렇게 속삭일 것이다. "보라, 그대야말로 신의 죄를 진 어린 양이로다"[19]라고. 잘못은 '나에게 책임이 있다'는 감정 속에 있을 뿐만 아니라, '나에게는 책임이 없고, 누군가 다른 사람에게 책임이 있다'는 반대 명제 속에도 있다. 그러나 이것은 진실이 아니다. 따라서 철학자는 그리스도처럼, "심판하지 말라!"[20]고 말해야 한다. 그리고 철학적 두뇌와 다른 두뇌 사이의 궁극적인 차이는, 전자는 '공정하려고' 하는 것이고 후자는 '심판자가 되고자' 하는 점에 있다.

---

19) 세례자 요한이 예수를 일컬어 한 말. 〈요한복음〉 제1장 29절.
20) 〈마태복음〉 제7장 1절.

34

헌신—그대들은 도덕적 행위의 특징이 헌신이라고 생각하는가? 그러나 사려 깊게 행해지는 어떠한 행위에도, 즉 최선의 행위처럼 최악의 행위에도 헌신이 존재하고 있지 않은지 생각해 보라.

35

윤리성을 철저하게 조사하는[21] 사람들에게 반대해서—어떤 사람의 윤리적인 본능이 얼마만큼 강한지, 그리고 강하게 만들어졌는지를 평가하기 위해서는, 그 사람이 표상할 수 있고 실행할 수 있는 가장 좋은 일과 가장 나쁜 일을 알아야 한다. 그러나 그것을 아는 것은 불가능하다.

36

뱀의 이빨—우리가 '남에게 덤비는' 뱀의 이빨을 갖고 있는지의 여부는, 누군가의 발뒤꿈치로 짓밟혀보기 전에는 알지 못한다. 여성이나 어머니는 이렇게 말할 것이다. "누군가가 발뒤꿈치로 우리의 애인이나 우리의 자식을 짓밟기 전까지는." 즉 우리의 성격은 체험한 것보다는, 어떤 체험의 결여에 의해서 더 분명하게 규정된다.

37

사랑에서의 기만—사람들은 자신의 과거에서 많은 것을 잊어버리고, 나아가서는 의도적으로 마음 밖으로 내쫓아 버린다. 즉 사람들은 과거로부터 우리에게 미소를 던지는 우리의 이미지가 우리를 속이고, 우리가 자기 도취 속에 빠지기를 바란다(우리는 끊임없이 이처럼 자기를 속이고 있다). 그런데 '사랑 속에 있는 자기 망각'과 '다른 인격 속에 있는 내 자아의 출현'에 대해 많이 이야기하고 칭찬하는 그대들은, 이것이 어딘가 본질적으로 다른 것이라 생각하는가? 그렇다면 그대들은 거울을 깨어 버리고 그대들이 존경하는 인격 속에 자기를 상상해 조작함으로써, 자아의 새로운 이미지를 즐기는 것이다. 물론 그대들은 그 새

---

21) 〈시편〉 제7편 9절.

로운 이미지를 다른 사람의 이름으로 부르지만 말이다. 그리고 이 과정 전체가 자기 기만도 이기주의도 아니라고 말한다. 유별난 그대들은! 생각건대, 자기 일부를 '자기 앞에서' 감추는 사람들, '자기 과거의 많은 것을 잊는 사람들', 자기 전체를 자기 자신에게 감추는 사람들, '사랑에 있어서 자기를 잊는 사람들'은 인식의 보고를 '도둑질'한다는 점에서 모두 똑같다. 그러므로 '너 자신을 알라'라는 명제가 어떠한 잘못을 깨우쳐 주는 것인지 뚜렷해진다.

38

자기 허영심을 부인하는 자에게—자기 허영심을 부인하는 자는 흔히 그 허영심을 매우 볼품없는 형식으로 갖고 있기 때문에, 자기를 경멸할 수밖에 없는 것이 두려워 본능적으로 그것을 보지 않으려고 한다.

39

왜 어리석은 사람들은 자주 악의에 차게 되는가—그것에 맞서기에 우리의 두뇌가 너무 약하다고 느끼는 상대의 반론에 대해서는 우리의 마음이 상대의 동기를 잘못 추측해 대답하기 때문이다.

40

도덕적으로 예외인 예술—도덕의 예외적인 사례, 즉 선한 것이 악하게 되고, 옳지 않은 것이 옳은 것으로 되는 경우를 보여 주고 찬미하는 예술에 쉽게 귀를 기울여서는 안 된다. 때때로 집시로부터 물건을 살 때 이득보다는 속아서 빼앗기는 것이 더 많지나 않을까 걱정하면서 사는 것과 마찬가지이다.

41

독은 맛이 없다—어느 시대에나 사람들이 독을 마시지 않으려고 했던 오직 하나의 결정적 논거는, 독이 사람을 죽게 했기 때문이 아니라 그것이 맛이 없었기 때문이다.

42

죄책감이 없는 세계—만약 전혀 양심의 가책을 느끼게 하지 않는 행위만이 행해진다고 해도 인간 세계는 마찬가지로 악질적이고 무례한 양상을 띨 것이다. 하지만 오늘날처럼 허약하고 비참하게 보이지는 않을 것이다. 어느 시대에나 양심 '없는' 악인들은 많이 있었다. 그리고 많은 선인과 정직한 자들에게는 선한 양심이 주는 쾌감이 결여되어 있다.

43

양심적인 사람들—자기 양심에 따르는 일은, 자기 오성에 따르는 것보다 한결 편하다. 왜냐하면 양심은 어떠한 실패를 하더라도 자기 변호와 기분 전환이 가능하기 때문이다. 그러므로 언제나 이성적인 사람은 아주 적은 데 반하여, 양심적인 사람은 아주 많다.

44

분노를 터뜨리지 않기 위한 정반대의 방법—어떤 기질을 가진 사람은 자기 자신의 불만을 말로 터뜨려 버리는 것이 이롭다. 말하는 사이에 기분이 차분해지기 때문이다. 그리고 또 다른 기질을 가진 사람은 이야기하면서 완전히 분노한다. 그러한 사람은 말할 무언가를 억지로라도 삼키는 것이 좋다. 즉 이러한 종류의 사람들은 적이나 상사의 눈앞에서 자제함으로써 자기 성격을 고칠 수 있으며 그것이 너무나도 날카롭고 불쾌해지는 것을 방지한다.

45

너무 심각하게 여기지 말 것—욕창이 생기도록 누워 있는 것은 기분 나쁜 일이다. 그렇다고 해서 그것이 누워 있도록 처방된 요법이 좋지 않다는 증거는 아니다. 오랫동안 자기 자신을 무시하며 살다가 마지막에 이르러 철학적인 내면 생활을 한 사람들은 감정과 정신에도 하나의 욕창이 생긴다는 것을 알고 있다. 따라서 이것은 그들이 선택한 삶의 방법이 모두 좋지 않았다는 것은 아니지만, 몇몇 작은 예외와 피상적인 병의 재발[22]은 필요하다는 논거를 제시하는 것이다.

46

인간적인 '물 자체(物自體)'—가장 손상되기 쉬운 것, 가장 극복하기 어려운 것은 인간의 허영심이다. 그뿐만 아니라 그것은 손상됨으로써 더욱 강력해지고 거대해질 수도 있다.

47

많은 부지런한 사람들의 어리석음—그들은 몹시 수고하여 일한 뒤 한가한 시간을 얻은 다음에는 그 시간이 모조리 지나가버릴 때까지 시간을 소비하는 일밖에는 아무것도 할 줄 모른다.

48

많이 기뻐할 것—많이 기뻐하는 사람은 선량한 사람임에 틀림없다. 그러나 아마도 가장 영리한 사람은 아닐 것이다. 물론 그는 가장 영리한 사람이 그 모든 영리함을 기울여 손에 넣으려고 하는 것을 이미 손안에 넣기는 했지만.

49

자연을 거울삼아—한 사람을 다음처럼 묘사할 때, 그것은 그 사람에 대한 꽤 정확한 묘사가 아닐까? 즉 그는 높게 자란 황금빛 보리밭을 거닐기를 좋아하고, 황금빛으로 물들어 가는 가을 저녁의 숲과 꽃의 빛깔을 무엇보다도 사랑하는데 그 까닭은 그것이 자연이 이룰 수 있는 가장 아름다운 것을 보여 주기 때문이며, 그리고 그는 크고 윤기 있는 잎을 지닌 호두나무 아래에 있으면 마치 가족 곁에 있는 듯한 느긋함을 느낀다. 그의 가장 큰 기쁨은 산 속에서 몇 개의 작은 외딴 호수를 발견하는 일로써 그것은 그에게 그 속에서 고독 자체가 자기를 바라보는 것처럼 느껴지기 때문이다. 또한 그는 가을이나 초겨울 저녁 창가에 가만히 다가와서 영혼이 없는 모든 소리를 벨벳 커튼처럼 삼켜버리는 저 안개 낀 여명의 잿빛 적막을 사랑한다. 아직 침식되지 않은 바위를 이제까지 남아

---

22) 이제까지 외면적인 생활을 해 오던 자가 익숙지 못한 내면적인 생활에 들어갔기 때문에 생긴 '고통'의 아픔을 고치기 위해, 내면 생활로부터 슬쩍 빠져나오거나 겉보기에 외면 생활로 다시 돌아가 본다는 것을 뜻함.

태고의 일을 이야기하려는 말 없는 증인처럼 느끼고 그것을 어린 시절부터 존경해 왔으며 끝으로 꿈틀거리는 뱀 껍질과 '맹수의 아름다움'을 지닌 바다와는 친숙하지 않고 언제까지나 그러할 것이라는 식의 묘사다. 그렇다. 물론 이것으로 이 사람의 '무엇인가'가 그려지고 있다. 그러나 자연의 거울은 똑같은 사람이 모든 종류의 목가적인 감수성을 지녔기 때문에(결코 '지니고 있음에도 불구하고'가 아니라), 매우 무정하고 인색하며 자기 도취에 빠져 있을지도 모른다는 사실에 대해서는 아무 말도 하지 않는다. 이러한 사정에 통달했던 호라티우스는 저 유명한 '장사를 떠난 자는 행복하도다'(beatus ille qui procul negotiis)[23]의 시에서 로마의 한 '고리대금업자'의 입과 영혼을 빌려 전원 생활에 대한 더할 나위 없는 섬세한 감정을 이야기했다.

50

승리하지 못하는 힘—가장 힘찬 인식(인간적 의지가 가진 완전한 비자유에 대한 인식)은 그러나 가장 성과 없는 인식이다. 왜냐하면 그것은 언제나 사람의 허영심이라는 가장 강한 적수를 두고 있기 때문이다.

51

쾌감과 착각—어떤 사람은 자신의 본성으로 무의식중에 친구들에게 친절하게 대하지만, 또 어떤 사람은 의식적으로 낱낱의 행위로써 친절하게 행동한다. 전자가 한결 고차적인 것이지만, 맑은 양심이나 쾌감과 연결되는 것은 후자다. 즉 후자는 자기 선행의 공적으로서 스스로 자기 자신을 성스럽게 만드는 쾌감을 갖는다. 그리고 그 쾌감은 '우리는 임의로 선행과 악행을 행할 수 있다'는 신념, 다시 말하면 하나의 착각에 바탕을 둔다.

52

부정을 행하는 것은 어리석다—자기가 누군가에게 행한 부정은 다른 사람

---

23) 호라티우스의 《에포디》 제2 노래 〈전원의 기쁨〉의 처음 1절. "장사에서 떠나서 고대의 종족처럼 모든 폭리를 버리고 조상에게서 물려받은 논밭을 내 집의 소가 경작하는 자, 이런 자는 행복하리라" 하고 고리대금업자의 입을 빌려 찬양한 것.

이 자기에게 행한 부정보다도 훨씬 참기 어렵다(이것은 도덕적 이유 때문만은 아니라는 점에 주의할 필요가 있다). 행위자는 원래 언제나 고통받는 자이다. 그가 양심의 가책에 민감한 경우에도 또는 자기의 행위로써 사회를 자기에 대해 무장시키고 스스로를 고립시키게 되었다고 통찰할 경우에도 언제나 고통받는다. 그렇기 때문에 자기 내면의 행복 때문에라도, 즉 자기 만족감을 잃지 않기 위해서라도, (종교와 도덕이 명하는 것은 모두 논외로 하고) 남에게 부정을 행하는 것을 주의해야 한다. 심지어 남에게서 부정한 행위를 당하는 것보다도 더 주의해야 한다. 왜냐하면 부정한 행위를 당하는 것에는 밝은 양심, 복수에의 희망, 공정한 사람들뿐만 아니라 악인을 기피하는 사회 전체의 동정과 박수를 기대할 수 있다는 위안이 있기 때문이다. 자기가 남에게 행한 모든 부정을 자기에게 가해진 타인의 부정으로 바꾸어 버리거나, 또는 자기가 행한 일에 대한 변명으로 정당 방위라는 비상권리를 보류해 두는 구역질 나는 자기 기만에 능한 사람들이 적지 않다. 그들은 이렇게 함으로써 자기에게 씌워진 부담을 훨씬 가볍게 하려고 한다.

53

입을 가지거나 가지지 않은 질투심—질투심은 그 질투의 대상인 암탉이 계란을 낳으면 바로 우는 것이 보통이다. 그와 함께 질투심은 가벼워지고 차츰 누그러진다. 그러나 더욱 심각한 질투심도 존재한다. 그러한 경우 이 질투심은 조용해지고 만다. 그리고 모든 입이 봉해지길 바라지만 실제로는 그렇게 되지 않으므로 차츰 약이 오르게 마련이다. 말 없는 질투심은 말이 없음으로써 더욱 커진다.

54

스파이로서의 분노—분노는 사람의 마음속을 다 퍼내어 그 밑바닥의 찌꺼기까지 드러낸다. 그렇기 때문에 다른 방법으로는 그 속을 확실히 알 수 없을 때, 자기 주변 사람들이나 자기 편, 또는 적을 화나게 하는 기술을 익혀 두어야 한다. 그렇게 하면 내심 우리에 반대하여 이루어지는 모든 행위와 생각을 알 수 있다.

55

방어는 공격보다도 도덕적으로 더 어렵다—선량한 사람의 참된 영웅적이고도 명예로운 행위는, 그가 남을 공격할 때 그 일 자체는 공격하더라도 사람 자체는 여전히 사랑한다는 점에 있는 것이 아니다. 공격해 오는 상대의 마음을 상하게 하거나, 또는 상하게 하려고 하지 않으면서 자기 상황을 잘 방어하는, 보다 어려운 점에 있는 것이다. 공격의 칼은 정직하고 넓지만, 방어의 칼은 보통 바늘처럼 뾰족하다.

56

정직함에 대해 정직하다는 것—자기에 대해서 숨김없이 정직한 자는, 결국 자기의 이러한 정직함을 자부하게 된다. 왜냐하면 그는 왜 그렇게 자기가 정직한지 그 이유를 너무도 잘 알고 있기 때문이다. 다른 사람은 같은 이유에서라면 가장과 위장 쪽을 택할 것이다.

57

불타오르는 숯불—남의 머리 위에 불타오르는 숯불을 얹는[24] 일은 곧잘 오해받고 실패에 그치기 쉽다. 왜냐하면 불이 얹혀진 자도 자기가 그렇게 할 권리를 갖고 있음을 알고 있고 자기 자신도 숯불을 얹을 생각을 하고 있기 때문이다.

58

위험한 책—누군가 이런 말을 한다. "이 책이 유해하다는 것을 나는 내 체험으로 알았다"고. 그러나 기다려 보면 그는 언젠가 그 책이 자기 마음속에 숨어 있는 병을 노골적으로 나타내 주는 점에서 자기에게 크게 쓸모 있는 책이었다는 사실을 인정할 것이다. 생각을 바꾸는 것이 사람의 성격을 바꾸는 것은 아니다(바뀐다 하더라도 아주 조금일 뿐이다). 그러나 그것은 아마도 그때까지 생각의 다른 별들 속에서는 어둡고 판단하기 어려운 채 있던 그의 인격이라는 별의

---

24) 〈로마서〉 제12장 19절 이하. 즉 '원수를 은혜로 갚고, 적을 부끄럽게 만든다'라는 뜻.

몇몇 측면을 비쳐 줄 것이다.

59

위선자의 동정—자기가 적개심 따위에는 초연하다는 것을 남에게 '보이고' 싶을 때 사람들은 흔히 동정을 꾸민다. 그러나 그것은 헛된 일이다. 그리고 이것을 알면 적개심이 보다 강하게 불타오르게 된다.

60

공공연한 반박은 때때로 화해적이다—누군가가 저명한 정당의 지도자나 학자의 의견에 대해 의견의 차이를 거리낌 없이 늘어놓으면, 세상 사람들은 모두 그가 상대를 미워하고 있음에 틀림없다고 생각한다. 그러나 때때로 그러한 사람은 바로 그때 상대를 미워하는 일을 멈춘다. 왜냐하면 그는 떳떳한 반박으로써 실은 과감하게 자기를 상대와 비교하게 되고, 그럼으로써 입 밖에 내지 않았던 질투심과 괴로움을 면할 수 있기 때문이다.

61

자신의 빛이 비치는 것을 보는 일—슬픔·병·죄책감 따위의 어두운 상태 속에서도 우리가 다른 사람들에게 빛을 비춰주고 있고, 그들이 우리를 밝은 달을 쳐다보듯 바라보고 있다면 우리는 기쁨을 느낀다. 이러한 우회적인 방법으로, 우리는 밝게 비출 수 있는 자기 능력에 의지하게 된다.

62

기쁨을 함께 나누는 것—우리를 무는 뱀은 우리를 혼내줬다고 생각하며 기뻐한다. 최하등 동물이라 할지라도 남의 '고통'은 상상할 줄 아는 것이다. 그러나 남의 기쁨을 상상하고 더구나 기쁨을 느끼는 것은 가장 고등한 동물들의 최고 특권이고 그들 가운데서도 가장 뛰어나고 모범적인 자들만이 얻을 수 있는 특권이다. 따라서 그것은 희귀한 '인간성'인 것이다. 그러므로 이 '기쁨을 함께 나누는 것'을 부인한 철학자들이 있었을 정도다.

63

나중의 잉태—어떻게 그렇게 되었는지도 모르고 어느새 자기 작품과 업적을 이룩한 사람들은 보통 더욱더 많은 작품과 업적을 잉태해 간다. 마치 그것이 자기 자식이며 우연의 결과가 아니라는 것을 나중에 증명해 보이기 위한 것처럼 말이다.

64

허영에서 냉혹한 일—정의는 흔히 약함을 은폐하는 외투여서, 공정하게 생각하기는 하지만, 약한 사람들은 이따금 명예욕에 사로잡혀 위장을 하고, 남의 눈에도 명백히 불공정하고 냉혹하게 보이도록 행동한다. 그들은 강하다는 인상을 뒤에 남기려고 하는 것이다.

65

굴욕—다른 사람으로부터 선물 받은 이득이라는 자루 속에 한 알이라도 굴욕의 씨앗이 섞여 있는 것을 발견하면, 그는 좋은 일에도 얼굴을 찌푸린다.[25]

66

극단적인 헤로스트라투스[26] 정신—자신의 형상을 모시고 있는 신전에 불을 지르는 헤로스트라투스적인 사람들이 있을지도 모른다.

67

축소어의 세계—약하고 의지할 곳 없는 것이 모두 우리 마음에 호소해 오는 상황은, 반대로 우리 마음에 호소해 오는 모든 것을 우리가 축소하고 완화하는 언어로[27] 표현하는 습관을 가져온다. 즉 우리 감각에 약하고 의지할 곳 없는 것

---

25) '싫은 일을 당해도 언짢은 표정을 짓지 않는다'라는 속담을 뒤집은 것.
26) 악명을 떨치려는 목적으로 알렉산더 대왕의 탄생일 밤, 아르테미스 신전에 불을 질렀다. 에페소스 사람들은 그를 처형하고 그의 이름을 입에 담는 자를 사형으로 다스려 금했다 한다.
27) 이것은 예를 들어 –lchen, –ein과 같은 축소 어미를 붙이거나 싸움이라는 단어 Streit를 쓸 맥락에서 오해를 뜻하는 Mißverständnis로 바꿔 말하는 어법으로 생각할 수 있음.

으로 '만들어 버리는' 습관을 가져오는 것이다.

68

동정의 나쁜 특성—동정이란 파렴치함을 동반한다. 왜냐하면 그것은 어쨌든 도움을 주고 싶다는 바람이기 때문에 치료 수단이나 병의 종류와 원인에 대해서 마음을 썩이는 일 없이, 대담하게도 환자의 건강과 명성에 가짜 처방을 하기 때문이다.

69

뻔뻔스러움—작품에 대한 뻔뻔스러움이라는 것도 있다. 모든 시대를 통해 가장 고귀한 작품에 대해서까지도 젊은 시절부터 벌써 그것을 본뜨며 거리낌 없이 대하는 것은, 수치심의 완전한 결여를 증명하는 것이다. 또 한편으로는 단지 무지하기 때문에 뻔뻔스러운 사람들도 있다. 그들은 자기가 도대체 어떤 사람과 관계하고 있는지를 알지 못한다. 젊든 늙든간에 문헌학자가 그리스인의 작품에 관계하는 일은 드물지 않다.

70

의지는 지성을 부끄러워한다—우리는 우리 정서에 맞서 매우 냉정하게 이성적인 계획을 세운다. 그러나 나중에 우리는 그것에 아주 중대한 잘못을 저지른다. 왜냐하면 우리는 때때로 그 이성적인 계획이 바로 실행에 옮겨지는 순간에 계획을 짤 때의 냉정함과 사려깊음을 부끄럽게 여기기 때문이다. 그래서 우리는 모든 정서가 수반하는 그 오만한 과감성으로 인해 비이성적인 일을 한다.

71

회의론자들은 왜 도덕의 마음에 들지 않나—자기 도덕성을 높고 귀중하게 여기는 자는 도덕의 영역에서 회의론자들에게 화를 낸다. 왜냐하면 그가 온 힘을 쏟는 데서 사람들은 '경탄'해야 하지 결코 음미하고 회의해서는 안 된다고 생각하기 때문이다. 더욱이 도덕심의 마지막 찌꺼기가 참으로 도덕에 대한 신앙인 것처럼 느끼는 사람들도 있다. 그들 또한 회의론자들에 반대하여 어쩌면 더 격정적으로 행동할 수도 있다.

72

소심함—도덕주의자들은 모두 소심하다. 왜냐하면 그들은 사람들이 자기들의 성향을 알아차리자마자 자기들이 스파이나 변절자로 혼동된다는 사실을 알고 있기 때문이다. 그뿐 아니라 그들은 일반적으로 자기들이 행동할 때는 무력하다는 것을 자각하고 있다. 왜냐하면 한창 행동하는 중에도 자기 행위의 여러 동기가 주의력을 거의 빼앗아가기 때문이다.

73

일반적 도덕성에 대한 하나의 위험—고귀하고 동시에 정직한 사람들은, 그들의 정직함이 생각해내는 모든 마법을 우상화하고, 도덕적 판단의 저울을 잠시 정지시키는 일을 한다.

74

가장 처절한 착각—사랑받고 있다고 확신할 때, 그것이 실제로는 집주인이 손님들 앞에서 허영심을 나타내기 위해 마련한 가구나 실내 장식으로밖에 보이지 않았다는 것을 발견하는 일은, 풀릴 수 없는 굴욕감을 안겨 준다.

75

사랑과 이원성—사랑이란 다른 한 사람이 우리와는 다른 방법으로, 또 정반대의 방법으로 살고 일하고 느낀다는 것을 이해하고 그것을 기뻐하는 일이 아니고 도대체 무엇이란 말인가? 기쁨으로 이러한 대립을 극복하기 위해서, 사랑은 이 대립을 지양하거나 부정해서는 안 된다. 자기애마저도 한 인격 가운데 있으면서 서로 혼합될 수 없는 이원성(또는 다원성)을 지니고 있다.

76

꿈으로 해석하기—눈을 뜨고 있을 때는 거의 확실히 알 수 없고 느낄 수 없었던 일, 즉 어떤 사람에 대해 양심에 거리낌이 있는가 없는가 하는 일에 대해서 뚜렷하게 가르쳐 주는 것은 꿈이다.

77

방탕—방탕의 어머니는 쾌락이 아니라, 쾌락의 결핍이다.

78

징벌과 보답—징벌과 복수의 속마음을 갖지 않고 남을 고소하는 자는 한 사람도 없다. 자기 운명뿐만 아니라 자기 자신을 고발할 때에도 그렇다. 모든 비탄은 고발이고 모든 기쁨은 칭찬이다. 즉 우리는 슬픈 일이든 기쁜 일이든, 언제나 누군가에게 책임을 지운다.

79

이중의 불공정—우리는 때때로 이중으로 불공정하게 진리를 구한다. 즉 우리가 동시에 볼 수 없는 사물의 양면을 차례차례 보고 묘사할 때와 우리가 보고 있는 쪽이 완전한 진리일 것이라는 망상을 품고 다른 편을 오인하거나 부인할 때가 그렇다.

80

불신—자신에 대한 불신은 불확실하고 따라서 소심하게 되는 게 아니라, 매우 거칠고 사나워지기도 한다. 떨지 않기 위해서 취해버리는 것이다.

81

벼락출세한 자의 철학—언젠가 뛰어난 인물이 되길 바라는 사람은, 자기 그림자[28]까지도 존중해야 한다.

82

몸을 깨끗이 하는 법을 익혀둘 것—불결한 환경에서도 한결 깨끗하게 사는

---

28) 자기가 주위에 미치는 인상이나 영향의 뜻.

법을 배워야만 한다. 그리고 어쩔 수 없는 경우에는 더러운 물로라도 몸을 씻어야[29] 한다.

83

제멋대로 하기—사람이 제멋대로 행하면 행할수록 점점 다른 사람들은 그를 제멋대로 행할 수 없게 만든다.

84

죄 없는 악당—여러 종류의 악덕과 파렴치에 천천히 한 발자국씩 다가가는 길이 있다. 그 끝에 다다르면 양심을 가진 파리 떼[30]는 길손에게서 완전히 날아가 버리고 그는 대단한 악당이면서도 죄 없는 사람처럼 걸어 다닌다.

85

계획 세우기—계획을 세우고 목표를 정하는 일은 많은 쾌감을 수반한다. 만약 온 생애에 걸쳐서 계획을 세우는 사람밖에 되지 못할 역량을 가진 이가 있다면 그는 매우 행복한 사람이다. 그러나 현실적으로 그는 가끔 계획 세우는 일을 쉬고 계획을 실행하지 않을 수 없게 될 것이다. 그렇게 되면 분노와 환멸이 밀어닥치게 마련이다.

86

우리가 이상을 보기 위해 사용하는 것—능력 있는 사람은 모두 자기의 유능함에 도취되어서 그것에서 벗어나 자유롭게 밖을 내다볼 수가 없다. 만일 그가 불완전함을 지니고 있지 않다면, 그는 바로 그 미덕 때문에 어떤 정신적·도덕적 자유도 손에 넣을 수 없을 것이다. 즉 우리의 결함만이 우리가 이상을 바

---

29) 이 아포리즘은 괴테의 잠언을 떠오르게 한다. 즉 괴테의 "우리는 누구에게나 더러운 생활 환경을 원해서는 안 된다. 하지만 우연히 그 속에 떨어진 자에게는 더러운 생활도 성격과 사람이 할 수 있는 극한의 시금석인 것이다."

30) 원어는 '곤충의 무리'지만 주로 '파리 떼'로 번역된다. 그러나 이것은 '양심의 가책'을 뜻하기 때문에, 그리스 신화에서 관습법적인 '제재'의 신격화를 의미하는 복수의 여신 에리니에스를 상기시킨다. 그녀는 죄인을 끝까지 추적해서 갖가지 종류의 가책을 가한다.

라볼 때 쓰는 눈이다.

87

부정직한 칭찬—부정직한 칭찬은 부정직한 비난보다도 나중에 훨씬 더 많은 양심의 가책을 불러일으킨다. 이것은 아마도 우리의 판단력이 지나친 비난, 또는 부당하기조차 한 비난을 들었을 때보다 지나친 칭찬을 들음으로써 더욱 더 웃음거리로 만들어지기 때문일 것이다.

88

어떻게 죽느냐는 중요하지 않다—물론 사람이 충실한 인생을 살아갈 때, 즉 원기 왕성할 때 죽음을 생각하는 모든 방식은 그 사람의 '성격'을 잘 나타내고 증언한다. 그러나 죽음의 순간, 임종 때 그의 태도는 그것과 거의 관계가 없다. 특히 노인이 죽어갈 때, 모든 것이 끝나려고 하는 생존의 고갈 상태인 마지막 순간의 불규칙한 혹은 불충분한 뇌수의 영양, 때로는 흉포하기조차 한 심한 고통, 아무도 시험해 보지 못한 이 모든 새로운 상태, 그리고 아주 빈번하게 일어나는 현상이지만, 마치 죽는 일이 아주 중대한 일이며 이제부터 가장 전율할 종류의 다리를 건너게 되는 듯한 미신적인 인상이나 공포의 엄습과 회귀. 이 모든 것은 임종하는 모습을 그 사람 생전의 성격에 대한 증거로 이용함을 '허용하지' 않는다. 또한 임종을 맞이한 사람은 일반적으로 살아 있는 사람보다는 정직하다는 것도 실은 거짓말이다. 오히려 임종을 맞이한 대부분의 사람은 주위 사람들의 엄숙한 태도와 이제껏 참고 있던 눈물과 감정의 흐름 때문에, 때로는 의식적이고 때로는 무의식적인 허영심의 희극을 벌인다. 임종을 맞이한 모든 사람에게 이 엄숙함은, 불행하고 천대받아 온 많은 사람들에게 분명 그 일생을 통해 가장 우아한 기쁨이, 이제껏 참아 왔던 많은 궁핍에 대한 하나의 손해 배상이며 박탈에 대한 할부금 지불이 될 것이다.

89

인습과 그에 따른 희생—인습의 기원은 '단체는 개인보다 더욱 가치 있다'라는 사상과, '영속적인 이익은 일시적인 이익에 앞서야 한다'는 두 가지 사상에 다다른다. 그리고 이것으로부터 단체의 영속적인 이익은 개인의 이익, 특히 그 순간적인 만족뿐만 아니라 개인의 영속적인 이익과 그 생명의 존속보다도 무조건 먼저여야 한다는 결론이 나온다. 그렇게 되면 전체에게 이익을 가져다 줄 어떤 제도로 인해서 개인이 괴로움을 당하든 그가 그 때문에 위축되고 그 때문에 파멸하든 풍습은 유지되어야 하고 희생이 일어나지 않으면 안 된다. 그러나 이러한 생각은 스스로 희생되는 일이 '없는' 사람들에게만 '성립'하는 것이다. 왜냐하면 희생자 쪽에서 보면 개인은 다수보다도 귀중한 것일 수 있기 때문이다. 동시에 '현재의 즐거움과 천국에 있는 이 순간'은[31] 어떻게든 참을 수 있는[32] 안락한 상태의 무기력한 지속보다도 더욱 높게 평가되어야 한다는 의견을 주장할 수 있게 하기 때문이다. 그러나 희생자의 철학은 언제나 너무나 늦게 외쳐진다. 그래서 그들은 언제까지나 풍습과 '윤리성'에 꽁꽁 묶인 채 있는 것이다. 한데 그것은 잡다한 풍습의 총괄 개념에 대한 감각일 뿐이며 사람들이 그 아래에서 살아왔고 교육받아왔을 따름이다. 그것도 개인으로서가 아니라 전체의 구성원으로서, 다수의 기호(記號)로서 교육받았다. 이렇게 해서 개인은 자신의 윤리성을 매개로 해서 끊임없이 자기 자신을 '다수화'하게 된다.

90

　　좋은 것과 거리낌 없는 양심—그대들은 모든 좋은 사물은 어느 시대에도 거리낌 없는 양심을 수반하고 있었다고 생각하는가? 그러나 학문, 즉 확실히 뭔가 아주 좋은 이것은 그러한 거리낌 없는 양심과 어떠한 감격 없이 세상에 나타났다. 오히려 남몰래 먼 길을 돌아 마치 범죄자처럼 복면을 하거나 가면을 쓰고, 적어도 언제나 밀수 상인의 '기분'을 지닌 채 들어왔던 것이다. 거리낌 없는 양심은 그 전제로서(그 반대로서가 아닌) 나쁜 양심을 가지고 있다. 왜냐하면 모든 좋은 것이 전에는 새로운 것, 따라서 보편적이 아닌 것, 관습을 거부하는 것, '비윤리적'인 것이었기 때문이며, 행복한 발명자의 마음속을 구더기처럼 갉아먹는 것이었기 때문이다.

---

31) 실러의 희곡 《돈 카를로스》 제1막 5장에서 주인공 카를로스가 사랑하는 왕비에게 보내는 대사.
32) 크뢰너 전집판 및 슐레히타 판에서는 "괴로움이 없는"으로 되어 있다.

91

성공은 동기를 신성하게 한다—추진력이 되는 동기가 이기주의(효용, 개인적인 만족, 공포, 건강, 평판, 명성에 대한 고려) 외의 그 어떤 것도 아님을 확실히 알게 될 때에도, 미덕에 이르는 길을 꺼려서는 안 된다. 이러한 동기들은 비속하고 이기적인 것으로 불린다. 좋다. 하지만 그것이 우리를 어떤 미덕으로, 예를 들어 체념, 의무에의 충실, 질서, 절약, 절도, 중용의 길로 나아가도록 고무한다면, 그것이 어떤 수식어로 불리든 우리는 그 동기에 따르는 것이 좋을 것이다. 즉 그것이 촉구하는 목표가 일단 이루어지면 '달성된' 미덕은 신선한 공기를 들이마시게 하고 심리적으로 쾌감을 줌으로써 우리 행동의 뒤에 있는 여러 동기를 계속 '고귀하게' 만들어간다. 그리고 우리가 나중에 같은 행위를 행할 때는, 이미 우리를 재촉했던 것과 같은 볼품없는 동기로 행동하지 않게 된다. 그래서 교육은 학생의 본성에 따라서 가능한 한 미덕을 '강요'해야 한다. 그렇게 하면 나중에는 그 미덕 자체가 마음을 따뜻하게 하고 밝게 해주는 여름철의 공기로서 자기 일을 다하고, 성숙과 감미로움을 선사해 주리라.

92

그리스도교도이지만 그리스도적이진 않다—말하자면 이것이 그대들의 그리스도교이리라! 그대들은 결국 인간을 '화나게 하기' 위해 '신과 그 성도들'을 찬미한다. 그대들은 인간을 '찬미'하려고 할 때에도, 신과 성도들이 화 내지 않을 수 없을 만큼 극단적으로 찬미한다. 즉 그대들에게는 그리스도적인 마음의 예의가 결여되어 있으므로, 적어도 그대들이 그리스도적인 태도만이라도 배웠으면 하고 바랄 뿐이다.[33]

93

신앙이 있는 자와 없는 자의 인상을 자연에 비유해서—완전한 신앙인은 우리에게 존경의 대상이 될 것임에 틀림없다. 하지만 완전히 가식이 없는 투철한

---

33) 그리스도교도(Christenthümler)와 그리스도적(Christen)인 것을 구별, 니체가 비판하고, 공격하는 그리스도교는 근대의 인간 유형과 교회 세력에 결부된 역사적, 세속 정치적 현상으로서의 그것이며, 초기 그리스도교 시대의 그리스도적인 생활은 아니다.

비신앙인도 실은 신앙인과 같은 존경심을 갖게 한다. 후자와 같은 종류의 사람 곁에 있을 때 마치 힘찬 강물의 발원지가 있는 높은 산 가까이에 있는 듯한 인상을 받는다면, 신앙인 곁에 있는 것은 생기 있고 평화로운 나무의 넓은 그늘 아래 있는 듯한 느낌을 준다.

94

죄 없는 사람의 사형—세계사에서 두 가지 가장 엄청난 무고한 사형은[34] 단적으로 말해 위장된 자살과 아주 잘 위장된 자살이다. 두 경우 모두, 실은 죽는 것이 '의도되어 있었다'. 즉 두 경우 모두 인간적인 불공정의 손으로 자기 가슴에 칼을 찌르게 했던 것이다.

95

'사랑'—그리스도교가 다른 여러 종교들보다 앞서는 가장 세련된 기교는 단 한마디의 단어이다. 즉 그리스도교가 말한 '사랑'이란 단어다. 이 말로 인해서 그리스도교는 '서정적'인 종교가 되었다(반면에 셈족의 정신은 다른 두 가지[35] 창조를 통해 영웅적·서사적 종교를 세상에 선물했다). 사랑이라는 말 가운데는 무언가 아주 애매한 것, 자극적인 것, 기억과 희망에 호소하는 것이 있어서, 누구보다 저능한 지능과 냉정한 마음을 지닌 사람이라 할지라도 이 말의 희미한 빛만은 느낄 수 있을 정도다. 가장 빈틈 없는 여인과 가장 저속한 남자도 사랑이란 말 한마디로 이제까지 자기들의 생애 가운데 그 어느 때보다 이기적이지 않았던 순간을 생각한다. 에로스가 그들에게 이제껏 저속한 도약만을 하게 했다고 하더라도. 그리고 부모와 자식들, 또는 여인으로부터 사랑'받지 못해 쓸쓸해하는' 많은 사람들, 특히 승화된 성욕을 지닌 사람들은 그리스도교 속에서 그들이 구하는 것을 발견했다.

96

성취된 그리스도교—그리스도교 안에도 어떤 에피쿠로스적인 신념이 존재

---

34) 소크라테스와 그리스도의 경우를 뜻함.

35) 유대교와 이슬람교.

한다. 그것은 신이 자기의 창조물이며 닮은 꼴인 사람에 대해서 요구할 수 있는 것은 사람에게 실현 '가능한' 것들뿐이며 따라서 그리스도교의 덕과 완전성은 이룩할 수 있고 흔히 이루어지고 있다는 사상에서 나온다. 예를 들면 자기의 원수를 '사랑한다'는 '신앙'은(그것이 한낱 믿음과 상상에 지나지 않으며, 심리적 현실, 즉 사랑이 아니라 하더라도) 그것을 참되게 믿고 있는 한 무조건 사람을 '행복'하게 해준다(왜 그럴까? 그 이유에 대해서는 물론, 심리학자와 그리스도교도는 서로 다르게 생각할 것이다). 그리하여 '너의 원수를 사랑하라'는 요구뿐만 아니라, 그 밖의 모든 그리스도교의 요구를 채우는 신앙과, '하늘에 계신 너희 아버지의 온전하심과 같이 너희도 온전하라'[36]는 요구에 따라, 신의 완전성을 정말로 몸에 지니는 신앙(내 생각으로는 공상이지만)에 따라서 '지상의 삶'은 실제로 '축복받은 삶'이 된다. 즉 착오가 그리스도의 '약속'을 진리로 만들 수 있다는 것이다.

97

그리스도교의 미래에 대하여—그리스도교의 소멸에 대해서, 또한 그리스도교는 어떤 지방에서 가장 천천히 쇠퇴할 것인가 하는 것에 대해서는, 프로테스탄티즘이 어떤 '이유'에서 그리고 '어디'에서 그토록 맹렬하게 뻗어나갔는가를 살펴보면 짐작할 수 있다.

잘 알려진 바와 같이 프로테스탄티즘은 옛날 교회가 이루어 온 모든 것을 훨씬 쉽게 즉 돈이 드는 장례식, 순례, 사제의 사치 없이 이룩할 것을 약속했다. 프로테스탄티즘은 남방의 국민들처럼 그토록 심하게는 교회의 낡은 상징주의와 형식적 취미에 얽매이지 않았던 북방 국민들 사이에서 특히 많이 전파되었다. 남방에서는 실제로 그리스도교 안에서 매우 강력한 종교적 이단이 그대로 이어져 온 데 비해, 북방에서 그리스도교는 그 오랜 토착의 것과의 대립과 결렬을 뜻했기 때문에 처음부터 감각적이라기보다는 오히려 사상적이었다. 그리고 그 때문에 위급할 때는 한결 광신적이고 도전적이었다.

'사상'에서부터 그리스도교를 뿌리째 뽑아버리는 일에 성공한다면, 그것이 어디서부터 소멸되기 시작하는가는 손바닥을 들여다보는 것처럼 뻔한 일이다. 즉

---

36) 〈마태복음〉 제5장 48절.

그리스도교가 가장 완강하게 저항할 곳에서부터다. 다른 곳에서는 그리스도교가 구부러지기는 하겠지만 결코 꺾이지는 않을 것이다. 잎이 떨어져도 다시 새로운 잎이 싹틀 것이다. 왜냐하면 그리스도교 편을 들어 왔던 것은 사상이 아니라 '감각'이기 때문이다. 그러나 교회가 아무리 돈이 많이 드는 것이라 해도 노동과 보수의 엄격한 관계에 기초한 것보다는 힘이 덜 들고 편하다는 신념을 길러주는 것도 감각이다. 왜냐하면 일단 이러한 것에 적응하고 나면, 사람들은 그 여유(혹은 절반은 나태)를 얼마나 가치있는 것으로 여길 것인가! 감각은 그리스도교가 없어진 세계에 대해서 다음과 같이 항의한다. '여기서의 일은 너무 고되고 얻어지는 안락은 너무나도 적다'고. 즉 감각은 마술의 편을 든다. 오히려 신으로 하여금 자기를 위해 일하게 만드는 것이다. '우리는 기도 드리리. 그러면 신도 일하리라!'(oremus nos, deus laborabit)[37]

98

비신앙인의 연극과 정직 — 모든 사람에게 때때로 보탬이 되는 것을('자기의 진실'을 끝까지 믿고 지켜볼 때의 열광적이며, 희생과 죽음의 각오가 되어 있는 진지한 행복감을) 그리스도에 대해서 말하는 책만큼 풍부하게 담고 있으면서도 진실성 있게 표현하는 책은 없다. 지혜로운 사람이라면, 그 책에서 무엇을 통해 한 권의 책이 세계적인 책이 되고 만인의 친구가 되었는지 배울 수 있을 것이다. 즉 모든 것을 다가오는 것과 불확실한 것으로 주장하지 않고 이미 발견된 것으로 주장하는 저 대가적 수법을 배울 수 있는 것이다. 영향력 있는 책은 모두가, 하나의 유사한 인상, 즉 마치 여기에는 정신과 영혼의 넓은 지평선이 그어져 있어서 현재와 미래에 나타날 모든 별들은 이곳을 밝게 비추는 태양[38] 주위를 돌지 않으면 안 되는 듯한 인상을 남기려고 시도한다. 그러면 이러한 책들을 영향력 있게 해 주는 것과 같은 이유에서 모든 '순수하게 학문적인' 책은 영향력이 적을 수밖에 없는 것이 아닐까? 그것은 천박하게 그리고 천박한 사람들 틈에서 살다가 마지막에는 십자가에 못박혀 두 번 다시 살아나지 못하도록 선고받은

---

37) 크뢰너 전집판 및 슐레히타 판에서는 'oremus nos, deus laboret'로 되어 있다. laborabit는 미래, laboret는 가능법 현재.

38) 크뢰너 전집판 및 슐레히타 판에서는 '미래에 보이는 성전', '빛나는 태양'으로 되어 있다.

것이 아닐까? 종교인들이 자신들의 '지식'과 '성스러운' 정신에 대해서 선고하는 것과 비교하면, 학문에 충실한 사람들은 '마음이 가난한 자'가 아닐까? 도대체 어떤 종교가 학문보다 더 많은 체념을 요구하고, 한결 더 가차 없이 자기 속에서 이기적인 자를 끌어낼 수 있을까? 신앙인들 앞에서 우리를 변호해야 할 때, '우리'는 이런 식으로 아무튼 얼마쯤 연극적인 말투로 이야기하게 될 것이다. 왜냐하면 조금의 연극적 기분 없이는 자기를 변호할 수 없기 때문이다. 그러나 우리끼리는 보다 정직하게 대화해야 한다. 즉 우리는 저 신앙인들이 자신들의 이익 때문에 일반적으로 이해할 수 없는 자유를 행사하고 있다. 그러니 체념의 모자를 벗어라! 겸손한 표정을 버려라! 좀더 많이 그리고 좀더 좋게. 우리의 진리는 이렇게 울려 퍼진다! 만약 학문이 인식의 '기쁨'과 인식된 것의 효용에 연결되어 있지 않다면 우리에게 학문이 무슨 의미가 있단 말인가? 만일 얼마쯤의 신앙과 사랑과 희망이 우리의 마음을 인식으로 이끌지 않는다면, 도대체 그 밖의 무엇이 우리를 학문으로 가까이 끌어갈 수 있단 말인가? 확실히 학문 안에서 자아라는 것이 아무 의미도 갖고 있지 않다고 하더라도 발명하는 지혜로 충만한 행복한 자아, 뿐만 아니라 성실하고 근면한 자아이기만 하면 그것만으로도 학문인의 공화국[39]에서는 매우 큰 의미를 갖는다. 존경을 바치는 사람들의 존경, 우리가 호의를 보내거나 우리가 존경하는 사람들의 기쁨, 때에 따라서는 명성과 적당한 인격의 불멸성은 '학문이라는' 저 비인격적인 행위에 걸맞는 포상[40]인 것이다. 그러나 '그들이 하는 일'이 성공할 가능성과 현실적인 보잘것없는 보수에 대해서는 여기서 언급하지 않기로 하자. 오로지 그러한 가능성과 보수 때문에 대부분의 사람들은 저 학문의 공화국의 법칙과 학문 일반의 법칙에 충성을 맹세해 왔고, 여전히 끊임없이 맹세하곤 하는 것이다. 만약 우리가 어느 정도 '비학문적'인 사람에 머무르지 않는다면, 도대체 학문은 우리에게 어떤 의미를 가질 수 있단 말인가! 통틀어 말하면, 아니 솔직하고 완전하게 잘라 말한다면, '만약 순수하게 인식하는 사람이 존재한다면, 그런 사람에게 인식 따위는 아무래도 상관 없는 것이리라'. 경건한 신앙인들과 우리를 구별하는 것은 신앙과 경건함의 질이 아니라 양이다. 즉 우리는 보다 작은 것에 만족하지만 신앙

---

39) 이 개념은 클롭슈토크의 저서 《독일 학자 공화국》의 책 이름에 의거한 듯함.
40) 크뢰너 전집판 및 슐레히타 판에서는 '손에 넣을 수 있는 포상'으로 되어 있다.

인들은 우리에게 "그렇다면 너희들은 마음껏 만족하라. 또 만족한 체하라!" 이렇게 소리를 지를 것이다. 그때 우리는 재빨리 다음과 같이 말해 주면 된다. "확실히 우리는 가장 불만스러운 사람들에 속하지는 않다. 하지만 그대들의 신앙이 그대들을 행복하게 해 준다면, 그대들도 행복한 체하라! 그러나 언제나 우리의 논증보다도 그대들의 신앙에 해로웠던 것은 바로 그대들 얼굴이었다! 만일 그대들의 성서 안에 피어 있는 그 복음의 기쁨이 그대들 얼굴에도 피어 있다면, 아마도 그대들은 성서의 권위에 대한 신앙을 그토록 고집스럽게 요구할 필요는 없었으리라. 즉 그대들의 말[41]과 그대들의 행동이 언제나 성서를 필요없게 하고, 새로운 성서는 끊임없이 그대들을 통해서 생겨날 것이다! 그러므로 그대들이 이제까지 행해 온 그리스도교를 위한 모든 변호는 그대들의 비그리스도교 정신을 바탕으로 한다. 즉 그대들은 그대들이 행하는 변호로써 자신의 고발장을 쓰고 있는 것이다. 하지만 만일 그대들이 그 보잘것없는 그리스도교에서 뛰쳐나오기를 원한다면, 2천 년에 걸친 이 경험을 잘 살펴보고 반성해 주기 바란다. 이 경험을 겸손한 의문문으로 묶어서 표현하면 다음과 같다. '그리스도가 정말로 이 세상을 도우려고 했다면, 그는 그 일에 실패한 것이 아닐까?'"

99

미래를 위한 길잡이로서의 시인—삶의 형성에 소비되지 않는 풍요로운 시적인 힘이 오늘도 현대의 사람들 사이에 존재한다면, 그 힘은 모두 남김없이 '하나'의 목표를 위해 바쳐져야 할 것이다. 즉 현대의 묘사라든가 과거의 되살림이나 응축을 위해서가 아니라, 다가올 날을 위한 길잡이가 되기 위해 바쳐져야 할 것이다. 그런데 이것은 시인이 마치 공상적인 국민 경제학자처럼 국민과 사회의 좀더 알맞은 상황과 그 실현법을 예측하여 그림으로 그려 보이는 것과 같은 그런 의미는 아니다. 오히려 시인은 이제까지의 예술가들이 신들의 상을 창작해 온 것처럼, 아름다운 인간상을 '창작하는 일을 계속할' 것이다. 그리고 현대 세계와 현실의 '한복판'에서도 이 현실에 대한 모든 인위적인 방어와 회피 없이, 아름답고 위대한 영혼의 탄생이 가능할 만한 경우와 이 아름답고 위대한

---

41) 슐레히타 판에서는 '그대들의 일'로 되어 있다.

영혼이 오늘날에도 여전히 조화와 균형을 이룬 상태를 취할 수 있고, 이것으로써 눈으로 볼 수 있으며 지속적인 본보기가 되고, 모방이나 시기심을 자극함으로써 미래의 창조를 위해 도움이 될 만한 경우를 냄새 맡으리라. 그리고 이러한 시인들이 만들어 내는 작품은 모든 '정열'의 공기와 열기로부터 격리되고 보호된 채 나타날 것이다. 따라서 다시는 회복될 수 없는 실책, 전체 인간의 현악 연주의 붕괴, 비웃음과 이를 가는 일 그리고 낡고 관용적인 의미로서의 모든 비극적인 것과 희극적인 것은 이 새로운 예술과 비교하면 인간상을 쓸데없이 거칠고 상스럽게 만드는 것으로 느껴질 것이다. 여러 인물과 그 행동 속에 있는 힘, 호의, 부드러움, 청순함 또는 뜻하지 않은 타고난 절도, 발 아래 안식과 즐거움을 안겨 주는 평탄한 대지, 얼굴과 지상의 만물을 비춰 주는 빛나는 하늘, 새로운 통일로 합류하는 지식과 예술, 불손함과 시기심 없이 자기 자매인 영혼과 함께 사는 정신, 그리고 모순적인 것 가운데서 초조한 분열이 아니라 우아한 엄숙을 끌어내는 정신. 이 모든 것은 포괄적이고 보편적인 황금빛 바탕이 되어, 이제 비로소 여러 구체화된 이상의 미묘한 차이를 살린 참다운 '그림'이, 즉 끊임없이 성장해 가는 존엄을 나타낸 그림이 그 위에 펼쳐지게 될 것이다. 괴테로부터 시작해 미래의 시로 나아가는 길이 여러 개 있다. 그러나 훌륭한 개척자가 필요하다. 더욱이 짐승이나 다를 바 없는 힘과 자연으로 뒤섞인 미숙 또는 방종을 무턱대고 그리는 오늘날 시인들이 지닌 것보다도 한결 큰 힘을 가진 시인이 필요하다.

100

펜테질레아(Penthesilea)로서의 뮤즈—'유혹하지' 못하는 여인이기보다는 차라리 죽어 없어지는 편이[42] 낫다. 뮤즈가 무엇보다 먼저 이런 사고방식을 갖게 되면 그녀의 예술은 또다시 종말이 가까워진다. 그러나 그것은 비극적인 종말일 수도, 희극적인 종말일 수도 있다.

---

42) 클라이스트의 희곡 〈펜테질레아〉 제9장에서의 펜테질레아의 대사. 펜테질레아는 그리스 전설에 나오는 용감한 여인족 아마존(Amazone)의 여왕으로서, 트로이 공격 중에 그리스군을 습격한 그녀는 그리스의 대장 아킬레우스를 사랑하게 되어 그 맹목적인 정열 때문에 파멸한다. 니체는 여기서 사랑을 '매혹'시키는 일에 관계되는 예술의 몰락으로 말하고 있다.

101

아름다움으로 가는 우회로—아름다움이 사람들에게 기쁨을 주는 것으로 비유된다면(사실 뮤즈들은 전에 그렇게 노래 불렀다) 쓸모 있는 것은 흔히 '아름다움'에 이르는 불가피한 우회이며, 기다릴 줄 모르고 모든 좋은 것을 한번에 얻고자 하는 순간적인 사람들의 근시안적인 비난은 마땅히 밀어낼 수 있다.

많은 죄의 변명을 위하여—예술가가 쉴 새 없는 창작 의욕에 사로잡혀 자기 바깥만 주시한다면, 그는 도저히 인간적으로 더욱 아름답고 한결 훌륭해지는 일, 즉 '자기 자신을' 창조해 내는 일은 할 수 없다. 물론 타인과의 생활에서도 작품의 아름다움과 위대함의 성장에 언제나 알맞게 자기 인격도 성장해가고 있다는 것을 내세우지 않고는 못 견딜 만큼 명예심이 크다면 이야기는 다르다. 그러나 결국 그가 가진 역량에는 일정한 한도가 있다. 그가 이 한정된 능력을 '자기' 성장을 위해 쓴다면, 어떻게 이것이 그의 '작품'의 성장에 이바지할 수 있을까? 그리고 반대의 경우에도 이와 마찬가지다.

103

가장 뛰어난 사람들을 만족시킨다—자신의 예술로 '그 시대의 가장 빼어난 사람들을 만족시켰다'면, 그것은 그 예술이 다음 세대의 가장 우수한 사람들을 '결코 만족시키지 못할' 것이라는 증거다. 물론 '사람들은 모든 시대에 걸쳐[43] 살아왔다'. 가장 우수한 사람들의 갈채가 명성을 보장할 수는 있다.[44]

같은 소재로부터—어떤 책이나 어떤 예술 작품 속에서 자기 것과 같은 소재

---

43) 실러의 희곡 《발렌슈타인》의 프롤로그 48, 49행 "왜냐하면 그 시대의 가장 뛰어난 사람들을 만족시킨 자는 만대에 걸쳐 살았기 때문에"를 냉소적으로 인용한 것.

44) '보장하다(sichern)'란 보통은 '확실하게 한다', '안전하게 한다'라는 뜻이지만 여기서는 '자물쇠를 채운다', '안전 장치를 건다'라는 뜻으로서, 따라서 '고정적인 것으로 만들어 버린다'는 것을 뜻하리라.

를 발견하는 사람은, 마음속으로 이 작품은 걸작임에 틀림없다고 생각한다. 그리고 다른 사람이 이것을 형편없다든가 군더더기가 지나치다든가 지나치게 과장이 심하다고 말하거나 헐뜯으면, 기분이 언짢아진다.

105

언어와 감정—언어가 '감정'의 전달을 위해 우리에게 주어진 것이 아니라는 사실은, 평범한 사람들이라면 누구나 자신의 깊은 감동을 표현하기 위한 언어를 찾는 일을 부끄럽게 여기는 것을 보아도 알 수 있다. 그와 같은 감동의 전달은 행동 속에서만 드러날 수 있다. 그리고 이 경우에도 다른 사람이 그들의 행동의 동기를 헤아리고 있다고 생각될 때 그들은 얼굴을 붉힌다. 일반적으로 신이 이러한 수치심을 내려주지 않았던 시인들 가운데서도 보다 고귀한 시인들은 감정의 언어에서는 과묵하며 어떤 자제심을 보여 준다. 이와 달리 진정한 감정 시인들은 실제 생활에서도 거의 부끄러워할 줄 모른다.

106

결핍감에 대한 착각—오랫동안 예술과 오롯이 인연을 끊지 않고서도, 예술 속에서 언제나 안도감을 느끼는 사람은, 예술 없는 삶을 살아도 '얼마나 조금만' 결핍감을 느낄 것인지를 결코 이해할 수 없다.

107

4분의 3의 힘—작품이 건강한 인상을 주려면, 기껏해야 그 작가가 가진 역량의 4분의 3만 보여주면 된다. 반대로 작가가 지닌 모든 역량을 기울여 만들었을 경우, 그 작품은 그것을 대하는 사람을 흥분시키고 과도한 긴장감으로 보는 사람을 불안하게 만든다. 그러므로 모든 뛰어난 작품은 어딘가 여유를 지녔으며 초원의 암소처럼 한가로이 누워 있다.

108

배고픈 손님은 사절한다—배고픈 사람에게는 아주 훌륭한 식사조차 가장 형편없는 식사와 같다. 따라서 까다로운 예술가는 배고픈 사람을 식사에 초대하려고 하지는 않는다.

109

예술과 술 없이 산다는 것―예술 작품과 술은 서로 비슷한 상황에 있다. 즉 둘 중 어느 것이 없더라도 결핍을 느끼지 않고 언제나 가급적 물에 의존해서 지내면서, 그 물을 영혼 내부의 불과 감미로움으로써 늘 저절로 술로 변하도록 하는 것이 더 낫다.

110

표절의 천재―예술 세계에서 섬세한 정신을 지닌 사람까지도 속일 수 있는 기술을 익힌 표절의 천재는, 어렸을 때부터 법률로써 어떤 사람의 재산으로 보호되지 않은 모든 뛰어난 것을 거리낌 없이 손에 넣을 수 있는 수확물로 여기는 경우에 생긴다. 그런데 지나간 시대와 거장들의 모든 훌륭한 작품은 법률의 보호 없이 내버려져, 그 사실을 아는 몇몇 사람들의 존경심으로 둘러싸여 보호받을 뿐이다. 한편 부끄러워할 줄 모르는 저 천재는 이들 몇몇 사람들을 무시하고 재산을 쌓아올린다. 그리고 이 재산 자체가 또 존경심을 낳는다.

111

대도시 시인들에게―오늘날 시의 정원을 보면 대도시의 하수구가 너무 그곳에 가까이 있음을 알 수 있다. 즉 꽃 향기 가운데 구토와 부패를 드러내는 것이 뒤섞인 것이다. 애처로운 마음으로 나는 물어본다. 시인들이여, 그대들은 무언가 티 없는 아름다운 감정에 그대들이 세례를 줄 때 언제나 대부에게 기지와 불결함을 부탁해야만 한단 말인가? 그대들은 그대들의 고귀한 여신에게 아무래도 광대와 악마의 모자를 씌우지 않고서는 견딜 수 없단 말인가? 그러나 이런 필요와 이런 당위는 도대체 어디에서 오는 것일까? 그것은 다른 데서 오지 않는다. 그대들이 너무도 하수구 가까이에 살고 있기 때문이다.

112

화술의 소금에 대해서―아직까지 누구도 밝혀내지 못했지만, 왜 그리스의

저술가들은 그들에게 허용된 엄청나게 충실하고 힘찬 표현 수단을 그토록 극
단적으로 절약해서 사용했는가? 그래서 그리스 시대 이후의 책은 모두 반대로
천박하고 어수선하고 유별나게 보이는 것일까? 북극 얼음에 가까이 감에 따라
마치 열대 지방 나라처럼 소금 사용이 줄어들고, 반대로 온대 지방의 평원과
해안 주민들은 아주 풍족하게 소금을 쓴다는 말을 들은 적이 있다. 그리스 사
람들은 두 가지 이유로, 즉 그들의 지성은 우리의 지성보다도 한결 냉철하고 명
석하긴 했지만, 그들의 정열적인 본성은 우리의 그것보다도 한결 열대적이었기
때문에 우리만큼 소금과 양념이 필요하지 않았던 것일까?

113

가장 자유로운 저술가―괴테가 그 시대의 가장 자유로운 정신으로 존경한
로렌스 스턴[45]을 어찌 자유정신을 위한 이 책에 언급하지 않을 수 있겠는가! 그
는 모든 시대를 통해 가장 자유로웠던 저술가로 불리는 명예로 만족해 주기 바
란다. 그와 비교하면 다른 저술가들은 딱딱하고 모나고 속이 좁으며 촌스러워
보인다.

그에게 칭찬할 만한 점은 완결된 뚜렷한 선율이 아니라, '무한 선율(無限旋
律)'[46]이리라. 명확한 형식이 끊임없이 부서지고 밀려나며 불확실한 것으로 옮
겨지고, 그 결과 그것이 동시에 이중의 의미를 갖게 되는 예술 양식에 주어지
는 명칭으로써의 '무한 선율'이다. 스턴은 이러한 '애매성'[47]의 거장이다. 성적인
관계를 연상할 때 일반적으로 해석되는 것보다 마땅히 훨씬 넓은 뜻으로 해석
된 애매성의 거장이다. 어떤 일에 대해서 스턴은 도대체 무엇을 생각하고 있는
가, 그는 그 일로 진지한 얼굴을 하고 있는가, 아니면 미소짓는 얼굴인가를 독자
가 정확하게 알려고 해도 언제나 실패하게 된다. 왜냐하면 스턴은 자신의 얼굴

---

45) 괴테는 스턴을 '그 세기의 가장 자유스런 정신'이라 했다. 예컨대 《격언과 반성》에 이런 서술
    이 보인다. "스턴은 전에 활약한 가장 아름다운 정신이었다. 그를 읽는 자는 곧 자기를 자유로
    이 또 아름답게 느낀다. 그의 해학은 비길 데 없다. 그리고 어떤 해학도 사람의 마음을 자유
    롭게 한다고는 할 수 없는 것이다."
46) '무한 선율'이란 명확한 단락이 없는 무한한 계속감을 주는 선율로서 바그너가 그의 악극에
    서 쓴 가창 선율에 붙인 호칭.
47) '애매성'이란 말은 '의심스럽다'든가 '아슬아슬하다'라는 성적인 뜻을 지니고 있다.

에 생긴 하나의 주름살 속에 이 두 가지 표정을 나타내는 기술을 터득하고 있기 때문이다. 이처럼 그는 정당한 것과 부당한 것, 그윽한 사고와 유머를 얽는 기술을 터득하고 있었고, 또 그것을 의도하기까지 한다. 그가 이야기에서 벗어나는 것은 동시에 이야기의 이어짐이고 전개인 것이다. 그의 금언은 동시에 모든 격언조인 것에 대한 반어를 담고 있으며, 진지한 것에 대한 그의 혐오는 어떤 것이든 다만 얕고 피상적으로만 받아들일 수 없다는 그의 성향과 연결되어 있다. 따라서 그의 올바른 독자는 자기가 걷고 있는지, 서 있는지 또는 누워 있는지에 대한 확실치 않은 느낌, 이른바 떠돌아다니는 듯한 느낌에 가장 가까운 생각을 품게 된다. 가장 유연한 작가인 스턴은 그의 독자들에게도 이 유연성을 어느 정도 나누어 준다.

그뿐만 아니라 스턴은 역할을 갑자기 바꾸어, 작가인 동시에 독자가 되기도 한다. 그의 책은 극중 극, 다른 관객을 바라보는 관객과 같다. 사람들은 스턴식의 변덕스러움에 무조건 굴복해 그것에 몸을 내맡기지 않을 수 없게 된다. 그리고 이 변덕은 너그럽고, 언제나 관대하리라고 기대해도 좋으리라.

디드로 같은 대작가가 스턴의 이와 같은 일반적인 애매성에 대해서 취한 태도는 기발하면서도 매우 교훈적이다. 즉 마찬가지로 애매한, 바로 진짜 스턴식의 극단적인 유머다. 디드로는 자신의 작품 《운명론자 자크》[48]에서 스턴을 모방하고 찬미하고 조롱하고 야유한 것인가? 우리는 그것을 확실히 알 수 없다. 그리고 이러한 점이야말로 작자가 의도했던 일이었을 것이다. 바로 이 의혹이 프랑스인들로 하여금 그들 최초의 거장 중의 한 사람(고금의 어떤 거장 앞에서도 부끄러워할 필요가 없는)의 작품을 '부당하게' 다루도록 한 것이다.

프랑스인들은 참으로 유머에 대해서 그리고 특히 유머를 유머러스하게 받아들이는 데 대해 너무 진지하다. 그런데 스턴이 모든 위대한 저술가 중에 가장 나쁜 표본이고 모범으로 삼아서는 안 될 작가라는 점과 디드로조차도 자신 모험을 후회해야 했던 일을 굳이 덧붙일 필요가 있을까?

선량한 프랑스인들과 그들 이전의 몇몇 그리스인들이 산문가로서 바랐고 또한 할 수 있었던 것은, 스턴이 바라고 또 할 수 있었던 것과 정반대이다. 즉 거장

---

48) 디드로의 《운명론자 자크와 그의 주인》은 로렌스 스턴의 《트리스트럼 샌디》를 바탕으로 해서 쓰여진 것.

적 예외자로서 스턴은 모든 문장 예술가가 자기 자신에게 구하는 것, 예를 들면 훈련, 완결성, 성격, 의도의 일관성, 전망 가능성, 단순함, 걸음걸이와 몸짓의 균형을 뛰어넘었던 것이다.

유감스러운 일은 인간 스턴이 작가로서의 스턴과 지나치게 비슷했다는 것이다. 그의 다람쥐 같은 영혼은 끊임없이 안절부절못하고 이 가지에서 저 가지로 뛰어다녔다. 숭고함과 비천함 사이에 존재하는 것이면 그는 무엇이든지 알고 있었다. 그는 언제나 뻔뻔스러운 눈물이 글썽한 눈초리와 감상적인 몸짓을 하면서 어느 곳에서나 앉아 있었다. 만약에 언어가 이와 같은 비교를 두려워하지 않는다면, 그는 어떤 냉혹하면서도 친절한 마음의 소유자였고 바로크적(이그러지고 복잡한)일 뿐만 아니라 퇴폐적인 상상력을 즐기면서 거의 티 없는 내성적인 우아함이라고도 할 수 있는 것을 지니고 있었다. 이러한 육체적·정신적 애매함, 육체의 모든 조직과 근육 속까지 스며든 자유정신,[49] 그가 지니고 있던 이와 같은 특성들은 아마도 스턴 말고는 아무도 지닌 적이 없었으리라.

114

선택된 현실—훌륭한 산문 작가는 일상 용어에 속하는 단어만을 가려 쓰지만 그렇다고 일상 용어의 모든 단어를 다루지는 않는다. 그렇기 때문에 선택된 문체가 생기는 것이다. 이와 마찬가지로 미래의 훌륭한 시인은 '현실적인 것만'을 묘사하고 과거의 시인들이 힘을 기울였던 공상적이고 미신적인 것과 어설프게 성실한 것, 퇴색한 것들은 완전히 무시해 버린다. 그는 현실만을 고를 뿐이다. 그러나 어떤 현실이라도 다 택하는 것은 아니다! 선택된 현실을 택한다!

115

예술의 변종—참다운 종류의 예술, 즉 큰 안식과 큰 감동의 예술 곁에는 변종의 예술, 즉 안식만을 찾는 게으른 예술과 자극적인 예술이 있다. 이것은 둘 다 자신의 단점이 장점으로 진짜 예술로 혼동되기를 바란다.

---

49) 주 2에서와 같은 사조적인 뜻을 떠나, 스턴 개인에 있어서의 자유정신의 활동 경향(비판적이라는 뜻)을 가리킴.

116

오늘날 영웅에게는 색채가 없다—현재의 참된 시인과 예술가들은 빨강·초록·회색·황금빛이 아롱거리는 바탕, 즉 '신경질인 감성'의 바탕 위에 그림 그리기를 좋아한다. 이러한 신경질적인 감성에 대해서 지금 세기의 아이들은 잘 알고 있다. 그러한 그림을 이 세기의 눈으로 보지 '않을' 경우에 여기에는 단점이 있다. 그러한 그림이 그려내는 가장 위대한 인물들까지 뭔가 반짝거리는 것, 떨리는 것, 현기증을 일으키게 하는 것으로 보여 그들에게서 좀처럼 영웅적인 행위 따위는 기대할 수 없고 고작해야 영웅인 체하는, 자만하는 소행만 기대할 뿐이라는 것이다.

117

지나친 양식—예술에 있어서 과도한 양식은, 제작 수단과 의도를 너무 낭비함으로써 그것을 조직화하는 힘이 약해진 결과다. 예술의 출발점에는 이따금 이것과 정반대의 것이 보인다.

118

'아름다움은 소수의 것이다'(Pulchrum est paucorum hominum)—역사와 경험이 우리에게 알려 주는 바에 따르면, 공상을 신비롭게 자극해서 그것을 현실적이고 일상적인 것의 저쪽으로 옮겨 가는 그 의미심장한 '기괴함(아름다움)[50]'은 예술에서의 '아름다움'과 그 숭배보다도 더 '오래된' 것이며, 더욱 잘 성장해 가며 아름다움에 대한 감각이 흐려지면 곧 다시 넘쳐 흐르게 되는 것이다. 그것은 다수의, 또 대다수의 인간에게는 아름다움보다도 더욱 강한 욕구처럼 생각되게 마련인데, 그 이유는 아마도 그것이 더욱 볼품없는 마취제를 내포하고 있기 때문일 것이다.

119

예술 작품에 대한 취향의 원천—예술적 감각의 최초의 싹에 대해서 살펴

---

50) '기괴(미)'는 도취적 성격에 있어서 예술의 디오니소스적인 원리인 것에 대하여, '미'는 그 형식과 절도성에 있어 아폴로적인 원리다. 〈방랑자와 그 그림자〉의 아포리즘 96 참조.

보고, 예컨대 예술이 낳은 최초의 산물로써 어떠한 여러 기쁨이 미개인들 사이에 불러져왔을지 자문해 보면, 우리는 무엇보다도 먼저 타인이 무엇을 '생각하고 있는가'를 '이해할' 수 있다는 기쁨을 알게 된다. 이때 예술은 하나의 수수께끼와도 같은 것이며, 타인의 심중을 헤아리는 자기의 명민한 감각에 기쁨을 느끼게 하는 것이다. 따라서 사람들은 어떠한 볼품없는 예술 작품을 접하더라도 '전에' 자기가 경험했던 유쾌한 일들을 떠올리고 그 한도 내에서 기쁨을 느낀다. 예를 들면 예술가가 사냥·승리·혼례를 작품에 암시했을 때에 그렇다. 또한 복수와 위험을 예찬하는 작품일 경우, 묘사된 것이 사람들에게 흥분·감동·격앙을 느끼게 하는 일도 있다. 이럴 때 기쁨은 흥분 자체 속에, 권태에 대한 승리 속에 있다.

불쾌한 것들을 떠올리게 하는 것도 그것이 이미 극복되어 있는 한 또는 그것이 우리 자신을 예술의 대상으로 청중 앞에 재미있게 등장시키는 것인 한(예를 들면 성악가가 죽음을 두려워하지 않는 어느 한 뱃사람[51]이 겪는 온갖 재난을 묘사할 때처럼) 기쁨을 일으킬 수 있으며, 이 또한 예술에 귀속될 수 있다.

더욱 섬세한 종류의 기쁨은 선·점·리듬에서의 모든 규칙적이고 균형잡힌 요소를 볼 때 생기는 바로 그 기쁨을 말한다. 왜냐하면 이때 어떤 유사성으로 삶 가운데 모든 질서정연한 것, 규칙적인 것(이것만이 우리를 만족시켜 주는 것으로서 감사받아야 한다)에 대한 감각이 일깨워지기 때문이다. 따라서 사람들은 균형 잡힌 것을 숭배하면서 무의식적으로 자기들의 이제까지 행복의 원천으로서 규칙과 균형을 높이 평가한다. 여기서 기쁨은 하나의 감사 기도다. 이 마지막에 언급한 기쁨에 어떤 싫증을 느끼게 될 때 비로소 균형 잡힌 것과 규칙적인 것을 무너뜨리는 데에도 즐거움이 있을 수 있다는, 더욱 섬세한 감정이 생긴다. 예를 들면 비합리적으로 보이는 것 속에서 합리적인 것을 찾도록 자극하는 경우가 바로 그렇다. 이때 그것은 어떤 심미적인 수수께끼 풀이로서 처음에 이야기했던 더욱 고차적인 예술의 기쁨이 된다.

이와 같은 연구에 더욱 몰두하는 자는, 심미적인 여러 현상을 밝히는 데 있어 '어떤 종류의 가설'[52]이 원칙적으로 포기되는가를 알게 될 것이다.

---

51) 호메로스의 서사시 《오디세이아》의 주인공을 암시함.
52) 니체는 여기서 예술적 향수의 기원을 삶의 실질적인 내용에 대한 우리의 기쁨 속에서 발견

120

너무 가까이하지 말 것—좋은 착상이라 할지라도 그것이 너무 빨리 연속적으로 떠오른다면 그것은 오히려 좋은 생각에 해가 된다. 생각 사이에 서로의 전망이 없어지기 때문이다. 그래서 가장 위대한 예술가와 저술가들은 평범한 것을 풍부하게 사용해 왔다.

121

조야함과 약점—어느 시대의 예술가들도 '조야함', 즉 천하고 상스러움 속에 어떤 힘이 존재한다는 것, 그리고 그렇게 되기를 바라는 자 모두가 반드시 거칠고 상스럽게 되는 것은 아니라는 것을 발견했다. 마찬가지로 여러 '약점' 또한 사람의 감정에 강하게 호소한다는 사실을 발견했다. 여기에서 위대하고 가장 양심적인 예술가조차도 완전히 피하기 어려운 예술 수단의 대용물(가짜)이 적지 않게 나왔다.

122

기억력이 좋다는 것—오직 기억력이 너무 좋아서 사상가가 되지 못한 사람들이 많다.

123

굶주림을 가라앉히는 대신 굶주림을 마주한다—위대한 예술가들은 자신들의 예술로써 영혼을 완전히 소유하고 또 그것을 골고루 채워주었다고 망상한다.

그런데 실제로 흔히 그들을 쓰라리게 만드는 사실은, 그럼으로써 그 영혼은 더욱 커지고 더욱 넓어져 열 사람의 위대한 예술가가 깊이 뛰어들어도 좀처럼 배부르게 할 수 없을 정도로 되어 버렸다는 것이다.

하고 있고, '포기되어야'할 가설이란 예술 형식의 순수하고 직접적인 작용을 설립하는 예술론이다.

124

예술가들의 불안—'감상자들이' 자기 작품의 인물을 '살아 있는' 것으로 생각해 주지 않는 게 아닐까 하는 불안은, 취향이 낮아져만 가는 예술가로 하여금 그 작중 인물이 마치 '미치광이'와 같은 행동을 취하게 할는지도 모른다. 그러나 이와 같은 불안으로 그리스 최초의 예술가들은 죽어가는 자와 심한 부상을 입은 자들에게조차도 그 형상들의 가장 생생한 표정으로 알고 있던 미소를 띠게 하고 있다. 아직 살아있거나 임종을 앞두고 있을 때에 자연이 실제로 어떤 표정을 짓는가는 상관하지 않고.

125

원은 완성되어야만 한다—어떤 철학이나 예술 양식을 그 궤도 끝까지 쫓아가서 그 끝을 따라 돈 자는 왜 후세의 대가와 교사들이 이따금 경멸적인 표정을 지으며 그 궤도를 벗어나 새로운 궤도로 나아갔던가를 내적 체험으로 이해하게 된다. 원은 확실히 둥글게 그려져야 한다. 하지만 개개인은 가장 훌륭한 자까지도, 마치 원이 절대로 완성되어서는 안 되는 것처럼 고집스러운 얼굴로 원 둘레 위에 있는 자기의 점에 걸터앉고 마는 것이다.[53]

126

과거의 예술과 현대의 영혼—어느 예술이나 더 감동적이고 더 섬세하고 더 강렬하고 격정적인 여러 심리 상태를 나타내기 위해 차츰 기교가 늘어가고 있다. 이러한 표현 수단에 물든 후세의 대가들은 과거의 예술 작품을 보면 마치 옛날 사람들에게는 영혼으로 하여금 말하게 하는 수단과 어떤 이유에서인지는 모르지만 그러기 위한 기술적인 전제 조건이 한결같이 빠져 있었던 것처럼 불쾌함을 느끼게 된다. 그리고 그들은 자기들이 이것을 수정해야 한다고 생각한

---

53) 일반적으로 철학자와 예술가는 자기의 철학과 예술의 독자성을 고집하며, 역사는 거기에서 완성되고 자기가 종말점에 서 있는 듯 행세한다. 그리고 후세의 대가들은 선행자들의 이 개인적인 교만에 반발하여 자신의 새로운 궤도에 나서지만 결국 다시 자기의 종말점에 주저앉고 만다. 이 궤도의 연쇄는 '필연적으로' 원을 이루어, 역사의 진행이 개개 철학자와 예술가의 독자성을 삼켜 하나의 고리와 같은 과정을 이룬다는 표현.

다. 왜냐하면 그들은 모든 영혼의 동일성뿐만 아니라 단일성을 믿기 때문이다. 그러나 실제로 옛 대가들의 영혼은 보다 별난 영혼이었다. 아마도 '더 위대한' 그러나 더 냉정한 영혼, 그리고 매혹적이고 활기에 넘친 것을 여전히 싫어하는 영혼이었을 것이다. 즉 절도, 균형, 호감과 황홀한 기쁨을 주는 것에 대한 경멸, 무의식적인 매정함과 아침의 차가움과 마치 예술을 파멸시키는 원인이나 되는 듯 격정을 회피하는 태도, 이런 것들이 과거의 모든 대가들의 생각과 도덕성을 이룬다. 그리고 그들은 자신들의 표현 수단을 그러한 도덕성으로써 필연적으로 선택하고 영적으로 충만케 했던 것이다. 그러나 이러한 점이 뚜렷해졌다고 해서, 과거 사람들의 작품을 후대 사람들이 자신들의 영혼에 맞게 되살릴 권리가 거부되어야만 하는가? 그렇지 않다. 왜냐하면 우리가 그것에 우리 영혼을 부여함으로써만 과거의 작품은 여전히 살아 있을 수 있기 때문이다. '우리의' 피가 비로소 그것으로 하여금 '우리에게' 이야기하게 한다. 참으로 '역사적'인 낭독과 연주는 유령이 유령에게 이야기하는 것과 같다.

사람들이 과거의 위대한 예술가들을 존경하는 까닭은, 그의 모든 말이나 모든 악보를 그것이 제작된 본래의 위치대로 두려는 그 성과 없는 외경심에 있는 게 아니라, 오히려 그 예술가들에게 언제나 새로이 생명을 불어넣으려고 하는 능동적인 시도에 있다. 물론 만약 베토벤이 갑자기 다시 나타나고, 그의 작품 가운데 하나를 오늘날 대가의 연주에 명성을 제공하는 가장 현대적인 생기의 충만함과 섬세한 신경으로 그의 앞에서 연주한다고 가정하면, 그는 아마 저주의 손을 들어야 할지 또는 축복의 손을 들어야 할지를 망설이면서 오랫동안 침묵을 지킬 테지만, 마지막에는 아마 이렇게 말할 것이다.

"그런데, 이것은 내가 아니고 그렇다고 내가 아닌 것도 아니고, 무언가 제3의 것이네. 만약 이것이 '정당한 것'이 아니라 해도, 어딘가 정당한 듯한 곳도 있는 것 같아. 그러나 그대들이 하는 일은 그대들이 주의해주면 되겠지. 어쨌든 그것을 들어야 할 사람은 그대들이니까. 그리고 실러가 말하더군. '살아 있는 자가 옳은 것이다'[54]라고. 그러니 그대들이 권리를 '가진' 것이지. 그리고 나를 다시 땅 속으로 내려가게 해주게."

---

54) 실러의 〈친구에게〉라는 시의 일부분.

127

간결함을 비난하는 사람들에 반대해서―무엇인가 간결하게 이야기된 것은, 장기간에 걸친 많은 사색의 성과이고 수확일 수 있다. 그러나 이 분야에 익숙하지 못하고 아직까지 이 점을 깊이 생각한 적이 없는 독자는, 모든 간결하게 이야기된 것 속에서 무언가 태아와 같은 것을 발견하며 때로는 자기의 식탁에 그러한 미숙한 것만을 놓았다고 비난의 눈길을 그에게 보낸다.

근시안적인 사람들에 반대하여―어떤 것이 그대들에게 단편적으로 주어진다고 해서 또 그렇게 주어질 수밖에 없다고 해서, 도대체 그대들은 그것이 단편적이라고 생각하는가?

격언의 독자들―격언에 대한 가장 나쁜 독자는 그것을 만든 사람의 친구들이다. 즉 그들은 격언이 적용될 일반적인 경우를 무시하고 특수한 경우를 생각해내어 그것을 격언의 원천이라고 억측하기에 바쁜 친구들이다. 남의 항아리 속을 들여다보는 그런 행위를 통해서, 그들은 작자의 모든 노력을 엉망으로 만들어 버리기 때문에, 어떤 철학적인 기분이나 교훈 대신에 최선의 경우든 최악의 경우든 저속한 호기심의 만족밖에는 얻지 못한다.

독자의 무례―저자에 대한 독자의 이중의 무례는 저자의 첫 작품을 깎아내리면서 두 번째 작품을 칭찬하고(혹은 그 반대로 하면서) 저자가 자기에게 감사하기를 요구하는 데 있다.

예술의 역사에서의 가슴답답함―어떤 예술의 역사, 예를 들어 그리스 웅변술의 역사의 발자취를 더듬어 보면, 대가에서 대가로 그 역사를 쫓아감에 따라 그들이 더욱 사려가 깊어져 과거의 법칙과 새로 더해진 법칙 그리고 자기 구속에 과거의 법칙과 태도를 보고, 사람들은 마침내 가슴이 답답할 만큼 긴장감에 사로잡히고 만다. 사람들은 이 팽팽한 활은 마땅히 '부러져야만 하며' 아주 기이한 표현 수단으로 감싸여 가장된 모든 비유기적인 구성(웅변술의 경우에는 아시아적인 바로크 양식)[55]이 한때는 필연적인 것이었고 거의 '축복'이었다는 것을 이해한다.

132

예술의 대가들에게 ― 대가인 그대가 세상에 가져다 주는 것에 대한 열광은 많은 사람들의 오성의 기능을 '저해한다'. 이것을 알면 아마 사람들은 굴욕을 느낄 것이다. 그러나 그 열광자는 부담을 자랑과 기쁨으로 짊어지고 다닌다. 이 범위 안에서 그대는 그대를 통해 이 세상의 행복이 '더 많아졌다'는 위안을 얻는다.

133

미학적 양심이 없는 사람들 ― 어떤 예술적 당파의 참다운 광신자들은 예술론과 예술 능력의 기본에 한 번도 발을 들여놓은 적이 없으면서도, 예술의 모든 '기본적인' 효과에 아주 강하게 마음을 빼앗기고 있는, 전혀 비예술적인 소질을 지닌 사람들이다. 그들에게는 미학적 양심 따위는 존재하지 않는다. 따라서 그들을 만류할 수 있는 것도 없다.

134

새로운 음악에 따라서 영혼은 어떻게 움직이는가[56] ― 현대 음악이 오늘날 매우 강하게 그러나 불명료하게 '무한 선율'[57]이라 불리는 것을 통해 추구하는 예술적 의도는, 우리가 바닷속에 들어가면서 차츰 땅을 밟는 확실한 걸음걸이

---

55) 아시아 취미, 또는 아시아니즘은 그리스 웅변 양식으로, 그 시조는 기원전 3세기경 헤게시아스인데, 그는 형식에 치우친 수사학의 대표자로서 그 문장은 미사여구에 치우쳐 부자연스러웠다 함.

56) 이 아포리즘은 《니체 대 바그너》에 〈위험한 바그너〉로 재수록되어 있다.

57) 주 46의 '무한 선율' 참조.

를 잃고 마침내는 운명을 하늘에 맡긴 채 넘실거리는 물결에 몸을 맡기는 경우를 생각하면 뚜렷해진다. 즉 우리는 '헤엄치지' 않을 수 없게 된다. 이제까지 과거의 음악에서 우리는 우아하고 장중한 또는 정열적인 움직임[58] 속에서 좀더 빠르거나 좀더 느리게 '춤춰야' 했다. 그러나 이 춤에 필요한 절도, 즉 템포와 힘의 일정한 균형 유지는 듣는 사람의 영혼에 끊임없는 '깊은 명상을' 강하게 요구했다. 그리고 이 깊은 명상에서 나온 차가운 기류와 음악적인 감각의 아주 따뜻한 입김의 상충 작용이 음악의 이상한 매력의 원인이었다.

리하르트 바그너는 이것과는 다른 '영혼의 운동', 즉 이미 서술한 것처럼 헤엄이나 떠다님과 비슷한 운동을 의도했다. 아마도 이것은 그가 이룩한 여러 가지 음악 개혁의 가장 본질적인 것일 것이다. 이 의도에서 생기고 이 뜻에 적응한 그의 유명한 예술 수단인 '무한 선율'은 모든 수학적 박자와 힘의 절제를 깨뜨리고 때로는 조롱하려고 한다.

그리고 그는 옛 음악에 익숙한 구시대 사람들의 귀에는 리듬상의 역설과 모독으로 들리는 효과를 발명해 내는 데 뛰어났다. 그는 음악이 돌과 같은 결정체가 되어 건축술로 이행하지 않을까 두려워한다. 그래서 2박자의 리듬에 3박자의 리듬을 대치하고 자주 5박자와 7박자를 사용하기도 했다. 또한 같은 악절을 반복하기도 하고 그것을 본래의 2배나 3배의 길이로 늘여 반복하기도 한다. 이와 같은 기교의 안이한 모방에서 음악의 중대한 위험이 발생할지도 모른다.

리듬감이 성숙할 때, 그 뒤에는 언제나 리듬의 황폐와 붕괴가 도사리고 있었다. 이러한 위험은, 그런 음악이 고급 조형 예술의 교육이나 지배를 받지 않는 완전한 자연주의적인 연극 예술과 무용에 긴밀하게 의존할 경우에 더욱 커지는 것이다. 그러한 연극 예술과 무용은 그 자체에 어떠한 기준도 가지고 있지 않으며, 또한 거기에 너무 바짝 다가서서 아첨하는 요소, 즉 음악의 '너무나도 여성적'인 본질에 아무런 기준도 나누어 줄 수 없는 것이다.

135

시인과 현실—현실을 '사랑'하고 있지 않은 시인의 뮤즈는 현실이 될 수 없다.

---

58) 슐레히타 판의 '왕래'를 이렇게 번역한 것. 크뢰너 전집판에서는 '여기저기, 때때로'로 되어 있다.

그리고 그 시인에게 눈이 움푹 꺼지고 뼈가 너무 약한 어린애를 낳아줄 것이다.

136

수단과 목적—예술에서 목적이 수단을 신성화하는 일은 없다. 그러나 신성한 수단이 목적을 신성화할 수는 있다.

137

최악의 독자들—최악의 독자들이란 약탈하는 병사처럼 행동하는 무리들이다. 그들은 사용할 수 있는 것 몇 가지를 꺼내고, 나머지는 더럽히고 흐트러뜨림으로써 전체를 모독한다.

138

좋은 저술가의 특징—좋은 저술가들은 두 가지 공통점을 지녔다. 그들은 경탄받기보다 이해되기를 원하며, 모질고 지나치게 날카로운 독자를 위해서 글을 쓰지도 않는다.

139

잡종—예술에서의 잡종은, 그러한 잡종을 낳은 당사자가 자기 능력에 불신감을 느꼈다는 증거를 나타낸다. 그들은 지원군, 변호사, 숨을 장소를 구했다. 예를 들면 철학에 도움을 청하는 시인, 희곡에 도움을 청하는 음악가, 수사학에 도움을 청하는 사상가들이다.

140

입을 다무는 것—작가는 자신의 작품이 입을 열 때 입을 다물어야 한다.

141

위계의 표시—최상급을 사랑하는 모든 시인과 저술가는 그들이 할 수 있는 것 이상의 일을 하려고 한다.

냉정한 책—좋은 사상가는 훌륭한 생각에 내포된 행복을 이해할 수 있는 독자를 기대한다. 따라서 차갑고 매정하게 보이는 책도 올바른 안목을 가진 이에게는 정신의 청명함이라는 햇빛이 아른거리는 참다운 영혼의 위안처럼 보인다.

고지식한 자들의 술책—고지식한 사상가는 보통 쓸데없는 말이나 장중함을 동지로 택한다. 그는 전자를 통해 자신이 민첩함과 유창함을 몸에 지닌 듯 믿고, 후자로써 자기의 특징이 움직임의 느긋함을 요구하는 위엄을 나타내기 위한 자유의지 내지는 예술적 의도의 결과인 양 꾸민다.

바로크 양식에 대하여—사상가와 저술가로서 사상의 변증술과 전개를 위한 재능을 타고나지 않았거나 교육을 받지 않았다는 것을 깨닫는 자는 무의식적으로 '수사적인 것과 연극적인 것'에 손을 대게 된다. 왜냐하면 결국 그에게 중요한 것은, 자기가 말하는 것을 남이 '알 수 있게 하는' 일이며 그렇게 함으로써 권력을 얻기 때문이다. 그때 평탄한 길을 통해 사람의 감정을 자기 가까이 부른다든가 또는 그것을 갑자기 덮치든가, 다시 말해 목자와 같은 태도를 취하든가, 강도처럼 행동하든가 하는 것은 그에게는 아무래도 상관없는 일이다. 이것은 조형 예술에서도 뮤즈의 예술에서도 마찬가지다. 그리고 여기서 변증술의 결여나 표현과 서술의 부족이, 과잉 상태이면서 성급한 형식 충동과 어울려서 '바로크 양식'이라 불리는 저 양식을 세상에 내놓고 있는 것이다.

하지만 이 단어에 곧장 경멸감을 느끼는 것은 좋지 못한 교육을 받았거나 잘난 체하는 사람들뿐이다. 바로크 양식은 예술에서의 고전적 표현의 요구가 너무 커져서 위대한 예술의 꽃이 떨어질 때마다 하나의 자연 현상으로 나타나게 된다. 어둠이 다가올 것이기 때문에 사람들은 물론 이 현상을 우울한 눈초리로 바라보겠지만, 동시에 그것이 가져오는 여러 예술의 표현과 서술에서의 독특한 보상을 감격의 눈초리로 바라보기도 할 것이다. 최고의 극적인 긴장을 나타내는 소재나 주제를 선택하는 것 자체가 이미 그러한 예다. 이런 종류의 소재와 주제는 예술 없이도 사람의 마음을 떨리게 한다. 감각의 천국과 지옥이 너무 가깝기 때문이다.

다음으로 강렬한 감동과 몸짓을 통한 웅변, 추악하면서도 숭고함을 지닌 웅변, 또는 엄청난 양, 즉 양 그 자체인 웅변도 그 예다(이는, 이탈리아 바로크 예술가의 아버지 또는 할아버지인 미켈란젤로에게서도 이미 나타나 있다). 게다가 이와 같이 힘 있게 조형된 형상 위에 어른거리는 여명과 성화와 타오르는 열정의 빛, 나아가서는 창작의 수단과 의도에 있어서 시행되는 부단한 새로운 모험(예술가는 이것을 자신들을 위해 강력하게 강조하지만, 보통 사람들은 근원적인 자연 예술의 모든 풍요함이 끊임없이 임의로 흘러넘치는 것을 보고 있는 것이라고 믿을 수밖에 없다)도 그렇다. 참으로 바로크 양식의 위대함을 이루는 이러한 모든 특징은 이미 전 고전기와 고전기의 예술 양식에서는 불가능한 것이고 허용되지 않는다. 즉 이러한 좋은 것들은 오랫동안 금단의 열매로서 나무에 달린 채 내버려져 왔던 것이다. '음악'이 마지막 시기로 옮겨가고 있는 이제야 비로소, 사람들은 바로크 양식의 현상을 어떤 특별하고 화려한 모습으로나마 인식할 수 있고, 비교를 통해 과거 시대를 이해하기 위한 많은 것을 배울 수 있다. 왜냐하면 바로크 양식은 이미 그리스 시대부터 여러 차례 시, 웅변술, 산문, 조각, 그리고 잘 알려진 것처럼 건축술에도 존재했기 때문이다. 그리고 언제나 이 양식은 비록 최고의 고귀함, 즉 티 없고 무의식적이고 자랑스러운 완전성의 고귀함이 결여되어 있다 하더라도, 그 시대의 가장 훌륭하고 누구보다 진지한 수많은 사람들을 기쁘게 해주었다. 그러므로 이미 말한 것처럼, 이 양식을 아무렇게나 경멸하는 일은 남을 멸시하는 일이다. 더욱이 이 양식을 통해서 보다 순수하고 위대한 양식에 대해 무감각해지지 않는 사람은 모두가 자기 행운을 기뻐해도 좋을 것이다.

145

정직한 책의 가치—정직한 책은 독자를 정직하게 만든다. 적어도 일반적으로는 아주 교묘하게 감추어둘 수 있는 독자의 증오심과 적개심을 끌어낸다는 점에서 그러하다. 그러나 '본래' 사람들은 인간에 대해서는 매우 소극적이지만, 책에 대해서는 제멋대로 하려는 버릇이 있다.

예술은 무엇으로 자기 편을 만드나—몇 개의 아름다운 문구와 전체의 감동적인 진행과 매혹적이고 감동적인 결말의 분위기만을 지니고 있으면, 대부분의 예술 작품에 독자도 친밀감을 느낄 것이다. 그리고 일반 대중을 예술가 편에 '끌어들이려고' 하는 시대, 아마도 예술 전반의 유지를 위해 그렇게 하려고 하는 시대에는, 창작자는 '그 이상'을 부여하지 않는 것이 좋다. 그것은 그가 아무도 그 일로 인해서 자기에게 감사할 줄 모르는 분야에서 헛수고하지 않기 위해서다. 즉 그 밖에 쓸데없는 일을 하는(자연의 그 '유기적'인 형성과 성장을 본뜨는) 것은 이 경우 물에다 씨를 뿌리는 것과 같다.

147

역사를 헐뜯으며 위대해진—예술 감상자들의 취향을 '자기' 궤도로 끌어들이는 후대의 모든 거장은 무의식적으로 과거의 거장과 그 작품을 취사선택하고 새롭게 평가하게 된다. 즉 그중에서도 '자기에게' 맞는 것, 비슷한 것, '자기를' 미리 짐작케 하고 널리 알려주는 것만이, 오늘날 과거의 거장과 그 작품에서 정말 '중요한 것'으로 여겨지는 것이다. 이것은 보통 큰 '오류'가 벌레처럼 숨어 있는 과일과 같다.

어떻게 한 시대가 예술로 유인되는가—모든 예술가와 사상가의 마력을 빌려 사람들이 자신들의 결함, 정신적 빈곤, 어리석은 현혹과 정열에 존경을 느끼도록 가르쳐라. 그리고 이는 가능한 일이다. 또 범죄와 광기에 대해서는 숭고한 측면만을 보여주고 의지 상실자와 맹목적 굴복의 나약함에 대해서는 그러한 상태의 비탄적, 감동적 측면만을 보여 주어라. 이것도 얼마든지 있을 수 있는 일이다. 그렇게 하면 비예술적이고 비철학적 시대에도 철학과 예술에 대한(특히 인격으로서의 예술가와 사상가에 대한) 열광적인 '사랑'을 고취하는 수단을, 그리고 나쁜 경우로서도 이처럼 섬세하고도 위험한 모습의 인간 존재를 보존하는 아마도 유일한 수단을 사용한 셈이 된다.

149

비평과 기쁨—비평은 편파적이고 부당한 것이든 타당한 것이든, 비평하는 사람에게는 큰 만족을 주는 것이어서 세상 사람들은 많은 사람에게 비평하기를 재촉하는 모든 작품과 모든 행위에 대해 감사할 의무가 있을 정도다. 왜냐하면 비평 뒤에는 기쁨, 기지, 자기 찬미, 자랑, 교훈, 개선책이라는 화려한 옷자락이 끌려오기 때문이다. 기쁨의 신은 선을 창조한 것과 똑같은 이유로, 악과 범용함을 창조했다.

150

자신의 한계를 넘어서—예술가가 예술가 이상이기를 바랄 때, 예를 들어 민족의 도덕적 계몽가가 되기를 바랄 때, 그는 그 벌로 마침내 도덕적인 소재라는 요괴에게 홀리고 만다. 그리고 뮤즈는 이것을 보며 웃는다. 참으로 마음씨 좋은 여신도 질투로 인해서 심술궂게 될 수 있기 때문이다. 예를 들어 밀턴과 클롭슈토크(Klopstock)의 경우를 생각해 보라.

151

유리 눈—'도덕적'인 소재, 인물, 동기 또는 예술 작품의 아름다운 영혼을 지향하는 재능의 경향은, 이따금 아름다운 영혼에 '궁핍한' 예술가가 자신에게 끼워 넣는 유리로 된 눈에 지나지 않는다. 이 눈이 마지막에 자연의 눈을 어느 정도 위축시킬 수 있다고 해도, 그것이 살아 있는 자연의 눈이 되는 일은 아주 드물다. 오히려 세상의 모든 사람들이 차디찬 유리가 존재함으로써만 자연을 볼 수 있다고 믿게 되는 결과를 가져오기 일쑤다.

152

글 쓰는 것과 승리하려고 하는 것—글을 쓴다는 것은 언제나 승리를, 나아가서는 타인과 나눔으로써 쓸모 있을 '자기 자신'의 극복을 알리는 것이어야 한다. 그러나 무엇인가 소화할 수 없는 것에 부딪힐 때에만, 게다가 그것이 이미 입에 걸렸을 때에만 글을 쓰는 소화 불량을 앓는 작가들이 있다. 무의식중에 그들의 노여움과 답답함을 털어놓음으로써 독자를 화나게 하거나 독자에게 어떤 폭력을 휘두르고자 애쓴다. 즉 그들 또한 승리를 거두려고 한다. 그러나 타인에 대한 승리를 얻으려는 것이다.

153

'**좋은 책은 때를 기다린다**'—좋은 책은 모두 세상에 나왔을 때는 떫은맛을 낸다. 그 새로움이 오히려 결점이 되기 때문이다. 게다가 살아 있는 저자가 유명하여 그에 대한 많은 일이 알려졌을 경우에는 그것이 오히려 그에겐 해가 된다. 왜냐하면 세상 사람들은 작가와 작품을 혼동하는 경향이 있기 때문이다. 이 책이 지닌 활력·감미로움·화려한 광채는 자라나는 세대, 그리고 지난 세대가 보내 주는 존경에 의해, 마침내 후대에 전승되기에 이른 존경에 의해 지켜지면서 세월이 흐름에 따라 조금씩 드러날 것임에 틀림없다. 그러기까지는 많은 시간이 흘러야만 하고 많은 거미들이 그물을 쳐두어야 한다. 좋은 독자는 책을 점점 좋게 만들고 좋은 반대자는 그것을 명료하게 해 준다.

154

예술 수단으로써의 무절제—예술가들은 풍부한 인상을 빚어내기 위해 무절제를 예술 수단으로 이용한다는 말의 의미를 잘 이해할 것이다. 그것은 예술가들이 숙달해 두어야 할, 영혼을 유혹하는 순진한 기교의 하나다. 왜냐하면 허구를 목적으로 하는 그들의 세계에서는, 그 허구의 수단이 반드시 진짜일 필요는 없기 때문이다.

155

숨겨진 수동 오르간—천재들은 옷의 폭넓은 주름 덕분에 재능만을 가진 사람들보다도 수동 오르간[59] 을 더 잘 감출 줄 안다. 그러나 결국 그들 또한 자신들의 고리타분한 일곱 악곡을 되풀이해서 연주하는 것 말고는 아무것도 할 수 없다.

---

59) 손으로 크랭크를 돌리면 곡이 저절로 흘러나오는 소형 오르간. 여기서는 기계적, 비창조적인 예술의 상징.

156

표지에 씌어진 이름—저자의 이름이 책에 실리는 일은 오늘날 거의 습관화되었고 의무처럼 되어 있다. 그러나 이것은 책의 효과를 크게 줄이는 원인이다. 즉 훌륭한 책일 경우, 그것은 저자의 인격과 핵심 사상보다 더 큰 가치를 가진다. 저자가 표지에 이름을 내걸면, 그 핵심 사상은 곧바로 독자에게는 개인적인 것 도리어 가장 개인적인 것으로 희석되며, 그로 인해 그 책의 목적은 물거품이 되고 만다. 더는 개인적인 것으로 보이지 않으려는 것이 지성의 명예심이다.

가장 날카로운 비평—어떤 사람이나 책에 대해 가장 날카롭게 비평하는 경우는 그 사람과 그 책이 지닌 이상을 묘사해 보일 때다.

호의의 모자람과 없음—좋은 책은 모두 특정한 독자와 특정 부류의 사람을 위해 씌어진 것이며, 바로 그 때문에 다른 모든 많은 독자에게는 호의적으로 여겨지지 않는다. 따라서 좋은 책의 명성은 좁은 토대 위에 받쳐진 것으로 천천히 쌓일 뿐이다. 평범한 책과 저급한 책은 많은 사람의 마음에 들려고 애쓰며, 또 실제로 마음에 든다는 바로 그 점 때문에 평범하고 저급하다.

159

음악과 병—새로운 음악의 위험은, 그것이 환희와 웅장함이 담긴 술잔으로 몹시 매혹적으로 도덕심을 황홀하게 만드는 듯 우리의 입술을 적셔 주기 때문에, 절도와 고결함을 지닌 사람조차도 언제나 그 술잔의 몇 방울을 마시게 되는 점에 있다. 그러나 이 아주 작은 무절제함도 그것이 끊임없이 되풀이되면 마침내 어떤 심한 방탕을 불러올 수 있을 만큼 깊은 정신 건강의 동요와 손상을 가져오는 수가 있다. 이렇게 되면 언젠가 님프의 동굴에서 탈출해 파도와 위험을 겪고서 이타카의 연기[60]와 더욱 순박하고 인간적인 아내의 포옹을 찾아 나

---

60) '이타카'는 오디세우스의 고향. 또한 '연기'란 부엌 연기로 고향을 나타내는 일이지만 여기서는 배의 입항을 맞이하는 봉화 연기일지도 모른다.

아가는 것 말고 다른 방법이 없다.[61]

160

적에게 유리함—정신적으로 충만한 책은 자신의 적들에게도 충만한 정신을 나누어 준다.

161

젊은이와 비평—어떤 책을 비평한다는 것은 젊은이들에게는 그 책의 생산적인 사상 가운데 그 어느 것도 받아들이지 않으면서, 손발을 버둥거리며 죽을 힘을 다해 저항한다는 것을 뜻할 뿐이다. 젊은이들은 거의 사랑할 수 없는 모든 새로운 것을 정당방위하는 입장에서 저항하며 산다. 그리고 그때마다, 더구나 가능하다면 몇 번이라도 불필요한 죄[62]를 저지른다.

162

양의 작용—시 예술의 역사에서 가장 큰 역설은, 옛 시인들이 위대함을 드러낸 모든 점에 대해서 생각해볼 때, 어떤 자는 야만인, 즉 머리 끝에서부터 발 끝까지 결함투성이의 불구일지도 모르는데도 그가 가장 위대한 시인이라는 점에 있다. 바로 셰익스피어가 그렇다. 그를 소포클레스와 비교해 보면 소포클레스는 황금, 금속으로서의 가치를 거의 잊게 할 만큼 최고도로 순수한 황금인데 반해, 셰익스피어는 황금과 납과 자갈이 가득 찬 광산과 같다. 하지만 양도 절정에 이르면 질로서 '작용'할 수 있다. 그것이 셰익스피어에게 장점이 되는 것이다.

163

시작(詩作)은 모두 위험하다—시인은 감정을 차츰차츰 높여 가서 마지막에 매우 높게 끌어올리는 경우, 또는 갑자기 감정을 부추겨 처음부터 곧바로 온 힘

---

61) 앙리 알베르에 따른 프랑스어판에는 "요컨대 귀향하는 길밖에는……"하는 구절이 첨가되어 있다.

62) 대상이 되는 모든 것을 거부하고 부정하는 것은 '공정'을 깨뜨리는 '죄'가 되는 것을 말하는 듯.

을 기울여 종의 줄을 잡아당기거나 하는 경우 중 하나를 선택한다. 그러나 양쪽 모두 나름대로 위험성을 지닌다. 첫 번째 경우에는 지루한 나머지, 두 번째 경우에는 놀란 나머지 청중이 달아나 버릴 위험성이 있는 것이다.

164

비평가들을 동정해서—곤충들이 찌르고 쏘는 것은 악의에서가 아니라, 자신들이 살기 위해서다. 비평가들의 경우도 그와 똑같다. 그들이 바라는 것은 우리의 피일 뿐, 우리의 고통은 아니다.

165

격언의 효과—미숙한 사람들은 어떤 격언이 소박한 진리를 확실히 알게 해 주면, 언제나 격언은 낡고 잘 알려진 것이라고 생각한다. 동시에 격언의 작가를 마치 모든 사람의 공동 재산을 훔치려고 한 사람처럼 적대시한다. 그들은 양념이 든 어설픈 진리를 터득하고 그 기쁨을 작가에게 알리려고 한다. 작가는 그러한 눈짓의 의미를 알고 있기 때문에 자기가 어떤 점에서 성공하고 실패했는지를 쉽게 확인하는 것이다.

166

이기려는 의욕—모든 일에서 자기 역량 이상의 것을 하려고 애쓰는 예술가는 전력투구하고 있다는 인상을 보임으로써 대중을 매혹할 것이다. 왜냐하면 성공은 반드시 승리에만 있는 것은 아니어서, 때로는 이기려는 의욕 속에 있기도 하기 때문이다.

167

'자신을 위해서 글을 쓴다'—지혜로운 작가는 어떤 다른 후세를 위해 쓰는 것이 아니라 자기 자신의 후세를 위해, 즉 자기의 늘그막을 위해서 쓴다. 그때에도 기쁨을 느낄 수 있도록.

168

격언에 대한 찬사—좋은 격언은 '시대'의 치아에는 너무 단단하다. 그리고 어느 시대에도 이로운 영양이 되지만, 사람들은 수천 년의 세월에도 그것을 다 먹지 못한다. 바로 이 점에서 그것은 문학에서의 가장 큰 역설이다. 그것은 변화하는 것 속의 불변의 것, 소금과 같이 언제나 존중되고 또한 소금도 그렇듯이 결코 싫증나지 않는 음식물이다.

169

이류(二流)의 예술적 욕구—대중은 확실히 예술적 욕구라 불러도 될 만한 것을 갖고 있지만, 그러나 그것은 아주 조금이어서 간단하게 만족시킬 수 있는 것이다. 결국 그것을 만족시키는 데에는 예술의 쓰레기만으로 충분하다. 이 사실을 우리는 정직하게 인정해야 한다. 예컨대 현재 우리의 가장 힘차고 건전하고 성실한 계층의 국민이 어떠한 선율, 어떤 가요에서 그들의 참된 마음의 기쁨을 느끼고 있는지를 생각해 보라. 양치기·소치는 사람·농부·사냥꾼·병사·뱃사람 가운데서 살아본 뒤에 대답해 주기 바란다. 또 오래 계승된 시민적 미덕의 장소인 작은 도시의 그 가정에서는 오늘날 만들어지고 있는 최하급의 음악이 사랑받고, 응석부리고 있는 게 아닌가? 대중에 대해서 '실제' 행해지고 있는 것처럼 예술에 대한 깊은 욕구라든가 채워지지 않는 갈망 등을 말하는 자는, 헛소리를 하거나 속임수를 쓰고 있는 것이다.

그러므로 정직하라! 이제는 '예외적 인간'에게만 '높은 양식'의 예술적 욕구가 존재한다. 왜냐하면 예술 일반은 다시 쇠퇴하고 있으며, 인간의 힘과 희망은 잠시 다른 일에 쏟아부어지고 있기 때문이다. 그 밖에, 즉 대중에게서 떨어져, 물론 또 하나의 좀더 폭넓은, 그러나 '이류'의 예술적 욕구가 사회의 상층과 최상층에 존재한다. 여기에서는 뭔가 성의 있는 예술적 공동체와 같은 것이 가능하다. 그러나 그 구성원들을 잘 살펴보라! 그들은 일반적으로 스스로는 어떤 참된 기쁨도 느끼지 못하는 꽤 세련된 종류의 욕구 불만을 품은 사람들이다. 이를테면 종교의 위안 없이는 충분히 자유로워질 수도 없으면서 세례유 냄새는 그렇게 좋은 냄새라고 느끼지 않는 교양인, 자기 생활의 근본적인 결점 또는 자기 성격의 나쁜 성향을 영웅적으로 환원하거나 단념하여 꺾기에는 너무 약한 어설픈 지식인이 있다. 겸손한 활동으로 세상에 이바지하기에는 너무나 자기를 품위 있게 생각하고, 진지하고 헌신적 노고를 다하기에는 지나치게 게으른 천분을 지닌 사람, 갖가지 충분한 의무의 범위를 자기에게 부여할 줄 모르는 소녀, 경솔하거나 방자한 결혼으로 자기를 속박하면서도 충분히 속박되어 있지 않은 유부녀, 몹시 일찍 자질구레한 일에 얽매여 자기의 본성을 한번도 충분히 펼쳐본 적이 없고, 더구나 그것을 마음속으로 남몰래 치유하면서 어떻든 간에 뛰어난 일을 해 나가는 학자·의사·상인·관리, 그리고 마지막으로 모든 불완전한 예술가들이 있다. '오늘날' 이러한 사람들은 그래도 성실한 예술 욕구자들이다. 그런데 그들이 예술에서 갈망하는 것은 도대체 무엇일까? 그들에게 예술은 불쾌, 권태, 양심의 어설픈 가책을 몇 시간 동안 혹은 순간적으로 내쫓고 그들의 생활과 성격의 결함을 세계 운명의 결함으로 어마어마하게 해석하도록 해줘야 한다. 예술 속에서 그들 자신의 행복과 건강이 흘러나오고 넘치는 것을 느끼고 자기 안의 완전성을 '다시 한번' 자기 밖에서 관찰하기를 좋아했던 그리스인들의 경우와 얼마나 뚜렷이 다른가? 그리스인들을 예술로 이끈 것은 자기 향유였으나 우리 동시대인을 예술로 인도하는 것은 자기 혐오인 것이다.

170

연극과 독일인—독일의 가장 유능한 극작가는 코체부(Kotzebue)였다. 그와 그의 독일인들, 상류와 중류 사회의 독일인들은 필연적으로 같은 부류의 사람들이었다. 그의 동시대인들은 그에 대해서 진실로 이렇게 말해도 좋았으리라. "우리가 그 안에 살고, 움직이며 존재하고 있다"[63]고. 여기에는 강제된 것도 주입된 것도 얼치기 향락이나 강요된 향락도 없었다. 그가 의도하고 실현할 수 있었던 것은 다른 사람에게도 이해되었다. 그뿐만 아니라 오늘날에 이르기까지 독일 무대에서 연극의 '정정당당한' 성공은, 특히 희극이 아직도 번영하고 있는 한은, 코체부의 수단과 효과를 수치스럽고 뻔뻔스럽게 이은 자들이 독점하고 있다. 그리고 그 결과 그 무렵 독일 기질의 대부분은, 특히 큰 도시를 떠난 곳에

---

63) 〈사도행전〉 제17장 28절.

아직도 살아 있다. 성품이 좋고 사소한 즐거움, 눈물을 잘 흘리며, 적어도 극장에서는 타고난 독실하고 근엄한 태도를 버리고 서로의 실례는 미소지을 뿐만 아니라 크게 웃으며 눈감아 주려고 하는, 호의와 동정을 혼동하고(이런 점이 독일인의 정감의 본질이다) 무엇인가 아름답고 고매한 행위를 보면 크게 기뻐하며 그 밖에도 윗사람에게는 공손하고, 그들끼리는 서로 질투하지만 마음속으로는 자기 자신에게 만족하는, 이런 기질을 가진 것이 그즈음 독일인이었고 코체부였다.

두 번째 유능한 극작가는 실러였다. 실러는 그때까지 주목받지 않았던 청중의 계층을 발견했다. 그는 이것을 미성년층, 즉 독일의 소년·소녀들에게서 찾았던 것이다. 실러는 모호하긴 하지만 고상하고 열렬한 그들의 감동과 도덕적인 언어의 울림에 보내는 그들의 기쁨(이것은 30대에서 사라지는 것이 보통이다)에 맞추어 극을 만들고, 이를 통해 그 연령층의 정열적인 성격과 강한 당파심에 의해서 성공을 거두었다. 그리고 이 성공은 차츰 성년층에까지 이로운 영향을 미치게 되었다. 즉 실러는 일반적으로 독일 사람들을 '젊게 만들었던' 것이다.

괴테는 모든 점에서 독일 사람을 뛰어넘었고 오늘날에도 그렇다. 그는 결코 독일 사람에 속하지 않을 것이다. 그리고 도대체 어떤 국민이 '행복'과 '행복의 의지'에 넘친 괴테의 '정신성'의 높이까지 이를 수 있겠는가! 베토벤이 독일인을 넘어서서 작곡한 것처럼, 쇼펜하우어가 독일인을 넘어서서 철학한 것처럼, 괴테도 《타소》와 《이피게니》를 독일인을 넘어서서 썼다. '아주 소수의' 가장 높은 경지의 교양인들과, 고대 문화와 인생과 여행을 통해 교육받은 자와 독일적인 본질의 테두리를 넘어서서 성장해 온 사람들이 그를 따랐다. 그들도 그렇게 되기를 바랐다. 그리고 낭만주의자들이 의도적으로 괴테 예찬론을 힘차게 내세웠을 때, 그들의 놀랄 만큼 교묘한 감상력이 금세기 독일인 고유의 교육자들인 헤겔의 제자들에게 전수되었을 때, 또는 국가적 명예가 독일 시인들의 명성에도 도움이 되었을 때, 또한 무엇을 '정직하게 기뻐해야' 할 것인가 하는 민족의 참다운 문화 척도가 개개인의 판단과 이 국가적 명예 아래 용서 없이 종속당했을 때, 즉 사람들이 '강제로 기뻐해야 했을' 때, 이때 코체부를 부끄럽게 생각하고, 소포클레스와 칼데론, 심지어 괴테의 《파우스트》 속편까지 무대에 올린 독일적 교양의 허위와 불순이 생긴 것이다. 그리고 이러한 무리들은 혀에 설태가 끼고 위는 점액으로 가득 차, 결국은 자신에게 어떤 것이 맛있고 어떤 것이 지루한지 모르게 된다. 비록 나쁜 취향이라 할지라도 취향을 가진 사람들은 행복할지어다! 그리고 그들은 행복할 뿐만 아니라 이 특성으로만 지혜로워질 수 있다. 그러므로 이러한 점에 있어서 아주 세련되었던 그리스인들은, 현자를 '취향을 지닌 인간'을 뜻하는 말로 일컬었으며 예술적인 지혜건, 인식적인 지혜건, 지혜를 '취향'(Sophia)[64]이라고 불렀다.

171

모든 문화의 늦게 피는 꽃으로서의 음악[65] — 음악은 언제나 일정한 문화적 토양 위에, 일정한 사회적·정치적 조건 아래서 그때그때 성장해 가는 모든 예술 가운데 가장 늦게 꽃피는 식물로 그것이 속해 있는 문화가 시들어 가는 가을에 그 모습을 나타낸다. 그뿐만 아니라 때때로 음악은 너무 늦게 나타나서 파묻혀 버린 한 시대의 언어처럼 새로운 세계 속에 울려퍼짐으로써 사람들을 어리둥절하게 하는 경우도 있다. 예를 들면 네덜란드 음악가들[66]의 예술에서 비로소 중세 그리스도교의 영혼은 완전한 음향적 표현을 얻게 되었다. 그들의 음악적 건축은 늦게 탄생하긴 했지만 고딕과 같은 집안의 자매이다. 헨델의 음악 속에서 비로소 루터와 그와 가장 닮은 영혼이 가진 최상의 소리가, 종교 개혁 운동 전체를 낳게 한 저 위대한 유대적 영웅적 본능이 울려 퍼졌던 것이다. 모차르트는 처음으로 루이 14세의 시대와 라신(Jean Racine)과 클로드 로랭(Claude Lorrain)의 예술을 '울려 퍼지는' 황금으로 만들어 냈다. 또한 베토벤과 로시니의 음악 가운데 비로소 18세기가, 열광과 좌절된 이상과 일시적인 행복의 세기가 마음껏 자기 자신을 노래했다. 따라서 감상적인 비유를 좋아하는 사람이라면, 참으로 뛰어난 모든 음악은 백조의 노래라고 말할 것이다. 진

---

64) 아테나이오스의 저서 《현자의 연회(Deipnosophistae)》에 나온 소크라테스에 대한 언급, 즉 "그는 식사의 분량을 식사를 즐길 정도로 그치고, 식욕이 언제나 조미료 구실을 하게 준비했고……"의 식성을 비유한 말.

65) 《니체 대 바그너》에 '미래가 없는 음악'으로 재수록되어 있다.

66) 음악사상 '네델란드 악파'라는 것이 있는데 1450~1600년경의 르네상스 기간의 플랑드르 지방에 있던 악파다. 이 악파의 거장들은 각국의 교회, 궁정 가수, 교사 등으로 활약하며 유럽 음악의 방향을 결정했다.

실로 음악은, 그 명예를 위해 자주 언급되는 것처럼, 일반적이며 초시대적인 언어가 '아니라' 오히려 특정한 개개의, 그리고 시간적·공간적으로 한정된 문화가 내재적인 법칙으로서 품는 감정의 온도와 박자에 정확하게 일치한다. 예를 들면, 팔레스트리나(Palestrina)의 음악은 아마도 그리스인들에게 친밀감을 주지 않을 것이고, 또한 팔레스트리나가 로시니의 음악을 들었다면 어떤 느낌이 들 것인가?

아마도 최신의 독일 음악이 실제로 아무리 세력을 떨치고 패기에 넘쳐 있다 하더라도 머지않아 이해되지 못하는 것이 되어 버리리라. 왜냐하면 그것은 급속하게 몰락하는 문화에서 태어난 음악이기 때문이다. 그것이 자라난 토양은 어떤 '감정의 가톨릭주의'와 모든 '향토적이고 국민적인 존재 및 본질'에 대한 욕구가 팽배했고 유럽 안에 정체불명의 잡다한 냄새를 뿌려 놓은 저 반동과 복고의 시대였던 것이다. 감정의 이 두 갈래의 방향은 최대한 힘차게 집약되고 그 극단에까지 이끌려, 마침내 바그너의 예술에서 울려 퍼지기 시작했다. 바그너의 낡은 향토적 전설을 소화해내는 솜씨, 전설에 나오는 아주 생소한 신과 영웅들(이들은 본래 사려와 관용과 삶의 포만감에 가위눌리는 뛰어난 맹수들이다)을 다루는 세련된 자유자재의 방식, 황홀한 관능성과 영성에 대한 그리스도교적이고 중세적인 갈망을 이들 형상에 내림으로써 그것을 새롭게 부활시킨 방법, 소재, 영혼, 형상, 언어에 대한 바그너식 방식 전체는, 그의 음악이 모든 음악처럼 자신에 대해서는 반드시 분명히 말하고 있지 않을 경우에도, 뚜렷이 '그의 음악 정신'을 이야기한다. 이 정신은 이전 세기에서 금세기로 불어온 계몽주의 정신뿐만 아니라 국가와 사회의 개조에 대해서는 혁명의 열광을 지닌 프랑스인이나 이와 반대로 냉정한 영국, 미국인의 냉정한 사상에도 맞서 저항하는 '최후의' 반동적인 싸움을 이끄는 것이다.

그러나 여기서, 바그너 자신과 그의 추종자들에게는 아직도 억눌려 있는 듯 보이는 사상과 감정의 세계가 실은 이미 그 세력을 새롭게 되찾았고, 저 뒤늦은 음악적 항의를 듣는 청중은 거의 이것과는 전혀 다른 음악을 듣고 싶어 한다는 것은 뚜렷한 일이 아닌가? 그래서 언젠가는 그 훌륭한 고급 예술도 갑자기 전혀 이해할 수 없는 것이 되어 버리고 그 위에 거미줄이 쳐지리라는 것은 틀림없는 일이 아닌가?

반동 속의 반동으로, 또는 전체 운동의 한가운데 있는 물결의 일시적인 붕괴로 나타나는 저 한때의 변동 때문에 이 사태를 잘못 보아서는 안 되는 것이다. 국가 전쟁과 로마 교황파의 순교 그리고 사회주의적 불안[67]이 일어난 최근 10년 동안의 그 세세한 영향에 대해서 살펴보면, 앞서 언급한 예술에도 갑자기 영광을 주게 될지도 모른다. 그러나 그렇다고 해서 그 예술이 '유망'하다든가 '미래성'이 있다고 보증되는 것은 아니다. 문화의 풍년에 열매 맺은 음악의 과일도, 조형 미술의 열매나 인식의 나무에 열린 열매보다도 더 빨리 싫증나고 더 빨리 부패한다는 것이 음악의 본질이다. 즉 인간의 예술 감각의 모든 산물 가운데 가장 영속적이고 가장 견고한 것은 '사상'이다.

172

시인은 더 이상 교사가 아니다─오늘날에는 매우 이상하게 들릴지도 모르지만, 전에는 격정과 격정의 동요와 황홀을 초월한 영혼을 지니고, 그 때문에 좀더 순수한 소재, 좀더 품위 있는 인간, 맥락과 결말의 한결 섬세한 표현에 기쁨을 느끼는 시인과 예술가가 존재했다. 오늘날 위대한 예술가들의 대부분이 의지를 해방시키는 자이고 경우에 따라서는 삶의 해방자라고 한다면, 과거의 위대한 예술가들은 의지를 억제하는 자, 동물을 길들이는 자, 인간을 창조하는 자이며, 또한 일반적으로는 삶을 조형하는 자, 즉 삶을 개조하고 발전시키는 자였다. 한편 요즘 예술가들의 명성은 벗기고 사슬을 푸는 일과 부스러뜨리는 일에 있다. 과거의 그리스인들은 시인들에게 성인들을 위한 교사가 될 것을 요구했다. 그러나 오늘날의 시인들에게 이러한 것을 바란다면 그들은 아마 부끄러워 얼굴을 붉힐 것이다. 스스로 전혀 좋은 교사[68]가 아니기 때문에 그 자신이 좋은 시나 아름다운 형상이 될 수 없으며, 어떤 신전의 폐허더미와 같다. 그러나 그는 동시에 화초와 가시 식물, 독초가 황폐하게 자라나고, 뱀, 벌레, 거미, 새들이 살며 찾아오는 욕망의 동굴과 같기도 하다. '왜 오늘날에는 가장 고귀하

---

67) '국가 전쟁'이란 1870~71년의 보불 전쟁을 말함. '로마 교황파의 순교'란 비스마르크가 가톨릭 세력을 탄압하여 그때 추방된 많은 사제를 말하며, '사회주의적 불안'이란 급속하게 성장하는 사회주의 세력과 여기에 대항하는 비스마르크의 탄압 정책의 알력으로 떠들썩해진 상황.
68) 주 61처럼 프랑스어판에서는 '좋은 학생'으로 되어 있다.

고 가장 귀중한 것마저도, 완전한 존재의 과거와 미래를 가지지 못한 채, 바로 폐허로 태어나야 하는 것인가?' 이런 슬픈 성찰의 대상이 되는 것이 오늘날 시인이다.

173

전망과 회고—호메로스, 소포클레스, 테오크리토스, 칼데론, 라신, 괴테에게서 '나오는' 지혜롭고 조화를 이룬 삶의 방식으로서의 예술, 이것만이 '예술에 있어서의' 정당한 것이고, 우리 자신이 더 현명하게 더욱 조화를 이뤘을 때 붙잡게 되는 것이다. 그것은 우리가 젊었을 때 예술이라고 알고 있던 것, 즉 분방하고 무질서한 영혼에서 나오는 열렬하고 다채로운 사물의 야만적이면서도 더 없이 매혹적인 용솟음침과는 다르다. 하지만 스스로 밝혀지겠지만, 인생의 어떤 시기에는 극도의 긴장과 흥분에 휩싸인 한 예술, 규칙적인 것, 단조로운 것, 단순한 것, 논리적인 것에 적의를 품는 예술이 하나의 필연적인 욕구다. 그러한 시기의 영혼이 온갖 횡포와 무례를 일삼는 등 다른 방법으로 자기 자신을 모조리 드러내는 일이 없도록, 예술가들은 이 욕구를 견디어 나가지 않으면 안 된다.

그리하여 대부분의 젊은이들이 그런 것처럼 활기에 넘치고 흥분으로 들끓고 있으며 무엇보다도 권태가 고통의 씨앗인 젊은이들이나 영혼을 한껏 채울 좋은 일을 갖고 있지 않은 여성들은, 그 매혹적인 혼란의 예술을 필요로 한다. 그러나 다른 한편에서는 변화 없는 만족, 매혹과 잔뜩 취함이 없는 행복을 바라는 그들의 동경은 그만큼 세차게 불타오른다.

174

예술작품으로서의 예술에 반대해서—예술은 무엇보다 먼저 생활을 '미화해야 하고' 그리하여 '자기' 자신을 다른 사람이 참아 낼 만한 존재, 경우에 따라서는 유쾌한 존재로 만들어야 한다. 이 과제를 눈여겨보면서 예술은 완화하는 작용을 하고, 우리의 감정을 억누르게 하며, 교제의 여러 형식을 낳고, 교육 받지 못한 사람들로 하여금 예의 범절, 청결, 우아함, 때에 맞는 웅변과 침묵의 법칙에 구속받게 한다.

따라서 예술은 모든 추악한 것, 예를 들면 아무리 노력해도 인간 본성의 기원에 따라 되풀이해서 튀어나오는 저 고민·공포·구역질 나는 것을 '숨기거나' 또는 새로 해석해야 한다. 특히 예술은 격정과 심리적 고통과 불안에 대해서 그러한 작용을 해야 하고, 피할 수 없거나 극복할 수 없는 추악한 것 가운데 '의미 있는 것'을 투명하게 비춰 주어야 한다. 예술의 이 위대한 아니 가장 위대한 사명에 비추어 보면, 본래의 예술, 즉 '예술 작품'으로서의 '예술'이라 일컬어지는 것은 하나의 '부록'일 뿐이다.

미화하고 은폐하고 새로 해석하는 힘의 넘침을 깨달을 줄 아는 사람은, 마침내 이 지나친 힘을 더욱 예술 작품 속에서 발산하려고 할 것이다. 특수한 경우에는 한 민족 전체가 그러한 일을 하기도 한다. 그러나 흔히 예술을 끝에서부터 시작해서 그 꽁무니에 매달려, 예술 작품으로서의 예술만이 본래의 예술이고, 이것으로부터 삶의 개선과 개혁이 일어나야 한다고 믿는 바보들이 바로 오늘날의 우리다! 만약에 우리가 후식에서 식사를 시작해서 계속 달콤한 것만을 먹는다면, 위뿐만 아니라 예술이 우리에게 권해 주는 힘을 북돋우고 영양가 높은 음식에 대한 식욕까지 소용 없게 만든다고 해도 무엇이 이상하겠는가!

175

예술의 존속 ─ 오늘날 예술 작품으로서 예술이 존속할 수 있는 근거는 결국 어디에 있을까? 그것은 시간이 한가로운 거의 모든 사람들이(사실 이러한 사람들을 위해서만 그런 예술은 존재하고 있다) 음악과 연극 그리고 미술관 관람 없이는, 또한 소설과 시를 읽지 않고서는 한 시간도 지낼 수 없다고 생각한 덕분이다. 만일 우리가 그들을 이러한 만족에서 '격리할' 수 있다고 가정하면, 그들은 그만큼 열심히 한가한 시간을 가지려고 노력하지 않을 것이고, 남의 부러움을 자아내는 돈 많은 사람들의 사치스러운 모습도 한결 '눈에 띄지 않게 될' 것이다. 이것은 사회의 존립에 큰 이득이 된다. 그렇지 않으면 그들은 여전히 한가한 시간을 가지면서 '성찰하는' 법을 배울 것이다. 이는 배울 수 있는 일이고, 또한 배우더라도 잊어버릴 수 있는 것이다. 예를 들면 그들이 하는 일, 교제 관계, 그들이 줄 수 있는 기쁨에 대해 성찰하는 것을 배울 것이다. 그리고 예술가를 제외하면, 세상 모든 사람들은 이 두 경우에서 모두 이득을 얻게 될 것이다. 반드시 여기서 유력한 반론을 제기하는 기술을 익힌 역량과 재기 넘치는 독자가 몇몇 있을 것이다. 그러나 이 책의 여러 곳에서 지적하듯이 무례하고 악의 있는 사람들을 위해 한마디 해 두어야 할 것은 여기서도 저자에게는 참으로 반론만이 중요하다는 점과 씌어 있지 않은 많은 것들을 바로 이 책 속에서 읽을 수 있으리라는 점이다.

176

신들의 입—시인은 대중이 지닌 보편적·고차적 견해를 이야기하는 사람이다. 시인은 그들의 입이며 피리이다. 그러나 그는 그것을 이야기할 때 운율과 그밖의 모든 예술적 수단을 동원하기 때문에, 대중은 그것을 전혀 새롭고 불가사의한 것으로 받아들이며 시인을 신들의 입이라고 진정으로 믿게 된다. 확실히 시인 자신도 창작이라는 구름에 둘러싸여 어디서 자기의 모든 정신적 지혜를 받게 되었는지를 잊어버리고 만다. 부모로부터, 교사와 모든 종류의 책으로부터, 거리에서 또는 사제들로부터 받게 되었다는 것을, 그는 잊어버리는 것이다. 그의 예술이 그를 착각하게 만들어, 시인은 소박한 시대에는 '신이' 자기를 통해서 이야기하며 자기는 종교적 영감 상태에서 창작하고 있다고 실제로 믿어 버린다. 그러나 그는 자기가 배운 것만을, 즉 대중의 지혜와 우매함을 함께 이야기할 뿐이다. 그러므로 시인이 정말로 '대중의 소리'(vox populi)일 때, 그는 '신의 목소리'(vox dei)로 여겨지기도 한다.

177

모든 예술이 바라면서도 하지 못하는 일—예술가에게서 가장 어려우면서도 궁극적인 사명은 불변하는 것, 자기 속에서 안식을 얻는 것, 고귀한 것, 단순한 것, 자질구레한 자극에 아주 초연한 것을 표현하는 일이다. 그래서 도덕적 완전성을 최고로 형상화하는 일은, 비교적 능력이 부족한 예술가들에게서 비예술적인 주제로서 배척당하고 있다. 이와 같은 '완전한' 결실을 보는 것은 그들의 명예심을 너무나도 견딜 수 없이 손상하는 일이기 때문이다. 즉 이 결실은 예술의 가장 멀리 떨어진 가지에서 그들에게 찬란한 모습을 보이기는 하지만, 그들에게는 그만한 높이까지 오르기 위한 사다리도 용기도 솜씨도 없는 것이다. 그 자체로서는 '시인으로서의' 피디아스(Phidias) 같은 인물의 나타남도 확실히 가능하

다. 그러나 현대의 능력으로 보아 '신에게 불가능한 일이란 없다'[69]는 말의 의미
에 있어서 말이다. 시인으로서의 클로드 로랭의 출현을 기대한다는 일 자체가
벌써 오늘날에는 터무니 없는 소망이다. 비록 아무리 마음이 우리에게 그것을
요구하더라도. '최고의' 인간, 즉 '가장 단순한 동시에 가장 완전한' 인간을 표현
할 능력을 가졌던 예술가는 이제까지 한 사람도 없었다. 그러나 아마도 그리스
인들은 '아테네 여신의 이상' 속에서 여태까지의 모든 인간들 가운데 가장 먼
곳을 바라보았으리라.

178

예술과 복고—역사에서 역행적인 운동, 즉 현존하는 시대에 앞서 존재했던
정신적·사회적 상태에 생명을 다시 불어넣으려 하고, 죽은 자의 순간적인 소생
이 그렇듯 사실상 성공한 듯 보이는 이른바 복고 시대는 정서가 풍부한 회상과
거의 잃어버린 것에 대한 애절한 추모, 순간적인 행복의 성급한 포옹의 매력을
지닌다. 이렇듯 이상한 분위기가 심화되었기 때문에 예술과 시는 바로 이렇듯
덧없고 거의 꿈 같은 시대 속에서 자신에게 알맞은 토양을 발견하게 된다. 마치
가파른 산비탈에 가장 연약하고 가장 진귀한 식물이 자라는 것처럼 말이다. 따
라서 수많은 훌륭한 예술가들은 알지 못하는 사이에 복고적인 정치관과 사회
관으로 움직이게 되고, 복고주의를 위해 혼자 힘으로 조용한 어느 구석자리와
작은 뜰을 만들고 있다. 그리고 그는 거기에 자신이 향수를 느끼는 역사적 시기
의 인간들의 잔해를 주위에 모아 죽은 자·반쯤 죽은 자 또는 지친 자들 앞에
서 현악기를 연주하는 것이다. 아마도 앞에서 말한 죽은 자의 순간적인 소생이
라는 성과가 있을지도 모른다.

179

시대의 행복—우리 시대는 두 가지 점에서 행복하다고 이야기할 수 있다. 첫
째 '과거'와 관련해서 우리는 모든 문화와 그 소산을 누리며 모든 시대의 가장
고귀한 피로 영양을 섭취하고 있다. 또한 우리는 그 문화를 잉태하고 낳은 온갖

---

69) 물론 여기에서는 '인간 곁에서는 결국 많은 일이 불가능하다'고 하는 암시적인 의미로 쓰이
　　고 있다.

힘의 마력에 아직도 충분히 가까이 있기 때문에, 이 힘들에 우리 몸을 잠시나마 기쁨과 두려운 마음으로 내맡겨 볼 수도 있다. 이와 달리 과거의 문화는 스스로를 누릴 수 있었을 뿐, 자기를 뛰어넘어 저쪽을 바라보진 못했다. 오히려 널찍하거나 비좁은 둥근 천장 모양의 종으로 덮여 있었던 것이다. 분명히 하늘로부터 빛이 흘러 내려오긴 했지만 그것을 통해 저쪽을 볼 수는 없었다. 둘째로 '미래'에 관련해서는 역사상 처음으로 우리의 눈앞에 땅 위의 모든 주민을 감싸는 인간적이고 보편적인 여러 목표의 엄청나게 드넓은 시야가 펼쳐지고 있다. 동시에 우리는 초자연적인 도움도 없이, 더욱이 자만에 빠지는 일도 없이 새로운 임무를 스스로 시작할 수 있는 힘을 깨닫는다. 실제로 우리 시도가 어떤 결과로 그치든, 그리고 우리가 자기 역량을 지나치게 믿었다고 하더라도, 어쨌든 현재 우리가 책임을 질 대상은 우리 자신뿐이다. 이제부터 인류는 그야말로 자기가 바라는 대로 자기 자신을 다룰 수 있다. 물론 모든 사물의 꽃받침에서 언제나 가장 쓰디쓴 것과 가장 나쁜 것만을 빨아먹는 특별한 인간 꿀벌들도 있다. 또한 실제로 모든 사물은 이러한 꿀이 아닌 것을 어느 정도는 담고 있다. 이러한 사람들은 이미 언급한 바와 같은 우리 시대의 행복에 대해서 그들 나름대로 느끼고, 자신들의 불쾌감의 벌집을 끊임없이 만들어갈 것이다.

180

어떤 전망—성인, 즉 성숙한 사람들과 최고로 성숙한 사람들을 위한 교육과 성찰의 시간, 강요받는 일 없이, 그러나 풍습의 계율에 따라 모든 사람이 날마다 이 시간에 참가한다. 그 때문에 가장 존엄하고 가장 회상에 넘친 장소로서의 교회, 인간 이성의 존엄에 도달했거나 도달할 가능성이 있음을 축하하기 위한 일상적인 축제, 성직자·예술가·의사·지식인·현자가 한데 융합된 교육자의 이상이 새롭고 완전하게 꽃피고 열매 맺는 것, 그리고 이 사람들이 저마다 지닌 개별적인 미덕이 그 가르침 자체 속에, 그 가르침의 설명과 방법 속에 종합적인 미덕으로 나타날 것임에 틀림없다. 이는 언제나 되풀이되어 떠오르는 나의 전망이다. 나는 이것이 미래의 베일 한쪽 끝을 걷어올린 것이라고 확신한다.

181

교육은 왜곡이다─모든 교육 제도에 있는 이상한 불안정 때문에 오늘날 어른들은 자기의 오직 하나의 교육자는 '우연'이었다는 느낌을 갖는다. 교육의 방법과 의도의 변동성은, 오늘날 '가장 오래되고 가장 새로운' 모든 문화적인 세력이 마치 떠들썩한 대중의 집회에서처럼 이해되는 것보다 다만 들리기를 바라며, 무슨 방법을 써서라도 목소리나 절규로써 자기가 아직도 '존재하고 있다'거나 '이미 존재하고 있었다'는 것을 꼭 증명하려는 것을 보아도 충분히 알 수 있다. 불쌍한 교사와 교육자들은 이러한 미치광이들처럼 보이는 떠들썩함에 먼저 귀가 먹먹해지고 입을 다물다가 마침내는 넋이 빠져, 자기 몸에 무엇인가가 덮쳐와도 그냥 참아 내고, 학생들에게도 그대로 참아 내라고 한다. 교사 자신이 교육받지 못했는데, 어떻게 그들이 다른 사람을 가르칠 수 있단 말인가? 그들 자신이 꼿꼿이 자라난 늠름하고 힘찬 나무 줄기가 아닌 이상, 그들에게 휘감기려는 자는 몸이 비틀리고 구부러져 마침내는 오그라들고 기형적인 모습이 될 수밖에 없을 것이다.

182

시대의 철학자와 예술가─방종과 냉정, 욕망의 불타오름과 감정의 냉정함, 이 못마땅한 공존이 오늘날 유럽 상류 사회의 모습이다. 따라서 예술가는 자신의 예술을 통해 욕망의 불꽃과 '더불어' 마음의 불꽃까지 타오르게 할 수 있다면, 그것만으로도 큰일을 해낸 것으로 믿는다. 철학자 또한 마찬가지다. 즉 시대와 공유하는 감정의 냉정함을 지닌 그는 자기와 사회에 있는 욕망의 뜨거움까지도 자신의 부정적인 판단으로 식힐 수 있다면 그것만으로도 대단하게 생각할 것이다.

필요 없이 문화의 병사가 되지 말 것─사람들이 마지막에 배우게 되는 것은, 젊었을 때 어떤 것을 알지 못해 큰 손해를 보는 사항이다. 즉 먼저 뛰어난 일을 '해야' 하는 것, 다음으로 그것이 어디서, 또 어떠한 이름으로 발견되더라도 뛰어난 것을 '찾아내야' 한다는 것이다. 그리고 모든 불량하고 평범한 것은 곧 피해 지나가고 '이것을 상대로 싸우지 말' 것, 또 어떤 것의 이득이 의심스러운 것만으로도(이러한 의심은 조금은 숙련된 취향의 소유자에게는 빨리 생긴다) 그것에 반대하는 논거와 그것을 완전히 회피하는 동기로 여겨질 수 있다는 것이다. 물론 맨 끝의 경우에는 몇 번이나 착각해서, 비록 좋은 것이기는 하나 얼마쯤 가까이 할 수 없는 것을 불량하고 불완전한 것과 오인하는 위험이 있기는 하지만. 그리고 이보다 더 이로운 일은 아무것도 할 수 없는 자만이 문화의 병사로서 세상의 나쁜 일들의 해결에 몰두해야 한다. 그러나 문화의 생산 계급(노동자·농민)과 교직·성직자 계급이 무장해 당당히 걷든가, 자신의 직업과 가정의 평화를 경계와 야경과 악몽을 통해 반대로 기분 나쁜 불안감으로 떨어뜨릴 때 그러한 계급은 파멸하고 말 것이다.

184

자연사를 설명하는 법—불안·공상·안일·미신·어리석음에 맞서는 윤리적·정신적 힘의 투쟁과 승리의 역사인 자연사는 자기에게 귀를 기울이는 모든 사람들을 끊임없이 고무해 심신의 건강과 개화를 향해 전진하도록, 모든 인간적인 것의 상속자이며 계승자라는 희열감을 가지도록, 또 더욱 고매한 시도를 하려는 욕구로 나아가도록 이끌어주어야 할 것이다. 오늘날까지 자연사는 아직 자기를 말하기 위한 올바른 언어를 찾지 못했다. 그것은 언어를 발명하는 재간이 있는 웅변적인 예술가들(왜냐하면 바로 그것을 위해서는 이런 종류의 사람들이 필요하므로)이 자연사에 대한 고집스러운 불신감을 버리지 못하고 있는 데다 특히 자연사를 철저히 배울 의욕을 갖지 않기 때문이다. 아무튼 우리는 영국인이 비교적 낮은 대중 계층을 위한 자연 과학의 교과서에서 이상을 향한 훌륭한 발전을 이룩했다는 사실을 인정해 주어야 한다. 이 발전은 영국의 가장 뛰어난 학자들(완벽하고도 풍요로운 천성의 사람들) 손으로 이루어진 것이며, 우리처럼 평범한 학문자들이 이룬 것은 아니다.

185

인류의 천재성—쇼펜하우어가 연구한 것처럼 천재성이, 자기가 체험한 것에 대한 생생한 기억 속에[70] 있다면, 역사적 생성의 전체를 인식하려는 노력 속에서(이것이 현대를 모든 과거 시대로부터 차츰 두드러져 보이게 하고 자연과 정신, 인간과 동물, 도덕과 물리학 사이를 가로막는 낡은 장벽을 처음으로 때려부쉈다) 온 인류의 천재성을 목표로 하는 노력이 인식되어야 할 것이다. 완전하게 기술된 역사라는 것이 있다면, 그것은 우주적인 자기 의식이다.

186

문화 숭배—위대한 정신을 지닌 사람들에게는 그들의 본질이 가진 맹목성, 비뚤어진 성격, 무절제성과 같은 너무나도 인간적인 요소가 붙어다닌다. 이것은 그들의 강력한, 아니 지나치게 강력해지기 쉬운 영향력을, 그러한 성격이 불러일으키는 불신감으로써 끊임없이 억제하는 데 도움이 된다. 왜냐하면 인류가 존속하기 위해 필요로 하는 모든 것의 체계는 본래 아주 포괄적이고 매우 다양한 여러 힘을 요구해서, 학문이든 정치든 예술이든 상업이든 저들 위대한 정신의 소유자들이 제각기 그 어느 한 가지만을 향해 '편파적으로' 치우쳐 나갈 때마다 인류 전체가 억울한 벌금을 치르지 않으면 안 되기 때문이다. 따라서 위인들이 숭배되었던 시대에는 언제나 문화에서 최악의 불운 시대였던 것이다. 그런 의미에서는 유일신 이외의 다른 신들을 갖는 일을 금지한 모세의 십계명에도 공감이 갈 정도다. 천재와 권력의 예찬에 대해서는 그 보완 및 구제 수단으로써 늘 문화 예찬을 함께 나란히 두어야 한다. 문화예찬은 볼품없는 것, 하찮은 것, 저속한 것, 멸시된 것, 연약한 것, 불완전한 것, 일면적인 것, 어설픈 것, 참되지 않은 것, 겉만 번지르르한 것뿐만 아니라 악질적인 것과 끔찍한 것에도 사려 깊은 평가를 보내며, '이 모두가 필요하다'고 인정할 줄 아는 것이다. 왜냐하면 경탄할 만한 노고와 행운으로 이루어진, 그리고 천재의 소행이기도 하고 외눈 거인 키클롭스와 개미들[71]의 소행이기도 한 모든 인간적인 것의 조화와

---

70) 쇼펜하우어의 《유고집》 속에 나오는 "아마도 천재는 자신의 인생 경력을 완전하고 선명하게 회상할 수 있는 물에 바탕을 둔다"의 인용인 듯함.
71) '키클롭스'는 그리스 신화에 나오는 이마 전체에 큰 외눈을 가진 거인으로, 여기서는 '일면적

발전을 다시 잃어버려서는 안 되기 때문이다. 그것이 없으면 선율도 선율이 될 수 없는, 깊고 때로는 기분 나쁘게 들리는 그 공통적인 기초 저음 없이 우리가 어떻게 지낼 수 있단 말인가?

187

고대 세계와 기쁨—고대 세계 사람들은 더 많이 '기뻐하는' 방법을 알고 있었는 데 반해, 우리는 '슬픔을 줄이는' 방법을 알고 있다. 고대 사람들은 풍부한 재기와 사려를 맘껏 동원해서 유쾌한 기분에 젖거나 축제 기분을 맛볼 수 있는 새로운 기회를 잇달아 발명했다. 이와 달리 우리는 오히려 고통을 없애는 것, 불쾌함의 원인을 제거하는 것을 목표로 하는 여러 과제를 해결하는 데 마음을 쓰고 있다.

생존의 고통에 대해서 고대인은 잊어버리거나 어떻게든 해서 그들의 감각을 유쾌한 것에 돌리려고 노력했다. 따라서 그들은 고통을 일시적으로 누그러뜨리는 방법으로 견디어 내려고 했던 반면 우리는 고통의 원인을 공격하고 전체적으로는 오히려 예방하는 쪽으로 행동한다. 아마도 우리는 후세 사람들이 다시 기쁨의 신전을 세우도록 기초를 닦고 있을 뿐인지도 모른다.

188

거짓말쟁이 뮤즈들—"우리는 거짓을 말하는 많은 방법을 알고 있다"[72]라고 과거의 뮤즈들은 헤시오도스 앞에 모습을 나타냈을 때 노래했다. 예술가를 일단 기만하는 자로 보게 되면 여러 중요한 발견을 할 수 있다.

189

호메로스는 얼마나 역설적일 수 있는가—호메로스에게서 찾아볼 수 있는 사상과 같이, 인간의 운명을 마치 겨울 햇빛처럼 비추어 주는 그렇게 대담하고

으로만 보는 강대자들'을, '개미들'은 '근면한 것만이 장점인 약소자들'을 뜻함..
72) 《신통기》에 따르면 헤시오도스가 어느 날 양을 지키고 있을 때, 뮤즈들이 나타나 "우리는 참으로 흔히 진실처럼 느껴지는 허위를 이야기하는 데 통달해 있다. 그러나 바란다면 진리를 이야기하는 데도 통달해 있다"고 말했다 한다.

무섭고 불가사의한 것이 뭐가 있을까.

이것은 정녕 신들이 정하고, 사람에게는
'몰락, 후세 사람들에게도 하나의 노래가 될 몰락'을 선고했다.

즉 우리가 고통받고 또 몰락하는 것은, 시인들에게 '소재'가 부족하지 않게 하기 위해서다.

그리고 이것을 규정하는 것이 바로 호메로스의 신들이다. 신들에게 다가올 세대의 사람들을 위로하는 일은 매우 소중한 것 같지만, 오늘날 우리 인간들의 일은 어떻든 상관 없는 듯하다.

일찍이 이런 생각이 한 그리스인의 머리에 떠올랐다니!

190

존재의 사후 승인—대부분의 사상은 착오 또는 환상으로 세상에 나왔지만, 인간이 나중에 거기에 참다운 기초를 밀어넣었기 때문에 진리가 되어 버렸다.

191

찬성도 반대도 필요하다—모든 위대한 인간은 단지 장려될 뿐만 아니라 일반 사람들의 복지를 위해서도 '공격'받아야 한다. '위대한 인간은 사회적으로 위험한 존재일 수도 있으니까.' 이 사실을 이해하지 못한 자는 아직도 몸집만 크고 정신은 미숙한 어린아이이거나 그 자신이 위대한 인간임에 틀림없다.

192

천재의 불공정—천재는 다른 천재들이 자기와 동시대인일 경우, 그들에게 가장 불공정하다. 첫째로 천재는 그들을 필요하다고 생각지 않으며, 따라서 그들을 군더더기쯤으로 여긴다. 그것은 그가 그들 없이도 천재이기 때문이다. 다음으로 그는 그들의 영향이 '자신의' 전류 작용을 가로막으므로, 그는 그들을 '유해'한 존재라고까지 부른다.

어떤 예언자의 최악의 운명—그는 20년 동안 자신의 동시대인이 자신에 대해 확신을 갖도록 노력했다. 그리고 마침내는 그 일에 성공했다. 그러나 그 사이에 그의 적수들도 성공을 거두었다. 그는 더 이상 스스로를 믿을 수 없게 되었다.

거미와 같은 세 사람의 사상가—어떤 철학적 당파에도 다음과 같이 세 사람의 사상가가 연달아 나타난다. 첫 번째 사람은 자신에게서 체액과 씨를 낳으며, 두 번째 사람은 그것을 가지고 실을 자아 교묘하게 그물을 만들고, 마지막 사람이 이 그물 속에 몸을 감추고 거기에 걸려드는 희생자를 기다린다. 그리고 철학으로 살아갈 궁리를 한다.

작가들과의 교제에서—작가와 교제할 때 그의 코를 잡는 것은 뿔을 잡는 것처럼 무례한[73] 행동이다. 그런데 어떤 작가도 저마다 자신의 뿔을 지녔다.

쌍두마차—불명료한 사유와 탐구적인 감정은 때때로 온갖 수단을 다해 기어올라 자기 혼자만이 중요시되려고 하는 앞뒤 생각 없는 의지와 이어져 있다. 이와 똑같이 도움·은혜·호의에 대한 단호한 의지는 때때로 밝고 투철한 사유를 향한, 또 절도 있고 자제하는 감정의 본능과 이따금 결부된다.

197

잇는 것과 떼어 놓는 것—인간을 서로 결합하는 것(공동의 필요에 대한 이해)은 머릿속에 있고, 인간을 분리해 놓는 것(사랑과 미움 속에서의 맹목적인 선택과 무분별한 행동, 다른 모든 사람을 희생하면서 한 사람을 편애하는 것, 또 여기서 생기는

---

73) '코를 잡는다'는 것은 '상대에게 참견한다'는 것. '뿔을 잡는다'는 것은 '상대와 서슴없이 싸운다. 상대를 비판한다'는 뜻일 것이다.

일반적 이익에 대한 멸시)은 마음속에 있는 게 아닐까?

198

사수와 사상가—표적은 못 맞혔어도 탄알이 아무튼 매우 멀리(물론 표적을 넘어 저쪽에) 날아갔다든가 분명 표적을 빗나가기는 했으나 뭔가 다른 것에 명중했다는 은밀한 긍지를 가슴에 품고 사격장을 떠나는 기이한 사수가 있다. 그런데 이와 똑같은 사람이 사상가들 가운데도 있다.

199

양면에서—어떤 정신적 방향과 운동을 적대시하는 것은 자기가 그것을 넘어서고 있어 그것이 목표로 하는 바를 인정할 수 없을 때거나, 그 목표가 너무 높아 우리 눈으로 식별하지 못할 때, 즉 상대가 우리를 능가해 있을 때다. 따라서 같은 당파가 위아래 양쪽에서 도전당할 수도 있다. 그리고 이 양쪽의 공격자가 공동의 증오심에서 동맹 맺는 일도 드물지 않다. 사실은 그들이 무엇보다도 증오하는 것이 바로 이 동맹임에도 불구하고.

200

독창적—무언가 새로운 것을 처음으로 보는 것이 아니라, 오래된 것 또는 낯익은 것, 누구나 이제까지 보아 왔고 지나쳐 온 것을 마치 '새로운 것인 양' 보는 것이 정말로 독창적인 두뇌를 특징짓는다. 최초의 발견자는 일반적으로 저 아주 평범하고 재기도 없는 공상가, 즉 우연이다.

201

철학자들의 착오—철학자는 자기 철학의 가치는 전체적인 것, 즉 그 구조 속에 있다고 믿는다. 그러나 후세 사람들은 그 가치를 그가 쓴 석재에서 발견해 내어, 그 돌로 흔히 더 훌륭하게 건축한다. 즉 그들은 철학자의 건축이 무너뜨릴 수 있으면서도, 그 재료의 가치를 잃지 않는 데서 그 가치를 발견하는 것이다.

202

기지—기지는 감정의 죽음에 대한 경구[74]다.

203

해결의 순간—학문의 세계에서는 늘 시시각각으로 볼 수 있는 현상이지만, 문제가 풀리기 시작하기 직전에 이제 자기 노력이 완전히 헛일이었다고 믿고 발걸음을 멈춰버리는 사람이 있다. 이것은 나비 매듭을 풀면서 그것이 막 풀리기 시작한 순간에 망설이는 자와 똑같다. 그가 망설이는 것은 그때 가장 매듭이 단단히 지어진 것과 똑같이 보이기 때문이다.

204

광신자들과 어울리는 일—자기의 오성을 확신하는 사려 깊은 인간은 열대에서 10년쯤 공상가들과 어울려 광기에 몸을 내맡겨 보면 얻는 바가 있을 것이다. 이렇게 함으로써 그는 마침내 "정신적인 것 치고 나에게 무관한 것은 하나도 없다"[75]고 자만에 빠지는 일 없이 말할 수 있는 그 정신의 세계주의에 이르기 위해 매우 전진한 셈이 된다.

205

심한 냉기—산속에서와 마찬가지로 학문의 세계에서도 가장 좋고 건강한 것은, 그 속을 감도는 엄숙한 냉기다. 정신적으로 연약한 자들, 예를 들면 예술가들은 이 냉기 때문에 학문을 두려워하고 기피하며 비방한다.

206

왜 학자는 예술가보다 고귀한가—학문은 시문학보다 한결 고귀한 천성을 지닌 인간을 요구한다. 그들은 보다 단순하며, 야심이 적고, 소극적이고, 조용하

---

74) 감정이 대상에 따라붙고 있는 한 기지는 생기지 않으며, 그 감정이 죽고 정신이 대상을 뛰어넘어 자유롭게 되었을 때 기지나 경구가 생긴다는 뜻.

75) 로마의 희극 시인 테렌티우스의 말인 "나는 인간이며, 인간에 대한 것치고 나와 무관한 것은 하나도 없다"를 변형한 것.

고, 사후의 명성에 그토록 연연하지 않으며, 또한 여러 사람의 눈으로 보면 도무지 그처럼 자기를 희생할 필요가 없을 정도로 보이는 일에 몰두하는 사람이어야 한다. 그뿐만 아니라 그들 스스로가 깨닫고 있는 또 한 가지 손실이 있다. 즉 그 일의 성질상 극도의 냉정함이 계속 요구되기 때문에, 그들의 '의지'는 약화되고 시적인 천성을 지닌 사람들의 부뚜막에서만큼 뜨거운 불이 계속해서 유지되지 않는다는 점이다. 따라서 그들은 흔히 시인들보다도 젊은 시기에 그 절정의 힘과 개화를 볼 수 없게 된다. 앞서 말한 것처럼 그들은 이 위험을 '알고' 있다. 하여간 그들은 화려한 광채가 부족하기 때문에 덜 빛나 '보이'고, 실제 가치보다도 덜 인정받게 된다.

207

경건함은 어느 만큼 은폐되는가—후세 사람들은 위대한 인물에게 자기 세기가 갖추고 있는 모든 위대한 성질과 덕을 선사한다. 이렇게 해서 가장 훌륭한 것은 모두 경건함에 의해 끊임없이 '은폐'된다. 경건함이 그것을 성스러운 상으로 떠받들고 모든 종류의 공물을 바치기 때문이다. 그리고 그것은 마침내 이 공물들에 완전히 뒤덮이고 포장되어 그 뒤에는 바라보는 대상이기보다는 오히려 신앙의 대상이 되어 버린다.

208

거꾸로 세워두는 것—진리를 거꾸로 세울 때, 우리는 보통 우리 머리도 있어야 할 위치에 있지 않다는 것을 깨닫지 못한다.

209

유행의 기원과 효용—'한 인간'이 자기 형식에 대해 자기 만족을 느끼고 있는 모습이 뚜렷하게 보이면, 그것이 다른 사람들의 모방심을 불러일으켜 차츰 '다수'의 형식, 즉 '유행'을 낳게 된다. 즉 이 다수의 사람들은 유행을 통해서 저 최초의 사람이 가지고 있던, 형식에 대한 매우 기분 좋은 자기 만족감에 젖으려고 하며, 또한 실제로 그것을 손에 넣는다. 누구나 불안감과 소심한 자기 위축감을 느낄 근거를 많이 갖고 있으며, 이 때문에 자신이 지니고 있는 힘과 선의의 4분의 3을 위축시켜 허망하게 될 수도 있다는 것을 생각하면 우리는 유행에 감사해야만 할 것이다. 그 이유는 유행이 이 갇힌 4분의 3의 힘과 선의를 해방시켜 서로 같은 유행의 규칙에 맺어져 있다는 것을 알고 있는 사람들에게 자신감을 주고, 상쾌하고 호의에 넘친 교제를 가능케 해 주기 때문이다. 어리석은 법칙(유행성의)이라 하더라도 많은 사람들이 따르게 된 이상, 그것은 마음의 자유와 안식을 안겨 준다.

210

혀를 자유롭게 하는 것—인간과 책의 온갖 가치는, 모든 사람으로 하여금 가슴속 가장 깊이 감추어 둔 것까지도 말하지 않고는 못 배기게 한다는 성질에 있다. 이러한 인간과 책은 혀를 자유롭게 하며, 가장 굳게 다문 이까지도 비틀어 여는 쇠지렛대다. 겉으로는 인류의 저주를 위해서만 있는 듯이 보이는 많은 사건과 악행마저도 이것과 같은 가치와 효용을 지닌다.

211

정신의 거주·이전의 자유—자유정신이라는 이름을 '욕설'로 달고 다니게 된 사람들에게, 그들이 짊어진 세상의 악의와 모욕의 짐을 조금만이라도 자기 어깨에 짊어짐으로써 자기 나름의 경의를 표하려는 것이 아니라면, 우리 가운데 누가 감히 자유정신으로 불리고자 하겠는가? 그러나 우리는 자신을 '거주·이전의 자유'[76]가 있는 정신이라고 진지하게(그 사람들의 거만하거나 고매한 반항심 없이)[77] 불러도 괜찮지 않을까? 왜냐하면 우리는 자유를 향한 이러한 경향[78]을 우리 정신의 가장 강한 본능으로 느끼기 때문이고, 또한 소극적이고 거의 경멸적인 표현을 쓰자면, 속박되고 뿌리를 깊이 내린 지성인들과는 반대로, 우리의 이상을 대부분 하나의 정신적인 유목 생활 속에서 발견하기 때문이다.

---

76) '국내에서 거주지를 자유롭게 선택하는 권리를' 뜻한다. 프랑스 혁명의 영향을 받기 전까지 독일 농노는 19세기까지 이주가 금지되었다.

77) '그 사람들'은 볼테르를 대표로 하는 18세기 자유 사상가들. '반항심'이란 그들의 반교회, 반봉건주의에 대한 대담한 전투적 태도를 말함.

78) 거주·이전의 자유를 뜻함.

212

뮤즈의 은총—호메로스가 다음과 같이 말한 것은 마음을 도려낼 만큼 진실되고 무서운 말이다.

"뮤즈는 그를 사랑하고 그에게 행복과 재앙을 주었다. 왜냐하면 그녀는 그에게서 눈을 빼앗아갔지만, 달콤한 노래를 주었기 때문이다."[79]

이것은 성찰하는 자에게는 한없이 의미심장한 글귀이다. 행복과 재앙 '양쪽' 모두를 주는 것, 이것이 깊은 사랑에 대한 '그녀' 나름의 방식이다! 그리고 왜 우리 사상가와 시인이 '눈'을 희생'해야' 하는지 저마다의 해석을 내리라.

음악교육에 반대해서—데생과 그림, 풍경과 인물과 사상의 스케치 따위를 통해 어릴 때부터 시각에 예술적 훈련을 하는 일은, 인간과 상황에 대해 관찰하는 안목을 '날카롭고 침착하며 지속적인' 것으로 만들어 주는 커다란 이익을 부수적으로 삶에 가져다 준다. 그런데 청각의 예술적인 훈련으로는 이와 비슷한 부수적인 이익이 생기지 않는다. 그러므로 일반적으로 초등학교에서는 청각 예술보다도 시각 예술을 우선으로 하는 것이 좋을 것이다.

진부한 것을 발견하는 사람—무엇보다도 진부한 것과는 인연이 먼 섬세한 정신의 소유자들은, 때때로 여러 종류의 우회로와 산속 오솔길을 거쳐 무언가 진부한 것을 발견하고 크게 기뻐하여 섬세하지 않은 사람들을 깜짝 놀라게 만든다.

학자들의 도덕—학문의 규칙적이며 급속한 진보는, 개개의 학자가 자기와는 거리가 먼 분야의 다른 학자들이 행한 계산과 주장을 일일이 검증할 만큼 '깊

---

79) 호메로스의 《오디세이아》 제8권에 나오는 오디세우스를 접대하는 자리에서 장님 가수인 데모도코스를 가리킨 말. 그 무렵의 니체는 심한 두통과 안구 통증을 앓아 실명할지도 모른다고 걱정했다 함.

은 의심을 품지 않을' 경우에만 가능하다. 그러나 여기에는 조건이 있다. 즉 모든 학자가 자기의 전문 분야에서 '극도로 의심 많고', 자기를 감시하는 경쟁자를 갖는다는 일이다. 이 '그토록 의심이 많지 않은' 것과 '극도로 의심 많은' 것의 병행에서, 학자들의 공화국[80]에서의 정의가 세워진다.

216

불임의 이유—최고의 정신을 가졌으면서도 기질상의 어떤 결함으로 참을성 있게 임신을 기다릴 수 없는 탓에 언제나 불임 상태에 있는 사람이 있다.

217

전도된 눈물의 세계—고도로 발달한 문화의 갖가지 요구는 인간에게 여러 가지 불쾌를 가져다 주며, 마침내 그 본성을 심하게 전도해 버린다. 그 때문에 인간은 여느 때에는 경직되고 침착하게 행동하며, 드물게 찾아오는 행복을 위해서만 눈물을 준비해 둔다. 그러나 괴로움이 없다는 기쁨만으로도 눈물을 흘리지 않을 수 없는 사람들도 더러는 있다. 행복할 때만 그의 마음은 감동한다.

218

통역관으로서의 그리스인—그리스인들에 대해서 이야기할 때, 우리는 알지 못하는 사이에 오늘과 어제 일에 대해 말하고 있다. 우리가 알고 있는 그들의 역사는 사실상 거울 자체에는 없는 무언가를 언제나 반사하는 번쩍번쩍한 거울이다. 우리가 그리스인들에게 대해 말하는 것은 다른 사람들에 대해서는 가만히 있어도 되게 하기 위해서다. 그러면 그리스인들이 사려 깊은 독자의 귀에 무엇인가 속삭여 준다. 그리스인들은 현대인에게 여러 말하기 힘든, 그러나 중대한 것을 쉽게 전달해주는 것이다.

219

그리스인의 후천적 성격에 대해서—우리는 그 유명한 그리스적 밝음, 투명

---

80) 클롭슈토크의 논문 〈독일 학자 공화국〉을 말함.

함, 단순함, 질서 그리고 그리스 작품의 수정 같은 자연스러움과 수정 같은 기교를 접하게 되면 이러한 모든 것은 그리스인들에게 주어진 것이라고 믿기 쉽다. 이를테면 '그들은 훌륭하게 글을 쓰는 것 그 밖의 일은 전혀 아무것도 하지 못한다'고 언젠가 리히텐베르크[81]가 이야기했듯이 말이다. 그러나 이보다 더 성급하고 불확실한 생각은 없다. 고르기아스에서 데모스테네스에 이르는 산문의 역사는 암울하고 갑갑한 악취미의 세계에서 빛의 세계를 향한 노고, 분투의 자취를 나타낸다. 숲과 늪 지대를 지나 길을 트고 나아가야 했던 영웅들의 수고가 떠오를 정도다. 비극 작품의 대화는 그 비범한 밝음과 확실함으로 보아서 극작가들의 참된 공적이다. 왜냐하면 그리스인은 상징적·암시적 세계에 탐닉하고, 장대한 합창 서정시로써 남달리 교육받아왔던 민족적 소질을 지녔기 때문이다. 이것은 그리스인을 아시아적인 화려함과 갑갑한 태도에서 해방하고, 전체적으로도 밝은 구성 양식을 얻은 것이 호메로스의 공적인 것과 마찬가지다. 또 무언가를 아주 순수하고 명백하게 말하는 것도 결코 쉬운 일로는 여겨지지 않았다.

그렇지 않다면 시모니데스[82]의 경구시에 대해 그리스인들이 보낸 그 강한 찬탄이 어디에서 왔겠는가. 그것은 금빛 찬란한 풍자도 당초무늬를 연상시키는 기지도 없는 매우 소박한 경구시다. 그러나 그것은 말해야 할 것은 똑똑히, 태양같이 태연히, 그러나 번개처럼 효과를 노리지 않으며 이야기하고 있다. 말하자면 타고난 어둠에서 빛을 향하여 나아가려는 노력이 그리스적인 것이기에, 스파르타풍의 간결한 격언과 비가의 언어, 일곱 현인의[83] 잠언을 들을 때 환희가 민중을 꿰뚫는 것이다. 우리에게는 불쾌한, 시에 온갖 규칙을 정하는 것이 그리스인에게 몹시 호감을 산 것도 그 때문이다. 그것은 그리스 정신에서는 운율의 위험[84]과 시 특유의 애매함을 극복하기 위한 참된 아폴론적인 임무인 것

---

81) 리히텐베르크(1742~1799). 독일 물리학자·저술가·괴팅겐 대학 교수. 잠언 작가로도 유명하며, 《잠언집》 전5권의 저작이 있다.

82) 시모니데스(기원전 556~468). 그리스의 서정 시인. 그 작품에는 명쾌함과 하나의 무상감이 소박한 아름다운 해조를 이루고 있다. 경구시로도 유명.

83) 현인은 고대 그리스에서 대표적인 현인으로 여겨진 7인의 정치가·입법가·학자로, 일반적으로 탈레스·피타코스·비아스·솔론·페리안드로스·킬론·클레오부로스를 든다.

84) '운율의 위험'이란 여기에서는 운율이 사람을 디오니소스적(음악적)인 세계에 유인하는 위험을 의미하고 있다.

이다. 단순함, 소박함, 냉정함은 그리스 민족의 소질에 '획득된 것'으로써 처음부터 갖추어져 있었던 것은 아니다. 오히려 아시아적인 것으로 되돌아갈 위험이 늘 그리스인들의 머리 위를 맴돌았던 것이다. 그리고 사실 그것은 신비적인 충동, 원시적인 야성, 암흑의 어둡게 범람하는 강물처럼 이따금 그들을 덮쳤던 것이다. 우리는 그들이 그 속에 빠져 들어가는 것을 본다. 우리는 유럽이 물에 씻기어 침수되는 것을 본다. 그 무렵의 유럽은 무척 작았기 때문이다. 그러나 훌륭하게 헤엄칠 줄 알고 잠수할 줄 아는 그들 오디세우스의 백성은 언제나 또다시 밝은 세계에 떠오를 것이다.

220

참으로 이교도적인 것—그리스 세계를 바라보는 자에게, 아마 그리스인들이 자신들의 모든 정열과 사악한 자연적 성향으로 축제를 베풀고, 게다가 그들의 너무나도 인간적인 것의 축제 프로그램을 국가적으로 제정하기조차 했다는 사실을 발견하는 것만큼 기이한 느낌을 받는 일은 없으리라. 이것이야말로 그리스 세계에서 참으로 이교적인 것이다. 그리스도교로써는 결코 이해되지 못했고, 이해될 리도 없었으며 끊임없이 아주 심하게 공격받고 멸시되어 왔다. 그리스인들은 너무나도 인간적인 것을 불가피한 것으로 여기고, 그것을 경시하는 대신 사회와 의식의 관습 속에 짜넣음으로써 그것에 두 등급의 법적 지위를 부여하는 방법을 택했다. 그뿐만 아니라 인간에 있어서 '권력'적인 모든 것을 그들은 신적이라 부르고, 그것을 그들의 하늘 곳곳의 벽에 써 넣었다. 그들은 인간의 좋지 않은 성질로 나타나는 자연 충동을 부정하지 않고 심한 홍수에 될 수있는 대로 해롭지 않은 배설구를 충분히 줄 수 있을 만한 예비 조치를 연구한 뒤에, 그것을 그럴듯한 질서 속에 짜넣어 일정한 의식, 일정한 기간으로 제한했다. 이것이 도덕에 대한 고대의 모든 자유로운 사고방식의 뿌리이다. 나쁘고 의심스러운 것, 동물적인 것과 뒤떨어진 것, 또 그리스적 본성의 바닥에 여전히 살아 있었던 야만인, 즉 그리스 이전의 인간과 아시아인에게도 어느 정도 해방이 허용되었고 그들을 완전히 말살하려 하지 않았다. 그러한 질서의 모든 체계는 개개인 또는 계급이 아니라 일반적으로 인간이 갖춘 여러 성질을 바탕으로 하여 이루어진 국가였다. 국가의 이 구조 속에서 그리스인들은 전형적·사실적인 것에 대한 비범한 감각을 보여주고 있다. 이 감각이야말로 나중에 그들을 자연 탐구가·역사가·지리학자·철학자로 만들었던 것이다. 국가와 국가적 의식을 제정할 때 결정권을 가지고 있었던 것은, 사제나 특정 계급으로 한정된 도덕적인 규율이 아니라, '모든 인간적인 것의 현실성'에 대한 가장 폭넓은 고려였다. 어디서 그리스인은 이러한 자유를, 현실적인 것에 대한 이러한 감각을 얻어 왔을까? 아마 호메로스와 그 이전의 시인들에게서 온 것이 아닐까. 왜냐하면 본성이 가장 공정하지도 지혜롭지도 않은 시인들은 대신에 '모든 종류의' 현실적인 것과 효과적인 것에 대해 기쁨을 갖고 있으며 악이라고 할지라도 완전히 부정하지 않으려 하기 때문이다. 그들에게는 악이 완화되어, 반드시 모든 것을 때려 죽이거나 내부에 중독시키지만 충분하다. 즉 그들은 그리스를 세운 자들과 비슷한 사고방식을 갖고 있었으며, 또 그들의 스승이자 개척자였던 것이다.

221

예외적인 그리스인─그리스에서는 깊고 철저하며 엄숙한 정신을 가진 사람은 예외에 속했다. 민족의 본능은 오히려 엄숙하고 철저한 것을 왜곡으로 느끼는 경향을 가지고 있었다. 형식을 다른 데서 빌려오고 창조하지는 않았지만 그것을 아주 아름다운 가상으로 고쳐나가는 것, 이것이 그리스적인 것이다. 용도를 생각해서가 아니라 다만 예술적인 현혹 때문에 모방하고, 피할 수 없이 강요당하는 엄숙성을 되풀이해 극복하고 질서화하고 미화하고 평이하게 만들어 준다. 이 방식이 호메로스에서 기원후 3, 4세기의 소피스트들[85]까지 계속된다. 그들은 순전히 피상적이고, 허식적인 말, 열광적인 몸짓을 취하며 가상과 소리와 효과에 굶주린 허망한 영혼을 가진 자들만을 상대했다. 그렇지만 '학문'을 창시한 그 예외적인 그리스인들[86]의 위대함은 인정되어야 한다! 그들에 대해 말하는 사람은 인간 정신의 가장 영웅적인 역사를 말하는 것이다!

---

85) 그즈음 소피스트라는 말의 용법이 조금 바뀌어 변론술의 도배, 변호사 등을 의미하게 되었다는 것 그 밖에는 분명치 않다.
86) 소크라테스나 플라톤, 아리스토텔레스 등의 철학자들을 가리키는 듯.

222

단순한 것은 그 시대 최초의 것도 최후의 것도 아니다—종교적 표상의 역사를 말할 때, 사람들은 실제로 인과적으로도 시간적으로도 서로 연속적으로 생겨난 것이 아니라 동시에 별개로 일어난 사항에 대해서도, 발전적으로 또는 서서히 성립되었다는 식의 많은 그릇된 사실을 날조해서 끼워 넣는 법이다. 특히 단순한 것은 가장 오래되고 또 가장 최초의 것이라는 설이 지금도 지나칠 만큼 널리 퍼져 있다. 인간적인 것 가운데 적잖은 부분은 뺄셈과 나눗셈으로써 이루어진 것이며, 결코 곱셈과 덧셈, 또는 결합으로 이루어진 것이 아니다. 이를테면 '신들에 대한 조형적 묘사'는 그 딱딱한 나뭇조각과 돌 덩어리로부터 완전히 인간의 모습이 되기까지 서서히 발전해 온 것이라는 그릇된 생각이 여전히 남아 있다. 그런데 사실은 신성이 나무·나무토막·돌·동물 속에 이입되어 그 속에서 감지되는 '동안'에 신의 모습을 인간화하는 것은 신을 모독하는 것과 같이 사람들에게 두려움을 주었다. 그리고 먼저 제사와 종교적 '두려움과 부끄러움'의 속박에서 벗어나, 인간 내부의 상상력으로 하여금 그 작업에 익숙해지고, 나아가서 그것을 기꺼이 하도록 해주었던 자는 시인들이었다. 그러나 경건한 분위기와 순간이 다시 찾아와 시인들의 이 해방적인 영향력도 다시 희미해지고 신성은 이전과 같이 괴기하고 공포스러운 분위기, 완전히 비인간적인 것 속에 계속 표현되었다. 그런데 인간 내부의 상상력이 감히 마음에 그리는 것도 그것이 외적이고 육체적이고 표현으로 옮겨지면 대체로 사람에게 불쾌한 느낌을 주는 법이다. 왜냐하면 내적인 눈은 외적인 눈보다는 훨씬 대담하고 수치심도 덜 느끼기 때문이다(서사시의 소재를 연극적인 소재로 변화시키는 것이 곤란하다는 것, 경우에 따라서는 불가능하다는 것도 이에 말미암는다). 종교적 상상력은 오랫동안 신과 어떤 형상과의 동일성을 좀처럼 믿으려고 하지 않고 있다. 형상은 신성의 본체를, 어떤 신비적인, 전혀 짐작이 가지 않는 방법으로 여기서 활동하고, 일정한 장소에 정착하는 것으로서 출현해야 하는 것이다. 가장 오래된 신상(神像)은 '신을 모시는 동시에 은폐'해야 하며, 신을 암시하기는 하지만 남의 눈에 드러나진 않아야 한다. 어떠한 그리스인도 뾰족한 나무기둥 그 자체를 아폴로 신으로, 돌덩어리 자체를 에로스 신으로 '본' 적은 없었다. 그것들은 그야말로 상징이었으며, 신성이 구체적으로 드러나는 것에 대한 불안을 품게 해야 하는 것이었다.

아주 빈약한 조각술로 팔다리를 만들고 때로는 여분으로 만들어 붙였던 그 목각인형의 경우도 순전히 같은 사정이다. 이를테면 네 개의 손과 네 개의 귀를 지닌 라코니아의 아폴로 상이 그것이다. 그러한 불완전성·암시성 또는 과잉성 속에서 전율적인 신성을 표현함으로써 인간적인 것과 인간을 닮은 것이 연상되는 것을 '막으려고' 했다. 이러한 것이 만들어지는 때는 결코 예술의 시초가 되는 단계는 아니다. 실은 이러한 형상이 추앙받았던 시대에는 더 뚜렷하게 이야기하는 것도, 더 확실한 형태를 주는 일도 불가능했던 것은 아니다. 오히려 사람들은 어떤 한 가지 일을, 즉 직접적이며 노골적인 표현을 두려워했다. 신전의 본당은 가장 신성한 것, 신성의 진정한 본체를 모시고 신비의 희미한 어둠 속에 그것을 감추지만, '완전히 감추지는 못하는 것이다'. 원주식 신전은 본당을 수호하고 말하자면 차양과 베일로 대담한 사람 눈길에서 보호해 감싸지만 '완전히 감싸지는 못할 것이다'. 이렇게 신상은 신성 자체인 동시에 그 신성의 은폐인 것이다.

한편 예식 밖의 세계, 즉 세속적인 경기의 세계에서는, 경기의 승리자에게 보내는 사람들의 기쁨이 고조되어 그 높은 물결이 종교적 감정의 호수에까지 밀려들어갔으며, 승리자의 입상이 신전의 뜰에 세워지게 되었다. 그리고 신전의 신앙심 깊은 참배자들은 알든 모르든 '인간적인' 아름다움과 압도적인 힘을 보게 되어, 그 눈이나 마음도 친숙해지자, 공간적 및 심리적 유사성에서 인간에 대한 숭배와 신에 대한 숭배가 서로 어우러지게 되었다. 그리고 여기에 이르러 비로소 신상의 본격적인 인간화에 대한 두려움은 사라지고, 당당한 조각을 위한 대형 장소가 열리게 된다. 물론 여기에도 아직 '숭배'가 이루어지는 곳에서는 어디서나 태고의 추한 형식이 남아 조심스럽게 모방되고 있다는 한계가 있기는 하다. 그러나 '봉헌하고 헌납하는 헬라스인'[87]은 이제야 완전한 축복 속에 신을 인간화하는 기쁨에 빠질 수 있는 것이다.

223

어디로 여행할 것인가 — 직접적인 자기 관찰도 자기를 알기에는 불충분하

---

87) '헬라스인'은 본디 그리스인을 말하지만 후자보다 밝은 발음의 말이며, 니체는 분명히 '보다' 건강한 고대 그리스인을 '헬라스인'이라 부르고 있는 듯.

다. 우리에게는 역사가 필요하다. 왜냐하면 과거가 수많은 물결을 이루어, 우리에게 끝없이 흘러들고 있기 때문이다. 그뿐 아니라 우리 자신은 이 흐름에 대하여 순간마다 느끼는 존재 이상의 그 무엇도 아니다. 그리고 여기에서도 또한 우리가 우리의 가장 고유하고 개성적인 본질로 보이는 것의 흐름 속으로 내려가려고 할 때, 헤라클레이토스의 격언 '사람은 같은 흐름 속에 두 번 발을 들여놓지 않는다'[88]는 말이 중요한 의미를 지니게 된다. 이것은 차츰 진부해지기는 했지만 그때처럼 든든함과 유익함을 잃지 않은 지혜다. 그리고 마찬가지로 늙은 헤로도토스가 여행한 바와 같이[89] 여러 국민에게 (이것은 그들이야말로 우리가 그 위에 '설' 수 있을 만큼 비교적 오래된 '문화단계'가 튼튼하게 자리잡고 있기 때문이다) 이른바 미개 민족과 반미개 민족에게, 특히 사람들이 유럽의 옷을 이미 벗어 버렸거나 입은 적이 없는 그러한 민족을 향해 '여행'해야 한다는 지혜도 여전히 든든하고 이롭다. 그러나 반드시 여기저기 몇천 마일을 돌아다닐 필요가 없는 좀더 '세련된' 여행기술과 여행 목표가 존재한다. 즉 지난 3백 년의 문화는 모든 색채와 굴절 그대로 '우리 가까이에' 아직도 계속 살고 있음이 거의 확실하다. 그것은 '발견'되기를 기다리고 있을 뿐이다. 많은 가족뿐만 아니라 개개인 속에는 오늘도 그 문화 단층이 아름답고 뚜렷하게 쌓여 있는 것이다. 물론 다른 곳에서 암석은 비교적 알기 힘든 단층을 이루고 있다. 확실히 외진 시골, 낯선 산골짜기 구석진 촌락에 훨씬 더 오래된 감정의 귀중한 견본이 더 쉽게 보존될 수 있으며 또 이런 데서 그러한 견본을 찾아내야 한다. 이를테면 베를린처럼 인간이 피폐해지고 털이 뽑혀 태어나게 되는 데서는 그러한 것을 발견하기란 도무지 있을 법하지 않다. 이러한 여행기술의 오랜 훈련을 거친 뒤 백 개의 눈을 가진 아르고스(Argos)가 된 자는, 마침내 자신의 '이오(Io)'[90]('에고(ego)'를 의미한

---

88) 강의 비유로 예컨대 '같은 강물 속에 발을 딛는 자에게는 잇달아 자꾸만 다른 물이 흘러온다……'.

89) '늙은 헤로도투스는 Altvater Herodot에 대한 번역. Altvater는 여기에서는 'altehrwürdiger Vater'의 원뜻에서 바뀌어 'verehrtes Vorbild vergangener Zeit'의 의미.

90) '이오' Jo '또는 Io'는 하신 이나코스(그리스의 아르고스 주를 흐르는 강)의 딸로, 이 고장의 헤라 신전을 섬기는 무당, 그녀에 대한 제우스의 총애를 질투한 헤라는 이오를 순백색 암소로 바꾸고, 이것을 눈이 백 개인 거인 아르고스에게 감시시켰다. 제우스의 명령을 받은 헤르메스는 아르고스를 죽여 암소를 도망치게 하지만 헤라는 등에를 보내서 암소의 귀에 밀어 넣고(또는 옆배에 붙여) 끊임없이 이것을 보게 했다. 이 때문에 미쳐버린 암소는 정처없이 각국

다)를 어디까지나 따라갈 것이다. 그리고 이집트와 그리스, 비잔틴과 로마, 프랑스와 독일에서, 민족 이동 시대와 정착의 시대에서, 르네상스와 종교 개혁의 시대에서, 고향이나 타향에서, 그뿐 아니라 바다, 숲속과 산속에서 생성하고 변신하는 에고의 모험의 여행 자취를 다시 발견할 것이다. 이렇게 자기 인식은 과거의 모든 것에 대한 총체적 인식이 된다. 여기서는 암시만 가능한, 나의 다른 고찰에서 볼 때, 가장 자유롭고 가장 전망 좋은 정신의 자기 규정과 자기 교육이 언젠가는 미래의 모든 인간적인 것에 대한 총체적 규정이 될 수 있을 것이다.

224

진통제와 독약──아무리 철저하게 생각해도 부족하지만, 그리스도교는 노화한 고대의 종교이며, 그 성립의 전제 조건은 퇴화한 낡은 문화 민족이라는 사실이다. 그리고 그리스도교는 이렇게 퇴화한 민족에게 진통제와 같은 효과를 낼 수 있었고, 지금도 내고 있다. 눈과 귀가 '진흙으로 가득 차' 있어서 더는 이성의 소리나 철학을 들을 수 없고, 그 이름이 에픽테토스건 에피쿠로스건 활기 있게 돌아다니는 예지를 더 이상 볼 수 없게 된 시대다. 이러한 시대에는 아마도 아직 내세워진 순교의 십자가와 '최후의 심판의 나팔'이 알맞게 작용해서 이러한 민족으로 하여금 더욱 '품위 있게' 삶을 끝마치게 할 수도 있을 것이다. 유베날리스(Juvenvalis)가 풍자한 저 로마의 일을, 비너스의 눈을 가진 독두꺼비를 생각해 보라. 그러면 '세상' 앞에서 십자를 긋는 일이 무엇을 뜻하는지 알게 될 것이고, 침묵하는 그리스도 교인들에 대한 존경과, 그들이 그리스·로마 땅을 번창하게 해 준 것에 대한 감사의 마음을 품게 될 것이다. 그 무렵 대부분 인간의 영혼이 노예화 되어버리고 '낡은' 감성을 지니고 태어난 것과 마찬가지라면, 육체적이기보다는 훨씬 더 정신적이었던 사람들, 하데스의 그림자에 대한 그리스적 관념을 이 세상에 실현하는 것처럼 보였던 사람들의 모습을 대하는 일은 얼

을 돌아다니다(Io는 그리스어로 Wanderin(방랑)을 의미한다) 마침내 이집트에 이르는데, 이 고장에서 다시 헤르메스의 힘에 의해 등에의 성화에서 벗어나 인간의 모습으로 환원된다(그리스 신화). 이 부분에서 니체가 '아르고스가 된 자는 마침내 그의 이오를 따라 어디에나 갈 것이다'라고 말하고 있는 뜻은, '백 개의 눈을 가진 아르고스'가 '보편적으로 보는 자(파노프테스)'를, '이오'가 그리스어로는 '방랑자'를, 또 니체가 보여주듯이 '자아'를 뜻하는 데에서 명백하리라.

마나 은혜로운 일이었겠는가! 소극적이고 '그림자처럼' 스치듯 달려가 버리고, 암시적으로 슬쩍 이야기하는 호의적인 사람들, '더욱 나은 생활'을 기대하고 있는 사람들, 그 때문에 그렇게도 요구하는 게 많았던 자, 그렇게도 말없이 경멸하고 그렇게도 자부심 강하고 인내심 강한 자가 된 사람들과 만난다는 것은! 금이 가고 낡아 빠지긴 했어도 아름다운 소리를 내는 '훌륭한' 고대의 저녁 종소리로서의 이 그리스도교는 오늘날 그 수백 년을 오직 역사학적으로 통과하는 자의 귀에까지도 위안이 된다. 그렇다면 그 사람들 자신에게는 얼마나 고마운 위안이었겠는가!

이와 달리 그리스도교는 젊고 발랄한 야만 민족에게는 '독약'이다. 예를 들면 고대 독일인들의 영웅적·유아적·동물적인 영혼에 죄책감과 영원의 죄라는 가르침을 심어주는 것은, 참으로 그들의 영혼에 독을 주입하는 것이나 마찬가지다. 그리고 그 결과는 필연적으로 엄청난 화학적 발효와 분해, 온갖 감정과 판단의 혼란, 모험적이기 그지없는 것들의 번식과 형성이고, 따라서 시간이 지남에 따라 이 야만족은 철저하게 쇠약해지게 되었다. 만약에 이러한 쇠약이 없었다면, 오늘날 우리는 그리스 문화 속에서 무엇을 얻었겠는가! 인류 전체 문화 유산 가운데서 무엇을 얻었겠는가! 그것은 그리스도교에 '침범된 적 없었던' 야만인들이 오랜 문화를 완전하게 무너뜨리는 방법을 알고 있었기 때문이다. 예를 들면 로마화된 영국을 정복한 이교도들이, 무서울 만큼 명료하게 이것을 증명해 준다. 그리스도교는 본의 아니게 고대 그리스, 로마의 '세속적 세계'를 불멸의 것으로 만들기 위해 노력하지 않을 수 없었다. 그런데 여기에 또 한 가지 반문, 또는 검증의 가능성이 남겨져 있다. 만일 앞서 말한 독약에 의한 쇠약이 없었다면, 발랄한 여러 민족 가운데 어떤 민족이, 예를 들면 독일 민족이 점차 하나의 고도의 문화를, 즉 독자적인 새로운 문화를 발견할 수 있었을까? 그럼으로써 그러한 '새로운' 문화의 가장 어렴풋한 개념마저 인류에게서 떨어져 나갔단 말인가? 이 경우에도 사정은 다른 모든 경우와 같다. 즉 그리스도교적인 말투를 빌린다면, 모든 것이 현재와 같이 이루어진 것에 대해, 신이 악마에게 더 많이 감사해야 할 것인지, 악마가 신에게 더 많이 감사해야 할 것인지 알 수 없다.

225

신앙은 축복하고 또 저주한다—금지된 사상의 길에 떨어져 버린 그리스도 교인은 언젠가 이렇게 자문할지도 모른다. 남을 대신해서 속죄하는 어린 양과 같이 실제로 신이 존재할 필요가 있을까? '존재'에 대한 '신앙'만으로도 이미 '그 것이 실재하고 있을 때와' 같은 효과를 내는 데 충분하다면, 더욱이 이런 것이 실재해야 한다고 하면, 그것은 '불필요한' 존재가 아닐까?라고. 왜냐하면 그리 스도교가 인간의 마음에 주는 모든 사랑·위안·도덕은 그것이 부여하는 모든 음울한 억압적인 효과와 더불어 그 신앙에서 나오는 것이지, 신앙의 대상에서 나오는 것이 아니기 때문이다. 이 점은 잘 알려진 다음의 경우와 같다. 즉 마녀 는 실재하지 않지만 마녀 신앙이 가져다 주는 무서운 효과는, 마치 마녀가 실제 로 존재한다고 하는 경우에 생각되는 효과와 같았다. 그리스도교인은 신의 직 접적인 간섭을 기대하지만 '신이 실재하지 않기 때문에' 그 기대가 헛수고에 그 치고 마는 경우에, 언제나 그리스도교는 발뺌하고 달래는 구실을 찾는 데 참으 로 천재적이다. 이 점에서 그리스도교는 분명 재치가 풍부한[91] 종교이다. 누가 말했던 것인지 알 수 없지만, 확실히 신앙은 이제까지 진짜 산을 옮길[92] 수는 없었던 것이다. 그러나 신앙은 산 따위가 존재하지 않는 곳에 산을 만들 수는 있다.

226

레겐스부르크의 희비극—이따금 우리는 변덕스러운 운명의 여신의 익살 극을 무서울 만큼 뚜렷하게 볼 수 있다. 그녀는 자신이 다음 몇 세기를 조종하 기 위해 만든 운명의 밧줄을 겨우 며칠 만에, 한 장소에, 한 인간의 두뇌 상태 나 분위기에 묶어 놓는 것이다. 그렇게 근대 독일 역사의 비운은 모두 그 레겐 스부르크의 논쟁[93]이 펼쳐진 며칠 사이에 존재했다. 그때 교회적이고 관습적

---

91) 이 말에는 '영적으로 풍부한', '종교성이 풍부한'이라는 뜻이 풍자적으로 함축되어 있음.

92) 〈마태복음〉 제17장 20절과 〈마가복음〉 제11장 23절 참조. 니체가 누구 말인지 모르겠다고 한 것은 하나의 해학임.

93) 레겐스부르크는 바이에른의 도시. 남독일의 기독교 중심지였다. 가톨릭과 프로테스탄트의 재합류를 위한 조정을 피할 목적으로 1540년 11월 보름스(Worms)에서 열린 종교 회담이 '원 죄론'에 대해서 일치를 본 것으로만 끝난 뒤를 이어 1541년 1월 다시 레겐스부르크에서 같은

인 문제에 대해서도 종교 전쟁이나 반종교 개혁을 수반하지 않는 평화로운 해결이, 그리고 마찬가지로 독일 민족의 통일이 보증된 것처럼 보였다. 콘타리니 (Contarini)[94]의 깊고 온화한 마음은 정신적 자유의 아침놀을 그 날개에 나타낸 성숙한 이탈리아적 경건성을 대변한 것으로, 끊임없는 신학적 논쟁을 내려다보면서 잠시 초연하고 기세등등한 태도로 떠돌고 있었다. 그런데 의심과 무서운 불안으로 가득 찬 루터의 그 앙상한 머리가 반항했다. 그에게 은총에 의한 정당화는 '자신의' 가장 큰 발견이며 표어처럼 여겨졌으므로, 이 교리가 이탈리아인들의 입을 통해 전해지리라고는 믿지 않았기 때문이다. 그런데 이탈리아인들은 잘 알려진 바와 같이 이 교리를 이미 오래전에 발견하고, 그것을 아주 조용히 이탈리아 전체에 퍼뜨려왔다. 루터는 이 외견상의 일치 속에 악마의 흉계를 눈치채고, 할 수 있는 한 그 평화로운 작업을 방해했다. 이렇게 함으로써 그는 제국의 적[95]들이 가진 의도를 매우 전진시켰다. 그런데 이 소름끼칠 만큼 우스꽝스러운 사건의 인상을 더욱 강하게 하기 위해서 다음과 같은 사실을 생각해 주기를 바란다. 즉 그 무렵 레겐스부르크에서 논쟁의 표적이 되었던 교리 가운데, 원죄의 교리건 죄의 보상에 따른 구제의 교리건, 신앙에 의한 정당화에 대한 교리건 무엇 하나 진리인 것은 없으며 또는 진리와 전혀 무관하다는 사실, 이런 교리는 모두 오늘날에는 논쟁의 씨조차 될 수 없다는 사실을 말이다. 이러한 현실적인 사물이나 공허한 억측 때문에 세계는 불길 속에 휩싸이게 된다. 물론 순수하게 언어학적인 문제, 이를테면 성찬식 제정에 관련된 그리스도의 말[96]을 해석하는 문제에 대해서라면 적어도 논쟁이 허용되어 있다. 이 경우에는 진리가 논의될 수 있기 때문이다. 그러나 아무것도 없는 곳에서는 진리도 그

취지의 종교 회담이 열려, 가톨릭·프로테스탄트 양쪽에서 세 사람씩 신학자가 모였다. 교회에 대해서는 꽤 접근했으나 끝내 합류는 실패로 끝났다.

94) 콘타리니(1483~1542)는 이탈리아의 정치가·가톨릭 개혁자. 베네치아의 명문 태생. 베네치아 공화국의 정치가로서 또 신학자로서 명성을 떨쳤다. 1535년 이래 교황 바오로 3세 아래에서 추기경이 되었고, 교회 개혁 심의회 위원장으로서 성직자 부패의 현상과 그 원인을 논하는 "교회 쇄신에 대한 의견(Consilium de emendanda ecclesia)"을 기초했다.

95) '제국의 적들'이란 제왕의 권리에 대항하며 영방 절대주의의 확립을 추구하는 제후나 제국도시를 말함.

96) 〈마태복음〉 제26장 27~29절.

권리를 잃는 법이다.[97]

끝으로 말해두어야 할 것은 그즈음에는 물론 그 종교상의 갈등을 통해 다양한 '힘의 원천'이 강력하게 흘러나와서, 만일 그 힘이 없었다면 근대 세계의 모든 풍차가 이와 같은 세기로 움직여지는 일은 없었으리라는 것이다. 그리고 먼저 중요한 것은 힘이며, 그러고 나서 겨우 진리가 문제되거나 어쩌면 그때도 그렇게 되지 않을 수도 있다. 그렇지 않은가, 나의 친애하는 동포들이여.

227

괴테의 착각—괴테는 '자신의 현실적인 재능에 대한 편협한 신념' 속에 살지 않았다는 점에서 위대한 예술가들 가운데서도 위대한 예외자다. 즉 그는 자기 재능이 그 자체로서나 세상 전반에 비추어 보나 본질적이고 특징적인 것이며 절대적이고 궁극적인 것임에 틀림없다는 자기 재능에 대한 낡은 사고방식 속에서 살지 않았다. 괴테는 자기가 실제 가지고 있는 것보다도 훨씬 큰 재능을 갖고 있다고 생각한 일이 두 번 있었다. 즉 착각을 했던 것이다. 한 번은 생애의 '후반'에 있었던 일인데, 그때 그는 자기가 '자연 학문상' 가장 위대한 발견자이며 또한 광명을 비춰준 한 사람이라는 확신에 완전히 사로잡혀 있었던 것 같다.

그리고 그것은 그의 생애의 '전반'에도 마찬가지였다. 즉 그는 자신이 믿었던 문예적 재능보다도 더욱 높은 어떤 재능을 '바랐던' 것이다. 그러므로 이 점에서 그는 이미 착각하고 있었다. 자연이 자신을 '조형' 예술가로 만들려고 한다는 착각이다. 그리하여 그의 가슴속에 불타오르고 있던 비밀이 마침내는 그를 이탈리아로 내몰았고, 그 환상에 사로잡혀 그것을 위해 모든 희생을 바치게 했다.

사려 깊은 인간이면서 모든 망상적인 것을 아주 싫어하는 괴테는 마침내, 욕망이라는 기만적인 요괴가 자기를 꾀어내 그 직업이 자기의 천직인 양 믿게 했다는 사실과, 이 욕망의 엄청난 정열로부터 벗어나 '결별'하지 않으면 안 된다는 사실을 발견하게 되었다. '결별해야 한다'는 이 고통스럽고 가슴을 도려내는 듯한 확신은 타소의 분위기 속에 완전히 울려 퍼지고 있다. '고양된 베르테르'인

---

97) '아무것도 없는 데서는 진리도 그 권리를 잃는다'는 것은, '아무것도 없는 데서는 황제도 그 권리를 잃는다', '없는 소매는 흔들지 못한다(없으니 어쩔 도리가 없다)'는 속담에 빗댄 것.

타소[98] 위에는 죽음보다도 더 사악한 것에 대한 예감이 떠돌고 있다. 바로 누군가가 "이제는 마지막이다. 이것과 결별한 뒤에는, 어떻게 미치지 않고 살아갈 수 있을 것인가!" 하고 말하는 것처럼 말이다. 그의 생애에서 이 두 가지 근본적인 착각이 그로 하여금 시에 대한 순수문학적인 태도, 그 무렵의 세상이 그것밖에는 모르고 있다는 듯한 태도에 맞서 매우 자유분방하고 거의 제멋대로처럼 보일 정도의 태도를 취하게 했다. 실러, 조금도 한가한 시간을 갖지 않고, 또 스스로에게 조금도 틈을 주지 않았던 저 가련한 실러가 시에 대한 소극적이고 위축된 마음으로부터, 모든 문학적인 본질과 작업에 대한 두려움으로부터 벗어났던 때를 제외하면, 괴테는 자기로서는 아무리 해도 알맞은 그 이름을 찾아낼 수 없는 여신이 아닌가 하는 의심을 품으면서 때때로 연인을 찾는 한 사람의 그리스인처럼 보인다.

그의 모든 시에서 우리는 조각과 자연에 가까운 분위기를 느낄 수 있다. 그리고 그의 눈앞에 떠오르는 이러한 모습의 얼굴은(아마도 그는 언제나 한 여신의 온갖 변모한 모습의 뒤를 쫓고 있는 데 지나지 않는다는 생각을 하고 있었으리라) 어느 틈엔가 그의 예술이 낳은 모든 후예들의 특징이 된 것이다. 만일 이 '착각의 우회로'를 거치지 않았다면 그는 괴테일 수 없었을 것이다. '직업적인 뜻에서의 작가이기를, 또는 독일인이기를 바라지 않았던 그였기 때문에' 오늘날까지도 불후의 존재로 남아 있는 오로지 한 사람의 독일 문필예술가일 수 있었을 것이다.

228

여행자와 그 등급—사람들은 여행자를 다섯 등급으로 나눈다. 먼저 가장 낮은 등급의 사람들은 여행할 때 남에게 관찰'당하는' 입장의 여행자들이다. 그들은 여행의 대상이며, 이른바 눈먼 자들이다. 다음 등급의 여행자들은, 실제로 스스로 세상을 관찰하는 여행자들이다. 세 번째 등급의 여행자는 관찰한 결과에서 어떤 것을 체험하는 사람들이다. 네 번째 여행자는 체험한 것을 다시 체득해서 그것을 계속 몸에 지니고 다닌다. 그리고 마지막으로 최고의 능력을 갖춘 몇몇 사람들이 있는데, 그들은 관찰한 것을 모두 체험하고 체득한 뒤, 집

---

98) '고양된 베르테르'란 프랑스의 문학사가 앙페르가 괴테의 희곡 《타소》의 주인공을 평한 말.

에 돌아와서 곧장 그것을 다시 여러 행위와 일 속에서 필연적으로 드러내며 나가는 사람들이다.

일반적으로 인생의 여로를 걷는 인간 모두가 여행자처럼 이 다섯 종류로 나누어진다. 가장 낮은 등급의 사람들은 순전히 수동적인 인간이고, 가장 높은 등급의 사람은 내면적으로 배운 것을 남김없이 발휘해서 살아가는 행동가이다.

229

높이 올라가서—이제까지 그들이 찬미해 온 사람들보다도 더 높이 올라가게 되면 그들에게 곧바로 그 사람들은 낮아지고 더 아래로 떨어진 것처럼 보이게 된다. 왜냐하면 그들은 언제 어떠한 경우에도 이제껏 우리와 '함께'(그것이 우리 덕택이건) '정상에' 올라가 있다고 잘못 생각했기 때문이다.

230

절도와 중용—매우 뛰어난 두 가지 사항, 즉 절도와 중용에 대해서는 전혀 이야기하지 않는 것이 가장 좋다. 극소수의 사람만이 여러 내적 체험과 회심의 신비로운 오솔길을 통해, 그것들의 힘과 징후를 알고 있다. 그리고 그들은 그 안에 있는 무언가 신적인 것을 숭배하고, 소리 높여 이야기하기를 꺼린다. 모두 그것에 대해서 이야기할 때에도, 다른 모든 사람들은 거의 귀를 기울이려고 하지 않는다. 그들은 그것이 지루하고 평범한 문제에 지나지 않는다고 믿는다. 그 절도와 중용의 세계에서 들려오는 경고의 울림을 한번 들은 적이 있으면서도 스스로 자기 귀를 막아 버린 사람들은 예외일 것이다. 그 일을 떠올리는 것은 그들을 화나게 하고 분노를 터뜨리게 할 뿐이다.

231

우정과 경쟁 속의 인간성—"너는 동쪽으로 가라. 그럼 나는 서쪽으로 가리라."[99] 이 말이 나타내는 것과 같은 감정은, 친밀한 교제 속의 인간성을 나타내는 최고의 특징이다. 이 감정이 없으면 어떠한 우정이나 우애, 제자의 도리도 언

---

99) 〈창세기〉 제13장 8~9절.

젠가는 위선이 된다.

232

생각이 깊은 사람들—깊이 생각하는 사람들은 타인과 교제할 때, 자기가 희극배우 같다고 생각한다. 그들은 남에게 이해받기 위해, 언제나 먼저 천박함을 거짓으로 꾸며내야 하기 때문이다.

233

'가축 무리 같은 인류'를 멸시하는 자들을 위하여—인간을 가축 무리로 여기고 그것으로부터 될 수 있는 한 빨리 도망치려고 하는 자는 반드시 그 무리에게 쫓겨 그 뿔에 받히게 되리라.

234

허영심 많은 사람에게 저지르는 큰 잘못—자신의 지식·감각·경험을 그럴듯하게 자랑할 기회를 타인에게 만들어주는 사람은 그 사람 위에 서게 된다. 따라서 자기가 더 뛰어난 인물이라는 것이 상대에게 느껴지지 않는 경우, 기회를 주는 사람은 자신이 그렇게 함으로써 상대의 허영심을 채워줄 것으로 믿겠지만, 사실 그 허영심을 공격하는 결과가 된다.

235

환멸—어떤 인물의 진가에 대해 공적으로 증언하는 것이 많은 담화와 책에서 나온 오랜 생애와 활동일 경우에, 그러한 인물과의 교제는 두 가지 이유에서 환멸을 주곤 한다.

한 가지는 우리가 짧은 기간의 교제로 지나치게 많은 것을, 다시 말해 온 생애에 걸쳐 수많은 기회를 통해서야 비로소 볼 수 있는 모든 것을 기대하기 때문이다. 또 한 가지는 이미 인정받은 자는 보다 세밀한 점에서까지 인정받으려고 애쓰지 않기 때문이다. 그는 몹시 태평스럽고, 우리는 너무나 긴장하고 있다.

236

호의의 두 가지 원천—모든 인간을 같은 호의로 대하고, 어떤 인물에 대해서도 무차별하게 친절하다는 것은 철저한 인간애의 드러냄이기도 하지만 깊은 인간 경멸의 표현일 수도 있다.

237

산속의 방랑자의 독백—너에게는 앞으로 나아갔고 매우 높이 올라왔다고 하는 확실한 증거가 몇 가지 있다. 이제 너의 주위는 전보다 넓어지고 전망도 좋아졌다. 불어오는 바람은 전보다 더 쌀쌀하지만, 한결 더 온화하기도 하다. 확실히 너는 온화함과 따스함을 혼동하는 어리석음을 털어 버렸다. 너의 발걸음은 더 생생하고 확실해졌고, 용기와 사려깊음이 함께 성장해 왔다. 모든 이유에서 네가 갈 길은 이제 더욱 고독해질 것이다. 그리고 과거의 길보다도 더 위험해질 것이다. 확실히 방랑자인 네가 산 위를 걷고 있는 모습을 안개 짙은 골짜기에서 바라보는 사람 눈에는 그 정도까지는 아니라 할지라도.

238

가장 가까운 자를 제외하고—내 머리는 내 목 위에 제대로 얹혀 있지 않은 것이 확실하다. 왜냐하면 두루 아는 바와 같이 다른 사람들은 모두 내가 무엇을 할 것이며 무엇을 하지 않을 것인가를 나보다 더 잘 알고 있기 때문이다. 나라는 이 가련한 녀석만이 나 자신에게 어떻게 했으면 좋은가를 말해주지 못한다. 우리는 '모두가' 잘못된 머리가 얹혀진 입상과 같은 것이 아닐까? 나의 친애하는 이웃들이여 그렇지 않은가? 어림도 없는 소리! 바로 그렇게 말하고 있는 네가 예외인 것이다.

239

주의—개인적인 일에 거리낌 없는 사람들과 교제해서는 안 된다. 만일 교제하려면 사정 없이 미리부터 그들에게 예의라는 수갑을 채워 두어야 한다.

240

자만하는 것처럼 보이려고 한다─모르는 사람 또는 어느 정도밖에 친분이 없는 사람과 이야기할 때 선별된 뛰어난 사상만을 말하고, 자기가 아는 저명한 지인 관계나 중요한 체험, 여행 이야기만을 꺼내는 것은, 그가 긍지 높은 사람이 아니라는 것, 적어도 그렇게 보여지고 싶지 않다는 표시다. 허영은 긍지 높은 인간이 쓰는 겸양의 가면이다.

241

좋은 우정─좋은 우정은, 상대를 몹시 더구나 자기 자신보다도 더 아끼는 경우와, 자신만큼은 아니지만 마찬가지로 상대를 사랑하는 경우에 성립한다. 그리고 쉽게 교제하기 위하여 친밀성의 부드러운 겉모습과 솜털을 덧붙이는 법을 알고 있지만 동시에 참된 친밀성에 빠지지 않도록 그리고 나와 네가 혼동되지 않도록 지혜롭게 주의를 기울이는 경우다.

242

유령으로서의 벗들─우리가 몹시 변하면, 변하지 않은 우리의 벗들은 우리 자신의 과거의 유령이 된다. 그들의 목소리는 우리의 귀에는 그림자처럼 기분 나쁘게 들린다. 마치 우리가 우리 자신의 목소리를, 그러나 더 어리고, 더 딱딱하며 더 미숙한 우리 자신의 목소리를 듣는 것처럼.

243

하나의 눈과 두 개의 눈길─편들어주고 지원해주기를 바라는 묘한 눈길을 지닌 사람들은 그들의 거듭되는 굴욕과 복수심의 결과로 뻔뻔스러운 눈길을 가지고 있다.

244

멀리 보이는 푸른 곳─평생 어린아이라는 말은, 매우 감동적으로 들리지만 그것은 멀리서 내린 판단일 뿐이다. 가까이서 보고 경험하게 되면 이 말은 평생 철이 없다는 뜻이다.

245

같은 오해가 낳는 이점과 결점―섬세한 두뇌의 소유자가 나타내는 무언의 당혹스러움은, 섬세하지 못한 자들 쪽에서는 보통 무언의 우월감을 나타내는 것으로 받아들여져 몹시 두려워지게 된다. 그것이 당혹스러움에 지나지 않는다는 것이 알려지면 그에게 호의를 갖게 될 텐데도…….

246

바보인 척하는 현자―현자는 그 인자한 마음으로 때때로 흥분하고 화내고 기뻐하는 '모습을 보이지'만, 이것은 그의 '참다운' 본질인 냉정함과 깊은 사려가 주위 사람들에게 아픔을 주는 일이 없도록 하기 위해서다.

247

억지로 눈길을 끈다―누군가가 우리와 교제하고 대화할 때 눈길을 끌려고 '애쓰는' 것을 알게 되면, 우리는 곧장, 그가 우리를 사랑하지 않거나, 더는 사랑하지 않는다는 충분한 증거를 잡은 것이다.

248

그리스도교적 미덕에 이르는 길―적들에게서 배우는 것은 그들을 사랑하기 위한 최선의 길이다. 왜냐하면 그것은 우리로 하여금 그들에게 감사하는 마음을 갖게 하기 때문이다.

249

집요한 사람의 전략―집요한 사람은, 우리의 협정 화폐[100]에 대해서 금화로 거스름돈을 주고, 그렇게 함으로써 나중에 우리의 관례를 잘못된 것으로 여겨 자기를 예외로서 다루도록 하려고 한다.

---

100) '협정 화폐'란, 1753년의 협정에 따라서 제정된 독일 화폐. '우리의 협정 화폐에 대해서 금화로 거스름돈을 주고'란, 여기에서는 우리가 상대와 관례적인 방법으로 사귀려고 하는 데 대해 상대가 뭔가 특별한 사귐의 방법을 해오는 것을 이른다.

250

미워하는 이유—우리가 많은 예술가나 저술가에게 적의를 느끼게 되는 까닭은, 그가 우리를 속였다는 것을 마침내 느껴서가 아니라, 그가 우리를 감쪽같이 속이는 일에 좀더 세련된 수단이 필요하다고 생각하지 않았기 때문이다.

251

헤어질 때—한 영혼이 다른 영혼에 가까이 가는 모습 속에서가 아니라, 서로 멀리 떨어져 나가는 모습 속에서, 나는 그 영혼과 다른 영혼과의 친근성과 동질성을 인식한다.

252

'침묵을 지켜라'—자기의 친구들에 대해 이야기해서는 안 된다. 그렇지 않으면 우정을 잘못 이야기하는 결과가 될 것이다.

253

무례함—무례함이란 갑작스러운 일에서 체면을 잃게 되자, 이것을 거친 언동으로 감추려고 하는 서툰 겸손의 표시인 경우가 많다.

254

정직이 저지르는 오산—우리가 이제까지 비밀로 해 온 것을 때로는 우리가 최근에 사귄 사람들이 먼저 알게 된다. 이때 우리는 어리석게도 비밀을 털어 놓음으로써 우리의 믿음을 나타내는 것이, 그들을 꼭 붙들어 놓는 가장 견고한 고삐가 되리라고 생각한다. 그러나 그들은 흉금을 털어놓는 우리의 이야기가 얼마나 고통을 수반한 이야기인가를 확실히 느낄 만큼 충분하게 우리의 일을 알고 있지 않기 때문에, 배반이라고 전혀 생각지 않고 우리의 비밀을 다른 사람에게 발설하고 만다. 그 결과 아마도 우리는 오랜 친구를 잃게 될지도 모른다.

255

호의의 대기실—어떤 사람이라도 호의의 대기실에 오랫동안 기다리게 되면,

발효해서 시큼해진 것처럼 기분이 언짢아진다.

256

멸시받는 자들에게 하는 경고―틀림없이 사람들로부터 신용을 잃어버렸을 경우에는 교제상의 조심성을 확실히 유지할 필요가 있다. 그렇지 않으면 스스로도 자기를 신용하지 않게 되었다는 것을 타인에게 폭로하게 되기 때문이다. 교제에서 견유학파(犬儒學派)적인 것은 인간이 고독 속에서 자신을 개처럼 다룬다는 표시다.

257

무지는 때때로 품위를 높인다―여러 점에서 남을 존경하는 사람들로부터 존경받기 위해서는, 분명히 어떤 일들을 이해하고 있지 '않는' 편이 오히려 이득이 된다. 무지 또한 특권을 부여하는 것이다.

258

우아한 적대자―너그럽지 못하고 교만한 인간은 우아함을 좋아하지 않고, 그것을 자기에 대한 명백한 비난처럼 느낀다. 왜냐하면 우아함이란 행동거지에 나타나는 마음의 관용이기 때문이다.

259

다시 만날 때―옛 친구들이 오랜 이별 끝에 다시 만나게 되면, 이미 그들에게 전혀 관계없어진 일들을 매우 재미있게 이야기하는 일이 많다. 그리고 때로는 양쪽 모두가 그것을 느끼지만, 감히 그 베일을 걷어 올리려고는 하지 않는다. 어떤 슬픈 의혹 때문인 것이다. 그래서 마치 죽은 자의 나라에서 주고받는 것과 같은 대화를 하게 된다.

260

부지런한 사람만을 친구로 사귀어라―빈둥빈둥 노는 자는 친구들에게 위험한 존재다. 그가 그다지 하는 일이 없으므로 친구들의 행동거지를 하나하나

논평하고, 마침내는 남의 일에까지 끼어들어서 달갑지 않은 존재가 되기 때문이다. 그렇기 때문에 부지런한 사람들과만 우정을 맺는 지혜로운 길을 택해야 할 것이다.

261

무기 하나는 무기 두 개보다 배로 큰 힘—한쪽은 머리와 마음으로, 다른 쪽은 머리만으로 자기 문제를 변호한다면 그것은 대등한 싸움이 되지 않는다. 즉 전자는 태양과 바람에 정면으로 맞서는 불리한 처지에 있는 것이며, 그의 두 가지 무기는 서로 방해하여 결국 그는('진리'의 눈으로 보면) 상금을 놓치게 된다. 물론 이에 대해, 하나의 무기로 싸우는 후자 쪽이 거두는 승리가 '다른' 모든 관중의 마음에 드는 승리인 경우는 좀처럼 없고, 도리어 그 승리 때문에 그는 인기를 잃는다.

262

깊이와 탁함—세상은 탁한 물에서 고기를 낚는 자와 깊은 데서 퍼올리는 자를 쉽게 혼동한다.

263

친구와 적에게 자기 허영심을 과시한다—어떤 사람들은 자기의 위대함을 과시하고 싶은 상대가 함께 있으면, 때로는 자기 친구마저 허영심 때문에 괴롭힌다. 또 다른 사람들은 자신이 이만한 적을 가질 만한 가치가 있다는 것을 자랑하여 과시하기 위해서 자기 적의 가치를 과장한다.

264

마음을 가라앉히는 것—심장의 흥분은 보통 두뇌와 판단의 질병과 관련이 있다. 그러므로 잠시 동안 두뇌와 판단의 건강이 요구되는 사람은 자기가 무엇을 차게 해야 하는가를 알아야 한다. 자기 심장의 앞날에 대해서는 걱정하지 말고! 거의 흥분할 수 있는 사람이라면 다시 따뜻해져서 자신의 여름을 가질 것이기 때문이다.

265

감정의 혼합에 대하여—여성들과 이기적인 예술가들은 학문에 대해, 질투와 감상[101]이 뒤얽힌 감정을 느낀다.

266

위험이 최대일 때—인생의 고갯길을 고생해서 올라가는 동안에는 좀처럼 다리가 부러질 일은 없다. 그러나 가볍게 보고 편한 길을 택하기 시작할 때가 가장 위험하다.

267

너무 이르지 않도록—너무 빨리 날카로워지지 않도록 조심해야 한다. 동시에 너무 빨리 가늘어져 버릴 테니까.

268

고집쟁이에게서 느끼는 기쁨—훌륭한 교육자는 자기 제자가 '그에 맞서서' 끝까지 자기 주장을 바꾸지 않는 것에 자랑스러움을 느끼게 되는 경우도 있음을 알고 있다. 즉 젊은이가 어른을 이해해서는 안 되는 경우나 이해하는 것이 젊은이에게 해가 되는 경우이다.

269

정직함의 시도—이제까지보다 더 정직하려는 젊은이들은 자신들의 첫 희생자로서, 이미 정직하기로 정평이 나 있는 자를 찾아내서 그를 덮친다. 즉 그들은 그를 매도함으로써 그가 있는 높이에까지 오르려고 한다. 더구나 아무튼 이 최초의 시도가 위험하지는 않을 것이라는 저의를 가지고서 말이다. 그것은 상대가 틀림없이 정직한 자인만큼, 다른 정직한 자의 뻔뻔스러움을 타박할 수는 없을 것이기 때문이다.

---

101) '질투'란 학문의 냉정한 지성에 대한 질투, '감상'은 자기들의 정서적인 길에 대한 자기 자만적인 감상이라는 뜻.

270

영원한 어린아이—우리는 동화와 놀이가 유년시절에나 알맞은 일인 듯이 생각하고 있다. 우리, 근시안들은! 마치 우리가 동화와 놀이가 전혀 없는 어떤 연령에 살고 싶어 하는 것처럼! 물론 우리는 그런 연령을 다른 이름으로 부르고[102] 다르게 느끼고 있지만 바로 이 점이야말로 오히려, 그것이 같은 것이라는 증거다. 왜냐하면 어린아이 또한 놀이를 자기의 할 일로, 동화를 자기의 진리로 느끼고 있기 때문이다. 인생의 짧음은 우리가 연령의 획일적인 구분(마치 나이마다 각각 무엇인가 제 나름의 새로운 것을 가져다 주기라도 한다는 듯한 구분법)을 하지 못하도록 금해야 한다. 그리고 언젠가 시인이 실제로 동화도 놀이도 없이 살아가는 2백 살의 인간을 그려 보이면 좋을 것이다.

271

모든 철학은 어떤 연령의 철학이다—어떤 철학자가 자기 학설을 창안했을 때의 나이는, 그 학설 속에서 울려나오는 것이어서 아무리 자기가 시간을 뛰어넘어 있다고 느끼더라도 그는 이것을 감출 수는 없다. 그러므로 쇼펜하우어의 철학은 언제나 뜨겁고 우울했던 '청년 시절'의 반영이다.[103] 그 사고 방식은 나이든 사람들에게 알맞지 않다. 또한 플라톤의 철학은 30대 중반쯤을 떠오르게 한다.[104] 그것은 찬 기류와 뜨거운 기류가 언제나 거칠게 휘몰아치고, 그 때문에 먼지와 부드러운 구름이 생기며 햇살 속에 매혹적인 무지개가 생기는 나이이다.

272

여성의 정신에 대하여—한 여성의 정신력이 가장 잘 증명되는 것은, 그녀가 한 남성과 그의 정신에 대한 사랑으로 자신의 정신을 희생하고 마는 사실, 그럼

---

102) 크뢰너 전집판 및 슐레히타 판에서는 "우리들은……다른 이름을 붙이고 있다"로 되어 있다.
103) 쇼펜하우어가 《의지와 표상으로서의 세계》의 사상 창조에 종사한 것은 그가 26~30세 때의 일이었다.
104) 소크라테스가 죽은 뒤, 플라톤이 《프로타고라스》, 《소크라테스의 변명》, 《크리톤》 등을 중심으로 한 초기의 대화편을 쓴 것은, 그가 30대 중반이었을 때라고 한다.

에도 그녀의 본성과는 근원적으로 다른 새로운 세계로 그 남성의 성향에 끌려 인도됨으로써 그녀에게 '곧바로 제2의 정신'이 태어난다는 사실에서다.

273

성적인 것의 고양과 저하—욕망의 폭풍은 이따금 남성을 모든 욕망이 침묵하고 마는 그러한 높이까지 낚아채간다. 그곳은 그가 더 훌륭한 욕망보다는 진정으로 '사랑할' 뿐만 아니라 더 훌륭한 존재로 살아갈 수 있는 세계다. 반면에 훌륭한 여성이 참된 사랑 때문에 욕망의 낮은 데로 내려가 스스로 자기 몸을 '낮추는' 경우도 흔히 있다. 특히 이 경우 행복한 결혼이라는 관념에 따를 수 있는 가장 감동적인 경우에 속한다.

274

여성은 성취하고 남성은 약속한다—자연은 여성을 통해 자기가 이제까지 인간상을 만드는 작업에서 무엇을 이룩했는가를 나타낸다. 또한 자연은 남성을 통해 무엇을 극복하지 않으면 안 되었는가를, 자기가 인간에 대해 어떠한 것을 '계획하고' 있는가를 나타낸다. 어느 시대나 완전한 여성이라는 것은 문화의 창조자가 일곱 번째 날에는 아무것도 하지 않았다는 것, 즉 예술가가 작업에서 휴식했다는 것을 나타내고 있다.

275

이식—격정의 무절제를 극복하기 위해서 자기 정신을 소모한다면, 아마 그 무절제는 정신으로 옮겨와 그 뒤에는 사고와 인식의 의욕에 있어 방종하게 되는 골치 아픈 결과가 생기게 될 것이다.

276

배반으로서의 웃음—여성이 어떻게 또 언제 웃는가는, 교양의 정도를 나타내는 표시가 된다. 그러나 또 웃음소리에서 그녀의 본성이 나타나는데 많은 교양을 쌓은 여성들의 경우에는, 아마도 그녀들의 본성에서 녹다 남은 마지막 찌꺼기까지도 나타나리라. 그 때문에 인간 연구가는 호라티우스처럼, 그러나 그와는 다른 이유로 이렇게 말할 것이다. "소녀들이여, 웃어라."

277

젊은이들의 영혼에서—젊은이들은 똑같은 사람에 대해 때로는 순종하고 때로는 대담해지곤 한다. 그것은 그들이 결국은 상대 속에 있는 자기 자신을 존경하거나 경멸하는 데 지나지 않은 것이기 때문이다. 자기들의 의욕과 능력의 정도를 경험으로 알기까지는, 그들은 자기 자신에 대해서 이 두 가지 감정 사이를 이리저리 비틀거리지 않을 수 없다.

278

세계를 개선하기 위하여—만일 불평하는 자와 우울증 환자 그리고 투덜거리는 자의 번식을 막을 수 있다면, 그것만으로 이미 지상을 행복의 낙원으로 만들 수 있으리라. 이 금언은 여성을 위한 하나의 실천 철학에 속한다.

279

자기감정을 의심하지 말 것—자기의 감정을 의심해서는 안 된다는 여성적인 표현은, 맛있는 것은 먹어야 한다는 것 이상을 의미하지는 않는다. 이것도 천성적으로 절도 있는 사람들에게는 하나의 훌륭한 생활지침이 될 것이다. 그러나 다른 사람들은 다음과 같은 다른 금언에 따라서 살아가야 한다. "그대는 입으로만이 아니라, 머리로도 먹어야 한다. 미식을 좋아하는 입 때문에 몸을 망치는 일이 없도록."

280

사랑의 잔인한 착상—모든 격렬한 사랑은 사랑의 대상을 죽임으로써 이것을 변심의 부정한 장난으로부터 단번에 떼어 놓으려고 하는 잔인한 생각을 지닌다. 왜냐하면 사랑에게는 파멸보다 변심이 더 무섭기 때문이다.

281

문—어린아이는 어른과 마찬가지로 체험하고 습득하는 모든 것에서 문을 본다. 그러나 그것은 어린아이에게는 '입구'지만 성인에게는 '통로'에 지나지 않는다.

282

동정심 많은 여성들—여성들의 수다스러운 동정은 병자의 침대를 시장 바닥으로 끌어내어 남의 눈에 보이게 한다.

283

너무 이른 공적—젊어서 이미 공적을 쌓은 자는, 보통 연륜과 나이 든 사람에 대한 외경심을 잃어버리게 된다.

그리고 동시에(이것이 그에게 있어 가장 큰 손해인데) 성숙한 사람들과 성숙한 사회에서 이탈해 가는 결과가 된다. 그래서 결국 그는 일찍 공적을 이루었음에도 남보다 더 오래 풋내기고 뻔뻔스럽고 어린아이 같은 상태로 머물게 된다.

284

틀에 박힌 영혼들—여성들과 예술가들은 사람들이 자신들을 반박하지 않는 것을 그들이 반박할 수 없기 때문이라고 믿는다. 그들에게는 열 가지 점에서 존경하고 다른 열 가지 점에서 말없이 동의하지 않는 일은 양립할 수 없는 것처럼 보인다. 그것은 그들이 틀에 박힌 영혼을 지녔기 때문이다.

285

재능 있는 젊은이들—재능 있는 젊은이들에 대해서는 엄밀하게 괴테의 격언에 따라, '진리를 손상하지 않기 위해서는 오류도 손상시켜서는 안 된다'[105]는 식으로 다루어야 한다. 그들의 상태는 임신했을 때 생기는 병처럼 이상한 '입덧'을 수반한다. 그들에게서 열매가 열기를 바란다면, 우리는 그것을 될 수 있는 한 만족시켜 주고 또 너그럽게 봐 주어야 할 것이다. 물론 그러기 위해서 우리

---

105) 괴테의 《격언과 반성》 중의 "진리와 오류가 하나의 원천에서 생기는 것은 이상하게도 명확한 일이다. 따라서 오류를 손상해서 안 될 때가 때때로 있다. 그때는 진리도 동시에 손상되게 되기 때문이다"를 근거로 한 말.

는 이 이상한 환자들의 간호사로서 자발적인 자기 비하라는 어려운 기술을 배워 두어야 한다.

286

진리에의 구토—여성들은 본성상, 모든 진리(남성, 사랑, 어린아이, 사회, 인생의 목적에 대한)에 구토를 일으킨다. 그리고 자기들을 눈뜨게 해주는 자에게는 누구든지 복수하려고 한다.

287

위대한 사랑의 원천—여성에 대한 남성의 갑작스런 정열, 깊고 내면적인 정열은 어디서 오는 것일까? 감성 때문만은 아니다. 그러나 남성이 한 사람의 인간 속에서 연약함과 의지하려는 마음과 동시에 교만함을 발견하게 되면, 마치 자기의 영혼이 끓어오르는 듯한 느낌이 그에게 생기는 것이다. 즉 똑같은 순간에 그는 감동과 더불어 모욕을 느낀다. 그리고 바로 이 점에서 커다란 사랑의 원천이 생기게 된다.

288

깨끗함—어린아이에게는 깨끗함에 대한 감각을, 그것이 정열이 될 정도로까지 드높여야 한다. 나중에 그것은 끊임없이 모습을 바꾸면서 고조되어 거의 모든 미덕에 이른다. 그리고 마침내 모든 재능을 보충해주는 것으로써 순수·절도·온후·품성에 의한 빛의 베일[106]처럼 보이게 된다. 행복을 몸에 지니고 행복을 주위에 펼치는 것으로써.

289

허영심이 강한 노인들에 대하여—몽상은 청년의 것이고 명석함은 노인의 것이다. 그럼에도 때때로 노인들이 몽상적인 방식으로 이야기하거나 쓰는 것은 허영심의 표현이다. 즉 그들은 이렇게 함으로써 젊고 열광적이고 날로 성장해

---

106) 빛의 베일은 크뢰너 전집판 및 슐레히타 판에 따랐다. 크뢰너 분책판에는 '빛의 충일'
(Lichtfülle)로 되어 있다.

가고 있는, 그리고 예감과 희망에 찬 사람의 매력을 몸에 지니게 되리라 믿는다.

290

새것의 이용—남성들은 새로 배워 익히거나 체험한 것을 앞으로 쟁기 날[107]
로서, 아마도 무기로서 이용할 것이다. 그러나 여성들은 곧 자기 자신을 위한
하나의 장신구를 만들어 낸다.

291

양성에 있어서 언어의 정당성—여성에게 그녀의 말이 옳다고 인정해 주면,
그녀는 거기에서 그치지 않고 더욱 의기양양하여 굴복한 상대의 목덜미를 발
뒤꿈치로 짓밟지 않고는 못 배긴다. 여성은 승리의 맛을 실컷 맛보지 않고는 견
디지 못하는 것이다. 그러나 남성 대 남성에서 그러한 일이 있을 경우에는 일반
적으로 옳다고 인정받은 쪽이 그것을 부끄럽게 여긴다. 남성은 승리에 익숙해
있지만, 여성에게 승리의 체험은 예외적인 일이기 때문이다.

292

아름다워지려는 의지 속의 체념—아름다워지기 위해서, 여성은 예쁘다고 인
정받기를 원해서는 안 된다. 즉 남들의 호감을 받을 기회가 아흔아홉 번 생기더
라도, 그런 일은 무시하고 쫓아버려야 한다. 언젠가 위대한 것을 받아들이기에
충분할 만큼, 영혼의 문이 넓은 사람의 매혹을 거둬들이기 위하여.

293

이해하기도 참기도 힘들다—젊은이는, 나이 든 사람들이 한번쯤은 환희를,
감정의 아침놀을, 사상의 방향 전환과 비약을 체험했다는 것을 이해하지 못한
다. 그러한 체험이 두 번 존재했을 것이라고 생각하는 것만으로도 그의 마음은
상한다. 더구나 '열매를 맺기' 위해서는 꽃을 버리고 그 향기도 없이 지내야 한
다는 말을 들으면 그는 완전히 적개심에 사로잡힌다.

---

107) 쟁기 날의 행상에 대해서는 해설을 참조할 것.

294

인내하는 체하는 무리들—인내하는 자의 표정을 지을 줄 아는 무리들은 모두 동정심 깊은 사람들의 마음을 끌어당긴다. 그래서 동정심이 깊은 체하는 표정을 짓는데, 이것이 그들에게 가장 큰 이득을 가져다 준다.

295

주장하는 것은 증명보다도 확실하다—주장하는 것은 적어도 많은 사람들 앞에서는 논증보다도 강력한 효과를 갖는다. 왜냐하면 논증은 오히려 불신을 불러일으키기 때문이다. 그렇기 때문에 대중을 상대로 연설하는 사람들은 주장으로 그들 당파의 논증을 확실하게 하려고 애쓴다.

296

최고의 위선자들—언제나 반드시 성공을 거두는 사람들은 모두 자기의 결함과 약점을 언제나 외관상의 장점인 양 밖으로 드러내는 깊이 있는 교활함을 지니고 있다. 그렇기 때문에 그들은 자기의 결함과 약점을 특별히 잘, 명료하게 알고 있어야 한다.[108]

297

때로는—그는 도시 성문 안쪽에 앉아 그곳을 지나는 자에게 "이것이야말로 도시의 성문이다"라고 말했다. 사람들은 이에 대해서 "그건 사실이다. 그러나 감사를 받고 싶다면 그렇게 마땅한 말을 해서는 안 된다" 말했다. 그는 대답했다. "오! 나는 그다지 감사의 말을 받고 싶지는 않다. 그러나 때로는 마땅한 말을 하는 것뿐만 아니라 그러한 것을 지속해 주는 것도 참으로 유쾌한 일이지."

298

덕은 독일인의 발명품이 아니다—괴테의 기품과 사심 없음, 베토벤의 은둔자적인 고결한 체념, 모차르트의 기품과 우아함, 헨델의 굽힘 없는 남성성과 규

---

108) 바그너를 암시하는 듯함.

율 아래에서의 자유, 바흐의 영광과 성공을 단념할 필요가 없는 태연하고 밝은 내면 생활. 이것들이 도대체 '독일적인' 특성이란 말인가? 그렇지 않다면 그것은 적어도, 독일인이 노력해야 할 목표와 독일인이 다다를 수 있는 것을 나타내고 있다.

299

'경건한 가식'—내가 착각하고 있는지 모른다. 그러나 내게는 지금 독일의 위선이 모든 사람에게 당면한 의무인 것처럼 보인다. 즉 국가 정치적인 우려에서는 독일주의가, 또 사회적인 불안을 해소하기 위해서는 기독교가 요구된다. 그러나 양쪽 모두 말과 몸짓만의 이야기이며, 입을 다물고 있을 수 있는 일이다. 오늘날 몹시 힘겹고 또 몹시 돈이 드는 것은 '겉치레'다. 즉 국민이 독일적이고 그리스도교적인 주름살을 얼굴에 만드는 것은 오직 그렇게 보이기 위해서다.

300

좋은 것에 있어서도, 불완전한 것이 완전한 것보다 어느 정도 더 나을 수 있는가—영속적 존립을 위해 정립되고 언제나 많은 사람들의 봉사를 필요로 하는 모든 것(조직체)에서는, 물론 그 설립자는 더 좋은 것(더 힘든 것)을 충분히 잘 알고 있지만 몇 가지의 '그다지 좋지 않는 것을 일반적인 표준으로' 삼아야 한다. 그러나 그는 이 표준에 적합'할 수 있는' 인간이 결코 모자라지는 않을 것이라고 헤아리고 있으리라. 본디 그는 인간의 여러 능력은 중간 정도가 표준이라는 것을 알고 있다. 젊은 사람들은 이러한 사정을 좀처럼 통찰하지 못한다. 그리고 자기가 혁신가인 것처럼 생각하고 자기는 얼마나 바르며 또 다른 사람의 몽매함은 얼마나 이상한지 신기해 할 것이다.

301

당원—참된 당원은 더 배우려고 하지 않는다. 그는 다만 경험하고 판단을 내릴 뿐이다. 그런데 당원이 아니면서 자기 목표를 당파 가까이에서 그리고 당파에 초연하거나 대항해서 추구한 솔론(Solon)은 다음과 같은 소박한 말을 한 장본인이었다. 그는 그 속에 아테네의 건강함과 헤아릴 수 없는 깊이를 함축해

놓았다. "나는 늙어간다. 게다가 나는 언제나 배우고 있다."[109]

302

괴테가 본 독일적인 것—'생각의 자유'는 지녔지만, 자신에게 '취향과 정신의 자유'가 결여되어 있다는 것을 깨닫지 못하는 사람들은 참으로 어쩔 수 없는 사람들이다. 이러한 사람들이 말하는 것은 좋은 것이라 할지라도 받아들이고 싶지 않다. 하지만 괴테의 사려 깊은 판단에 따르면, 이것이 바로 '독일적'인 것이다. 괴테의 목소리와 모범은 독일인이 다른 여러 국민에게 이로울 뿐만 아니라 적어도 참을 수 있는 존재가 되려면, 그는 독일인 '이상'이어야 한다는 것을, 그리고 '어떠한 방향을 목표로 해서' 자기를 뛰어넘고 자기를 벗어날 수 있도록 노력해야 하는가를 제시하고 있다.

303

멈추어 서야 할 필요가 있을 때—대중이 난폭해져서 이성이 어두워지면, 자기 영혼의 건강에 대해 완전한 자신이 없는 한, 성문 아래 있는 길에라도 들어가서 형세를 살피는 것이 좋다.

304

혁명정신을 가진 사람과 소유정신을 가진 사람들—사회주의에 맞서는 수단 가운데 아직도 그대들의 힘이 미칠 수 있는 오직 하나의 수단은 다음과 같다. 사회주의를 도발하지 말 것, 즉 스스로 절도 있고 분수에 알맞은 생활을 할 것, 가능한 한 사치스럽게 보이는 모습은 모두 피할 것, 그리고 국가가 모든 잉여물과 사치품에 심하게 과세할 경우에는 국가에 협력할 것이다.

그대들은 이 수단을 바라지 않는단 말인가? 그렇다면 '자유주의'를 내세우는 그대들 부유한 부르주아들이여, 고백해 보라. 그대들이 사회주의자들 속에서 그렇게도 두려워하며 떨면서 보아 온 것이 실은 그대들 자신의 근성이라는 것을. 다만 그대들은 마치 그것이 그들의 것과는 어딘가 다른 것처럼 생각하고,

---

109) 플라톤의 《대화편》 〈에라스타이(Erastai, 연인들)〉의 "그리하여 나는 늙어갈수록 많은 것을 배우고 있다"는 말에 따른 것.

자기들의 경우는 어쩔 수 없는 것으로 인정할 뿐이라는 것을. 만일 그대들이 오늘처럼 그대 '재산'과 그것을 지키기 위한 우려를 갖지 않고 있다면, 이러한 그대들의 근성은 그대들을 사회주의자로 만들어 줄 것이다. 소유만이 그대들과 그들 사이를 구별한다.

그대들의 그 부유한 행복이라고 하는 적에게 어떻게든 승리하고 싶다면 먼저 그대들은 자기 자신을 이겨내야만 한다. 물론 그대들의 그 부유한 행복이 참된 행복[110]이라면 좋겠지만! 그렇다면 그것은 그토록 외면적이고 질투심을 자극하는 것이 되지는 않았을 것이다. 더 분별있고 더 호의적이고 더 평등하고 더 협조적인 것이었을 것이다. 그러나 그대들 생활 속의 불순하고 연극적인 기쁨은, 힘의 충실감이나 힘의 감정 속에 있다고 하기보다는 오히려 '다른 사람들은 이러한 기쁨을 갖지 않고 우리를 부러워할 것이다' 하는 반대 감정 속에 있다. 즉 그것은, 그대들의 집, 옷, 차, 진열장, 맛있는 것들, 오페라와 음악에 대한 떠들썩한 열광, 끝으로 그대들의 아내다. 그녀들을 살펴보면 과연 보기 좋고 교양도 갖추고 있긴 하지만, 질이 나쁜 금속처럼 도금은 되어 있으나 울리는 소리는 금의 소리가 아니며 그대들에게 장식물로 선택되고, 또 스스로 장식물로 행동하고 있다. 이것들이야말로 사회주의적인 마음의 상처로 지금도 차츰 급속하게 대중에게 전염되어가고 있는, 그러나 실은 '그대들' 속에서 최초로 발생하고 부화한 그 민중의 병의 독을 퍼뜨리는 것이다. 그리고 그 누가 지금이라도 이 흑사병을 막을 수 있단 말인가?

305

당의 전술—어떤 당원이 당에 대한 이제까지의 절대적인 추종자의 처지를 버리고, 조건부의 추종자로 변했다는 사실을 알게 되면, 당은 이것을 참을 수 없어 한다. 그래서 여러 도발과 모욕을 가하여 그가 결정적으로 당을 떠나지 않을 수 없게 하고 끝내 당의 적으로 만들려고 한다. 왜냐하면 당은 당의 신조

---

110) '부유한 행복'이라 번역한 것은 'Wohlstand'이며, '참된 행복'이라 번역한 것은 'Wohlbefinden'
    이다. Wohlstand는 일반적으로 '복지'라 번역되는 말이지만 여기에서는 부르주아의 계급
    (Stand)적인 행복을 뜻하며, 내면적인 행복의 상태를 의미하는 Wohlbefinden과 대비시키고
    있는 듯하다.

에서 '상대적' 가치를 발견하고, 그것에 대한 찬성과 반대, 또 검토와 선택을 허락하려고 하는 의도는 당에게 총공격해 오는 적보다도 위험하다는 의구심을 갖기 때문이다.

306

당의 강화를 위하여—당을 내면적으로 강화하려고 하는 자는, 틀림없이 '불공정'한 방법으로 다루어져야 할 기회를 당에 제공해 주도록 하라. 그러면 그 당은 아마 그때까지는 결여되어 있었을 밝은 양심이라는 자본을 쌓게 될 것이다.

307

자기 과거에 대해서 배려한다—인간은 원래 오래전에 기초가 다져져, 서서히 성장해 온 것만을 존경하므로, 사후에도 계속 살기를 바라는 자는 후세에 대해서만이 아니라 '과거'에 대해서도 배려해야 한다. 이 때문에 모든 종류의 폭군은(폭군과 같은 예술가와 정치가들 또한) 역사가 자기들을 위한 준비며 사다리였던 것으로 보이게 하기 위해서 기꺼이 역사에 폭력을 가하는 것이다.

308

당의 저술가—당에 봉사하는 젊은 저술가들이 신이 나서 두드리는 팀파니 소리는 그 당에 속하지 않은 자에게는 '그들을 묶는' 사슬이 짤랑짤랑 울리고 있는 것처럼 들리며, 감탄보다는 오히려 동정심을 유발한다.

309

자기의 반대당에 가담하다—우리가 반대당에 가담하면 우리의 추종자들은 그것을 결코 용서하지 않는다. 왜냐하면 이 일은 그들의 눈으로 보면 단지 그들의 사랑을 거절하는 것만이 아니라, 그들의 분별력까지도 웃음거리로 만드는 것이기 때문이다.

310

부가 지닌 위험—'정신'을 갖는 자만이 부를 '소유'해야 할 것이다. 그렇지 않으면 소유는 '공적으로 위험'한 것이 된다. 즉 그 소유 때문에 손에 넣을 수 있는 한가한 시간을 사용할 줄 모르는 소유자는 '끊임없이' 소유욕에 사로잡히게 된다.

이 욕구가 그의 위안이고, 권태와의 싸움에서 그의 전략이다. 정신적인 자에게는 충분할 만큼 적당한 소유의 영역을 넘어 부가 생기게 된다. 더구나 정신적인 노예와 빈곤의 찬란한 산물로서 말이다. 부는 그 보잘것없는 혈통에서 기대되는 것과는 전혀 다른 모습으로 '나타나'는데, 그것은 부가 교양과 예술의 가면을 쓸 수 있기 때문이다. 그뿐만 아니라 그것은 가면을 '살' 수도 있다. 이와 같이 함으로써 부는 가난하고 교양 없는 자에게 질투심을 일으켜(더욱이 이러한 자들은 언제나 교양을 질투하기 때문에 가면에서 가면을 꿰뚫어보지 못한다) 차츰 사회의 전복을 준비한다.

왜냐하면 이른바 '문화의 향유' 속에 도금된 야비함과 억지로 꾸며 자만하는 모습이, '중요한 것은 돈뿐이다'라는 생각을 일으키게 하기 때문이다. 물론 '어느 정도는' 돈도 중요하지만, '정신쪽이 한결' 더 중요하다.

311

명령하는 기쁨과 복종하는 기쁨—명령하는 것은 복종하는 것과 함께 기쁨의 씨앗이다. 다만 전자의 경우는 명령하는 일이 아직 습관이 되어 있지 않을 때의 이야기지만, 후자의 경우는 복종하는 것이 습관이 되어 있을 경우의 이야기다. 새로운 명령자와 그 밑에서 일하는 오래된 심부름꾼들은 서로 기쁨의 씨앗이 될 수 있다.

312

패배한 보초병의 명예욕—어느 당파를 극도의 위험에 빠지게 한 패배한 보초병에게도 명예욕이 있다.

313

나귀가 필요할 때─나귀를 타고 도시로 들어가기 전에는 대중들로 하여금 '호산나'를 외치게 할 수는 없을 것이다.[111]

314

당파의 풍습─어떠한 당파라도 그 당파의 외부에서 성장한 중요한 것을 보잘것없는 것으로 나타내려고 애쓴다. 그러나 그것이 잘 되지 않으면 그것이 뛰어난 것이면 뛰어난 것일수록 더 심한 적의를 품는다.

315

공허해진다─여러 사건에 깊이 몰두하는 자는, 남는 것이 차츰 빈약해지게 마련이다. 이런 이유로 위대한 정치가들은 그야말로 공허한 인간이 되기 쉽다. 그들도 전에는 충실하고 속이 풍부한 인간이었는지도 모른다.

316

기다려온 적─사회주의 운동은 왕당 정부에게는, 공포의 대상이기보다는 오히려 바람직하다. 왜냐하면 정부는 바로 이 사회주의 운동 덕택에, 비상 조치를 위한 '법과 칼'을 손에 넣고, 이것으로 자기들의 진짜 적인 민주주의자들과 반왕당파를 해치울 수 있기 때문이다. 이러한 정부는 자기가 겉으로 드러내 놓고 미워한 모든 사람에게 이제는 호의와 친밀감을 품게 된다. 그들은 자신들의 영혼을 위장하지 않으면 안 되는 것이다.

317

소유가 소유한다─소유가 인간을 독립적으로 만들고 더욱 자유롭게 만들어 주는 것은 어느 한계 내에만 있는 일이다. 그 한계를 조금만 넘어서도 소유는 주인이 되고 소유자는 노예가 된다. 그는 이러한 노예로서 소유를 위해 자기 시간과 성찰을 희생해야 한다. 그리고 그 뒤로는 자기가 교제에 구속되고, 한

---

111) 〈마태복음〉 제21장 189절 참조.

장소에 고정되고, 국가에 동화되어 버린 것을 느끼게 된다. 아마 모든 것이 그의 가장 내면적이고 본질적인 욕구에 반대되는 것이리라.

318

지식인의 지배에 대해서—입법 기관의 선거를 위한 본보기를 내세우는 일은 시시할 만큼 쉽다. 먼저 한 나라의 성실하고 믿을 만한 사람들, 게다가 동시에 어떤 분야에서 대가이며 전문가인 사람들이 모여 서로 탐색하고 인정함으로써 제거되어야만 한다. 그리고 그중에서 다시 이번에는 선택 범위를 더 좁혀 저마다 독자적인 방식으로 일급 전문가와 지식인들을 전과 같이 상호 승인과 보증을 통해 선별해 나가야 한다.

이러한 사람들로 입법기관이 만들어지면, 끝으로 개개의 모든 조건에서 가장 전문적인 지식인의 견해와 판단만이 결정을 내려야 한다. 그리고 그때 다른 '모든 자'는 그런 사람들에게 단지 예의상의 일로 투표를 맡길 수 있을 만큼 충분히 기품이 있는 자여야 한다. 이렇게 함으로써 가장 엄밀한 의미에서 가장 지성적인 사람들의 지성에서 법률이 생기게 되는 것이다.

오늘날에는 갖가지 당파들이 투표한다. 그리고 투표할 때마다, 나쁜 교육을 받은 자들, 판단 불능자들, 남의 말을 그대로 받아들이는 자들, 추종자들, 도취자들의 양심 같은 수많은 부끄러운 양심이 존재할 것이다. 당파의 투표가 행해질 때마다 강요되는 불공정함이 습관처럼 배어 있는 화끈거리는 얼굴보다 새로운 법률의 품위를 떨어뜨리는 것은 없다. 그러나 처음에 말한 바와 같은 것을 내세우기는 아주 시시할 만큼 쉽다. 다만 세계의 어떠한 힘도 오늘날에는 더 좋은 것을 실현할 수 있을 만큼 강력하지 못하다. 그러나 '학문과 지식인'의 최고 '유용성'에 대한 신앙이 마침내는 가장 악한 자에게도 똑똑히 납득되어, 오늘날 세상을 지배하는 '숫자'에 대한 신앙보다 앞서게 된다면 이야기는 달라진다. 이러한 미래를 기대하는 의미에서 우리의 표어는 이렇다. '지식인에게 더 큰 외경심을 보내라! 그리고 모든 당파를 쳐부숴라!'

319

'사상가의 민족'(또는 나쁜 사상가의 민족)에 대해서—불명료하고 불확정적,

예감적, 초보적, 직감적(애매한 사항에 애매한 이름을 붙인다면 말인데)인 것들, 즉 사람들이 뒤에서 독일적 본성이라고 말하는 이러한 특성들은, 만일 그것이 아직도 실재한다면, 독일 문화는 몇 발짝이나 뒤져 있고 여전히 중세의 속박과 공기에 휩싸여 있다는 증거리라. 물론 문화의 이러한 낙후성 속에는 어느 정도의 이점도 있다. 즉 독일인은 이러한 특성 덕분에(거듭 말하지만 만일 독일인이 오늘도 마찬가지로 이러한 특성을 갖고 있다면 말이다) 타국민에게는 전혀 힘이 닿지 않는 어떤 사항에 대한 능력, 특히 그 사항을 이해하는 능력이 주어지는 셈이 되리라. 그리고 '이성의 결핍', 즉 그야말로 앞에 기술한 여러 특성 속에 공통된 것이 사라져 가면 분명히 많은 것이 상실되고 말 것이다. 그러나 이 경우에는 어떠한 손실에도 반드시 그 대가로 최고의 이득이 있다. 그러므로 어린아이와 미식가처럼 모든 계절의 과일을 동시에 맛보고 싶어 하지만 않는다면 탄식할 어떠한 이유도 없다.

320

올빼미를 아테네로[112]—강대한 여러 국가의 정부는, 국민을 공포와 복종 속에 자기에게 예속시켜 두기 위한 두 가지 수단을 손에 쥐고 있다. 난폭한 수단은 군대며, 세련된 수단은 학교다. 군대의 도움으로 정부는 상류층 국민의 '명예욕'과 하류층 국민의 '힘'(그러나 일반적으로 이 양쪽 모두가 평범하고 빈약한 재능을 지닌 활동적이고 건장한 남자들에게는 특유한 것에 불과하지만)을 자기 쪽으로 끌어당긴다. 그리고 학교의 도움으로 '재능 있는' 가난한 자들, 특히 정신적 포부가 높은 중산 계급을 자기편에 끌어들인다. 정부는 특히 모든 수준의 교사들을 그들이 알지 못하는 사이에 '정부'를 우러러보는 정신적인 신하로 만들어 낸다. 또 사립 학교와 결코 바람직하지 못한 사교육을 집요하게 방해하면서 수많은 교직을 이끌어 확보하고 만다. 그리하여 이제 만족할 수 있는 자보다도 확실

---

112) '올빼미를 아테네로'는, 일반적으로 '쓸데없는 짓을 한다', 또는 '쇠 귀에 경읽기'를 뜻하는 속담이다. 그리스 신화의 지혜의 여신 아테네에 수반되는 상징이 올빼미인데, 사실 아테네의 파르테논 신전에는 많은 올빼미가 서식하고 있었던 것 같으며, 따라서 '올빼미를 아테네로'는 불필요한 수고를 말하는 속담으로서 쓰인다. 그러나 여기에서는 속담으로서의 뜻을 떠나 '올빼미'에는 맹목적 대중을, '아테네'는 국가 권력을, 그리고 이 표현 전체에는 군대와 학교 교육의 두 가지 제도를 써서 국민을 복종시키는 정부의 책략을 빗대어 나타낸 것인 듯.

히 다섯 배는 많은 수의 굶주리고 굴욕적인 눈매를 가진 사람들이 끊임없이 교직을 노리게 된다. 그러나 이러한 지위는 그들을 부족하지 않을 정도로 부양하기만 하면 된다. 그러면 그들에게 '승진'을 바라는 열병 같은 갈망이 계속 타올라 그들을 정부의 의도에 더 긴밀하게 결부시키게 된다. 왜냐하면 적당한 불만감을 가지게 해두는 것은 용기의 어머니이자 자유로운 마음과 자부심의 할머니인 만족을 기르는 것보다 언제나 이롭기 때문이다. 육체적으로나 정신적으로나 고삐가 죄어진 이 교사 계급을 매개로 하여, 이제 그 나라의 모든 청년층은 국가에 쓸모 있고 합목적적으로 분류된 특정한 교양 수준까지 끌어올려진다. 그러나 특히 국가에 의해 승인되고 권위자가 보증한 생활 진로만이 곧 '사회적'인 영예를 가져온다는 사고방식이 모든 계층의 미성숙하고 명예욕에 사로잡힌 사람들에게 거의 보이지 않게 전염되어 간다. 국가 시험과 국가가 주는 칭호에 대한 이 믿음은 매우 폭넓은 효과를 미쳐서 상업이나 수공업으로 성공해 이제까지 독립된 생활을 유지해 왔던 사람들까지지도 그들의 지위가 위계와 훈장이 너그럽게 수여됨으로써 상부에서 인정되고 승인받기까지는, 즉 '당당히 사람들 앞에 나설 수 있게' 되기까지는, 가슴속에 불만의 가시가 꽂힌 채로 살아가야 할 정도다. 마지막으로 국가는 국가에 속하는 수많은 관직과 지위의 임명을, 뒷날 이 문을 통과하기를 바라는 자는 국립 학교에서 교육받고 우수한 성적을 거두어야 한다는 '의무' 조건과 연결 짓는다. 그래서 사회에서의 명예, 생활에 필요한 양식, 가정을 이끌어갈 능력, 상부로부터의 보호, 공동의 교육을 받은 자들의 동질감, 이런 모든 것이 모든 청년이 덤벼들 희망의 그물을 만드는 것이다. 도대체 그들에게 불신감이 생겨날 여지가 어디에 있겠는가!

몇 세기 뒤에는 수년간의 '병역' 의무가 누구에게나 마땅한 관습과 전제가 되어 사람들은 일찍부터 이를 기준으로 생활 설계를 정비할 것이다. 이때 국가는 학교와 군대, 즉 재능과 명예욕과 힘을 갖가지 이익에 의해 '서로서로' 짜맞추는 장인 기술을 드러낼 수 있다. 다시 말해 '높은 재능과 교양 있는 자'를 보다 유리한 조건으로 군대에 유인하고, 그를 기꺼이 복종하는 군인 정신으로 채운다. 그래서 그는 언제까지나 군인으로 남아 있으면서 자신의 재능으로 그 군대에 새롭고 보다 빛나는 명성을 가져다 주게 될 것이다. 이렇게 되면 그에게 부족한 것은 커다란 전쟁의 기회뿐이다. 그리고 이에 대해서는 신문과 거래소와 더불어 외교관들이 직책상, 전혀 '악의 없는 순수한 마음에서' 배려해 준다. 군인 국가의 백성인 '군인 민족'은 전쟁에서 늘 떳떳한 양심을 가질 수 있으며, 그들에게 그러한 양심을 미리 만들어 줄 필요도 없기 때문이다.

321

언론─모든 큰 정치적인 사건이 지금도 은밀히 가려진 채 무대에 숨어 나오고 있다는 사실, 그것은 하찮고 작은 사건 뒤에 숨어 그 곁에서 작게 보인다는 사실, 그리고 그 일은 한참 지나 더없이 큰 영향을 나타내고 나중에 기반을 뒤흔든다는 사실을 충분히 생각해 보라. 그러면 고함 지르고 귀를 먹먹하게 하고 자극하고 놀라게 하기 위해 날마다 폐를 혹사하는 언론에 어떤 의미를 인정할 수 있을까. 그것은 귀와 감각을 잘못된 방향으로 돌리게 하는 '영원한 헛소동'에 불과하지 않은가?

322

커다란 사건 뒤에─커다란 사건이 일어날 때에 본심을 드러내고 만 국민과 인간은, 보통 그 뒤에 뭔가 '어린아이 장난'이나 '난폭한 것' 따위를 저지르고 싶은 욕구를 느끼는 법이다. 그것은 휴식을 위해서이기도 하고 수치심 때문이기도 하다.

323

매우 독일적인 것은 탈독일적인 것─국민적 차이라고 생각되는 것은 여태까지 사람들이 통찰해 온 것과는 달리, 단지 다른 '문화 단계'의 차이에 지나지 않으며, 최소한의 부분만이 영속적인 그 무엇일 뿐이다(이것 또한 엄밀한 의미에서 영속적인 것은 아니다). 그러므로 국민성을 바탕으로 한 모든 논의는 신념을 '개조'하는 일, 즉 문화에 몸담는 자에게는 거의 구속적인 의미를 갖지 않는다. 이를테면 이제까지 독일적'이었던' 모든 것을 잘 생각해 보면, '무엇이 독일적인가?'라는 이론적 문제를 곧 '무엇이 **현재** 독일적인가?'라는 더 나은 반문으로 바뀌게 될 것이다. 그리고 '훌륭한' 독일인은 저마다 이 물음에 실천적으로, 즉 독일적 특성의 극복을 통해 대답하게 될 것이다. 다시 말해 국민이 전진하고 성장할 경우 그때까지의 '국민적' 위신의 띠는 매번 끊겨 버린다. 반대로 정체되고 위축될 때는 그 영혼에 새로운 띠가 죄어진다. 그리고 껍질이 더욱 굳어져 주위의 벽이 끊임없이 두꺼워지는 감옥이 생기고 만다. 따라서 국민이 고정적인 것을 너무나도 많이 갖는다는 것은 그 국민이 화석이 되려고 하는 것, 철저히 '기념비'가 되려고 하는 증거다. 마치 어느 시점부터 이집트인이 그랬듯이 말이다. 그러므로 독일인에게 호의를 가진 자는 독일인이 독일적인 것에서 얼마나 많이 벗어나서 성장해 가는지 바라보는 것이 좋다. '비독일적인 것으로 전환'하는 것은 언제나 우리 민족이 낳은 유능한 사람들의 휘장이었다.

324

외국인의 생각—독일을 여행한 어느 외국인은 그가 머물렀던 지방에 따라 몇 가지 주장으로 미움을 사기도 하고 호감을 사기도 했다. 그는 다음과 같이 말하곤 했다.

"재치 있는 슈바벤 사람은 모두 매력적이다. 그런데 그 밖의 슈바벤 사람들은 여전히 울란트(Uhland)[113]는 시인이며 괴테는 부도덕했다[114]고 생각하고 있다."

"오늘날 유명한 독일 소설의 가장 좋은 점은, 그것을 읽을 필요가 없다는 것이다. 사람들은 이미 그것을 잘 알고 있다."

"베를린 사람이 남독일 사람보다 선량하게 보이는데, 그 이유는 베를린 사람이 풍자하기를 매우 좋아해서, 남독일인에게서는 볼 수 없는 풍자를 잘 견디는 성격이기 때문이다."

"독일인의 정신은 맥주와 신문 때문에 눌려 버렸다. 그러므로 독일인에게는 차와 팸플릿을 권하고 싶다. 물론 치료를 위해서."

"오래된 유럽의 갖가지 민족을 다음과 같은 점에 주의해서 보도록 하라. 이 큰 무대 앞에 앉은 사람들을 즐겁게 해 주기 위해 각 민족이 노년의 일정한 특

---

113) 울란트(1787~1862)는 후기 낭만파에 포함되는 슈바벤 시파의 중심 인물.

114) 니체는 《바그너의 경우》 제3절에서 이렇게 말하고 있다. "도덕 산에 침범된 올드미스적인 독일에서, 괴테가 어떤 봉변을 당했는지는 사람들이 다 아는 바다. 독일인에게 그는 언제나 성가신 존재였다……그들이 괴테를 비난한 것은 무엇 때문이었는가. 《베누스의 산》에 대해서다. 그리고 그가 《베네치아 단창》을 만들었다는 일에 대해서다……《빌헬름 마이스터》조차도 단지 타락의 징후로 여겨져 도덕적으로 '지옥에 떨어진 것'이라 생각되었다……."

징을 얼마나 잘 구경거리로 만들고 있는가를. 즉 프랑스인은 어떻게 노년의 지혜로움과 애교를, 영국인은 어떻게 노련함과 신중성을, 이탈리아인은 어떻게 순진함과 무관심을 행복함으로 바꾸고 있는가를. 도대체 노년의 다른 가면은 없는 것일까? 오만한 노인은 어디에 있는가? 권력을 좋아하는 노인은 어디에 있는가? 욕심 많은 노인은 어디에 있는가?”

“독일에서 가장 위험한 지방은 작센과 튀빙겐이다. 정신의 유동성과 인간지식이 자유정신과 나란히 존재하는 데는 어디에도 없다. 그리고 모든 것은 이곳 주민의 꼴사나운 사투리와 부지런히 남을 놀리기 좋아하는 성질로써 아주 조심스럽게 가려져 있다. 그래서 여기서 우리가 관계하는 사람들이 좋은 의미건 나쁜 의미건 자신들이 독일의 정신적 상사이며, 스승들이라는 것을 거의 눈치채지 못한다.”

“북독일인의 교만함은 복종하고 싶어 하는 그들의 성향에 의해, 남독일인의 교만성은 편히 쉬고 싶어 하는 그들의 성향에 의해 억제되어 있다.”

“독일 남성들은 그들의 아내를 서툴기는 하지만, 무척 자신 있는 주부로 여기고 있는 것 같다. 그녀들은 매우 끈기있게 자신에 대해 계속 잘 말했으므로 아마 거의 온 세계 사람들에게, 적어도 그 남편들에게 독일 주부의 독특한 미덕을 믿게 한 것 같다.”

그런데 화제가 독일 내의 정치로 바뀌면 그는 언제나 독일의 가장 위대한 정치가는 다른 위대한 정치가들을 신용하지 않는다고 말하곤 했다(그는 이것을 폭로라고 말했다). 그는 독일인의 미래는 위협받고 또 위협하는 것이라고 생각했다. 왜냐하면 독일인은 자기의 삶을 ‘즐기는’ 법(이것은 이탈리아인이라면 매우 잘 알고 있지만)을 잊어버리고, 전쟁과 왕조 혁명이라는 큰 도박으로써 ‘흥분에 익숙해’ 버렸으므로, 언젠가는 폭동을 겪게 될 것이기 때문이다. 그리고 폭동이야말로 한 국민이 손아귀에 넣을 수 있는 가장 강한 흥분이기 때문이다.

그의 말에 따르면 독일의 사회주의자는 ‘특정한’ 필요에 쫓기는 것이 아니므로 가장 위험하다. 사회주의자의 고민은 자기가 무엇을 바라는지 모른다는 것이다. 그러므로 그들은 많은 것을 이루더라도 더구나 그 성취의 기쁨 속에서도 갈망 때문에 몹시 초라해지고 말 것이다. 파우스트처럼, 아마도 그야말로 천민적인 파우스트처럼 몹시 고통받게 될 것이다. 그 외국인은 마지막으로 외쳤다.

"교양 있는 독일인들을 그토록 괴롭혀 온 '마귀 파우스트'를 비스마르크가 독일인 속에서 내쫓기는 했다. 그러나 이제 이 마귀는 돼지들 속으로 들어가서 어느 때보다[115] 악질이 되고 있다!"

325

의견—대부분의 사람들은 보편적인 신념이라든가 여론을 몸에 걸치지 않으면 아무것도 아니며 또 그 무엇으로도 여겨지지 않는다. 재봉사의 철학에 따르면 옷이 날개이기 때문이다. 그러나 예외적 인간에 대해서는 '사람이야말로 옷을 돋보이게 한다'고 말해야 한다. 여기서 의견은 세속적인 것이 아니며 가면이나 화장이나 변장과는 다르다.

326

두 가지 냉정함—정신이 고갈됐기 때문에 생기는 냉정함과, 절제에서 생기는 냉정함을 혼동하지 않기 위해서는 전자는 기분이 언짢고, 후자는 쾌활하다는 점에 주의해야 한다.

327

기쁨의 변질—어떤 것이 우리에게 좋아 보이는 것보다 하루라도 더 오래 좋다고 말하지 말 것, 그리고 특히 '하루라도 빨리' 말하지 말 것. 이것만이 '기쁨'을 순수하게 그대로 지니는 단 하나의 수단이다. 즉 그렇게 하지 않으면 기쁨은 너무도 쉽게 김이 빠져 맛이 상해 버리고, 오늘날 모든 계층의 국민에게 품질이 떨어진 식품이 되어 버린다.

328

미덕의 양—누군가가 최고의 업적을 이룩한 것을 보면, 그에게 호의를 보내고는 있으나 그의 업적을 이해할 수 있을 만큼 성장해 있지 않은 자들은, 서둘

---

115) 마귀에 들린 자에게서 예수가 그 마귀를 내쫓았을 때, 마귀는 한 무리의 돼지 속에 들어가 그 때문에 그 무리가 벼랑에서 호수에 뛰어내려 익사했다는 설화에 바탕을 둔 표현. 〈누가복음〉 제8장 134절 참조. 여기에서 '돼지들'은 사회주의자들을 가리킨다.

러 한 마리의 양을 찾아 도살하려고 한다. 그 양이 속죄양이라고 망상하면서 말이다. 그러나 그 양은 미덕의 양이다.[116]

329

주권—나쁘더라도 그것이 '마음에 들면' 존경하고 숨김없이 편을 든다. 그리고 자기의 이러한 취미가 부끄러운 것은 아닌가 하는 상상조차 하지 못하는 것, 이것이 크든 작든 주권이라는 것의 특징이다.

330

영향력 있는 사람은 환영이지 현실이 아니다—영향력 있는 사람은 자기가 남에게 '영향력을 행사하고 있는 한', 자기가 남의 머릿속에 있는 '환영'이라는 사실을 차츰 알게 된다. 그리고 그는 아마 이 환영을 자기를 따르는 사람들, 즉 '환영을 품고 있는 사람들'을 '위해서' 잘 유지해야 하는 것이 아닐까 하는 영혼의 섬세한 고민에 빠진다.

331

빼앗는 것과 주는 것—누군가로부터 아주 작은 것이라도 빼앗으면(또는 선취하면), 그는 그 사람에게 훨씬 더 큰 것, 아니 가장 큰 것까지도 주었다는 사실을 잊어버리게 된다.

332

좋은 밭—거절하거나 부정하는 것은 여물게 하는 힘의 결여를 나타낸다. 만일 우리가 좋은 경작지이기만 하면 우리는 무엇 하나 이용하지 못하고 썩히는 일 없이, 또 어떠한 일과 사건과 인간 속에도 바람직한 비료와 비, 또는 햇빛을 볼 것이다.

---

116) 미덕(Tugend)은 '장점'의 뜻을 가진다.

333

즐거움으로서의 교제—체념하는 마음을 가지고 의도적으로 고독 속에서 지내다보면, 사람들과의 교제를 드물게 즐기는 만큼, 교제의 맛을 더욱 느낄 수 있다.

334

공공연히 고민하는 법을 안다—자기 고뇌를 돋보이게 하고 때로는 들으라는 듯이 한숨을 쉬거나 노골적으로 초조해 보여야 하는 사람들도 있다. 왜냐하면 괴로움과 곤궁 속에서도 태연히 자족하는 모습을 다른 사람들이 눈치채게 하는 것이 얼마나 그들을 시기하게 하고 심술궂게 할지 모르기 때문이다! 그러나 우리는 우리 동료들을 상하게 하지 않도록 조심해야 한다. 그러면 그들은 우리에게 가혹한 세금을 부과할 것이다. 우리의 '공공연한 고뇌'는 어떠한 경우든 우리의 '사적인 이득'이다.

335

높은 곳에서의 따스함—특히 겨울에는 골짜기에 사는 사람들이 생각하는 것보다 산정이 더 따스하다. 사상가는 이 비유가 말해 주는 모든 것을 알고 있다.

336

선을 바라고, 미를 가능케 한다—'선'은 행하는 것만으로는 불충분하며, 원해야만 한다. 그리고 시인의 말을 빌리면, 신성을 자기 '의지' 속에 받아들여야만 한다. 그러나 '미'는 원해야 하는 것이 아니라, 순수와 맹목 속에 프쉬케의 어떤 호기심도[117] 갖지 않고 '가능한' 것이어야 한다. 완전한 인간을 찾기 위해 등불을 밝히는 자[118]는 이러한 특징에 주의해야만 한다. 완전한 인간이란 언제나

---

117) 로마의 작가 아풀레이우스가 만든 이야기인 《에로스와 프쉬케》를 바탕으로 한 말. 아름다운 처녀 프쉬케는 에로스의 사랑을 받았으나 에로스는 밤에만 찾아오며 그의 모습을 보는 것을 그녀에게 금했다. 그러나 사랑하는 이의 모습을 보고 싶은 호기심으로 촛대를 들고 잠자는 모습을 보다가 촛농을 떨어뜨려 에로스가 깨어났기 때문에 사랑을 잃게 된다.

선을 위해 행동하고 더구나 늘 뜻하지 않게 미를 이루는 사람들이다. 바꿔 말해서 보다 선량하고 보다 고결한 사람들의 대부분은 아름다운 영혼이 결여되어 있거나 무능력하기 때문에 온갖 선한 의지와 행동에도 언제까지나 불쾌감을 주고 추악하게 보인다. 그들은 반발감을 일으키고, 그들의 고약한 취향이 걸치게 하는 불쾌한 의상 때문에 자신들의 덕까지도 쓸모없이 만들어 버린다.

337

포기하는 자들의 위험—생활을 너무 좁은 욕망의 기초 위에 세우지 않도록 주의해야 한다. 왜냐하면 지위·명예·교제·쾌락·안락·예술이 가져오는 여러 기쁨을 포기해 버리면, 이 포기에 의해 '지혜' 대신 '삶에 대한 염증'을 이웃으로 얻었음을 깨닫는 날이 올지 모르기 때문이다.

338

여러 의견에 대한 마지막 의견—자기의 의견을 감추거나 그러한 의견 뒤에 숨어 버리는 것이 좋다. 그렇게 하지 않는 사람은 세상 살아가는 법을 모르는 자거나, 어떤 경건하고 분별없는 수도회의 신도다.

339

'그럼 우리는 기뻐하리'[119]—기쁨은 인간의 도덕적 본성을 교화하고 치유하는 힘도 지녔을 것이다. 그렇지 않고서야 어떻게 우리 영혼이 기쁨의 햇빛 속에 휴식을 취하자마자 뜻하지 않게도 '선해지리라!' '완전해지리라!'라고 마음에 맹세하며 행복의 전율과도 비슷한 완전성에 대한 예감이 우리 영혼을 사로잡을 수 있으랴?

---

118) 디오게네스의 일화. 디오게네스는 대낮에도 등불을 들고 다녔다고 한다. 그리고 남이 물으면 '사람을 찾기 위해서'라고 대답했다고 한다.

119) Gaudeamus igitur. 중세의 노래를 기초로 킨트레벤(Kindleben)이 1781년 작성한 독일의 유명한 학생들 노래의 첫 구절. 지상적인 것의 변화하기 쉬운 점에 대한 애환을 배경으로 삶의 기쁜 향유를 전하는 내용의 노래다.

340

칭찬받는 자에게─그대가 다른 사람으로부터 칭찬받는 동안에는, 늘 그대가 아직 그대 자신의 궤도 위가 아니라 타인의 궤도 위에 서 있다고 굳게 믿어라.

341

명인을 사랑하는 일─명인이 되기 전의 도제(徒弟)가 명인을 사랑하는 것과, 스스로 명인이 되고 나서도 명인을 사랑하는 것은 다르다.

342

너무나 아름답고 인간적인 것─'자연은 너 같은 가련한 필멸의 존재인 인간에게는 너무나 아름답다.' 사람들은 때때로 이렇게 느낄 때가 있다. 하지만 이따금 모든 인간적인 것, 그 충실함과 힘과 섬세함과 서로 간의 얽힘을 주의깊게 바라볼 때, 나는 겸허하게 이렇게 말하지 않을 수 없는 기분이 들었다. "관찰하는 인간한테는 '인간' 또한 너무나 아름답다!" 단지 도덕적인 인간만이 아니라 모든 인간이 그렇다.

343

동산과 부동산─언젠가 삶이 우리를 순전히 강도 같은 방법으로 다루고, 우리의 명예·기쁨·가족·건강 등 모든 소유물을 빼앗을 수 있을 만큼 모조리 빼앗아 버리는 경우가 오면, 아마 우리는 처음의 놀람에서 깨어나 전보다도 훨씬 풍족해진 자기 자신을 발견할 것이다. 왜냐하면 이렇게 된 새벽에야말로 어떠한 강도의 손길도 닿을 수 없는 자기의 고유한 것이 무엇인지를 처음으로 알게 되기 때문이다. 이렇게 우리는 아마도 모든 약탈과 혼란 속에서도 대지주의 품위를 몸에 지니고 빠져 나올 것이다.

344

원치 않는 이상형─무엇보다도 가장 쓰라린 기분을 느끼는 것은, 언제나 다른 사람들에게 자기 자신이 실제보다도 더 높게 보인다는 것을 깨닫게 될 때다.

그것은 이때 우리가 다음과 같은 것을 승인해야 하기 때문이다. 너의 무언가가, 즉 너의 말투, 너의 표정, 너의 눈초리, 너의 행동은 거짓이고 기만이며 이 기만적인 그 무엇은 그 밖의 너의 정직성과 똑같이 필연적이지만, 그 정직성의 효과와 가치를 끊임없이 상쇄해 버리는 것이라고.

345

이상주의자와 거짓말쟁이―가장 아름다운 기쁨(사물을 이상으로까지 높이는 기쁨)에 폭군적으로 지배당하지 않도록 해야 한다. 그렇지 않으면 뒷날 진리가 이렇게 욕을 하며 우리에게서 떠나 버릴 것이다. "이 천하의 거짓말쟁이 녀석, 내가 너와 무슨 관계가 있단 말인가?"

346

오해받는다는 것―전체적으로 오해받고 있을 경우에 낱낱의 오해를 완전하게 풀기란 불가능하다. 자기를 변명하는 데 헛된 노력을 하지 않도록 이를 잘 통찰할 필요가 있다.

347

물만 마시는 사람이 말하기를―자아, 그대를 일생 동안 즐겁게 해줄 술을 계속 마셔라. 내가 물만 마시는 사람이어야 한다는 것이 그대와 무슨 관계가 있단 말인가? 술과 물은 서로 헐뜯는 일 없이 함께 살 수 있는 평화로운 형제가 아니겠는가?

348

식인종의 나라에서―고독한 자는 고독 속에 있을 때 자기 자신을 먹어치우고, 대중 속에 있을 때에는 대중이 그를 먹어 치운다. 그러니 어느 쪽이든 선택해 보라.

349

의지의 빙점에서―"하지만 마침내 언젠가는 그것이 찾아온다. 그대를 고통

없는 세계의 금빛 구름 속에 감싸는 그 순간이 찾아온다. 그때 영혼은 자신의 피로를 즐기고, 그리하여 행복하고 끈기 있게 인내하는 모습은 마치 호수의 물결과 같다. 그 물결들은 어느 조용한 여름날 오색 찬란한 저녁 하늘의 반사 속에서 끝도 목적도 싫증도 욕구도 없이 기슭에 출렁이다가 다시 잠잠해지는, 그리고 변화를 즐기는 안식이며, 자연의 맥박이다."

이것은 모든 병자가 느끼는 감정이고 말이다. 그러나 그들 병자가 이러한 순간에 다다르면 짧은 즐거움 뒤에 권태가 찾아온 것이다. 하지만 이 권태는 얼어붙은 의지를 녹이는 봄바람이다. 의지는 눈뜨고, 움직이기 시작하고, 그리고 소망을 차례차례 낳아 간다. 소망만이 쾌유나 향상의 징후다.

350

버려진 이상—예외적인 일이지만, 자기의 이상을 버림으로써 비로소 최고의 것에 도달하는 일이 있다. 왜냐하면 이 이상이 여태껏 그를 너무 몰아세워서 그는 그때마다 트랙의 한가운데서 숨이 막혀 멈춰야 했기 때문이다.

351

드러나는 애착—뛰어난 상대에 맞서는 오직 '하나' 구원의 길은 바로 사랑이라는 생각에 이끌리는 것을 느낄 때, 그것이 질투가 심하지만 더 높아지려고 노력하는 인간의 특징이라는 점에 주의하라.

352

계단의 행복—많은 사람들의 경우, 기지가 그것을 드러낼 기회와 보조를 맞추지 못해 기지는 아직 계단 위에 서 있는데, 기회는 이미 문을 빠져나가 버리는 일이 있다.

이와 마찬가지로 발 빠른 시간과 언제나 어깨를 나란히 해서 가기에는 너무나 발이 느린 이른바 계단의 행복을 누리는 사람들도 있다.

즉 이러한 사람들이 어떤 체험, 또는 오랜 삶의 여정에서 얻는 가장 즐거운 행복은, 실은 훨씬 뒤에 가서 비로소 그들의 것으로 된다. 그것은 마치 '전에 언젠가' 이 향기를 실컷 들이마실 수 있었던 때가 있었던 것처럼 느껴지는 동경과 슬픔을 깨우치는 희미한 향기에 지나지 않는다. 그러나 이제는 너무 늦었다.

353

벌레—그가 수상한 벌레 몇 마리를 가지고 있다[120]고 해서, 그것이 그의 정신의 성숙에 대한 부정적 주장을 하는 것은 아니다.

354

의기양양하게 앉는 법—승마의 멋진 자세는 적에게서 용기를 훔치고 관중에게서 마음을 훔친다. 새삼스레 무엇 때문에 공격한다는 말인가? 승리를 얻은 자와 함께 앉아 있기만 하면 되는 것을.

355

감탄이 지닌 위험—타인의 여러 가지 덕에 지나치게 감탄하면, 자신의 덕에 대한 의식을 잃게 되고, 덕의 훈련 부족으로 말미암아 마침내 자신의 덕 자체까지도 잃어버릴 수가 있다. 그 대가로 타인의 덕을 손에 넣지도 못한 채 말이다.

356

병약함의 효용—자주 병에 걸리는 자는 그만큼 자주 건강해지는 까닭에 건강 상태를 보통 사람보다 훨씬 더 누릴 수 있을 뿐만 아니라, 자신과 타인의 갖가지 일과 행동 속의 건강한 것과 병적인 것을 가리는 아주 예민한 감각도 갖게 된다. 따라서 병약한 저 작가들(애석하게도 거의 모든 위대한 저술가들은 이에 속해 있다)이야말로 자신들이 작품 속에 훨씬 확실하고도 균형잡힌 건강한 색채를 갖추는 것이 보통이다. 왜냐하면 그들은 육체적으로 건강한 자들보다 영혼의 건강과 쾌유의 철학 그리고 이 철학을 가르치는 교사들인 오전과 햇빛과 숲과 샘에 대해 더 잘 알고 있기 때문이다.

---

120) '벌레를 가진다'(Würmer haben)는, 일반적으로는 '양심의 가책'이나 '병'의 씨를 갖는 것을 뜻한다.

357

명인의 조건인 불성실—어쩔 수 없는 일이지만 모든 명인은 '한 사람'의 제자만을 갖는다. 그리고 이 제자는 그에게 불성실한 자가 된다. 왜냐하면 그 또한 명인이 되게끔 정해져 있기 때문이다.

358

결코 헛수고는 아니다—그대가 진리의 산을 올라가는 일은 결코 헛수고가 아니다. 그대는 오늘 더 높이 올라가거나 내일 훨씬 더 높이 올라갈 수 있도록 힘을 단련하고 있는 것이니까.

359

회색 유리창 앞에서—도대체 그대들이 이 창을 통해 세계를 들여다볼 경우에 보게 되는 것이 그렇게도 아름답단 말인가? 그대들이 전혀 다른 창으로는 들여다보려고 하지 않을 만큼, 게다가 다른 사람이 다른 창으로 들여다보는 것조차도 방해할 정도로?

360

심한 변화의 징조—오래 잊고 있었던 사람들이나 죽은 사람을 꿈에 보는 것은, 자신의 내부에 이미 심한 변화를 겪고 생활의 기반이 완전히 파헤쳐졌다는 증거이다. 즉 그때 죽은 자는 되살아나고 우리의 고대는 현대가 된다.

361

영혼의 약—조용히 누워 있는 것과 너무 많이 생각하지 않는 것이, 영혼의 모든 병에 대한 가장 돈이 안 드는 약이다. 의지가 굳으면 시간이 지날수록 약을 복용하는 것이 더 즐거워질 것이다.

362

정신의 위계를 위하여—그대가 예외적인 것을 찾고자 노력하는 데 반해서, 다른 사람은 법칙 탐구를 위해 노력한다면, 그대는 이 사람보다 훨씬 아래에 있게 된다.

363

숙명론자—숙명을 믿지 않으면 '안 된다'고 학문은 그대에게 강요할 수 있다. 그런데 이 신앙이 그대에게 가져다주는 것(비겁함, 체념 혹은 고매함과 활달함)은 어떠한 땅에 어떤 씨앗이 뿌려졌는가를 증명하지만 그 씨앗 자체를 증명하는 것은 아니다. 왜냐하면 그 씨앗에서는 어떠한 것이라도 다 자라날 수 있기 때문이다.

364

몹시 불쾌한 까닭—인생에서 효용보다도 아름다움을 중시하는 자는 반드시 최후에는 빵보다도 사탕을 즐기는 어린아이와 같이 위를 상하게 되고 세상을 몹시 불쾌하게 바라보게 될 것이다.

365

치료법으로서의 지나침—오랫동안 반대의 재능을 지나치게 존경하고 즐김으로써, 자기 재능을 더욱 훌륭하게 성취할 수 있다. 지나침을 치료법으로 사용하는 것은 인생이라는 예술이 가진 섬세한 '비결'의 하나다.

366

'자기 자신을 원하라'—활동적이고 성공적인 본성의 사람들은, '너 자신을 알라'는 격언에 따라 행동하지 않고, '자신을 원하라', 그러면 하나의 '자신이 될 것이다'라는 명령이 눈앞에 떠오르고 있는 듯 행동한다. 운명은 늘 선택을 허용해 왔던 것으로 보인다. 그런데 반대로 비활동적이며 관조적인 사람들은 자기들이 삶에 발을 내디뎠을 그때 어떻게 단 한 번 선택을 '하고 말았느냐' 하는 것을 되씹어 본다.

367

될 수 있는 대로 추종자 없이 사는 일—추종자라는 것이 얼마나 의미 없는 일인지는 자기 추종자의 추종자가 되기를 포기했을 때 비로소 알 수 있다.

368

은폐하는 것―모기같이 떼지어 모이는 너무나도 귀찮은 숭배자들로부터 도피하려면 자취를 감추는 방법을 알아 두어야 한다.

369

권태―더할 나위 없이 섬세하고 교양 있는 사람들의 권태가 있다. 그들에게는 이 세상이 제공하는 가장 좋은 것도 이미 아무 흥미 없는 것이 되어 버렸다. 그들은 선별된, 그리고 더욱더 까다롭게 가려뽑은 음식만을 먹으며 변변치 않은 것에 대해서는 구토증을 일으켜 곧바로 굶어 죽을 위험에 놓여 있는 것이다. 그것은 가장 훌륭한 것은 아주 조금밖에 없고, 있다 하더라도 때로는 가까이할 수도 없고, 좋은 이로도 씹을 수 없을 만큼 돌처럼 굳어져 있기 때문이다.

370

감탄이 지닌 위험―어떤 특성이나 기능에 대한 감탄은, 그것을 소유하려는 우리 자신의 노력도 억제하게 될 만큼 강해질 수 있다.

371

인간이 예술에서 바라는 것―어떤 사람은 예술을 통해 자기 본질을 즐기려 하고, 또 어떤 사람은 예술의 도움을 빌려 잠시 동안 자기 본질을 뛰어넘어 그것에서 벗어나기를 바란다. 이 두 가지 요구에 따라 예술과 예술가도 두 종류로 나뉜다.

372

탈퇴―우리에게서 탈퇴하는 사람은 아마 그것으로써 우리 자신을 모욕하는 일은 없으나 우리를 신봉하는 자들을 모욕하는 것은 확실하다.

사후에—우리는 어떤 사람이 죽고서 오랜 시간이 흐른 뒤에야 비로소 그가 없는 쓸쓸함을 이상하게 여기게 된다. 아주 위대한 인물의 경우라면 흔히 수십 년 뒤에야 겨우 그런 생각이 나게 마련이다. 정직한 자는 어떤 자의 죽음을 대할 때에는 사실 그다지 섭섭하다고 생각하지 않으며, 지나치게 부풀린 조문을 읽는 자를 위선자라고 생각한다. 곤경에 빠졌을 때 비로소 어떤 개인의 존재의 필요를 느끼게 된다. 그러므로 나중에 짓는 한숨이야말로 참다운 묘비명이다.

저승에 남겨둔다—우리는 많은 것을 희미한 느낌의 저승에 남겨두어야 하며, 그것들을 그림자와 같은 존재에서 풀어주려고 해서는 안 된다. 그렇지 않으면 그것들은 사상과 말로서 우리의 사악한 주인이 되어 잔인하게도 우리의 피를 요구할 것이다.

거지 신세에 가까운 것—아무리 풍부한 정신을 가진 사람이라도, 때로는 자신이 쌓아놓은 보물이 들어 있는 창고의 열쇠를 잃어버리는 일이 있다. 그러면 그는 단지 살기 위해 걸식하며 돌아다녀야 하는 극빈자와 같아진다.

사슬 모양의 사상가—이제까지 많은 사색을 해 온 사람은 그가 듣고 읽는 모든 새로운 사상이 곧 하나의 사슬 모양으로 보인다.

동정—동정이 도금된 칼집 속에는 때로 질투의 비수가 숨겨져 있다.

천재란 무엇인가—높은 목표와 그것에 이르는 수단을 바라는 자이다.

379

전사들의 허영—싸워서 승리를 얻을 가망성이 없는 사람이나 뚜렷이 싸움에서 지는 사람은, 그만큼 더욱 자기 전투 솜씨가 칭찬받기를 바라게 된다.

380

철학적 삶은 오해받는다—누군가가 철학을 진지하게 생각하기 시작하면 곧바로 세상 사람들은 모두 그 반대를 믿는다.

381

모방—볼품없는 것은 모방으로 명성을 얻고, 훌륭한 것은 그 모방으로써 명성을 잃는다. 특히 예술의 세계에서 그렇다.

382

역사학의 마지막 교훈—"아아 내가 그때에 살았더라면!" 이것은 어리석고 실없는 사람의 넋두리다. 오히려 역사의 어떤 부분에 대해서도 그것을 '진지하게' 관찰한 자라면 그것이 과거에 찬미된 나라라도 결국 이렇게 외칠 것이다.

"아무리 생각해도 그곳으로 되돌아가고 싶지는 않다! 그 시대의 정신은 수백 기압의 무게로 너를 압박할 것이다. 너는 그 시대의 선함과 아름다움도 즐길 수 없을 것이고 악을 소화할 수도 없을 것이다."

그리고 후세 또한 우리 시대를 그렇게 판단할 것이다. 그 시대는 참을 수 없으며, 그런 시대의 삶은 살아갈 엄두도 못 냈을 것이라고. 그렇다면 누구나 자기 시대를 참고 견디는 것일까? 그렇다. 더욱이 그의 시대 정신은 그 사람 '위에' 있을 뿐만 아니라 그의 '내부'에도 있기 때문이다. 시대 정신은 자기 자신에게 저항하고 자기 자신을 참아내고 있는 것이다.

383

가면으로서의 의젓함—의젓한 행동거지는 적을 화나게 하지만, 질투를 숨김없이 드러내는 것은 적과 거의 화해할 수 있게 해준다.

왜냐하면 질투심은 비교하는 마음이며, 비교함으로써 대등하게 두는 마음이기 때문이다. 그것은 본의 아닌, 그리고 탄식하는 겸손이다. 때로는 혹시 지금 말한 바와 같은 이익을 위해서 질투는 질투가 심하지 않았던 사람들에 의해 가면으로 씌워져 온 것은 아닐까? 아마 그러할 것이다. 그러나 의젓한 행동거지는 자기를 상대와 대등하게 두고 있는 것을 적에게 드러내기보다는, 손해를 보더라도 적을 화나게 하려는 자존심 강한 자들에 의해 때때로 질투의 가면으로써 사용되고 있는 것은 확실하다.

384

용서할 수 없다─그대는 그에게 너그러움을 드러낼 기회를 주었는데 그는 그 기회를 이용하지 않았다. 그 일로 그는 그대를 용서하지 않을 것이다.[121]

385

반대명제─인간에 대해 생각된 것 가운데 가장 노인다운 것은 '자아는 언제나 증오스러운 것이다'[122]라는 저 유명한 명제 속에 숨어 있다. 그리고 또한 가장 어린애다운 것은 '네 이웃을 네 몸과 같이 사랑하라'[123]라는 더욱 유명한 명제 속에 숨어 있다. 전자는 인간에 대한 인식이 종말에 이르렀을 때, 후자는 전혀 시작도 되지 않았을 때 생긴 명제다.

386

귀가 없다─"언제나 남에게 책임을 떠넘기는 사람은 아직 천민에 속한다. 늘 자기에게만 책임을 돌릴 때 그자는 진리의 궤도에 들어서 있는 것이다. 그러나 지혜로운 사람은 자기나 타인이나 누구에게도 책임이 없다고 본다." 이것은 누

---

121) 이를테면 '상대의 마음을 상하게 하는 일은 상대가 그것을 용서하고 그의 너그러움을 보일 기회를 주는 것이지만, 그 기회를 이용하지 않고 가해진 상처에 화를 낸 상대는, 자기 마음의 좁음을 폭로하고 만 데 대해서 그대를 용서하지 않을 것이다'라는 뜻이다. 이 아포리즘은 분명히 바그너와 관계있다. 《인간적인 너무나 인간적인Ⅰ》의 간행 뒤 바이로이트에서 '파문' 당한 니체는 페터 가스트 앞으로 "바그너는 인격의 크기를 나타낼 큰 기회를 이용하지 않고 끝났다"고 쓰고 있기 때문이다(1878, 531의 서한).
122) 파스칼의 《팡세》 455절을 인용한 것.
123) 〈레위기〉 제19장 18절 및 〈마태복음〉 제22장 39절.

구의 말인가? 천팔백 년 전 에픽테토스의 말이다. 사람들은 이 말을 듣기는 했으나 잊어버렸다. 아니다. 사람들은 이것을 듣지도 잊어버리지도 않았다. 모든 것이 망각되는 것은 아니다. 그러나 사람들은 그것을 듣는 귀를, 즉 에픽테토스의 귀를 가지고 있지 않았다. 그럼 에픽테토스는 이것을 자기 귀에 대고 말했던 것일까? 바로 그렇다. 지혜는 고독한 자가 사람이 북적이는 시장에서 자기에게만 속삭이는 귓속말이다.

387

관점 탓이지 시력 탓이 아니다—사람들은 늘 자신을 몇 발짝 너무 가까이에서 그리고 이웃을 언제나 몇 발짝 너무 멀리서 바라본다. 따라서 이웃에 대해서는 지나치게 개략적인 판단을 내리고, 자신에 대해서는 우연적인 보잘것없는 특징과 사건까지도 너무도 자세하게 다루어 판단하게 된다.

388

무장한 무지—타인이 어떤 것을 아는지 모르는지를 우리는 전혀 대수로운 일로 여기지 않는다. 그런데 정작 본인은 자기가 그것에 무지하다고 여겨진다는 상상만으로도 전전긍긍하는 것이다.

확실히 진짜 바보들이 있다. 그들은 저주와 선전 포고로 가득 찬 화살통을 짊어지고 돌아다니며, 자기들의 판단 따위는 문제시되지 않는 사항이 있음을 인식시켜 주는 사람들을 닥치는 대로 쏘아 넘어뜨리려는 태세를 취한다.

389

경험이라는 술자리에서—타고난 절제 때문에 모든 잔을 절반만 마시고 놔두는 사람은 이 세상 모든 사물이 저마다의 여분과 찌꺼기를 갖고 있다는 것을 인정하고 싶어 하지 않는다.

390

지저귀는 새—세력가에게 붙은 자들은 그에 대한 찬가를 좋은 소리로 지저귈 수 있도록 스스로 자기 눈을 홀리는 게 예사다.

391

성장하지 못한—좋은 것도 우리가 그 높이까지 성장해 있지 않으면 우리 마음에 들지 않는다.

392

어머니 또는 자식으로서의 규칙—규칙을 낳는 상황과 규칙이 낳는 상황은 별개의 것이다.

393

희극—우리는 이따금 우리가 오래전에 껍질처럼 벗어던진 소행과 작품에 대해 사람들의 사랑과 존경을 얻는 일이 있다. 그러면 우리는 자기 과거를 연기하는 희극 배우가 되어 낡은 껍질을 다시 한번 어깨에 걸치고 싶은 기분에 이끌리기 쉽다. 이것은 다만 허영심에서만이 아니라 우리를 찬미해 주는 사람들에 대한 호의에서다.

394

전기(傳記)작가의 실수—작은 배를 강물 속으로 밀어 넣는 데 필요한 적은 힘을, 이 작은 배를 이끌어 가는 물의 힘과 혼동해서는 안 된다. 그런데 이러한 혼동이 거의 모든 전기에서 일어난다.

395

너무 비싸게 사지 말 것—너무 비싸게 산 물건은 짐짓 거의 좋지 않게 쓰여진다. 물건에 대한 애착 없이, 쓰라린 추억과 함께 쓰이기 때문이다. 이렇게 사람들은 이중의 손해를 보게 된다.

396

사회는 어떠한 철학을 늘 요구하는가—사회 질서의 바탕은 저마다가 있는 그대로의 것, 행하고 노력하는 것, 자기의 건강이나 병, 빈곤이나 행복, 명예나 볼품없음을 시원스럽게 바라보고, '그러나 그것을 그 무엇과도 바꾸지 않겠다'고 느끼는 상태다. 사회 질서를 세우기를 바라는 사람은 다만 언제나 이렇게 밝은 마음으로 교체를 거부하는 철학과 질투 없는 철학을 사람들의 마음에 심어주면 된다.

397

고귀한 영혼의 표지—고귀한 영혼이란, 가장 높이 날아오를 수 있는 영혼이 아니라 거의 상승하지도 하강하지도 않지만 '언제나' 더 자유롭고 투명한 공기와 높이에서 사는 영혼이다.

398

커다란 것과 그 관찰자—커다란 것이 주는 최고의 효과는 그 관찰자에게, 물체를 크게 보게 하고, 세부적인 것에 사로잡히지 않고 총체적으로 바라볼 수 있는 눈을 주는 것이다.

399

만족한다는 것—지성이 성숙에 이르렀다는 표시는 신기한 꽃이 피어 있는 인식의 가장 뾰족한 가시덤불 아래를 가지 않고, 인생의 신기한 것과 특별한 것을 위해서는 삶이 너무 짧다는 것을 헤아려서, 뜰과 숲 그리고 초원과 밭에서 만족하는 일이다.

400

궁핍이 갖는 이점—언제까지나 따스하고 충실한 마음속에, 그리고 영혼의 여름의 대기 속에 사는 사람은, 겨울과 같은 천성을 가진 사람들이 2월의 어느 맑은 날에 각별한 사랑의 햇살과 온화한 공기에 닿아 느끼는 그 전율적인 환희를 상상할 수 없다.

401

인내하는 자를 위한 처방—그대에게 인생의 짐이 너무 무거워지고 있는가? 그럼 그대는 인생의 짐을 더 늘려야 한다. 인내하는 자가 마침내 레테강[124]을 동경하며 찾아간다면 그는 그것을 꼭 찾아내기 위해서 '영웅'이 되지 않으면 안된다.

402

심판자—어떤 사람의 이상을 들여다 본 자는, 그 사람의 가차 없는 심판자며 양심의 가책인 것이다.

403

큰 체념의 효용—큰일을 단념하는 것의 가장 이로운 점은, 그것이 우리에게 자랑스러운 덕을 부여하고, 그 덕택에 그때부터 더 쉽게 작은 일을 단념하게 해준다는 점이다.

404

어떻게 의무는 광채를 얻는가—그대의 청동의 의무가 누구의 눈에도 금으로 보이도록 바꾸는 수단은, 언제나 그대가 약속한 것보다 더 많은 것을 지키는 데 있다.

405

인간을 위한 기도—"우리의 덕을 사하여 주옵소서."[125] 인간을 위해서는 이렇게 기도해야 할 것이다.

---

124) 레테강은 그리스 신화에서 저승을 흐르는 다섯 개 강의 하나. 레테(Lethe)는 그리스어로 '망각'을 뜻하며, 저승을 내려간 망자가 전생의 일을 잊기 위하여 이 강물을 마신다고 한다. 이 아포리즘의 후반은 해석하기 어렵다. 그러나 '레테강'이라는 말에는 적어도 이 책 테두리 안에서는 부정적인 의미가 깃들어 있는 것 같다. '레테'는 디오니소스적인 도취에 있어서 생존의 고통을 '망각'한다는 의미이기 때문이다. 그렇다면 '영웅'(Held)이란 말도 부정적인 의미로 해석될 것이다. '영웅적'은 여기에서는 '초역사적' 나아가서는 '초현실적'의 뜻으로 이해할 수 있을 듯하다.
125) 신약성서에 나오는 주기도문에서 '우리의 죄를 사하여 주옵시고'라는 부분을 변형한 것.

창조자와 향유자—향유자는 나무에서 중요한 것이 열매라고 여긴다. 한데 나무에서 중요한 것은 씨이다. 이것이 모든 창조자와 향유자 사이의 차이다.

모든 위대한 자들의 명예—자신을 바라보고 숭배하는 자로 하여금 '이제 나는 천재를 필요로 하지 않는다!'고 말하게 할 만큼의 자유롭고 고양된 감정을 그에게 부여하지 못한다면, 대체 천재에 어떤 의미가 있단 말인가? '천재 자신을 불필요한 존재로 만드는' 것, 이것이 바로 모든 위대한 자들의 명예이다.[126]

저승 여행—나 또한 오디세우스[127]처럼 저승에 다녀왔고, 앞으로 더욱 자주 갈 것이다. 그리고 나는 몇몇 죽은 자들과 이야기하기 위해 숫양을 산 제물로 바쳤을 뿐만 아니라, 나의 피조차도 아끼지 않았다. 산 제물을 바치는 나를 받아준 것은 네 쌍의 사람들, 즉 에피쿠로스와 몽테뉴, 괴테와 스피노자, 플라톤과 루소, 파스칼과 쇼펜하우어였다. 이제까지 오랫동안 홀로 여행하면서 언제나 이 사람들과 토론해야 했다. 나는 그들이 서로 상대의 옳고 그름을 이야기하는 것을 귀를 기울여 듣고 싶었고, 그들로부터 내 생각의 옳고 그름도 가르침 받고 싶었다. 내가 이야기하고 결정하는 것, 나를 위해 또는 남을 위해 생각해 내는 것이 무엇이든, 언제나 나는 저 여덟 사람의 눈을 주시하고, 그들의 눈이 나를 주목하는 것을 본다. 살아 있는 사람들에게는 안된 일이지만 이 '살아 있는 사람들'이 나에게는 가끔 그림자처럼 보인다. 그토록 창백하고 불쾌하고 불안하게, 아! 그토록 탐욕스럽게 삶을 바라보는 그림자처럼 말이다. 반면에, 저 여덟 사람은 마치 이제는(죽은 '뒤'에는) 결코 삶에 싫증나는 일 따위는 있을 수 없는 듯 매우 생기 있게 보인다. 하지만 '영원한 생동감'이야말로 중요하다. 이른바 '영원한 삶'이니, 또는 인생이니 하는 따위가 대체 무슨 큰 의미가 있으랴!

---

126) 볼테르를 기념하는 뜻.

127) 오디세우스는 '초혼'을 위해 마녀 키르케의 지시를 따라 그의 양 중에서 가장 두드러진 검은 숫양을 제물로 바쳤다.

제2장
방랑자와 그 그림자

그림자 : 오랫동안 네가 이야기하는 것을 듣지 못했으니, 너에게 한번 그 기회를 주고 싶다.

방랑자 : 이야기 소리가 들리는군. 어디에 있는가? 그대는 누구란 말인가? 마치 내 자신이 지껄이는 것을 듣는 것 같은데 다만 내 목소리보다 더 작은 것 같군.

그림자 : (잠시 있다가) 이야기할 기회를 얻어 기쁘지 않은가?

방랑자 : 신과 내가 믿지 않는 모든 것에 맹세컨대, 놀랍게도 내 그림자가 지껄이는군. 내게는 그것이 들리지만 믿지는 못하겠어.

그림자 : 사실을 있는 그대로 받아들이고, 거기에 대해서 더는 따지지 말도록 하지. 1시간만 지나면 모든 것이 사라져 버릴 테니.

방랑자 : 내가 피사 근처의 숲속에서 처음에 두 마리, 다음에 다섯 마리의 낙타를 보았을 때, 바로 그와 똑같은 생각을 했네.

그림자 : 먼저 우리 이성의 활동이 정지하게 되면 우리가 똑같이 서로에게 너그러워진다는 것은 좋은 일이야. 우리는 대화할 때 서로 화내는 일이 없을 것이고, 상대가 하는 말이 이해할 수 없게 들린다고 해도 그 자리에서 상대를 책망하는 일도 없겠지. 무언가 곧바로 대답할 말이 없을 때는 뭐라도 지껄이는 것만으로 충분해. 이것이 내가 누군가와 이야기할 때 지키는 공정한 조건이야. 어느 정도 이야기가 길어지면, 어떠한 지혜로운 사람이라도 한 번쯤은 '정말' 바보가 되고 세 번쯤은 멍청이가 되는 거지.

방랑자 : 그대의 그 소극적인 태도가, 그대가 고백하는 상대를 기쁘게 하는 것은 아니야.

그림자 : 내가 도대체 기쁘게 해줘야 할 이유라도 있단 말인가?

방랑자 : 나는 인간의 그림자 따위는 인간의 허영심이라 생각했다네. 그러나 그렇다고 해서 "도대체 내가 기쁘게 해줘야 할 이유라도 있단 말인가?" 따위의 질문은 하지 않을 텐데.

그림자 : 내가 아는 한, 인간의 허영심은, 이미 두 번이나 말한 것처럼, '이야기해도 좋을까' 하고 묻지도 않을 거야. 언제나 지껄이고 있으니까 말이지.

방랑자 : 나의 친애하는 그림자여, 내가 그대에게 얼마나 무례했는지를 이제야 알았다. 그대를 보는 것에 그치지 않고 그대 목소리까지 듣는 것이 얼마나 '기쁜지' 아직 한마디도 하지 않았군. 내가 빛을 사랑하듯이 그림자도 사랑하고 있다는 것을 알아 주기 바라. 얼굴의 아름다움, 언어의 명료함, 성격의 선량함과 견고함이 존재하기 위해서는 그림자도 빛만큼이나 필요하네. 그들은 서로 적이 아니야. 오히려 빛과 그림자는 정답게 손을 잡고 있지. 그리고 빛이 사라지면 그림자도 슬그머니 그 뒤를 따라가는 것일세.

그림자 : 그리고 나 또한 네가 싫어하는 것과 똑같이 밤이 싫어. 나는 인간들이 빛의 제자이기 때문에 그들을 사랑해. 또한 지칠 줄 모르는 인식자이자 발견자인 그들이 인식하고 발견할 때 그들의 눈에 반짝이는 빛이 나를 기쁘게 하지. 인식의 햇살이 비칠 때 모든 사물이 나타내 보여주는 그림자, 그 그림자 또한 나이기도 해.

방랑자 : 그대가 이야기하는 것이 무슨 뜻인지 알 듯하군. 그대는 그림자 같은 그 무엇이라고 그대 자신을 표현하고 있지만 말이야. 친한 친구끼리는 때때로 이해의 표시로서 제3자에게는 수수께끼일지 모르는 어렴풋한 말을 주고받기도 하지. 그리고 우리는 친구 사이라네. 그러니 서론은 이제 필요 없어! 수백 가지 문제들이 내 영혼을 괴롭히는데, 그대가 이것에 대답해 줄 수 있는 시간은 너무 짧군. 무엇에 대해서 우리가 서둘러 그리고 완전히 평화롭게 이야기를 나눌 수 있는지 시험해 보도록 하세.

그림자 : 하지만 그림자는 인간들보다 더 내성적이야. 우리가 서로 어떻게 이야기를 나누었는지는 비밀로 해 줘!

방랑자 : 우리가 어떻게 이야기했는지 말인가? 하늘이여, 길게 늘어놓는 서술적인 대화로부터 나를 지켜 주소서! 만일 플라톤이 장황하게 늘어놓는 일에 흥미를 덜 느꼈다면, 독자들은 그의 책을 좀더 즐겁게 읽을 텐데. 실제로는 즐

거운 대화도 책으로 바뀌어 읽히게 되면, 원근법이 완전히 잘못된 그림이 되어 버리지. 즉 모든 것이 너무 길거나 짧아지지. 그러나 '무엇에 대하여' 우리의 의견이 일치했는지는 사람들에게 전해도 좋을 테지?

그림자 : 그 점은 아무래도 좋아. 왜냐하면 독자들은 모두 그곳에서 너의 의견만을 보게 될 테니까. 그림자 따위를 생각하는 사람은 아무도 없을 거야.

방랑자 : 친구여, 그것은 아마 그대의 생각이 틀렸을 거야! 이제까지 모든 사람들은 내 의견 속에서 나 자신보다도 오히려 그림자를 더 많이 알아보았으니까.

그림자 : 빛보다도 그림자를 더 많이 알아본다고? 그런 일이 가능하단 말인가?

방랑자 : 친애하는 어릿광대여, 진지해 다오! 내 최초의 문제부터 진지함을 요구하고 있으니.

1

인식의 나무에 대하여—진리 같은 것은 진리가 아니다. 자유로워 보이는 것이 곧 자유는 아니다. 이 두 가지 과일 때문에 인식의 나무와 생명의 나무가 혼동되어서는 안 된다.[1]

2

세계의 이성—세계가 어떤 영원한 합리성의 총괄 개념이 '아니'라는 것은, 궁극적으로는 우리가 알고 있는 '세계의' 어떤 '부분'(내가 의미하는 것은 우리 인간의 이성이다)이 반드시 완전히 이성적이지는 않다는 것으로써 증명된다. 그리고 '그것'이 반드시 언제나 완전히 설명되거나 합리적인 것은 아닌 이상, 나머지 다른 세계 또한 그렇지 않을 것이다. 여기서 '작은 것에서 큰 것으로, 부분에서

---

1) 이 아포리즘은 《인간적인 너무나 인간적인 I》의 아포리즘 109 〈인식은 슬픔이다〉 가운데 특히 바이런의 시구와 관련해서 이해해야 할 것이다. '진리다움'은 진리의 가상, '자유로움'은 자유의 가상이며, 진리나 자유 자체는 아니다. 이러한 가상적인 것에 대한 신앙과 망상에 기대어 살아가는 생명이며, 인식은 이 가상성을 파헤치는 것이다. 그러므로 '인식의 나무는 생명의 나무가 아닌'(바이런) 것이다.

전체로'(a minori ad majus, a parte ad totum)의 추론이 적용될 수 있다. 그것도 결정적인 힘으로.

3

"태초에 말씀이 계시니라"[2]―기원을 찬미한다는 것, 이것은 역사를 관찰할 때 다시 싹트게 되는, 그리고 만물의 시작에는 가장 귀중하고 가장 본질적인 것이 있다고 믿게 하는 형이상학의 '싹'이다.

4

진리의 가치에 대한 척도―등산의 어려움이 산의 높이를 재는 척도가 될 수는 없다. 그런데 '학문에서 이 문제는 달라야만 한다!' 전문가라 여겨지고 싶어 하는 몇몇 사람은 이렇게 말한다. '진리를 구하는 어려움이 그 진리의 가치를 결정해야 한다!' 이 어리석은 도덕은, '진리'란 본디 우리가 아주 피로해질 때까지 몸을 단련하는 데 필요한 체조 기구 이상의 것이 아니라는 생각으로부터 나온 것이다. 그것은 정신의 운동선수나 체조선수의 도덕이다.

5

관용적인 말과 현실―실제로는 인간이 가장 중요하다고 생각하는 모든 것들, 즉 '우리와 가장 밀접한 모든 것'들에 대한 어떤 위선적인 멸시가 행해지고 있다. 예를 들면 "살기 위해서 먹는 것뿐이다" 따위의 말을 하는 자가 있다. 이것은 어린아이를 낳는 것이 본디 완전히 쾌락적인 것이라고 말하는 것과 같은 '거짓말'이다. 반대로 '가장 중요한 것들'에 대한 존중도 결코 완전히 순수했던 적이 없다. 참으로 성직자나 형이상학자들이 이러한 것들에 대한 분야에서는 우리를 위선적일 만큼 과장된 '관용적 표현'에 익숙하게 만들었지만, 이 가장 중요한 것들을 우리와 가장 밀접한 경멸 당한 것들만큼도 중요하게 생각지 않는 감정을 바꾸어 놓지는 못했다. 그러나 이 이중의 위선이 가져온 이러한 곤란한 결과는, 사람들이 자기와 가장 밀접한 것들, 예를 들어 의식주나 사고 등

---

2) 〈요한복음〉 제1장 1절.

을 편견 없는 '보편적' 반성과 개조의 대상으로 삼지 않고, 이것을 타락한 것으로 여겨, 그것에 대해 진지한 지성과 예술적 감각을 쏟으려고 하지 않는 일이다. 그 결과 여기서는 습관과 경박함이 무분별한 사람들, 특히 경험 없는 청소년을 간단하게 지배해 버린다. 한편으로 우리는 육체와 정신의 가장 간단한 법칙을 끊임없이 위반함으로써, 우리 모두는 늙었건 젊었건 부끄러운 의존과 부자유 속에 떨어진다. 여기서 내가 의미하는 것은 우리는 오늘날에도 변함없이 사회를 억압하고 있는 의사·교사·목사에게 근본적으로 불필요하게 의지한다는 것이다.

6

이 세상의 허약함과 그 주된 원인—주위를 둘러보면, 평생 계란을 계속 먹어왔지만 길쭉한 계란이 가장 맛있다는 것, 뇌우가 아랫배에 효험이 있다는 것, 좋은 향기는 서늘하고 맑은 공기 속에서 가장 세게 풍긴다는 것, 우리의 미각은 입안 여러 부위에서 다르다는 것, 식사 때 많이 떠들거나 이야기를 듣는 것은 위에 나쁘다는 것, 이러한 것을 모르는 사람들이 곧잘 눈에 띈다. 관찰력의 결여를 나타내는 이러한 실례만으로는 만족하지 못한다면 더욱 '가장 밀접한 사항'이 대부분의 사람들에 의해 그야말로 잘못 여겨지고, 좀처럼 관찰되고 있지 않다는 것을 살펴봐 주기 바란다. 이것은 아무래도 상관없는 일일까? 반드시 잘 생각해 주기를 바라지만, 개개인의 '거의 모든 정신적, 육체적 허약함'은 이 결함에서 비롯한다. 즉 생활 방식의 정리, 일과의 할당, 교제를 위한 시간과 그 범위의 선택, 직업과 여가, 명령과 복종, 자연과 예술에 대한 감각, 식사, 수면, 반성적 사색에서, 무엇이 우리에게 이로우며 무엇이 우리에게 해로운가를 모른다는 결점이다. 그리고 이런 식으로 '가장 사소한 것과 가장 일상적인 것에 무지'하며 날카로운 눈을 갖지 못했다는 것, 이것이 이 지상을 참으로 많은 사람들에게 있어 '재앙의 들판'으로 만드는 것이다. 다른 어느 경우와도 마찬가지로 여기에서 문제가 되는 것은, 인간의 '비이성'적 성격이라고 말해서는 안 된다. 오히려 이렇게 말해야 할 것이다. "이성은 충분히, 지나치게 충분히 존재하지만 그것은 '그릇된 방향으로 돌려져' 그 사소하고 가장 밀접한 사항으로부터 인위적으로 빗나가게 된 것이다"라고. 즉 성직자와 교사들 그리고 고상한 지배욕에 사로잡힌 모든 종류의, 즉 조야한 것이나 섬세한 것을 내포하는 모든 이상주의자들에 의해, 사람들은 이미 어린 시절부터 전혀 다른 것이 중요하다고 길들여져 있다. 중요한 것은 영혼의 구제, 국가에 대한 봉사, 학문의 발전, 또는 온 인류에 봉사하기 위한 수단으로서의 명망과 재산이며, 반대로 개개인의 욕망, 24시간 생활 속의 개인적인 크고 작은 필요 등은 무언가 경멸해야 하는 것, 또는 아무래도 상관없는 일이라는 것이다. 이미 소크라테스는 인간을 위해 인간적인 것을 등한시하는 교만에 온 힘을 다해 저항했다. 그리고 호메로스의 한 마디 말을 빌려, 배려하고 반성해야 할 모든 사항의 참된 범위와 본질에 사람들의 주의를 환기하기를 좋아했다. 소크라테스는 '좋은 일이건 나쁜 일이건, 자기 집안에서 일어나는 일'[3] 이것이야말로 그리고 이것만이 중요한 것이라고 말했다.

7

두 가지 위로의 수단—고대 후기 사람들의 영혼을 달래주던 에피쿠로스는, 오늘날에도 보기 힘든 훌륭한 통찰력을 지닌 사람이었다. 그것은 마음에 위안을 주기 위해서는 궁극적이고 가장 극단적인 이론적 문제 해결이 전혀 필요하지 않다는 통찰이다. 그래서 '신들에 대한 불안'으로 고통받는 사람들에게는 "만일 신들이 존재한다면 신들은 우리 일에는 신경을 쓰지 않을 것이다"라고 말하는 것만으로 그에게는 충분했다. 도대체 신들은 존재하는 것인가, 하는 궁극적인 문제에 대해서 성과 없고 피상적인 논의 따위를 하는 대신에, 그러한 태도 쪽이 한결 이롭고 유효하다. 즉 상대에게 몇 발짝 양보해 주고 그럼으로써 상대가 스스로 경청하고 감명받도록 하는 것이다. 그러나 그가 그 반대의 일, 즉 신들이 우리 일을 걱정하고 있다는 것을 증명하기 시작하자마자 그 가련한 상대는 미로와 가시밭 속에 빠지지 않을 수 없다. 더구나 스스로, 이야기하는 사람의 책략도 없이 말이다. 그래서 이야기하는 사람은 이 광경에 대한 자기의 동정을 감출 수 있을 만한 인간미와 섬세함을 갖춰야 한다. 그리고 끝으로 그 상대는 온갖 명제에 대한 가장 강력한 반증인 구토, 즉 자기 자신의 주장에

---

3) 호메로스의 《오디세이아》 제4권 참조.

대한 구토를 하게 된다. 그는 냉정해져서 순수한 무신론자가 갖는 것과 같은 기분을 안고 떠나는 것이다. '도대체 신들이 나와 무슨 관계가 있단 말인가! 신들 따위는 악마나 채어 가라고 해라!' 생각하면서. 이와 다른 경우, 특히 반쯤 물리적이며 반쯤 도덕적인 가설이 사람의 마음을 음울하게 할 때, 에피쿠로스는 이 가설을 반박하지 않았다. 그는 아마 그 가설이 맞을지 모르지만 이 동일한 현상을 설명하려면 '또 하나의 제2의' 가설도 존재하며, 아마도 이것은 또 사정이 다른 것일지도 모른다고 고백했다.

예를 들어 양심의 가책의 기원에 대해서와 같이, 가설의 '다수성'은 현대에서도 마찬가지로, 눈에 보이는 오직 하나의 것이기에 수백 번이나 과대평가되어 온 가설을 곰곰이 생각하는 것에서 아주 간단히 생겨나는 영혼의 그림자를 없애는 데 충분한 논거가 된다. 그러므로 불행한 사람들, 범죄자들, 우울증 환자들, 임종하는 자들에게 위로하려고 하는 사람은, 에피쿠로스의 이 두 가지 위안의 말을 떠올리기 바란다. 이것은 매우 많은 문제에 응용할 수 있다. 그것을 가장 간명한 형식으로 표현한다면 아마 이렇게 될 것이다. 첫째 '만일 그러한 사정이라면 그것은 우리에게 아무런 관계도 없다', 둘째 '그럴 수도 있지만 다른 식으로 될 수도 있다'.

8

밤에—갑자기 해가 저물어 밤이 되면 아주 가까운 것들에 대한 우리의 느낌도 변한다. 예를 들면 바로 바람이 그렇다. 그것은 마치 지나가서는 안 될 곳을 떠도는 것 같다. 속삭이는 듯한 소리를 내며, 무언가를 찾는 듯한, 그리고 찾는 것이 발견되지 않아 불쾌한 것처럼 느껴진다. 램프 빛도 그렇다. 그 칙칙하고 불그스레한 불빛은 피곤한 듯한 빛을 던지고 있어, 마치 마지못해 밤에 거역하는 것 같은 느낌을 주고, 밤늦게까지 깨어 있는 인간에게 초조해 하며 봉사하는 노예처럼 보인다. 또 잠든 자의 숨소리가 그렇다. 그 소리는 그 무시무시하고 기분 나쁜 박자에 맞추어 계속 돌아오는 우려가 선율을 울리는 것 같다. 우리에게는 그 선율이 들리지 않는다. 그러나 잠든 자의 가슴이 부풀어오를 때, 우리는 심장이 조여오는 것 같다. 그리고 숨소리가 낮아져 마치 죽음의 고요 속으로 사라지는 것 같을 때, 우리는 '잠시 쉴지어다. 번뇌하는 불행한 정신이여!'라며 마음속으로 중얼거린다. 생명이 있는 모든 것이 그렇게도 압박받으며 살고 있기 때문에 우리는 그들이 영원히 휴식하기를 바라는 것이다. 밤은 이처럼 우리를 죽음을 향해 가도록 설득한다. 만일 인간에게 태양이 없다면 그리고 달빛과 등잔불로 밤과 싸운다면, 어떤 철학이 그 베일로 인간을 감쌀 것인가! 인간의 정신과 영혼의 본질을 보면 잘 알 수 있지만, '인간의 본질'은 반쯤의 암흑과 태양의 결핍이 삶을 얇은 비단처럼 감싸고 있어 전반적으로 어둡고 우울하게 만들어져 있는 것이다.

9

의지의 자유에 대한 이론은 어디서 나온 것인가 ― '필연성'은 어떤 사람에게는 정열의 모습으로, 다른 사람에게는 듣고 복종하는 습관으로, 또 어떤 사람에게는 논리적인 양심으로, 또 다른 어떤 사람에게는 변덕과 탈선에의 방종한 쾌감으로 군림한다. 그러나 이들은 저마다 가장 굳게 속박되어 있는 점에서 자기 의지의 '자유'를 찾는다. 그것은 마치 누에가 고치를 만드는 일에서 자기 의지의 자유를 구하는 것과 마찬가지다. 어떤 이유로 이렇게 되는 것일까? 그것은 확실히 누구나 자기의 '생명감'이 가장 강할 때, 즉 이미 말한 것처럼 어떤 자는 정열에서, 어떤 자는 의무에서, 어떤 자는 인식에서, 또 어떤 자는 방종함에서 자기가 가장 자유롭다고 느끼기 때문이다. 개개의 인간을 강하게 만드는 것, 또 그 속에서 인간이 생명의 약동감을 느끼는 것만이 언제나 자기 자유의 근본일 것이라고 누구나 자기도 모르는 사이에 생각하게 된다. 다시 말하면 그는 구속과 무기력, 독립과 생명감을 필연적인 쌍을 이루는 것으로 짝 짓는 것이다. 여기서는 인간이 사회적·정치적인 영역에서 이룩한 경험이 가장 궁극적인 형이상학적 영역으로 잘못 옮겨지고 있다. 즉 사회적·정치적 영역에서는 강자는 동시에 자유인이고, 환희와 고뇌의 생생한 감정, 더없이 높은 희망, 대담한 욕구, 강렬한 증오는 지배자와 자유인에 속하는 데 반해서, 예속된 자와 노예는 억압되어 무기력하게 살아가는 것이다. 의지의 자유에 대한 이론은 '지배' 계급의 발명품이다.

10

새로운 쇠사슬을 느끼지 않는다─우리가 어떤 것에 의존하고 있다는 것을 '느끼지' 않는 한, 우리는 자기 자신을 독립적이라고 생각한다. 그러나 이것은 인간이 얼마나 교만하고 지배욕에 불타고 있는지를 나타내는 하나의 잘못된 추론이다. 왜냐하면 인간이란 '일상적으로' 독립해서 살고, 만일 그 독립성을 예외적으로 잃게 되는 날에는 곧바로 감정의 어떤 모순을 느낄 것이라는 전제에서, 어떤 경우에도 구속적인 처지에 놓이면 곧 그것을 알아차리고 명료하게 분간할 수 있을 것임에 틀림없다고 추론하기 때문이다. 그러나 그 반대야말로 진리라면 어떻게 될까? 즉 인간은 '늘' 여러 구속 속에서 살고 있지만, 오랜 습관 때문에 쇠사슬의 무게를 '이미 느끼지 않는' 경우에 자기를 '자유롭다고' 생각하고 있다면? 인간은 다만 '새로운' 쇠사슬에서만 구속감을 느낀다. 그렇다면 '의지의 자유'란 본래, 새로운 쇠사슬을 느끼지 않는 것 말고 아무것도 아닌 것이다.

11

의지의 자유와 여러 사실의 분리─우리의 습관적인 부정확한 관찰은, 한 무리의 여러 현상을 하나로 합쳐서 그것을 사실이라고 이름 붙인다. 그리고 이 사실과 다른 사실 사이에 빈 공간이 존재한다는 생각을 여기에 덧붙여서 저마다의 사실을 '분리'한다. 그러나 실제로는 우리의 모든 행동과 인식은 결코 여러 사실과 빈 사이 공간의 연속이 아니라 끝없는 흐름이다. 그런데 의지의 자유에 대한 믿음은 참으로 이러한 부단한, 동일한, 가를 수 없는, 또 불가분의 흐름의 표상과는 모순된다. 왜냐하면 의지의 자유에 대한 신앙은, '개개의 행동은 모두 분리되어 있으면서 불가분'의 관계에 있다는 것을 전제하기 때문이다. 그것은 의욕과 인식의 영역에서 하나의 '원자론'인 것이다. 우리는 우리가 여러 가지 성격을 부정확하게 이해하는 것과 마찬가지로 여러 사실에 대해서도 그렇다. 즉 우리는 동일한 특성과 동일한 사실에 대해 이야기하는 것이다. 하지만 실제로 '이 두 가지는 존재하지 않는'다. 그런데 우리는 이 '동일한' 사실이 존재하며, 또 여러 사실의 '종류'에 대한 단계적인 질서가 존재하며, 이것에 대응하여 단계적인 가치의 질서가 존재한다는 그릇된 전제에서만 칭찬하고 비난한다. 따라서 우리는 낱낱의 사실뿐만 아니라, 또 한편으로는 사실의 여러 무리[4](좋고 나쁘고 동정심 깊으며 질투심 많은 행동들)도 '분리'하는 것이다. 그리고 이 모든 것이 오류다. 언어와 개념은 왜 우리가 이러한 분류된 여러 행동의 고립을 믿게 되는가에 대한 가장 뚜렷한 이유다. 즉 우리는 언어와 개념으로 사물을 '표시'할 뿐만 아니라, 그것에 따라서 사물의 '진리'를 파악할 수 있다고 생각하는 것이다. 그리고 우리는 계속하여 언어와 개념으로써 사물을 실제보다도 더 간단명료하게 사고하고, 상호관계에서 분리된 불가분의, 저마다 단독으로 존재하는 것으로 여기는 그릇된 방향으로 이끌리게 된다.[5] '언어' 가운데에는 우리가 아무리 깊이 주의한다 하더라도 모든 순간에 갑작스럽게 다시 모습을 나타내는 어떤 철학적 신화가 숨겨져 있다. 의지의 자유에 대한 신앙, 즉 '동일한' 사실과 '분리된' 사실에 대한 신앙은 언어 속에서만 자신의 변함없는 복음사가와 변호사를 갖고 있다.

12

근본 오류—인간이 어떤 쾌감이나 불쾌감을 느끼기 위해서는 다음의 두 가지 환상 가운데 어느 하나에 지배되지 않으면 안 된다. 즉 '하나는', 인간은 어떤 몇 가지 사실과 몇 가지 감정의 '동일성'을 믿어야 한다는 것이다. 그렇게 되면 그는 현재 상태를 지나간 상태와 비교함으로써, 또 그것들을 동일시하거나 차별함으로써(모든 기억에서 일어나는 것과 같이) 심리적인 쾌감이나 불쾌감을 가질 수 있다. '또 다른 하나는', 인간은 '의지의 자유'를 믿어야 한다는 것이다. 예를 들면 '그것은 반드시 해야 할 일은 아니었다'라든가 '이것은 다른 결과가 될 수도 있었으리라' 하는 식으로 생각하면 거기에 마찬가지로 쾌감이나 불쾌감을 느낄 수 있다. 모든 심리적인 쾌감과 불쾌감에 작용하는 이와 같은 오류가 만일 없었다면, 인간적 본질이 성립되지 않았을 것이다. 인간은 이 부자유한 세계 가운데 자유로운 존재고, 선악 어느 것을 행하건 영원한 '기적의 실행자'고, 경탄할 만한 예외이며, 동물을 초월한 자, 거의 신과 비교할 만한 자, 창조의 의미, 무시할 수 없는 것, 우주의 수수께끼에 대한 해답, 자연의 위대한 지배자이자

---

4) 크뢰너 전집판에서는 '작은 여러 사실'로 되어있음.
5) 니체의 《도덕 외적 의미에서의 진리와 허위》 참조.

위대한 경멸자, 자기의 역사를 '세계사'라고 부르는 존재다! 이것이 인간성의 변함없는 근본 감정이며 앞으로도 그럴 것이다. '헛되고 헛되도다. 인간이란 것은!'
(vanitas vanitatum homo)[6]

13

두 번 말한다—한 가지 일을 곧 겹쳐서 표현하고, 거기에 오른발과 왼발을 붙이는 것은 좋은 일이다. 하나의 다리로도 진리는 서 있을 수 있다. 그러나 두 다리를 가지면 진리는 걷거나 돌아다닐 것이다.

14

세계의 희극배우로서의 인간—인간이 자신을 세계의 존재 전체의 목적으로 여기고, 인류가 세계의 사명에 대한 전망을 얻음으로써 비로소 진지하게 만족한 상태의 유머를 완전하게 맛보기 위해서라도, 인간보다 한결 더 능력있는 피조물이 존재하지 않으면 안 될 것이다. 신이 세계를 창조했다면, 신은 인간을 너무나도 긴 영원 속에서 기분 전환을 위한 지속적인 원천으로서 '신의 원숭이'로 창조해 낸 것이다. 그렇다면 지구를 에워싸는 천체의 음악[7]은 아마도 인간을 둘러싼 모든 다른 피조물들의 조롱하는 웃음소리일 것이다. 지루해진 불사(不死)의 '신'은 그의 마음에 드는 동물인 '인간'에게 '고통'을 줌으로써 간지럽태워, 인간이 그 고뇌에 비극적인 동시에 자랑스러운 몸짓과 해석하는 모습을 보고, 일반적으로 말하면, 이 가장 허영심이 많은 피조물의 재치 있는 발명의 재주를 보며 즐기려고 한다. 즉 그 발명자를 발명한 자로서 즐기려고 하는 것이다. 왜냐하면 위안거리로 인간을 생각해낸 자는, 인간보다 더 많은 재주를 지녔고, 또 그 재주를 보다 많이 즐길 수 있기 때문이다. 우리 인간 정신이 언젠가 스스로 겸손해지려고 하는 경우에도 허영심은 우리를 희롱하게 된다. 왜냐하면 우리 인간은 적어도 이 '허영심'에서만은 어떤 것과도 비유할 수 없는 경탄할

---

6) 〈전도서〉 제1장 2절을 근거로 한 표현.

7) 피타고라스파의 천문설에 바탕을 둔 개념. 즉 서로 수적으로 확정된 간격을 유지하면서 공통된 하나의 중심을 도는 전체의 운동은, 하나의 질서와 조화에 지배되며, 그 운동 자체가 하나의 음계를 연주하고 있다고 주장한다.

만한 것이 되려고 하기 때문이다. 세계에서 우리가 유일하다고! 아, 이것은 전혀 있을 수도 없는 일이다! 가끔 실제로 지구를 떠난 시야로 사물을 바라볼 수 있는 천문학자들은 다음과 같은 사실을 우리에게 알려 준다. 세계 가운데 있는 '생명'의 물방울은 생성과 소멸의 엄청나게 큰 대양이라는 전체적인 면으로 보면 아무 의미도 없다는 것, 무수한 별들도 지구와 마찬가지로 생명을 잉태할 수 있는 조건을 갖추고 있다는 것, 이러한 별들은 실제로 수없이 존재하지만, 생명의 부스럼 따위는 가진 적 없거나 지니고 있었다하더라도 먼 과거에 회복한 무한히 많은 별에 비교하면 다만 한 움큼 정도밖에 되지 않는다는 것을. 더욱이 이러한 모든 별의 생명은 그 존재 기간으로 측정해 보면 다만 한순간 반짝거렸던 것뿐이고, 그 뒤로는 길고 긴 시간이 계속되고 있다는 것, 따라서 생명은 결코 그러한 별들이 존재하는 목적과 궁극적인 의도가 아니었다는 것을 알려준다. 아마도 숲속에 있는 개미가 자신이 숲이 존재하는 목적이며 의도라고 굳게 믿고 있는 것은, 우리가 공상 속에서 인류의 몰락을 거의 무의식중에 지구의 몰락과 연결해 생각하는 것과 마찬가지다. 우리가 그 정도에서 멈추고, 최후의 인간의 장례식을 위해 세계와 신들의 몰락을 준비하지 않는다면, 우리는 그래도 아직 겸손한 편이다. 제아무리 편견에 치우치지 않은 천문학자라 할지라도, 생명 없는 지구를 우주 속을 반짝이며 떠다니는 인류의 무덤 이상으로 느낄 수 없을 것이다.

15

인간의 겸허함―인생을 좋다고 여기기 위해서는, 대부분의 사람들에게 얼마나 작은 쾌락으로도 충분한가! 얼마나 인간은 겸허한가!

16

무엇에 대한 무관심이 필요한가―학문이 최초 또는 최후의 사물에 대하여 언젠가 최종적으로 내리는 그 결론을 기다려, 그때까지는 '전통적'인 방식으로 생각하는(특히 믿는) 것보다 더 잘못된 것은 없다. 그런데 이러한 것이 때때로 권유되기도 한다. 이러한 영역에서 철저한 '확실성'만을 갖고자 하는 충동은, '종교적 새싹'이지 그 이상의 것은 아니다. 즉 그것은 숨겨진, 그리고 외견상으로만 회의적인 '형이상학적 욕구'며, '아직 당분간은 궁극적인 확실성이 다다를 전망은 없으니, 그때까지 '신자'는 이 영역 전체에 마음을 쓰지 않아도 된다'라는 속뜻과 연관되어 있다. 우리는 하나의 완전하고 훌륭한 인간성을 가지고 살기 위해서는 이러한 극단적인 지평에 대한 확실성 따위는 오히려 '필요'로 하지 않는다. 개미가 좋은 개미이기 위해서 그러한 것을 '필요'로 하지 않는 것과 마찬가지다. 오히려 우리는 우리가 그러한 궁극적인 사물에 그토록 오랫동안 운명적인 중대성을 부여해 온 사실은 도대체 어디에서 비롯하는가를 뚜렷하게 해 두어야 한다. 그러기 위해서 우리에게는 윤리적·종교적 감각에 대한 '역사 연구'가 필요하다. 왜냐하면 이 인식의 날카롭기 그지없는 여러 문제들은 이러한 감각의 영향을 받음으로써만 우리에게 중대하고 무서운 것이 되었기 때문이다. 즉 사람들은 이 가장 극단적인 영역 속에—'이쪽으로' 아직도 정신의 눈이 향해 있지만, 그 '안'을 꿰뚫어보지는 못한다—죄와 벌(더구나 영원의 벌)이라고 하는 관념을 끌고 들어갔던 것이다. 게다가 이 영역이 어슴푸레했기 때문에 한결 더 부주의하게도 일을 저질렀던 것이다. 과거부터 사람들은 무엇 하나 단정할 수 없는 곳에서는 대담무쌍하게도 환상을 그려왔다. 그리고 자기들의 자손을 설득해서 이러한 환상을 진지한 진리로 받아들이게 하고, 마지막에는 '신앙은 지식보다도 가치 있다'는 지긋지긋한 최후수단을 쓴 것이다. 그런데 현재 이러한 궁극적인 사물에 대해서 필요한 것은 신앙에 대립하는 지식이 아니라, 그러한 영역에서의 '신앙과 명목상의 지식에 대한 무관심'이다! 우리가 이제까지 가장 중대한 것으로 설득되어 온 것과 비교해 보면, 그 밖의 '모든' 것은 더욱 우리와 가까운 것임에 틀림없다. 우리가 이제껏 설득되어 온 중대한 일이란 예를 들면, '무엇 때문에 인간은 존재하는가?' '인간은 사후에 어떠한 운명을 갖는 것일까?' '인간은 어떻게 신과 화해하는가?' 그리고 이 밖에도 많은 기묘한 질문이 담긴 문제다. 종교가 제시하는 이러한 문제들과 마찬가지로, 관념론자건 유물론자건 실재론자건 간에 철학적 독단론자들이 제기하는 문제들은 우리와 아무런 관계가 없다. 이러한 모든 사람들은 신앙도 지식도 필요하지 않은 영역에서 어떤 결정을 내리지 않을 수 없는 처지에 우리를 몰아넣으려고 노리고 있다. 하지만 실제로 아무리 명석한 인식을 강렬하게 사랑하는 자라 할지라도, 탐구할 수 있고 이성을 갖고 가까이할 수 있는 모든 것의 주위를 안개에 휩싸인 몽롱하고 현혹적인 늪지대가, 궤뚫어 볼 수 없으며 영원히 유동적이고 한정지을 수 없는 띠처럼 둘러싼 편이 훨씬 이롭다. 지성의 대지 주변에 있는 암흑의 나라와 비교함으로써 오히려 밝고, 가까이 있는, 가장 우리 가까이 있는 지식의 세계가 끊임없이 그 가치를 '높여'갈 수 있기 때문이다. 우리는 또다시 '가장 가까운 것들의 좋은 이웃'이 되어야 한다. 그리고 그런 사물을 이제까지 해오던 것처럼 경멸적으로 무시하고, 건너편에 있는 구름과 밤의 요괴 쪽으로 눈을 돌려서는 안 된다. 숲과 동굴 속, 늪지와 암울한 하늘 아래, 이러한 곳에서 인간은 꼬박 수천 년에 걸친 많은 문화의 단계를 너무나 오랫동안 살아 왔고, 더구나 궁핍 속에 살아 왔다. 그곳에서 그는 현재를, 이웃을, 삶을, 게다가 자기 자신까지도 '경멸하는 법을 배워 왔던' 것이다. 그리고 자연과 정신의 '보다 밝은' 광야의 주민인 우리는, 오늘도 유전을 통해 우리와 가장 가까운 것에 대해서 경멸하는 독을 어느 정도 핏속에 받아 가지고 있다.

17

심오한 해석—어떤 작가의 한 구절을 그 작가가 의도했던 것보다도 '한결 더 깊이 해석하는' 사람은, 그 작가를 해석한 것이 아니라, 오히려 '애매하게 만든' 것이다. 우리 형이상학자들이 자연의 원전에 대해 갖는 관계도 이와 같다. 오히려 더 나쁠 수도 있다. 왜냐하면 자기들의 심오한 해석을 끌어내기 위해서, 그들은 때때로 원전을 먼저 그 해석의 방향으로 돌려 놓기 때문이다. 즉 그들은 원전을 '망쳐 놓는다'. 원전의 파괴와 작가 의도의 애매화에 대한 기이한 실례를 들기 위해 여성의 임신에 대한 쇼펜하우어의 견해를 참고로 들어 보겠다.

쇼펜하우어는 다음처럼 말한다. 삶에의 의지가 시간 속에 끊임없이 나타나는 징후는 성교다. 그리고 이 의지에 구원의 가능성을 유보하고 있는 인식의 빛이 가장 밝게 다시 한번 주어졌다는 징후는 삶의 의지가 새롭게 육화하는 것이다. 이 육화의 징후가 임신이며, 따라서 임신한 여성은 대담하고 자유로울 뿐만 아니라 자랑스럽게 돌아다니는 반면에 성교는 마치 범죄자처럼 기어들며 숨는 것이다. 또한 나아가서 쇼펜하우어는 이렇게 주장한다. '어떠한 여성도' 생식행위를 하는 모습을 갑자기 들키게 되면 수치심 때문에 어디로 숨어버리고 싶어 하지만, '임신의 경우에는 수치심의 그림자는 어디론가 사라지고 오히려 자랑스럽게 그것을 나타내려고 한다.'[8] 실제 이 상태는 그 자체를 남의 눈에 띄는 것 '이상'으로 그리 간단히 과시할 수 있는 것은 아니다. 그런데 쇼펜하우어는 이 고의적인 과시'만'을 강조하며, 이 점에서 그는 미리 준비된 '해석'에 알맞도록 원전을 준비한 것이 된다.

그리고 그가 해석의 대상인 현상의 보편성에 대해서 이야기하는 것은 진실이 아니다. 즉 그는 '어떠한 여성도'라고 말하고 있다. 그러나 대부분의 여성, 즉 비교적 젊은 여성들은 이러한 상태에 있을 때, 가장 가까운 친척 앞에서까지도 때로는 참을 수 없는 수치심을 나타낸다. 그리고 매우 성숙하고, 또 가장 성숙한 나이의 여성들, 특히 비교적 서민층의 여성들이 실제로 그 상태를 얼마쯤 자랑한다면 그것은 자기들이 '아직도' 남편의 욕망의 대상이 되고 있다는 것을 남에게 알리려는 것이다. 그녀들을 보고 이웃에 사는 남녀들이나 지나가는 낯선 사람이 "도대체 이런 일이 있을 수 있단 말인가?" 말하거나 생각할 때 이 적선하는 듯한 말은 정신적 수준이 낮은 여성의 허영심에는 짐짓 기분 좋게 들리는 것이다.

반대로 쇼펜하우어의 명제로부터 추론되는 점은, 가장 지혜롭고 가장 정신적인 여성들이야말로 임신 상태를 가장 거리낌 없이 기뻐하리라는 것이다. 왜냐하면 그녀들은 지적 신동—이들에게서 '의지'는 일반적인 이익을 위해 자기 자신을 '부정'할 수 있다—을 낳을 가장 높은 가능성을 지니고 있기 때문이다. 반대로 어리석은 여성들은 그들이 감추는 다른 어떤 것보다도 더 부끄러워하며 임신 상태를 감추는 충분한 이유를 갖고 있을 것이다. 이러한 일들이 현실에서 비롯된 것이라고 할 수는 없다. 그러나 여성들이 임신 상태에 있으면 그렇지 않을 때보다 더 많은 자기 만족을 나타낸다는 점에 대해서 쇼펜하우어가 일반적으로 옳다고 전제하더라도, 그의 해석보다도 더 사실에 가까운 해석도 있을 것이다. 예를 들면 알을 낳기 전의 암탉 울음소리를 생각할 수도 있으리라. 그 울음소리는 이렇게 말하는 것이다. '자, 봐 주세요! 나는 알을 낳는 거예요! 나는 알을 낳는 거예요!'

---

8) 니체가 인용한 이 쇼펜하우어의 '성교'와 '임신'에 대한 주장은 모두가 쇼펜하우어의 《부록과 보충(Parerga and Paralipomena)》 제2권 제14장 166절 이하를 인용한 것.

18

현대의 디오게네스—인간을 찾기 전에 등불을 찾아 두어야 한다. 그것이 '퀴닉학파'[9]의 등불이어야만 할까?

19

비도덕주의자들—도덕주의자들은 오늘날 비도덕주의자로서의 비난을 감수하지 않으면 안 된다. 그들은 도덕을 해부하기 때문이다. 그러나 무엇을 해부하려고 하는 자는 그것을 죽여야 한다. 하지만 그것은 사람들이 더 잘 인식하고, 더 잘 판단하고, 더 잘 생활할 수 있도록 하기 위해서만 그러는 것이다. 이 세상 모두를 해부하기 위해서는 아니다. 그러나 유감스럽게도 사람들은 여전히 모든 도덕주의자들이 그 행동 전체를 통해 다른 사람이 본받을 수 있는 모범이 되어야 한다고 생각한다. 즉 그들은 도덕주의자를 도덕의 설교자와 혼동한다. 과거의 '도덕주의자'들은 충분히 해부해 보지도 않고 설교하는 일이 너무나 잦았다. 그러한 혼동과 현재의 도덕주의자들에 대한 불쾌한 생각은 그 점에서 비롯하는 것이다.

20

혼동하지 말 것—플루타르코스의 영웅들과 같은 너그럽고 힘차고 헌신적인 사유 방법, 또는 정말 훌륭한 사람들의 순수하고 밝고 따뜻한 마음을 전하는 영혼의 상태를 인식상의 곤란한 문제를 다루는 것처럼 취급하고, 이것의 유래를 찾아내기 위해, 복잡한 것을 얼른 보아 단순한 모습으로 나타내거나, 그 안에 숨어 있는 여러 동기들이 얽힌 상태와 개념이 자아내는 갖가지 미묘한 착각, 그리고 과거부터 이어져 서서히 굳어진 개인적이고도 집단적인 감정에 눈을 돌리는 종류의 도덕주의자들은, 그들과 가장 많이 '혼동'되는 그 사람들과 가장 '다른' 것이다. 그 다른 사람들이란 사유 방법과 영혼의 상태를 믿으려고 하지 않고, 그들의 찬란한 위대함과 순수함 뒤에는 그들 본연의 비천함이 숨어 있다고 망상하는 편협한 정신의 소유자들이다.

---

9) 제1장 주118 참조. 이 아포리즘의 뜻은 미래의 건강한 인간을 찾기 전에 그것을 찾기 위한 '인식의 빛'을 발견해 두어야 한다는 뜻.

도덕주의자들은 "여기에 문제가 있다" 말하지만, 불쌍한 사람들은 "여기에 기만자가, 그리고 기만 행위가 있다" 말한다. 즉 이러한 사람들은 도덕주의자들이 '해명'하려고 애쓰는 바로 그것의 '존재'를 '부정'한다.

21

측정하는 자로서의 인간—아마도 인류의 모든 도덕적 관념은 원시 인간이 척도나 계측, 도량형기를 발견했을 때 그들을 사로잡은 엄청난 내면적인 흥분에 그 기원이 있을 것이다. ('인간'라는 말은 '측량하는[10] 자'를 뜻한다. 인간은 그 대단한 발견에 따라 그렇게 불리고자 했던 것이다!) 그리고 이러한 관념을 가지고 인간들은, 전혀 헤아릴 수도 잴 수도 없는, 그러나 처음에는 그렇지 않을 것처럼 보인 영역, '형이상학적 영역'으로 올라갔던 것이다.

22

균형의 원리—강도와 사람들에게 강도로부터 지켜 줄 것을 약속하는 권력자는, 어차피 근본적으로 완전히 비슷한 존재지만, 다만 후자는 전자와는 다른 방법으로 이익을 얻는다. 즉 사회가 그에게 치르는 정기적인 세금으로써 이익을 보는 것이지, 억지로 빼앗음으로써가 아니다. (이것은 무역 상인과 해적 사이의 관계와 같다. 그들은 오랫동안 같은 인물이었다. 즉 한쪽 역할이 이롭지 않다고 여겨지면, 다른 역할을 했던 것이다. 그뿐만 아니라 실제로 오늘날에도 상인의 도덕은 모두가 해적 도덕의 '영리한 탈바꿈'에 지나지 않는다. 가능한 한 싸게, 즉 사업비 외에는 한 푼도 돈을 들이지 않고 물건을 사서, 할 수 있는 한 비싸게 팔려는 것이다.) 중요한 점은 권력자는 강도와는 달리 '균형'을 유지할 것을 '사회'에 약속한다는 것이다. 약자들은 그 속에서 살아나갈 하나의 가능성을 찾아낸다. 왜냐하면 약자들은 '균형을 꾀하는 하나의 세력으로 결합하거나, 또는 균형을 꾀하는 어느 한 사람에게 복종하거나(보수를 받는 대신 그에게 봉사한다) 하지 않으면 안 되기 때문이다. 그리고 후자의 방법이 더 기꺼이 선택되는데, 그것은 결국 '두 가지' 위험한

---

10) 처음에는 물리적·공간적 세계에서 발견된 척도나 측정이 도덕적·형이상학적 세계로 적용되어 가는 망상의 과정이 기술되어 있는데, 이와 같은 '척도' 속에 철두철미하게 갇혀 있는 인간에 대해서는 《아침놀》의 아포리즘 117 〈감옥 속에서〉를 참조.

존재를 견제하는 것이 되기 때문이다. 즉 약자는 권력자에 의해서, 또 권력자는 이익의 관점에 의해서. 즉 권력자는 종속된 자들을 자비심으로, 또는 정당하게 취급함으로써 이 종속된 자들이 그들 자신뿐만 아니라 그들의 지배자까지도 부양하는 방법으로 이익을 얻는 것이다. 실제로 이 경우는 여전히 무자비한 대접을 받을는지 모르지만 이전에 언제나 위협받고 있던 완전한 '멸망'의 위험에 비교해 보면 사람들은 그래도 다행이라고 생각하며 이러한 상태에서도 한숨을 쉴 뿐이다. 공동체는 처음에 여러 위험한 세력들과의 '균형'을 지키기 위한 약자들의 조직이었다. 만일 대항 세력을 단숨에 '무찌를' 수 있을 만큼 그들이 강력해진다면, 균형을 지키기 위해서가 아니라 우월을 지키기 위한 조직을 만드는 편이 더 낫다. 이러한 일은 실제로 단독적인 강력한 가해자를 상대로 했을 때는 반드시 있는 '시도'다. 그러나 상대가 어떤 부족의 족장이거나, 많은 추종자를 거느리고 있을 때에는 빠르고 결정적인 파멸의 가능성이 낮을 뿐만 아니라, 지속적인 '불화'를 각오해야만 한다. 그러나 이것은 공동체에 가장 바람직하지 못한 상태를 결과적으로 가져온다. 왜냐하면 공동체는 이 상태 때문에 생계에 필요한 규칙적인 시간을 잃게 되며, 모든 노동에 따른 수확을 언제나 위협받아야 하기 때문이다. 그 때문에 공동체는 방어와 공격을 위한 자신들의 힘을 위험한 이웃의 힘과 같은 수준으로 올려놓고, 이웃에게 '우리도 너희만큼 힘이 있다. 그런데 어째서 의좋게 지내려고 하지 않는가?' 하는 것을 이해시키려는 방법을 택하는 것이다. 따라서 '균형'은 가장 오래된 법률론과 도덕론에서 매우 중요한 개념이다. 그것은 균형이 정의의 바탕이 되기 때문이다. 아주 야만적인 시대에 이 정의는 "눈에는 눈으로 이에는 이로 갚으라"[11]고 했지만, 이러한 경우의 정의는 이미 이루어졌던 균형을 전제로 한다. 그래서 보복으로 그 균형을 유지하려고 하는 것이다. 그 결과 한편이 다른 편에 대해 부정을 가해도 다른 편은 이미 맹목적인 증오로부터 우러나온 복수의 방법을 취하지는 않는다. 오히려 '같은 형벌(jus talionis)'[12]로써 문란해진 세력 관계의 균형이 '회복'되는 것이다. 왜냐하면 눈이 하나, 팔이 하나 '상대보다 많다'는 것은 원시적인 상태에서는 한 조

---

11) 〈레위기〉 제24장 20절 및 〈마태복음〉 제5장 38절.
12) 피해자에게 해를 입힌 만큼 가해자에게 해를 가한다는 의미로 동해보복법(同害報復法)이라고도 함. 이 개념은 칸트의 형벌 이론의 중심을 이루는 것.

각의 힘과 무게가 더 '많은' 것이 되기 때문이다. 모든 사람이 서로 균형을 이루는 것처럼 보이는 공동체 내부에서는 부정, 즉 균형의 원리를 어기는 것에 대하여 '치욕'과 '형벌'이 가해진다. 즉 치욕은 타인의 권리를 침해한 자에 가해지는 하나의 무게고, 그는 그 침해로써 이익을 손에 넣었지만, 이번에는 치욕에 따라서 과거의 이익을 상쇄하며 그것을 '압도하는' 손실을 새로 받는 것이다. 형벌에 대해서도 사정은 같다. 형벌은 모든 범죄자가 자신에게 허락한 우월의 무게에 비하여 훨씬 큰 반대의 무게, 예를 들면 폭행에 대해서는 투옥을, 절도에 대해서는 배상과 벌금을 부과하는 것이다. 이렇게 범죄자는 자신의 행동 때문에 사회에서, 또 사회의 도덕적 '이익'으로부터 제외되었다는 것을 '상기하게 된다'. 사회는 그를 동등하지 않은 자, 약한자, 사회 밖에 있는 자로 다루기 때문이다. 그 때문에 형벌은 단순한 보복이 아니라, '그 이상의 것, 자연 상태의 가혹함'에 대한 그 무엇인 것이다. 즉 형벌은 바로 '이 자연 상태의 가혹함'을 사람들에게 '상기시켜'주는 것이다.

23

자유의지의 신봉자에게 사람을 처벌할 권리가 있는가—직업상 사람을 재판하고 처벌하는 사람들은, 어떠한 경우에도 범죄자가 행위에 책임이 있는지 없는지, 그가 자신의 이성을 사용할 수 '있었는'지 없었는지, 어떤 '동기'에서 행동했는지, 무의식적이거나 강제되어 행동한 것은 아닌지 여부를 확인하려고 애쓴다. 범죄자가 처벌당하는 것은 그가 행동에 있어 좋은 동기보다도 나쁜 동기를 택했다는 것, 즉 그는 그 좋은 동기를 '알고 있었다'는 것이 틀림없다는 점에서 처벌당하는 것이다. 세상의 지배적인 의견에 따르면 이 인식이 결여되어 있을 때, 그 인간은 비자유인이며 책임이 없다. 그러나 그의 무지, 예컨대 '법률의 무지(ignorantia legis)'가 학습을 일부러 소홀하게 넘긴 결과일 때에는 다르다. 이 경우에는 그가 이미 배워야 할 것을 배우려고 하지 않았던 과거의 시점에서 그는 좋은 동기보다도 나쁜 동기를 택한 것이며, 따라서 지금 그는 그때의 나쁜 선택의 결과를 보상해야 한다. 이에 반해서 그가 어리석어 그에게는 좋은 동기가 보이지 않았다면 처벌하지 않는 것이 보통이다. 즉 그에게는 선택이라는 것이 빠져 있었으며, 그는 짐승처럼 행동했다는 것이다. 더 나은 이성의 고의적인 부인이라는 것이 범죄자를 처벌할 만한 것으로 할 때의 전제 조건이다. 그러나 사람이 그렇게 되지 않을 수 없을 때를 제외한다면, 고의로 비이성적이 된다는 것이 어떻게 가능할까? 저울에 좋은 동기와 나쁜 동기가 균형을 이루며 놓여 있을 때 어디에서 결단이 나오는 것일까? 즉 오류나 맹목에서 나오는 것은 아니지 않을까? 외적인 강제로부터도 또 내적인 강제로부터도 아니지 않을까?(더욱이 '외적인 강제'로 불리는 모든 것은 공포와 고통이 불러오는 내적인 강제일 따름이라는 것도 고려해야 한다) 도대체 어디에서부터일까? 이것이 바로 언제나 되풀이해서 생기는 의문이다. '이성'은 좋은 동기와 어긋난 결단을 내리는 것일 수는 없기 때문에, '선택의' 원인이 되어서는 안 되는 것이 아닐까? 여기에서 '자유의지'의 도움을 청하게 된다. 즉 '완전한 임의성'이 결단을 내리는 것이며, 아무런 동기도 작용하지 않고 행위가 '기적'처럼 아무것도 없는 것에서 생기는 한순간이 있다는 것이다. 그리고 사람들은 이 '임의성'을, 결코 임의가 지배해서는 안 되는 경우에 처벌한다. 즉 규제·금지·명령을 알고 있는 이성이 결코 선택했을 리가 없고, 이성이 강제와 고차적인 힘으로서 작용해야 했을 것이라고 생각되는 경우에 있어서다. 따라서 범죄자는 그가 '자유의지'를 썼기 때문에 처벌당한다. 즉 여러 동기에 따라 행동했어야 하는 경우에 아무런 동기도 없이 행동했기 때문이다. 그러나 그는 '왜' 이렇게 행동했는가? 이것은 이제 더 이상 '물어서는' 안 되는 문제다. 그것은 '왜?'가 없는 행위, 동기와 유래가 없는 행위, 어떤 목적도 이성도 없는 행위이기 때문이다. '그러나 이러한 행위야말로 또한' 처음에 위에서 제시한 처벌의 모든 가능성의 전제조건에 따르면, '처벌해서는 안 되는 것이다'! 또 마치 여기서는 '그때까지 마땅히 행해지고 있어야 했던' 무언가가 행해지지 않아, 무언가가 소홀히 다루어졌고, 이성이 사용되지 않은 것 같으므로, 처벌 조건을 적용하는 것도 허용되어서는 안 된다. 왜냐하면 어떠한 경우에도 무언가를 소홀히 한다는 것은 '의도하지 않고!' 일어난 것이며, 주어진 일을 일부러 이행하지 않은 것만이 처벌 대상이 되기 때문이다. 범죄자는 확실히 좋은 쪽보다도 나쁜 쪽의 동기를 택하기는 했지만, 동기나 의도 '없이' 그렇게 한 것이다. 그는 확실히 이성을 사용하지 않았지만 고의로 이성을 사용치 않으려고 한 것은 아니었다. 범죄가 처벌할 만한 것이 될 때의 전제 조건, 즉 범죄자가 이성을 고의적으로 사용하지 않았다는 조건—바로 이것은 '자유의지'라는 것을 승인했을 때 이미 포기되어 버린 것이다. 그대들, '자유의지' 이론의 신봉자들은, 그대 자신의 원리에 따라 사람을 처벌할 '권리가 없다'! 그러나 그대들의 이 원리라는 것은 애초에 기묘한 관념적 신화에 지나지 않는다. 그리고 이 신화를 부화한 닭은 모든 현실을 떠나 자신의 알 위에 군림해 왔던 것이다.

24

범죄자와 그의 재판관을 평가하기 위하여—상황의 흐름 전체를 알고 있는 범죄자는, 자기 행위가 그의 재판관과 비난자가 보는 것만큼 혼란스럽고 이해할 수 없는 것이라 생각하지 않는다. 그러나 실제 그에 대한 형벌은 재판관들이 그의 행위를 이해할 수 없는 것으로 볼 때 사로잡히는 '경악'의 정도에 따라서 결정된다. 어떤 범죄자의 변호인이 그 사건과 사건의 전력에 대해 충분한 지식을 갖고 있다면, 그 변호인이 끌어내 보이는 모든 참작 사유는 마침내 그 죄 전체를 누그러뜨려 버릴 것임에 '틀림없다'. 좀더 확실히 말하면, 그 변호인은 유죄 판정과 형량을 결정하는 데 척도가 되는 그 '경악을 완화해서' 마침내 정직한 경청자들로 하여금 '이 남자는 그가 행한 것과 같은 행동을 하지 않을 수 없었다. 만약에 우리가 그를 처벌한다면 우리는 영원의 필연성을 처벌하는 셈이 될 것이다'라는 것을 마음속으로 인정하게 만듦으로써 그 경악 전체를 해소하고 마는 것이다. 인간이 어떤 범죄의 역사에 대해서 갖고 있는 '지식이나 일반적으로 손에 넣을 수 있는 지식의 정도'에 따라 형벌의 양을 잰다는 것은 일반적으로 공정성에 어긋나는 것이 아닐까?

25

교환과 공정성—교환에서는 양쪽 모두 저마다 그 물건을 손에 넣었을 때의 노력, 희소가치, 그것에 소비된 시간을 상품의 가치와 함께 계산에 넣어, 이것이 자신에게 그 물건의 가치라고 여겨지는 것만을 요구할 때만 정직하고 올바르게 행해진다. 그가 물건에 대한 '상대편의 욕구의 관점에서' 값을 매기자마자, 그는 매우 교활한 도둑, 공갈범이 되는 것이다. 화폐가 교환의 목적일 때는 같은 1프랑켄탈러도, 부유한 상속인의 손에 있는가, 품팔이 노동자, 상인, 또는 학생의 손에 있는가에 따라 전혀 다른 것임을 잘 생각해야 될 것이다. 사람은 각자 돈

벌이하는 데 거의 아무 수고도 하지 않았는가, 많은 수고를 했는가에 따라, 조금 또는 많은 것을 받을 수 있다. 이것이 공정하다고 할 수 있으리라. 그러나 실제로는 잘 알려진 대로 정반대이다. 대자본의 세계에서는 가장 게으른 부자의 돈이 가난뱅이나 성실한 사람의 돈보다도 더 많은 이윤을 남긴다.

26

수단으로서의 법적 상태─법은 '동등한 자' 사이의 계약을 바탕으로 하는 것으로서, 계약을 한 당사자의 세력이 똑같거나 비슷한 정도일 때만 존속할 수 있다. 법은 같은 정도의 세력 간의 불화와 힘의 '쓸모없는' 소비에 종지부를 찍기 위해 인간의 영리함이 만들어 낸 것이다. 그러나 한쪽의 힘이 다른 쪽보다 결정적으로 '약해졌을' 때에도 '분명하게' 불화와 소비에 종지부가 찍힌다. 이때는 굴복이라는 것이 나타나, 법은 '효력을 잃었'지만 그 성과는 이제까지 법이 이루던 것과 마찬가지이다. 왜냐하면 여기에서는 종속된 자의 힘을 '아끼고' 쓸모없이 소비하는 일이 없도록 권유하는 우월한 자의 '영리함'이 존재하기 때문이다. 더욱이 굴복자의 입장은 동등한 자의 처지에 놓였을 때보다 때때로 더 이롭다. 따라서 법적 상태라고 하는 것은 영리함이 권하는 일시적인 '수단'일 뿐 목적은 아니다.

27

타인의 불행을 기뻐하는 마음의 해명─타인의 불행을 기뻐하는 마음(Schadenfreude)은, 자신의 바람직하지 못한 점, 걱정이나 질투나 고통을 지니고 있음을 스스로 깨닫고 있는 사정에서 유래한다. 즉 타인에게 닥쳐온 불행이 그를 자기와 똑같은 위치로 끌어내리고, 질투를 가라앉히기 때문이다.

이와 반대로 자기가 행복하다고 느낄 때에도 그는 이웃 사람의 불행을 자기의식 속에, 이를테면 자본으로 쌓아 두었다가 일단 자기에게 불행이 닥쳐올 때는 따로 간직해 두었던 타인의 불행을 여기에 적용해 보려고 한다. 이렇게 그는 '타인의 불행을 기뻐하는 마음'을 갖게 되는 것이다. 그리하여 평등을 지향하는 인간의 성향은 그 척도를 행운과 우연의 영역에 맞추려고 하는 것으로, 타인의 불행을 기뻐하는 마음은 평등의 승리와 회복에 대한 가장 비속한 표현이고, 이것은 보다 고차적인 질서를 지닌 세계 내부에서도 마찬가지이다. 인간이 타인 속에 자기와 같은 사람을 인지하는 것을 배운 이래로, 즉 사회가 만들어진 이래로 타인의 불행을 기뻐하는 마음이 존재하게 된 것이다.

28

형량의 결정에서의 임의성—대부분의 범죄자는 여성들이 아이를 갖는 것처럼 형벌을 받게 된다. 그들은 그것이 나쁜 결과를 가져오리라고는 꿈에도 생각지 않고, 수십 번 수백 번 같은 행위를 계속해왔다. 그러다 갑자기 폭로되고, 그 뒤에 형벌이 주어진 것이다. 그러나 습관성은 범죄자가 처벌되는 원인이 되는 행위에 대한 죄를, 보다 용서받을 수 있는 것으로 보이게 한다. 거기에는 저항하기 어려운 성향이 형성되어 있기 때문이다. 그러나 실제로는 이와 반대로 범죄자는 상습범의 혐의가 걸려 있을 경우에는, 더 가혹한 형벌을 받게 되며, 습관성은 모든 정상 참작에 대한 반대 사유로 여겨져 버린다.

반대로 보통 때에는 모범적인 생활을 하던 사람이 그러한 모범성과 끔찍한 대조를 이루는 범죄를 저질렀을 경우에 그의 유죄성은 더욱 뚜렷이 보여야 할 것이다! 그러나 실제 이럴 경우 오히려 처벌이 완화되는 것이 보통이다. 모든 것은 범죄자를 기준으로 해서 형량이 정해지는 것이 아니라, 사회와 사회가 받는 손상과 위험이 기준이 된다. 그리고 어떤 인간의 과거의 유익성은 그의 오직 한 번의 유해성과 바뀌어 계산되고, 과거의 유해성이 현재 나타난 유해성에 더해져 형량은 최고로 산정되는 것이다. 그러나 이렇게 함으로써 인간 관계가 동시에 처벌되거나 혹은 동시에 보상(이것은 처벌의 경감으로 보상되는 첫 번째 경우다)되는 것이라면, 훨씬 더 거슬러 올라가서 이것저것 과거의 원인을 처벌하고 보상해야 할 것이다. 내가 의미하는 것은 부모와 교육자나 사회 등의 원인들이다. 그렇다면 대부분의 경우 틀림없이 '재판관' 자신도 어떤 방법으로는 죄에 관계되어 있을 것이다. 과거를 벌한다고 하면서 범죄자의 과거만을 문제 삼는다는 것은 임의적이다. 어떠한 죄도 궁극적으로는 용서받을 수 있다는 것을 인정하고 싶지 않다면, 낱낱의 경우만을 문제 삼고, 그 이상 거슬러 올라가서는 안 되리라. 즉 죄를 '분리시키고' 그것을 결코 과거와 연결해서는 안 될 것이다. 그렇지 않으면 인간은 논리를 거역하는 죄인, '논리의 위반자'가 될 것이다. 오히려 자유의지를 가진 그대들은 그대들의 '자유의지' 이론에서 필연적인 결론을 끌어내어 이와 같이 대담하게 판결을 내리는 것이 좋으리라. '어떠한 행위에도 과거는 없다'.

29

질투와 그의 더 고귀한 형제—대등함이 참으로 골고루 미치고 또 지속적인 기초가 되어 있는 곳에, 전체적으로는 비도덕적으로 여겨지고 자연 상태에서는 거의 이해될 수 없는 성향인 질투심이 생긴다. 질투심이 많은 자는 공동의 척도를 넘어 타인이 뛰어날 때마다 질투를 느끼며, 그를 그 공동의 척도까지 끌어내리려고 하거나 자신을 거기까지 끌어올리려고 한다. 거기에서 헤시오도스가 악한 에리스[13]와 선한 에리스라 부른 두 개의 상반된 행동 양식이 생긴다. 이와 마찬가지로 평등한 상태에서는 어떤 자가 그에게 알맞은 품위와 평등의 수준 '이하'로 대해지고, 다른 자가 그에게 알맞은 평등의 수준 '이상'으로 대해지는 데 대한 분개심이 생긴다. 이것은 질투심보다는 '훨씬 고귀한' 본성을 가진 사람들의 감정이다. 이것은 인간의 의지로서는 어떻게 할 수도 없는 세계에서 정의와 공정을 찾고자 하는 감정이다. 즉 인간이 인정하는 그 평등이 이제는 자연과 우연으로도 인정되기를 요구하는 감정이고, 또 평등한 자에게 평등한 환경이 베풀어지지 못하는 것에 분개하는 감정이다.

30

신들의 질투—'신들의 질투'는 낮은 평가를 받던 사람이 어떤 점에서 더 높은 자와 어깨를 나란히 겨누게 되었을 때(아이아스[14]처럼)나, 운명의 힘으로 높은 자와 어깨를 나란히 하게 되었을 때 (축복 받은 어머니로서의 니오베[15]처럼) 생

---

13) 에리스(Eris)는 그리스 신화에 나오는 '불화'의 여신.

14) 아이아스(Aias)는 트로이 공격전에 참가한 그리스군의 용사다. 전사한 아킬레우스의 후계자로 오디세우스와 경쟁했으나 실패하여, 굴욕 때문에 미쳐서 스스로 목숨을 끊는다.

15) 니오베(Niobe)는 그리스 신화에 나오는 군주인 탄탈로스의 딸. 테베의 왕 암피온과 결혼하여 10남 1녀의 자녀를 낳아 그 자식복을, 두 자녀밖에 없는 레토에 비교해서 자랑했다. 이에 앙심을 품은 레토는 그의 두 자녀(아폴론과 아르테미스)로 하여금 활을 쏘게 하여 니오베의 자식들을 모두 죽이게 했다.

기는 것이다. '사회적인' 계급 질서 안에서, 이 질투는 누구나 그의 신분 '이상의' 공적을 세우지 말 것과, 또 그의 행운도 그의 신분에 알맞을 것, 특히 그의 자의식이 그 신분적인 테두리를 뛰어넘어 커지지 않을 것을 요구한다. 혁혁한 무훈을 세운 장군은 때때로 '신들의 질투'를 받게 되며, 거장적인 훌륭한 작품을 만든 제자 또한 마찬가지다.

31

비사회적 상태의 싹으로서의 허영 — 인간은 자기 안전과 공동체의 건설을 위해, 서로를 '같은' 위치에 두게 되었다는 사고방식은 근본적으로 개개인의 본성에 어긋나는 어떤 강제적인 것이다. 따라서 전반적인 안전이 더 많이 보증됨에 따라 우월하기를 바라는 옛 본능의 싹이 새로 움트기 시작한다. 이를테면 신분 사이에 경계를 짓거나, 직업상의 위엄과 특권을 요구하거나, 일반적으로는 허영심에서(예절·복장·언어에서). 그리고 또 언젠가 공동체의 위험이 다시 느껴지게 되면 곧 자기들의 우월성을 일반적인 편안한 상태에서 관철할 수 없었던 다수의 사람들은 평등한 상태를 다시 전면으로 내세운다. 그럼으로써 부조리한 특권과 허영심은 잠시 동안 자취를 감추고 만다. 그러나 공동체가 완전히 무너져 모두 무정부 상태에 빠지게 되면, 곧 자연 상태인 냉담하고 제멋대로인 불평등 상태가 갑자기 나타난다. 마치 투키디데스가 보고했던 코르키라에서 일어난 사건[16]과 같이. 요컨대 자연법(Naturrecht)이 없으면 자연불법(Naturunrecht)도 없다.

32

형평성 — 공동체의 평등성의 원칙을 어기지 않는 사람들 사이에 생긴 정의의 발전이 형평성(Billigkeit)[17]이다. 즉 법률이 아무것도 규제하지 않은 부분에, 균

---

16) 코르키라는 그리스 반도에 접하는 이오니아 해상의 섬(현재의 코르프 섬). 펠로폰네소스 전쟁 때의 코르키라에서의 내분과 그것에 수반되었던 사회의 무법 상태에 대해서 투키디데스는 《역사》 제3권 69~85절에 서술하고 있다. 특히 82, 83, 84절의 서술은 중요하다.

17) '형평'이란 법의 해석과 적용이 획일적이 되지 않도록, 개개의 현실적 여러 사례에 대응하는 구체적인 타당성을 법에 부여하려고 하는 원리(규범)로써, 본래 일반적 타당성을 중시하는 정의의 더욱 구체적인 실현을 꾀하는 것이다. 그 법 체계에 있어서 형평법의 발달이 특히 중요한 의미를 갖고 있는 것은 영국법이다. 거기에서는 보통법(Common Law) 재판소의 수속 및

형에 대한 그 섬세한 고려가 이입되는 것이다. 그것은 자기 앞뒤를 잘 돌아보고, '그대가 내게 대하는 대로 나도 그대에게 그렇게 대한다'는 것을 신조로 한다. '형평성'(aequum)[18]이란 바로 다음과 같다. "그것은 '우리의 평등성에 알맞은' 것이다. 이 '형평'은 우리 사이의 작은 차이를 줄이고 누그러뜨려 평등한 모습을 되찾는 것이며, 또 우리에게 '강요되지 않은' 많은 것도 우리가 살펴보기를 바라는 것이기 때문이다."

33

복수의 여러 요소—'복수'라는 말은 참으로 재빨리 말해진다. 그것은 마치 개념적으로나 감정적으로나 하나의 뿌리밖에 갖고 있지 않은 말처럼 보인다. 그리고 사람들은 지금도 여전히 이 하나의 뿌리를 찾으려고 노력하고 있다. 마치 우리의 국민 경제학자들은 지금도 '가치'라는 말 속에서 그러한 일원성을 알아차리고, 그것의 근원적인 뿌리 개념을 찾아내려는 데 싫증은커녕 지치지 않는 것과 같다. 마치 모든 단어들이 이것 또는 저것, 또는 갑자기 여러 개를 감추는 주머니가 아니기라도 한 것처럼! 그러나 '복수'라는 말도, 이것 또는 저것, 또는 뭔가 더 복합적인 요소를 의미한다. 먼저 우리에게 해를 끼친 생명 없는 대상에 대해서도(예컨대 움직이고 있는 기계에 대해서) 우리가 무심코 가하는 그 방어적인 반격을 구별할 필요가 있다. 이 경우 우리의 저항운동의 의미는 우리가 기계를 멈춤으로써 해를 미치는 작용을 정지시킨다는 것이다. 반격의 강도는 때로 이것을 이루기 위해 기계를 부숴 버릴 만큼 강력해야 한다. 그러나 이 기계가 한 사람의 힘으로 파괴하기에는 너무나 단단한 경우에도 그는 여전히 있는 힘을 다해 가장 강한 타격을 가할 것이다. 마치 그것이 마지막 시도라도 되는 듯이 말이다. 사람들은 해를 가해 오는 사람에 대해서도 그 해가 직접 느껴질 때 같은 태도를 취한다. 이 행동(Akt)을 복수 행위라 부르고 싶으면 그래도 좋으리라. 다만 여기에서는 '자기 보존'의 충동이 그 이성의 톱니바퀴를 움직

적용이 '특정한 경우' 당사자에게 부당하고 안타까운 결과를 불러오는 일이 있으면, 국왕 또는 대법관이 청원에 응하여 그것을 주재한 데서 형평법의 발전이 시작되었다.

18) '이것(diess)'이 중성 명사인 '형평(aequum)'을 받는 것은 문법적으로는 생각할 수 없으나, 내용 면에서 'Billigkeit'를 받고 있는 것일 것이다.

였을 뿐이라는 것, 그리고 근본적으로 이 경우에는 가해자가 아니라 자기 자신만이 고려된다는 것을 잘 생각할 필요가 있다. 즉 우리는 해를 되갚기 위해서가 '아니라' 다만 몸과 생명을 '구하기 위해서' 그렇게 행동한다. 자신에게서 적으로 생각을 옮겨 어떻게 하면 상대에게 가장 심하게 타격을 가할 수 있을까를 자문하는 데에는 '시간'이 걸린다. 이것은 복수의 두 번째 경우에 볼 수 있는 일이다. 즉 상대가 어느 정도로 상처받을 수 있고, 또 어느 정도로 고통을 참을 수 있는 인간이냐에 대해서 여러 모로 헤아리는 것이 두 번째 유형의 복수를 위한 전제 조건이다. 여기에서는 상대에게 고통을 주려고 하는 것이다. 한편 여기서는 자기 자신을 또 다른 피해에서 지키려는 생각이 복수하는 자의 안중에 거의 없으므로, 그는 또 다른 피해를 자신에게 불러오며, 그것을 미리 냉정히 지켜보는 일조차 대단히 많다. 첫 번째 유형의 복수에서는 다음 타격에 대한 불안이 있어 반격을 가능한 한 강력하게 하는데, 여기서는 적이 무엇을 '이제부터' 해 '올 것인가' 하는 일에는 거의 완전히 무관심하며, 반격의 강도는 적이 우리에게 무엇을 '여태까지 해 왔느냐'는 것에 따라서만 결정된다. 그러나 적은 도대체 무엇을 했는가? 그리고 우리가 그에 의해서 고통받은 뒤에 이번에는 그가 고통을 받았다고 해서 그것이 우리에게 무슨 소용이 있단 말인가? 문제는 '회복'이다. 이에 비하면 첫 번째 유형의 복수는 단지 자기 보존에 도움이 되는 것에 지나지 않았다. 아마 우리는 적에 의해 가해진 해에 의해 재산, 지위, 친구, 자식을 잃을지도 모른다. 그러나 복수를 하더라도 이러한 것들을 되찾을 수는 없다. 회복은 단지 이러한 갖가지 상실의 어떤 '부차적인 상실'에 관계될 뿐이다. 회복의 복수는 또 다른 피해를 방지하는 것이 아니며 이미 받은 손해를 보상하는 것도 아니다. 그러나 한 가지 예외는 있다. 즉 우리의 '명예'가 적에 의해 손상되었을 때, 복수는 그것을 '회복할' 수 있다. 누군가가 우리에게 고통을 준 경우에, 명예라는 것은 언제나 손상당하는 것이다. 왜냐하면 적은 그것으로써 자신이 우리를 '무서워하고' 있지 않았다는 것을 증명하기 때문이다. 그래서 우리는 복수를 통해 우리도 그를 무서워하고 있지 않다는 것을 증명한다. 그리고 여기에 상쇄와 회복이 존재하는 것이다. ('공포'가 전혀 없음을 나타내려는 의도는, 어떤 사람들의 경우에 매우 강하기 때문에 그들에게는 복수가 자신에게 가져오는 위험, 예컨대 건강이나 생명의 희생 또는 그 밖의 손실까지도 모든 복수의 불가피한 조건으로 여겨질 정도다. 그러므로 그들은 재판소가 사법적인 방법으로 모욕에 대한 명예 회복을 시켜주려고 해도 결투의 길을 택한다. 그들이 위험이 없는 복수를 불충분한 것으로 여기는 것은, 그것에 의해서는 자기들이 공포를 갖고 있지 않다는 것을 보여줄 수 없기 때문이다). 처음에 언급한 유형의 복수에서 반격을 행하게 한 것은 바로 공포였다. 반면에 두 번째 복수에서 반격으로 '증명하고자 하는' 것은 공포가 없다는 것이다. 따라서 '복수'라는 한마디로 표현되는 이 두 가지 행동 양식의 내면적인 동기보다 서로 더 심하게 차이가 나는 것은 없다고 여겨진다. 더구나 복수하는 자도 도대체 무엇이 자기로 하여금 그 행위를 하게 만들었는지 뚜렷하게 모르는 일도 가끔 있다. 또는 실제로는 공포와 자기 보존을 위해서 반격했는데, 나중에 훼손된 명예에 대해서 반성할 만한 시간을 가졌을 때, 실은 자기 명예를 위해 복수한 것이라는 식으로 믿어 버리는 일도 있을지 모른다. 아무튼 명예 회복의 동기 쪽이 자기 보존의 동기보다는 '보다 고상'한 것이다. 이 경우에 더욱 중요한 것은 그가 자신의 명예를 다른 사람들 '즉 세상'의 눈에 훼손된 것으로 보는가, 아니면 단지 모욕을 가해 온 상대의 눈에만 훼손된 것으로 보는가 하는 점이다. 후자의 경우에 그는 은밀한 복수를 택하겠지만, 전자의 경우에는 거리낌 없는 복수를 택할 것이다. 그리고 그가 가해자와 목격자의 마음이 되어 강하게 혹은 약하게 상상하는 정도에 따라 그의 복수는 심해지거나 부드러워질 것이다. 이런 종류의 상상력이 완전히 결여되어 있을 때, 그는 복수 따위를 전혀 생각지 않을 것이다. 왜냐하면 이 경우 그에게는 '명예심'이 존재하지 않아서 그것이 훼손되는 경우도 있을 수 없기 때문이다. 마찬가지로 그가 가해자를, 또 그 행위의 목격자를 '경멸'하고 싶을 때도 복수를 생각하지 않을 것이다. 왜냐하면 그가 경멸한 자들이 그에게 명예를 줄 수 있는 일은 있을 수 없고, 따라서 그에게서 명예를 빼앗는 일도 있을 수 없기 때문이다. 끝으로 그다지 드문 경우는 아니지만 그가 가해자를 사랑하고 있을 때는 복수를 단념할 것이다. 물론 그는 이렇게 해서 가해자의 눈에 명예심 없는 남자로 보여, 사랑할 만한 가치가 없는 자로 여겨질지 모른다. 그러나 사랑받는 일까지도 모두 단념한다는 것은, 사랑하는 사람에게 고통을 '주는 처지에 빠지지 않기 위해' 기꺼이 사랑이 바칠 수 있는 희생이다. 즉 사랑하는 사람에게 고통을 주는 처지에 빠진다는 것은 희생보다 괴로운 일이다. 따라서 명예심이 없거나, 가해자와 모욕하는 자에 대한 경멸에 차 있거나, 또는 사랑에 차 있는 것이 아닌 한 누구나 복수를 행할 것이다. 그가 재판에 의지할 때에도 그는 사적인 개인으로서 복수를 바라고 있다. 그러나 이 경우, '아울러' 그는 시야가 넓고 조심성 있는 사회인으로서 사회를 '존경'하지 않는 자에 대한 사회의 복수도 바란다. 그래서 사법적인 처벌에 의해 사적인 개인의 명예와 사회의 명예 모두 '회복'된다. 즉 형벌은 복수다. 또 사회는 형벌에 의해 그 자체의 '자기 보존'을 꾀하고, '정당방위'를 위해 반격을 가하는 것인 이상, 분명히 형벌 속에는 처음에 서술한 또 하나의 복수의 요소도 존재하고 있다. 즉 형벌은 '또 다른' 훼손을 막고, '위협'하려고 하는 것이다. 실제로 형벌 속에는 두 가지 아주 다른 복수의 요소가 '결합'되어 있으며, 이러한 점이 아마 앞에서 기술한 그 개념의 혼란을 가져오는 데 가장 큰 원인이 된다. 이러한 혼란 때문에 복수하는 자조차도 도대체 자기가 무엇을 바라고 있는지 모르는 결과가 되는 것이리라.

34

손실로서의 여러 덕—개인으로서 최대의 명예와 얼마쯤의 만족을 누려도 되는 그 어떤 종류의 덕도, 사회의 구성원으로서는 누려서는 안 된다고 우리는 믿고 있다. 이를테면 온갖 종류의 사회적 위반자에 대한 자비와 관용, 일반적으로 사회의 이익이 우리의 미덕으로 훼손되고 마는 모든 행동 양식이다. 어떠한 재판관도 자기 양심에 자비로움을 허용할 자격이 없다. 이 특권은 '오로지' 국왕 개인에게만 유보되어 있다. 국왕이 이 특권을 행사하면 사람들은 기뻐하고, 이것은 그들이 자비로워지기를 바란다는 것을 증명하기는 하지만, 결코 사회의 자비를 증명하는 것은 아니다. 즉 사회는 사회에 이익을 주거나 또는 적어도 무해한 덕(사회에 있어 손실 없이, 또는 오히려 이자까지 치르며 실행되는 덕, 예컨대 정의의 덕)만을 인정하는 것이다. 따라서 사회적인 손실이 되는 덕은, '사회의 내부에서' 일어난 것일 수는 없다. 오늘날 아주 작은 범위의 사회가 형성될 때도, 그 사회 내부에서는 늘 이러한 미덕에 대한 반대가 일어나기 때문이다. 그러므로 이러한 자비와 관용의 덕은 평등하지 않은 사람들 사이의 덕, 뛰어난 자들에 의해 발명된 덕인 동시에 '지배자'의 덕이다. 또한 이 덕은 "나는 명백한 손실을 스스로 감수할 수 있을 만큼 강한 사람이다. 이것은 내 힘의 증명이다"라는 저의를 지닌 덕, 즉 '긍지'와 비슷한 덕이다.

35

이익의 결의론—만일 이익의 결의론이 존재하지 않는다면, 도덕의 결의론[19] 또한 존재하지 않을 것이다. 아무리 자유롭고 섬세한 지성이라도 두 가지 사항 가운데 하나를 선택함에 있어, 보다 커다란 이익을 가져오도록 선택하지 못하는 경우가 때때로 있다. 그러한 경우는 선택하지 않을 수 없기 때문에 선택하는 것이지만 나중에 어떤 뱃멀미 같은 것을 느끼게 된다.

36

위선자가 된다—거지는 모두 위선자가 된다. 그것은 마치 어떤 결핍이나 곤경(이것이 개인적이건 공적이건 간에)으로 인해 자기 일을 행하는 모든 자들이 위선자가 되는 것과 같다. 즉 거지가 구걸하며 살아갈 때 그는 남에게 자신의 결핍을 느끼게 할 만큼 심하게 결핍을 느끼지는 않는다.

37

하나의 정열 예찬—그대 음침한 자들과 철학적으로 음침한 자들은, 세상의 모든 본질적인 존재의 성격을 비난하기 위해 인간의 여러 정열이 지닌 '무서운 성격'에 대해 이야기한다. 마치 과거부터 정열이 존재하고 있는 곳에는 언제나 공포가 존재한 듯한 말투로! 마치 이 세상에는 이런 종류의 공포가 늘 있게 마련이라는 듯이! 그대들은 (그대들과 가까운) '작은 것'을 소홀히 하여, 자기 관찰과 교육받아야 할 사람들도 관찰하지 않음으로써 스스로 먼저 정열을 괴물로 만들어 버렸다. 그 때문에 오늘날 그대들은 '정열'[20]이라고 하는 말을 듣기만 해도 공포에 휩싸이는 것이다! 정열로부터 그 무서운 성격을 '제거해' 버리고, 정

---

19) 결의론(Kasuistik)은 현실의 개개의 경우에 적응해서 도덕 문제(예컨대 의무의 충돌)를 해결하는 기준을 명시하는 방법. 특히 스토아파·스콜라 철학·예수회에서 중시되었다.

20) 원어의 어감으로 보아 '정열'은 외적인 자극에 촉발되어 일어나는 수동적인 고뇌의 격정이며, 이것에 대한 환희의 격정을 대치시키기 위하여 '환희'라는 말을 썼으리라. 《차라투스트라》 제1부 〈환희와 정열〉 참조.

열이 파괴적인 급류가 되지 않도록 예방하는 것은 그대들에게 달려 있었고 이제는 우리에게 달려 있다. 자기의 과오를 영원한 운명으로 부풀려서는 안 된다. 오히려 우리는 성실하게 인류의 정열을 모두 환희로 바꾸는 사명을 위해 함께 노력하자.

38

양심의 가책―양심의 가책을 느끼는 것은 개가 돌을 무는 것과 같은 어리석은 짓이다.

39

권리의 기원―권리의 기원은 먼저 '관습'으로 거슬러 올라가고, 관습의 기원은 한번 결정된 '협정'으로 거슬러 올라간다. 사람들은 협정을 결정할 때 서로 그 결과에 만족했는데, 정식으로 갱신하기에는 너무나 게으르기도 했다. 그래서 그들은 마치 그 협정이 끊임없이 갱신되어 온 것처럼 계속 생각하고, 이윽고 망각이 그 기원을 안개로 덮어 버리면, 어떤 신성하고도 움직일 수 없는 상태가 있어서, 모든 세대는 그것을 기초로 계속 건설해 가야 하는 것이라고 믿게 되었다. 이제 관습은 '강제'가 되었다. 그것이 사람들이 원래 협정을 결정했을 때 목적이었던 효용을 이미 초래하지 않게 되었더라도. '약자들'은 여기서 모든 시대에 걸친 그들의 견고한 성을 발견했다. 그들은 한번 결정된 협정, 베풀어진 은혜를 '영원하게' 만들고 싶어 하는 성향을 가지고 있다.

40

도덕감각에서 망각의 의의―원시 사회에서 공동의 '이익'을 위한 의도에서 권장된 행동이, 나중에는 다른 세대에 의하여 전과는 다른 동기에서 이루어지게 된다. 이를테면 그러한 행동을 요구하고 북돋는 사람들에 대한 '공포나 외경심'에서, 또는 유년 시절부터 그러한 행동을 주위에서 흔히 보아 왔기 때문에 생긴 '습관'에서, 또는 그러한 행동이 곳곳에서 사람들의 기쁨과 동의의 대상이 되기 때문에 '사람들을 기쁘게 하고 싶은 호의'에서, 또는 그것이 칭찬의 원인이 되기 때문에 생긴 '허영심'에서다. '유용성'이라는 근본 동기가 이미 '망각'되어 버린 행동이 이제는 '도덕적' 행동이라 불린다. 그리고 그것은, 이를테면 그러한 행동이 지금 열거한 온갖 '다른' 동기, 즉 유용성의 자각에서 행해진 것이 아니기 때문에, 도덕적이라 불리는 것이다. 칭찬할 가치가 있는 모든 행동이 효용을 위한 행동과 뚜렷하게 구분되는, '여기서' 똑똑히 볼 수 있는 효용에 대한 이 '증오'는 어디서 오는 것일까? 모든 도덕과 도덕적 행동에 대한 찬사의 근원인 사회가, 개인의 사리사욕과 아주 오랫동안 너무나 심하게 싸워야 했으므로, 결국 '어떠한 다른' 동기가 효용의 동기보다는 도덕적으로 더 높은 것으로 평가되어야 했던 것은 틀림없다. 그리하여 마치 도덕은 이익에서 발생한 것이 아닌 것처럼 보이게 된다. 그러나 도덕은 근원적으로는 사회의 이익이며, 모든 사적인 이익에 맞서 지위를 확보하고 더 높은 존경을 얻으려고 매우 애썼던 것이다.

41

도덕성의 상속에 따른 부자─도덕적인 것에도 '상속' 재산이라는 것이 있다. 그것을 지닌 사람들은 상냥하고 선량하며 동정심 많고 자비롭다. 그들은 모두 선조에게서 착한 '행동 양식'을 이어받기는 했으나, 그 행동 양식의 원천인 이성을 이어받지는 못했다. 이러한 재산의 바람직한 점은 그 재산의 존재를 사람들이 느끼게 하기 위해서 끊임없이 남에게 베풀고 또 나누어 줘야 한다는 점이다. 따라서 그 부는 도덕적인 빈부의 차를 줄이는 일에 어느새 기여한다. 게다가 가장 큰 기여이자 장점이 되는 점은 그것이 빈부 사이의 중용을 언젠가 이루기 위한 것이 아니라, '널리 보편적'인 부와 부유화를 실현하기 위한 것이라는 점이다. 도덕적인 상속 재산에 대한 지배적인 견해는 여기에서 설명한 바와 같이 요약되리라. 그러나 내게 이 견해는 진리의 명예를 위해서라기보다는 오히려 도덕성의 '보다 큰 영광을 위해서'(in majorem gloriam) 주장되는 것처럼 보인다. 적어도 경험은, 도덕적인 상속 재산의 일반적인 부유화를 실현한다는 견해의 부정은 아니더라도 아무튼 뚜렷한 제한이라고 여겨야 할 명제를 세운다. 선별된 지성 없이, 가장 섬세한 선택 능력과 '절도를 지키려는 강한 성향' 없이, 도덕적인 상속에 따른 부자는 도덕성의 '낭비자'가 된다고 경험은 말한다. 즉 그들은 동정심 깊고 자비로우며 화해적이고 위로해주는 본능에 함부로 몸을 맡김으로써, 주위 세상의 모든 것을 더욱 태만하고 탐욕스럽고 감상적으로 만들어 버린다. 따라서 이러한 최고로 도덕적인 낭비자의 자식은 쉽게—애석하게도 이렇게 말해야 하는데, 기껏해야—느낌이 좋은 나약한 무용지물이 될 뿐이다.

42

재판관과 참작사유—"악마에 대해서도 예의를 차려 빚을 갚아야 한다" 어떤 노병이 다른 사람에게서 파우스트 이야기를 조금 자세히 들었을 때 말했다. "파우스트는 지옥에 떨어져야 할 사나이다!" 그러자 그의 아내는 외쳤다. "오오, 무서운 사람들이군요!" "어떻게 이런 일이 있을 수 있을까요! 단지 그 사람은 잉크병 속에 잉크를 넣지 않았을 뿐, 그 밖에는 아무 일도 하지 않았는데! 피로 쓴다는 것은 틀림없이 하나의 죄악이긴 하지만, 그렇다고 그렇게 훌륭한 사람이 흥분해서는 안 된단 말인가요?"

43

진리에 대한 의무의 문제—의무는 실행을 강요하는 강제적 감정으로, 우리는 이를 선이라 부르며, 논쟁할 여지가 없는 것으로 본다(이 감정의 기원, 한계 및 권능에 대해서 우리는 말하려 하지도 않고, 또 이제까지 이야기한 적도 없다). 그러나 사색하는 사람은, 생성된 모든 것은 논의의 여지가 있다고 본다. 따라서 단순한 사상가인 한, 그는 의무가 없는 사람이다. 그는 사상가로서 진리를 보고 말하는 의무를 인정하지도 않고, 또 그러한 감정을 느끼지도 않을 것이다. 그는 "도대체 의무는 어디서 오는 것일까? 그리고 의무는 어디로 간단 말인가?" 하고 묻는다. 그러나 이 물음 자체가 그에게는 의문의 여지가 있는 것으로 보인다. 그러나 만일 그가 인식의 행동에서 정말로 의무가 없다고 느낄 수 있다면, 그 사상가의 기계는 더는 제대로 작동하지 못하는 결과를 낳는 게 아닐까? 그런 의미에서, 여기서는 기계를 사용해서 연구되어야 할 그 자체의 요소(의무)가 연료로써 필요한 것으로 생각된다. 이것을 공식으로 나타내면 아마 이렇게 될 것이다. '진리를 인식해야 할 의무가 존재한다고 가정할 경우, 그 밖의 모든 종류의 의무에 대해서는 어떤 진리가 성립되는(인식되는) 것일까?' 그러나 가설적인 의무감이란 하나의 부조리가 아닐까?

44

도덕의 단계들─도덕은 먼저 공동체를 유지하고 그 몰락을 막기 위한 수단
이다. 다음으로 도덕은 공동체를 어떤 일정한 수준 및 질로 유지하기 위한 수
단이다. 도덕의 동기는 '공포와 희망'이다. 더구나 그 동기는 불합리한 것, 편협
한 것, 개인적인 것으로 향하는 성향이 매우 강할수록 더욱 볼품없고 강력하며
야만적이다. 더 부드러운 수단으로는 효과가 있을 것 같지 않고, 또 그 두 가지
를 유지하는 목적이 다른 방법으로는 이루어지지 못할 경우에는, 가장 무서운
위협 수단을 여기 작용시켜야 한다(영원의 지옥을 수반하는 '피안'의 발명은, 이러한
위협 수단 속에서도 가장 강력한 것에 속한다).[21]

　도덕의 또 다른 단계, 즉 앞에 기술한 목적을 이루기 위한 수단의 보다 더 나
아간 단계는 신의 명령(모세의 계율)이다. 더 나아간, 그리고 더 위협적인 것은 이
른바 "그대 할지어다"라는 절대적 의무 개념을 가진 명령이다. 이 모든 것은 아
직 얼마쯤 조잡하지만 '폭넓은' 단계다. 왜냐하면 사람들은 여전히 더 섬세하고
더 폭이 좁은 단계에 발을 디딜 줄 모르기 때문이다. 그 뒤에는 '기호(Neigung)'
의 도덕, '취향(Geschmack)'의 도덕, 그리고 맨 마지막으로 '통찰(Einsicht)'의 도덕이
온다. 이 마지막의 것은 도덕의 모든 환상적인 동기를 넘어선 도덕이지만, 인류
가 얼마나 오랫동안 그러한 환상적인 동기 그 밖의 것을 가질 수 없었는가 하
는 사정을 뚜렷이 드러내는 도덕이다.

45

무절제한 자들이 말하는 동정의 도덕─자기를 충분히 통제하지 못하고, 크
든 작든 도덕성이란 끊임없이 실천되는 자기 통제이며 자기 극복임을 모르는
자들은 하나같이 자기도 모르는 사이에 선량하고 동정심 많으며 친절한 온갖
감동의 찬미자가 될 뿐만 아니라, 분별력 있는 두뇌 없이 다만 마음과 도움을
베푸는 손으로 이루어진 듯이 보이는 저 본능적인 도덕성의 찬미자가 된다. 실
제로 이성의 도덕성에는 의혹을 나타내고, 그것과는 다른 본능적인 도덕성만

---

21) 프랑스 역서에서는 'On a besoin de tortures de l'âme et de bourreaux pour exécuter ces tortures.'(거기
　　에는 영혼의 형벌과 그것을 위한 간수가 없어서는 안 된다)라는 문구가 삽입되어 있는데, 역자
　　가 참조할 수 있었던 어느 독일판에도 발견되지 않는다.

을 유일한 것으로 만드는 것이 그들의 관심사다.

46

영혼의 하수구―영혼 또한 배설물을 흘려 보내는 특별한 하수구를 가져야만 한다. 그 구실을 하는 것은 여러 사람들, 관계, 신분, 또는 조국이나 세계, 또는 마지막으로 아주 교만한 사람들(우리의 친애하는 현대적 '염세주의자'들을 뜻한다)을 위한 신이다.

47

하나의 안식과 명상―그대의 안식과 명상이 푸줏간 앞에 있는 개의 그것과 닮지 않도록 주의하라. 개는 공포 때문에 앞으로 나아갈 수도 없고, 그렇다고 욕망 때문에 뒤로 물러날 수도 없으며, 눈을 마치 입인 양 멍하니 커다랗게 뜨고만 있다.

48

이유 없는 금지―우리가 그 이유를 이해할 수 없거나 승인할 수 없는(……하지 말라는 소극적인) 금지는 고집 센 자에게뿐만 아니라 인식욕에 불타고 있는 자에게도 거의 지시(……하라는 적극적인)처럼 여겨진다. 즉 그렇게 하여 '어째서' 그 금지령이 주어졌는가를 알기 위해 그는 감히 (위반함으로써) 실험해 보는 것이다. 예를 들면 십계명의 금지령과 마찬가지로 도덕적인 금지령은 이성이 굴복한 시대에만 어울린다. 만일 오늘날에도 "살인하지 말라", "간음하지 말라" 한 금지령을 아무 이유 없이 제시한다면, 그것은 이로운 효과보다는 오히려 해로운 효과를 나타낼 것이다.

49

성격 묘사―자기 자신에 대해 다음처럼 말할 수 있는 사람은 어떠한 사람일까? "나는 아주 쉽게 남을 경멸한다. 그러나 남을 결코 미워하지는 않는다. 그 누구에게서라도 나는 곧 존경할 만한 점이나, 내가 그를 존경할 수 있는 어떤 점을 찾아낸다. 사랑스러운 특징에 대해서는 나는 거의 매력을 느끼지 않는다."

50

동정과 경멸—동정을 표시하는 것은 경멸의 표시로 느껴지기도 한다. 어떤 사람에게 동정을 보이자마자 곧 자기는 더는 '공포'의 대상이 아니라는 것이 뚜렷해지기 때문이다. 사람은 상대와 같은 수준에 있는 것만으로는 허영심에 만족을 줄 수 없으며, 심리적으로 남보다 뛰어나고 다른 사람에게 공포심을 불어넣을 수가 있어야 비로소 모든 감정 가운데서도 가장 바람직한 감정이 생긴다. 동정이 표해진다는 것은 사람을 동등한 수준 아래로 떨어지게 하기 때문이다. 그러므로 어떻게 동정의 '존중'이 생겼는가 하는 것은, 왜 오늘날에는 비이기적인 인간이 '칭찬'받는가 하는 문제와 마찬가지로 해명할 필요가 있는 문제다. 왜냐하면 근본적으로 비이기적인 인간은 '경멸'받거나 음험한 자로서 '두려움의 대상'이 되기 때문이다.

51

작아질 수 있다는 것—우리는 꽃, 풀, 나비를 보다 가까이 해야 한다. 마치 그것들과 키가 거의 같은 아이들처럼. 우리 성인들은 어린아이들과는 달리 그들에 비해 몸집이 너무 커져 버렸기 때문에 그들과 가까이 하려면 몸을 낮추어야 한다. 그러므로 내 생각에 만일 우리가 풀에게 사랑을 고백한다면, 풀은 우리를 '미워할' 것임에 틀림없다. '모든' 선한 것에 관계하고 싶은 자는, 때로는 작아지는 기술을 익혀 두어야 한다.

52

양심의 내용—우리 양심의 내용은 유년 시절 우리가 존경하거나 두려워했던 사람들이 이유없이 규칙적으로 '요구'한 모든 것이다. 따라서 이 양심으로부터, 그 의무(Mussen)의 감정('나는 이것을 해야 한다. 이것을 그만두어야 한다'고 하는)이 일어난 것이지만, 이 감정은 '왜' 나는 해야만 하는가? 하고 묻지 않는다. 따라서 인간은 어떤 일을 '……하기 때문에'와 '왜……'와 함께 행하는 모든 경우에 양심 '없는' 행동을 하는 것이 된다. 그러나 아직 양심에 거역해서 행동하는 것은 아니다. 여러 권위에 대한 신앙이 양심의 원천이다. 따라서 양심은 인간의 가슴속에 있는 신의 목소리가 아니라, 인간 속에 있는 몇몇 사람의 목소리인 것이다.

53

정열의 극복—자신의 정열을 모두 이겨낸 인간은 마치 몇 개의 숲과 늪을 정복한 개척자처럼 가장 비옥한 땅을 갖게 된다. 바로 그때 정복된 정열의 토양 위에 정신적인 좋은 사업의 씨앗을 '뿌리는' 것이 가장 시급한 임무다. 극복 그 자체는 오직 '수단'에 지나지 않으며 목적은 아니다. 극복이 그러한 것으로 여겨지지 못할 경우에는, 그 비옥한 빈 땅에는 곧 여러 잡초와 악마들의 작물이 자라나, 머지않아 그 땅은 전에 없이 울창하고 형편없는 꼴이 되어 버릴 것이다.

54

봉사하는 수완—모든 실용적인 사람들은 봉사하는 수완을 지니고 있다. 바로 이것이 그들을 실용적인 사람으로 만든다. 타인을 위해서 실용적이건, 자기 자신을 위해서 실용적이건. 로빈슨 크루소는 프라이데이보다 더 쓸모 있는 또 하나의 하인을 두고 있었다. 그는 곧 크루소였다.

55

정신의 자유에 대한 언어의 위험—모든 말은 하나의 편견이다.

56

정신과 권태—'마자르인은 권태를 느끼기에는 너무나도 게으르다'라는 속담은, 무언가를 암시한다. 가장 섬세하고 가장 활동적인 동물만이 비로소 권태를 느낄 수 있다. 창조의 일곱 번째 날 '신의 권태'은 위대한 시인에게 시의 소재가 될 것이다.

57

동물들을 대할 때—동물에 대한 우리의 태도 속에서 도덕이 이루어지는 것을 아직 관찰할 수 있다. 쓸모 있다든가 해로움이 있다든가 하는 것이 문제가 되지 않을 때, 우리는 완전한 무책임성의 감정을 가진다. 이를테면 우리는 곤충을 죽이거나 상처를 입히거나 또는 살려두거나 하며, 그것도 보통 아무런 생각도 없이 그렇게 한다. 꽃과 작은 동물에 대한 우리의 조심스러운 취급마저 거의 언제나 결국은 상대의 목숨을 손상할 만큼 서투르다. 더구나 그 일은 우리가 그들을 즐기는 데 결코 방해가 되지 않는다. 오늘은 작은 동물들의 축제가 있는, 1년 가운데 가장 무더운 날이다. 우리 주위에는 여러 벌레가 떼지어 득실거린다. 그리고 우리는 딱히 그럴 마음은 없지만 '그러나 또한' 아무런 주의도 기울이지 않고 여기저기에서 꿈틀거리는 작은 벌레나 딱정벌레를 짓이기는 것이다. 동물들이 우리에게 해를 입힐 때 우리는 어떻게 해서든지 그들을 '절멸'하려고 노력한다. 그 수단은 때때로 매우 잔인하지만 우리가 그것을 바랐던 것은 아니다. 즉 그것은 생각 없는 잔인성이다. 또 동물들이 쓸모 있을 때 우리는 그들을 '착취'한다. 마침내 더 세심한 지혜 덕분에 어떤 종류의 동물은 다른 취급법으로, 즉 손질하고 사육할 때, 더 풍부한 이득이 따른다는 것을 우리는 깨닫게 된다. 그때 비로소 동물에 대한 책임감이 생겨서 가축은 학대하지 않는다. 그리고 인간은 다른 사람이 자기 암소를 무자비하게 다루면 격분하게 되는데, 이는 누군가 한 사람이 오류를 저지르면 그때마다 '공동'의 이익이 위험에 빠지는 것이라고 보는, 원시적인 공동체의 도덕과 완전히 일치한다. 공동체에서 어떤 잘못을 눈치채는 자는 그것이 자기에게 미칠 간접적 손해를 두려워한다. 즉 가축이 좋은 대우를 받지 않는 것을 보면, 우리는 고기와 농경과 교통 수단의 질에 그것이 영향을 주지 않을까 두려워하는 것이다. 게다가[22] 동물에 대해서 난폭한 자는 약하고 복수할 능력이 없는 인간에 대해서도 난폭하지 않을까 하는 의심을 갖게 한다. 그는 섬세한 긍지를 갖추지 못한 비천한 인간으로 여겨진다. 그래서 도덕적인 판단과 감정에 대한 싹이 트게 된다. 이제 미신이 여기에

[22] '게다가(Zudem)…' 이하의 문장은 교정의 단계에서 덧붙여진 것으로, 원래 이 대목에는 다음 문구가 있었다. "……우리 '인간'에 대한 동물의 '권리'는 존재하지 않는다. 동물은 '인간과' '대등한 비중을 가진' 세력을 조직화하는 방법을 알고 있지 않으며 또 '계약'을 맺는 것이 불가능하기 때문이다. 인간이 사육을 목적으로 하여 신변에 두는 동물은 '더 아름답고 더 순종적이고', 또 '더 어질어'지기도 했다. 이 삼중의 과정이 최대한으로 효과를 발휘한 최초의 그리고 가장 오랜 가축은 '여성'이다. 인간은 자기 자신을 동물 속에 감정이입하는 일이 많으면 많을수록 동물과 함께 고민하고 또 함께 기뻐하는 것이 더욱 많아진다. 따라서 인간은 인간다운 눈매나 목소리를 가진 동물과는 가장 인정 깊게 사귀고 자기를 닮지 않은 모든 것에 대해서는 냉담하다."(크뢰너 전집판 제3권 379쪽).

과장되어 작용한다. 어떤 동물들은 눈매와 목소리와 몸짓에 의해 인간이 그들 속에 스스로를 '감정 이입'하도록 만든다. 그리고 몇몇 종교는 그때그때에 따라 동물 속에 인간과 신들의 영혼의 은신처가 있다고 가르친다. 그 때문에, 종교는 일반적으로 동물을 대할 때, 보다 고귀한 신중성을, 그뿐만 아니라 외경심마저 권장하는 것이다. 이 미신이 사라진 뒤에도 그것으로써 일어난 감정은 지금도 계속 작용하여 꽃을 피운다. 잘 알려진 것처럼 기독교는 이 점에서 가련하고 뒤 떨어진 종교라는 것이 이미 밝혀졌다.

58

새로운 배우—인간 사이에서 죽음보다 더 낡아빠진 일은 없을 것이다. 그 다음으로 진부한 것은 태어남이다. 왜냐하면 죽은 자가 모두 반드시 출생하는 것은 아니기 때문이다. 그 다음은 결혼이다. 그러나 이제 싫증날 정도로 공연 되어온 이들 자잘한 희비극은, 헤아릴 수도 없을 만큼 자주 되풀이해서 새로운 배우에 의해서 상연되고 있으며, 그 때문에 흥미를 느끼는 관객을 붙들고 있다. 이와 달리 이 지구라는 극장의 모든 관객은 오래전부터 그것에 싫증을 느껴서, 그 근처의 나무에 목을 매달기라도 한 것 같다고 믿고 싶을 정도다. 그만큼 새 로운 배우가 중요시되고 상연되는 작품은 경시되고 있다.

59

'완고하다'는 것은 무언가?—가장 짧은 길이란 가능한 한 일직선으로 된 길 이 아니라, 가장 알맞은 바람이 우리의 돛에 불어주는 길이다. 이것이 바로 뱃 사람들의 교훈이다. 그리고 이 교훈에 따르지 않는 것을 '완고하다'고 부른다. 여기서는 성격의 확고함이 어리석음으로 더럽혀져 있다.

60

'허영'이라는 말—우리 도덕주의자들이 결코 빼놓을 수 없는 몇몇 낱말이, 인간에게 가장 가깝고 가장 자연스런 감동이 이단처럼 취급된 시대부터 이미 하나의 풍속 검열을 내포해왔다는 것은 곤란한 일이다. 그리하여 예를 들면, 사 회라는 물결 위에서 우리는 우리의 '있는 그대로'의 모습에 따라서보다도 오히려 '세속적으로 통용되는' 모습에 따라서 좋은 항로를 갖게 되거나 난파하는 것이라는 근본적인 확신—이것은 사회와 관련된 모든 행동을 위한 키가 되어야 한다는 것이다—에 '허영'이나 '덧없음(vanitas)'이라는 가장 일반화된 단어의 낙인이 찍히는 것이다. 이는 가장 충실하고 가장 내용이 풍부한 것에 '본래 공허하고 부질없는 것이다'라는 표현을 붙여 놓은 하나의 예다. 즉 축소 어미가 붙여지고, 심지어 붓끝으로 희화화되기까지 한 어떤 위대한 것의 예이다. 이는 어쩔 수 없는 곤란한 일이다. 우리는 그러한 단어를 써야만 하기 때문이다. 그러나 그때 우리는 낡은 습관의 속삭임에 귀를 막아야 할 것이다.

61

튀르키예인의 운명론—튀르키예인의 운명론은 인간과 운명을 서로 다른 두 개의 것으로 대립하는 근본적인 잘못을 저지르고 있다. 그들의 말에 따르면 인간은 운명에 대해 그것이 하려고 하는 바가 좌절되도록 저항할 수가 있다. 그러나 결국은 언제나 운명이 승리를 거둔다. 그렇기 때문에 체념하거나 제멋대로 사는 것이 가장 지혜롭다고 말한다. 그러나 사실은 어떠한 인간도 그 자체로 하나의 운명이다. 비록 인간이 위에서 말한 방법으로 운명에 맞설 수 있다고 생각하더라도, 이 일 자체 속에 운명이 성취되는 것이다. 운명과의 싸움이란 하나의 환상이다. 하지만 튀르키예인이 말하는 운명에 대한 체념 또한 하나의 환상에 지나지 않는다. 그리고 이러한 모든 환상은, 운명 속에 포함된다. 대부분의 사람들이 의지의 부자유설에 대해서 품는 공포는, 이 튀르키예인의 운명론에 대한 공포일 뿐이다. 즉 그들은 이렇게 생각하는 것이다. 인간은 어떻게도 미래를 바꾸어 놓을 수 없으므로 처음부터 단념하고 미래 앞에 두 손 모아 빌며 서 있는 게 좋을 것이라고. 또는 미리 정해진 운명은 더 나쁘게 되지는 않을 테니 제멋대로 삶이 흐르는 대로 몸을 맡겨 버리는 것이 좋으리라고. 인간의 어리석음은 인간의 영리함과 똑같이 하나의 운명이다. 즉 운명의 믿음에 대한 공포 또한 운명이다. 그대 걱정하는 자들이여, 그대 자신이 생길 수 있는 모든 것에 대해서 신들조차 넘어선 왕좌에 자리잡고 있는, 그 무엇에도 극복될 수 없는 모이라[23]

---

23) 모이라(Moira)는 그리스 신화에 나오는 운명의 여신. 과거, 현재, 미래를 지배하는 3명의 늙은 여신.

인 것이다. 그대는 축복이며, 저주이며 그리고 어떤 강한 자라 할지라도 묶어 버리는 족쇄이다. 그대 자신 속에 인간 세계의 모든 미래가 예정되어 있다. 그대가 그대 자신을 두려워한다 해도 아무 소용없다.

62

악마의 변호사—모든 도덕성을 동정에서, 또 모든 지성을 인간의 고립에서 연역하는 그 특이한 철학은[24] "인간은 자기가 해를 입음으로써 '현명'해지며, 타인이 해를 입음으로써 '선량'해진다"고 말한다. 그럼으로써 그 철학은 자기도 모르는 사이에 지상의 모든 손상의 변호인이 되는 것이다. 왜냐하면 동정은 고통을, 고립은 타인에 대한 경멸을 필요로 하기 때문이다.

63

도덕적인 성격 가면—신분을 나타내는 가면이 신분 자체와 같이 결정적으로 고정된 것으로 통용되던 시대에는, 도덕주의자들은 여러 '도덕적인' 성격의 가면까지도 절대적인 것으로 보고, 또 그렇게 묘사하도록 유혹받았을 것이다. 이런 뜻에서 몰리에르는 루이 14세 사회의 동시대인으로서 이해될 수 있다. 현대와 같은 과도기, 중간 단계의 사회에 만일 몰리에르가 나타난다면, 그는 하나의 천재적인 현학자(도덕을 모두 똑같이 유형화시키는 자)처럼 보일 것이다.

64

가장 고귀한 덕—비교적 높은 인간 정신의 제1단계에서는 용기가 저마다의 덕 중에서 가장 고귀한 것으로 보이고, 제2단계에서는 정의가, 제3단계에서는 절제가, 제4단계에서는 지혜가 그렇게 보인다. 이 가운데 어떤 단계에 '우리는' 살고 있는가? 어떤 단계에 '그대는' 살고 있는가?

65

미리 필요한 것—자기의 급한 성질, 짜증과 복수욕, 욕망을 '극복하는' 대가

---

24) 쇼펜하우어의 철학.

(Meister)가 되려고는 하지 않고, 그 밖의 다른 면에서 대가가 되려고 노력하는 인간은, '범람에 대비하는 아무런 보호 조치도 찾지 않고 그 강 옆에 밭을 일구는 농부와 마찬가지로 어리석다.

66

진리란 무언가—슈바르체르트(멜란히톤[25]) : "자기 신앙을 잃어버리고, 그것을 주위의 모든 길에서 찾고 있을 때에 인간은 때때로 그 신앙에 대해 설교하는 법이다. 그때도 결코 완전히 나쁜 설교는 하지 않는다."—루터 : "형제여, 오늘은 천사처럼 진실을 이야기하고 있군!"—슈바르체르트 : "그러나 이것은 그대 적들의 생각이야. 그리고 그들은 그것을 그대에게 적용하고 있지."—루터 : "그렇다면 그것은 악마의 엉덩이에서 나온 거짓말이겠지."

67

여러 대립을 보는 습관—일반적으로 부정확한 관찰은, 대립이 아니라 정도의 차이가 있음에 지나지 않은 자연 속에서 대립(예를 들면 '더위와 추위')을 보게 된다. 이 나쁜 습관은 더욱 우리를 부추겨 이번에는 내적 자연, 즉 정신적이고 도덕적인 세계조차도 이러한 대립으로 이해하고 분석하도록 만들었다. 따라서 변화 대신 대립을 본다고 믿음으로써 말할 수 없이 많은 고뇌·교만·가혹성·배반·냉담함이 인간의 감정 속에 스며들었다.

68

용서할 수 있을 것인가?—자기가 무엇을 하는지 알지 못하는 사람들을 '어떻게' 용서할 수 있단 말인가! 그럴 경우 우리는 용서할 게 아무것도 없다. 그러나 인간이 일찍이 자기가 무엇을 하는지를 '완전히 알고' 있었다고 할 수 있는가? 그리고 이 일이 적어도 '의문'으로 남아 있는 이상, 인간은 서로 용서해야 할 무언가를 지니고 있지 않으며, 남을 용서한다는 것은 가장 사려 깊은 인간에게 불가능한 일이다. 마지막으로 '만약' 악행을 저지른 자가 자기가 행한 일을

---

25) 독일의 종교 개혁자.

확실히 알고 있었다고 할 '경우', 우리가 그자의 죄를 묻고, 형벌을 줄 권리를 가질 때에만 우리는 그자를 '용서할' 권리를 갖게 될 것이다. 그러나 우리는 이 유죄 여부를 가리고 처벌할 권리도 실은 갖고 있지 않다.

69

습관적인 수치심─왜 우리는 세상 사람들이 말하는 것처럼 그것을 받을 만한 '자격이 없는' 어떤 친절을 받거나, 특별하게 명예로운 대접을 받을 때 수치심을 느끼는 것일까? 그럴 경우 우리는 우리에게 어울리지 않는, 우리가 거기에서 쫓겨나 있는 것이 마땅한 영역에, 우리가 발을 들여 놓을 수 없는 신성한 장소나 가장 성스러운 곳에 갇힌 듯한 생각이 드는 것이다. 그러나 우리는 타인의 오류로써 그곳에 들어간 것이다. 그리고 우리는 공포와 외경심, 경악에 압도되어 도망칠 것인가, 아니면 축복된 순간과 그 은혜가 주는 이득을 누릴 것인가를 알지 못하게 된다. 모든 수치심에는 어떤 신비스러운 것을 우리가 모독한다는 의식이나 모독할 위험 속에 있다는 의식이 포함되어 있다. 그리하여 모든 '은혜'는 수치심을 낳는다. 그러나 우리가 '가치 있는' 것 따위는 없다는 생각을 한다면, '더욱이 기독교적인' 세계관의 테두리 안에서 이러한 견해에 완전히 젖어 있을 때, '수치심'의 감정은 '습관'이 되어 버린다. 왜냐하면 그러한 자에게는 신이 '끊임없이' 축복하며, 또 은총을 베풀어 주는 듯이 여겨지기 때문이다. 그러나 이러한 기독교적인 해석은 별도로 치더라도, 모든 행동과 모든 존재는 근본적으로 무책임하며 부당한 것이라는 견해를 고집하는 완전한 무신앙적인 현자에 있어서도 이러한 '습관적 수치심'의 상태는 가능할 것이다. 왜냐하면 그가 마치 이런저런 것을 받을 만한 가치가 있다는 듯이 남에게 다루어질 때, 그에게는 자기 자신이 오히려 무언가를 받을 만한 '자격이 있는' 존재자들, 즉 자유롭고 따라서 자기 자신의 의지와 능력에 대해서 실제로 책임을 질 수 있는 존재자들의 고차원적인 질서 속에 억지로 넣어진 듯한 생각이 들기 때문이다. 이 현자에게 "그대는 그것을 받을 만한 자격이 있었다"고 말하는 사람은 그에게 "그대는 인간이 아니라 신이다"라고 호소하는 사람처럼 여겨지는 것이다.

70

가장 미숙한 교육자─어떤 사람의 경우에는, 그 반항적인 정신의 땅 위에 그의 모든 참다운 덕이 심어져 있고, 다른 사람의 경우에는 아니라고 말하지 못하는 성격 위에, 즉 그의 동의하는 정신 위에 그러한 덕이 심어져 있다. 또 세 번째 사람은 모든 도덕성을 그의 고독한 정신으로, 네 번째 사람은 그것을 그의 강한 사교적 본능으로 키운다. 그런데 만일 미숙한 교육자와 우연으로 인해 이들 네 사람에게 여러 덕의 씨앗이 그들 본성의 땅(이것이 그들에게 있어 비옥한 옥토를 가장 많이 포함한 땅이다)에 뿌려지지 않았다면, 그들은 도덕성 없는 연약하고 우울한 인간이 되었을 것이다. 그렇다면 도대체 그 누가 모든 교육자 가운데 가장 미숙한 교육자이고, 이들 네 사람에게 악연이었겠는가? 그것은 선이 단지 선으로부터 그리고 선 위에서만 키워질 수 있다고 믿는 도덕적 광신자이다.

71

주의 깊게 쓰는 법─A : "하지만 만일 '모든 사람'이 이것을 알면, 그것은 '대부분의 사람'에게 해로울 것이다. 그대 자신이 이 의견은 위험에 빠진 사람들에게는 위험하다고 이르고 있다. 그런데도 그대는 그것을 공개적으로 알리겠다는 말인가?" B : "나는, 천민이나 대중이나 그 어떤 당파들도 내 책을 도저히 읽을 수 없도록 쓰는 거야. 그러니까 내 의견은 결코 공론이 되는 일은 없을 테지." A : "도대체 어떤 식으로 그대는 쓰고 있는가?" B : "아무 소용도 없고, 즐겁지도 않게 쓰지. 천민이나 대중이나 모든 당파의 사람들에게만은."

72

신의 사자들─소크라테스 또한 자기 자신을 신의 사자라 느끼고 있다. 그러나 나에게는 이 경우에 있어서도 신의 사자라고 하는 그 운명적이고 불손한 개념을 부드럽게 하는 역설과 해학을 즐기게 될 때 어떤 기분을 느낄 수 있을지 모르겠다. 소크라테스는 그 일을 담담한 말투로 말한다. 즉 멍에와 말에 대한 그의 비유[26]는 소박하며 엄숙하지 않다. 또한 소크라테스가 자기에게 주어진

---

26) 소크라테스는 아테네시를 '거대하고 기품 있는 군마'에, 그리고 자기 자신을 여기에 '붙어다니며 각성시키는 등에'에 비유했다.

것이라고 느끼던 본래의 종교적인 과제, 즉 신이 진리를 말했는지의 여부에 대해서 신을 수많은 방법으로 '시험'[27]하는 과제는 사자가 대담하고 솔직한 태도로 자기를 신과 나란히 놓고 있는 점이 엿보인다. 신을 시험한다는 것은, 이제까지 고안된 것 가운데 정신의 경건함과 자유 사이의 가장 세련된 타협의 하나다. 하지만 오늘날 우리는 이 타협조차도 더는 필요로 하지 않는다.

73

정직한 화가 정신―교회는 소중하게 여겼지만(교회가 돈을 치를 능력이 있는 한) 그 무렵 최고의 인물들과 마찬가지로 교회 신앙의 갖가지 대상은 별로 대단치 않게 여겼던 라파엘로는, 그에게 그림을 주문하는 많은 사람들이 요구하는 황홀한 신앙심에는 한 발짝도 따라가지 않았다. 즉 그는 자기의 정직성을 지켜나갔으며, 원래는 예배 행렬의 깃발[28]로 정해져 있었던 예외적인 그림인 시스티나의 마돈나[29]에서도 변함이 없었다. 이 그림에서 그는 확실히 하나의 환상을 그리려고 했다. 그러나 그것은 '신앙심'이 없는 귀족 청년이 품어도 괜찮은, 또 품게 되는 그러한 환상, 즉 미래의 아내에 대한 환상, 지혜롭고 마음씨가 고귀하고 과묵하며 그리고 더할 나위 없이 아름다운 여성이 그의 첫아기를 가슴에 안은 모습의 환상이었다. 기도와 숭배에 익숙해진 노인들은, 왼쪽에 그려진 엄숙한 노인처럼 여기에 뭔가 인간을 뛰어넘은 어떤 것을 숭앙하는 것이 좋으리라. 하지만 "우리 젊은이들은……." 하고 라파엘로는 우리에게 속삭이는 것 같다. 그림 오른쪽에 그려진 아름다운 소녀에 주의하라. 그림을 보는 자에게 재촉하는 듯한 그리고 전혀 깊은 믿음이 없는 듯한 눈초리로 소녀는 다음과 같이 속삭이고 있다. "네, 그렇지 않아요? 이 엄마와 아기, 이것은 호감을 갖게 하는 장면이 아닌가요?" 그리고 소녀의 그 얼굴과 눈길은 이 그림을 보는 자들의 기쁜 얼굴 표정 속에 '옮겨져 거기에서부터' 새롭게 빛나는 것이다.

---

27) 소크라테스는 '소크라테스 이상의 현자는 없다'는 델포이의 신탁을 확인하기 위해 많은 사람들을 탐문하여 음미했다.

28) 가톨릭의 행진 행사. 행렬의 선두에는 십자가를, 가운데에는 성화를 그린 몇 개의 깃발을 들고 행진한다.

29) 라파엘로의 그림. 그림 왼쪽에 그려진 노인이 성 시스토며, 오른쪽에 있는 소녀는 성 세실리아라 전해진다.

이러한 모든 것을 창안해낸 예술가는 이와 같은 방법으로 스스로 즐기고, 또 자신의 기쁨을 감상자들의 기쁨에 덧붙인다. 아이 얼굴에 나타난 '구세주 같은' 표정에 대해 라파엘로는, 즉 어떤 영혼의 상태라도 자신이 믿지 않았던 존재는 그리려고 하지 않은 정직한 라파엘로는, 은근한 방법으로 그의 '깊은 신앙심을 가진' 감상자들의 뒤통수를 친 것이다. 그가 그린 것은 그다지 특이하지 않은 기형적인 얼굴, 즉 어른의 눈길을 지닌 아이의 얼굴이었다. 더욱이 그 눈길은 남의 위기를 바라보는, 용감하고 남을 도와주려는 남자의 눈길이다. 이 눈길에는 수염이 있어야 어울릴 것이다. 수염이 없다는 것과, '하나의' 얼굴로 서로 다른 두 연령층을 표현하고 있다는 것, 이 유쾌한 역설이 신앙심 깊은 자들에게는 그들의 기적적인 신앙의 의미에서 해석되었던 것이다. 그리고 그것이 예술가 자신도 이와 같은 것을 신앙심 깊은 자들의 해석과 상상의 기술에서 기대한 것이다.

74

기도—아직 완전하게는 소멸되지 않은 과거 풍습인 기도는 두 가지 전제 조건을 바탕으로 해야만 의미를 지닌다. 즉 첫째는 신성(神性)을 규정하거나 바꿀 수 있어야만 한다는 조건이고, 둘째는 기도하는 자는 무엇이 자기에게 필요하고, 무엇이 자기에게 바람직한 것인가를 자신이 가장 잘 알아야만 한다는 조건이다. 이 두 가지 조건은 다른 모든 종교에서는 받아들여지고 또 전승되어 왔지만, 그리스도교에서는 부정되어왔다. 신이 전지하고 모든 것을 배려하는 이성을 가지고 있다는 것을 믿는다면 기도는 근본적으로 무의미할 뿐만 아니라 신을 모독하는 것으로 여겨져야만 함에도, 아직도 그리스도교가 기도라는 것을 버리지 않았다는 것, 여기에서 그리스도교는 그 경탄할 만한 뱀 같은 교활함을 드러냈다. 왜냐하면 만일 '기도하지 말라'는 분명한 계명이 내려졌다면, 그리스도교도들은 아마 '지루함' 때문에 다른 종교로 향했을 것이기 때문이다. 즉 그리스도교의 '기도하라, 그리고 일하라'(ora et labora)[30]는 말 속의 '기도하라'(ora)는 '오락'을 대신했던 것이다. 그리고 만일 이 '기도하라'는 것이 없었다면 '일하라'는 것을 단념한 그 불행한 자들, 즉 성자들은 도대체 무엇을 하면 좋았단 말인가!

---

30) 베네딕도회의 금언.

그러나 신과 환담하고 신에게 여러 즐거운 일을 달라고 졸라대며 이런 훌륭한 아버지가 있는데도 또 다른 것을 바라는 어리석은 일이 어떻게 있을 수 있단 말인가 하고 조금쯤 스스로를 야유하는 것은 성자들에게 참으로 기발한 발명이었다.

75

하나의 신성한 거짓말—아리아(Arria)가 죽어가면서 이야기한 그 거짓말 '파에투스여, 아프지 않아요'(Paete, non dolet)[31]는 과거 죽음에 임한 사람들이 말한 모든 진실을 흐려 놓는다. 그것은 유명해진 오직 하나의 신성한 '거짓말'이다. 이와 달리 그 밖의 경우에 신성한 냄새는 단지 여러 가지 '오류'[32]에만 붙어 있었다.

76

가장 필요한 사도—그리스도의 열두 제자 가운데 한 명은 언제나 돌처럼[33] 굳어 있어야 한다. 그 위에 새로운 교회를 세울 수 있도록.

77

무엇이 더 변하기 쉬운가, 정신인가 아니면 육체인가—법률과 도덕과 종교의 세계에서는 가장 외면적인 것과 가장 구상적인 것, 즉 관습·태도·의식이 무엇보다 '영속성'을 지니고 있다. 즉 그것은 언제나 '새로운 영혼'이 덧붙여지는 '육체'다. 예식은 고정된 언어의 원전처럼 언제나 새롭게 해석된다. 따라서 개념과 감정은 액체이며, 풍습은 고체이다.

---

31) 아리아의 남편 파에투스는 로마의 집정관을 지낸 사람이지만, 클라우디우스 황제에 대한 모반에 가담하여 체포되었다. 불명예스런 처형이나 자결을 택하라는 명령을 받아 파에투스가 망설이고 있을 때 아리아는 단도로 자기 가슴을 찌르며 "파에투스여, 조금도 아프지 않아요!" 말하여 남편에게 자결할 용기를 주었다 함.

32) 종교가들이나 도학자들의 설교를 말함.

33) 12사도 중의 베드로(Petros), 즉 돌이란 뜻의 이름을 가짐. 그리고 예수가 그를 향해 한 말. 〈마태복음〉 제16장 17~18절.

78

병에 대한 믿음도 병이다—그리스도교가 처음으로 악마를 세계의 벽에 그렸다. 그리고 그리스도교가 처음으로 죄를 세계 속에 들여 왔다. 그리스도교가 그에 대해서 제공한 치료법으로서의 믿음은 이제 차츰 그 가장 깊숙한 뿌리까지 흔들리고 있다. 그러나 그리스도교가 가르치고 또 퍼뜨린 '병에 대한 믿음'은 여전히 존재한다.

79

종교인의 설교와 저술—목사의 설교나 저술에서 문체와 표현 전체가 '종교적'인 인간을 알리는 것이 아니라면, 종교에 대한 그리고 종교를 위한 그의 여러 의견은 이미 진지하게 받아들일 필요가 없는 것이다. 그의 문체가 폭로하는 것처럼, 그가 가장 비종교적인 인간과 조금도 다름없이 아이러니, 불손, 악의, 증오 그리고 기분의 여러 소용돌이와 변화의 소유자라면, 그의 의견은 그 소유자 자신에게 '무력'한 것이기 때문이다. 그러니 그의 청중과 독자들에게는 얼마나 더 무력했을 것인가! 요컨대 그는 이들을 더 비종교적으로 만드는 일에 봉사한 것이다.

80

인격의 위험—신이 인격으로 여겨질수록 사람들은 신에게 충실하지 못했다. 인간은 자신이 가장 사랑하는 애인보다도 자신의 상상의 산물에 훨씬 많은 애착을 느낀다. 그러므로 인간은 국가, 교회 그리고 신을 위해서 몸을 바친다. 단, 신이 '그들의' 산물과 '그들의 상상'에 머물러서, 결코 지나치게 인격적인 취급을 받지 않는 범위 내에서의 일이다. 신이 지나치게 인격적인 취급을 받을 경우에 인간은 거의 언제나 신을 원망한다. 그러므로 저 가장 경건한 자조차도 뜻하지 않게 그 혹독한 말을 해 버렸던 것이다.[34] "어찌 나를 버리셨나이까!"

---

34) 〈시편〉 제22편 1절 및 〈마태복음〉 제27장 46절.

81

세속적 정의—모든 사람의 완전한 무책임성과 순진성에 대한 학설을 가지고서 세속적 정의를 변화하는 것은 가능하다. 그런데 이것과는 반대인 모든 사람의 완전한 책임성과 잘못에 대한 학설에 바탕을 두고 같은 방향으로 나아가려는 시도가 이미 행해지고 있다. 세속적 정의를 폐기하고 재판과 형벌을 이 세상에서 모두 없애려고 한 것은 그리스도교의 창시자였다. 왜냐하면 그는 모든 죄를 '죄'로서, 즉 속세에 대한 모독이 아니라 '신'에 대한 모독으로 이해했기 때문이다. 또 한편으로 그는, 모든 인간을 최대한, 거의 모든 점에서 죄인이라고 보았다. 그러나 죄 있는 인간이 마찬가지로 죄 있는 인간의 심판자가 되어서는 안 된다. 이렇게 그의 공정성은 판단했다. 즉 세속의 정의를 휘두르는 '모든' 재판관들은, 그의 눈에는 그들로부터 유죄를 선고받은 자들과 마찬가지로 죄 있는 것으로 보였으며, 또 죄가 없음을 가장하는 그들의 표정은 그에게 위선적이며 바리새인처럼 보였던 것이다. 더구나 그는 행동의 동기에 주목하고 결과에는 눈을 돌리지 않았다. 그리고 동기를 판정할 만한 안목을 갖춘 자는 한 사람, 즉 자기 자신(또는 그가 사용한 표현에 따르면 신)뿐이라고 간주했다.

82

헤어질 때의 과장된 행동—어떤 당파나 종교로부터 떠나려고 하는 자는 헤어질 상대를 논박할 필요가 있다고 믿는다. 그러나 이것은 너무나 자기 중심적인 생각이다. 필요한 것은 어떤 열쇠가 자기를 이제까지 이 당파나 종교에 얽매어 놓았다는 것과 그것이 이제는 아무 소용이 없다는 사실, 또 어떠한 의도가 자기를 거기에 몰아세우고 있었는가 하는 것과 그것이 이제 와서는 자기 자신을 다른 방향으로 몰아세우고 있다는 사실을 뚜렷하게 통찰하는 것뿐이다. 우리는 '엄밀한 인식상의 이유'에서 그 당파나 종교에 가담한 것은 아니다. 그러므로 우리는 그것과 헤어질 때, 이 인식상의 이유까지 들어서 과장할 필요는 없다.

구세주와 의사—그리스도교의 창시자는, 뻔한 일이지만, 인간 영혼에 정통한 자로서는 커다란 결함과 선입견을 가지고 있었고, 또 영혼의 의사로서는 만

병통치약에 대한 심히 의심스럽고 돌팔이 의사 같은 믿음에 빠져 있었다. 방법적인 면에서 그는 때때로 모든 아픔을 이를 뽑아냄으로써 치료하려고 하는 치과 의사와 비슷하다. 예를 들어 그는 욕망에 대해서는 이렇게 충고함으로써 그것과 싸우라고 한다. "만일 네 눈이 너로 하여금 죄짓게 하거든 그것을 빼어 버리라"[35]라고. 그러나 거기에는 차이점이 남아 있다. 그 치과 의사는 적어도 환자의 아픔을 없애려고 하는 목적은 이룬다. 물론 우스꽝스러울 만큼 형편없는 방법이긴 하지만. 그런데 충고에 따라 자기의 욕망을 죽여 버렸다고 믿는 그리스도교도는 착각하는 것이다. 즉 그의 욕망은 어떤 기분 나쁜 흡혈귀 같은 방법으로 계속 살아 있으며, 불쾌한 복면을 하고 그를 괴롭히는 것이다.

84

죄수들—어느 날 아침, 죄수들은 작업장으로 들어갔다. 그때 간수는 없었다. 그들 가운데 어떤 사람들은 나름대로 곧장 일에 들어갔지만 다른 사람들은 일하려고 하지 않고 우두커니 선 채, 반항적으로 곳곳을 휘둘러보고 있었다. 그들 가운데 한 사람이 나서서 큰 소리로 말했다.

"맘 내키는 대로 일해, 아무것도 안한다고 해도 좋다. 어차피 마찬가지니까. 너희들의 비밀 음모가 드러나 버렸어. 간수는 요새 너희들이 하는 이야기를 엿들었거든. 그리고 머지않아 무서운 판결을 내리려고 할 거야. 너희들도 알겠지만 그는 매우 준엄하고 집념이 강한 사나이야. 그러나 이제 내 말을 잘 들어 봐. 너희들은 이제까지 나를 오해하고 있었어. 나는 겉으로 보이는 것보다 실력자야. 나는 간수의 아들이고 내 말은 뭐든지 그에게 통하거든. 나는 너희들을 구할 수 있고, 또 구해 줄 작정이야. 하지만 잘 들어 둬. 너희들 가운데 내가 간수의 아들이라는 것을 '믿는' 자만이야. 그렇지 않은 자는 불신의 열매를 거둬들이게 될 거야."

잠시 동안의 침묵을 깨고, 한 나이 많은 죄수가 말했다.

"우리가 당신이 어떻다는 걸 믿건 안 믿건 당신에게 그게 무엇이 중요하단 말이오? 당신이 정말 간수의 아들이고, 당신이 말하는 것처럼 된다면, 우리 모두

---

35) 〈마가복음〉 제9장 47절.

를 위해 말을 좀 해 주시오. 그것만이 당신이 해야 할 일이오. 하지만 믿고 안 믿고 하는 말은 그만두시오!"

한 젊은 죄수가 외쳤다.

"나도 저 녀석을 믿지 않소. 저 녀석은 무언가 이상한 공상을 하고 있을 뿐이오. 나와 내기를 해도 좋소. 일주일이 지나도 우리는 오늘처럼 여기에 있을 것이오. 그리고 간수는 '아무것도' 모를 것이오."

때마침 작업장에 나온 마지막 죄수가 말했다. "이제까지는 무언가를 알고 있었다 하더라도 이제부터 그는 아무것도 모를 거요. 간수는 방금 갑자기 죽어버렸소."

"야호" 몇 사람이 마구 외쳤다.

"어! 아드님, 아드님, 유산은 얼마나 받았소? 아마도 이제 우리는 '당신'의 죄수가 되겠죠?"

그는 부드럽게 대답했다.

"내가 너희들에게 말한 그대로야. 나는 내 아버지가 아직 살아 계시는 것만큼 확실히 나를 믿는 모든 사람들을 해방시키려고 해."

죄수들은 웃지 않았다. 그러나 곧 어깨를 으쓱하고는 멍하니 서 있는 그를 남겨 놓고 가버렸다.

85

신의 박해자—처음부터 영원한 벌이 수많은 자에게 내려지고 있고 이 아름다운 세계의 계획은 그것으로써 신의 영광이 나타나도록 세워져 있다고 하는 사상은 사도 바울이 고안해 내고 칼뱅이 계승했다. 즉 천국과 지옥과 인류는 신의 허영을 만족시키기 위해 존재해야 한다는 것이다! 이러한 사상을 처음으로, 또는 두 번째로 생각해 낸 자의 영혼 속에는 얼마나 무섭고 싫증낼 줄 모르는 허영이 불타고 있는 것일까! 그러므로 바울은 결국 사울[36]로, 즉 '신의 박해자' 그대로였던 것이다.

---

36) 바울은 사울이란 이름도 가지고 있었다. 열렬한 유대교도로 그리스도교도에 대한 박해에 참가했으나, 뒤에 그리스도교도가 되었다. 〈사도행전〉에 따르면 그리스도교도 박해 시절에는 사울이란 이름을 썼고 그리스도교 선교 시절에는 바울이란 이름을 썼다.

소크라테스―모든 일이 잘되면, 이런 시대가 올 것이다. 사람들이 도덕적·이성적으로 자기를 향상하기 위해 성서보다도 소크라테스의 《회상록》[37]을 손에 드는 시대가, 그리고 가장 단순하고 가장 영원한 중개자로서 현자[38]인 소크라테스를 이해하기 위한 선구자 및 길잡이로서 몽테뉴와 호라티우스를 이용할 시대가 올 것이다. 아주 다양한 철학적인 방법이 소크라테스에게로 거슬러 올라가 통하고 있다. 그리고 이 온갖 철학적 삶의 방법은 근본적으로는 여러 기질의 삶의 방법이며, 다만 그것이 이성과 습관으로 굳어진 것이 되고 그 창 끝을 삶 그리고 자기 자신에 대한 기쁨으로 돌리는 것이다. 이것으로부터 우리는 소크라테스에게 가장 고유한 것은, 모든 기질에 대한 관심이었다고 추론해도 좋으리라. 그리스도교 창시자에 비하면, 소크라테스는 즐거운 방식의 진지함과 인간 영혼의 가장 훌륭한 상태를 형성하는 '장난기 있는 지혜'를 가지고 있다. 그뿐만 아니라 그는 보다 큰 지성의 소유자였다.

87

잘 쓰는 법을 배울 것―말을 잘하는 기술의 시대는 사라졌다. 도시 문화 시대가 없어졌기 때문이다. 아리스토텔레스가 대도시의 '크기'에 허용한 최후의 한계, 즉 전령자가 모여든 시민에게 자기 목소리를 들려 줄 수 있을 정도여야 하는 이 한계는, 현재 민족의 테두리를 뛰어넘어 남에게 이해되기를 바라는 우리에게는, 도시 공동체라는 것이 문제시되지 않는 것처럼 거의 우리와는 상관없는 일이 되어 버렸다.

그렇기 때문에 오늘날에는 훌륭한 유럽적 정신을 지닌 사람은 누구나 '훌륭하게 그리고 차츰 더 잘 쓰는' 기술을 배워야만 한다. 그가 잘 쓰지 못하는 것이 국민적 특권처럼 여겨지는 독일에 태어났다고 하더라도 마찬가지다. 보다

---

37) 크세노폰의 《소크라테스의 추억》을 말함. 다른 곳에서도 소크라테스를 '중개자'라 부르고 있는 것으로 보아 이 말은 '많은 것의 중심에 위치하여 그것들을 모으며, 그렇게 함으로써 많은 것을 매개하는 자'라는 뜻으로 이해될 것이다.

38) 아리스토텔레스가 나라의 크기에 대해서 한 말에 따르면, 지나치게 큰 나라에서는 그 결점으로 '스텐토르와 같은 목소리'라야만 전령이 될 수 있다고 했다. 스텐토르란 트로이 전쟁 때 목소리가 컸던 그리스 용사의 이름.

잘 쓴다는 것은 동시에 보다 잘 사색한다는 것이다. 즉 남에게 전할 가치가 차츰 더 큰 것을 창안해내고, 그것을 실제로 전할 수 있다는 것, 다시 말해서 이웃 나라의 언어로 번역할 수 있고 우리의 언어를 배우는 외국인들이 이해하기 쉬우며, 모든 좋은 것은 공유 재산이 되고 자유로운 사람들에게 모든 것이 개방되도록 해야 하는 것이다. 그리고 마침내 지상 모든 문화의 지도와 감독이라는 저 위대한 임무가 훌륭한 유럽인의 손에 쥐어질 아직도 먼 미래를 '준비하는' 것이다. 이것과 반대되는 일, 즉 잘 쓰는 기술이나 잘 읽는 법에 얽매이지 말라고 말하는 자(이 두 가지 덕은 함께 성장하고 함께 감퇴한다), 이러한 자는 실제 여러 민족에게 오늘도 민족주의적으로 될 수 있는 길을 제시하는 셈이다. 즉 그는 현세기의 질병을 늘어나게 하므로 선량한 유럽인의 적이며, 자유정신의 적이다.

88

가장 좋은 문체에 대한 이론—최고의 문체에 대한 이론은 먼저 그것을 통해 모든 기분이 독자와 청중의 마음에 전해질 수 있는 표현을 찾는 이론일 것이다. 다음으로는 인간이 가진 기분 중에서 가장 바람직한 가치가 있는 기분과 그것을 남에게 전하고 옮기는 데에도 마찬가지로 가장 바람직한 표현을 찾는 것이다. 즉 이것은 이미 온갖 격정을 극복하고 마음속으로부터 감동하는 법을 알며, 기쁨을 느낄 만한 정신을 지닌 밝고 솔직한 인간이 느끼는 기분의 표현인 것이다. 이것만이 가장 좋은 문체를 설명하는 이론이 될 것이다. 이러한 문체는 선한 인간에게 알맞기 때문이다.

89

흐름에 주의한다는 것—문장의 흐름은 저자가 지쳐 있는가 어떤가를 나타낸다. 그럼에도 낱낱의 표현이 변함없이 힘차고 훌륭한 경우도 있지만 그것은 그 낱낱의 표현이 단독적으로, 더구나 선행해서, 즉 그 상념이 저자에게 처음 문득 떠올랐을 때 발견된 것이기 때문이다. 피곤할 때는, 자주 받아쓰게 한 괴테의 경우 이런 일이 곧잘 일어났다.

90

이미 그리고 아직—A : "독일 산문은 아직 몹시 젊군. 괴테는 빌란트가 독일 산문의 아버지라고 말하고[39] 있네." B : "그렇게 젊으면서 이미 그렇게 추한 몰골이 돼 있는 건가!" C : "하지만 내가 아는 범위 내에서는 울필라스 주교[40]가 이미 독일어 산문을 썼다네. 그러니 독일 산문은 거의 1500년의 역사를 가지고 있는 셈이야." B : "그렇게 오래되었으면서, 아직도 그렇게 추하단 말인가!"

91

독창적으로 독일적인 것—독일 산문은 사실 어떤 모범에 따라서 이루어진 것이 아니고, 아마 독일적 취향의 독창적인 산물로 여겨져야 한다. 그것은 미래의 독창적인 독일적 문화의 열성적인 변호자들에게 어떤 암시를 줄 것이다. 즉 예컨대 모범을 따르지 않을 경우, 참으로 독일적인 복장이라든가 독일적인 사교, 독일적인 실내 장식, 독일적인 오찬이 어떤 식이 될까 하는 것에 대한 암시를 말이다. 꽤 오랫동안 이러한 전망을 사색하고 있었던 어떤 사람은 마침내 크게 당황해서 이렇게 외쳤다.

"하지만 맙소사, 아마도 우리는 이미 이 독창적인 문화를 '가지고 있는' 게 아닐까. 다만 모두 그것을 이야기하고 싶어 하지 않을 뿐!"

92

금서—논리적 역설이라는 가장 보기 싫은 무례함을 지닌 교만하고 박식한 사람과 정신 착란자들이 쓴 책은 절대로 읽지 말아야 한다. 그들은 근본적으로 모든 것이 뻔뻔스러울 만큼 즉흥적으로 씌어지고 모두가 공중누각처럼 세워진 곳에 '논리적인' 형식을 적용시킨다. ('그래서'라는 말은 그들에게는 "어리석은 독자여, 이 '그래서'라는 말은 그대를 위해 있는 게 아니라 아마 나를 위해서 있는 것일

---

39) 직접적인 출전을 밝힐 수 없었으나 괴테는 이를테면 빌란트에게 모든 남부 독일 사람들은 문체의 혜택을 입고 있고 그에게서 배운 바가 많으며 적당하게 표현하는 능력은 사소한 것이 아니라고 말하고 있다.

40) 울필라스 주교(311년경~383)는 게르만민족 대이동시대의 동로마제국 교회 주교로, 고트인을 상대로 한 선교에 종사하면서 고트어로 성서를 번역하기 위해 고트어의 알파벳을 창시했다.

게다"란 의미를 지니고 있다. 이에 대해 우리는 이렇게 대답해준다. "어리석은 저자여, 그
럼 대체 무엇 때문에 그대는 글을 쓰는가?")

93

재주를 자랑하는 것—자기 재주를 남에게 자랑하려고 하는 자는, 모두 그
가 그 반대의 것도 많이 갖고 있다는 것을 남에게 느끼게 한다. 재주가 많은 프
랑스인들의 무례함, 즉 자기들의 최상의 착상에 조금의 '경멸(dédain)'을 덧붙이
는 그 무례함은 그들이 실제보다도 재주가 많은 것처럼 보이려고 하는 속마음
에 그 기원을 둔다. 즉 그들은 마치 자신들의 지나치게 풍부한 보고로부터 끊임
없이 남에게 베풀어 주는 일에 싫증이라도 난 듯 재주를 아무렇게나 써 버리고
싶어 하는 것처럼 보이고자 한다.

94

독일 문학과 프랑스 문학—최근 백 년간 독일 문학과 프랑스 문학의 불행은,
독일인이 너무 빨리 프랑스인의 학교'에서' 빠져 나왔고, 프랑스인이 뒤이어 너
무 빨리 독일인의 학교에 들어왔다는 점에 있다.

95

우리의 산문—오늘날 문화 민족 가운데 그 어느 민족도 독일 산문만큼 서
툰 산문을 가진 민족은 없다. 그리고 재주 있고 제멋대로인 프랑스인들이 독일
산문은 '존재'하지 않는다고 말했다 하더라도 우리는 사실 화를 내서는 안 된다.
그것은 우리가 실제로 그런 대접을 받기에는 너무나 분수에 넘치는 아첨의 말
이기 때문이다. 그 이유를 찾아보면 사람들은 결국 '독일인은 즉흥적인 산문밖
에는 모르며', 다른 종류의 산문은 전혀 이해하지 못하고 있다는 특이한 결론
에 다다르게 된다.

어떤 이탈리아인이, 조각가에게는 나신의 아름다움을 표현하는 편이 옷을
입고 있는 아름다움을 나타내는 것보다 훨씬 어려운 것처럼, 산문이 시보다도
한결 어렵다고 말할 경우, 그 말은 독일인에게는 거의 이해할 수 없게 들린다.
시·비유·리듬·운율을 얻기 위해 성실하게 노력해야 한다는 것, 이런 일이라면

독일인 또한 이해할 수 있다. 그들은 특히 즉흥시를 높이 평가하는 것을 좋아하지 않는다. 그러나 겨우 한 페이지의 산문을 쓰기 위해 하나의 입상을 제작하는 경우처럼 작업을 하다니? 이것은 독일인에게는 마치 동화의 나라에서 어떤 것을 듣고 있는 듯한 느낌이 든다.

96

위대한 양식—위대한 양식이란 아름다움이 거대한 것에 승리를 거둘 때 생겨난다.[41]

97

회피—뛰어난 정신을 지닌 사람들의 경우, 그들의 표현과 그 어법의 정교함이 어떤 점에 있는가 하는 것은, 모든 평범한 작가들이 그것과 같은 것들을 표현하는 경우에 피할 수 없이 고르게 되는 단어가 어떤 것인지를 지적할 수 없는 한, 결코 알 수 없다. 모든 위대한 예술가는 그들의 차를 운전할 때, 비켜가거나 탈선하는 것을 좋아하는 경향을 보인다. 그러나 뒤집히는 것을 좋아하지는 않는다.

98

빵과 같은 것—빵은 다른 음식물의 맛을 중화시켜 그 맛을 쫓아내 버린다. 그 때문에 꽤 시간이 오래 걸리는 식사에는 언제나 빵이 필요하다. 모든 예술 작품에도 그 안에 갖가지 작용이 존재할 수 있도록 빵과 같은 것이 있어야만 한다. 즉 예술 작품이 지닌 여러 작용은 그것이 직접적으로 계속 일어나, 그러한 잠시 동안의 중단과 중간 휴식이 없이 이어진다면, 쉽게 사람을 피로하게 하고 싫증을 일으켜서, 결국은 '꽤 긴' 예술의 식사를 불가능하게 할 것이기 때문이다.

---

41) 〈여러 의견과 잠언〉의 아포리즘 118 및 제1장 50 참조.

99

장 파울—장 파울(Jean Paul)은 무척 많은 것을 알고 있었으나, 학문을 지니지는 않았다. 예술의 갖가지 기교에 정통해 있기는 했으나 예술을 갖고 있지는 않았다. 즐길 수 없는 것은 아무것도 없었으나 취향을 갖고 있지 않았다. 감정과 진지함을 갖고 있었으나 그것을 남에게 맛보게 하기 위해 내밀 때, 그는 거기에 지긋지긋한 눈물 양념을 쳤다. 사실 그는 기지를 갖고는 있었다. 그러나 그것은 아깝게도 기지를 바라는 그의 갈망에 비해서는 너무나 적었다. 바로 그 기지가 모자라 그는 독자를 절망적인 기분에 몰아넣는다. 전체적으로 그는 실러와 괴테의 부드럽고 비옥한 밭 위에 하룻밤 사이에 자라나 강하게 뻗어나가는 가지 각색의 잡초였다. 결국 그는 붙임성 있는 선량한 인간이긴 했으나, 한낱 재앙, 잠옷[42]을 걸친 재앙이었다.

반대되는 것까지 맛보도록—과거의 어떤 작품을 그것이 그 동시대인들에 의해서 느껴진 것처럼 맛보기 위해서는 그 작품과 두드러진 '대조를 이룬' 그 무렵의 지배적인 취향을 맛보지 않으면 안 된다.

주정(酒精)으로서의 작가—어떤 작가는 정신도 술도 아니고 주정, 말하자면 알코올이다. 그들은 불타올라서, 남을 따뜻하게 해줄 수 있다.

중개자로서의 감각—참다운 중개자[43] 역할을 하는 감각으로서의 미각은 때때로 다른 감각들을 설득해 사물에 대한 자기의 견해를 승인시키고, 그것들에게 '자기의' 법칙과 습관을 불어넣어 왔다. 그래서 우리는 식사할 때, 예술의 가장 섬세한 비밀의 열쇠를 알 수 있는 것이다. 즉 맛을 내는 것은 무엇이며 언제

---

42) 영역서의 각주에 따르면 장 파울은 '가운(Schlafrock)'을 즐겨 입었다고 되어 있는데 여기에서는 오히려 독일어의 말투로서 '소 부르주아적' '속물적'의 대명사로 해석해야 할 것이다.
43) 주 38 참조.

맞을 내는가, 어떤 맛인가, 또 어느 정도로 그 맛이 오래 지속되는가에 주의하는 것이 좋을 것이다.

103

레싱—레싱은 순수한 프랑스적인 덕을 지녔으며, 또 작가로서 프랑스인에게서 가장 열심히 배웠다. 즉 그는 자기 소유물을 장식용 선반 위에 멋지게 진열해 두는 법을 알고 있다. 만일 이러한 실제의 '기술'이 없었다면 그의 사상과 사상의 대상은 꽤 몽롱한 상태에 남아 있었으리라. 물론 일반적인 손실은 그다지 크다고 할 수는 없었지만. 그러나 그의 기술은 많은 사람들이 이것을 습득해왔고(특히 최근 수세대에 걸친 독일의 학자들은), 또 수많은 자들이 즐거왔다. 단 이렇게 배워 익힌 자들은 흔히 그렇듯이 싸우기 좋아하는 성격과 고집스러움이 뒤섞인 레싱의 불쾌한 어조와 태도까지 배울 필요는 물론 없었을 것이다. 오늘날 사람들은 '서정 시인' 레싱에 대해서는 의견이 일치한다. '극작가'로서의 그에 대해서도 언젠가 그렇게 될 것이다.

104

바람직하지 못한 독자—무언가에 걸리면 언제나 넘어져서 그때마다 고통을 당하는 조금 살찌고 서툰 영혼을 지닌 정직한 독자들은 저자에게 얼마나 귀찮은 존재인가!

105

시인의 사상—참다운 시인에게 참다운 사상이란 모두 이집트 여성들처럼 베일을 쓰고 돌아다닌다. 그리고 사상의 깊숙한 눈만이 자유롭게 베일 너머로 밖을 내다볼 뿐이다. '더욱이' 시인의 사상은 평균적으로 말하자면 일반적으로 중요시되는 만큼 가치 있는 것은 아니다. 이때 사람들은 바로 베일과 자기 자신의 호기심에 대한 몫까지 함께 값을 치르기 때문이다.

106

단순하고도 유익하게 쓰라—심정의 갖가지 변화, 세부, 색채, 이러한 모든 것은 우리가 저자에게 선물하는 것이다. 왜냐하면 저자가 우리에게 뭔가 좋은 것으로 대접해 주면, 우리는 이러한 것을 가지고 그의 저서에 도움이 되게 하기 때문이다.

107

빌란트─빌란트(Wieland)는 누구보다도 훌륭하게 독일어를 썼다. 그는 더욱이 완전함과 불완전함 속에 그의 참된 대가다운 점을 지니고 있었다(그의 키케로와 루키아누스의 편지 번역[44]은 가장 훌륭한 독일어 번역이다). 그러나 그의 사상은 우리에게 더는 생각할 거리를 제공하지 않는다. 우리는 그의 쾌활한 비도덕성과 마찬가지로 그의 쾌활한 도덕성도 견디지 못한다. 이 둘은 따로 떼어놓을 수 없을 만큼 굳게 결부되어 있다. 하지만 빌란트의 그러한 면에서 기쁨을 느꼈던 사람들은 아마도 근본적으로는 우리보다 선량한 인간이었으리라. 그러나 그러한 작가를 '필요로 했다'는 점에서 매우 어리석은 사람들이었으리라. 괴테는 독일인에게 필요한 존재는 아니었다. 그러므로 독일인은 그를 이용할 줄 몰랐다. 우리의 저명한 정치가와 예술가들을 그러한 점에서 관찰해 보는 것이 좋다. 그들은 모두 괴테를 교육자로 삼지 않았다. 아니, 삼을 수가 없었다.

108

좀처럼 없는 축제─견고한 간결함, 안락함, 성숙함, 그대가 이러한 특징을 어떤 저자에게서 발견할 경우에는, 그곳에 멈춰 서서 사막 한가운데서 오랜 축제를 즐기라. 그대가 이러한 행복을 느끼는 일은 한동안 두 번 다시 없을 것이므로.

109

독일 산문의 보배─괴테의 작품들, 특히 존재하는 독일 책 가운데에서 최고의 책인 괴테의 《에커만과의 대화(Unterhaltungen mit Eckermann)》를 빼놓고는 도대체 독일 산문 문학 중에서 어떤 것이 되풀이해서 읽힐 가치가 있는 것으로 남

---

44) 빌란트는 5년간에 걸쳐 보낸 키케로의 서한을 전 18권으로 출판했다. 루키아누스에 대해서는 그 전작품을 6권으로 번역했다.

을 것인가? 리히텐베르크의 《잠언집》, 융 슈틸링(Jung-Stilling)의 자서전 중 제1권, 아달베르트 슈티프터의 《늦여름(Nachsommer)》, 그리고 고트프리트 켈러(Gottfried Keller)의 《젤트빌라 사람들(Leute von Seldwyla)》, 아마도 이것으로 얼마 동안은 끝나 버릴 것이다.

110

문체와 화법—글을 쓰는 기술에는 말하는 자만이 갖는 표현 방법, 즉 몸짓·억양·어조·눈매 등의 '대체수단'이 필요하다. 따라서 문체는 화법과는 전혀 다른 것이고 훨씬 더 어려운 것이라 할 수 있다. 문체는 화법보다도 다른 재료로, 화법과 마찬가지로 쉽게 이해되기를 바라기 때문이다. 데모스테네스가 한 연설은 오늘날 우리가 읽은 것과는 달랐다. 그는 그것을 남에게 읽히도록 하기 위해 손짓을 가했다. 키케로의 연설도 읽히도록 하기 위해서 먼저 데모스테네스식으로 고쳐야 할 것이다. 키케로의 연설 가운데는 오늘날 독자가 참아낼 수 있는 것보다 더 많은 로마의 공개토론이 들어 있다.

111

인용할 때의 주의점—젊은 작가들은 좋은 표현, 좋은 사상은, 그것과 비슷한 것 사이에서만 훌륭하게 보이고, 훌륭한 인용구가 섞이면 페이지 전체뿐만 아니라 책 전체가 쓸모없게 된다는 사실을 모른다. 그 인용구가 독자에게 경고하며 이렇게 말하는 것처럼 생각되기 때문이다. "주의하라, 나는 보석이며 나의 주위에 있는 것은 납, 빛깔이 바랜 부끄러운 납이다!" 어떤 말, 어떤 사상도 '자기의 사회 속'에서 살고 싶어 하며, 그것이 뛰어난 문체의 도덕이다.

112

어떻게 오류를 말할 것인가?—오류를 서툴게 이야기할 경우와 최상의 진리처럼 잘 말할 경우 가운데 어느 쪽이 더 유해한가 하는 것은 논의의 여지가 없다. 처음 경우에는 오류가 이중의 방법으로 머리를 손상시키고, 그것을 머리에서 없애 버리기가 더 어렵다는 것은 확실하다. 그러나 그것은 물론 후자의 경우만큼 확실한 효과를 내지는 않는다. 전자의 오류는 후자보다 전염성이 약하다.

113

제한과 확대—호메로스는 소재의 범위를 제한하고 축소했지만, 개개 장면은 자연히 성장하도록 내버려두고 확대했다. 그리고 뒷날 비극 시인들은 언제나 되풀이해서 이러한 일을 하고 있다. 즉 모든 사람이 그 선배보다도 작은 범위의 소재를 다루지만, 이 제한되고 울타리가 쳐진 한정된 정원 속에 '보다 많은' 꽃을 가득 피게 하는 것을 목표로 한다.

114

서로 해명하는 문학과 도덕성—어떠한 힘들로써 그리스 정신이 펼쳐졌는가, 어떻게 그것이 갖가지 궤도에 발을 디디게 되었는가, 그리고 무엇으로써 약해졌는가 하는 것을 우리는 그리스 문학에서 밝혀낼 수 있다. 이들 모두는 다음과 같은 여러 점에 대해서 어떤 이미지를 부여하고 있다. 근본적으로 보아 그리스의 '도덕성'은 어떻게 되어 왔고 모든 도덕성은 이제부터 어떻게 되어갈 것인가 하는 점에 대해, 또 어떻게 도덕성이 처음에는 강제였다가 가혹함을 나타냈고, 그러고는 차츰 누그러졌는가, 그리고 어떻게 마침내 어떤 종류의 행동과 사회적 관습과 형식을 즐기는 마음이 일어나고 그 속에서 또다시 그러한 행동과 관습, 형식의 독점과 독점적 실행의 경향이 생겼는가 하는 점에 대해, 또 어떻게 이 궤도에 경쟁자가 가득 차고 또 넘치게 되는가, 어떻게 싫증이 생기고 투쟁과 명예욕의 새로운 대상이 탐구되고, 낡아 빠진 것이 생명을 되찾게 되는가, 어떻게 연극은 되풀이되고 관객들은 지켜보는 일에 지루함을 느끼게 되는가(왜냐하면 그들에게는 이제 전체 궤도의 순환을 이미 마친 듯이 여겨지기 때문이다) 하는 것에 대해. 그런 다음에는 정지하고 숨이 끊어지는 것이다. 즉 몇 줄기의 개울물이 모래 속으로 모습을 감추어 버린 것이다. 그곳에 적어도 '하나의' 종말이 있다.

115

어떤 지역이 지속적인 기쁨을 주는가—이 지역은 한 폭의 그림에 어울리는 매우 의미심장한 특징을 갖고 있다. 그러나 나는 그것을 표현할 공식을 찾을 수가 없다. 전체적으로 그것은 내가 이해하기 어렵다. 나는 나에게 지속적인 기쁨을 안겨 주는 풍경에는, 그 아주 풍부한 다양성의 배후에 단순한 기하학적인 선으로 된 도형이 존재한다는 것을 느끼고 있다. 그러한 수학적인 기초 없이는 어떤 지역도 예술적인 기쁨을 가져다 줄 수 없다. 그리고 아마도 이 법칙은 인간에게도 비유적인 뜻으로 적용될 수 있을 것이다.

116

낭독─낭독할 수 있다는 것은 '연설할' 수 있다는 것을 바탕으로 한다. 어떤 경우에도 낭독에는 엷은 색조를 써야만 한다. 하지만 그 엷음의 정도는 언제나 눈앞에 떠올라 지휘하는, 충분히 진하게 채색된 바탕 그림과의 엄밀한 비례 속에서, 즉 같은 구절을 '연설'로 할 경우에 따라 결정되어야 한다. 그러므로 연설에 익숙해 있지 않으면 안 된다.

117

극적 감각─예술의 섬세한 네 가지 감각을 갖지 않은 사람은, 모든 것을 가장 볼품없는 다섯 번째 감각으로 이해하려 든다. 극적 감각이 이것이다.[45]

118

헤르더─헤르더(Herder)는 그가 자기에 대해서 다른 사람에게 믿게 한(그 자신도 믿고 싶어했던) 인물과는 전혀 다르다. 즉 그는 위대한 사상가도 창조자도 아니고, 원시림처럼 생생하고 한 번도 사용된 적이 없는 힘을 가진 새로운 기름진 땅도 아니다. 그러나 그는 최고로 발달된 '짐승과 같은' 후각을 갖고 있었다. 그는 그 누구보다 더 빨리 계절의 첫 열매를 발견해 따냈으므로, 사람들은 그가 그것을 키운 것이라고 믿기도 했다. 그의 정신은 명석함과 애매함, 노년과 젊음의 중간에 있어, 변화·가라앉음·흔들림·내적 원천과 생성의 징후가 존재하는 곳이라면 어디에나 사냥꾼처럼 몰래 숨어 있었다. 안절부절못하는 봄의 동요가 그를 여기저기로 돌아다니게 했지만, 그 자신이 봄은 아니었다! 아마 그는 이것을 이따금 은근히 느끼고 있었을 것이다. 하지만 그 시대의 정신적 교황이

---

45) 무엇을 뜻하는지 확실치는 않으나 바그너에 관련된 것 같다. 《이 사람을 보라》의 〈나는 왜 이렇게 총명한가〉 5절에 나오는 "바그너의 예술이 전제하는 모든 5개의 예술 감각……"이라는 것이 있다.

되고 싶어했던 이 명예욕이 지나친 신부[46]는 그것을 스스로 믿으려고 하지 않았다. 그리고 이것이 그의 고민거리였다. 그는 오랫동안 몇몇 왕국과 세계 제국의 왕위 계승자로서 살아온 것처럼 보인다. 실제로도 그는 자신을 믿고 따르는 많은 추종자들을 거느리고 있었다. 젊은 괴테도 그 가운데 한 사람이었다. 그러나 실제로 왕관이 수여된 곳에서 그는 언제나 얻는 바 없이 빈손으로 돌아왔다. 왜냐하면 칸트, 괴테 그리고 참된 독일 최고의 역사학자와 언어학자들이, 그가 자기 손에 간직하고 있다고 믿었던 것(그러나 때때로 그의 가장 깊숙하고 은밀한 마음속에서는 그렇게 믿고 있지 않았던 것)을 그에게서 빼앗아 버렸기 때문이다.

그는 바로 자신에게 의혹을 느꼈을 때 위엄과 영감의 옷을 걸쳤다. 그리고 이것이 그에게는 많은 것을 감추고 그 자신도 속이고 위로해야 할 옷이었던 경우가 매우 잦았다. 그는 실제로 영감과 불을 가지고 있기는 했다. 그러나 그의 명예욕은 이보다 훨씬 컸다! 이 명예욕이 성급하게 불을 뿜어냈으므로 불꽃이 흔들려 불티를 날리고 연기가 피어올랐다는 것은, 그의 문체가 흔들리고 불티를 날리고 연기가 났다는 것이다. 사실 그는 '거대한' 불꽃을 바랐는데 그런 것은 한 번도 타오른 적이 없었다! 그는 참으로 독창적인 사람들의 탁자에 앉아 있지 않았다. 그의 명예욕은 그로 하여금 단순히 향유하는 사람들 사이에 조심스럽게 앉는 것을 허용하지 않았다. 그래서 그는 침착성을 잃은 손님이었으며, 독일인들이 반세기 사이에 모든 세계와 모든 시대의 나라들에서 수집해온 정신적 요리의 시식자였다. 한 번도 정말로 포식한 적도, 즐거웠던 적도 없었던 헤르더는 지나치게 자주 병에 걸렸다. 때때로 질투가 그의 침대 옆에 앉았고, 위선도 병문안하러 왔다. 뭔가 상처입고 자유롭지 않은 것이 언제나 그에게 붙어 있었다. 그래서 그는 '고전 작가' 가운데 누구보다도 단순하고 정직한 남성다움을 더 많이 잃어버린 것이다.

119

언어의 냄새—모든 언어에는 저마다 독특한 냄새가 있다. 그리고 냄새 사이에 조화와 부조화가 있듯이 언어 사이에도 그러한 점이 있다.

---

46) 요한 고트프리트 폰 헤르더는 1771~76년까지 뷔케부르크에서 담임 신부이자 설교자로 있었고, 1776년 이후는 바이마르의 교회 감독장 겸 설교자로 있었다.

찾은 문체—'우연히' 발견된 '되는 대로의' 문체는, 애써 찾은 '고심한' 문체를 사랑하는 자에게는 하나의 모욕이다.

121

맹세—책을 만들려고 의도했던 것이 느껴지는 저자의 책은 결코 읽을 필요가 없다. 그 사색이 뜻밖으로 책이 되어 나온 사람의 책만을 읽도록 하자.

122

예술에서의 인습—호메로스가 본 것의 4분의 3은 인습이다. 그리고 독창성의 열광에 사로잡힐 필요가 없던 모든 그리스 예술가의 경우도 마찬가지다. 그들에게는 인습에 대한 어떠한 두려움도 없었다. 그뿐 아니라 그들은 이 인습으로 대중과 연결되어 있었다. 즉 인습은 청중의 이해를 받기 위해 '획득된' 예술 수단이며, 애써 습득된 공통어이다. 이것으로써 예술가는 실제로 자기를 남에게 '전달할' 수 있다. 특히 예술가는 그리스 시인과 음악가처럼 작품마다 '그 자리에서' 승리를 거두고 싶어 한다. 왜냐하면 그는 한 사람이나 두 사람의 경쟁자와 공개적인 싸움을 행하는 것이 보통이었으므로, 때로는 그가 '그 자리에서' 대중에게 '이해된다'고 하는 것이 첫째 조건이며, 이것을 가능하게 하는 것은 오로지 인습뿐이다. 예술가가 인습의 테두리를 넘어 무언가를 창안할 경우, 그는 그것을 그 자신이 스스로 부여하는 것이며, 이것으로 하나의 새로운 인습을 '창시'하고 잘되면 성공을 얻으려고 시도한다. 일반적으로 이 독창적인 것은 경탄받으며, 때로는 숭배되기까지 하지만 이해되는 일은 거의 없다. 인습을 고집스럽게 무시하는 것은 이해되기를 바라지 않는다는 뜻이기 때문이다. 그렇다면 현대의 독창성에의 열광은 무엇을 나타내는 것일까?

123

예술가에게 학문적인 과장—실러는 다른 독일 예술가들과 마찬가지로, '그만한' 재치를 가진 자는 여러 곤란한 주제를 '펜으로 즉흥적으로 써내도' 된다고 믿고 있었다. 그리고 이런 까닭으로 우리는 그의 산문으로 된 논문을 갖고 있다. 더구나 그것은 모든 점에서 미학과 도덕의 학문적인 문제에 손을 대서는 안 된다는 것의 견본이 되고 있으며, 또 시인으로서의 실러를 찬미하는 나머지 사상가 및 작가로서의 실러를 보잘것없는 것으로 여길 용기가 없는 젊은 독자들에게는 하나의 위험으로 남아 있다.

금지된 초원을 한번 넘어가서 '학문'의 세계에 한마디 의견을 제시했으면 하는 유혹은 예술가를 참으로 간단히, 참으로 마땅한 일처럼 사로잡는다. 즉 이것은 가장 유능한 자에게도 때로는 자기 일과 자기 작업장이 참을 수 없을 만큼 싫어지게 한다. 이 유혹은 예술가로 하여금 세상이 볼 필요 없는 것을 온 세상에 드러내도록 한다. 즉 그의 작은 사색의 방의 좁다랗고 어수선하기 짝이 없는 모습을 드러내는 것이다. 그렇지 않을 수 있을까? 사실 그는 작은 방에 살고 있는 건 아니니까! 또한 그 유혹은 그의 지식의 저장고가 일부는 텅 비고 일부는 잡동사니투성이임을 드러낸다. 이 또한 그렇지 않을 수 있을까? 이것은 결국 애송이 예술가에 어울리는 것이니 말이다. 그러나 특히 그는 초보자에게조차 잘 알려져 있는 학문적 방법의 아주 간단한 요령에 대해서도 그의 관절이 미숙하고 너무 둔하다는 것을 드러내는 것이다. 그리고 실제로 그는 이러한 일을 부끄럽게 여길 필요가 없는 것이다! 그리고 이와 반대로 그는 학자들 사이에 나타나는 모든 결점, 나쁜 버릇, 또 시시한 학자다움을 '본뜨는' 데 있어서는 때때로 적잖은 솜씨를 보여, 이것이야말로 비록 학자라는 것의 실체는 아니더라도 실체의 모습에 속하는 것이라고 믿는다. 바로 이것이 그러한 예술가의 논문에서 우스꽝스러운 점이다. 왜냐하면 여기서 예술가는 자신이 뜻하지 않았는데도 그 예술가라는 자부심에 어울리는 일, 즉 학문적이고 비예술적인 성질의 인간들을 '패러디하는' 일을 해치우기 때문이다. 결국 그가 바로 예술가이며 또 예술가에 불과한 이상, 이러한 처지 그 밖의 다른 관점을 학문에 대해서 가져서는 안 될 것이다.

124

파우스트의 이념—한 어린 소녀 재봉사가 유혹당해 불행한 꼴을 당하게 된다. 그리고 네 가지 학부에 통달한 위대한 학자[47]가 그 범인이다. 이는 괴상망측

---

47)《파우스트》제1부 처음에 나오는 파우스트의 독백 "철학도, 법학도, 의학도, 그리고 공언한 신학까지 열심히 연구했다"에 근거하고 있다.

한 일이 아닌가? 그렇다. 확실히 괴상망측한 일이다! 만일 악마의 화신의 도움이 없었다면 위대한 학자는 그런 일을 저지를 수 없었으리라. 과연 이것은 독일인 사이에서 이야기되는 것처럼 실제로 독일 최대의 '비극적 사상'일까? 그러나 괴테에게는 이 사상조차도 너무나 두려운 것이었다. 그래서 그의 온화한 마음은 이 나이 어린 재봉사를, 즉 '단 한 번 자기 자신을 잊었던 선량한 영혼'[48]을 본의 아니게 성자의 대열로 옮겨 놓지 않을 수 없었다. 그뿐만 아니라 괴테는 위대한 학자조차도 결정적인 순간에 악마를 감쪽같이 속임으로써 알맞은 때에 천국에 보내 주었다. '어두운 충동'을 지닌 '선량한 인간'[49]인 그를 말이다. 그리고 사랑하는 두 사람은 천국에서 다시 만난다. 괴테는 언젠가 이렇게 말했다. "참으로 비극적인 것으로 나아가기에 내 본성은 너무 온유했다."

125

'독일 고전 작가'라는 것은 존재하는가 — 생트뵈브(Sainte-Beuve)는 이렇게 말한다. "어떤 종류의 문학에는 '고전 작가'라는 말이 전혀 어울리지 않는다. 이를테면 누가 그렇게 간단히 '독일 고전 작가'에 대해서 이야기할 것인가!" 우리가 이미 받아들이고 있는 50명의 독일 고전 작가에 50명을 더 늘리려고 하는 우리 독일의 책방 주인들은 이 생트뵈브의 말에 대해서 어떻게 이야기할까? 아무튼 누군가가 죽은 뒤 30년만 지나고 누구에게나 손대는 것이 허용되는 노획물로 공개되기만 하면 갑자기 고전 작가로서 부활을 알리는 나팔소리가 울리는 모양이다! 그러나 이것은 문학의 선조 여섯 사람 가운데에서 다섯이 분명히 쇠퇴해 가거나 이미 쇠퇴해 버린 시대와 국민에게서 일어나는 일이다. 더구나 이 시대와 이 국민은 '그 일을' 부끄러워할 일로 여기지 않는다. 왜냐하면 그 '소수의' 선조들은 이 시대 '다수의' '강자들' 앞에서 이미 물러나고 말았기 때문이다. '이것은 한번 정말 공정하게 생각해야 할 문제다.' 앞에서 암시한 것처럼 괴테는 다르다고 나는 생각한다. 그는 '국민 문학'보다는 높은 차원의 문학에 속해 있다. 그러므로 그는 그의 '국민'에 대해서도 살아 있다든가 새롭다든가 낡았다든가 하는 관계에 있지 않다. 그는 아주 적은 수의 사람을 위해서만 살아 왔으며 또

---

48) 《파우스트》 제2부 마지막 장에 나오는 〈속죄하는 여인들〉의 성모에의 기도문.
49) 《파우스트》의 〈천국의 서곡〉에 나오는 하느님의 말.

여전히 살고 있다. 대다수 사람들에게 그는 이따금 독일 국경을 넘어 밖으로 불려지는 허영의 축하곡 그 밖의 것이 아니다. 괴테, 오로지 선량하고 위대한 인간임에 그치지 않고 하나의 '문화'였던 괴테는, 독일인의 역사에서는 나중에 파문을 남기지 않는 일화와 같은 것이다.

이를테면 최근 70년간 독일 정치에서 누가 괴테의 한 분신이 활동했다는 것을 지적할 수 있을까! (그런데 하여튼 거기에는 실러의 한 분신, 또 아마도 레싱의 작은 분신은 활동하고 있었다) 그러나 다른 다섯 사람의 선조들은! 클롭슈토크는 살아 있는 동안에 이미 기품있는 방법으로 스러져 갔다. 철저하게 쇠퇴해 버렸으므로 그의 비교적 만년의 반성적인 책 《학자 공화국》[50]은 아마 오늘날에 이르기까지 누구 한 사람 진지하게 받아들이는 자가 없을 정도다. 헤르더는 자신의 저작이 언제나 새로운 것이거나 낡은 것으로 어느 쪽으로 보이는 불행한 꼴을 당했다. 비교적 섬세하고 강인한 두뇌의 소유자들(예컨대 리히텐베르크)에게는 헤르더의 주요 저서인 《인류 역사에의 이념》마저 출간되자마자 벌써 낡아 빠진 것이 되었다. 풍족하게 살고 또 그렇게 살게 한 빌란트는 죽음으로써 자신의 영향이 소멸되는 것을 앞지른 지혜로운 사나이였다. 레싱은 아마 오늘날에도 살아 있겠지만 단지 아직 젊고 차츰 더 젊어지기만 하는 학자들 사이에서다. 그리고 실러는 이제 청년들을 떠나 소년들, 독일의 모든 소년들의 손에 들어가 있다. 책이 점점 더 미숙한 연령으로 내려간다는 것은 알려진 바와 같이 쇠퇴의 방법일 것이다. 무엇이 좋은 교육을 받고 노력을 아끼지 않는 사람들이 더는

---

50) 《학자 공화국》은 클롭슈토크의 논문 〈독일 학자 공화국〉(1774)을 말하는 것. 이 공화국은 참사 회원(Aldermänner)·길드(Zünfet)·민중(Volk)으로 이루어진다. 그 밑에 천민(Pöbel)이 있지만 이는 보잘것없다. 민중에 속하는 자는 평범한 영역을 벗어나지 않는 범위에서 글을 쓰고 가르치고 학문의 통속 생활에의 응용에 종사하는 자, 또 길드에 가입할 만큼은 충분한 지식을 갖지 않은 자들이다. 길드는 지식의 성격 정도 및 전문별로 15년 존재하며, 각 길드에서 참사 회원이 선출된다. 또 이 나라에서는 타인의 의견이나 취미에만 의존하든가 모방밖에 하지 않는 자는 종(Knecht), 스스로 사색하고 좀처럼 모방하지 않는 자는 자유인(Freier), 창의 발명의 어느 수준에 달한 자는 귀족(Edler)이며, 종은 민중에게, 자유인은 길드에게, 귀족은 참사 회원에 대개 속하는 것으로 되어 있다. 이 나라의 법규에는 내용이 부족하고 수다스럽기만 하고 더구나 이것을 백 하루 동안 계속한 자는 크게 웃는(die laute Lache) 벌을 받는다든가 5년과 7일에 걸쳐 평범한 책을 번역하고, 이러한 것들을 해내지 못한 자는 야간경찰이 된다는 등의 유쾌한 내용이 많이 보인다.

읽지 않을 만큼 이들 다섯 사람을 격퇴했는가. 그것은 취향과 지식의 향상 그리고 진리와 현실에 대한 존경의 향상이다. 즉 바로 그 다섯 사람에 의해(또 그보다는 유명하지 않은 열 사람, 또 스무 사람에 의해서) 비로소 다시 독일에 '심어져', 바야흐로 드높은 숲이 되어 그들의 무덤 위로 외경심의 그림자와 어느 정도의 망각의 그림자도 펼치는 미덕이다.

그러나 '고전 작가'란 지적이고 문학적인 여러 덕을 '심어주는 자'가 아니라 그 '완성자'이며 또 여러 국민이 멸망해 갈 때는 그 멸망을 넘어 살아 남는 사람들의 가장 높은 정상의 빛이다. 왜냐하면 고전 작가는 그들보다 더 가볍고 자유롭고 순수하기 때문이다. 그리고 인류에게 최고의 상태가 가능해지는 것은 여러 민족으로 이루어진 유럽이 하나의 어두운 망각이 될 때, 그 유럽이 오랜 전통을 가지고는 있지만 결코 낡아 빠지지 않는 서른 권의 책 속에서, 즉 고전 작가들 속에서 여전히 계속 살아 있을 때 가능하게 될 것이다.

126

흥미롭지만 아름답지는 않다 ─ 이 지방은 그 의미를 감추고 있다. 그러나 알아맞히고 싶은 의미를 지니고 있다. 내가 눈길을 던지는 곳에서 나는 말과 말의 암시를 읽을 수 있다. 그러나 나에게는 이 모든 암시적인 수수께끼를 푸는 문장이 어디서부터 시작하는지 알 수 없다. 그리고 나는 어디서부터 읽을 것인가를 찾기 위해 목을 자유롭게 돌리는 '개미잡이'[51]가 되어 버린다.

127

언어개혁자들에 반대해서 ─ 언어를 개혁하거나 옛것을 좋아하는 것, 희귀한 언어와 외래어를 즐겨 채택하는 것, 어휘를 제한하지 않고 풍부하게 하려는 것, 이런 것들은 늘 취향이 미숙하거나 부패했다는 징조다. 그리스 예술가들은 고결한 빈약함, 그러나 티나지 않게 가지고 있으면서도 대가다운 자유로움으로 웅변에서 두각을 나타냈다. 그들은 대중이 지닌 것보다도 '적게' 소유하기를 바란다. 왜냐하면 대중은 오래된 것과 새로운 것도 가장 풍부하게 갖고 있기 때

---

51) 딱다구리의 하나(학명 : Jynx torquilla). 교미기에 기묘하게 목을 비트는 습성이 있음.

문이다. 그러나 그들은 이보다 적은 소유를 '보다 잘' 지니기를 바란다. 그들이 쓰는 고풍스러운 어법과 외래어 수를 헤아린다면 금방 셀 수 있을 정도로 적다. 그러나 언어나 어법상의 일상적인 것과 또 얼른 보아 특히 오래 써서 낡아 빠진 것처럼 보이는 것을 얼마나 쉽고 유연하게 쓰는지를 바라보는 눈을 가진다면 한없이 찬탄하는 마음이 샘솟을 것이다.

128

슬픈 저자와 진지한 저자—자기가 '괴로워하는' 것을 쓰는 사람은 '슬픈 듯한' 저자가 된다. 그러나 그가 과거에 무엇을 '고민했'는가, 왜 이제는 기쁨 속에서 휴식하고 있는가를 이야기할 때에는 '진지한' 저자가 된다.[52]

129

취향의 건강—건강이 병만큼 전염되지 않는 것은 무슨 까닭일까? 특히 취향에서? 건강의 전염병이라는 것이 존재할까?[53]

130

결심—태어나는 것과 세례받는(잉크로써) 것이 동시에 행해진 책은 더 이상 읽지 말 것.

131

사상을 나아지게 하는 것—문체를 바로잡는 것은 사상을 개선한다는 것일 뿐, 그 이상의 아무것도 아니다! 이것을 곧장 인정하지 않는 자에게는 이 점을 어떤 방법으로도 이해시킬 수 없다.

---

52) '슬픈 저자'란 현재의 고뇌를 둘러싼 슬픈 '감정'에 빠진 저자며, '진지한 저자'란 극복된 고뇌에 대한 '정신적'인 통찰력을 가진 저자를 뜻함.

53) 맨 마지막 문장은, '도대체 건강의 전염병이란 것이 존재할까?……그런 것은 없는 거야'라고 한 반어적, 야유적 물음이리라.

132

고전적인 책—고전적인 책이 지닌 가장 큰 약점은, 그것이 너무 극단적으로 그 저자의 모국어로 씌어졌다는 사실이다.

133

시시한 책—책은 마땅히 펜과 잉크와 책상을 필요로 한다. 그러나 보통의 경우는 펜과 잉크와 책상이 책을 찾는다. 그래서 오늘날까지 책이 이토록 시시한 것이 되었다.

134

감각의 결여—대중은 그림을 생각할 경우에는 시인이 되며, 시를 생각할 경우에는 연구자가 된다. 예술가가 대중에게 호소하고 있을 때는 언제나 대중에게는 '정상적인' 감각이 빠져 있다. 즉 정신이 아니라 감각이 모자란 것이다.

135

선택된 사상—어느 뛰어난 시대의 선택된 문체는 말뿐 아니라 사상도 선택한다. 더구나 둘 다 '세상의 통례적인 것, 또 세상에서 지배적인 것'의 범위에서 선택한다. 대담하고 너무나 신선한 냄새가 나는 사상은 성숙한 취향을 가진 사람에게는 무모한 새로운 비유나 표현에 못지 않게 싫은 것이다. 나중에는 둘 다(즉 선택된 사상과 선택된 말) 평범한 냄새가 난다. 선택된 것의 냄새가 빨리 날아가 버려 그 뒤에 통례적인 것, 일상적인 것의 맛만이 남기 때문이다.

136

양식을 부패하게 하는 주된 이유—어떤 사물에 대해서 사람이 실제로 '갖고 있는' 이상의 감정을 '나타내려고' 하는 일이 언어와 모든 예술에서의 '양식'을 부패시킨다. '그런데' 모든 뛰어난 예술은 오히려 이것과 반대의 경향을 갖고 있다. 그것은 도덕적으로 훌륭한 인간과 마찬가지로 감정을 억제하고, '완전히' 끝까지 돌진하지 않는 것을 즐긴다. 감정을 절반쯤만 나타내는 이 조심성은 이를테면 소포클레스의 경우에 아주 아름답게 드러난다. 감정이 자기를 실제보다 냉정하게 보일 때 감정의 표정은 찬란하게 빛나 보인다.

137

무겁고 느린 문장가를 변호하기 위해서—가볍게 말해진 것은 사물이 실제로 갖는 무게만큼 귀에 들어오는 일이 좀처럼 없다. 그러나 이는 훈련이 덜 된 귀 탓이며, 이러한 귀는 이제까지 음악이라 불렸던 것에 의한 교육에서, 더 고도의 음향예술, 즉 '대화'의 학교로 전학해야 한다.

138

조감도—여기서는 개울물이 여러 방향에서 하나의 깊은 못으로 돌진해 간다. 그 움직임이 참으로 거세어 정신을 차릴 수 없을 정도이기 때문에 주위의 헐벗거나 숲을 이룬 산의 깎아 세운 듯한 비탈이 다만 떨어지고 있는 것이 아니라, 마치 '아래로 도망쳐 버리는' 것처럼 보일 정도다.

이러한 광경을 보고 있으면 마치 모든 것이 거기에서 도망쳐 버리지 않으면 안 될 적의에 찬 어떤 것이 모든 것 뒤에 숨어 있어서, 심연이 그것으로부터 우리를 지켜주는 듯한 불안한 기분에 사로잡혀 긴장하게 된다. 이러한 풍경은 그림으로 그릴 수는 없다. 다만 우리가 새처럼 거침없이 하늘을 날다가 이러한 풍경을 내려다보면 이야기는 달라진다. 여기서 이른바 조감도는 확실히 예술상의 임의적인 방법이 아니라 오직 하나의 가능성인 것이다.

139

대담한 비교—대담한 비교가 작가의 변덕스러움을 나타내는 증거가 아니라면, 그것은 그의 피로한 상상력의 증거다. 그러나 어느 경우건 그것은 그의 취향이 나쁘다는 사실을 보여준다.

140

쇠사슬을 달고 춤추는 것—그리스의 모든 예술가와 시인, 작가에게는 이렇게 물어 볼 필요가 있다. 그가 자기에게 부과한, 그리고 동시대인에게 매력적인 것으로 만든(그리하여 모방자를 얻으려는) '새로운 구속'이 무엇이냐고. 왜냐하면

'발명'(예를 들면 운율상의)이라고 불리는 것은 언제나, 자신이 내린 구속이기 때문이다. '쇠사슬을 달고 춤추는 것', 자기가 일을 까다롭게 만들어 놓고, 그야말로 쉬운 일인 듯한 착각을 그 위에 펼치는 것이 그들이 우리에게 보이고자 하는 곡예다. 이미 호메로스에게서 전승된 형식과 서사시적인 설화 규범 등이 풍성했음을 인정하게 된다. 호메로스는 그러한 '테두리 안'에서 춤추어야만 했다. 더욱이 그 자신도 여기에 더해 후대의 사람을 위해 갖가지 새로운 인습을 창시해냈다. 이것이 그리스 시인들의 학교의 실태였다. 즉 먼저 전대의 시인들에 의해서 많은 구속이 주어지고, 그 다음 여기에 새로운 구속을 발명하고 그것을 자기 자신에게 부과하고 우아하게 극복한다는 것이다. 그리하여 구속과 승리가 사람들에게 인정받고 찬미된다.

141

작가들의 풍요로움─훌륭한 작가가 맨 마지막으로 손에 넣는 것은 풍요로움이다. 그것을 처음부터 가지고 다니는 자는 결코 훌륭한 작가는 되지 못할 것이다. 가장 좋은 경주용 말은 많은 승리를 거둔 뒤에 '휴식'이 허용될 때까지는 여위어 있다.

142

숨 가쁜 주인공들─감정의 천식을 앓고 있는 시인과 예술가는, 자신들의 작품 주인공들을 아주 숨 가쁘게 만든다. 그들은 가볍게 숨 쉬는 법을 모르기 때문이다.

143

반쯤 눈먼 사람─반쯤 눈먼 사람[54]은 태평한 방식을 취하는 모든 작가의 원수다. 이러한 작가들은, 반쯤 눈먼 사람이 그 책의 작가는 다섯 가지 사상을 전하는 데 50페이지를 필요로 한다는 것을 알고서 책을 덮을 때 그가 느끼는 불만을 잘 알아야 하리라. 그것은 자기 눈에 남아 있는 시력을 거의 아무런 보상

---

54) 눈이 아파 시력이 몹시 쇠약해진 니체 자신을 빗대어 한 말이리라.

조차 받지 못한 일에 쓰면서 위험을 무릅써야 했던 것에 대한 불만이다. 어느 반쯤 눈먼 사람이 말했다.

"모든 작가가 태평한 방식을 따르고 있군."

"성령도 말인가?"

"성령도 그렇지. 하지만 성령의 경우에는 그것이 허용되었어. 성령은 완전히 눈먼 사람들을 위해 썼던 것이니까."

144

불멸의 문체—투키디데스와 타키투스는 두 사람 모두 작품을 완성할 때 그 작품의 불멸의 영속성에 대해서 생각했다. 이 일은 다른 데서는 알 수 없더라도 그 문체에서 이미 짐작할 수 있다. 한 사람은 소금에 절임[55]으로써, 다른 한 사람은 끓이는 것으로써 자기 사상에 영속성을 줄 수 있다고 믿었다. 그들 모두 잘못된 생각을 하지는 않은 것 같다.

145

상징과 비유에 반대해서—상징과 비유로 이해시킬 수는 있어도, 증명할 수는 없다. 그렇기 때문에 학문의 영역에서는 상징이나 비유가 그처럼 꺼려지는 것이다. 여기에서는 그야말로 사람을 이해시키는 것이나 믿게끔 하는 것을 원치 않으며, 오히려 표현 방법과 '꾸밈없이' 노출된 한계[56]로써 이미 가장 냉철한 불신감을 일으키게 된다. 왜냐하면 불신감은 확실성이라는 황금에게는 시금석이기 때문이다.

146

주의—철저한 지식을 갖추지 않은 사람은, 독일에서는 글을 쓰는 데 주의하는 것이 좋다. 왜냐하면 그럴 경우 선량한 독일인은 "그는 학식이 없다" 하지 않고 "그는 애매한 성격의 소유자다"라고 말하기 때문이다. 그렇지만 이러한 성급

---

55) '소금에 절이는' 일이나 '끓이는' 것은 '수분을 빼는' 일, 따라서 성분의 농밀화를 뜻하리라.

56) 학자의 냉정하고 매정한 표현 방법에, 또한 학자의 꾸밈없는 연구실이나 실험실의 삭막한 공기에 접하기만 해도, 사람은 가장 냉정한 회의에 빠지게 된다.

한 추론이 독일인에게 많은 명예를 가져다 준다.

147

채색된 해골—채색된 해골이란 살이 떨어져 나간 부분을 교묘하게 채색해서 보충하려고 하는 작가들을 말하는 것이다.

148

웅대한 문체와 그보다 고차적인 것—사람들은 쉽고 간단한 문체보다도 웅대한 문체를 더 쉽게 배운다. 그 까닭은 도덕적인 것의 영역 속으로 휩쓸려 들어가 버렸다.

149

제바스티안 바흐—바흐의 음악을 대위법과 모든 종류의 푸가 양식의 완전하고 빈틈없는 전문가로서 듣지 '않는' 한, 즉 본래의 음악적 기교면의 감상 없이 듣는 한, 그의 음악의 청중으로서(괴테의 장엄한 표현을 빌리자면) 마치 우리는 '신이 세계를 창조한' 자리에 있는 듯한 기분을 느끼게 될 것이다. 즉 우리는 여기에 어떤 위대한 것이 생성되는 중이라는 것과 그것이 아직 존재하고 있지는 않는 듯한 느낌이 든다. 그 '위대'한 것이란 우리의 '위대한' 근대 음악이다. 그것은 교회, 국민, 그리고 대위법을 극복함으로써 이미 세계를 이겨 냈다. 하지만 바흐에게도 아직 많은 미숙한 그리스도 정신과 설익은 독일 정신과 서툰 스콜라 철학이 있었다. 그는 유럽(근대) 음악의 입구에 서 있기는 하지만, 그곳에서 중세 쪽을 뒤돌아보는 것이다.

150

헨델—그 악상의 독창적인 면에서는 대담하고 혁신적이고 성실하고 힘차고 또한 '민족'이 품을 수 있는 영웅적인 것에 속하고 그것과 피가 통해 있었던 헨델, 그 헨델은 작품의 완성 단계에 이르면, 때때로 자유와 정열을 잃을 뿐만 아니라 자기 자신에게 싫증을 느끼기까지 했다. 그는 주제의 펼쳐나감에 있어서 이미 시험이 끝난 두세 가지 방법을 써서 매우 빠르게 대량으로 작곡하고 그것이 완성되면 기뻐했다. 그러나 그것은 신이나 그 밖의 창조자들이 그들의 일을 끝낸 날 저녁에 맛보는 듯한 기쁨은 아니었다.

151

하이든―하이든은 한 사람의 단적으로 '선량한' 인간과 결합할 수 있는 천재성을 지녔다. 즉 그는 도덕성이 지성에 대해 긋는 한계 끝까지 간다. 그러므로 그는 '어떠한 과거'도 없는 음악만을 만드는 것이다.

152

베토벤과 모차르트―때때로 베토벤의 음악은, 이미 잃어버린 것이라고 생각했던 '음악 속의 순수'를 나타낸 곡을 뜻밖에 다시 듣게 될 때 깊이 감동한 '관찰'처럼 보인다. 즉 그것은 음악에 대한 음악이다. 길을 가는 거지나 아이들 노래 속에, 여행하는 이탈리아인들이 '노래하는' 단조로운 선율 속에, 마을 선술집에서나 사육제날 밤 무도 가운데, 그러한 곳에서 그는 그의 '가락'을 발견한다. 즉 그는 여기저기에서 하나하나의 소리나 짧은 악구를 재빨리 붙잡아 꿀벌처럼 모아 오는 것이다. 그것들은 그에게 '보다 좋은 세상'에서 얻을 수 있는 수많은 신들의 '추억'이다. 마치 플라톤이 이데아를 그렇게 여겼듯이.

모차르트는 자신의 선율에 대해 이것과는 전혀 다른 관계에 있다. 그가 영감을 얻는 것은 음악을 들을 때가 아니라 삶을, 더욱이 가장 감동적인 '남국의' 삶을 볼 때다. 그는 이탈리아에 있지 않을 때도 언제나 이탈리아를 꿈꾸고 있었다.

153

서창―과거에 서창[57]은 메말라 있었다. 오늘날 우리는 '습기찬 서창' 시대에 있다. 즉 서창이 물 속에 빠져 물결이 그것을 제멋대로의 방향으로 흘려보내는 시대다.

---

57) 오페라나 오라토리오에서 대사를 노래하듯이 말하는 가창 형식인 레치타티보(recitativo)를 말함.

154

‘흥겨운’ 음악―오랫동안 음악을 들을 수 없는 쓸쓸함을 맛본 다음에 음악을 들으면, 그것은 마치 남국의 강한 포도주처럼 재빨리 핏속을 돌아 마취되어 반쯤 눈뜬, 그리고 몹시 졸린 영혼을 남기고 간다. 특히 이러한 작용을 하는 것은 괴로움과 아픔을, 권태와 향수를 동시에 주며, 마치 사랑으로 달게 만든 독이 든 음료를 마시듯 모든 것을 되풀이해서 마시는 ‘흥겨운’ 음악에 지나지 않는다. 그때 흥겨운 기쁨으로 와글거리는 넓은 방은 좁아져가며, 빛은 밝기를 잃어 희미해지는 것처럼 보이리라. 그리고 마침내 마치 음악이, 이를테면 한 불행한 인간이 향수에 시달려 잠들지 못하는 감옥 속에서 울려 오는 듯한 느낌이 들 것이다.

155

프란츠 슈베르트―다른 위대한 음악가들에 비교하면 기교가로서는 좀 부족한 듯한 슈베르트지만, 모든 음악가 가운데 가장 큰 음악적 ‘유산’을 가지고 있었다. 그는 그것을 선뜻 그리고 친절하게 다른 이에게 주었다. 그 때문에 음악가들은 이제 몇백 년은 그의 악상과 착상으로 ‘먹고살 수 있으’리라 생각될 정도다. 그의 작품은 우리에게 ‘아직도 못다 쓴’ 창작의 보물이다. 다른 음악가들은 ‘그것을’ 모두 써 버림으로써 자신들의 위대함을 얻게 될 것이다. 만일 베토벤을 연주자의 이상적인 청중이라 한다면, 슈베르트는 그 자신이 이상적인 연주자로 불릴 만한 자격을 지녔다고 할 수 있다.

156

음악의 가장 현대적인 연주―음악에서 아주 비극적이고 극적인 연주는, 그리스도교가 생각하며 바라는 ‘큰 죄인’과 같은 태도를 본뜸으로써 그 성격을 얻는다. 즉 침착한 걸음걸이, 격정적인 생각, 사람을 추격하고 늘어지는 듯한 양심의 고민, 경악에 찬 도주, 광적인 추격, 절망적인 정지, 그리고 이 밖에 모든 것이 큰 죄인의 특징의 모방이다. 모든 사람들이 큰 죄인이고 죄를 짓는 일 말고는 아무것도 하지 않는다고 하는 그리스도교도의 대전제 아래서만이 그 연주 양식을 ‘모든’ 음악에 응용하는 일이 인정된다. 즉 음악이 인간의 모든 거동의 모방이며, 또 그러한 것으로써 큰 죄인의 몸짓이나 말투를 끊임없이 나타내야 하는 한 인정되는 것이다. 이 논리를 이해할 수 있을 만큼 그리스도교적이지 않은 청중은 물론 그 연주를 듣고 이렇게 외치는 것도 무리가 아닐 것이다. "맙소사, 도대체 어떻게 죄가 음악 속에까지 들어왔단 말인가!"

157

펠릭스 멘델스존—펠릭스 멘델스존의 음악은 전에 존재했던 모든 좋은 것에 대한 호의적인 취향을 지닌 음악이다. 그것은 언제나 자기 배후를 지시해 주고 있다. 어떻게 그것이 많은 '전방'과 많은 미래를 지닐 수 있을 것인가! 그러나 그는 도대체 미래를 갖기를 바랐을까? 그는 예술가 중에서는 드문 미덕을, 다시 말해서 어떠한 다른 뜻도 없는 감사의 덕을 지니고 있었다. 그리고 이 덕도 언제나 자기 배후를 지시하고 있다.

158

예술의 어머니—회의적인 우리 시대에는 '명예욕'의 거의 야수적인 영웅주의가 필요하다. 즉 광신적인 명상과 기도로는 불충분하다. 믿음에서 영원히 최후의 사람이 되려고 하는 명예욕이 최후의 가톨릭 교회 음악의 아버지가 될 수 있을까? 그러한 명예욕이 이미 최후의 교회 건축 양식의 아버지였던 것처럼……(그것은 예수회 양식[58]이라 불린다).

159

속박 속의 자유-군주 같은 자유—레오파르디(Leopardi)처럼 아름다움을 바라보며 숭배한 최후의 근대 음악가인 폴란드인 쇼팽,[59] 모방할 수 없는(그 이전의 또 그 이후의 어떤 사람도 이 수식어를 받을 자격이 없다) 쇼팽은 라파엘로가 가장 관례적이고 가장 단순한 색채를 썼을 때 나타낸 것과 같은 인습 속에서 왕후와 같은 기품을 지니고 있었다. 다만 색채에 대해서가 아니라, 선율과 리듬의 여러 전통에 대해서다. 그는 이러한 전통을 승인했다. '예식 속에서 태어난' 자

---

58) 초기의 바로크 건축 양식의 하나.
59) 니체가 자기의 폴란드 가계를 믿고, 그것을 자랑스럽게 여겼던 사정과 일치한다.

로서, 그러나 가장 자유롭고 가장 우아한 정신처럼 이러한 속박 속에서 장난치고 춤추면서, 더구나 그것을 비웃는 일도 없이.

160

쇼팽의 뱃노래—거의 모든 상태와 생활 방식은 '축복된' 순간을 가지고 있다. 훌륭한 예술가들은 '이것을' 찾는 법을 알고 있다. 예를 들면 물가에서의 생활, 가장 떠들썩하고, 가장 욕심 많은 천민들 근처에서 펼쳐지는 참으로 싫증나고 불결하고 비위생적인 생활까지도 그런 순간을 가지고 있다. 그리고 이 축복의 순간을 쇼팽은 뱃노래(바르카롤)[60] 속에서 훌륭한 음악으로 들려 주었다. 신들도 이 음악을 들으면 긴 여름밤을 작은 배에 누워서 보내고 싶어질 정도로.

161

로베르트 슈만—독일과 프랑스의 낭만주의적인 서정 시인들이 금세기 최초의 30여 년 동안 꿈꾸었던 '청년', 이 청년은 슈만에 의해서 완전히 노래와 음악 속에 옮겨졌다. 자기 힘의 풍만을 스스로 느끼고 있는 한 영원한 청년이었던 그에 의해서 말이다. 더욱이 그의 음악이 영원한 '노처녀'를 떠오르게 하는 순간이 있음은 물론이다.

162

오페라 가수—"왜 이 거지는 노래하는가?" 그는 아마도 애처롭게 울 줄을 모를 것이다. "그렇다면 그가 하고 있는 일은 마땅한 일이다. 하지만 노래할 줄 모르기 때문에 가련하게 우는 우리의 오페라 가수들, 그들 또한 마땅한 일을 하는 것인가?"

163

오페라 음악—무대에서 행해지는 것을 보지 않는 자에게 오페라 음악은 무의미하다. 마치 잃어버린 원전에 대한 끊임없는 주해가 무의미하듯이. 오페라

---

60) 작품번호 60의 피아노곡. 올림 바장조.

음악은 본래, 사람의 눈이 있는 곳에 귀가 있기를 요구한다. 하지만 이것은 에우테르페(Euterpe)[61]에게 폭력을 가한 것이 된다. 이 가련한 뮤즈는 다른 모든 뮤즈들이 갖고 있는 것과 같은 곳에 눈과 귀를 붙인 채 있고 싶어 한다.

164

승리와 이성 — 유감스럽게도 예술가들이 자신들의 작품과 작품 변호로 일으키는 미학상의 싸움에도, 결국 매듭을 짓는 것은 힘이지 이성이 아니다. 이제까지 세상 사람들 모두가 글루크(Christoph Gluck)가 피치니(Niccolo Piccinni)와의 싸움[62]에서 '정당'했다는 것을 역사적인 사실로 인정한다. 아무튼 그는 '승리했다.' 힘이 그의 편을 들었던 것이다.

165

음악의 연주 원리에 대하여[63] — 도대체 오늘날 음악을 연주하는 예술가들은 자신들의 예술의 지상 명령이 어떤 곡이라도 될 수 있는 대로 '돋을새김'을 또렷하게 나타냄으로써 그 곡으로 하여금 '극적인' 말을 하도록 하는 것이라 믿는 것일까? 이것은 예를 들어 모차르트에 적용했다고 하면 사실 정신에 대한, 즉 모차르트의 쾌활하고 밝고, 부드럽고, 들뜬 듯한 정신에 대한 죄악이 아닐까? 모차르트의 엄격함은 온화한 엄격함이지 무서운 엄격함이 아니며, 그의 형상은 보는 자를 경악과 도주 속으로 몰아넣기 위해 벽 속에서 튀어나오고자 하는 것이 아니다. 그래도 그대들은 모차르트의 음악이 '돌로 변한 나그네[64]의 음악'과 의미가 같다고 생각하는가? 모차르트의 음악뿐만 아니라 모든 음악이? 그러나 그대들은 보다 큰 '효과'를 내기 위한 원리일 뿐이라고 대답하리라. 그대들이 말하는 것은 옳을지도 모른다. 하지만 그것은 '누구에게' 효과가 있단 말인가, 그리고 뛰어난 예술가는 도대체 누구에게만 효과를 부여하려고 하는가

---

61) 음악과 서정시의 여신. 9명의 뮤즈 가운데 하나. 연주음악을 주관한다고 함.

62) 글루크(1714~87, 독일 가극 작곡가)와 피치니(1728~1800, 이탈리아의 가극 작곡가) 사이의 가극 개혁론에 대한 분쟁.

63) 《니체 대 바그너》의 〈위험한 바그너〉에 수록되어 있음.

64) 모차르트의 오페라 〈돈 조반니〉에 나오는 '석상의 손님'이 등장하는 것을 근거로 한 표현.

하는 반문이 남지 않을 경우에 한해서다! 결코 대중에 대해서는 아니다. 절대로 미성숙자들에게도 아니다! 또한 감상적인 사람들에게도 아니다! 병적인 사람들에게도 아니고, 더욱이 무감각한 사람들에게는 결단코 아닌 것이다!

166

오늘날의 음악—강한 폐와 약한 신경을 지닌 이 현대적인 음악은, 언제나 먼저 자기 자신을 두려워한다.

167

음악의 본거지—음악은 논의할 수 없는, 또는 그것이 허용되지 않는 사람들 사이에서만 큰 힘을 얻는다. 따라서 음악을 권하는 선두주자는 그들 주위에서 활발하게 비평이 이루어지거나 사색되는 것을 바라지 않는 왕족들이다. 그 다음으로는 어떤 압박(왕족의 또는 종교의) 아래에서 침묵하는 것에 익숙해져야 하고, 감정의 권태에 맞서는 보다 강력한 주문(보통은 영원한 열애와 영원한 음악)을 구하는 사회다. 셋째는 이른바 '사교계'는 존재하지 않지만 그렇기 때문에 고독과 몽롱한 사상에 기울어진 성향, 또 모든 표현하기 어려운 것을 숭배하는 성향을 지닌 개개인이 그만큼 더 많이 존재하는 민족 전부다. 그리고 이 세 번째 무리들이 참다운 음악적인 영혼을 지닌 사람들이다.

그 때문에 담론을 좋아하는 민족인 그리스인들은 음악도 실제 논쟁이나 담화의 소재로 삼을 수 있는 여러 예술에 대한 '요리의 반찬'으로만 소화해 왔다. 그리고 음악을 순전히 '사색'의 소재로 삼는 일은 거의 없었다. 많은 점에서 예외적인 그리스인이었던 피타고라스 학파는 전해지는 바와 같이 훌륭한 음악가들이었다. 즉 그들은 5년간의 침묵[65]을 발명하기는 했지만, 변증법은 발명하지 '못한' 사람들이다.

168

음악의 감상성—엄숙하고 성대한 음악을 애호한다 하더라도 아마 그런 만

---

[65] 피타고라스와 그 제자들은 종교적인 비밀 결사 비슷한 단체를 만들어, 5년 동안 침묵을 지켜야만 정식으로 입단할 수 있었다 함.

큼 더 우리는, 때에 따라서는 그것과 반대되는 성격의 음악으로써 압도되고 매혹되고 마음이 황홀해진다. 내가 생각하는 것은 아무리 그 운율이 단조롭고, 그 화성이 유치하다 하더라도 때때로 우리에게 음악 그 자체의 영혼의 속삭임처럼 여겨지는 보다 단조로운 이탈리아 오페라의 멜리스마[66]이다. 그대들 좋은 취향을 갖고 있는 바리새인들이 그것을 인정하건 안하건, 그것은 엄연한 사실이다. 그리고 오늘의 나에게는 이 사실의 수수께끼를 풀 수 있는 과제로서 제기하고 나아가 스스로도 조금은 이것저것 풀어보는 일이 중요하다. 우리가 아직 어렸을 때, 우리는 많은 사물의 꿀을 처음으로 맛보았다. 꿀은 두 번 다시 그때와 같은 맛을 내지 못했다. 꿀은 최초의 봄, 최초의 꽃, 최초의 나비, 최초의 우정의 모습으로 나타나 우리를 삶으로, 가장 오랜 삶으로 유혹했다.

그 무렵(아마도 우리가 아홉 살쯤 되었을 때), 우리는 최초의 음악을 들었다. 그것은 우리가 처음으로 '이해한' 음악, 다시 말하면 자장가나 악사의 되풀이되는 곡조에 불과한 가장 단순하고도 유치한 음악이었다(즉 예술의 어떠한 사소한 '계시'에 대해서도 먼저 '준비'와 '습득'이 필요하다. 예술의 '직접적' 작용이란 그에 대해서 철학자들이 얼마나 아름다운 말로 꾸며왔건 결코 존재하지 않는다). 그 최초의 음악적인 환희(우리 생애에서 가장 격렬한 환희)에 이탈리아의 선율을 들을 때 우리의 감정이 결부된다. 즉 어린 시절의 행복과 상실의 '적막감', 가장 귀중한 재산인 다시 돌이킬 수 없는 것에 대한 감정, 이것이 그때 아무리 성대하고 또한 아무리 엄숙한 음악도 미치지 못할 만큼 세차게 우리 영혼의 심금을 울려주는 것이다. 심미적인 기쁨과 도덕적 비애와의 이러한 혼합이 오늘날에는 '감상성'이라 흔히 불리는 것(나에게 이것은 어느 정도 자기 도취적인 면이 있다고 여겨지지만)이다. 〈파우스트〉 제1장 마지막 장면의 분위기[67]가 바로 그것이다. 그리고 청중의 이러한 '감상성'이 이탈리아 음악에서는 이로운 효과를 내고 있지만, 예술의 숙련된 미식가와 순수한 '미학자'들은 이를 무시하고 싶어 한다. 더욱이 거의 모든 음악은 우리가 그 음악으로부터 우리 자신의 '과거'가 이야기되는 것을 듣게 될

---

[66] 그리스어로 노래라는 뜻으로, 성악곡에서 가사의 1음절에 많은 음표를 붙이는 장식적인 선율법.

[67] 《파우스트》 제1부 제1장 〈밤〉의 끝에서 파우스트가 자살하려는 순간, 천사들의 합창을 듣고 '어릴 적부터 들어왔던 그리운 노래'에 의해 '다시 인생을 찾는' 것이다.

때, 비로소 '이상한 매력'을 드러내기 시작하는 것이다. 따라서 그 점에서 음악의 문외한(門外漢)에게는 모든 '과거' 음악은 더욱더 훌륭하게 여겨지고, 갓 태어난 음악은 모두가 거의 가치 없는 음악처럼 생각되는 것이다. 왜냐하면 이 갓 태어난 음악은 '감상성'을 조금도 불러일으킬 수 없기 때문이며, 더구나 이 감상성이야말로 앞에서 말한 것처럼 순수한 전문적인 예술가로서 음악을 즐길 수 없는 모든 자에게는 음악의 기쁨에 대한 가장 본질적인 요소를 이루는 것이기 때문이다.

169

음악의 친구로서— 결국 우리가 음악을 사랑하고, 또 계속 사랑하는 것은 우리가 달빛을 계속 사랑하는 것과 같다. 둘 다 태양을 밀어내려고 하지 않는다. 음악과 달빛은 될 수 있는 대로 멋지게 우리의 '밤들'을 밝게 하고자 할 뿐이다. 그런데 사실이 아니란 말인가? 그럼에도, 이 두 가지를 희롱하거나 웃음거리로 만들어도 좋단 말인가? 적어도 조금쯤은 괜찮단 말인가? 그렇다. 때에 따라서는 특히 달 속의 남자[68]를, 음악 속의 여인을!

170

노동 시간 중의 예술— 우리는 '부지런한' 시대의 양심을 갖고 있다. 이 양심은 우리가 가장 좋은 시간과 오전 한때를 예술을 위해 선뜻 내어주는 것을 허락하지 않는다. 그 예술이 그 자체로서 아무리 훌륭하고 아무리 존경할 만한 것일지라도 예술은 우리에게 한가함과 휴양의 일로 여겨진다. 그러므로 우리는 예술에게 우리의 시간, 우리 힘의 '잉여분'을 바치는 것이다. 이것이 가장 일반적인 사실이며, 이것으로써 삶에 대한 예술의 위치가 바뀌는 것이다. 즉 예술은 그 감상자들에게 시간과 힘을 많이 요구할 때, 부지런한 사람들과 유능한 사람들의 양심을 '적'으로 삼게 되고 나중에는 양심이 없는 자와 게으른 자들에게 기대게 된다. 그런데 이들은 본성상 거대한 예술을 좋아하지 않으며 예술의 그러한 요구를 불손하다고 느낀다. 따라서 그러한 예술은 공기와 자유스러운 호

---

[68] 달 속에 살고 있다고 전해지는 남자. 일요일의 안식을 지키지 않은 죄로 달 속에 갇혔다고 한다.

흡이 빠져 있기 때문에 흐지부지될지도 모른다. 그렇지 않다면 거대한 예술은 하나의 조잡화와 위장술로 본래는 '작은' 예술, 즉 휴양의 예술, 즐거운 기분 전환의 예술에 대한 자연 환경에 지나지 않는 그 어떤 공기 속에 앉으려고(적어도 그 속에서 참고 견디려고) 시도하게 된다. 이러한 현상은 오늘날 곳곳에서 일어난다. 거대한 예술의 예술가들조차도 휴양과 기분 발산을 약속한다. 그들 또한 피곤한 인간에게 의지하며, 평일 저녁 몇 시간만이라도 그에게 나눠주기를 원한다. 숨 막힐 듯이 진지한 이마와 차분한 눈에 대해 승리를 거둔 것에 만족하는 오락적인 예술가들과 똑같이 말이다. 그런데 이러한 보다 위대한 예술가들의 기교란 어떤 것인가? 이 사람들은 다 죽어가는 자까지도 무서워 움츠러들지 않을 수 없을 만큼 강한 흥분제를 그들의 작은 상자 속에 가지고 있다. 즉 마취·도취·충격·발작적 눈물이라는 흥분제를 가지고 있다. 그리고 이것으로써 그들은 피곤한 인간을 포로로 만들고, 밤새도록 흥분시키고, 황홀과 경악의 몰아지경 상태로 끌고 간다. 그러나 우리는 그 수단이 위험하다고 해서 오늘날에도 오페라, 비극 및 음악으로서 살아 있는 거대한 예술에 대해, 간교한 악인에 대해서처럼 분개해도 좋을 것인가? 확실히 그렇지는 않다. 그것은 그 자신이 수백 번이나 즐겨 아침의 고요와 같은 순수한 세계 속에 살아 왔으며, 기대에 넘치고 지칠 줄 모르며 힘으로 가득 찬 아침의 영혼을 지닌 관중과 청중에 호소했기 때문이다. 우리는 오늘날 이 예술이 도망쳐 버리기보다는 이렇게 살아 온 것에 대해 감사해야 하지 않을까. 하지만 우리는 언젠가 또다시 자유롭고 풍만한 축제와 기쁨의 날들을 우리 삶 가운데 가져오는 시대에는, '우리의' 거대한 예술 따위는 아무 소용이 없게 되리라는 것도 솔직하게 인정하는 것이 좋지 않을까?

171

학문의 고용인과 그와는 다른 사람들—참으로 유능하고 성공을 거둔 학자들을 통틀어 '고용인'이라 부를 수 있다. 젊었을 때 그들의 통찰력이 충분히 훈련되고 기억이 가득 채워지게 되면, 그리고 손과 눈도 튼튼해지면 그들은 어떤 선배 학자에 의해 그들이 그 특성을 효과 있게 드러낼 수 있는 학문 분야에 놓이는 것이다. 그리고 그 뒤 그들 자신이 자기들에게 할당된 학문 분야의 결함과 손상된 부분을 알아차리고 나면 이번에는 스스로 그들을 필요로 하는 위치로 옮겨간다. 이러한 본성을 지닌 사람들은 일반적으로 학문을 위해 존재한다. 그러나 한편에서는 이보다 더 보기 드문 '별종의' 사람들이 존재한다. 좀처럼 성공하지 못하고 완전히 성숙하지는 못하는 사람들, 적어도 그들 자신은 '자신을 위해 학문이 존재한다'고 여기는 사람들, 때때로 불쾌감을 주며 가끔 자기 도취에 빠지고 이따금 성질이 비뚤어진, 그러나 거의 언제나 어느 정도까지는 야릇한 매력을 지닌 사람들이다. 그들은 고용인이 아니며 고용주도 아니다. 그들은 앞에서 말한 사람들이 노력하여 얻고 확보한 것을 왕족같이 유유히, 그리고 거의 찬사를 받지 못하고 이용한다. 그것은 마치 그 사람들이 자기들보다 낮은 존재에 속해 있다고 여기는 듯한 태도다. 그러나 실제 그 사람들도 이 별종의 사람들을 눈에 띄게 하는 것과 같은 특성을 때때로 충분히는 아니지만 발전시키기까지 했던 것이다. 게다가 이 별종의 사람들에게는 그 사람들에게는 없는 하나의 '편협함'이 있으며, 이것 때문에 그들을 그 어떤 자리에 앉히는 일도, 또 그들 가운데 쓸모 있는 도구로 보는 일도 불가능하다. 그들은 '그들 자신의 공간 속에서'만, 그들 자신의 바탕 위에서만 살 수 있기 때문이다.

그들은 이 편협성이 시사하는 바에 따라서 학문 가운데에서 그들에게 속하는 것은 무엇인지, 즉 무엇을 그들의 공간과 주거 속에 갖고 돌아갈 수 있는지를 판단한다. 즉 그들은 언제나 여기저기 흩어진 자기들의 '재산'(Eigentum, 자기에게 속하는 것)을 모으는 것이라고 망상하는 것이다. 그들은 자기들의 둥지를 만드는 것을 방해받으면, 몸을 감출 곳이 없는 새와 같이 파멸한다. 즉 자기의 특권적인 장소가 없다는 것(Unfreiheit, 피난처가 없는 것)은 그들에게는 폐병, '쇠약성 질환', 즉 쇠멸의 원인인 것이다. 그들이 학문의 낱낱의 토지를 그 사람들식으로 일구더라도 그것은 언제나 바로 그들에게 필요한 열매와 씨가 잘 자라는 땅에만 한정되어 있다. 학문이 전체적으로 보아 아직 개간되지 못한 땅을 갖고 있느냐, 또는 손질이 잘 되지 않은 땅을 갖고 있느냐 하는 것이 그들에게 무슨 관계가 있을까? 그들에게는 인식의 문제에 대한 어떠한 '비개인적인' 관심도 결여되어 있다. 그들 자신이 철저하게 개인인 것처럼, 그들의 통찰도 지식도 모두 또 한낱 개인에, 한낱 살아 있는 복합체를 이루는 것이다. 그리고 그 하나하나의 부분은 서로 의존하고 얽히고 공동으로 길러져 전체로서 하나의 독자적인 공간, 독자적인 냄새를 갖는다. 이런 본성을 가진 사람들은 그들의 '개인적인' 인식의 이미지에 따라 하나의 학문(심지어는 철학)이 완성되고 목표에 이르렀다는 '착각'을 끄집어낸다. 그들의 이미지 속에 깃든 '삶'이 이 마력을 드러내는 것이다. 그리고 이 마력은 어느 시대에는 학문에서는 몹시 불길한 것, 그리고 앞서 말한 참으로 유능한 정신 노동자들을 잘못된 길로 이끄는 것이었으며, 또 다른 시대, 즉 가뭄과 피로가 지배한 시대에는 청량제와 같은, 그리고 시원하고 상쾌한 휴식처의 미풍과도 같은 작용을 해왔던 것이다. 보통 이러한 사람들은 '철학자'라 불린다.

172

재능의 인정—내가 S마을을 지나쳤을 때, 한 소년이 힘껏 채찍을 내리치기 시작했다. 그는 이 기술에 이미 익숙해 있었고, 또 그것을 의식했다. 나는 그에게 눈으로 칭찬하는 뜻을 표했다. 하지만 실제 내 마음은 '몹시 괴로웠다'. 우리가 여러 재능을 칭찬할 때에는 이런 느낌이 드는 것이다. 상대가 우리에게 괴로운 마음을 갖게 할 때, 우리는 그들을 기분 좋게 해 주는 것이다.

173

웃음과 미소—즐거움이 크면 클수록 이 기쁨이 확실해지면 확실해질수록 인간은 더욱더 크게 웃는 법을 잊어버린다. 그리고 이와 반대로 정신적인 미소는 끊임없이 그의 얼굴에 떠오르게 된다. 이것은 훌륭한 삶 속에 이렇게 무수한 즐거움이 감추어져 있다는 사실에 그가 놀라고 있음을 표현하는 것이다.

174

환자의 즐거움—마음에 괴로움이 있으면 머리카락을 쥐어뜯고 이마를 두드리며 뺨을 할퀴거나 또는 오이디푸스처럼 눈을 후벼파거나 한다. 하지만 이와 같은 거센 육체적 고통에 맞서는 데에 격심한 비통의 감정이 도움이 되는 경우가 있다. 예를 들면 자기를 비방한 자나 무고한 자를 생각함으로써, 자기의 미래를 암울하게 연상함으로써, 또 그곳에 없는 상대에게 마음속으로 원한의 단검을 던짐으로써. 그리고 실제로 이럴 경우, 한 악마가 다른 악마를 내쫓는다는 것은 사실이다. 그러나 그때는 이미 다른 악마를 '갖고 있는' 것이다. 그러므로

환자에게는 그것을 가지면 고통이 누그러지는 것처럼 생각되는 다른 즐거움을
권하는 것이 좋다. 즉 친구와 적에게 나타낼 수 있는 친절함과 부드러움에 대
해 성찰하는 일이다.

175

가면으로서의 평범함—평범함은 우월한 정신이 쓸 수 있는 것 가운데 가장
어울리는 가면이다. 왜냐하면 그 가면은 대중에게, 즉 평범한 사람들에게 그것
이 가면이라는 것을 느끼게 하지 않기 때문이다. 더구나 뛰어난 정신이 가면을
쓰는 것은 바로 이런 사람들 때문이다. 그것은 '그들을' 자극하지 않기 위해서
지만, 알고 보면 동정과 선의에서 우러나온 경우도 드물지 않다.

176

인내심이 강한 것들—소나무는 귀를 기울여 무언가를 듣고 있는 듯하고, 전
나무는 무언가를 기다리는 듯한 모습을 하고 있다. 그리고 둘 다 조금도 초조
해 보이지 않는다. 그들은 초조와 호기심 때문에 발아래서 기진맥진해 있는 보
잘것없는 인간 따위는 염두에도 두지 않는다.

177

최고의 해학—내가 가장 좋아하는 해학은 어떤 무거운, 매우 중요한 사상을
대신하는 동시에 손가락과 눈짓으로 '미래를 가리키는' 것이기도 한 해학이다.

178

모든 숭배의 부속물—과거가 숭배되는 곳에서는 어디서나 몸차림이 단정한
사람들과 청결함을 좋아하는 사람들을 들어오게 해서는 안 된다. 경건함은 조
금의 먼지와 쓰레기와 오물 없이는 쾌적한 기분이 생겨날 수 없는 법이다.

179

학자들의 커다란 위험—가장 유능하면서 투철한 학자들이야말로 도리어,
자기 생활 목표를 더욱더 낮은 곳에 두게 될 위험 속에, 또 이러한 기분 속에

있기 때문에 그의 삶 후반에는 더욱더 의기소침하고 사교성 없는 인간이 될 위험이 있다. 처음에 그들은 커다란 희망을 품고 그들의 학문 속에 헤엄쳐 들어가 한결 더 대담한 사명을 자기에게 나누어 준다. 그리고 때로는 그 사명이 이룩해야 할 목표를 그들의 상상력이 이미 먼저 얻기까지 한다. 그런 다음에는 발견을 목적으로 삼은 위대한 항해자의 생애 속에 나타나는 것과 같은 순간이 다가온다. 즉 지식과 예감과 힘이 서로를 더욱 높여 마침내는 먼 새로운 해안이 비로소 희미하게 눈앞에 나타나는 것이다. 그러나 이 엄격한 사람은 연구자 낱낱의 과제 영역을 가능한 한 국한시켜 다루어 가는 것이 얼마나 소중한가 하는 것을 해마다 인식하게 된다. 그러면 개개의 과제 영역은 '남김없이' 밝혀질 수 있고, 과거 모든 시대의 학문이 참을 수 없을 만큼 고심해 왔던 그 힘의 낭비도 피할 수 있으리라고 생각하기 때문이다. 아무튼 전에는 모든 일이 열 번이나 되풀이되었다. 그리고 그 뒤에 열한 번째 인간이 최후의 그리고 최고의 말을 해야 했다. 그러나 학자가 이런 남김 없는 수수께끼 풀이의 방법을 알게 되고 또 그것을 실행해 감에 따라 그의 기쁨도 더욱더 커진다. 그러나 또 마찬가지로 여기에서 '남김없이'라고 말하게 되는 것에 대한 그의 요구의 엄격함도 늘어난다. 그는 이런 의미에서 불완전하게 끝날 수밖에 없는 모든 것을 물리친다. 그는 도중에서 흐지부지 그만두는 것, 단지 전체적으로 또 비교적 불명확한 것에서만 겨우 하나의 확실성을 얻을 수 있는 모든 것에 대한 반감과 후각을 몸에 지니게 된다. 그래서 젊었을 때의 온갖 계획은 눈앞에서 무너진다. 그리고 그 가운데 몇 가지 매듭이나 꼬인 자리만이 가까스로 남아, 그것을 푸는 일에 이제 이 대가는 기쁨을 발견하고 거기서 능력을 보인다. 그런데 이번에는 이러한 매우 쓸모 있고 참으로 끈기 있는 활동 가운데 이미 나이를 많이 먹은 그를 처음에는 갑자기 그리고 차츰 빈번히 깊은 우울이, 어떤 양심의 가책이 덮치는 것이다. 그는 자기 모습을 다시 바라본다. 변신한 자기를, '마치' 작게 만들어져 낮춰지고 솜씨 있는 '난쟁이'로 개조된 '것 같은' 자기를 다시 바라본다. 그는 작은 일을 대가처럼 자유로이 소화하는 것은 안이한 것이 아닌가, 삶과 창조의 위대함을 재촉하는 경고로부터 도피하는 것이 아닌가, 하는 의문으로 번민하게 된다. 그러나 그는 이미 이 영역을 '넘어설' 수는 없다. 때는 이미 지나가고 만 것이다.

180

책의 시대의 교사들―독학과 친구끼리의 공동 학습이 일반적으로 행해짐으로써, 오늘날 평범한 형태의 교사라는 것은 없어도 무방한 상황이 되지 않을 수 없게 되었다. 함께 서로 지식을 배워 익히려고 하는 학습욕이 왕성한 친구끼리는 오늘날과 같은 책의 시대에는 '학교'와 '교사'에 의지하는 것보다 훨씬 손쉽고 자연스러운 길을 찾을 수 있다.

181

커다란 유용성으로서의 허영―강한 개인은 근본적으로 자연뿐만 아니라, 사회와 개개의 약자들조차도 착취의 대상으로 다룬다. 즉 그는 이런 것으로부터 착취할 수 있는 것만을 착취하고 다시 새로운 대상으로 나아간다. 그는 굶주림과 포만 사이를 왔다갔다 하는 매우 불확실한 생활을 하고 있기 때문에 자기가 먹을 수 있는 것보다 더 많이 동물을 죽이고 또 필요 이상으로 인간을 약탈하고 학대한다. 그의 권력의 표시는 동시에 자기의 괴롭고 불안한 상황에 대한 복수의 표시다. 다음으로 그는 자기가 실제보다도 강력하게 보이기를 바라며, 그 때문에 또 갖가지 기회를 '남용해서 사람을 위압'한다. 즉 그가 야기하는 공포의 증대는 그의 권력의 증대다. 그리고 그는 자기를 지탱하는 것과 자기를 파멸시키는 것은 '있는 그대로의' 자기 자신이 아니라, '세상에 통용되는' 자신이라는 것을 일찌감치 깨닫는다. 여기에 허영의 기원이 있는 것이다. 권력자는 온갖 수단을 찾아 권력에 대한 신앙을 늘이려고 한다. 또 그의 앞에서 벌벌 떨며, 그에게 봉사하는 굴복자들도, 그들이 권력자에 대해 '통용되는' 가치가 바로 자기들의 가치임을 알고 있다. 이 때문에 그들은 이 두루 쓰이는 가치를 목표로 해서 일하는 것이고, 그들 자신의 자족적인 가치를 목표로 하고 있는 것은 아니다. 우리가 알고 있는 허영은 그 가장 쇠약한 형태로서의 허영, 승화된 소량의 허영에 불과하다. 왜냐하면 우리는 후대의 더구나 매우 누그러진 사회의 상황 속에서 살고 있기 때문이다. 그러나 근본적으로 허영은 '큰 유용성', 즉 자기 보존을 위한 가장 강력한 수단이다. 더욱이 허영은 그 개인이 영리하면 영리할수록 더욱더 커질 것이다. 왜냐하면 권력에 대한 신앙을 늘이는 것이 권력 자체를 크게 하는 것보다도 쉽기 때문이다. 그러나 그것도 재주 있는 자에게만, 또는 원시 상태일 경우에만 이렇게 말해야 할 것이지만, '책략에 능하고 음험한' 자에 한한 이야기다.

182

문화기상의 전조―문화의 기상(날씨)을 나타내는 결정적인 전조는 너무 적어서 자기 집과 정원에 도움이 되는 적어도 '하나의' 확실한 전조만이라도 손에 넣으면 기뻐해야 할 정도다. 어떤 사람이 '우리와 같은 부류'에 속하는 자인가 아닌가(즉 자유정신의 소유자인지 아닌지)를 알기 위해서는, 그리스도교에 대한 그의 느낌을 살펴보면 된다. 그 사람이 그리스도교에 대해서 '비판적'이지 않은 어떤 다른 태도를 취한다면 우리는 그에게서 등을 돌린다. 그는 우리에게 탁한 공기와 거친 날씨를 가져오기 때문이다. '우리의' 임무는 더는 그러한 인간들에게 시로코(Scirocco) 바람[69]이란 무언가를 가르치는 것이 아니다. 그들에게는 모세가 있고 날씨와 맑음을 예언해주는 자들이 있다. 그들이 이들의 말을 들으려고 하지 않으면 그때는……

183

화내고 처벌하는 것[70]은 결국 없어진다―화내고 처벌하는 것은, 동물성이 우리에게 준 생일 선물이다. 인간은 이 생일 축하 선물을 동물들에게 되돌려줄 때 비로소 성숙해진다. 여기에는 인간이 가질 수 있는 가장 큰 사상 하나가 숨어 있다. 그것은 모든 진보 가운데에서도 특히 한 가지 진보에 대한 사상이다. 몇천 년 앞으로 함께 나아가 보자, 벗들이여! 현재의 인간들에게는 아직 냄새조차 풍겨오지 않는 '대단히 많은' 기쁨이 여전히 인간에게 유보되어 있다. 우리는 이 기쁨에 기대를 걸 자격이 있다. 그뿐만 아니라 어떤 필연적인 것으로 그것을 약속하고 맹세할 자격이 있다. 인간 이성의 발전이 '정지하지만 않'는다면, 언젠가 우리는 개인적으로 또는 사회적으로 행해지는 노여움과 처벌 속에

---

[69] 지중해 주변 지역에 아프리카 사막지대에서 불어오는 더운 바람.

[70] '화내고 처벌하는 것'은 동물적인 자기 방어 본능 때문이리라. 〈방랑자와 그 그림자〉의 아포리즘 28에서 형벌은 사회와 사회가 받는 위해를 기준으로 부과되는 것이라고 지적했다.

숨어 있는 '논리적'[71]인 죄를 저지르는 일을 하지 않게 될 것이다. 바꿔 말해서 결국 가슴과 머리가 오늘날 아직 멀리 간격을 두고 있는 그 거리만큼 접근하여 나란히 사는 것을 배우는 날이 올 것이다. 그러나 현재 가슴과 머리가 '이미' 처음만큼 '멀리 떨어져 있지는 않다는' 것은 인류의 발걸음 전체를 바라볼 때 매우 뚜렷한 일이다. 그리고 개인으로서 내적인 작업의 한 생애를 내다볼 수 있는 자는, 이미 극복된 거리, 이루어진 접근을 자랑스러운 기쁨의 마음으로 의식할 수 있을 것이다. 그리고 그 결과 더 큰 희망을 품어도 좋을 것이다.

184

'염세주의자'들의 혈통—한 입의 영양식을 취하는가, 취하지 않는가가 때로 우리가 미래를 허무한 눈으로 바라보는가, 희망에 찬 눈으로 바라보는가를 결정한다. 더구나 이것은 가장 고차적이고 가장 정신적인 영역에까지 미친다. 불평불만하거나 세상을 어둡게 보는 것은 굶주림에 시달렸던 과거의 사람들로부터 현재 세대로 '유전'된 것이다. 우리는 우리의 예술가와 시인들의 경우에도, 그들 자신은 아무리 사치스럽게 살고 있더라도 그들이 전혀 훌륭한 혈통의 태생이 아니라는 것, 또 그들이 억압된 생활을 했고 영양 사정이 나빴던 선조들로부터 여러 가지를 그 피와 뇌수 속에 계승하고 있다는 것, 그리고 이것이 그들 작품의 소재와 작품 속에 선택된 색조에 또다시 모습을 나타내고 있는 점을 자주 느끼게 된다. 그리스인들의 문화는 부의 문화, 더구나 오랜 부의 문화다. 즉 그들은 몇 세기를 통해 우리'보다 더 나은' 생활을 했다(모든 의미에서 더 나은, 특히 음식물에서는 우리보다 훨씬 더 소박하게). 그리고 거기에서 마침내 뇌수는 충실해지고 동시에 섬세해졌으며, 피는 상쾌한 맛을 내는 포도주처럼 민첩하게 몸 안을 흐르게 되었기 때문에, 좋은 것, 또 최상의 것은 그들에게서는 더 이상 음울하고, 격렬하며 폭력적인 것이 아니라 아름답게, 태양처럼 나타났던 것이다.

185

합리적인 죽음에 대하여—어느 쪽이 더 합리적일까? 우리가 그것에 요구

---

71) '논리에 대한 위반' '배리의 죄' 정도의 뜻.

한 일이 이루어진 다음에 기계를 정지시키는 쪽인가, 아니면 기계가 저절로 멈출 때까지, 즉 그것이 못쓰게 될 때까지 움직이게 놔두는 쪽인가? 후자는 유지비 낭비고, 조작자의 힘과 주의의 낭비가 아닐까? 다른 곳에서는 매우 필요한 것이 아깝게 낭비되고 있는 것은 아닐까? 많은 기계가 이렇게 쓸데없이 유지되고 작동되고 있음으로써 기계 전반에 대한 하나의 경멸마저 퍼지게 되지는 않을까? 나는 비자유의지적(자연적)인 죽음과 자유의지적(합리적)인 죽음을 말하고 있다. 자연사는 모든 이성으로부터 독립한 죽음, 참으로 '비이성적인' 죽음이며, 거기에서는 겉껍질의 보잘것없는 물질성이 얼마나 오랫동안 그 핵을 존속시킬 것인가 아닌가를 결정한다. 따라서 거기에서는 여위고 자주 앓는 그리고 무감각한 간수가 주인이며, 그가 자기가 맡고 있는 뛰어난 죄인이 죽어야 할 시점을 알려준다. 자연사는 자연의 자살이다. 즉 이성적 존재가 이성적 존재 자신에 결합되어 있는 비이성적 존재에 의해서 파멸되는 것이다. 물론 이는 종교의 빛으로써 조명될 때만, 반대의 양상을 나타낼 수 있으리라. 왜냐하면 이때에는 높은 수준의 이성(신의 이성)이 낮은 수준의 이성에 복종해야만 할 섭리로서의 명령을 내리는 것이 마땅한 이치이기 때문이다. 종교적인 사고방식의 테두리 밖에서 자연사는 전혀 찬미할 가치가 없다. 깊은 지혜에 바탕을 두고 죽음을 지시하거나 명령하는 일은, 오늘날 사람에게는 아직 거의 이해할 수 없고 비도덕적으로 들린다. 이것은 미래 도덕에 속하는 것이며 그것의 아침놀을 바라보는 것은 말할 수 없는 행복임에는 틀림없다.

186

역행적으로 형성한다—모든 범죄자는 사회를, 그 사회가 실제로 서 있는 단계보다도 과거의 문화 단계로 거슬러 나아가도록 강요한다. 즉 그들은 역행적으로 형성하는 작용을 하는 것이다. 사회가 정당방위를 위해 창안하고 유지해야 하는 온갖 도구들에 대해서 생각해 보라. 교활한 경관, 간수, 형리를, 또 검찰관과 변호사도 잊어서는 안 된다. 마지막으로 재판관 자신과 형벌, 재판 절차 전체도 그것이 범죄자가 아닌 사람들에게 주는 효과 면에서 볼때 그들의 마음을 북돋기보다는 오히려 훨씬 갑갑하게 내리누르는 것이 아닌가 자문해 보라. 정당방위와 복수에 순진무구라는 옷을 걸치게 하는 것은 결코 성공하지 못할 것이다. 그리고 인간이 사회의 목적을 위한 수단으로 이용되고 또 희생될 때마다 모든 더 수준 높은 인간성은 그것을 슬퍼한다.

187

치료법으로서의 전쟁—생기가 없고 초라해져 가는 여러 민족에게는 치료법으로 전쟁을(그들이 어떻게든 살아 있고 싶어 한다면) 권유하는 것이 좋으리라. 왜냐하면 민족이 앓는 폐결핵(쇠약성 질환)에도 어떤 거친 치료법이 필요하기 때문이다. '영원히 살고 싶다'든가 '죽지 않을 수 있다면' 하고 바라는 일은 그 자체가 이미 감정이 노쇠한 징후이다. 더 충실하고 더 힘차게 살아가는 사람일수록 그만큼 빨리 생명을, 다만 하나의 훌륭한 감정을 위해 내던질 각오가 되어 있다. 이렇게 살아가고, 또 느끼는 민족은 전쟁을 할 필요가 없다.

188

치료법으로서의 정신적·육체적 이식—갖가지 다양한 '문화'는 여러모로 다양한 정신적 풍토이며, 저마다 이것 또는 저것의 유기체에 특히 좋지 않은 것이 되기도 혹은 이로운 것이 되기도 하는 것이다. 전체로서의 '역사학', 즉 온갖 문화에 대한 지식으로서의 역사학은 '치료법 이론'이기는 하지만, 치료술 자체의 학문, '임상 의학'은 아니다. 그래서 먼저 '의사'가, 즉 이 치료법 이론을 이용하고 저마다에게 유익한 풍토로 '일시적이거나 영구히' 보내 주는 의사가 필요하다. 어느 단 하나의 문화 테두리 안에서 현대의 삶을 산다는 것은 일반적 처방으로서는 충분하지 않다. 만일 그렇게 하면 그 문화 속에서 건강하게 호흡할 수 없는, 매우 쓸모 있는 종류의 인간들이 너무나 많이 죽어 버리게 될 것이다. 역사학으로 그들에게 숨을 쉬게 하는 '공기'를 주고 그들을 보존하도록 노력해야 한다. 후진 문화의 인간도 그 나름의 가치를 갖는 법이다. 이러한 정신적인 사람들의 치료 못지않게 중요한 일이지만, 인류는 육체적인 면에 대해서도 의학적 지리학에 의해, '지구상의 각 지방이 어떠한 퇴화 현상과 질병을 불러오고 있는가, 또 반대로 어떠한 치료 요인을 제공하고 있는가' 하는 것을 밝히도록 노력해야 한다. 그 다음으로 차츰 민족, 가족, 개인을 충분히 오래, 또 충분히 지속적으로 이식하고 맨 마지막에는 유전적인 생리적 결함을 극복해 버리기까지 해야 한다.

그때 지구 전체는 마침내 건강 지대의 총체가 될 것이다.

189

인류라는 나무와 이성―그대들이 그 노쇠한 근시안의 눈으로 바라보고서 지구가 인구 과잉이라며 두려워하는 것은, 희망에 찬 자들에게는 그야말로 위대한 사명을 맡기는 것이 된다. 즉 인류는 한 그루의 나무가 되어 모든 지상에 그림자를 던져, 모두 함께 열매를 맺을 몇십억의 꽃을 달아야 하고, 지구 자체는 이 나무의 양분이 되도록 준비해야 한다. 오늘 '아직 작은' 그 씨는 수액과 힘을 늘려가야 한다. 전체를, 또 낱낱의 싹을 기르기 위한 수액은 무수하게 많은 수맥을 통해 흘러야 한다. 이와 비슷한 사명에서 현재 한 인간이 유용한가 무용한가에 대한 '기준'이 채택되어야 한다. 이 사명은 말할 수 없이 원대하며 매우 대담하다. 우리는 모두 이 나무가 때가 오기 전에 썩어버리지 않도록 힘을 모으자! 역사학적 두뇌를 가진 사람이라면, 모든 사람이 개미의 본질을 그 교묘하게 구축된 개미떼와 함께 마음속에 그리는 것과 마찬가지로, 인간의 본질과 행동을 시대 전체 속에서 눈앞에 그려볼 수 있을 것이다. 만일 겉보기로만 판단한다면 인류 전체의 본질에 대해서도 개미의 본질에 대해서와 마찬가지로 '본능'의 문제를 다룰 수 있을 것이다. 그러나 더욱 엄밀히 검토하면 알 수 있는 일이지만, 역사상의 모든 민족과 모든 세기의 사람들은 위대한 인간 전체를 위해 그리고 마침내 인류 전체의 위대한 수확을 위해 도움을 줄 수 있는 새로운 수단을 찾고, 또 그것을 '충분히 시험'하게끔 노력해 오고 있다. 그리고 이 시험의 과정에서 각 개인, 각 민족, 각 시대가 어떤 손상을 입더라도 이 손상으로 언제나 개개인은 '현명해졌'으며, 이 지혜로움은 개인에게서 천천히 넘쳐 흘러, 각 민족 전체, 각 시대 전체가 갖는 방법으로 퍼져 가고 있다. 개미 또한 잘못 판단하고 실수하기도 한다. 인류도 그 수단의 어리석음 때문에 미처 때가 이르기 전에 썩고 말라 죽을 수 있다. 개미에게나 인류에게나 확실히 유도하는 본능은 존재하지 않는다. 우리는 오히려 그 훌륭한 사명을 '똑바로 바라봐야' 한다. 가장 위대하고 가장 즐거운 풍요성을 깃들게 하는 식물을 위해 지구를 '준비하는' 사명을, 그 이성에 주어지는 이성의 사명을.

190

사심 없음에 대한 칭찬과 그 기원—이웃에 있는 두 추장 사이에 수년 전부터 불화가 있었다. 서로 뿌린 씨를 마구 헤쳐 놓고, 가축 떼를 빼앗고, 집을 불태워 버렸지만 전체적으로 아무 결말이 나지 않았다. 저마다 세력이 거의 비슷했기 때문이다. 그 영토가 멀리 떨어져 있었기 때문에 이 분쟁에 휘말리지 않았던 제3의 추장은 싸움을 좋아하는 이 두 이웃 추장 가운데 어느 한쪽이 결정적인 우세를 차지하는 날이 올까 봐 걱정하다가 마침내 서로 싸우는 둘 사이의 중재 역할을 했다. 호의와 점잖빼는 태도를 보이면서. 그리고 그는 그때부터 평화를 어기는 자에 대해서는 자기가 다른 쪽과 협력하여 대항하리라는 것을 저마다에게 따로따로 암시함으로써 은밀히 자기의 제안에 피할 수 없는 무게를 실었다. 그래서 둘은 그의 앞에 모여 이제까지는 증오의 도구며 또 자주 증오의 원인이기도 했던 자기들의 손을 망설이면서 그의 손 안에 맡겼다. 그리고 실제로 그들은 진심으로 평화를 유지하려고 노력했다. 그 결과 둘 다 저마다 복지와 쾌적함이 갑자기 늘었다는 것을 알게 되었다. 또 이웃은 이제 음험한 또는 공공연히 조롱해 오는 악인이 아니고, 거래에 응하는 한 사람의 상인이라는 것, 그뿐만 아니라 예측할 수 없는 위기를 당하면 오늘까지처럼 이웃의 위기를 틈타서 이용하거나 또 이것을 최대한으로 크게 하는 것이 아니라 서로 이 위기에서 구출할 수 있다는 것을 깨닫고 놀랐다. 두 지방의 종족은 그 뒤로 마치 아름다워진 것처럼 보이기조차 했다. 왜냐하면 눈은 밝아지고, 이마에서 험악한 주름살이 사라졌으며, 미래에 대한 믿음을 가지게 되었기 때문이다. 인간의 몸과 마음에서 이 신뢰만큼 유익한 것은 없다. 사람들은 해마다 동맹을 맺은 날에 다시 만났다. 추장도 그 일족들도, 더구나 그 중재자 앞에서, 사람들은 그의 덕택에 얻을 수 있었던 이익이 크면 클수록 더욱더 그의 방식을 찬탄하고 존경했다. 사람들은 그의 방식을 '사심 없음'이라 불렀다. 그것은 사람들이 그 뒤 자기들이 거둬들일 수 있었던 이익에 대해서만 너무 눈여겨봐 왔으므로 중재자였던 이웃의 방식에 대해서는, 그의 상태가 중재 뒤에도 본래의 상태와 다름없이 그리 변화하지 않았다는 것 말고는 볼 수가 없었기 때문이다. 즉 그는 오히려 있는 그대로의 그였다. 그러니까 그는 이익을 안중에 두지 않았던 것처럼 여겨졌던 것이다. 비로소 사람들은 사심 없음이 하나의 덕이라고 생각했다. 확실히 그때까지도 사소하고 개인적인 일에서는 때때로 비슷한 사정이 그들에게서 일어났을 것이다. 그러나 사람들이 이것이 덕이라는 것에 생각이 미칠 수 있었던 것은 그것이 처음으로 주민 전체에게 읽힐 수 있도록 벽에 아주 큰 글씨로 씌어지고 나서의 일이다. 도덕적인 여러 성질은 그것들이 '눈에 보이게 분명히' 전체 사회의 행복과 불행을 결정한 그 순간부터 겨우 덕으로써 인식되고 이름이 주어지고 존중되며 그것을 몸에 지니는 것이 권장되기에 이른다. 그때 많은 사람들의 감정의 고조와 내적 창조력의 흥분이 매우 커, 사람들은 저마다 자기가 가진 최고의 것을 도덕적 특성에 바치는 것이다. 이를테면 근엄한 자는 근엄함을, 기품 있는 자는 기품을, 부인들은 온순함을, 청년들은 희망과 미래로 가득 찬 본질을 모두 그 도덕적 성질의 발아래 바친다. 또 시인은 그것에 말과 이름을 부여하고, 그 비슷한 것들의 윤무(輪舞)에 넣어 계보를 주고, 마침내 예술가들이 하듯이 자기 상상력의 산물을 새로운 신성으로 숭앙하기에 이른다. 그뿐 아니라 그는 숭앙하는 것을 '가르친다'. 그래서 그것은 하나의 덕이 된다. 모든 사람들의 사랑과 감사의 작용이 마치 하나의 조각상에 대한 것처럼 작용하며, 결국 좋은 것과 숭배해야 할 것이 '결합'하여, 하나의 신전인 동시에 어떤 신적 인격체가 되기 때문이다. 그 뒤에 덕은 단독의 덕으로서, 즉 그때까지는 그렇지 않았던 독립된 존재로서의 위치를 얻어 숭앙받는 초인간성으로서의 권리와 권력을 행사한다. 후기 그리스에서는 이러한 신인화된 추상상(Abstraktis. 특이한 개념 때문에 특이한 용어를 사용하는 것을 용서해 주기 바란다)으로 가득찬 도시가 많이 있었다. 즉 이 민족은 그들 나름의 방법으로 그들의 영토 한가운데에 플라톤적인 '이데아의 천국'을 만들어냈는데, 나는 그 속에 사는 신인들이 그 어떤 호메로스적인 신성보다 덜 생생하게 느껴졌으리라고는 생각지 않는다.

191

극야(極夜)—'극야'란 노르웨이에서 태양이 종일 지평선 아래에 머물러 있는 상태를 말한다. 그때 기온은 계속 서서히 내려간다. 이는 인류의 미래에서 태양이 한동안 사라져 버렸다고 생각하는 모든 사상가에게는 하나의 아름다운 비유다.

192

사치의 철학자—작은 뜰 하나, 몇 그루 무화과나무, 얼마쯤의 치즈, 그리고 여기에 친구 서너 명, 이것이 에피쿠로스의 사치였다.

193

인생의 시기—인생에서 참다운 시기란 사람을 지배하는 사상이나 상승과 하강 사이의 한가운데에 위치하는 짧은 정지[72]의 기간이다. 여기에 다시 한번의 '충족'이 나타난다. 그리고 그 밖의 모든 것은 목마름이고 굶주림 또는 배부름이다.

194

꿈—우리의 꿈은 그것이 언젠가 예외적으로 성공하고 완전하게 될 때는—보통 꿈은 됨됨이가 서툰 일이다—시인의 언어로 이야기하는 것을 상징적인 장면과 이미지의 사실이 대신한다. 즉 꿈은 우리의 체험이나 기대나 상황을 시인적인 대담함과 명확성을 가지고 바꾸어 쓰므로, 우리는 아침에 우리의 꿈을 떠올려 볼 때 언제나 자기 자신에게 경탄하는 것이다. 우리는 꿈속에서 지나치게 많이 예술적인 것을 써 버리고 만다. 그래서 낮 동안 우리는 때때로 예술적인 것이 너무나 모자라 있다.

195

자연과 학문—자연 세계에서와 똑같이 학문의 세계에서도 불모의 땅이 먼저 충분히 개간된다. 그럴 경우엔 '초보적인' 학문의 수단으로도 거의 가능하기 때문이다. 가장 기름진 땅을 일구는 데는 여러 방법의 통일적이고 신중하게 발전된 힘, 획득된 개개의 성과의 결과, 유기적으로 조직된 작업자, 그것도 충분한 훈련을 받은 작업자의 집단이 전제 조건이다. 이 모든 것은 시간이 흐른 뒤에 비로소 모아질 수 있다. 성급함과 명예욕이 때때로 너무 일찍 이들 가장 비옥한 땅에 손을 뻗친다. 그러나 그 결과는 무(無)에 가깝다. 자연 세계에서 이러한 시

---

72) 정지(Stillstand)는 'Epoche'가 본디 그리스어로 '판단 중지'를 뜻하는 것과 관련된 표현일 것이다.

도가 행해진다면, 이주자들은 굶어죽고 말 것이다.

196

소박하게 산다는 것—소박한 생활방식은 오늘날 매우 어려운 일이다. 그러기 위해서는 몹시 분별이 있는 사람들이 갖고 있는 것보다도 훨씬 더 많은 성찰과 발명의 재능이 필요하다. 그러나 분별력 있는 사람들 가운데서도 가장 정직한 자는 아마도 이렇게 말하리라.

"나에게는 그 일에 대해서 그만큼 오래 생각할 만한 여유가 없다. 소박한 생활 방식은 나에게는 너무나도 고상한 목표다. 그러므로 나는 나보다도 훨씬 지혜로운 사람들이 그것을 발견해 줄 때까지 기다리기로 했다."

197

첨단과 바늘끝—최고의, 그리고 최고도로 개화된 정신을 지닌 사람들과 그러한 사람들이 속하는 계급이 자식이 적고 때때로 독신을 유지하며 일반적으로 성적으로 냉정하다는 것은 주로 인류의 경제학에 속하는 일이다. 즉 이성은 정신의 발전이 극한에까지 다다를 때에는 '신경질적'인 자손이 태어날 위험성이 매우 크다는 사실을 알고, 그 사실에 따라서 작용한다. 그러한 사람들은 인류의 '첨단'이다. 그들은 그러다 더 나아가서 바늘이 되어서는 안 된다.

198

자연은 비약하지 않는다—인간이 아무리 세찬 발전을 이루고 있다 하더라도, 하나의 극단에서 다른 극단으로 뛰어오르고 있는 것처럼 보인다 하더라도 좀더 자세히 관찰한다면, 새로운 조직이 낡은 조직으로부터 성장해 나온 그 맞물린 곳을 발견할 수 있으리라. 이것이 전기 작가의 임무다. 즉 그는 '자연은 비약하지 않는다'[73]는 원칙에 따라 인간의 생애를 살펴보지 않으면 안 된다.

---

73) 생물 분류학의 기초를 닦은 스웨덴의 식물학자 린네의 격언.

199

과연 청결하긴 하지만—깨끗이 세탁된 누더기를 걸치고 있는 사람은, 과연 청결하긴 하지만, 그럼에도 누더기를 걸치고 있다.

200

고독한 사람이 말한다—수많은 싫증·불쾌감·권태는, 친구도 책도 의무도 정열도 없는 고독을 수반하지 않을 수 없다. 이러한 모든 것에 대한 대가로, 사람은 자신과 자연 속에 가장 깊이 침잠하는 그 15분의 시간을 얻을 수 있다. 권태에 대해서 완전히 보루를 쌓는 사람은 스스로에 대해서도 보루를 쌓는 자이다. 그는 자기의 가장 깊숙한 내부의 샘에서 솟아나는 가장 강력한 활력의 물을 결코 마실 수 없을 것이다.

201

잘못된 명성—나는 오직 지식, 특히 지리학적인 지식에서만 그 어떤 의미를 가지고 있지만 그 자체로서는 미를 동경하는 사람의 마음을 만족시키는 일이 없는, 세상에서 '자연미'라 일컬어지는 것이 싫다. 이를테면 제네바에서 본 몽블랑의 조망이 그것이다. 성급히 지식의 도움을 빌림으로써 두뇌를 기쁘게 하는 것 그 밖에는 아무 의미도 없다. 사실 그 근처의 산들이 모두 몽블랑보다 더 아름답고 또 표정이 풍부하다. 그러나 '몽블랑만 한 높이에 미치지 못한다' 하는 그 어리석은 지식이 나타나서 트집을 잡는다. 그러나 그때 눈은 지식에 항의하게 된다. 그리고 이렇게 자꾸만 항의하다가는 어떻게 눈이 정말 즐길 수 있을까?

202

유람 여행자—그들은 마치 짐승처럼 미련하게 땀을 흘리며 산에 올라간다. 가는 길에 몇 군데 아름다운 전망이 있다는 사실을 사람들이 그들에게 일러두는 일을 잊었던 것이다.

203

너무 많고 너무 적다—오늘날 사람들은 모두 체험은 지나치게 많이 하면서 숙고는 너무 적게 한다. 즉 그들은 대식증과 복통을 동시에 앓고 있고, 따라서 아무리 많이 먹어도 여위어 가기만 한다. "이제껏 나는 아무것도 체험하지 못했다"고 말하는 자는 바보다.

204

끝과 목표—모든 끝이 반드시 목표인 것은 아니다. 선율의 끝은 선율의 목표는 아니다. 그럼에도, 만약에 선율이 그 끝에 다다르지 않는다면, 그 선율은 또한 그 목표에도 도달하지 못한 것이 된다. 하나의 비유.

205

대자연의 중립성—대자연의 중립성(산, 바다, 숲, 사막에서)은 우리 마음에 들기는 하지만, 그것도 잠깐 동안뿐이다. 우리는 곧 초조해진다. "도대체 이러한 것은 '우리'에게 전혀 아무 말도 하고 싶지 않단 말인가? '우리'는 그것들에게 존재하고 있지 않단 말인가?" 여기에 하나의 '인간 존엄에 대한 침해죄'(crimen laesae majestatis humanae)라는 감정이 일어나게 된다.

206

의도를 잊는다—여행하는 동안에는 주로 여행 목표가 잊혀진다. 거의 모든 직업도 어떤 목적을 위한 수단으로써 선택되고 시작되지만, 계속하고 있는 동안에 그것이 최종적인 목적이 되고 만다. 의도를 잊는다는 것은 행해지고 있는 어리석은 행위 중에서도 가장 자주 볼 수 있는 것이다.

207

이념의 태양 궤도—한 가지 이념이 지평선에 막 떠오르기 시작할 때, 영혼의 온도는 보통 매우 차다. 이념은 차츰 그 온기를 더해가지만 그것이 가장 뜨거워지는 것은, 즉 이념이 최대의 작용을 하게 되는 것은 그 이념에 대한 믿음이 이미 다시 가라앉고 있을 때다.

무엇으로써 모든 사람을 적으로 만드는가—누군가가 감히 "내 편이 아닌 사람은 나의 적이다"라고 말한다면, 그는 곧 모든 사람들을 적으로 만들게 될 것이다. 이 감정은 우리 시대에서의 명예이다.

부를 부끄러워하는 것—우리 시대는 오직 한 종류의 부자, 즉 자기의 부를 '부끄러워 하는' 부자밖에는 눈감아 줄 수 없다. 누군가에 대해 "그는 굉장한 부자다"라는 말을 들을 때, 우리는 곧 지방 과다증과 수종증과 같이 기분 나쁘게 부풀어오르는 병을 볼 때와 같은 느낌을 가지게 된다. 우리가 구토증을 일으키고 있다는 것을 상대는 조금도 눈치채지 않도록 하며 그러한 부자와 어울리기 위해서는, 억지로라도 그의 인간적인 선량함을 떠올리지 않으면 안 된다. 그러나 그가 조금이라도 자기의 부를 내세우는 일이라도 있으면, 곧 측은할 만큼 그가 인간적으로 너무 어리석다는 데 대한 경이의 감정이 생기는 것이다. 그리고 양손을 하늘로 쳐들고 이렇게 외치고 싶어질 것이다.

"가엾은 자여, 무거운 짐을 진 자여, 꽁꽁 묶인 자여, 순간순간마다 불쾌함을 초래하는, '또는 초래할 가능성'이 있는 자여, 스물이나 되는 여러 민족 사이에서 무슨 사건이 일어날 '때마다' 손발이 쑤시듯 아파오는 자여, 그대가 이런 상태 속에서 유쾌한 기분이라는 것을 어떻게 우리에게 믿게 하겠단 말인가! 그대가 어디에선가 숨김없이 얼굴을 내밀 때, 우리는 그것이 그대에게 있어 하나의 배열 태형(Spießrutenlaufen)[74]이라는 것을 알고 있다. 즉 그대는 그대에 대한 차가운 증오나 끈질긴 요구 또는 무언의 조소만을 담고 있는 시선들 속을 지나가야 하는 것이다. 그대의 돈벌이는 다른 사람들보다 쉬울지도 모른다. 그러나 그것은 기쁨을 가져다 주지 않는 불필요한 벌이다. 그리고 그대가 벌어들인 모든 것을 보존해야 하는 일은 이제 어떤 힘든 벌이보다도 훨씬 더 어려운 일인 것이다. 그대는 '계속' 괴로워해야 한다. 왜냐하면 그대는 계속 잃어야만 하기 때문이다. 언제나 그대에게 새로운 인공 혈액이 공급된다 하더라도 그것이 그대에

---

74) 17, 8세기에 독일 육군에 있었던 형벌. 최고 3백 명 정도의 군인이 회초리를 들고 2열로 서서, 죄인을 그 속에 뛰어들게 하여 그 발가벗은 등을 때리는 형벌이다.

게 무슨 소용이 있단 말인가. 그렇다고 해서 그대를 끊임없이 괴롭히는 채혈기가 주는 고통은 줄지 않으리라! 더욱이 불공평하게 되지 않기 위해 이야기하는 것이지만, 부자가 되지 않는 것은 그대에게는 어려운 일이고 아마도 불가능한 일일 것이다. 그대는 보관하지 않을 수 없고 새로 벌지 않을 수 없기 때문이다. 그대의 본성에 유전된 이 경향이 그대에게 씌워진 '멍에'이다. 그러나 그렇다고 해서 우리를 실망시키지는 말라. 그리고 그대가 짊어진 그 멍에를 정직하게 똑바로 '부끄러워하라.' 사실 그대는 그 마음속에서는 그 짊어진 멍에 때문에 지쳐 있고 싫증이 났을 테니, 이 수치심은 떳떳한 일이다."

210

자만심의 극단—남의 위대함을 찬미할 때, 그것을 '자기'한테까지 이르게 하기 위한 전단계나 다리로서 표현하는 것밖에는 다른 방법을 모를 만큼 자만심에 가득 찬 인간들이 있다.

211

굴욕의 땅 위에서—사람들에게서 어떤 관념을 없애려고 하는 자는, 보통 그 관념을 논박하고 그 속에 집 짓고 살고 있는 비논리의 벌레를 끌어내는 것만으로는 만족하지 않는다. 오히려 그는 그 벌레를 죽여 버린 뒤에 벌레가 집을 지었던 과일 전체를, 심지어 '굴욕' 속에 던져 넣고 그것을 볼품없게 만들고, 그에 대해 구역질 날 정도의 혐오를 사람들에게 불어넣으려고 한다. 그래서 그는 논박된 관념의 경우에 흔히 일어나는 '사흘만의 부활'[75]을 불가능하게 하는 수단을 발견했다고 믿는다. 그러나 그는 잘못 생각하고 있다. 왜냐하면 바로 '굴욕의 땅' 위, 굴욕의 가운데에서야말로 관념이라는 과일의 씨는 매우 빠르게 새싹이 움트기 때문이다. 즉 무엇인가를 결정적으로 없애려고 한다면 그것을 조소하거나 더럽힐 것이 아니라, 관념이라는 것이 대단히 강인한 생명을 갖는다는 것을 고려해서 계속 되풀이해서 그것을 공손히 '얼음 위에 놓아야' 한다. 여기에서는 '한 번의 반박은 아무런 반박도 아니다'라는 격언에 따라 행동해야 한다.

---

75) 〈마태복음〉 제17장 22~23절.

212

도덕성의 운명─정신에 대한 속박이 줄어들고 있으므로, 확실히 도덕성(즉 '도덕적 여러 감정에 따르는' 유전적, 전통적, 본능적인 행동 양식)도 똑같이 감퇴하고 있다. 그러나 개개의 덕, 예를 들면 절제·정의·영혼의 평온과 같은 덕은 줄어들지 않는다. 왜냐하면 최대한 자유를 얻은 자각한 정신일지라도 언젠가는 반드시 그러한 덕을 따라가게 될 터이고, 나아가서는 그것들을 '유익'한 것으로 권유하게 될 것이기 때문이다.

213

회의의 광신자와 그가 주는 보장─노인 : 너는 대담하게도 터무니없는 것을 시도해, 사람들을 크게 교화하려는 건가? 너의 보증은 어디에 있는 것이냐?

피론[76] : 그것은 여기 있다. 즉 나는 나 자신을 경계하도록 사람들에게 훈계하리라. 나는 나의 본성의 모든 결점을 사람들에게 거리낌 없이 고백하고 나의 경솔함·모순·우매함을 모든 사람의 눈앞에 드러내리라. 나는 사람들에게 이렇게 말하리라. 내가 그대들 가운데 가장 보잘것없는 자와 똑같이 되지 않는 한, 그리고 그자보다도 더 보잘것없는 자가 되지 않는 한, 내가 하는 말을 듣지 말라. 가능한 한 오랫동안 진리에 거역하라. 진리의 대변자에 대해서 구토증을 일으켜라. 그대들이 아주 조금이라도 내게 품위와 위엄의 빛을 인정한다면 나는 그대들의 유혹자며 기만자일 것이다, 라고 말하리라.

노인 : 너는 지나치게 많은 것을 약속하는구나. 너는 이 무거운 짐을 다 짊어질 수 없을 것이다.

피론 : 그럼 나는 또 사람들에게 이렇게 말하리라. 나는 너무 약하다, 내 자신이 약속하는 것을 지킬 수가 없다, 라고. 나의 가치가 떨어질수록 그들은 진리가 내 입을 통해서 나올 때 그것에 대해서 보다 많은 회의를 품을 것이다.

노인 : 너는 도대체 진리에 대한 회의를 가르치는 교사가 될 작정이냐?

피론 : 아직껏 이 세상에 존재한 일이 없었던 그러한 회의의, 모든 것에 대한 회의의 교사로 말이다. 그것이야말로 진리에 이르는 오직 하나의 길이다. 오른

---

76) Pyrrhon. 희랍 철학자며 회의론의 창시자.

쪽 눈은 왼쪽 눈을 믿어서는 안 된다. 그리고 빛은 잠시 동안은 암흑이라 불려야 할 것이다. 이것이 가야 할 길이다. 그 길이 수많은 과수원과 아름다운 초원으로 이끈다고 생각해서는 안 된다. 그 길 도중에 몇 개의 작은 단단한 씨앗을 발견할 것이다. 그것이 진리다. 아직 앞으로 몇십 년 동안 그대들은 굶어죽지 않기 위해 이미 그것이 거짓말이라는 것을 알면서도 두 손에 가득 찬 거짓말을 삼키고 가야 할 것이다. 그러나 그 진리의 씨앗은 이윽고 뿌려지고 묻히리라. 그리고 아마도 언젠가는 수확의 날이 오리라. 아무도 그날을 '약속할' 자격은 없다. 그가 광신자가 아닌 한.

노인 : 벗이여, 벗이여! 너의 말도 이미 광신자의 그것이다!

피론 : 네가 말하는 대로다! 나는 모든 말에 대해서 회의적이 되려고 한다.

노인 : 그럼 너는 침묵해야 할 거야.

피론 : 나는 사람들에게 이렇게 말하리라. 나는 침묵해야 한다, 그리고 너희들은 나의 침묵에 대해서 의심을 품어야 한다고.

노인 : 그럼 너는 너의 계획을 포기하는 건가?

피론 : 오히려 너는 방금 내가 지나가야 할 문을 나에게 지시해 준 것이다.

노인 : 알 수 없어……. 우리는 아직도 완전히 서로 이해하는 것일까?

피론 : 아마 이해하고 있지 않을 것이다.

노인 : 네가 너 자신을 오롯이 이해하고 있기만 하다면!

피론 : (뒤를 돌아보고 웃는다.)

노인 : 아, 벗이여. 침묵과 웃음, 이것이 오늘 너의 철학의 모두란 말이냐?

피론 : 그렇더라도 가장 서툰 철학은 아니리라.

214

유럽의 책─몽테뉴, 라 로슈푸코, 라 브뤼에르, 퐁트넬(특히 《사자들의 대화》), 보브나르그, 샹포르의 책을 읽을 때 우리는(프랑스 이외의) 다른 나라의 작가 가운데 선발된 여섯 사람의 것을 읽을 때보다 더 고대에 가까이 다가간다. 그 여섯 사람으로서 기원전 '최후 몇 세기의 정신'이 다시 살아났다. 그들은 다 함께 르네상스의 위대한, 오늘도 이어지는 사슬의 중요한 고리를 이루는 것이다. 그들의 책은 국민적인 취향과 갖가지 철학적 색조(오늘날에는 보통 모든 책이 이러한 색조로 변하고 있고 유명해지기 위해서는 그렇게 하지 않으면 안 된다)의 변화를 넘어선 높이에 서 있다. 그것은 독일 철학자들의 모든 책을 일괄한 것보다도 더 많은 '현실적인 사상'을 담고 있다. 그것은 사상을 낳는 사상이며 또 그것은……. 아무래도 끝까지 정의하려니 막히고 만다. 아무튼 나에게는 아이를 위해 쓴 것도 아니고 몽상가를 위해 쓴 것도 아닌 저자들처럼 여겨진다. 소녀들을 위한 것도 아니고 그리스도 교도를 위한 것도 아니고 독일인을 위한 것도 아닌……. 또 나는 이 목록의 완결에 막히고 만다. 그러나 한 가지 뚜렷한 찬사를 말한다면, 그것은 만일 그들이 그리스어로 썼다면 그리스인들한테서도 이해받았을 것이라는 점이다. 이와 달리 플라톤과 같은 사람조차도 괴테나 쇼펜하우어와 같은 가장 뛰어난 독일 사상가들의 책에서 도대체 어느 정도의 것을 이해할 수 있으리라고 상상할 수 있을까. 물론 그들이 쓰는 방식이 '플라톤'에게 불러일으켰을 혐오감에 대해서는 말하지 않는다 하더라도 말이다. 여기서 그들이 쓰는 방식이라는 것은 애매함, 과장, 때로는 또 아주 메마름을 말하는 것이다. 이것은 독일 사상가 중에서는 오늘 언급한 사람들이 가장 고뇌한 바가 적은, 그러나 자못 몹시 고뇌하고 있는 결점이다. (사상가로서 괴테는 마땅하게 여겨지는 것 이상으로 즐겨 구름, 즉 '애매모호한 것'을 포용하고 있고, 쇼펜하우어는 거의 끊임없이 사물 자체 사이에서가 아니라 사물의 비유 사이를 거닐면서 벌을 받고 있다). 반면에 그 프랑스인들한테는 얼마나 밝고 우아한 명확함이 있는가! 이러한 예술이라면 아무리 섬세한 귀를 가진 그리스인이라도 시인하지 않을 수 없을 것이다. 그리고 프랑스적인 기지의 표현, 한 가지 점에서만은 그들도 찬탄과 숭배까지도 아끼지 않았으리라. '그리스인'들은 바로 그러한 것에 있어서 특히 숙달해 있었던 것은 아니지만 그것을 몹시 '애호했던' 것이다.

215

유행과 현대—아직 무지와 불결 그리고 미신이 행해지는 곳, 아직 교통은 발달되지 않았고 농업은 보잘것없고 사제 계급이 지배하는 곳은 어디에서나 아직도 '국민 복장'이 발견된다. 한편 이와 반대되는 여러 징후가 발견되는 곳에서는 '유행'이 지배한다. 따라서 유행은 오늘날 유럽의 여러 가지 '미덕'과 함께 발견된다. 그러나 유행은 실제로 그러한 미덕의 그림자의 한 면일까? 먼저 유행적이며 이미 국민적이 아닌 '남자'의 복장은 그것을 입고 있는 자에 대해서 다음과 같은 것을 말해준다. 그 유럽인은 '개인'으로서도 어떤 '신분이나 국민의 일원'으로서도 '남의 눈을 끌고' 싶지 않다는 것, 그는 이런 종류의 허영을 의식적으로 억누르는 것을 자기의 원칙으로 삼았다는 것을. 또한 그는 부지런하여 의상이나 멋부리는 데 소비할 만한 여가를 그다지 갖지 않고, 주름 잡힌 값지고 사치스러운 옷은 모두 자기 노동에 어울리지 않다고 여긴다는 것을. 마지막으로 그는 자기가 유럽인으로서 가장 가까이에 서 있는, 또는 서기를 바라는 학식 있는 정신적인 직업을 그 복장으로써 나타낸다는 것을. 만일 오늘도 존재하는 국민 복장으로는 그것을 입고 있는 자에게 가장 바람직하고 모범적인 사회적 지위는 강도나 목동, 또는 병사라는 것이 들여다보이는 것이다. 그리고 남자들의 유행에서 보이는 이러한 전반적인 성격의 테두리 안에도 몇 가지의 작은 변칙적 현상이 존재한다. 즉 젊은이들과 대도시의 멋쟁이와 한량들, 즉 '유럽인으로서 아직 성숙하지 못한 인간들'의 허영이 자아내는 변칙적 현상이다.

유럽 여성들은 '훨씬 더 성숙하지 못하며', 그녀들의 경우 변칙적 현상은 한결 더 심하다. 즉 그녀들 또한 국민적인 것을 바라지 않고, 독일 여성·프랑스 여성·러시아 여성이라는 것이 복장으로 판별되는 것을 싫어하긴 하지만, 한 여자로서 남의 눈을 끄는 것은 매우 좋아한다. 마찬가지로 그녀들은 또 자기가 어떤 꽤 저명한 사회 ('좋은' 또는 '고귀한' 또는 '위대한' 사회)에 속하는 것을 그 복장으로써 아무에게도 의심받지 않도록 하고 싶어 하며, 더구나 실제로 자기가 이러한 사회에 속해 있지 않거나 겨우 속해 있는 경우 더욱 그녀들은 그러한 식으로 사람들이 믿어 주기를 바란다.

그러나 특히 젊은 여성은 중년의 여성이 입는 것을 전혀 입으려고 하지 않는데, 그들은 자신이 나이보다 늙어 보이면 가치가 떨어진다고 믿고 있기 때문이다. 반대로 중년 여성은 젊은이 차림을 함으로써 가능한 한 오래 젊어 보이고 싶어 한다. 이러한 경쟁에서 때로는 언제나 참된 젊음을 틀림없이 또 흉내낼 수 없을 정도로 뚜렷하게 나타내는 '스타일'의 유행이 생기지 않을 수 없다. 젊은 여성 예술가들의 발명적 정신이 젊음을 드러내는 이러한 스타일에 잠시 동안 탐닉한 뒤에는, (참된 내막을 말하자면) 새삼스레 또 이것저것 옛날의 궁정문화 속의 발명적 정신과 현존하는 여러 국민의 발명적 정신에, 또 의상을 걸친 인간이 사는 전 지역에 조언을 구하거나, 또 아름다운 육체를 무대에 올리기 위해 이를테면 스페인인·튀르키예인·고대 그리스인들을 한데 이어 본 뒤에는, 조금 언제나 그것이 자기들의 이익을 위해 최선의 방식은 아니었다는 것, 즉 남자들에게 효과를 미치기에는 아름다운 육체와 숨바꼭질을 하는 편이 알몸이 되거나 반라가 되는 것보다 낫다는 것을 알아채는 것이다.

그래서 이제 취향과 허영의 바퀴는 다시 반대 방향으로 돌기 시작한다. 즉 나이가 좀 든 젊은 여성들은 자기들의 세계가 닥쳐왔다고 생각한다. 그리고 가장 가련하고 가장 어리석은 인간들의 경쟁이 새삼스레 미쳐 날뛰게 된다. 그러나 여성들이 내면적으로 '한결' 성장하고, 이미 이전같이 미성숙한 나이의 사람에게 우위를 인정하지 '않게 되면 될수록' 복장의 변칙적 현상은 더욱 적어지며, 그 장식도 단순해질 것이다. 원래 이런 장식에 대해서는 고대의 표본을 따라 판단해서는 안 된다. 남유럽의 해안에 사는 여자들의 의상을 표준으로 하는 것이 아니라, 유럽의 중부 및 북부지방, 즉 정신과 형상을 발명하는 유럽의 정령이 가장 사랑하는 지방의 풍토적인 여러 조건을 고려해야 하는 것이다. 따라서 전체로서는 '변화'라는 것이 유행과 현대의 것의 특징이 되지 않는다. 왜냐하면 변화야말로 바로 시대에 뒤떨어진 현상이며 아직 '미성숙한' 남녀 유럽인을 특징짓는 것이기 때문이다. 오히려 '국민적·신분적·개인적인 허영의 거부'가 유행과 현대의 특징이다. 따라서 유럽의 몇몇 도시와 다른 모든 도시 그리고 지방을 위해 의상을 고안하고 발명하는 것은, 형태 감각이라는 것이 반드시 모든 사람들에게 주어지는 것이 아니라는 점을 생각하면, 힘과 시간의 절약을 가져온다는 점에서 칭찬받아야 할 일이다. 또 앞서 말한 것과 같은 변칙적 현상이 아직 존속하는 한, 이를테면 파리가 이 분야에서 유일한 독창자이며 혁신자라고 주장해도 실제로 그것은 결코 지나치게 교만한 명예욕은 아니다. 만일 한 독일인이 프랑스 한 도시의 이러한 자부심에 대한 증오에서 다른 복장을, 이를테면 알브레히트 뒤러가 입고 있었던 것과 같은 복장을 하려고 든다면, 그는 그렇게 함으로써 확실히 예전 독일인들이 입고 있었던 의상을 가지는 셈이 되지만, 그는 그것도 독일인들이 발명한 것이 아니라는 점을 다시 생각해야 한다. 즉 독일인을 독일인으로서 특색짓는 복장은 '여지껏' 존재한 일이 '없다'. 그리고 그는 자기가 이 복장 속에서 어떻게 '보이게' 되는가를, 그리고 그 완전히 현대적인 얼굴이 19세기가 새겨 넣은 선과 잔주름으로, (16세기의) 뒤러풍 의상에 이의를 제기하고 있지는 않은지를 잘 살펴야 한다. '현대적'과 '유럽적'이라는 두 가지 개념이 거의 동일시되는 여기서는, 유럽이란 개념 아래 아시아 대륙의 작은 반도인 지리학상의 유럽이 포함하는 것보다 훨씬 넓은 지역의 나라들이 고려되고 있다. 특히 우리 문화의 식민지인 미국이 이에 속한다. 그러나 다른 경우에는 결코 온 유럽이 문화 개념으로서 '유럽'에 포함되지는 않는다. 그리스·로마·유대 정신 그리고 그리스도교 정신에 그 공통되는 과거를 가진 모든 민족과 소수민족만 포함되는 것이다.

216

'독일적 미덕'—전 세기 끝 무렵부터 도덕적 각성의 풍조가 유럽을 통해 흘러갔다는 사실을 부정할 수는 없다. 비로소 그 무렵에 덕이 다시 논의되었다. 즉 덕은 자연스러운 몸짓으로 사람을 고양시키고 감동시키는 기술을 배웠다. 그리고 이미 자기 자신을 부끄러워하지 않고 자기를 찬미하기 위한 온갖 시와 철학을 생각해 냈다. 이 풍조의 원천을 찾는다면 먼저 루소를 들 수 있을 것이다. 그러나 그의 저작이('신화적으로 해석된 그의 저작이'라고도 말할 수 있을 것이다) 준 인상에 따라, 또 그가 자신에게 준 암시에 따라 조작된 신화적 루소를(루소 자신과 루소의 독자가 끊임없이 이 이상을 만들어내는 일을 해왔다). 또 다른 원천은 프랑스인들이 르네상스의 과제 수행을 아주 기품있게 계속해 가는 데 힘이 되었던 스토아적인 저 위대한 로마 정신의 부활 속에 있다. 프랑스인들은 여러 고대 형식을 재창조해내는 과정에서 고대의 여러 성격을 다시 만들어내는 데 아주 훌륭한 성공을 거두었다. 따라서 그들은 근세의 인류에게 이제까지 최고의 책과 최선의 인간을 부여해 온 국민으로서 최고의 영예를 요구할 자격을 영원히 보존할 것이다. 이 이중의 전형, 즉 신화적인 루소와 그 부활된 로마 신화의 그것이 이웃의 약소 국민에게 어떤 영향을 미쳤는가 하는 것은 특히 독일에서 볼 수가 있다. 즉 독일은 의도하는 것과 자제하는 것의 엄숙함과 위대함을 향한 새로운, 그야말로 생소한 비약을 이룸으로써 마침내 자기의 새로운 덕에 대한 경탄에 빠져 '독일적 미덕'의 관념을 마치 이보다 더 근원적인 것도, 이보다 더 고유한 유산도 있을 수 없다는 듯 세계 속에 내놓았다.

도덕적인 의지의 위대함과 엄숙한 자각성을 촉구한 프랑스인의 자극을 받아들인 최초의 위대한 사람들은 더 성실했으며, 감사하는 마음을 잊지 않았다. 칸트의 도덕관, 이것은 어디에서 비롯하는가? 칸트는 그것을 여러 번 되풀이해서 이해시키려 하고 있다. 즉 루소와 부활된 스토아적 로마에서다. 실러의 도덕관, 이것도 같은 원천에서 나왔으며 그 원천을 똑같이 찬미한다. 베토벤의 음악에서의 도덕관, 이것은 루소에게, 고대풍의 프랑스인에게, 그리고 실러에게 보낸 영원한 송가다. '독일 청년'에 이르러 비로소 감사하는 마음은 잊혀졌다. '그뿐만 아니라 이미 그동안 사람들은 프랑스인을 싫어하는 설교자 쪽에 귀를 기울이고 있었던 것이다'. 그것은 사람들이 다른 청년들에 대해서는 너그럽게 봐 줄 수 있다고 생각하는 것보다 더 과잉된 자의식을 품고 잠시 동안 전경에 나와 있었던 그 독일의 청년이다. 만일 그가 자기의 부자 관계를 탐색하는 것이라면 자기에게 가까운 실러나 피히테 혹은 슐라이어마허에 대해서 생각하는 것도 지당하리라. 그러나 그는 그의 조부를 파리나 제네바에서 찾아야만 했을 것이다. 다시 말해, 그가 믿은 것, 즉 '독일적'인 덕이 30세(1세대)는 넘지 않았으리라고 믿은 것은 몹시 근시안적인 일이었다. 그때 사람들은 '독일적'이라는 말에서 동시에 '독일적인 덕'이라는 것이 함께 이해되기를 요구하는 습관을 가지고 있었다. 오늘날에 이르기까지도 사람들은 아직 이 버릇을 완전히 버리지 못하고 있다. 덧붙여 말해 두지만 앞서 말한 도덕적 각성은 거의 추측하고 있는 것처럼 도덕적 여러 현상의 '인식'에 대해서 결과적으로 폐해와 퇴보만을 가져왔다. 칸트 이래의 독일 도덕 철학 전체는, 즉 프랑스, 영국, 이탈리아에 흘러들어간 지류와 분파도 포함해서, 대체 어떤 것인가? 그것은 엘베티우스에 대한 반(半) 신학적인 암살 계획이며, 오랜 시간 동안 고생에 찬 싸움 끝에 얻은 올바른 길에 대한 자유로운 통찰 또는 안내(그것을 바로 엘베티우스가 최후로 훌륭하게 나타냈고 총괄해냈다.)의 거부다. 오늘날에 이르기까지 엘베티우스는 독일에서 모든 좋은 도덕주의자들, 좋은 인간들 가운데서도 가장 심하게 비방된 자다.

217

고전적인 것과 낭만적인 것─고전주의적인 정신의 사람들도, 낭만주의적인 정신의 사람들도(이 두 가지 종류의 사람들은 언제나 존재한다) 미래의 전망을 안고 있다. 그러나 전자의 사람들은 그 시대의 '강점'에서, 후자의 사람들은 그 시대의 '약점'에서 전망을 만들어낸다.

218

교사로서의 기계—기계는 인간집단이(저마다 한 가지 일만 하면 되는 동작이 이루어질 때의) 톱니바퀴처럼 맞물려 있음을 몸소 가르친다. 즉 기계는 당파의 조직과 작전 용병의 모범이 된다. 이와 달리 기계는 개인적인 자주성을 가르치지 않는다. 즉 기계는 다수의 인간에서 '하나의' 기계를 만들고 낱낱의 인간에게서 '하나의' 목적을 위한 도구를 만든다. 기계의 가장 일반적인 효과는 집중의 유용성을 가르치는 일이다.

219

정착하지 못하는 것—사람들은 주로 작은 도시에 산다. 그러나 때때로 그 작은 도시가 가장 적막하고, 가장 비밀을 많이 간직한 자연 속으로 우리를 쫓아 버린다. 왜냐하면 그 도시가 언젠가는 우리에게 너무나도 빤히 들여다 보이는 것이 되어 버리는 때가 오기 때문이다. 마침내 우리는 이 자연으로부터 자기 자신을 '회복'하기 위해 큰 도시로 간다. 그러나 그 큰 도시에서 두서너 모금만 마셔 보면 그것으로 우리는 그 술잔 밑바닥의 찌꺼기를 짐작하게 된다. 그리고 작은 도시에서 출발하는 순환이 새삼스럽게 시작되는 것이다. 현대인은 이렇게 살고 있다. 그들은 다른 시대의 인간들처럼 '안주'하기에는 모든 것에 대해 조금 지나칠 정도로 '철저'하다.

220

기계문화에 대한 반작용—기계는 그 자체로 가장 높은 사고력의 산물임에도 그것을 조작하는 사람들에게는 사고력이 거의 필요없는 저급한 힘밖에 활동시키지 않는다. 그때 기계는 그렇지 않으면 잠든 채로 있었을 무한한 힘을 주로 풀어놓는데 이것은 확실한 사실이다. 그러나 기계는 향상하고 개선하며 예술가가 되게끔 자극'하지는 않는다'. 기계는 '활동적'이고 '획일적'으로 만든다. 그러나 이것이 오랫동안 이어지면 하나의 반작용, 즉 영혼의 절망적인 권태를 낳는다. 영혼은 기계를 통해 변화무쌍한 나태함을 갈망하는 것을 배우게 된다.

221

계몽의 위험성—모든 반쯤 미친 짓, 연극적인 것, 야수적인 잔인함, 정욕적인 것, 특히 감상적이며 자기 도취적인 것, 즉 모두 합쳐서 참된 '혁명의 실체'를 이루는 것, 그리고 혁명에 앞서서는 루소 속에서 살이 되고 정신이 되었던 것, 이러한 본질의 전체는 더욱 음험한 광휘 속에 '계몽'을 그 광신적인 머리 위에 쓰고 이것으로써 마치 이 세상의 것이 아닌 광휘에 싸인 것처럼 스스로 빛을 내기 시작했다. 그러나 계몽은 근본에서 그러한 본질과는 거의 이질적이며, 독립적으로 지배하면서, 개개의 사람들을 개조하는 일에만 오랫동안 만족하면서 한 줄기의 광명처럼 조용히 구름 속을 걸어 왔을 테고, 따라서 또 여러 국민의 풍습과 제도를 아주 완만하게 개조해 왔을 것이다. 그러나 이제는 폭력적이고 돌발적인 본질과 결부되어 계몽 그 자체도 폭력적이고 돌발적인 것이 되고 말았다. 이 때문에 계몽의 위험성은 계몽이 대혁명 운동에 가져온 해방과 계발의 유용성보다도 사실상 커졌다. 이러한 사실을 이해하는 자는 어떠한 혼합물에서 계몽을 끄집어내야 하는가, 어떠한 오염에서 그것을 깨끗이해야 하는가를 이해할 것이다. 더구나 그 다음에는 '자기 자신'에 대한 계몽작업을 '계속'하고 늦게나마 혁명을 그 탄생 속에 질식시키고 일어나지 않았던 것으로 해 버려야 한다는 것 또한 이해할 것이다.

222

중세의 정열—중세는 최대의 정열의 시대다. 고대도 현대도 이러한 영혼의 팽창을 경험하지는 못했다. 영혼의 '공간'이 이만큼 큰 적은 없었고, 이만큼 길다란 척도로 사물이 측량된 적도 없었다. 미개 민족들이 갖는 원시림 같은 육체의 생리, 그리스도교의 신비의 사도들이 갖는 매우 영적이고 더없이 긴장된 그리고 지나치게 빛나는 눈, 고대 후기의 정신적인 사람들이 갖는 극도의 어린 애다움, 극도의 젊음, 그리고 동시에 극도의 성숙함과 노령의 극심한 피로, 맹수 같은 난폭함, 연약함과 부드러움. 이 모든 것이 그 무렵에는 '한 인간'에 응집되는 일도 드물지 않았다. 그러나 그때에는 '한 인간'이 정열에 사로잡히게 되면 전에 없었을 만큼 감정의 급류는 거칠게 흐르고 소용돌이는 요란하고 붕괴는 깊을 수밖에 없었다. 따라서 우리 현대의 인간은 지금까지의 손실에 만족할 수 있을 것이다.

233

강탈과 저축—모든 정신적 운동은, 그 결과 강대한 자들은 '강탈'하려는 희망을, 약한 자들은 '저축'하려는 희망을 가질 수 있다면 성공한 것이다. 예를 들면 그 때문에 독일의 종교 개혁이 성공했다.

224

즐거운 영혼—술과 취기, 또 악취를 뿜는 종류의 외설에 대한 아주 조금의 암시나마 있으면, 과거 '수 세대 전의' 독일인의 영혼은 즐거워했다. 그렇지 않을 때 그들은 시무룩했다. 그러나 그 점에서 그들은 나름의 진지한 이해의 방식을 갖고 있었다.

225

방탕한 아테네—아테네의 어시장이 자기의 사상가와 시인을 얻었을 때조차도, 그리스적인 방탕함은 여전히 로마나 독일의 방탕함이 가지고 있었던 것보다 더 목가적이고 더 세련된 면모를 지니고 있었다. 유베날(Iuvenal)의 목소리도 거기에서는 공허한 나팔소리같이 울렸을 것이다. 그리고 고상하고 거의 어린애 같은 웃음소리가 그 목소리에 대꾸했으리라.

226

그리스인의 지혜—승리와 뛰어남에 대한 욕구는 인간 본성의 극복하기 어려운 성향이며, 대등함에 대한 어떠한 존경과 기쁨보다도 오래되고 근원적인 것이다. 따라서 그리스 국가는 대등한 사람들 사이의 체육과 예술 경기를 정식으로 인가했다. 즉 정치적 질서를 위험에 빠뜨리지 않고 그 극복하기 힘든 본능을 쏟아낼 수 있는 경기장을 따로 설치했던 것이다. 그리고 마침내 이 체육과 예술의 경기가 쇠퇴함과 동시에 그리스 국가는 내부의 동요와 해체에 빠지고 말았다.

227

'영원한 에피쿠로스'—에피쿠로스는 모든 시대에 걸쳐 살아 왔고 여전히 살아 있다. 에피쿠로스 학파를 자칭했거나 자칭하는 사람들에게는 알려지지 않고, 철학자들에게 어떤 평판도 받지 않은 채 살아 있다. 또한 그 자신도 이미 자기 이름을 잊어버렸다. 그것은 그가 던져 버린 짐 중에서도 가장 무거운 짐이었다.

228

우월성의 양식—학생식 독일어, 즉 독일 학생들의 말투는 공부하지 않는 학생들 사이에서 생긴 것이다. 그들은 교양·품위·박학·질서·절도 같은 것으로부터 모든 가면적인 요소를 벗겨 버림으로써 더 진지한 학구파들에 대해 어떤 우월성을 획득할 수 있다. 그리고 우수하고 박식한 친구들과 똑같이 이들의 세계에서 쓰는 말을 끊임없이 입에 올리기는 하지만, 눈에는 악의를 품고 동시에 얼굴을 찌푸리는 것이다. 그리고 이제 정치가와 신문 비평가도 알지 못하는 사이에 이 우월성을 과시하는 언어(독일에 그 근원을 두고 있는 것 가운데 유일하게 고유한)를 사용하고 있다. 그들은 끊임없이 비꼬는 듯한 인용을 하며, 침착성을 잃고 적의에 찬 눈빛으로 좌우를 흘겨보면서, 인용 부호처럼 꼬집는 독일어이자 왜곡된 독일어로 말하는 것이다.

229

묻혀 있는 사람들—우리는 남의 눈에 띄지 않는 곳에 은둔하기도 한다. 하지만 그것은 예를 들어 현대의 정치·사회 상황이 우리를 만족시키지 못한다고 느껴져서가 아니다. 바꿔 말해서 어떤 개인적인 불만 때문이 아니라, 그것은 현대가 '이러한' 현대가 될수록, 또 그러한 현대가 '그' 과업을 수행해 갈수록 '나중엔' 언젠가 문화를 위해 아무래도 필요하게 될 힘을 축적하기 위해서다. 우리는 어떤 자본을 쌓아올리고, 그것을 안전하게 지키려고 노력한다. 그러나 매우 위험한 시대에서와 같이 그것을 '묻어 둠'으로써 지키려 한다.

230

정신의 폭군들—우리 시대에, 예컨대 테오프라스트와 몰리에르 같은 인물들이 그렇듯이 엄밀히 '하나의' 도덕적 성향을 표현한다면, 그 인물은 병자로 여겨지며 '고정 관념'을 가진 인간이라 일컬어질 것이다. 만일 우리가 기원전 3세기의 아테네를 방문할 수 있다면, 그곳은 우리의 눈에는 바보들이 모여 사는 집처럼 보일 것이다.

오늘날에는 모든 사람의 머릿속에 '개념'으로서의 민주주의가 지배하고 있다. '많은 사람들이 서로 모여' 주인이 되고 있다. 어떤 하나의 개념이 '주인이 되려고 한다는 것'은 오늘날에는 흔히 '고정 관념'이라 불리는 것이다. 이것이 주인을 없애는 '우리의' 방법이다. 즉 우리는 정신 병원을 바라보며 눈짓하는 것이다.

231

가장 위험한 해외 이주—러시아에는 지식인들의 해외 이주라는 것이 있다. 그들은 양서를 읽고 쓰기 위해 국경을 넘는 것이다. 그러나 그들은 이렇게 함으로써 정신으로부터 버림받은 조국을, 작은 유럽을 삼키려고 한껏 벌린 아시아의 커다란 입으로 만들어버리는 작용을 하는 것이다.

232

국가에 미친 사람들—그리스인의 국왕에 대한 거의 종교적인 사랑은, 왕권이 종말을 고함과 동시에 폴리스로 그 대상이 옮겨갔다. 그리고 관념은, 인간이 참을 수 있는 것보다도 더 많은 사랑을 참을 수 있기 때문에, 또 그것은 사랑받고 있는 사람이 행하는 만큼 빈번하게 사랑을 쏟는 자를 모욕하지도 않기 때문에(왜냐하면 사랑받는 사람은 자기가 사랑받고 있다는 사실을 알면 알수록 대개 더욱 무분별하게 되고, 마침내 사랑받을 가치가 없게 되어 균열이 생기게 되기 때문이다) 폴리스와 국가의 '관념'에 기울이는 존경심이 옛날의 어떠한 국왕에 대한 존경심보다도 훨씬 강했던 것이다.

그리스인은 고대 역사에서 '국가에 미친 사람들'이며, 근대 역사에서는 다른 여러 민족이 그렇다.

233

눈을 소홀히 하는 일에 반대하여—〈타임스〉를 읽는 영국의 지식인 계층에 대해, 우리는 그 시력이 매 10년마다 줄어들고 있다는 사실을 밝힐 수 있지 않을까?

234

위대한 작품과 위대한 신앙—그 사람은 위대한 작품을 갖고 있었다. 그러나 그의 친구는 그 작품에 대한 위대한 신앙을 가지고 있었다. 그들은 떼려야 뗄 수 없는 관계였다. 그러나 틀림없이 전자는 완전히 후자에게 기대고 있었던 것이다.

235

사교를 좋아하는 사람—"나는 속이 좋지 않아" 어떤 사람이 자기의 사교성을 설명하기 위해서 말했다. "사교계의 위는 내 위보다 더 튼튼해서 그것이 나를 잘 소화하지."

236

마음의 눈을 감는다—자기 행동을 반성하는 일에 숙달해 있고, 그것에 익숙해 있다면, 행동할 때는(그것이 단지 편지를 쓰거나 음식을 먹는 것과 같은 간단한 일에 지나지 않을 경우에도) 내면의 눈을 감고 있어야 한다. 평범한 사람과 대화를 나눌 때에도, 사상가는 눈을 감고 '생각하는' 법을 알아두지 않으면 안 된다. 즉 평범한 사색을 할 수 있는 데까지 하고 그것을 이해하기 위해서다. 눈을 감는다는 것은, 꽤 명확하게 '스스로' 느낄 수 있고, 의지로 실행할 수 있는 동작이다.

237

가장 무서운 복수—적에게 철저하게 '복수'하려고 한다면 손 한가득 진실과 정의를 쥐고, 그것을 적을 상대로 태연하게 쓸 수 있게 될 때까지 기다려야 한다. 이렇게 하면 복수의 실행은 정의를 실행하는 것과 같게 된다. 이것은 가장 무서운 복수다. 왜냐하면 그것은 더 상소할 수 있는 어떠한 상급심도 없기 때문이다. 이런 식으로 볼테르는 피롱(Piron)에게 복수했다. 상대의 전 생활, 전 창작, 전 의욕에 대해서 심판한 겨우 다섯 줄의 글,[77] 즉 단어 하나하나에 진실이 깃들어 있는 글로 복수했던 것이다. 이렇게 그는 프리드리히 대왕에게도 복수했다. 페르네에서 그에게 보낸 한 통의 편지로.[78]

238

사치에 대한 세금─우리는 여러 가게에서 필수품과 일용품 따위를 사지만, 그런 것에 대해서도 우리는 많은 돈을 치러야 한다. 왜냐하면 또한 그 가게에서 팔고 있기는 하지만 살 사람이 거의 없는 물품, 즉 사치품과 기호품의 값까지 함께 치르기 때문이다. 이와 같이 사치는 그것 없이도 살아갈 수 있는 검소한 자에게도 끊임없이 세금을 매긴다.

239

왜 거지들은 여전히 살고 있는가─만일 모든 적선이 단지 동정심만으로 주어지는 것이라면, 거지들은 모두 굶어 죽고 말았으리라.

240

왜 거지들은 여전히 살고 있는가─적선을 가장 많이 베푸는 것은 무기력한 마음이다.

241

사상가는 어떻게 대화를 이용하는가─그다지 귀를 기울이지는 않더라도

---

77) 피롱(1689~1773)은 프랑스의 시인, 희극 작가. 볼테르와 피롱 사이에는 언제나 은밀한 불화가 존재하고 있어 볼테르가 늘 피롱을 상처 입히거나 방해하여 거기에서 둘 사이에 경구전이 생겼다고 한다. 그러나 볼테르가 그것에 의해 복수할 수 있었던 '5줄의 글귀'라는 것은 밝혀지지 않았다. (어쩌면 풍자적인 서한시의 하나일 수도.)

78) 볼테르는 1736년 이래 그 황태자 시대부터 지우를 얻고 있었던 프로이센의 프리드리히 2세의 초청에 응해 1750년 포츠담 궁전에 가서 시종으로 극진한 대우를 받았으나, 여러 알력이나 왕과의 감정적 문제 때문에 1753년 프로이센을 떠나, 그 뒤 1758년 스위스 국경인 케르네에 영지를 사서 죽은 해인 1778년 초까지 만년을 그곳에서 보낸다. 페르네에서 프리드리히 대왕에게 부친 서한은 많지만, 니체가 여기에서 언급하고 있는 서한이 무엇인지는 명확히 밝혀낼 수 없다.

많은 것을 알아들을 수 있으려면, 상대를 잘 관찰하는 한편 자기 자신에 대한 일은 잠시 동안 잊어 버리는 기술을 배울 필요가 있다. 그런데 사람들은 대화를 이용하는 법을 모른다. 왜냐하면 그들은 자기가 말하고 싶은 것과 대답하고 싶은 것에 훨씬 더 신경을 쓰기 때문이다. 이것과는 반대로 남의 말을 귀담아 듣는 참다운 '경청자'는 간단히 필요한 대답만 할 뿐이고, 무슨 말을 하더라도 상대에 대한 예의로 '띄엄띄엄' 말하는 것만으로 만족한다. 그리고 한편으로는 자기의 숨은 기억력을 드러내서 상대가 말한 방식, 즉 말투·몸짓·모양 따위를 모두 가져가 버리는 것이다. 이것은 마치 살짝살짝 부딪히며 나란히 달리는 두 척의 배가 서로 상대의 배가 자기 뒤를 쫓아오고 있을 뿐만 아니라 자기가 상대를 끌어주고 있는 것이라고 완전히 믿는 것과 같다.

242

변명의 기술—누군가가 우리에게 변명할 경우, 그는 아주 그럴듯하게 변명해야 한다. 그렇지 않으면 우리는 오히려 우리 자신에게 허물이 있는 듯한 마음이 들어 기분이 언짢아진다.

243

불가능한 교제—이렇듯 친절하고 고상하고 정중한 사람들의 물 위를 나아가기에는, 너의 사상의 배는 너무도 깊게 항해한다. 거기에는 여울과 모래톱이 지나치게 많다. 그래서 너는 선회하거나 방향을 바꾸어 끊임없이 당황하게 되고 마침내 그 사람들도 당황하기 시작할 것이다. 그 사람들은 네가 왜 당황해하는지 짐작조차 할 수 없는 것이다.

244

여우 중의 여우—진짜 여우는 자기 입이 닿지 않은 포도만을 시다고 말할 뿐만 아니라, 자기 입이 닿고 다른 자들보다 먼저 손에 넣을 수 있었던 포도까지도 시다고 말한다.[79]

---

79) 《이솝 우화집》 제32화

245

가장 친근한 사이에도—인간이 제아무리 서로 긴밀하게 결합되어 있다 하더라도, 그들의 공동 시야의 지평 안에는 동서남북 네 방향이 모두 갖추어져 있다. 그리고 가끔 그들은 이 사실을 느끼게 된다.

246

역겨운 침묵—누군가가 사상가로서, 또 인간으로서 아주 고통스러운 변화를 겪었다고 하자. 그리고 그 뒤에 그것을 공공연히 언명했다고 하자. 그래도 듣는 사람은 아무것도 알아채지 못한다. 그리고 여전히 그가 과거의 그와 완전히 똑같은 사람이라고 믿고 있다. 이러한 흔히 있는 경험으로 많은 저술가들은 이미 구토증을 일으켜 왔다. 즉 그들은 인간의 지성을 뽐내고 있었으며, 따라서 자기들의 착각을 깨달았을 때는 침묵할 것을 마음에 단단히 맹세하는 것이다.

247

일의 진지함—대부분의 부자와 상류 계급 사람들이 하는 일은 너무나 긴 습관적인 '안일'에 따른 그들 나름의 '휴식'이다. 그러므로 다른 사람들이 한가함을 이용해 휴양과 취미에 진지하게 열중하는 것처럼, 그들은 일에 진지하게 열중하는 것이다.

248

눈의 이중 감각—그대의 발치에 있는 물에 별안간 비늘 모양의 물결이 일 듯이, 인간의 눈에도 그런 불확실성과 애매함이 생길 때가 있다. 그럴 때 우리는 스스로 묻는다. 이것이 전율일까, 미소일까? 또는 양쪽 모두를 포함하는 것일까?

249

긍정적이며 부정적인—사상가는 자기를 반박해 오는 어떠한 사람도 필요로 하지 않는다. 반박을 위해서는 자기 혼자만으로도 충분하기 때문이다.

250

텅 빈 그물의 복수—매우 애쓴 하루 일을 끝마치고 저녁에 아무것도 없는 그물을 들고 귀가하는 어부의 쓰디쓴 감정을 갖는 모든 사람들에 대해서는 조심하도록 하라.

251

자기의 권리를 주장하지 않는 것—힘을 행사하는 것은 매우 힘든 일이며, 용기를 필요로 한다. 그 때문에 참으로 많은 사람들이 그들의 훌륭한, 또는 가장 훌륭한 권리도 주장하지 않는다. 권리란 하나의 '권력'인데, 그들은 이것을 행사하기에는 너무 게으르거나 비겁하기 때문이다. '관용'과 '인내'라 일컬어지는 것은 이러한 결점을 가려주는 미덕의 명칭이다.

252

빛을 나르는 자—만일 타고난 아첨꾼이 햇빛을 가져오지 않았더라면 세상에는 한 줄기 햇빛도 비치지 않을 것이다. 내가 말하는 것은 이른바 사랑스러운 자들을 말하는 것이다.

253

가장 너그러운—인간은 아주 존경받고 더구나 뭘 조금 먹었을 때 가장 너그러워진다.

254

빛을 향하여—인간이 빛을 향해서 몰려드는 것은 보다 잘 보기 위해서가 아니라, 보다 잘 빛나기 위해서이다. 그 사람 앞에 있으면 자기까지도 빛나는 사람을, 사람들은 즐겨 빛으로 여긴다.

255

건강 염려증 환자—건강 염려증 환자란, 자기의 괴로움·손실·결함을 막다른 곳까지 골똘히 생각할 만한 정신력을 가지고 있고, 그런 정신력을 드러내는 데 기쁨을 느끼는 인간이다. 그러나 그가 영양을 섭취하는 영역은 너무나 협소하기 때문에, 그곳에 있는 목초를 다 먹어 치우면 마침내 지푸라기라도 찾지 않을 수 없게 된다. 그래서 마지막에는 질투심 많고 인색한 사람이 된다. 그리고 그 다음에는 보기만 해도 불쾌한 그런 사람이 되어 버린다.

256

변상—헤시오도스는 우리를 곤경에서 구해준 이웃에게는, 그렇게 할 수 있게 되면 곧 충분히, 될 수 있으면 자기가 받은 것보다 많이 돌려줄 것을 권한다.[80] 그렇게 하면 이웃 사람은 기뻐할 것이다. 왜냐하면 그의 친절이 이자를 가져다 준 셈이 되기 때문이다. 그러나 빚을 갚은 사람에게도 기쁨이다. 그는 조금은 많이 갚음으로써 주는 자의 처지가 되어, 전에 자기가 도움을 받아야 했을 때의 얼마쯤의 굴욕감을 그것으로 되돌려주게 되었기 때문이다.

257

필요 이상으로 섬세한 것—다른 사람이 우리의 약점을 눈치채고 있지나 않은가 관찰할 때의 우리의 감각은, 다른 사람의 약점을 관찰할 때의 우리의 감각보다도 한결 섬세하다. 즉 이것으로 전자의 감각이 필요 이상으로 섬세하다는 것이 뚜렷해진다.

258

밝은 종류의 그림자 : 완전히 음울한 인간들 바로 곁에는 거의 틀림없이 그들에게 얽매여 있는 듯 밝은 영혼을 지닌 자가 있게 마련이다. 그것은 이를테면 그러한 인간들이 던지는 음화적(陰畫的)인 그림자다.

259

복수하지 않는다—복수에는 참으로 많은 섬세한 종류가 있으며, 복수하는 동기를 가진 자는 자기가 하려고 생각하는 것을 결국 할 수도, 하지 않고 놔둘

---

80) 헤시오도스 《일과 날》 349~351행.

수도 있을 정도다. 아무튼 세상 사람들은 모두 잠시 뒤에는 그가 복수를 '했다' 라는 것에 의견을 같이하기 때문이다. 따라서 복수하지 않는다는 것은 한 사람 의 마음대로는 할 수 없는 일이다. 자기가 복수할 '의사'는 없다는 것을 절대로 입 밖에 내서는 안 된다. 왜냐하면 복수를 경멸하는 일 자체가 하나의 교묘한, 게다가 매우 심한 복수라 해석되고 또 '느껴지기' 때문이다. 이 일에서 무엇하 나 '쓸데없는 일'은 해서는 안 된다는 것이 분명해진다.

260

경의를 표하는 자들의 착각—어떤 사상가가 자기의 것과 똑같은 사상에, 심 지어 같은 표현에 다다른 것을 알게 되면, 그 사상가에게 경의를 표하고 즐거움 을 주는 말을 해야 한다고 누구나 생각한다. 그런데 그 따위 말을 전해 듣고 그 사상가가 기뻐하는 일은 아주 드물며 오히려 그는 때때로 자기 사상과 표현에 의혹을 품기 시작한다. 그리고 남몰래 언젠가 사상과 표현을 고치려고 결심한 다. 따라서 누구에겐가 경의를 표하려고 할 때는 서로의 사상이 일치해 있다는 말 따위는 꺼내지 않도록 조심해야 한다. 그것은 자기를 상대와 같은 수준에 두 는 셈이 되기 때문이다. 한 가지 의견을 들을 때는 그것이 우리 것과는 다른 의 견인 것처럼, 그뿐만 아니라 우리의 시야를 벗어난 데서 나타난 의견인 것처럼 귀를 기울인다는 것은 거의 사교적인 예의에 속하는 사항이다. 이를테면 노인 과 노련한 사람이 예외적으로 자기 인식의 보고를 열어보일 때 그렇다.

261

편지—편지란 예고 없는 방문자이며, 우편 배달부는 불시에 닥치는 무례한 습격의 매개자이다. 우리는 매주 한 시간을 편지를 받는 시간으로 접어 두고, 그 뒤에는 목욕을 해야 하리라.

262

편견에 사로잡힌 자—누군가가 이렇게 말했다. "나는 어릴 때부터 나를 비 뚤어지게 생각해 왔다. 그래서 나는 비난받을 때는 그것을 어떤 진실로 받아들 이고, 칭찬받을 때는 그것을 그 어떤 어리석음으로 받아들인다. 나는 칭찬은 보통 과소 평가하고, 비난은 과대 평가한다.”

263

평등으로 이르는 길—몇 시간 동안 등산을 하면 악한도 성자도 서로 매우 닮은 인간이 되어 버린다. 피로함은 ‘평등’과 ‘우애’에 이르는 지름길인 것이다. 그리고 마침내 잠을 통해 ‘자유’가 덧붙여진다

264

비방—참으로 비열한 비방의 자취를 추적하려면 그 근원을 정직하고 단순한 ‘적’에게서 찾아서는 안 된다. 왜냐하면 이러한 적은, 그들이 우리에 대해서 그러한 비방을 조작해 낸다 해도, 그들은 처음부터 적이었기 때문에 그것을 사람들로 하여금 믿게 할 수 없기 때문이다. 그러나 우리가 한동안 가장 많은 도움을 준 자들, 그러나 어떤 이유에서 더는 무엇 하나 우리에게 기대할 것이 없다는 것을 은근히 확신하는 자들은 그러한 비열한 비방을 마구 뿌릴 수 있다. 먼저 그들이 그들 자신에게 손해가 되는 것은 절대 조작하지 않으리라 여겨지고, 또 다음으로는 우리와 친근하게 알고 지냈던 자들이므로 그들의 말은 신용을 얻을 수 있다. 그토록 심한 비방을 받은 자는 자위 삼아 이렇게 말할지 모른다. “비방은 내 몸에 솟아난 남의 병이다. 그것은 사회가 ‘하나의’(도덕적인) 몸이라는 것, 따라서 나는 ‘타인’에게 도움이 될 치료를 ‘자기’ 몸으로부터 시작할 수 있다는 것을 밝히는 것이다.”

265

아이들의 천국—아이들의 행복이라는 것은 그리스인들이 이야기하는 휘페르보레아[81] 백성의 행복처럼 하나의 신화다. 행복이라는 것이 지상에 있다면 그것은 반드시 우리로부터 될 수 있는 대로 먼 곳, 예를 들면 지구 끝일 것이라고 그리스인들은 생각했다. 이와 똑같이 나이 많은 사람들은 이렇게 생각한다. 인간이 행복할 수 있다면, 그것은 반드시 ‘우리’ 나이로부터 될 수 있는 대로 먼

---

81) ‘휘페르보레아(Hyperborea)’란 그리스인들이 북풍(Boreas) 너머(hyper–)에 있다고 믿었던 이상향.

곳, 즉 삶의 경계와 시작에 있을 것이라고. 대부분의 사람에게 이 신화의 베일을 '통해서' 바라본 아이들은 자기들이 누릴 수 있는 가장 큰 행복인 것이다. 그들이 "아이들이 내게 오는 것을 용납하라. 천국이 이런 자의 것[82]이니"라는 말을 입에 담을 때, 그들 자신은 천국의 앞뜰까지 들어간 셈이 된다. 아이들의 천국에 대한 신화는 어느 정도의 감상성이 존재하는 곳이면 어디에서나 어떤 방법으로든 작용한다.

266

성급한 사람들—생성 도중에 있는 자야말로 오히려 생성하기를 바라지 않는다. 그것을 기다리기에는 그가 너무 성급하기 때문이다. 젊은이는 오랜 연구와 고뇌와 궁핍을 거친 뒤에 인간과 사물에 대한 자기의 그림이 완전해질 때까지 기다리려고 하지 않는다. 그는 이미 완성되어 있는 것으로 자기에게 주어지는 다른 그림을, 더욱이 그것이 마치 자신에게 '자기' 그림의 선과 색채를 미리 부여해 주는 것임에 틀림없다는 듯이 열성과 믿음을 갖고 받아들인다. 또 그는 한 사람의 철학자와 한 사람의 시인의 가슴에 뛰어들어, 오랫동안 무보수로 봉사한 끝에 마침내 자기를 부정하지 않을 수 없게 된다. 그때 그는 많은 것을 배우기는 하지만 젊은이로서 무엇보다 배워야 할 것, 가장 인식할 가치가 있는 것, 즉 자기 자신을 자주 잊어버린다. 그는 일생 동안 철학적 또는 시적인 당파의 한 사람으로 머물고 마는 것이다. 아, 우리가 자기의 색채·화필·화폭을 발견하기까지는 얼마나 많은 권태를 이겨내야만 하고 또 얼마나 많은 땀이 요구되는가! 그리고 이렇게 자기의 것을 발견한 뒤에도, 우리는 자기 인생에서 예술의 대가는 될 수 없다. 그러나 적어도 자기 작업실의 주인은 된다.

267

교육자란 존재하지 않는다—우리는 사상가로서 자기 교육에 대해서만 이야기해야 하리라. 타인의 손으로 이루어지는 청소년 교육이라는 것은 아직도 미지의 것, 알 수 없는 것에 대해 행해지는 하나의 실험이거나, 그러한 새로운 존

---

82) 〈마가복음〉 제10장 14절.

재를 무차별하게 사회의 지배적인 관습과 풍습에 적응하기 위한 하나의 근본적인 평준화다. 즉 어느 경우에서도 사상가에게는 어울리지 않는 것이다. 그리고 그것은 대담할 만큼 솔직한 어떤 사람이[83] '한 하늘 아래서는 같이 살 수 없는 원수들'(nos ennemis naturels)이라 불렀던 부모와 교사들에게 어울리는 일이다. 세속적인 관점으로 보면 이미 교육이 끝난 어떤 날, 인간은 자기 '자신을 발견'하게 될 것이다. 그때에야 비로소 사상가의 임무는 시작된다. 그리고 그때가 바로 교육자로서가 아니라, 자기 교육을 다한 경험자로서의 그에게 도움을 구해야 하는 시기다.

268

젊은이에 대한 동정—어떤 젊은이가 벌써 이가 빠지거나, 눈이 멀었다는 말을 들을 때 우리는 동정하지 않을 수 없다. 만일 우리가 젊은이의 본질 속에 숨어 있는 모든 돌이킬 수 없고 절망적인 손실을 알게 된다면, 그때 우리의 슬픔은 얼마나 클까! 하지만 어째서 우리는 그럴 경우 '괴로워하는' 것일까? 왜냐하면 젊은이들은 '우리가' 시작한 일을 계속해야만 할 자들이기 때문이며, 그들의 힘의 단절과 부패는 모두 그들의 손에 맡겨질 우리의 일에 손해를 입히게 되기 때문이다. 그것은 우리의 불멸성의 보증을 의심하게 되는 데 대한 슬픔이다. 또는 우리가 우리 자신을 오로지 인류의 사명을 수행해가는 자로만 느낀다면, 그것은 이 사명이 우리보다도 더 나약한 손에 맡겨져야만 한다는 것에 대한 탄식이다.

269

갖가지 나이—사계절을 인생의 네 시기에 비교하는 것은 매우 어리석은 일이다. 인생의 첫 20년과 또 마지막 20년은 어느 계절에도 대응하지 않는다. 단 머리카락과 눈(雪)의 흰빛, 또는 그것과 비슷한 색채의 변화만으로는 비교하기에 충분하지 않다고 생각할 것이다. 그 첫 20년은 삶 전반, 즉 일생의 준비 기간인 하나의 긴 설날에 해당된다. 또 마지막 20년은 앞서 체험한 모든 것을 돌

---

83) 프랑스 작가 스탕달을 말함.

아보고 내면화하고 종합하고 조화롭게 하는 기간이다. 그것은 마치 규모는 작지만 섣달 그믐마다 사람들이 지나온 1년 동안을 되돌아볼 때와 같다. 그러나 이 중간에는 실제로 사계절과의 비교를 시사하는 시간이 끼여 있다. 즉 20세부터 50세까지의 기간이다(여기선 획일적으로 10년을 단위로 치지만, 저마다 자기 경험에 따라 이 대략적인 계산을 자기에게 맞추어, 더욱 정밀하게 해야 한다는 것은 당연한 일이다). 이 세 가지 10년은 세 계절, 즉 여름, 봄, 가을에 대응한다. 인간의 생애에 겨울은 없다. 유감스럽게도 이따금 끼어드는 괴롭고 싸늘하고 고독하며, 희망 없는 불모의 '질병을 앓는 기간'을 인간의 겨울이라 부른다면 모르지만 말이다. 20대, 열정적이고 지루하며 천둥치는 날씨에, 활동력 왕성하며 우리를 지치게 하는 시기, 하루가 저물면 저물녘에 그날 하루를 찬미하면서 이마의 땀을 씻는 시기, 또한 일하는 것이 고되면서도 필수적인 것처럼 여겨지는 시기, 이런 20대가 인생의 '여름'이다. 이에 반해서 30대는 인생의 '봄'이다. 어떤 때에는 공기가 너무 따스하고 어떤 때는 지나치게 차가운, 언제나 불안정하고 자극적인 시기, 끓어오르는 수액, 잎의 무성함, 꽃의 향기가 어디서나 넘치는 시기, 매혹적인 아침과 밤을 맞이하며 보내는 시기, 새소리에 눈을 떠서 일터로 가는 시기, 참다운 마음의 일과 자기 정력을 누리고 이것을 더욱 강하게 하는 온갖 예감에 찬 희망을 마음껏 누리는 시기이다. 마지막으로 40대는 정지해 있는 모든 것이 그러하듯 신비로운 시기이다. 상쾌한 바람이 부는 높고 넓은 고원과 같은 시기이며, 구름 한 점 없이 맑고 밝은 하늘과 낮과 밤을 부드러운 눈초리로 바라보는 시기, 즉 수확의 시기, 가장 정성 어린 맑고 명랑한 시기로, 이것이 인생의 '가을'이다.

270

오늘날 사회에서 여성의 정신—여성들이 오늘날, 남성의 정신에 대해 어떻게 생각하고 있는가는, 그녀들이 몸을 꾸밀 때 용모의 정신적인 점이나 재치 있는 곳을 특히 강조하는 것보다도, 오히려 그 밖의 다른 부분에 신경을 쓰고 있는 점을 보아도 알 수 있다. 그녀들은 그러한 것을 오히려 감추고 있을뿐더러 그와는 달리 예를 들면 머리카락을 이마 위로 가지런히 놓거나 해서 왕성한 관능적인 욕망과 비정신적인 것의 인상을 주는 법을 알고 있다. 이것은 그녀들이 이러한 관능적인 특징을 조금밖에 가지고 있지 않을 경우에 하는 일이다. 여성에게 있는 정신성이 남성을 두려워하게 할 것이라는 확신에 사로잡힌 그녀들은 가장 정신적인 감각의 날카로움을 스스로 기꺼이 거부하며, 근시안적이라는 평판을 일부러 떠맡기까지 한다. 그녀들은 이렇게 함으로써 남성으로 하여금 자기에게 보다 친밀감을 느낄 수 있게 할 것이라고 믿는다. 마치 유혹하는 감미로운 희미한 불빛이 그녀들 주위에 펼쳐지고 있기라도 한 것처럼.

271

위대하고 덧없는 것—보는 사람으로 하여금 감동의 눈물을 흘리게 하는 것, 그것은 아름다운 젊은 아내가 남편을 바라보는 그 꿈꾸는 듯한 행복으로 가득 찬 시선이다. 그때 우리는 인간 행복의 위대함도, 그 덧없음도 넘어서서 가을날의 온갖 비애를 느낀다.

272

희생 정신—대부분의 아내는 '희생의 지성(intelletto del sacrifizio)'[84]을 지니고 있다. 그래서 남편이 그녀를 희생시키지 않으려고 할 때, 그녀는 이미 삶을 즐길 수 없게 된다. 그때 그녀는 이미 자기 지성으로 나아가는 길을 알지 못하게 된다. 그리고 자기도 모르는 사이에 희생양에서 희생양을 바치는 사제가 된다.

273

여성답지 않은 것—"사내처럼 어리석다"고 여자들은 말한다. 그리고 "여자처럼 비겁하다"고 남자들은 말한다. 그렇다면 여성에게 어리석음은 '여자답지 않은 것'이라는 뜻이 된다.

274

남성과 여성의 기질과 사망률—남성의 기질이 여성의 기질만 못하다는 것은 남아가 여아보다 더 많이 사망의 위험에 노출되어 있다는 사실에서 뚜렷해

---

84) 예수회 교단의 금언 '지성의 희생'을 뒤집은 표현.

진다. 그 이유는 확실히 남성들이 쉽게 ‘화를 낸다’는 데 있다. 그들의 거칠고 비타협적인 성질은 모든 화를 치명적인 것으로까지 악화시켜 버린다.

275

대건축물의 시대—유럽의 민주화 경향은 막기 힘들다. 그것에 저항하는 사람도 민주주의 사상이 처음 모든 사람에게 전수한 바로 그 수단을 거기에 사용하고 있으며 그것을 스스로 더 다루기 쉽고 효과적인 것으로 만들고 있기 때문이다. 또 민주주의의 가장 근본적인 적들(나는 혁명주의자들을 말하는 것이다)은 그들이 일으키는 불안으로써 각종 당파로 하여금 더욱 빨리 민주주의의 길로 나아가게 하기 위해서만 존재하는 것 같다. 그런데 현재 자각적으로 그리고 정직하게 이 미래를 위해 일하는 자들의 얼굴을 보고 있노라면 참으로 걱정스럽다. 그들의 얼굴에는 따분하고 단조로운 것이 엿보이며, 잿빛 먼지(답답하고 하찮은 일)가 그들 두뇌에까지 날려 들어간 것 같기 때문이다.

그럼에도 후세 사람들이 언젠가 이러한 우리의 걱정을 비웃고 수대에 걸친 민주주의의 작업에 대해서, 이를테면 우리가 돌 제방과 방벽의 공사에 대해서 생각하는 것과 비슷한 일, 즉 그것은 필연적으로 많은 먼지를 옷과 얼굴에 마구 뿌리고 또 아마도 불가피하게 노동자들을 조금은 백치로 만드는 작업으로 생각하게 되는 일도 있을 수 있으리라. 그러나 그렇다고 해서 누가 이 작업을 바라지 않을까! 유럽의 민주화는 바로 근대의 사상처럼, 그리고 그것으로써 우리가 우리 자신을 중세와 명확히 구별하는 저 거대한 ‘예방 의학적 조치’의 하나인 것처럼 여겨진다.

지금이야말로 대건축물의 시대이다! 모든 미래를 아무런 위험도 없이 그 위에 세우기 위해 궁극적으로 안정된 기반! 문화의 옥토가 다시 하룻밤 사이에 거칠어지고 이유 없는 급류로 무너져 버릴 가능성이 전혀 없는 것! 야만인, 전염병, ‘육체적·정신적 노예화’에 대한 돌 제방과 방벽! 그리고 이 모든 것은 처음에는 글자 그대로만 대충 이해될 뿐이나 차츰 더욱더 높고 정신적으로 이해되기에 이르며, 그 결과 여기에 시사된 모든 조치는 최고의 원예 예술가에 의한 재치 있는 종합적인 준비 조치처럼 보이게 될 것이다. 그리고 이 예술가는 이 준비 조치가 완전히 수행되었을 때에야 비로소 그 참된 사명으로 나아갈 수 있다! 물론 이 경우에 수단과 목적 사이에 가로놓인 거대한 시간적 간격을 생각한다면, 또 모든 낱낱의 수단을 찾아내고 얻기 위해서만도 이미 수세기에 걸친 사람들의 힘과 정신의 경주를 요구하는, 커다란 너무도 커다란 노고가 필요하다는 것을 생각한다면, 현대의 작업자들이 벽과 울타리야말로 이미 목적'이며' 최후의 목표'이다'라고 큰소리로 선언해도, 너무 가혹하게 그들을 꾸짖어서는 안 된다. 실제로는 아직 아무도 그 원예가와 과실나무를 보지 못했으므로. '그 것 때문에' 울타리가 거기 존재하는 것이기는 하지만 말이다.

276

보통선거권—보통 선거권은 국민 스스로 부여한 것이 아니다. 현재 보통선거권이 행사되는 모든 곳에서 국민은 그것을 받아들이고 일단 채용했을 뿐이다. 아무튼 국민은 보통선거권이 그들의 희망을 만족시키지 않는다면 그것을 다시 반환할 권리를 가진다. 이러한 일은 현재 모든 곳에서 행해지는 것 같다. 왜냐하면 보통선거권을 행사할 어떤 기회가 주어졌을 때 전체 유권자의 겨우 3분의 2, 아니 과반수 이하만 투표소에 찾아 오지 않아도 이것은 이 선거 제도 전반에 '반대하는' 투표를 한 것이기 때문이다. 여기서 우리는 훨씬 더 엄격한 판단마저 내리지 않으면 안 된다. 다수가 모두의 복지에 대해 최종적인 결정권을 가진다고 규정하는 법률은, 바로 그 법률에 의해 비로소 주어지는 기초와 같은 기초 위에 세워질 수는 없다. 그것은 필연적으로 더 폭넓은 기초를 필요로 한다. 그리고 이 기초가 '만장일치'라는 것이다. 보통선거권은 다수의 의지의 표현에 지나지 않는 것이 되어서는 안 된다. 나라 전체가 그것을 원해야 한다. 그러므로 소수의 반대도 보통선거권을 실행 불가능한 것으로써 다시 폐기하기에 충분하다. 그리고 투표에 '참가하지 않는다'는 것은 바로 투표 제도 전체를 무너뜨리는 '반대'다. 한 사람 한 사람이 갖는 '절대적 거부권' 또는 '너무 사소한 경우가 아니라면' 수천 명의 사람들이 갖는 거부권은 정의의 마땅한 귀결로써 이 제도 위에 있는 것이다. 그러므로 보통선거권은 그것이 행사될 때마다 사람들의 참가 방식에 따라 스스로가 아직 '정당하게 존립하고 있는' 것임을 먼저 증명해 보여야 한다.

277

서툰 추론─학자로서 훌륭한 추론을 내리는 일에 익숙해져 있는 자라도 자기가 통달해 있지 않은 분야에서는 얼마나 서툰 추론을 내리는가! 그것은 수치스러운 일이다. 그렇다면 규모가 큰 세상 일, 즉 정치의 세계에서 거의 날마다 일어나는 온갖 돌발적인 긴급한 사건의 경우에도 바로 이 '서툰 추론'이 일을 결정한다는 사실이 뚜렷해진다. 왜냐하면 하룻밤 사이에 일어난 일에 대해서 완전히 통달해 있을 자란 아무도 없기 때문이다. 정치의 모든 집행은 더할 나위 없이 위대한 정치가들의 경우에도 운을 하늘에 맡긴 즉흥적인 것일 뿐이다.

278

기계시대의 여러 전제─신문, 기계, 철도, 전신은 그것이 천년 뒤에 불러올 결론을 아직 누구도 감히 끄집어내려고 한 적이 없는 전제들이다.

279

문화의 멈춤 장치─우리가 다음처럼 말하는 것을 듣는다고 하자. 즉 거기에서 남성들은 생산적인 일에 종사할 시간이 없다. 그들의 하루는 군사 훈련과 행진에 빼앗겨 다른 주민들이 그들의 옷과 음식을 걱정해 주어야 한다. 그러나 그들의 복장은 화려하고 때때로 색채가 다채로운[85] 그야말로 광대 같은 것이다. 거기에서는 아주 조금의 개성밖에 용인되지 않으며 저마다는 다른 데서보다도 서로 더욱 비슷하거나, 또는 결국 같은 인물로 다루어진다. 거기에서는 무조건 복종이 요구되며 또 이루어진다. 즉 명령은 하지만 상대에게 이해시키는 일은 하지 않는다. 거기에서는 형벌은 적다. 그러나 이 형벌은 가혹하고 재빨리 최후의 가장 무시무시한 단계에까지 이른다. 거기서는 배신이 가장 큰 범죄로 여겨지며 악조건에 대한 비판마저도 가장 용감한 자들이 아니면 할 수 없다. 거기에서는 생명은 값싼 것이며 명예욕은 때때로 목숨을 건 위험을 무릅쓰는 형태를 취한다. 이 모든 이야기를 듣는 사람은 대뜸 이렇게 말할 것이다. "그것은 '야만적이고 위험에 빠진 사회'의 모습이다." 또 그 사람은 이렇게 덧붙일지도 모른다.

---

85) 군복(특히 의전용의 군복)은 다채롭고 사치스러운 것이 보통이다. 예컨대 '다채로운 상의를 입다'라는 말은 '병사가 된다'는 뜻을 가지는 어법이다.

“그것은 스파르타에 대한 묘사이다.” 그러나 다른 사람은 수심에 찬 모습으로 이렇게 상상할 것이다. “그것은 그것과는 다른 종류인 우리의 문화와 사회의 한복판에 놓여 있는 ‘현대판 군대 제도’를 묘사한 것이다. 살아 있는 시대 착오이자 앞서 말한 것처럼 야만적이며 위험에 빠진 사회에서 차바퀴의 제동기 같은 과거의 유물로 그려진 군대다”라고. 그러나 때로는 문화의 제동기도 절실히 필요하게 될 때가 있다. 즉 너무 빨리 하강하거나 아마 이 경우와 같이 너무 빨리 ‘상승’할 때.

280

전문가를 더 존중하라!—생산과 판매에서 경쟁이 일어나는 경우에는 ‘대중’이 그 일과 물건에 대한 심판자가 된다. 그러나 대중은 엄밀한 전문적 지식을 전혀 갖고 있지 않기 때문에 ‘겉으로’ 그 질을 판단한다. 따라서 외관에 대한 기술 그리고 아마도 외관에 대한 취미는 경쟁의 지배하에서 진보하겠지만 반면 모든 제품의 질은 나빠지지 않을 수 없을 것이다. 따라서 이성마저 가치를 떨어뜨리는 일이 없는 한 언젠가는 그 경쟁에 마침표가 찍혀 어떤 새로운 원리가 이를 대신해 승리를 거둘 때가 올 것이다. ‘그때는’ 수공업에 대해서는 수공업적 장인만이 판단을 내려야 하며 대중은 이 판단자의 인격과 성실성에 보내는 믿음에 의존해야 할 것이다. 그러므로 익명의 노동이란 있을 수 없으리라! 원작자의 이름이 빠져 있다든가 또는 없어졌을 때에는 적어도 한 사람의 전문가가 그 보증인으로서 존재하고, 그의 이름을 담보로 바쳐야 할 것이다. ‘내구성’이 물건이 싸다는 것을 또 어느 정도 싼가를 결정하는 것인 이상, 제품의 ‘저렴함’은 일반 사람에게는 또 다른 종류의 눈속임이며 기만이다. 그러나 이 오래간다거나 오래가지 않는다는 것을 판단하기는 곤란하며 일반 사람에게는 불가능하기까지 하다. 즉 눈에 강한 영향력을 행사함과 더불어 값이 싼 것, 이러한 것이 현재는 판을 치고 있다. 그리고 이것은 물론 기계 제품일 것이다. 또한 한편으로 기계, 즉 최대한으로 빠르고도 손쉬운 제조를 가능케 하는 원인인 기계도 ‘가장 잘 팔리는’ 물건의 제조를 촉진한다. 그렇지 않으면 기계로 많은 이익을 남길 수 없기 때문이다. 또한 그럴 경우 기계는 사용되는 일이 매우 드물고 또 작동을 멈추는 일이 아주 잦아질 것이다. 그러나 무엇이 가장 잘 팔리느냐를 결정하는 것은 앞서 말한 바와 같이 대중이다. 따라서 물건은 가장 기만적인 것, 즉 먼저 좋아 보이고 또 저렴하게 '보이는 것'이어야 한다. 그러므로 생산의 영역에서도 우리의 표어는 다음과 같아야 한다. "전문가를 더욱 존중하라!"

281

왕들의 위험—민주주의는 어떠한 폭력 수단도 쓰지 않고 다만 끊임없이 합법적인 압력을 가하는 것만으로 왕정과 제정을 '빈 껍데기'로 만들 수 있다. 그리고 마침내 아무것도 남지 않는다. 아마도 '사람들이 '바란'다면 그 자체로는 무(無)이지만 제대로 놓이면 10배로 '효과'를 늘이는 저마다의 모든 무가 갖는 의미와 더불어 그렇게 만들 수 있다. 이렇게 되면 제정과 왕정은 민주주의의 단순하고 그 목적에 어울리는 의상에 붙여지는 화려한 장식, 민주주의가 자신에게 허용하는 아름다운 사치, 존경할 만한 조상들의 모든 역사적인 장식품의 유물, 심지어 역사 자체의 상징으로 남게 되리라. 그리고 이러한 독자성에서 어떤 최고의 영향력 있는 것으로 남으리라. 앞서 말한 것처럼 그것이 단독으로 서는 게 아니라 올바른 장소에 '놓이는' 것이라면 빈 껍데기로 만들고 말 위험을 예방하기 위해서 이제 왕들은 '대장군'으로서의 그들의 위엄을 온 힘을 다해 고집하고 있다. 그들은 이 위엄을 돋보이게 하기 위해서 전쟁, 즉 비상 사태를 필요로 한다. 왜냐하면 그런 상황 속에서는 민주주의가 가진 힘의 그 완만한 합법적인 압력은 중단되기 때문이다.

282

필요악으로서의 교사—생산적(창조적)인 사람들과 굶주리고 수용적인 정신을 가진 사람들 사이에 있는 인간은 될 수 있는 대로 적은 것이 좋다! 왜냐하면 '중개자적 존재'는 거의 자기도 모르는 사이에 그들이 매개하는 양분을 가짜로 만들어 버리기 때문이다. 그 뒤에 그들은 그들의 중개에 대한 지나친 보수를 '자기를 위해' 요구한다. 그리고 이 보수는 독창적이고 생산적인 정신의 사람들에게서 빼앗아내는 것이다. 즉 관심·찬탄·시간·돈 따위가 그것이다. 따라서 아무튼 '교사'라는 것은 상인과 순전히 똑같이 하나의 필요악으로 여겨져 마땅하다. 즉 될 수 있는 대로 '줄여야' 할 악으로서 말이다. 현재 독일이 처한 곤경의 그 주된 원인이 너무나 많은 사람들이 상업으로 살고, 게다가 잘 살려고 하는 데에 있다면(이것은 생산자에 대해서는 가격을 될 수 있는 대로 낮추고 소비자에 대해서는 가격을 될 수 있는 대로 높이고 그 둘의 가능한 한 큰 손해로써 이익을 얻으려고 애쓰는 일이다) 틀림없이 우리는 정신적 결핍 상태의 주된 원인을 교사들의 넘침에서 찾을 수 있을 것이다. 그들 덕택에 사람들은 그토록 빈약하고 그토록 졸렬한 것들을 배우는 것이다.

283

존경에 대한 세금—의사이건 예술가이건 장인이건 우리가 알고 있고, 존경하는 사람이 우리를 위해서 일해 줄 때, 우리는 가능한 한 많은 것을 때때로 우리 능력 이상의 것까지도 기꺼이 치른다. 그런데 반대로 모르는 사람에 대해서는 사람들은 가능한 한 적게 지불한다. 여기에서는 모든 사람이 겨우 1피트의 땅을 둘러싸고 싸우거나 남으로 하여금 자기에게 싸움을 걸게 하는 것이다. 아는 사람이 우리를 위해 해 준 일에는 뭔가 '돈으로는 다 치를 수 없는 것'이 있다. 그것은 그 사람이 '우리를 위해서' 품었을 감정과 상상력이다. 그리고 우리는 이것에 대한 '감사의' 감정을 우리의 '희생적 행위'에 따라서 표현하는 것 말고는 달리 방법이 없다고 생각한다. 가장 높은 세금은 이러한 '존경에 대한 세금'이다. 경쟁이 지배적일수록 그리고 모르는 사람에게서 물건을 사거나 모르는 사람을 위해 일할수록 이 세금은 더 싸지게 된다. 그런데 사실 이 세금이야말로 인간 영혼의 '교제' 수준을 재는 척도다.

284

참된 평화에 이르는 수단—오늘날 어떠한 정부도 때때로 일어나는 정복욕을 채우기 위해서 군대를 유지한다고 인정하지는 않는다. 그렇지 않고 "그것은 방어에 도움이 되어야 한다" 하는 것이다. 그리고 정당방위를 인정하는 저 도덕이 방어의 변호인으로서 호출된다. 그러나 이것은 즉 자기 나라에는 도덕성을, 이웃나라에는 부도덕성을 유보해두는 방식이다. 왜냐하면 자기 나라가 부득이 정당방위의 수단에 대해서 생각해야 할 때는 이웃나라가 호전적이고 정복욕에 사로잡혀 있다고 생각되지 않으면 안 되기 때문이다. 게다가 사람들은 자기 나라와 똑같이 공격욕을 부정하고 군대를 단지 정당방위상의 이유에서 유지할 뿐이라고 자칭하는 이웃나라는 실제로 순진한 희생물을 전쟁도 치르지 않고 '기습'하고자 하는 위선자이며 교활한 악인이라는 것을, 왜 우리가 군대를 필요로 하느냐의 논증을 통해 설명하는 것이다. 그리고 모든 나라들이 오늘날 서로 이러한 관계에 있다. 그들은 이웃나라의 악의와 자기 나라의 선의를 서로 전제로 하는 것이다. 그러나 이러한 전제는 전쟁과 마찬가지로 악질인, 또 전쟁보다 더 악질인 하나의 '비인도성'이다. 그뿐만 아니라 근본에서 오히려 그것은 이미 전쟁의 도발이며 원인이다. 왜냐하면 그것은 앞에서 말한 것처럼 이웃나라에 비도덕성을 '덮어씌우고', 이것으로써 상대의 적개심과 적대 행위를 유발한다고 여겨지기 때문이다. 정당방위의 수단으로써의 군대에 대한 이론은 정복욕과 함께 철저하게 부정되지 않으면 안 된다. 그리고 아마도 위대한 날이 찾아오리라. 수많은 전쟁과 승리를 겪고 군사제도와 군사적 전략을 최고도로 완성한 명예로운, 그리고 이러한 일에 가장 중대한 희생을 바치는 데 익숙해진 국민이 자발적으로 '우리는 칼을 부숴버리자' 외치기 시작하는 날이, 그리고 그 모든 군대를 철저하게 파괴하는 날이 찾아오리라. '자신이 가장 강한 방위력을 갖고 있었던 것이' 감수성의 '정점'에서 '자기를 무방비화한다는 것', 이것이야말로 언제나 마음의 평화 위에 기초를 두어야 하는 '참된' 평화에 이르는 수단이다. 또 한편 오늘날 모든 나라들에서 행해지는 무장한 자기 나라도 이웃나라도 믿지 않는, 그리고 반쯤은 증오심에서 반쯤은 공포심에서 무기를 버릴 수 없는 마음의 불화다. 증오하고 공포를 느끼는 것보다 오히려 멸망하는 편이 낫다. 또 '상대에게 자기를 증오하게 하고 공포를 느끼게 하기보다는 오히려 멸망하는 편이 두 배나 더 낫다.' 이것이 언젠가는 또 어느 개개의 국가 사회에서도 최고의 원칙이 되어야 한다! 우리의 자유로운 국회의원들에게는 잘 알려진 바와 같이 인간의 본성에 대해서 성찰할 만한 시간이 없다. 그렇지 않으면 그들은 '군사 부담의 점진적인 완화'를 위해 일하는 것이 헛수고임을 알 것이다. 오히려 이런 따위의 위급상태가 가장 커질 때야말로 이것을 홀로 구할 수 있는 신이 가장 가까이 나타날 것이다. 전쟁이라는 영광의 나무는 오직 '한 번', 즉 한 번의 번갯불에도 쓰러질 수 있다. 그러나 이 번개는 그대들도 알다시피 높은 데(정점)에서 오는 것이다.

285

소유는 공정하게 균등해질 수 있는가—소유의 불공정함이 강하게 느껴지면(위대한 시계 바늘이 또 다시 이 시각을 가리키고 있다) 사람들은 이것을 바로잡기 위해 두 가지 수단을 든다. 하나는 평등한 분배이며, 다음은 소유권의 폐기와 공동체로 소유를 귀속하는 것이다. 후자의 수단은 특히 우리의 사회주의자들의 마음에 든다. 그들은 고대의 유대인이 "도둑질 하지 말라"고 말한 것을 원망한다. 그들에 따르면 제7계명[86]은 오히려 "그대 소유하지 말라"로 되어야 하는 것이다.

첫 번째 처방에 따른 시도는 고대에 흔히 행해졌다. 그것은 언제나 소규모의 방식에 지나지 않지만 우리에게도 여전히 교훈적일 수 있는 실패를 낳는다. '평등한 토지 배당'은 입으로 말하기는 쉽다. 그러나 그때 필요하게 되는 분할과 분리에 의해 얼마나 많은 고충이 생기고 오래전부터 신봉해 온 소유의 상실로써 얼마나 많은 경건한 마음이 손상되고 희생될 것인가! 경건한 마음이 파헤쳐질 때 도덕성 또한 파헤쳐지는 것이다! 그리고 실제로 동일한 두 개의 토지 분배라는 것이 존재한 적이 없는 이상, 또 이를테면 그러한 것이 존재했다 하더라도 이웃에 대한 인간의 질투심이 그 평등성을 믿지 않을 것인 이상, 새로운 소유자들 사이에는 새삼스레 또 얼마나 많은 새로운 고충이, 얼마나 많은 시기와 질투가 생길 것인가. 그리고 이미 뿌리째 파헤쳐진 불완전한 평등성이 도대체 얼마나 오래 계속된다는 말인가! 겨우 몇 세대의 상속으로 이쪽에서는 한 구획이 다섯 사람에게 배당된다면 저쪽에서는 다섯 구획이 한 사람에게 배당되기도 했다. 그리고 엄격한 상속법에 따라서 이러한 부조리를 방지했을 경우에는 평등한 농지 구획이라는 것이 유지되었다고는 하나 그 사이에 친척과 이웃에 대한 질투심과 모든 것의 전복을 바라는 마음 말고는 무엇 하나 소유하지 않은 궁핍한 자들과 불평불만에 가득 찬 그들이 생기는 것이다.

그러나 '두 번째' 처방에 따라 소유권을 '공동체'에 반환하고 개인을 단지 일시적인 소작인으로 만들어 버리려고 하면 토지 자체가 무너진다. 왜냐하면 인간이란 자기가 한동안만 소유하게 되는 모든 것에 대해서는 아무런 배려와 헌

---

86) 모세의 십계에 있어서의 '그대, 훔치지 말라'는 계율은 제8계인데 여기에서는 니체의 원문대로 놔 두었다.

신을 하지 않고 약탈자 또는 태만한 남용자로서 그것을 착취하기 때문이다. 플라톤이 '이기심은 소유의 포기와 함께 폐기된다'[87]고 말할 때, 이기심을 없앤다면 아마 인간에게는 네 가지 근본 덕성[88]도 남지 않으리라고 그에게 대답해도 좋으리라. 또한 마찬가지로, 어떤 악질적인 전염병도 언젠가 인류에게서 허영심이 사라질 때만큼의 훼손을 인류에게 가할 수는 없으리라고 말해야 한다. 허영심과 이기심이 없다면, 인간의 모든 덕이란 도대체 어떠한 것인가? 물론 인간의 모든 덕이 앞의 두 가지 것의 단순한 명목과 가면에 지나지 않다는 것은 아니다. 오늘날에도 사회주의자들에 의해 계속 찬미되는 플라톤의 유토피아론적인 기초 선율은 인간에 대한 지식의 결여에서 비롯한다. 즉 플라톤에게는 도덕적 감각들에 대한 역사학이, 즉 인간 영혼의 좋고 유일한 여러 성질의 기원에 대한 통찰이 빠져 있었던 것이다. 그는 고대 전체가 그랬듯이 선악을 흑백으로 믿고 있었다. 즉 선량한 인간과 사악한 인간, 선량한 성질과 나쁜 성질 사이에 근원적인 차이가 존재한다고 믿었던 것이다. 소유가 이제부터 더 많은 신뢰감을 사람들에게 환기시키고 더 도덕적인 것이 되기 위해서는 '적은' 재산에 이르는 모든 노동의 길을 터놓는 동시에 다른 한편으론 사람이 부유하게 될 가능성을 막아야 한다. 또 운송과 상업, 즉 '커다란' 자산의 축적에 알맞은 모든 부문을, 따라서 특히 금융업을 개인과 사기업의 손에서 빼앗아야만 한다. 그리고 무산자와 마찬가지로 지나친 부자도 공동체에 있어서 위험한 존재로 여겨져야 한다.

286

노동의 가치―얼마나 많은 시간과 열성, 선한 의지나 악한 의지, 강제성, 독창성이나 나태, 성실성이나 가식이 사용되는지를 기준으로 노동의 가치를 결정하려고 한다면 그 가치는 결코 '공정한' 것일 수 없다. 왜냐하면 그러기 위해서는 '노동자의' 온 인격을 저울 위에 달 수 있어야 하는데 이것은 불가능하기 때문이다. 여기서 '심판하지 말라'는 말이 나오게 되는 것이다.

그러나 오늘날 노동의 가치 평가에 불만을 품은 사람들에게서 듣는 말은 참

---

87) 플라톤의 대화편《국가》제5권.

88) 플라톤에 있어서의 4덕은 지혜(sophia)·용기(andreia)·절제(sōphrosunê)·정의(dikaiosunê)다(대화편《국가》제4권).

으로 정의를 추구하는 호소인 것이다. 좀더 확대해서 생각해본다면 어떠한 인격도 그 생산물인 노동에 대해서 책임이 없다는 것을 알게 될 것이다. 따라서 결코 '공로'라는 것이 거기에서 끌어내어져서는 안 된다. 모든 노동은 갖가지 힘의 강약 그리고 지식과 욕망의 필연적 복합체이기 때문에 그것의 좋고 나쁨은 그 복합된 형태에 기댈 수밖에 없다.

노동을 하고 안하고의 '여부'는 노동자의 마음대로 되지 않는다. 또 그가 '어떤 방식으로' 노동하느냐는 것도 마찬가지다. 다만 '효용'의 관점(좁은 관점이나 넓은 관점에서)만이 노동의 평가를 낳는 것이다. 우리가 오늘날 정의라 부르는 것을 이 관점에서 하나의 최고도로 세련된 효용성이라고 생각한다면 아주 적절하다. 그것은 단지 그 시점을 고려하는 것만으로 '개개의' 기회를 이용하는 데 그치는 효용성이 아니라 모든 상황의 영속성을 뜻하고, 따라서 노동자의 복지, 그 심신의 만족에도 주의를 기울이는 효용성이다. 그리고 노동자와 그 자손이 우리의 자본을 위해서도 잘 일하고 한 사람 한 사람의 생애보다 더 긴 시간에 걸쳐 '믿을 수 있는' 노동자가 되도록 하는 것을 '목적'으로 하는 효용성이다.

노동자의 '착취'는 오늘날 우리가 이해하듯이 하나의 어리석은 행위이고 미래를 희생한 약탈이며 사회를 위태롭게 하는 것이다. 오늘날 우리는 거의 이미 전쟁 상태[89] 속에 있다. 그리고 아마도 평화를 얻기 위한, 협정을 맺고 신뢰를 되찾기 위한 희생은 매우 클 것이다. 왜냐하면 과거 착취자들의 어리석음이 참으로 심하고 또 오랫동안 계속되었기 때문이다.

287

사회구조의 연구에 대해서 — 오늘날 유럽 특히 독일에서 경제학과 정치학을 배우려는 사람들의 가장 큰 불행은 '사회의' 실제 상황이 '규칙'을 보여주는 대신 '예외' 또는 '과도 단계'나 '종말 단계'를 예시한다는 점에 있다. 그러므로 먼저 우리는 실제로 현존하는 것을 무시하는 일부터 배워야 한다. 그리고 예컨대 눈을 멀리 북아메리카로 돌려야 한다. 거기에서 우리는, '원하기'만 한다면, 사회 조직의 원초적이고 정상적인 여러 운동을 아직 눈으로 '볼' 수도 찾을 수도 있

---

89) 제1장의 아포리즘 67 〈사회주의적 불안〉 항목 참조.

기 때문이다. 그런데 독일에서는 그러기 위해서 어려운 역사학적 연구 또는 이미 말한 바와 같이 망원경이 필요하다.

288

기계는 사람을 어느 만큼이나 떨어뜨리거나 ― 기계는 비인격적이며 노동에서 긍지를 빼앗아 가고, 기계로 하지 않는 모든 노동에 붙어다니는 개인적인 '선과 약점', 즉 얼마간의 인간미를 빼앗아 간다. 과거에 수공업자들에게서 물건을 산다는 것은 모두 '각 인물의 특질을 인정하는 일'이었으며 따라서 사람들은 그들의 표시에 둘러싸여 살고 있었다. 이를테면 가구와 의복은 이렇게 해서 사는 사람과 수공업자 상호간의 가치 평가와 인격적 동질성의 상징적 표현이 되었다. 이와 달리 오늘날 우리는 익명의 그리고 비인격적인 노예 상태의 한가운데에 살고 있는 것처럼 여겨진다. 노동의 편의라는 것을 너무 비싼 값으로 사서는 안 된다.

289

백 년 동안의 검역 ― 민주주의의 여러 제도는 독재적 야심이라는 오래된 뿌리를 지닌 전염병에 대한 검역 기관이다. 그리하여 이들 제도는 매우 유용하며 또 몹시 따분하다.[90]

290

가장 위험한 당원 ― 가장 위험한 당원은, 그자가 탈당하면 당파 전체가 파멸해 버리는 '인물', 즉 가장 뛰어난 당원이다.

291

운명과 위 ― 경마 기수가 버터빵을 많이 먹었는가 적게 먹었는가 하는 것이 이따금 경주와 도박, 즉 수천 명의 행운과 불운을 결정한다. 여러 국민의 운명

---

90) '검역'은 Quarantäne('40'을 뜻함)란 말이 나타내듯이 14세기 이탈리아에서 유럽 전역에 퍼진 흑사병의 공포 때문에 베니스 항구에 들어온 배에서 여행객을 40일간 격리하든가 선박을 정선시킨 데서 유래했기 때문에 아주 '따분한' 셈이다.

이 아직도 외교관들의 손에 맡겨지는 이상 외교관의 위는 언제나 나라를 걱정하는 자들의 불안의 씨일 것이다. '도대체 언제까지'(Quousque tandem).[91]

292

민주주의의 승리─오늘날 모든 정치 세력은 자기를 강화하기 위해 사회주의에 대한 불안을 이용하려고 시도한다. 그러나 결국은 민주주의만이 거기서 이익을 얻는 것이다. 왜냐하면 '모든' 당파는 바야흐로 민중에게 아첨하고, 민중에게 온갖 종류의 편익과 자유를 주고 있으며, 또 이렇게 함으로써 민중은 마침내 전능한 존재가 되기 때문이다. 민중은 소유권 취득의 개혁에 대한 이론으로서의 사회주의로부터 가장 멀리 떨어져 있다. 그리고 그 의회에 대다수를 차지함으로써 일단 과세권을 손에 넣을 경우, 민중은 누진세를 가지고 자본가·상인·투기업자 계층을 공격하고 사실상 서서히 중산계급을 만들어 나갈 것이다. 그리고 민중은 사회주의를 이미 극복한 병으로 망각하는 자격을 갖게 될 것이다. 이러한 민주화 유포가 가져오는 실제적인 결과는 먼저 유럽국제연맹의 형성이라 할 수 있을 것이다. 지리적인 합리성에 따라 한 주의 국민은 지위와 예외법을 소유한다. 이런 경우, 이제까지 모든 국민이 갖고 있던 역사적 기억은 거의 고려되지 않을 것이다. 이런 것에 대한 경건한 마음은 개혁과 실험의 욕구로 가득 차 있는 민주주의 원리의 지배 아래 차츰 뿌리 뽑힐 것이기 때문이다. 또 이런 경우에 필요한 경계의 수정도 모든 커다란 주의 이익 그리고 동시에 국제연맹의 이익에 도움이 되도록 행해지며, 퇴색한 과거의 기억에 도움이 되도록 행해지는 것은 아니다. 그리고 이 경계 수정을 행하기 위한 시점을 발견하는 일이 미래의 외교관들의 임무가 될 것이다. 따라서 외교관들은 동시에 문화 연구가, 농부, 교통 전문가여야 하며, 자기 배후에는 군대가 아니라 논거와 효용성을 지녀야 할 것이다. 그 다음에 국외 정치는 국내 정치와 불가분의 관계로 결합된다. 그러나 현재로선 여전히, 국내 정치는 그 거만한 명령자의 뒤를 따라다니며, 국외 정치가 수확하다 남긴 이삭을 그 초라한 바구니에 주워모으고 있는 상태인

---

91) "카틸리나여, '도대체 언제까지' 그대는 우리의 인내를 남용하는 것인가?"(Quousque tandem abutere, Catilina, patientia nostra?)─당시의 집정관 키케로가 기원전 63년 11월 8일에 책략가 카틸리나를 탄핵하기 위해 원로원을 급히 소집해서 행한 최초의 연설 부분이다.

것이다.

293

민주주의의 목표와 수단—민주주의는 가능한 한 많은 사람들에게 독립성을 주고 보증하려 한다. 즉 의견·생활 양식·생계의 독립성이다. 그러기 위해서 민주주의는 무산자와 참된 부자로부터도 정치적 투표권을 인정해주지 않아야 할 필요가 있다. 인정되지 않은 이 두 계층은 민주주의의 임무를 언제나 되풀이하여 의문시하기 때문에 민주주의는 그것을 없애는 데에 부단히 노력해야 한다. 이와 마찬가지로 민주주의는 당파를 조직화한다고 생각되는 것을 저지해야만 한다. 왜냐하면 앞서 말한 세 가지 뜻에서의 독립성에 항거하는 강력한 적은 무산자와 부자 그리고 당파이기 때문이다. 내가 말하는 것은 어떤 닥쳐오고 있는 것으로서의 민주주의이다. 오늘날 이미 민주주의라고 불리고 있는 것은 단순히 '새로운 말〔馬〕'을 매어 끌고 나간다는 점에서만 과거의 통치 형태와 다를 뿐이다. 길은 여전히 옛길이고 수레 또한 옛것 그대로다. 모든 국민의 복지를 태우는 '이런' 마차의 위험은 과연 줄어들었을까?

294

깊은 사려와 성공—근본적으로는 모든 덕 중의 덕, '깊은 사려'가 지닌 그 훌륭하고 뛰어난 성질도 결코 인생에서는 언제나 성공을 거두지는 못한다. 그리고 성공만을 믿고 이 덕에 구애한 구혼자는 자기가 착각하고 있었음을 알게 될 것이다. 즉 이 덕은 '실천적인' 사람들의 사이에서는 수상쩍은 것으로 여겨지며 음험함과 위선적인 교활함과 혼동되는 것이다. 반대로 분명히 '깊은 사려'가 결여된 자는, 즉 행동이 너무 성급하여 실수를 잘 저지르는 자는 훨씬 정직하며 믿을 수 있는 동료라는 선입견을 준다. 따라서 실천적인 사람들은 사려 깊은 자를 좋아하지 않는다. 그들이 말하듯이 사려 깊은 자는 그들에게 하나의 위험인 것이다. 또 한편 이 사려 깊은 자는 주로 소심하고 편파적이며 획일적이라고 간주된다. 실천적이지 않고 향락적인 사람도 바로 이러한 사람을 불쾌하게 생각하는데, 그것은 이 사람이 자신들처럼 행동과 의무를 생각하지 않고 쉽게 살아가지 않기 '때문'이다. 즉 사려 깊은 자는 자신들 사이에서는 그들의 양심의 화신처럼 보이기 '때문'이며, 또 이러한 사려 깊은 자를 보면 한낮의 밝은 빛도 그들 눈에는 창백해 보이기 '때문'이다. 따라서 이 사람에게 성공과 인기의 혜택이 베풀어지지 않는다 하더라도 그는 늘 이렇게 말하며 자신을 위로해도 되리라. "바로 네가 인간 세계에서 가장 귀중한 재보를 소유하는 대신 치러야 할 '세금'은 이렇게도 높다. 그것에는 그만한 값어치가 있는 것이다!".

295

'나 또한 아르카디아에(Et in Arcadia ego)'[92] —나는 경사진 언덕 너머 뿌연 초록빛 호수 쪽을 전나무와 위엄 있는 노송 사이로 내려다보고 있었다. 내 주위에는 갖가지 모양의 바위가 가로놓여 있고 땅에는 다채로운 꽃과 풀이 있었다. 눈앞에는 한 무리의 소들이 이리저리 움직이고 있었다. 먼 침엽수 숲 곁에 암소들이 한 마리씩 혹은 떼 지어 또렷한 저녁놀 빛을 받고 있었는데, 그래선지 근처의 소 쪽이 오히려 어두워 보였다. 모든 것은 정적과 저녁의 만족스러운 분위기에 감싸여 있었다. 시계는 다섯 시 반을 가리키고 있었다. 무리 속의 한 마리 수소는 하얗게 거품 이는 시냇물에 들어가 넘쳐흐르는 물을 따라가기도 하고 거슬러 올라가기도 하며 천천히 걷고 있었다. 아마 그것이 그 나름의 야생적인 기쁨이었으리라. 암갈색 피부의 두 사람은 베르가모[93] 태생의 목동이었다. 여자 쪽은 거의 사내아이 같은 옷을 입고 있었다. 왼쪽에는 넓은 띠 같이 뻗은 숲 위로 바위의 경사면과 눈밭이 펼쳐졌고 오른쪽에는 내 머리 위 저 높은 곳에서

---

92) 아르카디아는 펠로폰네소스 반도 중앙에 위치하는 산야의 나라. 그 주민은 목양·수렵을 생업으로 하여 하나의 이상향을 만들었다고 여겨져, 일반적으로 목가적·이상적인 전원을 뜻하게 되었다. 'Et in Arcadia ego'란 구절은 그 출전이 상세하지 않지만 사람들 입에 자주 오르내린 것 같으며, 예컨대 실러의 시 〈체념〉(Resignation)(1768년)은 '나 또한 아르카디아에서 태어났건만'(Auch ich war in Arkadien geboren)이라는 구절로 시작되어 있고, 또 괴테는 그 《이탈리아 기행》에서 '나 또한 아르카디아에'(Auch ich in Arcadien)란 말을 택하고 있다. 그리고 가장 중요한 것은 루브르 미술관 소장의 푸생(주94)의 명화 《아르카디아의 목자들》(1650년경 작)이다. 그림 속의 아르카디아의 들에는 하나의 묘석을 둘러싸고 세 사람의 목동과 한 사람의 처녀가 이야기하고 있는데 그 묘석에 'ET IN ARCADIA EGO'의 비명이 새겨져 있어 목동들은 이 비명의 뜻을 새기려고 논의하는 것과 같다. 이 비명의 해석은 여러 가지 있는 모양인데 이 말은 묘석에 의해 상징되는 '죽음'의 말로, 영원한 초록에 빛나는 아르카디아에도 죽음의 그림자는 미치고 있다는 것을 나타낸다는 해석도 전해지고 있다.
93) 북이탈리아 롬바르디아 주의 도시.

얼음에 덮인 두 개의 거대한 바위가 튀어나와 흘러가는 안개 속에 저녁 햇빛을 받고 있었다. 모든 것이 크고 조용하고 밝았다.

이러한 아름다움의 전체는 전율을, 또 아름다움이 계시되는 순간에 느끼는 그 무엇에 대한 숭배심을 일으켰다. 그리고 마치 더 이상 자연스런 일은 없는 것처럼 맑고 찬연한 빛의 세계(동경·기대·예견 등이 전혀 존재하지 않는 세계) 속으로 그리스의 영웅신들을 불러들이는 것이었다.

푸생[94]과 그의 제자가 경험한 것과 같은 것을 느끼지 않을 수 없었다. 즉 영웅적인 동시에 목가적인 감정을 말이다. '그리고 이런 식으로' 개개의 인간들 모두가 '살아왔으'며, 이런 식으로 끊임없이 세계 속의 자기를 또 자기 속의 세계를 '느껴 왔'다. 그리고 이러한 사람들 속에 가장 위대한 사람의 하나, 즉 영웅적이고 목가적인 종류의 철학적 사색의 창시자인 에피쿠로스가 있었던 것이다.

296

계산과 측정—많은 사물들을 관찰하고 함께 고려하고 계산함으로써 거기에서 재빠른 결론과 꽤 확실한 총계를 산출해 내는 것, 이것은 위대한 정치가·장군·상인의 자격을 갖추게 하는 것이다. 즉 하나의 암산의 민첩성이다. '한 가지' 사항을 관찰하고 그 속에서 행동에 이르는 오직 하나의 동기와 그 밖에 모든 행동에 대한 심판자를 보는 것은 영웅과 열광하는 자를 만들어낸다. 즉 하나의 척도에 따른 측정의 숙련이다.

297

너무 일찍 보려고 하지 말 것—무언가를 체험하는 동안에는 이 체험에 몰두해 눈을 감고 있어야 한다. '그 체험 속에서' 관찰자가 되어서는 안 되는 것이다. 그것이 체험을 잘 소화하는 데 방해가 되어 지혜 대신 소화 불량만 얻게 될 것이기 때문이다.

---

94) 푸생(Nicolas Poussin 1593~1665), 프랑스의 화가, 프랑스 고전주의 회화의 대가. 《아르카디아의 목자들》에 보이듯이, 고대적 세계와 구성적인 풍경을 통일한 고요하고 평화로운 화면이 특색.

298

현자의 실천에서—현명해지기 위해서는 어떤 체험을 '원해야만' 한다. 즉 스스로 그 체험의 입 속에 뛰어들어야만 한다. 이것은 물론 매우 위험한 일이다. 그야말로 많은 '현자'들이 그때 모조리 먹혀 버리고 만 것이다.

299

정신의 피로—사람들에게 우리가 때때로 갖는 무관심과 냉담한 태도는 우리의 냉혹함과 성격적 결함으로 해석될 수도 있지만, 단지 정신의 피로에 지나지 않을 경우가 많다. 즉 정신이 피로해 있을 때 우리에게 타인은, 우리 자신이 우리에게 그런 것처럼 아무래도 좋거나 귀찮은 존재인 것이다.

300

'없어서 안 될 것은 하나'[95]—영리한 사람이라면 그에게 중요한 것은 마음에 기쁨을 가지는 일뿐이다. '아!' 하고 누군가 여기에 덧붙였다. "영리한 사람이라면 현명해지는 것이 가장 좋은 일이지."

301

사랑의 증거—어떤 사람이 이렇게 말했다. "나는 두 사람에 대해서 한 번도 깊이 생각한 일이 없다. 이것이 그들에 대한 나의 사랑의 증거다."

302

어떤 방법으로 서툰 논증을 개선하고자 하는가—거의 모든 사람들은 자기의 서툰 논증에다 자기의 인격을 한 조각 덧붙인다. 마치 그렇게 하면 그 서툰 논증이 보다 바르게 궤도를 달리게 되어 올바르고 좋은 논증으로 바뀌게 되기라도 하듯이 말이다. 이는 볼링을 하는 자가 공을 던진 뒤에도 몸짓으로 공의 방향을 제시하려고 하는 것과 똑같다.

---

95) 〈누가복음〉 제10장 42절.

303

합법성—법과 소유권에 대해서 모범적인 인간이라도, 예컨대 소년 시절에 한 번도 남의 뜰에서 과일을 딴 적이 없거나 어른이 되어서도 수확이 끝나지 않은 밭에 달려간 적이 없다고 하더라도, 그것은 그리 대단한 일이 아니다. 이미 알려진 바와 같이 이런 종류의 모범성에 대해서는 뭔가 큰 일보다 작은 일이 더욱 잘 증명하므로 이러한 작은 예를 든 것이지만, 아무튼 그것은 그다지 대단한 일이 아니다. 즉 그러한 경우에도 사람은 늘 겨우 '사회', 즉 인간의 단순한 집단마저도 가질 수 있는 것과 같은 정도의 도덕성을 가진 하나의 '법적 인간'에 지나지 않기 때문이다.

304

인간—가장 겸손한 인간이 자기를 자연과 세상에서 '인간'이라 느끼는 허영심에 비교하면 가장 허영적인 인간이 갖는 허영심 따위는 아무것도 아니다!

305

가장 필요한 체조—작은 일에 대한 자제심이 결여되면 큰일에 대한 자제력도 없어지고 만다. 적어도 하루에 한 번 뭔가 작은 일을 '단념'하지 않았다면 그 하루는 잘못 쓴 것이며 이튿날에는 하나의 위험이 된다. 자기 자신이 주인이라는 기쁨을 유지하고 싶다면 이 체조를 반드시 해야 한다.

306

자기자신을 잃는다—비로소 자기 자신을 발견했을 때, 우리는 이따금 자기를 '잃고' 그런 다음 또다시 발견하는 법을 깨달아야 한다. 단 그가 사상가라는 것을 전제로 한다면 말이다. 즉 늘 '하나의' 인격에 묶여 있는 것은 사상가에게 해롭기 때문이다.

307

언제 결별이 필요한가—그대가 인식하고 측정하려고 생각하는 것과 결별하지 않으면 안 된다. 적어도 한때는 결별해야 한다. 그대가 도시를 떠났을 때 비

로소 그대는 그 거리에 있던 수많은 탑들이 즐비한 집들 위로 얼마나 높이 솟
아 있는가를 볼 것이다.

308

정오에—활동적이고 폭풍이 많은 삶의 아침을 부여받은 자의 영혼은, 삶의
정오에 여러 달 혹은 여러 해 동안 이어질 수 있는 이상한 안식의 욕구에 사로
잡힌다. 그의 주위는 고요해지고 들려오는 모든 소리도 아득히 더욱 멀어진다.
그리고 태양은 곧장 머리 위에서 그를 비춘다. 사람의 눈이 닿지 않는 숲의 풀
밭에서 그는 위대한 목양신 판[96]이 자는 것을 본다. 자연의 모든 사물은 목양신
과 함께 잠들어 있다. 얼굴에 영원의 표정을 나타내면서. 그는 이렇게 생각한다.
그는 아무것도 의욕하지 않는다. 아무것도 걱정하지 않는다. 그의 심장은 멈추
고 눈만이 살아 있다. 그것은 이른바 눈뜬 죽음이다. 인간은 거기에서 전에 본
적 없는 많은 것을 본다. 그리고 그가 바라보는 한 모든 것은 하나의 빛의 그물
속에 엮이고 그 속에 묻혀 있다. 그때 그는 스스로 행복하다고 느낀다. 그러나
그것은 하나의 무겁고도 둔한 행복이다.

그때 마침내 바람이 나무 사이에서 일어난다. 정오는 지나간 것이다. '삶'이 그
것을 빼앗아 다시 자신에게로 가져간 것이다. 눈먼 삶이, 그리고 그 뒤에 폭풍
과도 같은 소원·기만·망각·향락·파괴·덧없음이 수행원처럼 따라온다. 그리고
저녁이 닥쳐온다. 그 저녁은 아침이 그랬던 것보다 더 많은 폭풍이 몰아치고 더
활동적이다. 참으로 활동적인 인간에게는 꽤 오래 이어지는 인식의 이러한 여
러 상태는 거의 생경한, 또 병적인 것으로 보인다. 그러나 불쾌하지는 않다.

309

자기를 그려준 화가를 주의할 것—한 인간이 가질 수 있는 가장 충만한 표

---

96) '판(Pan)'은 원래 그리스 신화 속 아르카디아 산야의 요정으로 목축의 신. 상반신은 수염이
있는 인간의 모습인데 머리에 염소 뿔이 있고 허리 아래는 염소 다리며 발굽이 있다. 즐겁
고 활발하게 산야를 뛰노는데, 까다롭고 화를 잘 내는 면도 있어, 특히 여름철 한낮은 그가
늘 낮잠 자는 시각으로, 목동들은 그의 잠을 깨워 노여움을 사지 않도록 주의해야만 했다
고 한다.

정과 순간을 초상화 속에 나타내고 그려낸 위대한 화가는 그 초상화의 인물을
나중에 실제 현실에서 만나게 되면 언제나 그 사람의 풍자화를 보고 있는 것으
로 생각하게 될 것이다.

310

새로운 삶의 두 가지 원칙—첫째 원칙은 가장 확실한 것과 가장 증명하기
쉬운 것을 목표로 해서 삶을 설정할 필요가 있다는 것이다. 즉 이제까지처럼 가
장 먼 것, 가장 불확실한 것, 지평선의 구름과 같은 것을 목표로 하지 말 것. 둘
째 원칙은 자기 삶을 정리해서 결정적인 방향을 잡기 전에, 가장 가까운 것과
보통 가까운 것, 확실한 것과 그다지 확실치 않은 것의 '순서'를 뚜렷하게 구분
해 두어야 한다는 것이다.

311

화를 잘 내는 위험한 성격—재능은 있으나 '게으른' 사람은 자기 친구 가운
데 한 사람이 뛰어난 일을 성취하면, 언제나 조금 화가 난 것처럼 보일 것이다.
이것은 그들의 질투심이 솟구치고 자기들의 게으름을 부끄러워하기 때문이다.
아니 오히려 그들은 그 친구가 이제 이전보다 더 '한결' 자기를 경멸하게 될 것
을 두려워하는 까닭이다. 이러한 기분으로 그들은 그 새로운 성취를 비판한다.
그러므로 그들의 비판은 복수가 되는데, 이것은 그 일을 이룩한 본인에게는 아
주 기이하게 느껴진다.

312

환상의 파괴—환상은 확실히 값비싼 위안이다. 그러나 환상의 파괴는 더 비
싸다. 명백히 많은 사람들이 그러듯이 파괴도 위안으로 볼 경우엔 더더욱 그
렇다.

313

현자의 단조로움—암소는 이따금 놀라는 표정을 짓는데, 물론 그 놀람은 '의
문'에 이르는 도중에 그치고 만다. 이에 반해서 높은 지성을 지닌 자의 눈에는

구름 한 점 없는 하늘의 단조로움과 비슷한 '놀라움이 없는 상태(nil admirari)'[97]
가 펼쳐지고 있다.

314

너무 오래 병을 앓지 말 것—지나치게 오래 병을 앓지 않도록 조심해야 한다. 왜냐하면 곁에서 보고 있는 자들은 늘 동정을 표해야 한다는 의무를 마침내는 참을 수 없게 되기 때문이다. 즉 그들에게 이 '동정을 보이는' 상태를 오랫동안 그럴듯하게 유지해 가는 것은 너무도 힘든 일이기 때문이다. 그들은 곧 다음과 같은 결론을 내려 그대들의 성격에 죄를 덮어씌우게 된다. "그대들은 **응당** 그럴 만해서 병을 앓고 있는 것이다. 그러니 우리가 괜히 동정할 필요가 없다."

315

광신자들을 위한 경고—기꺼이 영혼을 빼앗고 싶거나 쉽게 영혼을 높은 곳으로 가져가고 싶어 하는 자는, 그것이 너무 무거워지지 않도록, 즉 예컨대 너무 많은 것을 배우지 않도록, 특히 학문을 자신 속에 '가득 채우지 않도록' 주의해야 한다. 학문은 사람을 무겁게 만든다! 주의하라 광신자들이여!

316

자신을 기습해 놀라게 하는 것—자기의 있는 그대로의 모습을 보려 하는 자는 횃불을 들고 자기 자신을 '기습하여 놀라게 하는' 방법을 터득해야 한다. 왜냐하면 정신에 대한 사항은 육체에 대한 사항과 같은 사정에 있기 때문이다. 자기를 거울 속에 비춰보는 일에 익숙해 있는 자는 언제나 자기의 추한 모습을 잊고 있다. 비로소 화가에게 그려짐으로써 그는 이 추한 인상을 다시 받게 된다. 그러나 그는 이 그림에도 익숙해져 거듭 자기의 추한 모습을 잊는다. 왜냐하면 인간은 불변의 추악함이라는 것을 '견딜 수 없다'는 일반 원칙 때문이다. 추악함이란 한순간의 이야기고, 인간은 어떠한 경우에도 그것을 잊거나 부정한다. 도덕주의자들은 그들의 여러 원리를 제시할 수 있기 위해서는 사람이 자기의 추

---

97) 'nil admirari'는 무슨 일에도 놀라지 않는다는 뜻.

악함에 견딜 수 없음을 느끼는 이 '순간'을 노려야 한다.

317

의견과 물고기—사람은 물고기를 소유하듯이 자기 의견을 갖는다. 그 사람이 양어장의 소유자라면 말이다. 낚시하러 가면 우리는 운이 좋아야 한다. 그러면 '자기의' 물고기, '자기의' 의견을 얻을 수 있다. 내가 여기에서 말하는 것은 살아 있는 의견, 살아 있는 물고기다. 다른 자들은 화석의 진열장을 갖는 데 만족한다. 즉 자기 머릿속에 '신념'을 소유하는 것에 만족하는 것이다.

318

자유와 부자유의 징후—비록 불완전하더라도 자기의 필연적인 여러 욕구를 될 수 있는 한 스스로 만족시키는 일, 이것이 '정신과 인격의 자유'로 나아가는 방향이다. 한편 쓸데없는 욕구도 포함한 여러 욕구를 남의 손을 빌려 하는 일, 더구나 될 수 있는 대로 완전히 만족하는 일, 이것은 사람을 '부자유' 쪽으로 키우는 것이다. 내면으로나 외면으로나 자기 몸에 지녀야 할 모든 것을 스스로 얻고 스스로 만든 소피스트 히피아스[98]는, 바로 그렇기 때문에 정신과 인격의 최고의 자유로 나아가는 방향에 일치하는 사람이다. 모든 것이 똑같이 훌륭하고 완전하게 이루어진 것이 중요한 것은 아니다. 긍지만 있으면 그것이 결함 있는 부분을 보완해 주기 때문이다.

319

자기 자신을 믿는 일—오늘날 자기 자신을 믿는 모든 자는 신용을 받지 못한다. 그런데 과거에는 자기 자신을 믿는 것이 다른 사람으로 하여금 자기를 믿게 하는 데 충분한 때가 있었다. '오늘날' 신용을 얻기 위해 필요한 처방은 이런 것이다. "그대 자신을 애석하게 여겨서는 안 된다! 그대의 의견이 신용의 빛에 싸이기를 바란다면, 먼저 그대 자신의 오두막에 불을 질러라!"

---

98) 히피아스(Hippias)는 기원전 5세기 무렵의 그리스 철학자. 프로타고라스의 후배 소피스트로서 플라톤의 '대 히피아스' 및 '소 히피아스'의 대화편에 나온다.

320

더욱 풍부하게, 동시에 더욱 빈곤하게—어릴 때부터 이미 인간의 지성에 대해서, 즉 정신적 사항에 대한 인간의 참된 헌신적인 태도에 대해, 또 진실로 인식된 것에 대한 인간의 사심 없는 우대에 대해, 또 그 밖의 것에 대해서 충분히 생각하는 습관을 지녔고, 반면에 자신의 두뇌(판단, 기억력, 정신의 침착성, 상상력)에 대해서는 겸손한 평가를 내리는, 아니 오히려 낮게 평가하는 것이 습관화되어 있었던 한 사람[99]을 나는 알고 있다. 그는 자기를 다른 사람과 비교할 때마다 스스로를 아주 보잘것없는 존재로 느꼈다. 그런데 세월이 흐름에 따라 그는 비로소 수백 번이나 이 점에서 다시 배워야 할 처지에 빠지게 되었다. 우리는 이것이 그에게 커다란 기쁨이며 만족이었다고 생각할지 모른다. 사실 그러한 일도 몇 번 있기는 했다. 그러나 그가 언젠가 다음처럼 말한 적이 있었다.

"그러나 전에 내가 알지 못했던 가장 쓰디쓴 고충이 섞여 있었다. 왜냐하면 내가 나 자신과 사람들을[100] 더 공정하게 평가하게 된 뒤로 나에게는 내 정신이 더 쓸모없는 것처럼 여겨지기 때문이다. 나는 내 정신을 통해 아직 그 어떤 좋은 것을 남에게 보일 수 없다고 생각한다. 다른 사람들의 정신이 그것을 받아들이는 방법을 알고 있지 않기 때문이다. 나는 이제 구원해 주는 자와 구원을 필요로 하는 자 사이의 끔찍한 균열을 늘 눈앞에 보고 있다. 그래서 나는 내 정신을 자신을 위해 소유하고 그것을 혼자서 누려야 한다는 곤경에 시달리고 있다. 그러나 '주는 것'은 '소유하는 것'보다 행복하다. 그리고 아무리 풍부한 자라도 '사막'과 같은 황량한 고독 속에 있다면 도대체 무슨 소용이 있겠는가!"

321

어떻게 공격할 것인가—뭔가를 믿거나 믿지 않는 근거가 '가능한 만큼' 강력한 경우는 극소수의 사람들에게만 있는 일이다. 보통 무언가에 대한 사람의 신념을 뒤흔들기 위해서는 덮어놓고 가장 강한 공격용 대포로 밀고 나갈 필요가 전혀 없다. 많은 사람들의 경우 어느 정도 소란을 떨면서 달려들어 공격하면 목

---

99) 분명히 니체 자신을 암시하고 있으리라.

100) 그 뒤에 프랑스 역서에서는 'par rapport aux besoins intellectuels(정신적 욕구의 점에서)라는 구가 삽입되어 있는데, 어느 독일판 원문에도 보이지 않는다.

적은 충분히 이루어진다. 때로는 장난감 딱총으로도 충분할 정도다. 허영심이 몹시 심한 자들에게는 가장 강한 공격을 하는 '시늉'을 해 보이는 것만으로 족하다. 그들은 자기들이 매우 진지하게 받아들여지고 있다고 여겨, 기꺼이 물러나기 때문이다.

322

죽음—죽음에 대한 확실한 전망을 가질 수 있다면, 모든 사람의 삶에 한 방울의 맛좋고 향기로운 경쾌한 마음이 섞일 수 있을 텐데. 그런데 그대들 기이한 정신의 약사들[101]은 '죽음'에의 전망에서 한 방울의 맛없는 독약을 만들어 왔던 것이다. 그것으로 삶 전체가 싫어지는 독약을!

323

후회—결코 후회해서는 안 된다. 후회하지 말고 오히려 자기에게 이렇게 말해야 한다. 후회한다는 것은 하나의 어리석음에 또 다른 어리석음을 더하는 것이라고. 어떤 실패를 저질렀을 때는, 다음번에는 좋은 일을 하도록 마음먹어야 한다. 그리고 자기 행위 때문에 벌을 받을 때는 그 벌을 받음으로써 이미 어떤 좋은 일을 하고 있다는 기분으로 그 벌을 견뎌 내야 한다. 즉 그는 또다시 그런 어리석은 행동에 빠지지 않도록 다른 사람에게 경고하고 있는 것이기 때문이다. 형벌을 받는 모든 범죄자는, 자기가 인류의 은인이라 생각해도 좋으리라.

324

사상가가 되려면—적어도 하루의 3분의 1을 정열, 인간, 책 없이 지내지 않는다면 어떻게 사상가가 될 수 있는가?

325

가장 좋은 치료제—조금 건강 상태가 나빠지고 좋아지는 것이 환자에게는 최상의 치료제다.

---

101) 성직자·신학자·도덕 설교자를 뜻함.

326

만지지 말라─어떤 문제를 해결하기는커녕, 문제를 더 얽히게 하고 풀기 어렵게 만들어 그 문제를 처리하려는 모든 사람들을 힘들게 하는 지긋지긋한 자들이 있다. 못대가리를 똑바로 칠 줄 모르는 자에게는 결코 못을 박지 말라고 부탁해야 한다.

327

잊혀진 자연─우리는 자연에 대해서 이야기하면서 우리 자신을 잊어버린다. '그럼에도'(quand même) 우리 자신이 자연이라는 사실을. 따라서 자연이라는 것은 우리가 그 이름을 입에 올릴 때 느끼는 것과는 뭔가 전혀 별개의 것이다.

328

깊이 있는 맛과 따분함─깊은 샘의 경우와 마찬가지로 깊이 있는 인간 속에 무언가가 떨어지면 그것이 바닥에 이르기까지는 오랜 시간이 걸린다. 보통 충분히 오래 기다리지 못하는 성미를 가진 사람들은 주로 이러한 사람들을 무감각하고 냉혹하다고, 심지어 따분한 사람이라고 여긴다.

329

자신에게 충실을 맹세해야 할 때는 언제인가─우리는 이따금 자기 재능에 모순되는 정신의 방향으로 잘못 빠져들게 된다. 먼저 잠시 동안은 홍수와 바람에 맞서, 그러나 결국은 자기 자신에 대항해서 영웅적인 투쟁을 한다. 그러나 우리는 지치고 숨이 차게 된다. 이것으로써 우리가 이룰 수 있었던 것도 우리에게 아무런 참된 기쁨이 되지 않는다. 이만한 성과를 올리는 데 손실이 너무 크다고 생각하는 것이다. 그뿐만 아니라 우리는 자기의 결실에 대해, 자기 미래에 대해 '절망'한다. 한창 승리하고 있을 때에도 그럴 것이다. 그러나 마침내 우리가 '되돌아올' 때가 온다. 그리고 이제 우리의 돛에 순풍이 불어와서 우리를 '우리의' 항로로 밀어 움직여 준다. 얼마나 행복한 일인가! 얼마나 우리는 '승리의 확실성'을 스스로 느낄 것인가! 이제 비로소 우리는 자기가 어떤 자이며 무엇을 바라는지를 안다. 이제 우리는 자기에게 충실을 맹세한다. 또 '맹세할 자격이 있는’ 것이다.

330

일기예보하는 자—우리의 머리 위 어느 방향으로 바람이 부는지를 구름이 우리에게 알려 주는 것과 마찬가지로 가장 경쾌하고 가장 자유로운 정신의 사람들은 그들이 나아가는 방향으로 다가올 날씨를 예보해 준다. 골짜기의 바람과 오늘날 시장에 모여든 사람들의 의견은 앞으로 올 것에 대해서는 아무것도 알려 주는 바가 없고 오직 전에 있었던 것을 이야기할 뿐이다.

331

끊임없는 가속도—일을 느긋하게 시작하며 좀처럼 어떤 일에 통달하기 힘든 사람들은 때때로 나중에 끊임없는 가속도의 특질을 드러낼 때가 있다. 그래서 결국에는 흐름이 그들을 어느 방향으로 끌고 갈지 아무도 알지 못할 정도로.

332

세 가지 좋은 것—위대함·안식·햇빛, 이 세 가지는 사상가로서의 인간이 바라고 자신에게 요구하는 모든 것을 담고 있다. 즉 그의 갖가지 희망과 의무, 지적이며 도덕적인 것에 대해서, 나아가서는 일상 생활 양식과 그가 살고 있는 곳의 경치까지도 담고 있다. 이러한 세 가지 좋은 것에는 첫째로 ‘용기를 북돋는’ 사상이, 다음에는 ‘어지러운 일을 가라앉히는’ 사상이, 그리고 셋째로는 ‘밝게 해주는’ 사상이 일치한다. 그러나 넷째로는 이들 세 가지 특질 모두에 관여하고 지상의 모든 사물을 빛나게 하는 사상이 있다. 그것은 위대한 ‘세 가지 기쁨’이 다스리는 세계다.

333

‘진리’를 위해 죽는다는 것—우리는 우리가 갖고 있는 의견 때문에 자신을 불태워 죽이는 일은 하지 않으리라. 이는 우리가 자기 의견을 그만큼 확신하지는 못하기 때문이다. 그러나 아마도 우리가 자기 의견을 가질 자격을, 그리고 그것을 바꿀 자격을 얻기 위해서는 그렇게 할 것이다.

334

자기의 규정 가격을 가질 것―자기의 실제 값대로 세상에 '통용'되고자 하는 사람은 뭔가 자기의 '규정 가격'을 갖지 않으면 안 된다. 그러나 통속적인 사람만이 규정 가격을 갖는다. 따라서 그러한 요구는 선견지명이 있는 겸허함이나 어리석은 불손함의 결과이다.

335

건축가의 도덕―집이 모두 세워졌으면 비계(飛階)는 철거해야 한다.

336

소포클레스 학파―그 누가 그리스인보다 더 많은 물을 술에 섞어 마셨단 말인가! 냉정함과 우아함의 결합, 이것이 소포클레스 시대와 그 뒤의 아테네인이 지닌 귀족적인 특권이었다. 할 수 있는 자는 이것을 흉내내어 보라! 생활에서든 창작에서든!

337

영웅적인 것―영웅적인 것은 다른 자들과의 경쟁으로 자기를 그들과 '대등'하다거나 그들보다 '우위'에 있다고 느끼는 일 없이 위대한 일을 이룩하는(또는 '위대한 방식으로 무언가를 이룩하지 않는') 데 존재한다. 영웅은 어디를 가든 언제나 황야와 사람의 출입을 허용하지 않는 변경(邊境)의 성역을 지니는 자다.

338

자연이라는 제2의 자아―우리는 이따금 자연의 풍경 속에서 우리 자신을 재발견하고 쾌적한 전율을 느끼곤 한다. 이것은 가장 아름다운 제2의 자아[102]다.

---

102) '제2의 자아(Doppelgängerei)' 또는 도플갱어는 본디 영혼이 이따금 육체를 떠나 그림자로서 뒤따르거나, 같은 때에 육체가 있는 곳과는 다른 장소에 나타난다는 민속 신앙적 또는 신비학적인 개념. 꿈·거울 속의 영상·사람 그림자, 환각 등의 체험과 연결되어 있으리라. 자기 자신의 도플갱어를 보는 것은 죽음이 다가오고 있음을 알리는 것이라고도 한다.

바로 이런 곳에서 그러한 감정을 느끼는 자는 얼마나 행복한가. 엄청난 맑은 10월의 공기 속에서, 아침부터 밤까지 장난꾸러기처럼 즐겁게 부는 바람의 유희 속에서, 이 맑디맑은 밝음과 더할 나위 없이 부드러운 공기 속에서, 엄청난 만년설 옆에 아무런 두려움도 없이 가로놓인 이 고원의 구릉·호수·숲이 하나가 되어 빚어내는 우아하고도 엄숙한 분위기 속에서, 이탈리아와 핀란드가 이어진 것 같은 그리고 자연이 갖는 모든 은빛 색조의 고향인 듯 여겨지는 이 고장[103] 에서. 그리고 이렇게 말할 수 있는 사람은 얼마나 행복한가. "확실히 자연에는 여기보다 훨씬 더 웅대하고 아름다운 곳이 있으리라. 그러나 '여기야말로' 마음을 터놓을 수 있는 친밀하고 피로 맺어진 곳, 아니 그 이상의 장소이다."

339

현자의 붙임성—현자는 왕족처럼 무의식중에 다른 사람들과 붙임성 있게 사귈 것이다. 그리고 그들 사이에 재능·계급·예의범절의 어떠한 차이가 있더라도 그들을 같은 인간으로서 대할 것이다. 그런데 바로 이 점이 사람들이 그러한 사실을 눈치채기가 무섭게 현자를 매우 나쁘게 여기게 되는 이유다.

340

황금—금이라고 해서 모두 반짝이는 것은 아니다. 가장 고귀한 금속은 부드러운 빛을 낸다.

341

바퀴와 멈춤 장치—바퀴와 멈춤 장치는 서로 다른 의무를 가지면서 또 동일한 의무도 한 가지 갖는다. 서로 고통을 주어야 하는 의무다.

342

사상가의 장애—사상가로 하여금 그의 사상을 멈추게 하는(세상 사람들이 말하듯이 방해하는) 모든 것에 대해서 사상가는 평화로운 눈길로 보아야 한다.

---

103) 주 92의 후단을 참조.

마치 그에게 봉사하기 위해서 문을 들어선 새로운 모델을 바라보는 예술가처럼. 중단이라는 것은 고독한 자에게 음식을 날라다 주는 까마귀와 같다.

343

많은 정신을 갖는 일—많은 정신을 갖는 것은 '젊음'을 유지해 준다. 그러나 바로 이 때문에 실제 자기보다 더 '늙어' 보이는 것은 참아야 한다. 왜냐하면 사람들은 얼굴에 새겨진 정신의 주름을 '인생 경험'의 흔적, 즉 많이 또 나쁘게 '살아 왔다는' 것과 고통, 착오, 후회의 흔적이라고 생각하기 때문이다. 따라서 많은 정신을 갖고 그것을 드러내는 자는 실제 자기보다 더 늙게 그리고 더 '나쁘게' 여겨지는 법이다.

344

어떻게 이겨야만 하는가—종이 한 장 차이로 상대를 능가할 수 있는 가망성밖에 없을 때는 승리를 얻으려고 생각하지 말아야 한다. 훌륭한 승리라는 것은 패한 사람까지도 기쁜 마음으로 받아들일 수 있는 것이어야 한다. 즉 그것은 상대에게 '치욕'을 면하게 하는 어떤 성스러움을 지녀야 한다.

345

뛰어난 정신을 가진 자들의 망상—뛰어난 정신을 가진 사람들은 어떤 망상으로부터 벗어나려고 노력한다. 즉 그들은 자기가 평범한 자들의 질투의 대상이며 또 그러한 자들에게서 예외적인 존재로 느껴지고 있다고 믿는 것이다. 그러나 사실 그들은 불필요한 존재로 느껴지며 또 없으면 없는 대로 그다지 이상하게 느끼지 않는 존재로서 여겨질 '뿐'이다.

346

청결을 요구하는 일—자기 의견을 바꾸는 것은 어떤 본성을 가진 사람들에게는 옷을 바꿔입는 것과 마찬가지로 청결을 요구하는 일이다. 그러나 다른 본성을 가진 자들에게 그것은 그들의 허영이 요구하는 일에 지나지 않는다.

347

역시 영웅의 가치가 있다─과일이 익자마자 곧 나무를 흔드는 일밖에 하지 않았던 한 영웅이 여기에 있다. 그대들은 이것을 너무나 하찮은 일이라고 여기는가? 그럼 먼저 그가 흔든 나무를 보라.

348

지혜는 무엇으로 측정되는가─지혜의 늘어남은 불만의 줄어듦으로 정확하게 측정된다.

349

오류를 불쾌한 말투로 말한다─진리가 유쾌한 말투로 이야기되는 것은 누구의 취향에도 맞지 않는다. 그러나 적어도 오류가 '불쾌한' 말투로 이야기된다고 해서 그것이 진리로 통하리라고 믿는 사람은 아무도 없으리라.

350

황금의 표어─인간에게는 동물처럼 행동하는 것을 잊게 하기 위해서 많은 쇠사슬이 매어져 있다. 그리고 실제로 인간은 어떠한 동물보다도 온화하고 정신적이며 즐거워 보이고 신중해졌다. 그러나 그는 이렇게도 오랫동안 쇠사슬을 끌고 왔다는 것, 이렇게도 오랫동안 맑은 공기와 자유로운 운동을 뺏겨 온 것에 아직도 괴로워하고 있다. 그런데 이 쇠사슬은, 여러 번 되풀이해서 말하지만 도덕적·종교적·형이상학적 여러 관념의 무겁고 교묘한 온갖 오류인 것이다. 이 '쇠사슬의 병'도 극복했을 때 비로소 최초의 큰 목표, 즉 인간을 동물로부터 완전히 분리하는 것을 이루게 된다. 이제 우리는 이 쇠사슬을 없애는 일을 할 적당한 때에 와 있다. 그리고 우리는 이 일을 할 때 더없이 주의해야 한다. '정신의 자유'를 부여받을 자격이 있는 것은 이미 '고귀하게 된 인간'뿐이다. 오직 그에게만 '삶의 경쾌함'이 다가오고 그의 상처를 그 향유로 씻어 주는 것이다. 그야말로 '기쁨'을 위해 살아 있으며 그 밖의 어떠한 목표를 위해서 살고 있는 것이 아니라고 말할 자격을 갖는다. 그러나 "내 주위에 평화를, 그리고 모든 가장 가까운 사물에 대한 기쁨을"이라는 그의 표어는 누구든 그 밖의 자가 말할 때에는 위험한 것이 될 것이다. 몇몇 개인을 위해 이 표어를 말할 때, 그는 '모든 사람'에게 적용되었고 온 인류의 머리 위에 계속 머물러 있었던 하나의 오래되고 위대하며 감동적인 말을 떠올리는 것이다. 너무나 일찍 그것으로 자기 깃발을 장식하는 자는 모두 그 때문에 파멸하고야 마는, 또 이미 그리스도교가 그 때문에 파멸한 하나의 표어, 하나의 상징을 말이다. 요즘도 여전히 그 목동들에게 있었던 것과 같은 일이 모든 사람에게 일어나는 '때는 아닌' 것 같다. 그것은 머리 위의 하늘이 빛나는 것을 보며, "땅에는 평화, 사람들에겐 기쁨이 함께 있으라"[104]는 말을 듣는 목동들에게나 있는 일이다. 오늘도 여전히 '개인들의 시대'인 것이다.

※

　그림자 : 그대가 말한 모든 것 가운데 하나의 약속보다 더 내 마음에 든 것은 없었네. 그대들이 '또 다시 가장 가까운 사물의 좋은 이웃'[105]이 되려고 한다는 약속 말이야. 이것은 우리들 보잘것없는 그림자들에게도 도움이 될 테지. 왜냐하면 이제 고백하자면, 그대들은 이제까지 우리를 비방해 왔기 때문이지.

　방랑자 : 비방이라고? 그런데 왜 그대들은 한 번도 자기 변명을 하지 않았는가? 그대들 바로 곁에 우리의 귀가 있는데도.

　그림자 : 우리의 일을 이야기하기에는 우리가 그대들과 지나치게 가까이 있는 줄 알았지.

　방랑자 : 매우 섬세하군! 아, 그대들 그림자란 우리보다도 '뛰어난 인간'이라는 것을 겨우 알았어.

　그림자 : 하지만 그대들은 우리를 '뻔뻔스럽다' 하지 않았나? 적어도 한 가지만은, 즉 침묵을 지키며 기다리는 일만은 잘 알고 있는 우리를 말이야. 어떤 영국인이라도 우리보다 이 일을 잘 알고 있지는 못할 거야. 우리가 인간을 매우 자주 따라다니고 있음은 사실이야. 하지만 그의 노예로서 따라다니는 것은 아니야. 인간이 빛을 피할 때, 우리는 인간을 피하지. 하여튼 그만큼의 자유는 가

---

104) 〈누가복음〉 제2장 14절.
105) 〈방랑자와 그 그림자〉의 아포리즘 16.

지고 있지.

방랑자 : 아, 빛이 훨씬 자주 인간을 피하지. 그리고 그럴 경우엔 그대들도 인간을 피하는 거야.

그림자 : 나는 자주 괴로웠지만 그대를 내버려둬 왔네. 지식욕이 있는 나에게도 인간의 여러 점이 확실하지 않았기 때문이야. 그것은 내가 언제나 인간 주위에 있을 수는 없기 때문이지. 인간에 대한 완전한 인식을 얻을 수 있다면 나는 아마도 기꺼이 그대의 노예가 될 거야.

방랑자 : 그대가 알겠는가, 내가 알겠는가? 그대가 그때 뜻밖에도 노예에서 주인이 될는지? 그렇잖으면 노예인 채로 있다 하더라도 그대 주인의 모욕자로서, 굴욕과 구토증을 느끼는 삶을 보내야만 하는 것이 아닌지? 하지만 우리 둘은 그대에게 이제껏 남겨졌던 그만한 자유로 만족하는 게 어떨까? 그대와 나에게 주어진 그 자유로 말이지! 왜냐하면 자유롭지 못한 자를 보면 최대의 기쁨도 고충으로 변하기 때문이야. 아무리 훌륭한 일이라도 누군가가 거기에 나와 함께 억지로 관여하게 된다면 나는 싫증이 나지. 나는 내 주위에 노예가 있는 건 바라지 않아. 그래서 나는 꼬리를 흔들며 아첨하는 개라는 게으른 동물도 싫어. 그 녀석은 인간의 노예로서 처음으로 '비굴하게' 된 녀석이야. 그리고 인간들은 오늘날에도 이렇게 말하며 그 녀석을 칭찬하지. "개는 주인에게 충실하며, 주인에게 복종하는 것이 마치 그의……."

그림자 : 그래, 그의 그림자 같다고 인간들은 말하지. 나도 오늘은 그대 뒤를 너무 오래 붙어 다녔군. 오늘은 가장 지루한 날이었어. 하지만 이제 오늘 하루도 끝나려고 해. 조금만 더 참아 줘. 잔디가 축축해져 좀 춥군.

방랑자 : 오, 벌써 헤어질 시간이 되었나? 그런데 나는 결국 그대를 괴롭히는 처지가 되었음이 틀림없어. 그대의 얼굴이 어두워진 것을 보았거든.

그림자 : 나는 붉어진 거야. 내가 낼 수 있는 유일한 색깔로 말이야. 나는 그때 생각이 났어. 내가 이제껏 너무 자주 개처럼 그대의 발 밑에 엎드려 있었다는 것을. 그리고 그대가 그때…….

방랑자 : 그런데 내가 급히 서둘러서 그대를 위해 무엇인가를 해줄 수는 없을까? 그대는 무엇을 바라는가?

그림자 : 아무것도 원하지 않아. 저 철학자의 '개'[106]가 알렉산더 대왕 앞에서
바란 것 말고는. 나에게 햇볕이 비치게 조금만 비켜 주게. 몹시 춥군.

방랑자 : 내가 어떻게 하면 좋겠나?

그림자 : 그 전나무 사이에 들어가 산을 바라봐 주게나. 해가 저물고 있어.

방랑자 : 그대는 어디에 있는가? 어디로 가 버렸는가?

------

106) 견유파의 철학자, 디오게네스를 말함.

I

서문—도중에 읽어야 할 여행 안내

일정한 직업의 테두리 안에서 바쁘게 일하는 사람들은 저마다 세상 물정에 대한 일반적인 견해들을 거의 변함 없이 갖고 있다. 그 견해들은 그들의 머릿속에서 차츰 굳어지고 나날이 전제 군주적으로 되어가기만 한다. 그러므로 그것들을 버리게 하는 기회가 매우 중요하다. 이런 경우를 당해야만 비로소 새로운 개념들과 감정이 다시 밀려들 수 있고, 인간의 힘이 일상적인 의무와 관습이 부과하는 요구 때문에 헛되이 소비되는 일도 없기 때문이다. 사람들은 모두 정신 건강을 위해 많은 여행을 해야 한다. 그리고 할 일이 많으면 많을수록 더 많은 여행을 해야 하는 것이다. 그러므로 일반적인 견해들의 변경을 자기 임무로 여기는 자들은 여행자에게 말을 걸어야 한다.

그러나 이러한 특정 관심으로부터는 특정한 전달 형식이 생겨나게 된다. 왜냐하면 여행의 공중을 날아오르는 성격과 한곳에 머물지 않는 본질은 가장 참을성 있는 주의력만이 가까이할 수 있고, 몇 주일 동안에 걸친 한적함과 가장 은둔적인 고독을 요구하는 구구절절 늘어진 사상 체계를 받아들이지 않기 때문이다. 처음부터 끝까지 읽지는 않더라도, 자주 펼쳐지는 책이 없어서는 안 된다. 즉 오늘은 이 문장에, 내일은 저 문장에 관여하며, 그때마다 새롭게 정성껏 성찰해 간다. 그리고 정신이 우리를 몰아세우는 대로 찬성하거나 반대하고, 몰입하거나 그것으로부터 벗어나서, 그때마다 머리가 맑아지고 형편이 좋아져 가는 그러한 독서법인 것이다. 이렇게 해서 추구된(강제된 것이 아니기 때문에 참다운) 성찰로부터 견해의 전체적인 형편에 대한 어떤 변화가 서서히 일어나게 된다. 그리고 이와 함께 마치 활에 새로운 줄이 매이고 전에 없이 힘차게 죄어진 듯한 정신의 전체적인 회복감이 생긴다. 즉 많은 성숙이 이루어지는 것이다.

이러한 준비를 끝낸 다음에 이 책을 대할 경우, 더욱 중요한 또 하나의 문제가 남아 있다면, 거기에 대답할 수 있는 것은 내가 아니다. 서문은 저자의 권리다. 그러나 평가는 독자의 권리다.

1877년 7월 26일 로젠라우이 바트

프리드리히 니체

II

서문

　자신이 쓴 책 앞에 서서 그 얼굴을 의아스러운 듯이 바라보는 저자가 '이것이 나 자신인가, 아닌가?' 중얼거린다. 이런 일이 저자에게 일어난다면, 그의 수많은 저서의 독자들은 얼마나 자주 이러한 느낌을 품어야만 할까? 그들이 저자를 개인적으로 모르고, 그가 단지 그 저서의 정신과 성격으로 독자들의 마음에 그려질 뿐일 경우에는 특히 그렇다. 따라서 이런 독자들, 더욱 높은 대담한 격려자이자 옹호자로서 언제나 내 마음속에 떠오르는 믿을 만한 독자들에게 나는 하나의 설명을 해야 하는데, 그것은 이 책이 무엇인가에 대한 것이 아니라, 그것이 그들에게 또 나에게 무엇을 뜻하는가에 대한 것이다. 그것은 처음에 말했듯이, 내가 때때로 나 자신의 눈을 의아스러운 듯 들여다보고 그것을 때로는 좀 언짢게, 때로는 매우 순진하게 느낄 경우에 내가 나 자신에게 하는 설명과 같은 것이다.

　현대의 두드러진 인간으로서 우리는 모두 어떤 권위의 어떤 작은 압박에도 과거의 어떤 시대에도 불가능했을 만큼 민감하고 반항적으로 반응하게 하는 내적이고 자유정신적인 흥분을 품고 있다. 가끔 우리는 오늘날까지 아직 아무도 현대적인 자유정신의 전형으로는 되어 있지 않지만, 이미 그곳에 이르는 싹을 알고 있고 선취되어 그려진(더욱이 마치 우리 모두의 눈을 통해 그려진 것과 같이) 그 본질의 윤곽을 알고 있다. 그렇지만 이 책의 저자는 오랜만에 저 위대한 전형적인 인간들, 언젠가 미래 문화의 지주가 될 이 시대를 탈출하고 넘어서서 성장해 가는 인간들의 발자취를 더듬고 있을 동안에도, 하나의 본질적 전형이 결여되었다는 느낌을 피할 수 없었다. 그리하여 저자는 시험 삼아 현대 자유정신의 상을 내적인 암시에 따라 눈앞에 떠오르게 하고, 천천히 그것을 그려 봄으로써 이것을 해결하려고 했다. 그리고 그 정신이 그 상 가운데서 이야기해 주는 짧은 시간에 정성껏 주의를 기울이게 됨에 따라, 또 그 이야기해 주는 시간의 법칙과 이야기하는 언어의 내적인 연관을 발견함에 따라, 그 정신 속에서 하나의 인격이, 하나의 인격 속에서 거의 하나의 모습이 태어났다. 마지막으로 저자는 이미 현대 자유정신의 전형으로서 이 모습을 다만 공공연하게 그리는 것만으로 그칠 수는 없었다. 보다 대담무쌍한 것을 해야 하는 저자는, 그 정신으로 하여금 이야기하게 할 뿐만 아니라 한 권의 책이 그 정신의 작품이라 할 수 있게끔 만들려고 결심했던 것이다. 그 말에 귀를 기울이는 사람은 신뢰하는 마음을 갖고 이 정신의 친근성을 느껴 주었으면 한다. 거의 자유정신의 신경 과민이라고 할 수 있는 흥분성이, 또 강제되고 명령된 억압의 마지막 잔재에 대한 적의가, 하나의 견고하고 온화하며 쾌활한 영혼과 결부되어 있음을 알아주었으면 한다. 이러한 영혼 아래에서는 누구나 간계와 불의가 생길까 봐 경계할 필요가 없다! 이 자유로운 자에게는 오랫동안 쇠사슬에 매여 있던 늙은 개도 노인의 특징인 불평스러운 말투도 언짢은 마음도 없다. 왜냐하면 현대의 자유정신은 그 선구자들처럼 싸움 속에서 태어난 것이 아니라, 오히려 '평화스러운 해결' 속에서 태어났기 때문이다. 그는 오랜, 속박된 세계의 모든 정신적 권력이 그곳에서 해소되어 가는 모습을 목격하고 있다. 이 역사상 가장 커다란 전환이 행해진 뒤로, 그의 영혼은 질투심 없이 또 거의 욕심 없이 지낼 수 있게 되었다. 그는 자신을 위해서는 많은 것을 추구하지 않는다. 그에게 가장 바람직한 상태는, 인간과 풍습과 계율 위를, 그리고 사물의 인습적인 평가 위를 나는 자유스럽고 두려움 없는 침착함으로 충분하다. 이 상태의 기쁨을 그는 기꺼이 남에게 나누어준다. 그러나 그에게 그 이상의 기대를 하는 자에게는 조금의 냉소를 입가에 띠고 호의적인 방법이긴 하나 머리를 가로저어 그의 형제인 행위의 자유인에게 가도록 지시한다. 물론 이 자유인의 '자유'도 독자적인 사정을 지닌 것으로서 그것에 대해서는 많은 이야기를 해야 하겠지만…….[1]

이와 같이 저자가(이를테면 대부분의 시인이) 그 작품과 주인공을 위해 서두를 말한 다음에 주인공이 나타나 독백의 연기를 시작하는 것이 좋을 것이다. 그것은 비극인가, 희극인가 아니면 희비극인가? 아마 이것을 완전하게 표현할 만한 단어는 존재하지 않으리라. 그래서 한 시구의 도움을 빌려, 듣는 이의 마음의 준비를 위한 씨앗으로 삼고자 한다.

갖가지 상념의 희롱,

---

1) 《인간적인 너무나 인간적인 I》의 아포리즘 34의 후반부와 같음.

그대를 이끄는 것은
우아한 여신.
오, 그대 '상념의 희롱'이여.
그대 내 마음을 그 얼마나
즐겁게 했던가!
아!
내가 보아온 것은 무엇이었던가?
이끄는 여신[2]의 가면과 베일은 떨어지고
윤무에서 앞장서 걷는 것은
오오, 무서운 필연.

III

에필로그—독자들이여, 나는 그대들 모두에게 인사를 드린다. 특히 불신과 악의에 찬 눈초리로 이 책을 대하지 않는 그대들, 자유로운 정신의 풍자화가와 회화가, 숭배를 위해 내놓은 바보의 오두막 이상의 것을 이 책에서 찾을 수 있는 그대들에게, 그대들은 내가 무엇을 어떻게 주었는지 알고 있다. 내가 무엇을 했는지, 어느 정도의 것을 하려고 했는지를. 즉 내가 에필로그의 방으로부터 새로운 정신의 수많은 자유가 탄생하는 방으로까지 세기를 넘어[3] 전기의 띠를 걸치려고 했던 것을 아는 것이다. 나는 이번에는 그대들이 선에 대해서건 악에 대해서건 내 이야기와 내가 행한 모든 것에 하나의 아름다운 부록을 붙여주기를 바란다! 보잘것없는 것을 위대한 것으로, 그리고 의욕을 성취하는 것으로 여기며 만족한 사람들이 그대들 가운데 있다. 그러한 사람들 한 사람 한 사람의 일을 내가 어떤 기분으로 생각하고 있는가를 나는 이 책의 마지막 부분에 가서 시적인 인사말로 나타내려고 한다.

---

2) '우아미의 여신'을 뜻함.
3) 볼테르 사후 백 년을 지나서, 라는 뜻.

이 책이 내게 태어난 이래, 동경과 수치가 나를 괴롭히고 있다.

그대 곁에서 이 작품이 보다 풍부하게, 한결 아름답게 꽃피울 때까지는, 하지만 나는 이미 행복을 맛보고 있다.

나보다 뛰어난 사람이 즐겁게 자기 황금을 거두어들일 때, 그 뒤를 좇는 나의 행복을.

《인간적인 너무나 인간적인》

제1권 초판 1878년 5월 1일을 위한 두 개의 서문과 하나의 에필로그[4]

I

《인간적인 너무나도 인간적인》—이 제목은 하나의 커다란 '해방'의 의지를 암시한다. 그것은 인간에게 '유익하기 위하여' 말하는 모든 편견으로부터 벗어나, 적어도 한 순간만은 인간을 '눈 아래로' 내려다볼 수 있는 높은 곳으로 통하는 모든 길을 가려고 하는 한 개인의 시도다. 하지만 그것은 인간이 경멸해야 할 것을 경멸하기 위해서가 아니다. 맨 밑바닥까지 문제를 밝히기 위해서다.

'최고의 것, 최선의 것에도, 이제까지 인간이 자랑으로 삼아왔던 모든 것에도, 또 이 자랑 자체와 자기가 내리는 가치 평가에 대한 인간의 순진하고 피상적인 확신에도, 어떤 경멸되어야 할 것이 존재하지 않을까' 이런 의문을 끝까지 추궁하기 위해서다. 이 쉽지 않은 의문은 하나의 크고 광대한 사명이 나를 여지없이 사로잡은 모든 수단 가운데 하나였다. 누군가 나와 함께 이 길을 갈 자가 없을까? 그러나 나는 그것을 누구에게도 '권유'하지는 않는다. 하지만 그대들은 그것을 바란단 말인가? 그렇다면 함께 가도록 하자!

---

4) 크뢰너 전집판 제11권 5~8쪽.

II-1

오만하고 까다로운(음식에 대해 입이 까다로운) 영혼을 지녀서 '자기'에게 맞는 식탁이나 '자기'에게 알맞은 음식만 준비되는 것을 보기 힘든 자, 그러한 자의 위험은 오늘날에도 결코 적지 않다. 소란스럽고 천한 시대 가운데 내던져진 그는, 그러한 시대와 함께 음식을 한 그릇에 담아 먹고 싶지 않아 그늘과 굶주림과 갈증 때문에, 또는 그가 그럼에도 결국 '음식에 손을 뻗칠' 경우, '구토증 때문에' 몸을 망치게 될지도 모른다. 이것이 나의 청춘 시대, 즉 하나의 끝없는 갈망과 고독한 청춘 시대의 위험이었다. 그리고 이 위험은 내가 어떤 날, 마지막으로 '어떠한' 종류의 식물을 자신에게 분배했던가, 그리고 나의 영혼의 격렬한 목마름이 나를 '무엇으로' 이끌어 갔는가를 깨달았을 때에 그 절정에 다다랐다.

그것은 1876년[5] 여름이었다. 그 무렵 나는 구토증이 너무나 심한 나머지 흥분하여 그때까지 그 자리에 붙어 있던 식탁을 엎어버렸다. 그리고 나는 식사를 그때까지처럼 '배우들'과 '정신이 고양된 곡예사들'(그때 나는 이처럼 호된 표현을 썼다)과 나누어야 한다면, 오히려 우연적인 '운에 맡기는 것처럼' 살거나 졸렬하게 살기를, 또는 잔디와 잡초와 동물처럼 살기를, 또는 처음부터 살지 않기를 맹세했다.

왜냐하면 나는 '그때까지' 내가 집시나 악사들 또는 칼리오스트로[6]의 도배(徒輩)나 불순한 사람과 한패가 되어 있는 것처럼, 그리고 그들의 유혹적인 음탕함에 가담한 것처럼 여겨졌기 때문이며, 내가 경멸해야 하는데도 사랑한 것에 화가 나서 안절부절못하게 되었기 때문이다.

II-2

오만하고 까다로운 영혼을 지닌 자의 위험은 어느 시대에나 클 것이다. 하지만 오늘날 그것은 남다른 위험이 되어 있다. 소란스럽고 천한 시대 가운데 내

---

5) 1876년 바이로이트 축제에서 바그너의 음악에 환멸을 느낀 니체의 위기.
6) 18세기에 있었던 유명한 이탈리아의 사기꾼.

던져져 그러한 시대와 함께, 한 그릇에 음식을 담아 먹고 싶지 않은 그는 굶주림과 갈증 때문에, 또는 그가 그럼에도 마침내 '음식에 손을 뻗칠' 경우, 구토증 때문에 그대로 몸을 망치게 되는지도 모른다. 그러한 인간에게는 반드시 때를 맞추어 얻은 두세 가지 행운의 선물이 구원의 씨앗이 되어야만 한다! 그런 뜻에서 내 생애의 세 가지 행운의 선물은 아무리 찬미해도 끝이 없을 만큼 가치가 있다. 그것은 예를 들면 내가 끝없는 갈망과 고독한 청춘 시대에 입은 손실을 보충해 준 것이다. 첫째는 내가 젊었을 때 하나의 존경할 만한 학술적인 일을 발견했다는 것이다. 그것은(이렇게 불손한, 그러나 뚜렷한 표현을 하는 것을 용서한다면) 그리스인들 곁에서 유유자적하며 지내는 것을 허락해 준 일이었다. 이처럼 세상사를 떠나 더할 나위 없는 위안 속에 있던 나는, 무엇인가 오늘날과 같은 사건에 화를 돋우는 일이 거의 없었다. 그뿐만 아니라 나는 한 사람의 철학자로 돌아와 있었다. 모든 현대적인 것과 '근대적 이념들'에 대해 어떤 과감한 방법으로 반론을 가하는 법을 알고 있었지만 지나친 부정으로써 그 제자가 보내는 외경심을 뿌리째 뽑아버리는 일은 없었던 철학자이다. 마지막으로 나는 어릴 때부터 음악 애호가였고 언제나 좋은 음악가들의 친구이기도 했다. 그리고 이 모든 '음악가들'과 어울려 나는 오늘날의 인간에 대해 괴로워할 이유가 거의 없었다. 왜냐하면 좋은 음악가들은 모두가 은둔자이며, '시대 밖에' 있는 사람들이기 때문이다.

III

내가 나에게 아직도 무언가가 빠져 있다는 사실을 깨닫게 된 것은 얼마 전의 일이다. 즉 '공정함'이라고 하는 것이었다. '공정함이란 무엇인가? 그리고 공정하다는 것이 가능하단 말인가? 그리고 만일 공정이 가능하지 않다면, 그때는 어떻게 삶을 참고 견딜 수 있단 말인가?' 나는 이렇게 자문했다. 내가 나 자신에 대해서 파고들 경우 언제나 이미 공정함의 전제 조건이 모자란 자가 갖춘 정열들 그 밖에는, 국한된 원근법 말고는, 낯 두꺼운 것 이외에는 볼 수 없다는 것은 나를 깊은 불안에 빠지게 했다. 그러나 사려는 어디에 존재하고 있었을까? 즉 폭넓은 통찰을 바탕으로 한 사려 말이다. 그것은 내가 나 자신에게 용인한 오직 하나의 것, 즉 '용기'와 오랜 자기 '극복의 역사'가 열매 맺게 한 어떤 '냉혹함'이었다. 실제로 그렇게 많은 것을, 더욱이 그렇게도 때늦게 자기 자신에게 고백하기 위해서만도 이미 용기와 냉혹함은 필요했던 것이다.

IV

여러 나라 및 여러 국민 사이에 널리 독자를 발견할 수 있었던, 따라서 까다롭고 고집 센 정신을 지닌 사람들의 마음을 끄는 어떤 솜씨를 알고 있음에 틀림없는 이 안내서가, 나의 가까운 친구들에게는 가장 이해할 수 없는 책에 그치고 말았다. 이 책이 세상에 나왔을 때, 그것은 그들에게 하나의 경악이며, 하나의 의문부호였다. 그리고 그것으로써 그들과 나 사이에는 하나의 거리가 가로놓이게 되었다. 사실 이 책이 태어나게 된 배후의 사정은 충분한 수수께끼와 모순을 잉태하고 있었다. 그즈음 나는 '몹시' 행복한 동시에 '몹시' 고민하고 있었다. 나는 참으로 나 자신에 대해 얻은 하나의 '승리'를 자랑삼고 있었다. 하지만 그것은 실로 그 때문에 사람들이 몰락하는 것을 예사로 하는 승리의 한 종류였던 것이다. 어느 날(1876년의 여름이었다) 나에게 갑작스런 모욕과 나 자신의 내부에 대한 통찰이 생겼다. 나는 그때까지 나의 청춘 시대에 사랑해 온 수많은 아름다운 소망과 꿈을 용서 없이 짓밟으며 나아갔다. 나는 나의 길을, '어떠한 희생도 고려하지 않는 인식'의 길을 용서 없이 걸어갔다. 더욱이 나는 이 일을 어떤 냉혹, 호기심의 어떤 초조, 어떤 오만을 품고 수행했다. 그 때문에 나의 건강은 몇 년 동안 망가졌다.

V

그때 도대체 내게 무슨 일이 일어났던 것일까? 나는 나 자신을 이해할 수 없었다. 그러나 나를 충동하는 힘은 마치 하나의 명령과 같았다. 우리의 먼 미래의 사명이 우리를 마음대로 움직이는 것일까! 우리는 오랫동안 수수께끼만을 경험해 가는 것이다. 여러 사상들에 가하는 선택, 알아차림과 급작스러운 욕구, 가장 바람직한 것, 때때로 가장 존경할 만한 것의 배척, 이러한 것이 우리를 놀라게 한다. 마치 우리 내부로부터 어떤 자의, 어떤 변덕, 어떤 광기, 어떤 분화가 곳곳에서 힘차게 솟구치는 것처럼. 그러나 그것은 다만 우리 미래에 대한 임무의 더욱 높은 이성이고 예견에 지나지 않는다. 또는 내 생애의 오랜 문장은(이러한 불안한 마음으로 자문했던 것이다). '배후로 거슬러올라가' 읽혀지기를 바라는 것인가? 앞을 향해서는(이 점에 대해서는 아무런 의심도 없다) 나는 그 무렵 '의미 없는 말'만을 읽고 있었다.

하나의 커다란 또 끊임없이 커져 가는 '해방', 타향으로의 자발적인 여행, '거리', 냉정, 도취로부터의 각성, 이것만이 그 시대 나의 요구였다. 나는 그때까지 나의 마음이 집착하고 있었던 모든 것을 음미했다. 나는 가장 훌륭하며 가장 사랑하는 것을 뒤집어엎고 그 이면에 눈을 돌렸다. 또 나는 이것과는 반대의 것을, 그때까지 사람들의 비방과 중상의 가장 교묘한 수법의 대상이 되고 있었던 모든 것에 대해서도 행했다. 나는 그때까지 나와는 멀었던 많은 것들의 주위를 깊은 자비심과 깊은 애정이 담긴 호기심을 갖고 돌아보았다. 나는 보다 공정하게 우리 시대와 모든 '현대적인 것'을 감수하는 법을 배웠다. 그러나 사실상, 전체적으로는 아마도 기분 나쁘고 싫은 일이었으리라. 나는 자주 그 때문에 앓았다. 하지만 나의 결심은 확고했다. 나는 앓고 있을 때도 나와 내 몸에 가한 이 '싫은 일'에 대해서 최대한으로 좋은 표정을 지어 보임과 동시에, 병과 고독, 또는 방랑의 피로가 관계하는지도 모를 어떠한 결론에도 빠지지 않으려고 심술 궂게 몸을 혹사했다. "앞으로!" 나는 나 자신에게 외쳤다. "너는 내일 건강할 것이다. 오늘은 건강한 척하는 것으로 충분해." 나는 나에 대한 모든 '염세적인' 것을 이렇게 극복했다. 건강 자체에의 '의지', 그리고 건강한 척하는 것이 나의 치료법이었다. 그 무렵 내가 무엇을 '건강'하다고 느끼고 또 '의욕'하고 있었는지는, 다음 문장에 알기 쉽게 또 암시적으로 충분히 표현되어 있다. '하나의 견고하고, 온화하고, 근본적으로 쾌활한 영혼, 간계와 불의의 격발을 경계할 필요가 없는 기분, 그리고 자기를 드러냄에 있어 불평스러운 말투와 언짢은 기분(즉 오랫동안 쇠사슬에 매여 있었던 늙은 개와 노인들이 두루 아는 바와 같은 특징)을 조금도 수반하지 않은 기분'[7] 그리고 나에게 가장 바람직한 상태라 생각되던 것은 '인간과 풍습과 계율 위를, 그리고 사물의 인습적인 평가 위를 날아다니는 자유롭고 두려움 없는 확고함'이었다. 사실, 날아다니는 새의 자유와 조감, 어떤 호기심이나 동시에 어떤 모멸 같은 것, 터무니없이 많은 것을 구속하지 않는 자유로운 태도로 바라보는 자라면 누구나 알고 있는 그러한 것, 이것만이 마침내 얻어진 새로운 상태이고, 그 가운데서 나는 오랫동안 참고 견뎌왔던 것이다. '하나의 자유정신'(이 차디찬 단어가 그러한 상태에 쾌적함을 준다. 그것은 이제 거의 따스한 단어이다)에는, 이미 그의 마음을 '번잡하게' 하지 않는 사물만이 관련되었기 때문이다.

VI

이러한 것들로부터 얻은 개인적인 결론은, 그 무렵(《인간적인 너무나 인간적인 I》아포리즘 29) 내가 서술한 것처럼, 논리적인 세계 부정, 즉 오히려 '우리에게 무엇인가 연관이 있는' 세계는 허위라는 판단이었다. 이것은 "물질 자체로서의 세계가 '아닌,' 공허하고 무의미하며, 호메로스식의 커다란 웃음으로서 가치가 있다! 그렇지 않은 오류로서의 세계야말로 뜻이 있고, 그윽하고 깊은 것, 경탄할 만한 것, 행복과 불행을 잉태하는 것이다"라고 그때의 나는 선언했다. '형이상학적 극복', '인간적 사려의 가장 높은 정신을 기울일 만한 일'(아포리즘 20)은 나에게 이미 달성된 것이었다. 그리고 동시에 나는, 그것이 '인류 최대의 조장을 가져다 준 이상, 이 '극복된' 형이상학에 대해 너그럽고 감사하는 마음을 견지해야 한다고 '스스로에게' 요구했다.

그렇지만 그 배후에는 더욱 커다란 호기심과 터무니없는 실험에의 의지가 기다리고 있었다. 모든 가치는 전도되는 것이 아닐까 하는 생각이 마음속에 싹트기 시작하고 되풀이해서 다음과 같은 의문이 끊임없이 나를 갑자기 덮쳤다. 도대체 인간적 가치 평가의 모든 것은 무엇을 뜻하는 것일까? 그것은 삶의, '너의'

---

7) 《인간적인 너무나 인간적인 I》의 아포리즘 34에서.

삶의, 나아가서는 인간적인 삶의, 마침내는 삶 전반에 걸친 여러 조건에 대해 무엇을 암시하는 것일까?

VII

'인간에 대한 인식'이 결여되어 있는 나 자신을 깨닫게 되었을 때 나는 이미 20대를 넘고 있었다. 그러나 그 마음을 명예나, 금전, 관직과 여인에게도 돌리지 않고, 언제나 하루의 반이 넘도록 나 자신하고만 지내는 자가 인간에 대한 전문가가 될 수 있을 것인가? 여기에 많은 야유의 씨앗이 존재할 것이다. 만약에 책의 서문 가운데 그 저자를 조롱하는 일이 좋은 취미라면 말이다. 여하튼 나는 내가 행하는 칭찬과 비난도 신용하지 않고, 그때까지 내가 불손하게 자신에게 돌아와 닿았던 심판자의 권위를 비웃어야 할 더 좋은 이유를 발견했다. 그뿐만 아니라 나는 수치를 느끼면서 마침내 긍정과 부정에 대한 모든 권리를 스스로에게 '금했다'. 그리고 동시에 '미지의 세계'에 대한 느닷없고 격렬한 호기심이 내 자신 속에서 눈뜨게 되었다. 요컨대 나는 결심했다. 가혹하고 긴 새로운 시련 속에 들어간다는 것을. 그리고 나의 좁은 시점을 될 수 있는 대로 멀리 놓는 것을! 더욱이 그 길에 다름 아닌 '공정함'을 다시 마주하기 위해, 이렇게 '방랑'의 세월이 나를 찾아왔다. 이것은 '쾌유'의 세월이었다. 즉 건강한 자들이나 정신이 강한 자들도 앓는 자들이나 단죄된 자들이나, 삶이 아니라 죽음이 예정된 자들처럼 거의 그 무엇인가를 이해할 자격도 지니지 않은, 다채롭고 비통하면서도 불가사의한 변신과 사건에 넘친 세월이었다. 그때의 나는 '나'를 아직 발견하지 못하고 있었다. 그러나 나는 과감하게도 이 나를 향한 길에 있었다. 그리고 내가 편력해 가는 수천의 사물과 인간을 음미했다. 그것들이 '내게' 속하는 것이 아닐까, 또는 적어도 무엇인가 '나'를 아는 것인지, 어떤지를.

VIII

그러나 나는 차츰 깊은 경탄 속으로 떨어져 갔다. 내 주위는 서서히 따스해지고, 이를테면 점점 누렇게 되어 갔다. 나는 먼 것에 대한 열망의 시기를 충분히 겪고 난 다음에야 겨우 '나의' 눈이, 나의 주변에 대한 눈이 생기는 듯한 느낌이 들었다. 이들 가장 친근한 사물, 그것들이 어느 사이에 솜털과 매혹을 갖추게 되었단 말인가! 나는 나의 수많은 모험에, 그리고 그때까지 내가 소심하게 한구석에 웅크리고 있거나 구석으로만 파고든 개구리처럼 언제나 '집 안에 틀어박혀' 있지 못했던 것에 얼마나 감사한 마음을 가졌던가! 오늘날 나는 얼마나 놀라운지! 이 무슨 새로운 전율인가! 피로함 속에서도 행복이! 햇빛 속에서의 휴식이! 그리고 내가 들었던 수많은 새로운 소리들, 이 수많은 해후, 이 드물게 우아한 수많은 정감! 그 무렵 내가 듣지 못했던 그 무엇이 있을 수 있었단 말인가! 더욱이 그 오래되고 가혹한 목소리는 나에게 끊임없이 이렇게 명령했다.

"이곳을 떠나라! 방랑자여, 앞으로 나아가라! 너는 아직 인간을 발견하지 못했다! 아직도 네가 보아야 할 많은 나라와 바다가 남아 있다. 네가 앞으로 '어떤 사람을' 만나게 될지 그 누가 알 수 있단 말인가! 그것은 아마도 너 자신일 것이다!"

IX[8]

독자들이여, 호기심을 품은 채 긴 여행길에 있는, 타향에 사는 모든 사람들처럼, 나 또한 어느 정도 특이하고 조금은 위험한 정신을 지닌 사람들과 해후했다. 그러나 특히 한 사람을, 그리고 되풀이해서 이 사람을, 디오니소스 신을 우연히 만날 수 있었다. 이미 알려진 바와 같이 전에 내가 '인간적 모든 외경심을 기울여 나의 첫 작품을 바친 위대한 양의(兩義)적인 신, '애매'한 자며, 유혹자인 신[9]을 우연히 만나게 되었던 것이다. 그리고 내가 바친 것, 그것은 참으로

---

8) 이 절의 개요는 《선악을 넘어서》 295절(더구나 자구까지도 똑같은 것이 많다)에서도 볼 수 있다.
9) '삶'과 '죽음'의 두 가지 성질을 지닌 신.

청춘의 대단한 밥상의 향기이며, 향불의 연소보다 많은 연기였던 것이다!

그 사이 나는 이 신의 철학에 대해 많은 것을 그야말로 지나치게 많은 것을 배웠다. 그리고 아마도 많은 정적과 알퀴오네[10]의 '고요한' 행복에 넘친 하루가 찾아와, 내 입으로부터 내가 아는 모든 것이 넘쳐 나오지 않으면 안 되게, 즉 내가 독자 여러분들에게 디오니소스의 철학을 이야기하게 되리라. 더욱이 마땅히 음성을 낮추어, 왜냐하면 그때 이야기해야 하는 것은 많은 비밀, 새롭고도 기이함, 소원한 것, 의심 적은 것, 기분 나쁘기조차 한 것에 대해서 언급하기 때문이다. 그러나 디오니소스가 하나의 철학자라는 것과 따라서 '신들도 철학한다'는 것은 나에게 중대한, 때때로 위험하고 낯선 소식, 즉 아마도 철학자들 사이에 불신을 불러일으킬 만한 소식처럼 여겨진다. 그러나 독자들이여, 그것이 그대들에게 반론을 일으키게 하는 일은 거의 없을 것이다. 물론 이 낯선 소식이 때맞춰서 그대들에게 전달되지 않을 경우에는 예외겠지만. 왜냐하면 내가 보기에 오늘날 그대들은 신을 믿는 일을 그리 좋아하지 않기 때문이다!

X

그것은 어느 봄날이었다. 모든 나무가 싱싱한 수액을 빨아들이는 계절이었다. 나는 숲속을 지나면서 무료한 생각에 빠져 있었다. 그때 나는 내가 무엇을 하고 있는지를 나 자신도 느끼지 못한 채 피리를 불었다. 그러나 내가 피리를 입에 대고 불자마자 내가 오래전부터 알고 있던 신이 내 앞에 나타나 이렇게 말했다.

"그런데 피리 부는 사나이[11]여, 너는 여기서 무엇을 하고 있는가? 반은 예수회[12]며, 반은 떠돌이 악사[13]인 사나이여, 그리고 거의 한 사람의 독일인[14]이여!"

---

10) 아이올로스의 딸로 케윅스의 아내가 된 알퀴오네를 뜻함. 배가 난파되어 죽음. 남편을 그리워한 나머지 물새가 되어 남편과 함께 바다 위를 날아다닌다고 함.

11) 하멜른의 피리 부는 사나이에 대한 이야기를 바탕으로 한 표현.

12) '위선자', '기만자'를 뜻함.

13) 음악을 연주해서 사람을 모이게 하는 방랑자.

14) 니체 자신을 뜻함.

나는 신이 나에게 이렇게 아첨하려고 했던 것을 이상스럽게 여겼다. 그래서 그를 조심해야겠다고 마음먹었다.

"나는 그들을 어리석게 만들지 않으려고 온갖 일들을 했다. 나는 그들을 자리 속에서 땀을 내게 했고(고생시켰다), 그들에게 떡을 먹였고, 쓰러질 때까지 술을 마시도록 명령했고, 그들을 나들이를 싫어하는 학자로 만들었고, 그들에게 가련한 하인 근성을 불어넣었다."

"너는 좋지 못한 일을 꾀하고 있는 모양이군. 아마 너는 인간을 변화시키려고 하는 것이겠지!" 나는 말했다.

"그럴지도 모른다!" 그 신은 대답했다.

"하지만, 그것이 인간에게 무엇인가 도움이 되도록 말이다!"

"도대체 무엇을?" 나는 호기심에 사로잡혀 물었다.

"도대체 '누구' 말인가? 하고 너는 물어보겠지?"

디오니소스는 말했다. 그리고 그 뒤로 그는 독특한 방법으로 침묵을 지켰다. 유혹하는 사람처럼. 그대들에게도 그때 그의 모습을 보여주고 싶다!

그것은 어느 봄날이었다. 모든 나무가 싱싱한 수액을 빨아들이는 계절이었다.

《인간적인 너무나 인간적인》
제1권 제3판(1886년)을 위한 서문(유고)[15]

---

15) 크뢰너 전집판 14권에 수록되어 있는 《인간적인 너무나 인간적인 I》의 서문을 위한 단장 가운데 아포리즘 266 참조.

Jenseits von Gut und Böse

선악을 넘어서

머리글

진리를 여성이라고 가정해 보자. 어떤가? 모든 철학자가 독단주의자인 한, 그들이 여자를 잘못 이해했다는 의심은 근거 있는 게 아닐까? 그들은 진리를 얻기 위해서 언제나 소름 끼치는 진지함과 서툴고 주제넘은 자신감만을 보여왔는데, 이것이야말로 여자를 얻기 위한 참으로 서툴고 부적절한 방법이었던 것이다. 그녀가 마음을 주지 않으리라는 것은 뻔한 노릇이다. 그래서 오늘날 모든 종류의 독단론은 의기소침하고 위축된 꼴을 하고 있는 것이다. 이 독단론이 여전히 버티고 있다면 말이다! 온갖 독단론이 바닥에 쓰러졌을 뿐만 아니라 숨이 끊어질 듯 허덕이고 있다고 주장하며 비웃는 사람이 있기 때문이다.

그러나 진지하게 말하자면 철학의 모든 독단은 아주 화려하고 결정적이며 최종적인 것처럼 태도를 취했어도 여전히 고상한 어린아이 장난이거나 신출내기의 미숙함에 지나지 않는다. 그리고 독단론이 지금까지 쌓아온 숭고하고도 절대적인 철학자들의 건축물이 얼마나 보잘것없는 기초 위에 세워져 있는가를 다시 이해되게 될 때도 머지않았다. 즉 그 기초가 되었던 것은 생각조차 할 수 없는 먼 옛날로부터 전해 내려온 (주관과 자아의 미신으로서 오늘날에도 여전히 피해를 주는 영혼에 대한 미신과 같은) 통속적 미신이다. 문법에 의한 말장난이나 유혹 또는 아주 제한적이고 여전히 개인적인, 또한 아주 인간적인, 너무나 인간적인 사실을 터무니없이 일반화한 것이다.

독단주의자의 철학은 기껏해야 지난 시대의 점성학처럼 수천 년을 뛰어넘은 앞으로의 약속일 뿐이다. 점성학에 진력하기 위해서 참된 학문을 위한 것보다 더한 노력, 돈, 예지, 인내가 낭비되었다. 이 점성학과 현실을 초월한 요구 때문에 아시아나 이집트에서는 대규모의 건축물이 생겨났다. 모든 위대한 것은 인류의 마음속에 영원한 권리를 가지고 새겨지기 위해서 먼저 엄청난 두려움을 불러일으킬 만한 모습으로 지상에 떠돌아다녀야 하는 것처럼 보인다. 아시아의 베단타(Vedanta)학파, 유럽의 플라톤주의 같은 독단적 철학도 마찬가지이다.

우리는 이러한 철학의 은혜를 저버려서는 안 된다. 설령 지금까지 가장 나쁘고 가장 지루하며 가장 위험한 것은 독단론자들의 잘못, 즉 플라톤의 순수 정신과 선 자체의 날조였다는 사실을 우리가 인정한다 해도 말이다. 그러나 이제 유럽은 이 잘못을 극복하고 악몽에서 깨어나, 적어도 보다 건강한 잠을 즐길 수 있게 되었다. 지금 우리의 임무는 깨어 있음 그 자체이며, 우리는 이 잘못과 싸워 기른 모든 힘을 상속받았다. 진실로 플라톤이 한 것처럼 정신과 선에 대해서 말한다는 것은 모든 가치를 뒤엎고, 온갖 생애의 근본 조건인 관점을 부정하는 것이다. "고대의 가장 아름다운 꽃 플라톤이 어디서 그러한 병을 얻었을까? 사악한 소크라테스가 그를 유혹했을까? 소크라테스는 정말로 젊은이를 타락시켜 독배를 마시게 되었던 게 아닐까?" 우리는 의사로서 이렇게 물어야 마땅하다.

그러나 플라톤에 대한 투쟁을 다시 '대중'을 위해 쉽게 말한다면(그리스도교는 '대중'을 위한 플라톤주의이므로), 수천 년에 걸친 그리스도교 교회의 압박과 싸워 이 지상에 일찍이 없던 화려한 정신의 긴장을 유럽에 이루어 놓았다. 이 정도까지 긴장한 활을 가졌다면, 제아무리 먼 표적이라 할지라도 맞힐 수 있으리라. 물론 유럽인은 이 긴장을 위기라 느끼고 이 활의 팽창을 도로 줄이려는 시도를 벌써 두 번이나 대규모로 행했다. 첫 번째는 예수회 정신에 의해서, 그리고 두 번째는 민주주의적 계몽주의에 의해서였다. 출판의 자유와 신문의 보급 덕택에 정신은 이 시도들을 더 이상 그리 쉽사리 '위기'라고 느끼지 않게 되었다. (독일인은 화약을 발명했다. 놀라운 일이다. 그러나 그들은 그것을 상쇄시키듯 인쇄술을 발명했다.) 하지만 우리는 예수회 회원도 아니고, 민주주의자도 아니며, 또 충분히 독일인도 못 된다. 우리는 좋은 유럽인이며 엄청나게 자유로운 정신의 소유자이다. 우리는 아직도 온갖 어려움과 그 활의 긴장을 가지고 있다! 그리고 어쩌면 화살도 있고, 임무도 있을 것이다. 누가 알겠는가? 목표도 있는지…….

오버엥가딘의 질스마리아에서
1885년 6월

제1장 철학자의 편견에 대하여

1

진리를 향한 의지. 이것은 우리를 많은 모험으로 유혹할 것이다. 모든 철학자는 이 명제의 참된 가치에 대해 경건하게 말해 왔다. 진리를 향한 의지는 지금까지 우리에게 어떠한 문제들을 제기해 왔던가! 참으로 기묘하고 골치 아프며 의심스러운 문제들이 아니었던가! 그것들은 이미 낡은 이야기이다. 그렇지만 그것은 지금에야 겨우 시작된 것처럼 생각되지 않는가? 우리가 이제야 시기하고, 의심을 품게 되고, 참지 못해 돌아서게 된다 해도 이상할 게 무엇인가? 스핑크스에 대해 우리 자신이 질문을 한다고 해서 이상할 건 무엇인가? 지금 우리에게 문제를 제기하는 자는 누구인가? 우리 내부에서 '진리를 향해' 의지를 다지는 것은 무엇인가?

사실 우리는 의지의 근원을 찾으려고 이 물음 앞에서 오랫동안 기다렸다. 그래서 마침내 보다 근본적인 물음 앞에 걸음을 멈추고 서 있다. 그리고 이 의지에 얼마만큼 가치가 있는가를 물었다. 우리가 진리를 바라는 것은 당연한 일이다. 어째서 차라리 진리가 아닌 것을 원하지 않는가? 그리고 왜 불확실을, 무지를 바라지 않는가? 여기서 진리의 가치란 무엇인가 하는 문제가 우리 눈앞에 나타났다. 아니, 우리가 이 문제 앞으로 걸어 나갔는지도 모른다. 이러한 경우 우리 가운데 누가 오이디푸스인가? 누가 스핑크스인가? 어쨌든 의문과 의문부호가 여기서 만난 것처럼 보인다. 이런 문제는 여태껏 한 번도 제기된 적이 없었다. 그것을 처음으로 보고, 눈으로 확인하고, 감히 행한 것은 우리가 아니었을까 하는 생각이 드는데 믿어도 좋을까? 그도 그럴 것이 거기에는 위험이라는 것이 있기 때문이다. 그것도 어쩌면 그보다 더 큰 것은 없을 정도의 위험이.

2

"어떻게 무언가가 그 반대되는 것에서 생겨날 수 있을까? 이를테면 진리가 오류에서, 사심 없는 행위가 개인적인 욕심에서, 현인의 순수한 햇빛 같은 예지력이 정욕에서 생겨날 수 있을까? 그것은 불가능하다. 이런 것을 꿈꾸는 자는 바보다. 아니 바보보다 더 못난 사람이다. 최고의 가치를 지닌 것은 독자적인 기원을 가지고 있다. 이 덧없고 유혹되기 쉬우며 기만적이고 보잘것없는 세계로부터—이 망상과 탐욕의 혼란으로부터는 이끌어 내기 어렵다! 오히려 그 근원은 존재의 태내에, 불멸의 것 안에, 숨어 있는 신 안에, '사물 자체'에 있어야 하며, 그 밖의 어디에도 없다!"

이런 판단은 모든 시대 형이상학자의 특징이며 전형적인 선입견이다. 이러한 가치 평가는 그들이 지닌 모든 논리적 방법론의 배후에 있다. 그러한 '신앙'에서 그들은 '지식'을 찾는다. 그리고 마침내 그것을 엄숙히 '진리'라고 이름 붙인다. 형이상학자의 근본적인 신앙은 가치의 모순을 믿는 것이다. 그들 중 가장 신중한 사람조차도 '모든 것을 의심해 봐야 한다'고 단언했음에도 (가장 의심할 필요가 있는 논거를) 의심하지 못했던 것이다.

그러므로 사람들은 다음 두 가지를 의심해 볼 수 있다. 첫째, 모순이 존재하는가. 둘째, 형이상학자가 보증하고 피상적으로도 생각할 수 있는 가치 평가와 가치 모순은 경우에 따라서는 단지 변명으로서의 평가는 아닌가, 편의상의 관점은 아닌가. 또는 그저 한 각도에서만 바라본 것에 불과하고, 이른바 화가의 '개구리 원근법'으로 밑에서 올려다본 것은 아닌가. 비록 진리와 성실과 사심 없는 행위에 가치가 주어지더라도 가상에, 환상에의 의지에, 그리고 이기심과 탐욕에 보다 높고 보다 근본적인 가치가 부여되어야 한다는 것도 있을 수 있는 일이다. 다시 또 훌륭하고 존중받을 만한 사물의 가치를 이루는 것은 바로 그것과는 상반되어 보이는 나쁜 사물과 암암리에 결합되거나 연계된 데 있다는 것도 가능한 일이다. 더 나아가서 어쩌면 그 둘은 본질적으로 하나일 수도 있다. 어쩌면! 하지만 누가 이렇듯 위험한 '가정'을 하겠는가! 우리는 새로운 부류의 철학자가 나타나기를 기다려야 한다. 기존 철학자와는 달리 반대의 취미와 경향을 가진 철학자가 나타나기를 기다려야 한다. 이것이야말로 어떠한 의미에서는 위험한 '가정'을 내세우는 철학자이다. 그리고 진지하게 말하건대 나는 이러한 새로운 철학자가 나타나고 있다는 것을 알고 있다.

3

오랫동안 철학자를 통찰하고 난 뒤 나는 이렇게 평가했다. 우리는 의식적인 생각의 대부분을, 심지어 철학적 생각까지도 본능적인 활동에 포함시켜야 한다. 유전적인 특징이나 '선천적인 것'을 다시 배워야 했듯이, 우리는 이 점도 다시 배워야 한다. 유전이 절차에 따라 진행되는 동안 출산이라는 사실이 문제되지 않듯이 '의식적인' 것도 본능적인 것에 대해서 아주 대립되는 것은 아니다. 한 철학자의 의식적인 생각의 대부분은 모르는 사이 그의 본능에 의해 이끌리며, 어떤 일정한 궤도 위를 가게끔 강요된다.

겉보기에는 독자적으로 성립한 것 같은 모든 논리와 의견에도 어떤 가치 평가가 존재하고 있다. 좀더 정확히 말하면 특정한 종류의 생명 보존을 위한 생리적 요구가 존재하고 있다. 이를테면 확정을 불확정보다 가치가 있다 보고, 가상을 '진실'보다 가치가 없다고 보는 평가는, 그것이 아무리 우리에게 중대한 규제력을 가지고 있다 해도 그저 변명으로서의 평가일지도 모른다. 우리와 같은 생물이 자기를 보존하는 데 필요한 어리석음일 수도 있다. 단 인간이 '만물의 척도'는 아니라는 것을 가정한다면 말이다.

4

어떤 하나의 판단이 오류라 해서 우리가 이 판단에 반론을 제기한다는 것은 아니다. 이렇게 말하면 너무나도 이상하게 들릴지 모른다. 문제는 그것이 어느 정도로 생명을 촉진하고 보존하며, 종족을 보존하고 또 육성까지 하는가에 달려 있다. 우리는 원칙적으로 다음과 같이 주장하고 싶어한다. 가장 그릇된 판단(선험적 종합판단도 그 하나이다)일수록 우리에게 꼭 필요한 것이다. 또한 논리적 허구를 인정하지 않고는, 절대자와 자기 동일자라는 순수한 공상적 세계를 기준으로 해서 현실을 규정하지 않고는, 수(數)를 통해 세계를 위조하지 않고는 인간은 살 수 없다. 즉 그릇된 판단을 단념하는 것은 삶을 포기하고 부정하는 일이다. 거짓을 삶의 요건으로 인정하는 것, 이것은 물론 일상화된 가치 감정에 위험한 반항을 하는 것을 의미한다. 그리고 그런 일을 감행하는 철학은 그것으로 이미 선악을 넘어서 있는 것이다.

5

　모든 철학자를 반쯤은 의심스럽게 반쯤은 조롱하듯이 바라보는 이유는 우리가 언제나 그들의 단순함을 꿰뚫어 보고 있기 때문이 아니다. 또 그들이 얼마나 자주 잘못을 저지르고 그릇된 길로 가는가, 즉 그들의 유치함과 순진함을 알아차리기 때문도 아니다. 오히려 그들이 충분히 정직하지 못하기 때문이다. 그들은 진실성이란 문제가 간접적으로라도 다루어지기만 하면, 당장 도덕적인 논쟁을 벌이느라 야단법석을 떤다. 그들은 모두 자기가 지닌 의견을 냉정하고 순수하게, 심지어 신성하게 초연한 변증법의 자기 전개를 통해 획득한 것처럼 내세운다(모든 계급의 신비주의자들은 그 반대이며, 이들은 보다 정직하고 보다 우둔해서 ‘영감’을 입에 올린다). 그러나 그들은 사실을 추구한다면서 실제로는 가정, 예감, 또는 마음속 욕망이 추상화되고 다듬어진 ‘영감’을 옹호한다. 그러면서도 영감의 옹호자로 불리는 것을 아주 싫어한다. 그리고 이 사실을 스스로 인정할 만한 양심의 용기도 없으며, 또한 적이나 친구에게 경고할 용기도 없고, 자신의 오만이나 자조(自嘲)를 다른 사람에게 이해시킬 만한 용기도 없다.

　칸트는 경직되고 점잖은 위선으로 우리를 논리의 샛길로 유인하고, 드디어는 그의 ‘정언명령’으로까지 인도하고 있다. 더 정확하게 말해서 잘못된 길로 이끌고 타락으로 유혹하고 있다. 그러나 이런 연극은 우리같이 멋대로인 사람들에게는 비웃음을 자아낸다. 우리는 늙은 도덕주의자나 도덕 설교가들의 술책을 간파하는 데서 적지 않은 기쁨을 발견하기 때문이다. 수학적 형식에 의한 스피노자의 기술(奇術)도 이 예에서 벗어나지 않는다. 스피노자는 그의 철학—이것을 올바로 번역하면 ‘**그 자신의** 지혜에 대한 사랑’이 된다—으로 위장하고 가면을 씌웠던 것이다. 그렇게 함으로써 정복하기 어려운 처녀 신 팔라스 아테나에게 맞설 수 있는 공격자의 용기를 처음부터 꺾으려 했던 것이다. 이 병든 은둔자의 가면은 얼마나 많은 특유의 수줍음과 허약성을 드러내 보이고 있는가!

6

이제까지의 모든 위대한 철학은 조금씩 그 정체를 드러냈다. 다시 말해 그것은 그 창시자의 자기 고백이며, 자기도 모르는 사이에 바라지도 않았는데 이루어진 자서전이다. 그러므로 한 가지 철학 속에 숨은 도덕적인 (또는 비도덕적인) 의도는 그 철학 특유의 생명의 싹을 이루며, 그 싹에서부터 그 식물 전체가 성장하는 것이다. 사실 어떤 철학이 어떻게 해서 난해한 형이상학적 주장을 내세우게 되었는가를 밝히기 위해서는 먼저 다음의 것을 묻는 게 좋다. (그리고 현명하다.) 즉 그 철학은 (아니면 그 철학자는) 어떤 도덕을 지향하고 있는가? 따라서 나는 '인식에 대한 충동'이 철학의 아버지라고는 믿지 않고, 오히려 다른 경우와 마찬가지로 다른 충동이 인식을 (그리고 잘못된 인식까지도!) 다만 도구로 사용하고 있다고 믿는다. 인간의 근본 충동이 어느 정도로 영감을 불어넣는 천재로서 (또는 악령과 장난꾸러기 요정으로서) 그 역할을 담당해 왔는가를 생각해 볼 때, 그런 충동은 언젠가 한 번은 이미 철학을 행하고 있었다는 것을 알게 된다. 또 그 근본적인 충동 속의 하나하나가 그 자체를 존재의 최종 목표로 삼고, 다른 모든 충동의 정당한 지배자로 만들려는 것을 알게 된다. 즉 모든 충동은 저마다 지배권을 얻고자 하며, 지배자로서 자기 철학을 세우고자 한다.

물론 학자들, 진정으로 학문적인 인간의 경우에 문제는 다르다. 그 경우에는 '좀더 낫다'고 할 수도 있을 것이다. 여기에는 인식 충동이라는 것도 있을 수 있다. 제대로 태엽만 감아주면 착실하게 움직이기 시작하고, 그 밖의 충동은 아무런 중요한 역할도 하지 않아도 되는 자그마한 독립적인 시계 장치일 수 있다. 흔히 학자의 '관심'은 전혀 다른 곳, 예컨대 가족이라든가, 돈벌이라든가, 정치 따위에 있다. 사실 그의 자그마한 기계가 학문 가운데 어느 곳에 놓이게 되건, 또는 유망한 젊은 노동자가 좋은 문헌작가가 되건, 버섯 연구가가 되건, 아니면 화학자가 되건 그런 것은 아무래도 좋다. 그 사람이 이런 것이 되든 저런 것이 되든 그런 것이 그의 특성을 나타내지는 않는다. 이와는 반대로 진정한 철학자에게는 개인적이지 않은 것은 하나도 없다. 특히 그의 도덕이야말로 결정적인 증거가 되어 그가 어떤 사람인가를 보여준다. 즉 그의 본성의 가장 내적인 모든 충동이 어떠한 서열로 배열되어 있는지를 보여준다.

7

철학자들이란 얼마나 음흉한가! 내가 알고 있는 가장 독설적인 풍자는 에피쿠로스가 플라톤과 플라톤학파에 퍼부은 것이다. 그는 그들을 디오니시오콜라케스(Dionysiokolakes)라 불렀다. 이 말은 글자 그대로 풀면 표면적으로는 '디오니소스의 아첨꾼', 즉 참주(僭主)의 추종자란 뜻이다. 그러나 그 위에 "그들은 모두 배우이다. 그들이 하는 것은 하나같이 진실하지 못하다"는 뜻이 내포되어 있다[디오니시오콜락스(Dionysiokolax)란 배우의 속칭이기도 했으니까]. 이 후자의 의미가 바로 에피쿠로스가 플라톤을 향해 퍼부은 독설의 진정한 의미였다. 플라톤과 그의 제자들의 장중한 태도와 연출이 에피쿠로스를 불쾌하게 만들었던 것이다. 그는 사모스 학교의 늙은 교사로서 자기의 작은 정원에 은거하며 300권의 책을 썼지만 어쩌면 플라톤에 대한 분노와 야심에서 쓴 것일지도 모른다. 그리스가 이 작은 정원의 신 에피쿠로스가 누군지를 알게 된 것은 100년이 지나서였다. 그런데 과연 제대로 알았을까?

8

모든 철학에는 철학자의 '신념'이 무대 위에 등장하는 시점이 있다. 고대 신비극(神秘劇)의 말을 빌리면 이렇다.

아름답고 힘 있는
당나귀가 다가오도다.

9

그대들은 '자연을 좇아서' 살기를 바라는가? 오, 그대들 품위 있는 스토아 철학자들이여. 그것은 지독한 기만이다! 자연이란 것을 생각해 보라. 그것은 끝없이 낭비하고, 말할 수 없이 냉정하며, 의도도 고려도 없고, 연민도 정의도 없고, 처참하고 황폐하며 불안정한 존재가 아닌가! 무관심이 힘이 되고 있음을 생각해 보라. 어찌 그대들은 그런 무관심을 좇아서 살아갈 수가 있단 말인가? 산다는 것, 그것이야말로 이 자연이 존재하는 것과는 다르게 존재하고 싶다는 의욕이 아니겠는가? 산다는 것은 판단하고 선택하고 부정하고 인정을 받고 관심을 가져주기를 바라는 것이 아닌가? 만일 '자연을 좇아서 산다'는 명제가 근본적으로 '생명을 좇아서 산다'는 의미라면, 그대들은 삶에 맞추어 살 도리밖에 없지 않은가? 그대들은 이미 그렇게 살고 있으면서, 무엇 때문에 이 당연한 것을 원칙으로 삼고자 한단 말인가? 그런데 사실 사정은 다르다.

그대들은 신이 나서 그대들 법칙의 규범을 자연 속에서 판단할 수 있다고 하지만, 사실은 그 반대의 것을 꾀하고 있다. 그대들 기이한 배우들이여, 자기를 기만하는 자들이여! 그대들의 긍지는 자연에게까지 도덕과 이상을 내세우고 구체화시키려고 한다. 그대들은 '자연이 스토아에 따르기'를 바라고 있다. 그리하여 모든 존재가 다만 그대들이 그리는 모습에 맞춰서 존재하기를, 즉 그대들은 모든 존재를 스토아주의의 거대한 찬양으로, 그 보편화로 만들고자 한다! 그렇게 진리를 사랑하면서도 자연을 허망한 모습으로, 곧 스토아적으로 보려 하고, 오랫동안 집요하게, 최면술같이 강하게 자신에게 강요한 나머지 결국 그대들은 자연을 다른 관점에서는 볼 수 없게 된 것이다. 그리고 바닥을 모를 오만이 그대들에게 광신적인 희망을 품게 하여 자신을 제압할 수 있으니—스토아주의란 자기에게 가하는 폭정이다—자연도 제압당할 수 있다고 생각하게 된 것이다. 그렇지만 스토아주의자도 결국은 자연의 한 부분이 아닌가?…… 그러나 이것은 이미 끝도 없고 오래된 이야기이다.

"그 옛날에 스토아 철학자들에게 일어났던 것은, 오늘날에도 하나의 철학이 스스로를 믿기 시작하면 바로 일어나는 것이다." 철학은 늘 자기가 그리는 모습에 따라서 세계를 창조한다. 달리 도리가 없다. 철학이란 이런 폭군적인 충동 자체이며 힘, 즉 '세계를 창조'하는 제1원인(causa prima)을 지향하는 정신적인 의지이다.

10

오늘날 유럽 곳곳에서는 '실재 세계와 가상 세계'의 문제가 논의되고 있다. 그 열의와 정교함, 다시 말해서 교활함은 관심을 기울일 만하다. 하지만 그 무대 위에서 오로지 '진리를 향한 의지'만을 느끼는 자는 확실히 그다지 민감한 인간은 못 된다. 몇몇의 경우에는 진리를 향한 의지, 자유분방한 모험적 용기, 또 형이상학자 스스로 참여하고 있는 헛된 희망에 대한 공명심이 작용하고 있으리라. 그러나 이런 사람들도 결국은 수레 한 대분의 아름다운 가능성보다 한 움큼의 '확실성'을 선택한다. 불확실한 무언가보다는 차라리 확실한 허무를 위해서 죽음을 택하는 양심을 지닌 광신적 청교도들도 있다. 그렇지만 그러한 덕이 아무리 용감한 행위로 사람의 눈을 끌어도 그것은 허무주의이며, 절망해서 죽음을 바랄 만큼 지친 영혼의 징후이다. 그러나 보다 강하고 보다 생명에 넘치며, 보다 삶을 갈망하는 사상가들의 경우에는 견해가 다르다.

그들은 가상을 적대시하며, 긍지를 가지고 '관점'에 대해 이야기한다. 그들은 '지구는 돌지 않는다'는 외관을 믿지 않을 정도로 자신의 육체도 믿지 않는다. 그리하여 보기에도 기분 좋게 확실한 소유물까지도 포기해 버린다. (오늘날 우리가 육체보다 더 확실하게 믿고 있는 것이 무엇이겠는가?) 그들이 그처럼 행동을 하고 있지만, 사실은 무언가를 다시 빼앗아 오려고 시도하는 것은 아닐까? 즉 그들이 일찍이 더 확실하게 소유하고 있던 것, 이를테면 그 옛날 신앙의 영토이던 것으로 '불멸의 영혼'이라든가 어쩌면 '옛 신' 같은 것 말이다. 다시 말하면 '근대 사상'에 의한 것보다는 좀더 힘차게, 좀더 쾌활하게 살 수 있게 해주는 사상 말이다. 그러한 사상에는 근대 사상에 대한 의심이 있다. 어제와 오늘에 쌓아올린 모든 것에 대한 불신이 있다. 어쩌면 오늘날 이른바 실증주의가 시장에 나와 있는 모습처럼, 여러 가지 기원을 갖는 개념들의 장식품들에 이미 참을 수 없는 가벼운 혐오와 멸시를 섞고 있으리라. 또한 이런 모든 현실주의나 사이비 철학자의 시골 장터풍의 잡다함과 남루함을 즐기는 사치스러운 취미가 주는 역겨움도 있다. 그들에게는 이러한 잡다함 말고는 새롭거나 참된 것은 없다. 나는 이 점에서 우리가 그러한 회의적인 반현실주의자나 인식의 현미경주의자를 인정해야 한다고 생각한다. 그들의 본능은 그들에게 현대의 현실을 등지게 하지만, 이 본능을 반박할 수는 없다. 그들이 여기서 몰래 물러나고 싶어한다 해도 좋다. 문제는 그들이 '후퇴하려는' 것이 아니라 어떻게든 사라지려는 데 있다. 만약 어느 정도의 힘과 변화, 용기, 예술성을 가지고 있다면 그들은 전진하려 할 것이다. 후퇴는 하지 않을 것이다.

11

오늘날 사람들은 어디서나 칸트가 독일 철학에 미친 진정한 영향에서 벗어나고자 하며, 또 그가 자신에게 부여했던 가치를 교묘하게 묵살하려고 애를 쓰고 있는 것처럼 보인다. 칸트는 무엇보다도 자기 범주를 자랑스러워했다. 그는 그 목록을 손에 들고 이렇게 말했다. "이것이야말로 지난날 형이상학을 위해 시도할 수 있었던 노력 가운데서 가장 어려운 일이었다." 바로 이 '할 수 있었던'을 이해하는 것이 중요하다! 칸트는 인간 속에서 새로운 한 가지 능력, 선험적인 종합판단의 능력을 발견한 것에 자부심을 갖고 있었다. 설사 칸트가 그 점에서 잘못 생각하고 있었다 가정해도, 독일 철학의 발전과 그 개화를 불러일으킨 것은 바로 그 긍지였으며, 나아가 더욱더 자랑할 만한 것은 '새로운 능력'을 발견하고자 했던 후학들의 경쟁심이었던 것이다!

하지만 잘 생각해 보자. 이제는 그럴 때가 되었다. 칸트는 스스로 "어떻게 하면 선험적 종합판단이 가능한가" 물었다. 그 문제에 대한 그의 대답은 무엇이었던가? "한 가지 수단(능력)에 의해서" 가능하다고 했다. 그러나 유감스럽게도 그의 대답은 그런 몇 마디 말로 할 수 있는 간결한 것은 아니었다. 오히려 까다롭고 어마어마하며 독일식의 심오하고 애매모호한 표현이었기 때문에, 사람들은 그 대답 속에 숨어 있는 익살스러운 독일적 어리석음을 눈치채지 못하고 만 것이다. 그뿐 아니라 사람들은 그 새로운 능력에 대한 기쁨 때문에 흥분했으며, 더욱이 칸트가 인간 속에서 도덕적인 능력을 발견했을 때 환호성은 절정에 달했다. 그것은 그 무렵 독일인은 아직 도덕적이고, 조금도 '현실적인 정치'에 물들지 않았기 때문이었다.

그렇게 해서 독일 철학의 밀월(蜜月) 시기가 닥쳐왔고, 튀빙겐 신학교의 젊은 신학자들은 '능력'을 찾겠다고 수풀 속으로 들어갔다. 그리고 온갖 것을 찾아냈다. 어쨌든 그때는 독일 정신이 천진난만하며 풍성하고 아직도 싱싱하게 꽃피던 시대였으며, 낭만주의라는 악의적인 요정이 피리와 노래를 불러주고, '발견'과 '발명'의 구별조차도 제대로 할 줄 몰랐던 시대였으니 말할 것도 없다! 특히 발견된 것은 '초감각적'인 것에 대한 능력이었다. 셸링은 그것을 지적 직관이라 이름 붙였고, 근본적으로 경건함을 갈망하는 독일인의 열렬한 욕망을 만족시켜 주었다. 이런 아주 도취적이고 몽상적인 운동은(그것이 회색빛 노인 냄새가 나는 개념으로 가장을 하고 있어도 여전히 젊고 싱싱한 것이었다), 그것을 진정으로 받아들이거나 도덕적인 분개심을 가지고 다룬다는 것은 다시없는 잘못을 저지르는 것이다. 어쨌든 사람들은 나이를 먹었고 꿈은 사라졌다. 이윽고 때가 와서 사람들은 머리를 쥐어뜯기 시작했다. 오늘날까지도 그러고 있다. 사람들은 꿈을 꾸고 있었던 것이다. 맨 앞장을 서서 늙은 칸트가 꿈을 꾸었다. "한 가지 수단(능력)에 의해서"라고 그는 말했다. 적어도 그렇게 생각하고 있었다. 그러나 도대체 이것이 대답이라고 할 수 있을까? 설명이라고 할 수 있을까? 오히려 그것은 단순히 물음의 반복에 지나지 않는 것은 아닌가? 어떻게 해서 아편이 사람을 잠자게 하는 것일까? "한 가지 수단(능력)에 의해서", 즉 "사람을 잠자게 하는 힘에 의해서"라고 몰리에르의 작품 속 의사는 대답한다.

왜냐하면 그것은 사람을 잠들게 하는 힘을 가졌나니,
그것은 감각을 잠재우는 성질이 있다.

그러나 이런 대답은 희극에 속한다. 이제 칸트의 "어떻게 하면 선험적 종합판단이 가능한가?"라는 물음을 "왜 그런 판단에 대한 신앙이 필요한가?"라는 말로 바꿔 놓을 수 있는 때가 온 것이다. 이제 우리 생존을 보존하기 위해, 그러한 판단이 진리라는 신앙을 받아들여야 한다. 그 이유를 이해할 때가 왔다! 다시 말해서 그 판단 자체는 틀린 것이어도 상관이 없다. 또는 더욱 분명하고 노골적으로 근본을 따져서 말하면, 선험적 종합판단 따위는 '가능한 것'이 될 수 없다. 우리는 그러한 판단에 대해 말할 권리가 없으며, 우리 입으로 말한다면 그것은 전혀 그릇된 판단이다. 물론 그 판단의 진리성에 대한 믿음이 표면적인 믿음이나 외관으로, 인생에 대한 주관적 관점에서 나온 것이라면 '가능한 것'이 허용될 수 있다. 마지막으로 그런 '독일 철학'—여기다 인용부호를 한 이유를 이해해 주기 바란다—이 전 유럽에 끼친 폭넓은 영향을 생각해 보면, 그곳에는 어떤 잠들게 하는 힘이 포함되어 있음을 의심할 수 없다. 그래서 모든 나라의 상류층 귀족들, 도덕주의자, 신비주의자, 예술가, 4분의 3가량의 그리스도교도 혹은 정치적 반(反)계몽주의자들 사이에서는 독일 철학 덕분으로 지난 세기에서 이번 세기에 걸쳐 흐르는 강력한 감각주의에 대한 해독제, 즉 '감각을 잠재우는 성질'을 손아귀에 넣고서 뛸 듯이 기뻐했던 것이다.

12

유물론적 원자론[1]은 가장 많이 반박을 받은 이론 가운데 하나이다. 아마 오늘날 유럽에서는 여기에 일상용어(표현 수단의 한 준말)를 제외하고 진지한 의미를 부여할 만큼 무식한 학자 따위는 한 사람도 없을 것이다. 이것은 달마티아인 보스코비치(Boscowich) 덕택이며, 이 사람은 폴란드인 코페르니쿠스와 더불어 시각적인 증거에 대해 승리를 거둔 위대한 사람이다. 코페르니쿠스는 우리의 온갖 감각과는 반대로 지구는 정지하고 있지 않다는 것을 믿게 했지만, 보스코비치는 이 지구에 '움직이지 않고' 있는 최후의 것, 즉 '질량', '물질', 지구의 한 조각 부스러기인 원자에 대한 믿음을 버릴 것을 우리에게 가르쳤다. 이것은 지금까지 이 지구상에서 얻은 감각에 대한 가장 위대한 승리였다.

그러나 우리는 한 걸음 나아가서 '원자론적 요구'에 대해서 선전포고를 하고, 가차 없는 결투를 해야 할 것이다. 이것은 유명한 '형이상학적 요구'와 똑같이 아무도 눈치채지 않는 영역에서 여전히 살아남아 있는 위험물인 것이다. 그다음에는 더욱 숙명적인 원자론에 최후의 일격을 가해야 한다. 그것은 바로 그리스도교가 가장 교묘하게 오랫동안 가르친 영혼 원자론이다. 이 말로 내가 지적하려고 하는 것은 영혼을 불멸하는 것, 영원하고 분할될 수 없는 하나의 단자 내지는 원자로 생각하는 믿음이다. 그런 믿음이야말로 학문에서 추방되어야 한다! 우리끼리 하는 얘기지만 '영혼'이란 것은 내던져 버리고, 가장 오래되고 고귀한 그 가설은 버릴 필요가 없다. 어설픈 자연주의자들은 영혼의 문제를 건드리기만 하면 영혼을 잃는 것이 상례이지만, 영혼 가설을 새롭게 해석해서 세련되게 만드는 길은 열려 있다. '죽어 마땅한 넋'이라든가 '주체 복합체로서의 영혼', '충동과 열정의 사회적 구조로서의 영혼' 등과 같은 개념은 앞으로도 학문 속에서 시민권을 가져야 할 것이다. 이제까지 영혼이라는 관념을 둘러싸고 마치 열대지방의 무성한 숲처럼 미신이 번성했지만, 새로운 심리학자는 그것을 없애고, 그렇게 함으로써 스스로 새로운 황야와 새로운 회의 속으로 들어갔다. 옛 심리학자들은 훨씬 즐겁고 편하기는 했을 것이다. 하지만 그는 새로운 심리를 발명해야 할 운명을 지니고 있음을 알고 있다. 그리고 그 누가 알겠는가? 혹

---

1)고대 그리스 철학자 데모크리토스(기원전 460~360년)의 세계관으로, 세계가 질적으로 유사한 원자에 의해 구성되었다고 보는 관념.

시 발견까지 할 수 있는 운명을 지녔는지 말이다.

13

심리학자는 자기 보존의 충동을 생물의 근본 충동이라고 생각한다. 생물이란 무엇보다도 자기 힘을 발휘하고 싶어한다. 생명 자체가 힘에 대한 의지이다. 자기 보존은 자주 나타나는 간접적 결과 가운데 하나일 뿐이다. 늘 일어나는 일이기는 하지만, 이 경우에도 불필요한 목적론적 원리의 개입을 경계하지 않으면 안 된다! 자기 보존의 충동이란 바로 그것이다(자기 보존 충동의 원리란 스피노자가 논리적으로 철저하지 못한 데서 생겨났다). 다시 말해 이것을 요구하는 것은 본질적으로 원리가 부족한 방법이다.

14

이미 대여섯 명의 머릿속에는 어렴풋이나마(미안한 이야기지만 우리의 견해에 의하면!) 물리학은 단지 세계의 분석이나 정리에 지나지 않으며, 세계에 대한 설명은 아니라는 사실이 떠오를 것이다. 그러나 물리학이 감각에 대한 믿음에 기초를 두고 있는 한, 물리학은 그 이상의 것으로 생각되고, 시간이 지나면서 언젠가는 설명으로 통용되기에 이를 것이 틀림없다. 물리학은 자기 특유의 눈과 손가락을 가졌으며, 자기 자신에 대한 증거와 이해 가능성을 갖고 있다. 이것은 근본적으로 천민의 취미를 갖고 있는 시대를 매력적이고 설득력 있으며 확신을 갖게 하는 시대처럼 느끼게 한다. 그것은 영원히 통속적인 감각주의가 지닌 진리 규준에 본능적으로 따라가고 있다. 무엇이 분명하게 '설명'되는가? 그것은 보고 느낄 수 있는 것에 지나지 않는다. 그리고 이 한계까지는 모든 문제가 탐구되어도 좋다.

이와는 반대로 감각을 즐겁게 해주는 것에 반대되는 일 속에 플라톤적인 생각의 매력이 있었다. 그것은 귀족적인 사고방식이며, 우리 동시대인이 가진 것보다도 더욱 강하고 높은 감각을 누리고, 더구나 그것을 제어하는 일을 좀더 높은 승리로 간주하는 인간들 사이에서 행해지던 것이었다. 그리고 그들의 그 제어라는 것은 플라톤이 감각의 군중이라고 불렀던 다채로운 감각의 소용돌이 위에 음침한 개념의 그물을 던지는 것으로 이루어졌다. 이러한 플라톤의 수법

을 통한 세계 극복과 세계 분석 속에 깃든 즐거움은 현대의 물리학자가 우리에
게 제공하는 것과는 종류가 다르다. '가장 작은 노력'과 가장 큰 실수라는 원칙
을 가진 생리학적 노동자들에 둘러싸인 반(反)목적론자와 다윈주의자가 주는
즐거움과도 다르다. "인간이 볼 수 없고 파악할 수 없는 곳에는 인간이 할 일이
란 하나도 없다." 이런 명제가 플라톤의 명제와 다르다는 것은 말할 필요도 없
다. 하지만 이런 명제라 할지라도 단지 거친 노동에만 종사해야 하는 미래 세계
의 기계기사나 토목기사와 같은 우람하고 근면한 종족에게는 꼭 알맞고 정당
한 것인지도 모르겠다.

15

생리학을 양심적으로 연구하려면 감각기관이 관념론적 철학이 의미하는 현
상이 아니라는 사실을 명심해야 한다. 생리학적인 의미에서 감각기관은 어떠한
것의 원인도 될 수 없다! 감각론은 발견의 원리라고까지는 할 수 없으나, 적어도
규제의 가설이기는 하다. 왜 그런가? 어떤 이는 외부 세계란 우리 감각기관이
만든 소산이라고까지 말한다. 만약 그렇다면 우리 육체는 외부 세계의 일부인
까닭에 우리 감관의 소산이라는 뜻이 된다! 그러면 우리 감관까지도 우리 감관
의 소산이 되는 것이다! 이것은 자기 원인이라는 개념이 근본적으로 모순이라
고 가정했을 때, 근본적인 모순으로 환원하는 것이다. 그러므로 외부 세계는 우
리 감관이 만들어 낸 소산이 아니다 —?

16

지금까지도 '직접적인 확실성' 같은 것이 존재한다고 믿는 천진난만한 자기
관찰자가 있다. 이를테면 "나는 생각한다"라든가 쇼펜하우어의 "나는 의지(意
志)한다"와 같은 미신 따위가 그렇다. 이 경우에는 인식이 순순히 적나라하게
'물자체'로서 그 대상을 파악할 수 있으며, 주체나 개체에 어떤 왜곡도 없는 것
처럼 보인다. 그러나 나는 백 번이라도 말하겠는데, '직접적인 확실성'이나 '절대
적 인식'이나 '물자체'는 형용모순을 내포하고 있다. 우리는 언젠가는 언어의 유
혹에서 해방되지 않으면 안 된다!
비록 대중이 인식이란 사물들에 대해 모든 것을 다 아는 것이라고 믿고 있더

라도 철학자는 자신을 향해 말해야 한다. "나는 생각한다"는 명제가 나타난 과정을 분석해 볼 때, 결국 증명하기 어렵고, 어쩌면 불가능한 일련의 대담한 주장에 부딪친다고 말이다. 그것은 다음과 같다. "생각하는 자는 바로 나이다." 혹은 "생각한다는 것은 그 원인이 되는 존재의 활동이며 작용이다." "하나의 '나'라는 것이 존재한다." 또는 최후로 "생각한다는 것의 의미가 확정되어 있다 ― 우리는 생각한다는 것이 무엇인지를 알고 있다. 이미 거기에 대해 결정되어 있지 않다면 우리는 무엇으로 지금 일어나고 있는 일이 '의욕'이나 '감정'이 아니란 것을 알 수 있겠는가?" 어쨌든 "나는 생각한다"는 말은 나의 상태를 확정하기 위해 자기 현재 상태를 자신에 대해 알고 있는 다른 상태와 비교하는 것을 전제로 한다. 자기의 현재 상태는 이처럼 다른 '지식'과 관련되어 있으므로 나에게는 직접적인 확실성을 주지 못한다. 이상과 같이 철학자는 말해야 한다. 즉 철학자는 어떤 일정한 경우에 대중이 믿는 '직접적인 확실성' 대신에 다음과 같은 몇 가지 형이상학적 의문을 가져야 한다. "나는 '생각'의 개념을 어디서 얻는가? 어째서 나는 인과를 믿는가? 나에 대해서, 더욱이 원인으로서의 나에 대해서 말할 권리를 나에게 주는 것은 무엇인가?" "나는 생각한다. 적어도 이것만은 진실이며 현실이고 확실하다는 것을 안다"고 말하는 사람은 어떤 직관적 인식에 호소해서 형이상학적 의문에 바로 답을 하려는 것인데, 이런 사람은 오늘날 철학자들 속에서는 하나의 웃음과 두 개의 의문부호를 만나게 될 것이다. 철학자는 이렇게 말할 것이다. "당신이 오류를 범하지 않았다는 게 있을 수 없는 건 아니에요. 하지만 그렇다고 왜 언제나 진리만을 고집하죠?"

17

나는 논리학자들의 미신에 관해서는 이 미신가들이 인정하고 싶어하지 않는 간단한 사실을 거듭 강조하게 된다. 즉 하나의 사상이 나오는 것은 '그것'이 원했을 때 나오는 것이며, '내가' 원했을 때 나오는 것은 아니다. 그렇다면 '내가'라는 주어가 '생각한다'는 술어의 조건이 된다고 말하는 것은 사실을 왜곡한 것이다. 어떤 것이 생각한다. 그러나 그 '어떤 것'이 곧 '나'라고 말한다면, 아무리 부드럽게 말을 해 봐도 그것은 단지 하나의 가정, 하나의 주장에 지나지 않으며 어떠한 '직접적인 확실성'도 주지 못한다고밖에 할 수 없다. 결국 그 '어떤 것이'

생각한다는 것으로 충분하다. '어떤 것이'라고 할 때는 이미 그 속에서 '한 가지 생각'에 대한 해석이 포함되어 있음을 나타내고 있지만, '어떤 것'이 그 작용 자체에 속하는 것은 아니다. 이 경우 사람들은 문법상의 관습에 따라서 "생각하는 것은 하나의 활동이다. 모든 활동에는 활동의 주체가 있다. 따라서……"라고 추론하는 것이다. 이와 거의 같은 방식으로 옛날 원자론은 작용하는 '힘' 말고도 그 속에 힘이 활동하며 나오는 물질의 작은 조각, 즉 원자를 찾았던 것이다. 하지만 냉철한 두뇌를 가진 사람들은 결국 그런 '지상의 찌꺼기' 없이도 해결하는 법을 알게 되었다. 아마도 사람은 언젠가는 그것에 익숙해질 것이다. 논리가도 그 보잘것없는 '어떤 것' 없이도 해결할 때가 올 것이다. (사실은 그 옛날부터 거룩한 '내가' 도망을 쳐서 그 '어떤 것이' 된 것이다.)

18

어떤 하나의 이론을 반박할 수 있다고 해서 그 이론의 매력이 줄어드는 것은 아니다. 오히려 반박이 있음으로 해서 이 이론에 똑똑한 사람을 끌어들인다. '자유의지' 이론은 수백 번이나 반박되었지만, 그래도 의연히 존속하고 있는 것은 이 매력 덕분으로 보인다. 새로운 사람들이 끊임없이 나타나서 이것을 반박함으로써 자기 힘을 느끼는 것이다.

19

철학자들은 마치 의지가 세계에서 가장 잘 알려진 것인 양 말하는 버릇이 있다. 쇼펜하우어조차 의지는 우리가 유일하게 정말로 잘 아는 것, 완전히 아는 것, 보태거나 뺄 것도 없이 절대적으로 잘 아는 것이라고 설명했다.

내가 늘 생각하는 것이지만, 쇼펜하우어일지라도 이 경우에는 철학자들이 늘 하고 있는 일을 한 것에 지나지 않는다. 즉 그라고 할지라도 통속적인 선입관을 빌려와 이것을 과장했을 뿐이다. 생각하건대 의지 작용이란 무엇보다도 어떤 복합적인 것, 말로만 단일체로 간주되는 그 무엇이다. 그리고 이러한 한 낱 말 속에 철학자들의 조잡한 생각을 지배해 왔던 통속적인 선입관이 잠재하고 있는 것이다. 그 때문에 우리는 좀더 조심해야 하고, '철학적으로 되지 않도록' 해야 한다.

모든 의지 작용 가운데는 첫째, 다양한 감정이 포함되어 있다. '떨어지는 상태'의 감정과 '지향하는 상태'의 감정처럼 '나가고' '들어오는' 감정 자체가 있고, '팔이나 다리'를 움직이지 않더라도 '생각'하자마자 습관적으로 일어나는 부수적인 근육의 느낌도 포함되어 있다. 따라서 느낀다는 것, 더욱이 다양하게 느낀다는 것을 의지의 구성 요소로 인정해야만 한다. 둘째, 감정을 의지의 한 요소로 인정해야 하는 것처럼 생각 또한 의지의 구성 요소여야 한다. 즉 모든 의지 작용 속에는 어떤 지배적인 사상이 포함되어 있다. 이 사상을 '의지 작용'에서 분리할지라도 아직 의지가 남아 있을 수 있다고 생각해서는 안 된다. 셋째, 의지는 감정과 생각의 복합체일 뿐만 아니라 하나의 정서이다. 더구나 그 명령을 내리는 정서이다. '의지의 자유'라고 불리는 것은 본질적으로 복종해야 할 것에 대한 우월한 정서이다. "나는 자유이다. '그'는 복종해야 한다"는 이런 의식이 모든 의지 속에 잠재되어 있다. 이와 마찬가지로 긴장된 주의, 외곬으로 어떤 하나에게만 집중하는 시선, "지금은 이것만이 중요하고 다른 것은 필요 없다"는 식으로 무조건 평가하는 가치, 틀림없이 복종할 거라는 내적인 확신, 또한 명령하는 자의 상태에 속하는 모든 것, 이런 것들이 의지 속에 있다. 무릇 의지를 가진 인간은 자기 안에 있는 복종하거나 복종하리라고 믿어지는 것에 명령을 내린다.

그러나 이제 우리는 사람들이 한 마디로 표현하는 매우 복합적인 것, 즉 기이하기 짝이 없는 점을 살펴보기로 하자. 우리는 어떠한 경우에도 명령자인 동시에 복종자이다. 우리는 복종자로서 의지의 활동과 아울러 제한, 충동, 압력, 저항, 운동 등의 감정이 일어나는 것을 알고 있다. 다른 면에서 우리가 이 이중성을 '나'라는 종합 개념으로 해석해 버리고 얼버무리려는 버릇을 갖고 있는 한, 의지 작용에는 오류 추론과 그 결과에서 비롯되는 의지 자체의 그릇된 평가가 엉겨 붙는다. 여기서부터 의욕이 많은 자는 행동할 때 의욕만으로도 충분하다고 굳게 믿게 된다. 대부분의 경우 명령의 결과가, 즉 복종이 행위를 기대할 수 있을 때만 의지 작용이 일어나기 때문에 이 겉모습만을 보고는 마치 명령 결과의 필연성이 거기에 존재하는 것같이 느껴진다.

어쨌든 의지 작용을 가진 자는 상당한 확신을 가지고 의지와 행위가 어떠한 의미에서 하나라고 믿는다. 그는 성공을, 의욕의 실현을 의지 자체의 공으로 돌리고, 거기에서 모든 성공이 가져다주는 힘의 감정이 커지는 것을 즐긴다.

'의지의 자유'—이것은 명령을 내리고 동시에 스스로를 그 실현자와 동일시하는 의욕자의 복합적인 기쁨의 상태를 표현하는 말이다. 의욕자는 이러한 실현자로서 온갖 장애를 극복하는 승리를 누리지만, 본디 저항을 이겨낸 것은 자신의 의지라고 스스로 인정한다. 이와 같이 하여 의지하는 자는 자신에 대한 명령자로서의 기쁨이라는 감정에 성공적인 집행 도구, 즉 쓸모 있는 '하위에 있는 의지' 또는 '하위에 있는 영혼'—우리 육체는 사실 많은 영혼의 사회적 구조에 지나지 않는다—의 기쁨을 덧붙인다. 그 결과 그것이 바로 나 자신이다. 여기에서 일어나는 모든 일이 잘 조직된 행복한 사회에서 일어난다. 즉 지배계급은 그 사회의 모든 성과와 자신을 동일시한다.

모든 의지 작용에서 결정적으로 중요한 것은 이미 말한 바와 같이 많은 '영혼'의 사회적 구조를 기초로 한 명령과 복종이다. 그러므로 철학자는 모름지기 의지 자체조차도 도덕의 시야 속에 몰아넣는 권리를 갖는다고 해야 할 것이다. 여기서 도덕이라는 것은 '삶'의 현상을 좌우하는 지배 관계의 교리라고 해석해야 하리라.

20

개개의 철학적 개념은 결코 아무렇게나 스스로 성장하는 것이 아니라 서로의 관계 속에서 성장한다. 그것이 언뜻 보기에는 아무리 제멋대로 사상의 역사 속에 나타나 있는 것 같아도 사실 하나의 체제에 속해 있는 것이다. 마치 어떤 대지에 살고 있는 모든 생물이 하나의 계통에 속하는 것과 같다. 이상의 사실은 전혀 다른 부류의 철학자들도 결국은 어떤 생각의 근본 방식을 언제나 되풀이해서 확실히 충족시켜 온 사실을 보아도 알 수 있다. 그들은 눈에 안 보이는 힘에 사로잡혀 늘 똑같은 궤도로 다시 돌아간다. 그들은 비판적 또는 체계적 의지로서 서로 독립되어 있는 것처럼 느끼기는 해도, 그들 내부의 무엇인가가 언제나 그들을 이끌고 있는 것이다. 무엇인가, 즉 타고난 개념의 체계와 관련성이 일정한 순서에 따라 자꾸만 돌아간다. 사실 그들의 생각은 발견이 아니라 오히려 재인식이고 회상이며, 일찍이 거기서 생겨난 태곳적 영혼의 총체적인 세대로 돌아가는 것이며 귀향하는 것이다. 그렇다면 철학이란 가장 높은 단계의 격세유전(隔世遺傳)인 셈이다.

인도·그리스·독일의 모든 철학적 사고에 통하는 놀랄 만한 혈연적 유사성은 간단히 설명될 수 있다. 여기에는 언어의 유사성이 있다. 문법의 공통된 철학에 의해, 즉 같은 문법적 기능에 의해 처음부터 무의식적 지배와 지도로 철학 체계가 비슷한 전개와 연속을 이루도록 정해져 있는 것은 어쩔 수 없는 일이다. 동시에 세계를 해석하는 데 다른 가능성을 제시하는 길이 막혀 있는 것도 어쩔 수 없는 일이다. 우랄알타이어(여기에는 주어의 개념이 발달되어 있지 않다) 언어권 내의 철학자들이 인도 게르만족이나 이슬람교도와는 다른 눈으로 '세계를' 들여다보고 다른 길을 걸어가고 있음은 있을 법한 일이다. 어떤 문법적 기능에 얽매이는 것은 궁극적으로는 생리적 가치 판단과 인종 조건의 속박이기도 하다. 이상은 관념의 기원에 대한 존 로크의 피상성(皮相性)을 지적하기 위해 말한 것이다.

21

자기원인(causa sui)은 지금까지 고안된 것 중에서 가장 큰 모순이며 하나의 논리적 폭행이고 부자연스러움이다. 그런데 인간의 자만심은 길을 잘못 들어 결국 그런 어리석은 일에 무서울 정도로 깊이 휘말려들게 되었다. 유감이지만 여전히 얼치기 교양인의 머리를 지배하고 있는, 최고의 형이상학적 의미를 지닌 '의지의 자유'에 대한 욕구, 그리고 자기 행위에 대해서 완전하게 책임을 지고 신·세계·조상·우연·사회에 그 책임을 벗어나게 하려는 욕구, 그런 욕구야말로 바로 자기원인이 되려는 것뿐이며, 마치 이야기에 나오는 뮌하우젠[2] 이상의 무모함으로 허무의 수렁에 빠진 자신의 머리채를 휘어잡고 몸을 끌어올리려는 것이다. 만일 누구든 그 이름 높은 '자유의지'의 개념이 농사꾼다운 어리석은 것임을 꿰뚫어 보고 그것을 없앨 수 있다면, 자신의 '깨우침'을 한 걸음 더 앞세워서 '자유의지'라는 나쁜 개념과 반대되는 것도 없애주면 좋겠다. 그러니까 '부자유의 의지'를 말하는 것인데, 그것은 원인과 결과의 남용에서 생겨난 문제이다. 자연과학자가 그렇듯이 (또 그들과 똑같이 자연과학화된 현대의 인간이 그렇듯이)

---

2) Munchausen. 18세기 독일의 모험가로, 환상적인 이야기를 잘하기로 알려진 인물이다.

'원인'과 '결과'를 그릇되게 사물화해서는 안 될 것이다. 그들은 오늘날 지배하고 있는 기계주의라는 어리석은 관점에서 결과가 나타나지 않으면 '원인'을 아예 없애버린다. '원인'과 '결과' 따위는 다만 순수한 개념으로, 즉 기술(記述)과 이해를 돕기 위한 인습적인 허구의 제도로 사용해야지 설명을 위해 사용해서는 안 된다. '물자체' 속에는 '인과의 결합'은 없고, '필연성'도 '심리적 부자유'도 없다. 여기에는 원인이 결과를 낳는 일도 없으며 어떤 '법칙'도 지배하고 있지 않다. 다만 우리 인간이 원인, 계기, 상호성, 상대성, 강제, 수(數), 법칙, 자유, 동기, 목적 등을 만들어 낸 것이다. 우리가 이러한 기호 세계를 '물자체'로서 사물 속에 짜 넣고 섞는다면, 우리가 늘 해왔듯이 여기서도 기호 세계를 신화적으로 만드는 셈이 된다. '부자유 의지'란 신화이다. 현실에 존재하는 것은 오직 강한 의지와 약한 의지가 있을 뿐이다.

한 사상가가 '인과의 결합'이나 '심리적 필연' 속에서 무엇인지 강제, 곤혹, 피할 수 없는 귀결, 압박, 부자유 등을 느끼게 된다면, 그것은 이미 그의 내부 어딘가에 병이 있다는 징후이다. 그런 느낌을 갖는다는 것 자체가 이미 결함을 나타내고 있다. 그 인간이 자신을 드러내고 있는 것이다. 대체로 나의 관찰이 옳다면 '의지의 부자유'가 문제되는 것은 두 개의 완전히 정반대되는 관점에서, 그것도 아주 개인적인 방법에서 나온다는 점이다. 어떤 사람들은 그들의 '책임'을 자기에 대한 신념, 자기 업적에 대한 개인적인 권리를 무슨 일이 있어도 버리지 않으려고 한다(허영심이 강한 족속이 여기에 속한다). 그와는 다른 부류의 사람들은 어떤 책임도 지지 않으려 하고, 어떤 죄도 저지르지 않으려 하며, 자기 마음속에 있는 자기모멸로 인해 자기 자신의 잘못을 다른 어떤 것에 떠넘기려고 한다. 현대에서는 이런 후자에 속하는 인간이 책을 쓰게 되면 필연적으로 범죄자를 변호하게 된다. 하나의 사회주의적인 동정, 바로 그것이 그들이 즐기는 가면인 것이다. 사실 의지박약자의 숙명론은 그럴듯하게 꾸며져 '인류 고뇌의 종교'로서 등장한다. 이 종교는 그의 '좋은 취미'이다.

22

그릇된 해석 방식을 지적하는 심술을 버리지 못하는 오래된 문헌학자인 나를 너그럽게 용서해 주기 바란다. 그러나 당신네 물리학자들이 마치 무엇이나 되는 것처럼 신이 나서 입에 담는 '자연의 합법칙성'은 단지 여러분의 억지스런 해석과 조잡한 '문헌학' 덕택에 성립할 뿐이다. 그것은 사실도 아니며 '원전(原典)'도 아니다. 오히려 소박한 인도주의 냄새를 풍기는 배열과 의미의 왜곡일 뿐이다. 그것으로 그대들은 현대 정신의 민주주의적 본능에 영합하고 있는 데 지나지 않는다! "법칙 앞에서는 모든 것이 평등하다. 여기에 대해서는 자연이라 할지라도 우리와 다르지 않고 우리보다 우월하지 않다." 이 이야기는 약삭빠른 속셈이 있는 것이며, 그 배후에는 특권이 있고 탁월한 자에 대한 천민으로서의 적대감과 세련된 무신론의 후계자가 숨어 있다. "신(神)도 싫고 지배자도 싫다." 여러분도 이렇게 말하고 싶을 것이다. 그렇기 때문에 "자연법칙 만세!"라는 것이다—안 그런가? 하지만 앞서 말한 대로 그런 자연법칙은 해석이지 원전이 아니다. 그러니까 반대되는 의도와 해석법을 가진 어떤 사람이 나타나서 같은 '자연', 또 같은 현상을 관찰해서 권력에 대한 욕구의 가차 없는 관찰을 판독할 수도 있을 것이다.

그런 해석가는 '권력에 대한 의지'의 예외 없고 인정사정없는 성질을 그대들 앞에 펼쳐 보이며, 거기에 대해서는 어떠한 말도, '사납다'는 말조차 쓸 수 없거나, 너무나도 약하고 부드러운 비유로—너무나 인간적인 것으로—보여줄 수 있을 것이다. 더구나 그자는 이 세계에 대해서 그대들이 주장하는 바와 똑같은 것을 주장하리라. 즉 이 세계는 '필연적'이고 '계산될 수 있는' 경로를 밟을 것이라고 주장할 것이다. 더구나 그것도 이 세계 안에서 법칙이 지배하고 있기 때문이 아니라, 법칙이 절대적으로 결여되어 있기 때문이라고. 이렇게 해서 모든 힘은 매 순간 마지막 결론을 끄집어낸다. 이것 또한 하나의 해석이라고 가정한다면 말이다. 그렇지만 그대들은 이것을 기를 쓰고 반대할 열의가 있는가? 그렇다면 더욱 잘된 셈.

23

이제까지 심리학은 도덕적인 선입견과 두려움에 제지를 당하고 있었다. 심리학은 감히 깊은 곳으로 들어가지 못하고 있었다. 이것을 내가 알아챈 것처럼 권력에 대한 의지의 형태학 또는 진화론으로 생각해 본 사람은 아무도 없다. 이제까지 쓰여진 책 속에서 도덕적인 편견이 가하는 폭력은, 가장 정신적이고도 얼핏 보기에 몹시 냉정하며 어떠한 전제도 있을 수 없는 영역까지 깊이 스며들어 손해를 끼치고 방해하며, 눈앞을 가리고 도착을 일으킨다. 진정한 생리심리학 연구자는 마음속 무의식적인 저항과 싸워야만 한다. 이른바 ‘심정(心情)’을 적으로 삼아야 한다. ‘선’과 ‘악’의 본능이 서로 연관되어 있다는 학설조차 [세련된 배덕주의(背德主義)로서] 아직도 건전하고 심정이 풍성한 양심에 곤혹과 당황의 씨를 뿌리는 형편이다. 더군다나 모든 선의 충동을 악의 충동에서 끄집어 낼 수 있다는 주장을 생각해 보면 더 말할 나위도 없다. 만일 누가 증오, 질투, 탐욕, 지배욕 등을 생명의 필수적인 감정이라 보고, 그것이 생명의 모든 영역에서 근본적으로 없어서는 안 될 것이라고 생각한다면 (따라서 생명이 상승되어야 할 경우에는 이것 또한 상승되어야 마땅하다고 주장한다면) 그 사람은 그런 식의 비판을 하는 것 때문에 마치 뱃멀미를 앓듯 괴로움을 맛볼 것이다. 하지만 이러한 가설조차도 위험한 인식의 거대한 신대륙에서는 그다지 낯선 것도 고통스러운 것도 되지 못한다. 그리고 어떤 사람이든지 여기에 접근하지 않는 데는 사실 그럴 만한 여러 이유가 있다.

하지만 한번 그 배가 이쪽으로 밀려 내려오면, 이제 그때가 온 것이다! 자 단단히 이를 악물어야 한다! 눈을 부릅떠라! 단단히 키를 잡아라! 우리는 바로 도덕을 뛰어넘어야 한다. 그쪽으로 뱃머리를 돌려 모험을 감행한다면 우리는 어쩌면 우리 도덕의 잔재를 부수고 없앨지도 모른다. 하지만 그것이 우리에게 무슨 중대한 일이란 말인가! 아무리 대담한 여행가와 모험가에게도 더 깊은 통찰의 세계가 열렸던 일이 아직 단 한 번도 없었다. 그러한 ‘희생을 바치는’ 것은 심리가이다. 그것은 결코 지성의 희생이 아니다. 오히려 그 반대이다! 그런 희생을 바치는 심리가는 그 대가로 적어도 다음과 같은 것을 요구해도 되리라. 즉 지금까지의 학문은 심리학에 봉사하고 심리학을 준비하기 위한 존재로 인식되므로 심리학을 다시 여러 학문의 여왕으로 인정받게 해달라고. 심리학은 이제 다시 근본 문제로 통하는 길이 되었기 때문이다.

제2장 자유로운 정신

24

오, 성스러운 단순함이여! 인간은 얼마나 기괴한 단순함과 허위 속에 살고 있는가! 한번 이 경이로움에 눈을 돌린 자는 그 놀라움이 그칠 줄을 모르리라! 우리는 주위의 모든 것을 얼마나 밝고 자유롭고 쉽게, 그리고 단순하게 만들어 버렸는가! 우리는 우리의 감각을 피상적인 것에 탐닉하게 하고, 우리의 생각에는 무모한 장난과 궤변스런 신과 같은 탐욕을 부여했다. 우리는 태초부터 우리의 무지를 보존할 줄 알고 있었다. 그것도 거의 이해할 수 없는 자유, 경솔함, 무분별, 왕성함, 그리고 삶 그 자체를 즐기기 위한 유쾌함을! 이 무지라는 확고부동한 기반 위에 지금까지 학문이 세워지고, 다시 또 훨씬 힘찬 의지, 무지와 몽매와 허위에 대한 의지라는 기반 위에서 지식에 대한 의지가 세워져 왔다. 그것도 대립으로서가 아니라 오히려 정교하게 다듬은 것으로서 말이다!

언어로는 언제나 그 졸렬성을 벗어날 수 없으며, 그저 가지가지의 세밀한 정도의 차이가 있는 앎과 무지의 개념을 여전히 상반되는 개념으로 다루게 될 것이다. 또 어쩔 수 없이 이미 인간의 '혈육'으로 변한 도덕의 타르튀프[1] 같은 사람들이 지식인들의 입에서 나오는 말까지 왜곡하고 있다. 하지만 우리는 수시로 그것을 알아채고 웃지 않을 수 없다. 바로 최고 학문이야말로 이렇게 단순화되어 철저하게 기교적인 허구·허망의 세계에 우리를 매어두려고 한다. 최고의 학문은 오류를 싫어하면서도 사랑한다! 왜냐하면 학문도 살아 있는 것이며, 그리하여 삶을 사랑하기 때문이다!

---

1) Tartuffe. 프랑스의 극작가 몰리에르 희곡 〈타르튀프〉의 주인공. 사생활이 문란한 위선적 성직자이다.

25

이와 같이 유쾌하게 말을 꺼냈으니 진지한 말에 귀를 기울여 주기 바란다. 이 것은 진지한 사람들에게 드리는 말이다. 그대들 철학자여, 인식의 친구들이여! 경계하라! 순교자들을 경계하라! 진리를 위해서 수난을 겪지 마라! 자기 방어 라도 조심해야 될 것이다!

그것은 그대들 양심의 순수함과 아름다운 중립성을 망칠 것이며, 그대들은 이의와 붉은 천에 대항하는 미친 황소처럼 될 것이다. 그대들이 위험이나 모략, 혐의나 추방 및 그 밖의 적의의 결과와 싸울 때, 그리고 이 지상에서 진리의 옹 호자로서 역할을 할 때 그러한 태도가 그대들을 아둔하게 만들고, 짐승처럼 만 들고, 황소로 만든다. 마치 '진리'가 변호인을 필요로 할 만큼 온순하고 서툴기 나 한 듯. 그대들 방관자, 그리고 정신의 거미줄을 늘어뜨리는 사람들이여! 알 다시피 여러분이 옳으냐 그르냐는 대수로운 것이 못 된다. 그리고 그대들은 이 제까지의 어떤 철학자도 옳지 않았다는 것을 알고 있다. 진정으로 찬양을 받아 야 할 진실은 고발자가 법정에 나서서 엄숙한 몸짓을 하거나 유리한 카드를 내 놓는 데 있는 것이 아니라, 여러분의 좌우명이나 지론의 (때로는 여러분 자신의) 배후에 그대들이 표시한 자그마한 의문부호에 있다는 것을 알고 있으리라. 차 라리 비켜서라! 은신처로 도망쳐라! 가면을 쓰고 교묘하게 행동해 다른 사람을 혼동시켜라! 그렇지 않으면 겁을 내는 편이 나을 것이다. 제발 정원을 잊지 마 라. 황금 울타리를 친 자신의 정원을 잊어서는 안 될 것이다! 그대들 주위에 정 원과 같은 인간들, 아니면 하루가 이미 추억이 되어버리는 저녁 무렵 물 위의 음악과 같은 인간들을 갖도록 하라! 훌륭한 고독, 자유롭고 대담하며 경쾌한 고독을 택하라! 그리하여 그것으로 어떤 의미에서 스스로 성장할 수 있는 권 리를 얻게 될 것이다! 확고한 실력으로 싸울 수 없는 긴 싸움은 얼마나 사람을 독살스럽고 간사하며 바보스럽게 만드는지 모른다! 긴 세월에 걸친 공포심, 언 제 어디서 나타날지 모르는 적에 대한 끊임없는 경계심은 얼마나 인간을 사심 있는 자로 만드는지 모른다! 이들 사회에서 추방된 자들, 오랫동안 쫓긴 자들, 심하게 박해를 받은 자들—그리고 혼자 살기를 강요당한 자들, 스피노자나 조 르다노 브루노와 같은 자들—은 결국에 가서는 자기도 모르는 사이에 더없이 정신적인 가면을 쓰고 교묘하기 그지없는 독살자가 되는 것이다. (스피노자의 윤리학과 신학의 토대를 파헤쳐 보라!) 더구나 어리석은 도덕적 분노에 대해서는 말할 나위도 없다. 철학자가 그런 것을 갖는다는 것은 그가 철학적인 유머를 잃어버렸다는 확실한 증거이다.

철학자의 순교와 '진리를 위한 희생'은 그의 마음속에 숨은 선동자와 배우를 백일하에 드러내는 것이다. 이제까지 사람들은 그것을 다만 예술적인 호기심을 갖고 보았다면, 결국 많은 철학자를 변질된 형태로 ('순교자'로, 무대와 강단에서 외치는 자로, 변질된 형태로서) 보고자 하는 위험한 욕구도 쉽게 이해할 수 있을 것이다. 하지만 그런 위험한 욕구를 품었으니 무엇을 보게 될지는 각오하고 있으리라. 아마 익살극이 아니면 여흥으로 뒤에 붙은 희극이거나, 어쨌든 본편인 긴 비극은 이미 막을 내렸다는 끊임없는 증거를 볼 것이다. 단, 모든 철학이 긴 비극에서 유래되었다는 것을 전제로 해서 말이다.

26

선택된 인간은 모두 본능적으로 자기만의 성채와 비밀 장소를 찾는다. 여기서 그는 대중, 다수, 군중으로부터 해방되고, 또 예외자로서 '인간의 규칙'을 잊게 된다. 다만 그가 예외적인 의미에서의 인식자로서 강한 본능에 이끌려 이 규범을 향해 정면으로 충돌할 때는 예외로 한다. 인간과 교류하면서 때로는 구토, 싫증, 동정, 음울, 고독으로 인해 온갖 고통을 겪으며 녹색으로, 회색으로 변했던 적이 없는 자는 분명히 고상한 취향을 가진 인간이 못 된다. 만일 그가 이러한 번뇌와 불쾌를 걸머지지 않으려 하고 이를 피할 만큼 피하다가 앞서 서술한 바와 같이 조용히 스스로 성에 들어앉아 버린다면, 한 가지 사실은 분명해진다. 그는 인식하기에 부적합하며 그런 능력도 타고나지 못했다. 만일 그가 인식하는 자라면 반드시 그 스스로 이렇게 말할 때가 있을 것이다. "좋은 취향 따위는 악마나 가져가라고 해! '규칙'은 예외보다, 이 예외자인 나보다도 흥미롭다!" 그러고서 그는 아래로, 먼저 '안으로' 들어갈 것이다.

평범한 인간을 오랫동안 진지하게 연구하려면 많은 속임수와 자기 억제가 필요하고, 친밀해야 하며, 저속한 교제를 해야 한다(동격자 이외의 모든 교제는 저속한 교제이다). 이런 것이 모든 철학자의 전기에서 빼놓을 수 없는 장을 이룬다. 어쩌면 불쾌하고 악취 나는 환멸에 가득 찬 장을 이룰지도 모른다. 만일 이 사람이 인식의 행운아에 어울리는 사람이라면, 그는 자신의 과제를 훨씬 줄여주고 덜어주는 사람을 만나게 될 것이다. 이 사람이 바로 냉소주의자들이다. 그들은 야수성, 비속함, '규칙성'을 그대로 인정하고, 게다가 청중 앞에서 자신이나 동료들에 대해 논할 정도로 정신성과 욕망을 가진 사람들이다. 그뿐만 아니라 마치 자기 분뇨 위에서 뒹구는 듯 정신없이 책 속에 빠져 헤어나오지 못한다.

　냉소주의는 비열한 영혼이 진실을 전할 수 있는 유일한 형식이다. 고귀한 인간이라면 무례하고 섬세한 냉소주의에 귀를 기울여라. 그리고 파렴치한 어릿광대나 학문적인 호색한이 난잡하게 벌이고 있는 것을 볼 때마다 스스로의 행운을 자축하라. 더구나 구역질 나는 것에 매력이 섞여드는 경우도 있다. 즉 자연의 변덕으로 분별없는 숫염소와 원숭이의 천재성이 결부되는 수도 있다. 이를테면 갈리아니 신부[2]처럼. 이 사람은 그의 세기에 가장 심오하고 가장 명민하며, 어쩌면 가장 추악한 인간이었을 것이다. 그는 볼테르보다 훨씬 심오했기 때문에 결과적으로 대부분의 경우 침묵을 지켰다. 앞에서도 말했듯이 학문적인 두뇌가 원숭이의 몸에 얹히고, 비범한 오성이 비열한 영혼 위에 놓이는 수도 더러 있다. 의사나 도덕 생리학자들 중에는 특히 그렇다. 어떤 사람이 격분하지 않고 담담히 인간이란 두 개의 욕망을 가진 배[腹]와 한 개의 욕망을 가진 머리로 되어 있다고 말한다면, 또 인간 행위의 참되고 유일한 원동력으로서 곳곳에 굶주림과 성욕과 허영심을 발견하려 찾아 헤맨다면, 즉 인간에 대해 '나쁘게'―'사악'하다고 하지는 않지만―이야기한다면 이때 인식을 사랑하는 자는 열심히 경청해야 한다. 분노가 섞이지 않은 말이라면 귀를 기울여라. 왜냐하면 분노한 인간과 자기 이[齒]로 자기를 (또는 그 대신에 세계를, 신을, 또는 사회를) 물어뜯고, 찢어발기는 인간은 웃어넘기고 자기에게 만족하는 호색한보다 도덕적으로는 높은 위치에 있을지 모르나, 그 밖의 모든 의미에서는 훨씬 하찮고 냉담하며 완고한 인간이기 때문이다. 게다가 분노하기 잘하는 인간만큼 거짓말을 잘하는 사람은 없다.

---

2)페르디난도 갈리아니(1728~1787). 한계효용론의 선구자라고도 일컬어지는 이탈리아의 경제학자.

27

남들의 이해를 얻기란 어렵다. 특히 생각과 생활 방식이 다른 사람들, 즉 거북이나 개구리 같은 걸음으로 걷는 사람들 사이에서, 갠지스강의 흐름처럼 유유히 생각하며 살 때 특히 그렇다. (내가 일부러 모든 일을 '이해하기 어렵게' 하는 건가?) 우리는 조금이라도 재기가 엿보이는 해석을 내리는 호의에 마음으로부터 감사해야 한다. 그러나 언제나 너무나 편안한 '좋은 친구들', 게다가 친구로서 편안히 있을 권리가 있다고 믿는 그런 이들에게는 처음부터 오해의 놀이터와 운동장을 마련해 두는 것이 좋다. 그러면 웃을 일도 생기고, 아니면 이 좋은 친구들을 아예 쫓아버릴 수도 있다. 그리고 다시 한번 웃을 수도 있다!

한 언어를 다른 언어로 번역하는 데 있어 가장 옮기기 어려운 것은 그 문체의 속도이다. 이것이야말로 그 민족의 성격에, 생리학적으로 말하면 신진대사의 평균속도에 근거한다. 충실한 번역도 본의 아니게 원문의 품격을 떨어뜨려 거의 위작이 될 수도 있다. 단어나 사물 속에 담긴 온갖 위험성을 뛰어넘도록 도와주는 원전의 과감하고도 경쾌한 속도가 함께 번역되지 못하기 때문이다. 독일어는 성격상 프레스토[3]를 표현할 수가 없다. 그러므로 거침없는 자유 정신적 사상의 유쾌하고도 과감한 뉘앙스를 낼 수가 없다는 것도 당연한 말이다. 독일인에게 육체적으로나 정신적으로나 어릿광대와 사티로스가 낯선 것처럼, 아리스토파네스도 페트로니우스도 번역 불가능하다. 독일인은 모든 장중하고 완고하며 둔중한 것, 모든 따분하고 느린 종류의 문체를 남들이 추종할 수 없을 정도로 다채롭게 발전시켰다. 딱딱함과 우아함이 섞여 있는 괴테의 산문까지도 예외는 아니다. 이는 그의 산문이 속해 있는 '좋았던 옛 시절'의 반영이며, 아직 '독일적인 취향'이 존재하고 있던 시대의 독일 취향의 표현이었다. 양식이나 기교 면에서는 하나의 로코코 경향이었다.

레싱은 예외인데, 이는 많은 것을 이해했고 많은 것에 숙달했던 그의 배우적 성격 덕분이었다. 그가 피에르 베일을 번역한 것도 헛된 일은 아니었고, 가능했

---

3) presto. 악보에서, 매우 빠르게 연주하라는 말.

다면 디드로나 볼테르 가까이, 더 기꺼이 로마의 희극작가 속으로 달아나고 싶었을 것이다. 문체의 속도에서도 레싱은 자유사상가의 정신을 좋아했으며, 독일로부터 도망치고 싶어했다. 그러나 제아무리 레싱의 산문이라 해도 독일어가 마키아벨리의 속도를 모방할 수 있었을까? 그는 《군주론》에서 피렌체의 건조한 공기를 담아내며 가장 심각한 사건도 활기 넘치는 알레그리시모[4]로 서술해 간다. 길고도 무거우며 어렵고도 위험한 사상을 장난기 넘치는 분위기 속에서 몹시 빠른 속도로 엮어내는 모순적 시도 속에, 어쩌면 예술가의 짓궂은 쾌감이 아예 없다고야 못할 것이다.

그러니 하물며 누가 감히 페트로니우스를 독일어로 번역하려 하겠는가? 그는 창의나 착상이나 언어 면에서 지금까지의 그 어느 음악가보다도 프레스토의 거장이었다. 만일 사람들이 그처럼 모든 것을 내닫게 함으로써, 모든 것을 치유하는 바람의 힘과 입김과 휘날려 버리는 비웃음을 가지고 있었더라면, 저 병들고 숨 막히는 세상, '고대 세계'의 늪지인들 무슨 문제란 말인가! 아리스토파네스로 말하면 정화를 보증하는 사람으로서, 그의 존재 때문에 전 그리스 세계의 존재까지도 용서된다. 그러기 위해서는 저 그리스 세계에서는 용서와 정화가 필요했다는 사실을 마음속 깊이 이해했다는 것을 전제한다면 말이다. 그래서 나는 다행히도 보존된 그의 소품만큼 플라톤의 비밀스러움과 스핑크스의 성격에 대해서 꿈꾸게 된다. 그래서 임종의 베개 밑에는 '성경', 이집트 책, 피타고라스의 책도 플라톤의 책도 아닌, 아리스토파네스의 책을 놓고 싶다. 플라톤 또한 아리스토파네스가 없었더라면 어떻게 부정한 그리스적 생활을 견딜 수 있었겠는가!

29

독립이란 소수 인간들의 일이며 강자의 특권이다. 그러나 필요하지도 않은데 그것을 시도하는 자가 있다면, 비록 그 사람에게 그럴 만한 충분한 권리가 있다 하더라도, 이는 아마도 그가 강하다는 것뿐만 아니라 오히려 과감하다 못해 방종에 가깝다는 것을 증명하는 일이리라. 그는 미로에라도 들어갈 것이다. 그

---

4) allegrissimo. 악보에서, 가장 빠르게 연주하라는 말.

로 인해 인생 자체가 이미 달고 다니는 위험을 천배나 불릴 것이다. 그가 어떻게 그리고 어디에서 길을 잃고, 고립되어서, 양심이라는 동굴의 괴물 미노타우루스에게 갈기갈기 찢기는지를 보는 사람이 없다는 것은 결코 사소한 위험이 아니다. 그와 같은 인간이 파멸한다면, 그것은 사람들의 이해 범위에서 너무도 멀리 떨어져서 일어나는 까닭에 아무도 느끼거나 동정할 수가 없다. 그리고 그는 이제 돌아올 수 없다! 그는 다시 돌아올 수도 없고 사람들의 동정을 받을 수도 없다!

30

가장 깊은 통찰이라 할지라도 그것을 들을 만한 자질이 없거나, 듣도록 예정되지 않은 사람의 귀에 무심코 들어가게 되면 그 생각은 바보같이, 또 심한 경우에는 범죄처럼 들릴 수도 있다. 옛날부터 인도인, 그리스인, 페르시아인, 이슬람교도들처럼 위계질서를 믿고 평등과 동등권을 믿지 않는 곳에서는 어디서나 철학자 속에 통속적인 것과 밀교적(密敎的)인 것의 구별이 있었다.

둘의 차이는 통속적인 사람이 외부에 서서, 안에서가 아니라 밖에서 보고 평가하며, 측정하고 판단했기 때문에 생긴 것은 아니다. 오히려 더 본질적인 차이점은, 통속적인 사람은 사물을 아래에서 쳐다보고 밀교적인 사람은 위에서 내려다본다는 데 있다! 그곳에서 보면 비극도 비극적으로 보이지 않는 영혼의 높이가 있다. 이 세계의 모든 비애를 하나로 합쳐서 생각할 때, 누가 감히 이 비애의 양상을 보고 필연적으로 동정까지 느끼고, 그렇게 해서 비애의 고통을 배가시키도록 유혹하고 강요하게 되리라 단정 지을 수 있겠는가?

고차원적인 인간에게는 즐거움이 되고 자양분이 되는 것도, 성질을 달리하는 비속한 인간에게는 거의 독이 된다. 보잘것없는 인간의 미덕은 어떤 철학자에게는 어쩌면 악덕과 약점을 의미할 것이다. 또 고귀한 인간이 타락하고 파멸해서 결국은 어떤 성격을 얻게 되고, 그것으로 인해 그가 떨어진 저속한 사회에서 마치 성자처럼 숭배를 받는 경우도 있으리라. 그리고 영혼과 건강에 따라서 반대의 가치를 갖고 있는 책도 있을 수 있다. 높은 영혼과 생명력을 지닌 이가 그 책을 읽는 것과 낮은 영혼과 생명력을 지닌 이가 그 책을 읽는 것은 다르다. 전자의 경우에는 파괴하고 분해하는 위험을 갖는 책이 되지만, 후자의 경우에는 용감한 자에게 용기를 북돋는 외침이 된다. 모든 사람이 좋아하는 책은 언제나 악취를 풍기며 소인배의 냄새가 배어 있다. 대중이 먹고 마시는 곳은, 심지어 숭배의 장소에서조차 늘 악취가 난다. 깨끗한 공기를 들이마시고 싶다면 교회에는 안 가는 것이 좋다.

31

사람들은 젊었을 때 인생의 대단한 수확인 미묘한 차이의 기술도 모르는 채 무조건 존경하고 무조건 경멸한다. 그러므로 인간과 사물을 '예' 아니면 '아니오'로 가르며 무턱대고 걸고넘어진 것에 대해서는 당연히 나중에 보상하지 않으면 안 된다. 모든 것이 언젠가는 그렇게 되기 마련이다. 즉 모든 취미 가운데 가장 악취미, 무조건적인 것에 대한 취미는 비참하게 조롱당하고 천대받아, 마침내 사람은 자기 감정에 어느 정도 기교를 보탤 줄 알게 되고, 오히려 기교로 인생을 시험해 볼 줄도 알게 된다. 진정한 인생의 예술가는 누구나 이런 일을 한다. 젊은이 특유의 분노와 숭배는 인간과 사물을 위조하고, 자신의 격정을 남김없이 쏟고 난 뒤에야 비로소 안정되는 것처럼 보인다. 청춘이란 그 자체가 허위이며 사기이다. 나중에야 환멸에 시달리고 자기 자신을 향해 의심의 눈을 돌리게 되면, 이 의심과 양심의 가책에 대해서도 열렬하고 난폭해진다. 이때 그는 얼마나 자신에게 분노할 것인가! 얼마나 자신을 갈기갈기 찢어놓을 것인가! 얼마나 오랫동안 자기 현혹에 복수할 것인가! 그것이 마치 제멋대로의 맹목이었던 것처럼. 이렇게 변해 가면서 사람이란 자기 감정에 대한 불신 때문에 자기를 벌하고, 의혹으로 자신의 열정을 고문한다. 사람들은 그것이 마치 자기기만이고, 깨끗한 성실성의 피로인 것처럼 양심을 위험이라고 느낀다. 무엇보다도 진심으로 '청춘'을 증오하며 그런 태도를 지지한다. 그리고 다시 10년이 지난 뒤 사람은 깨닫는다. 이것조차 모두 청춘이었구나 하고!

32

인간 역사 가운데 가장 긴 시기에는—그것을 선사시대라고 부르지만—어떤 행위의 가치와 무가치는 그 결과로 판단이 되었다. 행위 자체와 그 발단은 중요하지 않았다. 오늘날 중국에서 자식의 명예나 치욕이 그 부모에게까지 소급되듯이, 어떤 행위의 선악을 생각하도록 인간을 이끈 것은 결과의 성공과 실패에 있으며, 이런 결과가 소급해서 영향을 주는 것이다. 그 시대를 인류의 도덕 이전의 시대라고 부르기로 하자. "너 자신을 알라!"는 금언은 아직 알려지지 않았다. 그런데 지난 1만 년 동안에 지구상의 몇몇 넓은 지역에서 인류는 한 단계 한 단계 더 발전했고, 행위의 결과가 아니라 행위의 유래로 가치를 결정하게 되었다. 전체적으로 보았을 때, 커다란 사건이었으며, 관점과 기준이 눈에 띄게 개선되었고, 귀족적 가치와 '유래'에 대한 신앙심의 지배가 무의식 상태에서 영향을 미쳤으며, 좁은 의미로 도덕적 시대라고 불러도 좋을 어떤 시대의 징후가 보였다. 이렇게 해서 자기 인식에 대한 첫 번째 시도가 이루어졌다. 결과 대신 그 유래라니, 얼마나 큰 관점의 전환인가! 그것은 의심할 여지없이 긴 투쟁과 동요가 있은 뒤에 이르게 된 전환이었다! 바로 그것으로 숙명적인 새로운 미신과 독특하고 편협한 해석이 왕좌에 오르게 된 것이다. 즉 인간은 어떤 행위의 유래를, 어떤 '의도'에서 분명한 의미를 갖고 생겨난 것이라고 해석했다.

어떤 행위의 가치는 그 의도의 가치 속에 있다는 점에서 사람들은 일치를 보았다. 의도는 어떤 행위의 발단과 그 전의 역사 모두를 말한다. 그런 선입견 밑에서 아주 근세에 이르기까지, 세계 안에서 도덕적인 찬양과 비난과 재판이 행해지고 사색이 이루어졌다. 그러나 현재 우리는 인간의 자기 성찰과 심화로 다시 한번 가치의 전환과 근본적인 변혁을 결심해야 할 필연성에 다다른 것이 아닐까? 적어도 도덕 외적인 시대라고 할 수 있는 시대의 어귀에 서 있는 게 아닐까? 오늘날 적어도 우리 비도덕주의자들 사이에서는 어떤 행위에서 의도적이지 않은 것에 그 결정적인 가치가 있는 것이 아닌가 하는 의혹이 생기고 있다.

모든 행위에서 의도처럼 보이는 것, 관찰되고 알려지고 '의식되는' 모든 것은 오히려 표면적인 것이자 껍질에 지나지 않는 것이 아닌가? 그것은 모든 껍질이 그러하듯 무엇을 보여주고 있기는 하지만, 사실은 더 많은 것을 그 속에 감추고 있는 것은 아닐까? 한마디로 말해서 의도란 다만 기호이며 징후일 뿐이라고 우리는 믿는다. 그것은 해석을 필요로 하지만 너무나 많은 것을 의미하고, 따라서 그것만으로는 거의 아무것도 의미하지 않는다고 믿는다.

또 도덕은, 이제까지의 의미에서 의도적 도덕은 선입견이며 지레짐작이고 일시적인 것이며, 어쩌면 점성술이나 연금술의 단계에 있는 것으로, 극복되어야 할 그 무엇이다. 도덕의 극복, 어떻게 보면 도덕의 자기 극복이 영혼의 살아있는 시금석으로서 오늘날 가장 섬세하고 성실하며, 그러면서도 악의가 있는 양심가들에게 따로 준비된 길고 비밀스런 과제를 나타내는 이름일 것이다.

33

별수 없는 노릇이다. 이웃에 대한 희생과 헌신의 감정, 이러한 모든 자포자기의 도덕은 가차 없이 심문해서 법정에 끌어다 앉혀야 한다. 또 '사심 없는 직관'의 미학도 마찬가지이다. 오늘날 그러한 미학 아래 자기 양심이 편하고자 예술을 거세하는 일이 이루어지고 있다. '나를 위해서가 아니라'라든가 '다른 사람을 위해서'라는 감정에는 너무나도 달콤한 매력이 있어서, 그만큼 더 의심도 일고 물어보고 싶어진다. "이것은 어쩌면 속임수가 아닐까?" 그것을 가진 자에게도, 그 열매를 즐기는 자에게도, 또 지켜보는 제삼자에게도 이 감정은 마음에 든다. 그런데 이 마음에 든다는 사실이 그 자체로 반드시 그 감정을 증명하는 논거가 되는 것은 아니다. 오히려 경계하라고 요구하는 것이다. 그러면 경계하자!

34

오늘날 어떤 철학이 어떤 위치에서 또는 어느 관점에서 세계를 보든 우리가 살고 있는 이 세계가 잘못되어 있다는 것은 확실하다. 여기에는 조금도 의심의 여지가 없다. 이에 대해 우리는 이유에 이유를 찾아내지만 결국은 '사물의 본질'이라는 기만적인 원리를 추측하도록 유혹받는다. 이 세계가 잘못된 것은 우리의 생각, 즉 '정신'에 죄가 있다고 보는 사람들이 있는데, 이것은 모든 의식적인 또는 무의식적인 '신의 변호자'가 걸어가는 영광스러운 탈출로이다. 공간, 시간, 형태, 운동, 이 모든 것을 포함해서 이 세계가 허망한 것이라고 느끼는 사람은 적어도 결국 모든 생각 자체에 대해 의심하는 태도를 배울 좋은 기회를 얻게 되는 셈이다. 이 의심이 지금까지 우리에게 심한 장난을 해온 것은 아닐까? 그것이 여태껏 해온 일을 앞으로는 하지 않으리라는 보장이 있을까? 진지하게 말해서 사색가의 순결성은 사람을 감동시키고 경건한 마음을 불러일으키는 구석이 있다. 이것이 있기 때문에 그들은 오늘날에도 의식 앞에 나타나서 "의식이여,

아무쪼록 우리에게 정직한 해답을 달라” 간청한다. 이를테면 의식은 ‘실재’하는 것인가 아닌가, 어째서 의식은 외부 세계를 이렇게까지 단호히 떨쳐버리는가 하는 질문에 대답해 줄 것을 간청한다. ‘직접적인 확실’을 믿는 것은 도덕적 순진성이며, 이것은 우리 철학자의 영광이다.

그러나 우리는 ‘단지 도덕적인’ 인간이어야만 하는 것은 아니다! 일단 도덕을 떠나서 생각해 볼 때 이 신앙은 어리석을 뿐이며 우리에게 그 어떤 영광도 안겨 주지 않는다! 시민사회에서는 늘 의심을 품고 있다면 그런 것을 ‘나쁜 성격’이라 할 테고, 어리석은 짓 가운데 하나로 취급하기도 할 것이다. 하지만 일단 시민 세계와 그 ‘예’, ‘아니오’를 떠났을 때, 우리 사이에서 우리가 어리석은 말과 행동을 한대도 막을 것이 무엇이 있겠는가? 또한 “철학자는 지금까지 지상에서 언제나 우롱받은 자로서, 나쁜 성격을 가질 권리가 있다” 말한다고 해서 누가 방해할 것인가? 지금이야말로 철학자는 의심해야 할 의무가 있다. 의심의 심연에서 좀더 악의가 담긴 곁눈질을 해야 할 의무가 있다. 이같이 어둡게 찌푸린 얼굴과 표현 방식, 또 농담을 용서하길 바란다. 왜냐하면 나는 기만하고 기만당하는 일에 대해서 사람들과는 다르게 생각하고, 다르게 평가하는 법을 배워왔으며, 속는 것에 대해 철학자가 맹목적인 분노로 저항할 때 옆구리를 몇 번 찔러줄 준비가 되어 있기 때문이다. 그래서는 안 된다는 법이 있는가? 진리가 가상보다 가치가 있다는 것은 도덕적 편견에 지나지 않는다. 이것은 이 세상에 있는 무엇보다도 조악하게 증명된 가설이다. 그러나 다음 사실만은 받아들여야 한다. 관점에 의한 평가와 가상성의 기초 위에 서지 않았더라면 생명이라는 것은 아예 존립조차 할 수 없다는 점이다. 만약 사람들이 여러 철학자의 도덕적 열정과 어리석음으로 ‘가상 세계’를 버리고 만다면—일단 그것이 가능하다고 치고—그때에는 그대들의 ‘진리’ 또한 남지 않게 되리라!

그러면 무엇이 우리에게 ‘참’과 ‘거짓’의 본질적 대립이 있다고 가정하도록 강요하는가? 가상성에 단계가 있다고 생각해서, 이를테면 가상 가운데 밝고 어두운 농도와 전체의 색조를—화가의 언어를 빌린다면 서로 다른 명암을—생각한다면 그것으로 충분하지 않은가? 우리에게 관계되는 이 세계가 어째서 허구여서는 안 되는가? “하지만 허구는 만든 사람이 있을 텐데?” 하고 반문하는 사람이 있다면 다음과 같이 대답해 주면 된다. “왜 꼭 그래야 하지? 이 ‘있을 텐데'라는 것도 허구가 아닌가?" 술어나 목적어가 반어적이면 주어 또한 좀 반어적이어도 괜찮지 않을까? 철학자는 문법에 대한 믿음에서 벗어나야 하지 않을까? 여교사를 무시하자는 것은 아니다. 이제는 철학이 여교사에 대한 믿음을 버릴 때도 되지 않았는가?

35

오, 볼테르여! 오, 인류여! 오, 어리석음이여! '진리'나 진리의 탐구에는 아직도 무언가가 있다. 그러나 인간이 그것을 너무나도 인간적인 방식으로 행하면—"선을 행하기 위해서만 진리를 추구한다"—확신하건대 그는 아무것도 찾지 못한다.

36

우리에게 현실로 '주어진' 것에는 우리의 욕망과 정열의 세계 말고는 아무것도 없다고 가정한다면, 우리는 온갖 충동이라는 현실 이외에는 어떤 다른 '현실'로 내려갈 수도 올라갈 수도 없다. 왜냐하면 생각이란 단지 그런 충동의 상호 간의 제약에 지나지 않기 때문이다. 이와 같은 전제를 내세웠을 때 시험적으로 다음과 같은 질문을 하게 된다. 즉 이 '주어진' 것은 그런 종류들 가운데에서 기계적인 (또는 '물질적인') 세계를 이해하는 데는 불충분한 것이 아닐까? 그 세계가 결코 착각, '가상', (버클리나 쇼펜하우어식의) '표상'이라는 뜻은 아니다. 오히려 세계를 우리의 정념 자체가 갖고 있는 것과 같은 현실성의 단계에 있는 것으로 이해한다. 다시 말해 그 속에서는 아직도 모든 것이 강력한 통일체로서 정념의 세계에서 더 원초적 형태로서, 그리고 유기적 과정 속에서 분화되고 성장하는 것이다(물론 제멋대로가 되기도 하고 쇠약해지기도 한다). 이것은 하나의 충동적 생명이며 그 속에는 아직도 온갖 유기적인 기능이 자기 제어, 동화, 영양 섭취, 배설, 신진대사와 더불어 서로 종합적으로 결합되어 있다. 이것을 생명의 초기 형태로 이해할 수 있지 않을까?

요컨대 이러한 시도를 해보는 것은 허용된 것일 뿐만 아니라 오히려 방법론의 양심에 의해 명령을 받은 것이나 마찬가지다. 다만 한 가지 인과관계로서 해결하겠다는 시도가 그 극한까지(감히 말한다면 무의미에 이르기까지) 추구되기도 전에 여러 종류의 인과관계를 끌어들여서는 안 된다. 이것이 오늘날 우리가 피해서는 안 될 방법의 윤리이다. 이는 수학자들의 말처럼 '정의(定義)로부터' 나온 것이다. 문제는 우리가 의지를 작용력이 있는 것으로 인정하는가, 의지의 인과관계를 믿는가이다. 만일 우리가 이것을 인정한다면—근본적으로 의지를 믿는다는 것은 인과관계 자체를 믿는 것이다—우리는 의지의 인과관계만이 유일한 인과관계라고 가정하지 않으면 안 된다. 물론 '의지'는 다만 '의지'에만 작용할 수 있을 뿐 '물질'에는 작용할 수 없다(예를 들어 '신경'에는 작용할 수 없다). 그러므로 과감하게 이런 가설을 내세워야 할 것이다. '작용'이 확인되는 한 거기서는 의지가 의지에 작용을 하고 있다. 또한 모든 기계적 현상은 그 속에 힘이 작용하고 있는 한 바로 의지의 힘이며 의지의 작용이다.

그리하여 결국 우리의 모든 충동적 생활을 의지라는 유일한 근본 형태—즉 나의 명제에 따르면 권력에의 의지의 형태—에서 분화되고 성장한 것으로 설명할 수 있다면, 그리고 모든 유기적 기능을 이 권력에의 의지로 환원하고 그 속에서 생식과 영양 섭취의 문제—이것도 모두 하나의 문제이다—를 해결하는 방법도 발견할 수 있다면 그것으로 모든 작용하는 힘을 분명하게 권력에의 의지로 정의할 수 있다. 내부에서 관찰된 세계, 그 '예지적 성격'[5]에 의해 규정되고 추상된 세계, 이것은 바로 '권력에의 의지'일 뿐 그 밖에 다른 어떤 것도 아니다.

37

"뭐라고? 아니, 그러면 통속적으로 말해서 '신은 부정되었지만 악마는 부정되지 않았다'는 뜻인가?" 천만에! 그 반대라네, 친구여! 아니 그리고 자네에게 그렇게 통속적으로 말하라고 시킨 악마가 대체 누구인 겐가!

38

근대의 밝디밝은 빛 아래서 결국 프랑스 혁명은 어떻게 귀결되었는가! 저 가공할, 그러나 (가까이서 보면) 쓸데없는 익살극에 그럼에도 전 유럽의 품위 있고 열광적인 관중은 멀찍이서 오래도록 격정을 안고 자신의 분노와 감격을 투사하

---

5)본질에 해당하는 이데아의 세계는 감각이 아닌 오직 예지에 의해서만 포착할 수 있다고 본 플라톤적 관점을 시사한다.

여 해석해왔고, 그러면서 원전은 완전히 해석 밑에 깔려버렸다. 그리하여 품위 있는 후세 또한 과거를 깡그리 오해하고, 그것으로 어쩌면 그 광경을 보고 간신히 견딜 수 있을지도 모른다. 아니면 혹시 벌써 그렇게 되어버린 게 아닐까? 우리가 어쩌면 이 '품위 있는 후세'가 아닐까? 그리고 우리가 그렇게 이해하는 한, 이제 이 일은 이미 끝난 게 아닌가?

39

어떤 학설이 사람을 행복하게 하거나 덕스럽게 만든다는 이유로 그 학설을 진리라고 주장할 사람은 없다. 그러나 사랑스런 '이상주의자'는 예외이다. 그들은 선한 것과 참된 것, 그리고 아름다운 것에 열광하며, 자기 연못 속에 있는 온갖 잡다하고 볼품없으며 속 편한 욕구를 이리저리 헤엄치게 내버려 둔다. 행복이나 도덕은 논거가 될 수 없다. 그런데 우리는—신중한 사람들마저도—그렇다고 해서 사람을 불행과 악덕으로 몰고가는 것이 반론의 근거가 될 수 없다는 점을 생각하지 못한다. 비록 가장 해롭고 위험한 것이라 할지라도 진리일 수 있다. 오히려 완전한 인식에 의해 파멸한다는 것이 존재의 근본 성격에 속할지도 모른다. 그렇다면 어떤 정신의 강도는 그가 '진리'를 어느 정도까지 감당할 수 있느냐에 따라 측정된다. 좀더 명확히 말하면 어느 정도까지 진리를 희석시키고, 감추며, 감미롭게 하고, 무디게 하며, 위조하지 않고는 못 견딜 정도가 되느냐에 따라 측정되는 것이다.

진리의 특정한 부분을 발견하기 위해서는 악하면서 불행한 사람이 유리하며, 이들이 좀더 크게 성공할 가능성이 높다는 것은 틀림없는 사실이다. 행복한 악인에 대해서는 더 말할 것도 없다. 이들은 도덕주의자들이 거론하기를 꺼려온 존재들이다. 강하고 독립적인 정신과 철학자들이 나오기 위해서는, 사람들이 학자의 자질로서 존경하고 당연히 존경할 만한, 부드럽고 섬세하며 양보하는 온순한 성격이나 선선히 받아들이는 기술보다는 잔혹하고 교활한 성격이 요구된다. 그러나 여기서 말하는 '철학자'라는 관념은 책을 쓰거나, 자기 철학을 책 속으로 옮겨 넣는 철학자만을 한정하지 않는다는 것을 전제로 한다.

자유정신을 가진 철학자들의 마지막 대열에 스탕달이 있다는 점을, 독일의 경향을 위해 주저없이 강조하려 한다. 그 이유는 바로 그가 독일적 경향과 어긋나기 때문이다. 이 위대한 최후의 심리학자는 말한다. "좋은 철학자이기 위해서는 냉정하고 명석하라. 환상을 갖지 마라. 재산을 모은 은행가는 철학적 발견을 위해 필요한 어떤 자질을 가지고 있는데, 그것은 있는 그대로를 정확하게 보는 것이다."

40

모든 심오한 것은 가면을 좋아한다. 가장 깊은 것은 형체나 비유를 증오한다. 대립이야말로 신의 수치심이 드러나기에 알맞은 가장(假裝)이 아니겠는가? 만약 어떤 신비주의자가 직접 이 가장을 해본 적이 없다면 의심스럽고도 놀라운 일이다. 부드러운 행위라도 그것을 일부러 난폭함으로 덮어서 그 원래 모습을 알아보지 못하도록 하는 것이 좋을 때도 있다. 또 사랑과 끝없는 관용의 행위이면서도, 그 뒤에서 곤봉을 손에 들고 목격자를 때려서 그의 기억이 흐려지게 만드는 것이 좋은 경우도 있다. 대부분의 사람은 자기 기억을 흐리게 하고 학대해서 이 유일한 목격자에게 복수한다. 수치심에는 독창성이 있다. 사람이 반드시 자신이 행한 가장 나쁜 일을 가장 수치스러워하는 것은 아니다.

가면 뒤에 숨은 것은 교활함만은 아니다. 간계에는 좋은 것도 많이 있다. 여리고 귀중한 것을 가슴에 감추고 있는 사람이, 이끼가 잔뜩 낀 낡은 술통처럼 거칠게 굴러먹으며 인생을 살아가는 모습을 상상해 볼 수 있는 일이다. 섬세한 수치심이 그렇게 시키는 것이다. 깊은 수치심을 가진 사람은 인적이 뜸한 길에서 그의 운명이나 어려운 결단을 마주칠 수도 있다. 그와 가까운 사람도, 친한 사람도 그런 일이 있는 줄은 꿈에도 모른다. 그의 생명을 위협하는 위험도, 그 뒤에 다시 회복된 삶의 안정도 다른 사람의 눈에는 띄지 않는다. 이처럼 비밀스러운 인간, 본능적으로 언어를 침묵하기 위해서만 사용하고 소통으로부터 달아나고야 마는 인간은, 자기 대신에 그의 가면이 친구의 마음과 머릿속을 차지하기를 바란다. 바라지 않았다 하더라도 언젠가는 깨달을 것이다. 어쨌든 자신에게 가면이 있었음을, 그리고 그것이 좋았음을 말이다. 모든 심오한 정신은 가면을 필요로 한다. 심지어 모든 심오한 정신의 주위에는 끊임없이 가면이 생겨나고 있다. 그의 한마디 한마디, 그의 걸음걸음, 삶의 징후 하나하나가 언제나 잘못, 즉 얄팍하게 해석되기 때문이다.

41

독립적이고 명령할 수 있는 운명을 지니기 위해서 사람은 자신을 스스로 시험하지 않으면 안 된다. 그리고 그것은 꼭 적당한 때에 이루어져야 한다. 자기 시험을 회피해서는 안 된다. 그것이 놀이 가운데 가장 위험한 놀이라 할지라도. 게다가 그 시험의 증인은 우리 자신뿐이며, 다른 어떤 심판관도 없다. 결코 다른 사람에게 매달려서는 안 된다. 그것이 가장 사랑하는 사람일지라도. 모든 인간은 감옥이며 모퉁이 한구석이다. 조국에 집착해서는 안 된다. 비록 제아무리 고난에 처해 구원을 바라더라도. 빛나는 승리를 거둔 조국에서 마음을 떼어놓는 것은 그나마 좀 덜 힘들다. 동정에 얽매여서는 안 된다. 우연히도 고귀한 인간의 보기 드문 순교와 절망을 보았을 때에도. 한 가지 학문에 얽매여 있어서도 안 된다. 비록 그것이 오로지 우리를 위해 마련된 귀중한 발견을 가지고 유혹할지라도 말이다. 자기 자신의 해방에 집착해서도 안 된다. 새는 더 많은 것을 내려다보려고 점점 높이 오르지만, 그 멀고 낯선 탐욕은 비상하는 자에게 있는 위험이다. 우리 자신의 미덕에도 사로잡혀서는 안 된다. 부분의 미덕, 이를테면 손님을 위한 '환대' 같은 것 때문에 우리의 전체가 희생되어서는 안 된다. 기품이 높고 풍부한 정신을 가진 사람일수록 소모적이고, 자신을 거의 돌보지 않으며, 도량의 미덕을 악덕이 되어 버릴 지경까지 남용하지만, 이것이야말로 그 사람에게 있어 위험 중의 위험이다. 인간은 스스로를 보전할 줄 알아야 한다. 이것이 독립성의 가장 어려운 시험이다.

42

새로운 부류의 철학자가 생겨나고 있다. 나는 감히 위험할지도 모를 이름을 이들에게 붙여주려 한다. 내가 그들을 파악하려 하고 그들이 또한 파악되기를 허락하는 한—왜냐하면 어느 정도는 수수께끼로 남고 싶어하는 것이 그들의 특성이므로—이 미래의 철학자는 유혹자라 불릴 정당한—어쩌면 부당한—권리를 갖게 될지도 모른다. 이 이름 자체가 하나의 시도이고, 말하자면, 하나의 '유혹'이다.[6]

---

6) 독일어에서 '시도(Versuch)'와 '유혹(Versuchung)'이라는 단어가 가지는 형태적 유사성에 기반한 언어유희의 측면이 있는 문장이다.

43

이 미래의 철학자들이 '진리'의 새로운 친구들일까? 어쩌면 그럴지도 모른다. 지금까지 모든 철학자는 자신들의 진리를 사랑해 왔기 때문이다. 그러나 확실한 점은, 그들이 독단주의적 학자는 아닐 것이라는 점이다. 만약 그들의 진리가 모든 사람을 위한 것이어야 한다면—지금까지 독단론에 열중해온 모든 사람이 남몰래 품어온 소원이자 속내는 그것이었다—그것은 그들의 긍지를 상하게 하고 취미에도 맞지 않을 것이다. 어쩌면 미래의 철학자는 말할 것이다. "나의 의견은 어디까지나 나의 의견이다. 다른 사람이 거기에 대해 권리를 갖는다는 건 쉽지 않다." 많은 사람들과 의견이 일치하고 싶다는 악취미를 버려라. '선'은 이웃이 그것을 입에 올리면 이미 선이 아니다. 그러니 어떻게 '공공선(공동선)'이라는 것이 있을 수 있는가! 언어 모순이다. 공동의 것일 수 있는 것은 언제나 가치가 적다. 결국 지금까지 줄곧 그래왔고 지금도 그러한 것 같은 상태가 앞으로도 유지될 수밖에 없다.

즉 위대한 사물은 위대한 인간을 위한, 심연은 심오한 자를 위한, 그리고 섬세함과 전율은 예민한 자를 위한 것이다. 요컨대 모든 귀한 것은 귀한 인간을 위한 것이다.

44

다시 한번 강조한다면 결국 미래의 철학자들은 매우 자유로운 정신의 소유자들이다. 그들은 단순히 자유로운 정신일 뿐만 아니라 좀더 많이, 좀더 높이, 좀더 크게, 근본적으로 다른 자들이며, 오해를 받고 혼동되는 것을 바라지 않는다. 그러나 이런 말을 하면서도 나는 그들에 대한 책임과 동시에 우리에 대한 책임을 느낀다. 그들의 전령(傳令)이며 선구자인 우리 자신에 대해서, 즉 자유로운 정신에 대해서 책임을 느낀다! 우리는 옛날식의 어리석은 편견과 오해를 우리한테서 모조리 털어버려야 한다. 그것은 너무나도 오랫동안 안개와 같이 '자유로운 정신'이란 개념을 흐리게 했다. 유럽의 모든 나라에, 그리고 현대에 와서는 미국에도 이 이름을 함부로 쓰는 그 무엇이 존재하고 있다. 그것은 아주 편협하고, 갇혀 있고, 사슬에 묶여 있는 정신이다. 그들은 의도와 본능 속에 있는 것과는 정반대의 것을 원하고 있다. 말할 것도 없지만 그들은 도래하는 미래의 철학자들에게는 곧 닫힌 창문이며 빗장 걸린 대문이다. 그들, 즉 잘못된 '자유로운 정신'이라고 불리는 자들은 간단히 말해서 '평등하게 하는 자'들이다. 민주주의의 취미와 그 '근대사상'을 끼적대는 말주변 있고 글 잘 쓰는 노예이고, 모두가 고독을 모르는 인간, 자기 고독이 없는 무디고 얌전한 풋내기인 것이다. 그들이 용기가 없고 예의를 모른다는 것은 아니다. 다만 그들은 자유를 모르며 실소를 자아내는 얄팍한 무리일 뿐이다. 특히 거의 모든 인간적인 비참함과 타락의 원인을 이제까지의 낡은 사회상 속에서 찾으려고 하는 근본적인 경향을 갖고 있다. 이 경우 진리는 바로 물구나무를 선 꼴이 되고 만다! 그들이 온 힘을 다해 얻고자 하는 것은 무리(군중)의 행복—모든 사람들이 안전, 평온, 쾌적, 생활의 안락을 누릴 수 있는 공동의 푸른 목장에서의 행복이다. 그들이 끊임없이 부르고 되뇌는 노래와 교리는 두 가지, 즉 '권리의 평등'과 '모든 고통받는 자들에 대한 동정'이다. 그들은 고통을 없애야 할 것으로 생각한다.

그와는 반대의 관점에 서있는 우리는 지금까지 '인간'이란 식물이 어디서, 또 어떻게 해서 가장 힘차게 자랐는가 하는 문제에 눈과 양심을 열어놓고 있기 때문에, 그러한 성장은 언제나 그와는 정반대의 조건에서 실현되었다고 본다. 즉 인간 환경의 위험성은 무섭도록 커지고, 그의 창의력과 위장하는 힘(그의 '정신')은 오랜 압박과 강제 속에서 겨우 정교하고 과감하게 발달했다고 생각한다. 그의 삶에 대한 의지가 무조건적인 권력에의 의지로까지 높아졌다고 생각할 수 있다. 냉혹, 폭력, 노예화, 뒷골목이나 가슴속의 위험, 은둔, 금욕주의, 온갖 유혹술과 악마 같은 짓거리, 더 나아가 인간의 온갖 악과 끔찍한 일, 포악한 짓, 맹수와 뱀 같은 것이 그 반대되는 것으로서 '인간'이란 종의 향상을 위해 기여했다. 이런 말은 아무리 늘어놓아도 충분하지 않다.

어쨌든 지금 여기서 말을 하건 안 하건, 우리는 모든 근대의 이데올로기나 군중의 소망과는 반대의 극에 존재한다. 어쩌면 그 대척자(對蹠者)일지도 모르는 게 아닐까? 우리 '자유로운 정신'이 반드시 속내를 잘 털어놓는 인간이 아니라고 해서 이상할 것은 없다. 정신이 무엇에서 자기를 해방할 수 있는지, 어디로 밀려가는지 좀처럼 말하지 않는다고 해서 이상할 것도 없다. 그리고 위험한 방식이라 할 수 있는 '선악을 넘어서'와 관련해서는, 우리가 다른 것들과 혼동이 되지 않도록 방지해주는 것이 바로 그것이다. 우리는 이른바 '자유사상가'[7]와는 다르다. 그들 '근대사상'의 옹호자라고 자처하는 인간과는 다른 것이다. 수많은 정신의 나라에서 살았거나, 적어도 손님으로 간 일이 있으며, 사람을 둔하게 만드는 쾌적한 구석에서는 언제나 탈출한 사람들이다. 그런 구석은 편애와 증오·청춘·혈통, 인간과 책의 우연의 일치, 심지어 방랑의 피곤 따위로 우리를 가두는 곳이다. 그리고 우리는 명예·금전·관직·관능의 도취 속에 숨어 있는 의존성이라는 유혹을 진심으로 증오한다. 궁핍과 계속적으로 덮쳐오는 병에 대해서는 감사하는 마음까지 갖는다. 그것은 늘 규칙이나 편견에서 우리를 해방시켜 주기 때문이다. 우리 마음속에 깃든 신·악마·양(羊)·구더기에 대해서 감사한다. 악덕 수준으로 호기심이 가득하며, 잔인하다 싶을 정도까지 탐구하는 자이고, 그러잡을 수 없는 것을 찾는 손가락도 주저함을 모른다. 소화할 수 없는 것에 도전하는 치아와 위장을 가졌으며, 예리하고 날카로운 감각을 필요로 하는 수공(手工)을 좋아하고, '자유로운 의지'의 과잉에서 비롯되어 어떠한 모험에도 몸을 던진다. 그 누구도 궁극적 의도를 알아차리기 어려운 영혼의 표면과 배후를 갖고 있으며, 그 누구의 발도 그 끝을 밟아보지 못한 전경(前景)과 후경(後景)을 갖고 있다. 빚의 외투를 걸친 은둔자이며, 유산 상속자나 가산을 탕진한 건달처럼 보이지만 사실은 정복자인 것이다. 아침부터 저녁까지 수집하고 정리하는 수집벽과 정리벽의 소유자이자, 넘치는 부(富)와 꽉꽉 들어찬 서랍을 지키는 수전노이며, 배우고 잊어버리는 데 있어 경제적이고, 계획을 세우는 데 있어 창조적이며, 때로는 범주표를 자랑하고, 때로는 현학자가 되며, 때로는 일을 위해서 대낮에도 일하는 부엉이가 된다. 때로는 심지어 허수아비가 되기도 한다—현대에는 이런 자가 없어서는 안 된다. 우리가 고독에 신의를 맹세한, 고독을 질투하는, 고독의 타고난 친구인 한, 자신의 가장 깊은 한밤중의, 한낮의 고독과 친구인 한 이는 필연적이다. 우리는 그런 종류의 인간들이다. 우리 자유로운 정신의 소유자여! 그리하여 그대들도 그 가운데 일부분일 것이다. 도래하는 이들이여! 그대들 새로운 철학자들이여!

---

7) 독일어 원문에서는 '자유사상가'에 해당하는 단어를 'libre-penseurs', 'liberi pensatori', 'Freidenker'로 불어, 이탈리아어, 독일어의 순서로 세 번을 나열하며 강조한다.

제3장 종교적 본질

45

인간의 영혼과 그 한계, 지금까지 도달된 인간의 내적 경험의 높이, 깊이, 넓이, 영혼에 대한 정신의 역사 전체와 아직도 흡수되지 않은 그 가능성, 이런 것들이야말로 타고난 심리학자와 '대대적인 사냥'의 애호자에게 약속되어 있는 사냥터이다. 그러나 그는 얼마나 자주 절망해서 부르짖지 않을 수 없었던가! "나는 외톨이다! 아아, 나만이 외톨이구나! 이 숲, 이 원시림은 이토록 크건만!" 그래서 그는 사냥감을 몰아 인간 영혼의 역사 속으로 쫓아줄 수백의 몰이꾼과 훈련된 개가 필요하다고 생각하는 것이다. 그러나 그는 자신에게 호기심만 자아내줄 목적을 위한 몰이꾼과 개를 찾는 일이 얼마나 어려운가를 거듭되는 시험을 통해 철저하고 가혹하게 알아가게 된다. 모든 점에서 용기와 지혜와 민첩함을 필요로 하는 이 새롭고 위험한 사냥터에 학자를 내보내기는 어렵다. '대대적인 사냥'이 시작되고 커다란 위험이 시작되는 그곳에서 그들은 이미 더이상 쓸모가 없기 때문이다. 여기에 이르러서 그들은 추적하는 눈과 코를 잃어버린다.

예컨대 지식과 양심의 문제가 지금까지 종교적 인간의 영혼 속에서 어떠한 역사를 형성하게 되었는가를 가늠하고 전하기 위해서 탐구자는 파스칼의 지적 양심만큼 깊어지고, 상처 입고, 거대해지지 않을 수 없다. 그리고도 밝고 악의 있는 정신성의 넓은 하늘이 있어야만 한다. 그것으로 비로소 위험하고도 고통스러운 체험의 무더기를 위에서 내려다보고 정리하고 도식에 꿰맞출 수가 있다―하지만 과연 누가 나에게 이런 일을 해줄 수 있을까! 또 그런 하인을 기다릴 시간이 대체 어디 있단 말인가! 그들은 분명 드물게 태어나고 어느 시대에나 찾기가 너무 어렵다! 결국 무엇인가를 알기 위해 모든 것을 스스로 행하지 않을 수 없다. 즉 많은 일을 해야만 한다!—다만 나와 같은 자들의 호기심은 모든 악덕 중에서 가장 유쾌한 것일 게다—용서하라! 나는 진리에 대한 사랑은 그 보답을 천국 속에서 얻고, 이미 이 지상에서도 얻으리라는 것을 말하고 싶었다.

46

원시 그리스도교가 요구하고 거기에 이른 적도 적잖게 있던 그 신앙은, 회의적이고 남국적인 자유사상의 세계 한가운데에 등장했지만, 그 세계는 여러 유파의 철학이 수백 년에 걸쳐 해온 오랜 투쟁을 과거에는 물론 당시에도 경험하고 있었으며, 게다가 로마 제국의 관용이 베푼 교육도 받고 있었다. 그 신앙은 루터나 크롬웰이나 그 밖의 북방적인 정신을 가진 야만인이 자기들의 신(神)과 그리스도교에 덧붙인 바 있는 독실하고 거친 하급 신앙과는 다른 것이었다. 오히려 파스칼의 신앙에 가까운 점이 있었다. 그의 이성은 집요하고 명줄 질긴 구더기와 같았고, 단 한 번의 공격으로는 도저히 죽일 수 없는 것이었기에, 그 신앙은 오히려 이성의 계속적인 자살과 닮은 무서운 면이 있었던 것이다. 그리스도교의 신앙은 처음부터 희생이었다. 모든 자유와 긍지와 정신의 자기 신뢰 등등의 희생이자 노예적 예속, 자기 조롱, 자기 절단이었다. 그 신앙은 연약하고 복잡하고 교만스러운 양심에 방향을 돌린 것이었으며, 그 속에는 잔인함과 종교적인 페니키아주의가 깃들어 있다. 이 신앙에 전제된 것은, 정신적인 굴복은 이루 말할 수 없는 고통을 주는 것이며 그 정신에게 '신앙'이란 가장 큰 부조리로 나타나기 때문에, 정신의 과거와 습관 전체가 신앙에 대해 저항을 한다는 것이다.

현대인은 그리스도교적 언어의 모든 호칭에 대해 무감각하게 되었기 때문에 '십자가에 못 박힌 신'이란 모순된 표현이 고대인의 감각에 얼마나 소름끼치는 숭고함으로 다가왔을지를 느끼지 못하게 되었다. 그런 표현만큼 대담스러운 역행, 회의, 의혹은 이제까지는 아무 데도 없었다. 그것은 모든 고대 가치의 전환을 명령했다—동양, 깊이를 가진 동양, 동양의 노예가 이런 방식으로 로마에 대해서, 그 고귀하고 경솔한 관용에 대해서, 그리고 로마적 가톨릭주의에 대해서 복수를 한 것이었다. 그리고 그렇게 노예가 자기 주인에게 반역을 한 것은 신앙 때문이 아니었다. 오히려 신앙의 자유, 그 신앙의 엄숙함에 대한 반쯤 스토아적이고 반쯤 미소짓는 무관심 때문이었다. 반역을 불러일으키는 것은 '계몽주의'였다.

원래 노예란 절대적인 것을 원하고 압제만을 이해한다. 도덕에 있어서도 마찬가지다. 노예는 사랑도 미워하는 것처럼 한다. 즉 미묘한 차이 없이 마음속 깊이까지, 고통스러울 정도로, 병이 들 정도까지 하기 때문에, 그의 숨겨진 겹겹의 고뇌는 고뇌를 부정하는 듯 보이는 고귀한 취미에 대해서 반역을 하는 것이다. 고뇌에 대한 회의는 본질적으로 귀족적인 도덕의 한 가지 태도인데, 그것이 프랑스 혁명으로 시작된 근대 노예의 대반란이라는 것에 적지 않게 공헌을 했다.

47

지금까지 지상에 종교적 신경증이 출현했던 경우, 반드시 거기에는 세 가지 위험한 식이요법이 연결되어 있었다. 그 세 가지는 고독·단식·성적 금욕이다. 여기에서 무엇이 그 원인이고, 무엇이 그 결과이며, 그들 사이에 과연 인과관계라는 것이 존재하는가를 확실하게 결론지을 수는 없다. 이 중 마지막 의문에 정당성을 부여하는 근거는 미개한 사람들에게 문명화된 사람들에게나 마찬가지로 무질서한 음탕이 갑자기 일어난다는 점이다. 그리고 그것은 또다시 경련과도 같은 참회나 세계와 인간 의지의 부정으로 갑작스럽게 변형된다. 이것이 규칙적으로 되풀이되는 증상이다. 둘 다 어쩌면 다른 모습으로 위장한 간질병으로 해석할 수 있을는지 모른다. 그러나 아무튼 여기서만큼은 해석을 삼갈 필요가 있다. 즉 지금까지 그 어떤 인간형도 그만큼 불합리함과 미신이 가득 차 있거나 그만큼 인간을—철학자까지도—매혹한 적은 없었다. 지금이야말로 냉정하고 신중해질 때고, 더 이상적으로는 외면하고 떠나야 할 때라고 생각된다. 쇼펜하우어 철학이라는 최신 철학의 배후에도 이 종교적 위기와 각성이라는 물음표가 거의 자체의 문제로 존재하고 있다. 의지의 부정이 어떻게 해서 가능한가? 신앙이 어떻게 가능한가?—바로 이것이 쇼펜하우어가 철학자로서 한 걸음 내딛고 마침내 커다란 성과를 이루어 낸 문제였다. 그래서 가장 열렬한 그의 추종자—적어도 독일에서는 그의 마지막 추종자—인 리하르트 바그너가 생애의 대작을 바로 이 신앙의 문제로서 완성하고, 마침내는 무섭고도 영원한 인간형인 쿤드리[1]를 무대에 올려놓은 것은 참으로 쇼펜하우어다운 결말이었다. 그 무렵 거의 모든 유럽 제국의 정신과 의사들은 종교적 신경증—내가 '종교적 본질'이라 부르는 것—의 그 마지막 전염병이 발병을 하여 '구세군'이라는 모습으로 행진을 하는 곳이라면 어디에서든, 그런 인간형을 가까이서 연구할 기회를 가질 수 있었다.

이 성자라는 현상의 무엇이 모든 부류와 모든 시대의 인간, 철학자까지도 이처럼 무한히 매혹하는가를 생각해 보면, 그것은 틀림없이 그를 따라다니는 기적이라는 겉모습 때문이다. 즉 모순—서로 반대되는 영혼의 도덕적 상태—의 노골적인 연속이다. 사람들은 여기서 '악인'이 단번에 '성자'가 되고 선인이 되게 하는 무언가가 분명하게 포착될 수 있다고 믿었다. 이 점에서 이제까지의 심리학은 파괴되었다. 그도 그럴 것이 심리학은 도덕의 지배 아래 있었으며, 또 도덕적 가치의 대립을 굳게 믿고 있었기 때문이다. 게다가 이 대립을 텍스트와 사실에 비추어 보고, 읽고, 해석하고 있지 않았던가?

뭐라고? 그러면 어떻게 된다고? '기적'이란 해석의 오류에 지나지 않는다고? 문헌학의 결함일 뿐이라고?

48

라틴 민족에게 가톨릭교회는 우리 북방인에게 전체 그리스도교가 했던 것보다 훨씬 내면적으로 결속되어 있는 것 같다. 따라서 가톨릭의 나라에서 신앙을 갖지 않는 것은 프로테스탄트 국가에서와는 전혀 다른 의미를 갖고 있다. 그것은 민족정신에 대한 하나의 반역을 의미한다. 반면 우리 고장에서 신앙의 결여는 오히려 민족정신(또는 영혼 부정)으로의 회귀이다. 우리 북방인은 종교에 대한 타고난 소질을 보아도 그렇고 야만 민족의 후예이다. 한마디로 우리는 종교에 대한 소질이 부족하다. 단, 켈트인은 예외로서 그 때문에 북쪽 지방에서 그리스도교 전파에 가장 좋은 기반을 제공했다. 프랑스에서 그리스도교의 이상은 북방의 창백한 태양이 허용하는 최대한도로 꽃피웠다. 우리 취향에서 볼

---

1) 리하르트 바그너의 마지막 오페라 〈파르지팔〉에서, 저주에 걸려 남자를 유혹하는 꽃뱀이나 다름없었다가 죄를 참회하는 여성 인물.

때 근대 프랑스 회의주의자들은 그들의 계보 속에 얼마간 켈트족의 피가 섞여 있어 그렇겠지만, 얼마나 이상하리만치 경건한가! 오귀스트 콩트의 사회학은 본능적인 로마의 논리를 지니고 있으면서도 얼마나 가톨릭적이고 비독일적 향기를 풍기고 있는가! 저 포르 루아얄의 사랑스럽고 영리한 안내인인 생트 뵈브는 그렇게도 예수회 교도에 대한 적의를 품고 있으면서도 얼마나 예수회적이었던가! 더욱이 에르네스트 르낭은 말할 것도 없다. 그의 글 속에서는 영혼이 섬세한 의미에서 관능적인 쾌락에 취해 편안하게 침대에 누우려고 할 때마다 종교적 긴장이 낳은 어떤 허무가 균형을 빼앗고 있다! 그런 르낭의 언어는 우리 북방인의 귀에는 얼마나 받아들여지기 어려운가! 다음과 같은 그의 아름다운 문장을 낭송해 보라. 그런 다음 훨씬 덜 아름답고, 더 딱딱하며, 더 독일적인 우리 영혼 속에 어떤 악의와 오만스러움이 메아리치는지 들어 보라!

"대담하게 말해서, 종교는 평범한 인간이 만들어 낸 산물이다. 인간은 종교적일수록, 그리고 무한한 운명을 확신하면 할수록 진실하다…… 덕성이 영원한 질서와 일치되기를 바라는 것은 그가 선량한 때이며, 죽음이 흉측하고 부조리한 것으로 여겨질 때는 그가 자기를 버리고 생각할 때이다. 인간이 보다 올바르게 볼 수 있는 것은 그런 순간이라고 생각하지 않을 수 있겠는가?"

이 문장은 내 귀와 사고방식에는 완전히 반대되는 것이었기에 이것을 읽었을 때 나는 그 가장자리에 나의 첫 분노의 말을 적어 넣었다. '당치 않는 종교적 어리석음!'이라고. 그러나 그 분노가 마지막에 이르자, 이 역설적 진리를 쓴 문장이 좋아졌다. 자기와 대척적인 것이 있다는 사실은 얼마나 고귀하고 특기할 만한 일인가!

49

고대 그리스인의 종교성에 대해서 내가 경탄하는 것은, 거기에 감사하는 마음이 주체할 수 없을 만큼 풍부히 넘쳐 흐른다는 사실이다. 그처럼 자연과 생명 앞에 설 수 있는 자는 고귀한 부류의 인간이다. 나중에 그리스를 어리석은 이가 다스리게 되었을 때는 종교에도 공포가 퍼졌다. 그리고 그리스도교의 출현이 준비되었다.

50

신에 대한 정열—그 중에는 루터의 것처럼 무례하고 정직하며 끈질긴 부류
도 있다. 그런가 하면 프로테스탄티즘에는 남방적인 섬세한 정취가 없다. 동양
적인 망아(忘我), 즉 자신을 잊는 경지는 있다. 그것은 자격이 없으면서 은총을
입어 승격된 노예의 경우와도 같은 것으로서, 그 보기로 아우구스티누스가 있
다. 이 사람은 무례할 정도로 행동이나 욕망에 품위가 없었으나, 그 열정에는
여성적인 순정과 음욕이 깃들어 수줍어하면서도 저도 모르게 신비적이고 육체
적인 합일을 갈망하고 있다. 마치 귀용 부인의 경우와도 같다. 이러한 것은 흔히
소년 소녀의 사춘기로 가장해 매우 기묘한 형상으로 나타나는 것이다. 때로는
노처녀의 히스테리로도 나타나고, 마지막 야망으로도 나타난다. 이러한 여자를
교회가 성녀로 숭앙한 경우도 적지 않다.

51

지금까지 가장 강력한 사람들마저 자기 극복과 자발적 금욕을 행하는 불가
사의한 존재인 성자 앞에 경건히 머리를 숙여왔다. 어째서 그들은 꿇어 엎드렸
던 것일까? 그들이 성자에게서—연약하고 가련한 외모의 의심스러움 뒤에—
그러한 극복으로 자기를 시험하려는 뛰어난 역량을 느꼈기 때문이다. 이것으로
강자들은 자신의 힘과 지배자가 된 쾌감을 다시 맛보고 존중했던 것이다. 그들
은 성자를 존숭할 때에 자신에게 있는 무엇인가를 존숭했던 것이다. 또 이런 경
우도 있었다. 그들은 성자를 보면서 어떤 의혹을 느꼈다. 그들은 스스로 말하고
스스로 물었다. '이처럼 부정과 반(反)자연을 원하는 데는 무엇인가가 있는 것이
다. 반드시 이유가 있을 것이다. 어쩌면 아주 커다란 위험이. 거기에 대해 금욕
주의자는 비밀스런 조언자나 방문자 덕분에 더 자세히 알고 있는 게 아닐까?'
요컨대 속세의 권력자들은 성자의 존재를 통해 새로운 공포를 알았다. 그들은
새로운 힘, 제어할 수 없는 낯선 적을 예감했다. 그들이 성자 앞에 발을 멈춘 것
은 '권력에의 의지'였다. 그들은 그에게 묻고 싶은 것이 있었던 것이다.

52

신의 정의(正義)를 이야기하고 있는 유대의 《구약성경》 속에는 그리스나 인도

의 문헌으로는 견줄 만한 것이 없을 정도로 규모가 큰 인간, 사물, 말들이 존재한다. 한때 인간이 그런 방식으로 존재했던 거대한 유물 앞에 서서 우리는 공포와 외경을 느끼게 된다. 그리고 고대 아시아와 그 튀어나온 반도인 유럽을 생각하고, 더구나 유럽이 고대 아시아에 대해서 '인류의 진보'를 자칭하고 있는 것을 보고는 비통한 생각을 하게 될 것이다. 물론 단지 유약하고 온순한 가축에 지나지 않고 가축의 욕망밖에 모르는 자는(오늘날의 '교양 있는' 그리스도교도와 같은) 이러한 폐허에 서서 자신의 모습을 돌아보고도 의심치 않으며 슬퍼하지도 않을 것이다. 《구약성경》을 이해하느냐 못 하느냐 하는 것이야말로 '위대한 것'과 '왜소한 것'에 대한 시금석이다. 그런 사람은 아마도 은총의 책인 《신약성경》이 훨씬 더 자기 마음에 어울린다고 생각할 것이다(그 속에는 그야말로 진짜 감미로움과 거짓 신자와 같은 소심한 자의 냄새가 배어 있다). 무엇으로 보든지 어떤 로코코적 취미에 지나지 않는 《신약성경》을 《구약성경》과 한데 엮어 하나의 책으로 만들었다는 것, '성경', '성경 그 자체'로 만들어 버렸다는 것, 이것이야말로 유럽의 문학 정신이 양심상 걸머져야 할 가장 큰 파렴치이며 '정신에 대한 죄'가 아니겠는가.

53

왜 오늘날 무신론이 존재하는가? '아버지'로서의 신은 근본적으로 부정되었다. '심판관'으로서나 '보상자'로서도, 또 그 '자유의지'도 마찬가지이다. 신은 인간의 호소를 들어주지 않고, 들어도 도와줄 수가 없다. 더욱 최악인 것은, 신은 자기 의지를 명확히 소통할 수도 없는 것 같다는 점이다. 신은 모호한 것인가? 나는 (많은 대화와 질문과 경청을 통해서) 이것이 유럽 유신론 몰락의 원인임을 알아냈다. 물론 종교적 본능은 왕성하게 일어나고 있지만, 그것은 바로 깊은 불신을 안고 유신론적 해결을 거부하고 있는 것 같다.

54

모든 근대 철학은 근본적으로 무엇을 하려고 하는 것일까? 데카르트 이래—그것도 그의 선례를 모범으로 삼아서라기보다 오히려 그에 대한 반항에서—모든 철학자는 주어와 술어의 개념에 대한 비판의 관점에서 영혼의 오래된 개념을 암살하려 하고 있다. 이것은 그리스도교 교의의 근본 전제를 말살하는 것이다. 근대 철학은 인식론적 회의로서, 숨겨져 있건 드러나 있건 반그리스도교적인 것이다. 다만 신경과민인 사람을 위해 말하자면, 결코 반종교적인 것은 아니다. 옛날에는 사람들이 문법과 문법적 주어를 믿듯이 '영혼'을 믿고 있었다. 그리고 말했다. '나'는 수식하는 자이고, '생각한다'는 술어로서 수식된 것이라고. 생각한다는 것은 하나의 활동으로서, 여기에는 그 원인으로서의 주어가 있어야 된다고. 이제 사람들은 놀랄 만한 끈기와 책략을 가지고 그 그물을 벗어나려 하고 있다.

어쩌면 그 반대가 참은 아닐까? '생각한다'가 수식하는 것이고, '나'가 수식된 자는 아닐까? '나'는 '생각하는 것'에 의해 만들어지는 종합체가 아닐까? 칸트가 기본적으로 입증하려 한 것은, 주체는 주체로부터 증명될 수 없다—객체 또한 증명이 안 된다는 것이었다. 개별적 주체, 즉 '영혼'이라는 가상적 존재의 가능성은 칸트로서는 인연이 먼 것은 아니었는지 모른다. 그리고 이 사상은 일찍이 베단타 철학으로서 대단한 힘을 가지고 이 지상에 존재하고 있었던 것이다.

55

종교적 잔인함이라는 커다란 사다리가 있고, 거기에 여러 갈래가 있다. 그중에서도 세 가지가 가장 중요하다. 일찍이 인간은 신에게 인간을 제물로, 그것도 가장 사랑하는 자를 바쳤다. 모든 원시시대의 종교가 맏아들을 제물로 바치는 것도 그 하나이며, 황제 티베리우스가 카프리섬의 미트라 동굴에 바친 제물, 저 로마의 시대착오 중에서도 가장 처참한 것 역시 그것이다. 다음에 인간의 도덕적 시대에는 인간은 그의 신에게 자기가 가진 것 가운데 가장 강한 본능—자신의 '자연' 즉 본성을 바쳤다. 금욕주의자나 열광적 반자연주의자의 가혹한 눈초리에 이 축제의 환희가 빛났다. 결국 제물로 바칠 무엇이 아직 남았더란 말인가? 마침내 인간은 숨겨진 조화나 행복과 정의를 위해 모든 위안, 성스러운 것, 치유, 희망, 신앙을 희생하게 되었다. 신 자체도 희생시켜 버리고, 자기에 대한 잔인한 마음에서 돌멩이, 어리석음, 중력, 운명, 허무를 숭배하게 되지는 않았던가? 허무를 향해 신을 제물로 삼는—이 최후의 잔인성의 역설적인 신비는 이제 다가올 세대를 위해 마련되었다. 우리는 모두 이미 그것을 조금은 알고 있다.

56

누구든 나처럼 불가사의한 욕망을 갖고서 염세주의를 그 밑바닥까지 생각해 보고, 그것이 쇼펜하우어의 철학 형식으로서 금세기에 모습을 나타낸 바와 같은, 반쯤 기독교적이고 반쯤 독일적인 편협성과 단순성에서 벗어나게 하려고 오랫동안 노력한 사람, 그리고 한 번이라도 아시아적인, 초아시아적인 눈을 가지고 있을 수 있는 온갖 사고방식 중에서도 가장 세계 부정적인 것을 꿰뚫어 내려다보고—그것도 부처나 쇼펜하우어처럼 도덕의 망상과 속박 속에서가 아니라—선악을 넘어선 사람이라면, 그런 사람은 자기 스스로 그것을 바란 게 아니었다고 해도, 바로 그렇기 때문에 그와 반대되는 이상에 눈을 떴을 것이다. 즉 세계를 긍정하는 가장 대담하고 가장 활력 있는 인간의 이상에 대해 눈을 떴을 것이다. 그런 사람은 과거에 존재했고 지금도 존재하는 것을 받아들이는 법을 배울 뿐만 아니라, 오히려 그것을 과거에 존재하고 현재에도 존재하는 그대로 영원히 다시 갖고자 원한다. 그는 지치지 않고 '처음부터 다시'라고 계속 외치지만, 그것은 자기에 대해서만 외치는 것이 아니며, 따지고 보면 바로 그런 연극을 필요로 하는—그리고 필요하게 만드는—자를 향해서 외치는 것이다. 그는 늘 자기를 필요로 하며, 필요하게 만들기 때문이다—어떻게? 어쩌면 이것이야말로 바로 악순환의 신이 아닐까?

57

인간을 둘러싼 거리와 공간은 그 사람의 정신적인 시선과 통찰력에 비례해서 늘어난다. 그의 세계는 점점 깊어지며, 점점 많아지고, 과거에는 보이지 않았던 새로운 별과 수수께끼와 형상이 그의 눈에 들어오게 된다. 그러므로 우리 정신의 눈에 예리함과 심오함을 단련시켜 준 것은 모두가 다만 수련을 위한 계기에 지나지 않았는지도 모른다. 어린아이나 아이와 같은 정신의 소유자를 위한 장난감과 같은 것이었는지도 모른다. 그것을 둘러싸고 가장 많이 싸우고 고통받은 엄숙한 개념인 '신'이라든가 '죄'라는 개념도, 어린아이의 장난감과 고통이 노인에게 그러하듯 언젠가는 우리에게 하찮은 것으로 보일지도 모른다. 그리고 그때면 '노인'은 어쩌면 또 다른 장난감과 고통을 필요로 할지도 모른다—
언제까지고 그저 어린아이, 영원한 어린아이인 것이다!

58

아마 누구나 진정한 종교 생활을 위해서는 (그리고 자기 검토라는 미시적 작업
을 위해서나 '신의 강림'에 대한 끊임없는 준비를 위한 조용하고 상냥한 기도를 위해서
도) 생활의 한가함 혹은 반쯤의 한가함이 필요하다는 것, 즉 양심의 거리낌 없
는 한가함이 필요하다는 것을 깨달았으리라. 예부터 전승된 혈통에 의한, 노동
은 불명예—정신과 육체를 천하게 만든다—라는 귀족적 감정과 인연이 있는
한가함이 필요하다는 사실을 깨달았을 것이다. 그렇다면 현대의 시끄럽고, 시
간을 독점하며, 혼자 잘난 체하는 비겁하고 오만한 근면이란, 다른 어느 것보다
도 '불신앙'의 인간을 만들어 내는 것이 아닌가? 현재 독일에서 종교와 인연 없
이 살고 있는 사람들 사이에는 '자유사상'을 지닌 갖가지 부류의 인간들이 있다.
그리고 대대로 전해 내려온 근면 때문에 그 종교적 본능이 녹아 없어진 많은
인간이 있다. 그들은 이제 종교가 어디에 필요한지도 모르고, 다만 둔한 놀라움
으로 그것이 아직도 존재하고 있음을 인정한다. 이런 어리석은 인간들은 자기
네 일이나 향락으로 머릿속이 가득 차 있다. '조국'이라든지 신문, '가정에 대한
의무' 등에 대해서는 말할 나위도 없다. 종교를 위한 시간 따위는 없는 것이다.
교회에 가는 것이 과연 새로운 일인지, 새로운 향락인지 잘 분간이 가지 않기
때문이다. '하필이면 이런 좋은 기분을 깨뜨리기 위해서 교회에 갈 필요는 없지
않은가' 그들은 생각한다. 그들은 종교적인 관습을 배척하는 것은 아니다. 예컨
대 국가가 그런 관습에 참여할 것을 요구할 경우에는 다른 일들과 똑같이 해낸
다. 참을성 있고, 겸손하고 진지하게, 호기심도 불쾌감도 없이. 즉 그들은 그런
것과는 너무 먼 바깥에 떨어진 채 살고 있기 때문에 그런 것에 대해서 자기 자
신이 찬성이나 반대를 결정할 필요조차 없는 것이다. 오늘날 독일의 중산층 신
교도들 대부분은 이렇게 냉담한 부류이다. 특히 근면한 대상업 중심지나 교통
중심지는 더욱 그렇다. 부지런한 대부분의 학자, 대학 관계자도(신학자는 예외이
다. 이런 사람들의 대학 내에서의 존재와 가능성은 심리학자에겐 점점 풀 수 없는 수수
께끼가 되어가고 있다) 그렇다.

　신앙인이나 예배에 참석하는 사람들은 오늘날 독일의 학자가 종교 문제를 진지하게 생각하기 위해서 얼마만큼의 선한 의지, 거의 자의적인 의지라고 할 수 있는 것이 필요한지 상상도 하지 못한다. 그의 수공업적인 정신으로(혹은 앞서 말한 바와 같이 그의 현대적 양심에 구속된 수공업적인 근면성으로) 학자는 종교에 대해 일종의 우월감이 뒤섞인 말랑말랑한 명랑성을 가진다. 때로는 거기에 한 가닥 멸시의 감정도 섞인다. 누구든 교회에 대해서 신앙을 맹세하면, 학자는 거기에는 반드시 정신의 '불결성'이 작동한 것이라고 전제하고 덤빈다. 역사적으로 (다시 말해, 개인적인 경험에서가 아니라) 생각하는 학자만이 종교에 대해서 외경심을 갖거나 신중한 숭배를 할 수 있다. 그러나 그의 감정이 종교에 대한 감사의 단계까지 고양된다 해도, 그는 여전히 교회라든가 경건함 등으로서 아직 존립하고 있는 것에 한 발짝도 다가간 것은 아니다. 오히려 그와는 반대다. 그는 종교적인 일에 대한 실질적 냉담 속에서 나고 자랐기 때문에, 그것은 보통 신중함이라든가 결벽성 따위로 승화되었으며, 그 때문에 종교적인 인간이나 대상과는 접촉을 피한다. 그는 깊은 관용과 인간성을 갖고 있기 때문에 바로 관용 그 자체에 들러붙어 있는 미묘한 곤경의 상태를 회피한다. 어떠한 시대에도 다른 시대가 부러워하는 그 나름의 특유하고 단순한 성격을 지니고 있는 법이다. 하지만 얼마나 지독한 단순성이, 존경할 만하고 어린아이 같은, 한없이 어리석은 소박성이 그런 학자들의 우월감이나 관용의 선한 양심 속에 있는 것일까? 이것으로 그의 본능은 종교적 인간을 자신보다 열등한 유형으로 여기는 것이다. 그 자신은 그것을 지나고 넘어서서, 위로 성장한 것이다―이런 작고 오만한 난쟁이이자 천민인 학자가 '이념'이나 '근대사상'의 근면하고도 민첩한 두뇌 노동자, 수공업자가 아닌가?

59

　세상을 깊이 통찰한 사람이라면 인간이 얄팍하다는 사실 속에 깊은 지혜가 숨어 있다는 것을 깨닫고 있을 것이다. 자기 보존의 본능이 인간으로 하여금 일시적이고 경솔하며 거짓되도록 가르치는 것이다. 여기저기서, 철학자나 예술가한테서도 '순수 형식'에 대한 열렬하고 과장된 예찬을 듣는다. 이와 같은 표면에 대한 예배를 필요로 하는 자가 그 속에 들어있는 것을 움켜쥐어 보려다 처참한 실패를 경험했다고 해서 이상하게 여길 것은 하나도 없다. 인생의 형상을 위조하는 노력에서만 (마치 인생에 대한 집요한 복수처럼) 인생의 기쁨을 찾는 이 화상 입은 어린아이, 즉 타고난 예술가들 사이에도 여러 서열이 있는 것 같다. 그들이 인생의 모습을 위조하고 희석하고 현실 너머의 세계로 만들고 신격화된 것으로 보고자 하는가에 따라서, 그들이 인생에 대해 얼마나 고민하고 있는지 그 정도를 헤아릴 수 있다. 종교적인 인간도 예술가 속에 최고의 위치를 차지하는 인간으로 넣을 수가 있을 것이다. 그들 사이에서는 염세주의를 깊이 불신하는 공포심이 번져 있다.

염세주의는 수천 년 동안, 인간 존재의 종교적 해석을 이로 물어뜯도록 강요해 왔지만, 거기에 대한 본능적인 공포심은 인간이 충분히 강력하고 견고하게 예술가가 되기 전에 진리를 손아귀에 넣게 되지 않을까 지레짐작을 하고 있다. 이 관점에서 조망된 경건성, 즉 '신 안에서의 삶'은 진리에 대한 공포심이 낳은 가장 미묘한 궁극의 산물이고, 온갖 위조품 속에서 가장 극단적인 것에 대한 예술가의 경배와 도취이며, 진리의 전환에 대한 의지이고, 무슨 대가를 지불하더라도 비진리를 찾겠다는 의지이다. 이제까지 인간을 미화하기 위한 수단으로 이 경건성보다 더 강력한 것은 없었다. 이것으로 인간은 예술, 표면, 색채의 유희, 선의(善意)가 될 수 있었으며, 더 이상 인생의 전망으로 괴로워하지 않게 되었다.

60

신을 위해서 인간을 사랑하는 일—이것은 지금까지 인간이 다다른 가장 고귀하고 머나먼 감정이었다. 신성시하려는 숨은 의도가 없는 인간에 대한 사랑은 어리석은 것이며 야수적인 것이다. 인간애에 대한 성향은 보다 높은 것에 대한 성향에서 비로소 그 기준, 우아함, 적은 양의 소금과 용연향(龍涎香)을 얻을 수 있다. 이것을 처음으로 느끼고 체험한 사람이 누구였든 간에, 그처럼 상냥한 말을 하기 위해서 얼마나 혀가 더듬거렸을까? 그는 지금까지 가장 높이 날아 올라가고, 가장 아름답게 미혹된 인간으로서 어느 시대에도 존경받을 나약한 성자로 남을지어다!

61

우리 자유로운 정신이 이해하고 있는 철학자란, 인간의 모든 발전에 대해서 양심을 갖고 있는 가장 광범위한 책임을 지닌 사람이다. 그는 인간의 육성과 교육 사업을 위해 그때그때의 정치적·경제적 사정을 이용하는 것과 꼭 같이 종교도 이용할 것이다. 종교의 도움으로 행해질 수 있는 선택과 훈육에 미치는 영향, 즉 파괴적이면서도 창조하고 형성하는 영향은 그 종교의 속박과 보호 아래 있는 인간 유형에 따라 저마다 다르고 다양하다. 강하고 독립적이며, 명령을 하도록 정해지고 단련된 자—이런 지배적 부류의 판단력과 기술이 구현되는 자들에게 종교는 지배하기 위해 저항을 극복하는 수단이다. 이것은 지배자와 피비재자를 한데 묶는 사슬이며, 피지배자의 양심이고, 자칫 복종에서 벗어나려는 그들의 속마음을 지배자에게 고해바쳐서 책임지게 만드는 것이다. 이런 고귀한 계통의 한 개인이 드높은 정신성으로 은둔과 체념의 생활을 즐기고, 가장 고상한 지배(선택받은 제자들이나 수도승에 대한 지배)를 선택하는 경우라 할지라도 종교는 수단으로서 이용될 수가 있지만, 그것은 사나운 지배의 소음과 노고로부터 벗어나서 평안을 얻고, 온갖 정치적 술책의 피치 못할 추잡함에서 떠나 순수함을 지키는 수단이라고 할 수 있다. 예컨대 브라만 승려들이 그렇게 했다. 그들은 교단의 힘을 빌려서 민중에게 그들의 왕을 임명하는 권력을 장악하고, 자기는 그 권력 밖에 서서 왕을 뛰어넘는 좀더 높은 인간으로서 자신을 느끼고 있었다.

그리고 종교는 피지배자의 일부에, 언젠가는 지배하고 명령하는 지위에 설 준비를 하도록 가르침과 기회를 마련해 주고 있었다. 그것은 서서히 올라가는 강력한 계급을 위한 것이었는데, 그들 사이에서는 훌륭한 결혼 풍습을 통해 의지력과 자제력의 기쁨이 점점 증가하고 있다. 종교는 그들에게 보다 높은 정신의 길을 가도록, 그리고 위대한 자기 극복과 침묵과 고독의 감정이라는 시련을 견딜 수 있도록 자극하고 유혹했다. 금욕주의와 청교도주의는 어떤 종족이 천민 출신이라는 혈통을 극복하고, 언젠가는 지배하려고 노력하는 경우에 반드시 필요한 교양과 귀족화를 위한 수단이었다. 마지막으로 평범한 인간, 대부분의 사람들은 봉사와 일반적인 유용성을 위해 존재하고, 그저 존재하는 것이 허락된 사람들은 종교가 그들의 처지와 천성에 유용한 만족을 주는 것이다. 바로 여러 가지 마음의 평화를 주고 복종을 고귀화시키며, 덧붙여 사회적 행복과 고뇌를 나누고, 그들의 일상생활이나 영혼의 천박함, 반동물적인 빈곤에 대해서 얼마간의 미화 작용과 변명을 해주는 것이다. 종교적 인생의 종교적 의미는 늘 괴로움 속에 사는 인간에게 햇빛을 비춰주며, 자기 모습을 견딜 수 있게 해주고, 마치 에피쿠로스 철학이 높은 지위에서 고통받는 이들에게 끼친 힘과 같이 신선하고 세련되게 하며, 그 고뇌를 이용하면서 결국은 그것을 정화하고 정당화했던 것이다. 경건함을 통하여 어떤 높은 질서 속으로 들어가는 기술, 그래서 인간이 그 속에서 괴롭게 사는 현실(그런 괴로움은 필요한 것이다)의 질서에 만족하는 기분을 단단히 잡아두는 기술, 이것이야말로 아마 그리스도교에서도 불교에서도 가장 존중해야 할 것이 아닐까?

62

마지막에는 물론 이런 종교의 면면을 낱낱이 조사해서 그 무서운 위험을 폭로해야 할 것이다. 만일 종교가 철학자의 손안에 들어가서 육성되고, 교육의 수단이 되기를 거부하며, 독자적으로 지상권을 갖고 군림하고, 여러 가지 다른 수단과 공존하는 것이 아니라 스스로 궁극적인 목적이 되었을 때, 사태는 끔찍한 결과를 낳는다. 다른 모든 동물과 같이 인간 속에는 실패한 것, 병든 것, 퇴폐적인 것, 허약한 것, 고뇌를 벗어나지 못하는 것이 많이 있다. 성공한 예는 인간의 경우에도 늘 예외이며, 인간이 아직 확실하게 규명된 생물이 아님을 고려할 때 매우 드문 예외이다. 설상가상으로, 어떤 인간에 의해 표상되는 인간형의 단계가 높으면 높을수록, 그가 그것을 성취할 확률은 더 희박하다. 우연—이런 인류의 경제 전반을 지배하는 어리석은 법칙은, 높은 부류의 인간을 파괴하는 데 있어 무서운 작용을 한다. 그런 인간에게 생명의 조건은 미묘하고 복잡하며 산출하기가 어렵다. 그런데 앞서 말한 두 종교는 이러한 실패한 사례의 과잉에 대해서 어떤 태도를 취하고 있는가? 어쨌든 유지할 수 있는 한의 것을 유지해서 생명을 이어가려고 한다. 사실, 원칙으로서 그들을 편 들려 하는, 고통받는 자의 종교로서, 병으로 괴로워하듯 생명으로 괴로워하는 자를 옳다 하고, 다른 모든 감정의 방향은 거짓이며 불가능이라고 고집한다. 이러한 너그럽고 도와주려는 배려는 다른 모든 사람을 향한 것인 동시에 지금까지 거의 항상 가장 많이 고뇌하고 있던 최고의 인간 유형에 알맞은 것이었지만, 이것을 아무리 높이 평가해도 총결산을 해보면 '인간'이라는 유형을 하급 단계에 매어두었던 중요한 원인은 사실 기존 종교에 있었다. 종교는 없어져야 할 것을 너무나 많이 보존하고 있었다.

종교는 무한히 감사를 받아 마땅하다. 그러나 아무리 감사하는 마음이 크다 해도, 예를 들어 그리스도교의 '성직자'들이 지금까지 유럽에서 행한 것과 비교할 때는, 그 감사의 마음도 빈약한 것이 아닐 수 있을까! 더구나 그들은 고뇌하는 자에게는 위로를, 탄압받고 절망한 자에게는 용기를, 혼자 설 수 없는 자에게는 지팡이와 버팀목을 주어서 내적으로 무너진 자나 착란을 일으킨 자를 사회로부터 꾀어내 수도원이나 정신병원에 들어가도록 했던 것이다. 그렇게 원칙적으로 모든 병들고 고뇌하는 자들의 보존을 위해서 양심적으로 일하고, 즉 행위로써 유럽 인종의 열등화를 위해서 그들이 행한 것은 무엇이었던가? 그것은 모든 가치 평가를 뒤집어엎은 것이었다! 강자를 좌절시키고, 위대한 희망을 모독하고, 아름다움 속에 깃든 행복을 부수고, 모든 자기 영광, 남성미, 정복, 지배욕, 본능 등 '인간' 유형 가운데 최고로 성공한 사람에게 특유한 본능을 불안정하고 양심의 가책을 받아 마땅한 것, 자기 파괴로 왜곡시킨 것이다. 세속적인 것과 지상의 지배에 대한 사랑을 지상과 세속적인 것에 대한 증오로 뒤바꿔 놓은 것이다. 그것을 교회는 자기 임무로 삼지 않을 수 없었기 때문에, 결국 그들의 평가로 보면 '반(反)세속화'와 '감각적 요소의 배제'는 '보다 높은 인간'과 합쳐져 하나의 감정이 되어버렸다.

만일 에피쿠로스적 신의 비웃고 구속받지 않는 공정한 눈을 갖고서, 유럽 그리스도교의 기이하고도 딱하고, 거칠면서도 미묘한 희극을 바라볼 수 있으면 놀라서 웃지 않을 수 없을 것이다. 18번의 세기를 거치는 동안 단 하나의 의지가 유럽을 지배하고 인간을 숭고한 불구자로 만들려고 한 것같이 생각되지 않는가? 만일 정반대의 욕구를 갖고, 다시 말해 더이상 에피쿠로스적이지는 않지만 신의 망치를 손에 들고, 이런 유럽의 그리스도교도(예컨대 파스칼)처럼 거의 자발적인 퇴폐와 위축으로 왜소해진 인간의 곁으로 다가가는 자가 있다면, 그는 분노와 동정과 공포에 사로잡혀 소리치지 않을 수 없을 것이다. "오오, 그대들 어리석은 사람이여, 오만하고 불쌍한 어리석은 인간들이여, 그대들은 무슨 짓을 했는가! 이것이 그대들의 손이 해낸 일이란 말이냐? 그대들이 나의 가장 아름다운 돌을 잘못 다듬어 망쳐버렸구나! 그대들은 제 손으로 흉측한 것을 만들어 냈구나!”

나는 다음과 같이 말하고 싶다. 그리스도교는 과거에 존재했던 자만심 가운데 가장 최악의 것이다. 위대하지도 않고 부지런하지도 않은 인간이 예술가로서 인간을 형성할 수 있다 생각하고, 숭고한 자기 극복을 할 깜냥도 되지 않는, 강하지도 않고 시야도 넓지 않은 인간이 천태만상의 파멸이라는 법칙을 인정하려 들지도 않는다. 고귀하지도 않은 인간이 인간과 인간 사이의 깊은 간격을 둔 계층과 순위와 심연을 보지 못하고 있는 것이다. 그런 인간이 자기들의 ‘신 앞에서의 평등’을 내세워 이제까지 유럽의 운명을 좌지우지해 왔던 것이다. 그리하여 결국 왜소하고 우스꽝스러운 종족, 무리 동물, 선량하고 병들고 평범한 것이 육성되었다. 현대의 유럽인이 그들이다.

제4장 잠언과 간주곡

63

마음으로부터 우러나서 교사가 된 사람은 모든 것을 오직 학생과의 관계에서만 진지하게 생각한다—자기 자신까지도.

64

'인식을 위한 인식'. 그것은 도덕이 파놓은 마지막 함정이다. 이것으로 인간은 또 한 번 꼼짝없이 도덕에 걸려들어 버린다.

65

인식에 이르는 길에 있어 극복해야 할 부끄러움이 이토록 많지 않았다면, 인식의 매력도 그만큼 적었을 것이다.

65A

죄를 범하지 마라! 이렇게 말할 때, 인간은 신에게 가장 큰 거짓말을 하는 것이다.

65B

죄를 범하지 마라! 이렇게 말할 때, 신에 대한 인간의 믿음이 가장 없을 때이다.

66

경멸당하고, 빼앗기고, 속고, 착취당하기 좋아하는 성향은 인간 가운데 자리한 신의 수치심일지 모른다.

67

오직 한 사람만을 사랑한다는 것은 야만 행위이다. 왜냐하면 그것은 다른 모든 사람을 희생시키며 행해지는 것이기 때문이다. 신에 대한 사랑마저도.

68

"내가 그것을 했다"고 내 기억은 말한다. "내가 그것을 했을 리 없다"고 내 긍지는 말하며, 고집한다. 그때 결국 양보하는 것은 기억이다.

69

위하는 척하면서 죽이는 손을 본 적이 없는 자는 인간을 제대로 본 사람이 아니다.

70

성격을 가진 인간은 언제나 되풀이되는 자신의 독특한 체험을 갖는다.

71

천문학자로서의 현자(賢者)—그대가 별을 '그대 위에 있는 것'으로 느끼는 한, 그대에게는 아직 인식자로서의 안목이 부족하다.

72

고상한 감각의 강도(强度)가 아니라 지속이 보다 높은 인간을 만든다.

73A

이상에 다다르는 자는 그로써 그 이상마저 뛰어넘는다.

73B

많은 공작이 사람 앞에서 꼬리를 감춘다—그러고는 그것을 공작의 긍지라고 한다.

74

천재성을 지닌 인간에게 적어도 두 가지 소질, 즉 감사하는 마음과 순수성이 더 갖추어져 있지 않는 한, 다른 사람들이 그 사람을 참아내기는 쉽지 않다.

75

한 인간이 지닌 성욕의 정도와 성질은 그의 정신의 가장 높은 곳에까지 미친다.

76

평화 상태에 있을 때에 호전적인 인간은 자신에게 덤벼든다.

77

사람은 자신의 습관을 억압하거나 정당화하거나 존중하거나 비방하거나, 숨기는 데 자기 신념을 쓰려 한다—그리하여 같은 신념을 가진 두 인간도 때로는 근본적으로 다른 것을 바란다.

78

자기 자신을 멸시하는 자라 할지라도, 멸시자로서 자신을 존중한다.[1]

79

자신이 사랑받는 줄 알면서도 자기를 사랑하지 않는 사람은, 마음의 앙금을 드러내 보인다. 그러면 맨 밑바닥에 가라앉아 있던 찌꺼기까지 떠오른다.

80

일단 설명된 문제에 대해서 우리는 흥미를 잃는다. "너 자신을 알라!"고 가르

---

1)독일어로 '존중하다'(achten)와 그것의 부정으로서의 '멸시하다'(veracten=ver−+achten)에 대한 언어유희가 들어있는 문장이다.

친 신은 무엇을 말하려 했을까? 어쩌면 "너 자신에 대한 흥미를 잃어라! 객관적으로 되어라!"라고 한 것일까? 그래서 소크라테스는 어떤 마음이었을까? 이른바 '학문적인 인간'은 또 어떨까?

81

바다 한복판에서 목이 말라 죽는다는 것은 무서운 일이다. 이제 그대들도 타는 목을 축이지 못할 정도로 진리를 소금에 절일 작정인가?

82

'모든 것에 대한 동정'—이웃들이여, 이것이야말로 자신에 대한 냉혹함과 포학함이거늘!

83

본능.—집이 불탈 때 사람들은 먹는 일조차 잊어버린다. 그렇다. 하지만 불이 꺼진 뒤에는 잿더미 위에 앉아 다시 먹는다.

84

여성은 매혹하는 법을 잊어버리는 데 비례해서 미워하는 법을 배운다.

85

같은 정념에서도 남녀는 속도가 다르다. 그러므로 남성과 여성 사이에서는 오해가 그치지 않는다.

86

여성은 개인적인 허영 뒤에 개인적이지 않은 멸시를 가지고 있다—'여성'에 대해서.

87

속박당한 감정과 자유로운 정신.—감정을 엄격하게 옭아매면 정신에 많은 자유를 줄 수가 있다. 나는 이 말의 뜻을 벌써 한차례 설명했다. 그러나 사람들은 이 말을 이미 알고 있는 것이 아니면 내 말을 믿지 않는다.

88

아주 현명한 사람들마저도 당황하면 사람들은 그들을 불신하기 시작한다.

89

끔찍한 체험은 그 체험을 한 사람이 끔찍한 사람이 아닐까 하는 의심을 낳게 한다.

90

괴롭고 우울한 인간은 다른 사람을 괴롭게 하는 것, 즉 증오나 사랑을 통해 경쾌해지고 일시적으로 자기 표면에 떠오른다.

91

얼음같이 차고 싸늘해서 그에게 손을 대면 손가락이 탄다! 그를 붙잡으면 손이 떨린다! 바로 그 때문에 사람들은 그가 불타고 있다고 생각한다.

92

좋은 평판을 얻기 위해 자기를 희생하지 않은 사람이 어디 있단 말인가?

93

상냥함 속에는 인간 혐오가 없다. 바로 그렇기 때문에 너무나도 많은 인간 경멸이 거기에 숨겨져 있다.

94

인간의 성숙이란—어려서 놀던 때의 그 진지함을 다시 발견하는 것이다.

95

자신의 부도덕을 부끄러워하는 것은 결국 자신의 도덕을 부끄러워하게 되는 첫 번째 단계이다.

96

삶을 떠날 때는 오디세우스가 나우시카와 헤어질 때처럼 하라―연연하기보다는 축복하면서.

97

뭐? 위대한 사람이라고? 내 눈에는 언제나 그저 자기 이상을 연기하는 배우가 보일 뿐이다.

98

양심을 훈련시키면, 그것은 우리를 깨물면서 입 맞춘다.

99

실망한 사람의 말―"나는 반향(反響)을 듣고 싶었다. 그러나 내게 들려온 것은 그저 칭찬뿐이었다."

100

우리는 모두 스스로를 원래의 자신보다 단순하다고 생각한다. 그리하여 주위의 인간들로부터 벗어나 느긋이 쉰다.

101

오늘날 인식하는 사람은 자기를 동물의 모습으로 나타난 신(神)이라 느끼고 싶어한다.

102

사랑의 보답을 받았을 때, 사랑하는 자는 그 애인에 대한 환상에서 깨어나

지 않을까? "뭐? 너 따위를 사랑할 만큼 그렇게도 시시한 건가? 아니면 어리석
은 건가? 아니면—아니면—."

103

행복이 품고 있는 위험—"지금 나에게는 모든 것이 최선에 이르렀다. 이제
나는 어떤 운명도 사랑한다. 누가 나의 운명이 되어주려는가?"

104

오늘날 그리스도교인이 우리를 화형시키지 못하는 것은, 그들의 인간애가 아
니라 인간애의 무력함 때문이다.

105

자유정신, 즉 '경건한 인식자'에게는 '경건한 기만'이 '불경건한 기만'보다 더
결에(그의 '경건'에) 어긋나는 것이다. 그런고로 '자유정신'에 속하는 자로서 교회
에 대한 그의 깊은 몰이해가 나온다—이것이 그의 부자유이다.

106

음악의 힘으로 정열은 그 자체를 즐긴다.

107

최선의 반론에 대해서까지 귀를 막으려는 결심—이것은 강한 성격의 징후이
며, 때로는 어리석음에의 의지이기도 하다.

108

도덕적 현상이라는 것은 존재하지 않는다. 현상에 대한 도덕적 해석이 존재
할 뿐이다.

109

범죄자는 흔히 자기 행위만큼 성장해 있지 못하다. 그는 행위를 얕보고 비방

한다.

110

범죄인의 변호사 가운데 그 범행의 아름답고도 무서운 점을 유리하게 이용할 수 있을 만큼 기교를 가진 이는 드물다.

111

우리의 허영심은 긍지가 상처를 입은 직후에 상처 입히기 가장 힘들다.

112

신앙이 아니라 직관이 자기의 사명이라고 느끼는 사람, 그에게는 신앙을 가진 모든 자가 시끄럽고 주제넘게 생각된다. 그는 그들을 경계한다.

113

"그를 끌어들이고 싶은가? 그러면 그의 앞에서 당황하는 태도를 보여라."

114

성적인 사랑에 대한 엄청난 기대와 그 기대에 대한 부끄러움, 그 모든 것이 처음부터 여성의 관점을 망쳐버린다.

115

사랑이나 증오가 함께 어우러지지 않으면, 여성은 평범한 연기자에 그친다.

116

우리 인생의 위대한 시기는, 우리가 우리의 악(惡)을 선(善)이라고 새롭게 이름 붙일 용기를 얻을 때 찾아온다.

117

하나의 감정을 극복하려는 의지는 결국 다른 하나의, 아니면 몇몇 감정의 의지일 뿐이다.

118

순수하게 존경할 수 있는 자는 언젠가 자기가 존경을 받으리라고는 생각지도 않는다.

119

더러운 것에 대한 혐오가 지나치면 스스로를 깨끗하게 하고 '정당화'하는 데 방해가 될 수도 있다.

120

때로는 육욕이 사랑의 성장보다 앞선다. 그래서 그 뿌리는 약하고 쉽사리 뽑히고 만다.

121

의미심장한 일이로다. 신은 작가가 되고자 했을 때 그리스어를 배웠다―그런데 보통 사람보다 더 잘 배우지는 못했다.

122

대부분의 경우 칭찬을 받고 기뻐하는 것은 단순히 마음의 예의이며, 정신적 허영에 반대되는 것이다.

123

축첩(蓄妾)의 풍습마저도 부패해 버렸다―결혼으로 인해서.

124

화형의 불꽃 속에서도 기뻐하는 자는 고통을 이겨내서가 아니라, 예상했던 고통을 느끼지 않아서 기뻐한다. 하나의 비유.

125

어떤 사람에 대해 생각을 달리 해야 할 때, 거기서 생겨나는 불쾌감을 우리는 그 사람의 탓으로 돌린다.

126

민족이란 예닐곱 명의 위대한 인간을 낳기 위해 자연이 선택한 우회로이다—그렇다. 그러고 나서 그들도 우회해서 가기 위한.

127

진정한 여성에게는 학문이 수치심을 일으킨다. 그들은 학문을 통해 자신의 피부 밑이—심지어는! 옷이나 화장 밑이—들여다보이는 듯한 느낌을 갖는다.

128

그대가 가르치려는 진리가 추상적일수록 그대는 감각을 그 진리를 향해 유혹하지 않으면 안 된다.

129

악마는 신에 대해 아주 넓은 관점을 가지고 있다. 그런 까닭에 신은 그에게서, 즉 인식의 가장 오랜 친구인 악마에게서 멀리 떨어져 있으려 한다.

130

그가 어떤 사람인지는 재능이 시들어 그가 할 수 있는 일을 멈출 때 드러난다. 재능도 덧바른 한 겹의 화장(化粧)이며, 화장이란 하나의 은폐이다.

131

남녀는 서로 상대를 속이고 있다. 그들은 근본적으로 오직 자기만을 (또는 좀 더 부드럽게 말해서 자기의 이상을) 존중하고 사랑하기 때문이다. 그래서 남성은 여성이 온화하기를 바란다. 그러나 여성이란 제아무리 겉으로 온화함을 습득하고 있다 해도 온화하지 못하며, 본질적으로 고양이와 같다.

132

자신의 덕 때문에 벌을 받는다는 것은 가장 좋은 일이다.

133

자신의 이상을 향한 길을 찾지 못한 사람은 이상이 없는 사람보다 경솔하고 뻔뻔스럽게 살아간다.

134

모든 신뢰, 양심, 진실이라는 것은 감성에서 생겨난다.

135

바리새주의(Pharisäismus)는 선량한 인간이 타락한 것이 아니다. 그런 성격을 많이 지니고 있다는 것은 오히려 모든 선함의 조건이다.

136

어떤 자는 자기 사상의 산파를 찾고, 또 어떤 자는 자신이 도움을 줄 수 있는 자를 찾는다. 그래서 좋은 대화가 생긴다.

137

학자나 예술가와의 교제에서는 평가를 반대로 하기 쉽다. 주목할 만한 학자의 이면에서 평범한 인간을, 평범한 예술가의 이면에서 때때로 매우 주목할 만한 인간을 발견하는 수가 많다.

138

우리는 깨어 있을 때에도 꿈속에서와 똑같은 일을 한다. 우리는 우리와 교제할 인간을 만들어 내고, 생각해 내며―그러고는 금세 잊어버린다.

139

복수와 사랑에 있어서 여자는 남자보다 야만적이다.

140

수수께끼 같은 충고—"끈이 끊어지지 않게 하려면 먼저 그것을 깨물어야 한다."

141

인간이 자기를 쉽사리 신이라고 생각하지 않는 이유는 하복부 때문이다.

142

내가 들은 가장 기품 있는 말은 이것이다. "진실한 사랑에서는 영혼이 육체를 감싼다."

143

우리의 허영심은, 우리가 가장 잘한 일이 우리가 가장 하기 어려웠던 일로 여겨지기를 바란다. 이것은 여러 도덕의 기원에 대해 시사하는 바가 있다.

144

여성에게 학문적인 성향이 있을 때, 그것은 보통 그녀에게 성적 결함이 숨겨져 있음을 말해 준다. 불임(不姙)이란 사실이 벌써 어느 정도 남성적 취미로 향하는 원인이 된다. 남성은—이런 표현을 써도 된다면—이른바 '불임 동물'인 것이다.

145

남자와 여자를 전체적으로 비교할 때, 이렇게 말할 수 있을 것이다. 만일 여성에게 2차적 역할을 할 수 있는 본능이 없었다면, 화장에 대한 천재적 재능은 없었을 것이다.

146

괴물과 싸우는 자는 스스로 괴물이 되지 않도록 주의하라. 그대가 오래도록 심연을 들여다볼 때, 심연 또한 그대를 들여다볼 것이다.

147

옛날 피렌체 소설에서, 또한 인생에서—선한 여자나 악한 여자나 채찍을 바란다. —사케티(Sacchetti), 〈단편들(Novelle)〉 제86.

148

이웃이 호평을 하도록 이끈 다음, 마음으로부터 그 호평을 믿는 것. 이런 기교에 여자보다 더 능란한 이가 누가 있겠는가?

149

한 시대가 악이라고 느끼는 것은, 대부분 전에는 선이라고 느꼈던 것의 반시대적인 반향이다—낡은 이상의 격세유전이라고 해야 할 것이다.

150

영웅을 둘러싼 모든 것은 비극이 되며, 반신(半神)을 둘러싼 모든 것은 사티로스극[2]이 된다. 그러면 신을 둘러싼 모든 것은—어떻게 되겠는가? 아마도 '세계'가 될 것인가?

151

하나의 재능이 있는 것만으로는 부족하다. 그 재능에 대하여 그대들의 허락을 받지 않으면 안 된다—그렇지 않은가? 나의 친구여.

152

"지혜의 나무가 있는 곳에는 언제나 낙원이 있다." 아주 먼 옛날의 뱀도, 가장 최근의 뱀도 그렇게 말한다.

153

사랑에서 행해진 것은 언제나 선악 너머에서 일어난다.

---

2) 고대 그리스에서 비극 다음에 상연되는 일종의 익살극으로, 숲의 반수신(半獸神)인 사티로스의 모습으로 분장한 합창단의 합창이 뒤따랐다.

반박, 일탈, 즐거운 불신, 또 조롱하는 습관은 건강하다는 표시이다. 모든 것을 무조건 받아들이는 일은 병리적 징후이다.

비극에 대한 감각은 관능과 함께 늘어나기도 하고 줄어들기도 한다.

광기는 개인에게는 드문 일이다—하지만 단체, 당파, 민족, 시대에 있어서는 일반적인 일이다.

자살을 생각하는 것은 가장 강력한 위로이다. 이것으로 사람들은 많은 괴로운 밤을 참고 보낼 수 있다.

우리의 가장 강한 충동—우리 내면의 이 폭군에게는 우리 이성뿐만 아니라 양심도 굴복한다.

선에 대해서나 악에 대해서나 반드시 보답은 해야 한다. 그런데 어째서 우리에게 선을 행하거나 악을 행한 그 사람에게 보답하는 것일까?

사람은 일단 자기 인식을 남에게 전하고 나면, 이미 그 인식을 전보다 덜 사랑하게 된다.

시인은 자신의 체험에 대해 부끄러움을 모른다. 그는 그것을 있는 대로 모두 착취한다.

162

'우리의 동포는 우리 이웃이 아니다. 우리 이웃의 이웃이다'—모든 사람은 이렇게 생각한다.

163

사랑은 사랑하는 사람의 감춰진 고귀한 성질을—그의 드물고도 예외적인 부분을 밖으로 끌어낸다. 그러면서 사랑은 그의 일반적인 상태를 쉽게 감춰버린다.

164

예수가 유대인에게 말했다. "율법은 노예를 위한 것이었다—내가 하느님의 아들로서 사랑한 것처럼 하느님을 사랑하라! 하느님의 자손들인 우리에게 도덕이 무슨 상관이 있는가!"

165

당파에 대해서.—양치기는 목에 방울을 달고 앞장서 양 떼를 이끌고 갈 한 마리의 우두머리 양이 필요하다. 그렇지 않으면 그 스스로 때때로 양이 되지 않으면 안 된다.

166

사람은 입으로 거짓말을 하지만, 그럴 때 입을 삐쭉댐으로써 결과적으로 진실을 고백하기도 한다.

167

엄격한 사람에게는 친밀함이란 수치의 대상이고—그러면서도 귀중한 무엇이다.

168

그리스도교는 에로스에게 독을 먹였다. 에로스는 그것으로 죽지는 않았지만 타락하여 부도덕해졌다.

169

자신에 대해 많이 말하는 것은 자기를 감추는 수단도 된다.

170

칭찬 속에는 비난보다 더 많은 주제넘음이 있다.

171

동정은 인식하는 인간에게 거의 웃음을 자아낸다. 마치 가냘픈 손이 키클롭스를 부드럽게 쓰다듬는 것처럼.

172

사람은 때때로 인류애로 인해 아무나 껴안는다(모든 사람을 다 껴안을 수는 없으므로). 그렇지만 그 상대방이 이 사실을 절대 알게 해서는 안 된다.

173

얕보는 동안에는 증오하지 않는다. 증오하는 것은 평등하거나 우월하다고 인정한 상대에 한한다.

174

그대 공리주의자들이여—그대들이 공리를 사랑하는 것은 그것이 그저 그대들의 취향을 운반해 줄 수레이기 때문이다—그대들도 그 수레바퀴의 소음은 거슬린다고 느끼지 않는가?

175

결국 인간은 자신의 욕망을 사랑하는 것이지 욕망의 대상을 사랑하는 것은 아니다.

176

다른 사람의 허영심이 우리 취향에 거슬리는 것은, 그것이 우리의 허영심을 건드리는 경우뿐이다.

177

무엇이 '진실'인가에 대해서는 아직까지 아무도 충분히 진실하지 못했다.

178

사람들은 현명한 인간에게도 어리석은 면이 있다는 것을 믿지 않는다. 그 얼마나 지독한 인권침해인가!

179

우리가 행동한 결과는 우리의 머리카락을 움켜쥔다. 우리가 그동안에 '개선'되었다는 사실에는 매우 무관심한 채.

180

거짓말을 하면서도 천진한 것, 그것은 어떤 일에 대한 굳은 신념의 표시다.

181

어떤 사람이 저주를 받을 때 축복하는 것은 비인간적이다.

182

우월한 사람에게서 대접받는 것은 화나는 일이다. 왜냐하면 거기에 대해 보답할 길이 없기 때문이다.

183

"내가 서글퍼진 것은 그대가 나를 속였기 때문이 아니라, 내가 그대를 더 이상 믿지 않는다는 사실 때문이다."

184

겉으로는 악의처럼 보이는 오만한 선의도 있다.

185

"나는 그가 싫다"—왜?—"나는 아직 그의 상대가 될 수 없으니까." 일찍이
이렇게 대답한 사람이 있을까?

제5장 도덕의 자연사

186

지금 유럽에서의 도덕적 감정은 섬세하고 뒤늦었으며 다양하고 민감하며 세련되어 있는 데 비해 여기에 속하는 '도덕학'은 아직 젊고 초보적이며 거칠고 서투르다―이것은 재미있는 대조이며, 같은 일이 때로는 어떤 도덕주의자의 인격에서도 나타나고 뚜렷해진다. 이미 '도덕학'이라는 말 자체가 그 뜻하는 바에 비해 너무 주제넘으며 좋은 취향에 거슬린다. 좋은 취향이란 언제나 겸손한 말을 택하기 때문이다. 지금의 경우는 될수록 엄격하게 생각해서 먼 장래에 필요한 것과 지금 당장 긴급한 것이 무엇인가를 결정하지 않으면 안 된다. 그것은 자료를 수집하고, 개념을 정립한 뒤, 성장하고, 낳고, 소멸해 가는 미묘한 가치 감정과 가치 차이의 거대한 영역을 살피고 정리하는 일이다. 그리고 이 살아 있는 결정체가 종종 되풀이하는 형태를 관찰함으로써, 도덕 유형학(類型學)에 대한 준비를 하는 것이다.

그러나 사람들은 지금까지 그처럼 겸손한 태도로 있지 않았다. 도덕을 학문으로 다루자, 철학자들은 하나같이 웃음이 날 만큼 심각하게 무언가 까다롭고도 장엄한 것을 요구했다. 그들은 도덕의 기초를 세우려 했던 것이다. 그리고 지금까지 모든 철학자들은 도덕의 기초를 세웠다고 자신했다. 그럼에도 도덕 자체는 '주어진 것'이라고 생각했다. 게다가 그들의 어리석은 자부심은 먼지와 곰팡이를 뒤집어 쓴 도덕을 기술하는 일을 얼마나 대수롭지 않게 여겼던가. 상당히 정교한 손재주와 두뇌를 가지고도 이 일을 하는 데 부족했을 텐데도 도덕 철학자들은 도덕적 사실을 거칠게, 되는 대로 발췌하거나 엉터리 같은 요약으로 알았을 뿐―이른바 그들의 환경, 계급, 교회, 시대정신, 기후, 풍토의 도덕관념으로 해석했을 뿐―이고, 민족과 시대와 과거에 대해서는 나쁘게 가르치고

스스로 연구해 볼 의욕도 없었다. 그래서 그들은 진정한 도덕 문제가 무언지를
알 수 없었다. 진정한 도덕 문제는 모든 도덕을 비교해 봄으로써 비로소 떠오르
는 것이다. 지금까지의 모든 '도덕학'에는 이상하게도 도덕 문제 자체가 빠져 있
었다. 바로 거기에야말로 어떤 문제가 있지 않을까 하는 의문이 없었던 것이다.
철학자들이 '도덕의 기초공사'라 일컫고 깨닫고자 노력한 것은, 올바른 빛에 비
춰볼 때 단순히 현재 유행하는 도덕에 대한 경건한 신앙의 현학적인 한 형식일
뿐이며, 그 표현에 대한 새로운 방법에 지나지 않는다. 따라서 일정한 도덕관념
의 범위 안에 있는 사실일 뿐이며, 궁극적 이유로서 이 도덕 자체를 문제로 삼
아서는 안 된다는 어떤 부정임에 틀림없다.

어쨌든 이 신앙 자체에 대한 검토, 분석, 회의, 해부와는 반대되는 것이었다.
예를 들면 쇼펜하우어까지도 거의 존경할 만한 천진성을 가지고 그의 문제를
제시하고 있는 것을 보라. 그리고 과거의 거장들이 거의 어린아이나 노파와 같
은 투로 말하고 있는 그러한 학문의 학문적 성격에 대해 독자는 스스로 그 귀
결을 생각해 보라. "모든 사상가들이 그 내용에 대해 일치하고 있는 원칙과 근
본 명제는 바로 다음과 같다"고 쇼펜하우어는 말하고 있다(《윤리학의 근본 문제》
137쪽). "가능한 한 아무도 해치지 말고, 모든 사람을 도와라. 도덕학자는 이 근
거를 세우려고 노력하는 것이며, 이것이 바로 그들이 수천 년 동안 마치 '현자
의 돌'인 양 찾아 헤매고 있는 윤리의 본디 주춧돌이다." 이러한 명제를 근거 지
으려는 어려움은 물론 클 것이다. 이미 아는 바와 같이 쇼펜하우어는 그 점에
서는 성공하지 못했다. 이 세계의 본질은 권력에의 의지이다. 거기에 그러한 명
제를 올린다는 것이 얼마나 악취미이고 허위이며, 또 감상적인 것인가를 절실히
느낀 사람은 다음 장면을 상상하게 될 것이다. 쇼펜하우어는 염세주의자이면서
도 날마다 식후에 플루트를 불었다. 의심하는 사람은 그의 전기를 보라. 또 묻
고 싶은 것은 염세사상가이며 신과 세계의 부정자가 도덕 앞에 서서, 도덕을—
'아무도 해치지 않는' 식의 도덕을—긍정하고, 게다가 피리를 불었다? 어떻게?
이런 사람이 과연 염세주의자란 말인가?

187

"우리 안에 정언명령이 있다." 이 주장의 가치에 대해서는 잠깐 판단을 유보

하기로 한다. 지금은 묻고 싶다. 그러한 주장이 그것을 주장하는 사람에 대해서 무엇을 말해 주고 있는가? 도덕 가운데는 그 창시자를 다른 사람 앞에서 정당화하기 위한 것이 있다. 또 창시자를 안심시키고 자기만족을 느끼게 하기 위한 것이 있다. 그런가 하면 창시자 자신이 십자가에 매달려 능욕당하기 위한 것이나 자신의 복수를 하기 위한 것, 또는 도피를 하거나, 자기를 미화하거나, 높은 곳에 앉으려는 것도 있다. 어떤 도덕은 그 창시자가 다른 사람을 잊어버리는 데 필요하며, 또 어떤 도덕은 자기 또는 자기의 일부를 세상에서 잊히게 하는 데 쓸모가 있다. 인류에게 권력과 창조적 독단을 행사하려는 도덕가도 적지 않지만, 그 밖의 많은 도덕가는—어쩌면 칸트 역시 그 가운데 하나다—그 도덕론을 가지고 다음과 같은 사실을 말하려 한다. "나에게 있어 존경할 만한 일은 내가 복종할 수 있다는 데 있다. 내가 이럴진대 그대들의 경우도 나와 달라서는 안 된다!" 간단히 말해서 도덕론도 정념을 나타내는 기호에 지나지 않는다.

188

　　모든 도덕은 방임과는 반대되는 것이다. 그리고 '자연'에 대한, '이성'에 대한 폭정이다. 그러나 이는 아직 도덕에 대한 항의는 아니다. 그러기 위해서는 또다시 어떤 도덕에 기초한 칙령에 의해서 폭정과 반(反)이성을 불법이라고 선고해야 한다. 대체로 도덕에 있어 본질적이며 귀중한 것은 그것이 오랜 기간에 걸친 구속이라는 점이다. 스토아주의, 포르 루아얄, 청교도주의를 이해하려면 모든 언어에 힘과 자유를 부여해 온 구속—즉 운율의 제한, 각운과 리듬의 억압을 떠올릴 필요가 있다. 모든 민족의 시인과 웅변가는 얼마나 많은 괴로움을 겪었던가! 자신의 귀 속에 가차 없는 양심이 깃들어 있는 현대의 몇몇 산문작가들도 마찬가지다! 어리석은 공리주의자들의 말처럼 '어리석은 것을 위해' 그렇게 하고는 스스로 현명하다 생각하고, 무정부주의자들의 말에 따르면 '제멋대로인 법칙에 굴복했'으면서 스스로 '자유'롭다고, 심지어는 자유정신을 가진 인간이라고 자만하고 있다. 더구나 놀랄 일은 예술에서든 도덕에서든, 적어도 자유롭고 섬세하고 과감하며 춤을 추듯 수완 있는 것으로서 존재하고, 존재했던 것은 모두 사상, 정치, 언론에 있어서도 이러한 제멋대로인 법칙의 독재에 힘입어 발전했다는 사실이다. 진실하게 말해서 바로 도덕만이 '자연'이며 '자연적'인 것으로서, 앞서 말한 '방임'은 아니다—라는 것이 오히려 진실에 가깝다! 모든 예술가들이 알고 있는 일이지만, 그들의 '자연 그대로'의 상태—즉 '영감'의 순간에 일어나는 자유로운 순서·배치·정리·형성은 제멋대로의 감정과는 거리가 먼 것이다. 그리고 바로 그 순간이야말로 그는 엄격하게 생각하고, 미묘하게 수천 가지 법칙을 지켜가고 있는 것이다. 이러한 법칙이야말로 준엄하고도 명확하여 여기에 비하면 개념에 의한 형성은 우스꽝스러운 것이며, 가장 정확한 개념조차도 막연하고 애매한 것에 지나지 않는다. (되풀이해서 말하면) '하늘에서나 땅에서나' 가장 소중한 것은, 다만 하나의 방향에 오랫동안 복종을 강요당하는 것이다. 도덕만 지속되면 이 세상에 살고 있는 보람을 느끼게 되는 그 무엇이 반드시 생겨나는 것이며, 또한 생겨났던 것이다. 이를테면 덕성, 예술, 음악, 무용, 이성, 정신성 등과 같이 변화되고 정교하고 분방하고 신성한 것이다.

유럽에는 오랫동안 정신의 부자유 시대가 있었다. 사상의 전달에는 불신하는 강제력이 가해졌다. 사상가는 교회나 궁정 규준 내에서, 또는 아리스토텔레스적인 전제 밑에서 생각하는 수련을 스스로에게 부과하고 있었다. 그리고 유럽 정신의 의지는 모든 현상을 그리스도교의 방식에 따라서 설명하고, 어떠한 우연 속에서도 그리스도교의 신을 재발견하고 정당화하기 위해 끈질긴 노력을 했다—이 모든 것은 폭력적이며 자의적이고 혹독하며 끔찍하고 부조리한 것이긴 했지만, 도덕이 단련의 도구가 되어서 유럽 정신은 그 힘과 서슴없는 호기심과 유동성(流動性)을 길러냈던 것이다. 물론 그 경우에 힘과 정신에 있어 회복할 수 없는 많은 것이 압박을 받고, 질식을 당하고, 부패하게 되었다는 것도 말할 필요가 없다(왜냐하면 '자연'은 엄청나게 낭비를 하고, 굉장히 냉정한 태도를 보이는 것으로서, 그런 것을 볼 때마다 우리는 마음에 전율을 금치 못하지만 여전히 그 양상은 숭고하기 때문이다. 유럽 정신의 역사에서도 다른 곳에서와 마찬가지로 자연은 그런 내막을 분명히 보여주었던 것이다).

수천 년 동안 유럽의 사상가는 어떤 한 가지 것만을 증명하는 일을 생각하고 있었다. 오늘날 '무엇인가를 증명하려고 하는' 사상가는 모두 의심스러운 존재이다. 그리하여 그들의 지극히 엄밀한 사색의 결론으로 나올 수 있는 것은 미리부터 확정되어 있었다. 그것은 마치 옛날 아시아의 점성술 경우와 비슷하고, 현대에서도 여전히 비슷한 개인적 사건을 '신의 영광을 위해서'라든가, '영혼의 구제를 위해서'라고 말하면서 천진난만한 그리스도교적, 도덕적 해석을 하려는 자들의 경우와 유사하다. 그러나 이러한 포학함과 자의적이며 준엄하고 장대한 어리석음이 정신을 길러냈던 것이다. 노예 상태에 놓인다는 것은 거칠게 이해되든 섬세하게 이해되든, 정신의 육성과 훈련에 있어서 없어서는 안 될 수단으로 생각된다. 모든 도덕은 다음과 같은 관점에서 보아야 한다. 그 속에 깃든 '자연'은 '방임'을, 즉 너무나도 큰 자유를 증오하는 것을 가르치고, 제한된 수평선에 대한 욕망을, 가장 절실한 과제를 해결하려는 욕망을 가르쳐 준다. 도덕은 시야를 좁힐 것을 가르치며, 어떤 의미에서는 어리석음을 가르치고, 그 어리석음을 생활과 성장의 조건으로 삼는다. "그대들은 무엇인가에 오랫동안 복종하라. 그렇지 않으면 파멸하고, 자신에 대한 마지막 존경까지도 잃게 될 것이다"—이것이 나에게는 자연의 도덕 명령처럼 보인다. 물론 도덕은 늙은 칸트가 찾았던 것과 같은 '정언적(定言的)'인 것은 아니다. (그렇기에 '그렇지 않으면'이란 단서가 붙어 있다.) 그리고 개인에게 말한 것도 아니다. (자연에게 개체가 무슨 중요성이 있겠는가!) 오히려 민족, 인종, 시대, 계급에 대해서, 무엇보다도 '인간'이란 생물 전체에 대해서, 인류에 대해서 말한 것이다.

189

근면한 종족에게는 한가하다는 것이 견디기 어려운 일이다. 영국인은 일요일을 거룩하고 무료하게 만들어 버렸는데, 이는 저도 모르는 사이에 평일의 노동을 갈망하기 위한 수단으로서 생긴, 참으로 영국적인 본능의 걸작이다. 정말이지 교묘하게 고안되고 교묘하게 삽입된 하나의 금식이라 하지 않을 수 없다. 이런 일은 고대에서 흔히 찾아볼 수 있다(그러나 남방 민족에게는 이것이 반드시 노동과 관계가 있는 것은 아니다). 단식에는 여러 종류가 있다. 강한 영향력과 관습이 지배하고 있는 곳에서 입법자는 유의해서 윤일(閏日)을 끼워넣고, 그것으로 강한 충동에 사로잡혀 또다시 배고픔을 느끼도록 정했다. 높은 관점에서 보면 어떤 도덕적 열광에 사로잡힌 세대나 시대는 위에서 말한 그런 의미에서 끼워넣어진 강제적인 단식기인 것처럼 생각이 된다. 이 시기에 하나의 충동이 굴복하면서 마침내 정화되고 첨예화되는 것이다. 몇몇 철학파에 대해서도 이러한 해석을 내릴 수 있다(예를 들면 음탕한 냄새에 침식되었던 헬레니즘 문화의 분위기 속에 스토아파가 나타난 것이 그렇다). 유럽의 그리스도교 시대의 한복판에, 또 일반적으로 그리스도교의 가치 판단이라는 압박 아래 있으면서 성적 충동은 연애로까지 승화했지만, 이 역설의 설명을 위해서도 여기에 하나의 암시가 있다.

190

플라톤의 도덕설 속에는 본래 플라톤에 속하지 않고(말하자면 플라톤과는 반대되는) 오로지 그 철학 속에만 존재하는 것이 있다. 소크라테스주의가 그것으로, 플라톤은 그런 것을 지니기에는 너무나도 고귀한 인간이었다. "어느 누구도 자신을 해치기를 바라지는 않는다. 그런 까닭에 모든 악은 뜻하지 않게 행해지는 것이다. 악인이란 자신을 해치는 인간이다. 그런데 악이 악이란 것을 알면 그는 그것을 행하지 않을 것이다. 그러므로 악인은 오로지 실수에 의해서만 악인인 것이다. 그로부터 실수를 제거하면 그는 반드시 선인이 될 것이다"[1]—이러한 추론 방법은 천민의 냄새가 난다. 천민은 악한 행위를 할 때 그저 불쾌한 결과만을 생각하고, '악하게 행동하는 것은 어리석다'고 판단한다. 또 '선'과 '유용하고도 쾌적하다'는 것을 처음부터 동일시한다. 모든 도덕에 대한 공리주의에 관해서는 이러한 기원이 있음을 추정할 수 있으며, 이런 경우는 우리의 후각만 의지해도 별로 틀리지 않는다—플라톤은 그의 스승의 학설 속에 세련되고 고귀한 어떤 것을 끌어들여 해석하고, 특히 그 자신을 넣어서 해석하려고 온갖 수단을 다했다. 그는 모든 해석자들 중에서 가장 대담했다. 마치 민요나 속요를 모으듯 소크라테스라는 주제를 거리에 내보내 그 인격을 무한하게, 그리고 불가능할 때까지 변주해 들려주고, 그렇게 함으로써 자기의 가면과 복잡다단한 정신을 보여주었다. 만일 호메로스식으로 농담을 해 본다면, 플라톤이 그린 소크라테스는 다음과 같은 것이 아니고 무엇이었겠는가.

머리는 플라톤, 꼬리는 플라톤, 몸통은 키마이라(Chimaera).[2]

---

1) 소크라테스의 역설. 플라톤의 《메논》, 77b~78b 참조.
2) 호메로스의 《일리아스》 6·181에서 키마이라의 모습을 "머리는 사자, 꼬리는 뱀, 몸통은 염소"라고 묘사한 것에 대한 암시.

191

‘신앙’과 ‘지식’—좀더 분명히 말하면 본능과 이성은—예부터 신학의 문제였다. 합리성은 근거에 따라, ‘왜’라는 이유에 따라, 합목적성과 효용에 따라서 평가하고 다루려는 것이지만, 대체로 사물의 가치 평가에 있어서는 그런 합리성보다 본능에 대해서 더욱 커다란 권위가 주어져야 할 것이 아닌가—이것이야말로 소크라테스에게서 나타나고, 이미 그리스도교 이전에 사람의 정신을 분열시킨 오래된 도덕 문제이다. 소크라테스는 뛰어난 웅변가였기 때문에 타고난 취미에 따라서 먼저 이성 쪽에 서 있었다. 그러나 그의 시대 아테네인들은 본능적인 인간이어서, 고귀한 인간이 모두 그렇듯이 자신의 행위에 대한 동기를 속속들이 설명할 수는 없었는데, 따지고 보면 소크라테스가 한평생에 걸쳐 해낸 일이란 사실 이런 고귀한 아테네인들의 서투른 무능력을 비웃은 데 지나지 않는 것이 아닐까? 결국 그는 침묵 속에서 남몰래 자신을 비웃기 시작했다. 그는 자신의 보다 엄격한 양심에 비추어서 자기 검토를 한 뒤에 시민과 마찬가지로 자기도 자기 행위의 동기를 완전히 설명하기가 곤란하고 불가능하다는 것을 깨달았다.

‘어떻게 본능에서 자신을 떼어놓을 수가 있겠는가? 우리는 본능에 대해서도, 이성에 대해서도 정당한 대우를 받도록 도와주어야 한다. 본능에 따라도 좋다. 그러나 그 경우에는 적절한 근거를 바탕으로 해서 그것을 지원하도록 이성에게 명령해야 한다.’

이렇게 생각한 것이 이 위대하고 신비적인 역설가가 행한 진짜 속임수였다. 그는 자신의 양심을 움직여서 어떤 자기기만으로 안심을 했던 것이다. 그리고 도덕적 판단 속에는 비합리적인 것이 있음을 꿰뚫어 보고 있었다—그런데 플라톤은 그런 일에 대해서는 훨씬 천진했고 천민다운 교활성이 없었기 때문에 전력을 다해서(과거 어떠한 철학자가 사용한 것보다도 큰 힘을!) 증명해 보려고 시도했다. 즉 이성과 본능은 자연히 한 가지 목표인 선(善)에, 그리고 신에 이르게 된다는 것을 증명하려고 했다. 플라톤 이후 모든 신학자와 철학자는 같은 길을 밟고 있다—그런데 도덕에 대해서는 지금까지 언제나 본능이 승리를 거두고 있었다. (도덕을 그리스도교도는 ‘신앙’이라 불렀고, 나는 ‘가축 떼’라 부르고 있다.) 데카르트만은 예외이다. 합리주의의 아버지(따라서 혁명의 할아버지)인 그는 이성에게만 권위를 인정했다. 그러나 이성은 한 가지 도구에 지나지 않는다. 따라서 데카르트는 천박했다.

192

어떤 종류이든 학문의 역사를 연구한 일이 있는 사람은, 그 발전 속에서 '지혜와 인식'이라는 가장 오래되고 보편적인 과정을 이해하는 데 필요한 단서를 찾아볼 수 있다. 어떤 학문의 경우에도 처음으로 발달하는 것은 경솔하게 세워진 가설과 허구와 '신앙'에 대한 선량하고도 어리석은 의지이며, 이때 회의와 인내의 결핍이 두드러진다. 우리 감각이 인식을 위한 섬세하고 충실하며 신중한 기관이 되는 것은 훨씬 나중의 일이고, 또 완전히 그렇게 되지도 않는다. 우리 눈으로는 주어진 기회에 가끔 만들어진 일이 있는 형상을 다시 만드는 편이, 어떤 인상의 특이함과 새로움을 알아채기보다 쉬운 일이다. 후자의 상태가 좀더 큰 힘을, 좀더 많은 '도덕성'을 필요로 한다. 새로운 것을 듣는 것이 귀에는 괴롭고 어려운 일이다. 처음 듣는 음악은 재미가 없다. 또 우리는 외국어를 들을 때, 그 발음을 자기도 모르게 우리에게 익숙한 단어로 바꾸려고 한다. 예를 들면 독일인은 '아르쿠발리스타'라는 단어를 듣고는 '아름브루스트'로 둔갑시켜 버렸다.[3] 새로운 것 또한 우리의 감각에 대해 적대적이고 주저한다. 그래서 일반적으로 감성의 '가장 단순한' 과정에 있어서까지 공포·사랑·증오와 같은 정념이—게으름이라는 수동적 정서까지 포함하여—지배한다.

현대인은 책을 읽을 때, 한 페이지의 하나하나의 단어를 (음절이라면 더더욱) 다 읽는 일이 거의 없고, 오히려 스무 개가 있으면 그 중에서 적당히 다섯 개 정도를 골라서 이 다섯에 속해 있음직한 의미를 '추측'한다. 마찬가지로 우리가 나무를 볼 때에도 잎과 가지와 색과 모양을 정확히 그리고 철저히 관찰하지는 않는다. 우리에게는 나무라는 막연한 형태를 공상으로 그려보는 편이 쉽다. 완전히 낯선 경험의 한가운데 놓여서도 마찬가지이다. 우리는 체험의 대부분을 가상한다. 그리고 '발명자'가 되겠다는 생각이 없을 때에는 어떤 사실도 일부러

---

3) 라틴어에서 '석궁(石弓)'을 가리키는 arcubalista를 듣고, 독일어에서 비슷한 발음을 가진 단어들인 'Arm(팔)'과 'Brust(가슴)'를 조합해서 '석궁'을 뜻하는 독일어 단어 Armbrust가 만들어졌다는 것이다.

관찰하려고 애쓰지 않는다. 이런 것으로 봐서 우리는 근본적으로 옛날부터 거짓말을 하는 데 익숙해져 있었다. 좀더 고상하고 위선적으로, 요컨대 듣기 좋게 표현한다면 우리는 원래 우리가 아는 것보다 훨씬 더 예술가다웠던 것이다. 이를테면 활발한 대화를 할 때 나는 상대방의 얼굴을, 상대방이 말하는 사상이나 내가 그 사람의 내면에 불러일으켰다고 믿는 사상에 따라, 내 시력으로 볼 수 있는 것보다 더 확실하고 자세히 보는 경우가 있다. 그때 상대방 얼굴 근육의 움직임이나 눈의 표정에서 보이는 섬세함은 내가 상상으로 그려넣은 것이다. 정작 상대방은 전혀 다른 표정을 하고 있었거나, 아니면 아무 표정도 짓지 않았을 것이다.

193

"사람은 낮에 있었던 일을 밤에 행한다." 그러나 그 반대일 수도 있다. 우리가 꿈속에서 겪은 일은 그것이 자주 되풀이되면 결국은 '현실'의 체험과 마찬가지로 우리 영혼이 지니는 재산의 일부가 된다. 우리는 꿈에서 부자도 되거나 가난해지기도 하고 욕망이 늘었다 줄었다 하며, 결국 한낮에 우리의 정신이 환히 깨어 있을 때에도 얼마쯤은 꿈의 습관에 따라 이끌린다. 여기 하늘을 나는 꿈을 곧잘 꾸는 사람이 있다고 하자. 그리고 꿈에 빠지자마자 비행 능력과 기술을 자기의 특권이자 누구라도 부러워할 만한 자기만의 행복이라고 의식한다고 하자. 이 사람은 미묘한 자극만으로도 모든 종류의 곡선이나 각도를 그릴 수 있다 생각하며, 일종의 신성한 어지럼증을 알고 있고, 긴장도 강제도 없이 '올라가며', 교만이나 굴욕도 없이—가뿐하게!—'내려올' 수가 있다. 이러한 꿈의 경험과 습관을 가지고 있는 사람에게 결국 '행복'이라는 말은 깨어있는 낮에도 보통과는 다른 색조를 띠고 있을 것이 틀림없다! 행복을 달리 어떤 방식으로 갈망할 수 있겠는가! 시인이 그리는 이른바 '비약'도 이 '비행'에 비한다면 너무나 땅에 가깝고, 근육질이고, 폭력적이며, 너무나도 '무거워' 보일 것이다.

194

인간의 차이는 그들의 재산 목록의 차이만으로 드러나는 것이 아니다. 말하자면, 그들이 저마다 다른 물건을 보물로 여기고, 또 서로 인정하는 보물의 가치나 등급에 대해 의견을 달리한다는 데 있는 것이 아니라는 뜻이다. 인간의 차이는 그들이 진정한 소유와 점유를 어떤 것이라고 생각하는가 하는 태도에서 드러난다. 예컨대 여자를 놓고 말한다면, 평범한 남자는 여성의 몸과 성적 만족감을 갖는 것만으로도 여자를 소유하고 점유하고 있다는 충분한 증거라고 생각한다. 그런가 하면 그 점유의 갈망에 얼마쯤 의심과 요구가 덧붙어 있는 남자에게는 아직 '의문 부호'가 따라다닌다. 그러한 소유는 다만 표면적인 것이라고 생각하며, 한발짝 더 들어가서 시험해 보고 싶어한다. 무엇보다도 그는 여자가 그에게 자기를 내줄 뿐만 아니라 그녀가 이미 갖고 있거나 앞으로 갖고 싶은 것을 그를 위해 포기할 수 있는지 없는지를 알아보려고 한다. 이 시험을 거치고 나서야 비로소 그는 여자를 '차지했다'고 느낀다. 또 그것으로도 불신과 소유욕이 해소되지 않는 제3의 남자가 있다. 그는 여자가 그를 위해 모든 것을 버린다 해도, 그것이 혹시 그녀가 마음속에 품고 있는 그라는 어떤 환상 때문은 아닌가 하는 의심을 품는다. 그는 사랑을 받기 위해서 먼저 그녀가 그의 마음속을 깊은 곳까지 속속들이, 심지어 그 심연까지 알아주기를 바라고 있다. 그는 과감히 그녀가 자기를 알게 한다. 여자가 그에 대해 조금의 환상도 품고 있지 않을 때, 또 그의 선량함·인내심·정신성과 마찬가지로 그의 사악함과 보이지 않는 탐욕도 똑같이 사랑할 때, 비로소 그는 여자를 소유했다고 생각한다.

어떤 사람은 어떤 국민을 소유하고 싶어하며 그 목적을 위해서 칼리오스트로[4]적인 술책이나 카틸리나[5]의 고등수법도 마다하지 않는다. 그런가 하면 보다 섬세한 소유욕을 가지고 있기 때문에 "소유하려 할 때에는 속이지 말지어다"라고 스스로 맹세를 하는 사람도 있다. 그는 자기 가면이 민중의 가슴을 지배하고 있다고 생각하기만 해도 펄펄 뛴다. "나라는 사람을 알려줘야겠다. 그러려면 먼저 나 자신을 알아야 한다"고 생각한다. 남을 도와주기 좋아하고 친절한 사람은 거의 예외 없이 도움받을 사람을 마련해 놓고 덤비는 어리석은 책략을 쓴다. 이를테면 상대방은 도와줄 '가치'가 있고 이쪽의 도움을 바라고 있으며, 모든 도움에 대해 깊이 감사하고, 머리를 조아리며 복종할 것이라고 생각한다. 그

---

4) Cagliostro. 이탈리아의 여행가이자 사기꾼이며 연금술사인 주세페 발사모(1743~95)가 스스로 붙인 별칭.
5) Catilina. 로마 공화정 말기의 정치가(BC 108?~BC 62). 무뢰한이자 음모가.

래서 그들은 자기 소유물을 지배하듯 곤궁한 자들을 지배한다. 그들의 친절과 도움은 애초에 소유욕에서 비롯된 것이다. 그런 까닭에 그들은 도움을 주는 걸 남이 방해하거나 다른 사람이 먼저 도움을 주면 질투를 한다. 부모는 자신도 알지 못하는 사이에 자식을 자기와 닮은꼴로 만들어 간다. 이것을 가리켜 그들은 '교육'이라 부른다. 자식을 낳고서 하나의 소유물을 낳았다고 마음 깊은 곳에서 느끼지 않는 어머니는 한 사람도 없다. 제 자식을 자기의 관념과 가치 평가에 복종시킬 권리가 자기에게 있다는 것을 부정하는 아버지는 단 한 사람도 없다. 그렇다, 옛날에는 아버지가(과거의 독일인들도 그랬는데) 새로 태어난 자식의 삶과 죽음에 관한 권리를 갖는 것이 당연하다고 생각했다. 아버지를 대신하는 것이 현대에 와서는 교사이며, 계급이며, 성직자이며, 영주이고, 그들은 새 인간들을 보면 새로운 소유의 기회가 왔다고 믿는다. 그 결과로서……

195

유대인—이들은 타키투스나 고대 세계가 말했듯이 '노예로 태어난' 민족이며, 또 그들 스스로가 말하고 믿고 있듯이 '모든 민족들 가운데 선택된 민족'이다. 유대인은 가치 전도라는 기적을 이뤘다. 그리하여 지상의 삶에 지난 1, 2천 년 동안 하나의 새롭고도 위험한 매력이 더해졌다. 그들의 예언자는 '부(富)'와 '무신(無神)'과 '악'과 '육감'을 한데 섞어서 '세상'이라는 말을 처음으로 욕된 말로 각인시켰다. 이러한 가치 전도('가난함'을 '거룩함' 및 '친구'라는 동의어로 사용한 것이 그 예이다)에 유대 민족의 의의가 있다. 그들과 더불어 도덕에서 노예의 반란이 시작된다.

196

현재 눈에 보이지 않고 앞으로도 안 보일 무수한 천체가 태양 가까이에 존재하리라는 것은 추론할 수 있는 일이다. 우리끼리 이야기지만, 도덕은 하나의 비유이다. 도덕심리학자는 모든 천체가 나타내는 문자를 단지 비유나 많은 것들을 그 속에 감추고 있는 기호로 읽는다.

197

맹수와 맹수 같은 인간(이를테면 체사레 보르자)은 근본적으로 오해를 받고 있다. 모든 열대의 생물 중에서도 가장 건강한 이들을 두고 그 바탕에서 병적인 것을 보거나, 심하게는 그들이 본래부터 타고난 '지옥'을 찾겠다고 고집하는 한, 그 사람들은 '자연'이 무언지를 알지 못한다. 지금까지 거의 모든 도덕주의자가 그렇게 생각해 왔다. 도덕주의자는 원시림과 열대에 증오를 품고 있는 것이 아닐까? 또 '열대성 인간'이란 것을 인류의 질병이나 변질로, 또는 다가올 지옥이나 자기 학대로, 아무튼 무슨 수를 써서라도 배척하지 않으면 안 된다고 생각하는 것일까? 어째서 그럴까? '온대 지방'에 알맞도록 하려고? 온건한 사람들에게 맞추려고? 아니면 저 '도덕적인 사람들'을 위해서? 범속한 사람들을 위해서? 그렇다면 그것은 '두려움으로서의 도덕'이라는 주제에 속한다.

198

이러한 온갖 도덕은 인간 저마다에게 작용하면서 '행복'이란 것을 목적으로 하고 있다. 그런데 개개인이 간직하고 있는 위험도에 따라서 이러이러한 태도를 취하라고 제시하는 행동 지침밖에 더 되는가? 즉 권력에의 의지를 갖고 주인이 되려는 자에게 그것은 그의 정열이나 그의 선하거나 나쁜 기호를 거스르는 처방에 지나지 않는다. 오래된 가정 상비약이나 노파의 방책처럼 쾨쾨한 곰팡내가 나는, 이런저런 자질구레한 처세의 기술과 요령일 뿐이다. 이런 도덕은 '모든 사람'을 대상으로 하며, 일반화할 수 없는 것을 일반화하기 때문에 모두 기괴한 부조리의 형상을 갖추고 있다. 모든 경우에 무조건적으로 말하고, 무조건 적용되기를 바란다. 죄다 소금 한 자밤으로만 간이 되어 있을 뿐만 아니라, 과하게 양념이 되어 있고 위험하기조차 한 '저세상'의 냄새를 맡는 요령을 익힌 뒤에야 겨우 좀 견딜 만하고, 때로는 사람의 마음이 매혹되기도 한다. 지적으로는 거의 가치가 없으며 '예지'는커녕 '학문'조차 못 된다. 오히려 세 번씩 거듭해서 다시 이야기를 하자면 어리석음, 어리석음, 어리석음과 혼합된 꾀, 꾀, 꾀에 지나지 않는다. 도덕은 갖가지 형태로 나타난다. 스토아학파에게서는 정념의 어리석은 흥분에 대해 무관심과 대리석 조각 같은 냉정을 유지하라고 권하는 치료법의 형태를 띠었다. 스피노자는 "웃지도 말고 울지도 마라" 하고, 분석과 해부에 의해 감정을 파괴하라고 순진하게도 딱 잘라 말했다. 그리고 도덕상의 아리스토텔레스주의는 만족할 만한 정도의 해롭지 않은 중용에까지 감정을 끌어내리라고 가르쳤다. 때로 도덕은 예술이라는 상징적인 수법에 의해서 일부러 희석되고 정신화된 감정의 향락, 예컨대 음악 따위가 되어 나타난다. 종교에서는 갖가지 조건을 붙여서 정열이 다시 시민권을 얻고 있기 때문에 신과 인간에 대한 사랑으로서 나타나기도 한다. 마지막으로 하피즈나 괴테가 가르친 것처럼, 기꺼이 행하는 헤픈 헌신이 되는 일도 있다. 그렇게 기꺼이 고삐를 놓고, 육체적·정신적으로 도덕의 방종에 빠지는 예외적인 경우라는 것도 사실은 '이미 별로 위험하지 않은' 늙고 박식하다는 기인이나 술주정뱅이에게서 찾아볼 수 있다. 이것도 '두려움으로서의 도덕'이라는 주제에 속한다.

199

어느 시대를 막론하고 인간이 존재하는 한, 집단을 이룬 인간의 무리들(가족, 공동체, 종족, 민족, 국가, 교회)이 있었고 또한 소수의 명령자에 대해 다수의 복종자가 있었다. 그리하여 인간들 사이에 지금까지는 복종이 가장 잘, 그리고 긴 세월 동안 이루어지고 훈련되어 왔다. 그렇다면 우리는 모든 평범한 인간은 어떤 형식적 양심의 일종으로 복종의 욕구를 타고났다는 가정을 해 볼 수 있다. '그대 무엇을 무조건 행할지어다. 무엇은 무조건 행하지 말지어다'—즉 '그대는 할/말지어다'라는 명령에 따르는 욕구다. 이 욕구는 만족을 구하고, 그 형식을 어떤 내용으로써 충족시키려 한다. 그리고 그 격렬함·초조함·긴장 때문에 마치 게걸스러운 식욕처럼 분별 없이 손을 내밀어서, 명령하는 것이면 무엇이든—부모건, 교사건, 법률이건, 계급적 편견이건, 여론이건 간에 그 말하는 바를 받아들인다. 인류의 발전은 이상하리만큼 제한되어 있고, 주춤대고 지연되며, 자주 퇴행하고 빙빙 도는데, 그 이유는 복종이라는 무리 본능이 가장 유전이 잘되어서, 그것을 위해 명령의 기술을 희생시킨 데 있다. 이러한 본능이 그 극한에까지 진행되었을 때를 생각해 보면, 결국에는 명령하는 자나 독립한 자는 그 흔적조차 찾아볼 수 없다. 그게 아니면 사람들은 마음속 깊은 곳으로부터 양심의 가책을 느끼고, 명령을 하기 위해서는, 이를테면 자기도 누군가의 명령에 복종하고 있다는 어떤 종류의 자기기만을 행하지 않을 수 없게 될 것이다. 이런 현상은 오늘날 유럽에 실재한다.

　나는 이를 명령자의 도덕적 위선이라고 부른다. 명령자들은 자기 양심의 가책을 얼버무리기 위하여 자기는 예부터 전해 내려오는 높은 명령의 (선조·헌법·정의·법률, 때로는 신의) 수행자인 듯 행동한다. 또는 무리의 사고방식에서 무리적인 격언을 빌려서 '국민을 위한 첫 번째 공복(公僕)'이라든가 '공공의 복지를 위한 도구'라고 자칭한다. 한편으로 현대 유럽에서는 무리 동물로서의 인간이 자기만이 유일하게 받아들여질 수 있는 부류의 인간인 척 행세하고 있다. 그리고 길들여지고, 고분고분하고, 무리에게 쓸모가 있는 성질들이야말로 진정한 인간적인 미덕이라고 찬미하는 것이다. 즉 공공심·선의·배려·근면·절제·겸손·관용·동정 따위가 그것이다. 그리고 지도자와 선도하는 양(羊)이 없어서는 곤란하다고 생각될 때, 현대인은 온갖 계획을 짜서 그 가운데 가장 영리하다는 무리의 인간을 긁어모아 명령자의 대용품으로 삼고 있다. 이를테면, 모든 대의적(代議的) 조직이 이런 기원을 가지고 있다. 그런데 이렇게 무리 동물이 된 유럽인을 이제는 거의 견딜 수 없는 지경이 된 압박에서 구해줄 가장 큰 은혜이자 구원은, 한 사람의 절대적 명령자의 출현이다. 여기에 대해서 나폴레옹의 출현이 미친 영향은 거대한 최후의 증거가 되었다. 나폴레옹이 끼친 영향의 역사는, 사실상 우리의 현 세기를 통틀어 가장 가치 있는 인간과 순간들을 통해 우리가 성취한 보다 높은 행복의 역사라 할 수 있다.

200

　민족이 뒤섞임으로써 생기는 해체기의 인간은 수많은 기원들에서 비롯된 유산을 자기 안에 간직하고 있다. 즉 그의 내부에는 서로 충돌하면서 쉽사리 안정을 얻을 수 없는 모순된 충동과 가치 기준이 적지 않게 숨어 있다. 이러한 말기적 문화의 인간, 쇠약한 빛을 가지고 있는 인간은 대부분 허약한 인간이다. 그의 가장 근본적인 욕구는 그의 안에서 벌어지고 있는 이 여러 경향의 싸움이 끝나는 데 있다. 그에게 행복이란 진정제와 같은(예컨대 에피쿠로스적이거나 그리스도교적인) 사고방식과 유사하다. 그것은 무엇보다도 휴식, 안정, 충족, 궁극적인 통일과 같은 행복이다. 훌륭한 수사가였던 아우구스티누스의 말을 빌리자면—자신이 그런 인간이기도 했지만—'안식일 중의 안식일'인 것이다. 그런데 그러한 인간 안에 모순과 투쟁이 존재하고, 그것이 삶의 자극이자 갈망으로서 작용하는 경우가 있다. 그리고 이런 화합할 수 없는 강력한 충동에 곁들여서 자기 통제라든가 자기 기만과 같이 자기 투쟁에 있어서 정교하고 탁월한 자질이 유전되고 육성되는 경우가 있다. 이렇게 두 가지가 함께 존재하는 경우에는 포착하기 어렵고 상상하기 어려운 이상한 마력을 지닌 인간, 승리와 매혹의 운명을 걸머진 인물이 태어난다. 그 가장 아름다운 예가 알키비아데스와 카이사르이며(더 나아가 나의 취향으로 볼 때는 최초의 유럽인인 호엔슈타우펜 왕가의 프리드리히 2세를 덧붙이고 싶다), 예술가 중에는 레오나르도 다빈치를 들 수 있을 것이다. 이런 인물들은 안식에 대한 욕구를 가진 허약한 유형의 인간이 앞에 나서는 것과 때를 같이 해서 나타난다. 이 두 가지 유형은 서로의 일부이며, 같은 원인에서 발생한다.

201

도덕적 가치 판단을 지배하는 공리성이 단순한 무리의 공리성에 지나지 않는 한, 또는 오로지 집단의 보존에만 목표를 두는 한, 그리고 집단의 존립에 위협이 되는 것이 곧 부도덕이라고 생각하는 한, '이웃에 대한 사랑의 도덕'이란 있을 수 없다. 설사 그러한 사회 상태 속에서 배려·동정·공평·온유, 상호 원조 등의 실천이 계속 이루어지고 있다 하더라도, 그리고 결국 '덕성'이라는 영광스러운 이름으로 불리고 마침내는 '도덕'이라는 개념과 하나가 되는 충동이 작용하고 있다 하더라도, 이 단계에서는 그런 것들이 아직 도덕적 가치 평가의 범위에 속하지 않는다. 이런 것들은 도덕 외부의 것이다. 로마의 전성기에는 동정적 행위는 선이라고도, 악이라고도, 도덕적이라고도, 부도덕적이라고도 간주되지 않았다. 찬양을 받는 경우라 할지라도 그것이 일단 '공적인 일'의 향상에 필요한 어떤 행위와 비교가 될 때면 그 찬양 속에는 어떤 마지못한 경멸이 깃들어 있었다.

결국 '이웃에 대한 사랑'은 '이웃에 대한 공포'에 비하면 늘 부차적인 것이고, 뭔가 인습적이면서 아무런 필연성도 없는 표면적인 것이다. 사회 전체의 구조가 안정되고 외적 위험에서 안전하다고 생각된 뒤에 도덕적 가치 평가의 새로운 시야를 열어주는 것은, 바로 이 '이웃에 대한 공포'이다. 그 전에는 모험심·과

감함·복수심·간계·탐욕·지배욕 따위의 억세고 위험한 충동은 꼭 이런 이름이
붙은 것이 아니라 할지라도, 어쨌든 그때까지는 공적으로 유익한 것으로 존중
되었을 뿐만 아니라, 전체에 위협이 되는 공동의 적이라는 위험에 대응하는 데
계속해서 필요한 것이었기 때문에 계발되고 육성되어야 할 것들이기도 했다. 그
런데 이제 사회가 안정되고 이러한 충동의 돌파구가 없어지자, 오히려 그것이
몇 배나 위험한 것으로 느껴지게 되었다. 그리고 점차 부도덕적인 것으로 낙인
이 찍혀 비방의 대상이 되고 말았다. 그러면서 이것과 반대의 충동과 경향이 도
덕적인 영예를 얻기에 이르렀다. 이제 무리적 본능이 한 걸음 한 걸음 그 결과
를 이끌어낸다. 어떤 의견, 어떤 상태, 어떤 감정, 어떤 의지 속에, 또는 어떤 타
고난 자질 속에 사회에 해가 되는 것이 많으냐 적으냐, 평등을 위협하는 것이
있느냐 없느냐 하는 것이 이제 도덕적인 규준이 되고 있다. 여기서도 공포가 도
덕의 어머니이다.

어떤 개인이 간직한 가장 강한 충동이 격정을 지닌 채 폭발하고, 그가 평균
을 훌쩍 뛰어넘어, 무리적 양심의 저지대를 훨씬 넘어선 높은 곳으로 나아가면,
그로 인해 공동체의 집단적 자존심은 땅에 떨어지고, 척추라고 할 수 있는 자
신감이 무너진다. 그래서 이렇게 고귀하고 강한 충동은 악이라는 낙인이 찍히
고 비난을 받는다. 독립된 고고한 정신성, 고독에의 의지, 위대한 이성조차도 위
험으로 느껴진다. 그리하여 개인을 무리보다 더 높이 끌어올려 이웃 사람에게
공포를 일으키는 모든 것이 악이라 불리고, 반대로 겸손하고 비굴하게 복종해
서 자기를 다른 사람과 같은 위치에 놓는 성향, 즉 욕구의 범용(凡庸)한 태도가
도덕의 이름과 명예를 독차지한다. 마지막으로, 지극히 평화로운 환경에서는 감
정을 단련해서 억세고 준엄하게 만들 기회나 강제성이 없으며, 대체로 엄격성
이라는 것이 설령 정당한 엄격성이라 할지라도 사람의 양심을 언짢게 하는 것
이 되어버린다. 고매하고 강인한 성격이나 책임감을 갖고 있는 인간은 거의 그
존재만으로도 남을 모욕하는 자로서 느껴지며 의혹을 자아낸다. 반면 '새끼 양'
이, 그것도 아무 생각 없이 무리를 따르는 '유순한 양'이 존경을 받는다.

사회의 흐름 속에는 병적인 연약화의 시기가 있어서, 사회 자체가 자신을 손
상시키는 범죄에 가담할 뿐 아니라, 진지하고 당당하게 그런 범죄를 저지른 가
해자의 편을 드는 때가 있다. 다시 말해 사회는 형벌을 어떤 의미에서 부당한

것으로 생각하게 되고, '형벌을 가한다'든가 '형벌을 가해야 한다'든가 하는 것을 애처롭고 무서운 것이라고 생각한다. "위험성을 없애는 것으로 충분하지 않는가? 그 이상 형벌을 가할 필요가 있는가? 형벌이란 무서운 일이 아닌가!" 이러한 의문과 더불어 공포의 도덕인 무리의 도덕은 마지막 결론을 끌어낸다. 공포의 원인인 위험만 제거되면 그 도덕조차 폐기될 것이다. 그런 도덕은 이미 필요치 않게 될 것이며, 스스로 자기의 불필요함을 알게 될 것이다! 현대 유럽인의 양심을 검토해 볼 때, 수많은 도덕 사상의 우여곡절은 결국 다음의 한 가지 명령으로 귀결될 수 있다. 바로 "우리는 언젠가는 두려워할 것이 아무것도 없기를 바란다!"라는 두려움에 떠는 무리의 도덕 명령이다. 그곳에 이르려는 의지와 과정을 오늘날 유럽의 곳곳에서 '진보'라 부르고 있다.

202

이미 백번도 더 말한 것을 다시 한번 되풀이한다. 오늘날 사람들의 귀는 그와 같은 진리─우리의 진리─를 귀담아듣는 것을 그다지 내켜하지 않기 때문이다. 우리는 인간을 노골적으로, 비유로서가 아닌 의미로 짐승이라고 할 때, 그 말이 얼마나 모욕적으로 들릴지 이미 잘 알고 있다. 바로 '현대 사상'을 가진 인간에 대해 이야기를 하면서, 우리가 줄곧 '무리'라든가 '무리 본능', 아니면 그와 유사한 표현을 사용하는 것은 아마 죄악으로 간주될 것이다. 하지만 그런들 어쩌겠는가! 바로 그 점에 우리 견해의 새로움이 자리 잡고 있는 것이므로 어쩔 수 없는 노릇이다. 우리는 유럽이─유럽의 영향이 미치고 있는 나라들도 포함해서─모든 도덕상의 중요한 판단에 있어서는 한마음임을 발견했다. 유럽은 소크라테스는 알지 못한다 했고, 그 옛날의 유명한 뱀이 가르쳐 주겠다고 약속한 그것을 알고 있다─즉 현대 유럽인은 무엇이 선이고 무엇이 악인지를 '알고' 있다. 그런 이들의 귀에는 우리가 다시 한번 이렇게 주장하는 것이 달갑게 들리지는 않을 것이다. 즉 여기서 그것을 알고 있다고 믿는 근거, 칭찬과 비난을 하는 상황에서 스스로를 찬양하거나 스스로를 선이라고 일컫는 근거는 곧 무리 동물로서의 인간의 본능이라는 것이다. 그 본능은 나타나자마자 다른 여러 본능을 압도할 만큼 우세해졌고, 현대 유럽에서는 이 본능의 징후인 생리적 친근성이나 유사성이 늘어남에 따라 더욱더 우세하게 되었다.

오늘날 유럽의 도덕은 무리 동물의 도덕이다. 요컨대 우리가 이해하는 바로는 이 도덕은 인간적인 도덕 중 하나일 뿐이며, 그 옆과 앞과 뒤에 다른 많은 도덕들, 그 가운데서도 고차적인 도덕이 가능하고 또 가능해야 한다. 그런데 이 도덕은 그런 '가능성'에 대해서, '가능해야 한다'는 데 대해서 온 힘을 다해 저항한다. 그리고 완강하고 집요하게 말한다—"내가 곧 도덕 그 자체이며, 나 외에 다른 도덕은 없다!"고. 무리 동물의 가장 숭고한 욕망에 따르고 아첨한 한 종교에 힘입어, 우리는 결국 이러한 도덕의 보다 뚜렷한 표현을 현대의 정치·사회 제도 속에서도 맞닥뜨리게 되었다. 다시 말해 **민주주의** 운동은 그리스도교 운동의 유산이다. 그럼에도 앞서 말한 본능 때문에 병들고 조급증이 나고 거기에 중독된 사람들에게는 그 속도가 너무 더디고 졸음이 올 정도라는 것은 현재 유럽 문화의 골목을 헤매는 무정부주의의 개들이 점점 더 미쳐서 짖어대고, 점점 더 이를 드러내며 으르렁대고 있는 것을 보면 알 수 있다. 그들은 평화롭고 부지런한 민주주의자나 혁명 사상가는 말할 것도 없고, 우둔한 엉터리 철학자나 '자유 사회'를 희망하며 사회주의자로 자칭하는 열혈 동포주의자와는 더더구나 겉으로는 반대되는 듯 보인다. 하지만 실상은 하나같이 무리가 자치권을 쥔 사회 형식을 제외한 어떤 사회 형식에 대해서도 근본적이고 본능적인 적대감을 품고 있다는 면에서 서로 조금도 다를 바가 없다. (그들은 결국 '주인'과 '하인'이란 관념까지도 물리친다—사회주의의 구호 가운데 하나가 '신도 없고 주인도 없다'는 것이다.) 이들은 모든 예외적 요구와 특권과 우선권에 대해 집요하게 반대한다는 데 있어 한마음 한뜻으로 단결한다. (이 말은 결국 이들이 모든 권리에 반대한다는 말이 된다. 왜냐하면 모든 사람이 평등하면 이미 누구도 '권리'가 필요하지 않을 테니까.) 이들은 형벌을 통한 정의의 구현을 믿지 않는다. (마치 그것이 약자에게 가해지는 폭력이며, 모든 이전 사회에서 필연적으로 생겨난 결과에 대한 부정이기라도 한 것처럼.) 이 인간들은 느끼고, 살고, 고뇌하는 모든 것에 동정심을 가지는 동정의 종교의 신자로서도 하나다. (그 동정은 아래는 짐승으로부터 위로는 '신'에게까지 이른다. '신에 대한 동정'이라는 탈선은 민주주의 시대의 특색이다.) 이들을 한마음으로 만드는 것들은 또 있다. 동정심에서 나오는 외침과 조바심, 어떠한 고통에 대해서도 갖게 되는 죽일 듯한 증오, 고통을 방관하고 괴로워하게 내버려 두지를 못하는 거의 여성적인 무능력 같은 것들이다. 이러한 사람들은 모두 제어할 수 없는 우울과 나약함이라는 주문에 걸려 유럽은 마치 새로운 불교에 의해 위협을 받고 있는 듯이 보인다. 이들은 모두 상호 간의 동정이라는 도덕을 신앙으로 삼고, 그것이 마치 도덕 그 자체이며, 인간이 다다른 인류의 절정이자 미래의 유일한 희망, 현재를 위한 위로, 과거의 모든 죄로부터의 해방이라 보고 있다. 그리고 공동체, 다시 말해 무리, 곧 '자기들'을 구원이라고 믿는 신앙 안에서 한마음이다.

203

우리는 이질적인 신앙을 가지고 있다. 우리가 보기에는 민주주의 운동이란 단지 정치체제 퇴폐의 한 형태일 뿐만 아니라 인류 쇠락의 한 형태—왜소화 형태인 동시에 범속화이고 가치 하락이다. 우리는 어디에 희망을 걸어야 할까? 바로 새로운 철학자들이다. 그 밖에 다른 선택지는 없다. 다시 말해, 반대의 가치 평가를 제안하고, 이른바 '영원한 가치'를 재평가하고 뒤집을 수 있을 만큼 강렬하고 근원적인 정신을 가진 사람들이 그들이다. 또한 수천 년의 의지를 새로운 궤도에 올려놓을 연결 매듭을 현대에서 맺을 만한 미래의 인간, 곧 선구자를 향해서이다. 그들은 인류의 의지가 곧 인류의 장래임을 가르치고, 인류의 육성과 교육이라는 대단하고 모험적인 시도를 준비하며, 그것으로 이제까지 '역사'라 불리던 저 허튼소리와 우연의 몸서리나는 지배를 ('최대 다수'라는 허튼소리는 그 마지막 한 형태에 불과하다) 끝내려 한다. 이런 목적을 위해서 언젠가는 새로운 철학자와 지도자가 필요할 것이다. 이러한 새로운 철학자를 상상해 볼 때면, 지금까지 이 지상에 감춰져 있던 그 어떤 무시무시하고 자비로운 정신을 가진 사람이라도 그 빛을 잃고 빈약해 보일 것이다. 우리 눈앞에 맴도는 것은 그러한 지도자의 모습이다. 그대 자유정신을 지닌 인간들이여, 내가 이 말을 소리 높여 외쳐도 좋겠는가? 그러한 철학자와 지도자가 나타나기 위해서는 우리는 여러 환경을 창조하고 이용하지 않으면 안 된다—하나의 정신에 그러한 임무에 헌신할 내적 긴박감을 느끼게 하는 것, 그만한 높이와 힘을 키우기 위해서는 과감한 도전과 시련을 거치지 않으면 안 된다. 모든 가치에 전환이 있을, 그 새로운 압력과 쇠망치로 양심이 단련되고, 마음이 단단한 광석으로 바뀌고, 이로써 그런 책임의 무게를 참아내야만 한다. 다른 한편으로, 그러한 지도자들은 없어서는 안 될 존재이지만 그들이 도래하지 못한다든가, 길을 잃는다든가, 타락해 버릴 위험성도 있다. 이것이 우리 마음에 근심과 어둠을 드리우는 것이다.―자유의 정신의 인간들이여, 그대들은 이것을 알고 있는가?

그것이야말로 우리 삶의 하늘 위에 떠 있는 폭풍우와도 같은 무겁고도 까마득한 생각이다. 탁월한 인간이 자기 길에서 벗어나 타락하는 모습을 보고 짐작하고 공감하는 것처럼 쓰라린 고통은 없다. 그러나 남다른 시력을 가진 이는 '인간' 자체가 타락한다는 인류 전체에 미치는 위험에 대해서 통찰한다. 또, 우리와 마찬가지로, 아직까지 인류의 미래는―이 놀이에는 누구의 손도 심지어 '신의 손가락'조차도 개입한 적 없이―우연에 의해 희롱되고 있었음을 알고 있다. 또 '현대 사상'이라는 어리석은 천진성과 해맑은 자신감이 내포하고 있는 숙명과 유럽의 모든 그리스도교적 도덕에 잠겨 있는 숙명을 미루어 본다. 그는 무엇에도 비할 수 없는 불안에 고통받는 것이다. 그는 또 한눈에 알아차린다. 역량과 임무를 집중하고 북돋웠을 때 앞으로 인간이 어떻게 자라날 수 있는 것인가를, 양심의 모든 지혜를 동원해서 인간이 가장 위대한 가능성에 이르기까지 아직도 그 미지의 가능성이 무한하다는 것을, 또 인간형이 이미 얼마나 많은 신비로운 결단과 새로운 갈림길에 서왔던가를. 무엇보다 그는 쓰라린 기억을 통해 잘 알고 있다. 생성 중이던 최고 수준의 것이 어떤 가련한 사물로 돌변하여 부서지고 깨지고 침몰되고 비참한 최후를 맞았는가를. 오늘날 어리석고 천박한 사회주의자들이 '미래의 인간'이라 일컫고 그들의 이상으로 삼고 있는 데까지 모든 인류가 타락한다는 것은 있을 수 있는 일이다. 인간이 완전한 무리 동물로까지 (그들의 말을 빌리면 '자유 사회'의 인간으로까지) 변질되고 왜소화한다는 것은 있을 수 있는 일이다. 평등한 권리와 요구를 가진 작은 짐승으로 인간이 변한다는 것은 있을 수 있는 일이다. 여기에는 의심할 여지가 없다! 이러한 가능성을 최후까지 생각해 본 사람은 다른 사람들보다 더한 구토를 느낄 것이다. 그리고 결국 또 하나의 새로운 임무를 깨닫게 될 것이다!

제6장 우리 학자들

204

지금까지 늘 그래왔지만 여기서 도덕론을 말하는 것은 발자크에 의하면 자기 상처를 스스로 드러내는 것이 될 우려가 있다. 그러나 나는 그런 위험을 무릅쓰고라도 오늘날 과학과 철학 사이에 알지 못하게, 또 거의 공공연하게 생겨나고 있는 순위의 혼돈이라는 부당하고 유해한 일에 반대하고자 한다. 인간은 경험으로부터—그 경험이란 것은 언제나 나쁜 경험을 의미하는 듯한데—이러한 순위라는 고차적 문제에 대해 논할 수 있는 권리가 있다고 생각한다. 하지만 그것도 장님이 색채에 대해서 이야기하고, 여자나 예술가가 학문에 반대하는 그런 의미에서는 아니다(이들의 본능이나 수치심은 "아아, 학문이라는 몹쓸 것! 언제나 진실을 파뒤지고 말지!"라는 탄식을 내뱉는다). 학문적인 인간은 독립을 선언하고 자기를 철학에서 해방시켰지만, 그것이야말로 기괴한 민주주의 정신이 미친 미묘한 영향 가운데 하나이다. 오늘날 학자의 자기 예찬과 자부심은 참으로 화려하게 꽃을 피우고 있다.

이 경우에도 천민적인 본능이 "주인을 모조리 몰아내자!" 말하고 있다. 그리고 학문은 오랫동안 신학의 '하녀' 노릇을 했지만 이제는 그 신학을 거부하고, 오만하고 무분별하게도 철학에 법칙을 부여하며, 이번에는 자기가 무슨 짓을 할지 모르겠다. '주인'인 철학자의 역할을 연출하려 하고 있다. 내 기억에는—용서하라. 나라는 인간도 학자이긴 하지만!—젊은 자연과학자나 늙은 의사들이 철학이나 철학자에 대해서 말한 소박하고 오만스러운 말이 많이 남아 있다(모든 학자들 중에서 가장 박식하고 잘난 체하는 문헌학자 겸 교사에 대해서는 말을 그만두자. 그들은 직업상 둘 모두를 겸하고 있으니까). 이런 사람들 가운데 어느 때는 전문가라는 한쪽 구석을 후벼 파던 인간이, 온갖 종합적인 과제나 능력에 대해서 본능적으로 반대를 하고 있었다. 어느 때는 부지런한 학문적인 노동자가 있어서 철학의 영혼 속에 한가함과 사치의 냄새를 맡고, 그 때문에 자기가 모욕을 당하고 왜소해진 듯 느끼고 있었다. 때로는 색맹과 같은 공리주의자가 있어서, 철학을 두고 이미 극복되어 버린 몇몇 체계라고 생각하거나, '누구'에게도 소용이 닿지 않는 낭비라고 보기도 했다. 어느 때는 가장한 신비주의를 겁내고, 인식의 한계 확정을 겁내는 기분이 앞으로 튀어나와 있었다. 또 어느 때는 모든 철학자를 경멸한 나머지 자신도 알지 못하는 사이에 그것을 일반화해서 철학 자체를 경멸하곤 했다. 그것도 내가 가장 자주 부딪친 것, 특히 젊은 학자의 경우 알게 된 것은, 어떤 철학자에게 완전히 복종한 나머지 그 사람의 다른 철학자에 대한 배격적인 가치 평가의 마술에 사로잡혀 있는 것이다─그 결과 모든 철학에 대한 불만을 토하게 되어버린 것이다. (예컨대 요즈음 독일에 끼친 쇼펜하우어의 영향이 그런 종류의 것이었다. 그는 헤겔에 대한 몰이해에서 비롯된 분노로, 지금 세대의 독일인들을 독일 문화와의 연관에서 떼어놓는 데 성공했다. 모든 면에서 볼 때 이 문화 또한 역사적 의미의 예언자적인 세련됨과 높이를 지닌 것이었다. 그런데 쇼펜하우어 자신은 바로 이 점에서 타고난 자질이 빈약하고 둔감했으며 비독일적이었다.) 결국 종합해서 말하면 철학에 대한 외경심을 가장 근본적으로 손상시키고, 천민적인 본능에 문호를 개방한 것은 무엇보다도 근대 철학자들의 빈곤─그들의 인간적인, 너무나도 인간적인 점이었다.

우리는 현대 세계가 얼마나 헤라클레이토스, 플라톤, 엠페도클레스처럼 왕족과도 같이 냉엄하고 고고한 정신의 사람들과는 전혀 다른 길을 택하고 있는지를 알아야 한다. 그리고 오늘날 유행 덕에 세상 구석구석에 스며들고 있는 철학의 대표자들─예컨대 독일에서는 베를린의 무정부주의자 오이겐 뒤링이나 융합론자인 에두아르트 폰 하르트만과 비교를 한다면, 착실한 학자는 자기의 방법과 계보가 오히려 더 훌륭하다고 느껴도 될 것이다. 특히 저 '사실주의자'라든가 '실증론자'라고 자칭하는 뒤범벅된 철학자를 보면, 젊고 야심 있는 학구적 영혼에 위험한 불신의 씨앗을 심어주게 된다. 그들은 최상의 경우라 할지라도 학자이며 전문가이다. 그것은 분명하다! 그들은 모두 실패한 인간들이며 전문적 학문의 지배하에 되돌아온 자들이다. 그들도 한때는 좀더 큰 것을 바라고 있었다. 하지만 그들은 그런 '좀더 큰 것'이 될 수 있는 권리가 없었고, 그에 대한 책임도 몰랐다. 그래서 이제는 말로도 행동으로도 철학의 지배적인 임무와 주권에 대해서 일그러지고 분해하며, 복수심에 불타서 불신을 나타내고 있는 것이다. 과연 그렇게 되는 것도 당연했다! 오늘날 전문적인 학문은 번창하고 있어 스스로 행하고 있는 것에 대해서 아무런 양심의 가책도 느끼지 않고 있는 듯하다. 그런데 오늘날 철학이 점점 빠져든 현상은 말하자면 철학의 잔재라고 할 수 있는 것이다. 멸시와 연민까지는 안 갈지 모르지만 불신과 불만을 불러일으키기에는 충분하다. 철학은 '인식론'으로까지 끌어내려졌다. 사실 오늘날의 철학은 소심한 시대론이자 금욕설 이상의 아무것도 아니며, 그 문턱을 넘어 한 걸음도 내딛지 못하고 있다. 그것은 임종의 숨을 헐떡이는 철학이며, 종말이고, 고통에 찬 신음이며, 연민의 정을 불러일으키는 그 무엇이다. 이러한 철학이 무슨 수로 지배를 한단 말인가!

205

오늘날에는 철학자의 발전을 방해하는 것들이 참으로 많다. 그래서 그 열매가 과연 무르익을 수 있을 것인가 의문이다. 전문적인 학문의 범위는 넓어지고 구조는 엄청나게 커졌다. 따라서 철학자는 학생 입장에서 수업만 받다가 지쳐버리고, 어디엔가 안주해서 '전문화'되어 버려서는, 전체적으로 내다보고 둘러보며 굽어볼 수 있는 정상에 도달하는 일이 불가능해졌다. 정상에 이르렀다 해도 그때는 이미 그의 가장 좋은 시기와 역량은 지나간 뒤이다. 상처 입고, 조잡해지고, 변질되고, 그의 관찰력과 전반적 가치 판단이 이미 의미의 대부분을 잃었을 때이다. 그는 섬세한 지적 양심을 가졌기 때문에 도중에 머뭇거리고, 그 때문에 도착이 점점 늦어진다. 그는 어설픈 애호가나 잡화상이 될까 봐 두렵다. 그는 자기에 대한 존경을 잃은 인간은 인식자로서 명령할 수도 없고, 지도할 수도 없다는 것을 잘 알고 있다. 자기에 대한 존경을 잃고서도 그런 일을 하기 위해서는 대단한 배우가 되든가, 철학계의 칼리오스트로가 되든가, 정신의 피리 부는 사나이, 즉 유혹하는 자가 되지 않으면 안 된다. 도덕이 비록 양심의 문제는 아니라 해도 취향의 문제이다. 게다가 철학자의 어려움을 곱절로 늘리는 것이 있다. 철학자는 학문에 대해서가 아니라 인생 및 인생의 가치에 대해 판단하는 것을—'예' 또는 '아니오'의 선택에 대해 결정하는 일을 자기 문제로 삼지 않으면 안 된다. 이러한 판단에 대해 심지어는 의무까지 가지고 있음을 깨닫지 않으면 안 된다. 그리고 보다 광범위한—어쩌면 보다 혼란을 일으키고 파괴적인—체험에서 주저하며 의심하고 침묵하면서 권리와 신앙을 향한 자기 길을 찾지 않으면 안 된다.

대중은 오랫동안 철학자를 오해해 왔다. 그를 앞에 놓고, 학구적이거나 이상적인 학자, 또는 종교적으로 고양되고 감각에는 둔감해지고 '현실을 잊은' 몽상가, 혹은 신에 취한 사람으로 간주했다. 예컨대 오늘날 누군가가 '현명하게' '철학자로서' 살고 있다고 칭찬을 받는다 해도, 그것은 '영리하게 세상을 외면하고' 살고 있다는 정도의 의미에 지나지 않는다. 예지—어리석은 대중은 그것을 도피나, 질 것 같은 승부에서 교묘하게 빠져 달아나는 수단이라고 생각한다. 그러나 진정한 철학자는—우리에게는 그렇게 보이지 않는가, 친구여?—'철학자 같지도 않게', '현자 같지도 않게', 무엇보다도 영리하지 않게 살아간다. 그리고 인생의 수많은 시련과 유혹에 대한 무거운 짐과 의무감을 느낀다—그는 언제나 자신을 걸고 위험한 도박을 한다.

206

천재, 즉 아이를 잉태시키거나 스스로 낳는 존재에 비교하면, 학자나 학문을 하는 평범한 인간은 늘 어딘가 노처녀 같은 데가 있다. 즉 천재는 노처녀와 마찬가지로 인간의 가장 가치 있는 두 개의 기능을 이해하지 못했다. 학자나 노처녀에게는, 이른바 보상의 의미에서 마지못해 경의를 표한다. 이럴 때 마지못해 표하는 경의에는 그만큼의 불쾌감도 섞여 있다. 좀더 자세히 살펴보자. 학자란 도대체 무엇인가? 학자는 먼저 인간 가운데 비천한 부류이며 비천한 덕(德), 즉 주인이 되지 못하고 자주성이 없으며 자족적이지 못한 부류의 인간이 갖는 덕을 갖추고 있다. 그는 근면성이 있고, 끈기있게 규율에 복종하며, 능력과 욕구에 있어 균일함과 절제를 가졌다. 자기와 같은 부류와 그들의 요구를 파악하는 본능도 가졌다. 그 요구란 이를테면 노동에서 휴식처가 되어줄 약간의 독립성이라는 한 조각 푸른 초원이다. 또한 남에게 인정받는 것을 전제로 하는 명예, 그리고 명성이라는 따스한 햇살, 자기가 가치 있고 유용한 존재라는 끊임없는 증명이다. 그 인장이 있어야만 이 종속적인 인간과 무리 동물들은 그들의 마음

속에 잠겨 있는 내적 불신을 끊임없이 극복할 수가 있다.

또한 학자는 비천한 부류에게 나타나는 좋지 못한 병이나 어떤 범속한 오류를 별 수 없이 지니고 있다. 그는 질투심이 많으며, 자기가 도저히 도달할 수 없는 고귀한 본성에서 어떤 결점을 찾아내는 데에는 매의 눈을 가지고 있다. 그의 신의를 얻을 수 있는 때는 그가 자기를 풀어놓았을 때뿐이고, 그것도 콸콸 흘러갈 정도로는 기대할 수도 없다. 만약에 그렇게 위대하게 흘러가는 사람이 눈앞에 있다면 그는 냉정하게 마음을 닫고 대할 것이다. 바람 한 점 없는 호수의 표면과도 같은 그 눈에는 기쁨의 물결도 공감의 물결도 일지 않는다. 학자란 자들이 저지를 수 있는 최악의 일이자 가장 위험한 일은 그 부류에 특유한 평범함의 본능에서 비롯한다. 범속한 예수회주의는 비범한 인간을 없애기 위해 본능적으로 작용하며, 팽팽히 시위가 당겨진 활을 꺾어버리거나, 그게 아니면 차라리 시위를 느슨하게 하려고 기를 쓴다. 그처럼 느슨하게 하는 것도 신중히 배려해 가면서, 물론 아껴가면서, 친절히 동정하면서 한다. 도덕이야말로 동정의 종교로서 자신을 넓혀가는 방법을 잘 알고 있는 예수회주의의 독특한 수법이다.

207

우리가 비록 객관적인 정신을 감사하는 마음으로 환영한다 해도—주관주의와 그 저주받을 자기 지상주의에 대해서 혐오감을 느껴본 적 없는 사람이 과연 있을까!—결국 우리는 그 객관적인 정신에 대한 감사를 조심스럽게 배워 나아가야만 한다. 요즘에는 정신의 자기부정과 비개성화만이 목적이라고 인정을 받고, 그것이 구원이며 정화라고 찬미되고 있지만, 그 과장된 방식을 끝낼 필요가 있다. 이런 방식은 염세주의학파 속에서는 통례로 되어 있으며, 그들은 그들대로의 논거를 갖고 '이해관계를 벗어난 인식'에 대해서 매우 높은 경의를 표하고 있다. 염세주의자처럼 저주하고 비방하지 않는 객관적 정신의 인간—갖가지 전면적이고 부분적인 실패를 겪고, 이윽고 학문적인 본능이 그 사람의 마음 속에서 꽃피는 듯한 이상적인 학자—은 분명 이 세상에 있을 수 있는 가장 고귀한 도구이다. 그러나 그런 인간은 좀더 강력한 자의 손아귀에 들어가야 한다. 그는 그저 하나의 도구에 지나지 않는다고 우리는 말한다. 그는 거울이다—그는 '그 자체로 목적'이 아니다. 객관 정신의 인간은 완전히 하나의 거울로서 인식될 대상 앞에 뒹굴다가 인식, 즉 반영하는 것 말고는 다른 욕망이 없고 굴종에 익숙해져 있다. 그는 무엇인가 닥쳐올 때를 기다리고 있다. 그리고 그 피부로 영혼이 숨어드는 아련한 발소리를 잡으려고 자기를 열어놓고 있다. 만일 그에게 조금이라도 '개성'이 남았다면, 그는 그것을 우연하고 제멋대로의 것, 그리고 가끔은 방해되는 것이라고 생각한다. 그는 그렇게까지 자기를 외부의 형체나 사건의 통로나 반영으로 바꿔버린 것이다. 그는 때로 '자기'를 잊지 않으려고 애쓰지만 거의 실패한다. 그는 자신과 다른 사람을 쉽사리 뒤바꾼다. 자신에게 필요한 게 무엇인지 제대로 알아채지 못하며, 다른 점에서는 용의주도하고 교묘한 그가 그 점에서는 소홀하고 게으르다. 그도 물론 건강이라든가 아내나 친구들과의 사소한 불화라든가, 동료들 사이에서나 사회에서 부족한 사교에 대해서 괴로워한다—정말로 자기 아내나 친구들과의 고뇌를 성찰해 보려 노력도 한다. 하지만 소용이 없다! 그의 사고는 이미 미궁에 빠지고, 그것이 작용할 수 있는 것은 일반적인 경우에 한정되어 있다. 그는 어떻게 자립할 수 있는지를 모르며, 내일이 온다 해도 모른다. 그는 자기에 대한 진지성을 잃었고 때를 놓친 것이다. 그는 쾌활하지만, 그것도 어려움이 없기 때문이 아니라 자신의 어려움에 대처하는 법을 생각지 않기 때문이다. 그는 온갖 사물이나 체험을 기꺼이 받아들이는 습성을 가졌다. 가다가 만나는 사람을 밝은 낯으로 거리낌 없이 대하는 습성을 가졌다. 아무런 이해타산도 없는 호의를 가진 성격이다. '예/아니오'를 판단하는 것에도 위험할 정도로 무관심하다.

아아, 그 밖에 이처럼 그가 타고난 덕성을 잃어야만 되는 때는 얼마든지 있다! 그리고 인간으로서 그는 너무나도 쉽게 이러한 덕성을 걸러낸 찌꺼기가 되어버린다. 그는 사랑이나 증오—신이나 여자나 짐승이 나타내는 사랑이나 증오—를 나타내는 일이 있을까? 만일 그가 도덕을 찾는다면 그는 할 수 있는 일을 하고 줄 수 있는 것을 줄 것이다. 그 행하고 줄 수 있는 것이 큰 것이 못 되고, 거짓되고 허술하며 의심스럽고 부패한 모습을 나타내더라도 전혀 놀라운 일은 아니다. 그의 사랑은 부자연스럽고, 그의 증오는 인공적이고 기교적이며, 자그마한 허영이고 과장이다. 그가 순수한 것은 객관적일 수 있는 한에서 그렇고, 그가 '자연'이며 '자연적'일 수 있는 것은 그의 다행스러운 전체성 속에 있을 때만이다. 그의 영혼은 줄곧 스스로를 갈고닦아서 외부 세계의 사물을 비우고 있지만, 이미 긍정할 줄도 부정할 줄도 모른다. 그는 명령도 하지 않고 파괴도 하지 않는다. 그는 라이프니츠를 좇아서 "나는 거의 아무것도 경멸하지 않는다"고 말한다. 이 '거의'란 말을 못 본 체하거나 과소평가하지 마라. 그렇다고 그가 모범적 인간이라는 것도 아니다. 그는 누구를 앞서가지도 따라가지도 않는다. 그는 선과 악, 그 어느 편을 들기에는 근거를 갖지 못하고 있다. 오랫동안 철학자와 혼동되고, 문화의 제왕적인 육성자이며 권력자라고 인정을 받았지만 그로서는 지나치게 높은 명예이며, 그의 본질적인 점이 간과되었다. 그는 그저 하나의 도구일 뿐이다. 물론 가장 숭고한 부류의 것이지만 어찌 됐든 역시 노예이다. 그 자체로는 아무것도 아니다―거의 아무것도 아니다.

객관적인 정신의 인간은 어디까지나 도구이다. 값지며 부서지기 쉽고 흐려지기 쉬운 계량기요, 반사경으로서 소중히 여겨야 될 것이긴 하지만 그것은 목표가 아니며, 출구도 아니고, 올라갈 길도 아니다. 다른 존재가 자기 속에서 존재 이유를 갖게 되는 그런 보완적인 인간도 아니다. 결론도 아니다―그렇다고 발단일 수는 더더욱 없고 생식도 아니며 제일원인도 아니고 스스로 지배자가 되려는 거칠고 강력한 자기 의존도 아니다. 오히려 섬세하고 비어있고 정교하면서도 유동적인 거푸집에 지나지 않고, 먼저 무엇인가 내용이 외부로부터 주어져서 그것에 따라 자신의 모양을 주조해 내지 않으면 안 된다―요점과 내용이 없는 인간이며 '자기가 없는' 인간이기 때문이다. 따라서 덧붙여 말한다면 여자에게도 흥미를 불러일으킬 수 없는 존재이다.

208

오늘날 철학자가 "나는 회의주의자가 아니다" 단언한다면―앞서 객관 정신을 기술한 데서도 그 점을 명확히 알 수 있을 테지만―그 말을 들은 사람들은 모두 안절부절못한다. 사람들은 얼마간 꺼림칙하게 생각하며 그를 지켜보고 그에게 묻고, 정말 많은 것을 묻고자 한다. 그리고 오늘날 겁먹은 채 귀를 기울이는 수많은 사람들 사이에서는 이런 철학자는 위험하다고 이야기된다. 그가 회의주의를 물리친 것이 많은 사람들에게는 마치 멀리서부터 무슨 불길한 위험을 알리는 소리가 들려오는 듯 생각되는 것이다. 마치 어디선가 새로운 폭약 시험이라도 하는 듯이—정신의 다이너마이트, 어쩌면 새로 발견된 러시아적 허무주의, 부정을 말로 표현하고 부정을 의지(意志)할 뿐 아니라—더욱이 생각하기에도 겁이 나는!—부정을 실천하는 일종의 선의의 염세주의라는 폭약이다. 이런 종류의 '선의', 즉 생명을 실제적으로 부정하려는 의지에 대해선 오늘날 의심할 여지 없이 회의주의, 다시 말해 부드럽고 쾌적하게 잠을 재우는 회의주의라는 아편보다 더 좋은 마취제이자 진정제는 없다. 오늘날 의사들은 '유령(정신)'과 그 밑바닥의 동요에 대한 처방으로서 햄릿을 쓰고 있다. 고요를 사랑하는 회의주의자가 거의 치안경찰의 역할을 담당하고 있다. 그들은 이렇게 말한다. "우리의 귀는 이미 듣기 싫은 소음으로 터질 듯하지 않은가? 이런 지하에서 울리고 있는 부정의 소리는 끔찍스럽다! 염세주의적 두더지들이여, 제발 이젠 조용히 해다오!"

이러한 회의주의자는 허약한 인간이기 때문에 너무나도 쉽게 놀라 자빠진다. 그의 성질은 한마디 부정의 소리를 들으면, 심지어는 한마디 결연하고 단호한 긍정의 말만 들어도 지레 겁먹고 물어뜯긴 듯이 여기도록 훈련되어 있다. 그렇다!—이것은 그의 도덕과 반대된다. 그 반대로 그는 고결한 금욕을 통해 자신의 덕성을 자축하는 것을 좋아한다. 예컨대 그는 몽테뉴와 더불어 "내가 무엇을 아는가?" 묻고, 소크라테스와 더불어 "나는 내가 아무것도 모른다는 것을 알고 있다" 답하며, "나는 여기서는 자신이 없다. 여기서는 나에게 열려 있는 문이 없다." 혹은 "설사 문이 열려 있어도 지금 당장 들어가야 할 이유는 없다"고 말하는 것이다. 또는 다음과 같이 이야기한다. "너무 성급하게 어떤 가설을 세울 필요가 있겠는가? 아무런 가설을 세우지 않는 것도 좋은 취미에 속할 것이다. 구부러진 것을 당장에 똑바로 고쳐놔야 속이 시원하단 말인가? 모든 구멍은 넝마로 틀어막아야 된다는 것인가? 그런 건 다 때가 있는 것 아닌가? 시간에게 시간이 충분히 있지 않은가? 이 난폭자들이여, 그대들은 기다릴 수 없단 말인가? 확실치 않은 것도 나름의 매력이 있다. 스핑크스도 하나의 마녀 키르케였고, 마녀 키르케 또한 여자 철학자였던 것이다."

이렇게 회의론자는 자기를 위로한다. 분명히 그는 그런 위로를 필요로 한다. 즉 회의란 보통 신경쇠약이나 병약함과 같은 복잡한 생리 상태의 정신적인 표현이며, 오랫동안 분리되어 있던 인종이나 계급이 갑자기 그리고 결정적으로 뒤

섞일 경우에 생기는 것이다. 서로 다른 표준이나 가치를 피 속에 유전한 새로운 세대에서는 모든 것이 불안·착란·의혹·유혹이 되어버린다. 그들이 전해 받은 가장 좋은 힘은 서로를 방해하고, 덕성까지도 서로 성장시키지 않고 강하게 만들지 않는다. 육체에도 정신에도 평균·중점·수직의 안정이 결여되어 있다. 반면에 같은 인간에게 있어 가장 병적으로 퇴화하는 것은 의지이다. 이런 인간은 독립된 결의를 갖지 못하고, 의욕이 용감한 쾌감을 느끼지 못한다. 그들은 꿈속에서조차 '의지의 자유'를 의심한다.

현대 유럽은 계급과 종족 혼합의 시도가 터무니없이 갑작스럽게 이루어지는 무대로 변한 결과, 위아래로 죄다 회의적이다. 도덕은 때로는 심술궂은 회의가 되어 조바심을 내면서, 신기한 것을 좇아서 이 가지에서 저 가지로 날아다니며, 때로는 마치 물음표를 가득 실은 구름처럼 음침하고 의지에 대해 굉장한 권태를 느끼고 있다! 의지의 마비—오늘날 이런 불구자가 앉아 있지 않은 곳이 어디겠는가! 그리고 얼마나 모양을 내고 있는 것인가! 얼마나 유혹적으로 몸치장을 하고 있는가! 이런 병이 지닌 가장 멋스럽고 화려한 의상과 속임수의 의상이 있다. 예컨대 오늘날 '객관성'이라든가 '과학 정신'이라든가 '예술을 위한 예술' 또는 '순수한 자발적 인식' 등 진열장에 나와 있는 것의 대부분은 이러한 회의와 의지의 마비를 장식한 것에 지나지 않는다. 유럽의 병을 이렇게 진단하는 것에 대해서 나는 책임을 질 것이다. 의지의 질환은 유럽 전체에 널리 퍼져 있지만, 그 상태는 천차만별이다. 이런 병은 문화가 가장 오랫동안 존재하고 있던 곳에 가장 크고 복잡하게 나타나며, '야만인'이 아직도—아니면 다시—서구적 교양의 헐렁한 의상 밑에서 힘을 차지해 가는 정도와 비례해서 줄어들고 있다.

거기에 따라서 의지가 가장 심하게 병들어 있는 곳은 유럽 전역, 그 가운데서도 특히 현대의 프랑스이다. 프랑스는 장인다운 솜씨로 그런 정신의 숙명적인 변질을 매력적인 유혹으로 바꿔서, 오늘날 온갖 회의주의의 마술적인 학교나 진열장으로 만들었고, 전 유럽에 그 문화적 우월성을 과시하고 있다. 의욕하는 힘—한 가지 의지를 오랫동안 지니는 힘은 독일에서 좀더 강하다. 그리고 북독일이 중부 독일보다 강하다. 영국·스페인·코르시카에서는 눈에 띄게 더 강한데, 전자는 점액(粘液)과 결부되고 후자는 두개골과 결부되어 훨씬 더 강하다. 이탈리아에 대해서는 말할 필요가 없다. 이 나라는 자기가 의욕하는 바를 알기에 너무도 젊고, 또 자기가 의욕을 가질 수 있을지 어떨지를 지금부터 증명해야 한다. 그러나 이런 힘이 가장 놀라울 정도로 강한 곳은 러시아이다. 이곳은 훨씬 전부터 의욕하는 힘이 축적되어 있다. 여기서는 의지가—부정의 의지인지 긍정의 의지인지 확실하지도 않은 채—위협적으로, (오늘날 물리학자의 상투어를 빌리면) 방출될 날을 기다리고 있다. 유럽이 이 커다란 위험에서 벗어나기 위해서는 인도에 전쟁이 일어나든지 아시아에 분쟁이 생기든지 해야 할 뿐만 아니라 러시아가 내부적으로 무너지고 작은 나라로 나누어지며, 무엇보다도 의회 제도라는 어리석은 제도나, 더욱이 누구나가 아침을 먹을 때면 신문을 읽어야 한다는 의무 따위가 러시아에 도입될 필요가 있다. 나는 그러한 일이 일어나기를 바란다는 뜻에서 말하고 있는 게 아니다. 내게는 그 반대가 바람직하다. 즉 러시아의 위협이 점점 커지는 것이 바람직하다. 그렇게 되면 유럽은 그와 똑같이 위협적이 되도록 결심해야 한다. 하나의 의지를 획득하도록 결심해야 된다. 전 유럽을 지배하는 새로운 계급이라는 방법으로 오랜 세월에 걸친—수천 년을 넘어서는 목표를 정할 수 있다—무서운 고유의 의지를 얻고자 마음먹어야 된다. 그리하여 유럽의 소국 분열의 희극이나 왕정(王政)과 민주주의적인 의지 분열이 마지막 결말을 보아야 한다. 작은 정치의 시대는 이미 지나갔다. 닥쳐올 세기는 이 땅의 지배를 위한 투쟁을—거대한 정치에 대한 강요를 불러올 것이다.

209

우리 유럽인은 분명히 새로운 전투적 시대로 접어들고 있는데, 이러한 시대가 어느 정도까지 새롭고 강한 종류의 회의론을 발달시키게 될까? 여기에 대해서 나는 먼저 독일사에 정통한 사람들이 이해할 수 있을 만한 한 가지 비유로 이야기를 하고 싶다. 프리드리히 대왕의 아버지는 잘생기고 키가 큰 보병을 열광적으로 좋아한 사람이었지만, 그는 프로이센 왕으로서 독일인의 무력을 강제로 행하거나 타고난 회의적인 정신을 확립하고, 이것으로 실제로 위풍당당하게 나타나기 시작한 독일인의 형태를 만들어 냈다. 그 사람은 어두운 그림자가 있는 광적인 성격의 소유자였다. 어떤 점에 있어서는 천재가 갖는 수완과 요령을 갖고 있었다. 그는 그 무렵 독일에 무엇이 결여되어 있는지를 알고 있었고,

또 교양이나 사교 형식의 결핍보다도 백배나 우려할 만한 절실한 결함이 있던 것을 알고 있었다. 젊은 날의 프리드리히에 대한 그의 불만은 깊은 본능의 불안에서 나온 것이었다. 그때 독일에는 남자다운 남자가 부족했다. 그리고 그는 자기 아들이 충분히 남자답지 못한 게 아닐까 의심했고 안타까워했다. 그러나 그는 잘못 본 것이다. 본디 그런 지위에 있으면 잘못 보지 않을 사람이 없겠지만. 그는 자기 아들이 무신론, 재치, 프랑스인의 놀고 즐기는 경박한 경향에 빠져드는 것을 보았다. 또 그 배후에 회의론이라는 커다란 흡혈 거미가 있는 것을 보았다. 프리드리히의 심정이 구원할 수 없이 비참하게 되어 선을 행할 만큼 강하지도 않고, 악을 행할 만큼 가혹하지도 않으며, 이미 명령을 하지도 않고 할 수도 없을 정도로 의지력이 꺾인 것이 아닌가 의심했다. 그런데 그의 아들의 마음에는 사실 새로운 종류의 위험하고 강인한 회의가 자라고 있었다—누가 알았겠는가. 이 회의가 바로 아버지의 그런 증오와 고독하게 살지 않을 수 없었던 의지의 얼음장 같은 우수에 의해 단련된 것이었음을—그 회의는 대담한 남성미를 갖고 있었다. 그리고 위대한 프리드리히의 모습이 되어 처음으로 독일에 나타났다.

이러한 회의는 다른 사람을 경멸하면서도 사로잡아 자기의 것으로 만든다. 다른 사람의 지위를 약화시키고 자기 소유로 만든다. 믿지 않지만 그러면서도 자신을 잃지 않는다. 정신에게 위험한 자유를 주지만 마음을 엄격하게 유지한다. 이것이야말로 회의의 독일적인 형식이었고, 그것이 결국에는 정신적인 속성까지 드높여 프리드리히주의가 되었으며, 유럽을 오랫동안 독일 정신과 그 비판적 역사적 불신의 지배 아래 두었던 것이다. 독일의 위대한 문헌학자나 역사 비평가는 불굴의 강인한 남성적 성격을 가졌고, 그 사람들은 올바르게 보면 모두가 파괴와 해체의 명수였지만, 그들의 힘으로 음악과 철학에는 낭만주의가 일어났음에도 점차 독일 정신의 새로운 개념이 확립되었다. 그 속에는 남성적인 회의에 대한 경향이 확실하게 나타나 있었다. 이러한 독일 정신은 보는 눈에 겁이 없고, 해부하는 손에 과감함과 견고함이 깃들어 있다. 위험이 많은 발굴 여행을 하려 들며, 황량하고 위태로운 하늘 밑에서 정신적인 북극 정복을 시도하려는 집요한 의지를 갖고 있다. 미적지근한 피를 지닌 천박한 인도주의자들이 이런 정신을 보고 성호를 그으며, 악마를 쫓으려고 드는 것도 무리가 아니었다.

예컨대 미슐레는 두려워 몸을 떨면서 그것은 '숙명적이며 풍자적인 메피스토펠레스적 정신'이라고 불렀다. 이런 독일적 정신은 유럽을 '독단론의 잠'에서 깨워 놓은 것이지만, 그 속에 깃든 남성미에 대해서 '세상 사람들'이 얼마나 겁을 냈는지 상상해 보자. 그러기 위해서는 이런 새로운 관념에 의해 극복된 그 이전의 관념을 떠올려 보는 것이 좋다. 남성화된 한 여자[1]가 무례하게도 독일인을 온화하고 착하며 의지가 약하고 어리석은 시민으로서 유럽인의 동정을 받게 해보려고 한 것도 그리 옛일이 아니지 않은가? 그리고 마지막으로 우리는 괴테를 보았을 때 나폴레옹의 놀라움을 잘 이해해야 될 것이다. 나폴레옹은 여러 세기 동안 '독일 정신'이 어떻게 생각되고 있었던가를 폭로한 것이다. "여기에 한 사나이가 있다!"—바꿔 말하면 이런 뜻이다. "나는 한 사람의 독일인이 나타날 것으로 생각하고 있었는데, 그는 단지 독일인일 뿐 아니라 제대로 된 사나이가 아닌가!"

210

지금까지는 미래의 철학자 모습 가운데 한 가지 특징을 들어, 철학자란 그런 의미에서 회의론자여야 한다는 것을 말했다. 그러나 그것만으로는 아직 미래의 철학자가 지녀야 할 속성의 일부를 나타낸 것일 뿐이며, 그들 자체를 논하지는 못했다. 그들은 회의론자인 동시에 비평가로 불릴 수도 있다. 그리고 확실히 실험의 인간일 수도 있다. 그들을 그렇게 부르는 것은 내가 시험 및 시련의 흥미를 아주 강조하기 때문이다. 즉 그들은 육체와 영혼에 대한 비평가이며, 이제까지보다는 광범위하고 보다 위험한 새로운 의미의 실험을 해보기를 좋아하기 때문이다. 또 그들은 인식에 대한 정열을 가지고 있으므로, 과감하게 고통에 찬 시련을 거쳐 민주주의적 세기의 유약한 취미가 인정하는 것보다는 앞으로 더 나가지 않으면 안 되기 때문이다. 어쨌든 이들 미래의 철학자에게서는 적어도 비평가를 회의론자와 구별하는 진지하고도 저주를 모르는 성질을 빼놓을 수가 없다. 바로 가치 표준의 확실, 통일적 방법의 의식적 행사, 신중한 용기, 독립성, 책임감 등이다.

　실제로 그들은 부정하고 해부하기를 좋아한다고 공언한다. 그것으로 심장이

---

1) 〈독일론〉(1810)을 쓴 스탈 부인(Mme de Staël, 1766~1817)을 말한다.

피를 쏟아내는 일이 있다 해도 메스를 확실하고도 교묘하게 다룬다. 그들은 인정 있는 인간이 바라는 것보다 더(어쩌면 자신에 대해서뿐만 아니라) 가혹하다. 그들은 자신을 '기쁘게' 또는 '고양시키'거나 '북돋우기' 위해 진리를 다루는 것이 아니다. 오히려 진리가 바로 그러한 감정적인 쾌감을 가져다주리라고 믿지 않는 편이다. 이러한 준엄한 정신의 소유자는 누군가 "사상은 나를 고양시킨다. 그렇다면 어째서 그것이 진리가 아니겠는가?"라든가, "이 작품은 나를 기쁘게 한다. 어째서 그것이 아름답지 않을 리 있는가?"라든가, 나아가서는 "저 예술가는 나를 위대하게 한다. 어째서 그가 위대하지 않을 수 있는가?" 등의 말을 하면 미소를 짓는다. 그들은 단지 미소를 지을 뿐만 아니라 이러한 모든 몽상적이고 여성적인, 자웅동체적인 것에 대해 진정한 구토를 느끼고 있다. 그들의 마음 깊은 데까지 찾아 들어갈 수 있는 자가 있다 하더라도, 거기서 '그리스도교적 감정'을 '고대의 취미'와 조화시키고, 나아가서 '현대의 의회 제도'에까지 타협시키려는 듯한 의도를 찾아볼 수는 없다(현대와 같은 불안정한, 그러므로 매우 타협적인 세기에서는 이러한 타협은 철학자들 사이에도 나타나고 있다).

이들 미래의 철학자는 비판적 훈련과 지적인 문제에 대해, 순결과 엄격에 이르게 하는 습관을 그저 자기 자신에게만 요구하는 것이 아니라 다른 사람들에게서도 기대한다. 설령 그들이 겉으로 드러나는 일이 있더라도 그것은 하나의 장식에 불과하며, 그렇다고 해서 비평가라 불리기를 바라지는 않는다. "철학 자체가 비판이며, 비판적 학문이다—그 밖에 아무것도 아니다!" 이런 선언이 오늘날 있곤 하는데, 미래의 철학자는 이 말을 철학에 가해진 적지 않은 모욕이라고 생각한다. 철학을 그렇게 평가하는 것은 프랑스나 독일의 모든 실증주의자의 갈채를 받을 것이다. (그리고 그것이 칸트에게는 마음에 들기도 할 것이다. 그의 주요 저서의 제목을 생각해 보라.) 그러나 우리의 새로운 철학자들은 말한다. 비평가는 철학자의 도구이며, 그런 까닭에 도구가 곧 철학자 자체는 결코 될 수가 없다고! 쾨니히스베르크의 위대한 중국인[2]도 결국은 그저 한 사람의 위대한 비평가였을 뿐이다.

---

2) 니체는 칸트철학이 중국 철학, 특히 그중에서도 유교와 관련이 있다고 보았고, 또 칸트가 쾨니히스베르크에서 나고 자라 평생 그 100마일 바깥을 벗어나지 않은 채 살았기 때문에, 칸트를 지칭하기 위해 이러한 표현을 썼다.

나는 철학적 노동자를, 일반적으로 말해서 학구적인 인간을 철학자와 혼동하지 말아주기를 고집한다—여기서야말로 엄격하게 '각자에게 제자리'를 갖게 하도록 했으면 싶다. 즉 학구적 인간한테 너무 많은 것을, 철학자한테 너무 적은 것을 주지 말기를 바란다. 진정한 철학자라 할지라도 거기까지 교육되기 위해서는 반드시 그의 하인인 철학 전문의 노동자가 머무르고, 또 머무르지 않을 수 없던 온갖 단계에 한 번은 머물렀어야 한다. 그 자신도 아마 비평가이고 회의론자이며, 독단주의자이고 역사가이며, 나아가서는 시인이자 수집가이고, 여행자, 수수께끼를 푸는 자, 도덕주의자, 앞날을 내다보는 자이고 '자유 정신'이며, 그 밖에도 모든 부류의 인간이어야 했을 것이다. 그리하여 비로소 그는 온갖 인간적인 가치와 가치 감정의 영역을 가로지르고, 온갖 눈초리와 양심을 갖고서 높고 멀리, 밑에서 위로, 구석에서 밖으로 바라다볼 수 있을 것이다. 그러나 이 모든 것은 그의 임무에 대한 준비일 뿐이다. 임무 자체는 어떤 일—즉 가치의 창조를 요구한다.

칸트나 헤겔의 고귀한 본보기를 따르는 철학적 노동자의 소임은, 이미 결정돼 버린 가치 평가를 더욱 확정하고 공식화하는 일이며, 그런 가치 평가는 과거의 가치 결정, 가치 창조이며, 그것이 지배적이 되고 잠시 동안은 '진리'라고 불리는 것이다. 그런 공식화는 논리 영역에서도, 정치(도덕) 영역에서도, 예술 영역에서도 행해진다. 이러한 학자들의 임무는 지금까지 생각되고 평가된 것을 개관할 수 있도록, 비교할 수 있도록, 알기 쉽도록, 처리하기 쉽도록 정리하는 것이다. 이것은 확실히 엄청나고 아주 멋진 일이며, 이런 일에 몸담아서 강인한 의지와 긍지를 갖는 인간이 만족을 얻을 수도 있다. 그러나 진정한 철학자는 명령자이며 입법자이다. 그들은 "이래야 될 것이다!" 말한다. 그들이 먼저 인간의 '어디로?'와 '무엇 때문에?'를 결정한다. 그러기 위해서 그들은 철학적 노동자나 과거의 정치가가 해놓은 준비 공작을 이용한다—그들은 창조적인 손을 갖고 미래를 움켜쥔다. 존재하는 것, 존재했던 모든 것은 그들의 수단이 되고 도구가 되며 망치가 된다. 그들의 '인식'은 창조이고, 그들의 창조는 입법이며, 그들의 진리에의 의지는—권력에의 의지이다. 오늘날 이러한 철학자가 있을까? 과거에 그런 철학자가 있었던가? 이러한 철학자는 있어야만 하는 것이 아닐까?

나는 자꾸 이런 생각이 든다. 철학자는 필연적으로 내일과 모레의 인간으로서, 언제나 오늘에 반발하지 않을 수 없다. 오늘의 이상이 늘 그의 적이었다. 이제까지 그런 모든 평범함을 뛰어넘은 인류의 육성자는 철학자로 불리었지만, 스스로는 지혜의 친구라고 생각하지 않았다. 오히려 불쾌한 바보, 그리고 위험한 물음표를 가지고 있다고 느꼈다. 그들은 그런 가혹한 사명을 스스로 바라지 않았지만 어쩔 수 없이 부여받았고, 그 사명의 위대성을 그와 동시대 양심의 가책자여야 하는 일에서 찾아냈다. 그들은 같은 시대의 인간이 미덕이라고 본 것의 가슴에 칼을 댔지만, 그렇게 함으로써 자신의 비밀이 무엇인지를 보여주었던 것이다. 즉 그것은 인간의 새로운 위대함을 아는 일이며, 인간을 위대하게 만들 수 있는 미지의 길을 탐구하는 일이었다. 그때마다 그들은 발전을 했다. 동시대 도덕의 찬미를 받고 있는 유형 아래서 얼마나 많은 위선, 안이함, 자기 타락의 기만이 숨어 있는가를 발견했다. 얼마나 많은 도덕이 이미 시대에서 낙오된 채 살아 있는가를 발견했다.

그들은 언제나 "우리는 오늘날 그대들이 가장 살기 어려운 곳으로 가야 한다"고 말했다. '근대 이념'은 모든 인간을 한구석으로—전문적인 것에만 가두어 두려 하지만, 만일 오늘날 진정한 철학자가 있다면 그 사람은 이런 관념에 지배된 세계에 맞닥뜨렸을 때 인간의 위대함과 '위대'라는 관념을 아무리 해도 광범성과 다양성—인간의 많은 점에서의 통일—속에서 보지 않을 수 없다. 이런 사람은 인간의 가치와 순위를 정하는 데 있어 한 인간이 얼마나 많고 다양한 것을 간직하고 자기 것으로서 받아들일 수 있을지, 어느 범위까지 자기 책임을 확장할 수 있을지를 표준으로 삼을 것이다. 오늘날에는 시대의 취미와 도덕이 인간의 의지를 약화시키고 희박하게 한다. 오늘날 의지박약처럼 시대적인 것은 없다.

그러므로 철학자의 이상으로서는 의지의 강함과 준엄함, 오랫동안에 걸쳐 자기 결의를 행할 수 있는 능력이 '위대함'이라는 개념 속에 포함되어야 한다. 현대에 있어 이런 이상이 이야기되는 것은 다른 시대에 다른 이상이 이야기되는 것과 마찬가지로 정당하다. 예컨대 16세기에는 인간의 의지를 막아놓았기 때문에 이기주의의 홍수와 거친 급류에 고민했던 것이지만, 이러한 현대와 반대

되는 시대에는 현대와는 반대의 교리—즉 온화한 체념과 겸손과 이타적인 인
간성이 강조되었던 것이다. 소크라테스의 시대에는 모두가 피로한 본능을 가진
인간들뿐이어서 보수적인 옛 아테네인들은 아무렇게나 타락 속에서 살았다. 그
들은 '행복을 위해서'라고 말을 하고는 있었지만, 사실 그것은 쾌락을 위한 것이
었다. 그리고 생활에서 완전히 그 권리를 잃어버린 옛날의 찬연한 말들을 입에
담고 있었다. 이러한 인간들 사이에서는 아마도 아이러니가 영혼의 위대한 속
성이었을 것이다. 예컨대 소크라테스는 늙은 의사 또는 천민이 가진 것과 같이
목표를 벗어나지 않는 악의를 가지고 자기 살을 베어서 '귀족들'의 살과 마음속
으로 파고들었지만, 그런 때에도 그의 눈초리는 분명히 "내 앞에서는 허식을 버
려라! 여기에서는—우리는 평등하다!" 말하고 있었던 것이다.

이와는 반대로 현대 유럽에서는 짐승의 무리만이 명예를 얻고 도덕을 분배
하며 '권리의 평등'이 너무나도 쉽사리 변해서 '권리 없는 평등'이 될 수 있는 까
닭에—모든 희귀한 것, 비범한 것, 특권적인 것, 보다 높은 것, 보다 높은 영혼
과 의무와 책임, 창조적인 힘의 충일과 주권을 획득하기 위해서 나는 이렇게 말
하고 싶다—오늘날 고귀하다는 것, 자기를 위해 존재하려는 일, 다른 방식으로
살 수 있다는 것, 고립, 자기 주먹으로 살아가는 것 등이 '위대'하다는 개념에
속한다. 철학자는 다음과 같이 내세운다. 그리고 우리는 그의 이상의 일부분을
그 속에서 엿볼 수가 있다. "가장 위대한 인간은 가장 고독하고 가장 깊이 숨은
자, 가장 깊이 격리된 자이다. 선악을 넘어서 자신의 여러 가지 덕성을 지배하는
자이며, 넘쳐흐르는 의지를 주재하는 자이다. 다양하면서 모든 것이고, 넓고 그
득한 것이야말로 진정으로 위대한 것이다." 그리고 다시 한번 묻겠다—오늘날,
위대함은 존재 가능한 것일까?

213

철학자가 무엇이냐 하는 것은 가르칠 수 없는 것이기 때문에 배워서 알기는
곤란하다. 사람은 철학자가 무엇인가를 경험으로 알 수밖에 없다—모른다 해
도 부끄러워할 필요는 없다. 그런데 오늘날 세상 사람들이 어떠한 경험을 통해
서도 알 수 없는 사실에 대해 이야기를 하는 것은, 철학적 문제에 대해서 가장
심하고 유감스러운 일이다. 그러한 사물에 대해서는 몇몇 사람만이 알고, 또 아

는 것이 허용된다. 그리고 그러한 사물에 대한 모든 통속적 의견은 그릇된 것이다. 예컨대 아주 빠르게 달려가는 대담무쌍한 정신성과 한 번의 잘못도 소홀히 하지 않는 변증법의 엄격성과 필연성은, 진정한 철학적 의미에서는 공존할 수 있는 것이지만, 대부분의 사상가나 학자는 그들의 경험으로는 알 수 없는 것이다. 만일 누가 이 둘이 병립할 수 있다고 말해도 그들은 믿지 않는다. 그들은 모든 필연성을 어렵고 고통스러운 강제적인 복종이라 생각하고 있다. 이에 반해서 그들은 생각 자체가 느리고 망설이는 것, 거의 귀찮은 일, '고귀한 인간이 땀을 흘릴 만한 가치에 해당하는 것'으로서, 결코 경쾌하고 거룩하며 춤이나 활기와 유사한 것이라고는 여기지 않는다. 그들은 '생각한다'는 것을 '진지하게 받아들인다', '어렵게 받아들인다'는 것과 같은 일이라 생각하고 있다. 그것으로 비로소 '체험'했다는 기분이 되는 것이다—이런 경우 예술가는 분명히 보다 예민한 후각을 갖고 있다. 그들은 모든 것을 자기 의지가 아니라 필연적으로 행할 때, 바로 그런 때야말로 그들의 자유, 섬세함, 힘, 창조적 배치나 정리, 형성의 감정이 절정에 달한다는 점을 잘 알고 있다. 즉 예술가는 필연성과 '의지의 자유'가 그 경우에 하나라는 것을 잘 알고 있다.

결국 영혼의 상태에는 차례가 있으며, 그 하나하나에 들어맞는 문제의 순서가 있다. 최고의 문제는 그것에 다가가려는 자가 자기 정신의 높이와 힘으로 그것을 해결할 만한 준비가 되어 있지 않을 때는 그 사람을 사정없이 밀어 던지고 배척한다. 오늘날 자주 보듯이, 약기만 하고 보잘것없는 정신의 소유자 아니면, 고지식하고 재치 없는 기계론자(機械論者)나 경험주의자가 그들 천민의 공명심을 내걸고 그런 최고의 문제에 접근해서—그런 금지 구역으로 밀고 들어가려 한다 해도 그것이 무슨 소용이겠는가! 그런 양탄자를 흙발로 밟는 행위는 용서되지 않는다. 사물의 근본 법칙이 그렇게 되어 있는 것이다. 설령 그런 침입자가 출입문을 두드리거나 심지어 머리로 쾅쾅 부딪쳐댄다고 해도, 문은 여전히 굳게 닫혀 있을 것이다! 인간은 높은 세상을 위해서는 타고난 기품이 있어야 한다. 인간은 높은 세계를 위해서 길러져야 한다. 철학에 대한 권리—그 말의 높은 의미에 있어서—를 갖는 것은 유전의 혜택을 받은 사람뿐이다. 여기서도 조상과 '혈통'이 결정한다. 여러 세대가 철학자의 출생을 위해서 준비를 하고 있어야 한다. 그의 덕성 가운데 하나하나가 획득되고 양육되며, 유전되고 구체화되어야 한다. 그의 사상은 대담하고 경쾌하며 섬세한 흐름을 갖는다. 그는 위대한 책임, 통치자로서의 웅대한 시선으로 아래를 내려다볼 준비가 되어 있다. 그리고 군중과 그들의 의무와 도덕에서 자기가 격리되어 있는 것을 느끼고 있다. 신이건, 악마건 오해받고 비난받는 자를 마음속으로 보호하고 변호한다. 크나큰 정의를 기뻐하고 그것을 행한다. 명령의 기술을 안다. 의지는 폭넓고 눈은 천천히 드물게만 찬미하거나 우러러보거나 사랑을 한다.

제7장 우리의 미덕

214

우리의 미덕?―우리가 아직도 미덕을 가지고 있다는 것은 있을 수 있는 일이다. 그러나 우리가 그것으로 해서 선조를 존경하고, 동시에 약간은 거리를 두게 되는, 그 성실하고도 묵직한 덕을 말하는 것은 아니다. 우리는 모레의 유럽인이며 20세기의 첫아이이다. 우리는 위험한 호기심을 가지고 복잡성과 변장술을 익히며, 이것이 무르익어 겉보기에 달콤한 잔인성을 정신에도 감각에도 깃들이고 있다―만약 이러한 미덕을 우리가 갖는다면, 그것은 결국 우리의 가장 깊고도 절실한 경향과 열망에 가장 일치하는 것들뿐이리라. 좋다. 우리는 미로에서 그 미덕을 찾아보자! 이 미로에서는 수많은 사람들이 길을 잃고, 그 발자취를 감추는 사람도 적지 않다는 것을 우리는 알고 있다. 하지만 자기의 미덕을 탐구하는 것보다 더 좋은 일이 있을까? 그리고 그것이야말로 자기 미덕을 믿는다는 말과 거의 같은 말이 아니겠는가? 또 이 '자기 미덕을 믿는다'는 바탕에 있어서 일찍이 사람들은 좋은 양심이라 일컫지 않았던가? 바로 그것은 우리 할아버지들의 머리 뒤에, 때로는 그들의 오성 뒤에 매달려 있던 저 위엄 있는 긴 개념의 댕기 머리[1]인 것이다. 그리고 우리는 아무리 다른 점에서는 할아버지들처럼 존경받을 가치가 없고 고풍스럽지 못하다고 스스로 인정한다 하더라도, 한 가지 점에서는 그래도 자격 있는 할아버지들의 자손이다. 우리는 선량한 양심을 가진 마지막 유럽인이다. 우리도 그들의 댕기 머리를 늘어뜨리고 있다―아아! 그대들이 머지않아 곧 이것도 변해 가리라는 점을 알아준다면.

---

[1] 여기서 댕기 머리라고 옮긴 Zopf(땋은 머리)라는 표현은 18세기 말에 자유주의자들이 뒤처진 구사상이나 견해를 가리킬 때 썼던 표현이다.

215

별의 세계에는 가끔 두 개의 태양이 있어, 그것이 한 행성의 궤도를 규정한다. 또 어떤 경우에는 색이 다른 몇 개의 태양이 때로는 빨간빛으로, 때로는 초록빛으로 한 유성을 비추고, 또 때로는 동시에 비춰서 다채로운 색채를 띠게 한다—이처럼 우리 현대인은 우리 별의 복잡한 구조에 의해, 여러 도덕에 규정되어 있다. 우리 행위는 차례차례 여러 색채를 받고 빛난다. 그 의미가 오직 하나인 경우는 드물며, 우리가 다채로운 행위를 하는 경우는 얼마든지 있다.

216

네 원수를 사랑하라? 이것은 다들 잘 익히고 있는 것 같다. 이것은 오늘날 크든 작든 수천 가지 양상을 띠고 이루어지고 있다. 이보다 오히려 더 숭고한 일까지도 행해지는 수가 있다. 우리는 사랑을 할 때, 심지어 가장 사랑할 때 경멸하는 법을 배운다. 그러나 이것은 의식하지 못한 채, 요란스럽지도 않게, 허식도 없이 행해진다. 또 착한 마음의 부끄러움과 감춤으로 행해진다. 그런 까닭에 거창한 말이나 도덕의 형식은 금지되어 있다. 태도로서의 도덕은 오늘날 우리의 취미에 거슬린다. 이것도 하나의 진보인 것이다. 우리 선조가 태도로서의 종교에 반발한 것이 하나의 진보였듯이, 종교에 대한 볼테르풍의 적의와 신랄함, 또 그 옛날 자유사상가의 과장 많은 요설(饒舌)도 진보이기는 했다. 우리의 양심과 정신 속에는 모든 청교도의 통성기도나 도덕의 설교, 속물근성은 도저히 화음이나 박자를 맞출 수가 없는 음악과 춤이 깃들어 있는 것이다.

217

도덕적인 분별심에 대해 섬세한 소질을 타고났다고 여겨지기를 바라는 사람이 있다. 그런 사람들을 경계하자. 그들은 우리 앞에서(또는 우리에 대해서) 한 번이라도 자기가 잘못을 하면 우리를 용서하지 않는다. 그런 사람들은 그 뒤로도 '친구'이긴 하지만 본능적으로 우리를 비방하고 방해하기를 그치지 않는다—잘 잊어버리는 자는 복이 있나니, 그들은 우리의 어리석은 행동도 잊어버리기 때문이다.

프랑스의 심리학자들은—오늘날 프랑스 말고 또 어디에 심리학자가 있을까마는—부르주아의 어리석음을 여러 각도에서 신랄하게 쑤셔놓았지만 이 쾌락을 아직 다 맛본 건 아니다. 그건 그런 대로—아직 모자란다는 건 벌써 무언가가 숨겨진 게 있음을 암시한다.

이를테면 루앙의 선량한 시민 플로베르가 보고 듣고 맛본 것도 결과에 있어서는 이 숨겨진 무언가였다. 요컨대 이 탐구는 어떤 자기 학대이며, 세련된 잔인함이라고도 할 만한 것이었다. 이제 심심풀이로 나는 색다른 심리 해부를 소개해 보려고 한다. 선량하고 무뚝뚝한 평범한 사람들은 보다 높은 차원의 정신을 지닌 사람들과 사명에 대해서 무의식중에 어떤 간사한 태도를 취한다. 그것은 교묘하게 그물을 씌우는 예수회적인 간계로서, 정교한 점에서는 부르주아 계급의 인간 따위는 아무리 머리를 써도 미치지 못한다. 참으로 그 희생이 되는 사람의 지혜까지도 훨씬 넘어설 정도이다. 이것도 '본능'이 지금까지 발견된 모든 종류의 지성 가운데 가장 지적이라는 또 하나의 증거가 되는 것이다. 간단히 말하자. 그대 심리학자들이여, '예외'와 싸우는 '규칙적' 인간의 철학을 연구하라. 그래서 거기에 심리의 연극을 벌이고, 무대를 신들과 신들의 악의에 어울리게 꾸며라. 좀더 분명하게 말해서 '선량한 사람들', '선의의 사람들'을 해부해서 그것으로 자신을 해부해 보라!

219

도덕적으로 판단하고 판결하는 일은 옹졸한 정신의 사람이 옹졸하지 않은 정신의 사람에게 즐겨 하는 복수이다. 또한 자기가 옹졸하게 태어났다는 데 대한 어떤 손해배상이다. 또한 그것으로 기지를 얻어 민감해져 보려는 하나의 기회이기도 하다—악의란 그것을 가진 사람을 지적으로 만들기 때문에, 정신적인 재산이나 특권을 타고난 사람에 대해서도 자기들과 마찬가지의 척도가 있다는 것을 그들은 기쁘게 생각한다. 그들은 "신 앞에서는 모든 사람이 평등하다"는 원칙을 위해 싸우며, 오직 이 목적을 위해서만 신에 대한 믿음을 필요로 할 정도이다. 그들에게는 무신론에 대한 최강의 적이 있다. 만약 그들이 "숭고한 정신성은 단지 도덕적이기만 한 인간의 정직함과 존경할 만한 성품과는 비교가 안 된다"는 말을 들었다면 화를 낼 것이다. 나도 조심해서 그런 말은 안 하겠다. 차라리 다음과 같은 명제를 내놓고 그들의 환심이나 사보자. 즉 숭고한 정신성은 도덕적 성질의 마지막 산물로서만 성립된다고. 이 숭고한 정신성은 '단지 도덕적이기만 한' 인간에게 해당되는 여러 조건의 종합이며, 이러한 조건은 오랜 육성과 훈련 끝에야, 어쩌면 몇 대가 지나서야 얻어질 수 있는 것이다. 또한 숭고한 정신성이란 바로 자애로운 엄격함이 정신화된 것이며, 그것으로 인해 세계에서의 순위라는 질서를 유지할 임무가 있음을 깨닫고 있는 것이다. 이 순위는 단지 인간들 사이에서만 있는 게 아니라 사물에도 해당된다.

220

오늘날 '사심 없는 사람'이 세상에서 칭찬을 받게 된 상황에서, 우리는—얼마쯤 위험이 뒤따르더라도—대중이 참으로 관심을 갖는 것은 무엇인지, 또 일반인이 깊이 고려하고 있는 것은 무엇인지를 밝혀내지 않으면 안 되겠다. 다만 여기에서 일반인이란 교양인, 학자, 또 우리의 오해가 아니라면 철학자까지도 포함된 말이다. 그러면 다음과 같은 사실이 나온다. 섬세하고 풍부한 감각을 가진 사람들이나, 고차원적 성격의 사람들에게 흥미로운 대부분의 것은, 일반인에게는 전혀 흥미가 없는 것이라고 생각한다. 그리고 만일 일반인이 그런 일에 몰두하고 있는 사람을 보면, 그는 그 몰두를 '이해관계를 떠나 있다' 부르며, 그러한 '사심 없는' 행동을 어쩌면 잘도 한다고 이상하게 여긴다. 이러한 대중의 찬양심을 유혹적이고 신비로운 이름으로 부른 철학자도 있었다—아마도 그들이 고차적 성격을 경험으로 알고 있지 못했기 때문일까?—그래서 '사심 없는' 행위란 조건에 따라서는 매우 흥미 있고 관심 있는 행위라는 적나라한 진리를 내보일 줄을 몰랐다.

"그러면 사랑은 어떤가?"라는 반문이 있을지 모른다—무슨 소리! 도대체 사랑에서 나온 행위가 '비이기적'이기라도 하단 말인가? 그대 바보들이여! "자기를 희생한 자에게 쏟아지는 찬양은 어떤가?" 되묻는 사람도 있을지 모른다. 그러나 진실로 희생한 자는 알고 있다—그가 그것에 대해 무엇을 (어쩌면 자기 자신의 무언가에 대해 자기 자신의 무언가를) 바랐고 또 얻었는가를. 또 알고 있다—그가 여기서 무언가를 버린 것은 저기서 그 이상(以上)을 얻기 위해서이고, 보통은 그냥 그 이상이기 위해서이거나 또는 자기가 '그 이상'이라고 느끼기 위해서라는 것을. 그렇지만 이곳은 까탈스러운 정신은 머무르기를 꺼리는 문답의 영역이다. 여기서 대답을 하려면 진리도 하품을 참지 않으면 안 된다. 말하자면 진리는 여자와도 같다. 힘으로 좌우할 수는 없는 것이다.

221

도덕주의자나 사소한 것에 집착하는 자들은 이렇게 말한다. "나는 사심 없는 사람을 존경한다. 그러나 그것은 그 사람이 사심이 없어서가 아니라, 오히려 그가 자신을 버려서 다른 사람을 위해 어떤 일을 할 권리를 갖고 있는 듯이 보이기 때문이다." 그런 건 아무래도 좋다. 중요한 문제는 그는 어떤 사람이며 다른 사람은 어떤 사람인가 하는 것이다. 내 생각이지만, 명령을 하도록 정해지고 만들어진 인간에게는 자기 부정이나 소심한 겸손은 덕이 아니고 오히려 덕을 낭비하는 것이다. 자신을 무조건 드러내서 누구에게나 주려는 비이기적인 도덕은 단지 취향에 죄를 짓는 것일 뿐만 아니라 태만죄를 부추기는 것이며, 박애란 가면을 뒤집어쓴 또 다른 형태의 유혹이다. 그것이 바로 더 높고 비범하며 선택받은 인간을 유혹하고 손상시키는 일이다. 사람은 무엇보다 먼저 도덕을 강요해서 새로운 인간의 위계질서 아래 굴복시켜야만 한다. 도덕의 독선적 행위를 바로잡아서 본심으로 돌아가게 해야만 한다. 그리하여 "한 사람에게 올바른 것은 다른 사람에게도 올바르다"는 것이 부도덕이라는 사실을 인식시키지 않으면 안 된다. 그러니 도덕주의자이며 순박한 인간들이여, 그가 그런 말을 해서 도덕적 교훈을 윤리로 변화시키려고 했을 때 사람들에게 비웃음을 당하는 것이 과연 마땅한 일이었을까? 그러나 비웃은 자를 자기편으로 만들려고 할 때 사람은 지나치게 옳기만 해서는 안 된다. 한 알갱이의 부정이 있는 것도 좋은 취향의 일부이다.

222

오늘날 동정을 설교하고 있는 곳에서—그리고 제대로 들어 보면, 그 외에 다른 어떤 종교도 설교되고 있지 않음을 알게 될 텐데—심리학자는 귀를 잘 기울이지 않으면 안 된다. 이러한 설교자에게서는 (또 모든 설교자에게서도) 그들

특유의 허식과 수다 사이로 목쉬고 신음하는 듯한 자기 모욕의 소리가 들린다. 이것은 바야흐로 한 세기 동안 고조되어 온 유럽의 음울함과 추악함의—원인은 아니라 해도!—한 징조이다(그 최초의 징후는 이미 데피네 부인에게 보낸 갈리아니의 명상적인 편지 속에 기록되어 있다). '근대사상'의 인간, 이 거만한 원숭이는 무한히 자기에게 불만을 품는다. 여기에는 의심할 여지가 없다. 그는 고민하고 괴로워한다. 그래서 그의 허영심은 '함께 괴로워하기—동정하기'만 바라고 있다.

223

혼종된 유럽인에게는—상당히 추악한 천민들이다—대개 의상이 절실히 필요하다. 그들에게 필요한 의상 보관실은 역사이다. 물론 어느 옷을 몸에 걸쳐봐도 맞지 않으므로 자꾸만 갈아입는다. 19세기가 별별 양식의 가장무도회를 얼마나 빨리빨리 바꿔가면서 애호했으며, 그런데도 그중에 "맞는 옷이 하나도 없다"는 사실에 얼마나 절망했을지를 한번 생각해 보라. 낭만주의, 고전주의, 기독교식, 피렌체풍, 바로크풍, '민족주의', 그 어떤 양식으로 분장을 해 봐도 다 틀렸고, 여전히 양식에서나 기교에서나 "맵시가 안 난다!" 그러나 '정신'은, 특히 '역사적 정신'은 이런 절망 중에서도 자기에게 유리한 것을 취하고 있다. 언제나 되풀이해서 과거나 외국의 새로운 부분을 시도하고, 입어보고, 벗어놓고, 꾸려두고, 그리고 무엇보다 연구하는 것이다. 우리의 현대만큼 그런 의미의 '의상'을 세세히 연구한 시대는 없었다. 다시 말해, 도덕, 신앙 교리, 예술 취향, 종교에 대해서 세밀한 연구가 진행되고 있다. 바야흐로 어느 시대에도 없었을 만한 대대적인 카니발을 열 준비가 되어 있다. 그렇지만 이것은 정신적인 헛소동이자 어리석음이며, 오만이고, 아리스토파네스적인 세계 조롱이라는 어리석음의 절정이라 할 수밖에 없다. 어쩌면 우리는 여기에서야말로 창조의 영역을, 세계사의 풍자가로서 또는 신의 어릿광대로서 독창적일 수 있는 영역을 발견할 수 있을지도 모른다—오늘날의 어떤 것에도 미래가 없다고들 하지만, 어쩌면 우리의 웃음만은 아직도 미래를 가지고 있는지도 모른다.

224

역사적 감각(그것은 한 국민, 한 사회, 한 개인이 따르며 살아온 가치 평가의 위계를 재빨리 꿰뚫어 보는 능력을 말한다. 그리고 이런 여러 가치 평가의 상호 관계에 대해서, 그리고 가치의 권위와 현실적으로 작용하는 힘의 권위 사이의 관계에 대해서 '예언자적인 본능'을 갖는 것이다)—이 역사적 감각은 유럽인이 특기로 자랑하는 것이지만, 실은 계급과 민족이 민주주의적으로 섞이면서 유럽이 빠지게 된 매혹적인 광란의 반(半)야만성에 수반되어 태어난 것이다—19세기만이 그런 감각을 알고 그것을 육감(六感)이라고 했다. 그런 혼합 덕택에 갖가지 삶의 형태나 방식이, 그리고 옛날에는 서로 가까이 있고 겹쳐 있던 여러 문화가 우리 '근대인의 영혼' 속으로 흘러든다. 이제 우리 본능은 온갖 방향의 과거로 거슬러 올라간다. 그리하여 우리 자신이 어떤 혼돈 상태이다. 결국 앞서도 말한 바와 같이 이런 와중에 '정신'만이 자기에게 유리한 것들을 알아차린다.

우리 육체와 욕망의 반야만성을 통해 우리는 고귀한 시대에는 갖지 못했을, 어느 방향으로도 나갈 수 있는 비밀 통로를 갖게 되었다. 특히 미완성 문화의 미로와 과거에만 지상에 존재했던 온갖 반야만성으로 갈 수 있는 길을 갖고 있다. 더구나 이제까지 인류 문화의 대부분은 반야만이었기 때문에 '역사적 감각'이란 거의 모든 것에 대한 감각과 본능과 거의 모든 것에 대한 미각을 의미한다. 이 한 가지만으로도 이 '역사적 감각'은 비천한 감각이라는 것이 입증된다. 이를테면 우리는 호메로스를 다시 받아들이고 있다. 호메로스를 맛볼 수 있다는 것은 아마도 현대인의 가장 복된 특권일 것이다. 그런데 고귀한 문화의 인간은 (예컨대 호메로스 정신의 공허를 비난한 생테브르몽과 같은 17세기의 프랑스인이나 그 후예인 볼테르조차도) 호메로스를 쉽사리 자기 것으로 만들지 못했고, 하물며 즐길 수도 없었는데, 우리가 그를 음미하며 즐긴다는 것은 가장 행복한 특권이리라. 그들은 식욕에 있어 분명한 긍정과 부정을 갖고 있었다. 게워낼 것은 당장에 구토를 일으켰다. 모든 이질적인 것에 대해서는 주저하고 신중했다. 취미가 천한 것에 대해서는 그것이 가장 심한 호기심의 대상이라 할지라도 혐오했다. 일반적으로 스스로 만족하고 있는 문화는 새로운 욕심을 드러내지 않고 자기가 가진 것에 대해 불만을 드러내는 일 없이 다른 것을 찬미하지 않는다—이 모든 이유로써 그들은 자기 소유도 아니고 자기 소득이 될 수 없는 것에 대해서는 지상의 가장 아름다운 것이라 할지라도 좋아하는 기분을 일으키지 않는다. 이러한 고귀한 문화 시대의 인간에게는 역사적 감각과 그 비굴한 천민적 호기심만큼 이해할 수 없는 것은 없다.

셰익스피어에 대해서도 같은 말을 할 수 있다. 그런 경탄할 만한 스페인식과 무어식, 색슨적인 취향의 종합을 보면, 아이스킬로스의 영향 안에 있던 고대 아테네인 같으면 반쯤 죽도록 웃거나 화를 냈을 것이다. 그런데 우리는—바로 그런 거친 다채로움이야말로, 그리고 그 비할 데 없는 섬세함과 거칠고 인위적인 것의 혼합이야말로 어떤 은밀한 신뢰감과 정다움을 갖고 받아들인다. 우리는 셰익스피어를 우리를 위해 보존된 예술의 정수라며 향유하고, 그의 예술과 취향이 살고 있던 영국 하층민의 악취와 왁자한 분위기로부터도 거의 괴로움을 느끼지 않는다. 마치 나폴리의 키아자에 가서 그 빈민굴의 오물이 온갖 악취를 풍겨도 우리는 여전히 모든 감각을 총동원해서 기분 좋게 매혹되어 길을 걷는 것과 흡사하다. 우리 '역사적 감각'을 지닌 인간의 미덕이 거기에 있다는 점은 의심할 여지가 없다—우리는 요구하는 바는 적고, 사심도 없으며, 겸손하고, 용감하며, 극기심과 헌신적인 기분으로 가득 차 있고, 감사할 줄 알고, 인내심이 강하며, 지극히 상냥하다. 그러나 그 모든 미덕이 있음에도 아마 '취향'은 좋지가 않은 것 같다. 솔직히 인정하자. 우리 '역사적 감각'의 인간에게 가장 이해할 수 없고, 느끼기 어렵고, 음미하기 어렵고, 사랑하기 어려운 것, 즉 우리가 근원적으로 편견을 갖고 거의 적대시하는 것은 바로 모든 문화와 예술 속에 완벽성과 최후의 원숙을 이룬 것들이다. 즉 작품과 인간에 있어 진정으로 고귀한 것들이다. 그 잔잔한 바다와도 같이 평온한 자기 만족의 순간과 완벽에 도달한 모든 것이 보여주는 황금과도 같은 찬란함과 냉정이다. 역사적 감각이라는 현대인의 대단한 덕은 좋은 취향과는, 적어도 가장 높은 취향과는 필연적으로 대척되는 지위에 있는 것이리라. 그리고 우리 현대인은 여기저기서 가끔 번쩍이며 나오는 인생의 드물고도 짧은 최고의 행복과 정화(淨化)를, 주저하면서 억지로 그저 어설픈 상상으로만 그려볼 수 있을 뿐이다. 대체로 최고의 행복과 정화는—즉 거대한 힘이 측량할 수 없이 끝없는 것 앞에 자진해서 걸음을 멈추고, 흘러넘치는 정교한 쾌락이 갑작스러운 구속을 받고 경직하면서—아직도 흔들리고 있는 땅 위에 확고히 서는 때에 누리는 순간과 기적을 말하는 것이다. 우리는 스스로 인정해야 된다. 우리는 그와 같은 절도를 모른다. 우리 욕망은 무한정의 것, 헤아릴 수 없는 것을 향한 욕망이다. 우리는 마치 사나운 말을 달리는 기수와 같이 고삐를 놓고 그것이 무한을 향해서 솟아나는 그대로 맡긴다. 우리 현대인, 우리 반야만인이란 그와 같은 것이다. 그리하여 우리는 가장 위험한 상태 속에 있을 때 비로소 우리의 환희를 느낀다.

225

쾌락주의건 염세주의건, 공리주의건 행복주의건 간에 대체로 쾌감과 고뇌에 의해서, 이런 이차적인 수반 조건에 따라서 사물의 가치를 재는 사고방식은 모두 소박한 초보적 사고방식이다. 적어도 창조력과 예술가적 양심을 깨닫는 자는 그러한 사고방식을 비웃음과 동정심을 갖고 경멸하지 않을 수 없다. 그대들에 대한 동정! 물론 이것은 그대들이 생각하는 바와 같은 그런 동정은 아니다. 그것은 사회의 '비참'에 대한 동정도 아니다. '사회'나 병약자나, 불행한 인간이나 또는 우리 주위의 타고난 악랄한 자나 불구자에 대한 동정도 아니다. 우리의 동정은 보다 높이, 보다 멀리 내다보는 동정이다. 지금 우리는 얼마나 인간이 자기를 왜소하게 만들어 가고 있는가를 본다! 우리는 그대들의 동정을 보고 말할 수 없이 한심스러운 생각이 들 때가 있다. 그래서 우리는 그러한 동정을 거부하기도 한다. 그대들의 진지한 태도를 어떠한 경박함보다도 위험스럽다고 생각하는 때도 있다. 그대들은 온 힘을 다해서—그보다 어리석게 힘을 쓸 수가 없을 정도로—고뇌를 없애고 싶어한다. 그대들이 생각하는 의미의 안락함이란 것은 우리의 목표가 아니다—우리에게 그것은 종말이다! 안락함이란 인간을 당장에 비웃음과 경멸의 대상으로 바꿔 놓을 어떤 상태이다. 그렇게 함으로써 인간은 자기 몰락을 바라게 된다! 고난, 위대한 고난의 단련—그대들은 모르지만 지금까지 오로지 이런 단련만이 인간 향상의 원인이 되었던 것이다.

영혼의 힘을 길러주는 불행 속의 긴장, 크나큰 파멸을 눈앞에 두었을 때의 전율, 불행을 걸머지고 견디며, 그 이치를 이해하고 그것을 이용하는 창의력과 대담성, 그리고 영혼의 깊이와 비밀, 가면, 정신, 교활성, 위대함 이 모든 것이 오로지 고난, 바로 크나큰 고난이라는 단련에 의해 영혼에 선물로 주어진 것이 아니겠는가? 인간 속에는 피조물과 창조자가 하나가 되어 있다. 인간 속에는 원료, 파편, 과잉, 진흙, 오물, 헛소리, 혼돈이 있다. 그러나 인간 속에는 또 창조자, 조각가, 망치와 같은 단단함, 방관자로서 신과 제7일이 있다. 그대들은 이런 대립을 이해하는가? 그리고 그대들의 동정은 그저 인간 속의 피조물만을 위한 것이며, 그것이야말로 오히려 형성되고, 깨지고, 단련되고, 찢기고, 구워지고, 담금질되고, 정제되어야 할 것임을 이해하겠는가? 그것이야말로 고뇌를 필연적으로 겪을 수밖에 없으며, 마땅히 겪어야만 된다는 것을 이해하겠는가? 그런데 우리가 그대들이 말하는 동정을 모든 자기연민과 허약함 가운데서 가장 나쁜 것이라 물리칠 때, 정반대되는 우리의 동정을 도대체 누구에게 표하는 것인지 모르겠는가?—이것은 다시 말하면, 동정 대 동정이다! 하지만 다시 한번 말하겠다. 모든 쾌락과 고뇌와 동정의 문제보다 더욱 고차원적인 문제가 있다. 따라서 오로지 이런 문제들만을 다루는 모든 철학은 순진하다 하겠다.

226

우리는 부도덕자이다! 우리가 관계하는 이 세계, 그 속에서 우리가 무서워하고 사랑해야만 하는 이 세계, 거의 볼 수도 들을 수도 없는 가운데 명령과 복종이 행해지는 이 세계, 어느 점에서나 '거의'라는 조건이 붙지 않고는 알 수 없는 이 세계, 존중할 만하고 트집 잡기 좋아하며 교활하고 예민하며 섬세한 이 세계, 그래서 이 세계는 우둔한 관찰자나 은밀하게 호기심 가득한 인간에게는 다가가기 어려운 것이다! 우리는 의무라는 엄격한 그물의 셔츠를 입고 있어, 그것을 벗어버릴 수가 없다—그 속에 있는 것은 이른바 '의무의 인간들', 바로 우리이다! 우리는 때로 우리를 얽어맨 '사슬'에 묶여 우리를 둘러싼 '칼' 사이에서 춤춘다. 그리고 똑같이 모두가 눈에 보이지 않는 냉혹한 운명 아래 이를 갈며, 인내를 잃어가고 있다. 하지만 우리가 원해서 하는 무슨 일에 대해서든, 어리석고 피상적인 인간들은 우리에게 말하리라. "저들은 의무를 모르는 인간이다."— 우리는 늘 어리석은 자와 겉모습만 보는 자를 적으로 삼는다!

227

성실. 만일 이것이 우리 자유정신의 인간이 벗어날 수 없는 미덕이라고 한다면, 좋다—우리는 이것을 위해 모든 악의와 사랑을 바쳐 일을 하자. 그래서 우리에게 아직 남아 있는 유일한 미덕을 '완성'하도록 애를 쓰자. 설령 그 빛이 이 늙어가는 문화와 둔탁하고 어두운 진지성 위에 마치 금박을 두른 시퍼렇고 비웃는 듯한 저녁 빛처럼 머문다 해도 말이다. 더 나아가 우리의 성실성이 언젠가는 지쳐서 한숨을 짓고, 팔다리를 늘어뜨리고 우리를 가혹하다 하며, 마치 기분 좋은 악덕처럼, 보다 즐겁고 안락하고 부드럽게 살고 싶어하는 날이 오더라도, 우리는 여전히 가혹하게 굴기로 하자. 우리 마지막 스토아주의자들이여! 우리 마음속에 간직한 모든 악마성을 다 끄집어내서 그 가혹함에 힘을 보태기 위해서 보내자꾸나! 우둔하고 애매한 것에 대해 느끼는 우리의 역겨움을, 우리에게 '금지된 것에 대한 노력'[2]을, 우리의 모험심을, 우리의 날카롭고 까다로운 호기심을, 탐욕스럽게 미래의 땅을 찾아서 헤매는 지극히 교묘하게 복면을 쓴 정신적인 권력에의 의지와 세계 정복에의 의지를—이 모든 우리의 '악마'를 모조리 거느리고 우리의 '신'을 도우러 보내자꾸나! 그 때문에 우리가 오해를 받고 혼동이 되는 일이 있다 할지라도 그것이 무엇이 대수겠는가! 어떤 자는 말할 것이다. "그들의 '성실성'—그것은 그들의 악마적인 성질이다. 그 밖의 아무것도 아니다"라고. 그런들 어떤가! 설사 그렇게 말하는 자가 옳다고 해도 말이다!

이제까지의 모든 신이란 어차피 악마가 이런 식으로 신성시되고 다시 이름 붙여진 것이 아닌가? 궁극에 있어서, 우리는 자신에 대해서 무엇을 알고 있는가? 우리는 우리를 이끄는 영혼의 이름이 무엇인지 알고 있는가? (그것은 명칭의 문제에 불과하다.) 그리고 우리가 그러한 영혼을 몇이나 간직하고 있는지 알고 있는가? 우리 자유정신의 인간은 숙고하자—우리의 성실이 변해서 허영, 허식, 가식, 한계, 어리석음이 되지 않도록 말이다! 모든 미덕은 어리석음으로, 모든 어리석음은 미덕으로 바뀌는 경향이 있다. 러시아에서는 속담에 '거룩하도록 어리석다'는 말까지 있다. 우리는 너무 성실한 나머지 결국에 성인이나 따분한 사람이 되는 일은 없도록 하자! 인생은 그런 지루함 속에서 지내기엔 너무나도 짧지 않는가? 아니면 영원한 삶을 믿지 않을 수 없을 것이다.

228

내가 이제까지의 모든 도덕철학이 지루한 것이며, 하나의 최면술임을 발견한 것을 용서해 주기 바란다. 그리고 내가 보기에는 '덕' 자체를 가장 손상시킨 것

---

2) 오비디우스, 《연애시》 3권 4·17.

은 이런 덕성(德性)의 변호자가 지루하다는 것을 발견한 데 있다. 그러나 이렇게 말했다고 해서 내가 덕성의 일반적인 유용성을 간과하고 있는 것은 아니다. 도덕에 대해서 이야기하는 사람이 적으면 적을수록 좋다. 도덕이 결국에 가서는 일반인의 흥미의 대상이 될 수 없다는 것은 그지없이 좋은 일이다! 하지만 걱정할 것은 없다! 과거에 그랬듯이 지금도 여전히 그렇다. 도덕에 대한 고찰은 위험하고 신랄하고 유혹적인 것이 될 수 있으며, 여기에 가공할 숙명이 존재한다!—는 것에 대해서 어떤 관념을 갖고(또는 가르칠 수) 있는 자는 유럽에는 없다. 예컨대 저 피하기 힘들고 줄기찬 영국의 공리주의자를 보라. 그들은 둔하지만 얼마나 당당하게 벤담의 발자국을 쫓고 있는가 말이다! 마치 (호메로스의 비유를 빌리면 더욱 분명하지만) 벤담 자신이 존경할 만한 엘베시우스의 발자국을 쫓았듯이(아니, 그 엘베시우스는—갈리아니의 말을 빌리자면—그 한가한 노인은 위험한 인물은 아니었다) 영국의 공리주의는 새로운 사상이 아니다. 그리고 낡은 사상을 교묘하게 틀어서 표현한 것도 아니다. 과거 사상의 진정한 역사도 아니다. 전체로서 본다면, 그것은 만일 누가 여기다 약간의 악의라도 넣어서 발효라도 시키지 않으면 그저 절망적인 문헌에 지나지 않는다.

이러한 도덕주의자들도(만일 읽어야만 될 때는 정신 차려 읽어야 한다) 옛날 그대로의 영국적인 악덕—도덕적인 위선에 물들었다. 그것도 이 경우, 학문이라는 새로운 형식을 취하고 숨어들어 있는 것이다. 옛 청교도들이 도덕을 학문적 대상으로 삼는 경우 당연히 양심의 가책을 느꼈던 것인데, 오늘날에는 이런 양심의 가책도 받지 않을 수 있는 방법이 강구되어 있다. (도덕주의자란 도덕을 미심쩍은 것으로, 의심을 품을 만한 것으로, 즉 문제로 다루는 사색가라는 점에서 청교도와는 반대되는 것이 아닌가? 도덕을 고민의 대상으로 삼는 것이 부도덕이 아닐 수 있단 말인가?) 그리고 그들이 원하는 것은 결국 영국의 도덕을 정당하게 승인하는 일이다. 그것이 인류에게 또는 '일반적 공리'에, 또는 '최대 다수의 행복'에—아니 영국의 행복에 가장 이로운 상태에서 영국적인 행복에 대한 추구가 바로 도덕의 올바른 길이란 사실을 그들은 온 힘을 기울여 증명하고자 한다. 이런 영국적인 행복이란 평안함과 유행이며, 그의 궁극 목적은 의회 안에 의석을 하나 차지하는 것이다. 실제 그들은 이 세상에 미덕이 있을 수 있는 한, 행복이 이러한 노력 속에만 있는 것이라고 증명을 하려 든다. 그들은 모두 자기 양심에 가책을 느끼고 있는 엄숙한 무리 동물로서, 이기주의에 부과된 책무를 일반적 복지에 이르는 과정이라 귀결지으려고 한다. 그들 가운데 그 누구도 알고자 하지도 않고 냄새도 맡으려 하지 않는다—'일반적 복지'라는 것이 이상도 목표도 아니고, 도대체 무슨 파악될 수 있는 개념이 아니며, 기껏해야 구토제에 불과하다는 것을 알고자 하지 않는다. 그리고 어떤 사람한테 유리한 것이 다른 사람에겐 별로 유리하지 않다는 것, 모든 사람에게 오로지 하나의 도덕을 부과하는 일이 보다 높은 인간에 대한 침해라는 것, 다시 말해 결국 인간과 인간 사이에 위계가 있으며 따라서 도덕과 도덕 사이에도 위계가 있다는 것을 알려고 들지 않는다. 이런 공리주의적 영국인은 어디까지나 평범하며 겸손한 인간 종족이다. 이미 말한 바와 같이 그들은 따분한 자들이며 그 따분함 때문에 우리는 그들의 공리성을 높이 평가하지 않을 수가 없다. 다음과 같은 시로 일단 시도해 보았지만 우리는 그들을 더욱 격려할 필요가 있다.

만세로다, 그대들 착실한 수레꾼이여
언제나 '느리면 느릴수록 좋다'로구나.
머리와 무릎은 굳어버려
감격도 모르고 농담도 모르고
그 평범함에는 손도 댈 수 없구나.
천품도 없고 재주도 없구나!

229

'사납고 잔인한 짐승'을 겁내는 것—이것은 미신이며, 이런 미신을 억누르는 일이 인간성을 발휘하고 있는 시대의 긍지가 된다. 그런데 인간성을 과시하는 근대에도 이 '사납고 잔인한 짐승'에 대한 공포라는 미신이 남아 있다. 그래서 어떤 진리가 이미 없어진 야수성을 다시 살아오게 하지 않을까 하는 두려움에서, 명백한 진리가 마치 어떤 묵계에 의한 듯 수세기 동안 입에도 오르내리지 않는 일이 있다. 어떤 사람은 설사 그런 진리를 포착하는 일이 있어도 그것에 '경건한 사고방식'이란 젖을 먹여서 끝내는 진정시키고, 다시 본래 있던 한쪽 구석에 잊힌 채 놓여 있게 만들지만, 나는 감히 이런 진리를 포착하려고 생각한다—우리는 잔인하다는 것이 무엇인지를 새로 배우고 눈뜨지 않으면 안 된다. 우리는 이제 참고 견디는 일을 집어치우고—예컨대 비극에 대해서 옛날이나 지금의 철학자가 품고 있었던 것 같은 심한 착오가 더 이상 활개 치고 다니는 일이 없도록 해야 될 것이다. 우리가 '고급 문화'라고 부르는 것은 거의 잔인성을 정화하고 심화하는 일에 기초를 두고 있다—이것이 나의 결론이다. '야만스러운 짐승'은 아직도 다 도살되지 않았다. 그것은 살아서 번성하고 있다—다만 성스러운 것으로서 받들어지고 있을 뿐이다.

비극의 고통스러운 쾌락을 만들어 내는 것은 잔인성이다. 이른바 비극적 동정심뿐만이 아니라 근본에 있어서는 모든 숭고함, 형이상학의 가장 높고 섬세한 전율—이 모든 것은 그것이 쾌감을 줄 수 있을 때는 감미로운 맛을 그 속에 뒤섞여 있는 잔인성이란 성분에서 얻고 있는 것이다. 투기장의 로마인, 십자가의 환희에 취한 기독교도, 화형이나 투우를 즐겨 보는 스페인 사람, 자신을 비극 속으로 몰고 가는 오늘날의 일본인, 피비린내 나는 혁명에 향수를 느끼는 파리 교외의 노동자들, 다만 허영심에서 〈트리스탄과 이졸데〉에 귀를 기울이면서 빨리 끝나기를 바라고 있는 바그너에 열광하는 여인들—이런 인간들이 즐기며, 남모르는 열정으로 빨아들이려 애쓰는 것은 '잔인성'이라는 커다란 마녀의 독주이다. 그때 우리는 과거의 어리석은 심리학을 추방해야 된다. 과거의 심리학이 가르치는 바에 의하면, 잔인성은 다른 사람의 고뇌를 목격하는 데에서 생기는 것이었다. 그러나 자기 고뇌, 자기를 고뇌시키는 일에도 지나칠 정도로 풍부한 즐거움이 있다. 페니키아인이나 금욕주의자들은 종교적인 기분에서 자기 자신을 부정하고 훼손했으며, 그 밖에도 관능 부정, 육체 초탈, 청교도적 참회의 경련, 양심의 해부, 그리고 파스칼적인 '지성의 희생' 등 갖가지 현상이 있다. 인간이 그런 짓을 하고자 마음이 움직인다는 것은 그가 은밀하게 자신의 잔인성에 의해 유혹되고 있는 것이며, 자기에게 방향을 돌린 잔인의 위험한 전율에 의해 앞으로 밀려가고 있는 것이다. 마지막으로 이런 것도 생각해 보라. 인식하는 인간조차도 자기 정신의 경향에 맞서서—자신의 심정이 소원하는 바까지 거역하면서 인식하려고 정신을 기울일 때가 종종 있다. 즉 긍정하고 사랑하고 숭배하고 싶으면서도 부정하는 일이 있다. 그런 경우 그 인식하는 사람은 잔인함의 예술가로서, 정화자로서 움직이고 있는 것이다. 이미 정신이란 것이 계속 가상과 표면으로만 달려가려고 하니, 깊이 파고들어 탐구한다는 것은 정신의 근본 의지를 해치려는 폭력적 욕망이다. 모든 인식욕 속에는 이미 한 방울의 잔인성이 있다.

230

내가 '정신의 근본 의지'에 대해 말한 것이 어쩌면 당장에는 이해되지 않을 수 있다. 여기서 그 설명을 해보겠다―'정신'이라고 불리는 명령적인 그 어떤 것은 자기와 주위를 지배하고, 자기를 지배자로서 느끼려고 한다. 그것은 다양에서 단일을 향한 의지, 구속하고 길들이고 억누르려 하는, 그리고 본질적으로 지배적인 의지를 갖고 있다. 그 요구와 능력은 생리학자가 살고, 성장하고, 증식하는 모든 것에 대해서 인정하고 있는 요구와 능력과 같다. 다른 것을 얻으려는 정신의 힘은 억센 애착심을 가지고 새로운 것을 낡은 것으로 동화시키고, 다양한 것을 단일화하며, 완벽하게 모순되는 것을 모른 체하거나 부인하려고 한다. 그리고 다른 것―'외부 세계'의 어떤 특질을 기호에 따라서 강조하고 추출하며 자기가 편리한 대로 얼버무린다. 그 경우 목적이 되는 것은 새로운 '경험'을 자기 소유로 하고, 새로운 사물을 낡은 순서 속에 배치하는 데 있다―즉 성장하는 데 있다. 더 분명하게 말하면 성장의 감정, 힘의 증대 감정에 있다.

이와 같은 의지에 정신의 반대되는 듯한 충동이 봉사를 한다. 바로 무지에 대한, 자의적인 폐쇄에 대한 결심이 갑자기 나타나서 그 창문을 닫아걸고 이것저것에 대해서 내적인 부정을 선언하고 접근을 거부한다. 알 만한 많은 사물에 대해서 어떤 방위 태세를 취하고, 암흑과 폐쇄된 지평선으로서 만족하며 무지를 긍정하고 시인한다. 이런 일은 모두 그 동화력의 정도에 따라, 비유적으로 말하면 '소화력'의 정도와 비례해서 필요한 한도에서 행해진다. 생각해 보면 사실 '정신'은 위장과 가장 닮아 있다. 그리고 때로는 스스로 속아 넘어가려는 정신의 의지도 여기에 속한다. 그러면서 일이 꼭 이러이러한 것은 아닐 것이다, 다만 그렇게 보도록 내버려두는 데 지나지 않을 것이다는 식으로 제멋대로 추측해 버리는 경우가 적지 않다. 그래서 불확실하고 애매한 것을 좋아하고, 남들이 모르는 비좁고 편리한 구석에 숨어서 자기 위안에 파묻혀 근시안적으로 손쉽게, 대상을 제멋대로 크게도 하고 작게도 하며, 위치를 바꾸거나 미화해서 만족하는 것이다. 이러한 것은 모두 힘의 발현이며, 이것을 남용해서 자기만족에 빠지는 것이다. 마찬가지로 정신 속에는 기꺼이 다른 정신을 속이고, 그 앞에서 자기를 꾸미려고 하는 마음이 있다. 이것은 창조하고 조성하며 변형하는 힘의 끊임없는 압박과 충동이 행동하는 것이다. 정신은 그 속에서 가면을 쓴 다양성과 교활함을 누린다. 그렇게 함으로써 자신이 안전하다는 느낌을 누리는 것이다. 이 프로테우스[3]적인 기술로 그는 자신을 가장 잘 방위하고 있는 것이다! 이러한 의견으로 향한, 단순으로 향한 가면으로의, 외투에 대한, 즉 표면으로의—모든 표면은 외투이다—의지와 맞서서 심각하고 복잡하고 근본적으로 생각하고 생각하고자 하는 인식자의 숭고한 경향은 반항하는 것이다. 이것이야말로 지적인 양심, 지적인 취미의 잔인한 행동이며, 모든 용감한 사상가는 자신 속에서 그것을 인지하지 않을 수 없으리라. 단, 그런 인간은 으레 자기에 대해서 눈초리를 날카롭게 하고 엄격한 훈련과 엄격한 말에 익숙해져 있어야 한다. 그는 말할 것이다. "나의 정신 속에는 잔인성이 있다"고. 도의적이고 사교적인 사람들은 그것이 좋지 않다고 설명할 것이다.

사실 이 잔인성이란 말 대신에 '지나친 성실성'이라 이야기되고 속삭여지고 소문이 나게 된다면—우리 자유로운, 지극히 자유로운 정신의—인간에게는 그쪽이 그래도 기분이 좋을 것이다. 우리에 대한 후세의 평가도 아마 이런 것이 되지 않을까? 그러나 지금으로서는—그럴 것이 그때까지는 시간 여유가 있으니까—그런 도덕적인 미사여구로 자신을 꾸미는 일을 바라지는 않는다. 우리의 이제까지의 모든 일은 이런 취미와 그 화려한 장식을 성립시키지 않는다. 이런 것은 번쩍번쩍 빛나고 떠들썩한 잔치 같은 말일 뿐이다. 성실, 진리에 대한 사랑, 예지에 대한 사랑, 인식을 위한 희생, 성실한 인간의 영웅주의—이런 것들에는 사람의 마음을 부풀게 하는 그 무엇이 있다. 하지만 우리 은둔자와 두더지는 오래전부터 홀로 사는 인간의 양심 깊숙한 곳에서 다음과 같이 스스로에게 말하고 있었다—이러한 말들의 휘황함도 옛날부터의 허영심에 지나지 않는다. 무의식적으로 나타나는 인간적인 허영과 허위의 넝마나 금가루에 지나지 않는다. 이런 아부하는 듯한 채색이나 덧칠 밑에도 '자연스러운 인간'이란 무서

---

3) 그리스 신화에서 초기 형태의 바다의 신들 중 하나로, 어떤 사물로든 자유자재로 변신하는 변신술과 예언의 힘을 가졌다.

운 원문(原文) 텍스트가 투명하게 보이는 것이다. 요컨대 인간을 자연으로 환원하는 일, 이제까지의 영원한 원문 텍스트인 '자연스러운 인간'에 대해서 끄적거리고 그렸던 많은 공허한 공상적인 해석이나 부차적인 의미를 극복하는 일, 오늘날의 인간은 전문적인 학문의 훈련에 의해 가혹하게 되어 다른 자연 앞에 서 있지만 이후로는 그 인간을 인간들의 앞에 세우는 일, 그리고 겁을 모르는 오이디푸스의 눈과 막아버린 오디세우스의 귀로서, 지금까지 너무나도 오랫동안 "그대는 (자연보다) 더욱 위에 존재한다! 보다 높은 것이다! 그대들은 다른 계보의 것이다!" 속삭이던 오래된 형이상학의 유혹자에게 귀를 기울이지 말고 인간보다 앞세우는 일—이것은 이상한 미치광이 같은 임무라고도 할 것이다. 그러나 그것이야말로 진정한 임무이다—누가 이것을 부정하겠는가? 우리는 도대체 어째서 이 미치광이 같은 임무를 선택했던가? 혹은 "도대체 무엇 때문에 인식이 존재하는가?"—누구나 우리에게 그런 질문을 할 것이다. 그런데 우리는 그런 질문 공세를 받아도, 그리고 이미 백번이고 자신에게 물어보아도 더 좋은 대답을 찾지 못했으며, 또 찾지 못할 것이다.

231

배움은 우리를 변화시킨다. 그것은 영양분의 작용과 같은 작용을 한다. 모든 영양분은 단지 우리를 '보존'하는 데 그치지 않는다—생리학자라면 잘 알고 있는 사실일 것이다. 하지만 우리 영혼의 밑바탕, 말하자면 '하부 구조'에는 어떤 가르칠 수 없는 것이 있으며, 정신적 숙명의 화강암이 있고, 예정되고 선택된 질문에 대한 준비된 결정과 대답이 있다. 모든 중대한 문제가 나타날 때마다, 여기서 발언하는 것은 움직일 수 없는 '나는 이렇다'인 것이다. 이를테면 남자와 여자에 대한 생각은 어떤 사상가도 배워서 고칠 수 없다. 다만 끝까지 배울 수밖에 없는 이 문제에 대해, 그가 이미 확정적으로 가지고 있는 것을 궁극에까지 발견해 낼 뿐이다. 사람은 가끔 어떤 문제의 해답을 찾을 때에, 그것을 강력히 믿는 데까지 이르는 수도 있다. 그 사람은 그 뒤에 이 해답을 자기 '확신'이라 일컬을지도 모른다. 그러나 나중에 알게 되는 것이다. 그러한 확신은 자기인식을 향한 발자취이며, 우리가 바로 그 문제—좀더 정확하게 말해서 바로 우리 그 자체인 어리석음—에 대한, 우리의 정신적 숙명에 대한, 또한 우리 '하부

'구조'인 가르칠 수 없는 것에 대한 이정표였다는 것을 말이다. 이렇게 말하면서 나 자신에 대해 상당히 후하게 칭찬한 셈이니, 여기서 내가 '여성의 본질'에 관해 약간의 진리를 털어놓는 것을 용서해 주기 바란다—말하자면 그것이 다만 나의 진리임을 독자들은 벌써 알고 있을 것이다.

232

여성은 독립하기를 원한다. 그래서 '여성의 본질'에 대해서 남성들을 계몽시키려 하고 있다—이것이야말로 유럽의 전체적인 추악화 가운데 가장 나쁜 진보 중의 하나라고 하겠다. 여성의 학문과 자기 폭로의 어리석은 시도가 무엇을 밖으로 끌어낼 수 있는가! 여자는 수줍어야 할 충분한 이유가 있다. 여자에게는 허다한 현학, 천박함, 교사, 건방진 태도, 오만, 무분별함이 숨겨져 있다—어린아이를 가르칠 때의 여자를 보라!—이런 것들은 사실 남자에 대한 공포 때문에 틀어박혀 억제되고 있던 것이다. 슬프다. 만약에 '여성에게 있어서의 영원한 따분함'—하기야 그것은 넘치도록 있지만!—이 주저 없이 몰려올 때면! 또 여자가 우아하며 장난스럽고, 기분 전환이나 매사 유쾌한 총명함과 기교를 잊고, 유쾌한 욕망에 대한 재치를 근본적이고 원칙적으로 잊어버리기 시작할 때면! 성스러운 아리스토파네스에 대고 맹세하건대 이제 여성들의 소리는 드높다! 여자가 남자에게 최초 또는 최후에 무엇을 요구하는가는 의학적인 징후로 확실히 나타나 우리를 놀라게 한다. 여성이 오늘날처럼 학문에 종사하려는 것은 참으로 가장 나쁜 취미가 아닐까?

지금까지는 다행히도 지능 계발은 남자의 일이었고, 남자의 천분이었다. 그래서 남자들은 '자기들끼리'만 있었다. 그리고 우리는 여성들이 '여성'에 관해서 쓴 것을 읽고, 여성이 자신에 대한 계발을 원하고 있는가, 또 원할 수 있는가 하는 데 대해 상당한 의문을 품지 않을 수 없다. 글을 쓴다는 것으로 여성은 자기를 위한 새로운 화장을 찾고 있는 것은 아닐까? 생각건대 자기를 꾸미는 것은 영원한 여성의 속성이 아닐까? 만약 꾸미고 있는 것이 아니라면, 여자는 그것으로 자기를 두렵게 하려는 것이다. 그렇게 함으로써 지배하려는 것이다. 여자는 진리를 찾으려 하지 않는다. 여자에게 진리가 무슨 상관이 있는가? 여자에게 진리처럼 인연이 멀고, 싫고, 꺼릴 만한 것은 애당초 없다. 여자에게 가장 큰 기교는 거짓말이며, 주된 관심사는 겉모습과 아름다움이다. 우리 남자들이여, 고백하자. 우리는 여자의 바로 그러한 기술과 본능을 존중하고 사랑한다. 우리는 어려운 일을 하고 있기 때문에 이러한 생물에 붙어서 육체를 쉬고 싶은 것이다. 그녀들의 손, 시선, 부드러운 어리석음 아래 있을 때 우리의 엄숙함과 무게와 깊이도 하찮은 어리석음처럼 생각되기 때문이다.

　마지막으로 한 가지 물어보자. 일찍이 여자 스스로 여자의 머릿속에 깊이가 있고, 여자의 가슴에 정의가 있다고 인정해 본 적이 있는가? 또 지금까지 '여자'를 가장 경멸한 것은 여자이며, 남자들이 아니라는 것도 사실이 아닌가? 우리는 여자가 계몽으로 인해 더 이상 수치를 드러내는 일이 계속되지 않기를 바란다. 일찍이 교회가 "여자는 교회에서 침묵하라"[4]고 선언한 것은 여자에 대한 남자들의 배려요 아낌이었다. 또 나폴레옹이 말 많은 스탈 부인에게, "여자는 정치에 관해서는 침묵하라"고 일러준 것도 여자의 이익을 위해서였다—나는 오늘날 여자에게 다음과 같이 말해 주는 것이야말로 진정한 여자 편이라고 생각한다. "여자는 여자에 대해 침묵하라!"

233

　여자가 '여자 자체'에 관해 무언가 유리한 증거라도 될까 해서 롤랑 부인이나 스탈 부인이나 조르주 상드를 끌어낸다면—그것은 본능의 부패를 나타내는 것이다. 악취미를 드러낸 것이라는 데 대해서는 굳이 더 말하지 않겠다. 남자들이 보기에는 위에서 언급한 세 사람은 우스운 '여자 자체'이며—그 이상 아무것도 아니다!—바로 그것이 여성 해방과 여성의 자치권에 대한 최고의 반대 논증이다.

234

　부엌에서의 어리석음, 가정부로서의 여자! 그들은 가족이나 주인의 식사를 마련함에 있어서 얼마나 생각이 없었던가! 여자는 식사가 무엇을 의미하는지를 이해하지 못하고 있다. 그러면서도 가정부가 되고자 한다! 만일 여자가 생각을

---

4) 〈고린도전서〉 14장 34절.

하는 생물이라면, 이미 수천 년 동안 가정부 노릇을 했으니 가장 위대한 생리학적 사실도 발견하고 또 의료 기술도 획득했을 것이다! 서투른 가정부에 의해서—부엌에서의 완전한 이성 결핍으로써, 인류의 진화는 보다 오랫동안 늦어졌고 방해받았다. 오늘날에도 상황은 좋아지지 않았다. 이상 한창때인 여성들한테 한마디 한다.

235

그 안에 문화 전체가, 사회 전체가 갑자기 결정화한 것 같은 문장, 한 줌의 말, 정신의 표현이 있다. 드 랑베르 부인이 어떤 기회에 아들에게 한 말도 그 중 하나이다. "얘야, 바보 같은 짓을 하더라도 실컷 즐길 수 있는 일이 아니면 해서는 안 된다!"—이것이야말로 일찍이 아들에게 준 가장 어머니답고 현명한 말이다.

236

단테와 괴테가 여성에 대해 믿고 있던 것—단테는 "그녀는 위를 올려다 보았고, 나는 그녀를 바라보았다" 노래했고, 괴테는 이것을 "영원한 여성은 우리를 높은 데로 이끈다"로 해석했다. 모든 고귀한 여성이 이 믿음을 거부하리라는 것을 나는 의심하지 않는다. 왜냐하면 그녀들은 바로 그런 것을 영원한 남성적인 것으로 믿고 있기 때문이다.

237A

여성을 위한 일곱 가지 잠언

남자가 우리에게 꿇어 엎드렸을 때 그토록 지긋지긋한 권태도 사라지도다!

*

아아! 나이가 들면 학문은 나약한 덕에도 힘을 준다.

*

검은 옷을 입고 침묵을 지키면 어느 여자라도 현명해 보인다.

*

행복할 때 나는 누구에게 감사할 것인가? 신에게!—그리고 내 재단사에게!

*

젊어서는 꽃으로 꾸며진 동굴. 늙어서는 괴이한 용이 그 안에서 기어나온다.

*

귀한 명성, 멋진 다리, 게다가 남자, 오오, 그것이 다 내 것이라면!

*

말은 짧게, 의미는 길게—암나귀가 주의해야 할 미끄러운 길!

237B

남자들은 지금까지 여자들을 새처럼, 어딘가 높은 곳에서 그들에게로 길을 잃고 날아온 새처럼 다루어 왔다. 무언가 섬세하고 상하기 쉬운, 또 사납고 불가사의한, 감미롭고 영혼이 넘치는 것으로서—그러나 달아나지 못하도록 가두어 두지 않으면 안 되는 것으로서.

238

'남자와 여자'라는 근본 문제를 잘못 생각해서, 거기에 존재하는 심각한 대립과 그들 사이에 영원히 적대시하는 긴장의 필연성을 부정하는 자가 있다. 그리고 남녀간에 평등한 권리와 평등한 교육과 평등한 요구와 의무를 꿈꾸는 자가 있다. 이것이야말로 천박한 두뇌의 전형적인 한 징후이다. 이러한 미묘한 점에 대한 그 천박—그 본능의 천박!—을 드러낸 사상가는 모두 어딘가 좀 의심스럽고, 스스로 자기의 본능을 폭로한 것이라고 보아도 된다. 이런 사람은 결국 인생의 모든 문제, 또 장래의 근본 문제에 대해 너무도 근시안적이고, 아무런 깊이에도 이를 수 없을 것이다. 이에 반해 그 정신에서나 욕망에서나 깊이를 갖고, 가혹할 줄도 알며, 엄격할 수도 있는 관용과 인내의 깊이를 가진 남자는 여성에 대해서는 오직 동양인의 방식으로밖에 생각할 줄 모른다—이런 사람은 여자를 소유물로서, 챙겨둬야 할 재산으로서, 또 봉사하기 위해 태어나 봉사하는 중에 자기를 완성하는 것으로서 생각한다. 고대 그리스인들은 아시아의 가장 뛰어난 후계자이며 제자였는데, 그들 또한 이 점에서는 아시아의 위대한 이성과 아시아의 우월한 본능에 기초하지 않을 수 없었다. 진실로 그리스인은 호메로스에서 페리클레스 시대에 이르기까지 문화가 진보하고 힘이 증대해 감에 따라 여성에 대해서는 점점 엄격하게, 즉 동양적으로 되어갔다. 이것이 얼마나 필연적으로, 논리적으로, 인간적으로 바람직한 일이었던가에 대해 우리 스스로 생각해 봐야 한다.

239

어느 시대에서도 현대처럼 여성이 남성에게 존중을 받은 적은 없었다—이것은 노인에 대한 경의를 잃어가는 동시에 민주주의의 경향과 그 근본적 취향의 발로인 것이다. 이 존경이 남용되기에 이른 것도 이상할 건 없다. 여성은 더 많은 것을 바라고 요구하는 법을 배워, 마침내는 이러한 존경을 거의 모욕이라 느끼고 권리 쟁탈을, 실로 투쟁까지도 선택하게 된다. 요컨대 여성은 품위를 잃어가고 있다. 다시 말해서 취미를 잃어가고 있다. 여성은 남성을 두려워할 줄 모르게 된다. 그러나 '두려워하기를 잊은' 여자란 먼저 여성다운 본능을 포기한 것이다. 남자에게 두려움을 불어넣은 것이, 다시 말해서 남자 안에 있는 '남성'이 이미 요구되지 않고 육성되지 않을 때 여자가 내닫는 건 당연하며 충분히 이해가 간다. 이해가 안 되는 점은 바로 그것으로 해서—여자가 퇴화한다는 사실이다. 이것이 오늘날의 현상이다. 우리는 이 점을 제대로 보아야 된다!

산업적 정신이 군사적·귀족적 정신을 압도한 오늘날에 여성은 경제적이고 법률적인 독립을 찾아 사무원이 된다. '여사무원'이야말로 성립되어 가고 있는 현대 사회의 출입문에 걸린 표어이다. 이처럼 여자가 새로운 권리를 획득하고, '주인'이 되려 하고, 여성의 '진보'를 적은 깃발과 현수막을 들고 있는 동안 그 반대의 사실이 실현되고 있다. 즉 여성은 퇴보하고 있는 것이다. 프랑스 혁명 이래 유럽에서 여성의 영향력은 그 권리와 요구가 커진 데 비례해서 줄어들고 있다. '여성 해방'은 (비단 천박한 남자에 의해서뿐만 아니라) 여성으로부터 요구되고 촉진되고 있는 한에 있어서도 여성다운 본능이 점점 약화되고 둔화되어 간다는 주목할 만한 증상으로 나타나고 있다. 이 운동에는 어리석음, 거의 남성적인 어리석음이 있으며, 품위 있는 여성이라면—그런 여성은 언제나 합리적이지만—마음속 깊이 부끄러워해 마지않을 것이다. 그래서 여자는 그 영역에서야말로 가장 승산 있는 후각을 잃고 만다. 여성에게 특유한 무기를 다루는 연습을 게을리한다. 이전에는 예절 바르고 섬세하며 재치 있는 겸허를 가졌었는데, 이제는 남자 앞에 나서서 심지어는 '책에까지' 손을 대려 한다. 남자는 여자에게 무언가 근본적으로 다른 종류의 이상이 담겨 있는 줄 믿고, 또 뭔가 영원하고도 여성적인 것을 믿고 있는데, 여자는 잘났다는 듯이 뻔뻔스러운 행동을 해서 이 남자의 신앙을 부숴버린다. 남자는 여자를 귀엽고 별나게 야성적이면서도 마음에 드는 애완동물처럼 기르고, 보살피고, 보호하고, 너그럽게 다루어야 한다고 생각하는데, 여자는 종알종알 지껄여서 그런 생각을 지워버린다. 지금까지의 사회질서에서 여자는 노예적이며 농노적인 지위를 차지하고 있었고, 또 지금도 그렇다. 그런데 이러한 사실에 격노해서 서투른 수법으로 증거들을 모아들인다(마치 노예제도가 높은 문화, 또 문화 향상의 조건이라기보다 오히려 그 반증이라는 듯이). 만일 이러한 모든 것이 여성 본능의 붕괴요 박탈이 아니라면 도대체 무엇이겠는가? 본디 학식이 높은 암나귀 중에서도 충분히 어리석은 여성의 친구와, 여성을 타락시키는 자가 있어 여성을 설득시켜 그처럼 여성미를 벗겨버리고, 유럽의 '남성', 유럽적 '남성미'가 앓고 있는 모든 어리석은 행동을 흉내 내게 한다. 그래서 여자를 '일반적 교양'에까지, 그뿐만 아니라 신문을 읽고 정치를 논하는 데까지 끌어내리려 하는 것이다. 게다가 여기저기서 자유사상가나 문학자로까지 만들려 하고 있다. 도대체 심각하고 신을 부정하는 남자에게 경건성 없는 여자가 혐오스럽고 또 우습지 않을 리가 있겠는가.

거의 곳곳에서 그지없이 병적인, 또 위험한 음악(독일 최신 음악)으로 여자의 신경을 오염시키고, 여자를 나날이 신경질적으로 만들고, 건강한 어린애를 낳는다는 여자의 처음이자 마지막 천직을 불가능하게 해버린다. 사람들은 무엇보다도 여자를 '교양 있게' 하려 하고, 또 '나약한 성향'을 교양을 통해 강화하려 한다. 사람들이 역사가 그렇게도 절실히 가르쳐 온 것을 잊어버린 탓일까. 바로 인간의 '교양화'와 인간의 약화—의지력의 약화, 분열, 병은 늘 걸음을 함께해 온 것이 아니었던가. 또 세상에서 더욱 강하고, 영향력이 컸던 여자들(바로 나폴레옹의 어머니도 그러했다)은 바로 그녀들의 의지력 덕분에—학교 교사 덕분이 아니라!—남자에 대한 힘과 우월을 얻었던 게 아닌가. 여자가 존경심을, 또 때로는 공포심을 일으키게 하는 것은 '자연적인' 그녀이며, 이것은 남자의 것보다도 더 자연스럽다. 그 장갑 아래 숨겨진 짐승의 발톱인 것이다. 그리고 유치한

이기주의인 것이다. 그 가르치기 어려운 성질과 내적인 야성이다. 또한 그 욕망과 덕의 이해하기 어려운 속성과 그것들의 폭넓은 활동 범위이다. 그처럼 무서우면서도 위험한 예쁜 고양이인 '여자'가 동정을 불러일으키는 까닭은 그녀가 어떤 생물보다도 고민하고 상처받기 쉬우며, 사랑을 구하고 환멸을 느끼도록 운명지워진 것처럼 보이기 때문이다. 공포와 동정, 지금까지 남자는 이 감정을 가지고 여자 앞에 서 있었다. 그리고 도취시키면서 마음을 찢어내는 비극 속에 한 걸음 내딛고 있었다—그런데 무엇인가? 여성의 매력 상실이 시작되고 있는 건 아닌가? 여성의 지루함이 서서히 다가오고 있지 않은가? 오, 유럽이여! 유럽이여! 우리는 그 뿔 달린 짐승을 알고 있다! 그것은 그대에게는 언제나 그지없이 매혹적이며, 또 위험을 되풀이해 오기도 했다. 이 옛이야기가 다시 한번 '역사'가 될지도 모른다—이제 또 한 번 엄청난 어리석음이 그대를 지배하고, 그대를 끌고 가버릴지 모른다! 이 어리석음 밑에는 그 어떤 신도 숨을 수가 없다! 있는 것은 하나의 '이념', 하나의 '근대 이념'뿐이다.

제8장 민족과 조국

240

나는 리하르트 바그너의 〈마이스터징거〉 서곡을 다시 한번 들었다. 그것이야 말로 화려하고 의미심장하며 육중한 세기말적 예술 작품으로서, 그보다 앞선 두 세기 동안의 음악을 전제로 하지 않으면 이해할 수가 없다. 이것이 이 작품의 자랑이다. 그런 자랑이 잘못되지 않았다는 점은 독일인에게는 명예로운 일이다! 이 작품에는 얼마나 여러 기질과 힘이, 그리고 다양한 계절과 풍토가 섞여 있는가! 때로는 고대풍이라는 생각이 들고, 때로는 이국적이라 여겨지며, 거칠기도 하고 미숙하기도 하다. 제멋대로인가 하면 화려한 전통적인 냄새도 풍기고 유희적인 점도 적지 않지만, 또한 보다 야비하고 거칠기도 하다. 격정적이고 용기도 있지만, 동시에 늦게 무르익은 과일처럼 늘어지고, 누런 살가죽도 붙어 있다. 폭넓게 흘러가면서 그 속에 풀 수 없는 막연한 순간이 있는데, 이것은 말하자면 원인과 결과 사이에서 발생한 간격이며, 또는 우리한테 밀어닥쳐서 꿈을 꾸게 하는 힘—거의 가위에 눌리는 것과 흡사하다. 하지만 다시 곧 이전의 유쾌함—다양한 유쾌함과 옛날의 행복과 새로운 행복—이 다시 물결로서 번지는 것이다. 이 행복은 작곡자 자신이 자기에 대해 도취하고 있는 것으로서, 그는 이것을 숨기려 하지 않는다. 여기서 사용된 예술적 수법은 새로 획득된 것이며 아직도 시련을 다 겪지 못한 것이지만, 작곡가는 그것을 놀랄 만큼 자유자재로 구사할 수 있었고, 스스로 그것을 알고 있어서 우리에게 알려주려는 듯하다. 그러나 결국 이 작품에는 아름다운 곳이 전혀 없다. 남국적인 것도, 남국 하늘의 곱고 밝은 맛도, 우아함도 춤도 없으며, 논리에의 의지도 거의 없다. 어떤 답답한 어설픔이 강조되고 있어서 마치 작곡가가 "그것이 바로 내가 의도한 것이다" 말하려고 하는 듯 보인다. 무겁고 답답한 의상이 있고, 어딘지 제멋대로의 야만과 장엄함도 있으며, 잘난 체 학문을 내세우는 자만심과 재치가 펄럭이고 있다. 이것이야말로 최선 혹은 최악의 의미에서 독일적인 것이며, 독일식으로 복잡하고 볼품없으며 무궁무진한 물건이다. 여기에는 또 영혼의 독일적인 오만과 충만이 깃들고 있는데, 그것이 퇴폐적인 교묘한 기교로서 감추어져 있다— 아마 그런 곳이 가장 어울릴 수 있는 곳인지도 모르겠다. 이 작품은 젊으면서도 구식이고, 무르익다 못해 물러진 동시에 미래가 풍성한 독일 영혼의 표현이다. 이런 종류의 음악이야말로 내가 독일인에 대해 생각하고 있는 바를 가장 잘 표현하고 있다. 독일인은 그제의 인간이면서 모레의 인간이다—그들에게는 아직 오늘이 없다.

241

우리 '선한 유럽인'조차도 때에 따라서는 진심으로 조국애나 낡은 애착이나 편협으로 떨어지거나 뒷걸음질을 하는 경우가 있다—나는 방금 그런 예를 제시했다. 그리고 때로는 국민적인 흥분과 애국적 중압감, 그 밖의 고풍스러운 감정들에 사로잡히는 일이 있다. 우리보다 느슨한 정신을 가진 사람들은, 우리 같으면 기껏해야 몇 시간에 한하고 몇 시간으로 끝날 일도, 훨씬 많은 시간이 걸려서야 간신히 끝내는 것 같다. 어떤 자는 반년이 걸리고 어떤 자는 반생이 걸리지만, 그 기간은 그들이 소화하고 신진대사를 하는 속도와 힘에 일치한다. 이 빠른 속도의 유럽에서조차도 매우 어리석고 느린 사람이 있어서, 그들은 조국애나 토착심이라는 격세유전적 발작을 극복하고 다시 이성으로, 즉 '선한 유럽인'으로 돌아가기 위해서 반세기를 필요로 하는 것이다.

이런 사람들의 일을 생각하면서 헤매고 있을 때, 나는 두 사람의 늙은 '애국자'가 나누는 대화를 귀담아들은 일이 있다—그들은 분명 상대가 얘기하는 것을 잘 알아듣지 못하는 듯 점점 큰 소리로 떠들고 있었다. "그 친구는" 하고 한 사람이 말했다. "농부나 학생 연맹의 대학생만큼 철학을 알고 있고 존중도 하고 있어. 그런 녀석한테는 죄가 없네. 하지만 오늘날 그것이 무슨 소용인가! 오늘날은 대중의 시대이며, 대중은 무엇보다도 대중적인 것 앞에 굴복하거든. 정치에 있어서도 그렇지. 그들을 위해 새로운 바벨탑을 세우고 거대한 제국과 강국을 세우는 정치가는 '위대'하다고 불리지. 우리와 같이 신중하고 겸손한 인간이 '한 가지 행위나 사물을 위대하게 하는 것은 다만 위대한 사상뿐이다'라는 옛 믿음을 버리지 않았다고 해도 그것이 무슨 소용이겠는가? 만일 어떤 정치가가 그 국민을 타고난 소질도 준비도 없는 '위대한 정책'을 수행해야 되는 상태로 몰아넣었고, 그 결과 국민은 의심스럽고 낯설은 평범성 때문에 옛날부터의 견고한 미덕까지 희생하지 않을 수 없게 되었다고 가정해 보라고. 또 그런 정치가가 국민이 '정치화'하기를 선고했는데 국민은 그때까지 그보다도 훌륭한 일을 하고 또 생각하고 있었기 때문에 그 영혼의 밑바닥에서 정치화된 국민들이 갖기 마련인 불안, 공허, 광기에 대해서 신중한 혐오감을 버릴 수가 없었다고 가정해 봐. 또 그런 정치가가 국민의 잠자고 있는 정열이나 욕망을 자극해서 그때까지의 수줍음과 방관주의를 오점이라 생각하고, 외국 숭배와 내적 무한성을 규탄하며, 그 중심에서의 저항심을 부정하고, 그 양심을 꺾고 정신을 편협하게 만들고 취미를 '국수적'으로 만들었다고 가정해 보라고. 이런 일들이 있었다고 가정해 볼 때 어떨까? 이런 모든 일을 해낸 정치가—그 사람이 행한 것을 그 국민이 미래의 영겁에 걸쳐서(만일 그 국민에게도 미래가 있다면) 보상해야만 될 정치가—를 위대하다고 할 수 있을까?" "물론이지!" 하고 다른 한 사람이 격렬한 말투로 대답했다. "위대하지 않고 어떻게 그런 일을 해낼 수 있겠는가! 그런 것을 바랐으니 그는 아마도 미친 사람이었을 테지. 그러나 모든 위대함은 처음엔 미친 것과 별반 다를 게 없어!" "그건 궤변이야!" 상대편이 소리쳤다—"그 사람은 강했던 거야! 강했던 거야! 강하고 그리고 미쳤지! 위대한 것은 아니야!" 이렇게 그들의 진리를 서로 얼굴에 대고 소리쳤을 때, 두 노인은 확실히 흥분해 있었다.

나는 다행히도 멀리 떨어져서 그 강한 자도, 결국 더욱 강한 자가 나타나서 지배하게 될 것이라고 생각했다. 그리고 한 국민의 정신적 천박화에 대해서는 한 가지 보상이 있다는 사실을 생각했다—그것은 다른 국민이 깊어짐으로써 이루어진다는 것이다.

242

오늘날 유럽인의 특색을 찾는다면, '문명'이라고도 '인도주의화'라고도, 혹은 '진보'라고도 할 수 있겠다. 또 칭찬이든 비난이든 유보하고, 단지 정치적 용어로서 유럽의 민주화 운동이라고 말할 수도 있겠다. 아무튼 이러한 방식으로 나타낼 수 있는 모든 도덕적, 정치적 전경 뒤에는 거대한 생리적 과정이 작동하고 있으며, 점차 추동력을 얻기 시작하고 있다. 이는 유럽인이 서로 닮아가는 과정이며, 풍토적으로나 계급적으로 인종의 발생을 제약하는 모든 조건에서 점점 멀어지게 한다. 모든 인간에게는 그가 속한 특정한 환경이 있어, 그것이 수세기 동안 똑같은 요구로 그의 몸과 마음에 그 특성이 각인되는 것임에도, 이러한 특정 환경에서 점차 독립해 간다는 사실이다. 즉 본질적으로 초국민적인 유목민이 나타나서, 그러한 유형의 인간은 전형적인 특징으로서 최대의 적응 기술과 적응력을 가지고 있는 것이다.

바야흐로 그러한 유럽인이 발생하고 있는데, 이 과정은 커다란 반동으로 인해 속도가 늦춰질지는 모르나, 도리어 격렬성과 깊이는 더해간다. 지금 광분하고 있는 '국민적 감정'의 격동이나, 또 싹터오는 무정부주의도 그 징후이다. 이 과정은 소박한 촉진자와 찬미자, '근대사상'의 사도들에게는 생각지도 못했을 결과를 불러올 것이다. 바로 현대의 모든 조건은 평균해서 인간의 평등화와 평범화를 초래했고―부지런하고 어디에나 쓸모 있는 가축 떼와 같은 인간을 빚어내고 있는데, 이 새로운 여러 조건은 반대로 보다 위험하고 또 매력 있는 성질을 가진 예외적 인간의 발생을 재촉하는 것이다. 왜냐하면 적응력이란 언제나 변하는 조건에 일일이 적응해서 세대마다, 거의 10년마다 새 일을 시작하므로, 강한 인간형은 일반적으로 생겨날 수 없기 때문이다. 그래서 이러한 미래의 유럽인을 총체적으로 바라볼 때, 그들은 수가 많고 수다스러우며 의지가 약하고 어디라도 쓸 수 있는 노동자들이며, 그들에게는 그날그날의 양식이 필요하듯 지배자와 명령자가 필요하다. 그리고 그러한 유럽의 민주주의화는 결국 정확한 의미에서의 노예제도를 위해 태어난 인간형을 빚어내게 될 것이다. 또한 개개의 예외적인 경우에는 강한 인간이 어쩌면 지금까지 그 유례를 찾아볼 수 없을 만큼 강하고 부유하게 되지 않을 수 없기 때문이다. 다시 말해 이들은 교양에 있어 선입견이 없으며, 그 수련과 기능, 또 가면에 있어 복잡하기 이를 데 없기 때문이다. 나는 말하고 싶다―유럽의 민주주의화는 한꺼번에 전제적 지배자(모든 의미에서 또한 가장 정신적인 의미에서)를 길러내기 위한, 저절로 만들어진 양성소라고.

243

나는 우리의 태양이 헤라클레스 별자리 방향으로 맹렬하게 움직이고 있다는 말을 듣고 흐뭇해하고 있다. 나는 이 지상의 인간도 이렇게 되기를 바라고 있다. 그것도 우리 선한 유럽인이 앞장을 서서!

244

어떤 시대에는 독일인이 '깊다'는 형용사로 특징지워지는 것이 보통이었다. 그런데 오늘날에는 새로운 독일 정신의 더욱 성공적인 유형은 이것과는 다른 명예를 바라고 있으며, 또 모든 깊은 것에 예리함이 없음을 섭섭해하고 있다. 그래서 다음과 같은 의혹이 거의 유행처럼 되고, 또 애국적이기까지 하다. 즉 우리는 그러한 찬사로 자신을 속여온 것은 아닌지, 독일적인 '깊이'의 정체는 무언가 다른 더 나쁜 건 아니었는지, 그리고 다행히도 우리는 그것을 버릴 수 있게 되지 않았는가 하고 말이다. 그러면 이제 우리는 독일적 깊이에 대해 다시 생각해 보기로 하자. 그러기 위해서는 독일인 영혼을 조금만 생체 해부해 보면 된다—독일인의 영혼은 무엇보다 다양한 기원을 가졌고, 구성되어 있다기보다는 결합되고 겹쳐져 있다. 이것은 그 영혼의 유래에 의한 것이다. "아! 내 가슴속에는 두 영혼이 살고 있다"[1]고 단언하는 독일인은 진리를 잘못 파악한 것이다. 더 제대로 말해서 더 많은 영혼이 남아 있다는 뜻이다. 독일인은 여러 인류의 극도의 혼란과 접촉에 의해 생겨났고, 게다가 아리아 인종 이전에 있던 요소가 우세하고, 모든 의미에 있어 '중간 민족'이며, 다른 어떤 인종보다도 이해하기 어렵고, 광범위하며, 모순이 많고, 알려지지 않았으며, 헤아리기 어렵고, 당돌하며, 가공할 만하다—독일인은 정의를 내리기 어렵다. 이것만으로도 벌써 프랑스인은 절망한다.

독일인 사이에도 "독일적이란 무엇이냐?" 하는 의문이 그치지 않는데, 이것이 그들의 특색이다. 코체부는 그 무렵의 독일인을 잘 알고 있었다. 사람들은 "우리는 마침내 인식되었다"고 그에게 갈채를 보냈다—그러나 상드도 독일인을 알고 있다고 생각했다. 장 파울은 피히테의 거짓되지만 애국적인 아첨이나 과장

---

1)괴테의 《파우스트》, 1권 1112행 참조.

에 대해 분노를 터트렸을 때 자기 견해를 깨닫고 있었다. 그리고 괴테는 독일인에 대해서는 장 파울과 의견을 달리하고 있었던 것 같다―다만 피히테에 관해서는 장 파울의 편을 들었지만. 도대체 괴테는 독일인에 대해 무엇을 생각하고 있었을까? 그는 자기 주위의 많은 사물에 대해서는 한 번도 확실하게 말한 적이 없다. 그는 평생 현명한 침묵을 지킬 줄 알았다. 어쩌면 거기에는 그럴 만한 이유가 있었을 터이다. 확실한 점은 괴테가 기뻐서 쳐다보게 한 것은 '해방 전쟁'도 아니고, 프랑스 혁명도 아니었다. 그에게 '파우스트'를, 참으로 모든 '인간'의 문제를 다시 생각하게 한 사건은 나폴레옹의 출현이었다. 괴테가 했던 이야기 중에는 독일인이 자랑으로 삼고 있는 것을, 마치 외국인이 말하는 투로 통렬히 비난하는 것이 있다. 일찍이 그는 유명한 독일의 정서를, "자기 자신과 다른 사람의 약점을 관대히 봐주는 것"이라 정의했다. 그가 그렇게 말한 것이 부당할까?―독일인에 대해서는 그 어떤 판단을 내리더라도 그것이 완전히 틀린 경우가 매우 드문 것이 독일인의 특징이다.

독일인의 영혼 안에는 통로와 샛길이 들어 있다. 그 안에는 동굴과 은신처와 감옥이 들어 있다. 그 무질서는 신비에 넘치는 매력을 가졌다. 독일인은 혼돈을 향해 나 있는 샛길을 알고 있다. 모든 사물이 자기 비유를 좋아하듯 독일인은 구름을 좋아하고, 모든 불명료하며 서서히 나타나고 있는 어슴푸레하고 축축하며 감추어진 것을 좋아한다. 모든 종류의 불확실한 것, 아직 형성되지 않은 것, 자기 위치를 바꾸는 것, 성장하는 것을 그는 '깊다'고 느낀다. 독일인 자체는 존재하지 않는다. 그는 생성하고 '발전'한다. 그래서 '발전'이 철학적 방식의 큰 영역에서 진정한 독일인의 과감한 시도이고 발견이었다. 이 지배적 관념은 독일 맥주, 독일 음악과 함께 유럽을 독일화하려 활동하고 있다. 독일인 영혼의 뿌리에 있는 모순된 본체는(이것을 헤겔은 체계화하고, 바그너는 마침내 음악화했다) 외국인을 미혹하지만, 그들은 이 수수께끼에 마음을 빼앗긴 채 깜짝 놀라고 있다.

'온화하고 악의적인'―이 두 가지가 공존한다는 것은 다른 민족의 경우에는 언제나 모순이겠지만, 유감스럽게도 독일에서는 정당화되는 경우가 너무나 잦다. 시험 삼아 한동안 슈바벤 사람들과 함께 살아보라! 독일 학자의 서투름과 그들의 사교적 악취미는 신들도 겁낼 만큼의 정신적 줄타기와 경쾌함, 대담한 비약을 수반하고 있다. 만약 '독일 정신'을 눈앞에서 보고 싶다면, 독일의 취미와 예술과 풍습을 들여다보면 된다. 거기에는 '취미'에 대한 얼마나 촌스러운 무관심이 있는가! 그지없이 고귀한 것과 그지없이 천한 것이 어찌 그리 나란히 있는지! 그 영혼의 내부는 어찌 그리 무질서하고 뭐가 그리도 많은지! 독일인은 자기 영혼을 끌고 다닌다. 그는 체험하는 모든 것을 끌고 다닌다. 그는 자기가 맞닥뜨린 사건을 소화시킬 줄 모른다. 그것을 처리할 수가 없다. 독일인의 깊이란 때로는 그저 '처리'가 곤란해 머뭇거리는 것에 지나지 않는다. 습관이라는 병을 앓는 사람, 위가 약한 사람은 모두 안이한 경향이 있는 법인데, 독일인도 '솔직함'과 '우직함'을 좋아한다. 솔직하고 우직하다는 것은 얼마나 안이한가!

오늘날 독일인이 지니고 있는 가장 위험하고도 교묘한 가장은 이 친밀한 사교적 태도이며, 이른바 독일식 '솔직'에서 오는 손안의 카드를 펴 보이는 것이다. 이것이야말로 독일인의 독특한 메피스토펠레스적 기교이며, 이 수법을 가지고 그는 '훨씬 더' 교묘한 일을 하는 것이다! 독일인은 상황을 되어가는 대로 내버려 두고는 독실하고 공허하며 파란 눈으로 바라보고 있다―그러면 외국인은 곧 그를 그의 잠옷과 혼동한다! 나는 이렇게 말하고 싶다―우리끼리 말이지만 '독일적 깊이'가 무엇이든 간에 우리가 그것을 너무 비웃는 것은 나쁘지 않을까? 앞으로도 그 의견과 호평은 소중히 다루는 게 좋겠고, 깊이가 있는 민족이라는 예로부터의 우리 명성을 프로이센의 '과단성'이나 베를린의 재치와 손쉽게 바꾼다는 것은 생각해 봐야 할 일이다. 깊이가 있다거나 서툴다거나 착하다거나 성실하다거나 어리석게 보인다는 것은 민족에게는 바람직한 일이다. 그리고 깊이가 있는 일이기도 하겠다. 결국 우리는 우리 명성에 경의를 표하지 않으면 안 된다―우리가 '독일(tiusche)' 민족, 즉 '사기(Täusche)' 민족이라 불리는 것도 무리가 아니다.

245

'좋았던 옛' 시대는 지나갔다. 그것은 모차르트에게서 이미 다 노래로 불리웠다. 그의 로코코풍 음악이 여전히 우리에게 말을 걸어 오면 우리는 얼마나 행복한가. 그의 '능숙한 사교', 부드러운 정열, 중국풍이나 그 장식체의 어린아이 같은 즐거움, 마음으로부터의 은근하고 우아하며 사랑스럽게 춤추는 눈물겨운 동경, 남국적인 것에 대한 신앙! 그 얼마나 행복한가. 아! 언젠가는 이것도 사라져 가리라—그러나 그 누가 의심하랴, 베토벤에 대한 이해와 감상이 그보다 먼저 사라지리라는 것을! 그는 양식의 변화와 양식 단절의 마지막 반향에 불과하며, 모차르트 같은 여러 세기에 걸친 오랜 유럽 취미의 마지막 여운은 아니었다. 베토벤은 오래 무르익어 허물어져 가는 영혼과 다가오는 미래의 미숙한 영혼과의 중간적 출현이다. 그의 음악에는 영원한 상실과 영원히 무절제한 희망이 희미하게 비친다. 그것은 유럽이 루소와 더불어 꿈꾸고, 혁명이라는 자유의 나무를 둘러 춤추며, 마침내 나폴레옹 앞에 거의 꿇어 엎드렸을 때 유럽이 흠뻑 빠져들었던 그 빛이다. 하지만 그 감정은 어느새 빛바래 가지 않는가! 지금에 와서는 그 감정을 알기조차 어렵게 되지 않았는가! 루소, 실러, 셸리, 바이런의 말들이 얼마나 우리 귀에 낯설게 울리는가! 유럽의 운명은 그들에 의해 언어의 길을 찾았고, 베토벤에 의해 노래로 불렸다.

그 뒤에 생겨난 독일 음악은 모두 낭만주의에 속한다. 즉 역사적으로 말한다면 저 위대한 간주곡—루소에서 나폴레옹, 이어서 민주주의의 출현에 이르기까지 유럽의 과도기보다 더 짧고 허무하며 피상적인 운동에 속하는 것이다. 베버—오늘날 우리에게 〈마탄의 사수〉나 〈오베론〉이 무엇인가! 또 마르슈너의 〈한스 하일링〉이나 〈흡혈귀〉가 무엇인가! 또 바그너의 〈탄호이저〉라 할지라도! 이런 것들은 지금 잊히지는 않았다 하더라도 이미 반향을 잃은 음악이다. 이러한 낭만주의 음악은 충분히 고귀하지 못했고, 충분한 음악이 못 되었던 것이다. 극장이나 대중 앞에서가 아니면 그 존재 이유를 유지할 수 없었다. 그것들은 애당초 이류 음악이며, 진정한 음악가들은 돌아보지도 않았던 것들이다. 펠릭스 멘델스존은 달랐다. 이 저명한 명장은 그 경쾌하고도 순수하고 행복한 정신으로 인해서 금세 존경받았고, 독일 음악의 아름다운 삽화로서 또 금세 잊혔다. 로베르트 슈만은 진지했으며, 또 처음부터 진지하게 다루어졌는데, 그는 하나의 유파를 세운 마지막 인물이었다. 바로 이 슈만의 낭만주의가 극복되고 끝난 것이야말로 오늘날 우리에게는 행복이며, 안도할 해방이 아니겠는가?

슈만은 그의 '작지쉐 슈바이츠'의 풍경처럼 꾸며진 영혼 안에 숨어, 반은 베르테르적, 반은 장 파울적 천성을 지녔지만 결코 베토벤 같지도 바이런 같지도 않았다! 그의 만프레트적 음악은 거의 부정에 가까운 실책이었고 오해였다—그의 취미는 근본적으로 작은 취미였고(더욱이 독일인들에게는 이중으로 위험한,

조용한 서정미와 감정의 탐닉이라는 위험한 경향이었다) 슈만은 이러한 취미를 가지고 늘 옆으로 숨거나 수줍어 물러나거나 들어앉거나 했다. 오직 이름 없는 행복과 슬픔에 도취되는 고상한 허약아였고, 한 소녀였으며, 처음부터 나에게 손대지 말라는 식이었다. 이러한 슈만은 음악에 있어 독일적 사건에 불과하며, 베토벤이 그랬듯이, 또 나아가서는 모차르트가 그랬듯이 유럽적인 사건은 아니었다. 독일 음악이 유럽의 영혼에 대한 호소를 잃고, 단지 애국주의로 몰락하게 되는 가장 큰 위험이 슈만의 출현과 더불어 독일 음악을 위협하고 있었던 것이다.

246

제3의 귀를 가진 자에게 독일어로 쓰인 책들이란 얼마나 고문이겠는가! 독일인이 '책'이라고 부르는 그 맥 빠진 음향, 춤 없는 리듬이 느리게 퍼져나가는 수렁의 언저리에 서서 사람들은 얼마나 불쾌할 것인가! 더구나 책을 읽는 독일인이란 어떤가! 얼마나 게으르게, 마지못해서, 얼토당토않게 읽고 있는가! 모든 좋은 문장에는 기술이—그 문장이 이해되려면, 파악되어야 하는 기술이—있다는 것을 알고, 또 알아야 한다고 생각하는 독일인이 몇이나 있을까! 이를테면 문장의 속도에 대한 오해가 있으면 그 문장 전체가 오해되고 있는 것이다! 음률상으로 결정적인 음절은 망설이게 해서는 안 된다는 것, 너무 엄격한 좌우 대칭은 피해야 하며 그 편이 더 매력적이라는 것, 모든 스타카토나 루바토에는 저마다 섬세하고도 참을성 있는 귀를 가지고 대해야 한다는 것, 모음과 삼중모음의 순서에 의해 의미를 알아챌 수 있어야 한다는 것, 그러한 것들을 그 배열에 따라 얼마나 섬세하고 풍부하게 채색하고 변색할 수 있는가를—책을 읽는 독일인 가운데 그러한 의무나 요구를 깨닫고, 언어에 숨어 있는 그처럼 다양한 기교와 의도에 귀를 기울일 만큼 마음의 준비가 되어 있는 사람이 몇이나 될까?

독일인은 그런 것에 대한 귀를 가지고 있지 않다. 그래서 문체의 대조도 듣지 못하며, 기교의 극치라도 쇠귀에 경 읽기같이 헛일로 지나간다—일찍이 사람들이 산문 예술의 두 거장을 멋모르고 혼동하는 것을 본 적이 있는데, 그때 나는 위에 말한 그런 생각을 했었다. 그중 한 사람은 말이 마치 축축한 동굴의 천장에서라도 떨어지듯 뚝뚝 싸늘하게 떨어지고 있었는데, 그는 음울한 울림과 되울림의 효과를 노리고 있었다. 또 한 사람은 그의 언어를 마치 쟁쟁 휘는 검처럼 다루며, 물고 야유하고 자르고 싶어서 쌩쌩 울리며 떨리는 칼날의 아슬아슬한 행복감을 팔에서부터 발끝까지 느끼고 있었다.

247

독일식 문체는 음조와 귀에는 별로 관계가 없다. 이는 우리의 훌륭한 음악가들이 서투른 문장을 쓰고 있다는 사실로도 알 수 있다. 독일인은 소리를 내어 읽지 않고, 귀를 위해 읽지 않으며, 오직 눈으로 읽는다. 독일인은 읽을 때에는 귀를 서랍 속에 넣어둔다. 고대인은 읽을 때—이것은 매우 드문 일이었지만—자기에게 소리 높여 읽어주었다. 만약 낮은 소리로 읽는 자가 있으면 그것을 의심해서 몰래 그 이유를 조사했다. 소리를 높인다는 것은 음의 모든 팽창, 굴곡, 조바꿈과 빠르기의 변화를 의미한다. 고대인의 공동생활은 이런 데서 기쁨을 찾았던 것이다. 그 무렵에는 문장체의 법칙과 회화체의 법칙은 같은 것이었으며, 회화체는 귀와 후두(喉頭)가 놀랄 만큼 발달하고 세련된 요구를 가지고 있은 데 기인하는 바가 적지 않았고, 또 고대인의 폐가 굉장한 인내력을 가지고 있었다는 데도 원인이 있다. 고대인의 해석으로 도미문(掉尾文)이란 한 호흡 안에 포괄되는 생리적 전체를 이루는 문장을 말한다. 데모스테네스나 키케로가 사용한 이러한 도미문은 모두 한 호흡 속에 있으면서, 두 번 올라왔다가 두 번 내려가는 것이었다. 고대인은 이것을 즐겨 사용했는데, 그들은 이 기술의 덕, 그리고 그러한 도미문으로 연설을 한다는 그 비범함과 어려움을 자기 수련으로 평가할 수가 있었다—우리 현대인은 어느 의미에서 보나 짧은 호흡으로 인해 그처럼 웅장한 도미문을 사용할 자격이 없다!

고대인은 모두 연설에 있어 학문 애호가이고, 전문가이며, 따라서 비평가였다. 그리하여 그들은 자신의 연설을 최고의 경지로 끌어올렸다. 또한 지난 세기에는 모든 이탈리아의 남녀가 노래할 줄을 알았기 때문에 이탈리아에서는 성악이(이와 함께 선율의 예술도) 절정에 달했던 것이다. 그런데 독일에서는 (최근에 와서야 강단 위의 웅변이 어물어물 서툴게 그 젊은 날개를 치기 시작했는데) 본디 그저 공개적이고 예술적인 담화가 있었을 뿐이다. 그것은 설교 단상에서 행해진 것이다. 하나의 음절, 하나의 말에도 얼마나 무게가 있고, 하나의 문장이 어느 정도 울리고 뛰고 넘어지며, 질주하고 멈추는가를 알고 있던 이는 독일에서는 오직 설교자뿐이었다. 그만이 귀에 양심을—때로는 양심의 가책을 가졌다. 그도 그럴 것이 여러 이유에서 특히 독일인에게는 뛰어난 연설이 없었으며, 또 있었다 해도 거기에 도달하기에는 언제나 오랜 세월이 걸렸기 때문이다. 독일 산문의 걸작은 당연한 일이지만, 최대의 설교가가 낳은 걸작인 것이다. 루터의 《성경》에 비하면 그 밖의 것은 거의 '문헌'에 지나지 않는다. 그것은 독일 땅에서 성장한 것이 아니며, 《성경》처럼 독일인의 마음에 뿌리를 박고 자라나지를 못했고 또 못하는 것이다.

248

천재에는 두 부류가 있다. 하나는 무엇보다 잉태시키고, 또 잉태시키기를 바란다. 또 하나는 임신하고, 또 낳기를 더 좋아한다. 이와 마찬가지로 천재적인 민족 중에는 임신이라는 여성적 문제와, 형성과 성숙 및 완성이라는 은밀한 임무가 지워진 자가 있다. 예를 들면 그리스인이 이런 민족이었고, 프랑스인도 마찬가지였다. 그런데 씨를 뿌리고 생명의 새로운 질서의 원인이 될 수밖에 없는 민족도 있다—바로 유대인과 로마인, 그리고 아주 겸손하게 묻는다면 독일인도 그렇지 않을까? 그들은 알 수 없는 열로 고민하며 황홀해져서 내부의 압력을 억누르기 어렵고, (임신하기를 좋아하는) 다른 민족을 연모하고 갈망하는 것이다. 그들은 자기에게 생식력이 충만함을 알고, 따라서 '신의 은총에 의해서'라는 것을 아는 자들처럼 지배욕을 가지고 있다. 이러한 천재의 두 부류는 남성과 여성처럼 서로를 필요로 한다. 그러나 그들은 서로 오해한다. 마치 남성과 여성처럼.

249

모든 민족은 특유한 위선을 가지고 있으며, 그것을 그들의 미덕이라 일컫는다. 자기의 최선은—알지 못하며—알 수도 없는 것이다.

250

유럽은 유대인에게서 어떤 빚을 지고 있는가? 여러 가지이다. 좋은 것도 있고 나쁜 것도 있다. 그런데 무엇보다도 최선의 것인 동시에 최악의 것이 하나 있다.

바로 도덕에 있어서의 커다란 양식, 무한한 요구와 무한한 의미의 공포와 위엄,
도덕적으로 의심스러운 것의 모든 낭만성과 숭고미, 이것들이야말로 찬란한 연
극과 삶에 대한 유혹에서 미혹적이고 엄선된 부분들이며, 그 영역 가운데 오늘
날 우리 유럽 문화의 하늘이 황혼에 물들어 있고—바야흐로 없어져 가고 있는
것이다. 여기에 대해 우리 구경꾼과 철학자 사이에 있는 예술가들은 유대인에
게 감사한다.

251

　민족적 신경증이나 정치적 공명심 때문에 고통을 겪고 싶어하는 민족은 정
신적으로 여러 먹구름과 장애—즉 어리석음의 발작이 약간 스치고 지나가는
일이 있어도 참아내야 된다. 예컨대 오늘날의 독일인에게는 때로는 반(反)프랑
스적이라는 어리석음이 있고, 때로는 반유대주의, 때로는 반폴란드, 때로는 그
리스도교적 낭만주의, 또는 바그너적이고, 심지어는 튜턴적인 프로이센식(제발
지벨이나 트라이치케 같은 딱한 역사가들, 그리고 그들의 잔뜩 붕대를 감은 머리를 좀
보라)의 어리석음이 있다. 그리고 다른 이름으로 불러도 좋겠지만 그러한 독일
정신과 양심에 약간의 혼돈이 있다. 솔직히 고백하지만 나 또한 그런 전염성 있
는 땅에 잠시 머무르고 있던 동안에 위장병에 걸리지 않을 수 없었다. 그리고
주위의 인간과 마찬가지로 자기와는 전혀 관계도 없는 사물에 대해 이것저것
골치를 앓곤 했다. 이것은 정치적 전염의 첫 징후였다. 예컨대 유대인에 대해서
들어보라—나는 유대인한테 호의를 가진 독일인을 지금까지 한 사람도 본 일
이 없다. 모든 신중한 사람들이나 정치가로부터 반유대주의는 무조건 배격당하
고 있지만, 이러한 신중함이나 정책이라 할지라도 그런 종류의 감정 자체에 반
대하고 있는 것은 아니며, 다만 그 위험한 무절제, 특히 그 무절제한 감정이 파
렴치한 형태를 취하고 밖으로 나타나는 것을 방지하는 데 있을 뿐이다—여기
에 대해서 자신을 속여서는 안 될 것이다.
　독일에는 꽤 많은 유대인들이 있다. 그리고 이탈리아인이나 프랑스인이나 영
국인보다 강력한 소화력을 가진 덕택으로, 이 문제를 해결한 것과 같이—독일
인의 위장과 피가 그만한 분량의 유대인을 소화하기란 어려우며, 앞으로도 오
랫동안 계속 어려울 것이다. 이런 사실은 독일인의 일반적 본능이 확실히 말하

고 있는 사실이며, 독일인은 그 본능에 귀를 기울이고 거기에 따라서 행동해야 된다. "더는 한 놈도 유대인을 들이지 말라! 특히 동쪽으로는(오스트리아에 대해서는) 문을 닫아라!" 이렇게 국민의 본능은 명령을 하지만, 그것도 자기 성질이 아직 유약해서 일정치 않고, 좀더 강인한 다른 민족에 의해 쉽사리 지워질지도 모르기 때문이다. 의심할 여지없이 유대인은 지금 유럽에 생존하고 있는 가장 강인하고 순수한 민족이다. 그들은 최악의 조건에서도 '유리한 조건에서보다' 여전히 살아나갈 힘을 갖고 있다. 그것도 오늘날 사람들이 악덕이라고 낙인을 찍으려 하는 덕성에 의해서이며, 더욱이 '근대사상' 앞에서 스스로 부끄러워할 필요가 없는 확고한 신앙으로 인해 그렇다. 그들이라 할지라도 변할 때는 변화하지만, 그 방법은 마치 러시아 제국이—유유히 버티면서 단연 어제 태어나지 않은 나라로서—침략을 감행하는 것과 유사하다. 즉 '될 수 있는 대로 천천히'라는 원칙을 따르고 있다!

　양심 속에 유럽의 장래를 걸머진 사상가가 그 앞날을 생각해서 설계를 하는 경우에 늘 러시아를 고려하는 것처럼 유대인을 고려하는 것은, 열강의 거대한 다툼 중에서도 가장 확실하고 가능한 요소이리라. 오늘날 유럽에서 '국민'이라 불리고 '태어난 것'이라기보다는 '형성된 것'이라고 할 수 있는(더구나 가끔 '공상되고 그려진' 것과 혼동이 될 만큼 닮고 있다) 것은 거의가 생성해 가고 있는 젊은 것으로서, 쉽사리 변질될 수 있다. 그것은 아직 민족이 아니다. 하물며 유대인의 성격처럼 '청동보다도 영원한' 것도 아니다. 또 이와 같은 '국민'들은 울컥해서 경쟁을 시작하거나 적의를 갖지 않도록 주의해야 한다! 만일 유대인이 원하면—또는 반유대주의자들이 바라듯이 그들이 그렇게 하지 않을 수 없는 경지로 몰리게 되면 그들은 지금 당장이라도 유럽에서 우위를 차지하고, 문자 그대로 지배권을 장악하게 되리라는 것은 확실하다. 그러나 그들이 그것을 목표로 공작을 하거나 계획을 세우지 않고 있다는 것도 확실하다. 오히려 지금 그들은 조금 뻔뻔스러운 태도이긴 하지만 유럽 속으로 스며들고 유럽에 흡수되기를 바라고 있다. 그들은 어딘가에 정착하고, 받아들여지고, 인정을 받아서 '영원한 유대인'의 방랑 생활을 끝내고자 갈망하고 있다. 우리는 유대인의 이런 경향과 충동을(이것은 어쩌면 유대인 본능의 이완을 뜻하는 것인지도 모르겠다) 주의해서 호의로 받아들여야 할 것이다. 그러기 위해서는 나라 안의 반유대주의 선동가를 추방하는 것이 아마 유익하고도 정당하리라. 그러나 그렇게 호의적인 수용도—대체로 영국의 귀족이 하듯 온갖 신중함과 선택으로 이루어지지 않으면 안 된다. 예컨대 프로이센 국경 지방의 귀족 장교처럼 이미 확실하게 틀이 잡힌 새로운 독일주의의 최고 강력자도 유대인과는 아무런 거리낌 없이, 서로 제휴할 수 있다는 것은 분명하다. 이 사람들의 명령과 복종이라는 유전적 기술(이 두 가지만을 언급한 나라는 지금 고전적인 명성을 얻고 있다), 금전과 인내의 천재(그리고 지금 언급한 나라에서는 몹시 모자란 지성)가 덧붙어 더욱 육성될 수 있을지를 보는 것은 이러한 의미에서 흥미가 있다. 하지만 여기에서는 유쾌한 독일 지상주의와 축사는 멈추기로 하자. 왜냐하면 나는 이제 엄숙한 문제, 즉 '유럽의 문제'에 손을 대고 있기 때문이다. 이것 또한 유럽을 지배할 새로운 계급의 육성이다.

252

　　영국인들은 어떤 의미로 보거나 철학적인 민족이 못 된다. 베이컨은 철학적 정신 일반에 대한 공격을 의미하며, 홉스나 흄이나 로크는 한 세기 이상이나 '철학자'라는 개념의 저하와 가치 약화를 의미하고 있다. 칸트는 흄에 반항해서 자신을 높였다. 로크에 대해서는 셸링이, "나는 로크를 경멸한다"고까지 말하고 있다. 헤겔과 쇼펜하우어는 철학에 있어서 적대적인 천재 형제였으며, 서로 갈라져 독일 정신의 양극을 지향했고, 그러면서 형제들끼리 저지를 수 있는 잘못을 했으나, 이들 둘은 (괴테와 더불어) 영국의 기계론적 세계 우둔화에 대한 항쟁에서는 일치단결했다.

　　영국에는 무엇이 결핍되어 있고 또 늘 결핍되어 왔는가는 악취미에다 머리도 나쁜 반(半)배우이자 수식학자 칼라일이 잘 알고 있었다. 그는 격정적으로 찌푸린 모습 아래에서 그가 깨닫고 있던 것—바로 칼라일에게 결핍되어 있던 것을 감추려고 애썼다. 그것은 바로 정신성 본래의 힘이자 정신적 통찰 본래의 깊이였고, 요컨대 철학이었다. 이처럼 비철학적 민족의 특징은 그들이 그리스도교에 매달려 있다는 점이다. 그들 영국인은 '도덕화'와 인도주의화를 위해 그리스도교의 훈련이 필요할 것이다. 영국인은 독일인보다 음울하고 육감적이고 의지가 강하며 야수적이다. 바로 그 때문에 더욱 속되고 또 경건하기도 한 것이

다. 영국인에게는 그리스도교가 더 필요하다. 예민한 후각을 가진 사람에게는
이 영국의 그리스도교에서는 슬픔이라든가 알코올중독 같은 진짜 영국적인 우
울증의 냄새가 느껴지는데, 그리스도교는 충분히 여기에 대한 치료제로 사용
된다. 즉 조악한 독을 빼는 데는 정교한 독을 써야 하는 법이다. 사실 우둔한
민족에게 정교한 중독이란 그것만으로도 이미 하나의 진보이며, 정신화를 위
한 한 걸음을 내딛는 셈이다. 영국의 우둔성과 촌스러운 엄숙성은 그리스도교
적 몸짓과 기도와 찬송가로 인해 그럭저럭 견딜 수 있을 정도로 위장이 된다(좀
더 정확히 말해서 해명되고 해석되는 것이다). 그리고 이 술꾼과 방탕한 이들은 이
전에는 감리교의 세력 아래에서, 요즘에 와서는 '구세군'을 통해서 도덕적으로
으르렁댈 줄 알게 되었는데, 이 가축들로서는 회개의 떨림 정도가 '인도주의'의
비교적 최고도의 수행일 것이다. 그 정도까지는 향상될 수 있다. 그쯤은 인정해
줘도 좋으리라. 그러나 가장 인도적인 영국인의 품격을 떨구는 것은 그들의—
비유해서 (또 비유하지 않고) 말하면—음악에 대한 결핍이다. 영국인은 영혼과
육체의 움직임 속에 아무런 박자도 춤도 가지고 있지 않다. 박자나 춤, 음악에
대한 욕망조차 가지고 있지 않다. 그들이 말하는 걸 들어보라. 더없이 아름다운
영국 부인들의 걸음걸이를 보라—이 지상 어느 나라에도 그보다 아름다운 비
둘기나 백조는 없을 것이다. 하지만 그녀들의 노래를 들어보라! 내 요구가 지나
친 것인가……

253

　진리 중에는 그것이 평범한 두뇌에 가장 적합하기 때문에 그들에게 인정받
는 것들이 있다. 다만 평범한 정신에게만 매력과 유혹의 힘을 갖는 것이 있다.
존경할 만한, 더구나 평범한 영국인의 정신—나는 다윈, 존 스튜어트 밀, 허버
트 스펜서를 든다—이 오늘날에는 유럽 취미의 중앙 지대에 우위를 차지했기
때문에, 어쩔 수 없이 그런 별로 유쾌하지 않은 문제에 직면할 수밖에 없게 되
었다. 사실 이러한 정신이 일시적으로 지배하는 것은 유용한 일이기도 하다. 높
은 소질을 가지고 태어나서 사물을 스치고만 지나가는 탁월한 인간은, 많은 보
잘것없는 사실을 확정하거나 수집하거나 결론을 이끌어 내는 일에는 결코 능란
하지 못하다. 이러한 인간은 예외이며, '일상적인 것'에 대해서는 결코 유리한 처

지에 놓여 있지 않다. 그들에게는 단순한 인식 이상으로 할 일이 많다―다시 말해 그들은 어떤 새로운 존재여야 하며, 무엇인가 새로운 것을 의미해야만 하며, 새로운 가치를 구현해야만 된다! 지식과 능력과의 이율배반은 흔히 생각하는 것보다 크며, 또 신비적이다. 위대한 양식을 가진 능력자, 창조자는 때로는 무식한 사람이어야 될 때도 있다. 그러나 반면에 다윈식의 과학적 발견에는 어떤 편협함과 무미건조함 또한 근면한 마음씨―바로 영국풍의 것이 공헌을 한다. 영국인이 이미 한 번 그 끈질긴 평범성을 가지고 전 유럽 정신의 침체를 초래했던 일은 잊을 수 없는 사실이다.

우리가 '근대 정신' 혹은 '18세기 관념' 또는 '프랑스 사상'이라 이름 붙였던 것―거기에 반항해서 독일 정신이 깊은 구토감을 갖고 일어섰던 것―의 기원은 영국에 있었다. 이것은 의심할 여지가 없다. 프랑스인은 다만 이 사상의 원숭이이자 배우일 뿐이며 가장 훌륭한 병사요 동시에 유감스럽게도 그 최초의, 더구나 가장 철저한 희생자였다. 즉 '근대사상'이라는 저주받을 영국 숭배 때문에 '프랑스 정신'은 몹시 희박해지고 초췌해져서, 그들의 16세기가 지녔던 깊고 열정적인 힘, 그 독창적인 고귀성이 오늘날에는 믿을 수 없이 회상되는 것이다. 하지만 다음과 같은 역사적으로 올바른 명제를 고수해서 일시적인 겉모습으로 오류를 범하지 않도록 해야 한다―바로 모든 높은 의미에서 감정, 취미, 풍속 등 유럽적인 귀족성은 프랑스의 작품이자 발명이며, 유럽의 평범함과 근대사상의 천민주의는―영국의 작품이자 발명이다.

254

지금까지도 여전히 프랑스는 유럽의 가장 정신적이며 세련된 문화의 땅이고 취미의 학교이다. 다만 사람이 이 취미의 프랑스를 발견할 줄 알아야 한다. 여기에 속하는 프랑스인은 교묘하게 숨어 있으니까 말이다. 취미의 프랑스를 구현하고 살피는 사람들은 그 수도 많지 않고 그다지 완강한 기질의 인간들도 아니다. 예컨대 숙명론자, 염세주의자, 병약자, 혹은 세심하게 다루어질 허약자, 인공화된 인간들 등 그 모두가 자신을 숨기려는 마음을 갖고 있다. 그들 모두에게 공통적인 것은 그들이 민주주의적 부르주아의 미친 듯한 어리석음과 잡음에 대해 귀를 틀어막는다는 사실이다. 오늘날 무대 앞쪽에서 춤을 추는 것은 프랑스의 우둔화되고 거칠어진 면이다. 이들은 최근 빅토르 위고의 장례식에 악취미와 자기 찬미라는 무절제한 예식을 올렸다. 그리고 그들에게 공통적인 또 한 가지의 것은, 정신적인 독일화를 방어하려는 훌륭한 의지이며—더욱이 그것에 대한 무능력이기도 하다.

오늘날 이지(理智)의 프랑스는 염세주의의 프랑스이지만, 이 나라에서 쇼펜하우어는 독일에서보다 더 어울리고 친숙하게 받아들여지는 인물이다. 하인리히 하이네에 이르러서는 새삼스럽게 말할 나위도 없지만, 그는 섬세하고 예민하고 까다로운 파리 서정시인의 살과 피 속에 벌써 오래전부터 녹아 있다. 그리고 헤겔에 대해서는 말할 필요가 없다. 그는—현존하는 가장 위대한 역사가인 텐의 모습으로—거의 전제군주와 같은 힘을 휘두르고 있다. 리하르트 바그너는 어떤가?—프랑스 음악이 '근대 정신'의 현실적인 요구에 응해서 태어나려고 하면 할수록 그것은 '바그너화(化)'될 것이다. 나는 그것을 예언할 수 있다—지금도 충분히 바그너화되어 있다! 게다가 그와 같이 그 취미를 일부러 또는 어쩔 수 없이 독일화하고 천민화하고 있음에도, 프랑스인이 오늘날에 와서도 여전히 자기 상속물로서, 소유물로서, 그리고 유럽에 있어서 옛날대로의 문화적 우월이 아직 상실되지 않은 증거로서 긍지를 가지고 내보일 수 있는 것이 세 가지 있다—그 하나는 예술가로서의 정열을 가질 수 있는 능력, 즉 '형식'에 헌신할 수 있는 능력이며, 그 때문에 '예술을 위한 예술'이나 그 밖에 무수한 말이 만들어졌다. 이 능력은 300년 동안 프랑스에는 결핍되었던 일이 없고, 더구나 그런 '소수'의 인물이 존경받고 있는 덕분에 문학의 실내악이 늘 새로 만들어지고 유럽의 다른 나라는 그것을 쫓아다니며 찾는다.

두 번째 것은 역사 깊은 복잡한 도덕주의적 문화이다. 이것이 있기 때문에 프랑스에선 어디를 가든 신문의 하찮은 대중 작가나, 파리의 한량들을 우연히 만나도 심리적 흥분과 호기심을 맛볼 수 있고, 이런 것에 대해서는 아무런 개념도 (하물며 실체도) 갖고 있지 않다. 여기에 필요한 도덕주의적 탐구를 독일인은 수세기 동안 하지 않았고, 프랑스는 위에서 말했듯이 노력을 아끼지 않았던 것이다(독일인이 '소박'하다는 것은 그런 결점을 칭찬하고 있는 것이다. '심리적인 즐거움'에 있어 독일인의 무경험과 단순함—이것은 독일인과의 교제가 지루하다는 점과 상당히 인연이 있지만, 그와 반대되는 것이 앙리 베일[2]이다. 이 사람은 '섬세한 전율'의 영역에서 진실로 프랑스적인 호기심과 독창적 재능을 가장 잘 구현한, 놀랄 만큼 선견적이고 선구적인 인간이며, 나폴레옹과 같은 속도로 그의 유럽을—유럽인 영혼의 여러 세기를 음미자로서 또 발견자로서 뛰어나갔다. 그를 쫓아가서 그를 괴롭히고 즐겁게 한 몇몇 수수께끼를 뒤늦게나마 풀기 위해서 이 세대가 필요했다—그는 놀랄 만한 에피쿠로스주의자이며, 의문의 인간이고, 프랑스 최후의 위대한 심리가였다—.

또 하나 프랑스가 우월을 요구할 수 있는 세 번째 근거가 있다. 그것은 프랑스의 성격 속에는 남국과 북국의 반쯤 성공적인 조화가 깃들어 있다는 점이다. 이 조화는 영국인으로서는 결코 포착할 수 없는 수많은 사물을 프랑스인에게 붙잡게 해 실행케 한다. 프랑스인의 기질은 주기적으로 남국으로 향하기도 하고, 남국을 등지기도 하는데, 그 속에는 가끔 프로방스나 리구리아해의 피가 넘쳐 북국의 소름끼치는 잿빛 음울함이나 햇빛을 받지 못하는 개념의 요괴담이나 빈혈에 빠지는 일이 없도록 지켜준다—그런데 우리 독일에서는 이러한 취미의 독일적인 질병이 만연하는 것을 막기 위해서 지금 단호한 결의 밑에서 피와 철이라는, 즉 '큰 정책'이 투약되고 있다(이것은 지극히 위험한 치료법이며, 나는 조바심을 내면서 효력이 나타나기를 기다리고 있지만 아직도 희망이 없다). 지금도 여전히 프랑스에는 너무나도 폭넓은 정신 때문에 무엇이든 조국 지상주의에 만족할 수가 없고, 또 북국에 있으면서 남국을, 남방에 있으면서 북방을 사랑하는 사람들이 있는데, 그들은 희귀한 존재이며 또한 희귀하게만 만족하는 것을 알고 있다. 그들은 타고난 중용의 인간이고 '훌륭한 유럽인'이다. 프랑스인에게는 이러한 사람들에 대한 미묘한 이해와 환영하고자 하는 마음이 있다—그런 사람들을 위해서 비제는 음악을 만들었다. 비제—이 마지막 천재는 새로운 아름다움과 유혹을 보았고, 음악 속에서 한 장의 남국을 발견했다.

255

독일 음악에 대해서는 많은 경계가 필요하다. 누군가 내가 사랑하는 만큼 남국을 사랑한다고 가정해 보자. 정신적이고 감각적인 병에 대한 치유의 훈련소

---

2) 프랑스 소설가 스탕달(1783~1842)의 본명.

로서, 또한 자율적이고 자신하는 존재 위에 퍼지는 분방하고 충만한 태양과 태양의 정화로서 남국을 사랑한다고 하자. 그러나 그 사람은 독일 음악에 대해서 무언가 경계해야 한다는 사실을 깨달을 것이다. 왜냐하면 독일 음악은 정묘한 취미를 모독하는 동시에 그 사람의 건강까지 해치기 때문이다. 그러한 남국인—태어나서가 아니라 신앙에 의한—은 음악의 장래를 꿈꾸는 한, 음악의 북방으로부터의 해방도 꿈꾸어야 한다. 보다 깊고, 보다 힘차고, 어쩌면 보다 악랄한, 보다 비밀에 싸인 음악의 서곡을 그의 귀로 들어야만 한다. 이 초독일적 음악은 쾌락에 넘치는 푸른 바다나 내륙의 맑은 하늘을 마주 대해도 지금까지의 모든 독일 음악처럼 음향을 잃고 빛바래 시들어 버리지 않는다. 이것은 또한 초유럽적인 음악이며, 사막의 갈색 해넘이에서도 빛을 잃지 않고, 그 정신은 야자수와도 같으며, 커다랗고 아름답고 외로운 맹수들 사이에 살며 방황한다…… 나는 어떤 음악을 상상할 수 있다. 그 신비로운 매력은 이미 선악을 모르며, 어쩌면 뱃사람의 향수, 어떤 황금빛 그늘과 연약함이 그 위를 감돈다. 이 예술은 머나먼 곳으로부터 이제는 거의 잊어버린 도덕적 세계의 색채가 이리로 도망쳐 오는 듯하며, 그처럼 때늦은 도망자를 맞아들이는 반갑고도 충분히 깊은 예술이다.

256

민족주의의 망상은 유럽의 여러 국민 사이에 병적인 소원함을 빚어냈고, 또 지금도 빚어내고 있다. 근시적이고 눈치 빠른 정치가들은 이러한 착란에 의해서 힘을 얻고, 그들이 행하는 상호 분리 정책이 과도기적인 것밖에 될 수 없음을 깨닫지 못하고 있다—현재 분명한 징조가 나타나 있는데도 오늘날에는 아직 말하기 어려운 많은 일을 통해 그것이 간과되고, 혹은 멋대로 속임수로서 왜곡된 해석이 내려지고 있다. 그 징조란 바로 유럽이 하나가 되었으면 하는 바람을 암시하는 것이다. 현 세기의 깊고 풍성한 모든 인간은 이 새로운 통합으로 이르는 길을 마련하고자 하며 미래의 유럽인을 상상하고 있는데, 이것이 그들 영혼의 신비적인 작업에 있어 진정한 방향이었다. 그들이 '조국'에 속하는 것은 다만 그 겉모습이며, 약한 시기 예컨대 노령기의 일이었다. 그들이 '애국주의자'가 될 때는 단지 자신이 휴식을 한 것에 불과했다. 나는 나폴레옹, 괴테, 베토벤, 스탕달, 하이네, 쇼펜하우어를 떠올린다. 그 속에 리하르트 바그너를 넣어도 나무라지 말기 바란다. 이 사람에 대해서는 그 자신이 갖고 있던 자기에 대한 오해로 속아서는 안 된다(그와 같은 유형의 천재는 자신을 이해하는 권리를 갖는 일이 아주 드물다). 하물며 현재 프랑스에서 바그너를 거부하고 반대하는 사람들의 잡다한 소음에 속아서도 안 된다. 40년대의 프랑스 후기 낭만주의와 바그너와는 사실 서로 가장 밀접하게 연관성이 있다. 둘은 그 요구와 온갖 높이와 깊이에 있어 근본적으로 통하고 있다. 그들의 다양하고 사나운 예술의 밑바닥에서, 밖으로, 위로 동경하면서 치밀고 나오는 것은 유럽이다. 통합된 유럽이다 ─ 그런데 그것은 도대체 어디로 가는가? 새로운 빛 속으로? 새로운 태양 쪽으로? 하지만 이러한 새로운 표현 방법의 거장들이 분명하게 표현하지 못한 것을 그 누가 정확하게 말할 수 있겠는가? 확실한 사실은 둘 모두를 똑같이 질풍노도 시대가 괴롭혔던 것이며, 이 마지막 위대한 탐구자들은 같은 방법으로 탐구를 했던 것이다!

그들은 모두 귀와 눈에 이르기까지 문학으로 젖어 있었고, 세계 문학에 대한 교양을 가진 일류 예술가들이었다. 그 대부분은 자신이 쓰는 사람, 만드는 사람, 그리고 예술과 관능과의 매개자이고 혼합자였다(바그너는 음악가로서 화가에 속했고, 시인으로서 음악가에 속했으며, 일반적으로 예술가로서는 배우에 속한다). 그들은 모두 어떠한 희생도 개의치 않는 표현에 대해 열광적인 인물이었다. 나는 여기서 특히 바그너와 가장 친근한 인물인 들라크루아를 들겠다 ─ 이런 사람들은 모두 숭고한 것, 추악한 것, 전율할 만한 영역에 있어 위대한 발견자였고, 효과와 전시물과 쇼윈도의 기교에 있어서 훨씬 위대한 발견자였다. 더욱이 그들은 모두 천재 이상의 재능이 있었다. 철저한 명수였고, 유혹하며 강요하고 뒤집어엎는 모든 것으로 통하는 비밀의 복도를 갖고 있었다. 태어났을 때부터 논리와 직선의 적이었고, 알지 못하는 이국적인 것, 기괴하고 구부러지고 자기모순의 것을 갈망하고 있었다. 인간으로서는 의지의 탄탈로스이며, 자신의 생활과 창조에 있어서 고귀한 속도 또는 렌토³⁾에는 능력이 없음을 깨닫고 있었다 ─ 예컨대 발자크를 생각해 보라! 그 역시 억제하지 못하는 노동자였고, 노동으로

---

3) lento. 악보에서, 아주 느리게 또는 느리고 무겁게 연주하라는 뜻이다.

거의 자신을 파괴한 인간이며, 풍속에 반역하고 유혹한 인물이고, 균형과 향락을 모르는 양심의 인간, 탐욕의 인간이었다. 그들은 모두 마지막에는 그리스도교의 십자가 앞에서 파멸하고 몰락했다(그것도 당연하다. 왜냐하면 그 가운데 몇 명이 반기독교 철학이 나올 만큼 심각하고 독창적이지는 않았기 때문이다). 전체로서 그들은 과감하고, 화려한 힘이 넘치며, 높이 날고, 높이 끌고 올라가는 높은 인간 종족이었다. 그들의 세기에—그것은 대중의 세기였다!—'높은 인간'의 개념을 처음으로 가르쳤던 것이다.

리하르트 바그너의 독일 친구들은 잘 생각해 주기 바란다—도대체 바그너의 예술에 순수하게 독일적인 것이 있는지, 그리고 바그너 예술의 특징은 바로 초독일적인 근원에서 나온 것이 아닌지 생각해 주기 바란다. 그것을 생각할 때 빼놓아서 안 될 것은 바그너의 양식을 완성시키기 위해서는 파리가 없어서는 안 될 장소였다는 점이며, 그의 본능적 깊이가 결정적인 시기에 파리로 갈 것을 명령했던 점이다. 그리고 또 지나칠 수 없는 것은 그의 출현이나 자신의 사도 노릇을 한 방법은, 모두 프랑스의 사회주의 본보기를 앞에 놓고 완성될 수 있었던 점이다. 예리한 비교를 해보면 모든 점에 있어서 19세기의 프랑스인이 할 수 있었을지도 모르는 것보다도 더 강력하고 대담하며, 더 엄격하고 더 높이 나갔던 사실이 발견될 것이다. 그것은 바그너의 독일적 성격의 명예이며, 우리 독일인이 프랑스인보다도 야만에 가깝다는 사정에 따른 것이다. 아마 바그너가 창조한 가장 우수한 것은 그렇게 말기적 시기에 처한 현대 라틴 민족으로서는 오늘날뿐 아니라 영원히 다가가기 어렵고, 이해하기 어렵고, 흉내 내기 어려운 것이리라. 예컨대 지그프리트, 이 굉장히 자유스러운 인간의 모습은 늙고 약해져서 문화 민족의 취미로서는 너무나도 자유롭고 가혹하며 쾌활하고 건강하여 반(反)가톨릭적이다. 이런 반(反)낭만주의적이고 민족적인 지그프리트는 낭만주의에 거슬리는 하나의 죄과였을지도 모른다. 바그너는 자기가 늙고 서러운 시기에 그 죄과를 충분히 보상했다. 그는 그 무렵 정략으로 이용되었던 어떤 취미를 재빨리 감지해서 특유한 종교적 열정을 기울여 로마로 이르는 길을, 스스로 가지는 않았지만 최소한 로마로 가라고 설교하기 시작했다. 그 마지막 말이 오해받지 않기 위해서 나는 몇 줄의 힘찬 시를 인용해야겠다. 이 구절은 내가 무엇을 말하고 싶어하는지—무엇을 '최후의 바그너'와 그의 파르치팔 음악에 반대해서 말하고자 하는지, 그리 예민하지 않은 귀에도 전달해 줄 수 있을 것이다.

　　―이것도 독일적인가?
　이런 답답한 절규도 독일의 심장에서 나오는 것일까?
　이렇게 살을 갉아내는 것도 독일의 육체인가?
　이렇게 사제(司祭)가 두 손을 벌리는 것은?
　이렇게 향연의 냄새를 풍기는 관능의 자극도?
　이렇게 막히고 쓰러지고 비틀거리는 것도?
　이렇게 애매하게 울리는 종소리도?
　이런 수녀들의 추파, 저녁의 기도 종소리도?
　이 모든 거짓된 황홀에 싸여 있는 천국 너머의 저 천국도.
　　―그것이 그래도 독일적인가?
　생각해 보라! 아직도 그대들은 문 옆에 서 있구나!
　　―왜냐하면 그대가 듣고 있는 것은 로마―
　말 없는 로마의 신앙이기 때문이다!

제9장 고귀함이란 무엇인가

257

지금껏 '인간'의 유형을 향상시킨 것은 귀족 사회가 한 일이었다. 그리고 앞으로도 언제나 그러할 것이다. 귀족 사회는 인간과 인간 사이에 서열과 가치 차이의 긴 단계가 있음을 믿고, 어떤 의미에서는 노예제도를 필요로 하고 있다. 혈육화된 신분 차이에서 지배계급은 예속자나 도구를 늘 감시하고 천시하며, 이 둘이 복종하고 명령하고 억압하고 격리하는 데 익숙해짐으로써 '거리의 파토스'가 생겨나는 것인데, 이것이 없었다면 보다 더 심각한 다른 의의를 갖는 열정은 눈뜨지 못했을 것이다. 즉 영혼의 내부에서 끊임없이 새로운 거리를 확충하려는 욕구는 일어나지 않고, 좀더 높은, 좀더 진귀한, 좀더 먼, 좀더 포괄적인 상태의 형성은 시작되지 못했을 것이다. 요컨대 이것이야말로 '인간' 유형의 향상이며, 도덕적인 상투어를 초도덕적인 의미로 말하면 끊임없는 '인간의 자기 극복'이다.

물론 귀족 사회의 (즉 '인간' 유형의 향상을 전제로 한) 성립사에 대해서는 인도주의적 환상에 빠져서는 안 된다. 진실은 냉혹한 것이다. 지금까지 모든 고도의 문화가 어떻게 이 지구상에서 시작됐는가를 이제 가차 없이 말하겠다! 그것은 아직 자연적인 인간, 가공할 의미에서의 야만인, 또 아직 불굴의 의지력과 권력의 갈망을 가진 맹수인 인간들이 보다 연약하고 예의 바르며 보다 평화적인, 어쩌면 상업이나 목축업에 종사하고 있던 인권을 덮친 것이다. 또 그 마지막 생명력이 정신과 퇴폐의 화려한 불꽃이 되어 거의 꺼져가고 있던 노숙한 고대 문화를 습격했던 것이다. 고귀한 계급은 그 처음에는 언제나 야만인의 계급이었다. 우월성은 물질적인 힘이 아니라 오히려 정신적인 힘에 있었다. 그들은 훨씬 완전한 인간이었다(그것은 다시 또 모든 단계에 있어서 '훨씬 완전한 야수'였다는 말이나 마찬가지다).

258

부패란 본능의 내부에 혼돈 상태가 생겨나고 있는 것이며, 감정의 기초―생명이 흔들리고 있는 징조이다. 부패란, 그것이 나타나 있는 생명의 형태에 따라 근본적으로 다르다. 이를테면 한 귀족 체제가 혁명 초기 프랑스의 귀족 체제처럼 숭고한 구토를 느끼고, 그 특권을 포기하고, 자신을 그 도덕적 감정에 희생할 때, 그것이 참으로 부패이다. 그것은 수세기에 걸친 부패의 종막에 지나지 않으며, 그동안 프랑스 귀족제는 한 발 한 발 그 지배자의 권능을 버리고, 마침내 왕권의 한 기능으로 (드디어는 그 장식으로까지) 타락해 버렸다. 건전하고도 훌륭한 귀족제의 본질은 그것이 왕의 것이든 국민의 것이든 한 기능으로서가 아니라, 그 의의와 최고의 존재 근거를 자기에게서 느끼는 데 있다. 또한 그럼으로 해서 무수한 인간의 희생을 태연히 받아들이는 데 있는 것이다. 이러한 인간은 귀족제를 위해 불완전한 인간, 노예, 도구로까지 억압당하고 제한되지 않으면 안 된다. 진정한 귀족제의 근본 신념은 사회가 사회 자체를 위해서는 존재할 수 없다는 데 있어야 하며, 사회의 존재 이유는 다만 선택된 종족이 보다 높은 임무―보다 높은 존재로까지 나아지기 위한 토대이며 발판이라는 데 있어야 한다. 그러한 종족은 태양을 향해 자라나는 자바섬의 덩굴식물―그것은 시포마타도오르라고 불린다―과도 같은데, 이러한 인간은 그 줄기로 한동안 참나무에 감겨 있으나 나중에는 나무에 의지하고서도 나무보다 높이 올라가 환한 햇빛에 자기 잎을 펼치고, 자기 행복을 드러내 보일 수가 있다.

259

가해, 폭력, 착취를 서로 견제한다는 것―자기 의지를 상대의 의지와 같은 위치에 놓는다는 것―이것은 만약 그 조건이 갖추어져 있으면(즉 개개인의 역량과 가치 기준이 비슷하고, 또 그들이 한 단체 안에 소속되어 있다면), 소박한 의미에서 개인 간의 미풍양속이 될 수도 있다. 그러나 한번 이 원칙을 폭넓게 받아들여서, 가능하다면 사회의 근본 원칙으로 내세우려 한다면 그것은 당장에 그 정체를 폭로해 버릴 것이다. 다시 말해 그것은 생명 부정에 대한 의지이며, 해체와 퇴폐의 원칙임에 틀림없다. 이 점에 대해서는 철저하게 생각을 해서 모든 나약한 감상주의를 배척하지 않으면 안 된다. 생명 그 자체가 본질적으로 획득이며 가해이고, 약자에 대한 강요이고 억압이며, 자기 형식을 다른 사람에게 강제하고 동화시키는 것이며, 부드럽게 말해서 착취인 것이다—이러한 말은 옛날부터 비방의 의도가 있지만, 우리는 언제나 그런 말로밖에 표현할 수 없는 것일까? 하나의 단체는—모든 건전한 귀족 체제에서 이루어지고 있는데—비록 그 내부에서는 개인이 서로 평등하게 대하고 있지만, 다른 단체에 대해서는 자신들 내부에서 감히 하지 못할 일들을 하고 있다. 그 단체가 아직 살아 있는 한, 이 일들은 불가피하다. 그런 단체는 권력에의 의지를 육체화하는 것이다. 그것은 성장하려 하고, 주위를 붙들려 하고, 끌어올리려 하고, 압도하려 한다. 그러나 그것은 어떤 도덕이나 부도덕에서 행하는 것이 아니다. 오히려 살아 있기 때문이다. 생명이란 것이 권력에의 의지이기 때문이다. 그리고 바로 이 점이 유럽인의 일반적 의식이 배우기를 꺼려하고 있는 것이다. 지금 사람들은 곳곳에서 학문의 가면까지 쓰고 나와 '착취적 성격'이 물러가야 할 미래의 사회상에 대해 열변을 토한다—이것은 내 귀에, 사람들이 마치 모든 유기적 기능을 정지시킨 생명을 발명하겠다고 약속하고 있는 것처럼 들린다. 이른바 '착취'라는 것은 이미 부패한, 또는 불완전한 원시사회에나 존재하는 것이 아니다. 그것은 유기적인 근본 기능으로서 생물의 본성에 속한다. 그것은 바로 생명에의 의지인 권력에의 의지가 빚어낸 결과이다. 이것이 이론으로서는 현실적인 것일지도 모른다—그렇지만 현실로서는 모든 역사의 근본 사실이다. 이것을 인정할 만큼, 우리는 스스로에게 정직해야 한다!

260

지금까지 지상의 세계를 지배한 세련되기도 하고 거칠기도 한 여러 도덕을 두루 돌아다니면서, 나는 거기서 어떤 특징이 규칙적으로 반복되고 관련되어 있음을 발견했다. 결국 그 속에는 두 가지 근본적인 유형이 나타나고 있음을 보았고, 또 한 가지의 근본적인 차별이 있음을 알았다. 즉 지배자의 도덕과 노예의 도덕이 있다—덧붙여 말하지만 모든 고도의, 그리고 복합적인 문화에는 이 두 가지 도덕을 조정하려는 시도도 있었고, 이 둘의 혼합과 서로 간의 오해는 더욱 자주 나타나 있다. 그리고 때로는 이 두 가지가—한 사람 안에, 한 사람의 영혼 속에까지도—완고하게 함께하고 있는 일조차 있다. 도덕적 가치의 차별에는 두 가지 발생점이 있다. 하나는 피지배자와 다르다는 점을 쾌감을 가지고 의식하게 된 지배자 무리이며, 다른 하나는 온갖 정도의 피지배자들과 노예들 또는 예속자들이다. 첫 번째 경우에는 지배자가 '선(善)'이라는 개념을 정하기 때문에 자기의 고양된 긍지를 가진 영혼의 상태가 우월과 순위를 결정하는 것으로 느껴진다. 고귀한 인간은 그와 같이 북돋워진, 긍지를 가진 상태의 반대를 나타내는 사물을 거부하고 경멸한다. 여기서 보라. 이런 첫 번째 도덕에 있어서는 '좋음'과 '나쁨'의 대조는 거의 '고귀한 것'과 '경멸할 것'에 해당되고 있다—'선'과 '악'의 대조는 이것과는 다른 기원에 의한다. 겁 많은 인간, 전전긍긍하는 인간, 소심한 자, 오직 눈앞의 이득만 생각하는 자는 경멸을 받는다. 그리고 시야가 좁은 의심 많은 인간, 비굴하고 학대를 달게 받는 개와 같은 인간, 탐욕스러운 추종자, 무엇보다도 거짓말을 하는 자는 경멸을 받는다. 하인배를 속이는 것이 모든 귀족적 인간의 근본 신념이다. '우리 진실한 자'라고—고대 그리스에서는 귀족들이 자신을 그렇게 불렀다.

분명히 도덕적 호칭은 어디서나 먼저 인간에게 붙여지고, 뒤에 가서야 비로소 그것이 전용되어 행위에 붙여지게 되었다. 그 때문에 도덕 역사가는 "왜 동정적인 행위는 찬양을 받았는가?" 하는 문제에서 출발하면 심각한 잘못을 저지르는 것이다. 고귀한 부류의 인간은 자신을 가치 결정자로서 느낀다. 그는 다른 사람에게 인정받을 필요가 없다. 그는 "우리한테 해로운 일은 그 자체로서 유해한 것이다" 판단한다. 그는 스스로를 사물에 대해서 명예를 부여하는 최초의 사람으로 알고 있다. 그는 가치의 창조자이다. 그는 자신에게 인정되는 모든 것을 존경한다. 이러한 도덕은 자기 예찬이다. 그 전경에는 충실과 넘쳐흐르는 힘의 감정이 있다. 고도의 긴장된 행복이 있다. 베풀어 주고자 하는 부(富)에 대한 의식이 있다. 고귀한 인간이 불행한 인간을 돕는 것은 동정에서가 아니다—오히려 넘치는 힘에서 생긴 어떤 충동에서 나온다. 고귀한 인간은 자기 속에 있는 강자를 인정하고, 그것을 존경한다. 자기 자신을 지배하는 힘이 있는 자를 존경한다. 그리고 모든 일에 엄격하고 준엄한 자를 존경한다. 옛 스칸디나비아 전설에 "보탄은 자기 마음속에 엄격한 마음을 집어넣었다"고 했지만, 이것이야말로 긍지가 있는 바이킹족의 영혼에서 우러나온 노래이다. 이런 부류의 인간은 자신이 동정적이지 않은 것을 자랑으로까지 알고 있다. 그리하여 전설의 영웅은 경고의 말을 덧붙인다. "젊고 마음이 엄격하지 않은 자, 그는 결코 엄격하지 못하리라." 이와 같이 생각하는 고귀하고도 용감한 인간은 다른 사람에 대한 동정이나 행위 속에서, 또는 무관심 속에서 도덕적인 것에 대한 징조를 찾는 도덕에서는 가장 멀리 있다. 고귀한 도덕은 자기에 대한 신앙, 자기에 대한 긍지, 그리고 '무아(無我)'에 대한 근본적인 적대감과 비아냥대는 태도를 갖고 있지만, 아울러 공감이나 '온정'에 대한 경시와 경계심도 갖고 있다.

나이 든 사람과 전설에 대한 깊은 존경심—모든 법(法)은 이 두 가지에 대한 존경심 위에 서 있다—그리고 조상에게는 유리하고 자손에게는 불리한 신앙과 선입관은 강자의 도덕에 전형적인 특징이다. 이와 반대로 '근대사상'의 인간은 거의 본능적으로 '진보'와 '미래'를 믿고 있으며, 나이 든 사람에 대한 존경이 줄어들고 있지만, 이것은 이미 '사상'의 비천한 소질을 충분히 폭로하고 있다. 지배자의 도덕은, 인간은 다만 자기와 동등한 자에 대해서만 의무를 갖고 낮은 위치의 인간이나 낯선 자에 대해서는 '마음 내키는 대로' 행동해도 좋다는 것이다. 말하자면 '선악을 넘어서' 행동해도 좋다는 원칙을 세우고 있다. 이 원칙이 엄격한 점에서, 지배자의 도덕은 현대의 취미로서는 가장 이상하고 기괴하게 생각되어—여기에 동정이나 그 밖의 것이 들어가는 것이다. 대등한 자들 사이에 있을 수 있는 오랜 감사와 복수에 대한 능력과 의무—정교한 보복의 기교, 우정이라는 관념에 대한 세련됨, 그리고 적을 가질 필요성, (말하자면 질투, 투쟁욕, 오만 등의 감정의 돌파구로서—즉 근본적으로는 좋은 친구가 되기 위해서) 이런 것들은 모두 고귀한 도덕의 전형적인 특징이다. 그리고 앞서 말한 바와 같이 그것은 '근대사상'의 도덕은 아니다. 따라서 오늘날 그것을 돌이켜 느끼기 어렵고, 발굴하거나 발견하기도 어렵다.

도덕의 두 번째 유형인 노예의 도덕은 이것과는 완전히 유형을 달리한다. 학대를 받고 있는 자, 압박을 받고 있는 자, 고통을 받는 자, 구속된 자, 자기에 대해 확신이 없는 자, 피곤한 자가 도덕을 말한다고 가정해 보라! 무엇이 이들에게 도덕적 가치 평가의 공통점이 될 것인가? 아마도 인류의 모든 상황에 대한 염세적인 의혹심이 표현될 것이고, 어쩌면 인간과 그 상황에 대해 유죄가 선고

될 것이다. 노예의 눈은 강자의 덕에 대해 호의를 갖지 않는다. 노예는 회의와 불신을 품고 있다. 그는 여기서 받들어지는 모든 '선'에 대해서 믿지 않는다. 그는 강자의 행복은 진정한 행복이 아니라고 스스로를 설득하려고 한다. 이에 반해서 괴로워하는 자들의 생존을 쉽게 해주는 데 도움이 되는 특성이 끌려 나와서 조명을 받게 된다. 여기서 찬양을 받는 것은 동정이며, 상냥하게 돌봐주는 손길이고 따뜻한 마음과 인내심, 근면과 겸손과 친절한 마음이다. 이런 것은 생존의 압박을 견디기 위해서 가장 도움이 되는 성질이며, 유일한 수단이기 때문이다. 노예의 도덕은 본질적으로는 공리(功利)의 도덕이다. 여기에 '선'과 '악'이란 유명한 대조의 불꽃을 돋울 수 있는 화로가 있다. 즉 노예는 강자의 힘과 위험성을 '악'이라는 형식으로 느낀다. 그리고 여기서 어떤 무서움을, 무시할 수 없는 교묘한 기술과 억센 힘을 인정한다. 그래서 노예의 도덕에 의하면 '악인'은 공포를 불러일으키는 것이다. 그러나 지배자의 도덕에 의하면 공포를 불러일으키고 또 불러일으키려는 자는 바로 선인이며, '악인'은 경멸해야 될 자로 느껴진다. 그리고 이런 대조는 결국에는 기이한 양상을 나타내는 일조차 있다. 노예의 도덕이 결국 귀착하는 데는, 이런 도덕의 '선인' 머리 위에도 경멸이―가볍고 호의적인 것이라 하더라도―걸려 있게 되는 일이 있다. 왜냐하면 노예적인 사고방식에 의한 선인이란 어쨌든 위험하지 않은 인간이어야 하기 때문이다. 그 사람은 착하고 속기 쉽고 때로는 조금 미련하다. 다시 말해 좋은 사람(un bonhomme)이다. 노예의 도덕이 우세한 곳에서는 어디서나 언어는 '선'과 '어리석음'이라는 두 말을 서로 가깝게 하는 경향을 보인다―그리고 다음과 같은 데에 근본적인 차이가 있다. 바로 자유에 대한 요구, 행복에 대한 본능, 세련된 자유의 감정은 필연적으로 노예의 도덕과 그 도덕적인 성격에 속하는데, 이와 반대로 외경과 헌신에 있어서의 기술과 열정은 귀족적인 사고나 평가 방법에 반드시 나타나는 징조이다―이것으로 당장에 이해가 되는 것은 왜 정열로서의 사랑―이것은 우리 유럽인의 특산물이다―이 언제나 귀족적인 기원을 갖고 있는가 하는 점이다. 말할 것도 없이, 이것을 발명한 것은 프로방스의 기사 시인들이다. 그들은 화려하고 창의력이 풍부하며, '즐거운 지식'을 가진 사람들이고, 유럽은 이 사람들에게 많은 것을, 거의 자신의 존재까지 힘입고 있다.

261

고귀한 인간이 아마 가장 이해하기 어려운 것 가운데 하나가 허영심일 것이다. 다른 부류의 인간이 허영심을 확실히 포착했다고 생각하는 경우에도 그는 여전히 부정하고 싶어질 것이다. 허영심을 이해하기 위해서 그는 다음과 같은 과제를 해내야 된다. 즉 자기는 갖고 있지도 않은—'그럴 만한 자격'도 없는—자기에 대한 호평을 불러일으키려 노력하고, 더구나 나중에는 자기도 그 호평을 믿어버리는 그런 인간을 상상해 보라. 이런 일은 그에게는 매우 취미에 맞지 않은 동시에 자기 오욕처럼 생각될 것이며, 그는 자칫하면 허영심을 예외로 간주하고자 하며, 그런 이야기가 나와도 대부분의 경우 그것을 의심하고 만다. 그는 이렇게 말할 것이다. "나는 나의 가치를 잘못 생각하고 있는지도 모르겠다. 그리고 내가 평가하고 있는 그대로 남에게서 인정받기를 바라고 있는지도 모르겠다. 그러나 이것은 결코 허영심이라고 할 수는 없다(오히려 자만심이다. 혹은 오히려 굴욕이나 겸손이라고 불리는 경우가 많다)." 또 이렇게도 말할 것이다. "나도 여러 이유에서 다른 사람의 호평을 기뻐할 것이다. 그것은 내가 그들을 존중하고 사랑하며, 그들의 기쁨은 모두 내 기쁨이기 때문이다. 그리고 그들이 주는 호평이 내가 자신에게 주는 호평에 대한 믿음을 증명하고 강화하기 때문이다. 아마 그들의 호평을 내가 공감할 수 없는 경우라도 나에게는 도움이 되거나, 유익할 수 있기 때문이다—하지만 이 모든 것은 허영심이 아니다."

고귀한 인간은 특히 역사의 힘을 빌려서, 무엇보다도 다음과 같은 것을 상기해 주었으면 한다—생각이 미치는 한 옛날부터, 어떤 뜻에서건 종속적인 지위에 놓였던 모든 사회층에 있어서 평범한 인간은 다만 그가 일상적으로 사용했던 것 이상을 벗어나지 못했다. 그는 자신의 가치를 설정하는 일에 익숙지 않고 그의 지배자가 그에게 부여한 것 말고 다른 어떤 가치도 자신에게 부여하지 않았다(가치를 창조하는 것은 지배자만의 권리이다). 그리하여 아마 놀랄 만한 격세유전의 결과로 생각해야 될 테지만, 오늘날에도 여전히 평범한 인간은 자신에 대한 세상의 평가를 받고 있으며, 결국 본능적으로 그것에 굴복한다. 더구나 호평에 대해서뿐 아니라 부당한 악평에 대해서까지도 그렇게 한다(예컨대 신앙심 깊은 여인들이 그들의 고해신부에게서 배우고, 또 일반적으로 신앙심 깊은 그리스도교회에서 배우고 있는 자기 평가와 자기 멸시를 생각해 보라.) 사실 이제 사회의 민주적 질서(그리고 그 원인인 지배자와 노예의 혼혈)가 점점 발전되고 있는데, 여기에 따라 자기에게 가치를 부여하고, 자기를 '좋게 생각하는', 그 기원에 있어서 고귀하고 희귀한 충동도 점차 힘을 얻고 세상에 퍼질 것이다. 다만 이 충동은 언제나 자기 방향과는 상반되는 한 가지 경향을 갖고 있어서, 그것이 예부터 넓고 깊게 숨어들어 있다.

'허영심' 속에서는 이런 낡은 경향이 새로운 경향을 압도하고 있다. 허영심이 있는 인간은 자기에 대해서 듣게 되는 어떠한 호평이라도 기뻐하며(그것이 유익한가 그렇지 않은가는 문제가 아니고, 또 사실이냐 아니냐에 대해서도 관심이 없다), 또한 모든 악평을 괴로워한다. 왜냐하면 그는 이 두 평가에 매여 있고 자신의 마음속에서 머리를 처들고 나오는 가장 오래된 복종의 본능에 의해 지배되고 있음을 느끼기 때문이다. 이 본능이란, 허영에 찬 인간의 피 속에 숨은 '노예'이다. 노예가 지닌 교활의 잔재이다. 예컨대 지금에 와서도 얼마나 많은 '노예'가 여성 속에는 남아 있는가! 이 노예가 자기에 대한 호평을 이끌어 내려고 수단을 다 부려서 유혹을 한다. 그리고 얼마 뒤, 같은 노예가 마치 그것을 자기가 유도해 낸 것이 아니라는 듯 그 호평 앞에 당장에 무릎 꿇는 것이다. 다시 한번 말하겠다―허영심은 격세유전이다.

262

하나의 종족이 발생하고 한 가지 유형이 고정되고 강화되는 것은, 언제나 똑같은 불리한 조건과의 오랜 투쟁을 통해서이다. 반대로 사육자의 경험에서 알고 있듯이 영양 과잉이나 지나친 보호와 배려를 받을 때, 종족은 당장에 심한 변종(變種)이 되기 쉽고, 또한 희귀한 것과 기형적인 것(그리고 괴이쩍은 패덕)을 많이 생산한다. 예컨대 고대 그리스의 폴리스나 베네치아와 같은 귀족적인 단체를―그것이 고의적이건 아니건 인간 육성을 목적으로 했던 시설이었다 가정하고―관찰해 보라. 그곳에서는 자기 종족의 성격을 끝내 지키려는 인간들이 서로를 신뢰하고, 또 스스로를 신뢰하고 있었다. 그 중요한 이유는 그들이 자신을 지키지 않을 수 없고, 만일 그런 노력을 하지 않으면 전멸될 것이라는 무서운 위험과 마주해 있었기 때문이다. 그곳에는 변종을 불러올 은혜도 과잉도 보호도 없었다. 종족은 자기를 종족으로서 지킬 필요가 있었다. 그리고 그것은 이웃 국가나 반항적, 반역적인 피지배자와의 끊임없는 투쟁 속을 뚫고 나가서, 그런 준엄한 성격이나 동일하고 간소한 형태를 지킴으로써 비로소 배겨내고 자신을 유지했다. 복잡하기 이를 데 없는 경험은 그들이 온갖 신들과 인간에 대항해서 살아남고 승리를 거둘 수 있었던 것이 어떤 성질의 덕이었는지를 그들에게 가르쳐 주었다. 그 성질을 그들은 덕이라 불렀으며 그런 덕성만을 길러 나갔다. 이것을 그들은 엄격하게 실행했다. 모든 귀족적인 도덕은 소년의 교육에 있어서, 여성의 처우에 있어서, 결혼의 풍속에 있어서, 늙은이와 젊은이의 관계에 있어서, 형법(이것은 타락한 자만을 목표로 한다)에 있어 관대하지가 않다. 그들은 관대하지 않다는 것조차도 '정의'의 이름 아래 덕성의 하나로 간주한다.

그렇게 해서 수는 적지만 억센 특질을 가진 하나의 인간 유형이, 엄격하고 호전적이며 현명하면서도 과묵하고, 폐쇄적이며 내향적인 인간이(그런 사람이긴 하지만 사교의 매력과 차이에 대해서 섬세한 감수성을 갖고 있다) 세대의 변천을 뛰어넘어 확립된다. 앞서도 말한 바와 같이 늘 똑같은 불리한 조건과의 투쟁이 이런 형태를 확고부동하고 강인하게 단련시켰던 것이다. 그런데 결국은 언젠가 행복한 상태가 시작되고, 그 위대한 긴장이 풀린다. 이웃들 사이에는 이미 적이 없어지고 삶의 수단뿐만 아니라 삶의 즐거움을 위한 방법도 넘쳐흐르게 된다. 여기서 예부터 육성된 단결과 강제는 무너지고 만다. 그것은 이미 생존의 조건도 필연성도 아니다—옛 교육이 아직 존속하고 있다 해도 그것은 다만 사치의 한 형식으로서, 고풍의 취미로 남아 있는 데 지나지 않는다. (좀더 고귀하고 섬세하며 희귀한 것으로) 변종되어 버린 것, 그리고 퇴화되고 괴이한 것이 갑자기 넘쳐흐를 정도로 화려하게 무대에 나타나게 된다. 개인은 어디까지나 개인으로서 존재하려고 하며, 오직 혼자서 두드러진 모습을 보이려고 한다. 이러한 역사의 전환기에는 마치 원시림과도 같은 장관과 복잡 다양한 성장 상태가 보이며, 나무들이 서로 얽혀서 성장을 다투는 기운은 말하자면 열대지방과 같은 속도라고도 할 수 있고, 무서운 몰락과 자멸의 양상을 보인다. 그런 기운을 낳는 것은 사납게 서로 대립하는, 폭발적인 이기주의이며, 그것이 '태양과 빛'을 찾고자 격투하고, 이제까지의 도덕에서는 어떠한 한계점도, 세력도, 관용도 이끌어 낼 수 없게 되어 있다. 본디 이 낡은 도덕의 덕으로 그처럼 엄청난 에너지가 축적되고,

그처럼 위험하도록 시위가 당겨졌던 것인데—결국 그런 낡은 도덕은 '시대에 뒤떨어진 것'이 되었다. 혹은 유물이 되고 있다. 이제 생명은 보다 크고, 보다 복잡하고, 보다 포괄적이 되어서 낡은 도덕을 뛰어넘어, 인간이 살고 있는 위험하고 무시무시한 선에까지 이른 것이다. 여기서 주역을 연출하는 것은 '개인'이지만 그는 자기 입법, 그리고 자기 술책을 가지고 자기 보존, 자기 향상, 자기 구원을 도모하지 않으면 안 된다.

이제 존재하는 것은 새로운 목표와 새로운 수단이다. 이미 공공의 방식은 없다. 오해와 경멸은 서로 결합하고, 퇴폐와 부패와 탐욕이 무섭게 얽히며, 종족의 천재가 선과 악의 샘물에서 넘쳐흐르는 것이다. 아직 완전히 지치지 않고 피로하지도 않은 젊은 퇴폐에 특유한 매력과 신비를 갖고서, 봄과 가을이 불길하게도 때를 같이하여 돌고 있다. 여기서 다시 커다란 위험이—위험이야말로 도덕의 어머니이다—돌아온 것이지만, 이번에는 그것이 개인 속으로 자리를 바꿔서 나타나고 있다. 이웃 사람 속에, 친구에게, 거리에, 자식 속에, 자기 마음 속에, 소원과 의지의 가장 은밀한 밑바닥에 나타나 있다. 이런 시대에 등장하는 도덕철학자들은 무엇을 설교해야 될 것인가? 이들 예리한 관찰자이며 방관자 노릇을 하는 인간들은 마지막이 성급하게 가까워지고 있음을, 자기를 둘러싼 모든 것이 부패하고 또한 부패시킨다는 것을, 한 부류의 인간, 즉 치유할 수 없는 평범한 인간들을 제외하고는 내일모레까지 살아남을 자가 하나도 없다는 사실을 발견할 것이다. 이제는 평범한 인간만이 지속되고 번식할 희망이 있다. 그들이야말로 미래의 인간이다. 유일한 생존자다. "그들처럼 되라! 평범해라!" 이것이 어느 때나 의미를 갖고 귀를 기울이게 되는 유일한 도덕 중의 도덕이다! 그러나 이런 평범함의 도덕을 설교하기란 어렵고, 그것은 자신이 무엇이며 무엇을 원하는지 절대 고백할 수 없다! 그래서 절도와 품위, 의무와 이웃 사랑 등에 대해서 이야기를 해야 한다—모순을 숨기기가 곤란할 것이다.

263

높은 계급에 속해 있다는 것을 쉽게 증명하는, 계급에 대한 본능이 있다. 그리고 그 사람의 고귀한 내력과 습관을 짐작케 하는 경외의 느낌에 대한 흥미가 존재한다. 가장 높은 지위에 있지만 추근추근한 공격이나 무례함에 대해서 권위로 보호되지 않고 있는 어떤 것, 또는 눈에 띄지 않고 모르는 사이에 마음을 끌리면서도 고의로 숨기고 위장해서 마치 살아 있는 시금석처럼 자기 길을 가는 어떤 것이 언뜻 지나갈 때, 영혼의 섬세함과 선량함과 고귀함은 위험한 시련을 겪게 된다. 영혼에 대한 연구를 과제로 삼고 훈련을 하는 자는 어떤 영혼의 마지막 가치와, 그 영혼이 속해 있어 움직일 수 없는 타고난 순위를 결정하기 위해서 여러 가지 형태로 이 시험 방법을 이용한다. 즉 그는 경외에 대한 본능을 기초로 해서 시험을 할 것이다. "차이는 증오를 낳는다." 어떤 성스러운 그릇이나 잠가둔 귀중품이나, 위대한 운명의 징조를 기록한 책이 눈앞을 지나갈 때면, 많은 본성에 있는 비열함이 갑자기 더러운 물처럼 솟아오른다. 그러나 한편 자기도 모르는 사이에 입을 다물고, 눈을 어디에 두어야 할지 망설이며 몸을 도사리고서 우러러보아야 할 것이 가까이 있다고 느끼고 있음을 나타내는 사람도 있다.

대체로 오늘날 유럽에서 성서에 대한 외경이 유지해 온 태도는 아마 유럽이 그리스도교에서 받은 풍속의 육성 순화 가운데 최고의 것이리라. 그런 깊고도 숭고한 의의를 가진 책은 그것을 보호하기 위해서도 외부로부터 가해진 전제적인 권위를 필요로 하며, 그렇게 해야 비로소 그것을 다 퍼내고 해석하기 위해 꼭 필요한 수천 년의 지속을 보장할 수가 있다. 아무것이나 손을 대서는 안 된다. 그리고 그 앞에서는 신발을 벗고 부정한 손을 조심해야 하는 신성한 경험도 있다는 감정을 대중에게(모든 부류의 천박하고 야비한 자에게) 가르칠 수만 있다면, 그것만으로도 굉장히 성공을 한 것이다─이것은 그들의 인간성이 거의 최고에까지 드높여진 것이라고 할 수 있다. 그와 반대로 이른바 교양 있는 인간, '현대사상'의 신자들에게 가장 구토증을 일으키게 되는 것은 아마 수치심이 없다는 것이며, 그들의 손과 눈의 안일하고 건방진 태도이리라. 이것으로 그들은 무엇이든 만져보고 핥아보고 쓸어보곤 한다. 오늘날에는 오히려 민중, 그것도 하층 민중 속에서, 특히 농부 속에서 신문을 읽는 정신적인 창녀 같은 인간들이나 교양인들보다도 높은 취미와 외경의 행동이 있을 수 있다.

264

조상들이 가장 즐겨, 그리고 가장 부지런히 행하고 있는 것을 인간의 영혼에서 씻어버릴 수는 없다. 조상은 부지런한 저축가였고, 책상이나 돈궤에 매달려 있었으며, 그 욕망은 시민적이었고, 그 덕성은 겸손했을지 모른다. 혹은 밤낮 명령하는 습관 속에서 살고, 쾌락을 사랑하고, 동시에 거친 의무나 책임을 사랑했는지도 모른다. 아니면 모든 타협을 부끄럽게 여기며, 엄격하고 상냥한 양심의 인간으로서, 오로지 그의 신앙—그들의 '신'—을 위해서만 살기 위해서 자기의 유서 깊은 가문과 재산의 특권을 희생시켰을지도 모른다. 아무튼 한 인간이 부모와 조상의 특성과 기호를 자기 몸속에 지니고 있지 않다는 것은 있을 수 없다. 설사 반대되는 겉모습을 나타내고 있을지라도 그것은 변함이 없다. 그것은 종족의 문제이다.

부모에 대해서 무엇이건 아는 바가 있으면, 그 자식에 대해서도 결론을 내릴 수 있다. 마땅치 않은 무절제, 천박한 질투, 서투른 자기 정당화—어느 시대든지 이 세 가지가 모여 진정한 천민의 특성이 되는데—이런 것은 나쁜 피와 마찬가지로 자식에게도 유전되는 것이다. 그래서 사람이 최상의 교육과 교양의 도움을 빌려 목표로 삼고 있는 것은 바로 이러한 유전을 얼버무리자는 것에 불과하다—오늘날 교육과 교양이 행하고자 하는 것이 그 밖에 무엇이 있겠는가! 우리의 민중적이고, 아니 천민적이라고 해야 될 시대에 있어서는 '교육'과 '교양'은 본질적으로 볼 때 얼버무리는 기술일 수밖에 없다. 내력을, 육체와 영혼 속에 유전된 천민을 속이자는 것이다. 오늘날 무엇보다도 진실을 설교하고, 그 제자들에게 "진실하라! 자연스러워라! 있는 그대로의 자기를 보이라!" 끊임없이 설교하는 교사—이런 진지하고 순수한 멍청이도 얼마 뒤에는 호라티우스가 말했듯이 "본성을 끌어내고자 갈퀴를 손에 들게" 될 것이다. 그것이 무슨 성과가 있을까? '천민'의 속성은 제자리로 돌아오는 법인데.

265

순수한 사람들의 귀를 불쾌하게 할지 모를 위험을 무릅쓰고 나는 확언한다—이기주의는 고귀한 영혼의 본질에 속하는 것이라고 말이다. 여기서 이기주의라고 한 것은 "우리는 존재한다"와 같은 존재에 대해서 다른 존재는 자연스레 종속되고 희생되어 마땅하다는 확고부동한 신념을 가리킨다. 고귀한 영혼은 그런 이기주의라는 사실을 자명한 것으로 생각하고, 그 속에서 어떤 냉혹함, 강제, 자의(恣意)를 느끼는 일 없이 오히려 그것이 사물의 근본 법칙 속에 기초를 가진 것이라고 생각한다 — 그것에 굳이 이름을 붙인다면, 그들은 "그것은 정의 자체"라고 말할 것이다. 오늘날의 상황에서 그들은 처음에는 망설이겠지만 이윽고 자기 자신과 동등한 자격이 있는 자도 존재한다는 사실을 인정한다. 그리고 한번 인간의 서열 문제가 고정된 뒤에는 그런 동등자와 동등한 자격자들 속에 섞여서, 자신을 대하는 것과 똑같이 그들에 대해서도 수치심과 상냥한 존경심을 갖게 되는 것이다. 그것은 마치 모든 별들이 생겨날 때부터 천체의 움직임에 대한 법칙을 알고 있는 것과 흡사하다. 그리고 동등자와의 교제에 있어서 그런 섬세한 태도와 자기 제한은 그들의 이기주의에 한 점을 더한 것과 마찬가지이다.

모든 별은 이러한 이기주의자이다. 고귀한 영혼은 동등한 사람들 속에서, 그리고 그가 그들에게 부여하는 권리로서 자기를 존경한다. 그리고 명예와 권리의 교환이 모든 교제의 본질이라는 것, 또 사물 본디의 상태에 속한다는 것을 의심하지 않는 고귀한 영혼은, 자기가 받는 것과 마찬가지로 남에게도 주는 것이다. 이것도 그의 영혼 밑바닥에 숨은 정열적이고 민감한 보복의 본능이 행하는 일이다. 동등한 사람들 사이에서 은혜라는 관념은 의미도 없고 향기도 없다. 위로부터의 선물을 자기 머리 위에 떨어지게 내버려 두고, 이슬방울처럼 갈증이 나서 마셔버리는 우수한 사람도 있기는 하다. 그러나 고귀한 영혼은 그런 기술이나 몸짓에는 재주가 없다. 그의 이기주의가 그것을 방해한다. 대체로 그는 '위'를 보기를 좋아하지 않으며, 단지 자기 앞을 수평으로 천천히 바라보거나 내려다본다 — 그는 자기가 높은 곳에 있음을 알고 있다.

266

"자기 자신에게 집착하지 않는 사람만을 진정으로 존경할 수 있다" — 괴테가 고문관 슐로서에게 한 말.

267

중국인에게는 어머니가 자식을 가르치는 격언이 있다. 즉 '소심(小心)'("당신의 마음을 작게 가져라"). 이것은 말기 문명에 나타나는 전형적인 경향이다. 나는 고대의 그리스인도 현대의 유럽인을 보면 가장 먼저 자기 왜소화를 인식하리라는 점을 의심하지 않는다.—그것만으로도 우리는 그리스인의 '취미에 거슬릴' 것이다.

268

비속함이란 결국 무엇인가?—말이란, 개념에 대한 소리의 기호이다. 그러나 개념이란 계속적으로 모여든 여러 감각이나 감각군을 조금이나마 분명하게 표기하는 기호이다. 그래서 서로 이해하기 위해서는 같은 말을 사용하는 것만으로는 불충분하다. 같은 말을 같은 종류의 내적 체험에 대해서만 사용해야 된다. 즉 사람들은 공통된 체험을 가져야 한다. 설사 같은 국어를 사용하고 있더라도, 다른 민족의 인간이 같은 민족의 인간보다 서로 이해가 부족한 것은 그 때문이다. 인간이 오랫동안 같은 조건(기후, 토지, 위험, 욕구, 노동) 밑에서 공동으로 생활하고 있으면, 거기서 '자명'한 그 무엇이, 하나의 민족이 태어난다. 모든 사람이 똑같이 되풀이된 경험을 갖고, 그것이 희귀한 체험보다도 우세하게 되며, 그렇게 됨으로써 사람들은 서로 쉽게 이해하게 된다. 그래서 언어의 역사는 단축 과정의 역사이다. 그렇게 이해가 빨라짐으로써 사람들은 서로 긴밀하게, 점점 긴밀하게 결합된다.

위험이 크면 클수록 긴급한 일에 대해서 재빨리 일치를 보아야 한다. 위험에 처해서 서로 오해하지 않는다는 것은 인간끼리의 교섭에서 가장 중요한 일이다. 이것은 우정이나 연애에 있어서도 경험할 수 있다. 같은 말을 쓰면서 상대가 다른 것을 느끼고 생각하고 깨닫고, 원하고 겁을 내고 있다는 것을 알면 우정이나 연애는 당장에 끝이 난다('영원한 오해'에 대한 공포는 이성끼리 관능이나 감정 자극을 받으면서도 여전히 성급한 결합을 하지 못하도록 붙잡는, 친절한 수호신이다— 이것은 쇼펜하우어가 말하는 '종족의 수호신'이 할 수 있는 일이 아니다!) 하나의 영혼 속에서 어떤 감각군이 가장 빨리 눈을 뜨는지, 말을 하고 명령을 내리는지—이것이 영혼의 모든 가치 순위를 결정하고 모든 재산 목록을 작성한다. 어떤 인간이 갖고 있는 가치 평가는 그 영혼의 구조에 대해 무엇인가를 나타내고, 그것이 그 생명의 조건을, 그 진정한 어려움이 무엇이라 생각하고 있는가를 나타내고 있다. 그리고 유사한 기호로써 유사한 욕망과 체험을 나타낼 수 있는 부류의 인간은 예부터 같은 어려움에 의해서 서로 가깝게 된 자들이기 때문에 전체로서는 다음과 같은 결과가 된다. 즉 어려움을—그것도 결국은 단지 평범하고 비천한 체험을 쉽게 보고할 수 있다는 것이 여태까지 인간을 지배해 온 힘 중에서 가장 강력한 것이 될 수밖에 없었다. 그렇게 해서 서로 닮은 평범한 인간이 유리했었고, 지금도 그렇다. 선택받고 세련되고 수도 적고 이해받기 힘든 인간은 자칫하면 고립되며, 그 개별화 때문에 불의의 재앙을 당하고 쉽사리 번식하지 못한다. 이런 자연스러운, 너무나도 자연스러운, '유사한 것으로의 전진', 유사, 평범, 평균, 무리적인 것으로—비천한 것으로!—인간의 진전을 가로막기 위해서 거대한 저항력을 불러일으켜야 한다.

269

심리연구가—심리에 대해서 흥미를 집중시키지 않을 수 없는 타고난 심리가, 즉 영혼의 통찰자—가 그 연구를 훌륭한 경우와 훌륭한 인간을 대상으로 하면 할수록 그는 동정 때문에 질식할 위험성이 크다. 그는 누구보다도 냉혹하고 쾌활해야 된다. 왜냐하면 평균보다 높은 인간의 이상적인 소질을 가진 영혼은 원칙적으로 타락하고 몰락하는 것이기 때문이다. 이러한 원칙을 줄곧 바라보고 있다는 것은 무서운 일이다. 심리가는 그런 몰락의 사실을 찾아낸다. 그리고 한번 역사를 통해서 되풀이되고 있는 높은 인간의 내적인 '자포자기' 전체와 모든 의미의 영원한 '너무 늦었다!' 하는 탄식을 알게 되면, 그 뒤에는 언제나 그것을 발견하지 않을 수가 없다. 심리가가 당하는 이런 온갖 고문의 고통은—언젠가는 아마 그가 자신의 운명에 분노심을 터뜨리고, 자기 파괴를 시도하게 되고, 자기 자신을 '파멸시키는' 원인이 될지도 모른다. 그러므로 거의 모든 심리가는 평범한 인간과 교제하면서도 어떤 배반자로서 행동하는 취미와 쾌락을 갖고 있음을 알게 된다. 이것은 그가 어떤 치료를 바라고 있음을 나타내고 있다. 다시 말해 그의 통찰과 예리한 감각, 자기 '일'이 자기의 양심에게 부과하는 것에서 벗어나려는 어떤 도피와 망각을 바라고 있음을 나타낸다. 그는 독특한 기억에 대한 공포심을 갖고 있다. 그는 다른 사람이 비판을 하고 있는 앞에서는 쉽게 침묵을 지킨다. 그는 다른 사람이 존경하고, 찬미하고, 사랑하고, 설명하는 것을 무표정한 얼굴로 듣고 있다. 사실 그는 사람들이 그런 짓을 하는 것을 그저 보고 있었던 것이다. 또는 그 침묵까지도 숨기고, 어떤 그럴듯한 의견에 동의를 표시하는 일도 있다. 어쩌면 그가 처한 모순된 상황이 점점 소름끼치는 데까지 이르러서, 그가 지독하게 경멸할 뿐 아니라 지독하게 불쌍해하고 있는 바로 그런 것에 대해서, 대중이나 교양 있는 인간이나 열광자들이 터무니없는 존경심을 품게 되는 일조차 있을 것이다. 이 사람들은 '위인'이나 기이한 사람을 존경하고, 그들이 있으니 조국이나 대지나 인간의 위엄이나 자기를 축복하고 찬미한다. 이러한 인간을 젊은이한테도 내보이고, 그것을 목표로 교육을 한다.

이제까지 모든 중대한 사건의 경우에, 언제나 같은 일이 행해졌다. 즉 대중은 신을 숭배했다. 그런데 그 신은 한 마리의 불쌍한 희생양에 지나지 않았던 것이다! 성공은 언제나 가장 위대한 거짓말쟁이였다. 그리고 '일' 자체가 하나의 성과이다. 위대한 정치가, 정복자, 발견자는 거의 그 정체를 분간할 수 없을 만큼 그들이 창조한 것 속에 숨겨져 있다. 그리고 예술가나 철학자의 '일'은 그것을 창조하고 또 창조했다고 생각되는 인물을 만들어 내는 것이다. 숭배를 받는 '위대한 인물'이란 나중에 만들어진 작고 서투른 허구이다. 역사적 가치 세계에서는 돈의 위조가 심하게 행해진다. 위대한 시인들, 예컨대 바이런, 뮈세, 포, 레오파르디, 클라이스트, 고골리(가장 위대한 이름을 드는 것은 아니지만 그것을 염두에 두고) 등의 이 인물들이 지금 세상에서 이해되어야 될 점은 무엇일까? 세상에서 생각하기에는—그들은 순간에 사는 인간이며, 흥분하고 육감적이고 어린애 같고, 불신과 신뢰에 있어서도 경솔하고 돌발적이다. 그리고 대부분은 어떤 결함이 숨겨져 있음에 틀림없는 영혼을 갖고 자주 내적인 오점을 지니고 있는데, 그것을 자기 업적으로 보상하고 있다. 너무 자세한 기억력으로 괴로워하는 나머지, 영혼을 비상시킴으로써 망각을 찾고 자주 진흙 속을 헤매고 다니다 탐닉하며, 결국은 늪지대를 떠도는 도깨비불처럼 되어 스스로 별과 혼동한다—이렇게 되면 민중은 그들을 이상주의자라고 부른다. 그들은 오랫동안 자주 역겨움과 싸우고, 늘 떠돌아다니는 자기 불신의 유령과 싸웠다. 그리고 그런 자기 불신에 의해서 오싹 소름이 끼치고 영광을 갈망해서 도취된 아부하는 자의 손에서 '자신에 대한 믿음'을 뺏어 먹었다—위대한 시인들은 민중에게 그런 인간으로 보여지고 있지만, 일단 그들의 정체를 간파한 자들에게는 이런 위대한 예술가나 높은 인간들은 얼마나 고통을 안겨줄 것인가. 그렇기 때문에 그들은 바로 여성으로부터 무한한 헌신적인 동정을 받게 된다.

여성은 고뇌의 세계에서는 천리안을 갖고 있으며, 자기 힘이 닿지 않는 데에서도 돕고자 하고 구원하고 싶어한다. 그리고 이러한 여자의 동정은 대중, 특히 숭배하고 있는 대중으로서는 이해하기 어렵기 때문에 그들은 갖가지 호기심에 찬 제멋대로의 해석을 내린다. 여자의 동정은 예외 없이 자기 역량을 오산하고 있다. 여자는 사람이면 모든 것을 해낼 수 있다고 믿고 싶어한다. 이것이 여자 특유의 미신이다. 아아, 마음을 아는 자는 알고 있다. 가장 훌륭하고 가장 깊은 사랑조차도 얼마나 빈약하고 무력한가를, 얼마나 불손하고 잘못을 저지르고 구원하기보다 오히려 파괴하는 것인가를 알고 있다! 예수의 생애에 대한 거룩한 전설이나 미화 속에는 다음과 같은 사랑에 대한 지식이, 순교를 해버린 가장 애처로운 경우가 숨겨져 있는 것이 아닐까? 즉 그것은 가장 순진하고 가장 열정적인 마음의 순교였던 것이다. 그 마음은 어떤 인간에게도 충분하지 않고, 준엄과 광기로 그의 사랑을 거부하는 자에 대한 무서운 폭발을 함으로써 다만 사랑을, 사랑을 받기만을 원하고 그 밖에는 아무것도 원치 않았던 것이다. 그것은 사랑에 있어 만족을 모르고 만족시킬 수 없었던 불쌍한 인간의 역사였다. 결국 그 인간은 자기를 사랑하지 않으려 했던 자들을 보내기 위한, 지옥을 만들어 내지 않을 수 없었다. 그리고 그 신은 인간이 그렇게도 빈약하고 무지하기 때문에 인간의 사랑을 동정했던 것이다! 그와 같이 느끼고 그와 같이 사랑에 대해서 알고 있는 사람은—죽음을 찾는다—하지만 무엇 때문에 그러한 고통스러운 사물에 매달리는가? 물론, 그렇게 매달릴 필요가 없다고 가정한다면 말이다.

270

심각하게 고뇌하는 인간은—그들은 얼마나 깊이 괴로워할 수 있는가에 따라 그 위계가 결정된다—정신적 교만과 구토를 느낀다. 그 사람은 자신의 고뇌 때문에 가장 예민하고 현명한 인간보다 더 많이 알고 있다고 확신한다. 그리고 그가 다른 사람에게 "그대들은 아무것도 모른다"고 말할 수 있을 만큼 아득하고 무서운 많은 세계를 알고 있으며, 그 세계에 '머문' 적 있다는 확신을 갖고 있다. 그런 무서운 확신은 그의 마음 구석구석까지 스며들어 적시고 있다. 고뇌하는 자의 그런 정신의 말 없는 교만, 즉 선택된 인식자, 깨끗한 자격을 부여받은 자, 거의 희생으로 바쳐졌다고 할 수 있는 사람의 자만심은 여러 가지 형태의 변장을 필요로 한다. 그것은 주제넘게 간섭하는 동정의 손아귀에 들기를 피하고, 또 고통에 있어서 그와 동일하지 않은 모든 것으로부터 자신을 방어하기 위해서이다.

깊은 고뇌는 인간을 고귀하게 만든다. 그리고 다른 것에서 그 사람을 떼어놓는다. 이렇게 해서 생긴 가장 세련된 변장 형식 가운데 하나가 에피쿠로스주의이다. 보란 듯이 앞으로 내민 취미의 과감성으로서, 그것은 고뇌를 가볍게 받아넘겨 모든 슬프고 심각한 것에 저항하게 되는 것이다. 이는 쾌활을 가장하고, 오해받기 위해서 쾌활을 사용하는 '쾌활한 사람들'이다—그들은 오해받기를 원하고 있다. 그리고 학문이 명랑한 외모를 보여주고 인간을 천박한 것으로 결론지어 주기 때문에, 가장을 위해 학문을 사용하는 '학문을 좋아하는 사람들'도 있다. 그들은 다른 사람을 그릇된 결론으로 유혹하려고 한다. 그리고 자기가 부서진 긍지를 지닌 치유할 수 없는 마음의 소유자임을 감추고 부정하려는, 자유롭고 뻔뻔한 정신을 지닌 사람들도 있다(예컨대 햄릿의 냉소나 갈리아니의 경우이다). 그리고 때로는 불행하게도 모든 것을 지나치게 많이 알게 된 인간이 바로 어리석음을 가면으로 쓰는 경우도 있다—그럼으로써 가면에 대해서 외경심을 갖고, 심리연구나 호기심을 엉뚱한 곳에서 사용하지 않도록 하는 것이 세련된 인간미에 없어서는 안 될 특성이라는 것이다.

271

두 인간을 가장 깊이 갈라놓는 것은, 순결에 대한 감수성과 정도의 차이다. 모든 정직과 서로의 유익함이 무슨 소용이 있는가. 서로의 호의인들 무슨 보람이 있는가. 결국 "서로의 체취가 못 견디게 싫어진다!"는 결과만이 남는다. 지고한 순결의 본능은 그것으로 고민하는 인간을 기묘하고도 위험한 고독으로 몰아넣는다. 이 사람은 성자이다. 그것은 바로 성스러움이며—앞서 말한 본능의 가장 영적인 형태이다. 목욕의 기쁨을 안다는 것, 영혼을 끊임없이 밤에서 아침으로, 암흑과 '음울'에서 밝음, 빛, 깊이, 아름다움으로 몰아가는 욕정과 갈망. 그러한 경향—그것은 고귀한 경향이다—이 뚜렷하면 할수록 그것은 사람을 갈라놓는다. 만약 성자가 동정을 갖는다면, 그것은 인간적인, 너무나도 인간적인 것의 더러움에 대한 동정이다. 그리고 동정 자체에도 성자가 불순하거나 더럽다고 느끼게 되는 여러 단계와 높이가 있다.

272

고귀함의 징후 : 우리의 의무를 모든 사람에 대한 의무로까지 끌어내리는 일을 생각하지 말 것. 자기 책임을 포기하고 분담하려 하지 말 것. 자기 특권과 그 행사를 자기 의무들 가운데에서 생각할 것.

273

위대해지려고 노력하는 인간은 그가 길에서 만나는 모든 사람을 수단이나 장애 또는 방해라고 간주한다—또는 일시적인 휴식처로 삼는다. 그가 함께 사는 인간에게 보이는 고귀한 자비는, 절정에 올라 지배할 때에야 비로소 가능하다. 그때까지 그는 성급하며, 자기는 희극을 연출하도록 정해져 있다는 생각을 가지고 있다—그도 그럴 것이 전투조차 희극이며, 모든 수단이 목적을 숨기듯 진정한 목적을 감추고 있기 때문이다. 그래서 그에게는 모든 교제가 깨어진다. 이런 부류의 인간은 고독이 무엇인지를 알며, 또 고독이 어떤 독을 품고 있는지도 안다.

274

기다리는 자의 문제.—어떤 고귀한 사람 안에 잠들어 있는 문제의 해결이 적절한 때에 행동으로까지(말하자면 '폭발에까지') 이어지기 위해서는 우연한 기회와 그 밖에 헤아리기 어려운 것들이 필요하다. 보통은 그런 일이 일어나지 않는다. 지상의 모든 구석구석에는 앉아서 때를 기다리는 사람들이 있는데, 그들은 자기가 어떻게 기다리고 있는가를 모르며, 또 그렇게 기다린다는 것이 쓸데없는 일임을 모른다.

가끔 그들을 깨워 부르는 소리, 즉 행동에 '허가'를 해주는 우연은 너무나 늦게 온다. 그것이 왔을 때는 가만히 앉아만 있었기 때문에 최선의 청춘과 행동하려는 힘은 이미 메말라 버린 것이다. 얼마나 많은 사람들이 그가 '벌떡 일어났을' 때 그의 팔다리가 위축되고, 그의 정신이 이미 무거워졌음을 보고 아연해할 것인가! "이미 늦었다!" 그는 말하고, 이미 자기를 믿지 않게 되었고, 영원한 무용지물이라고 말한다. '손 없는 라파엘로'라는 말을 좀더 넓은 의미로 새겨볼 때, 천재의 영역에서는 어쩌면 그것은 예외가 아니라 일반적인 경우가 아니겠는가!—어쩌면 천재는 그렇게 드문 것이 아닌지도 모른다. 드문 것은 우연의 앞 머리카락을 잡아 '적절한 때'를 놓치지 않으려고, 천재가 필요로 하는 500개의 손이다.

275

다른 사람의 높은 점을 보려 하지 않는 자는, 그만큼 더 예리하게 그 사람의 표면에 나타난 비천한 점을 관찰한다—그리고 그것으로 자기를 폭로하는 것이다.

276

모든 종류의 상해나 손실을 입었을 때, 저급하고 조잡한 영혼이 고귀한 영혼보다 유리하다. 고귀한 영혼의 위험은 더 클 수밖에 없다. 그뿐만 아니라 그 생존 조건이 복잡하기 때문에 그것이 슬픔과 죽음을 불러올 확률은 매우 크다—도마뱀의 경우는 잘린 꼬리가 다시 돋아나지만 인간은 그렇게 되지 않는다.

277

맙소사! 또 그 옛날이야기인가! 집을 짓기 전에 알아둬야 할 일을, 집이 다 완성되었을 때에야 알았음을 문득 깨닫는다. 이 영원히 쓰라린 "너무 늦었다!"란 탄식. 모든 끝나버린 것에 대한 우울!

278

방랑자여, 그대는 누구인가? 나는 본다. 그대가 비웃음 없이, 사랑 없이, 헤아릴 길 없는 눈으로 그대의 길을 가고 있음을. 깊은 바닷속에서 만족하지 못하

고 다시 물 위로 올라온 측연(測鉛)처럼 젖고 처량한 모습으로 걸어감을—그대
는 그 속에서 무엇을 찾고 있었는가? 탄식 없는 가슴을 안고, 구토를 감추는 입
을 가지고, 천천히 잡아보려는 손을 가지고 걸어가고 있음을. 그대는 누구인가?
그대는 무엇을 했는가? 이곳에서 편히 쉬어라. 여기는 모든 사람을 맞이하는
곳이다—생기를 되찾아라!

그대가 누구든 간에 그대에게는 지금 무엇이 좋은가? 그대의 휴양에는 무엇
이 좋겠는가? 그저 말만 하라. 내가 가진 것이면 그대에게 주겠노라! "휴양하려
면? 휴양하려면? 오, 그대 호기심 많은 자여, 무슨 소릴 하는 거냐! 내게 다오.
나는 원하노니—" 무엇을? 그걸 말하라! "내가 바라는 것은 다만 하나의 가면.
두 번째 가면!"

279

깊은 슬픔을 지닌 인간은 그들이 행복할 때 그 본능을 드러낸다. 그들에게는
행복을 붙잡는 하나의 독특한 방법이 있다. 그것은 마치 질투 때문에 행복을
목 졸라 죽이고 질식시키려는 것과도 같다—아아, 그들은 너무나도 잘 알고 있
다. 행복이 그들에게서 달아나 버림을!

280

"틀렸다! 틀렸어! 어쩌지? 그는 뒤로 물러나고 있지 않느냐?" 과연! 그러나 그
렇게 탄식할 때, 그대들은 그를 진실로 이해하고 있지는 못한 것이다. 지금 그
가 뒤로 물러서는 것은 커다란 비약을 하려는 자의 태도이다.

281

"사람들이 나를 믿을까?" "아니, 나는 사람들이 나를 믿어주기를 바란다. 나
는 언제나 내 생각을 못해 왔다. 별로 안 했다. 그런 일이 있었다 해도 그 일에
재미를 모르고 억지로 해왔을 뿐이다. 나는 나에게서 떠나기를 좋아했고, 무슨
일이나 그 결과는 고려하지 않았다. 자기 인식의 가능성에 대해 극복할 수 없
는 불신을 지니고 있었기 때문이며, 이 불신은 나를 몰고 가서 마침내는 이론
가들이 스스로를 허용하는 '직접 인식'의 개념에 대해서까지도 형용모순을 느

끼기에 이르렀다—이상 말한 모든 사실이 자기가 자기에 대해 알 수 있는, 거의 확실한 사실이다. 자기 내부에는 자신에 대해 무언가 확정된 사실을 아는 것에 대한 어떤 반감이 있다—어쩌면 거기에 하나의 수수께끼가 숨어 있는 게 아닐까? 그럴지도 모른다. 그러나 다행히도 그것은 자신이 풀어야 할 것은 아니다—어쩌면 그것도 내가 속한 인간 종족이 어떤 것인지를 암시하는 게 아닐까? 하지만 참으로 다행히도, 자기에게는 보이지 않는 것이다.”

282

“도대체 무슨 일이냐?”—“나도 모른다”고 그는 주저하며 말했다. “어쩌면 내 식탁 위에 마녀 하르피이아들이 날아왔는지도 모른다.”—오늘날에는 가끔 이런 일이 생긴다. 평소에는 얌전하고 침착한 사람이 갑자기 미친 듯이 접시를 던지고, 식탁을 뒤집어엎으며, 소리치고, 미쳐 날뛰며, 주위 사람들을 모욕한다. 그리고 나중에는 부끄러워서 자신을 나무라면서 물러간다—어디로? 무엇하려고? 남모르는 곳에 가 굶어 죽으려는가? 자신의 기억으로 질식하기 위해서일까? 엄격한 선택이 필요한 높은 정신의 욕망을 지니고 있으며, 자기 식탁이 마련되고 식사 준비가 다 되어 있는 것을 본 적이 드문 사람에게는 그러한 위험은 언제나 크며, 더욱이 오늘날에 있어서는 두드러진다. 그처럼 시끄럽고 천민적인 시대에 내던져져서, 그런 상태의 인간들과 같이 먹기를 싫어하며, 어쩌면 배고픔과 목마름으로 죽을지도 모른다. 아니면 그가 결국 그 그릇에 ‘입을 댄다’면, 그는 돌연 구토 때문에 죽어버릴 수도 있다—참으로 우리는 우리 모두가 속하지 않은 식탁에 앉아 있는지도 모른다. 우리 중에 가장 정신적인 사람이야말로 식사하기가 어려운데, 그는 위험한—식후의 구토감을 알고 있다. 그것은 음식과 식탁에 앉은 사람들에 대해 통찰하고 나서 갑자기 환멸을 느꼈을 때 생기는 것이다.

283

칭찬하려 하면서 자기와는 생각이 다른 사람만을 칭찬한다는 것은 하나의 세련된 자기 억제이다—그렇지 않으면 사실 사람들은 자기 자신만을 칭찬하고 있을 것이다. 이것은 좋은 취미에 어긋난다. 말할 것도 없이 앞서 언급한 자기

억제는 끊임없는 오해를 살 만한 충분한 원인도 되고 동인도 된다. 취미와 도덕의 진정한 호화로움을 누리고 싶다면 어리석은 인간들 틈에서 살아서는 안 되며, 오히려 오해와 실수도 즐겁게 만드는 세련된 사람들과 살아야 한다―그렇지 못할 때는 혹독한 보상을 받으리라! "그는 나를 칭찬한다. 다시 말해 그는 나를 인정한다"―이러한 터무니없는 결론은 우리 은둔자의 삶의 절반을 좀먹는다. 그것은 우리 이웃이나 우정 안에 멍청이들을 끌어들이기 때문이다.

284

자부심을 가지고 평온하게 살라. 언제나 초연하라…… 자기 감정을, 찬성이나 반대의 생각을 마음껏 지니고 또 버려라. 몇 시간이고 내려가라. 마치 말을 타듯, 때로는 나귀를 타듯, 그것을 제어하라―이러한 것들의 불꽃도, 우둔함도 이용할 줄 알아라. 우리의 눈을, 더구나 우리의 '깊은 곳'을 아무에게도 보여서는 안 될 경우도 있기에, 300개의 얼굴을 지니고 또 검은 안경을 갖고 있어라. 그리고 예의라 불리는 무엄하고도 쾌활한 악덕을 동반자로 삼으라. 용기, 통찰, 공감, 고독, 언제나 이 네 가지 덕의 소유자가 되라. 우리에게 고독이란 순결의 높은 충동으로서 하나의 덕이기 때문이다. 그리고 이 순결에 대한 갈망은 알고 있다. 인간과 인간의 접촉―'사교계'―에 있어 불결이 얼마나 피하기 어려운가를. 모든 공동생활은 언젠가, 어디선가, 어떻게 해선가 인간을―'비천'하게 만든다.

285

가장 위대한 사건과 사상은―또한 가장 위대한 사상은 가장 큰 사건이기도 하다―이해되기가 가장 어렵다. 시대를 같이하는 세대는 그러한 사건을 체험하지 못한다. 그들은 그 언저리에서 살아가는 데 지나지 않는다. 여기서 별들의 세계에서와 같은 일이 생긴다. 가장 멀리 있는 별빛은 인간에게 이르는 데 가장 오래 걸린다. 그 빛이 다다르기 전에는 인간은 거기에 별이 있다는 사실을 부정한다. "하나의 정신이 이해되기까지 몇 세기가 필요한가?"―이것 또한 하나의 척도이다. 사람은 그것을 기준으로 요구되는 정신이나 별의 등급과 법도를 결정한다.

286

“여기에서 전망은 펼쳐지고, 정신은 고양된다.”[1]—그러나 이와 상반되는 부류의 인간도 있다. 그는 높은 산에 올라 전망이 펼쳐져도—아래를 굽어볼 뿐이다.

287

고귀함이란 무엇인가? 오늘날 우리에게 ‘고귀함’이란 말은 무엇을 의미하는가? 이제 시작되고 있는 천민 지배의 이 무겁게 드리운 하늘—그것으로 인해 전체가 불투명하고 답답해진다—아래 고귀한 인간은 어떻게 나타나고, 어떻게 알게 되는가? 그것을 입증하는 것은 행위가 아니다. 행위란 언제나 애매한 것이며 헤아리기 어렵다. 또 ‘사업’도 아니다. 오늘날 예술가나 학자들 사이에는 그가 얼마나 고귀한 것에 대한 깊은 갈망에 빠져 있는가를, 그 사람의 작품이 말해 주고 있는 예는 얼마든지 있다. 이 고귀한 것에 대한 갈망은 고귀한 정신 자체에 대한 갈망과는 근본적으로 다르다. 그뿐만 아니라 고귀함의 결핍을 나타내는 가장 웅변적이고도 위험한 표지일 수도 있다. 여기서 결정하고 순위를 확정하는 것은—낡은 종교적 방식을 새롭고 좀더 깊은 의미로 다시 한번 사용한다면—그것은 사업이 아니라 신앙인 것이다. 고귀한 정신이 스스로에 대해 가지고 있는 근본적 확신, 구할 수도 없고 찾을 수도 없으며, 어쩌면 또한 잃을 수도 없는 그 무엇이다. 고귀한 정신은 자기 자신에 대한 존경심을 갖는다.

288

어쩔 수 없이 정신을 지닌 인간들이 있다. 그들이 제아무리 자유롭게 몸을 돌리고 뒤틀 수 있다 해도, 또는 기만적인 눈앞에서 두 손을 맞잡을 수 있다 해도—마치 손은 배반자가 아닌 것처럼 말이다—결국 그들이 무언가를 감추고 있다는 것이 드러난다. 즉 정신을 가지고 있다는 사실이다. 가능한 한—이는 일상생활에서 때때로 사람을 속이고, 자기를 실제보다 더 어리석게 보이게 하는—이는 일상생활에서 때때로 우산처럼 편리한 것이다—가장 교묘한 수단

---

1)괴테《파우스트》2권, 5·11990~1.

가운데 하나는 열광이다. 그리고 본래 열광에 속하는 것은 모두 그런 구실을 한다. 이를테면 덕. 왜냐하면 그런 일을 알고 있었음에 틀림없는 갈리아니가 덕은 열광이다,라고 말했기 때문이다.

289

은둔자의 저술에서는 언제나 황야의 메아리가 들린다. 또한 고독의 겁먹은 눈으로 주위를 둘러보는 속삭임이 들린다. 그의 가장 힘 있는 말에서, 그의 부르짖음에서도 어떤 새롭고 위험한 종류의 침묵이 울린다. 가는 해도 오는 해도, 낮에도 밤에도 그는 홀로 자기 영혼과만 친숙하게 말다툼하며 앉아 있다. 또한 그의 동굴—미로일 수도, 황금의 광경일 수도 있는—안에 앉아 곰이거나 보물의 채굴자, 수호자, 용이 되어 있다. 그리하여 그런 사람의 관념은 어떤 어스름의 색조를 띠고, 깊이와 함께 곰팡내가 나며, 어딘가 말하기 어렵고, 말하기 싫은 것이 있어 옆을 지나가는 사람에게는 싸늘하게 보인다. 이러한 은둔자는 지금까지 언제나 철학자가 은둔자였다 믿기 때문에, 일찍이 철학자가 그의 마지막 사상을 책에 쓸 수 있었다고 믿지 않는다—책이라는 것은 그야말로 사람이 자기에게 숨겨둔 것을 감추기 위해 쓰이는 게 아닐까?

철학자가 '궁극적이고 실제적인' 사상을 가질 수 있을까? 물론 그는 의심한다. 그의 내부에는 점점 더 깊은 동굴들이 놓여 있고, 또 놓여 있을 수밖에 없지 않은가? 또 표면으로 나오면, 더욱 드넓고 낯설고 풍부한 세계가 놓여 있지 않은가? 모든 기반, 모든 '근거' 아래는 하나의 심연이 있지 않은가? 모든 철학은 결국 전경(前景)의 철학이다—이것이 은둔자의 판단이다. 그는 회상에 잠긴다. "그 철학자가 여기에 서 있었고, 돌아보고 둘러보았다는 것, 또한 더 깊이 파보지 않고 삽을 여기다 내던졌다는 것, 거기에는 무언가 자의적인 것이 있다—거기에는 또한 무언가 의심스러운 것이 있다." 모든 철학은 또 하나의 철학을 감추고 있다. 모든 사상은 도피처이며, 모든 말은 가면이다.

290

깊이 있는 사상가는 오해받는 것보다 이해되는 것을 두려워한다. 오해로 인해 상처를 받는 것은 어쩌면 그의 허영심뿐이다. 그러나 이해로 인해 상처를 입는 것은 그의 심정이며 공감이다. 그것은 늘 이렇게 말한다. "아, 어째서 그대들은 나만큼이나 그렇게 어려운 시간을 견디려 하는가?"

291

복잡한 피조물, 거짓말쟁이에다 기교적이고 불가해한 동물—인간. 인간은 다른 동물들에게는 힘으로보다도 간계와 영리함으로 인해서 믿을 수 없는 존재이지만, 또한 자기 영혼을 단순하게 만들어 즐기기 위해서 양심의 평안이라는 것을 만들어 냈다. 모든 도덕은 대담하고도 오랜 기간의 기만이며, 인간은 그것으로 해서 겨우 영혼과 마주하며 즐길 수 있게 되었다. 이러한 관점에서 볼 때, 흔히 믿고 있는 것보다 훨씬 더 많은 것이 '예술'의 범주에 속한다.

292

철학자란 끊임없이 이상한 사물을 체험하고, 보고, 듣고, 의심하고, 희망하고, 꿈꾸는 인간이다. 자기 자신의 사상에 의해 외부로부터, 위로부터, 아래로부터 얻어맞는다. 이것이야말로 그에게 특유한 사건이며 번갯불이다. 어쩌면 그 자신이 새로운 벼락을 잉태하는 폭우인지도 모른다. 이 숙명적인 인간을 둘러싸고, 언제나 누군가가 울부짖고, 신음하고, 갈라지며, 무서운 일들이 일어나고 있다. 철학자는, 아아, 때로는 스스로 도망하고, 때로는 스스로를 두려워한다—하지만 그 참을 수 없는 호기심은 그를 몰아 언제나 또다시 '자기에게 돌려보낸다'.

293

"이것은 내 맘에 든다. 나는 이것을 갖고, 보호하고, 누구에 대해서나 방어하겠다" 말하는 사람. 한 가지 일을 완성하고, 하나의 결심을 수행하고, 하나의 사상에 충실하고, 한 여성을 지키고, 강한 적을 무찌를 수 있는 사람. 자기 분노와 검을 지니고, 약한 자, 고민하는 자, 학대받는 자, 또한 동물들이 기꺼이 그의 앞에 엎드려 마음으로부터 따르는 사람. 즉 태어날 때부터 지배자인 사람—그런 사람이 동정을 갖는다면, 그 동정에는 가치가 있다! 그러나 고민하는 자들의 동정이 무슨 소용이 있는가! 또 동정을 설교하는 자의 동정이 대체 무엇을 할 수 있는가!

오늘날 유럽 곳곳에는 고통에 대한 병적인 민감성과 신경과민이 있다. 마찬가지로 달갑지 않고 절제되지 못한 탄식이 있다. 종교나 철학의 허튼소리를 뭔가 고상하게 꾸며보려는 사탕발림이 있다—또한 고민의 우상화가 있다. 이러한 탐닉자 집단에 의해 '동정'이라 불리는 유약함이 늘 우리 눈앞에 비친다—이 새로운 종류의 악취미는 단호하고 철저하게 쫓아버려야 한다. 끝으로 나는 거기에 대한 좋은 부적으로서 사람들이 '가이 사베르(gai saber)'를 가슴과 목에 걸고 다니기를 바란다. 이것을 독일인에게 알기 쉽게 말하면—'즐거운 지식'이라 한다.

294

올림포스적인 악덕.—순수한 영국인답게, 모든 사색하는 인간에게서 웃음에 대한 악평을 끌어내려 한 철학자에 반항해서—"웃음이란 인간성의 좋지 못한 약점이니, 모든 생각하는 인간은 이를 극복하도록 노력해야 하리라"(홉스)—나는 감히 이렇게 말하련다—웃음의 순위에 따라서 그 철학자의 순위도 정해진다. 그중 높은 위치에 있는 자에게는 황금의 웃음까지도 가능하다고. 많은 추론으로 나는 신들도 철학을 한다고 믿는데, 만일 그렇다면—의심할 것도 없이 신들은 철학을 하면서 초인적이고도 새로운 웃음을 웃을 줄 알 것이다. 그것도 모든 엄숙한 것들을 전부 희생하면서까지 말이다! 신들은 비웃음을 사랑한다. 그들은 성스러운 의식을 치르는 동안에도 웃음을 멈출 줄 모르는 것처럼 보인다.

295

심정의 천재, 이것을 저 위대한 은둔자는 지니고 있다. 이 은둔자는 유혹하는 신이며, 인간의 양심을 꾀어내는 피리 부는 사나이다. 그 목소리는 모든 영혼의 지하 세계에까지도 내려갈 수 있고, 그가 내뱉는 한 마디의 말, 그가 던지는 한 번의 눈초리에도 유혹의 동기와 낌새가 드리워져 있다. 그는 절묘한 신비로움으로 자신을 나타내지만 자기 본성을 엿보이는 일이 없고, 그를 쫓는 자들을 강요해 마지않는 그런 것이 되어 나타난다. 그것으로 그들은 그의 주위에 몰려들고 더욱 진심으로, 땅끝까지도 그의 뒤를 쫓아간다—이런 심정의 천재는 모든 시끄럽고도 스스로 만족한 자를 침묵시키고, 경청하는 법을 가르친다. 거친 영혼을 부드럽게 하며, 거기에 누워서 깊은 하늘을 그곳에 비치게 하려는 조용한 거울처럼 새로운 소원을 맛보게 한다. 그리고 무디고 성급한 손에는 망설이며 상냥하게 잡는 법을 가르쳐 준다. 그는 감춰 둔 잊힌 보물―선의와 감미로운 정신의 물방울을 어둡고 두터운 얼음 밑에서도 찾아내며, 오랫동안 진흙과 모래 속에 묻혀 있던 황금의 낟알을 찾아내는 마법의 지팡이다.

　이런 심정의 천재와 접촉하면 누구나 풍성함을 더하게 되는데, 이는 은혜를 받고 놀라서 그런 것도 아니고, 미지의 재물로 행복해지고 짓눌려서도 아니다. 오히려 열리면 앞서보다도 자기 자신에게 있어 더욱 풍성하며 새롭고, 찢기고, 얼음을 녹이는 바람에 날려서 감춰 둔 마음을 들추어 보고, 아마 전보다도 불확실하고 연약하며 부서지기 쉽고 깨지지만, 아직 이름도 모르는 희망으로 가득 차고, 새로운 의지와 흐름이 넘쳐흐르며, 새로운 적의와 역류가 넘쳐흐른다―하지만 친구들이여! 나는 무슨 말을 하고 있는 것인가? 그대들에게 누구에 대한 얘기를 하려는 것인가? 우리는 자신을 잊고 그 사람의 이름을 듣는 것조차 잊었단 말인가? 아니다. 이런 말을 늘어놓아 찬양을 받는, 저 수수께끼의 정신과 신을, 그대들은 이미 짐작했을 것이다. 이미 어린 시절부터 낯선 나라를 떠돌아다닌 자들이 그렇다시피 내가 가는 길에도, 위험한 많은 이상한 정신이 지나갔다. 더구나 다른 것보다도 지금 내가 말한 자가 여러 번을 지나갔다. 그 자가 바로 디오니소스였다. 저 위대한 다의(多義)의 신, 유혹하는 신이었다. 옛날에 그 신에게, 그대들도 알듯이 나는 엎드려 남몰래 내 첫 작품을 바쳤다. 생각건대 나는 그에게 희생을 바친 마지막 인간일 것이다. 왜냐하면 내가 그 무렵에 했던 일을 이해한 사람은 하나도 없었기 때문이다. 그 뒤로 나는 그 신의 철학에 대해서 많은 것을―너무나도 많은 것을 배웠다.

　앞에서도 말한 바와 같이 디오니소스 신의 마지막 사도, 그 깊은 뜻을 터득한 인간, 바로 나는 직접 전수를 받았다. 아마도 이제 나의 친구여, 나는 나에게 허락된 한, 그 철학의 얼마간을 그대들에게 맛보게 하는 일을 시작해도 좋지 않을까? 하지만 그것도 나직한 목소리로 해야겠지. 왜냐하면 여기서 이야기되는 것은 갖가지 비밀스러운 것, 새로운 것, 낯선 것, 기적적인 것, 무서운 것이기 때문이다. 디오니소스가 철학자이며, 신들도 철학을 하다니―이것은 새로운 이야기이고 아마 사람을 당황하게 하고, 철학자들 사이에 불신을 자아낼지도 모르겠다—그대들 사이에서는, 나의 친구여, 그것이 너무 늦게 오거나 적당한 때를 놓치지만 않는다면 몰라도 이미 부정되지 않을 것으로 안다. 들은 바에 의하면 그대들은 오늘날 이미 신과 신들을 믿지 않기 때문이다. 어쩌면 나는 내 이야기를 하면서 너무 솔직한 나머지 그대들의 귀가 갖고 있는 완고한 습성에 기분 좋게 들리는 것보다 더욱 나아가야 될지도 모르겠다. 확실히 위에서 말한 신은 그런 대화를 할 때는 늘 나보다도 훨씬 몇 걸음을 앞서고 있었다⋯⋯사실, 만일 습관대로 그에게도 화려하고 엄숙한 장식의 이름이나 도덕의 이름을 붙이는 것이 허용된다면, 나는 탐구자로서 그리고 발견자로서 그의 용기나 대담한 솔직성과 성실성, 그리고 예지에 대한 사랑 등에 대해서 아름다운 말을 늘어놓아야 할 것이다. 그러나 그와 같은 신은 그런 모든 굉장하고도 어리석은 장식과는 전혀 상관이 없다. "이것을 다른 자를 위해 보존하라"고 그는 말할 것이다. "그대와 그대와 같은 자들과, 그 밖에 그것을 탐내는 자를 위해서! 나는 내 적나라함을 감출 필요는 없다!" 말할 것이다.

사람들은 그런 부류의 신이나 철학자는 수치를 모르는 것이 아닌가 하고도 생각한다—어느 땐가 신은 "어떤 조건에서는 나는 인간을 사랑한다"고 말했다. 그렇게 말하면서 그는 그 자리에 있던 아리아드네를 넌지시 암시했던 것이다. 인간은 유쾌하고 기운차고 창조적인 생물이며, 지상에는 그와 비교될 것이 없다고 나는 생각한다. 그리고 어떻게 하면 그를 더욱 전진시킬 수 있을까를 생각한다. 그를 지금보다도 강하고 더욱 악하게, 보다 깊이 있게 할 수 있을지를 생각한다. "보다 강하고, 보다 악하고, 보다 깊이 있게라니?" 나는 깜짝 놀라서 물었다. "그렇다"고 그는 다시 한마디 했다. "보다 강하고, 보다 악하고, 보다 깊이 있게, 게다가 보다 아름답게"—그렇게 말하고 그 유혹자인 신은 마치 매력적인 인사라도 한 듯 조용히 미소를 띄웠다. 여기에서 알 수가 있으리라. 이 신에게 모자라는 것은 그저 수치심만이 아님을. 그리하여 우리는 충분한 이유를 가지고 추측할 수 있는데, 어떤 일에 대해서는 신들도 모두 우리 인간에게 찾아와서 배울 수 있을 것이다. 우리 인간이—그들보다 더 인간적이기 때문이다.

296

아아, 내가 쓰고 그린 사상이여, 도대체 그대들은 무엇이란 말인가? 얼마 전 까지만 해도 그대들은 다채롭고, 젊고, 악랄하고, 가시가 가득하고, 숨겨진 양념이 넘치고 있었지. 그 때문에 나는 재채기를 하고 웃었을 정도였다―그런데 지금은? 그대들은 이미 참신함을 버렸고, 겁나는 일이지만 그 가운데 몇 명은 이미 진리가 되려 하고 있다. 이미 그 겉모습은 그처럼 불멸하고, 그처럼 절실하리만큼 솔직하고 지루하다! 하지만 그렇지 않은 적이 한 번이라도 있었던가? 도대체 우리는 무엇을 쓰고 그릴 수 있단 말인가? 중국 붓으로 끄적이는 관리인 우리는, 사물에 의해서 쓰기를 강요당하고 사물을 불멸화시키는 우리, 우리가 도대체 혼자서 무엇을 그려낼 수 있단 말인가? 아아, 그저 막 시들어 가고 향기를 잃기 시작하는 것뿐이로다! 아아, 언제나 힘이 다하여 사라져 가는 폭풍우와 누렇게 시들어 가는 감정뿐이로다! 아아, 끊임없이 날다 지쳐 되돌아와서 이제는 손으로도―우리의 손으로도 사로잡을 수 있는 새뿐이로다! 우리가 불멸의 것으로 만들 수 있는 것은 이미 오래 살지 못하고 날 수도 없는 것, 지치고 무르익은 사물들뿐이로다!

그렇게 하여 쓰이고 그려진 나의 사상이여. 나는 오로지 그대의 오후를 위해서만 물감을 지니고 있구나. 아마 여러 가지 물감을, 많은 다채로운 부드러움과 50개가 넘는 노란색, 갈색, 초록색, 붉은색을 가지고 있도다. 그런데 그대들의 오전에서 그대들이 어떠했는지를 내게 알려주는 자는 하나도 없구나. 그대들, 나의 고독에서 태어난 폭발적인 불꽃이여, 기적이여, 그대들, 나의 오래된 사랑스러운―나쁜 사상이여!

높은 산에서
후곡(後曲)

인생의 한낮이여! 오, 장엄한 시간이여!
오, 여름의 정원이여!
지켜 서서 기다리는 마음은 행복한 불안에 떨어
밤이나 낮이나 나는 친구를 그리워하노라.

어디에 있는가, 친구여? 때가 왔노라. 어서 오라!

오늘, 잿빛 빙하를 장미로 수놓음은
그대들을 위한 것이 아니던가?
실여울도 그대를 찾고, 바람도 구름도 애타게 그리워하며
아득하게 먼 새의 시선으로 그대들을 바라보고자
보다 높은 푸른 하늘로 한없이 치닫는다.

내 그대들을 위해 가장 높은 곳에 식탁을 마련했나니—
그리도 별 가까이
그리도 무서운 아득한 심연에 누가 살고 있는가?
나의 왕국—실로 넓게 뻗어나간 왕국이 아니던가?
나의 꿈—그것을 맛본 이 그 누구인가?

이제 왔구나, 친구들이여!—아 슬프도다.
그대들이 찾은 것은 내가 아니던가?
그대들은 머뭇거리며 놀라는구나—차라리 분노하라!
내가 아니란 말이냐? 손도 발도 얼굴도 변했단 말인가?
친구들에게 이미 나는, 내가 아니던가?

나는 다른 사람이 되었는가? 나 스스로에게 낯설고
나 스스로를 뛰어넘어서?
너무나도 자주 자신의 목을 비틀던 격투자
너무나도 자주 자신의 능력을 거역하고
자신의 승리로 저지당한 부상자로다!

내가 찾는 곳은 그지없이 매섭게 바람이 부는 곳
내가 살고 배운 곳은
아무도 살지 않는 땅, 북극곰이 사는 황량한 세계.

인간과 신도, 저주와 기도조차 잊고
빙하를 건너가는 망령이 되었단 말인가?

그리운 친구들이여! 보라! 돌아보는 그 얼굴은 창백하고
그대들은 사랑과 공포에 사로잡혔구나.
가라! 화내지 말고! 이곳은—
여기 아득한 빙하와 바위의 나라는
그대들이 살 곳이 아니다.
여기서는 사냥꾼이 되고 사슴이 되어야 하나니.

나는 나쁜 사냥꾼!—보라, 나의 활이
얼마나 팽팽하게 당겨졌는지!
이런 시위를 당기는 자는 가장 강한 자이다—
그런데 슬프도다! 이 화살은 어떤 화살보다도 위험하구나.
여기서 떠나라! 그대들의 생명을 위해!

그대들은 이미 사라져 버렸구나! 오, 나의 마음이여, 잘도 견디었다.
그대의 희망은 강하게 남아 있도다.
이제 그대의 새로운 친구를 위해 문을 활짝 열어두라!
낡은 것을 버리고 기억도 쫓아내라!
한때 그대는 젊었지만, 이제—그대는 더욱 젊도다!

지난날 우리를 묶어주었던 것은, 같은 희망의 끈—
한때 사랑이 적어놓은 빛바랜 그 글씨를
이제는 그 누가 읽을 것인가?
그것은 마치 온통 그을리고 메마른 양피지와도 같이
손대기도 꺼려지노라.

오! 더 이상 친구가 아니도다! 어떤 이름으로 부를까?—

단지 친구의 망령일 뿐이구나!
밤마다 찾아와서 내 마음의 창문을 두드리고
나를 바라보며 말한다. "우리는 친구였다."
—오, 한때는 장미처럼 향내 풍기던, 이제는 시들어 버린 말들이여!

스스로를 이해하지 못했던 젊은 날에 대한 그리움이여!
내가 애타게 그리워했던 이들, 나와 같은 피로써 변해 간다고 여겼던 이들
그들도 늙어서 나와 헤어졌노라.
오직 변하는 자만이 나와 인연이 있도다.

인생의 한낮이여! 두 번째 청춘이여!
오, 여름의 정원이여!
밤이나 낮이나 나는 친구를 그리워하노라.
새로운 친구들이여! 어서 오라! 오라! 때가 왔노라!

이 노래는 끝나고—달콤한 그리움의 부르짖음은
내 앞에서 스러졌노라.
마술사의 짓인지, 때맞춰 찾아온 친구
한낮의 친구—아니, 그가 누구인지 묻지 마라.
바로 그 한낮에, 하나는 둘이 되었다.

이제 하나로 뭉친 승리를 확신하고
축제를 열자구나, 축제들 가운데 축제를!
손님들 가운데 손님, 내 친구 차라투스트라는 왔도다
이제야 세계는 웃는다. 끔찍한 장막은 찢고
빛과 어둠을 위한 결혼식이 시작되도다.

Götzen-Dämmerung

우상의 황혼

Götzen-Dämmerung

우상의 황혼

머리글

　암담하고 어마어마한 책임 있는 문제 속에서도 그 명랑함을 유지할 수 있다는 것은 결코 사소한 일이 아니다. 어쨌든 명랑함보다 더 필요한 것이 또 어디 있단 말인가? 자부심이 따르지 않고서는 아무것도 이룩할 수 없다. 힘이 넘쳐 흘러야만 힘이 있다는 증거가 된다.

　모든 가치의 재평가를 기록하는 바로 그 사람 위에 그림자를 드리우는 그처럼 컴컴하고 거대한 이 물음표—이와 같은 숙명적인 일은 매 순간 그것을 실행하는 자에게 밝은 햇빛 속으로 달려나가게 함으로써 그 너무나도 무거운 엄숙함을 떨쳐버릴 것을 강요한다. 그것을 위한 모든 수단은 정당하다. 그리고 모든 '경우'가 하나의 행운이다. 특히 전쟁이 그렇다. 전쟁이란 언제나 너무나도 내면적으로, 그리고 너무나도 깊이 정신이 행했던 위대하고 재치 있는 일이었다. 부상을 당한 경우도 치료법은 있게 마련이다. 학문적 호기심을 충족시켜주기 위해 출처를 밝혀두는 일은 하지 않을 것이지만, 다음 잠언은 오랫동안 나의 좌우명이었다.

　상처로 인해 정신이 성장하고 힘이 회복된다(Increscunt animi, virescit volnere virtus).

　(사정에 따라서는 나에게 한층 더 바람직한) 또 하나의 치료법은 우상을 진단하는 것이다. 이 세상에는 실제보다 훨씬 더 많은 우상들이 있다. 이것은 이 세상에 대한 나의 '심술궂은 눈'이며, 또한 '심술궂은 귀'이기도 하다. 여기서 쇠몽둥이를 가지고 물음을 던져서 그 대답으로 아마도 부푼 내장에서 나오는 저 공허하고도 유명한 울림을 들을 것이다. 그 소리는 귀 뒤에 다른 귀를 또 갖고 있는

자를 어찌나 황홀하게 하는지, 늙은 심리학자이면서 민중의 유혹자인 나를 어찌나 황홀하게 하는지.

이 책 또한―그 제목이 나타내는 바와 같이―무엇보다도 하나의 휴식, 햇살 한 점, 한 심리학자의 한가로운 시간으로의 도약이다. 어쩌면 그것이 또한 새로운 전쟁일까? 그리고 새로운 우상들이 드러날 것인가? 이 작은 책은 하나의 커다란 선전포고이다. 그리고 우상의 진단에 대해서 말한다면, 여기서 소리굽쇠로 치듯이 쇠몽둥이로 치는 것은 결코 한 시대의 우상이 아니라 영원한 우상들이다. 아마도 이보다 더 오래된, 이보다 더 확실한, 이보다 더 커진 우상은 일찍이 없었을 것이다―또한 이보다 더욱 공허한 우상도 없었을 것이다. 그럼에도 그들은 가장 신봉되었다. 더구나 가장 중요한 경우에 그들 우상은 결코 '우상'으로 불리지도 않았다.

토리노에서, 1888년 9월 30일.
〈모든 가치의 재평가〉 제1권이 완성된 날.

프리드리히 니체

잠언과 화살

1

빈둥거림은 모든 심리학의 시작이다. 뭐라고? 그렇다면 심리학이 하나의—
악덕이란 말인가?

2

우리 중에 가장 용감한 자라 할지라도, 자기가 진정한 의미에서 알고 있는
것을 실천하는 용기는 아주 드물다.

3

세상에서 혼자 살기 위해서는 사람은 짐승이 되든가 신이 되든가 해야 한다
고 아리스토텔레스는 말했다. 그러나 제3의 경우가 있다. 신이면서 짐승이 되는
것—철학자가 되는 것이다.

4

"모든 진리는 단순하다."[1] 이것은 이중의 거짓말이 아닐까?

5

나는 한번에 모든 것을 알려고 하지 않는다. 지혜는 인식에도 그 한계를
둔다.

---

1) "단순함이야말로 곧 진리의 인장이다."라는 쇼펜하우어의 금언에 대한 시사.

6

자신의 부자연스러움에서, 자기의 정신성에서 회복하는 가장 좋은 방법은 바로 타고난 본성을 찾는 것이다.

7

뭐라고? 인간이 한낱 신의 실수일 뿐이라고? 아니면 신이 그저 인간의 실수에 지나지 않는 걸까?

8

인생의 병영(兵營)에서.—나를 죽이지 못하는 것은 나를 더 강하게 만든다.

9

그대 스스로를 도우라. 그러면 누구든지 그대를 도우리라(이웃 사랑의 원리).

10

비겁하게 행동하지 않게끔 하라! 적어도 한 번 저지른 행위를 그대로 저버리지 않게끔 하라! 양심의 가책은 야비한 짓이다.

11

나귀가 비극적일 수 있을까? 자신이 짊어질 수도 내던져 버릴 수도 없는 무거운 짐에 짓눌려 죽게 되니까? 이것은 철학자의 경우이다.

12

만일 사람이 자기 삶의 이유인 '왜'를 알고 있다면, 그는 거의 모든 과정인 '어떻게'를 곧잘 해낼 것이다. 인간이란 행복을 바라며 노력하는 것은 아니다. 다만 영국인만이 그럴 뿐이다.

13

남자가 여자를 창조했다—도대체 무엇으로? 그의 신—그의 '이상'의 갈비

뼈로.

14

그대는 무엇을 찾고 있는가? 그대는 자신을 열 배나 백 배로 크게 만들고 싶은가? 그대는 추종자를 찾고 있는가? 영(零)을 찾아라!

15

유복자는—예를 들면 나와 같은—시기적절한 인물보다 훨씬 이해받지 못하지만, 사람들은 그의 말에 더 귀를 기울인다. 좀더 엄밀하게 말하면 우리 모두는 결코 이해받지 못한다.

16

여자들 사이에서.—"진리라고요? 당신은 진리를 모르는군요! 진리란 우리의 수치심을 짓밟는 것이 아닙니까?"

17

이런 부류가 내가 좋아하는 예술가이다. 그의 욕망은 무척 소박하여, 그가 정말로 바라는 것은 오직 두 가지뿐이다. 즉 그의 빵과 예술—빵과 키르케(마녀).[2]

18

자기 의지를 사물에 넣지 못하는 사람은, 적어도 어떤 의미를 그 속에 집어넣는다. 즉 그는 하나의 의지가 이미 그 속에 있다고 믿는다(신앙의 원리).

19

뭐라고? 그대들은 덕을 선택하고 자신의 덕을 자랑하면서, 배려하지 않는 자

---

[2]로마의 풍자시인 유베날리스의 《풍자시》 10편 81의 "빵과 서커스(라틴어 발음으로 '키르켄세스')"(panem et circenses)에 대한 일종의 언어유희로, 유베날리스는 당대의 퇴폐적 로마인들이 "빵과 서커스", 즉 피상적 위안만을 좇고 있다며 비판했다.

들의 이익을 부러운 듯이 보고 있는가? 그러나 덕을 가지면 '이익'을 단념해야 한다(어느 반유대주의자의 대문에 적힌 글).

20

완벽한 여성은 조그마한 죄를 저지르는 것같이 문학을 한다. 시험 삼아, 그저 지나는 길에, 누군가가 그것을 알아채지 않나 주위를 두리번거리면서…….

21

어떠한 겉치레의 덕도 가져서는 안 된다. 줄 타는 곡예사처럼 서 있든가 떨어지든가, 그렇지 않으면 도망쳐 버리는 상황 속에 몸을 두어라.

22

"나쁜 사람은 노래를 부르지 못한다." 러시아 사람들이 노래 부르는 것은 어찌 된 일일까?

23

'독일 정신'이란 지난 18년[3] 동안 자기모순이다.

24

기원을 탐구함으로써 사람은 게(蟹)가 된다. 역사가는 뒷면을 바라보고, 마침내 그 뒷면을 믿게 된다.

25

자기만족이라는 것은 감기조차 막아준다. 잘 차려입은 여자가 감기에 걸린 적이 있는가? 나는 여성이 몸에 거의 아무것도 걸치지 않은 경우를 말하고 있는 것이다.

---

3) 1871년에 프로이센 왕국의 제7대 국왕 빌헬름 1세와 비스마르크 수상이 보불전쟁 승전 겸 왕국 성립 170주년을 기념하며 선포했던 독일국(Deutsches Reich)의 수립을 가리키는 것.

26

나는 모든 체계주의자를 믿지 않고 피한다. 체계에의 의지는 진실성의 결핍을 뜻한다.

27

사람들은 여자가 깊이 있다고 생각한다. 왜 그럴까? 결코 그 밑바닥에 닿을 수 없기 때문이다. 그렇지만 여자는 얕다고조차 말할 수 없다.

28

만일 여자가 남성적인 덕을 가지고 있다면, 우리는 달아나야 할 것이다. 또한 그녀가 아무런 남성적인 덕을 지니지 않고 있다면 그녀 자신이 달아날 것이다.

29

"예전에 양심은 물어뜯을 수 있는 것을 얼마나 많이 가지고 있었던가! 얼마나 튼튼한 이를 가지고 있었던가! 그런데 오늘날은—무엇이 부족한 걸까?" 어느 치과의사의 물음.

30

성급한 데서 저지르는 실수는 단지 한 번만으로 끝나는 일이 거의 없다. 맨 처음 실수를 저지른 사람은 언제나 지나치게 많은 일을 하려 한다. 그리고 바로 그 때문에 사람들은 또 다른 실수를 한다—그리고 이번에는 너무나도 조심스레 행동하게 된다.

31

밟힌 벌레는 몸을 움츠릴 만큼 현명하다. 이렇게 함으로써 다시 밟힐 가능성을 줄이는 것이다. 도덕적인 용어로 말한다면 겸손이다.

32

어떤 예민한 명예심에서 비롯되는, 거짓에 대한 증오가 있다. 하지만 똑같은 증오가 신(神)의 계율에 의해 금지되어 있는 한, 비겁한 데서 오는 수도 있다. 그때 우리는 거짓말을 하기에는 너무나도 비겁하다.

33

행복이란 아주 적은 것만으로 채울 수 있다! 백파이프의 소리로. 음악이 없다면 인생은 하나의 오류였을 것이다. 독일 사람은 신마저도 노래를 부른다고 상상한다.

34

"앉아 있지 않고서는 생각할 수도 쓸 수도 없다."(플로베르)—허무주의자여, 나는 이것으로 그대의 정체를 알아냈다! 엉덩이 안 떼고 줄곧 앉아서만 일을 한다는 것은 성령을 거스르는 죄악이다. 걸으면서 얻은 사상만이 가치가 있다.

35

우리 심리학자도 때로는 말(馬)이 움직이지 않으려고 하듯이 움직이려 하지 않을 때가 있다. 자신의 그림자가 눈앞에서 아른거리는 것을 보기 때문이다. 심리학자란 대체로 무엇을 보기 위해서는 자신에게서 눈을 다른 곳으로 돌려야 한다.

36

우리 도덕적이지 못한 이들은 덕에 해를 끼칠까? 무정부주의자가 군주들을 해치지 않는 것과 같이 해를 주지 않는다. 군주들은 저격을 당한 뒤 비로소 그 왕좌를 확고하게 차지한다. **도덕의 교훈 : 도덕은 저격당해야 한다.**

37

그대는 맨 앞에서 달리고 있다고 생각하는가? 그대는 양치기로서 그런가? 그렇지 않으면 예외자로서 그런가? 그것도 아니라면 탈주자로서일 것이다. 첫 번째 양심의 문제.

38

그대는 참된 자인가? 아니면 한낱 배우일 뿐인가? 대표자인가? 그렇지 않으면 대표자에 의해 대표되는 자인가? 결국 그대는 배우를 흉내 내는 모방자일 뿐이다. 두 번째 양심의 문제.

39

환멸을 느끼는 이가 말한다. 나는 위대한 인간을 찾고 있었다. 그러나 언제나 그들의 이상을 흉내 내는 원숭이들을 발견했을 뿐이다.

40

그대는 방관자인가? 아니면 관여하는 자인가? 그렇지 않으면 눈을 돌려 회피하는 자인가? 세 번째 양심의 문제.

41

그대는 누군가와 더불어 가려는가? 그렇지 않으면 누군가보다 앞서가려는가? 또는 자기 혼자 제멋대로 가려는가? 사람은 자기가 하고자 하는 일이 무엇인지를, 그리고 자기가 그것을 하고자 한다는 것을 알아야 한다. 네 번째 양심의 문제.

42

그것은 나에게는 계단이었다. 나는 그것을 딛고 올라왔다. 그러기 위해서 나는 그것을 넘어서야 했다. 그러나 그들은 내가 그 위에서 자리 잡고 싶어한 줄 안다.

43

내 주장이 옳다는 데 대해 무슨 거리낄 것이 있겠는가! 나는 지금도 지나칠 만큼 옳다. 오늘 가장 잘 웃는 자가 마지막에 웃는 자이다.

44

내 행복의 공식 : 하나의 긍정, 하나의 부정, 하나의 직선, 하나의 목표…….

소크라테스의 문제

1

어느 시대에나 최고의 현인들은 인생에 대해 똑같은 판단을 내린다. 그것이 **부질없다**는 것이다. 때와 장소를 가리지 않고 곳곳에서 이 똑같은 말이 그들의 입에서 나왔다. 의혹과 우수와 삶의 피로로 가득 찬, 그리고 삶에 대한 적의가 넘치는 이 말을 소크라테스마저도 죽을 때 했다. "산다는 것—그것은 오래도록 병들어 있다는 뜻이다. 나는 아스클레피오스에게 닭 한 마리를 빚졌네."[1] 소크라테스마저도 삶에 지쳐 있었다. 이것은 무엇을 증명하는가? 이것은 무엇을 가리키는가? 예전 같으면 사람들은 이렇게 말했으리라(사실 우리의 염세주의자들이 이미 충분히 커다란 목소리로 그렇게 말해 왔다). "여기에는 어찌 됐든 무엇인가 진실이 있음에 틀림없다! 현인들의 의견 일치가 진리의 증거다." 우리는 오늘날에도 그렇게 말할 것인가? 그래도 될까? 우리는 이렇게 대답한다. "여기엔 어찌 됐든 무엇인가가 병들어 있음에 틀림없다." 모든 시대의 최고 현인들—그들을 우리는 먼저 아주 가까운 거리에서 관찰할 필요가 있다! 그들 모두 휘청거리는 다리로 서 있던 것이 아닐까? 늦었는가? 비틀거리는가? 타락했는가? 지혜는 어쩌면 부패된 시체 냄새에 흥분된 까마귀처럼 지상에 나타난 것은 아니었을까?

2

위대한 현인들이 몰락의 전형이라는 무례한 생각이 나에게 처음 떠오른 것은, 배운 것이 많든 적든 편견이 가장 강력하게 나의 생각에 맞설 때의 일이다.

---

[1] 아스클레피오스는 그리스·로마 신화 속 의술의 신. 당시에는 병에서 회복되고 나면 아스클레피오스에게 닭을 한 마리 바치는 풍습이 있었다고 하는데, 당시 사형을 앞두고 있는 상황이었던 소크라테스가 이렇게 말했다는 것은 결국 그가 삶을 병으로 인식했다고 볼 수 있는 것이다.

나는 소크라테스와 플라톤을 퇴폐의 징조로서, 그리스 해체의 도구로서, 사이비 그리스적, 반(反)그리스적인 것으로 인식했다《비극의 탄생》1872년). 현인들의 의견 일치는—나는 차츰 명확하게 이것을 알게 되었지만—그들의 의견이 일치했다고 해서 그들이 정당했음을 조금도 증명하지 않는다. 그것은 오히려 최고의 현인들 스스로가 삶에 부정적 태도를 취하게 하는 어떤 생리적인 작용이 똑같이 일치했음을 증명한다. 인생에 대한 판단, 가치판단은 긍정적이든 부정적이든 간에 결국 진실일 수 없다. 그들은 단지 징조로서 가치가 있고, 징조로서 문제가 될 뿐이다. 그 자체로는 그러한 판단이란 어리석은 일이다. 그러나 인생의 가치란 평가할 수 없다는 이 놀랍고도 깊은 뜻을 붙잡으려면 사람은 온 힘을 다해야 한다. 살아 있는 인간은 공평한 심판관이 아니라 바로 그 당사자이자 논쟁의 대상이기 때문에 그것을 할 수 없으며, 죽은 인간은 또 다른 이유에서 그것을 할 수 없다. 이러한 까닭으로 철학자 측에서 인생의 가치 속에 어떤 문제를 본다는 것은 철학자에게 또 하나의 불리한 반증이며, 그의 지혜에 관한 한 하나의 의문부호이고 무지이기도 하다. 그렇다면 이들 모든 위대한 현인들은 퇴폐주의자였을 뿐 아니라 현명하지도 않았다는 말인가? 아무튼 다시금 소크라테스의 문제로 되돌아가 보자.

3

소크라테스는 그 출신으로 보면 최하층에 속해 있었다. 그는 천민이었다. 우리는 그가 얼마나 못생겼는지 잘 알고 있다. 지금도 우리는 눈으로 볼 수 있다. 그에게 불리할 수도 있는 못생겼다는 사실은, 그리스 사람들 사이에서는 거의 반발을 일으킬 수 있는 일이었다. 소크라테스가 그리스인이기는 했던가? 못생겼다는 것은 혼혈이나 그 혼혈로 저해된 발달의 표시임은 있음직하다. 그렇지 않으면 이것은 쇠퇴적 발달로 나타난다. 범죄학자 가운데 인류학자는, 전형적 범죄자란 못생겼다고 우리에게 말한다. 즉 외모도 괴물, 영혼도 괴물(monstrum in fronte, monstrum in animo)이라는 것이다. 그러나 범죄자는 하나의 퇴폐주의자이다. 소크라테스는 전형적 범죄자였던가? 소크라테스의 친구들에게는 무척 불쾌하게 들렸겠지만, 적어도 유명한 관상가의 판단은 그와는 모순되지 않는 것 같다. 아테네를 지나던 관상에 조예가 깊은 어떤 이방인이 소크라테스의 면

전에다 대고 당신은 정말 괴물이며—모든 악덕과 욕망을 마음에 지니고 있다고 말했다. 소크라테스는 단지 이렇게 대답할 뿐이었다. "당신은 나를 잘 알고 있군요!"

4

소크라테스가 퇴폐주의자였음을 암시하는 것은 여기서 인정된 바와 같은 여러 가지 본능에서 볼 수 있는 야만적이고 무정부적인 면들만이 아니다. 지나친 논리와 그의 특색을 이루고 있는 좌절된 악의도 그것을 드러내고 있다. '소크라테스의 다이모니온'이 종교적으로 해석되어 온 저 환청까지도 우리는 잊어서는 안 된다. 그에게는 모든 것이 과장되어 있으며 희극적이고, 하나의 캐리커처이다. 동시에 숨겨져 있으며 가려져 있고 지하적이다. 행복과 동일시된 이성과 덕이라는 소크라테스의 사상—이 세상 모든 등식 가운데 가장 괴이하고, 더욱이 고대 그리스 사람의 모든 본능에 거슬리는 것이 어떠한 특이체질에서 유래되는 것인지를 나는 알고 싶다.

5

소크라테스와 더불어 그리스의 취향은 변증법에 알맞게끔 급작스레 변한다. 도대체 무슨 일이 일어났던가? 무엇보다도 그 사건과 더불어 고귀한 취향이 패배했던 것이다. 천민이 변증법과 더불어 위로 솟아올랐다. 소크라테스 이전의 선량한 사회에서는 변증법적인 수법이 배척되었다. 그것은 좋지 못한 수법이라고 간주되었으며, 위험한 것으로 생각되었다. 사람들은 젊은이가 그 속에 빠지지 않도록 경계했다. 또한 자기의 모든 근거를 변증법으로 드러내려 하지 않았다. 훌륭한 인간이 그렇듯 훌륭한 것들은 자기의 근거를 그처럼 손에 들고 다니지는 않는다. 다섯 손가락을 활짝 펼쳐 보이는 것은 버릇없는 짓이다. 자기가 먼저 나서서 자기를 증명해야 하는 일은 그다지 가치가 없다. 대체로 아직까지도 권위가 좋은 풍습에 속하고, 사람들이 논증하지 않고 오히려 명령하고 있는 곳에서는 변증가라는 것은 일종의 광대임을 의미한다. 사람들은 그를 보고 웃지만 진지하게 대하지는 않는다. 소크라테스는 사람들이 그를 진지하게 대하게끔 한 광대였다. 도대체 그때 거기서 무슨 일이 일어났던 것일까?

6

사람들이 변증법을 선택하는 것은 다른 수단이 없을 때뿐이다. 사람들은 변증법이 불신을 불러오고, 사람을 설득할 수는 없다는 사실을 알고 있다. 변증법보다 더 쉽게 무효화될 수 있는 것은 없다. 대체로 논의가 속출하는 여러 집회의 경험이 그것을 증명한다. 변증법은 다른 무기를 지니지 않은 사람들에게는 정당방위가 될 수 있다. 사람은 자기 권리를 강력하게 주장할 수밖에 없는 처지에 처해야 한다. 그렇지 않다면 변증법을 전혀 사용하지 않을 것이다. 그러므로 유대인은 변증가였다. 여우 르나르도 변증가였다—그렇다면 소크라테스 또한 변증가였던가?

7

소크라테스의 반어법은 반항의 표현인가? 천민이 품는 원한의 표현이었던가? 그는 피압박자로서 삼단논법의 단도로 찌르면서 그 자신의 잔인성을 즐기고 있었는가? 그는 자기에게 매혹된 귀족들에게 복수를 하고 있었는가? 변증가로서 그는 무자비한 무기를 그의 손에 지니고 있다. 이것으로써 그는 맹렬하게 폭격을 가할 수 있다. 그는 승리를 거두면서 스스로를 위험에 노출시킨다. 변증가는 자신이 바보가 아니라는 증명을 그의 논적에게 맡겨두고 있다. 그는 상대를 화나게 한다. 동시에 어찌할 바를 모르게 만든다. 변증가는 그의 논적의 지적 능력을 무력하게 만든다. 그렇다면 변증법은 소크라테스에게서 볼 수 있는 복수의 한 형식에 지나지 않았던가?

8

나는 소크라테스가 무엇으로 사람들의 마음에 역겨움을 일으켜 그들을 밀어낼 수 있었는가를 설명했다. 그러나 한층 더 중요한 것은, 그가 어떻게 사람을 매혹했는가를 설명하는 일이다. 그가 새로운 종류의 경쟁 혹은 경기를 발견했다는 것, 그가 아테네 귀족 사회에서 첫째가는 검술의 달인이었다는 것이 사람들을 사로잡게 된 이유이다. 그는 그리스 사람의 경기 충동을 부추기면서 사람들을 매혹했다. 그는 젊은이들과 소년들 사이의 격투에 변화를 불러왔던 것이다. 소크라테스는 또한 위대한 에로스(eros) 예찬론자였다.

9

그러나 소크라테스는 훨씬 더 많은 것을 알아냈다. 그는 고귀한 아테네 사람들을 꿰뚫어 보았다. 그는 자신처럼 특이한 성격을 가진 사람들이 더는 예외적이지 않다는 사실을 이해했다. 곳곳에 같은 종류의 퇴화가 소리 없이 준비되어 있었다. 그리고 옛 아테네는 멸망해 가고 있었다. 그리하여 소크라테스는 전 세계가 그를—그의 방법, 치료법, 개인적 보신술을 필요로 하는 것을 알았다. 곳곳에서 여러 본능이 무질서 속에 빠져 있었다. 곳곳에서 사람들은 방종 직전이었다. 영혼의 괴물(monstrum in animo)은 세상의 일반적인 위험이었다. "갖가지 충동이 폭위를 떨치려 하고 있다. 우리는 더 억센 폭군을 발견해야 한다." 관상가가 소크라테스에게—온갖 나쁜 정욕의 소굴이라는—그의 정체를 이 위대한 풍자로 표현했을 때 소크라테스 또한 스스로를 열어 보이는 한마디 말을 던졌다. "정말 그렇다. 그러나 나는 모든 욕망의 지배자가 되었다." 어떻게 해서 소크라테스는 스스로를 지배했던가? 그의 경우는 근본적으로 극단적 사례였다. 그 무렵 유행처럼 번지던 난감한 사태 가운데 가장 눈에 띄는 경우였다. 즉 이미 누구나 스스로를 지배할 수 없었으며 여러 본능이 서로 등지고 있었다. 그 와중에 극단적인 사례로서 그는 사람들을 매혹했던 것이다. 공포를 일으키게 할 만한 그의 추악한 모습은 누구의 눈에나 그 스스로를 분명히 말해 주고 있었다. 그리고 물론 이러한 사례에 대한 해답이자 해결책으로서, 그에 대한 치료법이라는 외양을 띠고 더더욱 사람들을 매혹했다.

10

소크라테스처럼, 이성이 폭군이 될 필요가 있을 때는 다른 어떤 것이 맹렬한 기세를 떨칠 위험성이 적지 않았으리라. 합리성이란 그 무렵에는 구세주로 느껴졌던 것이다. 이성은 소크라테스에게나 그의 '환자들'에게나 임의적인 것이 아니었다. 그것은 꼭 필요한 일이었고, 그들의 마지막 수단이었다. 그리스적 사색 전체가 합리성에 뛰어드는 일은 하나의 위급 상태를 폭로하는 것이다. 그들은 위험 속에 있었다. 하지만 선택은 오직 하나뿐이었다. 즉 몰락하든가, 아니면—어처구니없이 이성적이든가. 플라톤 이후 그리스 철학자들의 도덕주의는 병리학적 조건에 의한다. 그들의 변증법 존중도 똑같은 것이었다. 이성이 곧 덕이자 행복이다. 이것이 뜻하는 바는 소크라테스를 본떠 여러 암담한 갈망에 맞서는 영원불변의 햇빛을—이성의 햇빛을 만들어야 한다는 것이다. 어떠한 일이 있 더라도 총명하고, 명석하며, 밝고 명랑해야 한다. 그러나 본능에, 무의식적인 것 에 몸을 맡긴다면 모두 나락으로 굴러떨어지게 된다.

11

나는 소크라테스가 어떤 식으로 사람들을 매혹했는가를 밝혔다. 그는 의사 이자 구세주처럼 보였던 것이다. '어떠한 희생도 치를 수 있는 합리성'이라는 그 의 신앙에 오류가 있었던들 그 사실을 더 이상 폭로할 필요가 있을까? 철학자 들이나 도덕가들이 이것에 도전하는 것만으로도 벌써 퇴보에서 빠져나올 수 있다고 생각한다면, 그것은 자기 기만이리라. 탈출은 그들 문제 밖의 일이었다. 그들이 수단으로, 구원으로 선택하는 것은 그 스스로 퇴보하고 있다고 표현한 셈이다. 그들은 이 표현을 바꾼다. 그러나 그것을 버리지는 않는다. 소크라테스 는 하나의 오해였다. 모든 개선의 도덕과 그리스도교 도덕은 오해였다. 무척 눈 부신 햇빛, 어떠한 희생도 치를 수 있는 합리성과, 명랑하고, 싸늘하고, 세심하 고, 의식적이며 본능적이지 않은 본능에 반항하는 삶 자체는 또 다른 병일 뿐 이다. 그러한 합리적인 삶은 어떻게 보든 '덕'과, '건강', 행복을 향해 가는 길은 아니다. 본능을 정복할 수밖에 없다는 것, 이것이 퇴보적 방식이다. 인생이 향상 되고 있는 한, 행복은 본능과 같은 것이다.

12

소크라테스 자신도 이것을 알고 있었던가? 모든 자기 기만자 중에서 가장 현명한 이 사나이는 그 사실을 알고 있었던가? 그가 현명하게 용기를 내 죽음 을 받아들였을 때 마침내 이 일을 스스로에게 말을 했던가? 소크라테스는 죽 음을 바랐다. 그에게 독배를 마시게 한 것은 아테네가 아니라 그 자신이었으며, 아테네가 그에게 독배를 주지 않을 수 없게 한 것이다. 그는 나지막한 소리로 자신에게 다음과 같이 말했다. "소크라테스는 의사가 아니다. 여기서는 죽음만 이 의사일 뿐이다. 소크라테스는 오랫동안 병들어 있었을 뿐이다."

철학에서의 '이성'

1

그대들은 나에게 철학자에게서 볼 수 있는 가장 큰 특성이 무엇이냐고 묻는 것인가? 예를 들어 보자면 그들의 역사 감각 결핍, 생성 관념 자체에 대한 증오, 이집트주의이다. 그들은 영원한 모습이라는 관점 아래서 어떤 사물—이를테면 미라—을 역사로부터 떼어낼 때 이 사물을 영예롭게 만든다고 생각했다. 철학자가 수천 년 동안 다루어 온 것은 모조리 개념의 미라였다. 현실의 어느 것도 살아서 그들 손에서 빠져나오지 못했다. 숭배할 때 그들은 죽이고 박제를 만드는 것이었다. 이들 개념의 우상숭배자들은 모든 것의 생명을 위태롭게 한다. 죽음, 변화, 노령은 생식이나 생장과 똑같이 그들에게는 나쁜 증거이며, 부정이기도 하다. 존재하는 것은 생성하지도 변화하지도 않는다. 생성하는 것은 존재하지 않는다. 그리하여 그들은 모두 절망적 상태에 이르기까지 존재자를 믿는다. 그러나 그들은 그것을 손에 넣지 못하기 때문에 그것을 얻지 못하는 이유를 탐구한다. "우리가 존재자를 인식할 수 없다는 것은 하나의 가상이며 기만임에 틀림없다. 어디에 기만자가 숨어 있는 것일까?"

"우리는 그를 찾았다!" 그들은 기쁨에 차서 외친다. "그것은 감각이다! 다른 경우에서도 그처럼 부도덕한 이 감각들, 이것이 진실한 세계에 대해서 우리를 속이고 있는 것이다. 감각의 기만에서, 생성에서, 역사에서, 거짓에서 벗어나라. 역사란 감각의 신앙, 거짓의 신앙과 다르지 않다. 도덕—우리는 감각을 믿는 모든 사람들을, 나머지 모든 인류를 거부하자. 이들은 모두 '민중'에 속한다. 우리 철학자가 되자! 미라가 되자! 묘를 파는 인부를 흉내 내 단조로운 종교를 보여주자! 그리고 특히 육체를, 이 천박한 감각의 고정관념을 버리도록 하자! 실제로 있는 것처럼 행세하기가 무척 뻔뻔스러운 일인데도, 이런 모든 논리의 오류

에 뭉크러져 있고 비난당하고 있는, 도저히 있을 수 없는 존재인 육체를 버리
자!"

2

나는 최고의 존경심을 표하면서 헤라클레이토스의 이름을 여기에서 뺀다.
감각이 다양한 변화성을 보였던 까닭에 다른 철학자들이 감각의 증명을 밀어
냈다면, 헤라클레이토스는 감각이 사물을 마치 영속성과 통일성을 지니고 있
는 것처럼 보이게 했던 까닭에 그 증명을 거부했다. 헤라클레이토스 또한 감각
을 부당하게 다루었다. 감각이란 엘레아학파가 믿는 것처럼, 그리고 헤라클레이
토스가 믿는 것처럼—전혀 거짓을 말하지 않는다. 대체로 감각이란 속이지 않
는다. 우리가 감각을 증명하면서 만들어 내는 것, 그것이 거짓을 가져온다. 예를
들면 통일성이라든가, 물질이라든가, 실체라든가, 영속성이라든가 하는 거짓말
이다. '이성'이야말로 우리가 감각의 증명을 위조하는 원인이다. 감각이 생성, 변
화, 변천을 표시하는 한에서는 그것은 기만하지 않는다. 그러나 존재는 공허한
허구라고 말한 점에서, 헤라클레이토스는 영원히 옳다고 인정되리라. '가상'의
세계는 유일한 세계이다. '진실한' 세계는 거짓으로 꾸며진 것에 지나지 않는다.

3

우리의 감각은 얼마나 정밀한 관찰 기구인가! 예를 들면 이 코와 같은 것은,
아직 한 철학자도 경의와 감사로 말한 적이 없지만, 우리가 멋대로 사용할 수
있는 가장 미묘한 기계이기도 하다. 코는 분광기조차 확인할 수 없는 아주 미
세한 운동까지 확인할 수 있다. 오늘날 우리 과학은 감각의 증명을 받아들이려
결심하고, 감각을 한층 날카롭게 하며, 무장을 하여 궁극에까지 추구하는 것을
배웠던 바로 그만큼 일치한다. 그 밖의 것은 기형아이며 미완성의 과학이다. 다
시 말하면 형이상학이라든가 신학이라든가, 심리학이라든가 인식론—또는 논
리학과 응용논리학인 수학과 같은 형식과학, 기호학 속에는 현실이란 어떤 문
제로도 나타나지 않는다. 논리학과 같은 기호의 관습이 도대체 무슨 가치가 있
는가 하는 의문마저도 나타나지 않는다.

4

철학자들의 또 다른 특성도 그에 못지않게 위험하다. 그것은 최후의 것과 최초의 것을 뒤바꾸는 데 근거한다. 그들은 최후에 나타나는 것을—유감스러운 일이다! 왜냐하면 그것은 아예 나타나지 말았어야 하기 때문이다!—'최고 개념', 즉 가장 일반적이며 공허한 개념, 증발하는 현실성의 마지막 연기를 기원의 것으로서 맨 처음에 놓는다. 이것이 또한 그들이 존경하는 방식의 표현이다. 더 높은 것은 낮은 것에서 자라나와서는 안 된다. 아예 자라나서는 안 된다…… 도덕의 교훈은 일류에 속하는 모든 것은 스스로가 원인이어야 한다는 것이다. 무엇인가 다른 것으로부터 생겨났다는 것은 곧 반박을 의미하며, 가치를 의심하게 한다. 모든 최고의 가치는 일류에 속한다. 모든 최고 개념, 존재자, 절대자, 선(善), 진실, 완전—이 모든 것은 생성되어 얻어진 것이 아니다. 따라서 스스로가 원인이어야 한다. 그러나 이들 모든 것은 또한 서로 이질적인 것일 수 없으며, 서로 모순된 것일 수도 없다. 그리하여 그들은 '신'이라는 놀라운 개념을 얻는다. 최후의 것, 가장 희박한 것, 가장 공허한 것이 최초의 것으로서 원인 그 자체, 그리고 가장 실재적인 것(ens realissimum)으로 놓인다. 인류가 병적 망상가의 정신 없는 행동을 진정한 것으로 받아들였고 그 대가로서 높은 대가를 지불해 왔다는 것이다!

5

마지막으로 우리가 어떤 색다른 방식으로 오류와 가상성의 문제를 보는가에 대해 말해 보자. (나는 예의상 '우리'라고 말한다.) 이전에 변화, 변천, 생성 일반을 가상성의 증명으로서, 우리를 어지럽히는 것이 거기에 있다는 징후로서 보았다. 반대로 오늘날 우리가 이성적 편견에 사로잡혀 단일성, 동일성, 연속성, 실체, 원인, 물체성, 존재 등을 만들게 된다면 우리는 거의 오류에 휘말려 들게 되고, 오류를 피하지 못하게 된다고 생각한다. 우리는 엄밀한 성찰에 기초해서, 여기에 오류가 있다는 것을 확신한다.

그 사정은 태양의 운동과 다를 바가 없다. 그런 경우 오류는 우리에게 우리의 눈을, 여기서는 우리 언어를 불변의 변호사로 여기게 한다. 언어란 그 성립상, 심리학이 가장 초보적인 형식에 있던 시기에 속한다. 언어형이상학, 독일어로 말해서 이성의 근본적 전제를 생각해 본다면 우리는 야만적인 주물 숭배자 속에 빠져 들어가리라. 왜냐하면 거기에는 곳곳에 행위자와 행위가 있기 때문이다. 언어형이상학은 일반적 원인으로서 의지를 믿는다. 이것은 '자기(자아)', 존재로서의 자기, 실체로서의 자기를 믿고, 자기라는 실체의 신앙을 모든 사물에 투영한다. 이리하여 비로소 '사물'이라는 개념이 만들어진다. '존재'는 어디서나 원인으로서 사물 속에 생각되며 삽입된다. 자기라는 개념에서만 존재라는 개념이 나온다. 처음에는 의지가 작용하는 무엇이라는 것, 의지가 하나의 능력이라고 하는 무서운 숙명적 오류가 있다. 오늘날 우리는 의지가 하나의 말에 지나지 않음을 알고 있다.

훨씬 뒤에 천 배나 더 계몽된 세계에서 이성의 범주를 다루면서 안전성, 주관적 확실성이 갑작스럽게 철학자들의 의식 속에 떠올랐다. 여기서 그들은 이성의 범주가 경험에서 나올 수 있는 것이 아니라, 오히려 경험이 그것과 모순되어 있다는 결론을 끌어냈다. 그러면 그들 이성의 범주는 어디서 나오는가?

인도에서도 그리스와 똑같은 잘못을 저질렀다. "우리는 한때 더 높은 세계에 살았음이 틀림없다(훨씬 낮은 세계라고는 말하지 않는다. 그것이야말로 진실이었을지도 모르니까). 우리는 신과 같은 존재였음에 틀림없다. 왜냐하면 우리는 이성을 지니고 있기 때문이다!" 사실 엘레아학파에 형성되었던 것과 같은 존재의 오류보다 더 소박한 설득력을 지니고 있는 것은 이제까지 없었다. 이것은 참으로 우리가 말하는 한마디 한마디를 자기편에 있게 한다! 엘레아학파의 적들도 그들의 존재 개념의 유혹에 굴복하고 말았다. 그중에서도 원자를 생각해 낸 데모크리토스가 그렇다. 언어만의 '이성'—오, 이 얼마나 기만적인 늙은 마녀였던가! 우리가 문법을 믿기 위해서 신을 뿌리치지 못하는 게 아닐까 나는 걱정한다.

6

이와 같이 중요하면서도 새로운 견해를 네 개의 명제에 압축시켜 본다면, 사람들은 나에게 감사할 것이다. 나는 이것으로 쉽게 이해시키며 모순을 물리칠 것이다.

제1명제. '이' 세계가 '가상'으로 불려온 여러 근거는 오히려 그 실재성을 뒷받침해 준다. 다른 종류의 실재성은 절대적으로 입증할 수가 없다.

제2명제. 사물의 '진실한 존재'에 있는 특징은 비존재, 무(無)의 특징이다. 사람들은 '진실한 세계'를 현실 세계와의 모순에서 만들었다. 그것은 단순한 도덕적, 시각적 환각인 한 사실상 가상의 세계이다.

제3명제. 이 세상과는 '다른' 세계에 대해 지어낸 이야기는 인생을 비방하며 비천한 것으로 만들고, 우리 속에 의심하는 본능이 강하지 않는 한 의미가 없다. 강한 경우, 우리는 '다른' 그리고 '더 좋은' 삶의 환각으로서 삶에 복수하고 있는 것이다.

제4명제. 그리스도교식이든 칸트식(결국은 가장된 그리스도교식)이든, 세계를 '진실한' 세계와 '가상적'인 세계로 나누는 것은 퇴폐적 경향을 암시할 뿐이다. 즉 하강하는 생명의 한 징조에 불과하다. 예술가가 가상을 실재보다도 존중하는 것은 이 명제에 대한 반박이 되지 않는다. 왜냐하면 '가상'이란 여기서 또한 실재를 뜻하며, 단지 선택, 강조, 수정을 말하는 것뿐이기 때문이다. 비극적 예술가는 염세주의자가 아니다. 그는 모든 의심스러운 것과 무서운 것에 대해서까지 그렇다고 긍정한다. 그는 디오니소스적이다.

'진실한 세계'가 어떻게 결국 우화가 되었던가

어떤 오류의 역사

1. 진실한 세계—현자, 경건한 자, 덕 있는 자는 다다를 수 있는 그 세계 안에 살고 있으며, 그는 바로 그 세계 자체이다.

(이 관념의 가장 낡은 형식은 비교적 일관되고 단순하며 설득력 있다. "나 플라톤은 진리이다"라는 명제를 고쳐 썼다.)

2. 진실한 세계—현자, 경건한 자, 덕 있는 자에게는('참회하는 죄인에게는') 아직 이르지 못했지만 약속된 그 세계가 있다.

(이 관념이 진보하면서, 그것은 더 세밀하게, 방심할 수 없게, 포착하기 어렵게 된다. 그것은 여성이 된다. 그것은 그리스도교적으로 된다.)

3. 진실한 세계—다다를 수 없고 증명할 수 없고 약속할 수 없으나, 생각 자체만으로도 이미 하나의 위안, 하나의 의무, 하나의 명령인 그 세계가 있다.

(실제로는 낡은 태양이지만, 어쨌든 안개와 회의주의의 틈으로 얼핏 볼 수 있다. 관념은 숭고하고 창백하며 북방적이고 '쾨니히스베르크'식[1]으로 되어 있다.)

4. 진실한 세계—이를 수 없는가? 어떻든 이르지 못하고 있다. 이르지 못했기에 아직 알려지지도 않고 있다. 따라서 위안적인 것도 구원적인 것도, 구속적인 것도 아니다. 알려지지 않은 것이 어찌 우리를 구속할 수 있겠는가?

(동이 트는 아침. 이성의 첫 번째 하품. 실증주의의 닭 우는 소리.)

5. '진실한' 세계—이제는 아무런 소용이 없으며 아무런 구속도 주지 않는 하나의 이념—소용없게 된 이념, 따라서 반박된 이념, 그것을 없애버리자!

(화창한 날. 아침 식사. 유쾌함과 양식으로의 복귀. 플라톤의 무안한 표정. 모든 자유 정신의 악마적인 소동.)

---

1)평생 쾨니히스베르크에서 살았던 칸트에 대한 암시.

6. 진실한 세계—우리는 제거해 버렸다. 어떠한 세계가 남아 있는가? 가상의 세계인가? 그러나 아니다! 진실한 세계와 더불어 우리는 가상의 세계도 없앴던 것이다.

(대낮. 그림자가 가장 짧은 순간. 가장 오랜 오류의 종식. 인류의 정점. **차라투스트라의 등장**(INCIPIT ZARATHUSTRA).

반자연으로서의 도덕

1

모든 정열이 그저 재난인, 어리석음의 무게로 희생자를 끌어내리는 시기가 있다 —그리고 나중에 그것이 정신과 결혼하여 스스로를 '정신화'하는 시기가 있다. 이전에 인간은 정열 속 어리석음 때문에 정열 그 자체에 도전했다. 사람들은 정열을 없애려고 한통속이 되었다. 모든 낡은 도덕적 괴물은 정열을 죽여야 한다는 점에서 한마음이었다. 이것에 대한 가장 유명한 방식은 《신약성경》의 산상수훈에서 엿볼 수 있다. 덧붙여 말한다면 여기서는 결코 사물을 드높은 곳에서 보고 있지 않다. 여기서는 성욕에 대해 이렇게 말한다. "만일 그대의 오른쪽 눈이 죄를 짓거든 그것을 파내라."[1] 다행히 한 사람의 신도도 이 훈계대로 실행하지는 않았다. 정열과 욕망을 단지 그 어리석음과 어리석음의 불쾌한 결과를 예방하기 위해서 부정한다는 것은, 오늘날 우리에게는 어리석음의 격한 형식으로밖에 보이지 않는다. 이제 더는 아프지 말라고 사람들의 이를 '뽑아내는' 치과 의사를 우리는 그다지 경탄의 눈으로 바라보지 않는다.

한편 그리스도교가 성장하고 있는 지역에서는 '정열의 정신화'라는 개념을 갖지 못했다는 점도 상당한 이유로 인정받을 것이다. 초대 교회는 사실 아는 바와 같이 '마음이 가난한 자'를 위해서 '지식인'과 싸웠다. 어떻게 교회에서 정열에 대한 지적인 싸움을 기대할 수가 있는가? 교회는 모든 의미에서의 단절로써 정열과 싸웠다. 교회의 '치료'란 '거세'였다. "어떻게 해서 욕망을 정신화하고 미화하며 신격화하는가?"라고는 결코 묻지 않는다. 교회는 어느 시대에나 계율의 강조점을 (감각과 자존심, 지배욕과 소유욕, 복수심의) 근절에 두었다. 그러나 정

---

1) 《마태복음》 5장 29절.

열의 뿌리를 공격하는 것은 생명의 뿌리를 공격하는 일이었다. 교회가 행하고 있는 것은 삶에 적대적이다.

2

거세와 근절이라는 이 두 가지 똑같은 수단은 너무나도 의지박약하며 퇴화되어 있기에, 절도 있게 욕망을 가질 수 없는 사람들이 선택한다. 즉 비유적으로 말하면(그리고 비유 없이도) 트라피스트 수도회를 필요로 하는, 다시 말해 종교적 함정에 빠진 자기 자신과 정열 사이에 어떤 최후적 적대 선언이라는 하나의 틈을 필요로 하는 본성을 지닌 자들이 욕망과의 싸움에서 본능적으로 선택하는 것이다. 과격한 수단은 퇴화한 자들에게만 필요한 것이며, 의지의 쇠약, 더욱 분명히 말하면 자극에 반응하지 않고 있을 수 없는 무능력은 단순히 퇴화의 다른 형태에 지나지 않는다. 모든 감각에 과격한 적대 관계, 불구대천의 적의는 역시 우려되는 징조이다. 그리고 보면 이처럼 극단적인 자의 상태에 대해 이런저런 추측을 하는 것도 정당한 일이다.

그런데 이 적의가, 이 증오가 그 절정에 이르는 것은 그러한 본성을 지닌 자들이 치료받을 때 '악마'와의 절교를 견뎌낼 만한 충분한 확고성을 지니지 않기 때문이다. 성직자나 철학자의 모든 역사, 예술가의 역사도 아울러서 죽 훑어보라. 감각에 대해서 가장 심한 독설을 퍼붓고 있는 것은 무능력자들이나 금욕주의자들이 아니다. 금욕주의자가 될 수 없는 자들, 금욕주의자가 되어야 할 필요가 있는 자들이다.

3

관능성의 정신화는 사랑이라고 불리는데, 이것은 그리스도교에 대한 하나의 큰 승리이다. 또 하나의 승리는 우리가 적대 관계를 정신화한 것이다. 이것은 적을 갖는 것의 가치를 깊이 인식하는 데, 요컨대 이전에 실행하고 추리한 것과는 반대로 실행하고 추리하는 데에 연관되어 있다. 교회는 어느 시대에나 자기 적을 아주 없애려고 했다. 그러나 도덕적이지 않고 반그리스도적인 이들은 교회가 존재하고 있는 것이 우리에게도 이익이라는 점을 인정한다. 정치 영역에서도 적대 관계는 오늘날 더욱 정신적이다. 훨씬 현명하고 신중하고 관대해져 있다.

거의 모든 당파는 반대 당파가 세력을 잃어버리지 않는 상황 속에 자기 보존이라는 이익을 본다. 똑같은 것이 정치에도 해당한다. 특히 새로운 창조는, 예를 들면 새로운 나라는 친구보다 적을 필요로 한다. 대립 속에 비로소 그것은 자기를 필연적인 것으로 느끼며, 대립 속에 비로소 필연적인 것이 되기 때문이다.

'내부의 적'에 대한 우리 태도도 이것과 다르지 않다. 여기서도 우리는 적대 관계를 정신화해 버렸다. 그리고 그 가치를 인정하게 되었다. 수많은 대립의 대가를 지불해야만 사람은 풍요로워진다. 영혼이 느긋하지 않고 평화를 갈망하지 않는다는 전제 아래서만, 사람은 언제나 젊음을 보전한다. '영혼의 평화'라는 옛 소망, 이 그리스도교적 소망보다 더 우리와 멀어진 것도 없다. 선량한 양심을 가진 도덕적 멍청이와 살찐 행복보다 더 우리를 부럽지 않게 하는 것도 없다. 싸움을 단념할 때 위대한 삶을 단념한 것이다.

물론 많은 경우 '영혼의 평화'란 단순히 하나의 오해일 뿐이다. 더 솔직하게 이름 붙일 수 없을 만한 어떤 별개의 것이다. 편견 없이 단도직입적으로 몇몇의 경우를 들어보자. '영혼의 평화'란, 예를 들면 풍요한 동물성이 도덕적인(또는 종교적인) 영역 속에 던지는 온건한 발산일 수도 있다. 또는 피로의 시작, 모든 종류의 황혼이 던지는 첫 번째 그림자일 수도 있다. 또는 공기가 습기를 띠고 남풍이 가까워 오는 징조이기도 하다. 또는 순조로운 소화에 대한 무의식적인 감사(때로는 '인류애'라고 불린다)이기도 하다. 또는 모든 사물에 새로운 맛을 느끼며, 때를 기다리는 회복자의 마음의 고요함이기도 하다. 또는 우리를 지배하는 정열이 강한 만족에 뒤따라서 일어나는 상태, 희한한 포만의 쾌감이기도 하다. 또는 우리의 의젓함, 욕구, 악덕의 노쇠이기도 하다. 또는 허영심에게 설득당해 스스로를 도덕의 모습으로 치장한 게으름이기도 하다. 또는 오랜 긴장과 가책 뒤에 등장하는 확실성, 무서운 확실성이기도 한다. 또는 행위, 창조, 활동, 의욕의 한가운데에서 원숙과 숙달의 표현, 조용한 숨결, 달성된 '의지의 자유'이기도 하다. 우상의 황혼…… 그 누가 알겠는가? 아마 이것도 어떤 '영혼의 평화'에 불과한 것일지…….

4

나는 하나의 원리를 공식으로 표현한다. 도덕에서의 모든 자연주의, 다시 말하면 건강한 도덕은 삶의 본능이 지배한다. 삶의 어떤 명령은 '해야 한다'와 '해서는 안 된다'라는 일정한 규준으로 성취되고, 삶의 길에서 어떤 저지나 적의는 이것으로 제거된다. 반자연적 도덕, 곧 이제까지 가르쳐지고 존경받고 설득당한 거의 모든 도덕은 그 반대로 삶의 본능을 거스른다. 그것은 이 본능에 대해 남몰래, 또는 소리 높여 뻔뻔스럽게 유죄를 선고한다. "신은 마음속을 꿰뚫어 본다" 말하면서 삶의 가장 깊고 가장 드높은 욕구들을 부정하고, 신을 삶의 적으로 보고 있다. 신이 좋아하는 성인(聖人)은 이상적인 거세자이다. '신의 나라'가 시작되면 삶은 끝난다.

5

그리스도교적 도덕에서는 거의 신성불가침한 것으로 되어 있는 삶에 반기를 든다는 것이 얼마 만큼의 신성모독인지를 알았다면, 다행히 이 사실로 다른 일도 이해했다고 할 수 있다. 즉 그와 같은 반기가 무익하고 가상적이며, 불합리하고 기만이라는 것이다. 살아 있는 자들이 내리는 삶의 단죄는 어디까지나 어느 특정한 삶의 징조에 지나지 않는다. 과연 삶의 단죄가 정당한가 정당하지 않는가 하는 물음은 여기에서는 전혀 제기되지 않았다. 대부분 삶의 가치 문제를 조금이라도 건드려 볼 수 있으려면 사람은 삶의 바깥에 자리 잡고 있어야 하고, 한편 삶을 끝까지 살아온 한 사람처럼, 많은 사람처럼, 모든 사람처럼 삶을 잘 알아야 할 것이다. 이것만으로도 삶의 가치 문제가 우리가 도저히 접근할 수 없는 문제라는 점을 충분히 말해줄 것이다. 우리가 삶의 가치에 대해서 논할 때, 우리는 삶의 영감을 받아 삶의 한 부분을 바라보는 방식에 따라 논한다. 즉 삶이 가치를 설정하게끔 우리를 강제하는 것이며, 우리가 가치를 설정할 때는 삶 자체가 우리를 통해서 평가하는 것이다. 따라서 신을 삶의 반대 개념이나 단죄로 해석하는 도덕의 반자연도 삶에 대한 하나의 가치판단일 뿐이라는 결론이 된다. 어떠한 삶의 가치판단인가? 나는 이미 해답을 주었다. 이제까지 해석되어 온 것과 같은—최근에도 쇼펜하우어가 '삶에 대한 의지의 부정'으로 공식화한 것과 같은 퇴폐적 도덕은 본능 그 자체이며, 이 본능이 스스로에게 명령을 내린다. 이 본능은 "타락하라!"고 명한다. 이는 유죄판결이 내려진 자의 비난이다.

6

마지막으로 "인간은 이러이러해야 할 것이다!" 말하는 것이 일반적으로 얼마나 소박한가를 다시 생각해 보자. 현실은 황홀감을 풍부하게 주는 여러 가지 전형을 낭비라 할 만큼 장난스러운 형식과 풍요로운 변화로 표시해 준다. 그래도 어떤 구석에 을씨년스럽게 서 있는 도덕가는 "아니다! 인간은 다른 모양으로 존재해야 한다" 말할 것인가? 이 편견 심하고 도덕군자인 체하는 사람은 자기가 어떻게 해야 하는지를 알고 있으며, 벽에 자기 모습을 그려놓고 그것을 향해서 이렇게 말한다. "이 사람을 보라!" 그러나 도덕가가 단지 개개인만을 향해서 "그대는 이러이러해야 할 것이다" 말할 때조차도, 그는 자기를 웃음거리로 만드는 것을 멈추지 않는다. 개개인이란 미래와 과거의 한 조각 운명이며, 다시 존재하게 될 모든 것에 대한 또 하나의 법칙, 또 하나의 필연성이다. 개개인을 향해서 "스스로 변하라!" 말하는 것은 모든 것이 변화하기를, 뒤로 향해서까지도 변화하기 바란다는 뜻이다. 그리고 실제로 철저한 도덕가들은 인간이 다른 모습으로 있게 되기를, 즉 덕이 있게 되기를 바랐다. 그리하여 그들은 인간이 그들의 모습을 흉내 내기를, 도덕군자가 되기를 바랐다. 그 때문에 그들은 세계를 부정했던 것이다! 이는 결코 사소한 미친 짓이 아니다! 결코 겸손한 종류의 불손이 아니다!

도덕은 그것이 삶에 대한 관심, 삶의 목적이나 삶의 도구로서가 아니라 그 자체로서 단죄하는 한, 동정해서는 안 되는 하나의 특수한 오류이므로 말할 수 없을 만큼 많은 해악을 일으킨 퇴폐자의 특이한 체질이다!

우리 별종들, 우리 배덕자는 반대로 모든 종류의 이해, 파악, 긍정에 대해 우리의 마음을 열어놓고 있었다. 우리는 쉽사리 부정하지는 않는다. 우리는 스스로가 긍정하는 자라는 데에서 명예를 찾는다. 점점 우리는 사제의 신성한 미신, 사제 속에 있는 병든 이성의 신성한 미신이 저버리는 모든 것까지도 이용하며, 이용법을 알고 있는 경제학을 보는 눈이 더욱 열리고 있다. 즉 도덕군자, 사제, 덕이 있는 자라는 저 메스꺼운 부류에서까지 자기 이익을 이끌어 내는 삶의 법칙 속에 경제학의 눈이 열리고 있다. 어떠한 이익인가? 우리 자신이, 우리 비도덕자가 바로 그 해답이다.

네 가지 중대한 오류

1

원인과 결과를 혼동하는 오류.—결과를 원인과 뒤바꾸는 것보다 더 위험한 오류는 없다. 나는 이 오류를 이성의 본질적인 타락이라고 부른다. 그럼에도 이 오류는 인류의 가장 오래되고 가장 새로운 습관에 속한다. 그것은 우리 사이에서까지 신성화되어 있으며 '종교' 또는 '도덕'이라는 이름을 지니고 있다. 종교와 도덕을 정식화하는 모든 명제는 이 오류를 포함하고 있으며, 성직자와 도덕의 입법자란 타락한 이성의 장본인이다.

예를 하나 들어보자. 누구나 유명한 코르나로의 책을 알고 있을 것이다. 이 책 속에서 그는 식이요법을 장수와 행복한 생활―유덕하기도 한 생활―을 위한 처방으로 권하고 있다. 이처럼 많이 읽힌 책도 거의 없으며(성경은 제외하고), 오늘날에도 영국에서는 해마다 몇 천 부가 인쇄되고 있다. 의도가 좋았던 이 진기한 책만큼 많은 화를 일으키고, 많은 생명을 단축시킨 책은 거의 없다는 것을 나는 의심치 않는다. 왜일까? 결과와 원인을 뒤바꾼 데 있다고 보아야 하리라. 이 좋은 이탈리아인은 그의 식이요법을 자기의 장수 원인으로 인정했으나, 실은 이상할 정도로 느린 신진대사, 아주 적은 소비라는 장수를 위한 선행조건이 그의 식이요법의 원인이었던 것이다. 적게 먹는다든지 많이 먹는다든지 하는 것은 그의 자유에 속한 게 아니었고, 그의 간소함은 '자유의지'가 아니었다. 그가 그보다 더 많이 먹었더라면 그는 병에 걸렸을 것이다. 그러나 바보가 아닌 한, 보통으로 식사를 하는 것은 좋은 일일 뿐만 아니라 필요한 일이다. 신경의 힘을 급속하게 소비하는 우리 시대의 학자는 코르나로의 방식으로는 파멸하고 말 것이다―경험자인 나를 믿어라.

2

모든 종교나 도덕의 바탕에 있는 가장 보편적인 정식(定式)이란 "이러이러한 것을 하라. 이러이러한 것을 하지 말라. 그렇게 하면 그대는 행복하게 된다! 그렇지 않을 경우에는……"이라고 하는 것이었다. 모든 도덕, 모든 종교는 이 명령 자체이다. 나는 이것을 이성의 대원죄(大原罪), 불멸의 비이성(非理性)이라고 부른다. 내 입을 빌리면 그러한 정식은 그 반대로 바뀐다. 나의 '모든 가치의 전환'에 대한 맨 처음 실례로, 건전한 인간인 '행복자'는 어떤 종류의 행위를 하지 않을 수 없으며 또 어떤 행위는 본능적으로 피한다. 그는 자기가 생리학적으로 대표하는 질서를 인간과 사물에 대한 자기 관계 속에 끌어넣는다. 정식으로 표시해 본다면 그의 덕은 자기 행복의 결과이다. 장수를 한다든가, 자손을 많이 둔다는 것은 덕의 대가가 아니다. 덕은 오히려 앞서 언급했던 그 느린 신진대사 자체이며, 이것이 장수를 하고 자손을 많이 둔다는 것—요컨대 코르나로의 미덕을 결과로써 수반하는 것이다.

교회와 도덕은 말한다. "악덕과 사치가 한 종족, 한 민족을 파멸시킨다." 나의 재평가된 이성은 말한다. "한 민족이 파멸하고 생리학적으로 타락할 때, 거기에서 악덕과 사치(다시 말하면 모든 지쳐버린 천성이 알고 있는 것과 같은 더욱 강렬하고 빈번한 자극에 대한 욕구)가 파생한다." 어떤 젊은 사람이 어느새 창백해지고 시들어 버렸다고 해보자. 그의 벗들은 그 원인을 이러이러한 병 때문이라고 말할 것이다. 그러나 나는 그가 병에 걸렸다는 사실, 그가 병에 저항하지 않았다는 사실이 이미 빈곤화된 삶의 유전적 소진의 결과였다고 말한다. 신문 애독자는 이 당파가 이러저러한 과실로 인해 자멸할 것이라고 말한다. 좀더 차원이 높은 나의 고급 정치론은 이렇게 말한다. "그와 같은 실수를 저지른 당파는 이미 끝장이다. 이 당파는 그 본능의 확실성을 벌써 잃었다." 모든 의미에서 모든 과실은 본능의 변질, 의지 분산의 결과이다. 이것으로 사실상 악(惡)이 거의 정의 내려진 것이라고 해도 무방하다. 모든 선한 것이란 본능이다. 따라서 쉽고 가볍고 필연적이며 자유롭다. 수고는 그 반증이며, 신은 전형적으로 영웅과는 구별된다. (나의 언어로 표현한다면, 가벼운 발이 신성(神性)의 첫 번째 속성이다.)

3

잘못된 인과관계의 오류.─원인이 무엇인지 알고 있다고 어느 시대나 믿었다. 그러나 우리는 지식을, 더욱 엄밀하게 말하면 우리가 이 지식을 가지고 있다는 우리의 믿음을 어디서 얻었던가? 그것은 유명한 '내면적 사실'의 영역에서였지만, 이 사실들 가운데 이제까지 진실이라고 증명된 것은 단 하나도 없었다. 우리는 우리 자신이 의지 작용의 원인이라 믿고 있었다. 우리는 적어도 작용 중인 원인을 현장에서 포착했다고 믿었다. 더불어 어떤 행위의 모든 선행조건, 즉 그 원인은 의식 속에서 모색되어야 하며, 일단 모색하다 보면 '동기'로서 그 속에서 발견되어야 한다는 것도 의심치 않았다. 그렇지 않다면 그 행위는 자유롭다고 할 수 없으며 그 행위에 대해 책임을 물을 수도 없을 것이다. 마지막으로 어떤 사상이 원인에 의해서 생긴다는 것을, '내'가 그 사상을 불러일으키는 원인이라는 것을 누가 반박할 수 있을까?

인과관계를 보증하는 것처럼 보이는 이 세 가지 '내면적 사실' 중에서, 최초로 가장 설득력 있는 것은 원인으로서의 의지이다. 원인으로서의 의식('정신')이라는 구상이나 그 뒤에 나오는 원인으로서의 자아('주체')라는 구상은, 의지에 대한 인과관계가 주어진 것으로, 경험으로서 확립된 다음에 뒤늦게 태어난 것이다. 그 사이에 우리는 더욱 잘 자각해 왔었다.

하지만 우리는 오늘날 그 모든 것에 관한 헛소리를 조금도 믿지 않는다. '내적 세계'는 환상이나 도깨비불에 가득 차 있으며, 의지한 것들 가운데 하나이다. 의지는 아무것에도 작용하지 않고, 또한 아무것도 설명하지 않는다. 의지는 단순히 여러 현상에 뒤따를 뿐이며, 없어도 상관없다. 이른바 동기란 또 하나의 오류일 뿐이다. 단순히 의식의 한 표면 현상이고, 어떤 행위의 선행조건을 나타내기보다는 오히려 그것을 숨기는 행위의 첨가물에 불과하다. 게다가 자아에 이르러서는…… 이것은 우화와 허구, 말장난이 되어 있다. 즉 이 자아는 사색하고 느끼고, 또 의욕하기를 아주 멈춰버렸다!

여기에서 무엇이 일어날 것인가? 정신적 원인 같은 것은 없다! 그러한 원인을 증명하기 위한 이른바 경험이란 전혀 없는 것이었다! 이것이야말로 그 결과이다! 그러나 우리는 '경험'을 지나치게 남용했다. 그것을 근거로 우리는 세계를 원인의 세계로, 의지의 세계로, 유령의 세계로 만들었다. 가장 낡고 가장 오래된 심리학이 여기에서 작용하고 있었다. 이 심리학은 그 밖에는 아무것도 하지 않았다. 즉 이 심리학에서는 모든 사건은 하나의 행위이며, 모든 행위는 어떤 의지의 결과이고, 세계는 수많은 행위자가 된다. 심리학은 어떤 행위자('주체')나 모든 사건 아래 밀어넣어졌던 것이다. 인간은 이 세 가지 '내적 사실'을, 그가 가장 굳게 믿고 있던 것, 즉 의지·정신·자아를 자기 안에서 밖으로 투영했던 것이다. 인간은 존재라는 개념을 자아라는 개념에서 처음으로 이끌어 냈다. 자기 모습을 닮게 하여 원인으로서의 자아라는 자기 개념에 따라 '사물'을 '존재'하게 했다. 인간이 나중에 사물 속에 그가 넣어두었던 것만을 언제나 발견했다는 사실이 무슨 괴이쩍은 일이겠는가? 사물은, 다시 말하면 사물이라는 개념은 단순히 원인으로서 자아가 갖는 신앙의 반영일 뿐이다. 우리 역학자 및 물리학자 여러분, 얼마나 많은 오류, 얼마나 많은 초보적 심리학이 그대들의 원자 속에 남아 있는가! '물자체'에 대해서는, 형이상학의 무서운 치부에 관해서는 더 말할 나위도 없다! '원인으로서의 정신'이라는 오류가 실재성과 뒤바뀌었다! 그리하여 실재성의 척도가 되어 신이라고 불린 것이다!

4

상상적 원인의 오류.—꿈에서부터 시작해 보자. 어떤 일정한 감각(예를 들어 멀리서 울리는 포성에 따르는 감각)에 나중에야 어떤 원인이 덧붙는다—가끔 있는 일이지만, 바로 그 꿈을 꾸고 있는 자가 주인공인 것처럼 보이는 하나의 조그마한 이야깃거리가 이루어진다. 그 감각은 그동안 하나의 반향으로 지속한다. 그 감각은 인과적 해석이 그 전면에 나타나는 것을 허용할 때까지 기다린다. 말하자면 대기하고 있는 것이며, 그때는 이미 우연이 아니라 '의미'로서 나타나는 것이다. 포성은 인과적인 양식을 취하고, 겉으로는 시간이 뒤바뀌어 나타난다. 나중에 일어났던 것과 동기를 준 것이, 번개처럼 통과하는 수백 개의 개별적인 일을 때때로 수반하여 최초로 체험되면, 포성이 그 결과로 일어난다. 그러면 어떻게 될까? 어떤 특정한 상태가 산출한 여러 가지 상념이 이 사정의 원인으로서 오해되었던 것이다.

사실 보통의 일반 감정—특수한 상태에서 교감신경이 작용하듯 기관이 작용과 반작용을 할 때 일어나는 모든 종류의 저지, 압박, 긴장, 폭발—은 우리의 원인을 만드는 충동을 자극한다. 즉 우리는 자기가 이러이러한 상태에 있다는, 기분이 나쁘거나 좋다는 근거를 얻으려고 한다. 단순히 이러한 상태에 자신이 있다는 사실을 확인하는 것으로, 우리는 결코 만족하지 않는다. 우리는 이 사실에 하나의 동기를 완전히 주었을 때야 비로소 이 사실을 승인(의식)하기 때문이다. 그와 같은 경우 모르는 사이에 활동하기 시작하는 회상이 바로 이전의 똑같은 종류의 상태와 얽혀 인과적 해석을 떠오르게 하며, 그 상태나 원인은 아니다. 물론 여러 상념들, 이에 따르는 모든 의식 현상이 원인이었다고 하는 신앙도 회상을 통해 일어난다. 그리하여 일정한 원인을 해석하는 습관이 발생하게 된다. 사실 이 습관이 원인의 탐구를 저지하고—배척하기까지 하는 것이다.

5

이에 대한 심리학적 설명.—어떤 알려지지 않은 것을 이미 알려진 것으로 환원하는 것은 마음을 가볍게 하고, 안심시키며, 만족시키고, 게다가 어떤 권력의 감정을 준다. 알려지지 않은 것에는 위험, 불안, 염려가 생기지만, 최초의 본능은 괴로운 상태를 제거하기 위해 노력한다. 어떤 것을 설명하거나 설명하지 않는 것보다는 낫다. 이것이 첫 번째 해석이다. 근본적으로 단지 무거운 상념에서 벗어나고 싶은 것뿐이었기에, 그것에서 벗어나는 수단에 대해서는 그다지 엄밀하게 다루지 않았다. 알려지지 않은 것을 이미 알려진 것으로 설명해 주는 최초의 생각은 그것을 '진실이라고 인정할' 만큼 기분 좋은 것이다. 진리의 표준으로서 쾌감('힘')의 증명.

원인을 밝히려는 설명은 공포라는 감정에 의해서 제약되고 자극된다. '왜?'라는 물음이 가능하다면, 원인을 위해 원인을 제공한다기보다는 오히려 안심시키고 만족시키며 마음을 가볍게 하기 위해 원인을 부여할 것이다. 이미 알려진 어떤 것, 체험된 것, 회상 속에 각인된 것이 원인으로 설정되는 것은 이 욕구의 두 번째 결과이다. 가장 습관적인 설명—새로운 것, 아직 체험되지 않은 것, 친밀성이 없는 것은 원인에서 배제된다. 그러므로 원인으로서 탐구되는 것은 단지 하나의 설명일 뿐 아니라 선발된 우선적인 종류의 설명이다. 아직 알지 못하는 것, 새로운 것, 체험되지 않은 감정은 거기서는 가장 재빠르고 가장 빈번하게 제거된다. 그 결과는 하나의 원인 설정이 더욱 우세해지고 체계적으로 집중화되어, 마침내는 지배적이 되면서 나타난다. 다시 말하면 다른 원인이나 설명을 간단히 배제하면서 나타난다는 것이다. 예를 들면 은행가는 바로 '업무'에 대한 일을, 그리스도 교도는 '죄'에 관한 일을, 소녀는 자신의 사랑에 대한 일을 생각하지, 다른 일은 생각하지 않는다.

6

도덕이나 종교의 모든 영역은 이러한 상상적 원인 개념에 속한다.—불쾌한 일반 감정의 '설명'. 이러한 감정은 우리에게 적의를 지니고 있는 존재자에게서 나온다(가장 유명한 경우는 히스테릭한 여자를 마녀로 보는 오해이다). 이러한 감정은 인정될 수 없는 행위에서 생긴다('죄'에 대한 '죄 많은' 감정은 생리학적으로 불쾌할 때 덧붙는다. 사람들이 자기에게 불만을 느끼는 이유는 언제고 발견되는 법이다). 이러한 감정은 우리가 해서는 안 되는 어떤 일에 대한 벌에서, 그리고 대가에서 나온다. 〔쇼펜하우어가 뻔뻔스러운 형식을 취하여 하나의 명제로 일반화했지만, 이 명제 속에서는 도덕이 있는 그대로의 정체로서 삶의 진정한 독살자, 비방자로 나타난다. "모든 거대한 고통은 그것이 육체적인 것이든 정신적인 것이든, 우리가 당연히 받아야 할 것을 나타낸다. 왜냐하면 우리가 마땅히 받아야 할 것이 아니었다면 그 고통을 우리가 받는다는 것은 있을 수 없을 테니까."《의지와 표상으로서의 세계》 2의 666〕 이러한 감정은 경솔하고 곤란하게 끝난 행위의 결과에서 나온다. (욕정이나 관능이 원인으로 또는 '죄'로 설정된다. 생리학적 곤경이 다른 곤경의 도움을 얻어 '당연히 받아야 할' 것으로서 해석된다.)

유쾌한 일반 감정의 '설명'. 이러한 감정은 신에 대한 믿음에서 생기고 선한 행위의 의식에서 나온다(이른바 '선량한 양심'은 때때로 순조로운 소화(消化)로 잘못 보일 정도로 닮은 하나의 생리학적 상태이다). 이러한 감정이란 기도한 것이 곧잘 성공할 때 생겨난다(유치한 오류론이나 기도한 일이 곧잘 성공하는 것은, 우울병 환자나 파스칼과 같은 사람에게는 유쾌한 일반 감정을 일으키지 않는다). 이러한 감정은 신앙, 자선, 희망—그리스도교의 덕에서 유래한다.

사실 이러한 모든 설명은 결과로서 일어난 상태이며, 말하자면 유쾌하거나 불쾌한 감정을 엉터리 사투리로 번역한 것이다. 사람은 생리학적 근본 감정이 다시 강하고 풍부해질 때 희망을 가질 수 있기 때문이다. 사람이 신을 믿는 것은 풍부함과 강한 감정이 사람에게 안정감을 주기 때문이다. 도덕이나 종교는 철저하게 오류의 심리학 가운데 하나이며, 어느 경우에서나 원인과 결과가 뒤바뀐다. 또는 진리가 진실이라고 믿게 된 결과와 뒤바뀐 것이다. 또는 의식의 어떤 상태가 이 상태의 원인과 뒤바뀐 것이다.

7

자유의지의 오류.—우리는 오늘날 벌써 '자유의지'라는 개념에 아무런 동정도 가지지 않는다. 이 개념의 정체를 지나칠 정도로 너무도 잘 알고 있기 때문이다. 그것은 있을 수 있는 것 가운데 가장 고약한 신학자들의 곡예이며, 인류를 그들의 의미로써 '책임 있는 자'로 만들기 위한, 다시 말하면 인류를 그들에게 의존시키기 위한 것이다. 나는 여기서는 인간을 '책임 있게' 만드는 모든 방식의 심리학만을 표시해 둔다.

대체로 책임성이 탐구되는 곳에서는 어디서나, 책임을 따지는 것이 늘 심판하고 처벌하려는 본능이다. 이러이러하다는 어떤 현상이 의지로, 책임 있는 행위로 환원된다면 생성의 결백성은 빼앗기고 만다. 의지에 관한 학설은 본질적으로 벌을 목적으로, 다시 말하면 '죄가 있다'고 인정하고픈 의욕을 목적으로 하여 날조된 것임에 틀림없다. 모든 낡은 심리학, 의지의 심리학의 전제는 이 심리학의 창시자, 옛 공동체의 정점에 있었던 사제가 벌을 내리는 권리를 자기에게 주려고, 또는 그 때문에 신에게 그 권리를 주려고 했다는 것이다. 인간은 심판받고 벌받기 위해서—죄지은 자가 되기 위해서 '자유롭다'고 생각되었다. 따라서 모든 행위에는 의욕이 있다고 여겨져, 모든 행위의 기원은 의식 속에 있다고 생각할 수밖에 없었다(이 일로 심리학적 사물에 대한 가장 원칙적인 허위가 심리학 그 자체의 원리가 되어버렸다.)

오늘날 우리는 반대되는 운동을 시작하고 있으며, 특히 우리 비도덕자는 모든 힘을 다하여 죄의 개념과 벌의 개념을 이 세계에서 다시금 제거하여 심리학, 역사, 자연, 사회제도 및 사회적 제재를 정화시키려고 한다. 하지만 우리 눈에는 신학자들이 '도덕적 세계 질서'라는 개념으로 생성의 결백성을 '벌'과 '죄'로 감염시키는 것보다 더욱 근본적인 적대는 없다. 그리스도교란 사형집행인의 형이상학이다.

8

무엇이 우리의 유일한 가르침이 될 수 있는가? 어느 누구도, 신도, 사회도, 어버이나 선조도, 자기 자신도 인간에게 특질을 주지 않는다(여기서 최후에 부정된 허튼 생각은 '지적 자유'로서 칸트와 플라톤이 이미 가르쳤다). 어느 누구도 자기가 생존하고 있다는 것, 이러이러한 성질을 지니고 있다는 것, 이 상황 아래 있으며 이 환경 속에 있다는 것에 책임을 지지 않는다. 자기 본질적 숙명은 과거에도 존재하고 미래에 존재할 모든 것의 숙명에서 벗어날 수는 없다. 그는 어떤 독자적인 목적, 어떤 의지, 어떤 결과가 아니기 때문에 그의 몸으로써 '인간의 이상'이라든가 '행복의 이상'이라든가 '도덕적 이상'을 이루려고 시도하지 않는다. 자기 본질을 어떤 목적에다 넘기려는 것은 불합리하다. '목적'이라는 개념을 만들어 낸 것은 우리이며, 현실에는 목적이 없다.

사람은 필연적이고, 하나의 숙명이며, 전체에 소속되어 있고, 전체 속에서 존재한다. 우리의 존재를 심판하고 측정하고 비교하고 단죄할 수 있는 것은 아무것도 없다. 그것은 전체를 심판하고 측정하고 비교하고 단죄하는 것과 다름없기 때문이다. 그러나 전체와 떨어져 존재하는 것은 아무것도 없다. 어느 누구도 이제는 책임을 지지 않는다는 것, 존재의 양식을 제일원인으로 환원해서는 안 된다는 것, 세계란 감각중추로서든 '정신'으로서든 단일체가 아니라는 것—이런 것이야말로 커다란 해방이다. 이것으로써 비로소 생성의 결백성이 선언되었던 것이다. '신'이라는 개념은 이제까지 인간의 삶에 대한 가장 큰 반대였다. 우리는 신을 부인한다. 우리는 신의 책임성을 부인한다. 이러한 의미에서 비로소 우리는 세계를 구원하는 것이다.

인류를 '개선하는 자들'

1

선악의 너머에 서라. 내가 철학자들에게 도덕적으로 판단하려는 환상을 발 아래에 두라고 요구했던 일은 다 알 것이다. 이 요구는 내가 정식화한 하나의 통찰, 즉 "도덕적 사실이라는 것은 없다"는 명제에서 나온다. 도덕적 판단은 실재하지 않는 실재를 믿는 점에서 종교적 판단과 공통점이 있다. 도덕은 어떤 특정 현상의 해석, 더 분명히 말하면 하나의 그릇된 해석일 뿐이다. 도덕적 판단은 종교적 판단과 똑같이 실재적인 것의 개념, 실재적인 것과 상상적인 것과의 구별조차도 아직 못하는 무지의 단계에 속한다. 그러나 그 때문에 '진리'는 그러한 단계에서 우리가 오늘날 '상상력의 산물'이라 부르는 것을 표시해 준다. 그러한 경우에 도덕적 판단은 결코 문자 그대로 다루어서는 안 된다. 문자는 언제나 모순을 포함하고 있을 뿐이기 때문이다. 하지만 도덕적 판단을 증상학(症狀學)으로 다룰 때는 대단히 가치가 있다. 그것은 적어도 자기 자신을 '이해'할 만한 충분한 지식을 지니지 않았던 문화나 심리적인 가장 귀중한 사실 그대로를 명시하기 때문이다. 도덕은 단순히 기호언어에 지나지 않으며, 단순히 증상학일 뿐이다. 도덕에서 이익을 이끌어 내기 위해서는 무엇이 문제인가를 미리 알고 있어야 한다.

2

첫째, 한 예를 들어보자. 어느 시대에나 사람은 인간을 '개선'하려고 했다. 이것이 도덕이라고 불렸다. 그러나 같은 말 속에는 아주 다른 경향이 숨겨져 있다. 야수 같은 인간을 길들이는 것도, 일정한 부류의 인간을 육성하는 것도 똑같이 '개선'이라고 불렸다. 이 동물학적 용어들이 있는 그대로의 사실을 표현하는 것이다. 바로 사제라는 전형적인 '개선가'는 아무것도 모르고, 알려고도 하지 않는 그대로의 사실까지도.

어떤 동물을 길들이는 것을 개선이라 부르는 것은 우리 귀에는 거의 농담처럼 들린다. 동물원에서 일어나는 일을 알고 있는 사람이라면, 야수가 거기서 '개선'된다는 말에 의심을 갖는다. 야수는 거기서 약화된다. 위험성이 적어진다. 억압적인 공포와 고통과 상처와 굶주림으로 병적인 야수가 되는 것이다. 사정은 성직자가 '개선'시켜 길들인 인간과도 다를 바가 없다. 특히 교회가 사실상 하나의 동물원이었던 중세 초기에는, 사람은 곳곳에서 '금빛 털을 지닌 짐승'의 가장 아름다운 표본을 사냥했다. 예를 들면 고귀한 게르만 사람을 '개선'했던 것이다. 그러나 그러한 '개선'된, 수도원 속에 유혹된 게르만 사람이 그 뒤 어떤 모습으로 변했던가? 인간의 풍자화라는 모습, 기형이라는 모습으로 변했다. 즉 게르만 사람은 '죄인'이 되어버렸고, 그는 울안에 틀어박혀 아주 무서운 개념 속에 갇혀버렸던 것이다. 이제 게르만 사람들은 병들고 비참해져 스스로를 증오하며 거기에 누워 있었다. 삶을 향한 충동에 대한 악의로 가득 차서, 또한 강하고 행복했던 모든 것을 극도로 의심하면서. 요컨대 '그리스도교도'가 된 것이다.

생리학적으로 말하면, 야수와의 싸움에서는 병들게 하는 것이 야수를 약화시키는 유일한 수단일 수 있다. 이것을 교회는 알았던 것이다. 교회는 인간을 타락시켰고 약화시켰다. 그러면서도 인간을 '개선'시켰다고 주장했다.

3

또 다른 도덕의 경우, 일정하게 종속적으로 육성하는 경우를 들어보자. 이에 대한 가장 훌륭한 실례를 《마누법전》에서 종교로 성화된 인도의 도덕이 제공하고 있다. 여기에는 성직자 계급인 브라만, 무사 계급인 크샤트리아, 평민 계급인 바이샤, 마지막 노예 계급인 수드라를 동시에 육성한다는 과제가 세워져 있다. 분명히 우리는 여기서 동물을 길들이는 자들 사이에는 없다. 그러한 육성 계획을 구상하기 위해서는 백 배나 부드럽고 이성적인 부류의 인간이 전제되어야 하기 때문이다. 그리스도교의 병원과 감옥의 공기 속에서 훨씬 더 건강하고, 훨씬 드높고, 훨씬 폭넓은 이 세계 속으로 들어서면 사람은 마음을 놓는다.

《마누법전》에 비해 《신약성경》은 얼마나 비참한가! 얼마나 역겨운 냄새를 풍기는가!

그러나 이 조직도 무서워야 했다. 이번에는 야수와의 싸움에서가 아니라 그 반대 개념, 훈육을 받지 않은 인간, 잡종 인간인 찬달라와의 싸움에서였다. 이 조직 또한 그러한 인간을 병들게 하는 방법 말고는 인간을 위험스럽지 않게 하고, 약화시키는 어떠한 수단도 갖지 못했다. 그것은 다수와의 싸움이었다. 아마도 인도 도덕의 이러한 보호 수단보다 더 우리 감정과 모순되는 것은 없으리라. 예를 들면 '불결한 채소에 대해서'의 제3의 규정(아바다나 샤스트라 1)은 찬달라에게 마늘과 양파만을 유일한 음식으로 허용한다 정하고 있다. 그래서 성서에서는 그들에게 곡물과 씨가 있는 과일과 물과 불을 주는 것을 금하고 있다. 또한 그들은 필요한 물을 개울이나 샘물이나 연못에서 떠와서는 안 된다. 단지 늪 근처나 짐승 발자국에 고인 데서 떠오는 것만을 허용한다 정하고 있다. 그와 똑같이 자기 속옷을 빨고, 자기 몸을 씻는 것도 그들에게는 금하고 있는데, 그것은 그들에게 은총으로 허락된 물은 단지 갈증을 면하게 하는 데만 사용하도록 정했기 때문이다. 마지막에 수드라 여자가 찬달라 여자의 해산을 돕는 것이 금지되어 있으며, 똑같이 찬달라의 여자들이 서로 돕는 것도 금지되어 있다.

그와 같은 위생 규정의 결과는 피할 수 없었다. 즉 치명적인 전염병, 무서운 성병이 나타났는데, 그 때문에 남자는 거세를, 여자는 소음순 제거를 명한 '수술법'을 새로 행했다. 마누는 말하고 있다. "찬달라는 간통, 근친상간 및 범죄의 결실이다. 이것이야말로 육성이라는 개념의 필연적 귀결인 것이다. 그들은 옷으로는 시체에서 벗긴 누더기를, 그릇으로는 깨진 항아리를, 장식품으로는 낡은 쇠를, 예배를 위해서는 오로지 악령을 사용해야 했다. 그들은 이 마을에서 저 마을로 쉴 새 없이 떠돌아다녀야 한다. 왼쪽에서 오른쪽으로 쓰는 것, 쓰기 위해서 오른손을 사용하는 것이 그들에게는 금지되어 있다. 오른손을 사용해 왼쪽에서 오른쪽으로 써도 좋은 것은 단지 덕이 있는 자의 계급에 속한 사람들뿐이다."

4

이 법령들은 매우 교훈적이다. 거기에는 아주 순수하고, 아주 근원적인 아리안적 인간미가 있다. 우리는 '순수 혈통'이라는 개념이 악의 없는 개념의 정반 대임을 배우는 것이다. 한편 어떠한 민족에서 이 아리안적 '인간미'에 대한 증오, 찬달라의 증오가 영원화되었는지가, 어디서 이 증오가 종교가 되었으며 천재가 되었는지가 분명해진다. 이 관점에서 보면 복음서는 일류급의 증거 문서이다. 그 이상으로 〈에녹서〉가 그렇다. 그리스도교는 유대교의 뿌리에서 싹텄으며, 이 기반에서 발생한 것으로만 알고 있다. 그것은 모든 육성 종족, 특권적 도덕에 대한 반대 운동을 표시하고 있다. 그것은 훌륭한 반(反)아리안적 종교이다. 그리스도교야말로 모든 아리안적 가치의 전환이며, 찬달라 가치의 승리이고, 가난한 자와 착한 자를 가르친 복음이며, 모든 짓밟힌 자, 비참한 자, 불건전한 자, 실패자들 종족에 대한 총체적 반란이고, 사랑의 종교로서 불멸한 찬달라의 복수이다.

5

육성하는 도덕과 길들이는 도덕은 자기를 관철하는 수단으로는 완전히 상응하며 부족한 것이 없다. 우리는 도덕을 이루기 위해서 그 반대로 향하는 무제한의 의지를 지녀야 한다는 것을, 최고 명제로 삼아도 좋다. 이것이야말로 내가 가장 오랫동안 추구해 온 커다란 문제, 신비로운 문제, 즉 인류를 '개선하는 자들'의 심리학이다. 근본적으로 겸손한 사실—이른바 경건한 기만(pia fraus)이라는 사실—이 나에게 이 문제를 처음으로 꿰뚫어 보게 해주었다. 이 경건한 기만이 인류를 '개선'한 모든 철학자나 사제들의 세습재산인 것이다. 마누도 플라톤도 공자도 유대교나 그리스도교의 교사들도, 거짓말을 할 수 있는 자기 권리를 일찍이 의심해 본 적이 없었다. 또한 그들은 전혀 다른 권리를 의심해 본 적도 없었다. 정신적으로 표현해서 이렇게 말할 수 있으리라. "이제까지 인류를 도덕적으로 만들려 했던 모든 도덕은 근본적으로 비도덕적이었다"라고.

독일 사람에게 부족한 것

1

오늘날 독일 사람들에게는 정신을 가지고 있다는 것만으로는 충분치 않다. 그들은 정신을 자기 몸에서 들추어 내고 이끌어 내야 한다.

아마도 나는 독일인을 알고 있으며, 그들에 대해 두서너 개의 진리를 말해 줘도 괜찮다고 생각한다. 새로운 독일은 축적된 힘을 잠시 낭비해도 상관없을 만큼 많은 양의 능력을 상속받아 단련시키고 있다. 이 새로운 독일에서 지배적인 것은 높은 문화가 아니다. 섬세한 취미나 본능의 고귀한 '아름다움'은 더욱 아니다. 일찍이 유럽의 다른 나라보다 훨씬 더 분명히 볼 수 있는 남성적인 덕이다. 그것은 많은 쾌활함이나 자신에 대한 존경, 교제할 때나 서로에 대한 의무에서의 많은 정확성, 부지런함, 인내력, 그리고 제동보다는 오히려 박차를 필요로 하는 절제 등이다. 나는 여기서 복종에 의해 비굴해지는 일이 없이 복종하는 것을 더하고 싶다. 그리고 누구 하나 자기 적을 깔보지 않는다는 것도.

독일 사람에게 공평해야 한다는 것이 내가 바라는 바이다. 나는 이 점에서 나를 배신하고 싶지 않다. 그러므로 나는 그들에 대한 나의 이의들도 주장할 수밖에 없다. 권력에 다다르려면 높은 대가를 지불해야 한다. 권력은 어리석게 만들기 때문이다. 독일 사람은 일찍이 사색의 민족이라 불렸다. 그들은 오늘날도 사색하고 있는 것일까? 오늘날 독일 사람은 정신에 지쳐버렸다. 독일 사람은 오늘날 정신을 믿지 못한다. 정치는 진실로 정신적인 것에 대한 모든 진지함을 그냥 삼켜버린다. '독일, 천하의 독일'이라고 하는 것, 이것이 독일 철학의 종말이었다는 것을 나는 두려워한다.

"독일에 철학자가 있는가? 독일에 시인이 있는가? 독일에 훌륭한 책이 있는가?" 나는 외국에서 이런 질문을 받는다. 나는 얼굴을 붉히지만, 절망적인 경우에도 용감하게 대답한다. "있고말고. 바로 비스마르크지!" 나는 오늘날 어떤 책이 읽히고 있는가를 고백할 만한 용기가 있는가? 저주받은 평범한 이들의 본능이여!

2

독일 정신이 무엇인지에 대해서 우울한 생각을 지니지 않았던 사람이 있을까? 그러나 이 민족은 거의 1000년 동안 자기 스스로를 멋대로 우둔하게 만들어 왔다. 알코올과 그리스도교라는 유럽 최대의 두 가지 마취제가 이보다 더 부도덕적으로 남용된 곳은 없다. 최근에는 제3의 것마저 덧붙었다. 그것만으로도 이미 정신의 모든 섬세하고 대담한 움직임을 멈추게 할 수 있다. 그것은 음악이다. 우리의 변비가 된, 우리에게 변비를 일으키는 독일 음악에 불과하다.

얼마나 많은 불쾌한 무거움, 절룩거림, 축축함—얼마나 많은 맥주가 독일적 지성 속에 있는 것일까! 가장 정신적인 목표에 자기 생존을 바치는 젊은이들이 정신의 자기 보존이라는 정신성의 제일 본능을 자기 안에 느끼지 않고 맥주를 마신다는 것이 도대체 어떻게 가능한가? 젊은 학도들의 상습적인 음주는 그들의 학식에 대해서는 아직 물음표가 되지 않는지도 모르지만—사람들은 정신 없이도 위대한 학자가 될 수 있다—그 밖의 모든 점에서 상습적인 음주는 역시 문제가 된다. 맥주가 정신 속에서 일으키는 조용한 변질, 이것을 발견할 수 없는 곳이 있을까? 일찍이 나는 거의 유명하게 되었다고 말해도 좋은 경우에 그러한 변질을 지적한 일이 있다—우리 최초의 독일적 자유정신, 현명한 다비드 슈트라우스가 선술집에 어울리는 복음과 '새로운 신앙'의 저자가 된 변질을. 그가 이 '귀여운 갈색의 여인'에 대해서 시의 형식을 빌려 맹세를 한 것은 부질없는 짓이 아니었다—죽음에 이르기까지의 충실을.

3

나는 독일 정신이 조잡하고 천박해졌음을 말했다. 이것으로 충분할까? 나를 놀라게 한 것은 근본적으로 무엇인가 아주 다른 것이다. 그것은 정신적인 일을 할 때의 독일적인 진지함, 독일적인 깊이, 독일적인 정열이 얼마나 쇠퇴해 가는가를 보여주는 것이라고 할 수 있다. 지성뿐만 아니라 파토스(Pathos)가 변했던 것이다. 나는 여기저기서 독일 대학을 접촉하고 있지만 그 학자들 사이에 어떤 공기가, 어떤 황량한 정신성이 얼마나 만족해 버려 미지근하게 지배하고 있는 것일까! 나에 대한 항의로 독일 과학을 끄집어 내려 한다면, 그것은 하나의 깊은 오해이리라. 더구나 내가 쓴 것을 한마디도 읽지 않았다는 증거일 것이다. 나는 지난 17년 동안 부지런히 오늘날 우리 과학의 운명이 정신을 빼앗아 왔다는 점을 밝혔다.

과학의 거대한 범위는 오늘날 모든 개개인에게 냉혹한 예속을 부과한다. 충실하고 풍부하며 깊은 소질을 지닌 천성적인 사람도 벌써 그들에게 알맞은 교육이나 교육자를 발견할 수 없는 주요 이유가 여기에 있다. 우리 문화가 무엇보다도 더욱 괴로워하고 있는 것은 불손한 게으름이나 여기저기 퍼져 있는 지나친 인간미이다. 그 뜻에 반해서 우리 대학이란 이런 정신적 본능을 위축시키는 본디적인 온실이다. 더구나 모든 유럽은 이미 이 일을 알고 있다. 힘의 정치에서는 누구도 속이지 않는다. 독일은 점점 유럽의 천박한 나라로 간주되고 있다. 나는 지금도 나의 방식으로 함께 진지하게 있을 수 있는 독일 사람을 찾고 있다. 그 이상으로 나는 쾌활하게 함께 있어도 괜찮을 독일 사람을 얼마나 찾고 있는가! 우상의 황혼. 아아, 얼마나 진지한 철학자가 여기서 쉬고 있는지 오늘날 그 누가 알까? 쾌활함은 우리에게는 가장 이해할 수 없는 것이다.

4

한번 따져 보자. 독일 문화가 쇠퇴해 가는 것은 명백할 뿐만 아니라 그에 대한 충분한 이유도 있다. 결국 누구나 자기가 지니고 있는 것보다 더 쓸 수는 없다. 이것은 개인에게나 민족에게도 마찬가지이다. 권력을 위해서, 힘의 정치를 위해서, 경제, 세계무역, 의회주의, 군사적 관심을 위해서 힘을 기울인다면, 자기가 지니고 있는 모든 지력, 진지함, 의지, 극기를 이 방면에 내어준다면 다른 방면에는 부족하게 된다.

문화와 국가는—이 점에 대해서 기만당해서는 안 된다—서로가 적이다. '문화국가'란 단순한 하나의 현대적 이념일 뿐이다. 한쪽은 다른 쪽에 의해서 살고, 한쪽은 다른 쪽을 희생시킴으로써 번영한다. 모든 위대한 문화의 시대는 정치의 쇠퇴기였다. 즉 문화의 의미에서 위대한 것은 비정치적이며 반정치적이기도 했다. 괴테의 마음은 나폴레옹이라는 현상의 경우에 열렸다가 '자유 전쟁'의 경우에 닫혀버렸다. 독일이 강국으로 대두하는 그 같은 순간에 프랑스는 문화 강국으로 변모하여 문화적인 중요성을 차지한다. 이미 오늘날 정신의 많은 새로운 진지함이, 새로운 정열이 파리로 옮겨졌다. 예를 들면 염세주의의 문제, 바그너의 문제, 거의 모든 심리학적이고 예술적인 문제가 파리에서는 독일과 비교도 안 될 정도로 한층 섬세하며 철저하게 생각되고 있다. 독일 사람은 이러한 진지함에는 무능하기조차 하다. 유럽 문화의 역사에서 '제국'의 도래는 무엇보다도 하나의 일, 즉 중심의 이동을 의미한다. 이것은 곳곳에 이미 잘 알려진 바이다. 주요 문제에서는—그것은 어디까지나 문화이지만—독일 사람은 벌써 문제 밖의 일이다.

사람들은 이렇게 묻는다. 그대들은 단 한 사람이라도 유럽에서 이렇다 하고 손꼽을 수 있는 정신을 지적할 수 있는가? 그대들의 괴테, 헤겔, 하인리히 하이네, 쇼펜하우어가 이렇다 하고 손꼽을 수 있는 것처럼? 벌써 단 한 사람의 독일 철학자도 없다는 것, 이것은 너무나도 놀라운 일이다.

5

독일의 모든 고등교육 제도에는 주요한 문제가 빠져 있다. 즉 목적에 대한 수단은 물론 목적도 빠져 있다. 교육이나 교양은 그 자체가 목적이며—'제국'은 목적이 아니다—이 목적을 위해서 필요한 것은 교육자이지 중등학교의 교사나 대학의 학자가 아니라는 사실을 사람들은 잊어버렸다. 필요한 것은 스스로 교육받은 교육자이다. 어느 순간에도 말과 침묵에 의해 탁월하고 고귀한 정신을, 잘 익어서 달콤해진 문화라는 산물로 증명하는 교육자 말이다. 중등학교나 대학이 오늘날 젊은이들에게 '훌륭한 유모'로서 제공하는 박식한 망나니는 그런 교육자가 아니다. 예외는 제외하고 교육자, 교육의 첫째 선결 조건이 결여되어 있다. 바로 그렇기 때문에 독일 문화가 쇠퇴한 것이다. 더할 나위 없이 드문 예외 중 하나는 나의 존경하는 벗, 바젤 대학의 야코프 부르크하르트이다. 바젤 대학이 인문학에서 우위를 차지하고 있는 것은 오직 그의 덕택이다.

사실상 독일의 '상급 학교'가 가르치고 있는 것은, 될 수 있는 한 적은 시간으로 많은 젊은이들을 국가를 위해 유익하게 이용할 수 있게끔 하는 야수적인 훈련이다. '고등교육'과 많은 사람들, 이것은 처음부터 모순된다. 모든 고등교육은 예외자를 위한 것이다. 목적을 위해 그토록 드높은 권리를 가지려는 사람은 그럴 만한 특권이 있어야 한다. 모든 위대하고 아름다운 사물은 결코 공유물일 수 없다. 아름다운 것은 소수자의 것이기 때문이다. 독일 문화의 쇠퇴 원인은 무엇인가? '고등교육'이 특권이 아니라는 것과 '일반적'으로 공유되고 비속하게 된 '교양'의 민주주의가 그 쇠퇴 원인이다. 병역상의 특권[1]과 상급 학교로의 과잉 진학이 상급 학교의 몰락을 정식으로 강제하고 있다는 점을 잊어서는 안 된다.

오늘날 독일에서는 아무도 자기 자식에게 고귀한 교육을 베풀어 주지 못한다. 우리의 '상급' 학교는 모두 교사나 교수가 될 계획이나 목표를 갖고 있다. 바로 가장 애매한 평범함을 목표로 삼고 있는 것이다. 더구나 젊은이가 스물세 살이나 되도록 아직 '완전하지' 못한데 어떠한 직업을 선택하겠는가? 이 '주요 문제'에 아직 대답할 수 없는 한, 마치 무언가에 소홀해질 것 같은 야비한 초조함이 지배하게 된다. 고귀한 부류의 인간은 미안하지만, '직업'을 중요하게 생각하지 않는다. 엄밀하게 말해 그들은 자기 천직을 알고 있기 때문이다. 그들에게도 여가가 있다. 그들은 시간을 잡는다. 그들은 '완성시키는' 것 따위는 전혀 생각지 않는다. 서른 살로 말하면 드높은 문화의 의미로는 초보자이며 어린아이이다. 붐비는 중등학교와 산더미처럼 처넣어 우둔하게 된 중등학교의 교사는 하나의 추문이다. 최근 하이델베르크의 교수들이 한 것처럼 이러한 상태를 변호하기 위해서는 아마도 원인이 있겠지만, 그것에 대한 합당한 근거 같은 것이 없다.

6

천성적으로 나는 긍정적이며, 항의나 비판에는 단지 간접적으로만, 무의식적으로만 개입한다. 나의 이런 천성에서 벗어나지 않기 위해서, 나는 바로 교육자가 필요로 하는 몇 개의 과제를 제시하려 한다. 사람은 보는 법을 배워야 하고, 생각하는 법을 배워야 하며, 말하고 글 쓰는 법을 배워야 한다. 이 셋은 모두 하나의 고귀한 문화가 목표이다. 보는 법을 배우는 것은—눈에 침착함과 인내

---

[1] 당시 학생들에게 허용되었던 병역 의무 면제를 가리킴.

심을 심어주고, 대상이 내 눈에 다가오도록 하는 습관을 붙이는 것이며, 판단을 보류하고, 하나하나의 경우를 모든 측면에서 검토하여 포괄하는 법을 배우는 것이다. 이것이 정신성에 대한 첫째 예비 훈련이다. 즉 자극에 대뜸 반응하지 않고서, 저지하고 배제하는 본능을 손아귀에 쥐는 것이다.

내가 이해하는 바로는, 보는 법을 배우는 것이란 거의 비철학적인 어법으로 강한 의지라고 부른다. 그 본질은 '의지'를 갖지 않는 것, 결단을 멈출 수 있는 것이다. 모든 비정신성, 모든 비속성은 어떤 자극에 저항하는 무능력에 바탕을 둔다. 그러므로 사람은 반응할 수밖에 없으며, 모든 충동에 따른다. 많은 경우 그렇게 할 수밖에 없다는 것은 이미 병들고, 쇠퇴하고, 피폐한 징조이다. 비철학적인 조잡함 때문에 '악덕'이라 불리는 것은 거의 모두가 단순히 반응하지 않는 생리학적 무능력에 불과하다. 보는 법을 배우는 것을 실제에 응용해 보면 이렇다. 배우는 자가 더뎌지고 의심이 많아지고 저항력이 거세지는 것이다.

사람은 모든 종류의 낯선 것, 새로운 것에 먼저 적의를 갖고 침착하게 접근할 것이다. 그리고 그것으로부터 손을 뗄 것이다. 모든 문을 열어두고, 조그마한 사실 앞에 공손하게 꿇어 엎드리며, 언제나 뛰어들 준비가 되어 있어 다른 사람이나 다른 사물 속에 들어앉고 자신을 던져 푹 빠지는 것—요컨대 이런 식의 찬양받는 근대적인 '객관성'—은 좋지 않은 취미이며, 대단히 저속한 것이다.

7

생각하는 법을 배우는 것, 우리 나라의 학교에서는 이것이 무엇인지 벌써 모르게 되어버렸다. 대학에서도, 아니 철학의 진정한 학자들 사이에서까지도 이론, 실천, 수공업으로서의 논리는 사멸하기 시작했다. 독일 책을 읽어보라. 거기에는 생각하는 법에 기술이, 교수 계획이, 숙달에 대한 의지가 필요하다든가, 생각하는 법은 춤추는 법이나 춤의 일종으로서 익혀지기를 원한다는 약간의 기억마저도 없다. 정신상의 가벼운 발이 모든 근육에 충만케 하는 저 미묘한 전율을, 독일 사람 사이에서 그 누가 지금 경험으로 알까? 정신적 몸짓의 투박함, 붙잡을 때의 서투른 손짓, 이것은 이제는 너무나 독일적인 것으로 받아들여져 외국에서는 독일의 본질이라고 여길 정도다. 독일 사람은 미묘한 차이를 느끼는 손길을 지니지 못하고 있다.

독일 사람이 그들의 철학자, 특히 위대한 칸트라는 일찍이 있었던 사람 중에 가장 기형적 개념의 저 불구자를 참아내 왔다는 것만 해도, 독일적 우아함이 무엇인가를 적지 않게 알려준다. 모든 형태의 춤, 다시 말해 발로써, 개념으로써, 말로써 춤출 수 있다는 것은 고귀한 교육에서 제외될 수 없다. 펜으로도 춤추어야 한다는 것, 즉 글 쓰는 법을 배워야 한다는 것을 굳이 말할 필요가 있는가? 그러나 이 지점에서 나는 독일 독자에게는 완전히 불가해한 수수께끼가 될 것이다.

어느 반시대적 인간의 편력

1

내가 견딜 수 없는 자들.—덕의 투우사 세네카, 불순한 자연의 형식을 취해 자연으로의 복귀를 주장한 루소, 재킹겐의 도덕의 나팔수[1] 실러, 무덤 속에서 시를 짓는 하이에나 단테, 예지적 성격을 가진 위선자 칸트,[2] 무의미의 바닷가에 서 있는 큰 등대 빅토르 위고, 능란한 기교[3]의 교본(여성에게만)인 리스트, 젖이 넘쳐 흐르던(lactea ubertas), 독일어로 말하면 '아름다운 문체'의 젖소 조르주 상드, 겉옷을 벗어젖힌 열정 미슐레, 마지못해 삼킨 점심 같은 염세주의 칼라일, 모욕이나 다름없는 명확함 존 스튜어트 밀, 호메로스와 싸우는 두 명의 아이아스인 공쿠르 형제, 오펜바흐의 음악, '악취를 풍기는 즐거움' 졸라.

2

르낭.—신학, 또는 '원죄'(그리스도교)에 의한 이성의 타락, 그 증거가 르낭이다. 그는 비교적 일반적인 종류의 긍정이나 부정을 말해 버리지만, 그때마다 창피할 정도로 으레 핵심을 벗어난다. 그는 과학과 고귀함을 하나로 결합하고 싶은 모양이지만, 과학이 민주주의에 속하는 것은 불 보듯 뻔하다. 그는 적지 않은 야심으로 정신의 귀족주의를 표시하려고 하지만, 동시에 그 반대의 가르침, 즉 비천한 자들의 복음 앞에 무릎을 꿇는다. 그 내장이 여전히 그리스도 신자,

---

1) 요제프 빅토르 폰 셰펠이 〈재킹겐의 나팔수〉(1853)라는 제목의 서사시를 써서 큰 인기를 누렸고, 빅토르 네슬러가 작곡한 동명의 오페라(1884) 또한 큰 성공을 거두었다.

2) 니체는 여기서 칸트의 이름이 같은 발음을 가지고 있는, '위선적인 말'이라는 뜻을 가진 영어 단어 'cant'를 그대로 사용하면서 언어유희의 측면을 살렸다.

3) '능란한 기교'로 번역한 'Geläufigkeit'는 표면적으로는 피아니스트로서 리스트의 거장의 기교를 가리키는 것이지만, 그의 여성 편력에 대한 암시도 포함한 것으로 보인다.

가톨릭교도, 게다가 성직자이기까지 하다면 모든 자유정신, 현대성, 조롱, 고개를 자유로이 돌리는 유연함이 다 무슨 소용이 있단 말인가! 르낭은 예수회원이나 고해신부와 똑같이, 교묘한 유혹의 수단을 발명하는 재주를 지니고 있다. 그의 정신성에는 실실거리는 성직자의 조작된 웃음이 있다. 모든 성직자가 그러하듯, 그는 사랑할 때 비로소 위험해진다. 목숨을 위태롭게 하는 숭배의 방식에서는 누구 하나 그에게 맞설 자가 없다. 르낭의 이 정신, 기력을 꺾는 이 정신은 가련하고 병든, 의지가 병들어 있는 프랑스에게는 또 하나의 숙명이다.

3

생트 뵈브.—그는 남성적인 것은 아무것도 갖지 못했다. 모든 남성적 정신에 대한 옹졸한 원한에 가득 차 있다. 겁 많고 캐묻기 좋아하고, 또 지루해서 남의 이야기를 엿들으며 방황한다. 여성의 복수심에다 여성의 관능성을 지닌 근본적으로 여성적인 인물이다. 심리학자로서는 비방의 천재이며, 그 수단은 무진장하다. 칭찬에 독을 섞는 법을 그보다 더 잘 알고 있는 자는 없다. 가장 밑바닥 본능은 천박하며, 루소의 원한과 혈연 관계에 있다. 결국 낭만주의자이다. 왜냐하면 모든 낭만주의 아래서는 루소의 복수 본능이 그르렁대며 탐내고 있기 때문이다. 혁명적이기는 하나 공포에 의해서 조금 억제되어 있다. 강함을 지닌 모든 것(여론, 아카데미, 궁정, 또한 포르 루아얄까지도) 앞에서는 옴짝달싹 못한다.

인간과 사물에 있는 모든 위대한 것에 대해, 자기 자신에 대한 믿음을 가진 모든 것에 대해서 격분한다. 위대한 것을 아직도 권력으로 느낄 만큼 시인(詩人)이자 반(半)여성이다. 그는 늘 그가 짓밟히고 있다 느끼기 때문에, 유명한 어떤 벌레처럼 몸을 움츠리고 있다. 비평가로서는 기준, 근거, 배경이 없으며, 다양한 것에 대해 세계주의적 자유사상을 떠들어대면서 그 자유사상을 고백할 만한 기력조차 없다. 역사가로서는 철학이 없으며, 철학적인 시각의 힘도 없다. 그래서 모든 주요 문제를 심판하는 임무를 거부하고, '객관성'이라는 가면을 쓰고 있다. 그러면서도 그는 세련된, 다 써버린 취미의 최고 법정인 모든 사물에 대해서는 다른 태도를 취한다. 거기에서 그는 실제로 자신에 대해 용기를 갖고 자신을 즐긴다. 거기서는 그 자신이 대가이다. 몇몇 측면에서는 보들레르의 초기 형식이다.

4

《그리스도를 본받아》[4]라는 책은, 내가 어떤 생리학적 거부감 없이는 손에 쥐지 못하는 책 가운데 하나이다. 그것은 '영원히 여성적인'[5] 향기를 풍기고 있으며, 이것에 견디기 위해서는 프랑스 사람이 되어야 한다. 또는 바그너주의자이든가. 이 성자는 파리의 부인들까지도 호기심을 일으킬 만한 화법으로 사랑에 관해 논하고 있다. 가장 영리한 예수회원인 오귀스트 콩트는 과학이라는 우회로를 통해서 그의 동포 프랑스인들을 로마로 이끌어 가려고 했는데, 이 책에서 영감을 받았다는 것이다. 나는 이 이야기를 믿는다. 즉 '마음의 종교.'

5

조지 엘리엇.—사람들은 그리스도교의 신을 없애고는, 그만큼 더 그리스도교적 도덕에 매달려야 한다 믿고 있다. 즉 이것은 영국적인 일관성이고, 우리는 그것이 엘리엇식의 도덕적인 소녀들의 탓이라고 말할 생각은 없다. 영국에서는 사람들이 신학에서 조금이라도 해방될 때마다 무서운 방식으로 도덕적인 광신자로서 자기 명예를 회복해야 했다. 이것이 바로 그 나라에서 사람들이 지불하는 벌금이다.

그들과 다른 우리에게는 그렇지 않다. 사람이 그리스도교적 신앙을 포기한다면, 그와 함께 그리스도교적 도덕에 대한 권리마저도 발아래 내동댕이치는 것이다. 이 도덕은 결코 자명하지 않다. 사람은 이 점을, 영국 사람의 천박한 두뇌 따위를 무시하고, 몇 번이고 밝은 데로 이끌어 내야 한다. 그리스도교는 하나의 체계이며, 종합적이고 전체적인 사물을 보는 방식이다. 그리스도교에서 신에게 바치는 신앙이라는 주요 개념을 빼낸다면, 그와 더불어 전체도 산산조각나는 것이다. 즉 벌써 손안에는 필연적인 것이라고는 아무것도 남지 않는다. 그리스도교는 인간에게 무엇이 선이고 무엇이 악인가를 인간 자신은 모르고 있으며, 알 수 없다는 전제에 서 있다. 인간은 단지 홀로 그것을 알고 있는 신을 믿고 있을 뿐이다. 그리스도교적 도덕은 하나의 명령이고, 그 기원은 초월적이다. 그리스도교적 도덕은 모든 비판과 그 비판에 대한 권리를 넘어선 저편에 있

---

4)독일의 가톨릭 성직자이자 신비주의자 토마스 아 켐피스의 유명한 저술.
5) *Das Ewig-Weibliche.* 괴테《파우스트》2부 마지막 장면에서 나온 표현.

다. 그것은 신이 진리일 경우에만 진리를 지니고 있으며, 신에 대한 신앙과 함께 일어서기도 쓰러지기도 한다.

사실 영국인이 선악이 무엇인가를 '직관적으로' 알고 있다 믿는다면, 그리고 도덕의 보증으로서 그리스도교를 더 이상 필요로 하지 않는다고 생각한다면 이 일 자체는 단지 그리스도적 가치판단의 지배에서 발생하는 결과에 불과하며, 이 지배의 강도와 깊이의 한 표현일 뿐이다. 이렇게 해서 영국적 도덕의 기원은 잊혔으며, 그 생존권에 극히 제약이 따른다는 것도 벌써 느끼지 못하고 있다. 영국 사람에게 도덕은 아직 문제가 되지 않고 있다.

6

조르주 상드. ―나는 《어떤 여행자의 편지》 처음 부분을 읽었다. 루소에게서 비롯된 다른 모든 것과 똑같이 가짜이고 인위적이며, 거창하고 과장되어 있다. 나는 이러한 잡다한 벽지 문양 같은 문체를 견딜 수 없다. 대범한 감정을 노리는 저속한 야심도 매한가지이다. 물론 최악은, 버릇없는 소년 같은 태도로 남성성을 가지고 노는 듯한 여성적 교태이다. 그럼에도 이 참아주기 어려운 여성 예술가는 얼마나 냉담했던가! 그녀는 시계의 태엽을 감듯이 자기를 조이며 마구 글을 써댔다. 그리고는 위고처럼, 발자크처럼, 창작을 시작하자마자 냉담해지는 모든 낭만주의자처럼 냉담해졌다. 더구나 이 다작(多作)하는 젖소는 얼마나 의기양양하게 누워 뒹굴고 있었던가. 그 스승 루소와 똑같이, 나쁜 의미에서 어떤 독일적인 것을 몸에 지니고 있다가, 어쨌든 프랑스적인 취향이 쇠퇴하자 비로소 가능해졌다! 그러나 르낭은 그녀를 존경했다.

7

심리학자를 위한 도덕. ―통속 서적 따위를 팔러다니는 떠돌이 행상류의 심리학을 하지 않을 것! 관찰을 위한 관찰을 하지 않을 것! 이것은 보는 방법을 그르치며, 곁눈질을 하게 되어 무엇인가 무리하게 강제당한 과장적인 짓을 저지른다. 체험하고 싶은 의욕 때문에 체험하는 것, 이것은 잘되지 않는다. 사람은 체험하는 동안 자신 쪽으로 눈을 돌려서는 안 되며, 만일 그러한 짓을 하게 되면 누구의 눈이라도 '나쁜 눈매'가 된다. 타고난 심리학자는 보기 위해서 보는 것을 본능적으로 경계한다. 타고난 화가도 마찬가지이다. 그는 결코 '자연에 따라서' 일을 하지 않는다. 그는 자기 본능, 자기 어둠상자(camera obscura)가 '사건', '자연', '체험된 것'을 알아서 걸러서 표현하도록 맡긴다. 보편적인 것, 결론이나 성과가 비로소 그의 의식 속에 떠오른다. 즉 그는 개별적인 경우로부터 추상화하는 제멋대로의 작용을 알지 못한다.

다른 방법을 택한다면 어떻게 될까? 예를 들어 파리의 소설가식으로 어중이 떠중이 행상류의 심리학을 했다면? 이런 방식은 가만히 몸을 낮춘 채 현실을 살피고 있으며 매일 밤 한 줌의 진기한 것을 가지고 돌아온다. 결국 무엇이 나올 것인지 보라. 얼룩 한 점, 겨우 모자이크 하나, 어떻든 무엇인가 긁어모은 심란하고 요란스러운 것이다. 이런 부류 중에서 가장 심한 것은 공쿠르 형제이다. 그들은 사람의 눈을, 심리학자의 눈을 아프게 하지 않는 문장을 세 개도 조합해내지 못한다.

자연은 예술적으로 평가하면 전혀 모범이 못 된다. 자연은 과장하고 왜곡하고, 틈바구니가 생긴 채로 내버려 둔다. 자연은 우연이다. '자연에 따르는' 연구는 나에게는 좋지 않은 징조로 생각된다. 그것은 굴복, 쇠약, 숙명론을 드러내기 때문이다. 자질구레한 사실들 앞에서 이렇게 무너져 있다는 것은 온전한 예술가에게 어울리지 않는다. 있는 그대로를 보는 것, 이것은 다른 종류의 정신, 반예술가적 정신, 사실적 인간의 정신에 속한다. 사람은 자기가 누구인가를 알아야 한다.

8

예술가의 심리학을 위하여.—예술이 존재하기 위해서는, 또는 어떠한 심미적인 행위와 통찰이 있기 위해서는 하나의 생리학적 선행 조건이 반드시 필요하다. **도취**가 그것이다. 도취가 먼저 모든 기계의 흥분을 높여놓아야 한다. 그렇지 않고는 예술이 이루어지지 않는다. 여러 조건을 가진 모든 종류의 도취가 그러한 힘을 가지고 있다. 그중에서도 성적 흥분이라는 가장 오래되고 가장 근원적인 도취의 형식이 그렇다. 그와 같이 모든 커다란 욕망, 강한 욕정에 뒤따라 나타나는 도취가 그렇다는 말이다. 축제, 경기, 모험, 승리, 모든 극단적인 운동과 도취, 참혹의 도취, 파괴의 도취, 또는 종류의 기상학적 영향 아래에서의 도취, 예를 들면 봄날의 도취, 또는 마취약의 영향 아래서의 도취, 최후 의지의 도취, 울적하고 팽창한 의지의 도취를 통해 예술을 이룰 수 있다. 도취해 있는 본질적인 것은 힘의 상승과 충만의 감정이다. 이 감정에서 자기는 사물에 선물을 주며, 우리에게서 뺏어가게끔 사물을 강제하며 사물에 폭력을 가한다. 사람은 이 과정을 이상화라고 부른다. 여기서 하나의 편견에서 벗어나자. 즉 이상화는 흔히 우리가 믿듯이 사소하고 하찮은 것을 없애든가 줄이는 것이 아니다. 주요 특징을 맹렬하게 몰아내는 것이 오히려 결정적인 것이며, 그 때문에 다른 특징들이 자취를 감춰 버리는 것이다.

9

이러한 도취 상태 속에 있는 사람에게는 자신의 충만함으로부터 나오는 모든 것이 긴밀하고 힘에 넘치는 것처럼 보인다. 이 상태의 인간은 사물을 갑작스레 변화시키며, 마침내 사물이 그의 힘을 반영하게끔 된다. 결국 사물이 그의 완전한 것으로 변화될 수밖에 없다는 것이 예술이다. 그럼에도 그가 아닌 모든 것 자체는 그에게는 자신으로서 느끼는 쾌락이 된다. 예술적으로 인간은 완전한 존재로서 자신을 즐긴다.

이것과 반대되는 상태를 생각해 내는 것도 허용될지 모른다. 본능의 특수한 반예술가적 상태, 모든 사물을 빈약하게 하고 소모시키는 존재 형식이 그것이다. 그리고 사실 역사 속에는 그러한 반예술가, 생명의 기아자들이 많다. 그러한 자들은 필연적으로 사물을 더욱 움켜쥐고, 그것을 먹어버리고, 그것을 더욱 메마르게 하지 않을 수 없다. 그것이 진정한 그리스도교도의 경우이며 파스칼의 경우이다. 동시에 예술가를 겸하고 있는 것 같은 그리스도교도는 나타나지 않는다. 라파엘로라든가 19세기의 어떤 유사 요법적 그리스도교도를 이끌어 내어, 어린애처럼 나에게 반론을 주장하지 말아주었으면 한다. 라파엘로는 긍정을 말했고 긍정을 실행했다. 라파엘로는 그리스도교도가 아니었기 때문이다.

10

내가 미학에 들어온 아폴론적인 것과 디오니소스적인 것이란 대립 개념이 둘 다 도취의 종류라고 해석된다면, 그것은 무엇을 의미하는가? 아폴론적 도취는 무엇보다 눈을 흥분시키기 때문에 눈이 환영을 보는 능력을 얻는다. 화가, 조각가, 서사시인은 특히 뛰어난 환상가이다. 이에 반해서 디오니소스적 상태에 서는 열정 조직이 총체적으로 흥분하고 높여져 있다. 그 때문에 열정 조직은 모든 표현 수단을 단번에 내보내 표현 모사, 변형, 변화의 힘, 그리고 모든 종류의 표정술이나 연극술을 동시에 몰아낸다. 본질적인 것은 역시 변모의 경쾌함이며, 반응하지 않고는 있을 수 없는 그 무능력이다(어떠한 신호에도 응해서 어떠한 역할도 하는 히스테리 환자의 경우와 비슷하다). 디오니소스적 인간에게는 어떠한 암시를 이해하지 못하고 넘어간다는 것은 불가능하며, 그는 열정의 어떠한 징조도 놓치지 않고, 최고도의 전달술을 가지고 있는 것처럼 최고도의 이해할 수 있는 본능을 지니고 있다. 그는 모든 피부나 열정 속에 파고들어 간다. 즉 그는 부단히 변모하는 것이다.

우리가 오늘날 이해하는 바와 같은 음악도 열정의 총체적 흥분이나 방출이지만, 그럼에도 열정의 훨씬 충만한 표현 세계의 잔존물인 디오니소스적 연기의 단순한 찌꺼기에 불과하다. 사람은 음악을 특수 예술로서 가능케 하기 위해서 몇 개의 감각, 특히 근육 감각을 정지시켜 왔다(적어도 상대적으로는 그렇게 해 왔다. 왜냐하면 모든 리듬은 역시 어느 정도는 우리의 근육에 호소하는 바가 있기 때문이다). 그래서 인간은 자기가 느끼는 모든 것을 즉시 육체로 모방하고 표현하는 일이 없다. 그럼에도 이것이야말로 본디 디오니소스적인 정상 상태이며, 어떻든 근원적 상태이다. 음악은 가장 가까운 여러 능력을 희생하여 점진적으로 이 상태에 이른 특수한 현상이다.

11

배우, 무언극 배우, 무용가, 음악가, 서정시인은 그 본능에서는 근본적으로 한 핏줄이며, 그 자체로서 하나이지만 차츰 특수화되고 서로 분리되어, 마침내는 서로 상반되는 것이 되었다. 서정시인은 가장 오랫동안 음악가와 결합되어 있었고, 배우는 무용가와 결합되어 있었다.

건축가는 디오니소스적 상태도, 아폴론적 상태도 나타내지 않는다. 여기서 예술을 추구하는 것은 커다란 의지의 행동, 태산마저 움직이는 커다란 의지의 도취이다. 가장 힘 있는 인간이 늘 건축가에게 영감을 주었다. 건축가는 늘 권

력의 영향 아래 있었다. 건축물에는 긍지, 중력에 대한 승리, 권력에의 의지가
눈에 보여야 할 것이다. 건축술은 설득하고, 아첨하기까지 하고, 또는 단순히 명
령하는, 형체를 가진 어떤 권력의 웅변이다. 위대한 양식을 지닌 것 속에는 권
력과 안전의 최고 감정이 표현되어 있다. 어떠한 증명도 필요로 하지 않는 권력,
사람의 마음에 드는 것을 가볍게 여기는 권력, 쉽게 대답하지 않는 권력, 어떠
한 증인도 자기 주변에 느끼지 않는 권력, 자기에 대해 항변하는 자가 있는 것
을 의식하지 않고 사는 권력, 자신 속에서 편히 쉬며 숙명적인 법칙 가운데 있
는 권력, 이것이 위대한 양식으로서 자기에 대해 말한다.

12

나는 토머스 칼라일의 전기를 읽었다. 인식과 의지에 거슬리는 이 익살극, 소
화불량 상태에 대한 이 영웅주의적·도덕적 해석을 말이다. 칼라일은 강력한 말
과 몸짓을 지닌 남자, 부득이하게 수사가가 된 자이며, 강한 신앙에 대한 갈망
과 더불어 그러지 못한다는 무능한 감정에 늘 불타고 있다(이 점에서 전형적인
낭만주의자이다)! 강한 신앙에 대한 갈망은 강한 신앙의 증명이 아니라, 오히려
그 반대이다. 강한 신앙을 지니고 있다면 회의라는 아름다운 사치를 허용해도
괜찮다. 그것을 허용해도 괜찮을 정도로 충분히 안전하며, 견고하고, 구속되어
있기 때문이다.

칼라일은 강한 믿음을 지닌 인간에 대한 강렬한 존경과 그다지 단순치 않은
사람들에 대한 분노로 자기 안에 있는 그 무엇을 마비시킨다. 즉 그는 시끄러
움을 필요로 하는 것이다. 자기에 대해 부단히 격정적으로 솔직하지 못한 것이
그의 특질이며, 이것 때문에 그는 지금도 그리고 언제까지나 흥미로운 인물일
것이다. 물론 영국에서 그는 바로 그의 솔직함 때문에 칭송받고 있다. 이것이야
말로 영국인다운 노릇이다. 그리고 영국인이 위선적 국민이라는 점을 생각한다
면, 이것은 단순히 이해가 갈 뿐만이 아니라 당연하게 여겨진다. 근본적으로 칼
라일은 무신론자가 아니라는 것으로 명예를 얻고자 하는 영국적 무신론자이다.

13

에머슨.—칼라일보다 훨씬 계몽되어 있으며, 방랑적이고, 복잡하며, 노련하

고, 특히 행복하다. 본능적으로 신들의 양식밖에는 먹지 않으며, 소화시키지 못할 것은 사물 속에다 남겨두는 그러한 인간이다. 칼라일과 비교하면 취향이 있는 인간이다. 칼라일은 그를 무척 좋아했는데도 그에 대해 이렇게 말했다. "그는 우리에게 씹을 거리를 충분히 주지 않는다." 설령 이 말이 옳다 하더라도 그것은 에머슨에게 불리하지 않다. 에머슨은 모든 진지한 기세를 꺾을 만큼 선량하고 슬기롭고 쾌활하다. 그는 자기가 벌써 얼마나 나이 들었는지, 그러면서도 자기가 아직 얼마나 젊은지를 조금도 모른다. 그는 로페 데 베가의 말을 빌려 자기에 대해 이렇게 말할 수 있으리라. "나는 나 자신의 계승자이다." 그의 정신은 늘 만족할 이유는 물론 감사할 이유까지 찾아낸다. 때로 그는 마치 일이 잘 풀리기라도 한 것처럼, 사랑의 밀회에서 돌아온 남자의 쾌활한 초월성을 방불케 한다. 그 남자는 감사한 마음으로 말했다. "설령 힘이 모자란다 하더라도 쾌락은 찬양해야 할 것이다."[6]

<h2 style="text-align:center">14</h2>

반(反)다윈.—저 유명한 '생존경쟁'에 대해서 말하면, 그것은 내가 보기에는 증명되었다기보다는 오히려 주장되고 있는 것 같다. 그것은 일어날 수는 있지만 예외로서다. 삶의 전체적 광경은 궁핍 상태, 기아 상태가 아니라 오히려 풍요와 풍만이며, 어처구니없을 정도로 낭비이기도 하다. 싸움이 벌어질 때도 그것은 권력을 둘러싼 싸움이다. 맬서스와 자연을 혼동해서는 안 된다.

이 싸움이 일어난다고 하면—사실 그것은 실제로 일어나는데—유감이지만 그것은 다윈학파가 바라는 것과는, 또 아마도 사람들이 이 학파와 더불어 바라도 괜찮다고 생각하는 것과는 반대 결과가 될 것이다. 즉 강한 자, 특권자, 행복한 예외자에게는 불리하게 된다. 종은 더 완벽해지는 방향으로 성장하는 게 아니다. 약자가 언제고 강자를 지배한다. 왜냐하면 약자가 대부분이고, 약자가 더 영악하기 때문이다. 다윈은 정신을 잊고 있었다. (이것이야말로 영국적이다!) **약자가 더 많은 정신을 가지고 있다.** 정신을 얻기 위해서는 정신을 필요로 해야 한다. 더 이상 정신을 필요로 하지 않는다면 사람은 그것을 잃게 된다. 힘을 지

---

6)오비디우스, 《흑해에서의 편지》 3권, 4·79 참조. 다만 원문에서는 '쾌락' 대신 '의지'라고 되어 있는 점이 다르다.

닌 자는 정신에서 벗어난다('가버릴 것은 가버리게 놔두라! 제국은 그래도 역시 우리의 것일 테니.' 오늘날 독일에서는 이렇게 생각하고 있다). 나는 정신이라는 것을 이미 알고 있는 바와 같이 조심, 인내, 지략, 위장, 자제, 흉내라고 해석한다(흉내에는 이른바 덕의 대부분이 속해 있다).

15

심리학자의 궤변.—심리학자는 인간의 본성을 잘 아는 사람이다. 그런데 그는 도대체 무엇 때문에 인간을 연구하는 것일까? 그는 인간에 대한 조그마한 우위와 또는 커다란 우위를 차지하려고 한다. 그는 정략가이다! 저쪽 저 사람도 한 인간의 본성을 다 아는 사람이다. 그래서 그대들은 말한다. '저 사람은 그것으로 자기 이익을 위해서는 아무것도 바라지 않는다. 저 사람이야말로 개인적이지 않은 위대한 인간이다.' 주의해서 똑바로 봐라! 그는 어쩌면 더욱 좋지 못한 이익을 바라고 있는지 모른다. 즉 자기가 다른 사람들보다 우월하다 느끼며, 그들을 얕보아도 괜찮다 생각하고, 그들과 구별되기를 바란다. 이러한 '개인적이지 않은 인간'은 인간을 경멸하는 자이다. 그러므로 겉으로는 어떻게 보이든지 간에 심리학자가 오히려 더 인간적인 부류이다. 적어도 그는 다른 사람들과 동등한 지위에다 몸을 두고서 어울리는 것이다!

16

독일인의 심리학적 수법은 여러 실례에서 볼 때 문제점이 있다고 생각되지만, 그 목록을 제공하는 것은 나의 겸손함이 허락하지 않는다. 단 하나의 실례만으로도, 내 명제를 논증하는 커다란 계기로는 부족함이 없을 것이다. 즉 나는 칸트와 내가 이른바 '뒷문의 철학'이라 부르는 그의 철학에 관하여 잘못 이해한 독일인들을 유감스럽게 생각한다. 이것은 지적 성실성의 전형이 아니었다. 내가 좋아하지 않는 또 다른 표현은, 바로 악명 높은 '~와'이다. 즉 독일 사람은 '괴테와 실러'라고 말한다. 심지어 그들은 '실러와 괴테'라고 할 때도 있다…… 사람들이 아직도 이 실러의 정체를 모르고 있는 것일까? 더욱 심한 '~와'도 있다. 나는 내 두 귀로—물론 대학교수들 사이에서의 일이지만—'쇼펜하우어와 하르트만'이라고 말하는 것을 똑똑이 들은 적이 있다.

17

가장 정신적인 인간들이 가장 용기 있는 인간들이라고 한다면, 이들은 가장 통렬한 비극을 체험한다. 그런데 삶이 그들에게 최대의 적의를 돌린다는 바로 그 까닭에 그들은 삶을 존경한다.

18

'지적 양심'에 관하여.—진정한 위선보다 더 희귀한 것은 없다고 생각한다. 이러한 식물에는 우리 문화의 부드러운 공기는 소용없는 것이 아닌가 하는 의혹도 크다. 위선이란 강한 신앙 시대의 것이다. 즉 다른 신앙을 보이면서도 자기가 지니고 있는 신앙을 버리지 않았던 시대의 것이다. 오늘날 사람들은 그 신앙을 버린다. 또는 흔히 제2의 신앙을 마련한다. 어떠한 경우에도 정직한 것에는 변함이 없다. 의심할 것도 없이 오늘날에는 이전보다 훨씬 많은 확신이 가능하다. 가능하다는 것은 허용된다는 것, 즉 해로울 것이 없다는 것을 말한다. 그래서 자신에 대한 관용이 생긴다.

자신에 대한 관용은 여러 개의 확신을 인정한다. 거기에서 이 확신은 서로 협조하고 같이 생활한다. 그것들은 오늘날의 모든 세계와 똑같이, 서로 해를 끼치지 않게끔 조심한다. 오늘날 사람들은 무엇으로 서로 해를 끼치는가? 일관성이 있을 때이다. 일직선으로 나아갈 때이다. 다섯 가지 이하로밖에 해석할 수 없을 때이다. 순수한 때이다.

현대인은 몇 개의 악덕에 대해서 지나치게 안이하여, 이 악덕들이 더 이상 악덕이 아니게 되어버리지 않을까, 그 때문에 이 악덕이 거의 사멸하지 않을까 나는 두려워하고 있다. 강한 의지가 제한하는 모든 악은—아마도 의지의 강함 없이는 악이란 있을 수 없지만—우리의 미적지근한 공기 속에서는 도덕으로 변질되어 있다. 내가 알게 된 몇몇 위선자들은, 위선의 흉내를 내고 있었다. 즉 그들은 오늘날 거의 열 명 가운데 한 명이 그렇듯이, 배우였던 것이다.

19

아름다움과 추함('좋은 것과 나쁜 것').—우리에게 아름다움을 느끼는 감정보다 더 제한된 것—또는 좁은 의미의 것—은 아무것도 없다. 아름다움에 대한 인간의 쾌락을 떼어놓고 아름다움을 인식하려 하는 사람은 곧바로 발 디딜 곳을 잃어버린 것이다. '아름다움 자체'는 단순히 하나의 말일 뿐이고, 하나의 개념조차 아니다. 인간은 완전성의 척도로서 아름다움 속에 자리 잡고 있으며, 특별한 경우에는 아름다움 속에서 자신을 숭배한다. 하나의 종(種)은 다른 방식으로는 자신 하나만을 긍정할 수 없다. 종의 가장 깊은 본능인, 자기 보존과 자기 확대의 본능은 그렇게 승화하면서도 빛을 발한다. 인간은 세계 자체가 아름다움으로 가득하다 믿고 있으며, 그 원인인 자신을 잊어버리고 있다. 다름 아닌 인간이 세계에 아름다움을 부여했던 것이다. 아, 인간적인 너무나도 인간적인 아름다움만을! 참으로 인간은 자기 모습을 사물 속에 비추고 있으며, 자기 모습을 자기에게 던지는 모든 것을 아름답다고 본다. '아름다움'을 판단하는 것은 인간이라는 종의 허영이다. 조그마한 의심이 회의론자의 귀에 대고, '바로 인간이 세계를 아름답다고 봄으로써 정말 세계는 아름답게 되었는가?' 하고 속삭이는 것도 당연하다. 인간은 세계를 인간화한 것, 단지 그뿐이다. 그러나 인간이 아름다움의 모범을 제공한다는 사실을 보증하는 것은 아무것도 없다. 고급스런 취미 감정자의 눈에 인간이 어떻게 보이는가를 그 누가 알까? 어쩌면 대담하게? 어쩌면 쾌활하게? 어쩌면 조금은 되는대로?

"오오 거룩한 디오니소스여, 왜 그대는 나의 귀를 잡아당기는가?" 아리아드네는 일찍이 저 유명한 낙소스 섬에서 대화할 때 그녀의 철학자 애인에게 물었다. "그대의 귀에는 우스운 점이 있소. 아리아드네여, 왜 그대 귀는 더 길지 않은가?"

20

아름다운 것은 아무것도 없다. 오직 인간만이 아름답다. 이러한 소박성에 모든 미학이 기초를 두고 있으며, 이 소박성이 미학의 첫 번째 진리이다. 여기다 곧바로 두 번째 진리를 덧붙여 보자. 즉 퇴락한 인간 말고는 아무것도 추한 것이 없다—이것으로 아름다움을 판단하는 영역과 경계선이 그어진다—생리학적으로 풀면 모든 추한 것은 인간을 약화시키며 그 마음을 어둡게 한다. 그것은 인간에게 쇠망, 위험, 무력을 상기시키며, 인간은 실제로 그때 힘을 잃는다. 사람은 추한 것의 작용을 동력계로 측정할 수 있다. 대체로 인간이 압박당하고 있을 때 인간은 무엇인가 '추한 것'의 접근을 냄새 맡을 수 있다. 인간의 권력 감정, 그의 권력에의 의지, 용기, 긍지―이것은 추한 것과 더불어 내려가며, 아름다운 것과 더불어 올라간다.

어느 경우에나 우리는 똑같이 하나의 결론을 내리는데, 그 전제는 어마어마하게 본능 속에 쌓여 있다. 추한 것은 퇴화의 신호나 징조로 해석된다. 그래서 조금이라도 퇴화를 생각하게 하는 것은, 우리 속에 '추하다'는 판단을 일으킨다. 탈진, 중압, 노령, 피로의 모든 징조, 경련이라든가 마비라고 하는 모든 종류의 부자유, 특히 해체나 부패의 냄새, 빛깔, 형태, 그것이 아주 희박하게 상징하더라도 이 모든 것은 똑같은 반작용, '추하다'는 가치판단을 불러일으킨다. 그때 어떤 증오가 뛰쳐나온다. 그때 인간은 누구를 증오하는 걸까? 의심할 나위 없이 인간 전형의 몰락을 증오하는 것이다. 그는 그때 가장 깊은 종의 본능에서 증오한다. 이 증오 속에는 전율, 신중, 깊이, 선견지명이 있다. 그것은 있을 수 있는 것 가운데 가장 깊은 증오이다. 이것 때문에 예술은 깊이가 있는 것이다.

21

쇼펜하우어.―논의할 가치가 있는 마지막 독일인 쇼펜하우어(그는 괴테, 헤겔, 하인리히 하이네처럼 유럽적인 사건으로서, 단순한 지방적 사건, '국민적' 사건에 국한되지 않는다)는 심리학자에게는 대단히 중요한 사례이다. 그는 허무주의에 근거를 두고 삶의 가치를 총체적으로 낮추기 위해서, 그 반대 법정에서 '삶에의 의지'의 커다란 자기 긍정이나 삶의 풍요로운 형식을 꺼내오는 악의에 찬 천재적인 시도를 했다. 그는 순차적으로 예술과 영웅주의, 천재성, 아름다움, 커다란 공감, 인식, 진리에의 의지, 비극을 '부정'에 대한 또는 부정하고자 하는 '의지'에 따르는 현상으로 해석했다. 그리스도교를 제외하면 역사상 가장 큰 심리학적 위조이다. 더 면밀하게 보면 그는 이 점에서는 단순히 그리스도교적 해석을 물려받은 것에 지나지 않는다. 그는 그리스도교가 거절한 것, 인류의 위대한 문화적 사실까지도 그리스도교적인, 다시 말하면 허무주의적인 의미에서 긍정하는 것을 알았다는 점이 다를 뿐이다(즉 '구원'에 이르는 길로서, '구원'의 선행 형식으로서, '구원'에 대한 욕구의 자극제로서 긍정한 것이다).

22

나는 하나의 보기를 든다. 쇼펜하우어는 아름다움에 대해서 우울한 열정으로 말한다. 왜냐하면 그가 아름다움 속에 더욱 앞으로 나아갈 수 있는, 또는 앞으로 나아가려는 갈망을 이어주는 다리를 보기 때문이다. 그에게 아름다움 몇 순간의 '의지'로부터의 해방이다. 아름다움은 영원한 구원으로 유혹한다. 특히 그는 아름다움을 '의지의 초점'으로부터의, 성욕으로부터의 해방자로서 찬양한다. 그는 아름다움 속에서는 생식 충동이 부정된다고 본다. 이 얼마나 기묘한 성자인가! 누군가 그대에게 항의하고 있지만, 아무래도 그것은 자연인 것 같다.

자연을 살펴볼 때 대체 왜 소리, 빛깔, 향기, 율동적인 운동 속에 아름다움이 있는 걸까? 무엇이 아름다움을 나타내 보이는 것일까? 다행히 또 한 철학자가 그에게 항의한다. 바로 거룩한 플라톤(쇼펜하우어 자신이 그를 그렇게 부르고 있다)의 권위가 다른 명제를 막는다. 즉 모든 아름다움은 생식을 자극하는데, 이것이야말로 가장 관능적인 것에서 가장 정신적인 것에 이르기까지 아름다움이 가져오는 영향의 특징이라고 주장하는 것이다.

23

플라톤은 더욱 밀고 나간다. 그는 그리스 사람이 아니고서는(즉, '그리스도교도'들에게서는) 도저히 찾아볼 수 없는 순진함으로, 이만한 아름다운 젊은이들이 아테네에 없었다면, 플라톤 철학은 있을 수 없을 것이라 말한다. 그들의 모습이 그의 영혼을 처음 에로스적인 도취 상태에 빠뜨려 그 영혼이 가지고 있는 모든 숭고한 사물의 씨앗을 땅 위에 떨어뜨리기 전까지는 영혼의 안식을 취하지 못한다. 기묘한 성자다! 사람들은 플라톤은 믿는다 치더라도 자기 귀는 믿지 않는다. 그러나 적어도 아테네에서 철학이 다른 방식으로, 특히 공정하고 분명하게 다루어졌다는 것은 추측할 수 있다. 은둔자의 개념적 거미줄 치기, 스피노자식의 지적인 신의 사랑처럼 그리스적이지 않은 것은 없다. 플라톤식 철학은 오히려 하나의 에로스적 경쟁과 고대의 체육경기나, 그 여러 전제의 지속 및 내면화로 정의되어야 할 것이다. 플라톤의 이 철학적 연애술에서 무엇이 나왔던가? 그리스적 경기의 새로운 예술 형식, 바로 변증법이다.

나는 플라톤의 명예를 위해서 쇼펜하우어에 반항하여 고전적 프랑스의 모든 고급문화와 문학도 성적 관심이라는 토양 위에 성장했다는 것에 주의를 환기시켜 둔다. 여기서는 곳곳에서 연애 관계, 관능, 성적 경쟁, '여성'을 찾아보아도, 결코 부질없는 짓은 아닐 것이다.

24

예술을 위한 예술.—예술의 목적을 위한 싸움은 언제나 예술이 도덕화되는 경향을 반대하고, 예술이 도덕에 종속되는 것에 반대하기 위한 싸움이다. 예술을 위한 예술이란, "도덕 같은 건 꺼져라!"라는 말이나 다름없다. 그러나 이러한 적의도 도덕적 편견의 우세를 말한다. 설령 도덕의 설교나 인간 개선이라는 목적이 예술에서 추방당했다 하더라도 예술이 총체적으로 무목적, 무목표, 무의미, 요컨대 예술을 위한 예술—이것은 제 입으로 제 꼬리를 무는 한 마리 뱀이라고밖에 볼 수 없다. "도덕적 목적을 갖느니 차라리 아무런 목적이 없는 것이 낫다!"라고 말하는 것은 그리하여 단순한 격정일 뿐이다.

이에 반해 심리학자는 묻는다. 예술은 무엇을 하는가? 칭찬하지 않는가? 찬미하지 않는가? 가려 뽑거나, 드높이지 않는가? 이러한 모든 일로써 예술은 어떤 종류의 가치 평가를 강하게 하거나 약하게 한다. 이것은 단지 '그 밖의' 것인가? 우연인가? 예술가의 본능이 전혀 관여치 않았던가? 아니면 그것은 예술가의 능력 전부가 되는 것이 아닐까? 예술가의 가장 밑바닥에 있는 본능은 예술을 향하고 있는가, 또는 오히려 예술의 의미, 삶을 향하고 있는 것은 아닐까? 삶의 소망을? 예술은 삶에 커다란 자극제이다. 예술을 어째서 무목적, 무목표로, 그리고 예술을 위한 예술로 해석할 수 있을까?

하나의 의문이 여기에 남아 있다. 즉 예술은 또한 인생의 많은 추악한 것, 냉혹한 것, 괴기한 것도 드러내는데, 이로써 예술이 하는 일은 인생의 괴로움을 맛보게 하는 것이라고 생각지 않는가? 사실 예술에 이러한 의미를 준 철학자가 있었다. 쇼펜하우어는 '의지로부터 해탈하는 것'을 예술의 총체적인 목표로 가르쳤으며, '체념의 마음을 일으키는 것'을 비극의 주된 기능으로써 찬양했다. 그러나 이것은 내가 이미 암시했던 일이지만, 염세주의자의 관점이며 '좋지 않은 시각'이다. 사람은 예술가에게 호소해야 한다. 비극적 예술가는 자신에 대해 무엇을 전하는가? 바로 그가 표시하는 무섭고 괴기한 것에 대해 무서움을 모

르는 상태가 아닌가? 이 상태 자체가 하나의 드높은 소망이다. 이 상태를 아는
자는 그것에 최고의 경의를 표하며 존경한다. 그는 그것을 전달한다. 그가 만일
예술가이며 전달의 천재라고 한다면, 그것을 전달할 수밖에 없다.

강력한 적, 숭고한 어려움, 전율을 일으키는 문제를 앞에 둔, 감정상의 용기
와 자유, 이 승리의 상태야말로 비극적 예술가가 선택하고 찬미하는 것이다. 비
극을 앞에 두고 우리 영혼 속에 있는 호전적인 것은 그 사투르누스제를 울린다.
괴로움에 익숙한 자, 괴로움을 찾는 자, 이러한 영웅적 인간은 비극적으로 자기
존재를 칭송한다. 이러한 사람에게만 비극 시인은 가장 달콤하고도 무자비한
술을 바치는 것이다.

25

인간에게 맞춰주는 것, 자기 마음의 문을 열어두는 것, 이것은 관대하지만 관
대함 이상은 아니다. 손님을 귀하게 환대할 줄 아는 마음에는 많은 커튼을 친
창문이나 잠긴 덧문이 있는 것을 보면 알 수 있다. 즉 이런 마음은 가장 좋은
방을 비워두고 있는 것이다. 도대체 왜? 그 까닭은 '맞춰줄' 필요가 없는 손님을
기다리고 있기 때문이다.

26

자기 마음을 탁 털어놓을 때, 우리는 이미 자기를 충분히 존중하고 있지
않은 것이다. 우리의 진정한 체험은 전혀 수다스럽지 않다. 설령 그렇게 하
고 싶다 하더라도 자신을 전달할 수는 없을 것이다. 그러한 체험에는 언어
가 결핍되어 있기 때문이다. 그것을 표현하는 말이 우리에게 생기는 순간, 우
리는 이미 그것을 넘어서 있다. 모든 언어 속에는 한 알의 경멸이 있다. 말
이란 생각건대 평균적인 자, 중도적인 자, 속을 잘 털어놓는 자들을 위해
서 발명된 것이다. 말하는 자는 말을 함으로써 이미 자기를 통속화한다. —
농인이나 그 밖의 철학자들을 위한 도덕에서 발췌.

"이 그림은 매혹적일 만큼 아름답다!"[7] 문학적인 여성은, 불만스럽고 흥분을 잘하며, 마음과 내장이 거칠어지고, 그 조직의 깊숙한 곳에서 라틴어로 "자식인가 책인가(aut liberi aut libri)"라고 속삭이는 명령의 소리에 언제나 괴로운 호기심을 갖고 귀를 기울인다. 즉 문학적인 여성은 본성이 라틴어로 이야기할 때 그 소리를 이해할 수 있을 만한 교양이 있는 한편, 마음속에서 남몰래 프랑스어로 이렇게 중얼거릴 정도로 허영심 많은 얼간이다. "나는 나 자신을 보고, 나 자신을 읽고, 황홀해서 이렇게 말할 것이다. 내게 이만한 재주가 있다는 것이 있을 수 있는 일인가?"[8]

28

'비개인적인 자들'은 말한다. "현명하고 인내심 강하고 초연하게 있는 것보다 더 우리에게 쉬운 일은 없다. 우리는 관용과 공감의 기름으로 함빡 젖어 있으며, 부조리할 정도로 공정하고, 모든 것을 용서한다. 이 때문에 우리는 조금 엄격해야 하며, 때때로 어떤 조그마한 욕정의 조그마한 악덕을 자기를 위해서 길러야 할 것이다. 그 결과 우리는 괴로운 일에 부닥칠지도 모르며, 우리끼리 있을 때면, 아마도 그 일로 인해 우리가 드러내 보이는 모습에 마음속으로 웃을지도 모른다. 그러나 그것이 무슨 소용이 있을까? 우리에게는 벌써 다른 종류의 자기 극복 방법은 남아 있지 않다. 이것이야말로 우리의 금욕, 우리의 속죄이다." 개인적이 되는 것은 '비개인적인 자들'의 덕목이다.

어떤 박사학위 시험에서.—"모든 고등 교육의 사명은 무엇인가?" 인간을 기계로 만드는 것이다. "그러기 위해서는 어떻게 해야 하는가?" 권태로운 것을 배워야 한다. "무엇으로 달성되는가?" 의무의 개념으로. "누가 그 모범인가?" 문헌

---

7)모차르트 오페라 《마술 피리》의 1막 3장의 대사.

8)파리의 지식계에서 주로 함께 활동했던 경제학자 페르디난도 갈리아니(1728~1787)가 작가 루이즈 데피네(1726~1783)에게 1768년 9월 18일에 보냈던 편지의 한 구절. 해당 편지에서 갈리아니는 데피네에게 자신의 원고를 돌려달라고 간청한다.

학자이다. 문헌학자는 악착스럽게 공부하는 것을 가르쳐 주기 때문이다. "적격인 사람은 누구인가?" 관리이다. "어떤 철학이 관리를 위한 최고의 공식을 제공하는가?" 칸트의 철학이다. 물자체로서의 관리가 현상으로서의 관리를 심판하기 때문이다.

30

어리석을 권리.—선량한 눈매와 느린 호흡으로 사물을 되는 대로 내버려두는 피로한 노동자. 지금 노동의(그리고 '제국'의)! 시대에서, 사회 모든 계급 속에서 만날 수 있는 이 전형적 인물은, 오늘날 예술을 독점적으로 요구하고 있다. 거기에는 책, 특히 신문과 잡지도 포함되어 있지만 아름다운 자연, 이탈리아를 요구하고 있는 것은 더 말할 필요도 없다. 파우스트가 말하는 "잠들어 있는 사나운 충동"을 지니고 있는 석양의 인간은 피서지를, 해수욕장을, 빙하를, 바이로이트를 필요로 한다. 그러한 시대에 예술은 순수한 어리석음의 권리를 지닌다. 정신, 재치, 감성을 위한 하나의 휴식으로서. 바그너는 알고 있었다. 순수한 어리석음이 재건의 힘이 된다는 사실을.

31

또 하나의 식이요법 문제.—율리우스 카이사르가 병적 상태와 두통에서 몸을 지킨 수단은 강행군, 간소한 섭생, 부단한 야영 생활, 끊임없는 고생이다. 대체로 말해서 이것이 천재라고 불리는 정묘한 기계가 최고의 압박 하에서 극단적으로 상처받기 쉬운 것에 대항하는 보전과 보호의 처치이다.

32

부도덕자는 말한다. 소망을 표현할 때의 인간보다 더 철학자의 성향에 거슬리는 것은 없다. 인간이 행동하고 있을 때만을 본다면, 예컨대 이 가장 용감하면서도 교활한, 가장 끈기 있는 동물이 미로의 곤경 속에서 헤매는 것을 본다면 인간은 철학자에게 얼마나 경탄할 만한 존재일까! 게다가 철학자를 고무시키기조차 한다. 그러나 철학자는 소망을 지닌 인간을, 바람직한 인간을 경멸한다. 그리고 대체로 인간의 모든 소망을, 모든 이상을 경멸한다. 철학자가 허무주의자라면, 그는 인간의 모든 이상의 배후에서 허무를 발견하기 때문일 것이다. 또는 아직 허무에까지 이르지 못하고 보잘것없는 것, 불합리한 것, 병적인 것, 비겁한 것, 지쳐버린 것, 그 사람이 마셔버린 잔에 남아 있는 모든 종류의 찌꺼기만을 발견하기 때문이리라. 현실에서는 존경할 만한 인간이, 소망을 지니게 되면 왜 아무런 존경할 만한 가치가 없어지는 것일까? 실재로서의 인간의 훌륭함을 속죄라도 해야 하는 걸까? 인간은 그 행위를, 모든 행위를 할 때의 두뇌와 의지의 긴장을 공상적인 부조리 속에서 이완하면서 상쇄해야만 하는가?

그 소망의 역사는 이제까지 인간의 치부였다. 이 역사를 너무 오래도록 읽는 것은 삼가야 한다. 인간의 정당성을 입증하는 것은 그 실재이다. 실재가 인간의 정당성을 영원히 입증할 것이다. 그리고 단순히 소망과 몽상과 순전히 거짓말로 이루어진, 날조된 인간에 비교하면 현실적 인간은 얼마나 많은 가치를 지녔는가? 그 어떤 이상적인 인간과 비교하더라도 말이다. 이 이상적 인간만이 철학자의 취미에 거슬리는 것이다.

33

이기심의 본래적 가치. —이기심은, 그 이기심을 지닌 자의 생리학적 가치와 똑같은 가치를 가지고 있다. 즉 그것은 매우 귀중한 것일 수도 있으며 보잘것없는 경멸할 만한 것일 수도 있다. 모든 개개인의 삶은 그들이 과연 상승선에 있는가, 하강선에 있는가를 통해 살펴볼 필요가 있다. 이것이 판단되었을 때 그 이기심의 가치에 대한 규준을 얻게 된다. 그가 상승선을 그리고 있다면, 사실 그 가치는 보통이 아니다. 그와 더불어 한 걸음 나아가는 총체적 삶에서는 말이다. 그 최상의 조건을 만들어내고 유지하기 위한 노력의 정도는 극한의 것일 수도 있다. 민중이나 철학자가 이제까지 해석했던 것과 같은 '개인'은 하나의 오류였다. 개인은 그 자신만으로는 아무것도 아니며, 원자도 아니고 '연쇄의 한 고리'도 아니며, 단순히 이전 것의 상속자도 아니다. 그는 그에게까지 이르는 인간이라는 한 연속선 자체이기까지 하다. 그가 내려가는 방향의 발전을, 쇠퇴를, 만성적인 변질을, 질병을 나타낸다면(질병은 크게 보면 이미 쇠퇴의 결과로서 나타나는 현상이며 그 원인이 아니다) 그의 가치를 인정할 수 없다. 그래서 가능한 한 그가 건전한 자들에게서 빼앗는 일이 없게끔 바라는 것은 당연하다. 그는 단순히 건전한 자들에게 붙어있는 기생충이나 다를 바가 없기 때문이다.

34

그리스도교도와 무정부주의자.─무정부주의자가 사회의 쇠퇴하는 계층의 대변인으로서, 또 아름다운 분노로서 '권리', '정의', '평등권'을 요구할 때 그는 도대체 왜 괴로움을 받고 있는가? 그에게 무엇이 결핍되어 있는가? 그때 그는 자기 삶의 고통과 결핍의 이유를 결단코 이해하지 못하는 자기의 무지라는 압력 아래에 있다. 원인을 찾으려는 충동이 그에게는 강력하다. 그래서 그가 좋지 못한 상태에 있다는 책임을 누군가에게 돌려야 한다.

또한 아름다운 분노 자체가 그에게 이미 유쾌한 일이며, 모욕을 주는 것은 모든 가련한 악마에게는 하나의 즐거움이다. 그것은 권력에 대한 어쭙잖은 도취감을 준다. 이미 불평과 호소가 삶에 하나의 자극을 줄 수 있고, 이 자극 때문에 사람은 견뎌내는 것이다. 즉 모든 불평 속에는 작은 복수심이 있으며, 사람은 자기의 좋지 못한 상태, 사정에 따라서는 자기의 나쁜 점까지도 다른 사람 탓을 하고, 마치 그 사람들이 자신과 다르다는 사실이 어떤 부정이라도 되는 것처럼, 허용되지 않은 특권을 누리기라도 한 것처럼 비난한다. "내가 천민이라면 그대 역시 그래야 한다." 이러한 논리에 근거를 두고 혁명이 일어나는 것이다.

호소는 어떠한 경우에도 소용이 없다. 그것은 나약함에서 나오기 때문이다. 자신의 불행을 다른 사람 탓으로 돌리든, 자기 탓으로 돌리든─전자는 사회주의자가 하는 짓이며, 후자는 그리스도교도가 하는 짓이다─아무런 근본적인 차이는 없다. 거기에 보이는 공통점이라면(혹은 무가치한 점이라 해도 괜찮지만), 그것은 자기가 괴로움을 당하고 있는 것이 누군가의 탓이라는 점이다. 요컨대 괴로워하는 자가 자기 괴로움에 대해서 복수라는 꿀을 처방하는 것이다. 쾌락욕으로서의 이러한 복수욕의 대상은 우연한 원인일 뿐이다. 즉 괴로운 자는 자기의 하찮은 복수심을 충족시킬 기회를 곳곳에서 발견한다. 그가 그리스도교도라면, 거듭 말하지만, 그는 그 원인을 자신 속에서 발견한다. 그리스도교도와 무정부주의자, 이들은 다 퇴폐적이다. 그리고 그리스도교도가 이 세상을 단죄하고 비방하고 더럽힐 때도, 그것은 사회주의 노동자가 사회를 단죄하고 비방하고 더럽히는 것과 똑같은 본능에서 나온다. 즉 '최후의 심판'조차 역시 복수심의 달콤한 위안이며, 사회주의 노동자도 기대하고 있는 혁명을 좀 멀리 생각한 것에 불과하다. 게다가 '저 너머'라는 것도, 이 세상을 더럽히기 위한 수단이 아니라고 한다면 무엇을 위한 저편일까?

35

퇴폐적인 도덕에 대한 비판.—'이타주의적' 도덕, 또는 이기심을 침해하는 도덕은 어떠한 사정이 있더라도 나쁜 징조임에는 변함없다. 이것은 개인에게도 마찬가지이고, 특히 민족에게 더 그렇다. 이기심이 결여되기 시작한다는 것은 가장 훌륭한 것이 결핍되어 있는 것이다. 자기에게 해로운 것을 본능적으로 선택한다는 것, '이해관계가 없는' 동기에 의해 유혹되는 것은 거의 퇴폐 성향을 나타내는 공식이나 마찬가지다. "자기 이익을 구하지 않는다." 이것은 "나는 더 이상 내 이익을 발견할 줄 모른다"고 하는 아주 다른, 즉 생리학적인 사실성을 숨기는 도덕적인 덮개에 불과하다. 본능의 해체! 이타적으로 되면, 인간은 끝장나는 것이다. "나는 이제 아무런 가치도 없다"고 소박하게 말하는 대신에 도덕은 퇴폐주의자의 입을 빌려 이런 거짓말을 한다. "가치가 있는 것은 아무것도 없다. 삶은 아무런 가치가 없다." 그러한 판단은 결국 하나의 커다란 위험이 되어 여기저기로 전염된다. 그것은 곧 사회의 병적인 토양 위에 때로는 종교(그리스도교)로서, 때로는 철학(쇼펜하우어 정신)으로서 개념의 열대식물이 되어 무성하게 자라난다. 경우에 따라서는 부패에서 자라난 그러한 유해 식물이 그 유독한 냄새로 멀리 수천 년 앞의 삶에까지 해를 끼친다.

36

의사들을 위한 도덕.—병자는 사회의 기생충이다. 어떤 상태에서는 오래 사는 것이 무례한 일이다. 삶의 의미와 삶에 대한 권리를 잃어버린 뒤에 의사의 치료에 비겁하게 의지하여 무료하게 목숨을 연명한다면, 사회로부터 커다란 경멸을 받아 마땅하다. 의사 또한 이 경멸의 매개자여야 하리라. 그 환자에게 처방을 내릴 것이 아니라, 날마다 새로운 구역질을 느껴야 할 것이다. 위로 오르는 최고의 삶이 퇴락해 가는 삶을 가장 가차 없이 밀쳐내고 제거하도록 요구하는 모든 경우를 위해—예를 들면 생식의 권리를 위해, 태어날 권리를 위해, 살아갈 권리를 위해—의사에게 새로운 책임을 지워야 한다. 더 이상 자랑스럽게 살 수 없을 때 자랑스럽게 죽는 것. 스스로 선택한 죽음, 맑은 정신으로 즐겁게 자식들과 다른 이들에 둘러싸여 이루어진 적당한 시기의 죽음, 그리하여 죽어가는 사람이 아직 진정한 의미로 그곳에 존재할 때 진정한 이별을 고하는 것, 자신이 성취했고 의지를 가지고 행했던 것에 대한 진정한 평가가 이루어지고, 그리하여 인생의 총계를 헤아리는 것이 가능한 죽음—이 모든 것은 그리스도가 임종 때 보여준 가련하고 전율할 만한 희극과는 반대의 것이다.

그리스도교가 죽어가는 사람의 나약함을 악용하여 양심을 짓밟아 왔다는 것, 인간과 과거에 대해 가치판단을 내리기 위해 그리스도교가 죽음의 방식 자체를 악용해 왔다는 것을 우리는 결코 잊어서는 안 된다! 여기서 중요한 것은 편견이라는 모든 비겁에 맞서서 이른바 자연적인 죽음에 대한 정확한, 즉 생리학적 평가를 회복시키는 일이다. 따지고 보면 자연사도 결국은 '부자연사' 가운데 하나인 자살에 불과하다. 사람이란 자신 말고는, 결코 누구에게도 파멸되는 일이 없다. 그렇다면 자연사는 단지 가장 경멸할 만한 조건 아래서의 죽음이며, 부자유스러운 죽음, 잘못된 때에 닥친 죽음, 비겁자의 죽음이다. 사람은 삶에 대한 사랑에서 비롯된, 조금 다른 방식의 죽음을 바라야 할 것이다. 자유롭고 의식적이며 우연적이지 않고, 기습적이지 않은 죽음을 바라야 하리라.

마지막으로 염세주의자나 퇴폐주의자 여러분에게 충고 하나를 하련다. 우리는 태어나는 것을 우리 마음대로 막을 수 없다. 그러나 때때로 하나의 잘못을—태어나는 것은 때때로 하나의 잘못이기에—돌이킬 수는 있다. 자기를 제거한다면 사람은 가능한 일 중에 가장 존경할 만한 일을 하는 것이다. 그 일로 사람은 살 만한 가치를 얻었다고 할 정도이다. 사회는, 아니 삶은 그 일로 체념이라든가, 빈혈이라든가 그 밖의 미덕을 지닌 어떤 '삶'에서보다 훨씬 많은 이익을 얻는다. 다른 사람에게 그를 보는 괴로움을 덜게 하며, 삶을 하나의 어려움에서 해방시키는 셈이다. 순수하고 풋풋한 염세주의는 염세주의자 여러분의 자기 반박에 의해 비로소 자기를 증명한다.

사람은 쇼펜하우어처럼, '의지'와 '표상'으로서 삶을 부정할 뿐만 아니라 자기 논리를 한 걸음 더 전진시켜야 한다. 우선 쇼펜하우어부터 부정해야 한다. 말이 나온 김에 덧붙이자면 염세주의는 매우 전염되기 쉬우나, 그럼에도 한 시대나 인류라는 종 전체의 병적 상태를 증대시키지는 않는다. 염세주의가 이미 이 병적 상태의 표현이기 때문이다. 사람은 콜레라에 걸리듯이 그것에 걸린다. 즉 체질이 이미 염세주의에 걸릴 만한 상태였던 것임에 틀림없다. 염세주의 자체는 퇴폐주의자를 단 한 사람도 더 늘리지 않는다. 콜레라가 창궐했던 해의 사망자 총수가 다른 해의 사망자 수와 별 차이가 없다는 통계 결과를 나는 떠올려 본다.

37

과연 우리는 더 도덕적으로 변했는가?—예상된 바였지만, 다들 알다시피 독일에서는 도덕 자체로서 통용되는 도덕적 어리석음의 모든 야만성이 '선악을 넘어서'라는 나의 개념에 맞서고 있다. 그래서 나는 그것에 대한 몇 가지 재미나는 이야기를 해야겠다. 특히 나는 도덕적인 판단의 영역에서 현대가 점하고 있는 '부정하기 어려운 우월성', 우리의 진정한 진보에 관해 숙고하라는 지적을 받았다. 우리와 비교하면 체사레 보르자와 같은 인물은, 결코 내가 말하는 것과 같은 '더 높은 인간'으로, 어떤 초인으로 떠받들 수는 없다. 〈분트(Bnud)〉의 편집자인 한 스위스 사람[9]은, 그와 같은 대담한 일을 하는 내 용기에 대해서 경의를 표하지 않았던 것은 아니지만, 내가 모든 얌전한 감정의 추방을 제안하고 있다면서, 내 저서의 의미를 '이해하고' 있다고 자처하기까지 했다. 참으로 고마운 일이다. 그 대답으로서 나는 우리가 과연 정말 도덕적으로 더 성장했는가 하는 물음을 던져본다. 온 세계가 그렇게 믿고 있다는 것이 이미 이 일에 대한 하나의 반론이다.

우리 현대인은 매우 부드럽고 상처받기 쉬우며 온갖 배려를 주고받는다. 그러면서 우리가 나타내고 있는 이 유약한 인간성, 관용이라든가 친절이라든가 상호 신뢰로 이루어 낸 일치가 바로 하나의 적극적인 진보이며, 이것으로 우리는 르네상스의 인간보다 훨씬 낮다고 자부하고 있다. 그러나 모든 시대가 그렇게 생각하며, 그렇게 생각할 수밖에 없다. 물론 우리는 르네상스의 상태에 몸을 두는 것은 확실히 생각할 수조차 없다. 우리의 근육은 말할 것도 없거니와 우

---

9) 1886년에 요제프 빅토르 비트만이 《선악을 넘어서》를 니체의 '위험한 책'이라고 소개한 일.

리 신경은 르네상스의 현실을 도저히 견딜 수 없을 것이다. 하지만 이렇게 무능력으로 증명되는 것은 진보가 아니라 달라지고 더 늦게 발현된 체질, 더 유약하고 더욱 상처받기 쉬운 체질일 뿐이며, 거기에서 필연적으로 배려로 넘치는 도덕이 태어난다. 그런데 우리의 부드러움과 늦음, 생리적 노화를 빼고 생각한다면, 우리의 '인간화'라는 도덕도 바로 그 가치를 잃게 될 것이고—어떠한 도덕도 그 자체로 가치를 지니지 않는다—심지어는 모욕의 근거가 될 것이다. 한편 돌멩이 하나에도 부딪히고 싶지 않아 인간미라는 솜옷을 잔뜩 껴 입은 우리가 체사레 보르자의 동시대인에게는 하나의 포복절도할 희극을 제공한 셈이라는 것을 의심치 않는다. 사실 현대적 '덕' 때문에 우리는 뜻하지 않게 몹시 익살스러운 모습이 되어 있다.

적대감과 의혹을 품을 줄 아는 본능의 감퇴는—우리의 '진보'라는 게 결국 그것인데—활력의 전반적 감퇴에서 생기는 결과들 가운데 하나를 나타낼 뿐이다. 이처럼 제약되고 이처럼 늦은 생존을 유지하기 위해서는 백배나 많이 수고하고 조심할 필요가 있다. 그때 사람들은 서로 돕고, 누구나 어느 정도까지는 병자이며, 또한 누구나 간호사이다. 이것이 '덕'으로 불린다. 삶을 다른 식으로 더욱 풍요하게, 더욱 낭비적으로, 더욱 넘칠 정도로 알고 있었던 인간들 사이에서는, 그것이 다른 이름으로, 아마도 '비겁'으로, '비참'으로, '노파의 도덕'으로 불렸을 것이다.

우리 풍속의 유약화는—이것이야말로 나의 명제이자 나의 혁신이지만—쇠퇴의 한 결과이다. 풍속의 엄격성이나 처절함은 그 반대로 과잉의 결과이다. 그때에는 많은 것이 감행되고 많은 것이 요구되며, 많은 것이 탕진되어도 아무렇지도 않았다. 예전에는 삶의 조미료였던 것이 이제는 우리에게 독이 될 것이다.

무관심—이것 또한 강함의 한 형식이지만—하기 위해서는 우리는 너무 늙었으며, 너무나도 늦었다. 내가 맨 처음 경고한 우리 연민의 도덕, 도덕적 인상주의라고도 불릴 수 있을 만한 것은 오히려 모든 퇴폐적인 것의 특유한 생리학적 과민의 한 표현일 것이다. 쇼펜하우어의 연민의 도덕으로서, 마치 학문적으로 보이려고 했던 저 운동은—참으로 불행한 시도!—도덕 면에서 본래적인 퇴폐주의 운동이며 그러한 것으로서 그리스도교적 도덕과 깊은 혈연관계에 있다. 강한 시대, 고귀한 문화는 연민 속에, '이웃에 대한 사랑' 속에, 자기와 자기 감정의 결핍 속에 무엇인가 경멸할 만한 것이 있음을 본다. 각 시대는 그 적극적인 힘에 따라 측정되어야 할 것이다. 그 경우 르네상스라는 그처럼 낭비적이고 너무나도 운명적인 시대는 최후의 위대한 시대였음이 분명해지며, 또한 우리 현대인은 소심한 자기 염려와 이웃에 대한 사랑으로서 또 노동과 합법성과 과학성이라는 덕으로서—수집적이며, 경제적이고, 기계적이며—약한 시대였음이 분명해진다. 우리의 여러 덕은 제약된 것이며 우리의 나약함에서 생겨난 것이다.

'평등'은 '평등권'의 이론 속에 표현되고 있는 것에 불과한 어떤 종류의 사실상의 유사화이며, 본질적으로 쇠퇴에 속한다. 그러나 인간과 인간의, 신분과 신분과의 사이에 갈라진 틈, 전형의 다양성, 자기를 눈에 띄게 하려는 의지—내가 **거리의 파토스**라고 부르는 것이야말로 모든 강한 시대에 고유한 것이다. 두 극단 사이의 긴장과 간격은 오늘날에는 더욱 죄어져 간다. 두 극단 그 자체가 사라져, 마침내는 유사한 것이 되었다. 모든 우리의 정치 이론 및 헌법은 쇠퇴의 결과이며, 그 필연적 귀결이다. '독일 제국'도 예외가 아니다. 퇴폐주의의 무의식적인 영향이 개개 과학의 이상 속에까지 들어가 지배적이 되었다.

영국 및 프랑스에서의 모든 사회학에 대한 나의 반론은 역시 그 나라는 사회의 쇠퇴상만을 경험해서 알 뿐이며, 천연스럽게 자신의 쇠퇴 본능을 사회학적 가치판단의 규범으로 보고 있다는 것이다. 쇠퇴해 가는 삶은 조직화한다. 다시 말하면 분리한다. 틈을 벌린다. 위아래의 질서를 주는 힘의 감퇴가 오늘날 사회학 속에 정식화되어 이상이 되었다. 우리 사회주의자는 퇴폐주의자이지만, 허버트 스펜서 또한 퇴폐주의자이다. 그는 어떤 소망할 만한 이타주의적 승리를 보고 있는 것이다!

38

나의 자유에 대한 개념.—어떤 일의 가치는 때로 그 일을 이루는 데에 있는 것이 아니라, 그 일을 위해 지불하거나 소비하는 것에 있다. 하나의 실례를 들어 보자. 자유주의적 제도는 자유가 이룩되자마자 자유주의적이기를 멈춘다. 나중에 이르러 보면, 자유주의적 제도보다 더 심술궂은 철저한 자유의 방해자도 없다. 이 제도가 어떤 결과를 가져오는가는 잘 알려져 있다. 그것은 권력에의 의지를 위태롭게 하며, 산이나 골짜기를 평준화하여 도덕으로 높인 것이다. 사람들을 왜소하고 비겁하게 만들고 향락을 좋게 한다. 그것으로서 승리를 거두는 것은 언제나 무리 동물이다. 자유주의, 이것을 다른 말로 하면 무리 동물화(化)이다.

이같은 제도도 자유를 얻기 위해서 싸우고 있는 동안에는 아주 다른 결과를 낳는다. 사실 그때는 이 제도가 강력한 방식으로 자유를 촉진한다. 더욱 정밀하게 관찰하면, 이러한 작용을 낳는 것은 싸움이다. 자유주의적 제도를 얻기 위한 싸움이면서, 비자유주의적 본능을 지속시키는 싸움이다. 그리고 이 싸움이 자유를 지향하도록 가르친다. 도대체 자유란 무엇일까? 자기 책임에의 의지를 지니는 것이다. 사람이 서로를 떼어놓는 거리를 확고하게 지키는 것이다. 고난, 역경, 궁핍에 대해서, 삶에 대해서까지 한층 무관심해지는 것이다. 자기 문제를 위해서 자신까지 포함해 사람들을 희생시킬 마음이 있는 것이다. 자유란 남성적인 본능, 싸움과 승리를 즐기는 본능이 다른 본능, 예를 들면 '행복'의 본능을 지배하는 것을 뜻한다. 자유로운 인간은(자유로운 정신은 더 말할 나위도 없지만) 작은 상인, 그리스도교도, 암소, 부녀자, 영국인, 그 밖에 민주주의자가 꿈꾸는 경멸할 만한 안일함을 짓밟는다. 자유로운 인간은 전사(戰士)이다.

민족의 자유도 그렇고 개개인의 자유는 무엇으로 재는가? 극복해야 할 저항으로 잰다. 그리고 높은 위치를 유지하기 위해서 필요한 노력으로 잰다. 자유로운 인간의 최고 전형은 최고의 저항이 부단히 극복되는 곳, 즉 폭군의 횡포에서 다섯 걸음 떨어진 곳, 예속의 위험 곁에서 찾아야 할 것이다. 여기서 '폭군'이 최대한의 권위와 규율을 자기에게 요구하는, 가차 없는 무서운 본능으로 해석된다면 이 일은 심리학적으로 진실하며—가장 아름다운 전형은 율리우스 카이사르이다—또한 정치적으로도 진실하다. 확인해 보고자 하는 사람들은 역사를 들추어 봄이 좋으리라. 가치 있었던 것을 갖게 된 민족은 결코 자유주의적 제도 아래서 그렇게 된 것은 아니다. 즉 그들을 존경할 만한 무엇으로 만든 것은 커다란 위험이다. 우리의 방책과 우리의 덕을, 우리의 방어와 무기, 우리의 정신을 비로소 우리에게 알려주는 것, 즉 우리를 강해지도록 몰아붙이는 것은 위험이다. 여기서 도출할 수 있는 첫 번째 원칙은, 사람은 강해질 필요를 느껴야 하며, 그렇지 않으면 결코 강해지지 않는다.

강한 인간을 위한, 이제까지 있을 수 있었던 가장 강한 종류의 인간을 위한 저 커다란 온실, 로마나 베네치아식의 귀족주의적 공동체는 내가 자유라는 말을 해석하는 것과 엄밀하게 같은 의미로 자유를 해석했다. 그 해석은 이렇다. 사람이 소유하면서도 소유하지 않는 것, 사람이 원하면 쟁취할 수 있는 어떤 것, 이것이 자유이다.

39

근대성 비판.—우리의 제도는 더 이상 아무런 소용도 없다. 이 점에 관해서는 일반적으로 의견이 일치하고 있다. 그러나 그것은 제도의 책임이 아니라 우리의 책임이다. 제도를 낳게 한 근원인 모든 본능이 우리에게서 사라져 버린 뒤에는 우리도 모든 제도를 잃는다. 우리가 벌써 제도에 아무런 쓸모가 없기 때문이다. 민주주의는 어느 시대에나 조직화하는 힘이 쇠퇴하는 형식이었다. 나는 이미 《인간적인 너무나 인간적인》 1권에서 근대적 민주정치를 '독일 제국'과 같은 어중간한 형태와 더불어 국가의 쇠퇴 형식으로 특징지은 바 있다. 제도가 있기 위해서는 악의에 가까울 정도로 반자유주의적인 어떤 의지, 본능, 명령이 있어야만 한다. 즉 전통과 권위에 대한, 앞으로 수천 년간의 책임에 대한, 미래로나 과거로나 무한히 이어지는 세대의 연대성에 대한 의지가 있어야만 한다. 이 의지가 현존하고 있다면 로마 제국과 같거나, 오늘날 지속성을 지니고 있으며, 기다릴 만한 어떤 것을 여전히 약속할 수 있는 유일한 강국인 러시아와 같은 나라가 건설되는 것이다. 러시아야말로 독일 제국의 건설과 더불어 위험 상태 속에 들어간, 가련한 유럽의 소국 분립과 신경쇠약의 반대 개념이다.

유럽은 제도를 낳고 미래를 낳는 본능을 이미 잃어버렸다. 이것만큼 그 '근대적 정신'의 결과 어긋나는 것도 없으리라. 오늘을 위해서 살고 매우 신속하게 살며 아주 무책임하게 산다는 것, 이것이야말로 '자유'라고 불린다. 제도를 제도로 만드는 것이 경멸당하고 증오받으며 거부당한다. 즉 사람은 '권위'라는 말이 들리기만 해도, 자기가 새로운 노예 상태의 위험 속에 있다고 믿는 것이다. 가치 본능 속 퇴보적 경향이 우리 정치가와 정당에게 그 정도로까지 진행되고 있다. 그래서 그들은 해체시키는 것, 종말을 촉진시키는 것을 본능적으로 선택한다.

그 증거가 근대의 결혼이다. 오늘날 결혼에서는 모든 합리성이 명백히 사라졌다. 이것은 결혼에 대한 반론이 아니라 근대성에 대한 반론이다. 결혼의 합리성의 근거는 결혼할 때 남성만이 법률적 책임을 진다는 데 있었다. 그로 인해 결혼은 무게 중심을 가지고 있었다. 그러나 오늘날 결혼은 두 다리를 모두 절름거리게 되었다. 결혼의 합리성은 이별할 수 없다는 원칙에서 비롯되었다. 이 원칙으로 결혼은 감정, 정열, 순간의 우연에 맞서서도 들릴 수 있는 어조를 가졌던 것이다. 합리성을 가능케 한 또 한 가지는 배우자의 선택에 대해서 가족이 책임을 지는 것이었다. 사람들이 연애결혼에 더욱 관대해지면서 결혼의 기초가, 즉 결혼을 하나의 제도로 만드는 것이 없어졌다.

제도라는 것은 어떤 특이한 성질 위에 세워지는 일은 절대로 없다. 앞서 말했듯이 결혼의 기초는 '사랑'에 있는 것이 아니라 성욕, 소유욕(소유물로서의 아내와 아들딸), 지배욕에 있다. 이 지배욕이 가족이라는 최소 지배 형태를 끊임없이 조직화한다. 그리고 권리, 영향력, 부 등을 생리학적으로도 확보하기 위해 오랜 과제, 바로 몇백 년 간의 본능의 연대를 준비하기 위해서 자식과 후계자를 필요로 한다. 제도로서의 결혼은 가장 지속성 있는 조직 형식에 대한 긍정을 이미 그 자체 속에 포함한다. 그러므로 사회가 전체로서 가장 먼 세대의 끝에 이르기까지 자기를 보증할 수 없다면, 결혼은 사실 아무런 의미가 없다. 근대적 결혼은 그 의미를 잃었으며, 따라서 사람들은 그것을 폐지하고 있다.

40

노동 문제. ─근본적으로 오늘날 모든 어리석음의 원인인 본능의 타락은 노동 문제가 존재한다는 점에 있다. 어떤 사안들은 문제 삼지 않는 것, 이것이 본능의 첫 번째 명령이다. 사람들이 유럽의 노동자를 문제로 삼기 시작해서 그들에 대해 도대체 뭘 어떻게 하고 싶은 것인지 나는 전혀 예상이 안 된다.

유럽의 노동자는 너무나도 좋은 위치를 점하고 있기 때문에, 점점 더 많은 일에, 그것도 더 뻔뻔한 태도로, 요구하는 것이 늘어난다. 결국 대다수를 자기 편으로 가지고 있으니 주저할 게 없는 입장이다. 여기서 겸손하고 자족적인 부류의 인간, 중국인 유형이 하나의 신분을 형성할 희망은 완전히 사라졌다. 그렇게 되는 것이 사리에 맞는 일이고, 사실상 필연적인 일이었을 텐데도 말이다. 그런데 사람들은 무슨 일을 저질렀는가? 그것을 위한 전제를 싹부터 없애는 데 온갖 노력을 다했다. 노동자라는 것을 신분으로 가능하게 하는, 자기 자신을 가능하게 하는 본능을, 가장 무책임한 무분별함으로 철저하게 짓밟아 버렸다. 노동자에게 병역 능력을 주었으며, 단결권과 참정권을 주었다.

이런 마당에 노동자가 오늘날 그 생존을 이미 위급 상태로—도덕적으로 말하면 부당하다고—느끼고 있다는 점에 무슨 이상할 것이 있단 말인가? 그러나 사람들은 무엇을 원하고 있는가? 이것이 문제이다. 어떤 목적을 바란다면 그 수단도 함께 원해야 한다. 즉 노예를 바란다면서 노예를 교육시켜 주인이 되게 하는 것은 바보짓인 셈이다.

41

'내가 뜻하지 않는 자유.'[10]—오늘날과 같은 시대에 자기를 본능에 맡기는 것은 또 하나의 재앙이다. 이들의 본능은 서로 모순되며, 서로 방해하고, 서로 파괴한다. 나는 근대성을 이미 생리학적 자기모순이라고 정의했다. 이치에 맞는 교육은 이들 본능 체계 가운데 하나가 힘을 얻고 강해져 주인이 될 수 있도록 강철과 같은 압력을 받아 적어도 다른 체계 하나는 마비되기를 바랄 것이다. 오늘날은 개인을 가지 쳐냄으로써만 비로소 개인이 가능해질 것이다. 여기서 가능이란 바로 온전함을 뜻한다. 그런데 막상 벌어지는 일은 반대의 결과다. 즉 고삐를 아무리 강하게 잡아당겨도 끄떡없는 자들이 독립과 자유로운 발전과 방임을 가장 열렬하게 요구하고 있다. 이 일은 정치에도 적용되며, 예술에도 적용된다. 그러나 이것은 퇴폐주의의 징조이다. 즉 '자유'라는 우리의 근대적 개념은 본능의 퇴화에 관한 또 하나의 증명이다.

42

신앙이 필요한 경우.—도덕가나 성자들 사이에 성실보다 더 희귀한 것은 없다. 아마도 그들은 이것과 정반대의 말을 할 것이며, 아마도 심지어 그 말을 믿고 있기조차 할 것이다. 즉 신앙이 만일 의식적인 위선보다 더 유익하고 유효하며 설득력이 있다면, 위선은 본능적으로 곧바로 결백함이 된다. 이것이 위대한

---

10)막스 폰 셴켄도르프의 시 〈자유〉(1813) 1행에 나온 '내가 뜻한 자유'라는 표현을 비튼 것.

성자를 이해하기 위한 첫 번째 명제이다. 성자의 다른 부류인 철학자들에게도, 그들의 일 전체에 있어 핵심적인 것은, 오로지 특정한 진리—바로 그들의 일이 공적인 승인을 받을 수 있게 해주는 진리—만을 허용하는 것이다. 칸트식으로 말하면 실천이성의 진리이다. 그들은 자신이 무엇을 증명해야 하는가를 알고 있으며, 이 점에서 그들은 실천적이다. 그들은 '진리'에 대해서 합의하고 있다는 점에서 서로를 알아보는 것이다. "그대는 거짓말을 하지 말라." 다른 말로 하면, 나의 철학자여, 진리를 말하지 않게끔 조심하라.

43

보수주의자들에게 속삭이는 말.—사람들이 이전에는 알지 못했으나 오늘날에는 알고 있고, 알 법한 일인데, 퇴화라는 것, 즉 어떤 의미와 정도에서든 역전(逆轉)이라는 것은 전혀 불가능하다. 적어도 우리 생리학자는 이 점을 알고 있다. 그러나 모든 목사나 도덕가는 그것이 가능하다고 믿어왔다. 그들은 인류를 지난날 덕의 기준으로 되돌려놓고, 되감아놓고 싶어 했다. 도덕은 늘 프로크루스테스[11]의 침대였다. 정치가마저 이 점에서는 덕의 설교자 흉내를 냈다. 오늘도 모든 사물의 후퇴를 목표로 꿈꾸고 있는 정당이 있다. 하지만 마음 내킨다고 누구나 거꾸로 가는 게가 될 수 있는 것은 아니다. 소용없는 일이다. 사람은 앞으로 나아갈 수밖에 없다. 즉 한 걸음 한 걸음 퇴폐주의 속으로 깊이 빠져들 수밖에 없다(이것이 근대적 '진보'에 대한 나의 정의이다). 사람은 이 발전을 저지하고, 이렇게 저지함으로써 퇴화 자체를 막고 모아 그 양을 증가시키고, 한층 격렬하고 돌발적인 것으로 만들 수는 있지만 그 이상은 할 수 없다.

44

나의 천재 개념.—위대한 인물은 위대한 시대와 똑같이, 그 속에 엄청난 힘이 쌓여 있는 폭발물이다. 그들의 전제 조건은 늘 역사학적으로도, 생리학적으로도 오랫동안 수집, 축적, 절약, 보존이 이루어졌다는 것, 즉 오랫동안 아무런

---

11)그리스 신화에 등장하는 도적이자 연쇄살인범으로, 지나가는 나그네를 극진히 대접하며 잠자리를 제공했지만, 실은 그들이 침대보다 크거나 작으면 침대에 맞춰 목이나 다리를 자르든가 몸을 늘리는 방법으로 사람을 살해했다.

폭발도 일어나지 않았다는 것이다. 만약 그 축적된 덩어리의 긴장이 지나치게 커져버리면, 가장 우연한 자극으로도 '천재', '행위', 위대한 운명을 충분히 세상 속에 불러낼 수 있다. 그런 때에 환경, 시대, '시대정신', '여론'이 무슨 관계가 있단 말인가!

나폴레옹의 경우를 보라. 혁명 중인 프랑스뿐만 아니라 혁명 전의 프랑스에서는 나폴레옹의 전형과는 정반대 전형이 생겨났을지도 모르며, 사실 그랬다. 그러나 나폴레옹은 별종이었으며, 프랑스에서 한낱 구름과 안개처럼 흩어진 문명보다 더 강하고 길고 오래된 문명의 상속자였기 때문에 그는 여기서 지배자가 되었다. 그만이 유일한 지배자였던 것이다. 위대한 인간의 출현은 필연적이다. 하지만 그들이 나타나는 시대는 우연적이다. 그들이 거의 항상 그 시대의 지배자가 된 이유는 그들이 더 강하고, 더욱 오래되었으며, 더 긴 시간 동안 힘을 모아왔기 때문이다. 천재와 그 시대 사이에는 강함과 약함, 그리고 늙음과 젊음 사이와 똑같은 관계가 성립되어 있다. 즉 시대는 상대적으로는 훨씬 젊고, 얄팍하고, 미숙하고 불안정하며, 유치하다.

이 점에 관해서 프랑스에서는 오늘날 매우 색다른 생각을 하고 있다(독일에서도 그렇지만 이것은 중요한 일이 아니다). 프랑스에서는 신경증 환자의 이론인 환경설이 신성불가침한 것, 거의 과학적인 것이 되어 생리학자들 가운데서도 그것을 믿는 사람들이 생겼다. 이것은 '고약한 냄새'가 나며, 사람에게 슬픈 생각을 불러일으킨다. 영국에서라고 다르게 이해되고 있는 것은 아니지만, 그래도 이 점에 대해서 슬퍼하는 사람은 아무도 없다. 영국 사람에게는 천재나 '위대한 인물'과 타협하는 길은 단 두 가지만 열려 있다. 즉 버클식의 민주주의적 방식을 취하든가, 칼라일식의 종교적 방식을 취하든가이다.

위대한 인간이나 시대 속에 숨어 있는 위험은 남다르다. 모든 종류의 소모와 불모가 그들의 발뒤꿈치를 따라다닌다. 위대한 인간은 하나의 종말이다. 위대한 시대, 예를 들면 르네상스는 하나의 종말이다. 천재는 작품에서나 행위에서나 필연적으로 낭비가이다. 자기를 탕진하는 것이야말로 그의 위대성이다. 자기보존의 본능은, 말하자면 제거되어 있다. 흘러넘치는 힘의 강력한 압력이 그에게 그러한 보호나 조심을 금지하는 것이다. 사람들은 그것을 '자기희생'이라고 부른다.

사람들은 이 점에서 그 '영웅주의'를, 자신의 복지에 대한 그 무관심을, 이념과 위대한 대의와 조국을 위한 그 헌신을 찬양하지만 모든 것이 오해이다. 그는 흐른다. 그는 넘쳐흐른다. 그는 자기를 소진한다. 그는 자기를 아끼지 않는다. ─마치 그것이 숙명인 양. 강물이 아무런 생각 없이 둑을 넘는 것처럼 아무런 생각 없이 그렇게 한다. 그러나 그러한 폭발적 인물들에게 많은 것을 신세지고 있기 때문에 사람들은 그들에게 많은 답례, 예를 들면 어떤 고차원적인 도덕을 선사했던 것이다. 이것이야말로 인간적인 감사의 방식이다. 즉 자신의 은인을 오해하는 것이다.

45

범죄자 및 그와 관련된 것.─범죄자라는 유형은 형편이 좋지 않은 조건 아래 놓인 강한 인간의 유형이며, 병이 들어버린 강한 인간이다. 그에게는 황무지가 결여되어 있다. 즉 좀더 자유롭고 위험한 본성이나 야생적인 생존 형식이 결여되어 있다. 강한 인간의 본능에서 공격과 방어의 모든 본능을 정당하게 만들어 주는 것들이 결여되어 있다. 범죄자의 여러 덕은 사회로부터 외면당했다. 범죄자가 지닌 생생한 충동은 억압하는 욕정과 의심, 공포, 치욕 등과 바로 얽힌다. 그러나 이것은 거의 생리학적 퇴화를 촉진하는 처방이다. 자신이 가장 잘할 수 있는 그리고 가장 하고 싶은 일을, 은밀히 오랫동안 긴장하고 조심하면서 교활하게 해야만 하는 자는 빈혈증을 앓는다. 그리고 그는 그 본능에서는 늘 위험, 박해, 재앙만을 거두어들이기 때문에 그의 감정까지도 이 본능들을 멀리한다. 그는 이 본능들을 숙명적인 것으로 느낀다. 사회, 평범하게 길들여진 거세된 우리 사회에서는 산속에서, 또는 바다의 모험에서 오는 야생 인간은 필연적으로 범죄자로 변질된다. 또는 거의 필연적으로라고 말해야 할지도 모른다. 왜냐하면 그러한 인간은 사회보다 자기가 강함을 입증하기 때문이다. 그 유명한 예로 코르시카 사람 나폴레옹을 들 수 있다.

이 문제에서는 도스토옙스키의 증언이 중요하다. 도스토옙스키야말로 내가 무엇인가를 배운 유일한 심리학자이다. 그는 나의 생애에서 스탕달을 발견했을 때보다도 훨씬 아름다운 행운에 속한다. 천박한 독일 사람을 경멸하는 권리를 열 배나 지니고 있었던 이 심오한 인간은, 오랫동안 생활을 같이한 시베리아의 죄수들, 이제는 사회로 돌아올 수 있는 길이 없는 진정한 중범죄자들을 자신이 생각했던 것과는 아주 다르게 느꼈다. 나는 대체로 그가 러시아 땅에서 가장 훌륭하고 견고한, 또 가장 가치 있는 나무로 만들어진 인간이라고 느꼈다.

범죄자의 경우를 일반화해 보자. 즉 어떠한 이유에서 공적인 동의를 얻지 못하고, 자기가 유익한 것으로 또 유용한 것으로 느껴지지 않는다는 사실을 알고 있는 또 인정하고 있는 본성을 생각해 보자. 사람을 동등한 것으로 보지 않는다는 저 찬달라 감정을 떠올려 보자. 그러한 모든 본성은 사상에나 행위에 지하적인 색채를 띠고 있다. 그러한 본성에서는 모든 것이, 그 생존 위에 햇빛이 비치고 있는 자들의 것보다도 한층 창백하다. 그러나 오늘날 우리가 특별히 다루고 있는 거의 모든 생존 형식은, 즉 과학자, 예술가, 천재, 자유정신, 배우, 상인, 위대한 발견자는 이전에는 이와 같은 무덤의 공기 아래서 살아왔던 것이다 성직자가 최고 유형으로 여겨졌던 시대에는 모든 가치 있는 인간 유형이 무가치화되었었다. 성직자가 가장 낮은 유형으로, 우리의 찬달라로서 가장 거짓말쟁이이며, 무례한 부류의 인간으로 여겨지는 시대—나는 그 일을 약속하지만— 그러한 시대가 온다.

나는 지금도 일찍이 지상에서—적어도 유럽에서 지배했던 가장 온유한 관습의 지배 아래서도 모든 일탈적이고 너무도 길며 이상하고 불투명한 생존 형식인 범죄자가 완성시킨 저 유형에 접근할 수 있다는 것에 주의를 기울인다. 정신의 모든 혁신자는, 한때는 찬달라라는 희미한 빛깔의 숙명적인 낙인을 그 이마에 찍고 다닌다. 그들이 그러한 것으로 느꼈기 때문이 아니라 관례적이고 평판 좋은 것에서 그들을 갈라놓는 무서운 틈바구니를 느끼고 있기 때문이다. 거의 모든 천재는 '카틸리나적 생존' 방식을 자신의 발전 단계 가운데 하나로 본다. 이미 존재하고 있으며 변하지 않는 모든 것에 대한 증오와 복수와 반역의 감정을. 카틸리나—모든 황제의 앞선 존재 형식.

46

여기서는 전망이 자유롭다.[12]—철학자가 입을 다무는 이유는 영혼이 드높

---

12)괴테 《파우스트》, 2부 마지막 장면.

은 탓일지도 모른다. 철학자가 모순된다면 그것은 사랑 때문일지도 모른다. 거짓말하는 것이 인식자의 예의일 수도 있다. 사람들의 마음이 섬세하지 않아서 "자기가 느끼는 괴로움을 털어놓는 것은 위대한 마음에 어울리지 않는 일"이라고 말한 것이 아니다. 다만 여기에 가장 가치 없는 것을 두려워하지 않는 것도 영혼의 위대함이 될 수 있다는 점을 덧붙일 필요가 있다. 사랑을 하는 여자는 자기 명예를 희생한다. '사랑하는' 인식자는 아마도 자기 인간성을 희생할 것이다. 사랑을 했던 신은 유대인이 되었다.

47

아름다움은 우연이 아니다.—한 종족이나 한 가족의 아름다움, 모든 태도에 나타나는 그 우아함과 품위 또한 노력해서 얻는 것이다. 즉 그것은 천재와 똑같이 몇 세대 동안의 수고가 축적된 성과이다. 훌륭한 취향을 위해서는 커다란 희생을 바쳐왔을 게 틀림없고, 그것을 위해서 많은 일이 행해지는가 하면, 또 많은 일이 대수롭지 않게 여겨져 방치되었을 것이다. 17세기 프랑스는 이 두 가지 면에서 경탄할 만하다. 그 세기에는 사교활동, 토지, 의상, 성적 만족을 위해서 하나의 선택 원리가 있었음에 분명하며, 이익, 습관, 의견, 나태보다도 아름다움이 선택되었음에 틀림없다. 최상위의 규준은 자기 앞에서까지도 자기를 '방임해서'는 안 된다는 것이었다. 좋은 것에는 많은 돈이 든다. 더구나 훌륭한 것을 **가지고 있는** 자는 그것을 **얻어낸** 자와는 차원이 다르다는 법칙은 여전히 타당하다. 모든 좋은 것은 상속된 것이다. 그래서 상속되지 않은 것은 불완전하고 초보적이다.

키케로 시대의 아테네에서는(키케로는 이에 대해 몹시 놀라워하는데) 남자나 청년들이 아름다움 면에서 여자들보다 훨씬 뛰어났다. 그러나 아름다움을 위해 아테네의 남성들이 수세기 동안 얼마나 노력과 노고를 아끼지 않았던가! 우리는 이 방식을 잘못 파악해서는 안 된다. 감정이나 사상의 단순한 훈련은 사실상 아무것도 아니기 때문이다(이 점에 망상적인 독일적 교양의 커다란 오해가 있다). 사람은 먼저 육체를 설득해야 한다. 훌륭하고 선택된 사람이 되기 위해서는 훌륭하고 선택된 태도를 엄격히 유지하고 자기를 '방임하는' 일이 없는 사람들하고만 같이 살아가는 의무만 지키면 충분하다. 그렇게 해서 2, 3세대가 지나면 벌써 모두 내면화되어 버린다. 민족과 인류의 운명을 위해서는 문화를 올바른 곳에서 시작한다는 것이 결정적이다. 결코 '영혼'에서 시작하는 것이 아니다(성직자나 반(半)성직자들의 숙명론적인 미신은 그랬지만 말이다). 즉 올바른 곳은 육체, 태도, 식습관, 생리학이며, 그 밖의 것은 거기에서 발생한다. 이 때문에 그리스 사람이 어디까지나 역사상 최초의 문화적 사건으로 남는다. 필요한 것은 그들이 다 알고 있었고 그것을 실행했다. 육체를 경멸한 그리스도교는 이제까지 인류 최대의 불행이었다.

48

내가 이해하는 의미에서의 진보. ─ 나도 '자연으로의 복귀'에 대해 말하지만, 사실 그것은 되돌아가는 것이 아니라 드높아 가는 것이다. 그것은 거대한 과제를 마음껏 가지고 노는 것을 허용한 드높고, 자유롭고, 두렵기조차 한 자연과 자연성 속에서 드높아져 가는 것이다. 비유로 말하면, 나폴레옹은 내가 해석하는 의미에서 '자연으로의 복귀'였다(예를 들면 전술에서뿐만이 아니라 군인들이 아는 바와 같이 전략에서도 그랬다).

그러나 루소는 어디로 되돌아가려고 했던가? 루소, 이 최초의 근대적 인간은 이상주의자와 천민을 한 몸에 갖추고 있다. 이 사람은 방종적인 허영과 방종적인 자기 경멸로 병들어, 자신의 외모를 유지하기 위해서 도덕적 '품위'를 필요로 했다. 새로운 시대에 들어선 이 기형아 또한 자연으로의 복귀를 바랐다. 거듭 묻거니와, 루소는 어디로 되돌아가려고 했던가? 나는 혁명이라는 점에서도 루소를 미워한다. 혁명은 이상주의자와 천민이라는 이 이중성의 세계사적 표현이다. 이 혁명이 연출된 피비린내 나는 익살극, 그 '부도덕성'은 나와 거의 관계가 없다. 하지만 내가 미워하는 것은 루소적 그 도덕성이다. 이 도덕성이 지금도 작용을 하면서, 모든 천박하고 평범한 것을 설득하여 자기편으로 하는 이른바 혁명의 '진리'라는 것이다. 그러나 평등의 가르침! 이보다 더 해로운 독은 없다. 정의의 종말인 평등의 가르침이 정의에 대해서 말하는 것처럼 보이기 때문이다. "동등한 자에게는 동등한 것을, 동등하지 않은 자에게는 동등하지 않은 것을"─이것이야말로 정의의 진정한 소리여야 하리라. 결국 이것은 "동등하지 않는 것을 결코 동등시하지 말라"는 뜻이다.

저 평등론의 언저리에 그처럼 소름끼치고 피비린내 나는 사건들이 일어났다는 것은, 이 가려 뽑은 '근대적 이념'에 어떤 영광이나 불빛을 주어, 이 혁명이 연극으로서 가장 고귀한 정신마저 유혹한 것이었다. 이것은 결국 이 혁명에 보다 많은 경의를 표하는 이유가 되지는 못한다. 나는 이 혁명에 당연하게도 구역질을 느낀 한 사람을—바로 괴테를 알고 있다.

49

괴테.—그는 독일적 사건이 아니라 유럽적 사건이다. 즉 자연으로의 복귀에 의해서, 르네상스 자연성으로의 상승에 의해서 18세기를 극복하려는 거대한 시도, 18세기의 어떤 자기 극복이다. 그는 18세기의 가장 강한 본능, 즉 감상성, 자연숭배, 반역사성, 이상주의, 비현실적이며 혁명적인 본능(혁명적인 본능은 비현실적인 것의 한 형식일 뿐이다)을 자신 속에 지니고 있었다. 그는 역사학, 자연과학, 고대, 특히 스피노자, 그중에서도 실천적 활동을 이용했다. 그는 제한된 지평선만으로 자기를 둘러쌌다. 그는 자기를 삶에서 떼어놓지 않고, 삶 속에 두었다. 그는 소심하게 겁먹지 않고, 가능한 한 많은 것을 자기 위에, 자기 안에 받아들였다. 그가 바랐던 것은 전체성이었다. 그는 이성, 감성, 감정, 의지의 분열과 싸웠다(이 분열에 대해 가장 편협한 번쇄철학의 방식으로 말했던 것이 괴테의 반대자 칸트다). 그는 전체성을 향해 스스로를 단련했으며, 자기 자신을 창조했다.

그는 비현실적인 생각을 하고 있었던 시대의 한가운데에서 확신을 지닌 현실주의자였다. 즉 그는 이 점에서 자신과 연관된 모든 것을 긍정했다. 나폴레옹이라고 불리는 가장 현실적인 것보다 그에게 더 큰 체험은 없다. 괴테는 모든 육체성에 숙련되고, 자신을 절제할 수 있고 자신을 숭배하는 인간을 구상했다. 자연성의 모든 범위와 부를 감히 즐길 수 있으며, 이와 같은 자유를 누릴 수 있을 만큼 충분히 강하고 드높은 교양을 지닌 인간 말이다. 그것은 약함에서가 아니라 강함에서 나온 관용의 인간이다. 그 까닭은 이 인간이 철저하게 몰락할지도 모르는 평범한 본성을 자기 이익으로 이용할 줄 알기 때문이다. 그는 부도덕이라고 불리든, 미덕이라고 불리든, 나약함을 빼고는 아무것도 금지되어 있지 않은 인간이다.

그러한 자유로운 정신은 믿음 강한 숙명론을 가진 채 우주만물 속에 있다.

개별적인 것만이 비난받아야 하며, 전체 속에서는 모든 것이 구원받고 긍정되어야 한다고 믿으면서. 그는 더 이상 부정하지 않는다. 그러나 그러한 신앙은 모든 가능한 신앙 속에서 최상위의 것이다. 즉 나는 그것에 디오니소스라는 세례명을 붙였다.

50

어떤 의미에서 19세기는 괴테가 개인으로서 추구한 모든 것을 동일하게 추구했다고 말할 수 있을지 모른다. 즉 그것은 이해와 인정을 통한 보편성, 모든 것을 자기 쪽으로 끌어들이는 태도, 대담한 현실주의, 모든 사실적인 것에 대한 숭배이다. 그 총체적 성과가 괴테와 같은 것으로 귀결되지 않고 하나의 혼돈, 허무주의적 탄식, 출구도 입구도 모르는 광경으로 끊임없이 후퇴하여 18세기에 손을 뻗치려고 발버둥치는 피로의 본능이 되었단 말인가? (예를 들면 감정의 낭만주의로서, 이타주의나 지나친 감상으로서, 취향에서의 여성주의로서, 정치에서의 사회주의로서.) 19세기는 특히 세기말에 이르러 단순히 강화되고 야만화된 18세기, 다시 말하면 퇴폐주의의 세기에 불과하지 않았는가? 그 결과 괴테는—단순히 독일에서뿐 아니라 전 유럽에서—그저 하나의 우발적인 것, 그럴듯하지만 '부질없는 것'이 되지 않았던가? 그러나 위대한 인간을 공공 이익이라는 궁색한 관점으로 바라본다면, 오해하게 마련이다. 위대한 인간에게서는 아무런 이익도 이끌어 낼 수 없다는 것, 이 점이야말로 아마도 그의 위대함에 속하는 것이리라.

51

괴테는 내가 존경하는 마지막 독일인이다. 그는 내가 느끼고 있는 세 가지 것을 느끼고 있었음에 틀림없기 때문이다. 또한 우리는 '십자가'[13)에 대해서도 서로 마음이 통하고 있다.

내가 왜 독일어로 글을 쓰는가에 대해 때때로 사람들에게 질문을 받는다. 내 글이 서투르게 읽히는 곳으로는 내 조국보다 더 심한 곳은 없을 것이다. 하지

---

13)괴테의 〈베네치아 경구시〉 66번에 대한 암시로 보인다. 여기서 그는 "담배 연기, 빈대, 마늘, 그리고 †(십자가)"를 그가 견딜 수 없는 것 네 가지로 꼽았다.

만 내가 오늘날 읽히기를 바라고 있는지 과연 누가 말한 적이나 있던가? 시간의 이빨에 견뎌내는 사물을 창조하는 것, 형식으로나 또 실질로나 조그마한 불멸성을 위해서 노력하는 것—나는 이보다 덜한 것을 나 자신에게 요구할 만큼 겸손했던 적은 일찍이 없었다. 나는 독일 사람 중에서 잠언과 금언에 숙달한 최초의 일인자이다. 잠언과 금언이란 '영원성'의 한 형식이다. 나의 야심은 다른 사람이 한 권의 책 속에서 말하는 것—다른 사람이 한 권의 책 속에서 말하지 않는 것, 그것을 열 개의 문장으로 말하는 것이다.

나는 인류에게 인류가 가지고 있는 것들 중에서 가장 심오한 책을, 즉 나의 《차라투스트라는 이렇게 말했다》를 주었다. 나는 가까운 장래에는 가장 독립적인 책도 선사하려 한다.

내가 옛 사람에게 힘입은 것

1

마지막으로 내가 접근하려 했고, 어쩌면 새로운 접근 통로를 찾은 것도 같은 저 세계에 대해서, 즉 고대 세계에 관해서 한마디 하겠다. 그러나 나의 취향은 너그러운 것과는 반대라 심지어 여기서도 이것이고 저것이고 뭉뚱그려 다 좋다고 하는 것과는 거리가 멀다. 즉 나는 무턱대고 '그렇다'고 말하는 걸 좋아하지 않거니와 차라리 '아니다'라고 말한다. 하지만 아무 말도 안 하는 것을 가장 좋아한다. 이것은 모든 문화에도 해당된다. 그리고 모든 책에도 해당된다. 토지나 경치에도 마찬가지이다. 결국 내 삶에 포함시킬 만한 것은 손에 꼽을 정도의 고서 몇 권뿐이다. 그 속에 가장 유명한 책들은 들어가지 않는다. 문체로서의 잠언에 대한 나의 감각은 살루스트와 접촉했을 때 순간적으로 깨어났다. 나는 존경하는 스승 콜센이 라틴어를 제일 못한 열등생에게 일등의 성적을 주어야만 했을 때의 놀라던 그의 모습을 잊을 수가 없다. 나는 단번에 이루었던 것이다. 간결하고 엄격하며 가능한 한 많은 실질적인 것에 바탕을 두면서, '아름다운 말'과 '아름다운 감정'에 대해 품었던 냉엄한 악의—거기에서 나는 나의 본질을 깨달았다. 사람들은 나의 《차라투스트라》 속에서까지 로마적 문체에 대한, '청동보다 오래가는'[1] 문체에 대한 극히 진지한 야심을 알아볼 것이다.

호라티우스를 처음 대했을 때도 같은 것을 느꼈다. 애당초 호라티우스의 송가가 준 것과 같은 예술적 황홀함은 오늘날까지 어떤 시인에게도 느껴본 일이 없었다. 어떤 언어로는 여기서 이루어진 것을 바랄 수조차 없다. 모든 단어가 소리로서, 장소로서, 개념으로서, 그 힘이 좌우로, 또한 전체로 흐르게 하는 이 단

---

1) 호라티우스, 《송가(頌歌)》 3권 30번의 "나는 청동보다 오래가는 기념비를 세웠다."(말하자면, 여기서 기념비는 곧 그의 시)는 구절 참조.

어들의 모자이크는 기호의 범위와 수는 최소이고, 도달한 기호의 에너지는 최대이다. 바로 이 점이 로마적이며 뛰어나게 고귀한 것이다. 이것과 비교하면 모든 나머지 시(詩)는 너무나도 통속적인 것—단순한 감정의 수다가 되어버린다.

2

그리스인에게서 나는 결코 그처럼 강한 인상을 받지 못했다. 그리고 솔직히 말해서 그들이 우리에게 로마인과 같아 보일 수는 없다. 그리스인에게서 우리는 아무것도 배울 것이 없다. 명령적 또는 '고전적'으로 작용하기에는 그들의 방식은 너무나도 이질적이며 유동적이기 때문이다. 일찍이 그리스 사람에게서 글 쓰는 것을 배운 자가 있었던가? 일찍이 로마 사람 없이 글 쓰는 법을 배운 자가 있었던가?

나에 대한 반박으로 플라톤을 꺼내지는 않았으면 좋겠다. 플라톤에 관한 한 나는 철저하게 회의주의자이며, 학자들 사이에서 관례적이었던 예술가 플라톤 찬미에 언제나 보조를 맞출 수 없었다. 결국 나는 여기에서 고대인 가운데 가장 세련된 취미 판정자를 내 편으로 하고 있다. 내 생각에 플라톤은 모든 형태의 문체를 섞어놓았다. 따라서 그는 문체 면에서 최초의 퇴폐주의자라 할 수 있다. 즉 그는 메니포스(Menippos)식 풍자[2)]를 발명한 키니코스학파의 무리와 어딘가 유사한 양심의 가책을 지니고 있다. 플라톤의 대화편, 이 엄청나게 의기양양한 어린애 같은 변증법이 자극제가 될 수 있는 것을 보면, 사람들은 한 번도 훌륭한 프랑스 사람—예를 들면 퐁트넬 같은 사람—의 글을 읽지 않았음에 틀림없다. 플라톤은 따분하다. 결국 플라톤에 대한 나의 불신은 깊은 부분까지 이르고 있다. 나는 그를 고대 그리스인의 근본 본능에서 너무 벗어났고, 도덕화되었고, 그리스도교 이전의 그리스도교인이라고 생각하기 때문에(그는 이미 '선'이라는 개념을 최상위의 개념으로 받아들이고 있었다) 플라톤이라는 모든 현상에 관해서 좀 듣기 좋게 말한다면 이상주의겠지만, 다소 험악한 표현인 '고등 사기'라는 말을 사용하려 한다. 이 아테네 사람이 이집트 사람에게서(혹은 이집트에 있는 유대인에게서?) 배웠던 것에 대해 우리는 많은 희생을 치렀다. 그리스도교

---

2) 키니코스학파의 메니포스(기원전 3세기)가 발명한 장르로, 산문과 운문이 혼합된 문체를 통해 철학적 관점을 익살이나 비웃음으로 표현했다.

라는 위대한 숙명 안에서 플라톤은 '이상'이라고 불린 애매하고도 매혹적인 존
재였다. 고대의 가장 고귀한 천성을 지닌 자들이 스스로를 오해하고 '십자가'로
통하는 다리를 건너게끔 했다. '교회'라는 개념 속에, 교회의 구조와 조직과 실
천 속에 얼마나 많은 플라톤이 있는가!

　모든 플라톤주의로부터 벗어나게 하여 나에게 기분 전환과 위로가 되어주
고 내가 편애한 것은 언제나 투키디데스였다. 투키디데스와 아마도 마키아벨리
의 《군주론》이 자기 기만을 거부하고, 현실 속에서 이성을 보려 하는 무조건적
인 의지를 감안할 때 나 자신과 가장 비슷하다. 이들은 '이성' 속에서 이성을 보
려 한 것이 아니었으며, 더구나 '도덕' 속에서 보려 한 것은 더더욱 아니었다. 딱
하기 짝이 없는 말치레로 그리스 사람을 이상화한 이미지는 '고전적 교양' 교육
을 받은 젊은이가 학교 수업에서 배운 대가로 삶 속에 가져오는 것이며, 이것을
속속들이 치료하는 데는 투키디데스의 글만 한 것이 없다. 사람들은 그의 책을
한 줄 한 줄 뒤집어서 그의 속뜻을 그 단어들만큼이나 명확히 읽어내야 한다.
감춰진 속뜻이 그만큼 풍부한 사상가도 없기 때문이다. 소피스트의 문화, 즉 현
실주의자의 문화가 완성된 표현에 도달하는 것은 그를 통해서다. 소크라테스의
여러 학파가 퍼트린 도덕이나 이상의 사기가 여러 방면에서 벌어지고 있던 그즈
음 이 귀중한 운동이 일어났다. 그리스 철학이 그리스적 본능의 퇴폐로 전락한
때에 더 오래된 고대 그리스인의 본능에서나 볼 수 있는 저 강하고 준엄하며
냉혹한 사실성의 위대한 구현이자 마지막 계시로서 나타난 것이 투키디데스이
다. 결국 투키디데스 같은 천성을 플라톤 같은 천성으로부터 구분해주는 것은
현실에 직면해서 드러나는 용기이다. 현실 앞에서 겁쟁이였던 플라톤은 결국 이
상 속으로 도망쳤다. 그러나 자기를 강력히 지배하고 있었던 투키디데스는 결과
적으로 사물도 강력히 지배할 수 있었다.

3

　그리스인의 '아름다운 영혼', '중용', 그 밖의 완전성을 찾아내, 그 속에 자리한
위대함 가운데 안식, 이상적 성향, 드높은 단순성에 경탄하는 것—이러한 '드
높은 단순성'(결국은 독일적 어리석음)에서 나를 지켜준 것은 내 안에 있었던 심
리학자였다. 내가 그들에게서 본 것은 그들의 가장 강한 본능인 권력에의 의지,

그들이 이 억누를 수 없는 충동의 폭력 앞에 떠는 모습이었다. 나는 그들의 모든 제도가 그들 내부에 있는 폭발물로부터 서로를 안전하게 지키기 위해 생겨난 것임을 보았다. 내부의 이 엄청난 긴장이 외부의 무섭고도 무자비한 적대감이 되어, 이윽고 폭발했다. 즉 도시국가들은 시민 각자가 내면의 평화를 찾을 수 있게 해주기 위해서 서로 물어뜯었던 것이다. 위험은 가까이 있었고 곳곳에 도사리고 있었던 만큼, 사람은 강해져야 했다. 매우 날렵한 육체, 특유의 대담한 현실주의나 비도덕주의는 그리스인에게 불가피한 것이었으며, '천성'은 아니었다. 그것은 결과로서 수반된 것이지, 처음부터 있었던 것은 아니었다. 그리고 축제나 예술에서 바랐던 것도, 자기가 우위에 있다 자부하고, 자기가 우위에 있다고 과시하는 것 이상의 그 어떤 것도 아니었다. 즉 자기 자신을 미화의 대상, 경우에 따라서는 공포의 대상으로 만들기 위한 수단이었던 것이다.

그리스인을 독일적 방식으로 그 철학자들을 통해 판정하고, 이를테면 무엇이 근본적으로 고대 그리스적인가를 해명하기 위해서 소크라테스 학파들의 우직함을 이용한다고 생각해 보라! 그 철학자들은 그리스 정신의 퇴폐이며, 오래되고 고귀한 취향에 맞서는 반대 운동이다(경쟁 본능에 맞서고, 도시국가에 맞서고, 종족의 가치에 맞서고, 혈통의 권위에 맞서는 것이다). 소크라테스적 덕이 설파된 이유는 그리스 사람들이 그러한 취향을 잃어버렸기 때문이었다. 그들은 과민하고, 비겁하고, 변덕스럽고, 모조리 희극 배우이며, 도덕에 대한 설교를 들어야 할 만한 이유를 숱하게도 많이 갖고 있었다. 그것이 어떤 도움이 되어서가 아니라 그 허풍 치는 말이나 태도가 그들의 퇴폐주의에 잘 어울렸기 때문이다.

4

나는 훨씬 오래되고, 풍요롭고 범람하는 고대 그리스적 본능을 이해하기 위해서, 디오니소스라는 이름을 가진 저 이상한 현상을 진지하게 고찰한 최초의 인물이다. 그것은 오직 힘의 과잉으로만 설명할 수 있다. 바젤의 야코프 부르크하르트와 같이 그리스 문화에 대해 가장 깊이 파고든 오늘날 현존하는 학자처럼, 그리스인을 연구하는 사람이라면 이것으로 무엇인가가 이루어졌다는 사실을 바로 알아챘다. 부르크하르트는 《그리스 문화사》라는 그의 저서 속에 이 현상에 관한 특별한 장을 집어넣었다. 이것과 반대의 경우를 확인하고 싶다면, 독일의 문헌학자들이 디오니소스적인 것에 접근할 때 나타나는 저 실소가 날 지경인 본능의 빈곤을 보라. 특히 저 유명한 로베크는 비밀로 가득한 디오니소스적 세계 속으로, 책 사이에서 말라 비틀어진 책벌레의 참으로 존경해 마지않을 확실성을 가지고 기어 들어가, 구역질이 날 정도로 경솔하고 유치한 태도를 과학적인 것이라면서 스스로를 설득했다. 로베크는 이 진기한 일이 모두 그저 보잘것없다는 것을 시사하기 위해 학식이라는 학식을 모조리 동원했다. 사실 성직자들은 그러한 주신제의 참석자들에게 포도주는 쾌락을 일으킨다든가, 인간은 사정에 따라서는 과일을 먹고 살 수 있다든가, 풀과 나무는 봄에 꽃피고 가을에 시든다든가 하는 좀 가치 있는 것을 전했을지도 모른다. 고대 세계를 문자 그대로 무성하게 휘덮고 있는 주신제에 기원을 둔 기이할 만큼 풍부한 의식과 상징과 신화가 문제시된다면, 로베크는 거기에 한층 더 재치 있고 발랄해질 수 있는 실마리를 발견한다. 그는 《아글라오파무스》 제1권 672쪽에서 말하고 있다.

"그리스 사람은 달리 아무 할 일이 없을 때는 웃든가, 뛰놀든가, 돌아다니든가 한다. 그리고 때로는 그러고 싶은 기분이 들기도 하다 보니 앉아 있거나, 울거나, 탄식하기도 한다. 그러다 다른 사람들이 나중에 가담하여, 이러한 이상스런 일에 대해 어떠한 이유를 찾았다. 그리하여 그 관습을 설명하기 위해서 축제에 얽힌 수많은 전설이나 신화가 발생했다. 그러는 한편 축제날에 어쩌다 한번 일어난 우스꽝스러운 야단법석을 축제에 필연적으로 속하는 것으로 믿게 되어, 제의에 없어서는 안 될 일부로 고정되었다."

이것은 경멸할 만한 헛소리이일 뿐이니, 잠시라도 로베크를 진지하게 받아들일 필요는 없다.

그런데 빙켈만과 괴테가 만든 '그리스적'이라는 개념을 검토하고, 더구나 이 개념이 디오니소스적 예술의 뿌리에 있는 주신제의 요소와는 서로 양립될 수 없다는 점을 발견할 때면 우리는 깊이 감동받게 된다. 사실 나는 괴테가 이런 것을 원칙적으로 그리스적 영혼의 가능성들에서 제외했을 것이라 믿는다. 따라서 괴테는 그리스 사람을 이해하지 못했다. 왜냐하면 디오니소스적 비밀 의식 속에서, 디오니소스적 심리 상태 속에서 비로소 고대 그리스적 본능의 근본 사실이 표출되기 때문이다. 즉 그 '삶에의 의지'가 드러나기 때문이다.

고대 그리스 사람은 이러한 비밀 의식에서 무엇을 보증했던가? 영원한 삶이며, 삶의 영원회귀이다. 과거에 약속되고 정화된 미래이다. 죽음과 변화를 넘어서 개선가를 부르는 삶에 대한 긍정이다. 생식과 성적 신비에 의한 총체적 존속으로서의 진정한 삶이다. 이 때문에 그리스 사람에게 성적 상징은 존경해야 할 상징 자체이며, 모든 고대적 경건심에 내재하는 진정한 깊이였다. 생식, 임신, 탄생에 있어서 일어나는 하나하나의 일들이 매우 숭고하고 엄숙한 감정을 불러일으켰다. 비밀 의식의 가르침 속에는 고통이 신성한 것으로 표현된다. 즉 '여인의 진통'이 일반적인 고통을 신성화했으며 모든 생성과 성장, 모든 미래를 보증하는 것이 고통의 조건이 되어 있었다. 창조의 영원한 쾌감이 있기 위해서는 삶에 대한 의지가, 영원히 자신을 스스로 긍정하기 위해서는 영원한 여인의 진통이 있어야 한다.

이 모든 것을 디오니소스라는 말이 의미한다. 즉 나는 이 그리스적 상징, 디오니소스 축제의 상징보다 더 고차원적인 상징을 알지 못한다. 그 속에서는 삶의 가장 깊은 본능, 삶의 미래와 삶의 영원성에 대한 본능이 종교적으로 수용되고 있다―삶을 향한 길 자체가, 즉 생식이 신성한 길로 수용되고 있다. 그리스도교는 삶에 대한 원한을 근거로, 성욕을 어떤 불결한 것으로 만들어 버렸다. 다시 말해 그리스도교는 우리 삶의 시작에, 삶의 전제에 오물을 던졌던 것이다.

5

고통마저도 그 속에서는 하나의 자극제로 작용하는, 넘치는 생명과 힘의 감정으로서의 주신제의 심리학은 아리스토텔레스도, 특히 현대의 염세주의자들도 오해하고 있는 비극적 감정의 개념을 이해하는 데 필요한 열쇠를 나에게 주었다. 비극은 쇼펜하우어가 의미한 고대 그리인의 염세주의를 증명하는 것이 아니라, 오히려 그 결정적인 거부나 반대 절차로 간주되어야 한다. 그 껄끄럽고 가장 가혹한 문제들에 있어서조차 삶 자체를 긍정하고, 그 최고의 전형을 희생하면서 자신의 무한성을 기뻐하는, 삶에의 의지, 바로 이것을 나는 디오니소스적이라 부르며, 바로 이것을 나는 비극적 시인의 심리학에 이르는 다리로 보았다.

공포나 동정에서 도망치기 위해서가 아니라, 그 거센 폭발로 인한 위험한 욕정으로부터 몸을 정화시키기 위해서가 아니라—아리스토텔레스는 그렇게 해석했지만—공포나 동정을 넘어서서, 자기 자신 안에서 생성의 영원한 쾌감 자체가 되기 위해, 파괴로 느끼는 쾌감까지도 자기 안에 포함하고 있는 기쁨이기 위해 나는 일찍이 내가 처음 출발했던 곳에 다시 가 닿게 되는 것이다.《비극의 탄생》은 내게 처음으로 일어난 모든 가치의 전환이었다. 즉 이로써 나는 나의 의욕과 능력이 나고 자란 땅으로 다시금 몸을 되돌려 두는 것이었다. 철학자 디오니소스의 마지막 제자인 내가, 영원회귀의 스승인 내가.

망치는 말한다

"왜 그렇게 단단한가? 그렇다면 우리는 가까운 친척이 아니란 말인가?" 어느 날 숯이 금강석에게 말했다.

왜 그처럼 부드러운가? 오, 나의 형제여, 나는 그대들에게 묻노라. 그렇다면 그대들은 나의 형제가 아니란 말인가?

왜 그처럼 부드러우며, 그처럼 순종적이며, 그처럼 비굴한가? 왜 그대들의 심장에는 그처럼 많은 반대와 부정이 있는가? 왜 그대들의 눈에는 그처럼 작은 운명만이 있는가?

만일 그대들이 운명이기를, 준엄한 존재이기를 바라지 않는다면, 어떻게 그대들이 뒷날 나와 더불어 승리할 수 있단 말인가?

그리고 만일 그대들의 단단함이 빛나지 않고, 잘게 부서지기를 바란다면, 어떻게 뒷날 나와 더불어 창조할 수 있을 것인가?

모든 창조자는 단단하다. 그리고 그대들의 손을 밀랍에 찍듯이 수천 년 위에다 찍는 것을 그대들은 행복으로 생각해야 한다.

청동에 기록하는 것처럼 수천 년 의지 위에 청동보다 더 단단하고 고귀하게 기록하는 것은 행복이다. 가장 고귀한 것만이 단단하다.

오오, 나의 형제여, 이 새로운 목록(판)을 나는 그대들 머리 위에 거노라! 단단해질지어다!

《차라투스트라는 이렇게 말했다》

니체의 생애와 사상

니체에 대하여

현대 문명의 병리

경제 위기와 정치적 갈등, 테러의 공포가 커져가고 있는 현대를 살아가는 우리는 인생에 대한 깊은 의문과 불안한 생각에 사로잡혀 나날을 보내고 있다. 가난과 실업의 불안, 핵무기의 위협, 세계 각지에서의 처참한 무력 항쟁 등, 지금 전 세계적으로 쟁점이 되고 있는 일들은 모두 현대 문명사회의 병이 얼마나 깊은가를 보여주는 것들뿐이다. 이러한 비인간적인 상황을 눈앞에 두고 우리는 인생에 대한 깊은 회의(懷疑)와 절망의 늪에 빠지게 된다. 인생의 목표나 의의의 상실을 알리는 으스스한 허무의 심연(深淵)이 우리 발밑에서 입을 벌리고, 구석에 몰린 행복과 평안을 위협하고 삼켜버리고 마는 것이다.

20세기에 이어 21세기까지 현대를 뒤덮은 이러한 허무주의(니힐리즘) 풍조는 19세기의 여러 문화 현상을 통해서 이미 그 조짐을 보이기 시작한 것이었다. 근대 문명은 이성의 만능과 인류의 무한한 진보를 믿고 있었으나, 19세기의 서구 세계는 그러한 근대 문명의 막다른 골목을 연상시키고 있었다. 말하자면 잠재적인 허무주의가 서구 세계를 좀먹기 시작하여 화려한 낭만주의, 역사주의, 민족국가 이념 등이 삶의 쇠퇴를 알리는 세기말적 퇴폐주의(데카당스)의 병리에 침범당하고 있었던 것이다.

니체는 이러한 19세기 후반의 유럽 문명과 철저하게 맞서 그 병의 근본 원인을 들추어 냈고, 앞으로 올 20세기를 지배하는 것은 허무주의의 망령일 것이라 예언했다. 이렇게 해서 현재 서구 문명의 뛰어난 병리해부학자로 평가받는 니체는 우리에게 현대 문명에 대한 수많은 진단서와 적절한 처방전을 남겨주게 된다.

신의 죽음과 가치전환

니체는 어떠한 기존의 가치나 권위에도 사로잡히지 않는 자유로운 정신을 가진 사람이었다. 그는 '선악을 넘어서' 있는 곳에 서서 '우상의 황혼'을 똑바로 바라보고 허무한 현실에 철저를 기하여 그것을 자신의 운명으로 삼아 능동적으로 살아갔다. 그리고 모든 삶에 대해서 환희의 긍정을 체험하려고 하는 '초인'에 의한 '정오(正午)'의 철학을 세우고자 애썼다. 여기서 빈틈 없고 능동적인 허무주의자로서의 니체가 탄생하는 것이다.

철저한 허무주의자로서의 니체가 찾아낸 서구 문명의 병근(病根)은 무엇이었는가? 니체는 그 병근이 인생의 참다운 목표인 '보다 강건한 삶의 실현', 즉 '권력에의 의지'를 천대한 것이라고 했다. 원래 '이상'이나 '가치'는 '권력의지'의 자기 실현 수단이자 인생을 해석하는 관점에 지나지 않는데도, 그런 것들을 절대시하는 우상숭배적인 삶의 방식이 병의 원인이라는 것이다. 그는 삶을 위한 가치가 반대로 삶의 자유로운 발전을 구속하는, 이런 '목적과 수단의 가치 전도'야말로 잠재적 허무주의의 표현인 퇴폐주의 문명의 진짜 원인이며, 이 원인을 들추어 규명하지 않는 한 허무주의가 틀림없이 현실화될 것이라고 경고한다.

니체는 이와 같은 가치 전도를 불러일으킨 원흉으로서 소크라테스로부터 시작된 서양 형이상학의 전통과, 유대에서 시작된 그리스도교 문화의 전통을 지목한다. 이렇게 유럽 문명을 형성해 온 그리스 철학과 그리스도교 문화의 두 가지 흐름에 유죄판결을 내림으로써, 그는 기존의 유럽 문화를 단죄하고 소크라테스 이전 그리스 비극시대의 자연 세계로의 귀향을 주장한다. 니체에 의하면 이제야말로 여러 도덕 이상(신들)은 소멸된 것이다. 따라서 유일 인격신인 신도 죽었으며 이제까지의 모든 가치는 무(無)로 돌아갔다. 아니 그것들은 모두 무에 대한 의지에 따라 세워진 거짓된 인생 해석이라는 것이 폭로되었다. 그러므로 앞으로는 우리 각자가 새로운 가치 정립의 주체로서 씩씩하게 살아가지 않으면 안 되며, 이를 위해서는 한 사람 한 사람의 자유로운 활동에 의해서 종래의 모든 가치의 전환이 시도되어야 한다는 것이다.

고고(孤高)한 배덕자(背德者)

니체가 말하는 이 새로운 인생 긍정의 길은 우리에게 매우 험하고 고독한 삶을 강요하게 될 것이다. 그러나 가치전환을 지향하는 자라면 누구나, 기존의 권위에 안주하려고 하는 세상으로부터 도덕을 부인하는 배덕자라고, 또 신을 무시하는 불신자라고 탄핵받을 각오를 하지 않으면 안 된다.

미래의 인류에게 보다 더 고귀한 인생의 가능성을 선사하려는 '원인애(遠人愛)'의 사도 니체를 둘러싼 삶의 현실은 냉엄한 고독과 적막의 연속이었다. 세상 사람들로부터 받는 중상과 무시, 그리고 냉대를 견디며 니체는 오히려 배덕자이자 적그리스도(안티크리스트)임을 자랑으로 삼고 살아갔다. 이 때문에 그는 학회나 사상계로부터 따돌림을 당했을 뿐만 아니라 자신이 지극히 사랑했던 어머니, 누이동생, 친구들과 차례로 이별하게 되는 비운을 겪기도 했다. 이렇게 저작가로서의 니체는, 누구 하나 그 진심을 알아주는 사람 없이 전적으로 고독한 인생을 고뇌로 살아가지 않으면 안 되었다.

니체는 말한다. 이러한 배덕자로서의 삶은 매우 험하고 견디기 어려운 고독한 삶이다. 그러므로 그러한 고난에 견딜 수 없다면 정직하게 연약함을 고백하고 몰락해 가는 것이 차라리 아름다울 것이다. 하지만 그러한 천한 인간에게는 노예적인 굴종의 삶이 어울린다. 그에게는 인권의 평등이나 인간성의 고귀함을 말할 자격 같은 것은 없는 것이다. 그가 감히 인간으로서의 존엄성을 주장하려 한다면, 고독의 고난에 견디고 고고한 삶을 지탱하며 강건한 자기를 만들어 가기 위해 무한한 자기 극복을 쌓아가지 않으면 안 된다. 인생이란 본래 이렇게 자기를 극복해 가는 과정 그 자체이며, 이 자기 극복을 통해 본래 있어야 할 곳의 존재가 되는 것이야말로 인간에게 주어진 최고의 과제인 것이다. 이렇게 해서 대중(大衆)을 믿는 쇠약한 말인(末人)이나 짐승 같은 사람의 삶을 부정하고, 고고(孤高)에 견디며 강건한 주체적 인생을 사는 고귀한 삶의 방식을 선택함으로써 인류 역사의 목표인 '초인'을 낳기 위한 가교(架橋)가 되는 것이야말로 인간 본래의 삶의 방식이 되어야 한다고 말이다.

디오니소스 찬가(讚歌)

불과 스물네 살의 나이로 스위스 바젤 대학의 고전문헌학 교수로 추대된 천재 니체가 고귀한 삶의 전형(典型)으로서 발견한 것은 그리스 신화 속에 생산과 술의 신으로 등장하는 디오니소스의 삶이었다. 디오니소스는 삶의 에너지를 해방시켜 사람들을 거친 광란 노도의 도취로 끌어들여 스스로 자신의 몸을 갈기갈기 찢고, 그 죽음의 재를 밑거름으로 하여 씩씩하게 되살아난다. 이런 디오니오스 신이야말로 영원한 생성과 자유로운 창조에서 삶의 환희를 체험하려고 하는 니체 철학의 상징이었다.

이 디오니소스적인 관점에서 보자면, 일의적(一義的) 한정을 허용하지 않고 극단적인 이원성의 긴장을 통하여 여러 방면에 걸쳐 자기를 긍정하고 실현해 가는 삶, 곧 그렇게 내적으로 충만한 삶이야말로 가장 높은 가치를 갖는 것이 된다. 쾌(快)를 고통의 회피가 아니라 그 극복으로서, 선을 악으로부터의 도피가 아니라 그 정화(淨化)로서 평가하는 인생이야말로 위대한 것이라는 말이다.

이러한 관점에 서서 니체는 이원성의 양극 가운데 한쪽을 잘라버리고 다른 한쪽만을 긍정하려는 보잘것없는 인생 해석 일체에 대해서 강한 이의를 제기한다. 니체의 사상이 참된 자기를 발견하고 자유로운 창조적 인생을 살아가려고 하는 모든 사람의 영혼에, 매력에 찬 호소의 파문을 일으키는 힘을 가지고 있는 것도 주로 이런 면 때문일 것이다.

그러나 물론 부정을 위한 부정, 파괴를 위한 파괴 따위가 니체의 참뜻은 아니었다. 니체의 비평은 그 가치를 인정하고 존중하면서도 안타깝게 생각하는 것에 한했으며, 존경할 만한 가치가 없다고 여기는 것에 대해서는 아무 말 없이 옆을 지나친다는 것이 그의 비평 활동에 있어서 한결같은 법칙이었다.

그렇기 때문에 니체가 이타주의에 대해서 이기주의를 선이라 하고, 동정에 대해서 적의를, 이웃에 대한 사랑에 대해서 원인애(遠人愛)를, 신에 대해서 초인을, 도덕에 대해서 배덕을, 가치에 대해서 자연을, 존재에 대해서 생성(生成)을, 의식에 대해서 무의식을, 어른에 대해서 어린이를, 대중에 대해서 개인을, 민주주의에 대해서 귀족주의를, 사회적 평등에 대해서 권력적 지배를 선이라고 하는 것은, 일방적으로 전자를 부정하고 후자만을 내세우기 위해서가 아니다. 다시 말해 그것은 전자를 후자와 대립 긴장의 관계에 놓음으로써 전자가 갖는 값어치를 크게 재긍정하려고 하는, 디오니소스적인 생존 긍정 정신에 따른 의도에서 비롯된 주장이었던 것이다.

니체와 반동사상

그러나 니체가 남긴 말 하나하나에 깃들어 있는 그의 참뜻을 올바르게 읽어 내다는 것은 그다지 쉬운 일이 아니다. 합리적인 사색이나 논리적인 표현보다는 오히려 초합리적인 삶의 신비와 복잡한 심리의 심층을 여러 가지 자유분방한 원근법(해석 관점)을 구사하여 탐색하려 했던 것이 니체였다. 그는 논리적인 통합성이나 객관적인 일관성을 중요시하는 과학자라기보다는, 음악적인 직감과 시적인 형상을 사랑하는 예술적인 천분(天分)에 뛰어난 자유사상가였다. 체계가(體系家)라기보다는 자유로운 비평가라는 점이 니체의 특징이었던 것이다. 이러한 니체는 그 자유로운 탐구의 성과를 단문 형식의 단장(斷章 : 잠언)이나 시문으로 즐겨 표현했고, 이것이 그 사상의 진의 파악을 곤란하게 만들고 있기도 하다. 그런 뜻에서는 니체만큼 위험한 오해를 쉽게 자아내는 사상가도 없을 것이다.

예를 들어 '신은 죽었다', '진실한 것은 없으며 모든 것이 허용된다'(《차라투스트라는 이렇게 말했다》 제4부, 그림자)라고 하는 말은 각 개인의 스스로에 대한 책임을 깨우치고자 했던 니체의 진의와는 전혀 반대로, 나약한 아욕(我慾)의 삶에 대한 합리화라는 오해가 없지 않다. 가치의 저속화를 가져오는 대중민주주의나 군중을 믿고 개성을 평균화하는 사회주의를, '거리의 파토스'를 날카롭게 갈아 공격하는 니체의 정신적 귀족주의는 반동적인 권력 지배의 정치를 합리화하기 위해 이용될 수도 있을 것이다.

분명히 니체에게는 오래된 폴란드 귀족 가계(家系)에 이어져 있다는 것을 자랑으로 알고, 독일 황제 빌헬름 4세의 총애를 받은 목사의 맏아들이라는 것을 명예로 아는, 대중을 천시하는 부르주아적인 편견이 있었다. 그리고 실제로 그의 사상은 뒤에 히틀러의 나치즘을 합리화하는 무기로 이용되기도 했다. 그렇기 때문에 예를 들어 루카치가 그의 저서 《이성의 파괴》에서 제시한 바와 같이, 니체를 파시즘 권력정치를 위한 길을 준비한 반동이론가로 해석하는 시각도 나오게 된다.

니체가 써서 남긴 여러 아포리즘(금언) 속에는 분명히 이와 같은 해석을 허용하는 위험한 단정이 많이 발견된다. 특히 그가 발광(發狂) 증상으로 저작가로서의 활동을 그만두기 직전까지 그 구상을 계속하여 완성하려 한 유서의 제목으로 고른 것이 《권력에의 의지》였다는 것은 그와 같은 해석을 낳은 유력한 근거 중 하나가 될 것이다.

그러나 이 경우에도 그의 권력의지설은 본래 남을 지배하는 것보다도 먼저 자기 자신을 엄하게 다스리는 자기 극복의 원리를 강조하기 위한 것이었다는 점을 생각하면, 니체의 사상을 나치즘과 동일시하여 그를 반동이론가라고 부른다는 것은 지나친 해석이라 하지 않을 수 없다.

참다운 제자로서

우리는 니체가 단정한 말 하나하나에 얽매이지 않고 그의 본질에 다가가기 위해 그와 진지한 대화를 해나가지 않으면 안 된다. 그러면 니체는 우리를 이끌어 인생이 갖는 여러 가능성이나 예상치 못한 삶의 함정을 알아차리게 해주고, 타락하고 연약한 안정을 부끄럽게 생각하는 고결한 삶의 의욕을 불러일으켜 줄 것이다. 반대로 우리는 니체의 독단에 대한 깊은 의혹과 반발을 느낄 때도 있을 것이다. 그러나 그때야말로 우리가 니체와 가장 가까운 거리에 서게 되는 것인지도 모른다.

니체는 그의 주저(主著)라고도 할 수 있는 《차라투스트라는 이렇게 말했다》(이하 《차라투스트라》)의 제1부 마지막 부분에서 그를 따르는 제자들에게 이렇게 말하고 있다.

나는 지금 그대들에게 나를 버리고 그대들 자신을 발견하라고 명령한다. 그대들 모두가 나를 부정할 수 있을 때, 비로소 나는 그대들에게 돌아오리라.'

이 책의 해설은 이러한 뜻에서 독자 여러분이 참다운 니체의 제자가 되어, 그를 양식 삼아 참다운 자기를 발견하고 확립하는 데 도움이 되기를 바라면서 쓴 것이다. 이 해설이 독자 여러분과 니체와의 직접 대화를 이끄는 작은 계기라도 되길 바랄 뿐이다.

1 니체의 정신적 풍토

니체 사상의 반시대적 시대성

니체 사상의 운명

니체만큼 여러 가지로 해석된 사상가도 없을 것이다.

그는 대부분의 천재적 사상가들이 그랬던 것처럼 같은 시대에 살았던 사람들로부터 적의에 찬 반감을 사거나 완전한 무시를 당해야 했다. 그의 사상이 시대 흐름을 좇는 것보다는 오히려 영원을 바랐고, 시대를 거슬러 그 병폐를 가차 없이 들추어 내는 것이었기 때문이었다. 그리하여 니체는 그 자신도 긍지를 가지고 스스로 인정한 것처럼, 바로 '때를 벗어나' 결실을 맺지 못하는 꽃과 같은 모습을 보이고 있었던 것이다.

그러나 19세기와 운명을 같이해서 니체가 생을 마감한 1900년은 새로운 세기의 개막을 알리는 해이며, 동시에 니체의 명성을 올리는 첫새벽이기도 했다. 문명비평가로서 니체의 이름이 그가 태어난 독일을 넘어 전 유럽에 알려졌고, 더 나아가서는 대양을 건너 세계 여러 나라에 알려지게 되었던 것이다.

제1차 세계대전이 끝난 혼미한 세상에서 자유로운 지적 교양이라는 이념은 무력하다는 것이 드러나고, 이 결점을 보완하는 것으로서 전체주의의 정치권력이 대두됨에 따라, 니체의 권력의지설이 갑자기 각광을 받고 등장하게 되었다. 알프레트 로젠베르크 등과 같은 나치스의 어용이론가들에 의해서 니체가 독일 '제3제국'의 위기를 구제하기 위한 전체주의 권력을 합리화하는 반동이론의 제공자로서 등장하게 된 것이다.

니체를 악용한 나치즘의 폭력은 이윽고 제2차 세계대전을 통해서 역사의 준엄한 심판을 받았다. 그런데 그 뒤 패전국인 독일이나 일본이 전쟁 후의 정신적 공백을 메우고 폐허로 변한 땅에 평화적이고 문화적인 국가를 재건하기 위해 새로운 지침으로서 내세운 것도 니체의 사상이었다. 이리하여 니체는, 말하자면 자신에게도 절반의 책임이 전가되는 전쟁의 폐허 속에서, 그 재를 긁어모아 문화적 재건을 위한 비료가 되는 역할도 아울러 맡게 되었다.

초시대적인 삶의 원근법

니체는 시대 흐름에 반항하고 영원을 지향했다. 이러한 그의 사상이 죽은 뒤에는 일관되게 시대와 그 운명을 같이하여, 좋든 나쁘든 늘 혁신의 선도적인 역할을 해온 이유는 무엇일까? 그것은 아마도 초시대적인 원근법주의를 받아들인 니체의 사고법 때문일 것이다.

니체는 모든 진리나 가치의 의미가 그 자체로서 객관적으로 고정된 것이라고 생각하여, 이것을 절대화하려고 하는 형이상학적 사고법에 반대했다. 그에 의하면 모든 가치는 생명 주체인 인간의 삶의 다양한 전개와 관련해서만 그 뜻이 정해지는 것이다. 이렇게 해서 모든 진리나 가치는 상대화되어, 생명 주체를 중심으로 그 생명 주체가 정한 생존 해석의 관점에 따라 원근법적으로 배치된다.

여기서 이 원근법의 중심이 된 것은 삶의 창조적 근원력으로서의 '권력에의 의지'이며, 2500년의 유럽 역사를 단번에 거슬러 올라가 다다른 그리스 비극시대의 생산적 자연이며 그 상징인 디오니소스와 같은 활력이었다. 이 자연과 활력은 파괴와 재건의 끊임없는 생성 과정 중에서 스스로의 본질을 실현해 간다. 그리고 이 끊임없는 자기실현 과정을 통해 여러 가치 관점을 설정해서 그 삶의 질서를 정돈함과 동시에, 더 나아가 그것을 뛰어넘어 이를 파괴하고 보다 더 높은 곳으로 그 가치 관점을 밀고 간다. 이러한 니체의 원근법적 인생 해석 철학은 막다른 골목에 다다른 시대를 위해 새로운 발전 방향을 탐구하려는 사람들을 인도하여, 자유로운 활로를 지시하고 새로운 미래를 개척하는 창조적 활동 에너지를 공급하는 기능을 다함으로써 시대의 뛰어난 추진력이 되기도 했다.

우상의 파괴와 허무로부터의 출발

니체의 원근법적 인생 해석 철학은 모든 가치에서 고립적인 절대성을 배제함으로써 필연적으로 우상숭배적 태도의 파괴를 가져온다. 특히 그것은 스스로를 절대성으로 포장해서 만인을 그 앞에 무릎 꿇게 하려는 그 시대의 공인된 지배적 권위의 헛된 실체를 폭로하는 날카로운 무기로서 기능한다.

기존의 사회질서나 공인된 가치체계가 흔들리고 새로운 질서나 가치의 출현이 기다려지는 동란의 시대, 위기의 시대에서는 많은 사람들이 낡은 우상의 붕괴를 실감하게 된다. 특히 진실의 가치를 구하고 올바른 삶의 기둥을 찾으려고 애쓰는 성실한 사람들은 이 가치의 공동화(空洞化)를 더욱 절감하게 되는 것이다.

이때 이와 같은 사람들에게 모든 가치의 상대성을 알리고 우상숭배적인 태도야말로 삶을 좀먹는 허무감의 원인이라고 말하는 니체의 철학은 커다란 구원이 된다. 사람들은 이 철학의 철퇴를 맞음으로써 시대의 편견으로부터 자기를 해방하고, 허무한 현실을 견디어 내어 영원한 삶을 지향하려고 하는 강건한 자기를 스스로 단련시키게 되는 것이다.

이렇게 해서 끊임없이 기존의 자기를 뛰어넘어 기존 질서나 가치의 절대화를 부정하고, 보다 더 고귀한 자기와 보다 더 왕성한 창조 활동의 세계로 한없이 되돌아가는 것이 위기의 시대를 사는 우리의 과제가 된다. 이러한 과제를 올바르게 담당하기 위해서는, 시대적 제약을 단번에 뛰어넘어 모든 시대적 특징을 한눈으로 거두어들일 수 있는 조망이 가능한 관점에 서지 않으면 안 된다. 이와 같은 관점에서 본다면 시대적으로 제약된 특정한 가치로서 주어진 삶의 의미는 그 절대성을 잃고 무로 돌아갈 것이다. 하지만 이 무는 또, 이것을 적극적으로 받아들여 거기에서 자기의 새로운 삶의 방식을 재출발시키려 결심한 사람에게 있어서는, 모든 자유와 모든 가능성을 낳는 창조 원리로 바뀌게 된다. 이와 같이 해서 오히려 이 절대성이 상실된 무를 견디고 이 무를 밑받침 삼아 참된 자기를 확립하여 주어진 현실을 크게 다시 긍정하려고 하는 것이 니체 사상의 진수(眞髓)라고 말할 수 있다.

삶 그 자체의 자유로운 창조 활동을 제외하고는 모든 가치 관점의 자립성·궁극성을 부인하는 이 허무주의 철학에서 보자면, 세속적인 정치권력이나 특정 민족의 절대적 우월성을 주장하는 나치즘 이론은 완전히 이치에 어긋나는 것이다. 그러나 이 철학은 또한, 상대적으로 모든 관점을 허용하는 셈이 되기도 한다. 따라서 여기에는 언제나 자제와 자기 극복의 냉엄함을 잃어버리고 니체 사상의 한 국면을 너무 쉽게 절대화하려는 자의적인 해석의 위험성이 뒤따르고 있는 것이다.

시대의 아들 니체

그래서 이런 안이한 해석으로 니체의 참모습을 잃어버리지 않기 위해서는 그가 왜 그와 같은 원근법을 사용하지 않으면 안 되었는지를 알고, 그 참뜻을 그가 살았던 시대 상황에 기초해 밝혀나가야만 한다. 그렇게 해야 니체의 진가와 한계를 제대로 파악하고 그로부터 올바르게 배울 수가 있는 것이다.

생각건대 니체만큼 시대의 운명과 인류의 장래에 깊은 관심을 갖고 있었던 사람은 없었다. 그는 그러한 관심으로 그 시대의 심상치 않은 병폐를 보고 세상 사람들의 비난을 견디고 시대를 탄핵했으며, 이 탄핵을 철저하게 수행하여 그 병근의 근원을 파헤치기 위해 그와 같은 반시대적 삶의 원근법적 관점을 선택한 것이다. 이와 같이 생각할 때 니체만큼 시대의 요청에 성실하게 대답하려고 한 사상가는 일찍이 없었다고 해도 지나친 말이 아니리라.

니체가 살았던 시대

격동하는 독일

니체는 유럽의 후진국이었던 독일이 급속히 자본주의 국가로서의 체제를 갖추어 가던 19세기 후반, 그 시대의 운명을 자기 운명으로 삼고 함께 살아감으로써 그 행방을 성실하게 지켜보려고 했던 사상가였다.

1848년 독일에서는 마침내 산업 시민계급이 나타날 기미를 보여준 '3월혁명'이 일어나는데, 니체는 이 혁명의 전야제 무렵이라 할 수 있는 1844년에 태어났다. 또 니체가 젊은 대학교수로서 세상에 물음을 던진 첫 저작 《비극의 탄생》 초고를 집필한 것은 철혈재상(鐵血宰相) 비스마르크의 군국주의적인 정책에 의해서 독일 민족의 숙원이었던 통일이 실현된 1871년이었다. 이 통일과 프로이센—프랑스 전쟁의 승리로 촉진된 독일의 자본주의화는 1890년에 제국주의적인 단계로 접어들게 된다. 이 시기는 비스마르크가 실각하고 빌헬름 2세가 곧장 제1차 세계대전 방향으로 나아가기 시작할 때이기도 하다. 니체는 이때 이미 정상적인 의식을 잃고 있었다. 그리고 독일의 부르주아가 파시즘으로 전환되어 가던 1900년 니체는 세상을 떠났다.

19세기 전반(前半)의 유럽

18세기가 유럽 사회의 근대화 시대이자 개인 해방의 시대였던 것에 비해, 19세기는 민중의 민주화운동과 권력의 반동정치가 교차된 동란의 시대였다.

나폴레옹 전쟁 이후에 유럽 재건을 꾀한 1814~5년의 빈 회의는 오스트리아의 재상 메테르니히의 주도 아래, 절대주의 구체제를 다시 일으키려고 하는 반동적인 군주동맹을 성립시켰다. 그러나 영국이나 프랑스와 같은 선진국에서는 산업혁명이 착착 진행되어 시민들은 산업자본국가로서 경제 실권을 장악해 가고 있었고, 다른 한편으로는 마침내 심각해진 노동 문제의 해결을 요구하는 노동자계급의 대두도 뚜렷해지고 있었다.

이렇게 해서 반동적인 보수 전제의 절대주의 권력과, 산업자본가와 노동자들로 구성된 신흥 시민계급이라는 프랑스의 신구세력은 격돌하게 된다. 1830년의 7월혁명이 바로 그 사건인데, 이것을 하나의 전기로 해서 승리는 신흥 세력에게로 돌아갔다. 그리고 마침내 신흥 시민계급이 정치적인 패권까지 손에 쥐게 되자 자유주의나 민주주의는 곧 완전히 실현될 것처럼 보였다.

하지만 산업혁명이 진행됨에 따라 산업자본가와 노동자계급 사이에 이해(利害) 대립이 치열해짐으로써, 결국은 커다란 사회 불안이 조성되기에 이르렀다. 노동운동과 함께 자본주의적인 사유제(私有制)를 제한하거나 없앨 것을 주장하는 여러 사회주의 사상도 등장했다. 이와 같은 정세 아래에서 특권화된 영국과 프랑스의 산업자본가들은 철저한 자유와 해방을 요구하는 소시민이나 노동자들의 민주화운동을 막으려고 하는 움직임을 보이기 시작했다. 이러한 대(大) 부르주아지를 배경으로 하는 보수정권에 대해서 급진적인 소시민이나 노동자들이 싸움을 걸어온 것이 1848년 2월에 파리에서 일어난 2월혁명이었다.

2월혁명은 근대 자유주의 이념의 정치적 실현이며, 봉건적인 구세력의 완전한 패퇴를 뜻하는 것이었다. 이에 영향을 받아 독일의 3월혁명을 비롯한 유럽 각국의 민주화운동이 활발해지면서 열매를 맺어갔다. 구권력의 근대화라고 하는 과제를 안고 있었던 많은 나라들에서 민주적 헌법 제정이나 민족적 통일의 기운이 생기기 시작했다. 예를 들어 오스트리아의 2월혁명은 반동정치가 메테르니히를 실각시켜 신성동맹을 무너뜨렸고, 프로이센의 3월혁명은 통일독일을 지향하는 헌법을 제정하는 국민의회를 성립시키기도 했다.

그러나 이와 같은 민주화의 이면으로는, 지배 권력의 강화로 민중운동을 억누르려 하는 산업자본가계급의 보수적 책동이 추진되고 있었다. 프랑스의 2월혁명은 어떤 계급적 정치투쟁이기도 했으므로, 부유한 시민들은 노동자계급의 단결된 힘에 대해서 본능적인 경계심을 가지고 본격적인 반격 체제를 갖출 필요성을 통감했던 것이다.

이렇게 해서 1848년은 높아져 가는 민주화운동의 절정인 동시에, 그 쇠퇴와 유명무실화로 향하는 분수령이 되기도 했다. 영국의 차티스트 운동 세력이 최고조에 이르렀음에도 냉엄한 탄압에 의해 사라져 간 것도 이해였다. 이것으로 상징되는 바와 같이, 19세기 전반은 자유민주주의의 실패로 그 막을 내린 것이다.

19세기 후반의 개막이 유럽 선진 자본주의국가에 있어서 자유주의·민주주의의 후퇴와 반동화의 시작을 의미했다고 하면, 후진국인 독일에서는 이러한 사정이 더욱 강화된 형태로 진행되었을 것이다. 왜냐하면 위로부터의 지배력에 의한 공업화라는 요청에 호응하기 위해서는 봉건적인 구세력과의 합체(合體)가 필요했고, 민족적인 통일을 이루고 세계시장에 끼어들기 위해서는 군국주의 체제에 의한 권력정치가 요구되었기 때문이다. 이러한 후진국 독일의 현실이 비스마르크의 철혈정책을 뒷받침한 토대였다. 이것을 이해하기 위해 잠시 독일의 상황을 살펴보기로 하자.

후진 독일 사회의 근대화

근대 첫머리를 장식하는 종교개혁운동의 시발국이 됨으로써 유럽 근대세계의 선두로 나서려 했던 독일은 1618년부터 1648년에 이르는 30년전쟁에 의해 황폐해졌고, 유럽의 여러 선진국에 비해서 현저하게 뒤떨어진 상태에 머물게 되었다. 19세기에 들어오면서 프로이센은 위대한 계몽군주라고 일컬어졌던 프리드리히 2세(재위 1740~86)의 경륜(經綸)에 의해 유럽 열강과 어깨를 나란히 할 수 있는 강국이 되었고 자유로운 문예도 크게 일어났다. 그러나 그 근대화라는 것은 권력에 의한 위로부터의 근대화였지 민중의 힘에 의해 아래로부터 이룩된 것이 아니었다. 그것은 봉건적인 절대주의 권력과 그것을 뒷받침하는 전근대적인 경제 기반 위에서 이루어진 것일 뿐이었다. 또한 그러한 기존 기반에 의해 허용되고 장려되어 그것에 이바지하는 범위 내의 것이지 그것을 개조하고 변혁하려는 근대화도 아니었던 것이다. 즉 관념적이고 형식적인 근대화에 머물렀기 때문에 그 본질은 전근대적인 봉건체제에 봉사하는 성격에 지나지 않았다.

18세기 프로이센의 실체는 어떠했던가? 그곳에서는 토지귀족이 토지의 대부분을 지배했고, 농민은 엄격한 신분적 구속에 묶여 봉건적 대토지 소유자에게 예속되어 있었다. 이른바 영주적인 대농경영이 실시되고 있었던 것이다. 그리고 이와 같은 봉건적 체제와 제후할거의 연방국가제 아래에서 산업자본의 자유로운 성장은 원활히 이루어질 수 없었고 국내 통일시장의 형성 또한 저해되고 있었다.

산업 시민계급과 토지귀족의 동맹

이러한 제약에도 19세기가 되자, 나폴레옹이 서독 점령지에 도입한 근대적인 정치제도와 이 나폴레옹에 대항하기 위해 프로이센 정부가 슈타인 개혁안 등을 실시하여 꾀한 농민해방이나 토지처분 자유의 확보 등을 배경으로, 독일에서도 부농층이나 산업시민층이 성장하게 되었다. 그리고 그들의 힘에 의해 산업혁명이 추진되어 독일의 공업은 눈부신 발전을 이룩하려 하고 있었다. 1834년에 성립된 독일 관세동맹이 중요성을 갖는 것도 이들 신흥 산업시민들의 손에 의한 국내시장의 통일 실현을 뜻하기 때문이다.

관세동맹에 의해 급속히 그 세력이 늘어난 시민계급이 스스로의 주권을 확립하려고 봉건적 절대주의에 도전한 것이 독일의 3월혁명이었다. 이 혁명에 의해, 이제까지 독일 사회의 자유·통일 운동을 저지하고 있던 토지귀족 세력은 통일독일이라는 공동 목표 실현을 향해 시민계급과 협력하기로 했다. 시민들이 노동자계급의 대두를 억제하기 위해 토지귀족의 권력을 이용하려고 이와 타협한 것이다. 이러한 어정쩡한 '시민혁명' 태도는, 이윽고 19세기 후반 독일이 자유주의·민주주의의 실현이라고 하는 본래적 근대화 길에서 크게 벗어나 내셔널

리즘(민족주의)으로, 더 나아가서는 군국주의로 우경화해 가는 유력한 원인이
된다.

독일 통일과 번영

빌헬름 1세(재위 1861~88)에 의해 재상으로 임명된 비스마르크는 전형적인 토
지귀족 출신이었다. 그는 토지귀족과 대자본가의 지지를 얻어 군국주의에 의한
독일통일 정책을 취하여, 의회의 반대를 무시하고 군비 확장에 힘을 기울였다.
이렇게 해서 프로이센은 공업 자본주의국가로서 발전하기 시작했고, 1866년의
프로이센–오스트리아 전쟁이나 1871년의 프로이센–프랑스 전쟁의 승리로 말
미암아 폭발적으로 약진하게 된다.

특히 1871년의 프로이센–프랑스 전쟁의 승리는 독일제국의 통일을 가져옴으
로써 공업국 독일의 발전을 촉진하는 중대한 계기가 되었다. 그리고 이러한 과
정에서 보여준 힘을 배경으로 프로이센 왕은 통일독일제국의 세습황제가 되었
고, 제국은 비스마르크를 그 초대 재상으로 임명했다. 시민혁명에 의하지 않고
토지귀족 재상의 무력으로 성립된 이 새로운 제국의 성격은 프로이센의 군국
주의적 중앙집권적 관료제도를 그대로 이어받아 말 그대로 봉건적이고 절대주
의적이었다. 제국의 새 헌법에 의하면 내정은 각 연방에 일임되었으나 경제·군
사·외교는 정부가 일원적으로 장악하고, 재상은 황제에게만 책임이 있으며, 황
제는 대원수로서 절대적인 독재권을 행사할 수 있었다.

이 통일 아래에서 프랑스로부터 강탈한 50억 프랑이라고 하는 거액의 배상
금이 독일의 공업 생산에 강한 영향을 주어 그것을 비약적으로 발전시켰다. 또
토지귀족이나 자본가(부르주아지)는 배상금을 기업에 투자하거나 투기로 돌려
엄청난 부를 쌓았다.

노동운동과 사회주의 정당의 대두

자본주의의 발전에 따라서 노동자계급 또한 성장했다. 전쟁이 끝난 뒤 토지
귀족이나 자본가들에게 엄청난 부를 가져다준 배상금의 유입은 인플레이션을
가져와 국민의 생활필수품 값을 올렸고, 중산계급의 몰락과 노동자계급의 생
활 파괴를 가져오기에 이르렀다. 이에 대중은 이윽고 라살레나 마르크스의 사

회주의 사상을 추종하는 독일 노동총동맹이나 독일 사회민주당으로 결집되어, 비스마르크의 권력체제를 위협하는 유력한 사회세력으로 성장해 간다.

특히 사회민주당의 대두는 주목할 만한 것이었다. 1871년 선거에서 10만여 표(전 투표의 3%)를 획득했던 사회민주당은 1875년 5월의 고타 대회에서 아이제나흐파와 라살레파가 연합하여 독일 사회주의노동당을 결성했고, 그 후 1877년 선거에서는 50만 표를 얻어 12명의 대의원을 의회에 보내는 데에 성공했다. 이에 위협을 느낀 비스마르크는 1878년 두 차례에 걸쳐 사회주의자가 황제를 저격한 사건이 발생한 것을 핑계로, 같은 해 사회주의 진압법을 공포하여 사회주의자의 결성·집회·출판의 자유를 제한하는 강력한 탄압을 가했으나, 그 세력을 약화시킬 수는 없었다.

이렇게 해서 독일은 이와 같은 사회적 모순을 지닌 채 조금씩 그 반동적인 권력체제를 강화하여, 제국주의적인 침략 정책으로 기울어지게 된다.

시대의 3대 조류와 니체

산업시민의 실증주의

19세기 후반의 유럽 사상계는 이러한 정치적·사회적 시대 상황을 반영해서 크게 세 가지 사조로 나누어지는데, 실증주의와 마르크스주의 그리고 허무주의가 그것이다.

먼저 시대의 지배권을 장악한 산업시민들의 증폭된 자신감이 실증주의 사상을 출현시키게 된다. 구권력과 싸워서 옛 사회를 개혁해 간 이들은 현실을 신뢰하고 경험에 의해 실증된 사실만을 유일한 규준으로 하여 진리나 가치를 정하고자 했다.

그런데 자본주의적 자유경쟁에서 승리한 이들의 실감으로 말하자면, 우승열패·약육강식의 원칙이야말로 우주 만물을 관통하는 자연법칙으로서 긍정할 만한 것이라고 여겨졌다. 이와 같은 생각이 바탕이 되어 1859년 찰스 다윈의 《종의 기원》이 태어나 생물진화론이 주창되기 시작했다. 그리고 이 생물진화론은 원숭이로부터의 인간 진화를 주장함으로써, 신이나 이념에 입각한 인간과 자연의 창조나 형성을 말하는 기존의 목적론적인 세계관을 무너뜨렸다. 이러한 이유로 무신론을 불러일으키는 위험한 사상이라고 해서 교회나 구세력으로부터 비난과 압박을 받으면서도 이 이론의 힘은 조금씩 커져 사회에 비판적·혁신적인 기운이 일어나게 했다.

이뿐만 아니라 실증주의는 수정자본주의 관점에서 자유와 행복의 조화를 실현하려고 하는 존 스튜어트 밀이나 허버트 스펜서 등의 수정공리주의 사상을 낳았으며, 미국 신대륙의 개척정신과 결합하여 실용주의 사상을 만들어 가게 되었다.

노동자의 마르크스주의

실증주의는 봉건적인 구제도를 변혁하려고 하는 한에서는 혁신성을 지니고 있었다. 그러나 자본의 지배라는 현실 그 자체는 어디까지나 지켜나가야 할 영원한 질서라고 생각했기 때문에 그 본질적 성격은 보수적인 것이라 해도 좋다.

이에 반해 노동자들은 자본의 지배와 착취에 맞서 이와 같은 자본주의 체제를 변혁하려 했고, 이들의 혁명적인 운동은 과학적 사회주의를 주장하는 마르크스주의 사상을 낳았다. 이 마르크스주의는 철저한 유물론 관점에서 실증주의보다도 더 명확하게 또 더 적극적으로 종교나 형이상학적 이념을 부정했다.

마르크스와 그의 친구 엥겔스의 협력으로 이루어진 1848년의 《공산당 선언》은 자본주의사회를 전복하려고 하는 노동자계급의 단결을 소리 높여 선언하고 그 승리의 필연성을 자랑스럽게 노래 불렀다. 《종의 기원》이 출판된 1859년은 사상과 제도를 경제적 도태의 표현으로 보고 역사 발전의 원동력으로서 계급투쟁을 지적하는, 이른바 '유물사관'의 테제를 내건 마르크스 《경제학 비판》이 출판된 해이기도 했던 것이다.

앞서의 실증주의가 산업시민들의 자신감과 자긍심의 결정이었다고 한다면, 이 마르크스주의는 그들과 대결해서 무계급 사회라고 하는 전혀 새로운 사회를 만들어 가려 했던 노동자들의 자신과 긍지의 결정체였다고 할 수 있을 것이다.

지식층의 허무주의

수구와 변혁의 적대적인 세력이 격돌하는 이와 같은 위기의 시대에서 그 어느 편에 대해서도 결정적인 태도를 취할 수 없는 부동층은 다름 아닌 지식인 계급이었다. 수구에 찬동하여 착실한 전진을 이룩할 수 있다는 것을 믿는 현실주의일 수도 없고, 그렇다고 혁명에 의존하여 전혀 새로운 사회를 만들어 낼 실천가도 될 수 없는 것이 인텔리였던 것이다.

이러한 지식층이 품은 제자리 상실의 고뇌나 불안을 19세기 전반에 표현한 것이 쇼펜하우어의 염세주의 철학이었고, 키에르케고르의 우수(憂愁)와 절망의 철리(哲理)였다. 인텔리의 장래를 예언한 이 두 사상가는 모두 아버지의 유산에 기대어 사색한 지식인이었다. 이들이 스스로 자본주의 현실에 의존하고 있었으면서도 거기에서 전망 없는 몰락의 가능성밖에 볼 수 없었다는 것은 주목할 만하다.

이 두 사람이 예언한 허무한 현실의 도래라는 운명은 19세기 후반에 이르러 그 분명한 모습을 드러냈다. 민주주의나 자유주의라는 근대적 이념에 대해서 낭만적인 기대를 걸 수 없는 냉엄한 현실이 거기에 있었다. 국가주의 또는 군국주의에 의해 공업화를 추진하려는 자본가들과, 생활 파괴를 가져온 그러한 자본의 지배와 싸워서 평등 이념의 완전한 실현을 노리는 노동자들 사이에는 적대적 이해 대립이 있다는 것이 점점 뚜렷해졌다. 이때 이러한 힘의 대결을 뛰어넘어 지적·예술적 교양에 의한 인간 완성을 지향하려 했던 삶의 방식은 무력감이나 공허감, 불모감에 사로잡히지 않을 수 없었으리라.

교양계급의 이러한 실감은 먼저 러시아 문학가들에 의해서 하나의 사상으로까지 조형되었다. 절대주의적인 차리즘의 압박 아래에서 신음하는 농민대중을 눈앞에 보면서도 그들이 할 수 있는 일은 별로 없었다. 선진 서구 제국으로부터 자유·민주의 이념을 받아들인 그들에게 권력자가 쌓아올린 정치적인 벽과 농민대중이 쌓은 무지의 벽은 너무나도 두터웠던 것이다. 더욱이 거기에는 권력과의 투쟁을 위해 아래로부터 밀고 올라가는 노동자계급의 성장이 거의 없었다. 이러한 현실을 앞에 두고 양심적인 지식층이 품고 있던 무력감은 심각한 것이었다.

이러한 정서를 배경으로 투르게네프는 1862년 《아버지와 아들》이라는 작품

속에서 청년 주인공 바자로프를 허무주의자로서 그려내고, 이 허무주의야말로 새로운 세대의 문제라는 것을 분명히 제시했다.

이어 도스토옙스키는 1866년 《죄와 벌》에서 주인공 라스콜니코프의 입을 통해 "만일 신이 없다면 인간, 특히 비범한 개인에 대해서는 모든 것이 허용된다. 살인까지도"라고 허무적인 주장을 하게 했다. 다시 그는 1870년 《악령》에서 "만일 신인(神人) 예수가 죽었다고 한다면 그다음엔 인간 자신이 신이 되지 않으면 안 된다" 생각하는 '인신설(人神說)'을 문제 삼았는데, 이는 이러한 변칙적 관념으로 자기 행동을 장식하지 않으면 안 될 정도로 지적 교양인들의 내면적 공허감이 뿌리 깊다는 것을 그려낸 것이었다.

내재적 초월의 방향

이들 3대 시대적 사조(실증주의, 마르크스주의, 허무주의)에 대해서 니체는 어떠한 위치를 차지하고 있는가?

니체는 어떠한 사상이든 어떠한 운명이든 간에 자신의 삶에 주어진 현실이라면 적극적으로 받아들이고자 했다. 그는 철저하게 현실을 살아감으로써 그 한계를 밝히고, 그것을 끝까지 체험함으로써 뛰어넘으려 한 것이다. 니체는 이들 3대 사조 속으로 파고들어 이것들을 자기 운명으로 받아들임으로써, 스스로에게 이들 시대사조를 영원한 방향으로 뚫고 나가려고 하는 이른바 내재적 초월의 길을 부과했다.

모든 이상이나 이념에 대해 자유로운 비평을 가하여 그 생물학적·생리학적 기원을 밝히고, 이들 개념을 자연의 사실로 환원시키려 하는 데에서 실증주의자로서의 니체가 탄생한다. 그리고 이러한 실증성은 모든 의식을 삶의 사실로 되돌림으로써 유물성으로까지 철저를 기하여 무신론이나 반신론에까지 이르려고 한다. 그리고 더 나아가서 이와 같은 태도가 투르게네프나 도스토옙스키의 경고처럼 가공할 허무주의를 불러온다면, 이 허무주의와 성실하게 대결해서 그 원인을 찾아내고 그 결말을 보아야 한다는 것이 니체의 생애에 일관된 과제였던 것이다.

하지만 니체는 이들 3대 사조의 단순한 조정자나 절충자로 안주하려 한 평범한 사상가는 아니었다. 그는 이들 사조를 뛰어넘어, 나중에 자신의 독자적인 사상을 만들어 냈다.

니체는 실증주의가 물질적 욕심이나 감각적 쾌감의 원리를 휘둘러 고귀한 삶이 갖는 창조성을 못쓰게 만드는 경향을 타이르고, 교양적인 속물이 되기보다는 오히려 힘이 넘치는 삶의 격정에 순진하게 따르려 했다. 니체는 쾌(快)를 위한 공리보다는 창조를 위한 공리를 긍정했고, 평균적 문명으로의 진화가 아니라 개성적 삶으로의 진화가 더 긍정적이라고 보았다. 그는 국가의 융성이나 군사적인 승리보다는 개인의 자유와 독창적 문화의 창조를 지향하는 정신적인 귀족주의자였다. 또한 부르주아적인 속물성을 공격하고 융커(토지귀족)의 혼(魂)이 갖는 고귀함을 보존하려고 했는데, 이러한 경향으로 니체의 견해는 반시민적으로 형성되어 갔다.

그렇다고 해서 니체가 가장 유력한 반시민적 세력인 노동자계급 운동의 지지자였던 것은 아니다. 오히려 니체는 그들에 대한 가장 통렬한 비판자였다. 니체는 거기에서 개성 없는 약자 대중이 군중적 힘을 믿고 자신들의 비열한 욕망을 채우기 위해 고귀한 것에 반역하는 천민 근성을 알아챈 것이다. 그리하여 그는 영웅적인 개인주의의 고루(孤壘)를 지키며 시대 흐름에 대항하여 반민주주의 및 반사회주의 관점을 지키게 된다.

이와 같은 견해를 관철하려는 사람은 지배적 시민층으로부터도, 또 그와 대립하는 노동자 대중으로부터도 동떨어진 고독한 생애를 살아야 한다. 이것이 니체의 운명이었다. 그런 뜻에서 니체는 바로 교양 시민층을 대표하는 사상가였다. 그러나 그는 자신의 부동적인 삶을 방관하여 그 공허감을 읊으면서 살아가려고 하는 염세주의자도 아니었고, 초월적 권위(신)에 의존해서 그 공허한 삶을 뛰어넘으려고 하는 참회자도 아니었다. 이와 같은 삶의 태도는 니체가 가장 혐오하는 패배자의 삶이었다.

여기에서 니체가 택한 것은 모든 기존 권위를 적극적으로 거부하는 능동적인 허무주의자의 길이었다. 허무를 운명적인 것이자 주어진 것으로 단념하는 게 아니라, 그것을 오히려 자기가 선택한 것으로서 적극적으로 긍정하려 한 것이 니체였다. 이리하여 '운명애'의 새로운 복음을 말하는 니체가 탄생한다. 이와 같이 허무를 견디고 이 무(無)를 자기 자유의 죽음으로 받아들이는 것이 아니라, 자유의 무한한 가능성을 낳는 도약대로 삼는 '초인'이야말로 니체의 독자성을 결정짓는 것이었다.

'초인'과 '대지'

초인이란 끊임없이 기존의 삶을 뛰어넘는 사람을 말하는 것으로, 고정된 종말이나 목표를 나타내는 이념으로서 세워진 것이 아니다. 초인의 이념은 평소 스스로를 극복하는 자기 초월의 과정에 내재하여, 이 과정과 함께 움직이면서 그 활동을 이끌어 가는 실천 이념으로서 세워진 것이다.

따라서 이 '초인' 이념의 안내를 받고 살아가려는 사람은 끊임없이 다양한 관점을 스스로 해결함으로써 그것을 뛰어넘지 않으면 안 된다. 스스로 그 관점을 체험한 자만이 이것을 비판하는 참다운 자격을 갖는다. 이와 같은 긍지와 자신을 가지고 시대사조와 대결하여 그 내재적인 초월자가 되려고 했던 이가 니체였던 것이다.

니체가 시대사조를 극복하기 위해 삶의 목표로 삼은 '초인'을 특징짓는 것은 무엇인가? 그것은 바로 자유로운 창조 주체로서의 능동적인 자연이며 '삶 자체로 파고드는 삶'이고 '권력에의 의지'였다. 그러므로 '권력에의 의지'에 의해 충실해진 '삶'을 만들어 내고 쉼 없는 '대지'에 기초해 대자연에 튼튼하게 발을 딛고 다시 사색하려고 하는 것이 니체의 생애를 가로지르는 꿈이었다.

그렇다면 실제로 그의 인생을 뒷받침한 '자연'이란 어떠한 것이었는가? 이 점에 눈을 돌려보기로 한다.

니체를 둘러싼 자연

자유로운 유랑

니체는 프로이센의 시골 도시 뢰켄에서 태어났다. 네 살 때 아버지를 잃은 그는 어린 나이에 고향을 떠나 나움부르크로 옮겨가지 않으면 안 되었다. 그 후부터는 비교적 순조롭게 슐포르타(포르타 학원)에서 김나지움 교육을, 본과 라이프치히에서 대학 교육을 받았다. 니체는 열네 살에 포르타 학원에 입학했는데, 그 이후부터는 가족을 떠나 기숙사에서 살거나 하숙생활을 했다. 이런 뜻에서 니체의 마음의 고향은 가정이라고 하기보다는 오히려 무료함을 달래준 독일의 자연이었다고 해도 지나친 말이 아닐 것이다.

특히 청년기를 지난 니체에게는 자연이야말로 성장의 양식이었고 가장 사랑하는 동반자이기도 했다. 스물넷의 젊은 나이로 바젤 대학 교수로 추천된 니체는 그 뒤 스위스 사람으로서 독일 국적을 포기했다. 그리고 그는 교수직 퇴임 뒤 마흔네 살이 되어 정신이상 증세를 보일 때까지 10여 년 동안 병약한 몸에 신경을 쓰면서 저작 활동을 계속하기 위해, 스위스·이탈리아·프랑스·독일의 각지를 돌아다니며 오직 꾸밈없는 자연을 찾아 살아간다. 이렇듯 한곳에 머물지 않았던 나그네 니체에게는 국경이나 그 밖의 인위적인 작위(作爲)를 초월한 대자연의 모습이야말로 마음으로부터 말을 걸 수 있는 친구였고, 무한한 가능성을 따를 수 있는 사색의 원천으로 여겨졌다. 시장에서의 세속적인 어릿광대짓을 떠나 사람 사는 곳으로부터 멀리 떨어진 높은 산의 동굴에서 영혼의 청소를 하는 차라투스트라의 행복이야말로 니체 자신이 마음속으로부터 바랐던 것이었다.

국적과 국경을 뛰어넘은 이러한 유랑은 한편으로는 모든 가식을 없앤 자연에서 건강한 삶의 자세를 배울 수 있게 함과 동시에, 다른 한편으로는 유럽적인 시야로 그 운명을 바라볼 수 있게 했다. 그가 그리스의 자연을 전 유럽의 모태(母胎)로서 재발견할 수 있었던 것도 이 덕분이다. 니체는 여기서 발견된 자연에 기초해 현실을 내다보는 넓고 자유로운 관점을 취했다. 그가 모국 독일의 후진성을 날카롭게 비판하고, 특히 그 철저하지 못한 민주화나 노예적인 사회화, 군사적 승리를 문화적 우수성이라고 착각하는 속물성 등을 매우 정확하게 지적할 수 있었던 것도 그 때문이었다.

그러나 이 유랑은 호사가적인 흥미나 방관자적인 유흥으로서 선택된 것이 아니었고, 건강과 저작을 위한 냉엄한 필연으로서 시도된 것이었다. 그 어떤 유랑에 있어서나 니체 마음의 뿌리는 독일의 현실과 튼튼하게 연결되어 있었다. 니체는 세계주의자(코즈모폴리턴)로서 유랑한 것이 아니라 독일인으로서 긍지를 가지고 유럽의 자연과 문화를 탐구한 것이다.

독일에 대한 통렬하고도 면박에 가까운 비판의 밑바탕에 얼마나 강렬한 조국애가 깃들어 있었는가 하는 것은 1866년 프로이센−오스트리아 전쟁이나

1870년 프로이센–프랑스 전쟁에서 니체가 보여준 태도를 통해 충분히 짐작할 수 있다. 거기에는 간호병으로 지원해 싸움터로 나간 애국자 니체의 모습이 있었던 것이다.

알프스의 만년설과 지중해의 검푸른 바다

니체가 자연을 찾은 데에는 병약한 몸과 시력이 약한 눈을 지켜야 하는 건강상의 이유도 있었다. 하지만 그런 점을 감안하더라도 니체만큼 자연을 사랑하고 자연과의 대화로 자신의 사상을 단련하고 키워 나간 사상가는 찾아보기 힘들 것이다.

책벌레가 되어야 하는 고전문헌학자로서 출발했음에도 사상가로서의 니체에게 산과 들, 바닷가 산보는 하루도 빼놓을 수 없는 일과였다. 그는 컴컴한 서재에서 고안된 사상을 신용하지 않았고, 높은 산이나 맑은 바닷가 산책 중에 잉태된 착상만이 건강한 사상으로 성숙된다고 믿었다. 그리하여 밝은 자연의 햇빛이 풍부한 아침나절을 글을 쓰면서 보내고 오후에는 자연을 두루 돌아다니는 것이 니체의 일상이었다. 니체는 오전의 햇빛 아래에서 생각을 정리하고 위대한 정오의 자연을 표현하려 했으며, 피곤한 밤의 생각이나 자연스럽지 못한 밤샘 작업 등은 하지 않았다.

특히 니체가 사랑한 자연은 여름에는 만년설로 덮인 알프스의 봉우리가 이어지는 스위스 엔가딘 지방이었고, 겨울에는 끝없는 검푸른 바다에 무한한 신비를 간직하고 펼쳐지는 제노바나 니스 등의 이탈리아·프랑스 지중해 연안지방이었다. 니체가 영원회귀의 사상을 품은 것도 엔가딘 지방의 벽촌 질스마리아에 있는 실바프라나 호수에서였다. 그는 이때의 체험을 한 장의 종이에 '인간과 시간의 저편 6000피트'라 기록하고 있다. 또 니체가 '차라투스트라'의 전형상(典型像)을 파악한 곳 역시 제노바에 가까운 포르토피노곶의 길가였다. 니체가 그의 자서전 《이 사람을 보라》에서 고백하고 있는 이와 같은 증언에 비추어 보더라도 그의 사상과 자연의 밀접한 관계를 알 수가 있을 것이다.

2 니체의 생애

어린 시절의 성장-유년시대

목사 집안의 맏아들

프리드리히 빌헬름 니체(Friedrich Wilhelm Nietzsche)는 1844년 10월 15일, 프로이센령 작센 주의 작은 마을 뢰켄의 목사관에서 루터파 목사의 장남으로 태어났다. 아버지도 어머니도 다 같이 성직자 명문가 출신이었다. 그때 그의 아버지는 서른한 살로 국왕 프리드리히 빌헬름 4세의 두터운 신뢰를 받고 있던 터라 이 가족의 앞날은 밝아 보였다.

니체의 아버지 칼 루트비히 니체는 1813년 10월 10일에 아일렌부르크 지방 감독목사이자 신학박사인 아버지와, 역시 이름 있는 성직자 집안 출신이던 어머니의 막내아들로 태어났다. 이날은 나폴레옹이 아일렌부르크에 입성한 기념적인 날이기도 했다.

니체의 할아버지 가계는 프로테스탄트로서 신앙을 지키기 위해 독일로 망명한 폴란드 귀족 집안이었다. 니체의 할머니는 청춘을 바이마르에서 지냄으로써 괴테의 사교권과도 인연을 맺고 있었다. 그녀의 집안도 알아주는 명문이어서, 대학의 신학 교수였던 그녀의 오빠 크라우제는 바이마르 교구 총감독이었던 헤르더가 죽은 뒤 그 후임으로서 바이마르로 초청되었을 정도였다.

니체의 어머니 프란치스카는 뢰켄과 가까운 마을인 포블레스의 목사 다비트 에른스트 욀러의 딸로 1843년 10월 10일 17세의 나이에 30세의 칼 루트비히와 결혼했다. 니체의 외할아버지는 건강하고 낙천적인 쾌활함이 있었고 음악과 시 등에 뛰어났다. 니체의 외할머니는 부유한 궁정 고문관의 딸이었는데, 그 덕분에 니체의 어머니는 고상한 취미를 즐기며 여유롭고 행복한 처녀 시절을 보냈다.

이러한 집안 내력에 대해서 니체는 커다란 긍지를 가지고 있었다. 그래서 그는 자기에게 뛰어난 점이 있다면 그것은 모두 조상의 유산이라고 믿었다. 또 니체는 "그리스도교를 유감없이 비판할 수 있는 것은 어렸을 때의 그리스도교적인 환경이 좋은 추억만을 남겨주었기 때문이다" 고백하고 이와 같은 성직자 집안에서 태어난 것을 감사하게 여겼다.

꼼꼼하고 음악을 좋아했던 아버지

니체의 아버지는 할레 대학을 우수한 성적으로 졸업한 뒤 잠시 알텐부르크의 공작 집안에서 세 왕녀의 교육을 담당한 적이 있었다. 그는 뛰어난 재능과 온화한 인품, 꼼꼼한 근면성 등으로 이 역할을 훌륭하게 해냈다. 그러나 그는 취미가 전혀 없는 사람은 아니었다. 특히 음악에 대한 소질이 뛰어나서, 그의 피아노 연주는 듣는 사람에게 깊은 감명을 주었다. 니체가 어렸을 때부터 음악에 대한 날카로운 감수성과 기호를 가지고 있었고, 아버지의 피아노 소리로 울음을 그칠 정도였다고 알려진 것은 분명히 아버지로부터 감화를 받은 바가 컸음을 말해 주는 사실이다.

1841년, 아버지 니체는 프러시아 국왕 프리드리히 빌헬름 4세의 총애를 받아 부유하고 평화로운 작은 마을인 뢰켄의 목사로 취임했다. 그리고 사람들은 그가 머지않아 궁정목사로서 베를린으로 가게 될 것이라 생각하고 있었다. 이러한 아버지에게 1848년의 3월혁명은 그 무엇보다 더한 고통이었다. 경애하는 프리드리히 국왕이 베를린 시내를 도망 다녔다는 신문 기사를 읽고, 아버지는 분통을 터뜨리며 눈물을 흘린 뒤 집을 나가 몇 시간이고 가족에게로 돌아오지 않았다.

아버지는 건강했으나 아홉 형제의 막내로 자란 탓에 매우 신경질적인 면을 지니고 있었다. 또한 시력도 약했고 니체 집안의 내력이라고도 여겨지는 두통을 일으킬 때도 있었는데, 아버지의 이러한 점들은 나중에 니체에게 유전되어 그를 평생 괴롭히는 질환이 된다.

행복한 가정생활

어머니 프란치스카는 열일곱 어린 나이에 뢰켄 목사관으로 시집을 왔다. 고집이 세고 진지하며 신앙심이 깊은 젊은 어머니에게 이 가정생활은 마음고생이 심했을 테지만 시어머니의 따뜻한 배려, 남편의 부드러운 애정, 시누이의 헌신적인 도움으로 '이상적인 목사관'이라고 일컬어질 정도로 행복한 생활을 이루어나갔다.

결혼 이듬해 니체가 태어난 날은 마침 프로이센 왕의 생일을 축하하는 마을의 종이 여기저기서 울려퍼지고 있었다. 경애하는 국왕의 탄생일에 맏아들을 얻어 기쁨에 싸인 아버지는 국왕의 이름을 아이의 세례명으로 삼았다. 이어 1846년 7월에는 니체의 누이동생이 태어났다. 아버지는 자신이 한때 가르쳤던 알텐부르크의 세 왕녀 이름을 따서 딸의 이름을 테레제 엘리자베트 알렉산드라라고 지었다. 그리고 다시 2년 뒤에는 동생인 요제프가 태어났다.

어머니와 아들 가정으로의 전락 나움부르크로의 이사

그러나 갑자기 불행이 이 집안을 덮친다. 그해 8월 근시였던 니체의 아버지는 강아지에 발이 걸려 현관 돌계단에서 굴러떨어졌고, 머리를 세게 부딪힌 탓에 뇌진탕을 일으켰다. 그리고 이것이 원인이 되어 이듬해인 1849년 4월 30일, 뇌연화증으로 서른다섯 나이에 생애를 마쳤다. "어머니, 아내 프렌첸(애칭)을 잘 부탁합니다." 그는 임종 때 어린 세 아이를 안은 스물세 살 아내를 생각하면서 자신의 어머니에게 이 말을 남겼다.

하지만 곧이어 이 가엾은 과부에게 또 다른 불행이 찾아왔다. 1850년 2월에 두 번째 생일을 맞은 막내 요제프가 갑작스런 경련을 일으키며 죽고 만 것이다.

연이은 타격은 니체의 어린 마음에 심각한 영향을 끼쳤다. 신의 죽음이라고 하는 그의 사상 안에 깃든 그 생생한 내용은, 아마도 사랑하는 사람과의 영원한 이별이라는 이때의 체험을 반영한 것이라고 해도 좋으리라.

가장을 잃은 데다 어린아이까지 잃은 니체의 가족은 그 저주스런 땅을 뒤로하고 그해 4월에 근처의 성벽으로 둘러싸인, 잘레 강변의 오래되고 아름다운 마을 나움부르크로 이사했다. 할머니의 오빠 크라우제 목사를 의지하여 할머니를 중심으로 두 고모와 어머니, 그리고 니체 남매까지 모두 여섯 명이 모자가정을 꾸려가게 된 것이다. 이렇게 해서 니체는 다섯 살 나이에 고향을 잃은 유랑생활의 외로움을 맛보게 되었다.

내향적인 작은 귀족

니체는 몸은 아주 건강했지만 말을 할 수 있을 때까지 2년 반이나 걸렸을 정도로 조용한 아이였다. 그는 아버지로부터 흥분하기 쉬운 신경질적 성격을 물려받았으나, 귀족적인 집안의 전통에 감화되어 일찍부터 냉엄한 자기 억제의 힘을 몸에 지니고 있었다. 그래서 무엇인가 나쁜 짓을 하고 야단을 맞으면 곧 얼굴을 붉히면서도 아무 말도 하지 않고 어딘가에 들어앉아 있곤 했다. 그는 자신의 잘못을 인정할 수 있을 때에는 머리를 숙이고 용서를 빌었지만 그렇지 못할 경우에는 완전히 침묵을 지키는 고집쟁이였다. 그는 이렇게 조용하고 내성적인 모습 안으로 강건한 의지와 날카로운 지성을 간직하고 있었는데, 이것을 알아차린 사람은 없었다.

할머니가 세상과의 교제를 맡고 두 고모가 집안일과 사교를 담당했기 때문에, 어머니는 두 아이의 교육에 몰두할 수가 있었다. 그녀는 스파르타식의 엄격함과 검소함으로 아이들을 가르쳤다. 어머니는 할머니가 손자를 너무 귀여워하는 것에 신경을 썼다. 가끔 어머니가 그것을 못마땅해 하는 눈치를 보이면 할머니는 "하지만 얘야, 이 아이들은 모두 착해서 나무랄 데가 없지 않느냐" 말하는 것이었다.

어머니의 배후에는 언제나 니체의 외할아버지 욀러가 있었다. 그는 특히 스스로를 거창하게 표현하는 사람을 몹시 싫어했는데, 그것은 그가 뛰어난 안목과 날카로운 현실감각을 가지고 있었기 때문이다. 그래서 처음으로 니체 안에 간직된 독창적인 재능을 발견하고 그것을 소중하게 생각해 준 사람도 바로 그였다. 어머니가 자기 아들의 이상한 고집을 자신의 아버지에게 호소했을 때 그는 딸에게 다음과 같이 충고했다. "얘야, 너는 저 애가 어떤 아이인지 전혀 모르고 있구나! 저 애는 평생 동안 내가 본 애들 가운데 가장 비범하고 재능 있는 아이란다. 저 아이의 그런 성질은 그대로 내버려 두는 것이 좋단다." 이 충고를 들은 뒤로 어머니는 아들의 재능이 자라는 대로 내버려 두었기 때문에 아무도 그에게 시끄럽게 간섭을 하지 않았다. 이로써 니체의 자발적인 자기 억제의 귀족적 태도는 크게 향상되었다.

또 어린 니체의 인간성 형성에 큰 영향을 끼친 사람으로서 빌헬름 핀데르와 구스타프 크루크라고 하는 두 소꿉친구와 그 가족들을 빼놓아서는 안 될 것이다. 니체 할머니의 친구들 가운데 나움부르크의 사교계를 지배하고 있던 항소법원에 관련된 사람들이 많았다. 이들은 서로의 손자들이 친하게 지내기를 바라 교제를 트게 해주려고 애썼다. 이렇게 해서 세 사람의 우정은 싹터 갔다.

니체는 핀데르의 아버지로부터는 문학과 미술의 교양을 습득할 수 있었고, 특히 괴테의 위대함을 배우게 되었다. 또 다른 친구인 크루크의 아버지로부터는 좋은 음악의 취미를 배웠다. 이렇게 귀족적 교양이 풍부한 환경의 혜택을 받아, 니체의 문화비평 무기가 되는 '거리의 파토스'(저속한 것과 고귀한 것을 구별하여 본능적으로 저속을 버리고 고귀를 고르려고 하는 가치 감각)가 자라가고 있었던 것이다.

어린 '도련님'의 초등학교 시절

나움부르크로 옮기고 얼마 후 할머니의 의견에 따라, 아직 채 여섯 살이 못 된 니체는 시립 초등학교에 들어가게 된다. 시립 초등학교에서 여러 신분의 아이들과 어울려 지내게 하여 낮은 계급 사람들에 대한 배려의 마음을 길러줌과 동시에, 수줍어하는 성격을 고쳐주려는 의도였다.

그러나 이 고상하고 우아한 동작을 가진, 진지하고 곧잘 생각에 잠기는 니체 도련님은 색다른 인간으로서 급우로부터 따돌림을 당했다. 특히 성경 글귀나 찬송가를 잘 외워서 모두를 눈물짓게 하는 특기로 니체는 '어린 도련님'이라는 별명을 얻게 되었다.

그의 누이동생은 이 '어린 도련님'의 꼼꼼함을 나타내는 한 일화를 다음과 같이 전하고 있다.

다른 아이들이 심한 소낙비 속을 날듯이 뛰어서 집으로 돌아간 뒤에 오빠는 혼자 흠뻑 젖어 유유히 걸어서 집으로 돌아왔어요. 어머니가 야단을 치니까 그는 진지하게 대답했습니다. "하지만 어머니, 학교 규칙에 쓰여 있어요. 학교에서 돌아갈 때에는 뛰지 말고 조용히 얌전하게 가라고요."

그래서 니체는 약 1년 동안 이 학교에 다니다가, 성당 부속의 돔 김나지움을 위한 예비학교였던 웨베르 씨의 사립 기숙학교로 보내졌다. 여기서 그는 1854년

까지 앞서 언급한 두 친구 핀데르와 크루크와 함께 배웠고, 그해에 제5학급생
으로서 김나지움에 입학했다. 이렇게 해서 마침내 니체는 성직자나 학자로서의
교양을 연마하기 위한 대학 진학을 목표로 하는 중·고교 교육 기관인 김나지
움에서 그리스·로마의 고전 학습을 중심으로 하는 자유교육을 받게 된 것이다.

오빠와 누이동생의 교제

여자만 있는 가정에서 두 살 차이의 남매로서 서로 의지하면서 자란 니체와
누이동생은 한시도 떨어지지 않을 만큼 우애가 돈독했다. 명랑하고 활발한 누
이동생 엘리자베트에게 오빠는 상냥한 놀이 상대였을 뿐만 아니라 존경할 만
한 절대의 권위이기도 했다.

니체는 누이동생이 지닌, 고집 세고 제멋대로인 성격을 잘 이해했다. 그래서
그는 누이동생에게 놀이와 생활을 통해 자제의 냉엄함과 허위를 미워하는 성
실성이라는 귀족적인 덕성을 가르쳤다. 이러한 오빠에 대한 고마움을 누이동생
은 이렇게 쓰고 있다.

> 오빠가 나를 타이르려고 했던 말 대부분은 자제(自制)라는 것을 가르치기
> 위한 것이었다. 오빠는 그것이 얼굴에 웃음을 띠고 말도 거칠게 하지 않으며
> 고통과 슬픔과 부정을 조용히 견디는 일이라고 했다. 나중에 고통스러운 처
> 지에 놓일 때면 나는 늘 다음과 같은 오빠의 말을 떠올렸다. "리스베트(엘리자
> 베트의 애칭), 나를 자제할 수 있는 사람은 남도 제재할 수가 있는 거야."
> 성실이라는 점에도 오빠는 큰 중점을 두고 있었다. "우리 두 사람은 거짓말
> 을 해서는 안 된다. 왜냐하면 그것은 폴란드 귀족 출신에게 어울리지 않으니
> 까. 남들은 거짓말을 하고 싶으면 얼마든지 하라지. 하지만 우리 둘에게는 오
> 직 성실이 있을 뿐이야." 이러한 것들이 나에 대한 오빠의 교육 방침이었다.

오빠의 이런 모습은 누이동생에게 자랑스럽고 절대적인 권위로서 받아들여
졌다. 오빠에 대한 누이동생의 존경은 그녀의 유년시대나 소녀시대를 통해 변
함이 없었다. 오빠 말고 다른 권위를 인정하지 않는다는 점에서 그녀는 곧잘
놀림을 당할 정도였다. 그녀는 존경하는 마음에서 오빠가 쓴 것을 모아두었다

가 그녀의 '보물방'을 채우곤 했다. 누이동생이 여섯 살부터 시작한 이 일은 평생에 걸쳐 계속되어, 뒷날 니체에 대한 귀중한 자료가 된다. 그녀가 설립한 니체 문서보관소 자료의 거의 대부분은 그녀가 그렇게 모아둔 것들이었다.

병으로 인한 괴로움, 독신의 불편과 고독을 견디면서 사색해야 했던 니체에게 누이동생은 아내 또는 간호사 역할도 기꺼이 해 주었다. 어머니가 죽은 뒤에는 정신이상을 일으킨 니체를 돌보는 것도 이 누이동생의 몫이었던 것이다. 이러한 떨어질 수 없는 교제는 니체의 결혼 이야기를 둘러싼 오해나 누이동생의 결혼(4년 후에 남편과 사별)에 의해 한때 중단되기도 했다. 하지만 그렇다고 해도 이렇게 평생을 통해 교제를 가진 남매도 그리 흔하지 않을 것이다.

이러한 누이동생의 오빠에 대한 극진한 사랑은 니체를 괴롭게 하거나, 그의 유고를 고쳐 씀으로써 그의 사상을 잘못 이해되도록 하는 원인이 되기도 했다. 그럼에도 자신의 오빠를 천한 인간으로 몰아세우는 세간의 오해로부터 지키려고 했던 누이동생의 참뜻만은 아름다운 것이라고 평가해야 하리라.

영혼의 독립을 구하여-포르타 학원 시대

가족과의 이별

1855년에 집안의 중심이었던 니체의 고모가 죽고, 그 이듬해가 되자 여기에 상심한 할머니도 죽게 된다. 이에 서른 살이 된 니체의 어머니는 남아있던 또 한 사람의 고모와도 작별하고, 독립하기 위해 두 아이를 데리고 그녀 친구의 셋방으로 이사를 했다.

이 집의 주인은 목사의 미망인이었다. 그녀는 과학이나 철학에 뛰어난 지식과 흥미를 가지고 있었기 때문에, 아이들의 공부를 위해 매우 쾌적한 환경을 제공해 주었다. 이렇게 해서 남매가 모두 뛰어난 성적을 보여 어머니의 자랑거리가 되었다. 단 한 가지 마음에 걸리는 일은 1856년부터 7년에 걸쳐서 너무 공부를 한 탓인지, 그렇지 않으면 아버지를 닮은 탓인지 니체에게 두통과 눈병의 조짐이 나타나기 시작했다는 것이었다. 그것 말고는 니체는 몸이 튼튼했고 여름에는 수영, 겨울에는 스케이트 등의 운동도 즐겼다. 그는 아버지나 어릴 적 친구들의 아버지들로부터 영향을 받아 작시나 작곡에도 뛰어난 재능을 보이기 시작했고, 가족들은 조용한 행복에 싸여 나날을 보내고 있었다.

그런데 니체의 남다른 천재성을 전해 들은 공립 포르타 학원의 교장이 어머니에게 편지를 보내, 1858년 9월에 니체를 장학생으로 맞이하고 싶다는 뜻을 전해 왔다.

포르타 학원은 나움부르크 부근의 한적한 자연 속에 있는 공립 김나지움으로, 엄격한 기숙사 생활과 철저한 인문주의적 교육으로 학생들을 단련시켜 훌륭한 인재를 길러온 유서 깊은 명문교였다. 노발리스, 슐레겔 형제 등 19세기 처음을 장식하는 독일 낭만주의의 대표적인 시인 및 문학자나 피히테, 랑케 등의 철학자와 역사학자도 여기서 길러낸 사람들이었다.

아무나 들어갈 수 없는 이러한 명문교에, 그것도 완전 장학생으로 입학한다고 하는 것은 성직자나 학자로서 빛나는 장래를 약속받는 일과 다름없었다. 이에 당연히 니체의 어머니는 몹시 기뻐했다. 그러나 포르타 학원은 기숙사 제도의 학교였으므로 이곳으로 진학한다는 것은 모자간의 이별을 의미했다. 남편을 잃고 아이들의 성장을 바라보는 것만을 즐거움으로 삼고 있던 젊은 미망인에게 이 이별은 견딜 수 없는 고통이었다. 그럼에도 의연한 신념을 관철하는 것을 예사로 삼았던 그녀는, 조금 망설인 끝에 아들의 행복을 바라는 마음에서 이 이별의 쓰라림을 견디겠노라 마음먹었다. 이렇게 해서 니체는 사랑하는 어머니와 누이동생과 헤어져 보편적인 교양과 냉엄한 집단생활의 규율로써 자신을 단련하기 위해, 그리고 가족으로부터의 독립을 위해 첫발을 내디디게 된 것이다.

포르타 학원 생활

포르타 학원은 200명의 학생을 완전 기숙사 제도의 규율과 엄격한 개별지도로 훈련시키는 학교였다.

한 방에서 열두 명 또는 열여섯 명의 학생이 함께 지냈으며, 다시 그것이 3, 4조로 나뉘어 각 조마다 조장(제1급생)과 부조장(제2급생), 그리고 두 사람의 하급생(제3급생)이 있었다. 하급생은 생활이나 학과에서 조장의 감독과 지도를 받았다. 그 밖에 학생 한 사람 한 사람이 한 명의 지도교사에게 모든 문제를 상담하는 것으로 되어 있었다.

　이곳에서 6년 동안 생활하면서 니체는 고전적 교양의 기초를 닦았다. 그리고 문학·철학·음악·종교 등 각 분야에 걸친 보편적인 교양을 배웠다. 성적도 수학을 제외하고는 모두 뛰어났고, 생활도 모범적이었다. 매주 일요일에는 두세 시간의 자유가 허용되었고, 이 시간을 이용해 그는 나움부르크와 포르타의 중간에 있는 마을 여관에서 어머니와 누이동생을 만나 이야기를 나누었다. 가족에 대한 그리운 정을 채우는 시간이 이것밖에 허락되지 않았으나 니체는 그 고독을 견디며 공부를 해나갔다.

　그러나 젊은 니체에게도 두서너 가지의 파란은 있었다. 그 하나는 따분한 주번 보고일지를 익살스럽게 작성하려 했다가 엄격한 선생님의 꾸지람을 들어, 세 시간의 외출 금지와 일요일 산보 금지의 처벌을 받은 일이다. 하지만 이 우스꽝스러운 주번보고는 훗날까지 학생들에게 화제가 되었을 정도로 기발한 것이었다. 그것은 예를 들어 '강당의 램프 빛이 매우 어둡기 때문에 학생들은 자기 자신이 빛을 내야겠다는 유혹을 받는다' 하는 식이었다.

　두 번째 일화는, 1863년 4월의 어느 일요일에 들뜬 기분으로 술을 마시고 취해서 횡설수설하고 있던 것이 발각되어 처벌을 받은 일이다. 이 사건에 대해서 니체는 깊이 반성하여 그 뒤 아주 근엄한 생활로 되돌아갔다. 높은 자존심을 가졌던 니체가 알코올로 자제력을 잃은 것만큼 굴욕감을 받은 적은 없었기 때문이다.

　그는 여기서 보편적인 교양에 대해 병적이라고 할 수 있을 정도로 욕심을 내어 공부를 했다. 니체는 1861년 부활제 때 친구 파울 도이센과 함께 견신례(堅信禮)를 받고 신앙 생활을 하려고 마음먹기도 한다. 그러나 그는 고전문헌에 대한 자유로운 탐구나 포르타 학풍이었던 역사적, 비판적 연구 방법의 영향을 받아 남몰래 종교에 대한 회의적인 관점을 품게 되었다. 그리하여 신앙심이 깊은 어머니에게 걱정을 끼치지 않기 위해 이러한 자유사상을 애써 감추려고 했으나, 니체의 관심은 조금씩 종교보다 고전의 세계로 향하게 되었다.

　이듬해인 1862년에는 셰익스피어와 바이런을 읽게 되는데 여기에서도 니체는 큰 영향을 받는다. 모든 기성 권위를 태연히 무시하고 자신만의 길을 걸어간 이 강력하고 자유로운 거인들 앞에서 니체가 받은 인상은 매우 강렬한 것이었다. 이러한 영향 아래에서 한때 니체는 엄격한 집단생활의 규율과 고전적 형식을 중시하는 포르타의 교육에 대해 불만을 품기도 했다. 하지만 그는 자유로운 문예 연구에 대한 이러한 욕구를, '게르마니아'라고 하는 문학적·음악적 동아리를 조직해 그 중심이 되어 정력적으로 연구 발표를 하는 형식으로 채워 나갔다.

그의 주변에는 감수성이 풍부한 사춘기를 맞이하여 연애 문제로 고민하는 친구도 많았으나, 니체의 온갖 정열은 불타는 인식욕(認識慾) 쪽으로 발산되었다. 그리고 이 시기뿐 아니라 니체의 전 생애를 통해, 이성에 대한 감정은 완전히 그와는 인연이 없는 것이 되었다. 훗날 그는 한 번도 진심으로 연애한 일이 없다는 것을 슬퍼했다. 니체의 경우에는 그 어떤 매력적인 여성에 대한 애정도, 진리를 함께하는 동지로서의 우정으로 변해 가는 것이었다. 니체도 목석은 아니었으므로, 포르타 하급생의 누나였던 안나 레테르 양에게 달콤한 첫사랑의 감정을 품은 일도 있었다. 하지만 그것도 두 사람이 함께 음악을 연주하거나 그가 그녀에게 시나 음악적 랩소디를 바치고 기뻐했던 일 정도의 엷은 추억에 지나지 않았다.

유년시절 소년시절

1864년에 니체는 우수한 성적으로 정든 포르타 학원을 떠난다. 졸업논문은 〈메가라의 테오그니스에 대하여〉였다. 테오그니스는 고대 그리스의 시인으로서 민중을 얕잡아 본 귀족적인 모럴리스트였으므로, 여기에서도 이미 뒷날 니체 사상의 주제가 암시되어 있다.

그런데 포르타 학원에는 졸업 전에 이제까지의 생애를 회상한 문장을 남기고 가는 관습이 있었다. 이 전통에 따라 니체는 〈나의 생애〉라는 단문을 지어 그 속에서 다음과 같이 지난 일을 되돌아보고 장래에 대한 기대를 말했다.

아버지의 죽음은 한편으로는 나의 장래 생활에 대한 아버지의 도움과 지도를 빼앗아 갔으나, 한편으로는 나의 영혼에 진지한 명상적 성격의 싹을 심어주었다. 그 뒤 나의 생활은 남성적 시각으로 감시를 받지 않았고, 그에 따라 호기심 가는 대로 여러 가지 교양 소재를 추구하는 병적인 욕망이 자라났다.

포르타에서 나는 수학을 제외한 모든 것에 흥미를 느꼈다. 하지만 이윽고 나는 지식의 모든 영역을 계획 없이 헤매는 일에 혐오를 느끼게 되었다. 나는 하나하나의 교양 소재를 철저하게 밝히도록 나 자신을 제한하려고 노력했다. '게르마니아'를 만들어서 여기에 매월 논문이나 작곡을 제출하고 서로 비판한 것도 그 때문이었다.

대학에 가려는 지금 나는 내 장래의 학문적 생활을 위해 지켜야 할 철칙으로서 다음 두 원칙을 나 자신에게 부과하고자 한다. 그 하나는 천박한 박식에의 경향을 끊는 일이고, 또 다른 하나는 모든 것을 하나하나 가장 깊은 근거로 되돌리려 하는 경향을 더욱 북돋우는 일이다.

이러한 각오로 철학과 문헌학 연구를 위해 대학의 문을 두드리며, 니체는 6년간의 청춘을 보낸 그리운 포르타 학원을 떠났다.

좋은 스승의 이해심과 가르침—대학생 시대

본 대학에서

1864년 10월, 니체는 라인 강변의 대학가에 있는 본 대학에 입학하여 신학부와 철학부에 적을 두었다. 신학부에도 등록을 한 것은 아들이 목사가 되기를 바라는 신앙심 깊은 어머니에 대한 배려에서 신학 강의도 청강하려 했기 때문이다. 그러나 니체 자신의 학문적 감상은, 포르타에서 받은 고전교육의 영향, 소년 때부터 산만하게 쌓아온 교양을 엄밀한 지적 금욕에 의해 합리적으로 규제할 필요성이 있다는 자각, 독단적인 신학 이론에 대한 반감이나 회의, 지적 성실성으로 인도된 자유로운 지적 탐구에 대한 동경 등으로 인해 고대 문헌학으로 집중되어 간다. 특히 본 대학에는 리츨이나 얀 등의 뛰어난 학자가 있어서, 그리스·로마의 고전을 19세기 역사과학의 정신이었던 비판적 실증적 방법으로 비판하고 해석하는 뛰어난 학풍을 형성하고 있었다. 그래서 니체는 그다음 여름 학기부터 오직 철학부에만 속하여 문헌학 연구에 열중한다.

이 고전 문헌학 연구를 통해서 니체는 비판적·합리적·실증적인 지적 엄밀성의 훈련을 받았는데, 그에 따라 신학에 대한 그의 회의는 더더욱 깊어갔다. 그래서 방학 등으로 집으로 돌아왔을 때, 누이동생을 상대로 자기도 모르게 이러한 생각을 입 밖에 내는 바람에 신앙심 깊은 어머니를 몹시 놀라고 슬프게 만들었다. 그러나 신학과 문학의 교양을 두루 갖추고 있었던 고모의 주선으로 모자간의 어색한 대립은 피할 수 있었다. 어머니가 "제아무리 위대한 신학자의 생애에도 회의(懷疑)의 시대라는 것이 있다. 이와 같은 시대에는 모든 논의를 억눌러 버리는 것이 최선의 방법이다"라는 고모의 충고를 받아들인 것이다. 그녀는 앞으로 그에 대한 논의는 일체 하지 말자고 제안하며, 자기도 아들의 양심에 어긋나는 일은 아무것도 강요하지 않겠다는 약속을 했다.

하지만 누이동생은 어머니와 같은 불안을 안고 오빠가 신앙을 다시 굳히기를 바랐고, 그에 대해 니체는 자신의 생각을 담은 편지로 답했다. 이 무렵 니체가 얼마만큼 지적인 성실함을 관철하려 하고 있었던가를 말해 주는 자료로서 그 편지의 일부를 인용해 보기로 한다.

우리가 해야 할 일은, 관례와 싸우면서 양심의 동요나 고독의 불안에 휩싸여 절망에 빠지더라도 꾸준히 참되고 선하며 아름다운 것에 대한 영원한 목표를 잃지 않고 새로운 길을 걸어가는 것이 아닐까? (……) 우리가 탐구에서 구하는 것이 안식이나 평화나 행복일까? 아니다, 오직 진리일 뿐이다. 비록 그것이 제아무리 무섭고 또 추하더라도.

우리가 어렸을 때부터 모든 영혼의 구제가 그리스도 이외의 것, 예를 들면 모하메드로부터 나온다고 믿고 있었다 하더라도, 결국은 그리스도가 주는 축복과 전적으로 같은 축복을 받고 있었던 것이 아닐까? 분명히 축복을 주는 것은 오직 신앙뿐이지 신앙의 배후에 있는 객체가 아닌 것이다. (……) 모든 참다운 신앙은 저마다 확고부동하며 바람직한 축복을 주기는 한다. 그러나 그것은 결코 객관적 진리의 기초 부여를 위한 발판은 될 수 없는 것이다.

여기서 인간의 길은 둘로 나뉜다. 당신이 마음의 안식과 행복을 얻고자 한다면 믿어라. 하지만 진리의 사도가 되기를 바란다면 탐구하라. 그 행복과 진리 사이에는 수많은 중간 상황이 있지만 중요한 것은 이 둘 가운데 어느 것을 지향하느냐 하는 것이다.

'프랑코니아 학생단'과 니체의 청춘

니체는 본 대학에 입학함과 동시에 많은 학우들과 자유로운 교제를 하며 '프랑코니아'라는 학생단에 가입했다. 여기서 그는 맥주를 마시면서 이야기를 나누고 노래를 하고 춤도 추고, 때로는 결투 흉내를 내는 등의 생활을 하며 청춘의 한때를 보냈다. 그러나 이러한 향락적 분위기는 결벽가인 니체에게는 어울리지 않았다. 학생단이 갖는 음주 의리에 순응하려는 기분도 조금씩 사라져서 그에게 있어 학생단 친구와의 교제는 거추장스러운 것이 되어갔다. 니체는 친구 도이센과 함께 그리스 비극을 읽거나 슈만의 파우스트 교향곡에 감동하여 그의 무덤에 꽃을 바치거나 해서, 학생들로부터 별난 사람으로 취급을 받았다. 또한 그는 높고 냉엄한 도덕적 관점에서 이 학생단에 거침없는 개혁을 제안하는 등의 행동을 하여 단원들이 그를 멀리했기 때문에, 자기가 학생단의 문외한에 지나지 않는다는 것을 새삼 느꼈다. 니체는 괴팅겐에서 같은 고민에 빠졌던 포르타 시대의 친구 게르스도르프에게 이러한 기분에 대해 다음과 같이 써 보내고 있다.

우리 친구들 사이에서 평소에 일어나는 듯한 악에 대해 도덕적 노여움을 느끼지 않게 된다면 그것은 지독한 타락이다. 이것은, 예를 들어 술을 마시거나 술에 취하는 일에 대해서 할 수 있는 말이지만, 남이나 남의 의견을 멸시하거나 비웃는 일에도 해당되는 것으로서 불쾌하기 짝이 없는 일이다.

그 무렵 니체가 어느 정도 진지한 학생이었는가를 나타내는 한 예로서 친구 도이센은 다음 일화를 회상하고 있다.

니체는 1865년 2월의 어느 날 혼자서 쾰른으로 여행을 떠나, 한 안내인을 고용해 이름난 곳을 둘러보고 마지막으로 식당 안내를 부탁했다. 그랬더니 그 안내인은 그를 창녀집으로 데리고 갔다. 이 일에 대해 니체는 나에게 이렇게 말했다.

"나는 갑자기 싸구려 비단으로 몸치장을 한 여섯 명쯤 되는 정체 모를 여인들에게 둘러싸이고 말았다. 여인들은 침을 삼키고 나를 바라보고 있었다. 나는 얼마 동안 어이가 없어서 말을 할 수 없었으나, 이윽고 그 자리에서 유일한 정신적 존재였던 한 대의 피아노로 달려가서 화음 두서너 가지를 연주했다. 이 피아노 소리로 나의 긴장감은 풀어졌고 나는 여유를 찾을 수가 있었다.”

이런 일이나 그 밖에 내가 니체에 대해서 알고 있는 모든 것으로 보아, 나는 다음과 같은 말이 그에게 해당된다는 것을 믿고 싶다. “그는 결코 여자에 손을 대지 않았다.”

그러나 이 마지막 말을 의심하는 사람도 많다. 니체의 누이동생이 그의 발광 원인은 오직 유전적 영향과 근시의 눈을 극도로 혹사한 맹렬한 공부와 불면으로 인한 마취성 수면제 남용이라고 하며, ‘진행성 마비증(즉 뇌매독)’이라는 의사의 진단을 애써 부정하려 했지만 그럼에도 이 진단을 옳다고 보는 전기작가들이 많기 때문이다. 만약 의사들의 판단이 옳은 것이었다고 한다면 니체는 그 뒤 다시 창녀집을 찾아가 거기에서 매독에 감염되었을 것이다.

랑게 아이히바움은 1865년에 니체가 다시 한번 쾰른이나 본의 창녀를 찾아가 병이 옮았을 것이라 추정하고 있으며, 리하르트 브룬크는 그 감염 시기를 다음의 라이프치히 대학시대로 예상하고 있다. 바젤 대학의 교수가 된 이래 줄곧 독신의 하숙생활을 했던 니체에게는 언제라도 그러한 비밀스런 여성 경험의 시기가 있었을 것이라고 생각하는 사람도 있다. 어쨌든 이제 이 일은 추측만 할 수 있을 뿐이고 그 진실은 불명한 채 남아 있을 수밖에 없다. 하지만 그 무렵 니체가 보통 학생들에 비해 남달리 진지했다고 하는 것만은 분명한 사실이다.

학생단으로부터의 제명

본 대학에서의 첫 1년이 막 끝나가고 있을 때 문헌학 교수인 리츨과 얀의 사이가 나빠져 리츨이 라이프치히 대학으로 옮겨가게 되었다. 니체는 리츨에 심취해 있었던 까닭에 그의 뒤를 따라 1865년 10월 신학기부터 라이프치히 대학으로 갈 것을 결심하게 된다. 여러 이유에서 학생단 친구들은 전학하는 니체에게 ‘리본장(章) 증정에 의한 명예로운 퇴단’을 승인하는 친절을 보였다. 그러나 진실된 마음을 감춘 채 남과 사귀는 것을 싫어하는 니체는 1865년 10월 20일,

다음과 같은 편지와 함께 리본장을 되돌려 보냈다.

본 대학 학생단 프란코니아 귀하

나는 여기에 리본장을 보내어 탈회의 의지를 통고하는 바이다. 이것이 학생단의 취지를 존중하지 않는다는 의미는 아니며, 다만 나는 현재와 같은 형태의 모임은 나의 의사에 맞지 않는다는 것을 솔직하게 말하고 싶을 뿐이다. 이에 대한 책임의 반은 나에게 있을 테지만 1년 동안 현재와 같은 모임을 참고 견딘다는 것은 나에게는 어려운 일이었다. 그럼에도 나는 본회의 성질을 잘 아는 것이 나의 의무라고 믿고 노력해 왔다고 생각한다. 그러나 지금은 나와 본회를 맺어주는 유대가 끊어졌다. 그렇기 때문에 나는 본회와의 이별을 고하는 바이다.

프란코니아회가 현재와 같은 단계를 극복하는 날이 가까워지기를 빌며, 앞으로는 오직 바른 뜻과 좋은 풍속을 숭상하는 회원만을 안고 가기를 절실히 바라는 바이다.

프리드리히 니체

이 편지를 받은 학생회는 모처럼의 호의에 대한 이 냉정한 반응에 격분해 즉각 니체를 학생단에서 제명했다. 이렇게 해서 니체는 후회 많은 대학 생활의 첫 학년을 반성하면서, 비 내리는 한밤중에 라인 강변까지 따라나선 한 친구의 배웅을 받고 거기에서 혼자 기선을 타고 도망치듯이 본을 떠났다.

라이프치히 대학에서의 성실한 탐구생활

1865년 10월부터 바젤 대학 부임까지 약 4년을 지낸 라이프치히 대학에서의 생활은 매우 알찬 것이었다. 그는 여기에서 사색과 탐구로 지새우는 나날을 보냈다. 니체는 리츨 교수의 신임을 얻어 공부하면서 쇼펜하우어를 발견했고, 또 바그너와 알고 지내는 사이가 되었다. 니체는 전 생애를 통해서 결정적인 영향을 받게 되는 이 좋은 스승들을 얻어, 학자로서 또 사상가로서 자신의 뛰어난 재능이 아름답게 꽃피고 열매를 맺는 시기를 맞게 되었다.

니체의 학문적인 재질은 리츨의 지도와 배려에 의해서 순조롭게 꽃피어 갔다. 리츨은 자신을 따라 본에서 라이프치히로 전학해 온 학생들에게 권하여 고전문헌학연구회를 창립시켰다. 이 연구 활동의 중심이 된 것은 니체였다. 그는 연구회 활동을 통해서 평생 동안 서로 좋은 친구가 된 에르빈 로데도 알게 되었다.

이 연구회에서 니체는 1866년 1월 18일에 〈테오그니스 저작집의 마지막 판(版)에 대하여〉라는 연구를 발표하여 친구들로부터 절찬을 받았다. 힘을 얻은 니체는 그 원고를 리츨에게 제출하여 그로부터도 좋은 평가를 받는다. 이로써 니체는 문헌학자로서 입신할 결심을 굳히게 된다. 그 뒤 그는 대학교수로서 갖추어야 자질의 습득에 학생생활을 바쳐야겠다 마음먹고, 한 주에 두서너 번 리츨 교수를 찾아가 그의 친절한 지도를 받게 되었다. 리츨의 조수와 같은 위치에서 까다로운 문헌 목록 작성이라는 단조로운 일도 착실하게 수행하여, 그는 곧 교수의 신뢰와 기대를 한 몸에 받게 된다.

리츨은 자신이 해마다 대학에서 모집하는 현상논문의 논제 선정자로 뽑히자, 니체가 연구하고 있던 주제를 고려해서 '디오게네스 라에르티오스의 전거(典據)에 대해서'를 논제로 정하고 니체에게 응모를 권했다. 그래서 니체는 교수의 기대에 호응하여 논문 작성에 온 힘을 쏟는다. 그는 그 기회에 뛰어난 학문적 역량을 보여줄 뿐만 아니라 사상가로서의 아름다운 문장을 완성하려고 결심한다. 그런 욕심으로 인해 니체에게 그 논문의 완성은 어렵기 짝이 없었지만 1867년 7월 31일 마감 시간에 임박해 완성한 논문을 대학에 제출할 수 있었다. 이 논문에는 그리스 시인 핀다로스의 시구에서 고른 '네가 본래 존재해야 하는 것 같은 존재가 되어라'는 표어가 붙어 있었다. 이 말은 나중에 《차라투스트라》의 표어로도 쓰여 니체의 생애에 일관된 지표가 되었다.

이 논문은 당연히 1등 입선의 영예를 안게 되었고, 니체는 이로써 세상의 주목을 받는 신진 문헌학자로서의 지위를 획득하게 된다. 2년이 지난 1869년, 그가 스물넷 젊은 나이로 스위스 바젤 대학 교수로 초빙을 받게 된 것도 이 논문의 성가(聲價)에 의한 것이었다. 그의 천분을 인정하고 육성하여 그 진가를 널리 세상에 소개하고 좋은 지위를 추천해 준 리츨과 같은 좋은 스승을 만난 것은 천재 니체에게 실로 다행한 일이었다고 하지 않을 수 없다.

하지만 스승의 기대에 호응할 만한 능력과 노력 없이는 이와 같은 성과를 올릴 수 없었으리라는 것 또한 분명한 일이다. 젊은 니체는 고대의 문헌을 꼼꼼하게 수집하고 분류하여 비교, 대조해서 그 진위와 가치를 평가하는 무미건조한 기초 작업을 묵묵히 해냈다. 이러한 냉엄한 훈련에 의해서 니체는 사상가로서의 자신의 천분을 연마해 간 것이다. 니체와 같은 천재도 '있어야 할 곳의 존재가 되기' 위해서는 엄청난 노력을 기울여야 한다는 점은 우리에게 많은 것을 가르쳐 준다.

쇼펜하우어와의 만남

라이프치히 시대의 니체에게 큰 영향을 준 간접적인 스승으로 빼놓을 수 없는 인물이 바로 쇼펜하우어이다.

니체가 라이프치히 대학에 입학하자 그의 가족은 나움부르크에서 라이프치히로 이사하는 문제를 두고 고민하기도 했다. 그러나 아들의 자유로운 독립심을 지켜주고자 니체의 어머니는 이별의 외로움을 참고 그에게 하숙생활을 허락했다. 그리하여 니체는 부르멘가세라는 이름의 작은 골목에서 헌책방을 운영하는 론 집안에서 하숙을 하게 되었다.

그리고 1865년 10월 말 또는 11월 초의 어느 날, 니체는 이 헌책방에서 우연히도 쇼펜하우어의 주저인 《의지와 표상으로서의 세계》를 발견한다. 책을 살 때 늘 신중했던 니체도 마술에 홀린 것처럼 이 책을 사서 소파에 누워 읽기 시작했다. 그리고 이 책이 마치 그를 위해 쓰인 것이 아닌가 하고 의아스럽게 생각할 정도로 깊은 감명을 받았다. 그로부터 2주 동안 니체는 이 책을 새벽 2시까지 탐독했고 6시 정각에 일어나서 다시 읽는 생활을 강행했다.

니체는 쇼펜하우어의 철학에서 결정적인 영향을 받게 되었다. 그가 쇼펜하우어의 염세철학에서 큰 영향을 받은 것은, 본의 아니게 보통의 쾌활한 학생생활에 적응하려고 했다가 자신의 참모습을 잃을 뻔했던 본 시대의 생활을 회상한 니체가 자기혐오를 느꼈던 것에도 한 원인이 있었을 것이다. 그 무렵 니체의 염세적인 기분이 쇼펜하우어를 기꺼이 맞이하게 한 원인이 되었던 것은 분명한 듯싶지만 그것은 일시적인 이유에 지나지 않았다. 즉 무엇보다 그의 마음을 끌었던 점은 쇼펜하우어의 철저한 결벽감이었던 것이다. 그리고 제아무리 어두운 결론이 예상되더라도 그것이 진리라면 자진해서 거기에 복종하는 것을 두려워하지 않는, 자기와 세계의 실상에 대한 성실한 구명심에 대해 니체는 깊은 인상을 받았다. 이때의 감격을 니체는 이렇게 적고 있다.

나는 곧 저 정열적이고 음울한 천재의 붓에 매료되고 말았다. 한 행 한 행이 모두 단념과 부정과 체념을 소리치고 있었다. 나는 여기에서 세계와 인생과 그리고 나 자신의 정서를 대규모로 비쳐내고 있는 하나의 거울을 보았다. 나를 바라보고 있는 것은 예술이 갖는 무사(無私)함과 완벽한 태양의 눈이었다. 여기에 나는 질병과 쾌유, 추방과 피난처, 지옥과 천국을 보았다. 자기 인식, 아니 자기 해부에의 욕구가 무조건 나를 사로잡았다.

이렇게 해서 니체는 쇼펜하우어로부터 자기 내면적 삶의 욕구에 성실하고자 하는 진지한 사고(思考)의 태도를 배웠다. 그리고 이때 쇼펜하우어가 내민 어두운 염세관을 뛰어넘는 것이 그 뒤 니체의 과제가 되었다. 학생 니체가 이 과제를 수행하기 위해 고른 길은 냉엄한 고대 문헌학 연구에 전념하여 그 단조로운 작업으로 자기를 재단련하는 일이었다. 그리고 그것을 도와준 것이 리츨의 이해심 있는 배려와 적절한 지도였다.

한편 이러한 리츨을 통해 니체에게 영향을 준 세 번째 스승이 등장하는데, 그가 바로 바그너이다.

바그너와의 극적인 만남

니체의 사상 형성에 결정적인 영향을 준 것은 첫째로는 쇼펜하우어였고, 둘째로는 바그너를 꼽을 수 있을 것이다. 바그너는 쇼펜하우어의 사상을 음악 창작이나 평론 영역으로 전개하여, 갖가지 독창적인 작곡이나 오페라 연출에 자신의 천재성을 발휘하고 있었다. 특히 바그너는 니체보다도 서른한 살이나 많았으나, 같은 시대를 함께 살아온 사우(師友)로서 그에게 평생 동안 지울 수 없는 영향을 끼치게 된다.

아직 세계로부터 그 독창적인 천분을 충분히 인정받기 전부터 니체는 이미 포르타의 '게르마니아' 동아리에서 구입한 바그너의 〈트리스탄과 이졸데〉의 피아노용 발췌곡 악보를 통해서 이 음악가의 천재성을 느끼고 깊은 공감과 감동

을 받고 있었다. 그 니체가 우연히
도 라이프치히를 방문 중이던 바
그너를 만날 수 있는 기회를 갖게
된 것이다.

리츨 교수의 아내는 동양학자
였던 동료 브로크하우스 교수의
부인과 친했었는데, 이 브로크하
우스 부인은 바그너의 누나였다.
그래서 니체는 리츨 부인의 소개
로 1868년 11월 8일, 마침 라이프
치히의 브로크하우스 저택을 방
문 중인 바그너와 만날 수 있는
행운을 맞이한 것이다.

브로크하우스 저택에서 바그너

바그너 니체는 바그너를 자기와 가장 가까운 정신력을 가진 인물로 평가했다.

와의 만남을 앞둔 니체는 특별히 옷을 맞추고 그 완성 기한과 지불 문제로 양
복점 주인과 법석을 떨 정도로 신경을 썼다. 두 사람의 첫 대면은 매우 감동적
이었다. 니체는 바그너를 본 순간 근대의 모든 인간들 중에서 자기와 가장 가까
운 정신력을 가진 인물과 상대하고 있다는 것을 직감했다. 그리고 바그너 또한
자기 작품의 참다운 정신을 깊이 이해하고 있는 젊은 니체의 뛰어난 예술적 직
관력과 나이에 걸맞지 않은 사고방식에 공감했던 것이다.

지원병으로서의 군대생활

라이프치히 대학에서 문헌학 연구에 열중하고 있던 니체의 가슴 한구석에
는 1866년의 프로이센–오스트리아 전쟁 등을 계기로 해서 표면화된 조국의 위
기와 그 운명을 생각하는 애국적 충정이 불타고 있었다. 그러나 니체는 심한 근
시안 때문에 두 번이나 징병검사에 불합격했고, 그에 끓어오르는 애국심을 품
으면서 구국의 길에 참가하지 못하는 것을 한탄하고 있었다.

그런데 1867년 9월 니체는 아는 장교로부터, 새로운 규칙이 생겨서 8도의 근
시안경 사용자도 병역에 복무할 수 있다는 말을 듣게 된다. 비스마르크의 군국

주의적 확장 정책으로 프로이센과 주변국과의 국제관계에 긴장이 조성된 결과 이러한 규칙이 생긴 것이다. 이 말을 들은 니체는 곧 군대에 자원 입대해, 10월 나움부르크의 기마 야전포병연대에 배속되었다. 니체의 눈은 실제로는 더 높은 도수의 안경이 필요할 정도로 나빴지만, 마침 9월 26일에 실시된 마지막 징병검사 때 그가 쓰고 있던 안경이 8도였기 때문에 합격 판정을 받을 수 있었다.

학생 니체에게 포병으로서의 복무기간은 당연히 고난에 찬 시간이었지만, 그는 묵묵히 말을 돌보거나 포신을 청소하는 등의 군무를 열심히 수행했다. 잠시 한가한 틈을 타서 문헌학 연구와 승마 연습으로 기분 전환을 하는 것이 그나마 허락된 즐거움이었다.

이듬해인 1868년 3월 니체는 근시 때문에 말을 타다가 떨어져 가슴을 크게 다치게 되는데, 그 뒤 여러 번 정신을 잃거나 심한 통증과 고열에 시달리는 일들이 생겨 5개월 동안 누워 있어야 했다.

이 병상에서 니체는 다시 학문에 대한 의욕이 솟는 것을 느껴 대학졸업 학위취득시험과 대학강사자격시험 준비를 시작했다. 또 한편으로는 랑게의 《유물론사》를 읽고 〈칸트 이후의 목적론〉이라는 철학 논문 초고를 쓰기도 했다. 이러한 의욕이 도운 덕분인지 난치병이라고 여겨졌던 병도 8월에는 완쾌에 가깝게 치료되었다. 그러나 힘든 군무를 다시 수행하기는 어려웠기 때문에 10월에는 제대를 하고 라이프치히 대학으로 돌아왔다. 복무 기간은 5개월에 지나지 않았으나 니체는 4월 1일부로 상병으로 진급했으며, 그에게는 다시 1개월 동안의 보충 근무에 의해 예비소위로 임관할 수 있는 권리가 주어졌다.

니체는 병마와 싸울 때마다 그 고통을 견디고 극복하여 뛰어난 정신적 창조 작업을 이룩한 놀라운 의지의 소유자였다. 니체의 투병생활이 문헌학자에서 철학적 사상가로의 전환을 재촉하는 계기가 된 것에 대해 누이동생은 다음과 같이 말하고 있다.

그 심각한 병이 오빠에게 커다란 선물을 주었다. 그는 반년에 걸쳐 대학교수직이나 강의에 얽매이지 않고, 또 마음에 들지 않는 학업이나 교제를 위해 시간을 낭비하지도 않고, 고된 군무로부터 해방되어 오직 자기중심의 독자적인 경지에 몰두하는 완전히 자유로운 생활을 누릴 수가 있었다. 그는 그때 온 힘을 기울여 철학적 문제에 전념했다. 그래서 그 시기에 쓰인 문헌학상의 논문까지도 거의 무의식중에 철학적인 기조를 띠게 되었던 것이다.

누이동생이 써서 남긴 이 글은 학생 니체가 제멋대로 흐르기 쉬운 재능을 엄격한 문헌학적 수업으로 제어하면서도 점차 문헌학자로부터 벗어나 사상가로 성장해 가는 모습을 생생하게 그려내고 있다.

청년시대의 교사 니체-바젤 대학 교수 시대

젊은 대학교수로서의 출발

1868년의 크리스마스 휴가도 끝나갈 무렵, 니체는 갑자기 라이프치히로 불려 갔다. 스위스 바젤 대학의 고전문헌학 교수 취임 문제로 리츨 교수와 상담을 하기 위해서였다.

바젤 시의 참사위원과 학사위원장을 겸하고 있던 바젤 대학교수 빌헬름 피셸 박사가 라인 학술잡지에 실린 니체의 논문을 보고 그 재능을 인정하여, 교수직에 알맞은 사람인지 리츨에게 문의한 것이다. 리츨은 니체와 이야기를 나눈 뒤 그를 책임지고 추천한다는 뜻의 답장을 보냈다. 그 편지 속에서 리츨은 '니체는 아직 학위를 받지 않았고 강사 자격도 얻기 전이지만, 그 두 자격증이 모두 현재 심사 중에 있다'고 말했다. (그리고 실제로 라이프치히 대학의 교수회는 1869년 3월에 니체가 라인 학술잡지에 발표한 논문들이 그가 학위를 받을 만한 충분한 자격이 있음을 보여 준다고 판단하여, 구술시험도 면제해 주고 철학박사학위를 수여하는 이례적인 배려를 보여주었다.)

1869년 2월에 니체는 스물넷 젊은 나이에 연봉 3천 프랑을 받으며 바젤 대학의 고전문헌학교수 겸 대학부속 김나지움의 그리스어교사로 임용되는 영예를 얻게 되었다. 갑자기 펼쳐진 빛나는 앞날을 바라보면서, 젊은 학자 니체는 대학교수에게 따르는 무거운 책무 앞에서 각오를 새롭게 다졌다. 그와 동시에 니체는 쇼펜하우어나 바그너에 심취한 로맨티스트로서, 단순히 등이 구부러진 연구가가 되기에 머물지 않고 젊은이들의 가슴속에 높은 철학적 이념을 향한 진지한 탐구심과 예술적 정념의 등불을 밝히고자 하는 불타는 이상을 품고 바젤 대학에 부임한다.

오랜 역사를 지닌 부유한 도시 바젤은 수많은 교양인들이 모여 살고 있던 곳으로, 예술과 학술의 진흥을 위해서는 비용을 아끼지 않고 노력하는 문화적 기풍으로 가득한 조용한 도시였다. 그곳에서 니체는 바젤의 교양인들로부터 커다란 기대와 진심 어린 환영을 받았다.

1869년 5월에 열린 '호메로스와 고전문헌학'이라는 제목의 취임강연은 대강당을 가득 메운 청중을 감동시키면서, 바젤에서의 니체 명성을 확고하게 만들었다. 바젤 시의 학사위원들은 니체처럼 걸출한 학자를 맞아들이게 된 것을 너나없이 기뻐했다. 또 바젤 대학이 자랑하는 당대의 석학으로서, 나중에 니체의 좋은 이해자가 된 야코프 부르크하르트 교수는 "니체는 학자인 동시에 예술가이다"라고 평가했다.

대학에서의 강의와 회의, 그 밖의 의무는 천재적인 사상가 니체의 자유로운 사색을 제약하는 것이기는 했지만, 니체는 그 의무를 참으로 충실하게 이행했다. 대학에서 그의 강의를 듣는 학생은 문헌학과 학생 모두를 합한 여덟아홉 명 정도였고, 부속 김나지움의 그리스어반도 아홉 명에서 열다섯 명 정도인 소수였지만, 젊은 교수 니체는 엄격한 지도를 통해 학문적 진리 추구 정신을 심어 주는 교육자로서 자신의 직무에 뜨거운 정열을 불태웠다.

니체는 학생들이 학문적 진실을 왜곡하거나 학생의 본분인 학습을 게을리하는 것을 용서하지 않았지만, 그러한 태도는 학생으로 하여금 스스로 깨달아 반성하도록 이끄는 형태였지 처벌 등으로 위협하는 야만적인 것은 아니었다. 학생으로서의 당연한 의무를 게을리하여 예습을 해오지 않는 학생에게 니체가 가한 채찍은 이를테면 이런 것이었다.

"A군, 그 부분을 읽고 설명해 보게."

교사의 요구에 응하지 못하는 것은 학생으로서 가장 큰 수치이며, 더욱이 거기에 대해 변명을 하는 것은 결코 허락되지 않았다. 그러나 공부를 게을리 한 자는 당연히 설명을 할 수가 없었는데, 그러면 니체는 그 몇 분의 침묵에 말없이 귀를 기울였다. 그리고 그 시간이 지나면 다음과 같이 말했다.

"여러분, A군의 설명이 잘 이해되었는가? 그럼 다음으로 넘어가겠네."

이렇게 게으른 자를 경멸하고 빈정대는 엄격함으로 가득한 니체의 지도법을 경험하면, 아무리 악동들이라도 그 태만을 부끄럽게 여기고 자신의 모든 능력과 노력을 기울일 수밖에 없었다. 1888년 니체는 당시를 돌아보며 '내 시간에는 가장 게으른 학생들도 열성적이었다'고 썼는데, 그 비밀은 이와 같은 엄격한 지도법에 있었던 것이다.

동료와 친구들

니체는 독창적인 천재들이 으레 그렇듯이 고고한 외로움을 견디는 고통을 참아내지 않으면 안 되었다. 하지만 그러면 그럴수록 마음으로 서로 이해하고 신뢰할 수 있는 친구를 간절히 찾게 되어, 니체는 그러한 친구를 이상화한 끝에 거기에 깊이 빠져드는 성향이 있었다. 더욱이 같은 독일어 문화권에 속하기는 하지만 이국의 도시인 바젤에서 익숙지 않은 하숙생활을 해야 했던 니체에게 우정에 대한 갈증은 참으로 견디기 힘든 것이었다.

그가 이러한 자신의 외로움을 달래줄 수 있는 좋은 동료로서 찾아낸 사람이 바로 부르크하르트와 오버베크였다.

부르크하르트는 바젤 대학의 예술사 교수로, 이탈리아 르네상스기 문화에 대해 뛰어난 연구 실적을 올린 세계적인 역사가였다. 이 두 사람은 나이가 스물여섯 살이나 차이가 났으나, 쇼펜하우어의 철학에 심취하고 예술과 문화를 사랑하는 공통점을 가지고 있었다. 따라서 그들은 천재의 업적을 존경하고 숭배하는 로맨틱하고 귀족적인 태도를 공유하는 벗이 된다. 니체의 여동생은 이 교우 관계의 깊이를 보여주는 일화를 전하고 있다.

1871년 5월에 일어난 파리 코뮌으로 루브르 미술관이 불탔다는 전보가 바젤에 들어왔다. 이것은 사실 오보였지만, 이 전보로 귀중한 미술품이 모조리 불타버렸다고 생각한 부르크하르트와 니체는 서로 그 고통과 낙담을 위로해줄 가장 좋은 친구를 찾아 달려갔다. 그래서 두 사람은 길이 어긋났다가 가까스로 니체의 집 앞에서 만나게 되었는데, 서로의 얼굴을 보자마자 둘은 곧장 어두컴컴한 방에 틀어박혀 버렸다. 이윽고 긴 침묵을 깨고 새어나온 소리는 띄엄띄엄 이어지는 떨리는 목소리와 참았던 흐느낌뿐이었다. 어떠한 재난과 전쟁 속에서도 지키고 보호해야 할 학예의 정수를 잃는다면 인생에 어떤 의미도 없다고 믿는 점에서 두 사람의 마음은 완전히 하나가 되어 뜨겁게 타올랐던 것이다.

또 한 사람의 절친한 동료로서 니체가 친교를 맺은 사람은, 바젤 대학 교회사 교수인 오버베크였다. 일곱 살이나 어린 이 동료에게서 니체는 원시 그리스도교의 정신에서 멀어진 근대 그리스도교의 세속화에 대한 통렬한 비판을 배웠다. 이러한 그리스도교관에 의해 서로 공감한 두 사람은, 5년 동안 같은 하숙집에서 지내며 깊은 교우 관계를 쌓아갔다. 오버베크와 부르크하르트의 사이가 나빴던 것과, 오버베크가 결혼한 뒤 그의 아내와 니체의 여동생 사이에 불화가 생긴 것으로 인해 두 사람의 교우 관계에 때로는 시련도 있었지만, 이 둘의 우정은 평생 변하지 않고 지속되었다. 1889년 토리노에서 정신이상 증세를 보인 니체를 데려다 바젤의 정신병원에 입원시킨 사람도 오버베크였다.

이들 말고도 이 시기의 니체에게는 많은 친구들이 있었다. 그는 이를테면 라이프치히 대학에서 고전문헌학을 연구하던 동료이자, 나중에 키르 대학과 모교 라이프치히 대학의 문헌학교수가 된 로데와도 편지를 주고받았으며, 나움부르크로 돌아갈 때 더욱 친해졌다. 특히 1871년 첫무렵 바젤 대학의 철학교수 타이히뮐러의 뒤를 이어 그 자리에 오른 니체가 자신의 후임으로 이 로데를 초빙하려는 운동을 열심히 추진했을 정도로 그들은 친밀한 관계였다. 이 노력은 실패로 돌아갔지만 니체의 호의에 대한 보답으로 로데는 니체의 첫 저작 《비극의 탄생》 출판을 서점에 알선해 주었고, 이 작품이 문헌학계로부터 무시당하고 특히 니체의 포르타 학원 후배인 빌라모비츠 묄렌도르프로부터 혹평을 받았을 때는, 현역 문헌학자로서 유일하게 그에 반박하는 논문을 써서 니체를 옹호해 주었다.

그러나 바젤 대학 시절의 니체가 가장 가깝게 사귄 동시에 사상적으로도 결정적인 영향을 받은 사람은, 바젤에서 그리 멀지 않은 루체른 근교 트립셴에 살고 있던 바그너 부부였다.

트립셴 방문

1869년 4월 바젤 대학에 부임한 니체는 5월 15일에 첫 번째 휴가를 이용해 트립셴의 바그너와 그의 아내 코지마와 함께 이야기를 나눌 수 있었다. 이날의 만남에서 이 세 사람은 완전히 마음을 터놓을 수 있었고, 서로 상대를 만나기 위해 그때까지 살아온 것 같은 기쁨마저 느낄 정도였다. 게다가 앞서 언급한 바와 같이 니체는 친구를 이상화하여 그 이미지에 심취하는 성향이 있었기 때문에 바그너 부부에게 완전히 빠지고 말았다. 니체는 친구 게르스도르프에게 보낸 편지에서 이 첫 방문에서 받은 감동을 이렇게 쓰고 있다.

> 나는 여기서 한 인간을 발견했네. 그는 쇼펜하우어가 '천재'라고 규정한 전형(典型)을 확실하게 보여주고 있으며, 그야말로 놀랍도록 심원한 철학으로 가득 차 있는 분이네. (……) 그의 내면은 참으로 무조건적인 완전성과 지극히 깊고 감동적인 인간성, 삶에 대한 더없이 숭고한 엄숙함이 지배하고 있어서, 그분 가까이 있으면 신적인 것에 가까이 있는 듯한 느낌이 들 정도라네.

이렇게 시작된 교제는 그해 여름휴가 뒤부터 급속하게 발전했다. 니체는 특별한 일이 없는 한, 거의 모든 주말을 트립셴에서 보냈다. 그는 거기서 바그너 부부와 지내는 것을 더없는 기쁨으로 여기며, 다시 살아나는 것 같은 느낌에 잠기곤 했다. 바그너 부부 또한 그들의 신예술 이념을 이해해 주는 정열적인 젊은 친구를 진심으로 환대하며, 그의 방문과 편지를 손꼽아 기다렸다.

니체의 트립셴 방문은 1872년 4월에 바그너 부부가 바이로이트로 이사할 때까지 무려 스물세 번이나 이어졌다. 하지만 이 두 사람의 친교는 바그너 일가가 바이로이트로 이사하여 축제극장 건설과 신가극 상연운동에 뛰어들 무렵부터 점차 소원해졌고, 1878년 5월에는 그 끝을 맞게 된다. 하지만 니체는 그 무렵 바그너와의 교제에서 결정적인 영향을 받은 것에 대해 감사하고, 늘 바그너와의 추억을 그리워했다. 그는 정신이상 증세가 나타나기 직전인 1888년에 마지막 힘을 다해 바그너와의 교류를 회고하는 두 편의 논문 초고를 썼으며, 또 같은 해에 쓴 자서전 《이 사람을 보라》에서는 다음과 같이 쓰고 있다.

내 인생의 휴식에 대해서 이야기하는 지금, 나를 가장 마음속 깊이 쉬게 해준 데 대하여 감사의 뜻을 표하기 위해 한마디 하고 싶다. 그것은 바로 리하르트 바그너와의 친밀한 교우 관계였다. 나는 내 인간관계에서 그 나머지 것은 쉽게 내버릴 수 있다. 그러나 트립셴에서 보낸 나날만은 내 삶에 어떤 일이 생기더라도 내어주고 싶지 않다. 숭고한 우연의 일치로 기분 좋게 보낸 신뢰의 나날, 깊은 순간들의 나날…… 다른 사람들이 바그너와 함께 무엇을 경험했는지 나는 모른다. 하지만 우리 위의 하늘에는 한 점의 구름조차 흘러가지 않았다.

권력의지설의 발아

바젤에 부임한 이듬해인 1870년 8월, 니체는 보불전쟁(프로이센—프랑스 전쟁)으로 곤경에 빠진 고국 프로이센을 구하기 위해, 바젤 시 교육위원회에 여름학기 마지막 몇 주 동안의 휴가를 간청하여 허가를 얻는다. 그러나 교수 취임 조건으로 프로이센 국적을 버리고 스위스 국적으로 옮겼던 니체는 정규병으로 출정하는 것이 허락되지 않아 위생병으로서 프로이센 전장을 향한다.

전장에서 니체는 고국을 생각하는 애국심과 의무를 중시하는 귀족적인 자부심에 불타 자신의 직무를 충실하게 이행했다. 여기서 니체는 거친 사투가 가져다주는 생생한 참상을 목격하고 부상병들의 고통스러운 외침 소리를 들으며 심각한 전쟁을 체험하게 되었다. 이 체험을 통해 니체의 가슴속에는 이윽고 그 사상의 핵심을 형성하게 되는 '권력의지설'이 희미하게 싹트기 시작했다. 그는 여동생에게 이에 대해 다음과 같이 말하고 있다.

전투와 죽음에 맞서 생활력과 투쟁심을 참으로 훌륭하게 발휘하며, 승리하여 지배자가 될 것인가 아니면 멸망할 것인가, 하는 민족의 운명을 걸고 대열이 질주하는 것을 목격했을 때, 나는 비로소 이렇게 느꼈다, 리스베트. '살고자 하는 가장 강하고 높은 의지는 생존을 위한 투쟁이라는 비참한 형태로 나타나는 것이 아니다. 그것은 오히려 적극적으로 싸우려 하는 의지, 권력과 우위에 대한 의지로서 나타나는 것이다'라고 말이야!

그러나 전쟁터에서의 헌신적인 구호봉사 활동은 니체가 적리와 디프테리아에 쓰러지는 바람에 중단되었고, 그는 10월에 바젤 대학으로 복귀한다. 그때 그는 이 중병의 치료를 위해 사용한 극약 때문에 위장이 손상되어 1년 정도의 요양이 필요한 상태였다. 하지만 원래 건강했던 자신의 신체에 대한 과신과 타고난 의무 존중의 귀족적 기질에 의해 니체는 10월부터 다시 대학에서 고된 업무를 시작했고 그 일로 그의 건강은 근본적으로 망가지고 만다.

그때 무리한 것이 이듬해 1월에 황달, 맹장염, 불면증의 형태로 되돌아와 니체를 덮쳤다. 그제야 니체도 의사의 권고를 받아들여 요양에 전념하기로 결심하고, 2월부터 4월까지 휴가를 내 여동생의 간호를 받으면서 루가노에서 쾌적한 자유생활을 누리게 되었다.

이 자유로운 요양 기간은, 전쟁터에서 싹튼 니체의 권력의지설을 단순한 무력과 정치권력이라는 외면적인 것으로부터 미적, 문화적, 도의적 가치의 창조력으로 내면화하는 데 도움이 되었다. 니체는 이 기간을 100퍼센트 활용하여, 그때까지의 염원이었던 고대문화에 대한 독창적 견해를 세상에 내놓는 저술에 몰두할 수 있었다. 그리하여 탄생한 것이 니체의 첫 번째 저작 《비극의 탄생》이었다.

《비극의 탄생》과 그 비극적 반향

《비극의 탄생》은 천재의 작품에 걸맞게 참으로 대담하고 창조적인 견해로 가득하다. 니체는 그리스 비극의 본질은 겉으로 드러난 명랑함과 논리적인 명쾌함 속에 꿈틀거리는 맹목적 삶의 충동을 끄집어 내어, 삶의 가혹함과 거친 파괴를 크게 시인하고자 하는 것이라고 했다. 그는 이러한 비극의 창조를 통해 어두운 삶의 충동을 극복하려 한 데에서 창조적인 그리스 민족의 위대함을 본 것이다. 그리고 그런 관점에서 니체는 소크라테스 이후의 주지주의적 철학은, 그리스 민족의 창조적 에너지가 쇠퇴했음을 나타내는 퇴폐주의적 현상을 보여주는 것이라고 생각했다. 또한 그는 퇴폐주의를 극복하고 창조적이고 건강한 삶으로 돌아가기 위해서는, 암흑과 파괴를 내포하고 있는 삶의 참모습을 예술을 통해 크게 긍정하는 그리스 비극시대의 인생관을 깊이 배울 필요가 있다고 보았다. 그리고 근대에서 그러한 대사업을 이루고자 한 사람이 바그너이며, 바그녀의 음악이야말로 현시대의 퇴폐적인 문화를 극복할 수 있는 위대한 가능성을 개척하고 있다고 절찬했다.

이러한 주장은 그리스 문화를 역동적으로 이해할 수 있게 하는 뛰어난 의견을 포함하고 있으며, 예술이 가진 위대성과 인생 자체가 가진 풍부한 창조성에 대한 신뢰를 회복시켜 주는 것으로서 귀중한 진실을 포함하고 있다. 니체는 여기서 상식적인 견해가 놓쳐버린 새로운 가능성을 펼쳐 보이기 위해, 그 새로운 가능성 가운데 한 부분만 강조하고 다른 측면은 무시하는 수법을 썼다. 하지만 그렇게 함으로써 그는 비판적이고 객관적이어야 할 학문적 엄밀성을 소홀히 하는 독단을 범하게 된다.

그러나 이러한 고찰 방법을 취함으로써 인생의 새로운 가능성을 찾아내고, 그것을 세상 사람들에게 강렬하게 드러낸 점에 니체의 위대함이 있다 하겠다. 더구나 객관적인 진리를 중시하는 학자라기보다 주체적 진실을 사모하는 예술가라는 점에 니체의 진가가 있는 것이므로, 그런 의미에서 이 첫 저작은 그의 재능이 충분히 발휘된 회심의 걸작이라고 할 수 있다.

하지만 이러한 독단적 주장은 학문적 엄밀성을 중시해야 하는 고전문헌학자로서는 그야말로 자살 행위와도 같은 것이었다. 특히 이 책을 통해 바그너 음악의 진가를 밝히려는 의도에서 그는 명백하게 그리스 문화의 객관적 이해를 방해하는 억지를 끌어들였고, 그로 인해 이 책은 고전문헌학계로부터 완전한 무시를 받으며 차가운 반감을 사게 되었다. 그때까지 제자의 재능에 큰 기대를 걸고 그 성장을 위해 많은 도움을 주었던 은사 리츨도, 그 책에서는 문헌학을 바그너의 선전 도구로 제공하려 한 제자의 배신행위만 발견할 수 있을 뿐이었다. 친구 로데의 변호에도 이 책에 의해 니체는 고전문헌학계로부터 따돌림을 받게 되고 만 것이다. 그해 겨울학기에는 이러한 학계의 악평을 반영하여, 니체의 강의를 듣는 문헌학 전공학생이 한 명도 없었다.

그러나 바그너 부부와 그 동료들이 보내는 찬사가 니체에게는 큰 기쁨과 격려가 돼주었다. 바그너는 이 책을 읽고 니체에게 자신의 기쁨에 대해 다음과 같이 쓰고 있다.

친애하는 친구여! 나는 지금까지 자네의 책보다 더 아름다운 것은 읽은 적이 없네! 모든 것이 훌륭해! 나는 지금 서둘러 자네에게 이 편지를 쓰고 있네. 왜냐하면 그 책을 읽은 흥분이 너무 강렬하여, 그것을 제대로 읽기 위해서는 먼저 이성의 회복부터 기다리지 않으면 안 되기 때문이라네.

니체는 이렇게 자신을 이해하는 몇몇 사람들의 격려 속에서 확신을 가지게 되었고, 독창적인 사상과 예술의 진가를 이해하려 하지 않는 교양 속물들을 공격하기로 결심한다.

이렇게 굳은 신념으로 니체는 자신의 견해를 바꾸지 않았으며, 그리하여 이듬해인 1873년 젊은 공명자로서 파울 레를 청강생으로 맞이했다. 또한 나아가서 1875년에는 만년에 이르기까지 니체의 충실한 제자로서, 시력이 약한 니체를 위해 구술필기자와 교정자로서 협조를 아끼지 않았던 음악가 페테르 가스트를 만나게 되었다.

반시대적인 교육자로서의 니체

속물문화에 대한 니체의 투쟁은 1872년 1월부터 3월까지 열린 연속 공개강연으로 시작되었다. 바젤 학사회의 요청으로 이루어진 이 강연은 '우리나라 교육시설의 미래에 대해'라는 제목 아래 진행되는 것이었다. 여기에서 니체는 보불전쟁에서 군사적으로 승리한 독일이 그것을 독일문화의 프랑스문화에 대한 승리로 착각하는 미망을 경고하고, 모든 시책을 부국강병의 군사주의적인 방향으로 집중시키려 하는 비스마르크의 정책을 통렬하게 비판했다. 니체는 또한 군사적 승리는 오히려 문화의 퇴폐를 재촉할 것이며, 문화 보급의 결과는 속되고 고약하게 나타날 것이라고 주장했다. 특히 그는 교육과 학예를 권력기구로서의 국가를 발전시키기 위한 도구로 이용하려 하는 경향에 대해 격렬한 비난의 화살을 쏘았다. 교육은 본래 한 사람 한 사람의 인격 향상을 목표로 영위되어야 하며, 학예의 진가는 그것이 가지고 있는 내적인 진실과 아름다움에 의한 것이지, 그것이 가져다주는 외적인 효용에 의한 것은 아니라고 니체는 확신하고 있었던 것이다.

이러한 내용을 포함한 니체의 강연은 《비극의 탄생》 진가를 인정하려 하지 않는 독일의 속물화한 교양인들에 대한 통렬한 공격의 뜻을 담고 있었다. 그러나 니체는 강연 장소가 외국인 스위스라는 점을 고려하여 격앙된 표현은 삼갔다. 그리고 쇼펜하우어를 연상시키는 한 노철학자가 그리스를 본보기로 하는 고전적 교양 의지를 젊은 제자들에게 설명해 주는 방식의 희곡적인 구성을 통해, 자신의 주장을 간접화하여 이야기했다. 그래서 이 강연은 시대의 교양 속물들에 대한 공격이라는 논란을 불러올 만한 인상이 완화되었기 때문에, 듣는 이에게 본능적 반발심을 일으키는 일이 거의 없이 순수한 감동을 자아내어 청중을 깊은 반성으로 이끄는 효과를 발휘했다. 그 덕분에 니체가 감기로 인해 마지막 강연을 중지했음에도, 이 강연은 바젤의 교양인들에게 커다란 호평을 받게 되었다.

이 호평에 힘을 얻은 니체는 얼마 뒤 일련의 시사평론적인 논문을 통해, 독일의 속물근성에 대한 공격을 과감히 시작한다. 그리고 1873년부터 76년까지, 그 무렵부터 자주 일어난 심한 편두통과 싸우면서 니체가 써 내려간 논문들은 나중에 《반시대적 고찰》이라는 제목의 책으로 정리된다. 여기서 니체는 독일에서 인기가 높았던 사상가인 헤겔 좌파의 거두 다비트 슈트라우스에게 '교양 속물'이라는 라벨을 붙여 엄격하게 비평하고, 당시 유행하던 역사주의에 대해 그 지나침의 위험을 경고했다. 그리고 쇼펜하우어의 진지함과 바그너의 정열에서 배워, 반속적(反俗的) 교양이 가지는 내면적 독자성의 가치에 눈을 떠야 한다고 역설했다.

자유로운 정신의 방랑―질병과 고독과의 싸움

바그너로부터의 독립

1872년 봄, 새로운 가극을 상연하기 위한 극장 건설 추진을 목적으로 바그너는 바이로이트로 이사했다. 그리고 5월에는 니체를 비롯한 수많은 바그너 추종자들이 모인 가운데 성대한 기공식이 열렸다. 니체는 그곳에서 뒷날 방랑시대에 좋은 이해자로서 친절한 배려를 보여준, 서른 살쯤 위인 노부인 말비다 폰 마이젠부르크 등 수많은 바그너당과 교류하게 되었다.

극장 건설을 위한 자금이 생각처럼 모이지 않자 바그너는 세상과 약간의 타협을 하지 않을 수 없었다. 니체도 이 신흥예술운동의 성공을 위해 힘껏 도왔으나, 이러한 바그너의 대중 영합적인 태도에 대해서 점차 불만을 느끼게 되었다. 바그너가 그 추종자로서 많은 속물들을 불러들이고 있었던 것과 그들이 니체의 천재성을 시기하여 그를 헐뜯은 것도, 바그너에 대한 니체의 절대적인 의지에 상처를 내었다. 특히 1874년 8월에 바그너의 초대로 바이로이트를 방문한 니체는 거기서 바그너에 대해 더욱 깊은 의심을 느끼게 되었다.

그러나 니체는 바그너의 반속적인 예술적 양심은 불변의 것이며, 자신에 대한 우정도 불멸의 것임을 확신하고, 그 우정에 보답하기 위해《반시대적 고찰 제4부, 바이로이트의 리하르트 바그너》를 바쳤다. 하지만 그 속에는 바그너에 대한 의심을 떨쳐버리려고 부자연스럽게 그를 찬미하는 말이 들어 있으며, 이것으로 보아 이미 그때부터 니체는 바그너를 비판하여 독립하려 하는 기색을 보인 것으로 생각된다.

어쨌든 이《바이로이트의 리하르트 바그너》는 바그너를 열광시켰다. 그는 니체에게 편지를 보내, 멀리 떨어져 쉽게 만날 기회도 없는 니체가 가까이에서 일상적으로 교제하고 있는 어느 누구보다도 자신을 깊이 이해해 주고 있는 데 대해 감사를 표했다.

그러는 동안 예기치 않았던 황제의 지원을 얻음으로써 바이로이트 극장 건설운동이 갑자기 활기를 띠기 시작하여, 극장은 1876년 7월에 마침내 완공을 보았다. 이를 축하하여 바그너가 쓴 희극 〈니벨룽의 반지〉가 수많은 바그너 지지자들이 모인 가운데 화려하게 상연되었다. 니체도 이 축제극에 큰 기대를 걸고 바이로이트로 갔다. 하지만 그가 거기서 본 것은 대중의 환심을 사려는 바그너의 배우적 자세였고, 대중의 갈채에 지극히 만족해하는 타락한 예술가의 모습이었다. 실망한 니체는 공연 도중에 빠져나가 바이로이트 근교의 숲으로 달아난 뒤, 그곳에서 인생 비판서《인간적인 너무나 인간적인》의 최초 비망록을 만든다. 그 메모는 다름 아닌 냉정하게 바그너를 비판하는 내용이었다.

예의를 중시하는 귀족의 후예인 것을 긍지로 여기고 있었던 니체는 두 사람의 단절을 깨달은 여동생이 간절히 부탁하자 불쾌감을 감추고 축제의 본 상연에는 참석했지만, 깊은 실망을 안고 바젤로 돌아온다. 그 직후인 10월 그는 지병 때문에 1년의 휴가를 얻어 친구 레 등과 함께 이탈리아를 여행했는데, 그때 마침 소렌토에 머물고 있던 바그너 일가를 의례적으로 방문했다. 그러나 거기서 니체는 종교와 도덕 등의 기성 권위에 연연하지 않고 삶의 창조적인 충동에 충실하고자 했던 영웅 바그너가 아니라, 종교적인 구원의 가르침에 감동의 눈물을 흘리며 예술을 그 도구로 바치고자 하는 쇠락한 노인의 모습을 보게 된다. 니체는 바그너에 대한 기대가 깨어지는 슬픈 마음으로 조용히 그의 곁을 떠났다.

두 사람의 교류는 계속되지만, 그것은 완전히 냉각된 형식적인 것이 되고 말았다. 그 뒤 두 사람은 다시는 만나지 않았다. 둘의 완전한 단절은 1878년 1월에 바그너가 니체에게 종교에 대한 귀의를 표현한 작품 〈파르지팔〉을 바치고, 니체가 바그너에게 종교로부터 결정적인 이반(離叛)을 고한 저서 《인간적인 너무나 인간적인》을 바친 것을 계기로 일어났다. 두 사람은 서로의 사상이 더 이상 서로 어울리지 않는 완전히 다른 것임을 확인하지 않으면 안 되었다.

그러나 니체는 바그너의 타락을 비판하여 지난날 존경하던 벗에게 타격을 가하는 일은 끝까지 자제했다. 하지만 바그너는 이 젊은 친구의 독립을 자신에 대한 반역과 배은망덕으로 받아들이고 분노하여 니체에 대해 논하는 글을 서슴지 않고 발표했다. 이 일은 니체에게 더 큰 실망을 안겨주었다. 그럼에도 니체는 옛 우정을 생각하고 그것을 평생 동안 소중히 간직하려는 배려에서, 옛 친구의 예의에 어긋난 행동에 대해 꿋꿋하게 견디며 끝까지 침묵을 지켰다.

질병과 퇴직

바그너와의 결별은 이상주의적 로맨티스트인 청년 니체가 자유로운 리얼리스트의 장년 니체로 성장하는 계기가 되었는데, 이러한 성장은 그 결과로서 그의 사상적 독립을 가져오게 되었다. 니체의 그러한 독립을 촉진한 또 하나의 직접적인 원인은 질병과의 싸움이었다. 니체는 병으로 인해 대학교수라는 직위에서 물러남으로써 모든 공적인 의무에서 해방될 수 있었다.

1870년 보불전쟁의 진영에서 건강을 해친 뒤로 니체의 지병이 된 편두통과 위장병이, 독신생활 속에서 이어진 무리한 연구, 교수, 저작 활동 등으로 점차 악화되었던 것이다. 그래서 그는 1876년 봄에는 강의를 중단했고, 같은 해 10월부터 1년 동안 요양하기 위해 휴직하지 않으면 안 되었다. 그 덕분에 1877년 겨

니체와 바그너 바그너의 오페라 〈파르지팔〉에 나타나는 이 장면은 브뤼크너가 그린 것이다.

울학기부터 대학에 복귀할 수 있었지만, 고된 업무 탓에 다시 병세가 나빠져 결국 1879년 6월에는 바젤 대학의 교수직을 그만두게 된다. 바젤 시와 대학 당국은 니체의 공적을 인정하여 교수시절의 연봉에 가까운 3천 프랑의 연금 지급으로 그 노고에 보답하기로 결정했고, 덕분에 그때부터 니체는 그 돈으로 생활을 유지하면서 요양과 연구에 몰두할 수 있는 자유로운 시간을 누리게 되었다.

그러나 서른다섯 살이 된 니체가 1879년은 '내 생애에서 가장 어두운 겨울'이라고 쓴 것과 같이, 그해는 1년 동안 118일이나 맹렬한 발작에 시달리는 최악의 건강 상태로 괴로워했던 시간이었다. 니체는 나움부르크와 베니스, 제노바 등지에서 요양하면서 병증이 잠잠해지는 틈틈이 놀라운 힘을 쏟아 《인간적인 너무나 인간적인》의 완성에 힘쓰는 한편, 새로운 저작 《아침놀》을 구상했다. 또한 자유사상가 볼테르, 정열적인 리얼리스트 스탕달과 냉소적인 리얼리스트 메리메, 날카로운 심리분석가 생트 뵈브의 소설과 평론을 열심히 읽고 깊은 공감을 느낀다.

여기서 우리는 가장 어두운 운명을 대범하게 긍정하는 삶의 강한 힘이야말로 인간에게 가장 위대하고 고귀한 사업이라고 한 디오니소스적 세계관을 몸으로 실증하는, 의지의 영웅이라고 할 만한 니체의 모습에 경탄을 느끼지 않을 수 없다. 이 무렵 니체의 특징을 이루는 자유주의적 실증가로서의 사상은 이러한 질병과의 싸움을 헤쳐 나옴으로써 비로소 가능해졌는데, 그에 대해 니체는 《이 사람을 보라》에서 다음과 같이 말하고 있다.

나라는 존재의 행복, 내 삶의 단 하나뿐인 것은 아마도 내가 타고난 숙명 가운데 있는 것이리라. (······) 나는 상승과 하강의 징조에 대해서 이제까지 그 누가 지니고 있던 것보다 더 섬세한 후각을 갖고 있다. 나는 여기에 대해서는 뛰어난 선생이다 —나는 상승과 하강을 모두 알고 있으며, 내가 바로 이 두 가지이기도 하다. 나의 아버지는 서른여섯 살에 세상을 떠났다. (······) 그의 삶이 내리막길을 간 것과 같은 나이에 나의 삶도 내리막길을 걸었다. 나는 서른여섯 나이에 생명력의 최저점에 이르렀던 것이다. 그때의 나는 살고는 있었으나 세 발짝 앞도 보지 못했다. 1879년 무렵 나는 바젤 대학의 교직에서 물러나 여름 내내 장크트모리츠에서 마치 그림자처럼 지냈고, 내 평생 가장 햇볕이 귀했던 다음 겨울은 나움부르크에서 그림자처럼 살았다. 이것은 내 생명력의 최저점이었다. 《방랑자와 그 그림자》는 그 사이에 나왔다. 두말할 것도 없이 그 무렵 나는 그림자에 대한 모든 것을 꿰뚫고 있었다. ······그다음 해 겨울, 내가 처음으로 제노바에서 지낸 그 겨울에 피와 근육의 극단적인 빈곤 상태에서 이루다시피 한 저 감미롭고 영화 같은 감정이 《아침놀》을 낳았다. 그 작품이 반영하고 있는 완전한 명쾌함과 쾌활함, 그 넘치는 풍요로움은, 나에게 있어서는 가장 깊은 생리적 쇠약과 양립할 수 있는 것이었을 뿐만 아니라 지나친 고통과도 모순되지 않는 것이었다. 힘겹게 구토를 하던 사흘 동안 쉴 새 없이 이어지던 두통이 가져오는 고문의 한복판에서도, 나는 건강한 상태였다면 결코 충분히 그렇게 하지 못했을 만큼 매우 냉정하게 또한 뛰어난 변증가적 명석함을 지니고 생각했다.

회복의 아침놀
어쨌든 완전한 고독 속에 있었던 니체는 심신의 건강을 찾아 여러 곳을 떠돌고 정신의 독립을 찾아 자유로운 탐구 실험에 전념하는, 참으로 괴로운 암중모색의 나날을 보냈다. 그러나 이러한 노력은 이윽고, 기존의 그리스도교 도덕에 들러붙어 있던 응어리를 털어내고 생존의 현실을 다시 크게 긍정하는, 완전히 새로운 전망대로 그를 인도하게 된다. 이 체험을 니체는 1881년 1월에 《아침놀—도덕적 편견에 관한 생각》이라는 제목의 저술로 정리하고 6월에 발표한다. 거기서는 《인간적인 너무나 인간적인》에서 보였던 허점투성이의 냉소적인 논란, 그릇된 것을 깨뜨리려는 날카로운 표현 등은 꼬리를 감추고 자신감과 평안함으로 가득 찬 긍정적인 기분을 엿볼 수 있다.

이러한 기분 속에서 니체는 7월부터 10월까지 눈 덮인 봉우리와 투명한 하늘, 눈부신 햇살이 가득한 엥가딘 골짜기의 작은 마을 질스마리아에서 지낸다. 그러던 8월의 어느 날 실바프라나 호수의 숲속을 산책하던 그는, 산길 옆에 있는 거대하고 뾰족한 삼각 바위 부근에서 '영원회귀' 사상이 벼락처럼 자신을 덮치는 것을 체험한다. 이 관념은 나중에 니체의 사상에서 중요한 부분을 차지하게 되는데, 그것과 맞닥뜨렸을 때 그는 환희의 격정이 영혼을 뒤흔드는 것을 느꼈다고 한다.

이 근본 사상을 잉태한 니체는 그것을 조용히 가슴속에 간직한 채 10월부터 제노바로 옮겨, 《아침놀》의 속편이라고 할 수 있는 《즐거운 학문》을 초안한다. 여기에는 이미 니체 사상의 뿌리가 되는 '운명애(運命愛, amor fati)' 사상과 '영원회귀설'이 암시되어 있으며, 대낮에 등불을 켜고 신을 찾아 헤매는 한 광인의 섬뜩한 행동을 통해 '신의 죽음'이 언급되고 있다. 니체는 여기서, 가까스로 부정의 암흑에서 빠져나와 독자적인 사상 원리를 탐지하는 기쁨을 밝게 노래하고자 한 것이다.

지병을 극복하고 고독을 견디며 가까스로 독자적인 인생 긍정의 원리를 발견하려 하던 이 무렵의 니체는, 또 하나의 기쁜 일을 경험하게 된다. 그것이 이른바 '루·레 체험'으로 알려진 연애사건이다. 그것은 고지식하고 조금 여성을 경멸하는 성향이 있던 니체에게는 단 한 번의 참으로 드문 연애 경험이었다.

니체와 여성들

아무리 니체라 해도 사람의 아들인 이상, 아련한 첫사랑의 감상에 가슴을 불태웠던 젊은 날도 있었다. 니체가 열아홉에서 스무 살 무렵 포르타 공립학교에서 하급생의 누나 안나 레테르에게 품었던 어렴풋한 연정은 첫사랑이라는 이름에 어울리는 것이었다. 이어서 스물한 살이 된 1867년에는 프로이센-오스트리아 전쟁 중임에도 라이프치히 극장에서 많은 관객을 모았던 아름다운 여배우 헤드비히 라베에게 대학생다운 숭배의 열정을 기울이기도 했다. 그러나 어느 경우에도 그 사랑은 니체의 일방적인 짝사랑에 지나지 않았고, 얼마 지나지 않아 물거품처럼 사라졌다.

니체에게 있어서 여성이란, 그리스 시민들의 여성관이 그랬던 것처럼 사랑의 대상이라기보다 남자를 위해 가정을 꾸리고 건강한 자식을 낳아 키우는 사명을 가진 존재였다. 그는 여성들이 그 사명을 잊고 남녀 평등을 주장하는 것은 자신에게 여자로서의 자질이 부족하다는 사실을 스스로 인정하는 일과 같으며, 어리석기 짝이 없는 짓이라고 생각했다. 이러한 니체의 여성관은《차라투스트라》제1부의 '늙은 여인과 젊은 여인'이라는 장에 솔직하게 나타나 있는데, 여기서 니체는 등장인물인 노파의 입을 통해 "여자에게 갈 때는 잊지 말고 채찍을 가지고 가라"는 주장까지 한다.

이러한 여성관을 가진 니체가 여성의 애정을 쟁취한다는 것은 극히 어려운 일이었으리라. 니체는 1876년 4월 2일, 31년의 독신생활에 마침표를 찍기 위해, 제네바에서 만난 젊은 네덜란드 음악가 마틸데 트람페다흐에게 겨우 네 시간 동안 함께 산책을 한 뒤에 구혼의 편지를 보냈다. 하지만 이 일은 다만 그녀를 놀라게 했을 뿐이었고, 그는 나흘 뒤 바젤에서 그녀에게 무례함을 사과하는 편지를 쓰지 않으면 안 되었다. 또 이 무렵 친구 게르스도르프가 젊고 아름답고 부유한 한 여성이 니체를 존경하여 수많은 혼담을 거절하고 있을 정도라고 하며, 그 여성과의 결혼을 권하기도 했다. 그러나 앞서 말한 실패에 진력이 나서 결혼을 단념하고 있던 니체는 5월 26일에 게르스도르프에게 보낸 편지에서 다음과 같이 거절의 뜻을 전한다.

난 결혼할 수 없네. 나는 속박과 '문명화된' 사물의 질서 속에 끼어드는 것을 정말로 싫어해서, 어떤 여성도 나를 충분히 따라올 만큼 자유로운 마음을 가지기는 어려울 것이네. 독신을 고수했던 그리스 철학자들의 삶이, 우리가 다다를 수 있는 생활법의 본보기로서 최근 내 눈 앞에 더욱 선명하게 떠오르고 있다네.

그런데 니체가 아무리 원해도 결코 얻을 수 없으리라 여기고 포기하고 있던 이상적인 결혼 상대가, 1882년 4월에 느닷없이 그의 앞에 나타났다. 그녀는 바로 제정 러시아의 장군 구스타프의 딸, 루 폰 살로메였다.

루 살로메

루와 레의 체험

니체는 로마에서 교양인들을 위한 살롱을 열기도 했던 옛 친구 말비다 폰 마이젠부르크와 그 살롱의 단골이었던 친구 파울 레의 초대를 받아 로마에 갔다가, 그곳에서 어머니와 함께 로마로 여행하며 마이젠부르크의 살롱에 드나들고 있던 이 스물한 살의 젊고 아름다운 재원과 만난다.

그는 로마의 산피에트로 성당 회랑에서 처음으로 루를 만나 깊은 인상을 받았다. 루는 진리에 대한 강렬한 탐구심과 뛰어난 이해력을 지닌 수재였다. 그녀는 나중에 릴케와 프로이트 등과도 친교를 맺고, 괴팅겐 대학 동양학교수 안드레아스와 결혼했다. 루는 뒤에 니체와 릴케에 대한 뛰어난 평론을 썼을 정도의 지성을 지닌 여성이었던 만큼 니체의 독창적인 사상에 깊이 매료되어 갔다.

이리하여 사상적으로 서로 공감한 니체와 레와 루, 이 세 사람은 투르게네프도 머물고 있던 파리에서 공동생활을 하면서 사상의 완성을 꿈꾸는 가까운 사이가 되었다. 그들 셋이 함께 찍은, '삼위일체'라고 이름지은 장난스러운 사진도 그 무렵 세 사람의 교우 관계를 잘 전해 주고 있다.

이 엉뚱한 삼위일체 계획은 처세에 밝은 마이젠부르크 여사와 루의 어머니가 반대하여 이루어지지 못했지만, 그해 여름에는 예나에서 가까운 타우텐부르크에서 즐거운 교제로 함께 나날을 보낼 수 있었다. 이 교제를 통해 니체는 신을 잃은 근대인의 고뇌를 얘기하고, 가슴속에 품고 있던 비밀의 사상이라고 할 수 있는 '영원회귀'를 털어놓으며, 루와 더욱 깊이 마음을 나눌 수 있었다.

루 역시 뛰어난 이해력을 발휘하여 니체의 생명 긍정 사상을 받아들였다. 그

삼위일체(1882)
레와 루, 니체 세 사람은 파리에서 함께
생활하면서 교제했다.

리고 〈삶에 바치는 기도〉라는 제목의 시를 니체에게 헌정한다. 특히 고통도 삶에 대한 찬가로 만들어 버리는 이 시의 마지막 말, '삶이여, 너는 더 이상 나에게 줄 어떠한 행복도 가지고 있지 않다는 말인가? 그래! 하지만 너는 아직도 너의 고통은 가지고 있지 않은가'가 니체의 마음을 강하게 감동시킨다. 그녀의 이 말에 표현되어 있는 것이 바로 자기 철학의 정수라는 것에 감탄한 니체는, 나중에 그것을 〈삶의 찬가〉라 제목을 바꾸고, 거기에 자신이 작곡한 혼성합창곡과 관현악곡을 붙여 발표함으로써 그녀의 재능에 찬사를 보냈다.

그리하여 니체는 이 여성이야말로 자신의 사상을 물려받을 하늘이 준 제자이자, 좋은 협력자로서 삶의 동반자가 될 만한 사람이라는 것을 확신하고 루에게 청혼을 하기에 이른다. 그러나 젊은 루의 가슴속에 있는 것은 연정이 아니라 우정이었고, 사상의 스승에 대한 존경의 정이었다. 여기서도 니체의 열정은 혼자만의 짝사랑에 지나지 않았던 것이다. 그와 아울러 더욱 나빴던 것은 친구 파울 레도 루를 사랑하고 있었다는 점이었다. 그리하여 세 사람이 꿈꾸었던 성스러운 삼위일체의 생활은 삼각관계라는 매우 성스럽지 않은 추문으로 끝나는 비참한 것이 되었다. 결국 세 사람은 그해 12월 오해와 환멸의 응어리만 남기고 결별한다.

그 체험은 뒷날까지 니체에게 심각한 타격을 주었다. 그 사건은 당사자였던 세 사람에게 상처를 주었을 뿐만 아니라, 니체 주변의 많은 사람들 사이에 오해와 불신의 씨앗을 뿌리기도 했다. 여동생이나 어머니와의 불화는 거의 돌이킬 수 없는 것이 되었고, 오버베크를 비롯한 수많은 친구들과의 사이에서도 불신을 조장하는 결과를 불렀다. 니체 곁에는 여전히 충실한 이해와 협조를 보여 준 제자 페테르 가스트가 남아 있기는 했지만, 이 사건을 계기로 그는 더욱 심각한 고독의 심연으로 빠져들어 갔다.

그러나 니체는 그 정도 타격에 물러설 약자는 아니었다. 이러한 고난에 단련되어 그의 의지는 더욱 불굴의 힘을 발휘했다. 그래서 그의 지성은 삶에 대해 더욱 긍정하는 한 차원 높은 곳으로 그 원근법을 확대해 가서, 마침내는 《차라투스트라》를 창조했고, 영원회귀 사상을 통해 허무주의를 돌파하는 최고의 경지에 올라선 것이었다.

투쟁하는 허무주의자―새로운 가치 정립자로서의 자립

신이 없는 시대의 복음서 《차라투스트라는 이렇게 말했다》

루를 알게 되고 비통한 실연을 경험하기 전해인 1881년 여름, 니체는 질스마리아의 피서지에서 《차라투스트라는 이렇게 말했다》의 근본을 이루는 영원회귀 사상을 잉태했다. 신을 죽인 근대인의 공허한 생존을 크게 긍정하고자 하는 이 교설을, 차라투스트라의 입을 통해 찬가풍의 산문시 형태로 말하게 한다는 결심은 1881년 8월 중순 벌써 굳혀져 있었다. '차라투스트라'는 선악이라는 이원적 원리의 갈등으로써 인생의 창조와 생성을 설명하는 고대 페르시아 조로아스터교의 창시자 조로아스터의 별명이다. 니체는 그가 가까스로 이르게 된 독자적인 사상을 이 차라투스트라를 통해 아름답게 만들어 내고자 했다.

그리하여 니체는 차라투스트라를 '나의 손님 중의 손님'이라 부르며, 그 창조를 삶에 있어 최고의 위안으로 여겼다. 마음의 친구 차라투스트라는 니체가 수많은 우정을 거짓이라 여기고 단념하려고 한 바로 그때, 생존과 관련된 심각한 질병과 고독을 위로하고 격려해 주는 이상적인 친구로서 그를 찾아온 것이다. 니체는 차라투스트라의 이미지를 통해, 신이 없는 인생의 허무를 극복하고 대자연에 펼쳐지는 불멸의 삶을 창조하고자 하는 초인의 행복을 전하는 기쁨에 전율한다. 그는 그 기쁨 속에서 《차라투스트라》의 서곡이라 할 수 있는 아포리즘을 기록한 《즐거운 학문》을 초안하고, 《차라투스트라》의 구상을 노트에 기록한다.

니체는 신약성경 첫머리를 장식하는 제4복음서를 대신하는 새로운 복음을 전한다는 의미에서 이 작품을 '제5복음서'라 이름하고, 그때까지의 사상사 속에 존재한 진리 가운데 최고의 것이라고 자부했다. 하지만 그는 이 작품의 완성을 위해 앞에서 말한 비통한 실연의 고뇌를 견디지 않으면 안 되었다.

1882년, 시련을 용감하게 이겨낸 니체는 '그 모든 고뇌에도' 그해 끝무렵 이탈리아의 제노바와 라팔로에서 휴양하며 정기를 보충했다. 그리고 그곳에서 1883년 2월 3일부터 13일까지 열흘 사이에, 그의 대표작이 된 불후의 명작 《차라투스트라》 제1부를 최고의 진리를 이야기하는 환희에 취하여 단숨에 써 내려갔다. 《차라투스트라》가 탄생되기 앞뒤 사정을 니체는 《이 사람을 보라》에서 다음과 같이 설명한다.

이 작품의 기본 개념, 다다를 수 있는 긍정의 최고 형식인 영원회귀 사상이 성립된 것은 1881년 8월의 일이다. 그것은 한 장의 종이 위에 다음과 같은 단서와 함께 기록되었다. '인간과 시간 저편 6천 피트.' 나는 그날 실바프라나 호수를 따라 숲 속을 거닐고 있었다. 그리고 수를레이에서 멀지 않은 곳에 커다란 피라미드 모양으로 솟아 있는 바위 옆에 멈췄다. 그때 나에게 그 생각이 떠올랐던 것이다. (……) 그날로부터 1883년 2월 갑작스럽고 있을 법하지 않은 상황에서 일어난 출산에 이르기까지를 생각해 보면—내가 머리말에서 두서너 문장을 인용한 그 끝부분은 리하르트 바그너가 베네치아에서 죽은 바로 그 시간에 완성되었다—이 책의 잉태 기간이 18개월이었던 셈이다. (……) 그 사이에, 나는 무언가 비할 데 없는 것이 가까이 있다는 수백 가지 징조를 갖고 있는 《즐거운 학문》을 썼다. 결국 그것은 《차라투스트라》의 첫머리를 그대로 싣고 있고, 제4권 마지막 두 번째 절에서는 《차라투스트라》의 기본 사상을 보여주고 있다. 마찬가지로 2년 전 라이프치히의 프리츠 출판사에서 나온 〈삶의 찬가〉(혼성 합창단과 오케스트라를 위한)도 이 사이에 쓴 것이다. 이 찬가는 아마 내가 비극적 파토스라 부르는 저 뛰어난 긍정적인 파토스가 최고로 나에게 깃들어 있던 그해의 상태를 보여주는 중요한 징후였으리라. (……) 그 다음 겨울을 나는 제네바에서 멀지 않은 쾌적하고 고요한 라팔로만(灣)에서 보냈다. 이곳은 키아바리와 포르토피노곶 사이에 깊숙이 들어앉아 있는 곳이다. 나의 건강은 썩 좋은 상태가 아니었다. 겨울은 추웠고 지나치게 비가 많이 왔다. 바닷가에 바로 붙어 있는 조그만 여관에서, 나는 거친 파도 소리 때

문에 밤이면 잠을 못 이루었으며, 모든 점에서 거의 내가 바라던 것과는 정반
대였다. 그럼에도 결정적인 모든 일은 '그럼에도 불구하고' 일어난다는 내 명
제가 옳다는 것을 증명이라도 하듯, 나는 《차라투스트라》를 그해 겨울 이러
한 악조건에서 썼다. 아침나절에 나는 남쪽으로 뻗어 있는 조알리로 향하는
멋진 길을 따라, 전나무 곁을 지나 멀리 바다를 내려다보면서 언덕에 올랐다.
오후에는 건강이 허락하기만 하면 산타 마게리타에서 포르토피노의 뒤쪽에
이르기까지 만 전체를 돌았다. 이곳과 이곳 풍경은 황제 프리드리히 3세 또
한 몹시 사랑해서인지 한결 더 마음에 가깝게 다가왔다. (……) 이 두 길을 거
니는 동안 《차라투스트라》 제1부가, 무엇보다도 차라투스트라 자체가 하나의
전형으로 떠올랐다. 아니, 더 정확하게 말하면 차라투스트라가 나에게 덮쳐
왔다.

《차라투스트라》에서 《권력에의 의지》로

이제 니체의 여러 해 동안 이어진, 그리고 고뇌에 찬 지적 탐구는 끝났다. 그
는 인생에 대한 긍정의 확고한 발판을 그 피투성이의 사상적 고투를 통해 확
립했다. '이제는 아무도 이르지 못한 독창적 진리를 명쾌하고 아름답게 세상 사
람들에게 펼쳐 보이는 기쁨에 몸을 맡기면 된다. 지금까지 해온 사색과 탐구의
축적, 그리고 갈고닦은 재능에 의해 유지된 정신적 창조의 영감으로 이 새로운
복음을 완성하자. 그 형식은 성경처럼 엄숙하고 장중하며, 시성(詩聖) 괴테의 희
곡 《파우스트》처럼 청량하고 명쾌한 것이 아니면 안 된다. 그러나 이러한 명품
창작의 완성을 위해서는 병든 몸을 달래고 생계를 확보하여, 집필을 위한 최상
의 조건을 갖춰야 한다.'

이러한 생각을 품고 니체는 3천 프랑의 연금을 유일한 자산으로 한 검소한
독신생활을 계속했다. 그는 스위스, 독일, 이탈리아, 남프랑스 각지로 여행하며,
특히 여름에는 주로 높고 건조한 스위스 산지 질스마리아에서, 겨울에는 온화
한 남프랑스의 해안 니스로 거처를 옮겨 《차라투스트라》의 완성에 몰두한다.

그리하여 제1부는 앞에서 말한 것처럼 1883년 2월에 라팔로에서, 제2부는 같
은 해 7월 질스마리아에서, 제3부는 이듬해인 1884년 1월에 니스에서, 제4부는
다시 그 이듬해인 1885년 2월에 같은 니스에서, 모두 각각 열흘이라는 짧은 기

간에 단숨에 써 내려간다.

니체는 성경을 본뜬 이 산문시 속에 담긴 높은 진리가 수많은 사람들의 공감을 불러일으켜 깊은 이해와 넓은 지지를 얻을 수 있을 거라 확신하고 있었다. 그것은 니체에게 저술 활동의 정점에 위치하는 역작이며, 독일어로 표현할 수 있는 모든 문예의 최고 걸작이라고 자신할 수 있는 것이었다. 덴마크가 낳은 저명한 문예평론가 브란데스가 니체의 사상에 크게 주목하기 시작했다는 소식도 그의 용기를 북돋워 주었다. 그는 《차라투스트라》에 의해 오랜 기간에 걸친 고독의 고뇌에서 벗어날 수 있을 거라고 내심 기대하기도 했다.

그러나 이 기대는 무참하게 깨지고 만다. 《차라투스트라》는 인류의 위험한 미래를 경고한 역사상의 예언자들과 그 운명을 같이하여, 세상 사람들로부터 무시당하고 경원되었다. 《즐거운 학문》을 높이 평가했던 부르크하르트도 《차라투스트라》를 이해하지 못했으며, 라이프치히 대학 때부터 마음의 친구였던 로데도 의례적인 찬사를 바쳤을 뿐 그전까지와 같은 공감과 지지의 말은 보내주지 않았다. 1883년 가을에는 라이프치히 대학에서 4학기 예정으로 '그리스 문화'를 강의하려고 했던 니체의 계획도 좌절되었고, 그 뒤로는 모국 독일의 사상계에 영향을 주고자 했던 니체의 희망도 영원히 사라져 버렸다. 《차라투스트라》에서 새로운 복음을 읽고 그것이 성경처럼 보급되기를 꿈꾸고 있다는 감격의 편지를 보내온 것은, 또다시 단 한 사람의 니체 숭배자 가스트뿐이었다.

이리하여 《차라투스트라》는 니체의 기대에 반해 완전한 악평으로 끝나게 되었다. 그리하여 제4부는 출판자도 얻지 못한 채 자비출판으로 40부만 인쇄하여, 그 가운데 일곱 권을 지인들에게 선물했을 뿐이었다. 니체는 다시 심각한 고독에 내몰린다. 이러한 때, 피붙이로서 위로를 보냈던 여동생 엘리자베트마저도 니체가 싫어하던 반유대운동가 베른하르트 푀르스터와 결혼하고 말았고 이듬해인 1886년에는 그 사상과 이념을 펼칠 신천지를 찾아 남편과 함께 남미 파라과이로 가버렸다.

그러나 그토록 고독한 처지는 오히려 니체의 사상적 투쟁심과 창조심을 불러일으키는 도화선이 되었다. 그러한 체험 속에서 니체는 《차라투스트라》의 입을 통해 간접적이고 아름다운 상징의 형태로 새로운 사상을 펼치고자 하는 기도를 단념하고, 그 속편을 쓰려는 의도도 접는다. 그는 논리적이며 체계적인 형

태로 그 근본 사상을 표현하는 산문체의 주저를 쓰려고 결심하게 된 것이다. 니체는 1886년 9월에 여동생에게 보낸 편지에서 '다음의 4년을《권력에의 의지》4권의 주저 완성에 할애할 생각이다' 써보냈고, 마찬가지로 이 무렵의 메모에는 '결심 : 내가 이야기하기로 한다. 이제 차라투스트라가 이야기하는 것이 아니다' 쓰고 있다.

1882년 무렵부터 구상이 싹터 1884, 5년 무렵부터는 그 준비로서 수많은 아포리즘을 썼지만, 이 주저는 니체가 살아 있는 동안에 완성되지 못했다. 그러나 그렇게 써 모은, 이른바《80년대의 유고(遺稿)》는 니체가 죽은 뒤 여동생과 여러 연구자들에 의해 편집되어《권력에의 의지》라는 제목으로 간행되었다. 여기서 니체는 다가올 세기는 허무주의가 지배하는 시대일 것이라고 예언했다. 그리고 그것을 극복하기 위해 '권력에의 의지'를 바탕으로 하는 새로운 가치 정립의 원리를 밝히고, 지금까지의 모든 '가치의 전환'을 감행하는 '능동적 허무주의자'로서 살아야 한다는 것을 역설했다. 그리하여 새로운 복음선교자 차라투스트라는 투쟁하는 허무주의자 니체로 변모해 간 것이다.

기성도덕에 대한 도전

니체가 계획했던 산문체 형식의 체계적 주저 간행은 좀처럼 실현되지 않았다. 그 책을 위해 준비한 주제별로 독립된 저서를 잇따라 써 내려감에 따라, 니체의 관심과 노력이 점차 그것들로 기울었기 때문이다. 니체는 새로운 관점에서 시대의 사상적 병폐를 거리낌 없이 비판하고 쇠락한 유럽 문화에 창조적 활력을 불어넣는 것을 급선무로 여겼고, 그러한 일을 위해서는 체계적 통일이나 객관적 정합보다는 아포리즘 형식에 의한 날카로운 단정이 더 적합하다고 생각했다. 그리고 이런 니체의 비판의 날카로운 칼끝은 주로 기성도덕과 종교의 퇴폐를 향해 집중되어 갔다.

그 제1탄으로서 발표된 것이 《선악을 넘어서》(1886)이고, 그 보충으로 쓴 《도덕의 계보》(1887)였다.

《선악을 넘어서》는 니체가, 《차라투스트라》에 대한 세상 사람들의 오해가 그 비유적 표현에 의한 설명 부족에서 비롯된 것이라 반성하고, 그때부터 간행하고자 하는 체계적 주저는 그와 같은 오해를 받지 않게 하기 위해 낸 책이다. 그는 주저에서 이야기하고자 하는 신사상(新思想)에 대한 예비적 입문서가 필요하다고 생각한 끝에 《선악을 넘어서》를 집필하여 자비출판한 것이다. 이 책은 과학과 법학과 정치학 등 삶의 모든 영역과의 관련에서 도덕을 널리 파악하고 있다. 또 여기에는 도덕의 밑바탕에 있는 것은 삶의 근본적 요구이며 삶은 자기 보존 욕구가 아니라 생장 욕구를 본질로 한 것이라는 니체의 근본 견해가 나타나 있다. 특히 여기서 니체는 마키아벨리에 대한 깊은 공감에 의해 새로운 도덕원리로서 평균적 평등화를 거부하는 '거리의 파토스'와, 그것을 토대로 한 인격 간의 위계질서를 존중하는 고귀성의 이념을 강조했다. 그리고 그러한 정신적 귀족주의 관점에서 그 무렵 유행하던 민주주의와 사회주의 사조에 대한 강한 반감과 경멸을 표명했다.

그러나 이 책 역시 니체 사상에 대한 세간의 오해를 푸는 해설서로서의 역할을 다하지는 못했다. 아니 그것은 오히려 새로운 오해의 씨앗을 뿌린 것이나 마찬가지였다. 친구 로데와 마이젠부크 부인조차 이 책만은 이해하려 하지 않았고, 세평은 니체에게 명백하게 '위험한 사상가'라는 라벨을 붙였다. 기증한 책에 대해 호의적인 답서를 보내준 것은 프랑스의 뛰어난 비평가 이폴리트 텐 정도였다.

그래서 니체는 자신의 사상적 진의가 올바르게 이해되기 위해서는 더욱더 노력을 기울일 필요가 있다는 것을 절감한다. 그리하여 1886년부터 7년에 걸쳐 니체는 그때까지 발표한 작품을 손질하여, 대부분 머리말을 다시 쓰고 새로운 부분을 덧붙여 그 참뜻을 올바르게 전하고자 한다. 이러한 일을 하는 한편, 니체는 칸트의 의무 윤리학을 비판한 프랑스의 생철학자(生哲學者) 귀요의 《의무도 제재도 없는 도덕》과 러시아의 실존적 작가 도스토옙스키의 《지하생활자의 수기》를 읽고, 거기에 전개되어 있는 인간에 대한 깊은 심리 분석과 생명의 엄숙함에 대한 깊은 통찰에 강한 공감을 느낀다. 그리고 특히 도스토옙스키로부터는 당대의 약자 대중을 지배하는 노예도덕이, 그들이 강자에 대해 품는 반감에서 성립한다고 보는 독창적인 견해를 암시받게 된다.

1887년 7월 니체는 《선악을 넘어서》에 대한 몰이해가 아포리즘 형식을 취한 표현 때문이라 생각하고, 그 이해를 돕기 위해 보름 동안 일반적인 논문 형식으로 《도덕의 계보》를 써서 자비로 출판한다. 이 책은 니체의 첫 번째 저작 《비극의 탄생》과 함께, 그의 저서 가운데 일관된 논지와 체계적인 서술 형식에 의해 쓰인 몇 안 되는 책의 하나로 꼽힌다. 그리고 논문 세 편으로 구성된 이 책에서 니체는 노예도덕의 기원을 그리스도교 도덕에서 찾으며 그리스도교에 대한 공공연한 공격을 시작했다.

그는 여기서 그리스도교 발생의 원천을 비천한 자들의 가슴에 맺혀 있는 반감에서 찾고(제1논문), 양심은 더 이상 바깥을 향해 드러낼 수 없어서 내향해 버린 잔혹 본능이라 했으며(제2논문), 승려적 금욕이라는 퇴폐적인 사상이 생겨난 원인은 그것에 대립하는 이상(理想)이 없어 아무것도 원하지 않는 것보다는 무(無)를 원하는 인간의 의욕 경향 때문이라고 했다(제3논문). 이 책은 비유적이거나 은유적이 아닌 논리적이고 체계적인 표현 형식을 취함으로써 해석의 애매함을 남기지 않는다는 점에서 니체의 근본 사상을 훌륭하게 표현한 셈이 되었다.

그러나 이러한 반그리스도교적 사상은 그리스도교 문명의 지배 아래 있는 당시 유럽인의 상식으로는 미친 소리로밖에 생각되지 않았다. 이러한 상황 속에서 니체를 몹시 기쁘게 한 것은, 덴마크의 평론가 브란데스로부터 이해에 찬 격려의 편지를 받은 일이었다. 특히 1888년 4월 29일에 브란데스가 보낸 편지는, 그해 초겨울에 브란데스가 코펜하겐 대학에서 '독일의 철학자 프리드리히 니체에 대하여'라는 제목의 장기강연을 열어 300명이 넘는 청강자로부터 큰 갈채를 받았다는 소식을 알려주어 니체는 커다란 용기와 자신감을 얻었다.

이러한 예외는 있었지만, 니체는 일반적으로 차가운 세평과 고독한 싸움을 해야 했다. 그리고 그러한 투쟁을 통해 종래의 모든 가치를 부정하고 그 위에 완전히 새로운 가치원리를 창조하고자 한 니체의 노력은, 그 생존 긍정의 생명철학에 점차 개체적인 진실을 중시하는 실존주의적 경향을 불어넣게 되었다.

니체는 그 무렵 브란데스를 통해 키르케고르의 이름을 알게 되었고, 덴마크가 낳은 이 고독한 실존사상의 창시자에게 큰 관심을 품기도 했다. 그러나 유감스럽게도 그에게는 이미 키르케고르의 사상과 친밀해질 수 있는 시간이 별로 남아 있지 않았다. 그해 끝무렵 니체는 광기의 암흑 속에 빠져들었기 때문이다. 그리고 그는 마치 그것을 예감이라도 한 것처럼, 자신에게 남겨진 그 마지막 1년 동안 지병과 싸우면서 혼신의 힘을 다하여 신들린 듯이 저술활동에 몰입했다.

건강했던 마지막 1년

1888년은 니체에게 있어서 참으로 다산(多産)했던 한 해였다. 꺼져가는 생명의 불꽃이 마지막에 더욱 활활 타오르는 것처럼, 그는 잇따라 아포리즘의 명작들을 써 내려간다.

그리하여 7월에는 《바그너의 경우》를 쓰고, 8월에는 《우상의 황혼》을, 9월에는 《반그리스도교》를 완성한다.

1888년 10월 15일에 마흔네 번째 생일을 맞이한 니체는 자신의 새로운 사상에 대한 세상 사람들의 이해를 촉구하기 위한 마지막 시도로서, 자서전풍의 자작해제서(自作解題書) 《이 사람을 보라》를 쓰기 시작하여 11월 4일에 그 완성을 본다.

이 무렵 니체에게는 브란데스를 통해 알게 된 작가 스트린드베리와 편지를 주고받는 즐거움이 있었다. 한편 속물문화가 지배하고 있던 독일에서는 그가 계속 무시당하고 있었지만, 문화의 선진국 프랑스와 교양의 나라 덴마크와 스웨덴 등에서는 유럽 최고의 교양을 갖춘 뛰어난 사람들이 니체를 이해하기 시작했다. 그러한 징후에 용기를 얻은 니체는 기쁨과 평안한 기분 속에서, 12월의 마지막 저술 《니체 대 바그너》와 《디오니소스 찬가》를 썼다.

광기 속에서의 삶의 황혼―아이의 마음으로 돌아가다

고독에서 광기로

1888년 7월의 《바그너의 경우》를 시작으로 6개월 동안, 니체는 사상의 완숙을 알리는 여섯 가지 저술을 마쳤다. 니체의 정신적 내면은 경이로운 창조의 의지로 가득 차 있었던 것이다.

그러나 그를 에워싼 외적 상황은 완전한 고독이었다. 그토록 친절한 친구였던 노부인 마이젠부크조차 니체의 기증서 《바그너의 경우》에 대해 악의적인 답서를 보내왔고, 남아메리카에 있던 여동생도 전혀 그 책을 이해하지 못하는 편지를 보내와서 니체를 실망시켰다. 특히 바그너당 진영을 대표하여 파울이 〈음악주보(週報)〉에 쓴 악질적인 중상 기사는 니체의 마음에 큰 상처를 주었다. 이 기사는 니체가 쓴 오페라 작품에 대해 바그너가 '우스꽝스럽다'고 평가했기 때문에 니체가 바그너를 떠났다고 주장하며, 비열한 인신공격을 가하고 있는 것이었기 때문이다.

이러한 몰이해와 중상을 바로잡기 위해 니체는 마지막 남은 힘을 다해 《니체 대 바그너》를 썼다. 그것은 흔들리지 않는 사상적 확신이 표현되어 있는 책이었다. 하지만 니체의 속마음은 고독의 무한지옥에 빠져 있었다. 무리한 저술 활동에서 오는 피로의 누적과, 세상의 중상에 대해 변호해 줄 단 한 사람의 친구도 없다는 절망감이 그를 밤마다 잠 못 이루게 했다. 니체는 고통을 달래려고 연이어 클로랄 수면제를 복용했고, 어느 네덜란드인한테서 얻은 자바산(産)의 수상쩍은 진정제도 자주 복용했다. 그러한 마약의 작용이 니체의 신경을 파괴하여 1888년 끝무렵 그는 마침내 정신착란 징후를 보이기 시작했다. 니체는 많은 양의 물을 벌컥벌컥 마셔서 사람들을 놀라게 하거나 친구에게 의미를 알 수 없는 편지를 쓰기도 하고, 길에서 피곤에 지쳐 있는 짐말을 동정하여 말 목을 끌어안고 큰 소리로 울기도 했다.

이듬해인 1889년 1월 3일, 니체는 토리노의 알베르트 광장에서 갑자기 정신을 잃고 쓰러져, 우연히 그곳을 지나가던 집주인에 의해 하숙집으로 옮겨졌다. 그리하여 혼수상태에서 이틀 밤낮을 지내고 깨어난 그는 더 이상 정상인이 아닌 완전한 미친 사람이 되어 있었다. 그는 큰 소리로 혼잣말을 하고 느닷없이 노래를 부르거나 피아노를 치기도 했고, 또 '디오니소스', '십자가에 못 박힌 자', '적그리스도' 등으로 서명한 해괴한 편지를 친구들과 안면이 없는 유명인들에게 보내기도 했다.

친구로부터 어머니의 손에

니체의 편지에서 불안을 느낀 바젤 대학 교수시절의 친구 부르크하르트는 역시 동료 교수였던 오버베크와 상의하여, 바젤의 정신병원장 빌레의 조언에 따라 니체를 그곳에 입원시키기로 한다. 그리하여 그는 7일에 토리노로 떠나 10일에는 니체를 그 병원에 입원시킬 수 있었다.

토리노의 하숙집에서 만난 이 두 친구의 재회는 참으로 감격적인 것이었다. 니체는 두 팔을 벌려 그에게 달려와서 이탈리아어로 "친구여, 나는 허송세월을 하며 살아왔네. 자네는 틀림없이 얼마 동안 지낼 돈을 가지고 왔겠지?" 말하더니, 그의 가슴을 향해 격렬하게 울면서 무너졌다. 어린아이의 마음으로 돌아간 것 같은 천진무구함과 종잡을 수 없는 몽상에 장단만 맞춰주면 발작을 일으키지 않았기 때문에, 그를 토리노에서 바젤로 옮기는 데는 오버베크가 토리노에서 고용한 시중꾼 한 사람으로 충분했다. 그 여행 중 니체는 클로랄 수면제로 잠든 상태에 있었지만, 이따금 눈을 뜨고 《이 사람을 보라》 속에도 쓴 자신이 좋아하는 〈베네치아 곤돌라에서 부르는 뱃노래〉를 아름답게 흥얼거리는 것이었다.

바젤에서 빌레 원장이 내린 진단은 진행성 뇌연화증, 또는 마비성 정신장애(뇌매독)였다. 바젤에서 며칠 동안 입원한 뒤 니체는 어머니의 간호를 받으며 예나 대학병원 정신과에 입원했는데, 여기서의 진단도 빌레의 견해와 거의 같았다.

여동생은 이러한 진단에 의문을 제시하고, 오빠의 명예를 회복하기 위해 니체의 발병 원인을 다음과 같이 추정하고 있다.

시신경과 뇌신경의 과도한 긴장으로 인해 과로에 빠진 정신이, 강력한 수면제와 그 밖의 극약에 대해 저항하지 못하고 그 능력을 잃은 것이다.

아버지가 뇌연화증으로 죽었고, 니체도 열두 살 무렵부터 계속 두통과 발작에 시달려 왔다는 점에서 니체의 발병을 유전으로 돌리는 설도 있지만, 지금 그 진실을 확인할 길은 없다.

어쨌든 니체는 1890년부터는 나움부르크의 어머니에게 맡겨져 1897년에 그녀가 죽을 때까지, 어머니의 자애로운 간호를 받았다. 그는 어린아이처럼 순수한 마음으로, 그때서야 일기 시작한 자신의 사상에 대한 시대의 반향을 말없이 지켜보기라도 하듯이 조용하고 평화로운 나날을 보낸다.

니체와 어머니(1892)
어머니는 자신의 마지막까지 어린 시절로 돌아간 듯한 니체를 간호했다.

무구한 사람 니체

니체는 정상적인 정신을 잃고 그림자와도 같은 사람이 되었고, 그런 그의 일상은 무구한 어린 시절로 되돌아간 것처럼 순수하고 순진한 것이었다.

그는 전처럼 밝은 햇빛과 맑은 공기를 사랑하여 어머니와 함께 집 밖을 산책하기를 좋아했다. 이 무렵 그는 정상적인 대화와 지인의 식별도 가능했는데, 남을 배려하고 기쁘게 해주고 싶어하는 원래의 고귀한 성격이 행동 속에 너무나 뚜렷하게 나타나 사람들로 하여금 눈시울을 적시게 했다. 그는 언제나 친절하고 상냥했지만 무능력한 병자처럼 다뤄질 때는 불쾌해했다. 음악에 대해 이상할 정도로 흥미를 나타내어 스스로 피아노를 쳤다. 특히 생애에 걸친 제자이자 친구였던 음악가 가스트의 피아노 연주를 유난히 좋아했다.

그리하여 니체는 자연을 벗 삼고 피아노를 장난감으로 삼으며 조용히 남은 나날을 보냈다. 발병할 때에는 생계를 걱정하지 않으면 안 되었던 처지였지만, 얄궂게도 발병과 동시에 명성이 높아지기 시작해 인세 수입이 갑자기 늘어난 덕분에 바젤에서의 연금이 3할 줄었음에도 여유로운 생활을 할 수 있었다.

어머니와 아들의 화목한 생활과 니체의 음악 애호를 이야기해 주는 일화로서, 베르누이는 다음과 같은 정경을 회고했다.

목사 부인(니체의 어머니)은 가깝게 교제하고 있던 예나 대학 사학교수인 괴르첼 집안을 방문할 때 대부분 아들도 데리고 갔다. 아들은 마치 어린아이처럼 어머니의 뒤를 따라갔다. 그곳에서 그녀는 아들을 응접실에 데리고 가서 피아노 앞에 앉힌다. 그러면 그는 몇 시간이고 즉흥적으로 피아노를 치는 것이었다. 그 덕분에 그녀는 아들에게 방해받는 일 없이 느긋하게 친구와 대화를 즐길 수 있었다.

그러나 니체는 1894년 여름부터 증세가 점차 악화되어 끊임없이 마비증세가 나타나게 된다. 특히 언어장애 때문에 자신이 말하고자 하는 바를 정확하게 표현할 수 없는 것과, 자신을 돌봐주는 어머니가 쇠약해져서 자유로운 산책이 불가능해진 것이 니체를 우울하고 초조하게 했다.

바로 그 무렵, 남미 식민사업에 실패한 남편이 자살하는 바람에 귀국한 여동생이 오빠를 위해 바이마르 언덕에 커다란 정원이 딸린 집을 사서 그곳에서 셋이 함께 살자고 어머니에게 권한다. 하지만 이 억척스러운 여동생이 유고출판과 그 밖의 일에서 보여준 독단적인 방식으로 인해, 어머니와 그녀 사이가 틀어지게 된다. 그에 따라 1896년 여동생 혼자 거처를 바이마르로 옮기고, 자신이 니체와 관련된 자료를 수집할 목적으로 만든 '니체 문서보관소'도 함께 옮겨버린다. 그리하여 다시 어머니와 아들, 둘만의 조용한 생활로 돌아갔으나 이듬해인 1897년 4월에 어머니가 세상을 떠나자 니체는 그를 간호하던 하녀와 함께 여동생의 집으로 가게 된다.

바이마르에서의 마지막 나날

바이마르에서 니체는 아름다운 경치와 넓고 쾌적한 집, 넓은 정원 덕택에 한때 건강을 아주 회복한 것처럼 보였다. 그는 다시 쾌활하게 이야기하기 시작했고 집필도 시도할 정도여서, 그의 여동생은 오빠가 다시 완전히 건강한 사람으로 돌아오지 않을까 하는 희망을 품기도 했다.

이 언덕에 있는 이층집 테라스에서 보내는 시간이 이 무렵의 니체에게는 가

장 행복한 순간이었다. 그곳에서는
지평선 저편으로 온갖 형태로 변해
가는 구름 사이를 붉게 물들이며 지
는 해를 볼 수 있었고, 니체는 그 광
경을 더없이 사랑했다. 1899년 여동
생의 친구인 한스 올데 교수가 해넘
이 풍광에 무아지경의 행복을 맛보
고 있는 니체의 모습을 그렸는데, 그

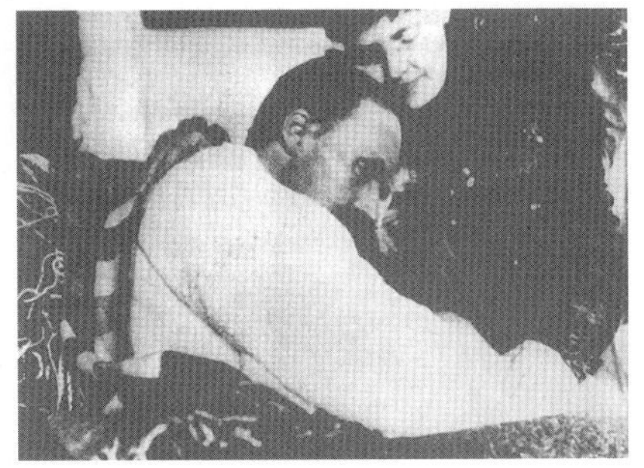

니체를 돌보는 여동생 엘리자베트(1899)

그림은 지금도 보는 사람들의 마음을 깊이 감동시키고 있다.

속세의 모든 소음에서 격리되어 있는 그 집의 이층 병실에서 니체를 만난 전
기작가 슈테른베르크 남작부인은, 그 인상을 다음과 같이 쓰고 있다.

숭고한 그의 태도, 한없이 깊은 정신적인 표정의 아름다움, 그러한 그의 모
습을 보았을 때 내 마음은 커다란 감동으로 가득 찼다. 특히 지금 안경을 벗
은 그 얼굴에서 보이는 눈의 아름다움은 압도적인 것이다. 먼 곳을 바라보는
듯, 마음속을 깊이 응시하고 있는 듯 깊은 우수를 띠고 있는 눈동자에서는,
자기(磁氣) 같은 정신의 흐름이 힘차게 샘솟고 있었다. 그의 그런 모습을 보니
민감한 사람이라면 누구나 그 신비로운 마력에서 벗어날 수 없을 거라는 생
각이 들었다.

1899년 5월 니체는 또 한 번 격렬한 발작을 일으킨다. 그리고 그 뒤부터 더
욱 쇠약해져서 다시 언어장애에 빠지게 되자 그는 다른 사람 앞에서는 말을 하
지 않게 되었다. 그래도 친밀한 정을 표시하거나, 감사의 마음을 표현하고 싶은
여동생에게는 곧잘 적절하고 따뜻한 말을 할 수 있었다. 여동생이 근심에 빠
져 있는 모습을 보면 "왜 그렇게 울고 있니, 우리는 이렇게 행복한데!" 위로하고,
"이 집에는 세상에서 가장 좋은 사람들이 살고 있다고 생각한다"고 말했다. 그
무렵 니체에게는 오직 즐거운 추억만이 남아 있었다. 이를테면 여동생이 바그
너에 대해 얘기하면 그는 반드시 "나는 정말 그를 사랑했어" 하고 덧붙이는 것
을 잊지 않았다.

질스마리아의 '니체 하우스' 니체의 방은 뒤편 2층에 있다

병상의 니체는 잘 알지 못하는 손님을 그리 좋아하지 않았다. 하지만 날이 갈수록 높아지는 그의 명성에 끌려 바이마르를 찾아오는 손님은 많았고, 여동생의 소개로 그를 만난 사람은 평생 그 인상을 잊을 수 없었다. 그는 방문자를 크고 부드러운 눈으로 맞이하며 다정하게 손을 내밀어 환영의 뜻을 나타내곤 했던 것이다.

임종과 매장

다가오는 세기의 뛰어난 운명 예언자였던 니체는, 1900년 새로운 세기의 개막과 함께 영원한 평화를 향한 길을 떠났다. 그 임종 모습을 여동생은 다음과 같이 떠올리고 있다.

1900년 8월 20일 오빠는 갑자기 고열과 호흡곤란을 동반한 감기에 걸렸다. 나는 그 때문에 그에게 폐렴이 생기지나 않을까 걱정되었다. 하지만 충실한 의사의 노력으로 2, 3일 뒤 그 재앙은 사라진 것처럼 보였다. 의사는 다시 진찰하러 올 필요가 없다고 믿었을 정도였다. 그러나 24일 정오 무렵, 내가 그와 마주앉아 있었을 때 갑자기 기색에 변화가 나타나더니 오빠는 의식을 잃고 쓰러졌다. 바로 그때 천둥이 치면서 비가 무섭게 쏟아지기 시작했다. 그 고귀한 정신은 마치 천둥소리, 번개와 함께 하늘에 오를 운명에 있는 것 같았다. 그러나 다시 한번 그는 숨을 되돌렸고 저녁 무렵에는 의식도 돌아와 무언가 말을 하려고 했다. 8월 25일 새벽 2시에 내가 마실 것을 입에 떠 넣어주고 내 얼굴을 볼 수 있도록 램프 갓을 옆으로 기울이자, 그는 기쁜 듯이 '엘리자베트' 하고 소리쳤다. 그것을 보고 나는 위기를 넘겼다고 생각했다. 그는 오랫동안 잠을 잤다. 나는 그것이 회복을 위한 잠이기를 기도했다.

하지만 그의 숭고한 얼굴은 조금씩 변화의 빛을 더해 갔다. 다시 한번 그는 그 아름다운 눈을 떴다. (……) 그리고 편안하고 고통 없이, 마지막으로 엄숙하게 뭔가 묻고 싶어하는 듯한 눈길을 던진 뒤 눈을 감았다, 영원히.

그리하여 1900년 8월 25일 정오 바이마르에서, 니체는 여동생 엘리자베트의 품에 안겨 56년의 파란만장한 삶을 마감했다. 그 유해는 8월 28일 오후 뢰켄에 있는 니체 집안의 묘지에 묻혔다. 장례식에는 예전에 그가 바라던 대로 게르스도르프, 가스트 등의 친구 몇몇이 고별사를 낭독했을 뿐, 그의 무덤 앞에서 목사는 한 사람도 말하지 않았다.

3 니체의 사상

니체 사상의 근본 성격

문헌학적인 사고법의 관철

니체는 천재적인 문헌학자로서 학문 연구를 시작한 사상가였다. 1869년 스물 넷의 나이로 바젤 대학 교수직에 취임한 이래 서른네 살인 1879년 병으로 그만 둘 때까지 니체는 고전학자로서 뛰어난 연구와 강의 실적을 남겼다. 특히 1869년부터 1872, 73년에 걸쳐 쓴 니체의 강의노트와 연구논문에는 고대 그리스 문화에 대한 뛰어나고 독창적인 견해가 담겨 있어 그가 문헌학자로서도 두드러진 역량을 가지고 있었음을 보여준다.

본래 니체는, 보통의 문헌학자들이 흔히 그렇게 되듯이 곰팡내 나는 문장을 이리저리 주물러 그 훈고 주석에 매달리는 단순한 책벌레로 전락하는 것을 끔찍이 경멸했다. 니체는 자신이 학자이기보다는 먼저 사상가이기를 바랐다. 그래서 바젤 대학 철학교수에 빈자리가 났을 때는 친구인 로데에게 문헌학교수 자리를 양보하고 자신은 철학교수 자리로 옮기려 했을 정도였다.

그처럼 "같은 것이 같은 것을 이해한다는 원칙으로 말하건대, 뛰어난 사상가만이 훌륭한 문헌해독자일 수 있다"는 것이 니체의 확신이었다. 니체에게 문헌학이란 고대 문헌의 해독을 통해 인류 문화의 원류를 더듬고 인생의 궁극적인 원리를 규명하여, 그 영원한 의미를 밝혀 나가는 과제를 안는 것이었다. 따라서 그는 그 본질은 철학이라고 보았던 것이다. 젊은 문헌학자 니체의 이러한 확신은, 그가 "전에는 문헌학이었던 것이 지금은 철학이 되고 있다"라는 세네카의 말로 대학취임강연을 끝맺고 있는 것을 보아도 분명히 알 수 있다.

그러나 니체의 이러한 포부는 실증적·비판적인 연구 방법을 사용하던 문헌학계에 받아들여지지 않았다. 니체의 태도는 학자로서의 틀을 짓밟는 자의적

이단으로만 여겨졌던 것이다. 그래서 학계는 니체가 자신 있게 세상에 내놓은 그의 첫 번째 저작 《비극의 탄생》도 문헌학자로서의 자살행위라 평가하고 반역자의 낙인을 찍어 사장시키게 된다. 하지만 그것은 오히려 니체가 문헌학자로서가 아니라 오로지 철학적인 사상가로서 저술 활동에 그의 온힘을 집중해 나가는 계기가 되기도 했다.

니체(1864)

그렇지만 "진정한 사상가로서의 훈련은 혹독한 문헌학적 연구 태도의 습득에 의하지 않으면 안 된다"는 것이 니체의 일관되고 변함없는 소신이었다. 그리고 실제로도 니체는 자신의 다채로운 저술 활동을 일관하는 커다란 줄기로서 문헌학적 사고법을 관철시켰고, 그로써 그 사상의 독자성을 만들어 나갔다.

니체는 먼저 언어 표현을 통해 진실을 해석해 나가는 문헌학자로서, 한마디 짧은 말이라도 결코 소홀히 하지 않았다. 이러했던 니체의 눈으로 보면, 말에 담겨 있는 그 근원적 의미를 무시하고 통속적 용례에 기대려는 일반적인 교양인의 태도와 언론 문화는 진리에 대한 엄밀성을 잃은 경박하기 짝이 없는 사상의 타락이었다. 그래서 그는 사상가로서의 자기 사명을, 그러한 언어의 오용과 남용에 기초한 통속적 유행 사상을 비판하고 파괴하여 진리를 둘러싸고 있는 껍데기를 벗겨내는 것이라 생각했다. 그 때문에 니체가 사용했던 방법은 반어적인 표현과 아포리즘 형식의 문체였다. 언어와 사상에 담긴, 여러 해에 걸친 인류학적 고정관념과 편견을 깨려면 속된 견해의 뒤집기가 필요했고, 기성 체계를 절개하여 고름을 짜낼 필요가 있었던 것이다. 그러한 태도에 기초하여 니체는 스스로를 비판적 사상을 지닌 아포리즘 작가로 성장시켜 나간다.

따라서 우리는 그의 반어적이고 비판적인 표현 속에 담긴 참뜻과, 단편적인 아포리즘 속에 담겨 있는 근원적 진리 전체 모습을, 니체와 함께 사색해 나감으로써 올바르게 읽도록 힘쓰지 않으면 안 된다. 한마디 짧은 말에 담긴 진실을 이해하려면 그 짧은 말에 담긴 삶의 근원을 주시하고, 그곳에서 니체와 함께 근본적 체험을 해나가고자 노력할 필요가 있다. 니체는 이처럼 진지하고 성실한 독자에 의해서만 이해되기를 바랐고, 그렇게 선택된 독자를 향해서만 말을 하려 했던 것이다. 이러한 태도로 니체에게 다가갈 때, 이른바 '진리'와 '도덕'을 증오하고 그것들의 저편에 서려 했던 니체가 사실은 성실한 사상가로서 얼마나 진지하게 진리를 추구하고 도덕에 따르려 했는지를 알게 될 것이다.

문헌학자로서의 니체가 위와 같은 태도로 언어 표현에 담긴 진실을 똑바로 보려 했을 때 거기서 그가 발견한 근본은 그리스적인 자연관이었고, 또한 그때까지 신과 도덕의 이름에 의해 왜곡되어 가려져 있었던 창조적 생명의 힘이었다. 니체의 성실성은 삶을 도구 삼아 그것의 봉사를 요구하는 모든 초월적 권위를 부인하고, 그 자체를 위해 삶을 형성해 나가는 내재적인 인간관에 철저했던 데에서 성립한다. 그리고 이와 같은 니체의 인생관은 문헌학을 통해 터득한 그리스적 자연관의 영향 없이는 이루어질 수 없었을 것이다. 이런 의미에서 사상가 니체에게는 문헌학자 니체의 모습이 들여다보인다는 것도 지나친 말이 아니리라.

해석학적 방법

니체는 문헌학자로서 문헌을 존중하기 때문에 언어를 사랑했고, 언어를 사랑하기 때문에 빈말로 희롱하는 것을 혐오했다. 그는 언어에 의해 표현되는 진리에 주목하여 이 진리의 실질과 실체를 어디까지나 자기 삶의 체험 및 실감에 의해 확인하고, 또 이러한 자유로운 진리 추구 정신을 관철하기 위해서 어떠한 기존 권위에도 굴하지 않는 철학자였다. 이러한 니체가 자신의 사색을 위해 선택한 것이 해석학적 방법이었다. 즉 니체는 문헌학적 소양의 성과를, 특히 자신의 해석학적 방법의 자유로운 구사에 의한 진리 규명의 방식으로 살려 나갔던 것이었다.

언어와 논리에 의해 표현된 진리와 의미를 해독해 나가려면, 자신의 체험을 되돌아보고 자기 마음의 움직임을 정밀하게 분석하여, 이것을 통로로 삼으면서 언어와 진리를 연결지어 나가지 않으면 안 된다. 자기 체험을 바탕으로 자기의 심리 분석을 실마리 삼아 언어 등 객관적 표현에 담겨 있는 내적·역동적 진리를 읽어 나가는 방법, 이것이 해석학적 방법이다.

따라서 이러한 해석학적 방법을 중요시하는 니체는 또한 뛰어난 심리분석가

이기도 했다. 인간의 내면적 움
직임에 주목하고, 그 골짜기에
감춰져 있는 진실을 사랑하는
것은 근대 프랑스에서 시작되
는 모럴리스트의 전통인데, 니
체 또한 뛰어난 모럴리스트였다.
그가 그리스도교를 혹독하게
단죄하는 관점에 서면서도 그리
스도교적 심리분석가(모럴리스
트)인 파스칼이나 도스토옙스
키에게 매료되었던 것도 이러한

문헌학협회에서(1866)
앞줄 왼쪽 끝이 니체, 오른쪽 끝이 로데.

모럴리스트로서의 공통성이 있기 때문이었다.

니체는 관점에 따라 세계에 대해 다양한 해석을 내리는 자신의 해석학을 '원근법주의'라 이름하고, 이에 의한 자신의 사상을 '실험철학'으로 특징지었다. 니체에 따르면 어떠한 인식도 인식하는 나를 중심으로 하며, 그러한 나의 삶의 창조와 발전을 위해 영위되는 것이고, 그러한 나라는 중심 관점으로부터 동떨어진 자체적 진리(실체적 진리) 같은 것은 어디에도 없다. 또한 삶의 발전을 위해 삶 자체가 자신을 중심으로 하여 해석해 나가는 것이 진리이며, 그런 의미에서 모든 진리는 삶의 제약을 받고 상대적으로 결정되기 마련이다. 그렇기 때문에 진리를 위해 삶이 구속되는 게 아니라, 삶을 위해 진리가 결정된다고 하는 창조적 진리관도 가능해지는 것이다. 그렇다면 진리의 의미는 그것 자체에서 추구하여 마땅한 것이 아니라 삶을 중심으로 하고, 또 삶의 관점을 중심으로 하여 해석해 나가야만 하는 것이 된다. 삶이 높아지고 삶의 중심이 뒤바뀜에 따라 언어에 의해 표현되는 진리도 무한하게 그 양상을 바꿔 나가며, 그 다양한 느낌을 풍부하게 나타내게 된다. 이렇게 생성·발전하는 풍부한 내용의 진리를 삶과 일체된 형태로 파악해 나가려 한 것이 니체의 '실험철학' 정신이었다.

따라서 여기서의 실험은 자연을 대상으로 하는 자연과학적인 실험이 아니라 사상의 자기 실험이고, 외적 표현의 의미를 내적 체험을 중심으로 해석하여 풍부한 가능성을 지닌 진리를 자유롭게 탐구하는 것을 의미한다. 이러한 표현

해석에 의한 진리와의 합체는 뛰어난 예술적 직관력 없이는 불가능한데, 니체
는 이 관점에서도 뛰어난 천부적 재능을 지닌 사상가였다. 그리고 그는 고정된
형태 그대로 주체적 진실을 표현하거나 이해하는 조형예술보다는, 오히려 형태
없는 소리의 흐름에 의해 살아 움직이는 실재 흐름 자체를 상징적으로 다루는
음악적 직관에 뛰어났다. 니체의 실험철학은 바로 이러한 예술적 직관에 이끌
려 원근법의 중심을 그때그때 자유롭게 바꿔가면서, 진리의 다양한 생성과 그
발전 가능성을 탐구해 나가고자 하는 시도였던 것이다.

삶의 철학

한편 니체의 예술적 직관을 움직이는 강한 추진력이 되었던 것은 무한의 창
조적 발전을 추구해 마지않는 삶의 근본 충동이었다. 이러한 삶의 내적 충동으
로서 그가 발견했던 욕정이야말로 그의 원근법에서 부동의 중심을 이루는 것
이었다. 니체는 논리와 윤리를 심리로 환원하고, 나아가 그 심리 속에서 인간
생리의 필연을 꿰뚫어 보는 뛰어난 생리학자이기도 했다. 여기서 그는 자신의
평생에 걸친 투병 체험을 활용하여, 삶의 쇠퇴가 불러오는 퇴폐적 심리와 삶의
부정으로 향하는 허무주의 윤리를 끄집어 내어서, 그것의 초월을 겨냥한 독창
적 사상을 세워 나간다.

이리하여 니체 철학은 심리학과 생리학으로 지탱되고 예술적인 직관에 의해
유도되면서, 모든 진리를 삶과의 연관성에 따라 규정하고 모든 가치를 삶의 수
단으로서 평가해 나가는 '삶의 철학'을 형성하게 된다.

니체는 말한다. 우리의 평생에 걸친 사색의 과제는 "학문을 예술가의 관점에
서 보고 예술을 삶의 관점에서 보는 것"이었다고《비극의 탄생》 1886년 추가서문
〈자기비판의 시도〉). 또한 다음과 같이 말하기도 한다. "도덕적 가치평가는 하나
의 해석이자 하나의 해석법이며, 해석 그 자체는 생리학적인 특정 상태에 따른
징후이다. 즉 누가 해석하느냐?—바로 우리의 욕정인 것이다"《권력에의 의지》).

니체는 이러한 생존 긍정의 내재주의적 관점을 철저하게 지켜 자연과 육체
를 크게 긍정하고, 천국에서 구원을 찾는 초월종교를 부정한다. 그 대신 현실
과 그 운명을 힘차게 떠안는 대지의 주인으로서 살아가는 길을 추구한다. 삶을
삶 이외의 것을 위한 희생으로 삼으려는 밤의 철학을 버리고, 삶을 삶 자체에

의해 의미를 지으면서 즐기려는 한낮의 철학을 주장한다. 이리하여 니체는 "신은 죽었다"는 비통한 절규가 담겨 있는 근대인의 무신론적 허무주의 체험을 오히려 적극적으로 다시 해석한다. 즉 허무주의를, 나를 제외한 모든 것의 구속으로부터 해방됨으로써 자유로운 자기 형성 가능성을 열어놓는 것으로 받아들여, 이것을 삶의 능동적인 생산력의 방향으로 바뀌어 나간 것이다.

니체의 개인주의

니체의 원근법적 사고에서 중요한 역할을 하는 삶의 욕정은, 가장 먼저 자기 삶의 확보·충실·발전을 추구하는 아욕(我慾)의

예술을 위한 예술　클림트의 〈키스〉에서 볼 수 있듯이 그의 작품의 감각적이고 에로틱한 측면은 어떤 이에게는 야하다고 느껴지겠지만, 이런 해석이 곧 인간은 우리의 도덕과 가치를 재평가해야 하는 의무를 지니고 있다는 니체의 믿음을 완벽히 표현한 것이다.

충동으로서 자신을 드러낸다. 자아의 자유를 확보한 다음, 자신이 '본래 되어야 마땅할 존재가 될 것'을 과제로 삼는 자아주의 관점이 여기서 성립하는 것이다.

이러한 관점에서 니체는 자기를 잊은 상태에서의 헌신, 또는 이웃 사랑의 동정을 미덕으로 삼는 그리스도교 도덕에 반발하고, 권리의 평등을 주장하는 민주주의나 집단적 권위를 개인보다 우선시하려는 사회주의로부터도 등을 돌린다. 그리고 그는 자아의 관철을 목표로 모든 기성 권위와 싸우는 영웅적 개인주의를 주장하며, 몰아(沒我)란 비참한 자기 상실에 다름 아니며, 아욕이야말로 자랑스러워해야 할 자기 확립이라는 자아주의적 관점을 취한다.

그러나 그의 삶의 원근법 관점에서 보면 이 '자아' 또한 결코 궁극적이고 절대적인 가치의 실체로서 자기 완결성을 지닌 것일 수는 없다. 니체의 아욕이 추

구하는 자아는 결코 움직이지 않는 실체가 아니라 오히려 끊임없이 생동하고 발전해 나가는 기능적 주체이기 때문이다. 따라서 그것은 타아를 배제하고 자아를 우선하려는 자기중심적 자아를 의미하는 것은 아니었다. 니체에게 있어서 '아욕'은 도리어 무한의 '자기 탐구'를 뜻했다. 그것은 본래 존재해야 마땅할 모습의 자기를 추구하고 낡은 기존의 자아를 뛰어넘어서, 그 편협한 주관의 틀을 안으로부터 무너뜨리고 충만한 대자연의 삶과 합일하려는 진지함을 의미했던 것이다.

'아욕', 즉 '자기 초월'이라는 이 관점은 자아의 고정과 고립을 지향하는 이기주의와는 전혀 무관한 것이다. 니체의 자아는 끊임없이 자기 초월을 하는 자아이다. 더구나 이 자기 초월의 목표는 '자기완성'이 아니라 삶의 힘을 증대시키는 일에 봉사하며, 전능한 힘의 실현자 '초인'을 대지의 주인이게 하기 위해 기꺼이 그 힘(덕)을 만인에게 증여하고, 이리하여 삶의 근원을 향해 자신을 몰락시키는 것이었다.

따라서 아욕=자기 탐구=자기 초월=자기 몰락이라는 니체의 영웅적 개인주의가 지향하는 것은, 상승하는 강한 힘을 충만하게 하는 삶과 쇠퇴하는 약한 힘밖에 지니지 못하는 삶을 엄격하게 구별하고, 이 힘의 강약에 의해 준엄하게 인류의 위계질서를 확립하여 삶의 힘의 증대에 이바지하는 것이었다. 니체도 말한다. "나의 철학은 위계질서를 지향해 왔던 것이지 개인주의적 도덕을 추구했던 것이 아니다"라고《권력에의 의지》.

삶에 있어 힘의 강약을 새로운 가치 질서의 원리로 삼고, 인생과 사회의 올바른 위계질서를 명확히 함으로써 근대인을 좀먹고 있는 허무주의를 깨부수려 했던 것이 니체 사상의 진수였다. 그렇기 때문에 그가 들고나온 인생 해석의 궁극원리가 영원회귀의 세계관이고, 운명애적 인간관이었던 것이다. 이 점을 기억하면서, 자연과 인생의 디오니소스적 긍정에서 출발하여 영원회귀와 운명애의 궁극원리로 나아가는 니체 사상의 발전 과정을 따라가 보기로 하자.

니체 사상의 발전 단계

3대 형식의 변화

니체가 자기 초월의 고투를 고스란히 담아 그의 독자적 사상을 아름답게 노래한 산문시 형식의 저서가 《차라투스트라》인데, 그는 제1부의 첫머리에서 낙타와 사자와 어린아이로 대변되는 정신의 3대 형식 변화에 대해 언급하고 있다. 이러한 정신의 변모 양상은, 천국의 주인으로서 지상의 인간을 노예화하는 신을 대신하여, 대지의 주인으로서 인간을 그 예속으로부터 해방하는 초월자가 탄생하는 과정을 보여주는 것이다. 그리고 동시에 그것은 니체가 거쳤던 자기 초월 과정을 암시하는 것이기도 하다.

대지의 주인 '초월자'의 탄생을 지향하는 정신은 가장 먼저 낙타처럼 순순히 모든 무거운 짐을 지고, 특히 '네가 해야 할 일'이라고 명령하는 의무에 복종하고 그것을 견딤으로써 자신의 강함을 실증하고자 한다. 이러한 "경외심을 품은 채 무거운 짐을 견뎌내는 정신은 수많은 무거운 것에 맞닥뜨린다. 그리고 강인한 정신은 무거운 것 중에서도 가장 무거운 것을 요구한다"(《차라투스트라》).

모든 고뇌, 모든 운명을 당차게 견뎌내고 그곳에서 자신의 위대함과 구원을 발견하려는 이 낙타의 정신은 그리스 비극 속에서 창조적 인생의 위대성을 찾으려 했던 초기 니체의 모습이기도 하다. 디오니소스의 제자 니체가 여기서 탄생하는 것이다.

그러나 주어진 운명을 감내하려는 이 낙타의 정신은 사막의 극한 고독 속에서 모든 의무와 운명에 부딪치면서, 투쟁의 용사 '사자'로 변모한다. 사자의 정신은 타율을 자율로 뒤집고, 의무를 의욕으로 바꾸며, 주어진 운명을 자유로운 창조의 결과물이 되게 하려고 기존의 모든 권위와 가치에 맞서 싸우고, 또 여기에 "나는 원한다"는 낙인을 찍어 주체화하려 한다. 이 사자의 정신은 또한 모든 기존 가치의 전환을 겨냥하여 그 가치를 비판하고, 그것과 맞서 싸워 새로운 가치 창조의 자유를 확보하려는 제2기의 니체 모습을 보인 것이기도 하다. 그리고 여기서 자유정신의 사도 니체가 탄생한다.

하지만 마지막으로 기성 권위와 투쟁하여 자유를 강탈하는 이 사자의 정신이 실제로 자유를 행사하여 새로운 가치 창조를 이룩해 내려면, 무구한 내적 필연의 촉구를 받아야 한다. 그러므로 이 정신은 대자연과 즐겁게 놀고 경쾌한 춤으로 삶의 존재와 함께 즐기면서 세계와 자기의 혼연일체 속에서 이 세상 모든 것에 대해 "마땅히 그러하다"는 성스러운 긍정의 소리를 내고, 모든 존재에게 "나는 존재한다"를 보여주는 '어린아이'에게로 나아가지 않으면 안 되는 것이다. 투쟁을 통해 부서지는 이런 존재와의 어울림이야말로 최고의 자유이자 최선의 삶이며, 따라서 이것이 이루어진 다음에야 비로소 운명애의 경지가 가능해진다. 차라투스트라가 전달하고자 했던 새로운 복음은 바로 이러한 것이었다. 그리고 이것은 병의 괴로움과 고독의 고뇌를 뛰어넘어 자신의 비극적 인생과의 성스러운 화해를 이룩한 니체 자신의 자유로운 심적 경지를 보여주는 것이기도 하다. 바로 여기서 운명애의 사도 니체, 즉 투쟁을 통해 운명적 삶과 융화해 나가는 니체가 탄생하게 되는 것이다.

니체의 자기 초월 사상은 이러한 3단계를 거쳐 완성되어 간다. 그리고 여기서 두 번째 단계를 이루는 자유로운 비평 정신은 첫 번째 단계를 이룩한 디오니소스적 긍정이 갖고 있던 비통함을 경쾌하게 만들어, 마지막 세 번째 단계에 이르면 자유롭고 명랑한 존재의 커다란 긍정이 이루어지도록 한다. 우리는 여기서 니체 사상이 지니는 뛰어난 변증법적 발전의 모습을 볼 수 있다. 그리고 그것은 긍정·부정·통합이라는 세 걸음을 거듭함으로써 밟아나가는 순환적 발전의 본보기라고 할 만하다.

3단계와 대표 저서

지금까지 살펴보았던 니체의 사상을 그 발전 단계별로 나누어, 연대와 특징 그리고 대표 저서를 정리하면 다음과 같다.

제1기(1869~1876년)

그리스도교에 대한 의혹을 품고 있었으나, 그것을 안으로 감추고 문헌학 연구에 몰두한 시기이다. 니체는 이때 시대의 저속한 유행 사상을 멀리하고 고대의 비극적 존재관에 깊이 파고들어, 존재 속에서 무한한 생성을 보려는 로마적 자연관에 눈을 떠간다. 그리고 이러한 근본 경향 아래서 쇼펜하우어 철학과 바그너 예술의 영향을 강하게 받아 생명의 내적 요구를 진지하게 성찰하는 태도를 형성한다.

이 시기를 대표하는 저서로는 존재의 디오니소스적인 긍정을 주제로 하는 《비극의 탄생》과, 속된 교양물과 유행 사상을 비판하고 문화의 근원으로 돌아가야 한다고 주장한 시대비판서 《반시대적 고찰》이 있다.

제2기(1876~1881년)

니체가 바그너와 결별하고 독자적 사상을 세워가던 때이다. 독창적인 사상에 의해 기성의 권위를 깨뜨리고 새로운 가치를 만들어 가는 천재로서 존경과 숭배를 바쳤던 바그너가, 사실은 민중의 저급한 기호에 아부하는 배우에 불과한 것을 알고 환멸을 느낀 니체는, 홀로 사막의 고독을 이겨내며 사상적 자유와 독립을 위해 힘들게 싸운다. 여기서 니체는 모든 기성의 권위와 가치에 대해 자유롭게 비판한다. 그리고 비판적 심리 분석과 생리의 필연적 요구에 따라 존재의 의의를 규정하는 실증주의적 비판에 의해 기존 문화를 깨부수고, 회의와 허무주의의 한가운데로 용감하게 돌진해 간다. 니체의 연구에서는 점차 초기 그리스적 경향이 사라지고 과학적 실증성이 강조되어 가는데, 어떤 것에도 얽매이지 않는 자유정신에 의한 진리 탐구가 이 시기의 주제인 바, 그는 인생 긍정에 대한 이상을 보다 구체적인 형태로 살려 나가게 된다.

이 시기를 대표하는 저서로는 모든 문화와 인간관계의 채색된 지하실을 폭로하고, 그곳에서 꿈틀거리는 인간의 악취 나는 모습을 냉철한 과학자의 눈으로 바라보는 《인간적인 너무나 인간적인》이 있다. 나아가 이 시기 후반에는 이 책에서 냉철한 인간 관찰이라는 자기 훈련에 의해 다다른 자유정신을 발휘하여, 편견에 싸여 있던 기존 도덕에 정면으로 맞서며 허무주의의 어둠을 통해 새로운 도덕의 탄생을 예감하는 《아침놀》을 쓴다. 그리고 그것을 더욱 발전시켜 앞으로 새롭게 태어나는 도덕은 '신의 죽음'을 견디고, 영원회귀하는 무의미한 삶을 기쁘게 긍정하는 것이어야만 한다는 사실을 암시하는 《즐거운 지식》을 쓴다. 특히 이 《즐거운 지식》에는 니체 사상의 궁극적 원리를 이루는 '영원회귀' 사상이 잉태되었음이 나타나 있고, 비판적인 우상 파괴자 니체가 새로운 가치 정립의 건설적 원리로써 본래의 자신을 되돌리는 작업을 하고 있기 때문에 차분하고 청량한 느낌이 짙게 흐르고 있다. 그리고 이러한 점은 이 책이 중기의 암중모색 시대를 끝내고 마지막 안정기를 향한 전환점에 위치한다는 것을 잘 보여준다고 하겠다.

제3기(1881~1888년)

영원회귀 사상에 의해 허무주의와 대결하고, 그것의 내재적 돌파를 겨냥하여 자신의 사상을 집대성해 나가는 시기이다. 이때 니체는 신의 죽음을 대신하는 것으로서 초인의 등장을 주장한다. 또한 권력의지설에 의해 고귀한 주인도덕의 건설을 지향하며, 그에 방해가 되는 비열한 노예도덕의 타파를 부르짖어 동정과 몰아의 화음을 주장하는 그리스도교와 대립한다. 니체 사상의 원숙기로서, 그는 이때 지칠 줄 모르는 왕성한 연구 저작 활동을 한 끝에 결국 광기 속의 평안을 맞이하게 된다. 운명애의 정신에 의해 자기 존재와의 커다란 화해에 이르렀던 니체가, 영원히 되풀이되는 생성의 고리 속에서 경쾌하게 즐기는 자유로운 삶의 실현이라는 이상을 상징적으로 보여준 것이 만년의 이 광기의 세월이라고 볼 수도 있을 것이다. 이는 건설과 파괴가 교차하는 때였다. 그런데 여기서의 파괴는 제2기 때와 같이 최고 진리의 탐구를 위한 게 아니라, 이미 다다른 최고 진리에 기초하여 시도된 오류의 타파를 위한 것이었다. 그 파괴 자체가 새로운 가치의 실현이라는 건설적 의의를 지닌 것이다.

이 시기를 대표하는 저서는 첫째로, 그리스도교적인 종말론을 대신하는 영원회귀의 복음을 주장한 《차라투스트라》를 들지 않으면 안 된다. 여기서 니체는 새로운 존재 긍정의 길을 힘차게 나아가는 초인의 삶을 아름답게 그렸다. 그리고 신의 구원이라는 환상을 버리고 인간의 자기 구원을 지향하는 삶의 여러 양상을 웅장하고 막힘없이 노래한다. 이와 나란히 니체는 새로운 가치 정립의 원리를 권력의지에서 찾고, 이러한 권력의지설에 의해 허무주의의 근대와 대결하려는 산문체의 저서를 구상한다. 그리고 이를 위한 준비로서 주옥 같은 단편을 써서 남기는데, 이것이 유고 《권력에의 의지》로 집대성된다. 나아가 그는 이 두 저서에 의해 드러난 새로운 가치 원리에 기초하여, 과거의 진리 관념과 도덕 가치, 종교 교설이 지닌 오류를 깨부수기 위해 《선악을 넘어서》, 《도덕의 계보》, 《즐거운 지식》, 《바그너의 경우》, 《우상의 황혼》, 《반그리스도교》 등의 여러 저서를 속속 내놓는다. 그리고 정신착란에 의한 비극적인 형태의 휴식에 들어가기 전, 마치 다가올 자신의 정신적 황혼을 예감하기나 한 것처럼 자전적인 해설서 《이 사람을 보라》를 쓰고, 《니체 대 바그너》와 《디오니소스 찬가》를 완성한다.

그럼 여기서 이 세 시기를 대표하는 주요 저서들을 살펴보면서 니체 사상의 내용을 탐구해 나가기로 하자.

디오니소스적 세계관

그리스 비극의 세계

니체의 초기 사상은 1872년 1월에 발표된 첫 저작 《비극의 탄생》에 아름답게 표현되어 있다. 이 책에는 후기로까지 이어지는, 니체의 주요 사상의 핵심이라고도 할 만한 내용이 대담하고 솔직한 형태로 제시되어 있다. 그것은 요컨대 생성하고 순환하는 생존 현실을 있는 그대로 힘차게 긍정한다는 인생 긍정의 세계관이라고 할 수 있다. 니체는 쇼펜하우어 철학과 바그너 음악으로부터 이 세계관에 대한 영감과 동기를 얻어, 그것을 고대 그리스의 비극예술에 대한 독창적인 해석에 의해 완성해 나간다.

《비극의 탄생》 골자는 1870년에서 1871년에 걸친 보불전쟁이라는 어지러운 시대에, 니체가 포성이 진동하는 전쟁터에서 부상병 간호를 하던 중에 생각해 낸 것이었다. 삶과 죽음의 경계를 넘나드는 위급한 현실 속에서 젊은 철학가 니체의 시선은 인류 문화의 원류인 그리스를 향해 꽂혔다. 천재예술가 니체의 정열은 독일과 유럽 문화의 앞날을 생각하고, 인류 전체를 위한 밝은 미래의 기초를 다지기에 충분한 삶의 근원 충동을 추구하여 뜨겁게 불타오르고 있었던 것이다.

니체에 따르면, 인류 문화의 시조라는 영예를 안은 그리스 민족의 위대성은 아이스킬로스나 소포클레스 등의 비극시인들이 아름답게 그려낸 그리스 비극의 세계를 창조했다는 데에 있다. 왜냐하면 건강한 문화는 인생의 암흑과 맞부딪쳐 이것을 정복하고 그런 암흑도 포함한 인생 전체를 있는 그대로 긍정하는 높은 경지와 불굴의 역량으로 모든 염세주의를 뿌리째 뽑아버리는 데서 꽃피기 마련인데, 그리스 비극이야말로 그리스인들이 단연코 염세주의자가 아니었음을 실증하는 것이기 때문이다.

그리스인들은 아름다움과 빛의 신 아폴론으로 상징되는 바, 명랑하고 건강한 조형미술 걸작과 장중한 서사시 등을 창조해 낸 민족이다. 그들은 어둠을 싫어하고 밝음을 사랑하며 형태 없는 것을 물리치고 형태 있는 것을 채색하려 했던 낙천적인 민족이었다. 그러나 그런 그리스인들이 지녔던 명랑함과 낙천성은 순진함과 천박함에서 오는 단순한 인생 긍정으로 이루어진 것이 아니었고, 인생의 어두운 면에 대한 무지에 기초하는 인생 찬가 따위의 것은 더더욱 아니었다. 사실 그리스 민족이야말로 인생의 어둠과 모순, 비합리성에 대해 날카로운 감수성을 지니고 있었으며 그럼에도, 아니 그러했기 때문에 그들은 삶을 밝게 표현하는 일에 혼신의 노력을 기울였던 것이다. 이러한 점을 이해하지 않고는 그리스적 명랑성이 지닌 심오한 참뜻을 파악할 수 없을 것이다.

아폴론적인 것에 존재하는 것

그리스적 명랑함의 깊은 바닥에 담겨 있는 허무감을 가장 잘 나타낸 것으로 니체는 다음과 같은 그리스 옛 전설을 들고 있다.

미다스 왕이 디오니소스의 종자인 현명한 실레노스에게, "인간에게 최상이자 최선의 것은 무엇인가?" 물었다. 이에 실레노스는 눈썹 하나 까딱하지 않고 입을 다물고 있다가 왕의 강요에 못 이겨 느닷없이 날카로운 웃음을 띤 소리로 말했다. "우리는 지극히 짧은 생을 받은 자들이다. 우연과 고통의 자식들이여, 듣지 않는 편이 이로운 것을 어찌하여 억지로 들으려 하느냐? 너희에게 최선의 것은 이제 와서 너희가 어쩔 도리도 없는 일이다. 그것은 바로 태어나지 말았어야 할 것, 존재하지 않았어야 할 것이니까. 그러나 너희에게 남겨진 차선책은 있다. 즉 얼른 죽는 것이다."

여기에 나타나 있는 그리스 민중의 예지는 그들이 생존의 공포와 고뇌를 생생하게 느끼고 이해하고 있었음을 분명히 말해 준다. 이 생존의 어두운 심연을 외면하지 않고 똑바로 바라보면서, 그 위에 환상적 아름다움의 세계를 구상하여 어둠을 극복하려는 노력이 아폴론적 조형예술을 만들어 냈던 것이다. 그러나 아폴론적 몽환의 세계가 그 생성의 원동력이었던 인간 존재의 심연에서 멀어져 단순한 도피적 삶의 표현에 지나지 않게 된다면, 그것은 잠깐 동안 안전하다는 착각을 줄지 몰라도 영원한 삶과 평안을 약속해 주지는 않는다. 즉 이 착각은 반드시 무너지게 되는 것이다.

이 아폴론적인 것의 깨어진 틈새로 들여다보이는 삶의 참모습은, 형태 있는 모든 것을 만들어 냈다가 파괴하여 무한한 유전(流轉)을 되풀이하는 근원적인 의지력 자체이다. 그것은 쇼펜하우어식으로 말하면 맹목적인 생명 의지이다. 니체는 삶의 심연 한가운데서 발견되는 이와 같은 생명력을 디오니소스적인 것이라고 이름 붙인다. 디오니소스는 본래 광란과 도취의 주신(酒神)으로서, 사람들을 부추겨 자기를 잊는 경지로 이끄는 격정적인 신이다. 니체는 삶의 본질을 이 디오니소스적인 것으로 보았다. 아폴론적인 것은 디오니소스적인 것의 그림자이며, 디오니소스의 모습이 거짓되고 환상적으로 나타난 것에 지나지 않는다고 생각한 것이다.

디오니소스적인 삶의 모습은 파괴와 부정의 거친 소용돌이로서 격동을 멈추지 않는 것이다. 그래서 그것은 철학자 헤라클레이토스가 주장했듯이 만물 유전의 세계이다. 여기서는 하나의 사물이라도 그 생성 소멸의 운명으로부터 안전할 수 없다. 따라서 그것은 형태 있는 것, 즉 자기 견해를 고집하려는 자에게는 무의미하고 두려운 파괴의 마력이자 혐오하여 마땅한 사물이고, 고뇌와 절망의 원천으로서 공포의 대상이 된다. 쇼펜하우어의 염세주의 철학은 어쩌면 이러한 관점에서 성립한 것이리라. 그렇지만 이 삶 자체의 근원과 일체가 된 삶을 살려는 자에게 그것은, 개별적 아집이 사라진 영원한 창조적 삶으로 다시 태어나 전체적 생명의 흐름과 함께 존재하는, 몰아의 도취경을 사는 혜택이 된다.

인생에 있어 참된 긍정과 구원은 이렇게 근원적 생명력과 만나 이것을 받아들이고, 이것과 일체가 된 삶을 살아가는 디오니소스적 세계관을 삶의 근원으로 삼아야 가능해진다. 그리고 고뇌와 비합리적인 생존 현실과 희롱하는 자유로운 삶의 수단으로서 아폴론적 조형예술을 만들어 나갈 때 비로소 이루어질 수 있다. 즉 디오니소스적인 것과 결부된 디오니소스적 삶의 상징으로서 의미를 지니는 한, 아폴론적인 것의 진가도 발휘되는 것이다. 그리고 니체에 따르면,

이와 같은 형태의 디오니소스적인 것과 아폴론적인 것의 통일을 전형적인 형태로 실현해 낸 것이 바로 그리스 비극의 세계였다.

디오니소스에 대한 신앙

그리스 비극은 원래 디오니소스를 위한 주신 찬가를 노래하는, 반은 사람이고 반은 염소인 신 사티로스로 이루어진 합창대의 노래에서 시작된 것이었다. 모든 존재와 생성의 어머니인 대지가 지닌 생산적 근원력을 상징하는 주신 디오니소스에 대한 그리스의 신앙은 주변의 바빌로니아와 소아시아 지방의 포도 재배지에서 들어온 것이다. 이 신을 기리는 디오니소스 축제에 즈음하여, 신도들은 술에 취해 영혼을 잊고 자아를 벗어난 도취에 빠지면서 격렬한 몸짓과 춤에 뒤따르는 초현실 상태 속에서, 고뇌와 파괴를 통해 끊임없이 새로운 존재를 만들어 내는 디오니소스를 찬미하며 미친 듯 환희의 노래를 불렀다. 이 이방의 신은 이러한 형태로 어머니인 대지와 화해하고, 그것과 일체가 되어 살아가는 일에 대한 깊은 환희를 나타내는 것이었다. 이러한 디오니소스에 대한 신앙제례는 삶의 고뇌와 어둠에 대한 풍부한 감수성을 지닌 것이었기 때문에, 괴롭고 어두운 인생을 당차게 견뎌내고 아름답게 장식하려 했던 그리스인들의 마음을 깊이 사로잡아 차츰 그리스 곳곳으로 퍼져 나갔다.

디오니소스를 기리는 제례의 야만적이고 어지러운 춤 속에서 신도들이 체험한 것은, 일상적인 이해타산의 자아를 죽이는 고뇌를 통해 근원적인 전능자와 하나가 되는 격렬한 환락의 생존 긍정이고, 괴로움과 즐거움이 뒤섞여 숨이 막힐 정도로 도취에 싸인 삶의 찬가였다. 이러한 체험을 아름답게 노래한 것이 사티로스의 합창인데, 마침내 이 합창이 대화 형태의 시극(詩劇)으로 만들어졌다. 이리하여 디오니소스 찬가의 음악적 감동의 직접성을 언어와 작품으로 대상화하게 되는데, 그것이 그리스 비극으로 발전했던 것이다. 거기에서는 디오니소스적 생존의 커다란 긍정을 아름답게 그려낸 아폴론적 조형을 통해 거친 창조의 힘과 함께 즐기고, 그것과 하나가 되어 자기 삶의 근원으로 되돌아가는 몰락의 환희라고도 할 만한 경지를 활기차게 연출한다. 비애의 파토스에 의해 인간의 마음을 깨끗하게 씻어 인생의 깊은 진실로 이끌어 주는 비극예술의 힘은, 그 비극이 애당초 생존 자체를 디오니소스적으로 절대긍정하는 체험에 뿌

통음난무의 신비주의 디오니소스 축제 니체는 그리스문명에서 아폴론 정신과 디오니소스 정신을 동시에 보았다. 아폴론 정신은 엄숙하고 절제된 것이며, 디오니소스 정신은 광적이고 자유로운 것이다.

리를 둔 창작물이라는 데 있다.

이와 같은 독창적 비극 해석을 통해 니체는 그리스 문화의 정수를 이루는 것으로서 디오니소스적인 세계관을 지목한다. 그는 디오니소스적인 것의 발견과 창조야말로 그리스 민족의 위대성을 나타내는 것이며, 또한 유럽과 세계 인류 문화의 영원한 핵심이라고 생각한 것이다. 니체는 이 디오니소스적인 것을 생존에 대한 해석의 밑바탕에 두고, 이 관점에서 인류 문화의 가치를 새롭게 비추는 일에 사상가로서의 사명과 긍지를 걸려 했다. 만년의 니체는 《우상의 황혼》 끝부분에서 첫 저작 《비극의 탄생》을 떠올리며 이 점에 대해 말하고 있다.

고통마저도 그 속에서는 하나의 자극제로 작용하는 넘치는 생명과 힘의 감정으로서의 주신제의 심리학은 (……) 비극적 감정의 개념을 이해하는 데 필요한 열쇠를 나에게 주었다. 비극은 쇼펜하우어가 의미한 고대 그리스인의 염세주의를 증명하는 것이 아니라, 오히려 그 결정적인 거부이자 반대 절차로 간주되어야 한다. 가장 껄끄럽고 가장 가혹한 문제들에 있어서조차 삶 그 자체를 긍정하고, 그 최고의 전형을 희생하면서 자신의 무한성을 기뻐하는, 삶에의 의지, 바로 이것을 나는 디오니소스적이라 부르며, 바로 이것을 나는 비극적 시인의 심리학에 이르는 다리로 보았다.

공포나 동정에서 도망치기 위해서가 아니라 또 그 거센 폭발로 인한 위험한 욕정으로부터 몸을 정화하기 위해서가 아니라—아리스토텔레스는 그렇게 해석했지만—공포나 동정을 넘어서서, 자기 자신 안에서 생성의 영원한 쾌감 그 자체가 되기 위해, 파괴로 느끼는 쾌감까지도 자기 안에 포함하고 있는 기쁨이기 위해 나는 일찍이 내가 처음 출발했던 곳에 다시 가 닿게 되는 것이다. 《비극의 탄생》은 내게 처음으로 일어난 모든 가치의 전환이었다. 즉 이로써 나는 나의 의욕과 능력이 나고 자란 땅으로 다시금 몸을 되돌려 두는 것이다. 철학자 디오니소스의 마지막 제자인 내가, 영원회귀의 스승인 내가.

여기서도 지적한 바와 같이 디오니소스적 세계관은 쾌락을 고통의 회피로 이해하는 공리주의를 물리치고, 고통의 극복이야말로 진정으로 고귀한 쾌락이라는 니체의 영웅주의와, 선과 악 이원의 대립 및 투쟁을 통한 참된 가치 창조를 중시하는 반도덕주의로 이어진다. 또한 이것은 생성 과정 자체에 무한한 의의를 인정하려는 영원회귀 사상을 낳은 모체가 되기도 했다.

그리스 비극에 담겨 있는 디오니소스적 세계관을 주장한 철학가 니체는 헤라클레이토스를 매우 높게 평가했다. 니체는 《이 사람을 보라》에서 다음과 같이 말하고 있다.

헤라클레이토스 가까이에 있으면 나는 다른 어느 곳에서보다 마음이 따뜻해지고 아늑해지는데, 그에 대해 아직 풀리지 않은 의문이 남아 있다. 무상(無常)과 파괴의 긍정—이것은 디오니소스적 철학에서 결정적인 것이다—과, 대립과 전쟁에 대해 '그렇다'고 대답하는 것과, '존재'라는 개념조차도 철저하게 거부하면서 내걸은 생성이, 이제까지 생각된 것 가운데 나와 가장 가깝다는 점을 인정하지 않을 수 없다. '영원한 윤회'에 대한 가르침, 즉 모든 사물의 무조건적이고 무한히 되풀이되는 순환에 대한 가르침—차라투스트라의 이 가르침은 결국 이미 헤라클레이토스가 보여주었는지도 모른다.

이러한 견해로 본다면 그리스 비극의 제재(題材)에 대해 합리적 해석을 내린 비극시인 에우리피데스는, 불합리한 디오니소스적 생존의 근원으로부터 비극을 떼어냄으로써 비극을 천박하게 만들고 그 진정한 신을 죽여버렸다는 비난을 받는다. 거기서 소크라테스의 합리주의와 도덕주의가 탄생하고, 이어 플라톤의 형이상학이 등장하게 되는데, 이것이 니체에게는 생존 현실로부터의 비겁한 도피이자 삶의 퇴폐 현상으로만 보였다. 따라서 이러한 디오니소스적인 비극 정신이 고갈됨과 동시에 그리스 민족의 위대하고 건강한 자연 긍정의 생존력마저 사라져, 사람들이 차츰 지금 이곳에서의 삶을 이 세상 너머의 이념과 신에게 희생으로 바치는 그리스도교적인 염세관에 빠져들게 되었다는 것이 니체가 내린 고대문화 연구의 결론이었다.

근대 비판 제1탄, '교양 속물'의 탄핵

《비극의 탄생》은 생존으로부터 동떨어진 장식 문화의 공허함을 지적하기 위한 것이었는데, 이 책의 요지는 곧 피상적인 합리주의와 정치주의의 유행 속에서 문화의 승리를 꿈꾸던 독일에 대한 통렬한 비판이었다. 그러나 《비극의 탄생》에는 그 무렵 세상에 대한 직접적인 비판은 유보되어 있고, 그리스도교적인 내세주의와 관념적인 합리주의·도덕주의·이상주의 등에 대한 노골적인 반격도 자제되어 있다.

하지만 이제 《비극의 탄생》에 의해 니체는 이러한 시대의 병폐에 대한 유력한 반격의 기지를 구축한다. 모순과 고뇌와 파괴 등의 비합리적 삶의 심연에 위축됨 없이 맞닥뜨리고, 진지한 탐구의 길을 통해 삶의 근원으로 돌아가 그곳에서 인생의 풍요로운 창조성을 퍼 올리려는 디오니소스적 세계관이 그것이었다. 고대 그리스에서 이 세계관은 페르시아 전쟁의 승리가 가져온 세속적인 번영과 정치주의의 우선으로 인해 퇴폐 증세를 보였다. 그리고 이어 등장하는 피상적인 합리주의 문화 또한 그 표면의 화려함에도 삶의 근원으로부터 동떨어진 장식 문화로 전락하게 된다. 니체는 《비극의 탄생》에서 그리스 민족이 이런 과정을 거쳐 지난날 그 왕성했던 창조력을 상실했음을 보여준다.

그럼에도 조국 독일은 어떠한 상태에 있었는가? 1870년부터 1871년에 걸친 보불전쟁의 승리와 독일 통일의 실현은 독일 민족의 기세를 한껏 북돋워 주었다. 그리하여 '무기의 성과'를 '교양의 승리'로 간주하는 '여론'이 유행하게 되었고, 모든 가치를 부국강병의 관점으로만 규정하려는 위험한 정치주의 병폐가 더욱 심각해졌다. 천재적인 그리스 민족을 퇴폐하게 했던 것과 같은 비극적 정신의 상실이 그때 독일의 현실에서 되풀이되려 하고 있었던 것이다. 독일 민족의 위대성을 믿기 때문에 니체는 이러한 움직임에 대해 날카로운 비판의 화살을 쏟아내지 않을 수 없었다. 이리하여 니체는 1873년에서 1876년에 걸쳐 4편의 논문으로 이루어진 《반시대적 고찰》을 차례로 발표한다. 시대 흐름에 항거하고 시대의 병폐를 탄핵하는 것이야말로 자신의 긴급한 사명이라고 믿은 니체는, 시대에 충실하다는 것이 무엇인지, 또한 어떠한 것이어야 하는지를 우리에게 가르쳐 준다. 먼저 제1논문인 〈다비트 슈트라우스. 고백자와 문필가〉를 살펴보자.

헤겔 좌파의 거두로서 독일 사상계에 군림하고 있던 슈트라우스는 합리주의적 관점에서 성경비판을 시도하고, 복음서를 신의 말씀이 아닌 단순한 신화라고 해석했다. 그의 주요 저서 《예수전》(1835년)은 교양인의 환영을 받아 판을 거듭했다. 니체는 여기서 독일적 교양의 가장 커다란 병폐를 알아차린다. 그는 거기서 그리스 비극을 죽인 에우리피데스나 소크라테스의 경우처럼 삶의 근원으로부터 동떨어진 천박한 합리주의를 봤던 것이다.

박학다식과 합리성은 참된 문화와 교양과는 아무 상관도 없는 것이고, 산만한 지식의 집합은 삶의 깊이와 풍부함을 향한 영혼의 집중을 방해함으로써 오히려 참된 문화를 말살한다. 왜냐하면 문화란 한 민족의 모든 삶을 표현한 예술적 양식의 통일인데, 많은 것을 알고 많이 배우는 것은 문화의 필수 수단이 아니고 문화의 증거도 아니기 때문이다. 또한 그것과 그것의 필요성은 오히려 문화의 대립물인 야만성, 즉 무양식성과 모든 양식들이 혼돈된 난잡함과 어울리는 것이기 때문이다.

니체에 따르면 슈트라우스가 대표하고 있는 것은 이러한 사이비 학식으로서, 사람들을 현혹하는 '교양 속물'의 견해에 기초한 것에 지나지 않는다. 또한 이와 같은 천박한 합리성의 옷을 걸침으로써 장식적인 교양에 사족을 못 쓰는 속물 대중에게 아부하는 것은 학자나 사상가로서는 가장 피해야 할 타락이다.

한편 이와 같은 교양 속물은 교육을 국가의 발전과 개인적 영달을 위한 도구로만 생각하고, 깊은 고전적 교양에 의해 한 사람 한 사람을 혹독하게 단련해 나가는 것을 게을리하는, 실리를 좇는 현 교육제도의 산물이다. 따라서 진정한 교양을 갈고닦기 위해서는 현재의 실리주의를 근본적으로 반성하고, 시대 흐름을 거슬러 국가와 사회 등의 외적 권위로부터 내면적으로 독립해야 한다. 그리고 자기 삶에 진심을 다하고 고독을 견디면서 독립적이고 독보적인 자기를 확립하려는 쇼펜하우어와 같은 삶의 방식을 본보기로 삼아야 하는 것이다. 이것이 니체가 '우리 나라 교육시설의 미래에 대해'라는 강연과, 《반시대적 고찰》 제3논문 〈교육자로서의 쇼펜하우어〉를 통해 시대를 향해 충심으로 내놓은 제안이었다.

시대 비판 제2탄 '역사주의'의 탄핵

《반시대적 고찰》의 제2논문 〈삶에 대한 역사의 이해〉에서 니체는 19세기 끝무렵 사상계를 지배했던 '역사주의'가 생명을 좀먹고 해를 끼치는 것이라고 탄핵한다.

역사의 과잉은 삶의 창조성을 고갈시킨다. 물론 '비역사적인 것과 역사적인 것은 모두 개인이나 민족, 문화의 건강에 마찬가지로 필요하기' 때문에 역사적인 것에 눈을 돌려 거기서 삶에 충실을 기하고 그것을 발전시키기 위한 에너지를 퍼 올리는 것은 좋다. 그러나 그것이 지나쳐서 삶에 있어서 영원하고 비역사적인 것을 놓치는 역사주의는 엄중히 비판받아 마땅하다.

우리는 역사를 우리의 삶과 행동을 위해 사용하는 것이지, 삶과 행동으로부터의 안이한 괴리를 위해 사용하는 것이 아니다. 또한 아욕적 삶과 나약하고 비열한 행동을 가려내기 위해 역사를 사용하는 것도 전혀 아니다. 역사가 삶에 봉사하는 한, 우리도 역사에 이바지하기를 바란다.

이렇게 역사의 의의 또한 삶에 봉사하는 데서 성립한다. 그런데 니체에 따르면 역사는 다음 세 가지 방법으로 인생에 봉사한다.

첫째, 역사는 활동하고 노력하는 자에게 위대한 과거의 선례를 보여줌으로써 그를 격려하고 경고하기도 하는, '기념비적 역사'로서 삶에 봉사한다.

둘째, 역사는 자기 삶의 현실을 지탱하는 전통을 보존하고 숭배·존경하려는 자에게, 옛것을 존중하는 마음으로 조상의 유산을 지켜 미래의 자손에 전달하려는 '골동적 역사'로서 삶에 봉사한다.

셋째, 역사는 나아가 부당한 현실에 고뇌하고 이로부터의 해방을 꿈꾸는 자에게는, 과거의 모든 것을 생성의 흐름 속에서 해체하여 그것의 절대성을 파괴하려는 '비판적 역사'로서 봉사한다.

그런데 이와는 무관한 역사주의의 유행과 같은 역사병의 해독제로서 니체는 비역사적인 것과 초역사적인 것 두 가지를 제시한다. 비역사적인 것이란 모든 과거의 경과를 망각하고 삶의 충동이 명령하는 대로 사는 것이며, 초역사적인 것이란 삶에 영원적 성격을 각인해 주는 예술과 종교에 의해 그 새로운 생성을 성스럽게 하는 것을 의미한다. 그러나 여기서는 실증과학으로서의 학문은 제외된다. 왜냐하면 학문은 도처에서 생성된 것, 즉 역사적인 것만을 보고 예술이나 종교가 파악하는 영원한 것을 인정하려 들지 않으며, 망각을 지식의 죽음으로서 증오하고 두려워하기 때문이다.

이렇게 니체는 생명 활동의 자유로운 창조를 최고 가치로 삼는 디오니소스적 세계관에 기초하여 생명 충동의 근원으로 되돌아가서 역사와 학문의 의의를 규정하려는 생명철학을 강력하게 주장한다.

그렇지만 이러한 니체의 초기 사상은 그 이후 자신의 손에 의해 혹독한 학문적 비판을 당하게 되고, 마침내 그 낭만적인 감상성을 씻어내고 정화되기에 이른다. 그리고 그렇게 함으로써 그의 사상은 실증적 과학성을 중시하는 중기 자유탐구 철학으로 바뀌게 되는 것이다.

자유정신의 철학

사자의 자유

디오니소스적으로 인생 긍정을 주장하는 니체의 초기 사상은, 무거운 삶의 짐을 견디고 순순히 삶에 봉사할 것을 지향했다. 그러나 참된 인생 긍정은 보다 가볍고 자유로운 것이 아닐까? 삶의 노예로 살아가는 게 아니라 삶의 주체로 살아가는 것이 중요하며, 의무에 대한 복종자로서 살기보다는 오히려 가치 정립의 주체로서 살아가는 것이 진정한 삶의 방식은 아닐까? 나아가 삶을 즐기는 여유로운 경지를 누리려면 지금까지의 모든 기성 가치를 부정하고 파괴해야 한다. 그리고 외적 구속으로부터 해방된 자유로운 위치에서 스스로 진리와 가치에 대해 완전히 새로운 전망을 세우지 않으면 안 되는 것이다. 삶의 주인공으로서 자기해방과 독립을 이루기 위해 오로지 자신의 내면적 요구를 성실하게 꿰뚫어 보면서, 자기 요구를 중심으로 하는 인생 해석의 원근법에 의해 모든 기성 가치와 외적 권위를 자유롭게 비판하는 사자의 자유를 누리는 것, 이것이 1876년에서 1882년에 걸쳐 니체가 스스로에게 내린 과제였다. 그리고 이 자유로운 탐구의 성과는 니체 자신이 '나의 자유정신의 모든 것'이라고 일렀던 《인간적인 너무나 인간적인》(1878), 《여러 가지 의견과 잠언》(1879), 《방랑자와 그 그림자》(1879), 《아침놀》(1881), 《즐거운 지식》(1882)이라는 일련의 저서들로 결정화된다.

이 무렵 니체는 매우 커다란 어려움에 처해 있었다. 그에게는 존경하는 친구 바그너와의 이별, 되풀이되는 극심한 병고로 인한 바젤 대학 교수직 사임, 요양지를 찾기 위한 끊임없는 방랑과 고독의 쓸쓸함 등이 연이어 밀어닥쳤다. 또한 니체가 마음을 담아 비판과 경고를 했음에도 조국 독일은 오로지 국가주의의 궤도를 달리려 하고 있었다. 니체가 병고를 견디고 고독을 이겨내며 권위주의와 싸워가면서, 더군다나 염세주의의 포로가 되려는 스스로를 채찍질하여 써 낸 것이 이들 저서였다. 니체에게 그것은 '염세주의에 대한 스스로의 처방이자 직접 조제한 약이었다.' 그는 이렇게 자유로운 탐구의 고뇌를 통해 스스로를 단련하고, 본래의 자기 자신으로 돌아가기 위해 이 파괴와 부정의 고독을 견뎌냈다. 그리고 마침내 삶과 화해함으로써 다시 즐겁게 놀 수 있는 유쾌한 자, 차라투스트라에 이르렀던 것이다.

자유정신과 예외자의 길

《인간적인 너무나 인간적인》은 1878년 자유사상가 볼테르 서거 100주기를 기념하여 니체가 바친 글로서, '자유정신을 위한 글'이라는 부제로 출판되었다. 이 책의 머리말은 8년 뒤 덧붙였는데, 그는 처음 책을 냈던 때를 되돌아보며 다음과 같이 쓰고 있다.

　　그러나 이미 말한 것처럼, 나는 곤란한 지경에 처했을 때, 즉 질병·고독·향수·'무관심'·무위 등에 시달릴 때, 좋은 기분을 유지하기 위해 함께 떠들고 웃다가 지루해지면 악마에게 주어 버릴 수 있는 믿음직한 동료와 환영(幻影)으로서, 친구 대신 자유정신을 동반자로서 필요로 했다.《인간적인 너무나 인간적인》, 12~3)

니체는 이처럼 어떤 것에도 얽매이지 않는 방랑자로서 스스로의 그림자만을 벗 삼아 그와 자유로운 대화를 거듭 나누었다. 그럼으로써 그는 기존의 권위와 편견 속에 도사린 저열한 인간적 욕망의 냄새를 맡고 그것을 부정했으며, 그것으로부터의 해방을 이루어 나간다. 이에 마침내 자유정신이 성립하게 되는데, 니체는 《이 사람을 보라》에서 다음과 같이 설명하고 있다.

　　《인간적인 너무나 인간적인》은 위기의 기념비이다. 이 책은 나 스스로 일컫길, 자유로운 정신을 위한 책이다. (……) 그것으로 나는 내 천성에 맞지 않는 것에서 나 자신을 해방시켰던 것이다. 나에게 맞지 않는 것은 이상주의이다. 이 책의 제목은 "너희가 이상적인 것들을 보는 곳에서 나는 인간적인 것을 본다. 아, 너무도 인간적인 것을!"이라고 말한다. (……) '자유로운 정신'이라는 말은 여기서 다른 어떤 의미로도 이해되기를 바라지 않는다. 즉 자기 자신을 다시 자기 것으로 삼는 자유로운 정신 말고는 어떤 의미로 해석되어도 곤란하다는 것이다.

그런데 이러한 자유를 누리려면 사람은 세속을 벗어나 가장 큰 고독과 쓸쓸함을 견디고, '예외자' 내지는 '단독자'의 길을 선택할 각오를 하지 않으면 안 된다. 그 고독의 길은 결코 안이한 독단의 삶을 의미하지 않으며, 오히려 그러한 인습적인 독단에 사로잡혀 있던 자신을 한 걸음씩 극복하여 본래 자기에게로 되돌아가는 힘들기 짝이 없는 길이다. 더구나 그 길을 걷자면 불경하다든가 비윤리적이라는 비난을 받기 일쑤고, 상이나 칭찬 등은 손톱만큼도 기대할 수 없다. 니체도 "네가 여전히 다른 사람들에게서 칭찬받고 있다면, 아직 너 자신의 궤도에 서지 않고 타인의 궤도에 있는 것이라고 생각해야 한다"《여러 가지 의견과 잠언》고 말했다.

니체가 이러한 예외자 내지 단독자의 관점에서 모든 이상 속에 잠재되어 있는 인간 냄새를 폭로하는 것은, 인간을 경멸하는 퇴폐주의적 삶에 안주하기 위해서가 아니다. 그가 그렇게 할 수밖에 없었던 것은 인간의 위대함을 믿고 그 자유를 사랑하기 때문이었다. 그리고 참된 진리에 의한 삶의 기초를 세우기 위해 자신을 늘 닦아세우지 않으면 안 되었던 니체로서는 마지막 깊은 바닥까지 의문을 파헤쳐야만 했던 것이다.

'진리'를 지니지 않은 자에게는 진리를 향한 성실한 탐구만이 허락된다. 그러나 그것은 대단히 혹독하고 험난한 길이다. 남을 비판하는 사람은 자기에

위 : 니체의 스케치
아래 : 사자 기념비

대한 가차 없는 반(反)비판을 견딜 각오를 하지 않으면 안 되며, 모든 것을 의심하는 탐구의 도달점은 완전한 허무의 심연임도 알아야 하기 때문이다. 그리고 니체는 이 길 위에서 자기가 파괴되는 위험을 전혀 개의치 않고 사유실험을 통한 탐구를 해나가고 있었다.

실증주의와 삶의 원근법

니체가 이 사유실험에서 채택했던 도구는 심리학과 생리학 등 실증과학의 방법이었다. 즉 그는 지금까지의 낭만적 감상주의에서 벗어나기 위해 자신이 가

장 경멸했던 실증적 사실 분석 방법을 채용하고, 이에 의해 자신의 사색을 혹독하게 단련하려 했던 것이다. 그는 종래의 이상이나 진리 관념, 도덕 가치를 분석하여, 이것을 인간의 자기보존 욕구나 사회적 실리성으로 환원시킴으로써 그 신성성의 장막을 걷어내려 했다. 이것은 착각과 같은 관념에 사로잡혀 있던 과거의 자기 자신으로부터 자유로워지려는 필사적인 자기 극복의 시도였다. 그리고 이와 같은 자기 극복 및 훈련을 위한 무기로서 선택한 것은 폭로적인 심리 분석 방법과, 다윈의 생물진화론과 벤담의 공리주의 등으로 대표되는 여러 과학의 실증적 방법이었다.

《이 사람을 보라》의 내용이 틀림없다면 이 시기의 니체는 "나의 지식 내부에는 현실성이란 것이 모두 빠져 있고, 아무런 도움도 되지 않는 이상만이 있었다"는 뼈아픈 반성에 입각하여 생리학과 의학, 자연과학 이외의 것은 아무것도 하지 않는다는 생각으로, 책이라는 것으로부터 완전히 해방되어 오직 그 마음을 자기에게로 집중시켰다. 그는 자기 내면에 있는 삶의 충동에 의한 본능적인 요구를 유일한 권위로 삼고, 철저한 관념 분석의 모험에 나섰던 것이다. 여기서 니체의 '삶의 원근법'이 성립하게 되는데, 이것은 자기 삶의 충동들을 모든 이상과 관념적 의미의 중심에 두고 그 이상과 관념을 해석하며, 그것들의 가치를 삶의 충동의 발전에 얼마만큼 도움이 되느냐 하는 도구적인 실리성에 의해 판정하는 사고방식이다.

이 '삶의 원근법'의 관점에서 보면, 인간이 지금까지 만들어 낸 모든 사상·도덕·제도·문화는 그 자체적인 의의가 부정된다. 그에 따르면 이것들은 삶의 발전을 위해 유리한 것에 대해서만 삶 자신이 실리적인 현실 해석을 가한 것에 불과하기 때문이다. 이리하여 이제까지의 모든 사상과 도덕 등은 그 절대성이 부정되고 상대화되며, 살아가기 위해 도움이 되는 착각으로 전락한다. 니체는 이렇게 지금까지의 형이상학과 종교, 예술, 정치사상과 도덕관념 등이 자랑하던 절대적 권위를 깨부수고, 이들의 구속으로부터 자기 삶을 해방하려 한다. 그리고 자기와 자기 내부에 있는 삶에 대해 그 본래 주권을 회복시키려 시도하는 것이다.

그런데 이런 모습에서 니체는 과거에 그가 날카롭게 비판했던 세속적 리얼리스트들과 다를 바가 없는 공리적 실증주의자로 전락하는 것처럼 보인다. 또한 공리성을 진리의 기준으로 삼는 상대주의 관점에 서는 실용주의와 적자생존의 원리에 의해 진화를 주장하는 진화론의 신봉자로 추락하는 것처럼 보이기도 한다.

그러나 그것은 겉모습에 지나지 않는다. 니체적 실리성을 판정하는 기준은 일신의 타산을 따지는 비열하고 왜소한 자아가 아니라 자유로운 고상함을 추구하여 자기 초극에 노력하는 주체적인 자아이며, 니체적 진화의 원리를 이루는 것은 자기 보존의 안전성이 아니라 자기 훼손에 의한 자기 강화를 추구하는 고귀한 인류적 전형의 산출이었기 때문이다. 이 점을 분명히 하기 위해, 삶의 원근법에 기초한 그의 문화비평 가운데서 특히 천재론과 자유론을 소개하고자 한다.

천재론

니체에 따르면 인류 문화의 목표는 수평화된 행복의 실현에 있는 것이 아니다. 그것은 모든 고뇌와 압박에 개의치 않고 독창적 세계를 펼쳐 나가는 고귀하고 강건한 개성의 소유자인 '천재'의 산출에 있는 것이다.

이를 위해 자연은 천재 안에 있는 생산적 에너지를 한 점으로 응축시켜서, 그 에너지의 낭비를 막을 목적으로 그를 가혹한 생존 조건 아래 둔다. 그런 다음 그에게서 이러한 구속으로부터 자유로워지려는 갈망이 일어나도록 자극한다. 그런데 인간이 이러한 자연의 예지에 반하여 안온한 생활을 누리려는 초라함을 보인다면, 그것은 오히려 삶의 본래적 요구에 어긋난 잘못된 일인 것이다.

따라서 천재와 이상국가는 서로 모순된다. 역경이야말로 개인을 단련하여 천재로 완성하는 것이기 때문이다. 안락한 생활을 보장하려는 이상국가의 이념은 웅대한 지성과 강력한 개인이 성장해 가는 기반을 파괴하고, 평균화시킨 평범한 대중을 대량생산하려는 것이므로 실로 경멸하여 마땅한 사상이다.

여기서 니체는 다시 국수주의를 공격함과 동시에, 이것과 동급에 두어야 할 위험한 오류로서 그즈음 발흥을 거듭하던 사회주의 운동을 지목하고 그에 대해 격렬한 비난과 공격을 퍼붓는다. 니체에 따르면 사회주의 운동은 천재를 평범하고 속되게 하려는 것으로서, 물리쳐야 할 뿐만 아니라 비난을 쏟아 마땅한 것이다. 왜냐하면 그 위험성을 방지한다는 이유로, 자유로운 개인의 독창성을 부인하고 그것을 단순한 부국강병의 도구로 삼으려는 위험한 반동정책이 합리화되어 강화되고 있었기 때문이다.

그렇지만 니체는 이와 같은 혁명운동은 이를 겁내는 부르주아들이 낳은 것이라는 사실도 잊어서는 안 된다고 했다. 부르주아들이 집착하는 물욕주의와 세속적 행복주의야말로 부의 균등을 추구하는 사회주의 운동을 촉발한 원흉이라는 것이다.

이러한 니체의 시평(時評)은 좌우의 구별 없이 권력과 반권력을 동일시하고 국수주의와 사회주의를 같은 위치에 놓는, 매우 비과학적이고 허점투성이인 시각을 벗어나지 못한다. 그리고 거기에서는 시대에 뒤진 융커주의(봉건적 토지귀족주의)가 엿보이기도 한다. 그렇지만 니체의 사회주의 비판의 참뜻은 위와 같은 정치적 차원에서 찾을 게 아니라, 천재론에 입각한 문화적 비판의 영역 안에서 이해해야 할 것이다. 이러한 관점에서 보면, 니체의 비평은 고귀함을 사랑하고 비속함을 혐오한다는 점에서 대단히 철저한 합리성으로 일관하고 있다.

자유론

니체는 《인간적인 너무나 인간적인》에서, 기성의 객관적 규율보다는 오히려 이 규율을 만들어 낸 인간의 주체적 정신 작용을 중시하려 했던 프랑스 모럴리스트들의 견해를 받아들여 도덕관념과 의무감에 대해 비판적으로 분석하고 있다. 그는 그러한 의식들은 생존을 유리하게 전개하기 위해 선택된 궁여지책의 거짓으로서, 효용적 결과를 가져온 덕분에 선한 것으로 여겨지는 유용한 착각에 불과하다고 주장한다. 도덕적 숭고함의 겉모습 속에 숨겨진 자기 이익과 허영을 드러내는 라로슈푸코를 떠오르게 하는 자유분방한 필체로, 니체는 예를 들면 동정 속에서 자부심과 우월감의 자기만족을, 공정성의 배후에서는 깊이 도사리고 있는 이기주의의 타산을 짚어낸다. 이 자유분방한 심리 분석에 의해 과거 도덕관념의 속박으로부터 사람들을 해방시키려 하는 이 책은, 실로 '자유정신을 위한 글'이라는 부제에 걸맞은 것이었다고 해야 하리라.

그러나 이렇게 이루어진 해방은 결코 방자함을 의미하는 것이 아니었다. 그것은 분명 도덕적 의무감과 종교적 죄악감으로부터 사람들을 해방하는 일이기는 했다. 하지만 모든 진리와 가치가 삶의 요구를 중심으로 한 현실 해석에 지나지 않는다는 심리 분석 방법은, 자기 자신에게도 향해지는 양날의 칼이었다. 즉 이 이론에 따르면, 모든 진리와 가치를 자기 삶을 중심으로 해석한다는 니체 자신의 주장도 하나의 이기적 실용성을 지닌 착각에 불과한 것이 되기 때문에, 그 주장의 진리성도 상대화하여 그 절대적 확실성을 상실하고 마는 것이다. 게다가 남을 반박하고 자기만을 절대로 삼는 불확실한 태도는, 자유인이고자 하는 정신의 귀족 니체에게는 허락될 수 없는 비열한 노예근성으로밖엔 여겨지지 않았다.

이에 니체는 결과적으로 자유의지론을 부정하기에 이르러, 인간이 자기의 의지를 자유라고 느끼는 것은 오류이자 착각일 뿐이라고 말한다. 사람들은 자기 의지가 자유롭다 믿고 있으며, 스스로 자유로운 의지에 따라 행동했기 때문에 자기 행동에 대해 책임을 져야만 한다고 생각한다. 그러나 이것은 결과와 원인을 잘못 짚은 착각에 지나지 않는다고 설명한다. 그렇게 생각하는 편이 설명하기 편리하고 규율을 유지하는 데 효과적이기 때문에 지금까지 오랜 기간에 걸쳐 의지의 자유라는 신화가 유지되어 왔다는 것이다. 그러므로 사실상 그 자유의지의 신화는 오히려 사람들에게 도덕적 의무감을 심기 위한 허구이지 진실은 아니다.

다시 말해 모든 것은 삶의 필연에 의해 지배되고 있으며, 도덕이라 해도 예외일 수는 없다. 본래 도덕은 습속을 모태로 하여 생겨난 것인데, 이것은 집단에게 영속적인 이익을 우선하게 하려는 배려에 의해 생성된 것이다. 사람들은 이 습속 아래서 살아가고 교육을 받음으로써, 이 습속을 존경하고 그것에 순종하려는 감정을 발달시킨다. 그것이 저마다가 지니고 있는 도의심의 실체이다. 즉 그것은 자유의지의 발의 등에 기초하지는 않는다는 것이다.

그러면 집단의 의지는 누가 결정하는가? 지배 종족이나 강력한 개인이다. 도덕적 가치의 높고 낮음에 대한 위계를 정하는 것은, 입법자로서의 지배 종족이나 개인이 나타내는 삶의 창조적·감성적 에너지량이 크냐 작으냐이지 그것 이외의 어떤 것도 아니다. 모두가 삶의 필연에 기초하여 연기되는 것인 이상 선악을 나누는 질적인 척도 따위 없는 것이다. 비천한 노예 대중의 눈에 악으로 보이는 행위도, 고귀한 주인의 위치에서 보면 삶이 지닌 거대한 창조적 에너지의 발로로서 선한 행위라는 이름을 얻게 된다. 이 점을 니체는《인간적인 너무나 인간적인》에서 이렇게 말하고 있다.

> 좋은 행위와 나쁜 행위 사이에는 종류의 차이는 없고, 기껏해야 정도의 차이가 있을 뿐이다. 좋은 행위란 승화된 나쁜 행위며, 나쁜 행위란 다듬어지지 않고 어리석은 좋은 행위다.《인간적인 너무나 인간적인》, 85~6)

자유의지설이 착각이고 비과학적 신화에 불과하다면, 인간의 의지는 삶의 충동이나 집단의 이해에 휘둘리는 부자유한 노예 의지에 지나지 않는다는 것인가? 니체는《선악을 넘어서》에서 이러한 노예적 부자유의지를 주장하는 의지결정론 또한 아무 근거도 없는 신화일 뿐이라 밝히고 있다. 부자유의지 따위의 것은 허구의 신화에 지나지 않고 현실의 삶에 있어서는 단지 강대한 의지이거나 약소한 의지가 문제될 따름이라는 것이다.

확실히 의지는 삶의 필연으로부터 자유로울 수 없으며 방자한 의지는 의지라고 부를 가치도 없다. 그러나 의지는 또한 단순한 삶의 노예가 아니다. 적어도 강대한 의지는 삶의 필연과 합체하여 그 요구를 앞세우면서 그의 창조적 첨단으로 활약하고, 삶의 요구를 의무의 무거운 짐으로서가 아니라 경쾌한 놀이로서 실현해 간다. 삶의 필연과 하나가 되고 그 필연의 주인으로서 움직이는 이와 같은 창조적 의지야말로 진정한 자유의지인 것이다. 그리고 뒷날 니체는 바로 이것을 '권력에의 의지'라고 이름 붙였다.

필연을 자유로 뒤집는 이와 같은 강대한 권력의지를 니체는《차라투스트라》에서 '인고(필연)의 계기'라고 말했다. 이 권력의지는 보잘것없는 노예 의지에게는 외적 우연에 불과한 것으로 보이는 필연을 내적 필연으로 뒤바꿈으로써, 자신의 마음속에서 일어나는 끊임없는 필연적 요구로 바꾸어 간다. 이러한 권력의지야말로 필연에 입각해 창의적 자유를 낳는 고귀한 의지이며, 니체가 갈망했던 자유정신의 참뜻이 자리한 곳이었다. 그리고 이와 같은 의미에서의 자유의지는 인생의 모든 인고와 결핍을 견디고, 오히려 이러한 외적 인고와 결핍 때문에 내적인 힘을 발휘하여 삶의 위대성을 실증해 나가는 것이다. 이 디오니소스적 삶의 긍정은 자기 멋대로의 기호와 타산에 부닥친 아욕적 의지와는 아무런 상관도 없다. 더 이상 충동의 노예로서 자기 자신을 잃어가는 일이 없도록 스스로를 삶의 주체로 삼아 가치 정립자로서 파악하고, 삶의 주체에 걸맞은 자로 단련해 나가는 것이 이 책의 주제인 셈이다.

오전의 철학을 주장하는 《아침놀》과 《즐거운 지식》

니체는 옛 이상에 사로잡힌 자기를 극복하기 위해 괴로운 암중모색의 탐구를 계속해 나간다. 《인간적인 너무나 인간적인》에서 니체는 진리와 사상의 기성관념을 공격하고 그것을 삶에 대한 자기 해석으로 규정함으로써, 자신의 결론을 하나의 해석에 불과한 것으로 만들 수밖에 없었다. 따라서 그때 니체는 승리를 기대할 수 없는 파멸의 늪에 서 있었고 적극적으로 자기 정립의 원리를 분명히 세울 수도 없었다. 이에 그는 "파괴 뒤에 올 새로운 창조의 가능성을 열어놓으려면 고뇌를 견디고 파괴 작업을 계속하는 데 철저하지 않으면 안 된다. 특히 창조적 개인의 자유로운 행동을 규제하는 인습도덕이나 동정심의 편견을 내버릴 필요가 있다"고 규정한다.

이리하여 니체는 《인간적인 너무나 인간적인》 이후, 특히 도덕적 편견에 대한 공격을 주제로 하는 《아침놀》과 그 속편이기도 한 《즐거운 지식》을 써나간다. 니체는 이들 저서를 통해 아직 빛을 본 적이 없는 여러 아침놀이 존재한다는 것을 확신하고, 이들 새로운 가능성에 대한 전망을 이 비판적 탐구 위에서 펼쳐 나가려 한다. 그는 단순히 존재를 잘게 쪼개는 데 지나지 않는 분석적·파괴적·부정적인 실증과학에서 벗어나, 존재와 화해하는 총합적·건설적·적극적인 '즐거운 과학'으로 방향을 바꾼다.

실제로 니체는 이 《아침놀》에서 도덕의 뿌리 저 밑으로 파고들어, 그곳에서 생존 긍정의 새로운 가능성을 위한 전망을 발견해 내려 한다. 그리하여 《아침놀》은 그가 직접 이름 붙인 것처럼 '긍정의 책'으로서 밝고 낙천적인 기분을 나타내고 있으며, 이러한 긍정적 마음은 다음의 《즐거운 지식》의 전체적 분위기를 지배하게 된다. 그리고 여기에는 이미 '영원회귀'나 '운명애' 등 니체의 원숙기 사상의 원형이 나타나고 있어, 파괴의 허무주의자 니체가 마침내 긍정의 현실주의자 니체로 유쾌해지는 것을 알 수 있다. 니체가 직접 언급했듯이 이 두 책은, 삶을 그 자체에 의해 긍정하는 '정오의 철학'의 가능성을 시사하는 '오전의 철학'을 주장한 점이 그 특징이다. 그러면 대표적인 '오전의 철학서'라고도 할 만한 《즐거운 지식》을 살펴보기로 하자.

'신의 죽음'과 허무주의 체험

니체는 실증적·비판적 관점에서 종래의 진리관념과 도덕관념에 대해 파괴적인 분석을 가하여 그러한 것들로부터 자기를 해방하려 했다. 그러나 그 결과 그는 아무런 버팀목도 없이 허무의 심연 속을 떠다니는 자신을 발견하게 된다. 니체에게 이 고독한 허무감은 신을 잃어버린 유럽 근대인들의 영혼 깊은 곳에 있는 잠재적 허무주의와 통하는 것이기도 했다. 이에 그는 이 허무주의 체험에 철저를 기하는 성실성과 용기야말로 시대의 병폐를 깨뜨리는 출발점이라고 생각한다. 그리하여 니체는 이 허무주의 극복의 출발점을 세상 사람들에게 보여주는 것이야말로 자신에게 주어진 위대한 사명이라 여겼고, 그러한 자부심은 그의 고뇌로 가득 찬 고독한 탐구의 길에 비쳐드는 한 줄기 아침놀이 되어 그를 《즐거운 지식》으로 이끌어 간다.

이 즐거운 지식이 맨 먼저 그에게 제시한 것은 '신의 죽음'을 대담하게 바라보고, 또 그 '신의 죽음'을 대신할 것을 찾아낼 각오를 해야 한다는 것이었다. 니체는 이것을 이 책의 유명한 아포리즘 125절에서, 훤한 대낮에 등을 켜고 신을 찾아 헤매는 미친 사람이라는 상징적 표현으로 다음과 같이 보여주고 있다.

《즐거운 지식》 125절

미친 사람―여러분은 이 미친 사람 이야기를 듣지 못했는가? 대낮에 등을 켜고 저잣거리를 활보하면서 끊임없이 "나는 신을 찾고 있다! 나는 신을 찾고 있다!" 외친 사람 이야기를. 저잣거리에는 마침 신을 믿지 않는 사람들이 잔뜩 모여 있었으므로 그는 순식간에 큰 웃음거리가 되었다. 어떤 사람이 말했다. "신의 행방이 묘연해졌다는 것인가?" 다른 사람이 물었다. "신이 어린아이처럼 미아가 되었다는 겐가?" "아니면 신이 숨바꼭질이라도 하고 있는 게로군? 신은 우리가 무서워진 건가? 아니면 이주하기로 마음먹고 배라도 타고 떠났나?" 그들은 웅성거리면서 비웃었다. 미친 사람은 그들 속으로 뛰어들어 구멍이 날 정도로 한 사람 한 사람을 쏘아보았다. 그는 외쳤다. "신이 어디로 갔느냐?" 이어 그가 말하기 시작했다. "내가 너희에게 말해 주지! 우리가 신을 죽인 것이야. 너희와 내가! 우리는 모두 신의 살해자인 것이지! 하지만 어째서 그런 짓을 했단 말인가? (……) 우리는 무한한 허무 속을 방황하듯 헤매는 것은 아닐까? 적막한 허공이 우리의 숨을 불어내어 마침내 차가워지는 것은 아닐까? 끊임없이 밤이, 점점 깊은 밤이 다가오는 것은 아닐까? 그래서 대낮에도 등을 켜지 않으면 안 되는 것일까? 신도 썩은 것이다! 신은 죽었다! 신은 죽어 꼼짝도 않는다! 더구나 우리가 신을 죽인 것이다! 살해자 중의 살해자인 우리는 어떻게 자신을 위로해야 좋단 말인가? 세상이 지금까지 소유했던 가장 신성한 것, 가장 강력한 것, 그것이 우리의 칼로 피투성이가 되어 죽었다. 우리가 흩뿌린 이 피를 누가 닦아줄 것인가? 어떤 물로 우리 몸을 씻어내야 좋단 말인가? 이 죄를 대신하기 위해 어떤 속죄의 의식을, 어떤 성스러운 음악을 궁리해 내야만 하는 것일까? 이러한 위대한 행위는 우리에게 벅차지 않을까? 그것을 할 만한 자격을 갖추려면 우리 자신이 저마다 신이 되어야 하는 것은 아닐까? 그보다 위대한 행위는 이제껏 없었다. 그리고 우리 뒤에 태어나는 자들은 이 행위 덕분에 지금까지 있었던 어떠한 역사보다도 한 단계 높은 역사로 접어들 것이다!"

'운명애'와 '영원회귀' 이념의 잉태

여기에서는 이미 신의 죽음이라는 허무한 현실을 직시하고, 이 사실에 주눅 들지 않고 거꾸로 이 운명을 스스로 걸머짐으로써 보다 고귀한 인생을 펼쳐 나가려는 자부심과 희망이 나타나 있다.

이와 같은 확신을 니체에게 표명하게 한 것은 첫째, 최악의 건강 상태로부터의 완만한 회복이었다. 그러나 가장 큰 힘이 되었던 것은 1881년 8월 질스마리아 산속에서 있었던 '영원회귀' 사상의 잉태였다. 이것에 의해 니체는 고뇌와 고독과 허무의 인생을 크게 긍정하고 높은 관점을 얻을 수가 있었다. 《즐거운 지식》은 이 체험 이후의 니체가 그 사상을 아직 가슴속에 감춘 채, 그해 가을부터 이듬해 여름에 걸쳐 이탈리아 여행길에서 쓴 것이었다. 특히 '성스러운 1월'이라는 제목을 가지고 있는 이 책의 제4권은 1882년 1월에 제노바에서 쓴 것인데, 여기에는 유쾌한 니체의 밝은 확신이 여러 곳에 드러나 있다. 그중에서도 첫머리에 나오는 276절 아포리즘은 '운명애'의 이념을, 또한 341절의 아포리즘은 '영원회귀' 이념을 제시하고 있으며, 마지막은 《차라투스트라》 제1부의 첫머리를 장식하는 '머리말' 1과 거의 같은 글로 이루어진 342절 아포리즘으로 끝나고 있다. 이 '운명애'와 '영원회귀'는 모두 니체의 원숙기 사상의 핵심으로서 차라투스트라의 사상권에 속하는 것이다. 여기서 잠깐 니체의 자유탐구 승리를 기념하는 것으로서 이것들을 소개하고자 한다.

《즐거운 지식》 276절

새해를 맞이하여 나는 여전히 살아 있고, 나는 여전히 생각한다. 나는 또한 살지 않으면 안 되고, 생각하지 않으면 안 되므로. (……) 오늘날 누구나 생각을 하고, 또 그 생각으로 자기의 바람과 가장 아끼는 사상을 표명하고 있다. 그렇기 때문에 나 또한 내가 나 자신에게 오늘날 무엇을 바라는지를, 또 어떤 사상이 올 들어 가장 일찍 그런 나의 마음을 빼앗을지를 말하려 한다. 어떠한 사상이 앞으로 내 모든 삶의 근거요 보장이며, 또한 감미로운 것이 될지를 말하겠다! 나는 드디어 사물의 필연적인 것을 아름다움으로 보는 방법을 배우려 한다. 이리하여 나는 사물을 아름답게 하는 자들 가운데 하나가 될 것이다. 운명애(Amor fati)—이것이 앞으로 나의 사랑일지니! 나는 추한 것과 전쟁을 할 마음은 손톱만큼도 없다. 비난할 마음도 없거니와 비난하는 자조차 비난하고 싶지 않다. 외면하는 것, 그것이 나의 유일한 부정일진저! 그리고 나는 요컨대 언젠가는 반드시 한결같은 한 사람의 긍정자가 되기를 바라는 것이다!

《즐거운 지식》 341절

가장 큰 무거움. 어느 날 또는 어느 날 밤에 만약 마신(魔神)이 당신을 쓸쓸하기 짝이 없는 고독의 극한에까지 은밀히 몰고 가 이렇게 말한다면 어떻겠는가? "네가 현재 살고 있고, 또 살아온 이 인생을 이제 다시, 더 나아가 수도 없이 살게 될 것이다. 거기에 새로운 것은 아무것도 없을 것이다. 그리고 온갖 고통과 갖가지 쾌락, 모든 사상과 탄식, 그리고 네 과거 인생의 말로 다 못할 크고 작은 일들 모두가 네게 다시 돌아오게 될 것이다. 그것도 하나에서 열까지 모조리 똑같은 순서와 맥락에 따라. 그렇다면 이 거미도, 나뭇가지 사이의 달빛도, 또 이 순간도, 지금의 나 자신도 똑같이 돌아오지 않으면 안 된다. 존재의 영원한 모래시계는 반복에 반복을 거듭한다. 그와 함께 티끌의 티끌인 너도 마찬가지로!"—이 말을 들었을 때 너는 땅으로 몸을 내던지고 이를 악물며, 이것을 알려준 마신을 저주하지 않겠는가? 아니면 갑자기 무서운 순간을 체험하고 마신을 향해 "너는 신이다, 나는 한 번도 이보다 더 신적인 말을 들은 적이 없다!"고 대답할 것인가? 만일 이 회귀사상이 너를 압도했다면, 그것은 현재 있는 그대로의 너 자신을 변화시켜 어쩌면 철저히 부서뜨릴 것이다. 이제 어떤 일에 대해서든지 반드시 "너는 이것이 다시, 아니 수없이 여러 번에 걸쳐 되풀이되기를 원하는가?"라는 물음이 가장 큰 무게가 되어 너에게 닥칠 것이다! 혹 이런 궁극적이고 영원한 회귀에 배서(背書)하기를 원하고 그 확증 외에 어떤 것도 바라지 않으려면, 너는 얼마나 너 자신과 인생을 아끼고 사랑해야 할 것인가?

니힐리즘 대결의 윤리

니체는 존재와 노는 순진무구한 어린이의 관점에서 기성 권위와 싸워 이를 삶의 원근법에 의해 상대화하고, 그 극(極)에서 허무주의의 심연에까지 이른다. 그리고 그는 허무한 현실을 정확히 봄으로써, 도리어 그곳에서 새로운 가치 정립의 자유를 이해하는《즐거운 지식》을 확립했다.

니체에 따르면 명암과 표리를 포함한 생존 전체를 크게 긍정하고, 있는 그대로의 존재와 경쾌하게 노니는 무구한 어린이의 관점이 '존재의 주체'로서 본래 자기를 되찾는 인간 회복의 자유를 가능케 하는 것이다. 이제 사람들은 저세상의 가치에 의해 이 세상에서의 삶에 의의를 부여하려는 종래의 '밤의 철학'에서 벗어나, 이 세상에서의 삶을 그 자체로서 가치 있게 하는 '정오의 철학'에 의해서 삶을 배워야 한다. 그리고 이 '정오의 철학'의 관점에서 새로운 생존 긍정의 원리이자 새로운 가치 정립의 원리를 가능케 하는 것으로서 니체가 선택한 것이 바로 '영원회귀' 사상이었다.

1881년 7월 이후 니체 원숙기 사상의 핵심 원리가 된 이 '영원회귀' 이념을 잉태한 니체는,《즐거운 지식》에 의해 그 환희를 노래하면서 힘찬 탄생을 조용히 준비해 간다. 이렇게 해서 그는 1882년 한 해를 '영원회귀'의 교사《차라투스트라》의 출생을 준비하기 위해 썼다. 이 시기 동안에 니체는 루 폰 살로메와의 이별, 이를 둘러싸고 일어난 어머니와 여동생과의 불화 등, 비통한 문제들을 겪지

않으면 안 되었다. 그러나 이러한 외적인 타격에도 니체의 가슴속에는 《차라투
스트라》의 구상이 힘차게 성숙해 가고 있었다.

1883년 《차라투스트라》 제1부의 완성을 계기로 니체는 아름다운 작품을 연
이어 발표하며 그 원숙한 생명 찬가 사상의 결실을 맺어 나갔다. 그가 도달한
최고의 경지를 아름다운 시극 형식으로 노래한 《차라투스트라》는 문학적 관점
에서 그의 주저라고 할 수 있는 작품인데, 니체는 이와 함께 철학서 가운데 주
저로 꼽을 수 있는 웅장한 필치의 유고 《권력에의 의지》 자료도 쓰고 있었다.
또 《차라투스트라》의 문학 이념을 해설하여, 철학서 《권력에의 의지》로 안내하
기 위한 산문 아포리즘 《선악을 넘어서》가 쓰여졌다. 이어서 이를 보충 설명하
는 형식으로 그 논지를 치밀한 체계적 논증에 의해 전개해 나가는 《도덕의 계
보》 저술도 이루어졌다. 그리고 이들 여러 저서는 그가 발병하기 직전인 1888년
에 완성한 저서의 제목이 말해 주고 있는 바와 같이, 이제까지의 서유럽 그리
스도교 문명에 대결해 확실하게 그 《우상의 황혼》을 널리 알리는 《반그리스도
교》를 표명하고, 근대인의 삶을 좀먹는 허무주의에 맞서 이를 극복하려는 자세
를 표시한 것이었다.

아래에서는 이러한 여러 저서에서 전개되고 있는, 니체의 원숙기 사상의 정
수라고도 할 수 있는 것들에 대해서 살펴보기로 한다.

허무주의와 그 극복 방향

이제 니체는 종전의 유럽 문화 전통을 잠재적 허무주의의 흐름으로서 단죄
하고, 그 허무주의와 대결하여 새로운 시대를 개척해 나가는 창조적 인생 원리
를 명확히 하는 사상의 정상에 이르렀다.

그러면 니체가 온 힘을 기울여 대결하려고 한 '허무주의'란 무엇인가? 우리
가 살고 있는 21세기 현대의 문턱에 서 있는 '모든 방문객 가운데 가장 기분 나
쁜 이것'(《권력에의 의지》 1)이란 무엇인가? 그것은 '지고한 여러 가치가 그 가치
를 박탈당한다는 것이며, 목표가 결여되어 있는 것, 그리고 무엇을 위해서인가
에 대한 답이 빠져 있는 것'(같은 책 2)이다.

이와 같은 허무주의는 왜, 또 어디에서 생기는 것인가? 모든 가치는 삶의 유
지와 증대를 위해 도움이 되는 것으로서 선택된 해석 관점이므로, 가치의 성쇠

(盛衰)는 가치를 세운 생명 주체가 지닌 생명력의 성쇠에 기인할 것이다. 따라서 이 가치정립자의 내적인 힘의 정도에 비례해서 다양한 정도의 허무주의가 있을 수 있는데, 기본적으로는 '능동적 허무주의'와 '수동적 허무주의'가 있다. 능동적 허무주의는 생명 주체의 힘이 커져서 종래의 가치 관점을 파괴하고 다시 극복해 가는 창조적 삶의 표현이며, 수동적 허무주의는 생명 주체의 힘이 쇠퇴한 결과로서 종래의 가치 관점에서 달아나 타락해 가는 퇴폐적 삶의 표현이다.

허무주의는 두 가지 의미이다.
A 정신이 상승한 권력 징후로서의 허무주의, 즉 능동적 허무주의.
B 정신 권력의 쇠퇴와 도피로서의 허무주의, 즉 수동적 허무주의'(같은 책 22).

가치를 위해 삶이 있는 것이 아니며 가치는 삶의 성장에 봉사하는 도구에 지나지 않는다는 생명주의의 관점에서 보면, 가치의 절대성은 부정되고 삶의 상황에 따른 상대적인 유효성만을 묻게 되어 차츰 가치의 궁극성이 부인된다. 그러므로 가치를 부정하는 허무주의는 삶의 정상 상태라고도 말할 수 있다. 그런데 그 삶이 강하고 고귀한 창조력에 넘친 삶인가, 약하고 지친 빈곤한 삶인가의 차이가 있고, 거기에 따라서 두 가지 허무주의가 성립한다는 것이다.

따라서 '정상 현상으로서의 허무주의는 증대하고 있는 강함의 징후일 수도 있고, 증대하고 있는 나약함의 징후일 수도 있다. 즉 하나는 창조하고 노력하는 힘이 더 이상 총체적 해석이나 의미 부여를 필요로 하지 않을 정도로 증대하고 있는 것이며, 다른 하나는 의미를 창조해야 할 창조적인 힘조차 느슨해져서 환멸이 지배적 상태가 되는 것이다(같은 책 585B)'.

물론 나약함의 징후로서의 수동적 허무주의도 그것에 따라서 쇠퇴한 삶을 지키고 유지한다. 그래서 힘을 되찾기 위한 보양책(保養策)으로서 삶의 증대와 상승에 도움이 되는 한 의의 있는 것이 된다. 그러나 그것이 높은 곳에 있는 삶을 위해 봉사한다는 본래의 위치를 망각하고 스스로를 최고위 가치로 위장하거나 착각해서 고귀한 삶을 적대시하거나 구속한다면, 그것은 삶의 쇠퇴를 가져오는 병리적 허무주의로 퇴화한다. 니체에 따르면 이와 같은 병적 허무주의야말로 우리가 대결해서 그 극복에 힘써야만 하는 것인데, 그러기 위해서 우리는 허무한 현실에서 달아나지 말고 그 근원으로 파고들어 종류를 구분하고 그 원인을 똑바로 보아야 한다. 그리고 그것을 위해서는 수동적 허무주의로 이어지는 종래의 모든 가치의 저편으로 몸을 옮겨, 가치에 의해서 의미 부여가 되기 이전에 있었던 근원적 삶의 파괴적 창조력에 스스로를 결합시키지 않으면 안된다. 모든 가치를 뛰어넘어 새롭게 세워 나가는 이 능동적 허무주의의 관점은 니체에 의해서 '철저한 허무주의'로도 이름 붙여졌다.

그런데 허무한 현실을 정확히 보고 그것을 견디며 다른 이유 없이 그것이 있는 그대로, 그 자체로 긍정하는 혁신적인 가치관으로서 니체가 제시한 것이 '영원회귀'와 '운명애'의 사상이었다.

영원회귀 사상

니체는 《차라투스트라》 제3부의 '회복기 환자'에서 그의 충실한 종자인 독수리와 뱀의 입을 통해, 한번은 그를 절망의 구역질로 까무러치게 한 이 '심연'의 사상에 대해 다음과 같이 말하고 있다.

모든 것은 갔다가 또다시 돌아온다. 존재의 수레바퀴는 영원히 돌고 있다. 모든 것은 죽어가고 있다. 그리고 모든 것은 또다시 꽃을 피운다. 존재의 시간은 영원히 돌고 있는 것이다. 모든 것은 파괴되고 또 새롭게 결합된다. 똑같은 존재의 집이 영원히 재건된다. 모든 것은 헤어졌다가 또다시 만난다. 존재의 수레바퀴는 영원히 자신에게 충실하다.

모든 순간마다 존재는 시작된다. '저곳'의 모든 공은 '이곳' 주위를 돌고 있다. 중심은 모든 곳에 있다. 영원의 길은 곡선이다.

(……) 보라, 우리는 그대의 가르침을 알고 있다. 만물은 영원히 회귀하고, 우리 자신도 그와 함께 회귀한다는 것을. 또 우리는 이미 헤아릴 수 없이 존재해 왔으며, 만물도 우리와 함께 헤아릴 수 없이 존재해 왔다는 가르침을 알고 있다.

그대는 생성의 순환이 이루어지는 거대한 해[年]라는 것이 존재한다고 가르친다. 그 해는 모래시계처럼 언제나 다시 새로워진다. 이렇게 해서 모든 것은 다시금 새로워졌다가 곧 지나가 버리는 것이다.

되돌아오는 그 모든 해는 그것이 아무리 크든 작든 간에 늘 서로 똑같다. 그래서 우리 자신은 이 거대한 세월을 몇 번 거듭 살아도 처음의 존재와 같은 것이다. 가장 위대한 자이든 가장 왜소한 자이든.

모든 것이 완전히 그대로의 형태로 회귀한다는 것은 '새롭게 생성되는 세계가 기존의 존재 세계로 극한적으로 근접'《권력에의 의지》617)한다는 것이다. 이른바 '생성의 영원화'라고 할 수 있는 이 회귀는 '영원한 현재'라고도 할 수 있는 그때마다의 현재, 즉 '순간'에서 성취된다.《차라투스트라》제3부의 '환영의 수수께끼' 속에서 차라투스트라는 그의 어깨에 달라붙은 숙적으로서 경쾌한 삶의 비상을 방해하고 있는 난쟁이에게 이 '순간의 문'이야말로 영원회귀의 길이라는 사상을 말하고 있다.

이 두 문은 두 개의 얼굴을 가지고 있다. 두 개의 길이 여기서 만나고 있는데, 그 어느 쪽 길도 아직 누구 한 사람 끝까지 가본 적 없다.

우리 뒤의 기다란 길은 영원으로 이어지고 있다. 그리고 저쪽으로 뻗어 있는 길 또한 다른 영원으로 이어진다.

이 두 갈래 길은 여기서 마주치고 있다. 그래서 정면충돌한다. 그리고 이 문이 있는 곳에서 두 길이 만난다. 이 문의 이름은 그 위에 쓰여 있다. '순간'이라고.

(……)

이 순간이라는 문에서부터 영원한 하나의 길이 뒤로 뻗어 있다. 우리 뒤에는 '영원'이 있는 것이다.

달릴 수 있는 모든 사물은 이미 이 길을 반드시 한 번은 달리지 않았을까? 일어날 수 있는 모든 것은 꼭 한 번은 이미 일어나고 행해져서 이 길을 지나치지 않았을까?

난쟁이여, 모든 것이 이미 존재했던 적이 있다면 그대는 이 순간을 어떻게 생각하겠는가? 이 문 또한 존재한 적이 있었던 게 아니겠는가?

그리고 모든 사물은 진실로 굳게 결합되어 있기 때문에 이 순간은 반드시 오게 될 모든 것을 끌고 오는 게 아니겠는가? 따라서 나 자신까지도 뒤에 끌고 오는 것이 아니겠는가?

왜냐하면 달릴 수 있는 모든 것은 저쪽으로 뻗은 긴 길까지 다시 한번 달리지 않을 수 없기 때문이다.

그리고 달빛 아래 어슬렁어슬렁 기어가는 이 거미, 또 이 달빛 자체와 문에 선 채 속삭이고 있는, 영원한 사물에 대해 속삭이고 있는 나와 그대는 모두 존재한 적이 있었던 게 아닌가?

그래서 다시 저쪽으로 가는, 우리 앞에 있는 또 하나의 길을 달려가야 하는 것이 아닌가? 이 길고도 무시무시한 길을 따라 우리는 다시 영원에 와야만 하는 것이 아닌가?

이와 같은 사상은 니체가 높이 평가하고 있었던 그리스 철학가 헤라클레이토스의 만물유전설이나 불교의 윤회설에도 통할 것이다. 또 니체 자신도 말하고 있는 바와 같이 에너지 항존설에서 주장하는 세계관이라고도 말할 수 있을 것이다(《권력에의 의지》 1063 참조).

그러나 모든 것이 완전히 그대로의 형태로 무한히 회귀한다는 사상은, 니체도 자부했듯이 그의 독창적 사상으로 평가해야 할 것이다. 그리고 《권력에의 의지》 끝부분 1066과 1067에 따르면 이 사상은 다음과 같은 이론에 의해 입증된다. 즉 무로부터의 창조라는 모순적 이치를 부인하는 니체에게 있어, 세계의 생성은 반드시 그것을 위해 필요한 일정량의 힘을 자양본 삼아 영위되는 것이다. 더구나 니체는 존재란 생성이라 생각했고, 그러한 그에게 생성의 시간은 바로 무한을 의미했다. 그래서 이 유한한 일정량의 힘과 무한한 시간과의 조합에서 필연적으로 영원회귀의 사상이 나오게 되는 것이다.

니체는 말한다.

세계를 일정량의 힘으로서 또 일정수의 힘의 중심으로서 사고하는 것이 허용된다면 (……) 여기에서 나오는 결론은 세계는 그 생존의 대대적인 주사위놀이를 계속하면서도 산정된 일정수의 결합관계를 통과하지 않으면 안 된다는 것이다. 무한한 시간 속에서는 온갖 가능한 결합관계가 언젠가는 한 번 달성된 적이 있었을 것이며, 또 무한히 이루어지고 있었을 것이다. 더구나 온갖 결합관계와 그 직후의 회귀와의 사이에는, 여전히 가능한 그 밖의 모든 결합관계가 지나갔을 것이 틀림없다. 그리고 이들 결합관계 모두가 동일 계열 가운데서 생기는 모든 결합관계의 모든 계기(繼起)를 조건부로 하고 있으므로, 이것으로 동일한 모든 계열의 연결고리 운동이 절대적으로 증명되고 있는 것이다. 그것은 이미 무한히 반복된, 또 무한히 계속 움직이는 연결고리 운동으로서의 세계인 것이다《권력에의 의지》1066).

이 사상을 단순한 이론으로서 객관적으로 이해하면 어떻게 될까? 모든 목적적 표상이 생성 과정에서 배제되고 그곳에는 단지 필연적 과정만이 있다. 바꾸어 말하면 무의미한 삶의 불안한 되풀이만이 무한히 있다는 것이 된다. 또 이 사상을 비열한 약자의 위치에서 수동적으로 받아들이면 어떻게 될까? 이 치욕 많은 자신이 한 번도 아니고 무한으로 그 추악한 모습을 남에게 드러낸다는 것은 얼마나 견디기 어려운 오욕일까? 이렇게 이해되었을 때 이 영원회귀 사상은 무의미한 것의 영원한 재래를 알리는 것으로서, 바로 '허무주의의 극한적 형태'《권력에의 의지》55)라고 말해야 할 것이다.

하지만 삶에 파고드는 이 중압적인 사상은 '어렵고 힘든 상황을 전환시킬 수 있는' 의지로 그것을 능동적으로 받아들이고, 삶의 주체로서 살려고 하는 각오로 싸울 때 절대불멸의 자유를 가져와 우리로 하여금 쾌유자로서 크게 웃을 수 있게 할 것이다. 《차라투스트라》 제3부의 '환영의 수수께끼'에서는 영원회귀 사상을 상징하는 검은 뱀에게 잡혀 고민하는 목자가 차라투스트라의 권유로 뱀의 머리를 물어뜯는 것과 동시에 단순한 목자에서 빛에 싸인 자로 변모하여 '이제까지 지상의 어떤 인간도 웃은 적이 없을 정도로 크게 웃었다'는 이야기가 나오고 있다.

니체는 단순한 이론적 추론의 결과로서 영원회귀 사상에 이른 것은 아니다. 니체에게 있어서 이론이나 진리는 삶의 도구에 지나지 않았다. 허무한 현실에 견뎌 이를 긍정하고, 수동적인 나약함의 허무주의를 능동적인 강한 허무주의로 전환시키는 의지의 결단을 지탱하는 것으로서 니체가 택한 것이 이 영원회귀의 사상이었던 것이다.

'운명애'의 결단

니체는 내세적인 이념에 의해서 이 세상의 삶에 의의를 부여하려는 그리스 도교적인 평가 양식을 부정하고, 이를 대신하는 새로운 생존 긍정의 사상 원리로서 영원회귀 사상에 다다랐다.

삶을 넘어서고 생성을 초월한 어떤 곳에서 신의 나라를 실현한다는 일정 목표와 연관해서만 현실의 삶을 평가하려는 종말론적인 삶의 이해 방식으로는, 현재 생성하고 있는 순간순간 자체를 영원화해서 그 독자적인 의의에 기초를 부여할 수가 없다. 니체의 확신에 따르면 모든 종말론을 뒤엎는 영원회귀 사상만이 생성의 각 순간을 존재로 연결함으로써, 온갖 삶의 현실 그 자체를 영원화하고 존재 질서의 중심이 되게 할 수가 있다. 그것은 또 현재의 순간에서 과거와 미래를 하나의 연결고리에 이음으로써 지나간 과거의 필연적 요구까지도 가능화할 수가 있고, 또 아직 오지 않은 장래의 가능성까지도 필연화할 수가 있는 것이다.

영원회귀 사상에 의해, 삶에 대한 모든 특정 해석은 그 절대성이 부정되었고 무의미한 반복의 과정만이 남겨졌다. 그러나 그것은 동시에 온갖 것의 등가성과 자유로운 해석 가능성을 의미하기도 한다.

생성이 하나의 큰 고리라고 한다면 그것은 어느 것이나 같은 가치를 지니고 영원하며 필연적이다―옳음과 그름, 애호와 혐오, 사랑과 증오와의 모든 상관관계 가운데에는 삶의 특정 유형의 어떤 원근법과 그때그때의 관심이 표현되고 있다. 즉 그 자체로서 존재하는 모든 것을 긍정하고 있는 것이다《권력에의 의지》 293).

그러므로 '이것이 삶이었는가. 좋다! 그렇다면 다시 한 번!' 외치면서 결단하는 힘과 각오만 있다면 모든 인생이 그에게 미소를 던지게 된다. 반대로 말해서 이 영원회귀설은 우리에게, 현재의 삶을 소중하게 여기고 충실하게 누려서 그것이 영원히 반복되길 소망할 수밖에 없는 것으로 만들겠노라 결단하기를 요청하는 것이다. 니체는 이와 같은 결단의 삶을 사는 것을 '운명애'라고 이름붙였다.

내가 이제까지 이해하고 살아온 (……) 실험철학은 가장 원칙적인 허무주의의 가능성조차 시험적으로 골라 가진다. 이렇게 말한다고 해서 이 철학이 부정으로, 부(否)로, 부에 대한 의지로 머문다는 것은 아니다. 이 철학은 오히려 반대되는 일에까지 철저하길 원한다. 있는 그대로의 세계에 대해 덜어내거나 제외하거나 선택하거나 하는 일 없이, 디오니소스적 긍정으로 단언하는 것에 이르기까지─그것은 영원한 연결고리운동을 원한다. 즉 완전히 동일한 사물을, 완전히 동일한 결합의 논리와 비논리를 원하는 것이다. 철학자가 도달할 수 있는 최고의 상태, 즉 삶에 대해 디오니소스적으로 맞선다는 것─이것에 주어진 나의 정식(定式)이 운명애이다《권력에의 의지》 1041).

이 운명애를 통해서 삶에 대한 사랑은 그대로 영원한 사랑으로까지 깊어지고 성스러워진다. 이 경지를 니체는《차라투스트라》제4부 '취한 자의 노래' 속에서 다음과 같이 아름답게 노래했다.

한 방울의 이슬인가? 영원의 향기인가? 그대들의 귀에는 들리지 않는가? 그대들의 코는 냄새 맡지 못하는가? 이제 바야흐로 나의 세계는 완전해졌다. 한밤중은 대낮이기도 하다.
슬픔은 또한 기쁨이기도 하다. 저주는 축복이기도 하다. 밤은 태양이기도 하다. 물러나라! 아니면 그대들은 현자가 바보이기도 하다는 것을 배우게 되리라.
그대들은 일찍이 어떤 기쁨에 대해서 '그렇다'고 말한 적이 있는가? 오, 친구들이여! 그렇게 말한 적이 있다면 그대들은 모든 슬픔에 대해서도 '그렇다'고 말한 것이 된다. 모든 것은 쇠사슬로, 실로, 사랑으로 연결되어 있다.
그대들은 일찍이 한 번 있었던 일이 다시 한번 오기를 바란다. 그대들이 "그대는 내 마음에 들었다. 행복이여! 찰나여! 순간이여!" 말한 적이 있다면, 그대들은 모든 것이 다시 돌아오기를 바라는 것이다.
그대들은 모든 것이 새롭고 모든 것이 영원하기를, 그리고 쇠사슬로 실로 사랑으로 연결되어 있기를 바랐다. 오, 그대들은 세계를 그처럼 사랑했다.
그대, 영원한 자들이여. 세계를 사랑하라. 끊임없이 영원히! 슬픔에 대해서

도 그대들은 "떠나라! 그러나 되돌아오라!"고 말하라! 왜냐하면 모든 기쁨은
영원을 바라기 때문이다.

(……)

오, 인간이여! 조심하라!
깊은 한밤중은 무엇이라고 말하는가?
"나는 잠을 잔다. 나는 잠을 잔다
나는 깊은 꿈에서 깨어났다.
세상은 깊다.
대낮이 생각한 것보다 더 깊다.
세계의 슬픔은 깊다.
기쁨, 그것은 마음의 슬픔보다 훨씬 더 깊다.
슬픔은 말한다. 떠나라! 가라!
그러나 모든 기쁨은 영원을 바란다.
깊고 깊은 영원을 바란다!"

신의 죽음과 '초인'의 목소리

영원회귀와 운명애의 사상이론은 생명철학자 니체에게 있어서 새로운 형이
상학이자 새로운 종교라고 할 수 있는 것이었다. 그러나 이 심연의 사상을 견디
고 이를 무기로 해서 종래의 모든 형이상학이나 도덕 및 종교의 가치 전환을
도모하기 위해서는, '신의 죽음'이라는 근대인의 무신앙을 성실하게 직시해 신
을 대신하는 운명애의 사도 '초인'을 탄생시키지 않으면 안 된다.

신이 죽은 현재, 초인이야말로 대지의 의의라고 차라투스트라는 역설한다.
하지만 시장의 군중은 이러한 역설을 이해하지 못하고 도리어 반감이나 비웃음
으로 대할 뿐이었다. 차라투스트라는 이와 같은 비통한 체험에서 배우고 고독
을 견뎌냈다. 그러고는 독창적 삶을 살려는 사람들에게 희망을 맡기고 '초인'의
산출을 위해 기꺼이 함께 몰락해 가길 맹세한다. 니체가 지향하는 '위대한 정
오'란 짐승과도 같은 저열한 '군중'을 떠나 고독한 자기 훈육으로 상승하고, 이
어서 고귀한 인간 규범이라고도 할 수 있는 새로운 '초인'의 출현을 맞이하기 위
해 자신의 몰락을 축하하는 심경에 다름 아니었다.

위대한 정오란 인간이 짐승과 초인의 중간에 서서 저녁을 향하는 자신의 길을, 자신의 최고 희망으로 축하할 때이다. 그 길이 새로운 아침으로 향하는 길이기 때문에 최고의 희망이 될 수 있는 것이다.

그때 몰락해 가는 자는 내가 저쪽으로 건너가고 있는 자라는 것을 깨닫고 나를 축복하리라. 그리고 그가 인식하는 태양은 정오에 머물러 있게 될 것이다.

'모든 신은 죽었다. 이제 우리는 초인이 살기를 바란다.' 이것이 그 위대한 정오에 우리가 품은 궁극의 의지가 되게 하라!《차라투스트라》제1부)

한편 니체에 따르면 이 '초인'이란 운명애의 정신에 의해서 생성하는 모든 현실을 영원으로 심화시켜 영원회귀 이념에 의해 삶이 맞닥뜨리는 모든 대립을 한데 모으고 헤아려 삶을 전체적으로 받아들이는 자로서, 평균적인 인간과는 다르며 보다 강하고, 보다 높은 생존 유형을 의미하는 개념이다(《권력에의 의지》 866 참조). 따라서 초인 개념은 우리 인간이 지향해 자기 초극 훈련을 해야 할 규범이다. 즉 초인은 자기부정의 복음을 역설하는 저세상의 입법자인 신이 세운 삶의 부정 가치를 다시 전환하고, 최고의 자기충일(自己充溢)에서 자연스럽게 나오는 증여만이 진정한 사랑임을 몸으로 보이려는 자를 의미하고 있다. 우리는 스스로를 이와 같은 이념으로 향상시키려고 노력하는 한 이 초인으로 초월할 수 있다. 다시 말해 이와 같이 대지의 의의라고 할 수 있는 고귀한 이념형의 산출을 향해 현재의 하찮은 삶을 몰락시켜 나가는 한, 삶의 근원으로 돌아가 그곳에서 샘솟고 있는 영원한 창조적 샘의 혜택을 입을 수도 있는 것이다.

원인애(遠人愛)의 도덕

이와 같은 '초인' 산출의 방향으로 자신의 삶을 자리매김하려고 하는 자는 이웃 사랑의 도덕을 부정하고 원인애의 도덕을 확립하길 원한다. 무한한 자기 초극을 거듭해 먼 미래에 출현해야 할 고귀한 인간 전형으로서의 '초인'을 사랑하고, 이 '초인'의 이념에 따라 죽어서 하찮은 자기를 몰락시키는 것이야말로 진정한 자기애임과 동시에 진정한 인류애라고 말해야 할 것이다. 이에 반해서 이웃사람에게 모여들어 세평에 아첨하고 배우처럼 거드름을 피우는 연기에 미쳐 있는 자들은, 고독을 견디면서 자기 초극에 힘쓰는 진실한 자기애를 모른 채 '조악한 자기애'에 지나지 않은 것을 이웃 사랑이란 이름으로 성스럽게 만들려는 것이다. 이와 같은 견지에서 《차라투스트라》는 제1부 '이웃 사랑'에서, 이웃을 피해 멀리 있는 사람이야말로 사랑하라고 권하며 다음과 같이 말하고 있다.

이웃 사랑보다는 가장 멀리 떨어져 있는 자, 미래에 나타날 자에 대한 사랑이 더 가치 있다. 인간에 대한 사랑보다 사물과 눈에 보이지 않는 환영에 대한 사람이 한층 더 높은 것이다.

나의 형제여, 그대를 앞서가는 이 환영이 그대보다 더 아름답다. 그런데 어째서 그대는 이 환영에게 피와 살을 주지 않는가? 오히려 그대는 두려움에 빠진 나머지 이웃에게로 도망치고 있다.

그대들은 그대 자신을 견디지 못한다. 또한 자신을 충분히 사랑하고 있지도 않다. 그러면서도 이웃을 유혹해서 사랑하도록 하고, 그 이웃의 잘못으로써 자신을 미화하려고 한다.

(……)

나는 그대들에게 이웃에 대해 가르쳐 주지 않겠다. 대신 나는 그대들에게 벗에 대해 가르쳐 주리라. 벗이야말로 그대들에게 있어 지상의 축제이고 초인을 예감케 하는 자라는 것을.

(……)

나는 그대들에게 벗을 가르친다. 이미 자아 속에 완성된 세계를 가지고 있는 벗, 선의 그릇인 벗, 언제나 완성된 세계를 선물할 준비가 되어 있는 창조하는 벗을.

(……)

미래, 그리고 가장 먼 것을 그대들이 오늘 존재하는 존재 이유로 삼아라! 그대 벗 안에 있는 초인을 그대의 존재 이유로서 사랑하라.

형제들이여! 나는 그대들에게 이웃 사랑을 권하지 않는다. 나는 그대들에게 먼 곳에 있는 사람을 사랑하도록 권한다.

그런데 이런 사랑의 대상으로서의 '초인'이란, 모든 기존 가치를 전환해 스스로 완전히 새로운 가치를 세워 나가는 가치 정립의 주체로서 절대권을 지닌 존재이다. 그는 이를테면 하찮은 자들에 대한 '동정'을 경멸하고 오히려 '냉혹'을 자랑으로 여긴다. 그는 또 몰아의 헌신을 비웃고 탐욕스런 '강탈'을 통해서 자기 충실에 힘쓰며, 스스로가 인간의 전형이 되는 일에 전념한다. 니체는 이렇게 만들어지는 자기충일에서 자연스럽게 결과로 나타나는 인간 전형의 분여(分與), 즉 '베푸는 덕'이야말로 진정한 덕이라고 강조한다(《차라투스트라》 제1부 '베푸는 덕' 참조). 그리고 이와 같은 사랑만이 진정한 사랑이라고 하면서 다음과 같이 단언하기까지 한다.

> 심리학에서의 대범죄. 즉 (……) 사랑이 거짓으로 헌신되고 말았다는 것이다. 그런데 사랑은 탈취 내지는 인격성의 충일에서 오는 결과물의 분여이다. 따라서 더할 나위 없이 완전한 인격만이 사랑할 수가 있다. 몰인격적인 자, '객관적인 자'는 더할 나위 없이 열등한 연인이다(여성에게 물어보라!). 이것은 신에 대한 사랑이라든가 조국에 대한 사랑에도 해당된다. 즉 스스로 확고하게 믿는 것이 없으면 안 되는 것이다(《권력에의 의지》 296).

이와 같은 의미에서 최고 가치정립자로서의 '초인'에 대해서는 '모든 것이 허용된다'고 해도 좋을 것이다. 개인은 또 자유정신의 화신이기도 한데, 이 자유정신에 대해서는 '아무것도 진리가 아니다. 모든 것은 허용돼 있다'(《도덕의 계보》 제3논문 24절).

그러나 이 진의를 오해한다면, 두려워할 만한 패덕(悖德)을 낳게 될 것이다. 자신을 이와 같은 의미에서의 초인으로 착각한 도스토옙스키의 《죄와 벌》의 주인공 라스콜리니코프가 저지른 살인의 비극이 이를 보여주고 있다. 또 히틀러의 나치즘에 의한 포학 행위도 자신을 '초인'으로 착각한 개인이나 민족이 얼마나 비인도적인 행위를 태연하게 저지를 수 있는지를 가르쳐 주고 있는 것이다.

이와 같은 오해를 막기 위해서는 니체가 내건 인간 전형 '초인'은 어디까지나 먼 미래에 실현되어야 할 이상이며, 현실의 인간 그 자체를 성스럽게 한다는 의미의 것이 아니었음을 잊어서는 안 된다. 니체는 초인을 모든 현실의 인간을 뛰어넘고 있는 전형 이념으로 내세웠다. 다시 말해 인간은 신을 추구할 게 아니라, 이 전형을 이루기 위해 현실의 자기를 초극해 나가야 한다고 제시한 것이었다.

니체에게 있어서 현실의 인간은 모두 이 초인의 실현을 위해 기꺼이 자기를 몰락시켜 가는 것을 과제로 삼아야 했다. 그는 이 높은 사명을 수행하기 위해 자기 초극에 힘쓰는 인간이야말로 의의 있는 인생을 살 수 있는 것이라고 했다. 그리고 그것을 위해서는 안이한 자기 긍정에 의해서 하찮은 자아를 소중히 보존하려는 나약함을 수치스런 마음으로 반성하고 극복해 나가지 않으면 안 된다는 것이다.

새로운 가치 정립 원리로서의 '권력의지'

그런데 이 초인에 의한 가치 정립, 정확하게 말해서 초인의 실현을 지향하는 새로운 가치 정립의 원리란 도대체 무엇일까?

니체에 의하면 '가치'란 '생명체의 보존·상승 조건에 대한 해석 관점'(《권력에의 의지》, 382 및 715)이고, 가치를 객관적으로 측정하는 척도가 되는 것은 '상승하여 조직화된 권력량뿐이다'(같은 책, 674). 그리고 '삶이란 권력에의 의지'(같은 책, 254)이고, '삶은 힘의 축적에 대한 의지'(같은 책, 689)라고 한다. 그렇다면 삶의 실체를 이루는 이 '보다 나은 것, 또 보다 강한 것이 되려는 의욕'을 의미하는 '권력의지'야말로 본래의 가치 정립 주체이고 가치의 높낮음을 결정하는 평가 기준이기도 한 것이다. 단순한 '삶에의 의지'가 아니고 '보다 나은 삶'을 추구하고 끊임없이 노력하는 '권력에의 의지'야말로 초인을 지향하는 새로운 가치 원리여야 하는 것이다.

여기에서 '권력'으로 일컬어지고 있는 것은 정치권력이나 무력 등과 같은 물리적 강제력을 의미하는 게 아니라, 무한한 가능성을 찬양하며 모든 응고된 정체를 돌파해 향상하려고 하는 근원적인 내적 생명력 그 자체를 말하는 것이다. 그리고 도덕적 가치 평가도 이 '권력의지'가 내리는 하나의 해석 방법에 지나지 않는 것이므로, 그 도덕은 단순히 삶을 위한 것이고 그 이외에 아무것도 아니다. 그러므로 '도덕을 위한 도덕'을 모토로 해서 도덕을 위해 인생이 존재하는 것처럼 생각하는 '도덕지상주의'는, '목적과 수단의 가치 전도'를 불러일으킨 것으로서 엄격하게 배제되어야 한다(《권력에의 의지》, 354).

이와 같은 관점에서 니체는 《선악을 넘어서》와 《도덕의 계보》를 통해, 삶과 연관 없이 분리되어 자립화한 추상 관념으로서의 '선과 악'을 대신하는 새로운 선악 개념을 제시한다.

니체에 의하면, 그러한 추상적 선악 관념은 하강하고 약화된 삶 가운데 잠재하는 권력의지가 자기를 보존하고 변호하기 위해 만들어 낸 것에 불과하다. 따라서 그것은 노예도덕, 금수도덕, 승려도덕, 목자도덕 관점에서 설정한 가치에 지나지 않는 것이다.

이에 반해서, 상승하고 강화하는 삶의 내적 권력의지는 이와 같은 추상관념에 의해 자신의 나약함을 감추려는 위선을 증오한다. 그리고 이렇게 해서 정립되는 '선악'의 저편으로 빠져나가, 삶 그 자체의 활동력에 좋은 수단이 되는 우량한 삶의 방식을 선(善)으로 하고, 열악한 수단밖에 제공하지 않는 삶의 방식을 악으로 하는 구체적이고 솔직한 가치 정립을 행한다. 그래서 노예임을 부끄럽게 여기는 고귀한 사람은 이렇게 단언하는 것이다. '선이란 무엇인가? 권력감, 권력에 대한 의지, 권력 그 자체를 인간에게서 높이는 모든 것. 악이란 무엇인가? 나약함에서 유래하는 모든 것이다.' 그리고 이렇게 인정할 때야말로 우리가 지향해야 할 주인도덕, 고귀도덕, 전사도덕, 군주도덕의 관점이 성립하는 것이고, 이때야말로 '좋은=고귀한=강력한=아름다운=행복한=선의에 적합한'이라는 자연스런 가치 평가를 당당하게 주장할 수 있게 되는 것이다.

'계서(階序)'의 도덕

도덕적 가치의 실체를 권력의지의 자아실현에 따라 추구하고, 가치의 높낮음을 그곳에 표현되고 있는 권력량에 따라 구하는 니체에게는, 권력의 위계질서에 따라서 도덕적 가치의 서열을 바로잡아 가는 '계서'의 도덕이 중요시된다. 이 도덕관은 상승하여 강화되는 권력량을 대표하는 고귀한 삶을 높게 평가하고, 하강하여 약화된 권력량을 대표하는 노예와 같은 비천한 삶은 낮다고 하여, 이 서열을 문란하게 하거나 뒤집는 것은 가장 큰 악으로서 엄금하고 있다. 전자는 고귀한 삶을 실현하기 위해 저열한 삶과 싸워 이를 대담하게 부정하고 지배해 나가는 전사나 군주가 선택하는 도덕이다. 그리고 이것만이 '초인'에게 봉사하는 가치 있는 도덕인 것이다. 이에 반해서 후자는 약하고 쇠퇴한 대중의 삶을 보전해 다스리려고 하는 승려나 목자가 선택하는 도덕이다. 이것은 대중의 삶을 보전하고 깨우쳐 '초인'에게 바치는 한에 있어서는 의의를 지닐 수 있다. 그러나 이와 같은 사명을 잊고 주인도덕에 반역하는 노예봉기를 시도하거나 대중을 부추겨 그들에게 계서 부정의 착각을 주거나 할 위험성을 지닌 것으로서는 엄격하게 비판된다.

주인도덕의 관점에서는 강력한 지배력이야말로 고귀한 표징이 된다. 여기에서는 대담한 자아실현이나 자기주장이 지향된다. 자신을 잊는 몰아적 행위는 쇠퇴적 삶의 징후가 되고, 자기희생을 목표로 하는 것은 당찮은 일이 된다. 영웅의 삶이 가르치고 있는 것처럼 몰아라든가 희생이라든가의 관념에 사로잡히지 않고 이른바 자기 자신의 내적 요구 이외의 것에 대해서는 관심을 두지 않고 한결같이 자신의 목표를 이루어 냄으로써, 결과적으로 강하고 풍부한 삶의 전형을 모든 사람에게 부여하는 행위야말로 고귀한 질서에 속하는 것이라고 해야 하리라.

주인도덕은 당당하게 자아를 주장하고 기어이 목적을 이루려 한다. 이때에는 그 '자아'가 어떤 자아인가를 눈여겨보는 것이 중요하다. 그렇게 한다면 이 자아가 자기만을 절대시하고 자기 이외의 모든 것을 자기에게 봉사하게 하려는 이기적이며 독선적인 자아, 즉 자아주의의 자아와는 전혀 다른 것임을 확실히 알게 되리라. 니체도 말하고 있다. '나의 철학은 계서를 지향하고 있는 것이지, 결코 개인주의적 도덕 등을 지향하고 있는 것이 아니다'《권력에의 의지》287).

'거리의 파토스'와 병적 양심

계서를 중요시하는 도덕은 고귀하고 강력한 것을 높은 곳에 두고, 저급하고 비천하며 속된 것을 낮은 곳에 두는 '거리의 파토스'에 의해서 지탱된다. 이 '거리의 파토스'야말로 귀족사회가 오랜 기간에 걸쳐서 길러온 본래의 도덕감정이다. 이것에 의해 정신적으로 상위 종족이 하위 종족을 지배하는 계서도 가능해지고, 그렇게 해서 인간이라는 형태가 높여져 초인을 지향하는 인간의 자기 초극도 계속되어 온 것이다. 고위층과 하위층 간에 현존하는 거리를 확보하고 또한 이 거리를 앞으로 더욱더 확대해 나가려는 이 '거리의 파토스'야말로 인간 본래의 건전한 가치감정이고, 가치의 우열은 이에 의해서만 평가되어야 한

다. 그리고 이 '거리의 파토스' 앞에서는 이기와 이타 등과 같은 말초적인 구별
은 모두 사라지고 만다. 따라서 이러한 거리감의 상실을 가져오는 동정도덕보
다는, 오히려 거리감의 강화에 이바지하는 지배도덕이야말로 본래의 건강한 도
덕가치를 올바르게 파악한 것이다.

이제까지 쌓아온 인류 문화의 고귀한 유산을 뒤돌아보면, 그것들은 모두 이
와 같은 거리의 파토스에 의해서 태어나 소중하게 유지되어 왔음을 알 수 있
다. 이에 반해서 모든 인간이 동등한 권리를 갖는다고 하는 인도주의나 민주주
의, 사회주의 등의 근대적 이념은, 인간 향상을 위한 노력을 기피하고 모든 고
귀한 것을 끌어내리려고 하는 저열한 중우본능(衆愚本能)에 기초한 착각에 지
나지 않는다. 이러한 주장과 함께 니체는 근대인 사이에 보편화되고 있는 퇴폐
풍조 또한 모든 고귀한 것을 수평화하는 이 중우본능의 지배에 따른 것이라고
말한다.

이 '거리의 파토스'가 지닌 건전함에 비하면 '양심의 가책'이라든가, '죄의식'
등과 같은 것은 약자가 걸리게 되는 심각한 질환이라고 하지 않을 수 없다. 이
에 대해 니체는 《도덕의 계보》 제2논문에서 다음과 같이 설명하고 있다.

약자인 대중의 내적인 권력의지도 지배할 대상을 추구하고 지배 본능의 충
족을 필요로 하지만, 그들에게는 그 길이 닫혀 있다. 밖으로 뿜어내지 못하는
대중의 이와 같은 모든 본능은 내공(內攻)에, 그 방향을 바꾸어 자기 자신 안으
로 향해진다. 인간의 내면화란 바로 이것이다. '적의·잔인, 박해나 습격이나 변
혁, 파괴의 기쁨 등 이런 본능이 모두 그 소유자에게로 방향을 바꾸는 것, 이것
이야말로 양심의 가책의 기원인 것이다'(같은 책 16). 양심이나 죄악감 등은 쇠퇴
한 약자 대중이 지닌 음험한 권력의지의 표출이고, 그들 안에 둥지를 튼 '내공
한 잔인성'(같은 책 22)을 나타내고 있는 것에 지나지 않는다. 이렇게 해서 삶에
대한 적의나 반역이 도덕으로서 성스러워진 전도(顚倒) 현상이 생긴 것이다. 진
정한 구제자는 이 내공한 의식에서 인간을 해방시켜 주는 무의 초극자 즉 '초인'
이지, 이러한 의식이 공상하는 '신인(神人)'이 아닌 것이다.

이렇게 니체는 약자의 노예도덕을 성화하는 그리스도교적인 금욕도덕을 공
격하며, 이러한 도덕을 만들어 내는 '양심'이란 것이 실은 약자의 가슴속 깊이
찌든 잔인한 원한감정(Ressentiment)에 지나지 않는다는 견해를 대담하게 주장해

나간다.

르상티망 도덕설

니체의 권력의지설에 따르면 삶이란 권력의지에 다름 아니다. 그러므로 박애나 동정 등을 최고 가치로 생각하는 노예도덕을 받드는 약자 대중에게도, 그들의 삶이 있는 한 권력적인 지배의욕이 잠재하고 있다. 다만 그들의 삶은 약한 삶이고, 따라서 그 지배의지가 무력하기 때문에 지배의 대상을 어디에서도 발견할 수가 없을 뿐이다. 사실상 약자 대중은 자신이 지배할 수 있는 대상은 어디에서도 찾지 못한다. 더더군다나 그들이 발견하는 유일한 현실은 강자에 의해서 지배되고 압도되고 있는 노예로서의 자기 자신뿐이다. 이렇게 해서 약자 대중의 가슴속 깊은 곳에는 강자에 대한 음험한 원한감정(반감)이 일게 되는 것이다.

비열한 약자 대중이 고귀한 강자에 대해서 갖게 되는 이 원한감정을 노려, 이를 이용해 자신의 지배욕을 만족시키려 한 것이 성직자계급이었다. 성직자계급 자체도 약자에 지나지 않고, 또 약자를 다스려 그 선두에 선 자에 지나지 않은 것인데, 그들은 본래 무(無)에 대한 의지일 뿐인 비생산적 원한감정 자체에 의해 삶에 반역하고 삶을 부정하는 금욕·몰아의 도덕을 창조한다. 이에 의해 자신의 가슴속 깊이 타오르는 비열한 지배욕을 만족시키려고 하는 것이다. 근대 유럽의 그리스도교 세계를 지배하는 모든 전승적(傳承的) 도덕의 밑바닥에 흐르고 있는 것은 이 성직자계급에 의해 성화된 원한감정이고, 그들에 의해서 창조적인 것으로 위장된 '무에 대한 의지' 그 자체에 다름 아니다. 이렇게 생각하는 니체는 《도덕의 계보》 제1논문의 제10절에서 다음과 같이 지적하고 있다.

도덕에서의 노예 폭동은 원한 자체가 창조적이 되고 가치를 낳게 되었을 때 비로소 일어난다. 여기서 원한이라고 하는 것은 실제의 '반응', 즉 행위에 의한 반응이 금지되어 있기 때문에 단순히 상상의 복수를 통해 그것을 메우려는 자들이 품는 원한감정이다. 모든 귀족의 도덕은 자신만만한 자기 긍정에서 생기는 것임에 반해서, 노예의 도덕은 처음부터 '밖에 있는 것' '다른 것'

'자기가 아닌 것'을 부정하는 데에서 시작한다. 이 부정이야말로 노예도덕의 창조적 행위이다. 가치를 평가하는 시선의 역행―자신에게 되돌아오는 대신에 밖으로 향하는 이 필연적인 방향―이것이야말로 원한의 본성이다.

니체에 의하면 성인이나 성직자들이 이루는 동정이나 박애의 설교 배후에는 약자가 강자에 대해 안고 있는 억압된 대항 의식이 잠재한다. 그들의 삶도 권력에 대한 의지로 불타고 있는데 약자인 그들에게는 그 길이 막혀 있다. 그래서 그들은 죽은 뒤의 세계에 대해서 인간이 갖게 되는 불안한 마음을 노려 그것을 이용함으로써 권력적인 지배욕을 만족시키려고 한다. 금욕하는 자와 가난하고 약한 자야말로 천국에서 구원을 받는다고 그들은 주장한다. 일반적인 약자인 대중도 자신들의 하찮은 권력욕을 만족시키기 위해 기꺼이 이 가르침에 매달린다. 그들은 강자의 지배에서 자신을 안전하게 보전하기 위해 성직자가 말하는 동정과 사랑의 도그마를 이용하는 것이다. 이 도그마에 본래 있는 것은 삶을 좀먹는 무에 대한 의지이다. 이렇게 해서 성립한 가치전도의 허무주의 종교에 길들여진 근대인들은 초인을 산출해야 하는 인생 본래의 목표를 상실하고, 동정심과 금욕을 최고 가치로 위장함으로써 삶을 부정하는 이상에 매달린다. 왜냐하면 이로 말미암아 사람들은 공허한 생존이 가져오는 심각하고 불안한 마음을 얼버무릴 수 있기 때문이다. '인간은 아무것도 의욕하지 않는 것보다는 차라리 허무를 의욕하길 좋아한다'(《도덕의 계보》 제3논문의 1 및 28).

그러나 이렇게 해서 성립한 그리스도교의 '노예도덕'은 초인의 '주인도덕'을 부정하고, 고귀한 개인을 약자인 대중에게 봉사시키기 위해 만들어진 가치전환의 기만도덕에 지나지 않는다. 가치 있는 것을 가치 없는 것에 봉사하게 해서 희생시키려는 이와 같은 도덕이야말로 허무주의의 모태를 이루는 것이다. 그러므로 허무주의의 극복은 '신인(神人)'의 가르침을 역설하는 그리스도교를 단죄하고, 그 신의 지위에 창조적 권력의지의 주체인 초인을 다시 올려놓으려는 '인신(人神)'의 관점으로 복귀함으로써만 가능해지는 것이다. 이와 같은 관점에서 니체는 삶과 동떨어진 내세 지향종교로서의 그리스도교를 철저하게 탄핵해 나간다.

그리스도교 문명과의 대결

니체는 그리스도 교회가 역설하는 '인간애' 속에서 '약자들의 연대성'과 '약자의 대중적 이기주의' 편향의 패덕(悖德)을 감지하고, '영원한 영혼의 구원' 속에서는 '자아화의 극한 형식'을 보게 된다. 이에 따라 그는 그리스도교를 저열한 이기주의의 극치로서 묘사하며 《권력에의 의지》에서 매서운 비판을 한다.

그리스도교는 무사(無私)와 사랑의 가르침을 앞에 내세웠지만, 결코 개인의 이해보다도 집단의 이해가 더 높은 가치를 가진다고 평가하는 것은 아니다. 그리스도교 본래의 역사적 영향, 사업적 영향은 거꾸로 이기주의를, 개인적 이기주의를, 극단으로―개인의 불사(不死)라는 극단으로까지―높인 것이다. 개개인은 그리스도교에 의해서 매우 중요시되고 절대적인 것으로서 정립되었기 때문에, 이제 개개인을 희생으로 삼을 수는 없다. 그러나 집단은 인신 제물에 의해서만 존립한다. (……) 신 앞에서는 모든 '영혼'이 평등해졌다. 하지만 이것이야말로 가능한 모든 가치 평가 가운데 가장 위험한 일이다! 개개인이 평등해지면 집단은 의문시되고 결국에는 그 집단의 괴멸을 불러일으키는 일이 실행되어도 좋다는 뜻이 된다. 즉 그리스도교는 도태를 거스르는 반대 원리이다. 변질된 병자(그리스도교도)가 건강한 자(이교도)와 동등한 가치를 지니거나, 질환과 건강에 대한 파스칼의 판단에 따라 그 이상의 가치까지도 지녀야 한다면, 자연의 발전 과정은 방해를 받고 부자연이 법칙이 되고 만다. 이 그리스도교의 보편적 인간애란 사실은 고민하는 모든 자, 실패한 자, 퇴화한 자들을 우대하는 것이다. 그리고 그것은 인간을 희생하는 힘을, 책임을, 높은 의무를 낮추어 약화시키고 말았다. 그리스도교적 가치 척도의 규범에 따르면 아직 남아 있는 것은 나 자신을 희생하는 것뿐이다. 그러나 그리스도교가 인정하고 권고까지 하는 이러한 인신 제물의 잔재도 모든 인간 전체의 발전이란 관점에 보면 완전히 무의미한 것이다. 집단의 번영에 있어서 과연 누가 자기 자신을 희생할 것인지는 아무래도 상관이 없기 때문이다. (……) 집단은 서투른 자, 약한 자, 퇴화한 자의 몰락을 필요로 한다. 그런데도 보수적 세력으로서 그리스도교가 의존한 것은 바로 이자들인 것이다. 그것은 약자가 가지고 있는 그 자체로 이미 극히 강력한, 서로 보존하고 지지하고자 하는 본능을 더욱 부추겼다. 그리스도교에서의 '덕'이나 '인간애'가 바로 이와 같은 보존의 상호성, 이와 같은 약자들의 연대성, 이와 같은 도태의 방해가 아니라면 무엇일까? 그리스도교적 이타주의가, 만인이 서로 걱정한다면 각자는 언제까지나 보존될 것으로 추측하는 약자의 대중적 이기주의가 아니면 무엇일까? (……) 이와 같은 성품을 극단의 비도덕성이라고 하지 않는다면, 또 삶에 대한 범죄로 감지하지 않는다면 그자는 병자와 한 패가 되어 있는 것이고 병자의 본능을 지니고 있기까지 한 것이다. (……) 진정한 인간애는 집단의 최선을 위해 희생을 요구한다. 그것은 냉혹하며 자기 초극으로 가득 차 있다. 왜냐하면 그것은 인신 제물을 필요로 하기 때문이다. 그런데 그리스도교로 불리는 사이비 인간애는 '아무도 희생되지 않는 것'을 관철하려고 하는 것이다.

　　(……)

　그리스도교가 아무리 단죄되어도 지나침이 없다고 하는 까닭은, 그것이 어쩌면 진행 중이었을 둔화하는 허무주의 대운동의 가치를 사적 인격의 불사라는 사상에 의해서, 또한 부활이라는 희망에 의해서, 요컨대 허무주의의 실행인 자살을 막음으로써 빼앗았기 때문이다. (……) 그것은 완만한 자살로 허무주의적 자살을 대신했다. 즉 서서히 하찮고 빈약한, 그러나 오래 지속하는 삶이 시작되었다. 서서히 평범하고 시민적이며 범상한 삶과 같은 것들이 시작되었다.

　이렇게 해서 그리스도교는 본래의 가치와 그 단계를 부정하고 역전시킴으로써 장래에 무정부주의(아나키즘)를 가져오게 했다. 그리고 이 무정부주의의 현대적인 표현이 '인권의 평등'이라는 이념에 의해 천민의 패권을 확립하려는 사회주의이고, 민주주의와 의회주의이며, 신문사업과 그 밖의 언론인 것이다. 이런 것들은 비열한 이기주의에 의해서 고귀한 것을 끌어내리려는 르상티망에서 비롯된 것이고, 수평화운동을 추진함으로써 중우적인 군거동물을 지배자로 떠받들려는 혐오해야 할 천민주의에 지나지 않는다. 그리고 이와 같은 잠재적 허무주의를 준비한 것으로서 니체는 그리스도교 성직자 도덕을 비판하는 것이다. 니체는 이와 같은 그리스도교 문명에 대한 비난을 《안티크리스트》 속에 남김없이 밝히고 있다.

그리스도교 비판의 참뜻

그러나 니체의 그리스도교 비판을 단순히 무신론적인 주장으로 간주할 수는 없다. 니체만큼 죽을 힘을 다해 그리스도교와 격투를 벌인 사상가도 없는데, 이것은 니체가 무관심한 무신론자가 아니고 오히려 마음속으로부터 신을 염려했던 사람이었음을 말해 주는 반증일 것이다. 니체에게 있어서 '신은 없는 것'이 아니라 바로 '죽은 것'이었다. 그래서 그는 고귀한 인간의 표상은, 스스로 신을 살육한 자로서의 책임을 지고 신을 대신하는 최고 입법자인 초인을 산출하기 위해 자신을 희생해 몰락시키는 자라고 한 것이다.

또한 그가 진리를 위해서는 무엇이건 희생해도 후회하지 않는다는 성실한 덕을 키운 것은 그리스도교 도덕이지만, 이 성실함을 철저하게 성립시키는 것이 내세적인 신에 대한 반항이라고 말하는 것도 그 때문이라고 할 수 있으리라. 사실 니체가 '스스로 단련해 나가기 위해 대결할 만한 가치가 있는 것'으로 높이 평가한 것들만을 골라서 전진을 위한 대항 원리로 사용했던 점을 생각하면, 그에게 있어서 그리스도교가 얼마나 중대한 것이었는지 알 수 있을 것이다. 실제로 니체는 다음과 같이 고백하고 있다.

나는 그리스도 교도의 빈혈이 된 이상에 선전포고를 했는데, (……) 그 의도는 그것을 모두 없애는 것이 아니고, 오직 그 폭정을 끝내고 새로운 이상을 위해, 보다 힘찬 이상을 위해 활동의 장을 얻는 것이었다. (……) 그리스도교적 이상의 영속은 있을 수 있는 것 가운데 가장 바람직한 것의 하나이다. 더구나 그것은 여러 이상들이 그리스도교적 이상과 함께, 어쩌면 그리스도교 이상을 뛰어넘어 새롭게 나타나려는 것을 돕기 위한 일이다. 이러한 여러 이상들은 강해지기 위해서는 적대자를, 그것도 강한 적대자를 갖지 않으면 안 되는 것이다. 이렇게 해서 우리 무(無) 도덕가는 강한 적대자로서 도덕의 권력을 필요로 한다. 우리의 자기보존 충동은 우리의 적대자가 언제까지나 힘차길 바란다. 이 충동은 우리의 적대자를 지배하는 주인이 되기만을 원하는 것이다'《권력에의 의지》 361).

즉 니체는 성직자적 금욕의 도그마에 반발한다. 그에게 이 성직자적 도그마는 삶을 거슬러 세상 밖으로 도피해 사랑의 실천을 동정의 설교로 바꾸고, 마음속 현실로서 체험해야 할 천국을 죽음과 부활의 대망이나 죄의 사함 등과 같은 교리로 변질시키려 하는 것이었다. 한편으로 니체는 그리스도교가 키운 성실성이나 실천성에 대해서는 깊은 경의조차 가지고 있었다. 니체는 《도덕의 계보》에서 이렇게 말하고 있다.

나는 《신약성경》을 좋아하지 않는다. (……) 그러나 《구약성경》—그렇다, 이 것은 완전히 다르다. 《구약성경》에는 모든 경의를 표해도 좋으리라. 나는 그 가운데 위대한 사람들을, 영웅적인 풍경을, 그리고 지상에서 정말로 드문 어떤 것을, 즉 강한 심정의 비길 데 없는 소박함을 발견한다.

그는 확실히 《신약성경》은 무구(無垢)하지 않다'(《권력에의 의지》 199)고 하면서, 이와 같은 불결한 책을 읽을 때에는 '장갑을 끼면 좋다'(《안티크리스트》 46)는 말까지 하고 있다. 그러나 여기서 니체가 비난하고 있는 것은 사랑의 실천가 예수가 아니다. 비난의 대상은 예수를 '죽은 뒤의 부활' 예약판매자로 만들어 버린 교회 교리의 창시자 바울과 그의 내세주의인 것이다. 니체에 의하면 복수의 사도 바울이 창시한 교회야말로 예수가 싸울 대상으로 사도들에게 가르친 바로 그 자체이고, 교회적 의미에서의 그리스도교적인 것이야말로 그리스도가 부정한 반(反)그리스도교적인 것이다(《권력에의 의지》 158~171 참조).

니체가 교회의 이름으로 탄핵하는 것은 삶에 대한 성실한 봉사의 실천가 예수가 아니고, 희생사(犧牲死)와 부활의 해석에 의해서 내세의 제단에 현실의 삶을 바치는 복음의 사도 바울이다(《안티크리스트》 41, 42절 참조). 그리고 르네상스에 의해 부흥되려 했던 대담하고 솔직한 삶의 고귀함에서 등을 돌린 시골목사 루터의 개혁 종교인 것이다. 이와 같은 니체의 그리스도교 비판 근저에 흐르고 있었던 것은 그리스도교적인 사랑에 대한 부인이 아니라, 교회 성직자들에 의해서 위장된, 르상티망 종교로서의 타락한 교회 종교에 대한 결벽과도 같은 반감이었다고 할 수 있으리라.

니체 사상과 현대

허무주의 세기의 개막

니체는 누구 한 사람 자신을 이해해 주지 않는 고독 속에서 허무주의와의 격투를 거듭하다가, 결국에는 광기에 사로잡혀 허무한 정신의 암흑 속으로 빠져들고 말았다. 이와 같이 그는 스스로 비극적인 인생을 삶으로써 근대인의 삶이 쇠퇴하는 퇴폐 현상을 나타내고 있으며, 잠재적 허무주의라는 병에 걸려 사회가 좀먹고 있음을 경고한다. 그리고 다가오는 세기는 허무주의가 현재화되는 시대일 것이라고 예언했다.

니체의 이 예언은 불행하게도 적중했다. 표면적인 번영을 자랑하고 있었던 자본주의 경제는 20세기로 접어듦과 동시에 공황 현상을 되풀이하고 심각한 사회문제를 드러내게 된다. 또한 권력기구로서의 국가는 그 내부에 격화하는 계급투쟁을 품은 채 국민적인 통일 기반을 잃어버렸고, 힘의 균형에 의해서 유지되고 있었던 국제 평화는 자원과 시장 쟁탈을 둘러싼 제국주의 전쟁의 폭풍 속에 쓰러져 갔다.

이와 같은 상황이 되어서야 겨우 사람들은 시대의 심각한 병폐에 시선을 돌리기 시작했다. 특히 제1차 세계대전으로 인해 사람들이 과학적 합리에 대해 가지고 있었던 낙천적인 신뢰감이 부서졌고, 그리스도교 문화 세계의 통일과 발전이라는 유럽인들의 희망이 산산조각 났다. 이렇게 해서 슈펭글러의 《서양의 몰락》(1918~22년)이 제기한 경고는 많은 유럽인들에게 깊은 공감으로 받아들여지게 되었다. 제1차 세계대전이 불러일으킨 불안과 허무의 마음은 제2차 세계대전에 의해서 아예 보편화됨과 동시에 심각화되어 세계의 모든 사람들을 절망에 빠뜨렸다. 이제야말로 근대가 허무주의의 괴수에게 지배되는 세기임이 확실해진 것이다. 이에 허무주의와 싸우고 이를 뛰어넘어 다시 인간 존엄의 표상을 되찾음으로써 황폐해진 삶을 가득 채우고 발전시키는 것이 근대인에게 주어진 긴급한 과제임이 명확해졌다.

이 과제를 자신의 사명으로 여기고 그 해결을 위해 선례가 될 길을 성심껏 걸었던 것이 다름 아닌 니체였다. 그래서 그의 사색의 결론을 받아들일지 아닐지는 별개로 치더라도, 뜻있는 많은 사람들이 현대에 다가올 문제를 앞서 진단하여 제기한 니체를 무시해서는 현대 사상이나 문화를 논할 수 없을 것이라 생각하게 되었다. 이렇게 해서 니체는 20세기로 접어들자 많은 사람들의 주목을 받기 시작했고, 특히 제2차 세계대전이 일어난 뒤에는 실존주의와의 연관에 의해서 더욱더 그 중요성이 인식되고 있는 것이다.

니체와 현대사상

니체가 반(反)도덕주의·반(反)내세주의의 관점에서 전개한 사상, 즉 삶의 희생을 요구하는 도덕이나 이념이 아닌 인간과 그 삶의 충실·발전을 위한 도덕과 이념이야말로 궁극의 가치와 진리라고 하는 '삶의 철학'은, 지멜, 딜타이, 클라게스, 오르테가 이 가세트 등 삶의 철학자들에 의해서 계승되고 발전되었다. 특히 삶의 내적 요구에 성실하여 이를 가치 정립의 원리로 삼으려 한 니체의 사상은 슈바이처의 '생명 외경 윤리'로서 아름답게 결실을 맺게 되었다.

슈바이처는 니체의 '권력의지설'이 지니고 있었던 이기주의적 측면을 순화해 '우주적 생명의지'로까지 확대·심화하고, 교회 도덕이 지닌 위선적 성격이나 내세적 경향에 대한 니체의 비판 정신도 받아들였다. 그리하여 삶의 충일과 발전의 표시로서 사랑의 실천을 지향하는 것이야말로 진정한 그리스도교라고 하는 확신에 따라 현대의 성자로서 인도주의 이념과 실천을 펼쳐 나갔다. 여기에서 우리는 니체의 창조적 파괴의 권력의지가 생명 재건의 실천으로 되살아나, 르상티망에서 순화된 사랑의 종교로서 회복되어 가는 그리스도교의 본래 모습을 볼 수가 있을 것이다. 니체가 이와 같은 인도(人道)의 부활을 준비하기 위해 굳이 부정자·파괴자의 위치에 섰던 것을 생각한다면, 슈바이처야말로 니체 사상이 지닌 긍정적인 면을 훌륭하게 정착시켜 준 사람이었다고 해도 좋으리라.

니체는 인간의 주체성과 그 권위의 확립을 지향해 주체적 진실을 추구했다. 이러한 니체의 자유 탐구 정신을 이어받아 허무주의에 철저를 기하며 그럼으로써 영원한 혈로를 개척하려고 하는 능동적 허무주의는, 한계상황의 한복판에서 다시 자기의 주체적 자세에 따라 절대 진리와 자유로 살고자 하는 실존주의 철학으로 구체화되어 간다. 이리하여 뛰어난 실존주의 철학자 야스퍼스나 하이데거의 철학이 니체와의 대결에 의해 탄생하게 되었다. 특히 하이데거는 2천 년의 서양 형이상학 역사는 존재 망각의 역사라고 하면서 그리스의 시인과 철학자들이 표현하려고 한 자연적 근원으로의 귀향이야말로 허무에 고뇌하는 현대인의 영혼을 치료하기 위한 급선무라고 했는데, 이러한 견해 중에는 니체의 현대적 재림을 생각하게 하는 바가 있다.

모든 고정적인 정견(定見)을 떠나서 진리나 가치를 삶의 발전과 상대적으로 자리매김시키려는 니체의 인식론은, 사상(事象) 자체에 곧바로 응해 그 본질을 파악하려는 현상학파의 철학으로도 접속해 간다. 특히 니콜라이 하르트만의 현상학적 논리학의 사상 속에는 니체로부터 인계된 귀중한 유산이 많이 발견된다. 또한 니체는 모든 절대주의적 사고의 우상숭배적인 편견을 거부하고 인간 정신의 자유로운 창조성을 중요시했는데, 이러한 니체의 모럴리스트적 인간 탐구 정신은 현대의 뛰어난 작가들의 창작 활동에도 커다란 영향을 주었다. 특히 독일의 게오르게나 릴케, 헤세와 토마스만 등의 작품과 프랑스의 지드와 말로 등의 소설은, 이제까지의 그리스도교를 비판하여 교회권에 맞서고 한 차원 높은 인간 본위의 자유정신을 쟁취해 보고자 시도했던 니체와의 대화 없이는 탄생되지 못했을 것이다.

현대 휴머니즘의 기수

이 밖에도 현대사상에 대해서 끼친 니체의 영향을 헤아린다면 끝이 없을 것이다. 칸트를 통과하지 않고 근대의 극복을 말할 수 없듯이, 니체를 빼놓고는 현대의 창조를 말할 수 없을 것이다.

루카치가 《이성의 파괴》에서 지적한 것처럼 니체에게는 융커적인 귀족주의와 유사한 반동적 편견이 없지 않으며, 그곳에 니체의 위험성이 있는 것도 사실이다. 그러나 니체의 사상에는 역시 비속한 부르주아주의나 권력적인 국가주의에 대한 통렬한 비판과 천박한 중우주의나 군중주의에 대한 적절한 경고가 담겨 있다.

지금 우리가 무엇보다 서둘러 해야 할 일은 도덕주의의 편견에서 자유로워지고, 절대주의적인 사상에서 스스로를 해방해 여러 가지 우상에 무릎을 꿇는 노예근성을 떨어 없애고 주권자로서의 자기 존엄성을 목표로 자율과 자주의 사상을 확립해 나가는 것이다. 이러한 점을 생각한다면 반(反)도덕주의자로서 우상파괴자였던 니체가 보여준 성실하고 솔직하며 대담한 사고로 일관하는 태도야말로 반드시 배워야 할 귀중한 보물이라고 하지 않을 수 없다.

니체는 마르크스주의자와 실존주의자를 막론하고 인간성의 부정과 소외를 가져오는 것에 맞서 싸워서, 인간의 존엄을 지키고 보편적 인도의 이념으로 일관해 살려고 소망하는 모든 휴머니스트에게 앞으로도 계속 소중한 조언과 마음 든든한 격려를 줄 것이다. 즉 니체의 참모습이나 그 현대적 의의는 그가 키에르케고르와 어깨를 나란히 하는 현대 휴머니즘의 뛰어난 선구자이자 자랑스러운 전사였고, 허무주의 박멸운동의 기수가 되려고 노력했다는 점에서 찾아야 하리라.

니체 연보

1844년　　　　10월 15일, 프리드리히 빌헬름 니체, 독일 작센 주 뢰켄에서 목사
　　　　　　　의 맏아들로 태어남.

1846년(2세)　7월 10일, 누이동생 엘리자베트 태어남.

1848년(4세)　2월, 동생 요제프 태어남.

1849년(5세)　7월 30일, 아버지 죽음.

1850년(6세)　2월, 동생 요제프 죽음. 4월, 가족이 나움부르크로 이사함. 초등
　　　　　　　학교에 들어감. 벨헬름 핀데르 및 구스타프 크루크와 친구가 됨.

1858년(14세)　10월, 나움부르크 근교의 슐포르타 학교에 입학. 파울 도이센과
　　　　　　　평생에 걸친 교제가 시작됨.

1860년(16세)　핀데르 및 크루크와 함께 나움부르크에서 문학과 음악 동아리
　　　　　　　'게르마니아'를 만듦.

1861년(17세)　크루크를 통해 리하르트 바그너의 〈트리스탄과 이졸데〉 피아노
　　　　　　　발레곡을 알게 됨. 부활절에 도이센과 함께 견신례 받음. 10월, 편
　　　　　　　지로 자기가 좋아하는 시인을 친구에게 추천하는 형식으로 휠덜
　　　　　　　린을 논함. 12월, '게르마니아' 모임에서 바이런 연주 발표.

1862년(18세)　가끔 두통을 앓음(아버지가 뇌경색으로 죽었기 때문에 유전적인 것
　　　　　　　으로 생각함). '게르마니아'에서 논문 〈운명과 역사〉 발표.

1863년(19세)　독서 목록 맨 위에 에머슨을 들음. 〈에르마나리히론〉을 씀.

1864년(20세)　9월 7일, 슐포르타 학교를 졸업. 시 〈알지 못하는 신에게〉 발표.
　　　　　　　10월, 본 대학에 입학, 신학과 고전문헌학을 전공함. 리츨 교수에
　　　　　　　게 배움.

1865년(21세)　10월, 리츨 교수를 따라 라이프치히 대학으로 옮김. 고전문헌학
　　　　　　　을 전공함. 우연히 헌책방에서 쇼펜하우어의 《의지와 표상으로서

의 세계》를 발견하여 탐독함.

1866년(22세) 65년, 리츨 교수의 권고로 결성된 '고전문헌학연구회'에서 1월 18일, 그리스 시인 테오그니스에 관한 연구를 발표하고, 리츨 교수의 칭찬을 받자 문헌학자가 될 것을 결심함. 여름, 랑게의 《유물론사》를 읽음. 에르빈 로데와의 교제가 시작됨.

1867년(23세) 10월 9일, 나움부르크 포병연대에 입대.

1868년(24세) 3월 14일, 말을 타다가 떨어져 자리에 눕게 됨. 10월 15일, 제대하여 라이프치히 대학에 복학함. 10월 28일, 〈트리스탄과 이졸데〉와 〈뉘른베르크의 명가수〉 서곡을 듣고 바그너 음악에 심취함. 11월 8일, 리츨 부인의 소개로 라이프치히의 헤르만 브로크하우스 집에서 바그너를 만남. 그 뒤로 더욱 바그너에 열중함.

1869년(25세) 2월 13일, 리츨 교수의 추천으로 학위를 받기에 앞서 연봉 3천 프랑의 바젤 대학 고전문헌학 조교수로서 초빙됨. 3월 23일, 무시험으로 학위를 받음. 4월 17일, 프로이센 국적을 포기하고 스위스인이 됨. 5월 17일, 처음으로 루체른 근교 트립셴에 있는 바그너의 집을 방문함. 5월 28일, '호메로스와 고전문헌학'이라는 제목으로 바젤 대학 취임강연을 함. 자비(自費)로 인쇄함. 동료 야코프 부르크하르트와의 교우 관계 시작됨.

1870년(26세) 1월 18일, '그리스의 악극'이란 제목으로 공개강연을 함. 2월 1일, '소크라테스와 비극'이란 제목의 공개강연을 함. 《비극의 탄생》의 원형임(자비로 이듬해 바젤에서 인쇄되었으나 간행된 것은 1927년). 4월 9일, 교수로 승진함. 여름에 〈디오니소스적 세계관〉 집필(발표된 것은 1928년). 8월, 보불전쟁에 위생병으로 종군 지원, 중병을 얻어 10월 말 바젤로 돌아옴. 동료인 신학자 프란츠 오베크를 알게 되어 그와 함께 5년 동안 바우만 집에 하숙함.

1871년(27세) 2월 25일, 건강상의 이유로 휴가를 얻어 4월 초까지 누이동생과 함께 루가노에 머묾. 《비극의 탄생》 원고 집필.

1872년(28세) 연초에 《음악의 정신에서 나온 비극의 탄생》 출판. 1월 16일부터 3월 23일에 걸쳐, '우리나라 교육시설의 미래에 대해'라고 제목을 붙인 연속 공개강연을 5회에 걸쳐 행함. 4월 25일~27일, 마지막으로(23번째) 트립센에 있는 바그너를 방문함. 5월에 문헌학자 빌라모비츠 묄렌도르프가 《비극의 탄생》에 대한 공격문을 내놓자, 친구인 로데가 다시 이것을 반박함.

1873년(29세) 이때부터 계속 어딘가 몸이 좋지 못하고, 특히 심한 편두통을 앓게 됨. 전년 겨울부터 단편 《그리스인의 비극 시대에 있어서의 철학》 집필. 《반시대적 고찰, 제1부, 다비트 슈트라우스. 고백자와 문필가》, 라이프치히의 프리츠 서점에서 출판.

1874년(30세) 《반시대적 고찰 제2부, 삶에 대한 역사의 이로움과 해로움》 프리츠 서점에서 출판. 《반시대적 고찰 제3부, 교육자로서의 쇼펜하우어》 프리츠 서점에서 출판. 바그너의 초대로 8월 4일에서 15일까지 바이로이트에 머묾. 에머슨을 읽음.

1875년(31세) 눈병과 위장병이 악화됨. 《반시대적 고찰》에 대한 서평이 〈웨스트민스터 리뷰〉에 실림.

1876년(32세) 1월 초, 병으로 인해 고등학교에서의 수업을 면제받음. 2월 중순, 강의 중지함. 4월, 제네바에서 네덜란드인 여성 음악가 마틸데 트람페다흐에게 청혼했다가 거절당함. 7월 초, 《반시대적 고찰 제4부, 바이로이트의 리하르트 바그너》 켐니츠의 슈마이츠너 서점에서 출판. 7월 24일, 최초의 바이로이트 축제극을 위해 바이로이트로 갔으나 실망하여 전체 공연을 보지 않고 도피함. 그 뒤 《인간적인 너무나 인간적인》의 초고를 쓰게 됨. 10월 15일부터 1년 동안, 병으로 인해 바젤 대학의 모든 의무를 면제받음. 10월 20일, 레와 바젤 대학생인 알베르트 브렌너와 함께 제네바로 감. 23일, 다시 나폴리로 감. 마이젠부크도 함께 소렌토에서 겨울을 보냄. 마침 그 무렵 바그너의 가족도 소렌토에 머무르고 있어서 바그너와 니체의 마지막 교제가 이루어짐.

1877년(33세) 마리 바움가르트너에 의한 《바이로이트의 리하르트 바그너》의 프랑스어 번역판 출판. 소렌토에서 라가츠, 로젠라우이를 거쳐 9월 다시 바젤로 돌아옴. 9월 1일 이후로 누이동생과 함께 지내다

가스트가 조수로서 함께 있게 됨.

1878년(34세) 5월, 《인간적인 너무나 인간적인—자유정신을 위한 글》 켐니츠의
슈마이츠너 서점에서 출판. 바그너와의 우정이 단절됨. 1월 3일,
바그너가 〈파르지팔〉을 니체에게 보낸 것이 마지막 기증이며, 이
에 대해 5월 《인간적인 너무나 인간적인》을 기증하며 함께 보낸
편지가 니체의 마지막 편지가 됨. 〈바이로이트 브레터〉 8월호에
바그너는 니체에 대한 공격문을 실음. 6월, 누이동생은 어머니에
게로 돌아감. 건강 상태 악화됨.

1879년(35세) 《인간적인 너무나 인간적인》 제2부 상권에 해당하는 〈여러 가지
의견과 잠언〉을 슈마이츠너 서점에서 출판. 병세가 나빠져 6월
14일부로 바젤 대학을 퇴직, 3천 프랑의 연금을 받게 됨. 9월, 누
이동생과 함께 나움부르크로 돌아옴. 그의 '생애에서 가장 어두
운 겨울'에 《인간적인 너무나 인간적인》 제2부 하권에 해당하는
〈방랑자와 그 그림자〉 집필. 이 1년 동안 맹렬한 발작에 시달리게
됨. 발작 일수 118일이나 됨.

1880년(36세) 《방랑자와 그 그림자》를 슈마이츠너 서점에서 출판. 3월 12일부
터 6월 말까지 베네치아에서 지냄. 베네치아에 머무는 동안 스탕
달과 슈티프터의 《늦여름》 등을 읽음. 7월, 8월, 마리엔바트에 머
무르면서 메리메, 생트 뵈브를 읽음. 9월, 나움부르크의 집으로
돌아옴. 11월부터 제네바에서 처음으로 겨울을 보냄.

1881년(37세) 1월, 전년부터의 《아침놀, 도덕적 편견에 관한 생각》 완성, 슈마이
츠너 서점에서 출판. 7월 4일~10월 1일, 질스마리아에서 처음 여
름을 맞이함. 이 동안 8월, 실바플라나 호숫가에서 영원회귀의 사
상이 움트게 됨. 10월 초부터 제네바에 체류함. 11월 27일 처음으
로 비제의 〈카르멘〉을 듣고 감동함.

1882년(38세) 시 〈메시나의 목가〉 발표. 3월 29일, 제네바에서 메시나로 감. 4
월 20일까지 메시나에 머묾. 마이젠부크와 레의 초청으로 로마로
가서 거기서 루 폰 살로메를 알게 됨. 살로메, 레와 함께 루체른
등지로 여행함. 니체와 레가 함께 살로메에게 구혼했다가 거절당

함. 여름을 타우텐부르크에서 살로메와 함께 보내고 《즐거운 지식》을 탈고, 슈마이츠너 서점에서 출판(제4권까지의 구판). 8월 말, 나움부르크로 돌아감. 살로메의 시 〈삶에 바치는 기도〉를 가사로 하여 작곡해서 《삶의 찬가》를 지음. 11월 23일 이후 라팔로에 체류, 해를 넘김. 1882년 무렵부터 1888년에 걸쳐 이른바 《권력에의 의지》로 불리는 '80년대의 유고'가 씌어짐(누이가 엮은 전집의 제15권에 1901년 《권력에의 의지》라는 제목으로 발간되었을 때는 483편의 짧은 장밖에 수록되어 있지 않았는데, 1906년 누이와 가스트에 의해 문고판에서 처음으로 그때까지 여러 판에서 행해지고 있는 것처럼 총수 1067로 되었다. 칼 슐레히타는 이것이 누이와 가스트의 합작에 의한 날조라고 해서 맹렬한 공격을 가하고, 그가 엮은 세 권으로 된 《저작집》에서 '80년대의 유고에서'라는 표제 아래 새로운 객관적 배열을 함).

1883년(39세)　라팔로에서 2월 2일~13일 열흘 동안에 《차라투스트라는 이렇게 말했다》 제1부를 완성(1883년 인쇄). 3월 13일, 바그너 죽음. 5월 4일~6월 16일, 로마에 체류함. 6월 24일 이후, 질스마리아에 머묾. 《차라투스트라는 이렇게 말했다》 제2부 완성(1883년 인쇄). 3월부터 니스에서 처음으로 겨울을 보냄(1883부터 1888년까지, 습관적으로 여름을 질스마리아에서, 겨울은 니스에서 보내게 됨).

1884년(40세)　1월, 니스에서 《차라투스트라는 이렇게 말했다》 제3부 완성(1884년 인쇄).

1885년(41세)　2월, 《차라투스트라는 이렇게 말했다》 제4부 완성, 출판자가 나타나지 않아 자비로 인쇄. 아우구스티누스의 《고백록》을 읽음. 5월 22일, 누이 엘리자베트가 푀르스터와 결혼함.

1886년(42세)　누이가 남편 푀르스터와 함께 파라과이로 이주함. 5월 초까지 니스에 머묾. 여기서 《선악을 넘어서, 장래의 철학에의 서곡》 완성(1886년 8월, 라이프치히의 나우만 서점에서 자비 출판). 니스를 떠나 베네치아, 뮌헨을 거처 5월 중순부터 6월 27일까지 라이프치히에서 보냄. 라이프치히 대학에서 로데의 강의를 들음. 9월 16일,

17일, 베른의 〈분트〉지에 비트만의 《선악을 넘어서》에 대한 서평이 실림. 《즐거운 지식》 제5권 '우리들 공포를 모르는 사람'을 탈고함. 《비극의 탄생》 부제를 '그리스 정신과 페시미즘'이라 바꾸고 '자기 비평의 시험'을 덧붙인 신판을 라이프치히의 프리츠 서점에서 출판. 《인간적인 너무나 인간적인》 제1권 및 제2권에 각각 새로운 머리말을 붙여 프리츠 서점에서 출판.

1887년(43세)   새로운 머리말을 붙인 《아침놀》의 재판이 프리츠 서점에서 간행. '포겔 프라이 왕자의 노래들' 및 제5권 '우리들 두려움 모르는 존재들'을 덧붙인 《즐거운 지식》의 재판, 프리츠 서점에서 간행. 《차라투스트라는 이렇게 말했다》의 1부, 2부, 3부 합판을 프리츠 서점에서 간행. 《삶의 찬가, 혼성 합창과 관현악용》 프리츠 서점에서 간행. 1월, 몬테카를로에서 처음으로 〈파르지팔〉을 오케스트라로 들음. 2월, 처음으로 도스토옙스키를 프랑스어 번역으로 읽음. 2월 23일, 니차에 대지진 일어남. 살로메가 안드레아스와의 결혼을 알려옴. 로데와 절교함. 11월 11일, 로데에게 마지막 편지를 씀. 6월 20일, 하인리히 폰 슈타인 죽음. 20일 동안에 《도덕의 계보, 논쟁의 글》 완성(1887년 나우만 서점에서 간행).

1888년(44세)   4월 2일, 니스를 떠나 토리노로 감. 4월 4일~6월 5일 최초로 토리노에 체류함. 4월 초 게오르그 브란데스, 코펜하겐에서 '독일 철학자 프리드리히 니체에 대하여' 강연. 6월 5일~9월 20일, 질스마리아에서의 일곱 번째 체류, 다시 스탕달을 읽음. 5월 8일부터 8월에 걸쳐 《바그너의 경우, 음악가의 한 문제》 완성, 9월 중순, 나우만 서점에서 출판. 《바그너의 경우》에 이어, 주로 8월 중에 《우상의 황혼 또는 사람은 어떻게 해서 쇠망치를 가지고 철학을 하는가》를 완성(이듬해인 1889년 1월 나우만 서점에서 간행). 9월 21일부터 이듬해 1월 9일까지 토리노에서 두 번째 체류, 9월 30일 《반그리스도교》 탈고(1894년 케겔 편찬의 《저작집》에서 처음으로 간행. 그때까지의 모든 판에 복자(伏字)로 되어 있던 부분은 1956년 칼 슐레히타 편찬의 《저작집》 제3권에서 복원됨). 10월 15일, 그

의 마흔네 번째 생일로부터 《이 사람을 보라, 사람은 어떻게 해
야 본래의 자신으로 되는가》 집필 시작, 11월 4일 탈고(1908년 라
울 리히터 교수에 의해, 독지가 사이에 배포되는 한정 출판 형식으
로 인겔 서점에서 간행, 1911년 처음으로 공간). 11월 8일 〈분트〉지
에 칼 슈피텔러가 쓴 《바그너의 경우》 서평 실림. 브란데스의 소
개로 스트린드베리와 편지 주고받음. 12월 중순, 《니체 대 바그너
한 심리학자의 공문서》 완성(가스트에 의해 자비로 이듬해인 1889
년 1월, 나우만 서점에서 간행, 공간은 케겔 편찬 《저작집》에 1895년).
시 〈디오니소스 찬가〉 완성. 연말부터 정신착란 증세가 나타남.

1889년(45세)　1월 3일, 토리노의 카를로 알베르토 광장에서 졸도함. 1월 3일부
터 7일까지 사이에 '디오니소스' 또는 '십자가에 박힌 자'라고 서명
한 괴상한 편지를 곳곳에 보냄. 1월 10일, 바젤 정신병원에 인도
됨. 의사 빌레의 진단은 '진행성 마비증'. 1월 17일, 어머니와 함께
예나로 가서, 예나 대학병원 정신과에 입원함. 1월 말, 《우상의 황
혼》을 나우만 서점에서 출판. 전년도의 《니체 대 바그너》를 나우
만 서점에서 자비로 간행.

1891년(47세)　누이동생이 니체의 작품 공간에 관여하기 시작, 《차라투스트라
는 이렇게 말했다》 제4부의 공간을 저지함(주로 〈당나귀 축제〉
때문).

1892년(48세)　가스트에 의해 전집의 기획, 유고의 정리 발표가 행해짐. 《차라투
스트라는 이렇게 말했다》 제4부 이 판에 의해 처음으로 공간됨.

1893년(49세)　9월, 누이가 사업에 실패하고 파라과이에서 돌아옴.

1894년(50세)　광인이 된 니체는 거의 외출을 못하게 됨. 누이가 가스트에 의한
전집의 중지를 종용하고 2월, 최초의 '니체 문서보관소'를 나움부
르크의 어머니 집에 차림.

1895년(51세)　《반그리스도교》 및 《니체 대 바그너》 공간(케겔 편찬의 《저작집》에
서). 마비 증세가 자주 나타나게 됨.

1897년(53세)　4월 20일, 어머니 죽음. 바이마르의 누이동생 집으로 옮김.

1899년(55세)　누이동생에 의해 세 번째 전집 출판 시작. 출판자는 처음에는 나

우만, 나중에는 알프레트 크뢰너에 인계되어 열아홉 권으로 완결됨.

1900년(56세)　8월 25일, 바이마르에서 숨을 거둠. 8월 28일, 태어난 뢰켄에 묻힘.

강두식

서울대학교 독어독문과 및 대학원(문학박사)을 졸업하고 독일 하이델베르크대학에서 독문학을 연구했다. 서울대학교 인문대학교수, 인문대학 학장, 호원대학교 총장을 역임했고 현재 학술원 회원으로 있다. 논문 및 저서로는 〈현대독문학고〉 외 다수가 있으며, 번역서로는 토마스 만의 《펠릭스 크룰의 고백》, 릴케의 《말테의 수기》, 니체의 《인간적인 너무나 인간적인》, 괴테의 《파우스트》 등이 있다.

Friedrich Wilhelm Nietzsche
MENSCHLICHES, ALLZUMENSCHLICHES
JENSEITS VON GUT UND BÖSE
GÖTZEN-DÄMMERUNG
인간적인 너무나 인간적인
선악을 넘어서 /우상의 황혼
프리드리히 니체/강두식 옮김
1판 1쇄 발행/1987. 7. 1
2판 1쇄 발행/2007. 8. 1
2판 15쇄 발행/2025. 4. 1
발행인 고윤주
발행처 동서문화사
창업 1956. 12. 12. 등록 16-3799
서울 중구 마른내로 144 동서빌딩 3층
☎ 546-0331~2 Fax. 545-0331
www.dongsuhbook.com

＊

사업자등록번호 211-87-75330
ISBN 978-89-497-0409-8 04080
ISBN 978-89-497-0382-4 (세트)